KB041676

서울대학교 법학연구소
Medvlla Iurisprudentiae 08

국제사법과 국제소송 [정년기념]

석 광 현

박영사

Private International Law and International Litigation

Suk Kwang Hyun

Parkyoung Publishing & Company
SEOUL, KOREA
2022

머 리 말

서울대학교 법학연구소는 2019년부터 정년퇴임하는 교수들의 논문을 엮어 Medvlla Iurisprudentiae 총서를 간행하고 있는데 이 책도 그 일환으로 간행되는 것이다. 과거에 발표한 논문을 묶어 2001년부터 국제사법과 국제소송 제1권부터 제6권, 그리고 국제상사중재법연구 제1권과 제2권을 간행한 바 있는 저자로서는 실질적으로 국제사법과 국제소송 제7권인 이 단행본을 Medvlla Iurisprudentiae 총서로 간행하기로 하였다. 2019년 1월 국제사법과 국제소송 제6권을 간행한 저자는 당초 국제사법과 국제소송 제7권을 2020년에 간행할 생각이었으나 박영사 측에서 표지를 소프트커버로 바꾸어야 한다기에 간행을 포기하였다. 잘해야 7권·8권을 간행할 텐데 기존 6권까지와 다른 표지로 간행하는 것은 시리즈물의 동일성을 해하는 것이라 내키지 않았던 탓이다. 그러던 중 서울대 법학연구소 덕에 이 책을 간행할 수 있게 되어 다행인데, 이 책에서는 기존 국제사법과 국제소송의 체제를 고려하되 Medvlla Iurisprudentiae 총서의 체제를 따르고자 제목 등을 한글로 적고 제7권이라고 하는 대신 앞 부분에 '정년기념'이라고 표기하였다. 이 책에는 아마도 국제사법과 국제소송 제7권이라면 수록하지 않았을 국제사법과 국제거래법의 회고를 담은 글들도 수록하였는데 이는 정년기념이라는 점을 감안한 탓이다. 또한 만일 저자가 제8권 이후를 간행한다면 아마도 제9권에 수록하였을 글들도 수록하였는데 "국제사법에서 준거법의 지정에 갈음하는 승인: 유럽연합에서의 논의와 우리 법에의 시사점"[14]과 "외국인에 대한 사회보장법의 적용: 외인법에서 저촉법인 국제사회보장법으로"[15]가 그것이다. [14]는 국제사법의 학설 시장에 가장 최근에 등장한 大理論(Grosstheorie)이라고 평가되는 주제를 다룬 글로서 준거법 지정의 의미를 되새기는 기회를 제공하고, [15]는 국제사법은 아니지만 저촉법의 쟁점인 국제사회보장법의 논점을 담은 것으로 외인법과 저촉법(또는 국제사법)의 관계와, 법의 적용범위를 획정하는 규칙으로서 저촉법이 가지는 의미를 성찰하게 한다. 이는 또한 국내법의 역외적용이 확대되고, 법이 아닌 규범 및 코드 등의 저촉이 문제되는 상황에서 국제사법과 저촉법의 역할을 숙고하는 계기를 제공한다.

과거 제1권부터 제5권까지를 간행할 때에는 간행시점을 기준으로 그 전에 발표했던 논문을 최대한 update하고자 노력하였으나 제6권에서는 그 작업을 줄이고 간단한 후기를 적었다. 여기에서도 제6권의 방침을 따랐지만 관련되는 본문이나 각주에서 조금씩 보완하는 작업을 완전히 포기하지는 않았다. 기존 논문의 전재(轉載)는 큰 의미가 없기 때문이다.

저자는 2022년 2월 말 23년간의 교수 생활을 마치고 75학번으로 입학하였던 관악캠퍼스와 서울대 법전원을 떠났다. 서울 법대 재직기간이 14년 5개월인 탓에 명예교수가 되지 못하였다. 개인적으로는 지난 23년간 한양대와 서울대의 국제거래법·국제사법 전임교수로서 꾸준히 논문, 평석과 단행본을 쓰고자 노력하였다. 남들이 찾지 않는 논점을 발굴하고 판례에 대한 평석을 많이 썼기에 연구자로서 나름 보람 있는 삶이었다고 자부한다. 저자가 비판적인 판례평석을 쓴 것은 우리 법원이 국제사법과 국제거래법을 더 정확히 적용하기를 바라는 마음에서 비롯된 것임에도 불구하고 드물게는, 재판을 담당했던 법관이 자신에 대한 비난으로 오해한 사례도 없지 않았던 것 같다.

다만 저자의 후임 교수의 선발을 보지 못한 채 서울대를 떠나게 되어 아쉬움이 크다. 법률가가 된 뒤 로펌의 변호사와 한양대 법대 교수로 재직하였으나 1975년 3월 관악 캠퍼스 개장 시 사회계열에 입학했던 학번으로서 캠퍼스를 떠나는 감회가 남다를 수밖에 없다. 그나마 마지막 학기에 3인의 박사와 1인의 석사를 배출할 수 있었음은 다행이었다. 저자는 서울대의 강단을 떠나더라도 저자의 학문적 DNA를 이어받은 제자들이 靑出於藍을 보여줄 것을 기대한다. 정년퇴임을 한 이상 대한민국에서 국제거래법과 국제사법 분야를 책임져야 한다는 마음의 부담을 덜었으니 편한 마음으로 장외에서나마 국제사법학과 국제거래법학의 발전을 위하여 미력을 보탤 생각이다.

저자의 정년퇴임에 앞서 크게 기뻐할 일은 2021. 12. 9. 국제사법 전부 개정 법률안이 국회 본회의를 통과하여 국제사법 개정법률이 2022. 1. 4. 법률 제18070호로 공포되었고 2022. 7. 5. 발효된다는 사실이다. 법무부가 2014. 6. 30. 국제사법 개정위원회를 구성하였고, 개정법률안을 제20대 국회에 처음 제출한 때로부터도 3년이 넘었으니 늦기는 했지만 그나마 정년퇴임 전에 개정법률의 공포를 볼 수 있어 천만 다행이다. 국제사법 개정법률이 7월 5일 발효되면 대한민

국은 2001년 정비한 준거법지정규칙과 함께, 30개가 넘는 조문으로 구성된 정치
(精緻)한 국제재판관할규칙을 국제사법에 포함시킴으로써 국제사법의 양 날개를
갖추게 된다. 물론 완벽한 것은 아니지만, 2022년 초 국제사법의 전문개정은 한
국 국제사법, 특히 국제재판관할법의 발전에서 결정적인 계기가 될 것이다. 회고
해 보면 2000년 간행된 '국제재판관할에 관한 연구'라는 서울대학교 법학박사학
위논문에서 저자는 일본 판례를 추종한 대법원의 4단계론을 비판하고, 우선 과
도기적 조치로 일반원칙과 사회·경제적 약자인 소비자와 근로자를 보호하기 위
한 보호적 관할규칙만을 국제사법에 도입한 뒤 추후 정치한 국제재판관할규칙을
국제사법에 도입하자는 단계적 입법론을 제안하였다. 그 후 우리나라는 저자의
제안처럼 2001년 일반원칙을 정한 국제사법 제2조와 제27조(소비자계약) 및 제28
조(근로계약)에만 국제재판관할규칙을 두는 과도기적 입법을 한 뒤, 이제 20 여
년만에 국제사법을 개정하여 정치한 국제재판관할규칙을 도입함으로써 국제재
판관할규칙의 입법과제를 완성하였다. 더욱이 저자는 2001년 개정작업을 위한
법무부 위원회, 2014년부터 2015년 말까지 개정작업을 한 법무부 개정위원회에,
그리고 2017년 1년 동안 법무부 전문가 회의에 참여하였으니 금번의 국제사법의
개정에 대하여 느끼는 보람과 감회가 각별하다.

이 책을 냄으로써 저자가 2001년 시작한 국제사법과 국제소송 시리즈를 마
무리하는 셈이다. 2022년에는 우선 '2021년 개정 국제사법에 따른 한국의 국제
재판관할법'이라는 제목의 단행본을 간행하고, 기회가 되면 국제도산법연구, 국
제가족법·가사소송법연구와 국제문화재법연구 등을 각각 단행본으로 간행하기
를 희망한다.

Medvlla Iurisprudentiae 총서로 이 책을 수용해 주신 서울대학교 법학연구
소 김종보 소장님과 법학연구소 관계자들, 이 책의 편집과 제작을 위하여 수고
해 주신 박영사의 조성호 이사님과 김선민 이사님께 감사의 말씀을 드린다. 그
리고 오랜 세월 꾸준히 교정작업을 도와 주는 아내 김혜원에게도 감사한다.

2022년 4월

23년의 교수생활을 마치고

1975년 3월 처음 들렀던 관악산 자락을 떠나

잠원동 寓居에서 석광현 씀

후 기

    저자가 2월 말로 서울대학교에서 정년퇴임을 함에 따라 서울대 법학연구소는 지난 3월 말에 간행한 법학지를 원래 저자의 정년기념호로 간행하고자 하였다. 과거 서울 법대 교수들이 법학지에 자유롭게 논문을 투고하던 시절에는 존재만으로도 빛나던 교수들의 논문들이 실리는 정년기념호는 독일 학계의 Festschrift (*Liber Amicorum*이라고 불리는)처럼 학문공동체의 구성원이던 선배 교수에 대한 존중과 예의 그리고 정년을 맞아 서울대를 떠나는 道伴에 대한 석별의 정이 담긴 글을 선물하는 것으로 그의 간행은 학계의 아름다운 전통이었다. 그러나 얼마 전부터인가 본교 교수들이 투고할 경우 학술지 평가에 불이익을 주는 터무니없는 규제가 도입된 탓에 본교 교수들이 서울대 법학지에 거의 투고하지 않게 되었고, 그 결과 근자에 정년을 맞이한 선배 교수들의 정년기념호는 그런 의미를 잃은 단순한 행정처리(정기적으로 간행되는 법학지의 앞에는 정년퇴임 교수의 近影과 연보를, 뒤에는 정년기념 대담을 더한 뒤에 표지에는 누구의 정년기념호라고 적는)의 결과물이 되었다. 서울대 법학연구소는 원고 모집 공고에서도 특별히 정년기념호라고 주의를 환기시키면서 투고를 권장하지도 않는다. 그 결과 지난 3월호에도 6편의 논문이 수록되는 데 그쳤다. 이런 상황이기에 저자로서는 숙고 끝에 법학연구소의 호의는 고맙지만 정년기념호의 간행을 고사하였다. 투고해 준 저자의 제자들과 정년기념 대담을 정리해 준 법학연구소 조교들에게는 미안하지만(대담은 이 책의 뒤에 수록한다) 그렇게 하는 것이 온당하다고 생각하였다. 무엇보다도 위에 적었듯이 정년기념호는 정년을 맞이한 선배 교수에게 학문공동체의 구성원들이 주는 '글 선물'이라고 믿기 때문이다. 이유야 무엇이든 간에 동료들이 거의 투고하지 않는 현재로서는 '서울대 법학지 정년기념호'는 *Liber Amicorum*이라는 본래의 의미를 상실한 허울뿐인 기념호로 전락하였다. 학술지 평가에 황당한 잣대를 들이대는 자들의 무지와 횡포가 안타깝지만, 이것이 한국 사회의 신뢰자본의 부족을 드러내는 현상이라 치부하고 그에 저항하는 작은 목소리를 기록해 둔다. 이런 탓에, 학회 차원에서 간행하는 정년기념호와 달리 서울 법대 교수의 특권이라고 할 수 있는 '서울대 법학지 정년기념호'가 없어도 딱히 아쉬울 것은 없다. 배경을 모르는 사람들이 고작 6편이 실린 정년기념호를 보면서

"Jubilar(정년퇴임하는 교수)가 부덕한 탓인가"라는 의구심을 가질까 우려하느니 차라리 이렇게 하는 편이 마음이 더 편할지도 모르겠다. 코비드 19를 피해 다니는 것만으로도 힘든데 이런 생각까지 해야 하니 어지러운 세상이다.

석광현 교수 연보·논저 목록

I. 연 보

[출 생]

본적   서울 중구 신당동 422의 1

생년월일   1956년 9월 6일

부: 석주암(石主岩)   모: 민경식(閔敬植)

처: 김혜원(金蕙媛)   자: 연주(娟周), 재호(宰昊)

전자우편: khsuk@snu.ac.kr

[학 력]

1975. 2.   경기고등학교 졸업

1979. 2.   서울대학교 법과대학 졸업(법학사)

1981. 2.   서울대학교 대학원 법학과 석사과정 수료

1981. 8.   대법원 사법연수원 수료

1991. 2.   독일 프라이부르그 알베르트-루드비히 법과대학 LL.M. 과정 졸업
              (LL.M.)

2000. 2.   서울대학교 대학원 박사과정 졸업(법학박사)

[수 상]

2004. 5. 15.   한양대학교 사회과학부문 최우수교수상

2004. 5. 24.   한양대학교 Best Teacher

2011. 3. 3.   제4회 심당국제거래학술상 수상

2014. 12. 31.   법무부장관 표창

2015. 1. 29.   제19회 한국법학원 법학계 법학논문상

2018. 12. 3.   서울대학교 학술연구교육상(연구부문)

[학내경력]

1998. 9. – 1999. 2.	시간강사(섭외사법)
1999. 9. – 2000. 2.	시간강사(국제거래법연구)
2007. 10. – 2009. 2.	기금교수(국제거래법/국제사법 담당)
2009. 3. – 2022. 2.	교수(국제거래법/국제사법 담당)
2016. 11. – 2018. 10.	평의원

[학외경력]

(1) 법 조

1981. 8. – 1984. 8.	해군 법무관
1984. 9. – 1999. 2.	김·장법률사무소 변호사
1991. 1. – 1991. 5.	영국 Linklaters & Paines 법률사무소 연수

(2) 학 교

1998. 3. – 1999. 2.	중앙대학교 국제대학원 겸임교원
1999. 3. – 2007. 9.	한양대학교 법과대학 부교수/교수: 국제거래법/ 국제사법 담당
2007. 10. – 2009. 2.	서울대학교 법과대학 기금교수
2009. 3. – 2022. 2.	서울대학교 법과대학·법학전문대학원 교수

(3) 학 회[1]

2013. 3. – 2015. 3.	국제거래법학회 회장
2018. 3. – 2022. 3.	국제사법학회 회장

(4) 정부 위원회 등[2]

2000. 6. – 2000. 11.	법무부 섭외사법개정특별분과위원회 위원

---

1) 그 밖에도 한국상사법학회, 한국해법학회, 한국중재학회, 한국가족법학회, 한국민사소송 법학회, 민사판례연구회, 한국소비자법학회와 한국무역상무학회 등에 참여하였고 일부 학회에서는 이사 등을 맡았으나 생략한다.

2) 그 밖에도 한국예탁결제원(KSD) 국제예탁결제제도 자문위원, ICC Korea 국제금융위원회 위원과 법원행정처 국제민사사법공조추진위원회 및 국제규범연구위원회의 위원이었으나 정확한 시기를 적어 두지 않아 생략한다.

2008. 3. – 2009. 2.	법무부 동산 및 채권의 담보에 관한 특례법 제정 특별분과위원회 위원
2009. 11. – 2010. 10.	법무부 이산가족신분재산특례법제정특별분과위원회 위원
2011. 1. – 2013. 1.	법제처 법령해석심의위원회 위원
2014. 2. – 2015. 10.	법무부 중재법 개정 특별분과위원회 위원
2014. 6. – 2015. 12.	법무부 국제사법개정위원회 위원 [임기 만료 후 1년 동안 자문위원]

(5) 국제회의 참가(정부대표단 고문)
- 1997. 6.부터 2009. 2.까지 19차례 국제회의 참가[3]
- 1997. 6.　　　　　　　　 헤이그국제사법회의
- 1998. 3. / 1998. 11.　　 헤이그국제사법회의
- 1999. 6.　　　　　　　　 헤이그국제사법회의
- 2000. 12.　　　　　　　 헤이그국제사법회의(바젤)
- 2001. 1.　　　　　　　　 헤이그국제사법회의(제네바)
- 2001. 6.　　　　　　　　 UNCITRAL 회의(비인)(국제채권양도협약)
- 2002. 1.　　　　　　　　 헤이그국제사법회의(증권협약)
- 2002. 5. / 2003. 3.　　 담보거래 UNCITRAL 회의(뉴욕)
- 2003. 5.　　　　　　　　 부양의무에 관한 헤이그국제사법회의 참가
- 2003. 9.　　　　　　　　 담보거래 UNCITRAL 회의(비인)
- 2003. 12.　　　　　　　 헤이그국제사법회의
- 2005. 5.　　　　　　　　 UNIDROIT 회의(증권협약)(로마)
- 2005. 9. / 2006. 12.　　 담보거래 UNCITRAL 회의(비인)
- 2007. 2.　　　　　　　　 담보거래 UNCITRAL 회의(뉴욕)

---

3) 헤이그국제사법회의는 도합 11회 (재판관할협약 관련 7회, 부양협약 관련 1회, 증권협약 관련 1회, 기타 1회) / 헤이그국제사법회의 아태지역회의 1회 / UNCITRAL 회의는 도합 7회 (국제채권양도협약 관련 1회 / 담보거래 관련 6회) / UNIDROIT 제네바증권협약 1회(증권협약 관련). 정부는 무관심하였으나 중요한 회의라고 생각했기에 초기 몇 차례 회의에는 자비로 참가하였다.

• 2008. 9.   Asia Pacific Regional Conference(헤이그국제사법
                       회의)
• 2009. 2.   헤이그국제사법회의

Ⅱ. 논저 목록[4]

1. 단행본

국 내

단 독

國際裁判管轄에 관한 硏究 ―民事 및 商事事件에서의 國際裁判管轄의 基礎理
    論과 一般管轄을 중심으로― (서울대출판부. 2001).

2001년 개정 국제사법 해설 제1판(지산. 2001), 제2판(지산. 2003).

증거조사에 관한 국제민사사법공조 연구(법무부. 2007).

2001年改正 韓國の國際私法 ―國際家族法を中心に― (解說 第二版)(神奈川大
    學法學硏究所. 2009).[5]

국제물품매매계약의 법리: UN통일매매법(CISG) 해설(박영사. 2010).

국제민사소송법: 국제사법(절차편)(박영사, 2012).

국제사법 해설(박영사. 2013).

국제사법과 국제소송 제1권(박영사. 2001)-제6권(박영사. 2019), 정년기념(박
    영사. 2022).

국제상사중재법연구 제1권(박영사. 2007)-제2권(박영사. 2019).

2022년 개정 국제사법에 따른 국제재판관할법(박영사. 2022 예정).

공 저

國際訴訟, 경희대학교 국제법무대학원(편), 國際法務學槪論(2000), 723-768면.

헤이그국제아동입양협약에 관한 연구[공저](법무부. 2010)(이병화 교수와 공저).

---

4) 이하는 저자가 한 저술의 목록이다. 완벽한 것은 아니나 중요한 것은 대체로 수록하였다.
   분류방법은 다르나 유사한 목록은 서울대학교 법과대학 72년(2018), 977-984면에도 수록
   되어 있다.

5) 이는 위 국제사법 해설(2001)의 일부를 당시 神奈川大學(Kanagawa University)의 鄕田
   正萬 교수가 일본어로 발췌 번역하여 神奈川法學에 자료(一은 제39권 제2·3합병호
   (2007), 237면 이하)로 연재하였던 것을 묶어서 단행본으로 간행한 것이다.

박덕영(편), EU법 강의(2012), 제17장 EU 국제사법, 547-591면.

손경한 외, 국제사법 개정 방안 연구(법무부. 2014), 331-365면.

남효순 외, 일제 강점기 강제 징용 사건판결의 종합적연구(박영사. 2014), 39-146면.

정순섭·노혁준(편저), 신탁법의 쟁점 제2권(2015), 353-403면.

윤진수 집필대표, 주해친족법 제2권(박영사. 2015), 국제친족법 부분, 1555-1791면.

도시환 외, 한일협정 50년사의 재조명 Ⅴ(역사공간. 2016), 167-215면.

정홍식 외, 국제건설에너지법: 이론과 실무(박영사. 2017), 5-52면.

외 국[6]

공 저

South Korea Section, in Dennis Campbell (ed.), International Secured Trans-actions, Binder 2 (Oceana Publications, Inc., Dobbs Ferry, NY, 2004) (2010년과 2018년 개정판은 전우정 박사 공제).

Republic of Korea Section, in Transfer of Ownership in International Trace, 2nd Edition (Wolters Kluwer, 2011)(윤병철 변호사 공제), pp. 277-292.

木棚照一 編著, 知的財産の國際私法原則研究 ―東アジアからの日韓共同提案― (早稲田大学比較法研究所叢書 40. 2012) 일어 번역은 289-299면.

增田 晉(編), 環太平洋諸國(日·韓·中·米·豪)における外國判決の承認·執行の現狀(商事法務, 2014), 第一部 韓国, 27-74면.[7]

South Korea Section, in Jürgen Basedow et al., Encyclopedia of Private International Law (Edward Elgar, 2017), Vol. 3, pp. 2243-2252 / Vol. 4, pp. 3810-3821.

South Korea Section, in Adeline Chong (ed.), Recognition and Enforce-ment of Foreign Judgment in Asia, (ABLI, 2017), pp. 179-201.

Law Applicable to Infringement of Foreign Copyright under the Berne Convention and the Korean Act on Private International Law, in LIU

---

6) 일본과 중국의 한자는 우리 한자표기를 따랐다.

7) 이 부분은 저자의 강의안을 이후동 변호사가 일어로 번역한 것이다.

Kung-Chung (ed.), Annotated Leading Copyright Cases in Major Asian Jurisdictions (City University of Hong Kong Press. 2019), pp. 481-493.

Korea Section, in Daniel Girsberger et al., (eds.), Choice of Law in International Commercial Contracts (Oxford Private International Law) (2021), pp. 662-677.

편 저
국제채권양도협약연구(법무부, 2002)[8]

석광현·정순섭(공편), 국제금융법의 현상과 과제 1(소화, 2009)

UNCITRAL 담보권 입법지침 연구(법무부, 2010)[9]

역 서
UCP 600 공식번역 및 해설서(제6차 개정 신용장통일규칙)(대한상공회의소, 전국은행연합회. 2007)(UCP 600 공식번역 부분 공역)

오원석·최준선·석광현·허해관(공역), UNIDROIT 국제상사계약법원칙 2016 (법문사, 2018)

감 수
국제건설에너지법(이론과 실무) 제1권(국제건설에너지법연구회. 2017)/제2권 (국제건설에너지법연구회. 2019)

헤이그 국제상사계약 준거법원칙 해설 번역(사법연수원. 2017)

인코텀즈 2020 번역(대한상공회의소. 2019)

---

8) 법무부 책자에는 저자로 소개되어 있으나 이는 UNCITRAL의 자료에 크게 의존한 것이므로 편저로 분류한다.

9) 법무부 책자에는 저자로 소개되어 있으나 이는 UNCITRAL의 자료에 크게 의존한 것이므로 편저로 분류한다.

2. 논 문

국 내

10) 저자의 기발표 논문을 묶어서 간행한 책자들이 여럿 있는 탓에 이처럼 분류한다. 이는 통상의 연보와 다르나 연보도 독자들에게 도움이 되어야 한다는 생각에서 비롯된 것이다.

---

11) 이 논문의 원전은 "海上積荷保險契約에 있어 英國法 準拠約款과 관련한 法的인 問題点"이라는 제목으로 대한손해보험협회, 損害保險(1993. 12.), 19-33면에 수록되었는데 이는 저자가 단독 명의로 발표한 최초의 것이다.

---

12) 위 논문은 "Recognition in Korea of Japanese Judgments regarding Forced Labor Cases"라는 제목으로 번역되어 Korean Yearbook of International Law, Volume 2 (2014), pp. 129-174에 수록되었다. 이는 전문번역가의 번역이고 저자는 감수만 하였다.

13) 위 논문은 "Regulating Legal Relationships between South and North Koreans: Focus on Private Inter-regional Law Rules and Special Substantive Law Rules"라는 제목으로 번역되어 JUNG, Geung Sik 외 편, Distinguished Papers on Korean Law, Vol. 1 (Minsokwon Publishing Company, 2017), pp. 229-335에 수록되었다. 이는 전문번역가의 번역이고 저자는 감수만 하였다.

國際商事仲裁法研究 제1권 수록 논문

제1장 國際商事仲裁法의 기초이론

제2장 개정중재법의 주요 내용과 문제점 — 國際商事仲裁를 중심으로

제3장 國際商事仲裁에서 仲裁合意

제4장 國際商事仲裁에서 분쟁의 실체의 準據法 —우리 중재법의 해석론을 중
　　　심으로—

제5장 國際商事仲裁에서 중재판정의 취소 —우리 중재법의 해석론을 중심으로—

제6장 뉴욕협약에 따른 外國仲裁判定의 承認 및 執行

제7장 뉴욕협약상 중재합의의 몇 가지 문제점 —대법원 2004. 12. 10. 선고
　　　2004다20180 판결이 제기한 제출서류 및 중재합의의 방식요건을 중심
　　　으로—

제8장 外國仲裁判定에 기초한 執行判決과 청구이의사유의 주장 —대법원 2003.
　　　4. 11. 선고 2001다20134 판결에 대한 평석—

제9장 仲裁節次에서 法院의 역할

제10장 용선계약상 중재조항의 선하증권에의 편입 —대법원 2003. 1. 10. 선고
　　　2000다70064 판결에 대한 평석—

부록

[11] 한국 仲裁法

[12] 국제상사중재에 관한 UNCITRAL 모델법

[13] 외국중재판정의 승인 및 집행에 관한 국제연합협약(뉴욕협약)

[14] 제네바의정서와 제네바협약

國際商事仲裁法研究 제2권 수록 논문

제1장 구 중재법 하의 개정방향

[1] 중재법의 개정방향: 국제상사중재의 측면을 중심으로

[2] 중재법에 따른 외국중재판정의 승인·집행제도의 개선방안

제2장 2016년 중재법에 따른 변화

[3] 2016년 중재법의 주요 개정내용과 문제점

[4] 2016년 중재법에 따른 중재판정부의 임시적 처분: 민사집행법에 따른 보

國際私法과 國際訴訟 제1권-제6권·정년기념호와 國際商事仲裁法研究 제1권·제2권에 수록되지 않은 논문

• "國際航空機 리스에 관한 법적인 문제점", 대한변호사협회지(인권과 정의) 제195호(1992. 11.), 55-67면(조영균 변호사와 공저).[14] 이 글의 일부는 「國際私法과 國際訴訟」 제2권 [14] 移動設備에 대한 國際的 擔保權에 관한 UNIDROIT 協約에 포함시켰다.

• "貨換信用狀去來의 法律關係와 準據法", 무역상무연구 제Ⅸ권(1996. 2.), 153-186면. 이 글은 아래 3.과 함께 「國際私法과 國際訴訟」 제1권 [5] "貨換信用

---

14) 이 글은 저자가 변호사가 된 뒤에 처음으로 발표한 논문이다. 단독 명의의 것은 다른 것이다.

狀去來에 따른 法律關係의 準據法"으로 통합하였다.

- "貨換信用狀去來와 관련한 國際私法上의 몇 가지 문제점", 대한변호사협회지 (인권과 정의) 제218호(1994. 10.), 111-126면. 이 글은 위 2.와 함께 「國際私法과 國際訴訟」 제1권 [5] "貨換信用狀去來에 따른 法律關係의 準據法"으로 통합하였다.

- "國際商事仲裁에 있어서 實體에 적용할 準據法의 결정", 東泉 金仁燮 辯護士 華甲紀念論文集(1996), 522-535면. 다만, 이 글의 일부는 「國際私法과 國際訴訟」 제2권 [12] "改正仲裁法의 몇 가지 문제점 —國際商事仲裁를 중심으로—"에 포함시켰다.

- "民事 및 商事事件의 國際裁判管轄과 外國裁判의 承認 및 執行에 관한 헤이그協約 —1997년 6월 개최된 特別委員會 회의 참가보고를 겸하여—", 국제사법연구 제2호(1997), 115-152면.

- "國際裁判管轄의 몇 가지 문제점 —종래의 論議에 대한 批判的 考察—", 대한변호사협회지(인권과 정의) 제262호(1998. 6.), 32-44면.

- "民事 및 商事事件의 國際裁判管轄과 外國裁判의 承認 및 執行에 관한 헤이그協約 —1998년 3월 개최된 特別委員會 제2차 회의 참가보고서—", 저스티스 통권 제50호(1998. 12.), 141-160면.

- "間接的 國際裁判管轄(또는 承認管轄)", 국제사법연구 제4호(1999), 509-535면.

- "스왑去來의 法的 問題點", 民事判例研究[XXⅢ](2001), 647면-701면. 다만, 이 글의 일부는 「國際私法과 國際訴訟」 제2권 [13] "派生金融商品去來에 있어서의 一括淸算의 문제점과 倒産法의 개정"에 포함시켰다.

- "信用狀去來上의 銀行의 法的地位 —貨換信用狀去來의 法律關係—", 南孝淳·金載亨(共編), 金融去來法講義 Ⅱ(2001), 135-177면.

- "改正 國際私法의 總論的 問題", 法曹 통권 제536호(2001. 5.), 5-39면.

- "國際勤勞契約과 勤勞者保護 —改正 國際私法을 중심으로—", 노동법학(한국노동법학회지) 제13호(2001. 12.), 1-37면.

- "國際去來에서의 消費者保護 —改正 國際私法을 중심으로—", 心堂宋相現先生 華甲紀念論文集, 이십일세기 한국상사법학의 과제와 전망(2002), 701-734면.

- "國際的 保證의 諸問題", 한국무역상무학회, 무역상무연구 제17권(2002), 7-31면.
- "國際的인 證券擔保去來의 準據法 —PRIMA와 관련하여—", 증권법연구 제3권 제1호(2002), 97-137면, 조문은 339-365면.
- "국제물품매매협약 가입과 한국법에의 수용", 상사법연구 제21권 제2호(2002), 41-134면.
- "인터넷과 國際裁判管轄", 인터넷법연구 제2호(2003), 429-467면.
- "연지급신용장의 만기전 매입 또는 지급", 判例硏究 제17집(하)(서울지방변호사회, 2004), 86-112면.
- "신용장의 비서류적 조건의 유효성", 한국무역상무학회, 무역상무연구 제22권(2004), 137-171면.
- "항공기에 대한 국제적 담보거래 —케이프타운협약과 항공기의정서를 중심으로—", 국제거래법학회지 제12집(2004), 163-200면.
- "2005 헤이그법원선택합의협약", 국제사법연구 제11호(2005), 192-227면.
- "국제항공기금융에 관한 법적 문제점", BFL 제18호(2006), 62-75면(조영균 변호사와 공저).
- "국제물품매매계약에 관한 국제연합협약(CISG)상의 본질적 계약위반", 한양대 법학논총 제23집 제2호(2006), 437-479면.
- "UNIDROIT 문화재환수협약 가입절차와 유의점", 국제사법연구 제15호(2009), 324-378면.
- "1993년 헤이그국제입양협약(국제입양에 관한 아동보호 및 협력에 관한 헤이그협약)", 국제사법연구 제15호(2009), 421-492면.
- "국제자본시장법의 서론적 고찰 — 역외적용 및 역외투자자문업자등의 특례를 중심으로", 증권법연구 제11권 제2호(2010. 8.), 27-82면(정순섭 교수와 공저)
- "중간시안을 중심으로 본 국제재판관할에 관한 일본의 입법 현황과 한국의 입법 방향", 한양대학교 국제소송법무 제1호(2010), 29-65면.
- "國際勤勞契約의 準據法에 관한 韓國과 中國國際私法의 異同", 전북대학교 법학연구 제31집(2010. 12.), 301-326면.
- "국제물품매매협약(CISG)을 적용한 우리 판결의 소개와 검토", 국제거래법연

구 제20집 제1호(2011. 7.), 87-135면.

- "클라우드 컴퓨팅의 규제 및 관할권과 준거법", Law & Technology 제7권 제5호(2011. 9.), 3-48면.
- "국제지적재산권분쟁과 國際私法: ALI 원칙(2007)과 CLIP 원칙(2011)을 중심으로", 민사판례연구 제34집(2012), 1065-1130면.
- "국제아동탈취의 민사적 측면에 관한 헤이그협약", 서울대 법학 제54권 제2호(2013. 6.), 79-134면.
- "이혼 기타 혼인 관계 사건의 국제재판관할에 관한 입법론", 국제사법연구 제19권 제2호(2013. 12.), 101-145면.
- "FIDIC 조건을 사용하는 국제건설계약의 준거법 결정과 그 실익", 사법 제29호(2014. 9.), 4-67면.
- "국제친권·후견법의 동향과 국내입법과제", 서울대 법학 제55권 제4호(2014. 12.), 473-521면.
- "일제강점기 강제징용된 노동자들의 손해배상 및 임금 청구를 기각한 일본 법원 확정판결의 승인 여부", 판례실무연구 [XI](상)(사법발전재단, 2014. 11.), 513-557면.
- "헤이그 국제상사계약 준거법원칙", 서헌제 교수 정년기념논문집(2015. 2.), 279-320면.
- "국제적 불법거래로부터 문화재를 보호하기 위한 우리 국제사법(國際私法)과 문화재보호법의 역할과 개선방안", 서울대학교 법학 제56권 제3호(2015. 9.), 117-182면.
- "국제가사사건을 다루는 법률가들께 드리는 고언(苦言)", 가족법연구 제30권 1호(2016. 3.), 95-142면.
- "FIDIC 표준계약조건과 국내 민간건설공사 표준도급계약 일반조건의 비교", 국제거래법연구 제25집 제1호(2016. 7.), 31-89면
- "한국 국제거래법학의 과제", 성균관법학 제28권 제3호(2016. 9.), 53-103면.
- "한국 국제사법학의 과제", 국제사법연구 제22권 제2호(2016. 12.), 381-425면.
- "헤이그입양협약 비준을 위한 2016년 "국제입양에 관한 법률안"에 대한 검토", 가족법 연구 제31권 제1호(2017. 3.), 105-153면.

- "서울법대 국제사법·국제거래법 연구 70년", 별책 서울대학교 法學 제58권 제1호(2017. 3.), 391-426면. / 서울대학교 법과대학 72년 1946-2017(2018), 520-543면에도 수록
- "대마도에서 훔쳐 온 고려 불상의 서산 부석사 반환을 명한 제1심판결의 평석: 국제문화재법의 제문제", 국제사법연구 제23권 제1호(2017. 6.), 3-58면.
- "2018년 국제사법 전부개정법률안에 따른 국제재판관할규칙: 총칙을 중심으로", 동아대 국제거래와 법, 제21호(2018. 4.), 41-126면.
- "매매협약(CISG)이 적용되는 국제물품매매계약상 손해배상의 몇 가지 논점: 통화와 증명도로 본 통일 실질법의 사정범위(射程範圍)와 흠결의 보충", 국제거래법연구 제27집 제1호(2018. 7.), 1-42면.
- "2018년 국제사법 전부개정법률안에 따른 국제재판관할규칙: 각칙을 중심으로", 동아대 국제거래와 법, 제23호(2018. 10.), 41-146면.
- "2018년 국제사법 전부개정법률안에 따른 해사사건의 국제재판관할규칙", 해법학회지 제40권 제2호(2018. 11.), 7-91면.
- "헤이그입양협약 비준을 위한 2018년 "국제입양에 관한 법률안"에 대한 검토", 가족법연구 제33권 제1호(2019. 3.), 233-298면.
- "헤이그입양협약 비준을 위한 2018년 "국제입양에 관한 법률안"에 대한 검토", 가족법연구 제33권 1호(2019. 3.), 233-288면.
- "우리 법원의 IP 허브 추진과 헤이그 관할합의협약 가입의 쟁점", 국제사법연구, 제25권 제1호(2019. 6.), 223-273면.
- "우리 대법원 판결에 비추어 본 헤이그 관할합의협약의 몇 가지 논점", 국제사법연구 제25권 제1호(2019. 6.), 481-525면.
- "외국선박에 대한 선박우선특권의 제척기간과 행사방법의 성질결정과 준거법", 국제사법연구 제25권 제2호(2019. 12.), 361-400면.
- "외국도산절차의 승인에 관한 모델법과 EU규정의 비교: 한진해운 사건을 계기로", 국제거래법연구 제집 제2호(2019. 12.), 29-67면.
- "국제사법 제2조 제2항을 올바로 적용한 2019년 대법원 판결에 대한 평석: 일반관할과 재산소재지의 특별관할을 중심으로", 동아대 국제거래와 법 제29호(2020. 4.), 131-168면.
- "캘리포니아주 법원이 확인한 미국 중재판정의 승인·집행에서 그 대상, 중

재합의의 성립과 임의대리의 준거법", 사법발전재단, 2020년 가을호(53호) (2020. 9.), 307-352면.

- "2019년 헤이그 재판협약의 주요 내용과 간접관할규정", 국제사법연구 제26권 제2호(2020. 12.), 3-83면.
- "문화재의 국제적 불법거래 방지를 위한 한국의 노력과 역할: 문화재·문화유산의 개념 논의를 포함하여", 국제사법연구 제26권 제2호(2020. 12.), 221-291면.
- "선체용선의 대상인 선박보험계약에서 대리와 부당이득의 준거법", 경희법학 제56권 제1호(2021. 3.), 145-189면.
- "도산 관련 재판의 승인 및 집행에 관한 2018년 UNCITRAL 모델법의 소개와 우리의 입법방향-", 동아대 국제거래와 법 제33호(2021. 4.), 1-52면.
- "외국인 부부의 이혼사건에서 이혼·재산분할의 국제재판관할과 준거법", 안암법학 제62호(2021. 5.), 643-699면.
- "미국 연방파산법에 따른 회생계획인가결정의 한국에서의 승인", 양창수 교수 고희기념논문집 간행위원회, 自律과 正義의 民法學: 梁彰洙 교수 古稀기념논문집(2021), 555-585면.

외 국

- "The New Conflict of Laws Act of the Republic of Korea", Yearbook of Private International Law, Volume 5 (2003), pp. 99-141 and English translation of the Act, pp. 315-336.
- "Max-Planck-Institute Proposal on International Jurisdiction in Intellectual Property Matters: Some Observations from the Korean Law Perspectives", 早稻田大學21世紀COE《企業法制と法創造》總合研究所,《企業法制と法創造》제1권 제4호(통권 제4호)(2005. 3.), pp. 343-349.
- "Some Observations on the Chinese Private International Law Act: Korean Law Perspective", Zeitschrift für Chinesisches Recht (2011), pp. 105-115.
- "Comparative Analyses of the Chinese Private International Law Act and the Private International Law Act of Chinese Taipei: Korean Law Perspective", 中國 國際法評論 제4권(2013. 6.), pp. 46-76.

- "Recognition and Enforcement of Foreign Judgments in the Republic of Korea", Yearbook of Private International Law, Volume 15 (2013/2014), pp. 421-437.
- "Korea's Accession to the Hague Child Abduction Convention", Family Law Quarterly, Volume 48, No. 2, Summer 2014, pp. 267-282.
- "Harmonization of Private International Law Rules in Northeast Asia", 日本 國際法外交雜誌, 제114권 제1호(2015. 6.), pp. 1-26.
- "Recognition and Enforcement of Judgments between China, Japan, South Korea in the New Era: South Korean Law Perspective", Frontiers of Law in China, Vol. 13 No. 2 (2018. 6.), pp. 171-201.
- "Introduction of Detailed Rules of International Adjudicatory Jurisdiction in Korea: Proposed Amendments of the Private International Law Act", (일본) 国際私法年報 第19号(2018. 6.), pp. 2-25.
- "Private International Law Issues on Cross-border Surrogacy Agreement under Korean Law", Nomos No. 43 (2018. 12.), Kansai University, pp. 83-106.
- "Comparison between the UNCITRAL Model Law and the EU Regulation in the Context of the Recognition of Foreign Insolvency Proceedings: with an Emphasis on the Recent Hanjin Shipping Case", Alexander Bruns *et al.*, Legal Theory and Interpretation in a Dynamic Society (Germany, Nomos. 2021), pp. 169-199.

3. 기타 저술

國際私法과 國際訴訟 제1권-제6권·정년기념호와 國際商事仲裁法硏究 제1권·제2권에 수록되지 않은 짧은 글[15][16]

- "중재법 개정안에 대한 관견", 법률신문 제2822호(1999. 9. 20.).

---

15) 아래 적은 것 외에 회장 재임기간 중 국제거래법연구(2년 4차례)와 국제사법연구(4년 8차례)의 권두에 적은 간행사들이 있다.

16) 법률신문에 수록된 글의 경우 면수를 생략한다. 대체로 11면, 12면 또는 14면에 수록되었다.

- "국제재판관할합의의 유효요건으로서의 합리적인 관련성", 법률신문 제3129호(2002. 12. 9.).
- "통합도산법시안 중 국제도산에 관한 검토의견", 법률신문 제3148호(2003. 2. 20.).
- "연지급신용장의 만기전 매입 또는 지급", 법률신문 제3230호(2003. 12. 29.).
- "UN국제물품매매협약(CISG)에의 가입을 환영하며", 법률신문 제3245호(2004. 2. 23.).
- "2003 분야별 중요판례 분석(국제거래법 분야)", 법률신문 제3281호(2004. 7. 8.).
- "상법(해상편) 개정안과 國際私法的 思考의 빈곤", 법률신문 제3415호(2005. 12. 1.).
- "대한상사중재원의 2007년 「국제중재규칙」에 관하여", 법률신문 제3547호(2007. 4. 19.).
- "국제사법상의 선결문제", 법률신문 제3665호(2008. 7. 14.).
- "외국회사의 법인격 부인(否認)",[17] 법률신문 제3680호(2008. 9. 8.).
- "국제물품매매협약(CISG)을 다룬 최초의 우리 판결", 법률신문 제3754호(2009. 6. 15.).
- "국제물품매매협약(CISG)을 다룬 최초 우리 판결의 항소심판결", 법률신문 제3781호(2009. 9. 28.).
- "日·韓·中間の民事司法共助條約の締結を提案する", Asian Focus, Kanagawa University, Institute for Asian Studies, Vol. 1 特別寄稿(2009. 10.).
- "헤이그증거협약 가입을 환영하며", 법률신문 제3806호(2010. 1. 4.).
- "국제항공운송사고로 인한 손해배상과 국제사법적 사고의 빈곤", 법률신문, 제3816호(2010. 2. 8.).
- "사기에 의하여 획득한 외국중재판정의 승인과 공서위반", 법률신문 제3880호(2010. 10. 14.).
- "중국의 國際私法 제정을 환영하며", 법률신문 제3891호(2010. 11. 25.).
- "서태지·이지아 사건과 국제가족법", 법률신문 제3937호(2011. 5. 23.).

---

17) 원래 저자가 법률신문사에 보낸 글의 제목에는 뒤에 "대법원의 국제사법적 사고의 빈곤"이 포함되어 있었으나 황당하게도 법률신문사 편집부에서 그 부분을 무단 삭제하였다.

- "국제소송에서 입증의 정도의 성질결정과 준거법", 법률신문 제3954호(2011. 7. 25.).
- "외국 소재 동산 소유권이전의 준거법과 대법원판결들의 오류", 법률신문 제 3960호(2011. 8. 18.).
- "2012년 개정 입양특례법과 국제사법적 사고의 빈곤", 법률신문 제4037호 (2012. 6. 7.).
- "국제분쟁해결의 기본법인 국제사법(國際私法) 개정안의 소개", 국회도서관, 포커스 입법논단, Vol. 467, 20-23면(2019. 3.).
- "구름빵 사건과 저작권의 국제적 보호", 법률신문 제4885호(2021. 4. 26.).
- "전자상거래법의 역외적용과 국제사법(國際私法)상 소비자의 보호", 법률신 문 제4904호(2021. 7. 5.).
- "국제거래법학회 창립 30주년의 회고(回顧): 국제거래법학에 관한 단상(斷 想)", 국제거래법연구 제30집 제2호(2021. 12.).[18]

기 타

용역보고서[19]

- 국제연합 국제상거래법위원회의 국제거래에서의 채권양도에 관한 협약의 검 토, 법무부 용역보고서(2002).
- 국제연합 국제상거래법위원회의 국제거래에서의 채권양도에 관한 협약과 관 련한 국내법적 검토, 법무부 용역보고서(2002).
- 헤이그국제사법회의 「민사 및 상사사건의 국제재판관할권과 외국재판에 관 한 협약(안)」의 검토, 법무부 용역보고서(2003).
- 헤이그국제사법회의의 외국 공문서의 인증요건 폐지에 관한 협약, 외교부 보 고서(2003).
- 김문환 외, 외국 판결의 승인 집행에 관한 국제규범과 우리의 대응방안, 법원 행정처, 2008년 연구용역(한국국제사법학회. 공동연구원).
- 이규호 외, 민사사법공조 관련 국제규범의 국내 이행 방안 연구, 법원행정처, 2011년 연구용역(한국국제사법학회. 공동연구원).

---

18) 유감스럽게도 학회지에 게재된 글에 페이지가 없다.
19) 위 목록에는 누락된 것이 여럿 있다.

- 손경한 외, 국제적 집단피해에 대한 사례별 구제방안 연구 ─최종보고서─ (법무부, 2014)(한국국제사법학회 · (사)기술과 법 연구소).
- 석광현 · 이규호 「1995년 UNIDROIT 협약」 가입 영향 검토 및 국내법 개정안 연구, 국외소재문화재단 정책연구 ─ 2005-002 (2015)(중앙대학교 산학협력단).
- 석광현 외, 헤이그국제아동입양협약 가입 추진방안 연구, 2012년 보건복지부 연구용역 보고서(2012).
- 석광현 · 이병화, 헤이그국제아동탈취협약상 법률지원시스템 구축에 관한 연구용역 최종보고서(2016. 10. 31.).
- 석광현, 채무자회생 및 파산에 관한 법률 제5편(국제도산법)의 개선에 관한 연구, 2019년도 법무부 연구용역 과제보고서(2019)(한국국제사법학회).
- 한민 · 석광현, 2018 · 2019 도산 관련 UNCITRAL 모델법 입법 방안 연구 (2020)(이화여자대학교 산학협력단).

4. 학술대회 · 학회 발표
국 내
- "해외차입(현지금융 포함)의 실무와 법적인 문제점", 상사법학회(1998. 7. 1.).
- "국제계약법", 한국국제사법학회(1998. 11. 28.).
- "파생금융상품거래에 있어서의 일괄청산의 문제점과 도산법의 개정", 국제거래법학회(1998. 11. 21.).
- "Recognition and Enforcement of Foreign Judgments and Arbitral Awards in Korea", The 16th Biennial LAWASIA Conference (1999. 9. 9.).
- "스왑거래의 법적 문제점", 민사판례연구회(2000. 8. 11.).
- "涉外私法 改正法律案의 검토 ─總則과 法人─", 한국국제사법학회(2000. 11. 25.).
- "국제근로계약과 근로자 보호 ─개정 국제사법을 중심으로─", 노동법학회 (2001. 6. 22.).
- "유럽연합(EU)의 倒産節次에 관한 규정", 한국국제사법학회(2001. 7. 27.).
- "해상적하보험증권상의 영국법 준거약관에 따라 영국법이 규율하는 사항의 범위", 서울지방변호사회 판례연구회(2001. 10. 17.).

- "國際的 保證의 諸問題", 무역상무학회(2001. 12. 14.).

- "국제적인 신디케이티드 론 거래와 어느 대주은행의 파산 ― 대법원 2001. 12. 24. 선고 2001다30469 판결", 민사판례연구회(2002. 6. 17.).

- "국제물품매매협약 가입과 한국법에의 수용", 상사법학회(2002. 7. 4.).

- "우리 기업의 海外證券 발행과 관련한 법적인 미비점과 개선방안", 증권법학회(2002. 9. 12.).

- "인터넷과 國際裁判管轄", 한국인터넷법학회(2002. 9. 28.).

- "韓國에서의 中國法院 裁判의 承認 및 執行", 中國政法大學(2003. 2. 21.).

- "항공기에 대한 국제적 담보거래 ―케이프다운협약과 항공기의정서를 중심으로―", 국제거래법학회(2003. 3. 27.).

- "國際去來와 약관의규제에관한법률의 적용", 한국국제사법학회(2003. 5. 30.).

- "한국에 있어서 신용장거래와 사기의 원칙", 한양대 법과대학·中國 政法大學 국제학술대회(2004. 2. 6.).

- "사기에 의한 외국판결 승인의 공서위반 여부와 상호보증 ―대법원 2004. 10. 28. 선고 2002다74213 판결―", 민사판례연구회(2005. 6. 20.).

- "국제적 채권양도의 준거법", 국제거래법학회(2005. 10. 27.).

- "國際的 訴訟競合 ―서울지방법원 2002. 12. 13. 선고 2000가합 90940 판결―", 서울지방변호사회 판례연구회(2005. 11. 16.).

- "2005 헤이그법원선택합의협약", 한국국제사법학회(2005. 11. 25.).

- "채무자회생 및 파산에 관한 법률(이른바 統合倒産法)에 따른 國際倒産法의 개관", 민사소송법학회(2006. 9. 30.).

- "대한상사중재원의 2007년 국제중재규칙의 주요내용과 그에 대한 평가", 한양대학교 법학연구소 국제소송법연구센터 제3차 국제학술행사(2007. 11. 16.).

- "한국인 간에 일본에서 체결된 근로계약의 준거법", 민사판례연구(2008. 1. 21.).

- "1993년 헤이그입양협약", 한국국제사법학회·한국가족법학회(2009. 12. 19.).

- "UNIDROIT 문화재환수협약 가입절차와 유의점", 한국국제사법학회 국제문화재법연구회(2009. 9. 5.).

- "海事國際私法의 몇 가지 문제점 ― 準據法을 중심으로", 한국국제사법학회·한국해법학회(2009. 8. 28.).

- "중간시안을 중심으로 본 국제재판관할에 관한 일본의 입법 현황과 한국의

입법 방향", 한양대학교 BK21 국제소송법제 및 국제중재법제 연구사업팀 (2010. 2. 25.).

- "한국 중재법제상의 문제점과 발전 방안: 국제상사중재를 중심으로", 한국중재학회(2010. 10. 18.).
- "외국중재판정의 승인·집행제도의 개선방안", 한국국제사법학회·대한상사중재원(2010. 10. 29.).
- "국제근로계약의 준거법에 관한 한국과 중국 국제사법의 異同", 한국경영자총협회·전북대학교 법학전문대학원(2010. 12. 3.).
- "국제지적재산권분쟁과 국제사법 — ALI 원칙(2007)과 EMPG 최종안을 중심으로", 민사판례연구회(2011. 8. 27.).
- "한국에서 행해지는 ICC 중재에서 ICC 중재규칙과 한국 중재법의 상호작용", 한양대교 법학연구소 국제소송법연구센터(2011. 9. 16.).
- "헤이그 국제(아동)입양협약 가입과 개정 입양특례법", 보건복지부(2011. 11. 18).
- "한국의 國際裁判管轄規則의 입법에 관하여", 한국국제거래법학회·일본국제경제법학회(2012. 9. 1.).
- "外國會社의 영업소 등에 대한 管轄과 영업활동에 근거한 管轄", 한국국제사법학회·한양대학교 BK21 국제소송법제 및 국제중재법제 연구사업팀(2012. 9. 8.).
- "헤이그국제(아동)입양협약 가입에 관한 제문제", 유엔아동권리협약 한국 NPO 연대(2012. 9. 12.).
- "강제징용배상에 관한 일본판결의 승인 가부", 대한변호사협회·한국국제사법학회·ILA, Korea Branch (2012. 11. 14.).
- "국제후견친족법의 동향과 국내입법과제 친권과 미성년후견", 新アジア家族法三國會議(2012. 11. 24.).
- "이혼 기타 혼인관계 사건의 국제재판관할에 관한 입법론", 한국국제사법학회(2013. 5. 30.).
- "국제건설계약과 國際私法: FIDIC 조건을 사용하는 경우 준거법의 결정과 그 실익을 중심으로", 국제거래법학회 국제건설법연구회(2014. 3. 11.).
- "동시상장 등 자본시장의 국제화에 따른 國際私法 문제의 서론적 고찰", 한

국국제사법학회(2014. 5. 29.).

- "국제재판관할과 외국판결의 승인 및 집행 ─ 입법과 판례", 한국국제사법학회(2014. 6. 18.).
- "국제적 집단피해소송의 재판관할, 원고적격 및 외국판결의 승인·집행", 한국국제사법학회·ILA 한국본부(2014. 10. 7.).
- "FIDIC 조건과 국내 민간건설공사 표준도급계약 일반조건의 비교", 국제건설법연구회(2016. 3. 14.).
- "서울법대 국제사법 국제거래법 연구 70년", 서울대학교 법과대학/법학전문대학원(2016. 10. 13.).
- "국제민상사분쟁해결에 관한 동아시아법의 현황과 미래 ─조화와 통일의 관점에서─", 한국법학원(2016. 10. 20.).
- "한국 국제거래법학의 과제", 성균관대학교 법학전문대학원(2016. 8. 30.).
- "Proposed Amendments of the Private International Law Act of Korea", Ministry of Justice of Korea·Judicial Research & Training Institute of Korea·Hague Conference on Private International Law (2017. 7. 4.).
- "손해배상을 명한 외국재판의 승인과 집행: 2014년 민사소송법 개정과 그에 따른 판례의 변화를 중심으로", 한국국제사법학회(2017. 8. 24.).
- "한국의 헤이그국제사법회의 협약 시행의 현황과 장래의 과제 ─중국의 헤이그협약 시행현황과 발전방향", 중국국제사법학회·한국국제사법학회(2017. 10. 28.).
- "국제라이선스계약의 준거법", 서울대학교 법학연구소(2017. 12. 21.)
- "UNCITRAL이 한국법에 미친 영향과 우리의 과제", 한국비교사법학회·법무부(2018. 8. 24.).
- "2018년 국제사법 전부개정법률안에 따른 해사사건의 국제재판관할규칙", 한국해법학회(2018. 4. 20.).
- "2018년 국제사법 개정안에 따른 국제재판관할규칙", 법무부 공청회(2018. 2. 27.).
- "매매협약(CISG)이 적용되는 국제물품매매계약상 손해배상의 몇 가지 논점: 통화와 증명도로 본 통일 실질법의 사정범위와 흠결의 보충", 민사판례연구회(2018. 6. 18.).

- "국제사법에 대한 헌법의 영향", 한국법학원 주관 / 대법원·헌법재판소·법무부 등 공동주최(2018. 10. 19).
- "국제사법(私法)에서 '준거법 지정에 갈음하는 승인': EU의 논의를 중심으로", 서울대학교 학술연구교육상(연구부문) 수상 기념 강연, 서울대학교 법학전문대학원(2018. 11. 29.).
- "Cross-Border Insolvency Law Issues under the UNCITRAL Model Law Regime: Korea's Recent Experiences", 7th Freiburg-SNU Law Faculties Seminar (2019. 9. 25.).
- "외국도산절차의 승인에 관한 모델법과 EU규정의 비교: 한진해운 사건을 계기로", 채무자회생법학회·서울지방변호사회(2019. 11. 15.).
- "우리 법원의 IP 허브 추진과 헤이그 관할합의협약 가입의 쟁점", 한국국제사법학회와 사법정책연구원(2019. 4. 26.).
- "문화재의 국제적 불법거래 방지를 위한 한국의 노력과 역할", 한국국제사법학회 외 (2020. 10. 22.).
- "헤이그재판협약의 주요내용과 간접관할규정", 한국국제사법학회·사법정책연구원(2020. 7. 2.).

외 국[20)

- "한국의 국제물품매매계약에 관한 국제연합협약(CISG) 가입에 관하여", 일본 국제거래법 포럼(동경. 2006. 7. 15.).[21)]
- "Some Observations on the Chinese Private International Law Act: Korean Law Perspective", 中國社會科學院(CASS) 國際法硏究所(2010. 11. 20.).
- "Comparative Analyses of the Chinese Private international Law Act and the Taiwanese Private International Law Act: Korean Law Perspective", Chinese Society of Private International Law · International Law Faculty of CUPL (2011. 10. 23.).

---

20) 저자는 한일 국제사법 전문가들 간의 연구회와 한중 국제사법학회의 공동학술대회에서 통역을 이용하여 여러 차례 일본과 중국에서 한국어로 발표한 바 있으나 이들은 외국에서 한 발표에 포함시키지 않았다. 다만 중국 延邊大學校에서 한 발표는 아래와 같이 적어 두었다.
21) 발표는 영어로 하였으나 정확한 영문 제목을 적어 두지 않아 이렇게 적는다.

- "Harmonization or Unification of Private International Law Rules in Northeast Asia", International Law Association (2011. 5. 31.).

- "Comparative Analysis of the Choice-of-Law Rules for Contract in Northeast Asia", Doshisha University (Kyoto) Japan (2013. 10. 10.).

- "Harmonization of Private International Law Rules in Northeast Asia", 日本國際法學會(2013. 10. 12.).

- "韓中司法共助(協助)의 實踐現況과 改善方案", 延邊大學校(2014. 10. 11).

- "Korean Perspectives on the (International) Collection of Child Support Recovery of Child Support and Family Maintenance in Asia-Pacific and Worldwide", Hague Conference on Private International Law (2015. 11. 9.).

- "Introduction of Detailed Rules of International Adjudicatory Jurisdiction in Korea: Proposed Amendments of the Private International Law Act", 日本國際私法學會(2016. 6. 5.).

- "On Several Issues of the Hague Choice of Court Convention, Global Forum on Private International Law", Ministry of Foreign Affairs of the People's Republic of China·Wuhan University of Institute of International Law (2017. 9. 23.).

- "Recognition and Enforcement of Judgments between China. Japan and South Korea in the New Era", 中國人民大學(2017. 12. 19.).

- "Legal Issues on Assisted Reproductive Technology under Korean Law: with a Focus on Cross-Border Surrogacy", 大阪 關西大學 法學研究所 (2018. 1. 23.).

차례 개요

차 례

제1장 한국 국제사법의 역사와 헤이그국제사법회의

[3] 이호정 선생님의 국제사법학

제 2 장   UNCITRAL의 작업과 비교법

[4] UNCITRAL이 한국법에 미친 영향과 우리의 과제

제 3 장   헌법과 국제사법

[5] 국제사법에 대한 헌법의 영향

제 4 장 국제회사법

[7] 국제적 기업인수계약의 준거법을 다룬 하급심 판결에 대한 평석: 주주총회의 특별결의를 요구하는 상법 규정은 국제적 강행규정인가

제 5 장   국제계약법

[8] 국제라이선스계약의 준거법 결정에서 당사자자치의 원칙과 그 한계: FRAND 선언을 통한 라이선스계약의 성립 여부를 포함하여

[9] 국제금융거래에서 제3국의 외국환거래법과 국제적 강행규정의 적용: IMF 협정 제Ⅷ조 2(b)를 포함하여

제 6 장 국제민사소송

제 7 장 외국 국제사법

[13] 스위스의 국제사법 再論

제 8 장   유럽연합의 국제사법

[14] 국제사법에서 준거법의 지정에 갈음하는 승인: 유럽연합에서의 논의와 우리 법에의 시사점

제 9 장 국제사회보장법

[15] 외국인에 대한 사회보장법의 적용: 외인법에서 저촉법인 국제 사회보장법으로

제1장

한국 국제사법의 역사와 헤이그국제사법회의

[1] 한국 국제사법 70년 변화와 전망

前 記

이 글은 저자가 청헌 김증한 교수 30주기 추모논문집(2018), 1177면 이하에 게재한 글을 다소 수정·보완한 것이다. 정치(精緻)한 국제재판관할규칙을 담은 국제사법 개정법률(개정법)이 2022. 1. 4. 공포되어 7. 5. 발효된다. 그 결과 준거법규칙을 담은 조문도 번호가 변경되기에 아래에서는 개정법의 조문을 일부 언급하였다.

Ⅰ. 머리말

여기에서는 한국의 국제사법 분야에서 1948년 이후 현재까지 약 70년간 입법과 판례 및 학설 등을 통하여 변화, 발전해 온 과정을 살펴보고, 현행 국제사법("현행법")의 내용과 문제점을 지적한 뒤에 그 개선방안을 논의한다. 따라서 연대기적 서술을 배제할 수 없으나 이는 다른 기회에 다루었으므로[1] 연대기적 서술을 줄이고 가급적 쟁점 중심으로 논의한다.

현재 세계에는 200개가 넘는 상이한 법질서(또는 법제)가 병존한다. 어떤 법질서 내에서 제기되는 법률문제는 그 법질서 내에서 해결할 수 있으나, 하나의 법질서를 넘어 다른 법질서와 접점이 있는 사안(즉 외국적 요소가 있는 사안)의 경우 법질서 간의 저촉을 어떻게 해결할지가 문제된다. 국제사법은 이처럼 상이한 법질서(그와 함께 그의 기초를 이루는 법문화)의 병존으로부터 발생하는 저촉을 조정하는 역할을 하므로[2] 한국 사회의 국제화가 심화될수록 그 중요성이 커지는

---

[1] 석광현, "한국 국제사법학의 과제", 국제사법연구 제22권 제2호(2015. 12.), 381면 이하 참조. 국제사법학 일반의 과제는 장준혁, "국제사법학의 과제", 성균관법학 제28권 제3호(2016. 9.), 105면 이하 참조. 다만 한국 국제사법학 또는 국제사법학 일반의 과제에 관한 컨센서스는 없다. 석광현, "서울법대 국제사법·국제거래법 연구 70년", 별책 서울대학교 법학, 제58권 제1호(2017. 3.), 391면 이하는 서울법대에 한정된 논의이다.

[2] 국제사법의 과제는 "외국적 요소가 있는 법률관계에서 사적(私人)인 행위주체가 가지는

대표적 법영역이다. 종래 '국제사법' 내지 '국제사법학'의 범위에 관하여는 다양한 견해가 있으므로 본론에 앞서 국제사법의 개념과 영역을 살펴본다(Ⅱ.).

Ⅱ. 국제사법의 개념과 영역

국제사법의 개념은 다의적인 탓에 국제사법(또는 국제사법학)의 정체성에 대한 혼란이 있고 그에 대한 접근이 어렵게 되는 면이 있다. 따라서 이 글에서 사용하는 국제사법의 개념과 영역을 우선 정리하고 후속 논의를 하고자 한다.

1. 국제사법의 개념

① 협의의 국제사법(또는 저촉법)[3]은 준거법 결정원칙을 말하고, ② 광의의 국제사법은 협의의 개념에 국제재판관할과 외국재판의 승인 및 집행을 더한 것이다. ③ 최광의의 국제사법은 광의의 국제사법에 국제민사사법공조를 더한 것이다.[4] ④ 더 넓게는 광의(또는 최광의)의 국제사법에 국제상사중재법, 국제도산법과 국적법을 포함시키기도 한다. 이를 정리하면 아래와 같다. 여기에서는 최광의(③-1)로 사용한다.

① 협의	② 광의	③ 최광의	④ 더 넓은 개념
준거법 결정원칙	협의+국제재판관할 +외국재판의 승인 및 집행[5]	③-1: 광의+국제민사사법공조 ③-2: 광의+국제상사중재법+ 국제도산법	③-1(최광의) + 국제상사중재법+국제도산법[6]

권리를 판단함에 있어서 다양한 사법(私法)의 병존으로 인하여 달리 판단하는 것으로부터 보호하는 것"이고, 이를 달성하는 방법은 다양한데 주된 것은 ① 전속적 국제재판관할, ② 법관에 의한 준거법의 지정과 ③ 승인이라고 한다. Jürgen Basedow, "Das Prinzip der gegenseitigen Anerkennung im internationalen Wirtschaftsverkehr", Normann Wiutzlerb et al. (Hrsgs.), Festschrift für Dieter Martiny zum 70. Geburtstag (2014), S. 246 (Paulo Picone, "*Les méthode de coornination entre ordres juridiques en droit international privé*", *Recueil des Cours*, 276 (1999) p. 9 *et seq.*를 인용하면서).

3) 실질법이라 함은 법적용규범인 저촉법(또는 국제사법)에 대비되는 개념으로, 우리 민·상법과 같이 저촉법(또는 국제사법)에 의하여 준거법으로 지정되어 특정 법률관계 또는 쟁점을 직접 규율하는 규범을 말한다.

4) 스위스 국제사법처럼 국제민사사법공조 대신 국제상사중재법과 국제도산법을 포함시킬 수도 있다. 석광현, 국제사법과 국제소송, 제1권(2001), 479면 이하 참조.

5) 이는 주로 영미법계의 태도이다.

2. 국제사법의 영역

여기에서는 국제사법을 최광의(③-1)로 이해하므로 그에는 법질서 간의 저촉이 발생하는 국면에 따라 ① 국제재판관할, ② 준거법, ③ 외국재판의 승인 및 집행과 ④ 국제민사사법공조가 포함된다.[7] 여기에서 논의의 중심인 협의의 국제사법(②)은 주로 실체법 영역을, '광의의 국제사법'(협의의 국제사법 이외의)(①, ③, ④) —또는 '국제민사소송법' 내지 '국제민사절차법'— 은 주로 절차법 영역을 다룬다. 협의의 국제사법은 대응하는 실질법 영역에 따라 민법(채권법과 친족법 등), 상법(회사법 등), "자본시장과 금융투자업에 관한 법률"("자본시장법"), 노동법, "독점규제 및 공정거래에 관한 법률"("독점규제법")과 지식재산권법 등 광범위한 영역을 포함한다. 그에 상응하여 국제사법 분야를 세분할 수 있다(국제채권법, 국제친족법, 국제회사법, 국제자본시장법, 국제독점규제법과 국제지식재산권법 등).

다양한 영역의 국제사법을 다루자면 대응하는 실질법에 대한 지식이 필요하므로 당해 실질법 영역의 전문가가 관련된 국제사법 논점을 다루는 것이 바람직하다. 그러나 대부분의 한국 실질법(특히 實質私法) 전문가들은 외국법 연구는 활발히 하지만 이는 당해 실질법 분야의 해석론과 입법론을 위한 것일 뿐 정작 언제 그 외국법이 적용되는지(즉 한국법과 외국법의 적용범위의 획정)에는 관심이 없다. 한국에서는 이처럼 외국법 연구와 국제사법 연구가 연계되지 않는 현상이 두드러지는데, 이는 한국에서 국제사법이 본연의 위상을 찾지 못하는 큰 이유 중의 하나이다.

Ⅲ. 지난 70년간 한국 국제사법 분야의 주요 사건

여기에서는 지난 70년간 있었던 한국 국제사법 분야의 주요 사건과 그에 따른 변화를 개관한다. 그의 구체적 내용은 아래(Ⅳ.)에서 논의한다.

---

6) 여기에 국적법을 추가하면 최광의보다 더 넓은 국제사법 개념이 된다. 프랑스 국제사법 문헌들은 그런 태도를 취한다. 예컨대 Pierre Mayer/Vincent Heuzé, *Droit international privé*, 10e *édition* (2010), p. 657 이하 참조.

7) 소송절차의 진행상으로는 ④가 ③보다 먼저 제기된다.

1. 일본 법례의 의용과 섭외사법의 제정

우리나라의 저촉규범은 ① 1912. 3. 28.부터 일왕(日王)의 칙령 제21호에 의하여 우리나라에 의용(依用)된 일본 법례, ② 광복 후 군정법령 제21호[8])를 거쳐 한국 제헌헌법 부칙 제100조에 의하여 "현행법령"으로서 한국 법질서에 편입된 일본 '법례(法例)'(1898. 6. 21. 법률 제10호),[9]) ③ 1962. 1. 15. 제정 및 시행된 섭외사법과 ④ 2001. 7. 1. 시행된 국제사법으로 변화하였다.

1962년 제정된 섭외사법은 일부 비송사건(실종선고 등)의 재판관할을 제외하면 준거법 결정원칙만을 규정하는데 황산덕 교수의 통렬한 비판처럼[10]) 처음부터 낙후된 것이었다.

2. 1993년 한국국제사법학회의 창립과 학술활동

이호정 교수님과 최공웅 판사님을 중심으로 한 한국국제사법학회("국제사법학회")는 1993. 3. 27. 창립되었고 2016년 1월 사단법인이 되었다(창립을 위한 작업에는 김문환 교수와 손경한 변호사의 노고가 컸는데 두 분은 뒤에 국제사법학회 회장을 여러 차례 역임하는 등 한국 국제사법학의 발전에 크게 기여하였다). 국제사법학회는 국제사법과 국제민사절차법은 물론 비교사법 분야를 연구영역의 하나로 명시한다. 외국사법 및 국제사법을 위한 막스플랑크연구소의 예에서 보듯이 국제사법 연구는 외국사법 또는 비교사법의 연구와 병행해야 하기 때문이다.[11]) 국제사법학회는 1999년 현행법 성안과 2018년 국제사법 전부개정법률안("개정법률안") 성안을 주도하였다. 국제사법학회는 1995년 12월 창간호를 간행한 이래 2017년 말 제23권 제2호까지 국제사법·국제소송법 전문지로서 학회지(國際私法研究)를 간행하였다. 또한 국제사법학회는 일본 국제사법학자들과 20년 이상 교류하고

---

8) 미군정 1945. 11. 2. 군정법령 제21호(제1조) 참조.

9) 이호정, 국제사법(1981), 74면; 김용한·조명래, 국제사법, 전정판(1992), 78면.

10) 황산덕, "嚴肅한 態度로 立法을 하라", 사상계(1958. 12.), 176면 이하 참조. 그러나 이런 비판은 전혀 고려되지 않은 채 초안 내용대로 통과되었는데 이는 "당시 실무가들의 학계에 대한 무관심과 함께 섭외사법의 중요성에 대한 인식이 결여된 이유도 있을 것"이라고 한다. 최공웅, "섭외사법 개정의 의의와 특징(상)", 법률신문 제2971호(2001. 4. 19), 19면. 김진, "섭외사법의 공표를 보고", 고시계(1962. 3.), 125면은 섭외사법 공표 후 헌 신[짝] 같은 법에 대해 해설 운운하는 것은 너무나 학문에 대한 모욕이라고 하였다.

11) 국제사법학회에서 비교사법 분야의 연구가 많이 부족한 것은 아쉬운 일이다.

있는데 이는 한일 학자들 간에 친목을 도모하고 양국 국제사법규범의 이해를 제고하는 데 기여하였다. 2015년 9월 일본과 학회 차원의 교류를 시작하여 제1차 학술대회를 개최하였다.[12] 또한 국제사법학회는 2011년 중국 국제사법학회와 학술교류를 하기로 합의하고, 서울에서 제1회 공동학술대회를 개최한 이래 2017년 10월까지 양국에서 번갈아 공동학술대회를 개최하였다. 장래에는 국제교류의 범위를 더 확대할 필요가 있다.

3. 1997년 헤이그국제사법회의 및 헤이그협약 가입과 판사의 파견[13]

섭외사법과 달리 국제사법은 국제재판관할이 국제사법의 과제임을 명시한다. 한국은 1997년 8월 헤이그국제사법회의("헤이그회의")에 가입하였고 2018년 5월 현재 헤이그회의가 채택한 제 협약("헤이그협약") 중 4개 헤이그협약의 당사국이다. 이는 ① 1965년 "민사 또는 상사의 재판상 및 재판외 문서의 해외송달에 관한 협약"("송달협약"), ② 1961년 "외국공문서에 대한 인증의 요구를 폐지하는 협약"("아포스티유협약"), ③ 1970년 "민사 또는 상사의 해외증거조사에 관한 협약"("증거협약")과 ④ 1980년 "국제적 아동탈취의 민사적 측면에 관한 협약"("탈취협약")이다.[14] 이제 한국에서 국제사법은 국제재판관할, 준거법, 외국재판의 승인 및 집행과 국제민사사법공조를 포함하는 법영역이라는 인식이 정착되었다.

주목할 것은 대법원이 헤이그회의에 판사를 꾸준히 파견하여 헤이그회의와의 협력을 강화하고 판사들의 국제사법에 대한 이해를 제고하는 점이다. 2010년 8월 처음 박정훈 판사가, 이어서 정하경 판사(2013), 김윤종 판사(2014), 황인준 판사(2015), 장지용 판사(2016), 2017년 8월에는 차승우 판사가, 2018년 7월에는

---

12) 원칙적으로 매 2년마다 행사를 하기로 하였으나 2019. 6. 15. 4년만에 나고야에서 제2회 공동학술행사를 개최하였다. 그에 관한 보고는 석광현, "이호정 선생님의 국제사법학", 자유주의자 李好珽의 삶과 학문(2019), 55면, 註 89 참조. [밑줄 친 부분은 이 책에서 새로 수정한 것이다.]

13) 한국의 헤이그협약 가입의 개관은 석광현, "한국의 헤이그국제사법회의 가입 20주년을 기념하여: 회고, 현상과 전망", 동아대학교 국제거래와 법, 제19호(2017. 8.), 69면 이하 참조.

14) 탈취협약은 한국이 가입한 가족법 분야의, 그리고 준거법과 관련된(준거법을 직접 규정하지는 않지만) 최초이며 가입 시 이행법률을 제정한 유일한 헤이그협약이다. 근자에는 반환거부사유를 판단한 대법원 2018. 4. 17. 2017스630 결정이 나왔다.

강동원 판사가, 2019년 8월에는 최윤정 판사가, 2020년 8월에는 조수진 판사가 파견되어 근무하였고, 2021년 8월에는 이혜민 판사가 파견되어 2022년 초 현재 근무 중이다. [밑줄 친 부분은 이 책에서 새로 추가한 것이다.] 이는 한국 국제사법의 발전을 위한 법원의 귀중한 투자로서 큰 의의가 있다. 이런 투자가 있었기에 2017년 7월초 서울에서 "HCCH Asia Pacific Week 2017"을 개최할 수 있었다.[15] 장래에는 헤이그 근무 경험을 가진 판사들이 한국 국제사법의 발전에 크게 기여할 것으로 믿는다.

4. 2001년 섭외사법의 전부 개정과 국제사법의 시행

2001년 7월 시행된 국제사법은 섭외사법의 낙후성을 극복하고 20세기 유럽 국제사법이 이룩한 성과를 대폭 수용한 것으로 한국 국제사법의 역사에 큰 획을 긋는 획기적 입법이다. 2001년 국제사법의 특징으로는 ① 완결된 국제사법 체제의 지향과 법의 흠결의 보충, ② 국제사법상 양성평등의 실현, ③ 국제재판관할에 관한 규정의 확대와 특칙의 도입, ④ '가장 밀접한 관련' 원칙의 관철, ⑤ 탄력적인 연결원칙의 도입, ⑥ 본국법주의의 유지와 연결점으로서의 상거소(일상거소)(2021. 12. 9. 국회를 통과한 국제사법 전부개정법률안 제3조 제1항은 현재의 상거소를 '일상거소(habitual residence)'라고 개정하였는데 국제사법과 같은 기본법에서 영어를 병기하는 것은 실로 의외이다. 이하 양자를 호환적으로 사용한다)[밑줄 친 부분은 이 책에서 새로 추가한 것이다.] 개념의 도입, ⑦ 소비자계약과 근로계약 및 부양의무의 준거법에서 보듯이 사회·경제적 약자의 보호라는 실질법적 가치의 고려, ⑧ 당사자자치의 확대와 ⑨ 조약의 고려 등을 열거할 수 있다.[16] 유럽 국제사법 기타 국제규범을 주로 참조한 국제사법이 시행됨으로써 한국은 국제적 정합성이 강화된 국제사법규범을 가지게 되었고,[17] 이는 일본의 법례 개정[18]과 중국의 섭외민

---

15) 법무부와 외교부의 지원이 주효하였음은 물론이다.

16) 상세는 법무부, 국제사법 해설(2001), 11면 이하; 석광현, 2001년 개정 국제사법 해설 (2001), 15면 이하 참조. 장준혁, "준거법에 관한 국제사법의 2001년 개정과 후속 판례의 회고", 국제사법연구 제20권 제1호(2014. 6.), 172면은 (총론에서) 실체법 내의 공법적 요소를 의식적으로 고려한 점과 유연한 연결원칙을 도입한 점을, (각론에서) 계약, 불법행위에서 행위지법주의를 완화하고 속인적 연결을 포함하는 다양한 대안을 모색한 점과 광의의 인법 문제의 연결점으로 국적 대신 거소가 부각된 점을 2001년 개정의 주안점으로 든다.

17) 다만 국제사법 제6장(친족)에 관하여는 아직도 일본법의 영향이 크다.

18) 일본은 2006년에 법례를 "법의 적용에 관한 통칙법"으로 개정하였고 이는 2007년 1월 발

사관계법률적용법의 제정19)에도 영향을 주었다고 본다. 다만 계약 준거법에 관하여 유럽연합을 지나치게 추수하였다는 비판이 가능하나 반드시 그런 것은 아니다.20) 물론 장래에는 한국적 국제사법규범을 정립해 가야 한다.

특히 국제사법상 양성평등의 원칙을 실현한 것은 2000년대 이후 국제혼인과 국제이혼의 증가라는 현상의 발생에 앞서 선제적으로 문제를 해결한 것으로서 높이 평가할 만하다.21) 만일 개정이 없었더라면, 한국에 정착한 외국 남성과 한국 여성 간의 재판상 이혼에서 이혼의 준거법은 남편의 본국법인 외국법이라(섭외사법 제18조) 양성평등의 원칙에 위반되었을 것이고, 법원으로서는 외국법 적용에 따르는 어려움을 겪어야 했을 것이다.

5. 외국재판의 승인 및 집행에 관한 법제의 정비

가. 2002년 민사소송법 제203조의 개정과 민사집행법의 제정

2002년 7월 분리되기 전 구 민사소송법은 독일과 일본 민사소송법의 영향을 받은 것으로 외국판결의 승인은 제203조에서, 외국판결의 집행은 제476조와 제477조에서 각각 규율하였다. 구 민사소송법이 분리되면서 민사소송법 제203조는 제217조가 되었고 외국판결의 집행에 관한 조문은 민사집행법(제26조와 제27조)에 편입되었다. 2002년 발효된 개정 민사소송법은 관할요건과 송달요건을 개

효되었다. 김문숙, "일본의 법례개정과 남겨진 과제 —법의 적용에 관한 통칙법의 제정에 관하여—", 국제사법연구 제12호(2006), 462면 이하 참조.

19) 중국의 섭외민사관계법률적용법은 2011년 4월 발효되었다. 이에 관하여는 국제사법연구 제17호(2011), 3면 이하 수록 특집논문들 참조. 개관은 Weizuo Chen, China, Encyclopedia of Private International Law, Vol. 3 (2017), p. 1970 이하 참조. 조문의 국문번역은 석광현, 국제사법 해설(2013), 678면 이하 참조. (이하 위 책을 "Encyclopedia, Vol. *" 으로 인용한다). [밑줄 친 부분은 이 책에서 새로 추가한 것이다.]

20) 예컨대 국제적 강행규정에 관한 제6조와 제7조를 총칙에 둔 점, 계약의 객관적 준거법을 규정하면서 '특징적 이행(급부)'이라는 용어를 사용하지 않은 점(제26조), 소비자계약의 범위를 확대하고 전자상거래를 고려한 점(제27조), 일반적 예외조항을 둔 점(제8조), 채권양도의 제3자에 대한 효력과 채무인수의 준거법을 명시한 점(제34조) 등에서 로마협약과 다르다. 그 중 일부는 스위스 국제사법의 영향을 받은 것이다.

21) 국제혼인의 증가는 국제화·개방화라는 시대적 변화, 혼인적령기 여성의 부족과 이를 해결하기 위한 1990년대 이후 추진된 농촌총각 장가보내기 운동, 국제결혼 중개업체의 증가와 외국인 근로자의 증가 등 다양한 원인에 기인한다. 다만 국제결혼을 했다가 이혼하는 부부가 근자에 많이 감소하였는데 이는 법무부의 국제결혼 안내프로그램의 효과라고 한다. http://www.legaltimes.co.kr/news/articleView.html?idxno=40412 참조(2018. 6. 2. 방문).

정하였다. 구 민사소송법 제203조 제1호의 '재판권'은 '국제재판관할'로 수정되었
는데, 이는 2001년에 국제사법이 '국제재판관할'이라는 용어를 도입하고 그 기준
을 제시한 덕에 가능하였다.[22) 또한 당시 브뤼셀협약[23)을 고려하여 국적에 관
계없이 패소한 피고의 방어권을 보장하고자 송달의 적법성과 적시성을 명시하
였다.[24)

나. 2014년 민사소송법 제217조의 개정과 제217조의2의 신설 및 민사집행법 의 개정

2014년 5월 민사소송법(제217조)과 민사집행법(제26조와 제27조)이 각각 개
정되면서 2002년 개정 시 제외되었던 승인요건들이 개정되었다. 즉 ① 승인대상
이 확정재판으로 확대되었고, ② 공서요건과 ③ 상호보증요건을 보다 친절하게
풀어썼으며,[25) ④ 손해배상에 관한 판결의 승인을 다룬 제217조의2가 신설되었
다. 제217조의2는 외국법원의 부당한 재판으로부터 국내기업을 보호하기 위한
조치로서 국회의 주도 하에 신설된 것이다.

6. 남북한 주민 간의 법률관계에 관한 법제의 정비

남북한 주민 간의 교류가 활발해짐에 따라 다양한 남북한 법률관계(정확히는
"남북한 주민 간의 법률관계". 이하 이런 의미로 사용한다)가 형성되고, 그 과정에서
광의의 국제사법 논점들(즉 국제재판관할, 준거법과 외국판결의 승인 및 집행의 문제

---

22) 그러나 일본은 2011년 정치한 국제재판관할규칙을 민사소송법에 도입하였으면서도 민사
  소송법 제118조 제1호의 '재판권'을 존치하고 있는데 이는 입법의 미비라고 본다.
23) 이는 유럽공동체의 1968년 "민사 및 상사사건의 국제재판관할과 외국판결의 승인·집행
  에 관한 협약"을 말한다. 브뤼셀협약은 2002년 3월 이사회규정, 즉 '브뤼셀 I' 또는 '브뤼
  셀 I 규정'으로 전환되었다가, 다시 '브뤼셀 I recast'로 전환되어 2015. 1. 10.부터 적용
  된다.
24) 1998년 11월 당초 법원행정처가 제시한 민사소송법 개정안과 민사집행법 초안은 외국판
  결의 승인 및 집행에 관한 개정을 거의 외면하였다. 필자는 이를 시정하고자 1998년 12
  월 "外國判決의 承認 및 執行—民事訴訟法 改正案(제217조)과 民事執行法 草案(제25조,
  제26조)에 대한 管見"이라는 글을 법원행정처에 제출하였고 그 중 일부가 입법에 반영되
  었다. 당초 개정안과 실제 개정법이 크게 다른 것은 이런 배경 때문이다. 석광현(註 4),
  408면 이하 참조.
25) 결국 제217조 제1항 제4호는 "상호보증이 있거나 상호보증이 있을 것"이라는 취지가 된
  다. 대법원 2004. 10. 28. 2002다74213 판결이 이미 상호보증의 의미를 그런 취지로 판시
  하였기 때문이다. 석광현, 국제사법과 국제소송, 제5권(2012), 263면 이하 참조.

와 국제민사사법공조)과 유사한 법적 문제들이 발생한다. 만일 북한이 남한의 일
부라면 남북한 법률관계는 남한의 국내적 법률관계가 되고, 반대로 북한이 외국
과 같다면 남북한 법률관계는 통상의 국제적 법률관계가 될 것이나 양자 모두
만족스럽지 않다. 올바른 해결방안은 준국제사법적 접근방법이므로 정치한 준국
제사법규칙을 정립해야 한다.26)27) 또한 남북한 법률관계를 규율하는 준거법 결
정에 있어 헌법 제3조와 제4조만을 논의하나 평등의 원칙을 정한 헌법 제11조
—이는 국제사법의 헌법적 기초이다28)— 도 함께 고려해야 한다. 다만 준국제사
법적 해결은 남한법 또는 북한법을 선택하는 것이므로 이를 보완하기 위하여 실
질법의 특례를 도입해야 한다. 예컨대 국회는 2007년 "북한이탈주민의 보호 및
정착지원에 관한 법률"(북한이탈주민법) 제19조의2를 도입하였고, 2012년 "남북
주민 사이의 가족관계와 상속 등에 관한 특례법"("남북가족특례법")이 정한 중혼
과 상속재산의 관리와 반출에 관한 특례를 도입하였다. 남북가족특례법(제4조)은
재판관할을 규정하는데, 초안에는 광의의 준국제사법적 논점을 다룬 조문들이
있었으나 제4조 외에는 모두 삭제되었다. 이는 유감인데 조문이 없더라도 해석
론으로 동일한 결론을 도출해야 할 것이다.

IV. 종래 제기되었던 한국 국제사법상의 주요 쟁점

여기에서는 종래 제기된 한국 섭외사법과 국제사법상의 주요 쟁점을 소개
하고(중점은 협의의 국제사법에 있다) 개선점을 논의한다. 개선점에는 장래의 과제
가 부분적으로 포함될 수 있고, 기타 장래 과제는 아래(V.)에서 논의한다.

---

26) 석광현, "남북한 주민 간 법률관계의 올바른 규율: 광의의 준국제사법규칙과 실질법의 특
　　례를 중심으로", 국제사법연구 제21권 제2호(2015. 12.), 335면 이하 참조. 다양한 쟁점은
　　이효원, 통일법의 이해(2014) 참조.
27) 대법원 1990. 9. 28. 89누6396 판결은 북한에도 한국 주권이 미치고 북한주민도 남한주민
　　이라고 보아 남한 저작권법의 효력이 북한에도 미친다고 보았다. 그러나 유독 지식재산권
　　에 관해서만 준국제사법적 접근을 포기할 이유는 없다. 또한 북한에서 '조선작가동맹'이
　　아니라 저자가 저작권을 취득할 수 있는지 검토해야 한다.
28) 안춘수, "외국법 적용의 근거", 국제사법연구 제3호(1998), 564면 이하; 안춘수, "헌법, 국
　　제사법 그리고 가족법—독일 학설, 판례 및 입법의 변화와 우리 국제사법의 현 위치—",
　　가족법연구 제18권 제2호(2004. 7.), 359면 이하; Jan Kropholler, Internationales Privat-
　　recht, 6. Auflage (2006), S. 25. 평등의 원칙으로부터 구체적인 국제사법규칙을 도출할
　　수는 없으나 국제사법규칙이 동 원칙에 반해서는 아니 된다.

1. 국제재판관할

국제사법학회는 2011년 6월 법무부에 "국제사법 개정 촉구 결의문"을 보내어 정치한 국제재판관할규칙을 국제사법에 도입할 것을 촉구하였고 법무부는 2014년 6월 위원회를 구성함으로써 개정작업에 착수하게 되었다.[29] 국제사법학회의 결의 배경은 아래와 같다.

가. 재산법상의 사건[30]

재산법상의 사건에 관하여 과거 법원은 일본 판례를 따라 '4난계 접근방법'을 취하였으나, 국제사법 제2조의 신설을 계기로 독자노선을 걷기 시작하였다. 그런 태도를 정립한 것은 도메인이름에 관한 대법원 2005. 1. 27. 2002다59788 판결이다. 동 판결은 새로운 추상적 법률론을 정립하였다. 그러나 근자에는 국제재판관할의 유무는 누구도 예측하기 어려운 쟁점이 되었다. 국제사법 제2조를 신설하면서 우리는 법원이 정치한 국제재판관할규칙을 정립해 나갈 것으로 기대하였으나 대법원은 사안의 모든 사정을 고려하는 '사안별 분석'을 거쳐 원하는 결론을 내리고 있으며 그 과정에서 토지관할규정은 아예 배제되거나 법원이 고려할 요소 중 하나로 전락하였다.

한편 종래 전속적 국제재판관할에 관한 논의가 부족하나 대법원 2011. 4. 28. 2009다19093 판결은 "법원은 다른 국가의 특허권 부여행위와 그 행위의 유효성에 대하여 판단할 수 없으므로 등록을 요하는 특허권의 성립에 관한 것이거나 유·무효 또는 취소 등을 구하는 소는 일반적으로 등록국 또는 등록이 청구된 국가 법원의 전속관할로 볼 수 있으나, 그 주된 분쟁 및 심리의 대상이 특허권의 성립, 유·무효 또는 취소와 관계없는 특허권 등을 양도하는 계약의 해석과 효력의 유무일 뿐인 그 양도계약의 이행을 구하는 소는 등록국이나 등록이 청구된 국가 법원의 전속관할로 볼 수 없다"고 판시하였다. 이는 전향적 태도로서 타당하므로 개정법(제10조 제1항 제4호)은 이를 따른다.

---

29) 한국국제사법학회는 법무부의 요청에 따라 용역보고서, 즉 손경한 외, 국제사법 개정 방안 연구(2014)를 간행하였다. 또한 전기에 적은 바와 같이 개정 국제사법이 2022. 1. 4. 공포되어 2022. 7. 5. 발효될 예정이다. [밑줄 친 부분은 이 책에서 새로 추가한 것이다.]
30) 이를 '재산권상의 사건', '재산상의 사건' 또는 '재산사건'이라고 한다.

나. 가사사건

대법원은 재산법상의 사건에서는 4단계 접근을 하였으나 가사사건에서는(주로 혼인관계사건) 다른 접근방법을 취하였다. 그러나 2001년 국제사법(제2조)이 발효된 후 대법원 판례의 태도는 분명하지 않다. 대법원이 가사사건의 국제재판관할에 관하여 지침을 제시하지 못한 결과 하급심 판결의 혼란을 야기하였고 상당한 법적 불안정성을 초래하였다.[31]

2. 준거법

여기에서는 필자가 의미가 있다고 생각하는 쟁점만 추려서 논의한다.[32]

가. 국제사법의 적용대상인 섭외사건의 범위에 관한 논란

종래 섭외적 생활관계의 개념을 외국적 요소가 포함된 모든 사법적 생활관계 또는 외국관련이 있는 사법관계(私法關係)를 의미하는 것으로 넓게 이해하는 견해(광의설)와, 단순히 외국적 요소를 포함하고 있는 것만으로는 부족하고 외국적 성격이 상당한 정도에 이르러 그 관계에 막연히 국내법을 적용함은 부당하고 국제사법을 적용하는 것이 합리적이고 타당하다고 할 경우에 한한다고 하여 좁게 파악하는 견해(협의설)[33]가 있다. 필자는 국제사법이론상 연결점으로 승인되고 있는 당사자의 국적, 주소, 거소, 상거소, 행위지, 이행지, 불법행위지, 물건의 소재지, 등록지, 법인의 본거지 등의 점에서 외국관련이 있는 때에는 일단 '외국적 요소'가 있는 섭외사건으로 보고, 다만 그러한 섭외사건이 연결원칙을 정한 국제사법 개별 조문의 적용대상인가를 판단함에 있어서는 당해 조문의 해석의 문제로서 그러한 외국적 요소가 의미 있는 것인가(relevant한가)를 판단해야 한다고 본다.

흥미롭게도 대법원 2008. 1. 31. 2004다26454 판결은, "국제사법 제1조를 보면 거래 당사자의 국적·주소, 물건 소재지, 행위지, 사실발생지 등이 외국과 밀접하게 관련되어 있어 <u>곧바로 내국법을 적용하기보다는 국제사법을 적용하여</u>

---

31) 상세는 석광현(註 19), 96면 이하 참조. 대법원 2014. 5. 16. 선고 2013므1196 판결은 위 2005년 대법원판결의 추상적 법률론을 설시하고 결론을 내렸을 뿐이고 이혼사건의 국제재판관할규칙에 관하여 구체적 지침을 제시하지 않았다.

32) 장준혁(註 16), 79면 이하도 참조.

33) 학설 대립은 석광현(註 4), 203면 참조. <u>윤진수(편), 주해상속법 제2권(2019), 1280면 이하(장준혁 집필부분)는 소수설을 취한다.</u> [밑줄 친 부분은 이 책에서 새로 추가한 것이다.]

그 준거법을 정하는 것이 더 합리적이라고 인정되는 법률관계에 대하여는 국제
사법의 규정을 적용하여 준거법을 정하여야 한다"는 취지로 판시하였다. 대법원
2014. 12. 11. 2012다19443 판결도 같다. 그러나 첫째, 합리성 기준은 국제사법
상 명문의 근거가 없다. 둘째, "국제사법을 적용하여 그 준거법을 정하는 것이
더 합리적이라고 인정되는가"라는 판단기준도 불분명하다. 셋째, 판단과정에서
법원의 자의(恣意)가 개입할 여지가 있다. 특히 법원이 '합리성의 기준'을 대법원
1979. 11. 13. 78다1343 판결(카타르 사건)34)35)의 결론을 정당화하는 도구로 사
용할 우려가 있다.

나. 준거법인 외국법 불명 시의 처리: 법원(法源)에 관한 민사상의 대원칙?

외국법 불명 시의 처리에 관하여 대법원은 민법(제1조)이 정한 성문법-관습
법-조리의 3단계구조를 법원(法源)에 관한 민사상의 대원칙으로 보면서 최후의
보루로 조리에 의할 것이라고 판시하고 '근사법(近似法)'을 조리의 내용으로 본

---

34) 대법원은 카타르에서 근무 중 동료 근로자가 초래한 교통사고로 인하여 피해를 입은 근
로자가 고용자인 회사를 상대로 사용자책임을 물은 사건에서 한국법이 준거법이라고 보
았는데 그런 결론을 도출하기 위하여 당해 사건의 섭외사건성을 부정한 점에서 문제가
있다. 이러한 연결원칙의 원조는 미국 뉴욕주 대법원(Court of Appeal)의 Babcock v.
Jackson (1963) 사건 판결이었다. 191. N.E. 2d. 279. 소개는 최종길, "불법행위의 준거
법", 저스티스 제10권 제1호(1972. 12.), 86면; 이호정(註 9), 307면, 상세는 오승윤, "불법
행위 준거법에 관한 뉴욕주의 주요 판례", 국제사법연구 제4호(1999), 129면 이하 참조.
최종길 교수는 당초 1962년에 "한국 실질법 및 국제사법에 있어서 이혼"(Tsche, Chong
Kil, Die Scheidung im koreanischen materiellen und internationalen Privatrecht,
1961)이라는 논문으로 박사학위를 받았다. 서울 법대에서 최종길 교수가 아니라 이호정
교수가 국제사법을 담당하게 된 이유는 알지 못한다. MPI, Hamburg 도서관에 들어가
"Köln: Pulm, [1961], 137 S."는 확인하였으나 목차는 보이지 않는다. [밑줄 친 부분은
이 책에서 새로 추가한 것이다.]
35) 1970. 11. 24. 서울민사지방법원은 월남에서 일어난 한국군인 사이의 총기오발사고를 원
인으로 한 손해배상청구소송에서 한국법을 적용하면서 이론을 전개하였는데 이는 당시
미국에서 국제사법을 공부하고 돌아온 민병국 판사가 Babcock 사건 판결의 이론전개를
응용한 기발한 판결이었다고 한다. 최공웅, "韓國國際私法의 回顧와 展望(上)", 법률신문
제2316호(1994. 6. 2.), 14면. 이에 이어 대법원의 카타르사건 판결이 나왔다. 이에 대해
"위 大法院判決은 急變하는 現代社會에 있어서 涉外私法의 古典的인 원칙을 그대로 적용
할 수 없는 경우에 具體的으로 타당성 있는 결론을 내리기 위해 價値指向的인 국제사법
의 새로운 方法論을 제시한 것으로 중요한 의미를 갖는다"는 평가도 있다. 위, 최공웅, 14
면. 그러나 필자는 대법원이 섭외성을 부정한 것은 큰 잘못이므로, 위 대법원판결이 새로
운 방법론을 제시하였다고 높이 평가하는 것도 잘못이라고 본다. 석광현(註 4), 200면 이
하 참조.

다. 근사법을 적용하는 점은 필자도 지지하지만, 대법원이 조리에 이르는 과정에서 대법원이 한국 민법(제1조)이 정한 성문법-관습법-조리의 3단계구조를 외국 법질서에도 타당하다고 본 것은 잘못이다. 문제된 사안에서는 준거법이 중국법(대법원 2000. 6. 9. 98다35037 판결) 또는 미국 연방법(대법원 2003. 1. 10. 2000다70064 판결)이었다. 중국에는 최고인민법원의 사법해석이 있고 미국에는 판례법이 있으므로 민법의 법원이론을 외국법질서에도 적용할 것은 아니다. 그러나 리비아법이 준거법인 사건에서 위의 설시가 다시 나타났다. 독립적 보증을 다룬 대법원 2021. 7. 8. 선고 2017다218895 판결에서는 준거법이 리비아법이었다. 위 판결에서 대법원은 위의 설시를 답습하였는데 이는 아마도 대륙법계 국가라고 보았기 때문일 것으로 짐작되나 과연 그러한지 나아가 샤리아법이 法源인지도 검토할 필요가 있다. [밑줄 친 부분은 이 책에서 새로 추가한 것이다.]

다. 대법원의 성질결정에 대한 의문: 소송촉진 등에 관한 특례법상의 연체이자[36)]

채권의 준거법이 외국법인 사건에서 우리 법원이 소송촉진 등에 관한 특례법("특례법")을 적용하여 연 15%의 비율에 의한 지연손해금의 지급을 명할 수 있는가. 대법원 1997. 5. 9. 95다34385 판결은 지연손해금은 준거법에 따를 사항이라고 판시하였다. 그러나 지연손해금은 당사자의 권리·의무에 관한 것이므로 실체에 속하지만, 특례법상의 지연손해금은 한국에서의 소송촉진이라는 소송정책적 고려에 기하여 부과하는 소송상 제도이므로 법정지법인 한국법에 따를 사항이라고 본다.[37)] 다만 소송촉진을 이유로 연 15%(과거 20%)의 과도한 지연손해금을 부과하는 예는 흔치 않고 그 타당성은 의문이므로 준거법이 외국법인 사건에서 특례법의 적용은 신중해야 한다.

라. 국제적 강행규정 개념의 도입

2001년 시행된 국제사법(제7조, 개정법 제20조)은 국제적 강행규정의 개념을 도입하였다. 즉 외국법이 준거법으로 지정되더라도 그의 입법 목적에 비추어 준거법에 관계없이 적용되어야 하는 법정지인 한국의 강행법규는 여전히 적용된

---

36) 국제소송에서 증명도의 성질결정은 아래(12.)에서 논의한다.
37) 석광현(註 4), 47면 참조. 이헌묵, "원본채권 준거법이 외국법인 경우 지연손해금 지급 여부", 법률신문 제3966호(2011. 9. 8), 12면도 동지.

다. 종래 학설·판례도 이를 인정하였으나 국제사법은 그 취지를 분명히 하고 그것이 국제사법적 판단의 결과임을 명시한다. 국제적 강행규정은 연원에 따라 '법정지의 국제적 강행규정', '준거법 소속국의 국제적 강행규정'과 '제3국의 국제적 강행규정'으로 구분되는데 우리 국제사법은 법정지(제7조, 개정법 제20조)와 준거법 소속국의 국제적 강행규정(제6조, 개정법 제19조)에 관하여 규정하나, 제3국의 국제적 강행규정에 관하여는 규정하지 않으므로 그에 관하여는 장래 깊이 있는 연구가 필요하다.[38]

　　대외무역법, 외국환거래법, 독점규제법 및 문화재보호법 등 공법적 규범이 국제적 강행규정에 해당하나, 특별사법도 국제적 강행규정이 될 수 있다. 양자와 양친의 자격을 정한 입양특례법의 규정이 대표적 사례이다.[39] 사법(私法) 분야에서 논란이 된 것은 약관규제법과 대리상의 보상청구권을 규정한 상법 제92조의2인데, 판례[40]는 국제적 강행규정성을 모두 부정하였다. 약관규제법이 국제적 강행규정이라고 주장하자면 준거법에도 불구하고 적용되기 위한 요건을 제시해야 한다. 그렇지 않다면 국제적 강행규정이라는 주장은 공허하다.

　　근자에 원고인 한국 회사가 한국인에게 베트남 자회사의 지분을 양도한 뒤 주주총회의 특별결의가 없었음을 이유로 그의 무효를 주장하고 지분 반환을 구한 사건에서 서울고등법원 2017. 1. 17. 2016나2015158 판결은 '회사가 영업의 중요한 일부의 양도' 행위를 할 때에는 주주총회 특별결의를 거치도록 규정하는 구 상법 제374조 제1항 제1호는 국제사법 제7조 소정의 국제적 강행규정이라고 판단하였다. 법원은 만약 그렇지 않다면, 한국 회사의 주요 자산을 해외로 처분하면서 그 양도계약의 당사자가 그와 같은 구 상법 규정이 없는 국가의 법을 준거법으로 선택할 경우 위 조항의 적용이 배제되어 그 입법목적을 달성할 수 없

---

38) 학설은 신창선·윤남순, 新國際私法 제2판(2016), 279면 이하; 석광현, "국제적 불법거래로부터 문화재를 보호하기 위한 우리 국제사법(國際私法)과 문화재보호법의 역할 및 개선방안", 서울대학교 법학 제56권 제3호(2015. 9.), 150면, 각주 122 참조. <u>상세는 김민경, "국제계약에서 국제적 강행규정에 관한 연구", 서울대학교 대학원 법학박사학위논문 (2022. 2.), 227면 이하 참조.</u> [밑줄 친 부분은 이 책에서 새로 추가한 것이다.]

39) 이는 국제입양에 관한 아래 (IV.2.(10)) 참조.

40) 전자는 대법원 2010. 8. 26. 2010다28185 판결; 대법원 2015. 3. 20. 2012다118846(본소), 2012다118853(반소) 판결, 후자는 서울고등법원 2005. 1. 14. 2004나14040 판결 참조. 양자는 필자가 전부터 주장했던 견해이다. 전자의 평석은 석광현, "영국법이 준거법인 한국 회사들 간의 선박보험계약과 약관규제법의 적용 여부", 저스티스 통권 제149호(2015. 8.), 196면 이하 참조.

게 되는바, 이런 결과는 한국 회사법 질서의 근간을 해하는 것으로서 용인될 수 없다고 설명하였다. 법원이 지분양도계약이 특별결의의 결여로 무효라는 결론은 타당하나, 그 근거를 구 상법 조문의 국제적 강행규정성에서 구한 것은 잘못이 다.[41] 지분양도계약이 무효인 근거는, 주주총회 특별결의의 요부는 회사법의 쟁점으로서 원고의 속인법인 한국법이 규율할 사항이고 결의 없이 한 행위는 한국 법상 무효이기 때문이다.

마. 예외조항을 적용한 최초의 대법원 판결: 편의치적선에서 선박우선특권의 준거법

대법원 2014. 7. 24. 2013다34839 판결[42]은 편의치적선의 경우 예외조항(국제사법 제8조 제1항, 개정법 제21조 제1항)을 적용하여 국제사법(제60조 제1호)에도 불구하고 선박우선특권의 준거법으로 선적국법의 적용을 거부하고 한국법을 적용하였다. 이는 예외조항을 최초로 적용한 대법원 판결이다. 이 사건의 결론은 옳을 수 있으나 그 결론이 편의치적에 관한 기존 대법원판결들과 정합성이 없고, 예외조항에 의하여 적용되는 한국법이 규율하는 사항의 범위를 명확히 하지 않은 점에서 아쉬움이 있다. 예외조항은 준거법 결정과정에서 불확실성을 도입하는 것이나, 이는 최밀접관련국법을 적용한다는 국제사법의 대원칙을 관철하기 위한 것으로 부득이하다. 다만 위 대법원 판결의 결론은 편의치적에 일반화할 수 있는 것은 아니다. 제8조 제1항의 예외적 성격을 충분히 고려하여 엄격한 요건 하에서만 예외를 허용해야 한다.

바. 숨은 반정을 인정한 대법원 판결과 국제사법의 정의(正義)

국제사법에 의하여 외국법이 준거법으로 지정된 경우 당해 외국의 저촉법규정이 한국법으로 반정하는 것은 '명시적 반정'이다. 한편 외국의 국제재판관할 규정 등에 숨겨져 있는 저촉법규정이 한국법으로 반정하는 것이 '숨은 반정 (hidden *renvoi*)'이다. 영미 국제재판관할규칙은 어떤 경우 자국 법원이 관할을 가지는지를 규정하고, 관할이 있으면 법정지법을 준거법으로 적용하는데 이런

---

41) 반면에 특허법원 2017. 11. 10. 2017나1919 판결은 이 점을 제대로 판단하였다.

42) 평석은 석광현, "편의치적에서 선박우선특권의 준거법 결정과 예외조항의 적용", 국제거래법연구 제24집 제1호(2015. 7.), 139면 이하 참조.

관할규칙에는 법정지법이 준거법이라는 저촉규칙이 숨겨져 있다는 것이다. 대법원은 숨은 반정을 인정하였다. 즉 한국에 거주하는 미국인 부부 쌍방이 모두 선택에 의한 주소(domicile of choice)를 한국에 형성한 상태에서 남편이 처를 상대로 이혼, 친권자 및 양육자지정 청구의 소를 제기한 사안에서, 대법원 2006. 5. 26. 2005므884 판결[43]은, 국제사법(제39조, 제37조 제1호와 제3조 제3항, 개정법 제66조, 제64조 제1호와 제16조 제3항)에 의하면 이혼의 준거법은 미주리 주법인데 미주리 주법과 미국의 국제사법에 관한 일반원칙에 의하면 한국 법원에 제기된 이혼, 친권자 및 양육자지정청구에 관해서는 원·피고의 현재 주소가 소속된 법정지 법률이 준거법이 되므로, 국제사법 제9조 제1항을 유추적용한 '숨은 반정'의 법리에 따라 법정지법인 한국 민법을 적용해야 한다고 판시하였다.

여기에서 의문이 제기된다. 첫째, 숨은 반정을 허용하려면 당해 외국의 국제재판관할규칙에 따라 한국이 관할을 가져야 하는데 그것이 전속관할이어야 하는가이다. 둘째, 위 사건에서 미주리 주법을 적용할 경우 결론이 바뀌었을 것이라면 그것이 숨은 반정의 허용 여부에 영향을 미치는가. 국제사법이 추구하는 정의와 국제사법의 기능은 무엇인가, 반정의 허용은 그에 부합하는가 등 국제사법의 근본쟁점에 대해 성찰할 수 있는 기회였는데 대법원이 이를 살리지 못한 아쉬움이 있다. 숨은 반정은 우리 아동의 미국 입양에서도 문제되는데 가정법원이 이를 제대로 고려하는지 의문이다.

사. 적하보험계약에서 준거법의 분열을 인정한 대법원 판결의 일관성

준거법의 분열에 관한 규정이 없던 섭외사법 하에서 대법원은 보험계약의 준거법 분열(또는 분할)을 인정하였다. 이는 당사자자치의 원칙을 존중한 전향적 태도이나 약관의 유형별로 분석할 필요가 있다. 즉 영국법준거약관이 사용된 적하보험계약의 경우 실무상 세 가지 유형이 있다. 첫째, 당사자가 "<u>본건 보험계약은 영국의 법과 실무에 따른다</u>"[44]는 문언, 둘째, "<u>이 보험증권상 발생하는 모든 책임문제는 영국의 법률과 관습에 의하여 규율되어야 한다</u>"[45]는 문언과, 셋째,

---

43) 평석은 석광현, "2006년 국제사법 분야 대법원판례: 정리 및 해설", 국제사법연구 제12호 (2006), 594면 이하 참조. 장준혁(註 16), 99면은 '유추적용'에 대해 의문을 표시한다.

44) 영문은 "The insurance is subject to English law and practice."이다.

45) 영문은 "All questions of liability arising under this policy are to be governed by the laws and customs of England."이다.

"이 보험증권에 포함되어 있거나 또는 이 보험증권에 첨부되는 어떠한 반대되는 규정이 있음에도 불구하고 <u>이 보험은 일체의 전보청구 및 결제에 관해서</u> 영국의 법률과 관습에만 의한다"[46]는 문언이다. 대법원은 둘째와 셋째 유형에서는 부분지정설을 따른다.[47] 저자는 첫째 유형은 보험계약 전부의 준거법을 영국법으로 지정한 것(저촉법적 지정)으로 보나, 둘째와 셋째 유형은 보험계약의 준거법은 한국법이고 위 문언은 영국법을 계약내용으로 편입한 것(실질법적 지정)으로 본다. 그것이 당사자의 의사에 부합하고, 해상보험에서 압도적 우위에 있는 영국법의 적용범위를 제한하며, 보험자대위에서 준거법 결정을 쉽게 하는 장점이 있다. 국제사법(제25조 제2항)은 준거법 분열을 명시한다. 저촉법적 지정과 실질법적 지정의 구별은 원칙적으로 당사자의 의사해석의 문제인데,[48] 부분지정으로 보면 영국법에 따를 사항의 범위획정이 중요하고 국제사법상 까다로운 적용(또는 조정)의 문제를 발생시킬 수 있다. 이런 사건은 한국 회사들 간의 보험계약의 준거법을 영국법으로 지정하는 이유, 영국법으로의 과도한 도피인지, 당사자자치의 한계와 법원의 대처방안 등에 대해 고민해야 함을 보여준다.

아. 소비자계약의 범위: 국제사법의 목적론적 축소의 가능성?

국제사법은 소비자를 보호하기 위하여 소비자계약에 관한 특칙을 둔다. 소비자계약의 준거법에 관하여 로마협약은 소비자를 보호하는 특칙(제5조)을 두면서도 조약이 적용되는 운송계약과, 소비자의 상거소지국 이외의 장소에서 용역이 배타적으로 제공되는 계약에 대하여는 특칙의 적용을 배제하였고, 로마 I (제6조)도 그런 태도를 유지한다. 우리 국제사법은 로마협약의 영향을 받아 소비자보호를 취한 연결규칙을 도입하면서도 예외를 명시하지 않으므로 소비자 또는 소비자계약의 범위에 관하여 의문이 있다. 즉 ① 소비자에 법인도 포함하는지, 또

---

46) 영문은 "Notwithstanding anything contained herein or attached hereto to the con-trary, this insurance is understood and agreed to be subject to English laws and practice only as to liability for and settlement of any and all claims."이다.

47) 저자는 둘째 유형에서 대법원이 전부지정설을 취한 것으로 보았으나, 대법원 2016. 6. 23. 2015다5194 판결은 부분지정설임을 밝혔다. 저자가 과거 전부지정설이라고 본 이유는 보험계약의 성립의 문제인 고지의무 위반에 대하여 대법원이 영국법을 적용한 탓인데, 대법원이 그에 대한 설명 없이 부분지정설을 취하는 것은 이해하기 어렵다.

48) 석광현, 국제사법과 국제소송, 제2권(2001), 57면. 대법원 2018. 3. 29. 2014다41469 판결도 동지.

한 소비자계약에 대한 특칙을 정한 제27조(개정법 제47조)가 ② 무상계약, ③ 운송계약, ④ 소비자의 상거소지 외에서 전적으로 용역이 제공되는 계약과 ⑤ 일부 금융 관련 계약에도 적용되는가라는 의문이 그것이다. 대법원 2014. 8. 26. 2013다8410 판결(에어프랑스 사건)은, 운송계약과 상거소지 외 용역제공계약에도 제27조를 적용하였고, 국제재판관할에 관한 서울중앙지방법원 2015. 10. 16. 2014가합38116 판결과 서울고등법원 2017. 2. 16. 2015나2065729 판결(구글 사건)은 무상계약에도 제27조를 적용하였다. 위 판결들은 국제사법의 문언에 충실하나, 목적론적 축소(teleologische Reduktion)를 통한 제27조의 적용범위의 제한 가능성을 검토해야 한다.[49] 입법론상 소비자계약의 범위를 명확히 할지를 검토해야 한다.

2001년 소비자계약의 특칙을 국제사법에 도입할 당시 과연 그런 특칙의 필요성에 대해 의문이 있었는데, 위 판결들은 그런 의문이 부당함을 보여준다. 해외직구의 증가에 따라 위 특칙의 중요성이 더 커지고 있다. 이는 인터넷 사용의 확산에 따라 국제사법의 역할 확장을 보여주는 사례이다.

자. 국제근로계약의 준거법: 섭외사법 하의 혼란과 국제사법에 의한 극복

과거 섭외사법 하에서 우리 기업이 외국에서 노무에 종사하게 하기 위해 한국인 근로자들과 한국에서 근로계약을 체결한 경우 우리 근로기준법이 적용되는지가 문제되었다. 이는 1960년대 우리 건설사들의 해외건설 확대에 수반된 현상이었다.

대법원 1970. 5. 26. 70다523, 524 판결은, 공영건업주식회사가 국내에서 1년간 월남에서 취업시킬 기술자를 모집하여 고용계약을 체결하여 월남에서 취업시키다가 작업량이 줄었음을 이유로 중간에 해고하자, 근로자들이 근로기준법 제38조에 의해 고용약정기한까지의 휴업수당지급을 청구한 사건에서, "… 근로기준법은 대한민국의 국민 간에서의 고용계약에 의한 근로인 이상 그 취업장소가 국내이거나 국외임을 가리지 않고 적용될 성질의 법률"이라고 하여 근로기준

---

49) 석광현, "국제사법상 소비자계약의 범위에 관한 판례의 소개와 검토: 제27조의 목적론적 축소와 관련하여", 국제사법연구 제22권 제1호(2016. 6.), 37면 이하 참조. <u>상세는 이연, "국제사법상 소비자보호에 관한 연구 ―국제계약의 준거법 결정에서 당사자자치 원칙의 제한을 중심으로―", 서울대학교 대학원 법학박사학위논문(2022. 2.), 227면 이하 참조.</u> [밑줄 친 부분은 이 책에서 새로 추가한 것이다.]

법이 적용된다고 판시하였다. 그 결과 그러한 근로계약에 대하여도 근로기준법이 적용된다는 결론이 확립되었는데, 이에 대해서 "근로기준법이 강행법규로서 우리 국민 간에 있어서는 속인적으로 적용된다는 의미에서 강행법규가 적용되는 섭외적 생활관계의 속인주의를 선언한 획기적인 판례"라는 평가가 있다.[50] 그러나 위 판결의 결론의 당부도 논란의 여지가 있고, 가사 결론을 지지하더라도 속인주의를 논거로 삼는 것은 부당하다. 법원으로서는 당해 근로계약의 준거법을 판단하여 한국법이 준거법이면 근로기준법은 그의 일부로서 적용된다고 보거나, 아니면 근로기준법은 준거법에 관계없이 별도의 연결원칙에 의하여 적용된다는 이론구성을 했어야 한다.[51] 속인주의는 결론을 정당화하기 위해 동원된 논리적 도구였지만 합리적 근거가 없다.

이는 당시 국제근로계약의 쟁점이 공법의 문제로서 국제사법과 무관한지 아니면 국제사법에 의하여 해결할 문제인지, 만일 후자라면 통상의 국제계약의 준거법결정원칙에 따를 문제인지, 나아가 공법의 적용범위는 어떻게 결정할지를 제대로 파악하지 못하였기 때문에 발생한 혼란이었다. 국제사법(제28조, 개정법 제48조)이 시행됨으로써 상당히 정리되었다.

차. 국제입양: 외국재판의 승인에서 한국재판의 외국에서의 승인으로의 전환과 입양협약

1950년 6. 25. 동란으로 발생한 고아의 해외입양으로 시작되어 20만건 가까운 해외입양이 있었지만 해외입양을 둘러싼 법적 쟁점은 제대로 정리되지 않았는데 이는 해외입양에 대해 우리 사회와 법률가들이 무관심한 탓이다. 이는 상당부분 국제사법에 대한 무지에서 비롯된 것이기에, 해외입양에 내재하는 아픔과 맞물려 우리의 마음을 답답하게 한다. 2012년 8월 "입양특례법"이 개정되기 전에는 "입양촉진 및 절차에 관한 특례법"에 따라 입양대상인 요보호아동은 한

---

50) 최공웅, 국제소송(1994), 440면. 그러나 우리 법이 준거법이라면 근로기준법은 준거법의 일부로서 적용된다는 김문환, "해외 한국인근로자의 국제사법상 문제", 국제사법연구 창간호(1995), 59면의 지적이 더 적절하다. 김문환 교수는 미국 국제사법을 소개하는 논문들을 발표함으로써 우리 국제사법학의 발전에 기여하였다. 이들은 김문환, 미국법연구(Ⅰ)(1988), 387면 이하에 수록되어 있다. [밑줄 친 부분은 이 책에서 새로 추가한 것이다.]

51) 석광현(註 48), 30면.

국 법원의 재판 없이 보건복지부장관의 해외이주허가를 받아 미국 등 수령국에 가서 입양재판을 받았다. 수령국에서 양친자관계는 그런 재판의 효력으로 형성되었고, 한국 친생부모와의 친자관계는 그런 재판이 한국에서 승인되는지에 따라 결정되었다. 여기에서 민사소송법 제217조가 비송사건인 입양재판에 적용 내지 유추적용되는지가 관건이었다.[52] 반면에 2012년 8월 이후에는 입양특례법에 따라 가정법원의 입양허가를 거치게 되었으므로 이제는 한국 입양재판의 수령국에서의 승인 여부가 문제된다. 따라서 승인을 보장하기 위해 1993년 "국제입양에서 아동보호 및 협력에 관한 협약"("입양협약")에 가입할 필요성이 커졌다.[53] 그러나 2018년 5월 현재 한국은 입양협약에 서명하였을 뿐 비준하지 않고 있다. 우리 법원의 입양재판에서 입양특례법(제9조와 제10조)이 정한 양자 또는 양친의 자격은 국제사법(제43조)상 입양의 준거법이 양친의 본국법인 외국법이더라도 국제적 강행규정으로서 적용된다. 하지만 서울가정법원 2013. 2. 22.자 2012느합 356 심판은, 입양특례법이 정한 요건을 마치 절차인 것처럼 취급하였는데 이는 근거가 없다. 근자에 서울가정법원 2016. 8. 12.자 2016느단50599 심판, 서울가정법원 2016. 10. 13.자 2015느단3402 심판에서는 민법 중 친양자에 관한 규정이 국제사법 제7조(개정법 제20조)에 의하여 적용된다고 판단하였으나[54] 저자의 지적은 입양특례법에 대한 것이지 민법의 친양자에 관한 규정에 대한 것이 아니다. 이런 심판에는 동의하지 않는다.

카. 국제사법에 명문의 규정이 없는 사건에서 대법원이 준거법을 결정한 사례들

근자에 주목할 만한 대법원 판결들이 나왔다. 첫째, 직무발명의 준거법에 관한 대법원 2015. 1. 15. 2012다4763 판결,[55] 둘째, 채권자취소권의 준거법에

---

52) 상세는 석광현, "국제입양에서 제기되는 國際私法의 제문제: 입양특례법과 헤이그입양협약을 중심으로", 가족법연구 제26권 3호(2012. 11.), 375면 이하; 윤진수(편), 주해친족법 제2권(2015), 1706-1709면 참조(석광현 집필부분).

53) 이는 입양협약(제23조)에 따르면, 해외입양이 입양협약에 따라 행해지고 입양국의 권한 당국이 이를 증명하는 경우 그 입양은 다른 체약국에서 자동승인되기 때문이다.

54) 소개는 이선미, "국제사법적 관점에서의 국제입양 관련 실무 현황과 과제", 국제사법연구 제24권 제2호(2018. 12.). 155면, 註 52 참조.

55) 위 판결은 직무발명에 의하여 발생되는 권리의무는 국제사법 제24조의 적용대상이라 할 수 없고, 직무발명에 관한 섭외적 법률관계에 적용될 준거법은 그 발생의 기초가 된 근로계약의 준거법으로서 국제사법 제28조 제1항, 제2항 등에 따라 정하여지는 법률이라고 판시하였다. 평석은 문선영, "직무발명에 관한 섭외적 법률관계의 준거법", 한국특허법학

관한 대법원 2016. 12. 29. 2013므4133 판결56)과 셋째, 피해자의 책임보험자에 대한 직접청구권의 준거법에 관한 대법원 2017. 10. 26. 2015다42599 판결57)이 그것이다.58) 이는 국제사법에 규정이 없는 연결대상에 대하여 대법원이 연결원칙을 제시한 판결들인데, 필자가 주목하는 것은, 준거법을 결정하는 대법원의 논리전개 과정이다. 일반론으로는 대법원처럼 연결대상과 가장 밀접한 관련이 있는 법을 준거법으로 지정하는 것은 타당하나, 가장 밀접한 관련이 있는 법의 탐구는 추상적으로 흐를 가능성이 크다. 대법원으로서는 가장 밀접한 관련을 구체

회(편), 직무발명제도 해설(2015), 331면 이하; 이규호, "직무발명에 관한 섭외적 법률관계에 적용될 준거법", 국제사법연구 제22권 제2호(2016. 12.), 149면 이하 참조. 김언숙, "직무발명 및 업무상 저작물에 관한 국제사법상의 문제", 국제사법연구 제17호(2011), 323면 이하도 참조.

56) 위 판결은 채권자취소권의 행사에서 피보전권리는 권리행사의 근거일 뿐이고 취소 및 원상회복의 대상이 되는 것은 사해행위이며, 사해행위가 취소되면 수익자 및 전득자 등이 가장 직접적으로 이해관계를 가지므로 거래의 안전과 제3자의 신뢰를 보호할 필요도 있다고 지적하고, 채권자취소권의 행사에서 가장 밀접한 관련이 있는 국가의 법은 취소대상인 사해행위에 적용되는 국가의 법(매매계약의 준거법인 한국법)이라고 판시하였다. <u>그러나 엄밀하게 말하면 사해행위가 매매계약인지 물권행위인지도 검토해야 한다. 만일 전자라면 당사자들이 그 준거법을 채권자취소권을 알지 못하는 외국법으로 지정할 가능성도 있기 때문이다.</u> 학설은 이헌묵, "채권자취소권의 준거법에 관한 비교법적 연구", 저스티스 제152호(2016. 3.), 115면 이하; 장준혁, "부부재산제와 채권자취소권의 준거법 결정과 그 적용", 판례실무연구[XII](2017), 876면 이하; 정구태, "이혼시 재산분할청구권 및 위자료청구권 보전을 위한 채권자취소권의 준거법—대법원 2016. 12. 29. 선고 2013므4133 판결—", 사단법인 아시아문화학술원, 인문사회21 제8권 제2호(2017. 4.), 1105면 이하; 김윤종, "외국적 요소가 있는 채권자취소권의 준거법(2016. 12. 29. 선고 2013므4133 판결: 공2017상, 227)", 대법원판례해설 제109호(2016. 하)(2017), 587면 이하; 한애라, "채권자취소권의 준거법에 관한 연구", 국제사법연구 제24권 제1호(2018. 6.), 165면 이하 참조. 채권자취소권의 준거법에 관한 입법례와 학설의 소개는 <u>유정화, "국제거래에서 채권자취소권의 준거법 결정에 관한 연구", 서울대학교 대학원 법학석사학위 논문(2019), 58면 이하 참조. [밑줄 친 부분은 이 책에서 새로 추가한 것이다.]</u>

57) 위 판결은 책임보험계약에서 보험자와 제3자 사이의 직접청구권의 법적 성질을 피보험자가 부담하는 손해배상채무의 병존적 인수라고 보고, 채무인수 및 법률에 의한 채권의 이전에 관하여 이전되는 채무·채권의 준거법에 의하도록 한 국제사법 제34조 및 제35조의 기준을 법률에 의한 채무의 인수의 경우에도 참작해야 한다면서도 제3자의 보험자에 대한 직접청구권의 행사에 관한 법률관계에 대하여는 기초가 되는 책임보험계약의 준거법인 영국법이 가장 밀접한 관련이 있다고 판시하였다.

58) 필자는 피해자의 직접청구권은 책임보험계약과 불법행위로 인한 손해배상의 접점에 있는 쟁점으로, 피해자를 보호하기 위하여 로마II, 독일 민법시행법이나 스위스 국제사법처럼 불법행위의 준거법과 보험계약의 준거법에 선택적으로 연결하자는 견해를 해석론으로 피력하였다. 석광현(註 16), 242면과 석광현(註 19), 297면 참조.

화하는 과정에서 연결대상의 성질결정을 거쳐 관련 이익을 형량하고[59] 다양한 요소와 연결정책을 고려한 뒤 준거법을 결정해야 하는데 이 과정에서 아쉬움이 있다. 참고로 과거에는 장소적 또는 공간적으로 가장 밀접한 법률관계라고 표현하는 경향이 있었으나 근자에는 인적·물적으로 가장 밀접한 법률관계라고 설명한다. Kropholler(註 28), 5. Auflage, S. 25는 "공간적으로가 아니라(nicht räumlich)"고 한다. [밑줄 친 부분은 이 책에서 새로 추가한 것이다.]

타. 증명도에 관하여 대법원이 초래한 혼란?

증명책임과 법률상의 추정은 실체의 문제로서 준거법에 따른다. 한편 민사소송법상 어떤 사실이 증명되기 위하여는 법관의 '고도의 개연성'의 확신이 필요하다. 반면에 영미 민사소송에서 통상 요구되는 증명도(입증의 정도 또는 기준)는 '증거의 우월' 또는 '우월한 개연성'으로 족하다.[60] 그러나 권리의 준거법이 영국법이라는 이유로 영국법의 증명도를 따른 대법원판결과, 준거법도 아닌 미국법의 증명도를 따른 대법원판결이 있다. 이는 대법원이 법관의 심증형성 기준의 혼란을 초래한 사례이다.

(1) 증명도의 준거법: 고도의 개연성보다 낮은 영국법의 증명도를 따른 판결

우리 법원이 손해배상채권의 준거법이 영국법인 사건을 재판하는 경우 증명도의 준거법이 문제되는데 이에 관하여는 견해가 나뉜다. 서로 밀접하게 관련된 법관의 확신 형성과 그 정도를 달리 연결하는 것은 부적절하고, 증명도를 준거법인 외국법에 따르라는 것은 법관에게 부담스러우므로 절차법설이 타당하다.[61] 그러나 대법원 2001. 5. 15. 99다26221 판결은, 영국 해상보험법 및 관습

---

59) 대표적인 것이 Kegel의 당사자이익, 거래이익과 질서이익이다. Dagmar Coester-Waltjen, "Totgesagte leben länger", in Politik und Internationales Privatrecht (2017), S. 10 참조.

60) 우리 민사소송법 교과서 대부분은 이 점을 설명한다. 그러나 이들은 준거법이 외국법인 권리의 존부에 관하여 우리 법원이 재판하는 경우 어느 기준이 적용되는지는 다루지 않는다. 필자가 아쉬워하는 것은 이 대목이다.

61) 석광현, 국제민사소송법(2012), 27면, 320면 이하 참조. The Hague Conference on Private International Law, Permanent Bureau, Commentary on the Principles on Choice of Law in International Commercial Contracts (2015), para. 9.11도 동지. 근자에는 저자의 견해를 지지하는 해상법 학자의 논문이 보인다. 이정원, "영국 해상보험법의 몇 가지 문제에 대한 고찰—대법원 2017. 6. 19. 선고 2016다270407 판결—" 저스티스 통권 제181호(2020. 12.), 228면 이하 참조. 또한 새로운 관점의 논문도 있다. 박혜진, "비교법적, 행

에 의하면 보험 목적에 생긴 손해가 부보위험인 해상고유의 위험으로 인해 발생한 것이라는 점에 관한 입증책임은 피보험자가 부담하고, 그 증명의 정도는 '증거의 우월(preponderance of evidence)'로 충분하다고 판시하였다. 이는 실체법설을 취한 것으로 대법원 2016. 6. 23. 2015다5194 판결도 같다. 위 판결들은 영국 해상보험법에 관한 것이나 논리적으로는 그에 한정되지 않고 아마도 요증사실 전반에 타당할 것이다. 그러나 이에 따르면 준거법이 외국법이라면 법원은 외국법상의 증명도를 따라야 하는 어려움에 직면하는데, 이것이 대법원이 원하는 것인지 모르겠다.

(2) 미국법의 상대적으로 높은 증명도를 따른 판결: 고도의 개연성과 다른가?

대법원 2009. 5. 28. 2006다20290 판결은 추상적 법률론으로 사기에 의하여 획득된 외국중재판정의 승인은 4개 요건이 구비되면 공서에 반한다고 하고, 그 요건의 일부로 중재판정의 집행신청 당사자가 중재절차에서 처벌받을 만한 사기적 행위를 하였고, 그 점이 <u>명확한 증명력을 가진 객관적인 증거에 의하여 명백히 인정될 것</u>을 요구하였다. 후자는 'clear and convincing evidence'라는 개념을 차용한 것으로 보이는데, 이는 미국 민사소송에서 '증거의 우월'보다 높은 증명도를 요구할 때 사용하는 증명도이다.[62] 위 사건에서 중재지는 홍콩이고 법정지는 한국이므로 법원이 미국법의 증명도를 요구한 것은 뜬금없다. 사기적 행위를 했다는 점이 "… 증명될 것", 즉 고도의 개연성을 요구하는 편이 우리 민사소송법상 일관성이 있다.[63] 과연 미국법상의 위 기준이 고도의 개연성보다 높은지도 궁금하다.[64]

동주의적 관점에서 본 민사소송의 증명도", 인권과정의 제494호(2020. 12.), 148면 이하 참조. [밑줄 친 부분은 이 책에서 새로 추가한 것이다.]
62) 오영준, "판례해설", 대법원판례해설 79호(2009 상반기), 567면 이하 참조.
63) 대법원 2004. 10. 28. 2002다74213 판결은 유죄의 판결과 같은 '고도의 증명'이라는 개념을 사용하였다. 증명은 고도의 개연성인데 '고도의 증명'은 무엇인지 애매하다.
64) 임호, "제법한정 물건청구항의 해석과 입증책임(하)", 저스티스 통권 제136호(2013. 6.), 185면은 미국 판례에 따르면, 통상의 민사소송에서는 증거의 우월로 충분하나 예외적으로 사기, 부당한 위력, 유언의 내용 등 일정한 사항에 대하여는 그보다 높은 clear and convincing evidence가 필요한데, 이는 우리 법상의 증명과 같은 정도라고 한다. 김선화, "형사소송에서 자유심증주의에 관한 이론적 연구", 고려대학교 대학원 법학과 박사학위 논문(2005), 95면도 유사하게 설명한다.

3. 외국재판의 승인 및 집행

가. 승인대상인 외국법원의 재판의 개념에 관한 대법원 판결의 일관성?

승인 대상에 관하여 대법원 2010. 4. 29. 2009다68910 판결은 '외국법원의 판결'이라고 함은 재판권을 가지는 외국의 사법기관이 그 권한에 기하여 사법상 (私法上)의 법률관계에 관하여 대립적 당사자에 대한 상호간의 심문이 보장된 절차에서 종국적으로 한 재판으로서 구체적 급부의 이행 등 그 강제적 실현에 적합한 내용을 가지는 것을 의미하고 그 재판의 명칭이나 형식 등이 어떠한지는 문제되지 아니한다고 판시하고, 캘리포니아주 법원의 승인판결(confession judgment)은 외국법원의 판결이 아니라고 보았다. 이런 결론은 수긍할 수 있으나 대법원 2010. 3. 25.자 2009마1600 결정과 상충된다. 위 정의에 따르면 외국도산절차에서 외국법원의 회생계획 인가명령은 심급을 이탈시키는 종국적 재판도 아니고,[65] 대립적 당사자 간의 절차[66]에서 한 재판도 아니나, 대법원 2010. 3. 25.자 2009마1600 결정은 이를 구 민사소송법 제217조의 외국법원의 판결에 해당한다고 보았기 때문이다.[67]

캘리포니아주 법원의 승인판결이 외국법원의 판결이 아니라면 그에 대해 민사소송법 제217조 또는 민사집행법 제26조를 유추적용할 수 있는가를 검토해야 한다. 대법원은 이를 부정한 것으로 짐작되나 명확히 설시하지 않은 아쉬움이 있다. 헤이그회의의 2005년 "관할합의에 관한 협약"("관할합의협약")(제12

---

65) 그러나 한충수, "국제민사소송절차와 국제도산절차에서의 외국재판 —외국보전재판의 승인 및 집행가능성을 중심으로", 민사소송 제20권 제2호(2016), 62면은 종국재판이나 등록일로부터 180일 동안은 확정재판이 아니라고 한다.

66) 이는 원고와 피고를 전제로 하는 전통적인 절차로 보는 것이 자연스럽다.

67) 양자의 상충은 석광현, "승인대상인 외국판결의 개념에 관한 대법원판결의 상충", 법률신문 제3976호(2011. 10. 20), 11면 참조. 오영준, "민사소송법상 승인 대상인 '외국법원의 판결'의 의의", 법률신문 제3979호(2011. 10. 31)은 저자의 지적에 격렬하게 반발하였으나 그 근거는 아직도 잘 모르겠다. 이연주, "민사소송법 제217조의 승인대상으로서 외국재판의 개념 —외국법원의 면책재판 등에 관한 논의를 중심으로—", 이화여자대학교 법학논집 제21권 제2호(2016. 12.), 83면 이하; 한충수(註 65), 62면 참조. 저자의 상세한 비판은 석광현, "미국 연방파산법에 따른 회생계획인가결정의 한국에서의 승인", 양창수 교수 고희기념논문집 간행위원회, 自律과 正義의 民法學: 梁彰洙 교수 古稀기념논문집(2021), 555면 이하 참조. 김영석, "국제도산에서 도산절차와 도산관련재판의 승인 및 집행에 관한 연구", 서울대학교 대학원 법학박사학위논문(2022. 2.), 276면 이하도 참조. [밑줄 친 부분은 이 책에서 새로 추가한 것이다.]

조)은 재판상화해에 대하여 승인을 하지는 않지만 집행은 허용하는 점을[68] 주목할 필요가 있다. 특히 미국 confession judgment, 영국 consent judgment (또는 consent order),[69] 법원의 화해조서, 화해판결과 법원이 승인한 미국 class action settlement가 외국 법원의 재판으로서 승인대상인지 아니면 재판상화해인지, 후자를 어떻게 취급할지 나아가 이들 간의 경계를 어떻게 획정할지를 검토해야 한다.

민사소송법 제217조 제1항은 승인대상을 "외국법원의 확정판결 또는 이와 동일한 효력이 인정되는 재판"으로 규정하므로 기판력이 없는 외국 비송재판이 그에 해당하는지는 논란의 여지가 있다.

나. 송달의 적법성에 관한 의문을 초래한 대법원 판결

구 민사소송법 제217조 제2호는 피고가 송달을 받았을 것만을 요구하였으나, 민사소송법은 송달은 적법한 방식에 따라야 하고, 피고가 방어를 위한 충분한 시간적 여유를 가질 수 있도록 적시에 행해져야 함을 명시한다. 이것이 송달의 '적법성'과 '적시성'의 요건이다.

흥미로운 것은, 흑연전극봉 사건에서 대법원 2006. 3. 24. 2004두11275 판결이다. 흑연전극봉을 생산하는 일본 업체 등이 런던에서 담합행위를 한 데 대해 공정거래위원회는 일본 회사에 대하여 공시송달과 함께 우편에 의한 송달을 하였는데 대법원은 우편에 의한 송달을 적법하다고 보았다. 그러나 직권송달주의를 취하는 한국에서는 종래 민사사건에서의 송달을 주권의 행사로 보아 우리 법원이 외국의 당사자에게 우편에 의한 송달을 하는 것은 외국의 주권을 침해하는 것으로 이해하였는데,[70] 행정사건인 위 사건에서 대법원판결이 우리 국내법을 근거로 외국에 우편에 의한 송달을 할 수 있다고 본 점은 의외이다. 만일 장래 통상의 민사사건에서 외국(송달협약의 체약국인가에 관계없이) 법원이 한국 당사자에게 우편에 의한 송달을 하고 그에 기하여 한 재판의 한국에서의 승인

---

68) 제12조는 "전속적 관할합의에서 지정된 체약국의 법원이 인가하거나, 또는 소송과정에서 그 법원의 앞에서 체결되고, 재판국에서 재판과 동일한 방법으로 집행될 수 있는 재판상화해는, 이 협약에 따라 재판과 동일한 방법으로 집행된다."고 규정한다.

69) 관할합의협약의 보고서는 보통법계의 consent order (이는 consent judgment와 같은 것으로 보인다)는 협약상 재판으로서 승인 및 집행될 수 있다고 한다.

70) 대법원 1992. 7. 14. 92다2585 판결도 참조.

이 문제된다면 그 경우 대법원이 우편에 의한 송달을 적법하다고 판단할지 궁금하다.

다. 헌법적 가치와의 충돌을 이유로 외국재판의 승인을 거부한 대법원 판결

일제강점기 강제징용을 당했던 한국인들(또는 그의 후손들)은, 일본 미쓰비시중공업을 상대로 ① 강제연행 및 강제노동, 원자폭탄 투하 후 구호조치의 불이행과 안전귀국의무 위반을 이유로 하는 손해배상과 ② 강제노동기간 동안의 미지급임금 등의 지급을 구하는 전소를 일본 히로시마지방재판소에 제기하였다가 1999년 3월 패소한 뒤 항소를 제기하여 항소심에 소송계속 중 2000년 5월 부산지방법원에 동일한 청구원인에 기하여 제소하였다. 원고들은 일본 항소심에서도 패소하였고 2007년 11월 일본 최고재판소의 상고기각으로 원고패소판결이 확정되었다. 부산고등법원에 항소심 계속 중 일본판결이 확정된 결과 국제적 소송경합의 문제가 외국판결의 승인의 문제로 전환되었다. 부산고등법원 2009. 2. 3. 2007나4288 판결은 일본판결이 승인요건을 구비하였다고 보아 원고들의 청구를 기각하였다.

이 사건의 쟁점은 일본판결의 승인 여부인데, 이를 판단하는 과정에서, 피고가 일제의 침략전쟁에 가담하여 저지른 반인도적인 전쟁범죄가 국민징용령에 따른 것으로서 적법하고, 국민징용령위반으로 인하여 발생한 손해배상의무와 임금지급의무가 제척기간(또는 소멸시효)에 의하여 소멸하였으며, 그렇지 않더라도 한일청구권협정과 일본의 재산권조치법에 의하여 소멸하였다고 보아 청구를 기각한 일본판결의 승인이 우리 공서에 반하는가가 다투어졌다. 대법원 2012. 5. 24. 2009다22549 판결(미쓰비시 사건)과 대법원 2012. 5. 24. 2009다68620 판결(신일본제철 사건)은, 일본판결의 이유는 일제강점기의 강제동원 자체를 불법이라고 보는 한국 헌법의 핵심적 가치와 정면으로 충돌하므로, 일본판결을 승인하는 결과는 그 자체로 한국의 공서에 반하므로 승인할 수 없다고 판시하였다. 대법원은 일본판결의 승인을 거부하는 이유에서 일제의 한반도 지배는 규범적 관점에서 불법적인 강점이고, 원고들의 개인청구권은 물론 한국 국민에 대한 외교적 보호권도 청구권협정에 의하여 소멸되지 않았다고 판시하였다. 공서위반을 인정한 대법원판결은 법적으로나 역사적으로 큰 의의가 있고 그 결론과 논리는 높이

평가할 만하다.71)72) 특히 불법행위의 성립 여부와 관련하여 승인공서의 판단기
준으로 헌법의 핵심적 가치를 도입한 점은 커다란 의미가 있다. 앞으로 공서위
반 여부 판단 기준으로 헌법적 가치가 더 큰 역할을 할 것이다. 대법원 2018.
10. 30. 선고 2013다61381 전원합의체 판결(신일철주금사건)은 강제동원 위자료
청구권은 청구권협정의 적용대상에 포함되지 않는다고 판단하였다. 대법원 2018.
11. 29. 선고 2013다67587 판결(미쓰비시 사건)도 같은 취지이다. 간단한 소개는
석광현, 국제사법과 국제소송 제6권(2019), 684면 참조. [밑줄 친 부분은 이 책에서
새로 추가한 것이다.]

---

71) 반면에 호문혁, "외국판결의 공서위반 판단의 대상에 관한 연구 —강제징용 사건 관련 대
   법원 판결에 대한 검토를 중심으로", 법학평론 제6권(2016. 4.), 81면 이하는 대법원이 외
   국판결의 이유에서 판단한 부분 중 주문과 직접 관련이 없는 사항을 이유로 승인을 거부
   한 것은 잘못이고, 대법원은 실질심리를 하면서 일본법인 회사경리응급조치법과 기업재
   건정비법 등을 적용하여 그 결과가 우리 국민에 대한 채무면탈의 결과가 되어 공서양속
   에 위반된다는 이유로 이들 법률의 적용을 배제하고 일본판결의 승인을 거부하였으나 위
   판결은 위 법률들이 우리의 공서양속과 관련이 없는 내용임을 간과하였고, 국제사법 제10
   조의 취지를 오해하여 부당한 판시를 하였다고 신랄하게 비판한다. 그러나 공서위반에 기
   한 외국재판의 승인거부는 외국재판의 주문만이 아니라 (기판력이 미치지 않는) 이유 중
   의 판단에 기해서도 그 자체로써(즉 항변을 고려에 넣지 않고) 결론에 직접 영향을 미칠
   수 있는 쟁점이라면 가능하고, 위 사건에서 공서위반이라고 판단한 가장 큰 쟁점은 1938
   년 국가총동원법과 1944년 국민징용령에 따른 징용행위 자체가 위법하지 않다고 판시한
   점이므로 저자는 이런 비판에 동의할 수 없다. 대법원 판결이 지적한 것처럼, 첫째 청구
   에 관한 한, 일본판결 이유에는 일본의 식민지배가 합법적이라는 규범적 인식을 전제로
   국가총동원법과 징용령을 한반도와 원고등에게 적용하는 것이 유효하다는 평가가 포함되
   어 있는데, 이는 한국 헌법의 핵심적 가치와 정면으로 충돌하므로 일본판결을 승인하는
   결과는 그 자체로 한국의 공서에 어긋난다. 이는 상식적으로도 쉽게 수긍할 수 있는 이론
   구성이다.
      혹시 우리 법원이 피고의 항변 중 어느 하나를 받아들인다면 원고등의 청구를 어차피
   기각해야 하므로 원고등의 청구를 기각한 일본판결을 승인해야 하지 않느냐는 의문이 있
   다. 그러나 그 경우에도 우리 법원은 승인을 거부하고 본안에 관하여 다시 판단하되 문제
   된 항변을 받아들여 청구를 기각해야 한다고 본다. 더욱이 징용사건에서는, 원고들의 청
   구 중 첫째 청구에 관한 한, 대법원은 모든 항변을 배척하였으므로 불법행위가 성립하는
   지에 관한 판단은 판결의 결론(즉 주문)에 직접 영향을 미치므로 일본판결을 승인할 수
   없다. 상세는 석광현, "강제징용배상에 관한 일본판결의 승인 가부", 국제사법연구 제19
   권 제1호(2013. 6.), 103면 이하; 남효순 외, 일제강점기 강제징용사건 판결의 종합적 연
   구(2015), 39면 이하 참조. 위 호문혁 교수의 견해에 대한 비판은 이필복, "외국판결의 승
   인에서의 '공서위반' 심사의 대상", 사법 제44호(2018. 6.), 271면 이하 참조.
72) 호문혁(註 71), 81면은, 징용사건에서 공서위반을 이유로 우리 법원이 일본 판결의 승인
   을 거부하는 것은 상호보증의 존재에 악영향을 미칠 것이라고 하나, 대법원은 매우 특수
   한 사건에서 구체적 사유를 들어 판단한 것이므로 그런 우려는 근거가 없다고 본다.

라. 민사소송법 제217조의2: 입법부와 사법부의 충돌?

2014년 5월 민사소송법 제217조의2가 신설되었다. 이는 외국법원의 부당한 손해배상재판으로부터 국내기업을 보호하고자 국회의 주도 하에 이루어진 입법이다. 그러나 그 후 선고된 대법원 판결들[73]은 "민사소송법 제217조의2 제1항은 징벌적 손해배상과 같이 손해전보의 범위를 초과하는 배상액의 지급을 명한 외국법원의 확정재판 등의 승인을 적정범위로 제한하기 위하여 마련된 규정이므로 외국법원의 확정재판 등이 당사자가 실제로 입은 손해를 전보하는 손해배상을 명하는 경우에는 민사소송법 제217조의2 제1항을 근거로 그 승인을 제한할 수 없다"는 취지로 판시하였다. 여기에서 의문이 제기된다.

우선 입법을 본다. 제217조의2가 입법 목적을 달성할 수 있는지 의문이다. 과도한 전보배상을 명한 외국 재판의 승인 및 집행은 제217조 제1항 제3호(공서조항)로 해결할 수 있다고 보는데 굳이 제217조의2를 신설한 이유는 의문이다. 현재의 문언을 보면 더욱 그러하다. 한편 판례를 보면, 과거 구 민사소송법 하에서 과도한 손해배상을 명한 외국재판의 승인 및 집행을 제한한 하급심판결들이 있었는데 대법원 판결들은 현행 민사소송법 하에서 그런 결론을 거부하는 듯하다. 필자는 전보배상의 지급을 명한 외국재판은 원칙적으로 승인해야 하지만, 그것이 지나치게 과도한 경우(특히 과도한 변호사보수 또는 위자료 지급을 명한 경우) 공서조항을 통하여 승인을 제한할 수 있다고 보는데, 장래 그 요건을 구체화하기 위하여 노력해야 한다. 특히 우리 법원은 위자료 금액과, 소송비용에 산입되는 변호사보수의 금액을 제한하는데, 그러면서도 고액의 위자료와 변호사보수의 지급을 명한 외국재판을 전부 승인해야 한다면 불균형을 조장하게 되어 부당하다.

요컨대 국회가 제217조의2를 신설한 것은 우리 기업들을 보호하기 위한 것이었는데, 대법원 판결이 그 적용범위를 제한함으로써 우리 기업들은 과거와 비교하여 상대적으로 불리한 지위에 놓이게 되었다. 그렇다면 제217조의2를 신설한 입법취지를 달성할 수 없음이 거의 밝혀진 이상 국회는 이를 개정함으로써 불확실성을 배제하는 방안을 고려해야 한다. 그 때에는 삼배배상을 명한 외국재판의 승인 및 집행의 처리방안도 정비할 필요가 있다.

---

73) 대법원 2015. 10. 15. 2015다1284 판결; 대법원 2016. 1. 28. 선고 2015다207747 판결.

마. 외국재판 승인의 효과에 관한 법제의 충돌

외국재판이 승인요건을 구비하면 외국재판은 한국에서 효력을 가진다. 그 경우 기판력의 범위는 논란이 있다. 외국재판은 재판국에서 부여되는 것과 동일한 효력을 한국에서 가진다는 재판국법기준설을 취하는 효력확장설, 외국재판은 그에 상응하는 한국 재판과 동일한 효력을 가진다는 동등(지위)설과, 절충설로서 원칙적으로 재판국법에 의하나 승인국법상 당해 외국재판에 상응하는 재판의 효력을 한도로 재판국법의 효력을 인정하는 '누적설'이 있다.74) 종래 효력확장설이 한국과 독일의 다수설이었으나 독일에서는 근자에 누적설이 다수설이라는 견해도 있다. 미국 법원의 재판은 기판력에 상응하는 'claim preclusion(청구실권효 또는 청구차단효)'뿐만 아니라, 쟁점효에 상응하는 'issue preclusion(쟁점실권효 또는 쟁점차단효)' 또는 'collateral estoppel(부수적 금반언)'이라고 하여 실제로 변론과 판단의 대상이 된 판결이유 중의 법률상 및 사실상의 판단에까지 효력이 미치므로, 견해에 따라 미국 판결이 한국에서 가지는 효력의 범위가 달라진다. 장래 이 쟁점이 제기될 것이다.

바. 외국재판의 집행: 집행권원의 특정과 집행판결의 가부

집행이 가능할 정도로 특정되지 않은 중재판정이나 외국재판에 기하여 집행판결을 할 수있는지는 논란이 있다. 우선 중재판정에 대하여 집행판결75)을 하였다고 하여 집행기관에 임의로 판단하여 집행하도록 허락하는 것도 아니며, 상대방은 그 해당절차에서 법에서 정하여진 이의, 항고 등을 통하여 권리를 구제받을 수 있다는 이유로 그런 중재판정의 승인 및 집행이 공서위반이라고 볼 수는 없다는 하급심 판결이 있다.76) 반면 특정이행을 구하는 의무가 특정되지 않았음을 이유로 집행판결을 불허한 판결도 있다. 즉 대법원 2017. 5. 30. 2012다23832 판결은 집행판결제도의 취지에 비추어 보면 … 외국법원의 확정재판 등에 표시된 특정이행 명령의 형식 및 기재 방식이 한국 판결의 그것과 상이하더

---

74) 학설은 석광현(註 61), 410면. 호문혁(註 71), 64면은 누적설을 따른다. 다만 효력확장설을 취하면서도 승인국법이 알지 못하는 유형의 효력 확장은 부정하는 견해도 있다. 석광현(註 4), 340면 참조. 브뤼셀Ⅰ recast(제54조)는 이런 태도라고 볼 수 있다.

75) 과거에는 중재판정의 집행을 위하여도 외국재판의 경우처럼 집행판결이 필요하였으나, 2016년 중재법 하에서는 집행결정으로 족하다(중재법 제37조 제2항).

76) 서울고등법원 2014. 1. 17. 2013나13506 판결.

라도, 한국 법원으로서는 민사집행법에 따라 외국법원의 확정재판 등에 의한 집행과 같거나 비슷한 정도의 법적 구제를 제공하는 것이 원칙이나 특정이행 명령의 대상이 되는 계약상 의무가 충분히 특정되지 못하여 판결국인 미국에서도 곧바로 강제적으로 실현하기 어렵다면, 한국 법원도 그 강제집행을 허가하여서는 아니 된다고 판시하였다.

양자가 일관성이 있는지, 아니면 이런 차이가 중재와 소송의 차이에 기인하는지 등을 더 검토할 필요가 있다.

사. 외국가사재판의 특수성에 대한 고려 부족

민사소송법 제217조가 외국법원의 가사재판에도 적용되는지는 논란이 있고 부정설에는 이를 유추적용하거나, 조리에 의하여 유사한 요건을 요구하는 견해가 있다. 종래 판례와 가족관계등록 실무는 긍정설로 보인다. 학설상 가사사건에서 승인대상과 승인요건에 관한 논의가 있고 특히 파행적 신분관계를 방지하고자 상호보증요건을 요구하지 않는 견해가 유력하나, 판례(특히 대법원판결)에서는 이에 대한 고민이 보이지 않는다. 참고로 재산법상의 승인에 관하여 상호주의를 요구하는 중국도[77] 외국이혼판결의 경우 상호주의를 요구하지 않는다. 가사사건에서 논란을 불식하고 가족관계등록부의 기재를 위해 집행판결이 필요한지를 명확히 하는 입법적 해결이 필요하다.[78]

4. 국제민사사법공조

이와 관련해서는 아래의 논점이 있다.

첫째, 한국의 송달협약 가입 후 체약국으로의 송달은 외교부가 아니라 법원행정처를 경유하는데 그것이 바람직하지만 법적 근거는 없다. 실무는 민사공조

---

77) 재산법상 사건에서 중국과 상호주의가 있는지는 애매하다. 한국 법원이 중국 판결을 승인한 뒤에도 중국 법원이 한국 판결의 승인을 거부한 사례가 있음에도 불구하고 우리 하급심판결들은 이를 모른 채 중국판결을 승인하는 사례가 있다. 수원지방법원 안산지원 2015. 12. 24. 2015가합936 판결(확정) 참조. 다만 근자에 중국 법원의 태도가 조금씩 바뀌는 듯하다. 우한중급인민법원은 2017. 6. 30. 판결에서 조약은 없으나 상호주의의 존재를 기초로 계약사건에 관한 미국 재판의 승인 및 집행을 최초로 허용하였다고 한다.

78) 국제사법학회의 창립 20주년 기념논문인 석광현, "국제재판관할과 외국판결의 승인 및 집행", 국제사법연구 제20권 제1호(2014. 6.), 54면 이하; 권재문, "외국 가사재판의 승인·집행에 관한 입법론적 검토", 국제사법연구 제23권 제2호(2017. 12.), 303면 이하 참조.

예규에 근거한 것이나 민사공조법을 개정하여 송달협약의 체약국에 대해서는 법원행정처가 직접 촉탁서 등을 발송할 수 있는 법적 근거를 마련해야 한다. 증거협약의 경우에도 같다.

둘째, 송달협약 당시 한국은 간이한 송달방법 전부에 대해 이의하였으나 이는 전향적이지 못하다. 특히 오늘날 해외송달은 피고의 방어권을 보장하기 위해 충분한 시간적 여유를 가지고 소송서류의 내용을 현실적으로 알 수 있게 하는 것, 즉 '현실의 고지(actual notice)'를 보장하기 위한 것임을 고려한다면 더욱 그러하다. 따라서 장기적으로 간이한 송달을 점진적으로 허용하는 방향으로 유보를 철회할 필요가 있다. 특히 외국으로 우편에 의한 송달을 허용하는 방안도 고려하고 필요하다면 민사소송법의 개정도 고려할 수 있다. 송달협약 가입국에 대한 관계에서 유보를 철회하기가 주저된다면 송달협약 체약국과 양자조약을 체결하는 경우 양자조약을 통하여 간이한 송달을 허용하는 방안을 고려할 수 있다.

V. 한국 국제사법의 문제점과 장래의 과제

우선 위(Ⅳ.)에서 제기된 쟁점 중 미결인 문제점을 해결해야 한다. 여기에서는 추가로 언급할 문제점과 장래의 과제를 논의한다.

1. 국제재판관할: 국제사법 개정을 통한 국제재판관할법제의 정비

법무부는 2015년 12월말까지의 국제사법개정위원회의 작업을 기초로 개정법률안을 성안하여 2018년 1월 입법예고를 하였고 2월 공청회를 개최하였다. 법무부는 최종적인 법률안을 작성하여 2018년 중 국회에 제출하였다. 개정안은 재산법상의 사건은 물론이고 가사사건과 비송사건의 국제재판관할규칙도 함께 규정하는 점에 특색이 있다.[79] 국제사법에 준거법규칙과 국제재판관할규칙을 병치하는 것은 일본 및 중국과 다른 한국 국제사법의 특색이다. 개정안은 한편으로는 정치한 국제재판관할규칙을 도입함으로써 법적 안정성을 제고함과 동시에,

---

79) 개정안은 제1장(총칙)을 3개 절로 구분하여 제1절을 목적으로 하고, 제2절에 국제재판관할에 관한 총칙을 두며, 현재 조문은 제3절에 준거법으로 묶는다. 제2절에는 총칙적 성질의 관할규칙을 둔다. 개정안은 특별관할규칙을 각 장에 둔다. 즉 제2장 내지 제9장(단 제3장은 제외)에는 제1절을 신설하여 특별관할규칙을 두고, 기존 준거법 관련 조문은 제2절로 옮기되 물권의 장에 있는 제24조는 독립시켜 제1절과 제2절로 구분한다.

다른 한편으로는 엄격한 요건 하에 부적절한 법정지(*forum non conveniens*)의 법리를 통하여 법원의 재량을 인정함으로써 개별사건에서 구체적 타당성을 보장하고자 한다.[80] 나아가 국제적 소송경합의 처리도 규정한다. 국회를 통과한다면 개정안은 한국 국제사법 역사에서 큰 획을 긋게 될 것이다. 그러나 <u>제20대 국회의 임기가 종료됨에 따라 위 법률안은 폐기되었고, 정부는 2020. 5. 19. 다시 입법예고를 하였고 제21대 국회에 2020. 8. 7. 다시 제출하였다(의안번호 2102818). 마침내 개정안은 2021. 12. 9. 국회 본회의를 통과하였다. 개정법이 2022. 1. 4. 공포되어 7. 5. 발효된다.</u> [밑줄 친 부분은 이 책에서 새로 추가한 것이다.]

2. 준거법

준거법 영역에서 장래의 과제를 들면 아래와 같다.[81]

가. 준거법 공서 판단과 헌법적 가치의 고려

징용사건에서 대법원 판결[82]은, 외국재판 승인과 관련한 공서의 맥락에서 헌법의 핵심적 가치를 동원함으로써 앞으로 준거법인 외국법 적용과 관련한 공서의 맥락에서도 동일한 접근방법을 취할 것을 시사하고, 구 미쓰비시와 피고가 동일한 법인인가를 판단하면서 후자의 맥락에서 공서위반을 이유로 일본법의 적용을 배척하였다. 위 대법원 판결은 승인의 맥락에서 공서위반을 판단함에 있어서 헌법적 가치를 고려하였는데 장래 법원이 준거법과 관련한 공서의 맥락에서도 동일한 접근방법을 취할 것으로 기대된다.

공서조항이 적용되기 위하여는 준거법인 외국법을 적용한 결과가 우리의 공서에 반하여야 한다. 즉 공서의 원칙은 추상적인 외국법 자체를 비난하는 것이 아니라 외국법을 적용한 결과로 인해 한국의 기본적인 사회질서가 파괴될 우려가 있는 경우 이를 막기 위한 것이므로 외국법의 내용 자체가 아니라 외국법

---

80) 필자는 공청회에서 조문 순서에 따라 개정안의 국제재판관할규칙을 개관하는 <u>발표를 할</u> 기회를 가졌다. 발표문은 국제사법 전부개정법률안 공청회 자료집, 15면 이하 참조.

81) 그 중 일부는 국제사법의 개정을 요하는 입법론이다. 손경한 외(註 29), 331면 이하(석광현 집필부분) 참조.

82) 대법원 2012. 5. 24. 2009다22549 판결(미쓰비시 사건 판결)과 대법원 2012. 5. 24. 2009다68620 판결(신일본제철 사건 판결). 준거법에 관한 평석은 석광현, "강제징용배상 및 임금 청구의 준거법", 서울대학교 법학 제54권 제3호(2013. 9.), 283면 이하; 남효순 외(註 71), 93면 이하 참조.

을 적용한 결과가 문제된다.[83] 이런 의미에서 국제사법 제10조는 외국법에 대하여 '추상적 규범통제(abstrakte Normenkontrolle)'를 허용하지 않는다고 설명하기도 한다.

종래 한국에서는 국제사법의 맥락에서 헌법의 역할이 중시되지 않았으나 위 판결을 계기로 달라질 것으로 기대된다.

나. 성명의 준거법에 관한 국제사법 정비 필요성

국제혼인이 증가함에 따라 국제성명법이 매우 중요하나 국제사법은 성명의 준거법에 관하여 규정하지 않는다. 문제되는 것은 혼인에 의한 배우자의 성과 자(子)의 성이다.[84]

민법의 해석상 혼인 후에도 부부는 각자 본래의 성을 유지한다. 국제사법에 명문의 규정이 없으므로 해석론으로는 성명은 당사자의 인격권의 문제라는 측면과 성명에 대한 사법적(私法的) 측면과 공법적 측면을 일치시킬 수 있는 장점을 들어 국적을 연결점으로 하는 견해와 혼인의 효력의 준거법에 연결하는 견해가 유력하다. 이혼의 경우에도 같다. 가족관계등록의 실무는 후자를 따르고 있다.

국제사법은 자(子)의 성을 규정하지 않는다. 해석론으로는 부부의 성의 경우처럼 성은 자(子)의 국적에 연결하는 견해와, 친자관계의 준거법에 따르는 견해가 유력하다. 종래의 실무는 준거법과 관련 없이, 한국인 부와 외국인 모 사이의 혼인중의 자녀의 경우에는 한국인 간에 출생한 혼인중의 자녀와 동일하게 처리하고, 한국인 모와 외국인 부 사이의 혼인중의 자녀의 경우에는 외국인 부의 성을 따르거나 한국인 모의 성과 본을 따른다고 보는 것 같다. 후자는 민법(제781조 특히 제2항)에 근거한 것으로 보이나, 이런 실무는 자(子)의 성의 준거법이 한국법인 경우 적용되는 것이라는 점에서, 더욱이 혼인에 의한 배우자의 성에 관한 해석론과 일관성이 부족하다는 문제가 있다. 일본에서는 일본 당국의 실무를 설명하기 위하여 '성명공법이론'이 있다. 이는 성명은 개인의 특정이라고 하는 공법적 요청과 강한 관계가 있고 본국에 의하여 규율된다는 것이 여권제도 등을

---

83) 석광현(註 19), 175면. 호문혁(註 71), 78면은 "민사소송법 제217조 상의 공서 규율은 외국판결을 승인한 '결과'가 공서에 위반되는 경우에 승인을 거부할 수 있다는 것이고, 국제사법 제10조의 공서양속 규율은 외국의 준거법의 '내용 자체'가 우리나라 공서에 반하는 내용일 때에 그 법률을 적용하지 않는다는 것"이라고 설명하나 이는 잘못이다.

84) 상세는 석광현(註 19), 218면 이하 참조.

통하여 기대되기 때문에 오로지 각자의 본국법에 의하여 규율된다고 본다.[85] 그러나 이 이론은 혼인에 의한 배우자의 성에 관한 우리 실무와 다르고, 자(子)의 성에 관한 실무와도 맞지 않는 것 같다.

기존 실무를 뒤집기는 쉽지 않으나, 성의 준거법에 관하여 어떤 연결원칙이 바람직한지 또한 그런 원칙을 국제사법에 명시할지에 대해 체계적인 연구가 필요하다.

다. 간접보유증권 처분의 준거법: PRIMA의 도입

오늘날 투자자는 증권을 중앙예탁기관에 집중예탁하고 장부상의 기재에 의해 권리를 양도한다. 이것이 증권의 간접보유이고 이 경우 투자자는 '간접보유증권'을 가진다. 국제적인 증권 처분의 준거법 결정을 해결하고자 헤이그국제사법회의는 2002년 12월 "헤이그증권협약"을 채택하였고 이는 2017. 4. 1. 발효되었다. 우리는 국제사법의 해석론과 입법론을 정립해야 하는데 이는 전자증권 도입 시 더욱 중요한 의미를 가진다. 이에 대하여는 담보권자의 권리가 기재되는 중개기관소재지법이라는 견해가 유력하다. 이것이 'place of the relevant inter-mediary approach(관련중개기관 소재지 접근방법)' —'PRIMA'이고 유럽연합이 취한 태도이다. 그러나 헤이그증권협약은 통일상법전처럼 '계좌약정접근방법(account agreement approach)'을 취한다. 전자증권은 계좌기재를 권리를 발생시키고 표창하는 새로운 방법으로 보고 그러한 권리를 계좌이체에 의하여 양도하는 것이므로 PRIMA로 가는 것이 자연스럽다. 한국에서도 PRIMA 또는 이를 다소 수정한 연결원칙을 명시하자는 입법론도 있다.[86]

라. 지식재산권의 준거법에 관한 입법론

현행법은 지식재산권과 관련한 준거법 결정에 관하여 제24조(개정법 제40조) 한 개의 조문을 두고 있다. 그러나 ALI 원칙, CLIP 원칙이나 한일공동제안과 같은 정도로 정치한 연결원칙을 규정하지는 못하더라도 준거법 조문을 보충하여

---

85) 木棚照一(編), 國際私法(2016), 240면 이하(林貴美 집필부분) 참조. 일본에서는 '氏名公法理論'이라 한다.
86) 천창민, "외국주식의 상장과 투자자 보호에 관한 고찰", 민사판례연구 제35집(2013), 527면 이하 참조.

첫째, 계약의 준거법, 둘째, 지적재산권의 성립과 유효성의 준거법, 셋째, 지적재산권 침해의 준거법과 넷째, 지적재산권의 최초귀속의 준거법을 명시하는 방안을 고려할 필요가 있다.[87)]

마. 독점규제법의 역외적용과 독점규제법 위반으로 인한 민사책임의 준거법의 관계

흑연전극봉 사건에서 대법원 2006. 3. 24. 2004두11275 판결은 명문 규정이 없던 구 독점규제법의 해석상 동법의 역외적용을 최초로 긍정하였는데, 동 사건의 대법원 계속 중 국회는 역외적용을 명시하는 제2조의2를 신설하였다. 이는 주로 공정거래위원회에 의한 행정규제를 염두에 둔 것이나, 독점규제법 위반으로 인한 민사책임의 문제도 있다. 한국의 흑연전극봉 수요업체들이 카르텔에 참여한 외국회사들을 상대로 부당공동행위로 인한 손해배상을 구하는 소를 우리 법원에 제기한다면 민사책임의 준거법이 문제된다. 이는 '국제카르텔사법'의 문제이다. 구 독점규제법(제57조 제1항)은 손해배상청구를 위한 시정조치 선확정제도를 두었으므로 행정적 구제가 선호되었으나 이는 폐지되었고, 손해액 입증의 곤란을 완화하고자 손해액 인정제도가 도입된 덕에 장래 私的 집행이 활성화되면 독점규제법위반의 준거법이 문제된다. 여기에서 독점규제법 제2조의2와, 불법행위의 준거법을 정한 국제사법(제32조 이하, 개정법 제52조 이하)의 관계가 문제된다. 특히 역외적용이 문제되는 사안은 '격지불법행위'에 해당하는데 그 경우 준거법 결정은 논란이 있다. 민사책임에 관하여 제2조의2를 국제사법의 특칙이라고 본다면 독점규제법은 민사책임에 관하여 시장지를 연결점으로 삼고 있다고 볼 수도 있다.[88)] 앞으로 이 쟁점에 대해 더 관심을 가져야 한다.

나아가 민사책임에 관하여 독점규제법을 역외적용하는 경우 국제사법상 불

---

87) 우선 석광현(註 19), 288면 이하 참조. <u>또한 국제법률협회(ILA)는 위 논점들과 지재권분쟁의 중재가능성에 관한 지침을 마련하여 2021년 초 ILA Guidelines on Intellectual Property and Private International Law (Kyoto Guidelines)를 채택하였다. Journal of Intellectual Property, Information Technology and Electronic Commerce Law, Volume 12 (2021) 참조. 국문번역은 이규호 · 이종혁, "지식재산과 국제사법에 관한 ILA 가이드라인", 국제사법연구 제27권 제1호(2021. 6.), 679면 이하 참조.</u> [밑줄 친 부분은 이 책에서 새로 추가한 것이다.]

88) 로마 II 제6조 제3항(a)호는, 경쟁제한으로 인하여 발생하는 계약외채무의 준거법은 그의 시장이 영향을 받거나 받을 가능성이 있는 국가의 법이 된다고 명시한다.

법행위지 원칙에 우선하는 연결원칙들, 즉 사후적 합의(제33조), 종속적 연결과 공통의 속인법(제33조 제2항과 제3항)이 적용되는지와, 입법적 해결의 필요성을 검토해야 한다. 2설을 따른다면 이런 필요성이 크나 1설을 따른다면 이는 불필요하거나 큰 의미는 없다.

바. 자본시장법의 역외적용과 자본시장법 위반으로 인한 민사책임의 준거법의 관계

2009. 2. 4. 시행된 자본시장법 제2조는 동법의 역외적용을 명시한다. 여기에서도 자본시장법 위반에 따른 민사책임에 관하여 제2조가 국제사법의 특칙인지가 문제된다.[89] 긍정설인 1설은, 제2조를 근거로 민사책임과 행정규제를 통일적으로 연결한다. 이에 의하면 행정규제에 관하여 우리 자본시장법이 역외적용되는 사안에서는 민사책임에 대하여도 우리 자본시장법이 준거법이 된다. 반면에 2설은 민사책임의 연결원칙을 행정규제의 연결원칙과 별개로 구성한다. 즉 제2조는 주로 행정규제를 고려하여 신설된 조문이므로 이를 행정규제에 한하여 적용하고, 민사책임에 관하여는 국제사법의 해석론에 따라 불법행위 또는 부당이득 등의 법률관계로 성질결정하고 준거법을 결정한다.

나아가 민사책임에 관하여 자본시장법을 역외적용하는 경우 국제사법상 불법행위지 원칙에 우선하는 연결원칙들과의 관계가 문제되는 점은 위(4.)에서 본 독점규제법에서와 같다. 이에 관하여는 이종혁, "국제적 증권공모발행에서 투자설명서 부실표시책임의 연구 —준거법 결정원칙을 중심으로—", 서울대학교대학원 법학박사학위논문(2019. 6.), 178면 이하 참조. 위 논문은 이종혁, 국제자본시장법시론 —국제적 증권공모발행에서 투자설명서책임의 준거법— (2021)이라는 단행본으로 간행되었다. [밑줄 친 부분은 이 책에서 새로 추가한 것이다.]

사. 입양협약의 비준과 국제가족법에 대한 관심의 제고

우리나라는 2013. 5. 24. 입양협약에 서명하였으나 아직 비준하지 못하고 있다. 우리 아동의 최대 수령국(receiving state)인 미국에서도 입양협약이 2008년 발효되었고, 중국과 베트남도 입양협약에 가입하였음을 생각하면 이는 매우 부

---

89) 논의는 석광현·정순섭, "국제자본시장법의 서론적 고찰 —역외적용 및 역외투자자문업자 등의 특례를 중심으로—", 증권법연구 제11권 제2호(2010), 52면 이하 참조.

끄럽다. 선해하자면 입양협약의 비준이 늦어지고 있는 이유는 현재의 입양기관 중심의 국제입양체제와 결별하고, 아동의 입양적격성을 지방자치단체가 판단하 도록 입양체제를 개선하려고 하기 때문이다. 그렇더라도 입양협약의 비준이 이 렇게까지 늦어지고 있다는 비판을 면할 수 없다.[90]

　국제가족법 영역에 관하여 보자면 한국은 우선 입양협약을 비준하고, 나아 가 1996년 "부모책임과 아동(또는 子)의 보호조치와 관련한 관할권, 준거법, 승 인, 집행 및 협력에 관한 협약"("아동보호협약")과 2007년 "아동양육 및 기타 형 태의 가족부양의 국제적 회수에 관한 협약("아동부양협약") 및 2007. 11. 23. "부 양의무의 준거법에 관한 의정서"("부양의정서")와 2000년 "성년자의 국제적 보호 에 관한 협약"("성년자보호협약") 등 가입을 검토해야 한다.[91] 특히 탈취협약 가 입을 위한 이행법률에 대하여는 입법론적 비판도 있으므로 필요하다면 이를 보 완하는 것도 검토해야 한다.

　헤이그협약 가입과 관련하여 우리도 상거소의 개념을 명확히 할 필요가 있 다. 우리 국제사법은 상거소를 준거법의 연결점으로 도입하였고, 개정법률안은 상거소를 국제재판관할의 연결점으로 도입하였으므로 더욱 그러하다.[92]

　또한 근자에 국제적인 관심사인 국제대리모의 문제에도 관심을 가져야 한 다.[93]

---

90) 정부는 2017년 10월 국회에 입양협약 비준동의안을 제출하였다. 국제입양과 관련하여 우 리나라에 만연한 오해는 "국제입양은 … 입양 대상에 따라 … 요보호아동은 입양특례법 에 의하여, 그 외의 아동은 민법에 따라 입양절차가 이원화되어 있는 등 국제입양에 대한 통일적인 규율이 어려운 상황"이라는 인식이다. 이는 국제사법에 대한 무지에 기인한다. 종래 요보호아동이 아닌 아동의 외국으로의 입양은 민법이 아니라, 국제사법(제43조)에 의하여 지정되는 준거법, 즉 양친의 본국법에 따라서 이루어진다. 다만 외국으로의 입양 시에는 한국법이 정한 동의요건이 구비되어야 하므로 민법이 제한적인 역할을 한다. 다만 아동의 국내로의 입양의 경우 입양의 준거법이 한국법이므로 민법에 따라 법원의 허가가 필요하고, 반대로 아동의 출신국법이 정한 동의요건이 구비되어야 한다. 석광현, "헤이그 입양협약 비준을 위한 2016년 "국제입양에 관한 법률안"에 대한 검토", 가족법연구 제31 권 1호(2017. 3.), 105면 이하 참조.

91) 이는 필자가 주관적으로 선정한 것이다. 상세는 석광현(註 13), 112면 이하 참조.

92) 최흥섭, "國際私法에서 日常居所의 의미와 내용", 국제사법연구 제3호(1998), 515면 이하 참조. 2015. 2. 1.부터 시행 중인 "신분관계를 형성하는 국제신분행위를 함에 있어 신분행 위의 성립요건구비여부의 증명절차에 관한 사무처리지침"[가족관계등록예규 제427호]도 참조.

93) 윤진수/석광현(註 52), 1678면 이하; 이병화, "국제대리모계약에 관한 연구", 국제사법연 구 제22권 제1호(2016. 6.), 123면 이하; 이병화, "국제대리모계약을 둘러싼 법적 친자관

아. 해사국제사법의 쟁점: 선적국법주의의 완화

국제사법(제60조, 개정법 제94조)은 다양한 쟁점에 대해 선적국법주의를 취한다. 그 이유는, 선박의 특질을 고려할 때 선적국법이 가장 밀접한 관련이 있기 때문이다. 이는 무엇보다도 선박 물권관계를 하나의 법에 연결하는 점에서 선박에 관한 각종 물권의 발생, 효력 및 우선순위 등을 일관된 원칙 하에 규율하는 장점이 있다.[94] 그러나 선적국법주의에 대하여는 비판이 있다. 유력설[95]은 ① 편의치적의 출현에 따라 연결점으로서 선적국법의 의미가 감소되었고, ② 일률적인 선적국법의 적용은 불합리하며, ③ 편의치적의 부당성을 국제사법 제8조 제1항으로서 시정하는 데는 한계가 있고, ④ 선적국법은 조사하기 어려우며, ⑤ 대체로 정비되지 않은 선적국법에 대해 우리 법정에서 논란을 벌이는 것은 희극적이고, ⑥ 이중국적과 무국적 선박의 경우 선적국법의 장점이 상실된다고 비판한다. 또한 입법론으로 선적국법을 기국법으로 대체할 것과, 선박소유자의 책임제한의 범위와 선박우선특권에 관한 법률관계에 있어서 법정지법을 적용함으로써 법정지법의 적용범위를 확대하자는 제안도 있다. 국제사법이 선적국법에 과도하게 연결하는 점은 사실이나 개선방안은 더 면밀한 검토를 요한다.

자. 외국에서 형성된 법상태의 승인: 유럽연합의 논의와 관련하여

섭외적 법률관계의 형성에 관한 국가 간 법제의 차이는 주로 ① 국제사법에 의한 준거법의 지정과 ② 국가의 개별 고권행위의 절차적 승인이라는 방법에 의

계 쟁점에 관한 헤이그국제사법회의의 최근 동향 분석 및 시사점", 국제사법연구 제23권 제2호(2017. 12.), 37면 이하 참조. 대리모에 관한 비교법적 검토는 현소혜, "대리모를 둘러싼 쟁점과 해결방안", 가족법연구 제32권 제1호(통권 제61호)(2018. 3.), 107면 이하 참조. 근자에 모자관계는 출산이라는 자연적 사실에 의하여 결정됨을 확인하고 고전적인 대리모뿐만 아니라, '출산대리모'를 위한 계약도 민법 제103조에 의하여 무효라고 판시한 서울가정법원 2018. 5. 9.자 2018브15 결정이 나왔다. 그러나 이는 전형적인 국제대리모 사건(예컨대 캘리포니아주 가족법(California Family Code)에 따라 대리모계약을 체결하고 이루어지는 출산대리모)은 아닌 것으로 보인다. <u>간단한 평석은 이현곤, "대리모가 출산한 자녀의 친모는 누구인가?", 법률신문 제4629호(2018. 8. 20.), 10면 참조.</u> [이는 원래는 각주 106에 있었으나 여기로 옮겼다.] <u>저촉법적 승인에 관한 유럽연합의 논의는 석광현, "국제사법에서 준거법의 지정에 갈음하는 승인: 유럽연합에서의 논의와 우리 법에의 시사점", 동아대학교 국제거래와 법, 제35호(2021. 19.), 1면 이하 참조.</u> [밑줄 친 부분은 이 책에서 새로 추가한 것이다.]

94) 정병석, "국제해상법", 국제사법연구 제4호(1999), 436-437면 참조.

95) 서동희, "선적국법주의의 타당성", 국제사법연구 제17호(2011), 402면 이하 참조.

하여 조정된다. 즉 종래 광의의 국제사법 체제는 "지정규범으로서의 국제사법(협
의의 국제사법)과 개별 고권적 행위의 승인(외국재판의 승인)이라는 두 개의 기둥
을 가지고 있다.96) 한국에서 전자는 국제사법에 의하여 후자는 민사소송법에 의
하여 규율된다. 첫째 기둥을 보면, 외국법에 따라 외국에서 형성된 법상태를 인
정하기 위하여는 당해 법상태가 우리 국제사법이 지정하는 준거법에 따른 것이
어야 한다. 이것이 준거법 통제이다.97) 즉 우리는 기득권이론처럼 외국법에 따
라 외국에서 발생한 법상태 또는 기득권을 공서의 유보 하에 승인하는 것이 아
니라, 그것이 우리 국제사법이 지정하는 준거법을 적용한 경우이거나(적어도 그
준거법상 유효한 것으로 인정되는 경우에) 그 법률효과를 인정한다. 그러나 근자에
유럽연합에서는 '(준거법)지정에 갈음하는 승인(Anerkennung statt Verweisung)'
또는 '저촉법적 승인'이 논의되는데 이는 (준거법 통제가 없는) 외국에서 형성된
'법상태의 승인(Anerkennung von Rechtslagen, *reconnaissance des situations*)'을 의
미한다. <u>회사법 영역에서 유럽사법재판소는 2002년 Überseering 사건에서 유럽
공동체설립조약(현재는 EU기능조약. TFEU)이 영업소 설립의 자유를 보장하는 결
과 독일은 비록 독일의 준거법 통제에 반하는 결과가 되더라도 네덜란드에서 설
립된 회사의 법인격과 당사자능력을 인정해야 한다고 판시하였다. 석광현, "한국
에서 주된 사업을 하는 외국회사의 법인격과 당사자능력: 유동화전업 외국법인
에 관한 대법원 판결과 관련하여", 선진상사법률연구 제90호(2020. 4.), 38면 이
하 참조.</u>98) [밑줄 친 부분은 이 책에서 새로 추가한 것이다.]

　　예컨대 성(姓. 또는 姓氏)에 관한 유럽사법재판소의 2008. 10. 14. Grunkin

---

96) Hans Jürgen Sonnenberger, "Anerkennung statt Verweisung? Eine neue international
— privatrechtlichche Methode?", in Festschrift für Ulrich Spellenberg zum 70.
Geburtstag (2010), S. 390-391.

97) 구 섭외사법(제15조 제1항 단서)은 혼인의 방식에 대하여 절대적 거행지법주의를 따랐으
므로 거행지법 방식이 미비되면 혼인의 성립은 부정된다. 준거법 통제는 이런 형태로 나
타난다. 반면에 스위스 국제사법(제45조)은 혼인의 유효성에 대해 준거법을 지정하는 대
신 외국에서 유효하게 체결된 혼인은 스위스에서 승인된다고 규정한다.

98) <u>법상태의 승인이 도입된 결과,</u> 유럽대륙에서는 Wächter의 통렬한 비판을 받은 뒤 지지를
받지 못한 Huber의 '기득권이론'을 재조명하는 견해도 있다. 법상태의 승인은 국적에서는
자연스럽다. 즉 어떤 사람이 영국인인지는 영국법이 결정하고 타국은 그를 인정한다. 이
는 국적의 특수성에 기인하는데 국적이 선결문제인 경우에도 본문제에 종속적으로 연결
한다. 석광현(註 19), 42면. Huber의 이론과 그에 대한 재조명은 석광현(註 93), 17면 이
<u>하 참조.</u> [밑줄 친 부분은 이 책에서 새로 추가한 것이다.]

and Paul 사건 판결을 보자.[99] 덴마크에 거주하던 독일인 부부는 아이의 성을 덴마크에서 덴마크법에 따라 부모의 결합성인 'Grunkin-Paul'로 등록하였고 그 후 독일로 이주하여 이를 등록하고자 하였다. 그러나 독일 당국은 민법시행법(제10조)에 따른 성의 준거법인 독일법상 결합성은 허용되지 않음을 이유로 등록을 거부하였다. 부부의 제소에 따라, 유럽사법재판소는 어떤 사람이 출생국과 주소지국에서 성명을 유효하게 획득하였다면 다른 회원국은 자신의 국제사법과 실질법에 관계없이 이를 승인해야 한다고 판시하였다. 이러한 '법상태의 승인'에 따르면 어느 회원국에서 등록된 성명과 혼인관계 등은 다른 회원국에서 유효한 것으로 승인된다. 이런 승인원칙이 전통적인 국제사법을 부분적으로 내체할지 또는 외국재판의 승인과 같은 절차법적 승인을 법원 기타 관청이 관여하는 경우(이는 비송사건일 수 있다)만이 아니라 순수한 사인(私人)의 행위[100]에도 적용할지의 문제로 논의된다.[101] 견해가 나뉘나 신분관계(또는 가족관계)에 한정하여 도입하는 견해[102]도 있다.

그러나 국내법인 국제사법 위에 상위규범이 없는 우리는 유럽연합과 사정이 다르다. 한국에서는 이런 경우 국제사법이 지정한 준거법에 반하는 법적 효과는 인정되지 않는다. 하지만 우리도 문제가 없지는 않다. 대리모 사례를 보자. 일본의 Mukai Aki 사건[103]에서 일본인 부부는 자신들의 난자와 정자에 의한 수

---

99) C-353/06. 회사법 영역의 사례는 2002. 11. 5. Überseering 사건 판결(C-208/00) 등 참조. 과거 준거법 결정과 별도로 외국법인(또는 회사)의 승인이 필요한지가 논의되었는데 대체로 승인은 불필요하다고 보았다. 석광현(註 48), 195면. 그러나 본문의 법상태의 승인을 인정한다면 이는 거꾸로 준거법 통제를 배제한다.

100) 입양협약은 私人의 행위인 계약형입양을 승인하는데 이는 조약상 근거가 있기 때문이다.

101) 종래 비송사건의 맥락에서 이를 연상시키는 논의가 있다. 첫째는 외국 비송재판의 국내적 효력이 외국재판 승인의 문제인지 준거법의 문제인지이다. 김상일, "독일의 [가사사건 및 비송사건절차법(FamFG)] 개관", 민사소송 제13권 제1호(2009. 5.), 644-645면, 註 24는 일본의 논의를 소개하나 우리 판례는 이를(그것이 비송재판이라면) 외국재판 승인의 문제로 본다. 둘째는 비송사건에서 외국 재판 대신 외국이 단순히 인가(또는 등록)를 하는 경우 그의 국내적 효력이 외국재판 승인의 문제인지 준거법의 문제인지이다. 혼인신고에 따른 등록(또는 회사설립의 등록)과 같은 비송사건에서도 국제재판관할을 논의하지만 그 승인은 준거법 영역에 속하고 그 경우 외국의 등록은 독립한 절차적 승인의 대상은 아니다(Reinhold Geimer, Internationale Freiwillige Gerichtsbarkeit, Festschrift für Erik Jayme, Band Ⅰ (2004), S. 255f.). 위 둘째는 비송사건에서 '절차적 승인'과 '준거법 통제' 중 선택을 다룬 것이지 준거법 통제에 갈음하는 법상태의 승인의 문제는 아니다.

102) Coester-Waltjen(註 59), S. 398 참조.

103) 이는 윤진수/석광현(註 52), 1680면, 註 33 참조.

정란을 미국인 대리모에게 이식하였고 대리모는 네바다주에서 쌍둥이를 출산하였다. 위 부부는 네바다주 법원에서 친자관계를 확인받아 일본에 출생신고를 하였으나 행정당국은 일본 민법상 대리모를 모로 인정할 수 없음을 이유로 수리를 거부하였는데, 대리모와 아동의 친자관계를 확인하는 네바다주 법원의 재판이 있었기에 외국재판의 승인이 문제되었다.[104] 만일 유사사건에서 인도(India)의 재판 없이 출생증명서 기재뿐이라면 우리 행정당국이나 법원이 그에 따라 친자관계를 인정해야 하는지가 문제된다. 즉 인도의 출생증명서는 인도에서 형성된 법상태의 기재라고 볼 수 있으므로 여기에서 법상태의 승인이 문제된다. 외국공문서의 진정성립이 인정되면 실질적 증거력은 법관의 자유심증에 의하는데 판례는 공문서의 기재사항을 진실이라고 추정하는 경향이 있다.[105] 위에 언급한 대리모에 관한 서울가정법원 2018. 5.9.자 2018브15 결정은 미국 법원이 작성한 출생증명서(출산한 대리모를 모라고 기재한)의 실질적 증거력을 인정하였으나, 만일 출생증명서에 의뢰인 모가 모라고 기재되었더라면 우리 법원은 이를 인정하지 않았을 것이다. 그러나 보고문서인 출생증명서의 형식적 증거력을 통한 접근은 사실상의 해결 내지 증거법의 문제일 뿐이고 법상태라는 실체의 승인은 아니다. 종래와 같이 준거법 통제를 하는 경우에는 당연하고(이는 지정된 준거법의 적용 과정에서 이루어지는 통상적인 공서 위반의 문제이다), 가사 법상태를 승인하더라도 공서 통제를 해야 함은 물론인데 우리도 이 문제에 더 관심을 가질 필요가 있다.[106] 이에 대하여는 2018.10.19. 제11회 한국법률가대회에서 '국제사법에 대한 헌법의 영향'이라는 주제로 별도로 논의한다. 한 가지 첨언할 것은, 외국에서 형성된 법상태는 우리 국제사법의 준거법 통제에 반하는 경우 원칙적으로 인정되지 않는 것이 원칙이지만, 예외적으로 그것이 헌법상의 기본권 내지 인권 보호에 반할 경우 그 법률효과가 인정될 수도 있는데, 특히 신분관계의 경우 그러

---

104) 캘리포니아주 가족법(§7962(f)(2)에 따라 이루어지는 대리모의 경우 법원의 확인재판에 기하여 대리모가 아니라 의뢰인 부부가 출생증명서에 부모로 기재된다. 그러나 승인대상인 외국법원의 재판이 되기 위하여는 법원이 책임을 지는 어떤 판단이 포함되어야 하고, 법원의 역할이 단순히 증서화하는 활동 또는 공증적 기능에 그치는 것으로는 부족하므로 여기의 확인재판이 승인대상인 외국법원의 재판에 포함되는지는 논란의 여지가 있다. 석광현(註 25), 447면.
105) 이시윤, 신민사소송법, 제11판(2017), 513면.
106) 우리로서는 그 경우에도 원칙적으로 준거법 통제를 해야 하고 그렇지 않더라도 최소한 공서 통제를 해야 한다.

하다.107) 이런 맥락에서 그리고 더 나아가 우리나라에서도 종래 소홀히 취급한 국제사법과 헌법, 특히 기본권 내지 인권과의 관계에 더 큰 관심을 가져야 한다. 이에 대하여는 다른 기회에 논의할 예정이다. 석광현, "국제사법에 대한 헌법의 영향", 저스티스 통권 제170-3호(2019. 2. 한국법률가대회 특집호Ⅱ), 489면 이하; 이 책 [4]와 [14] 참조. [밑줄 친 부분은 이 책에서 수정한 것이다.]

3. 외국재판의 승인 및 집행에 관한 규정의 국제사법 편입

현재 민사소송법과 민사집행법에 분리된 외국재판의 승인 및 집행에 관한 규정을 국제사법에 통합할 필요가 있다. 상호 긴밀하게 관련된 주제를 묶는 것이 자연스럽고, 직접관할과 간접관할에 동일한 기준이 적용되는 점 기타 양자의 유기적 관련을 드러낼 수 있으며 무엇보다도 외국적 요소가 있는 쟁점을 국제사법에 묶는 것이 수범자에게 편리하다.

승인 및 집행의 대상을 확대하는 방안도 고려할 필요가 있다. 민사집행법 (제27조)상 집행판결은 승인을 전제로 하나, 입법론상 집행판결의 대상을 기판력이 없는 재판상화해에 따른 화해조서와 제한된 범위의 공정증서 등에까지 확대하는 방안을 검토할 필요가 있다.108) 외국의 인증문서109)의 집행에 관하여도 관

---

107) Patrick Kinsch, "Human rights and private international law", Encyclopedia, Vol. 1 (2017), pp. 882-883. 2018. 8. 1. 개최된 한국국제사법학회의 특별세미나에서 Jürgen Basedow 교수도 이 점을 지적하였다. 다만 이는 준거법 지정을 대체하는 것이 아니라 보충하는 것일 뿐이라고 한다. Jürgen Basedow, "Private International Law, methods of", Encyclopedia, Vol. 2 (2017), p. 1406 참조. 법상태의 승인에 관하여는 석광현(註 93), 1면 이하 참조. [밑줄 친 부분은 이 책에서 새로 추가한 것이다.]

108) 이헌묵, "외국재판의 승인과 집행의 근거의 재정립과 외국재판의 승인과 집행의 대상 및 상호보증과 관련한 몇 가지 문제", 통상법률 제136호(2017. 8.), 28면 이하도 입법론으로 승인 및 집행 대상의 확대를 제안한다. 이헌묵 교수는 승인 대상을 외국재판이 아니라 '외국법에 의하여 확정된 당사자 사이의 사법상의 법률관계'라고 보자고 제안하나 지지하기 어렵다. 이는 기판력의 본질을 절차법적으로 이해하는 민사소송법 이론과 맞지 않을 뿐만 아니라, 외국에서 형성된 법률관계를 국내에서 인정하는 두 가지 경로(즉 준거법 통제와, 개별 고권적 행위의 절차적 승인)를 상정하는 광의의 국제사법 체제에도 반한다. 나아가 그 준거법의 결정도 문제되고 후자의 경우 준거법 통제를 해야 하는 문제가 발생한다. [밑줄 친 부분은 이 책에서 새로 추가한 것이다.]

109) 필자는 과거 브뤼셀체제의 'authentic instrument'를 '공정증서'로 번역하였으나 외국어에 충실하자면 독일어본(öffentliche Urkunde)은 '공문서', 프랑스어본(acte authentique)은 '공서증서', 영문본은 '인증문서'라 번역할 수도 있다. EU상속규정이 규정하는 인증문서의 인정과 집행(acceptance and enforcement of authentic instruments)(제59조 이하) 및

심을 가져야 한다.

또한 가사사건과 비송사건에 속한 외국재판의 승인과 집행에 대해서도 국제사법에서 별도로 규정하는 것이 바람직하다.110) 가사소송사건에서 송달요건과 상호보증요건이 필요한지는 종래 논란이 있다. 특히 2014년 개정 민사소송법 제217조 제1항이 승인대상을 "외국법원의 확정판결 또는 이와 동일한 효력이 인정되는 재판"으로 수정함에 따라 기판력이 없는 외국 비송재판의 승인 여부는 논란이 있으므로 이를 해소할 필요가 있다.

4. 국제민사사법공조

국제민사사법공조에 관하여는 위(V.4.)에서 언급한 것 외에 아래 과제가 있다.

전자정보에 대한 증거조사 나아가 전자증거개시에도 관심을 가져야 한다. 전자문서가 증가하고 있음에 비추어 전자문서 내지 전자적으로 저장된 정보를 어떤 형태로 제출하도록 할지의 문제가 있다. 증거협약의 맥락에서도 이 점이 논의되었으나 아직 충분하지는 않다. 앞으로 전자증거개시가 국제증거조사에서 제기하는 문제와 해결방안을 더 검토해야 한다.111)

또한 주목할 것은 아동탈취협약에서 보듯이, 사법기관인지 행정기관인지를 묻지 않고 협약의 목적을 달성하기 위하여 중앙당국 간의 공조체제를 구축하는 현상인데, 이런 공조체제는 입양협약과 아동보호협약 등에서도 채택되었다. 국제적으로 이런 공조체제가 확산 중이므로 우리도 더 관심을 가져야 한다. 또한 국제도산에서의 민사사법공조도 주목해야 한다. "채무자회생 및 파산에 관한 법률"(제641조)은 도산절차의 병행 시 우리 법원이 외국 법원과 직접 공조할 것을 규정하는데, 이는 민사공조법의 공조 수준에 비하면 획기적이다. 고무적인 것은 이런 공조가 실제로 이루어진 사례가 있다는 점이다.112) 민사공조법에 이들을 포괄하는 기본원칙을 둘지도 검토할 필요가 있다.

상속증명서(제62조 이하)의 취급은 주목할 만하다.

110) 권재문(註 78), 323면 이하는 가사소송법에 두자고 한다.

111) 근자의 전자증거개시(e-discovery)는 미국과 사법마찰을 초래한다. 김용진, "미국과의 증거조사공조 현황과 e-discovery 대응방안", 인권과 정의, 통권 제429호(2012. 11.), 6면 이하.

112) 2018. 3. 22. 개최된 한국국제사법학회 2018년 정기총회 및 제133회 정기연구회 자료집, 김영석, "[기업집단 도산절차]에 대한 토론문", 2면.

5. 비교국제사법 연구의 중요성

다른 법 분야처럼 국제사법 분야에서도 비교법적 연구가 중요하다. 특히 국제사법 분야에는 전 세계적으로 국제사법의 점진적 통일을 추진하는 헤이그회의가 조약을 성안하고 있으므로 그 작업을 주목해야 하며 한국이 가입할 헤이그협약을 선정하고 가입을 추진해야 한다. 또한 국제사법 분야는 국제적 정합성 내지 조화의 요청이 강한 영역이므로 비교법적 연구가 특히 중요한데, 브뤼셀체제와 로마체제에서 보듯이 유럽연합의 국제사법 통일작업은 주목할 만하고 더욱이 유럽연합은 국제사법규범의 국제적 동일 내지 조화를 주도하고 있으므로 그에 대한 연구를 강화해야 한다.[113] 그러나 전문가가 매우 부족한 한국에서는 비교국제사법 연구[114]가 매우 취약하다. 프랑스법계의 국제사법 연구는 더욱 그러하다.[115] 이 점에서 2017년에 간행된 'Encyclopedia of Private International Law (국제사법 백과사전)'(전 4권)는 소중한 자료이다. 또한 우리와 인적·물적 교류가 빈번한 중일 양국의 국제사법을 연구할 실제적 필요가 큰데[116] 동북아 국제사법의 통일 내지 조화를 꿈꾼다면 더욱 그러하다. 근자에는 베트남과의 인적·물적 교류 확대에 따라 베트남의 국제사법과 실질법 연구의 필요성도 커지고 있다.[117]

---

113) 계약의 준거법에 관한 한중일 국제사법의 태도는 유사한데 이는 3국간 교류의 결과가 아니라 각자 유럽연합의 로마체제를 참고한 탓이다.

114) 김용진, 國際民事訴訟戰略―國際訴訟實務 가이드(1997)는 귀중한 자료이다. 근자에는 실무자료(법무법인(유한)태평양, 우리 기업을 위한 미국소송 가이드(2016))는 있으나 이론서는 잘 보이지 않는다.

115) 박기갑, 國際私法總論 ―法律衝突理論을 中心으로―(1996)가 간행될 무렵에는 프랑스 국제사법에 대한 소개를 기대하였으나 박 교수는 그 후 국제사법에 대한 흥미를 잃은 것 같다.

116) 3국법의 비교는 석광현, "국제민·상사분쟁해결에 관한 동아시아법의 현황과 미래 ―조화와 통일의 관점에서―", 저스티스 통권 제158-2호(한국법률가대회 특집호Ⅰ)(2017. 2.), 542면 이하 참조. 장래 3국의 규범을 통일 내지 조화하려는 노력이 필요하다. Kwang Hyun Suk, Harmonization of Private International Law Rules in Northeast Asia, Japanese Society of International Law, Journal of International Law and Diplomacy, Vol. 114 (1)(2015), p. 1 *et seq.*

117) 베트남 국제사법규칙은 민법에 포함되어 있다. Nguyen Thu Hong Trinh, "Vietnam", Encyclopedia, Vol. 1, p. 2658 이하 참조. 영문번역은 위 책, p. 3994 이하 참조. 우리 문헌은 이재열, "베트남 국제사법 개관 ― 베트남 민법 및 혼인과 가족법을 중심으로", 국제사법연구 제21권 제1호(2015. 6.), 403면 이하; 손경한 외, 베트남 국제사법에 관한 연구, 법무부 최종보고서(2015); 법무부, 베트남 국제사법에 관한 연구(휴먼컬쳐아리랑,

Ⅵ. 국제사법 분야에서 입법 및 판례 변화의 동인(動因)

1. 한국 사회의 국제화에 따른 변화의 필요성

국제사법 분야에서 입법 및 판례의 변화를 추동한 동인(動因)은 편의상 아래와 같은 내적인 동인, 즉 한국 사회의 변화에 따른 동인과 외부로부터의 영향인 외적인 동인으로 구분할 수 있다. 내적인 동인은 무엇보다도 지난 70년 동안에 있었던 한국 사회의 변화, 특히 우리 사회의 '국제화' —시장과 기업의 국제화 및 사람의 이동성과 기술의 진보 등으로 나타나는— 이다.118) 흔히들 한국은 20세기 후반에 '산업화'와 '민주화'를 동시에 달성하였다고 하나 '국제화'도 무시할 수 없다. 국제화를 법적으로 뒷받침하자면 국제사법의 역할을 제대로 깨달아야 한다. 1950년 6. 25. 동란으로 발생한 고아의 해외입양으로 시작되어 점차 확대된 한국 아동의 해외 입양, 경제개발에 따른 국제무역의 비약적 증가와 해외건설의 확대에 따른 국제적 근로계약의 확대, 이러한 현상에 수반되는 다양한 국제소송의 증가와 소송의 진행과정에서 발생하는 국제민사사법공조의 필요성, 6. 25. 이후에도 있었고 그 후 농촌 총각들의 국제결혼 증가와 결혼중개업자들의 부실 중개(정보 부족 등)와 문화적 차이 등으로 인한 이혼의 증가, 국제적 아동탈취 사건의 증가, 인터넷의 일상화에 따른 국제거래의 비약적 증가 등을 들 수 있다. 이러한 한국 사회의 변화는 국제재판관할, 준거법의 결정, 외국재판의 승인 및 집행의 맥락에서 국제사법의 실제적 중요성을 제고하였고, 국제사법이 해결해야 할 다양한 쟁점들을 제기하였다. 우리나라가 1997년 헤이그회의에 가입하고 송달협약 등 헤이그협약에 가입한 것은 이러한 변화가 초래한 자연스러운 결과이다.

그와 더불어 준거법만을 국제사법으로 인식하였던 섭외사법의 태도를 지양하여 국제재판관할규칙을 국제사법에 편입시키고, 외국재판의 승인 및 집행도 강학상 국제사법학에 포함시키는 태도가 확산된 탓에 국제사법학의 대상영역이 대폭 확대되었고, 나아가 한국 사회의 변화에 대응하여 20세기 유럽의 국제사법이 이룩한 발전을 입법적으로 반영할 필요성도 국제사법 분야, 특히 입법 분

2016) 참조.
118) 근자 독일의 논의는 Dagmar Coester-Waltjen, "Todesgesagte leben länger", Politik und Internationales Privatrecht (2017), S. 14ff. 참조.

야에서 변화의 큰 동인이 되었다. 전자가 외적 동인인지는 논란의 여지가 있으나(영미법계와 대륙법계 중 라틴법계의 영향이라고 본다면 외적 동인이다) 후자는 주로 외적 동인이라고 볼 수 있다. 물론 우리 사회가 외적인 동인을 느끼게 된 것은 내적 동인이 있었기 때문이므로 양자의 구별이 반드시 적실(適實)한 것은 아니다.

민법은 로마시대에도 중요하였지만 현대 한국 사회의 변화에 따라 중요성이 점증하는 대표적 분야가 바로 국제사법이며, 이는 '국제거래의 기본법'이다.

2. 실질법의 변화에 따른 광의의 국제사법 변화의 필요성

과거 우리 실질법에 삼배배상제도가 없을 때에는, 전보배상의 범위를 넘는 부분은 성질이 명백히 피해자의 적절한 배상을 위한 것이 아니라는 이유로 우리 법원이 국제사법(제32조 제4항)을 근거로 삼배배상을 규정한 외국법의 적용을 거부하거나, 민사소송법(제217조와 제217조의2)을 근거로 삼배배상을 명하는 외국재판의 승인 및 집행을 거부할 수 있었다. 그러나 우리 실질법에 삼배배상이 도입된 결과 이제는 그런 태도를 유지하기 어려우므로 국제사법(제32조 제4항)과 민사소송법(제217조와 제217조의2)의 개정을 검토해야 한다.[119]

VII. 맺음말

지금까지 지난 70년을 회고하면서 한국 국제사법학의 성취를 일별하고 장래 과제를 언급하였다. 그간 한국 국제사법학은 장족의 발전을 하였는데, 가장 큰 성취는 1962년 섭외사법의 제정, 이를 전부 개정한 2001년 국제사법의 시행, 4개의 헤이그협약 가입과 (국회를 통과한다면) 2018년 국제사법 개정작업을 들 수 있다. <u>위에서 언급한 바와 같이 개정안은 마침내 2021. 12. 9. 국회 본회의를 통과하였다. 이제 대한민국은 2001년 정비한 준거법지정규칙과 함께, 30개가 넘는 조문으로 구성된 정치(精緻)한 국제재판관할규칙을 국제사법에 포함시킴으로써 양 날개를 갖추게 되었고, 이는 대한민국 국제사법의 발전에서 중차대한 계기가</u>

---

119) 석광현, "손해배상을 명한 외국재판의 승인과 집행: 2014년 민사소송법 개정과 그에 따른 판례의 변화를 중심으로", 국제사법연구 제23권 제2호(2017. 12.), 284면 이하, 288면 이하 참조.

될 것이다. [밑줄 친 부분은 이 책에서 추가한 것이다.] 2001년 국제사법을 통하여 섭외사법의 한계를 극복하고 20세기 유럽 국제사법이 이룩한 성과를 상당부분 도입하였다. 그리고 지난 70년간 판례의 축적도 큰 의의가 있다. 2001년 국제사법과 2018년 개정안을 보면 우리 국제사법의 특징적 현상은 학설·판례의 축적이 입법을 끌어가는 것이 아니라 입법작업이 국제사법의 개정과 국제사법학의 발전을 선도하는 점이다. 그러나 앞으로 갈 길이 먼데 특히 유럽연합 국제사법의 발전을 보면 이 점을 절실히 느끼게 된다. 한국 사회의 국제화와 더불어 국제사법의 중요성은 비약적으로 커졌으나, 우리 법률가들은 이런 변화를 따라가지 못하고 있고, 특히 국제사법의 교육과 연구는 매우 부족하다.120) 중국이나 일본과 달리 한국에서 이런 현상이 현저하다. 그러나 우리가 국제적 법률관계에서 발생하는 문제를 해결하고, 장래 동북아 국제사법의 조화 내지 통일을 꿈꾸거나 동북아 분쟁해결 허브 또는 IP 허브 코트를 구축하자면 국제사법학의 기초 없이는 불가능하다. 이를 위해서는 로스쿨들이(국제화된 법률가 양성에 관심이 있다면) 국제사법을 강의할 수 있는(국제거래법, 국제민사소송법 또는 해상법과 함께라도 좋다) 전임교수를 충원하는 것이 급선무이다. 전공적합성을 구비한 교수가 없다면 국제사법 과목을 '학점 이수제'로 대체하는 방안은 수용할 수 없다. 21세기 국제화시대에 필수과목이어야 할 국제사법의 교육을 접는 것은 2009년 로스쿨 제도 도입 시 정부와 로스쿨이 내세웠던 전문화된 법률가의 양성이라는 목표를 포기하는 지름길이다.

---

120) 한국에서 국제사법 분야의 법경제학적 연구는 잘 보이지 않으나, 이성훈, "외국판결의 승인에 있어서 상호보증 요건에 관한 법경제학적 접근", 사법논집 제38집(2004), 657면 이하가 있다. 외국 연구로는 Jürgen Basedow and Toshiyuki Kono (eds.), An Economic Analysis of Private International Law (2006); Erin A. O'Hara (ed.), Economics of Conflict of Laws, Vols. 1 & 2 (2007); Giesela Rühl, Statut und Effizienz: Ökonomische Grundlagen des Internationalen Privatrechts (2011) 등 참조. 개관은 Giesela Rühl, "Economic analysis and private international law", Jürgen Basedow *et al.*, Encyclopedia, Vol. 1, p. 575 이하 참조. Rühl의 교수자격논문인 Statut und Effizienz: Ökonomische Grundlagen des Internationalen Privatrechts (2011)도 있다. [밑줄 친 부분은 이 책에서 새로 추가한 것이다.]

후 기

위 글을 발표한 뒤에 아래의 문헌이 간행되었다. 물론 망라적인 목록은 아니다.

• 석광현, "국제사법에서 준거법의 지정에 갈음하는 승인: 유럽연합에서의 논의와 우리 법에의 시사점", 동아대학교 국제거래와 법, 제35호(2021. 10.), 1면 이하

[2] 한국의 헤이그국제사법회의 가입 20주년을 기념하여: 회고, 현상과 전망

前 記

이 글은 저자가 2017. 6. 16. 법원행정처 사법공조반에서 발표한 텍스트를 기본으로 하면서 2017년 7월 초 서울에서 개최된 "HCCH Asia Pacific Week 2017" 자료를 반영하여 다소 수정·보완한 것으로 동아대학교 국제거래와 법, 통권 제19호(2017. 8.), 69면 이하에 게재한 글을 다시 다소 수정·보완한 것이다. 수정 부분은 밑줄을 그어 표시하였다. 정치(精緻)한 국제재판관할규칙을 담은 국제사법 개정법률(개정법)이 2022. 1. 4. 공포되어 7. 5. 발효된다. 그 결과 준거법규칙을 담은 조문도 번호가 변경되기에 아래에서는 개정법의 조문을 일부 언급하였다.

I. 머리말

1. 도입과 논의순서

네덜란드 헤이그에 상설사무국을 두고 있는 "국제사법에 관한 헤이그회의"("헤이그회의")는 국제사법규범을 점진적으로 통일하는 것을 목적으로[1] 1893

---

* 2017년 7월 초 서울에서 개최된 "HCCH Asia Pacific Week 2017"에서 7월 3일 법무부가 배포한 자료를 "HCCH AP Week (법무부)", 7월 5일 사법연수원이 배포한 자료를 "HCCH AP Week (법원)"라고 각 인용한다.

1) 헤이그회의의 규정(Statute)(제1조)은 국제사법규칙의 점진적 통일을 목적으로 함을 명시한다. https://www.hcch.net/en/instruments/conventions/full-text/?cid=29 참조. 사법(私法) 분야에서 국제규범을 통일 내지 조화하기 위하여 노력하는 국제기구에는 국제거래법위원회(UNCITRAL), 사법(私法)통일국제협회(UNIDROIT)와 헤이그국제사법회의가 있다. 전 2자는 주로 실질법의 통일 내지 조화를 목표로 하는 데 반하여 헤이그국제사법회의는 국제사법규범의 통일 내지 조화를 목표로 한다. 다만 UNCITRAL이 채택한 2001년 국제채권양도협약(제26조부터 제32조), 2016년 담보권에 관한 모델법(제84조부터 제95조)이나 현재 진행 중인 "국제도산과 관련된 재판의 승인 및 집행"에 관한 모델법의 성안 작업에서 보듯이 UNCITRAL 규범에 국제사법규칙이 포함되기도 한다. 후자는 한민, "도산 관련 외국재판의 승인과 집행", BFL 제81호(2017. 1.), 90면 이하 참조. 2001년 채

년에 처음 소집되었는데 1951년 제7차 회기에서 규정을 채택함으로써 <u>1955년 상설적인 국제기구가 되었다.</u>[2] 헤이그회의는 민사 및 상사사건에서 초국경적 협력 증진을 위한 세계기구(The World Organisation for Cross-border Co-operation in Civil and Commercial Matters)[3]로서 2017년 7월 중순 현재 82개 회원국(EU는 별도의 회원이다)이 있고, 2000년 이후 36개 회원국이 가입한 데서 알 수 있듯이[4] 그 중요성에 대한 국제사회의 인식이 점차 확산되고 있는 국제기구이다. 한국은 1997년 8월 헤이그회의라는 국제기구에 회원국으로 가입하였으므로[5] 2017년은

택된 UNIDROIT의 케이프타운협약(제XII장)에도 국제재판관할규칙이 있고, 항공기의정서 (제VIII조)에도 준거법에 관한 규정이 있다. 석광현, "항공기에 대한 국제적 담보거래 —케이프타운협약과 항공기의정서를 중심으로—", 국제거래법연구, 제12집(2004. 2.), 192면 이하 참조. 저자는 UNCITRAL과 UNIDROIT의 회의에도 여러 차례 참석하였으나 그에 관한 논의는 생략한다.

2) 헤이그회의 규정은 제7차 회기 중인 1951. 10. 31. 채택되어 1955. 7. 15. 발효되었고 개정 규정은 20차 회기 중인 2005. 6. 30. 채택되어 2007. 1. 1. 발효되었다. https://www.hcch.net/en/instruments/conventions/full-text/?cid=29. 헤이그회의의 역사는 장준혁, "헤이그 국제사법회의 가입과 관련된 여러 논점들", 국제사법연구, 제2호(1997), 17면 이하 참조. 헤이그국제사법회의의 전모를 파악하는 데는 <u>국제기구로서의 관점, 현존 문서 및 현재와 장래의 우선적 과제 등을 다룬 Thomas John et al., The Elgar Companion to the Hague Conference on Private International Law (2020)이 유용하다. [밑줄 친 부분 은 이 책에서 새로 추가한 것이다.]</u>

3) 이는 헤이그회의 홈페이지에 헤이그국제사법회의라는 이름 옆에 부기된 표현이다.

4) Christoph Bernasconi, "The Continuing Evolution of the HCCH: Looking at Some Key Figures", HCCH AP Week (법원), p. 37. 82개 회원국 외에 지역통합기구(Regional Economic Integration Organisation)인 유럽연합(EU)도 회원이다.

5) 1997. 8. 20. 연합뉴스 기사가 전하는 바에 따르면, 우리 정부는 1997. 8. 20. 정부간 기구 인 '국제사법에 관한 헤이그회의 규정' 수락선언서를 네덜란드 정부에 기탁, 헤이그회의 45번째 회원국이 됐다고 외무부가 발표하였다. 일찍부터 국제사법에 관심을 가진 일본은 1904년 제4회 회의 시 헤이그회의에 첫 대표단을 파견하였는데(池原季雄, ハーグ國際私 法會議の100年, 國際法外交雜誌, 제92권 제4호·제5호 합병호(1993. 12.), 453면) 한국이 20세기 중 헤이그회의에 가입하게 된 것은 그나마 다행이다. 가입에 관하여는 이호정, "헤이그 국제사법회의에의 가입과 그 의미", 국제사법연구, 제2호(1997), 7면 이하; 장준 혁(註 2), 38면 이하 참조. 헤이그회의 100년을 기념하는 외국 문헌은 Kurt Lipstein, "One Hundred Years of Hague Conference on Private International Law", International and Comparative Law Quarterly, Vol. 42 (1993), p. 553 et. seq.; Haimo Schack, "Hundert Jahre Haager Konferenz für IPR, Ihre Bedeutung für die Vereinheitlichung des Internationalen Zivilverfahrensrechts", RabelsZ (1993), S. 223ff. <u>위 이호정, 7면 이하는 "이 가입은 우리 나라의 국제사법의 역사에 있어서 특기하여야 할 획 기적인 일이며, 우리 국제사법학도들에게는 경하해 마지 않을 대경사이다. 이 가입이 우 리나라의 국제사법의 앞으로의 발전에 대하여 갖는 의미는 아무리 강조하여도 모자란다. 헤이그 국제사법회의의 그동안의 성과의 적극적 수용과 앞으로의 헤이그 국제사법회의에</u>

한국의 가입 20주년이 되는 해이다. 이를 기념하여 헤이그회의, 법무부, 사법연수원, 외교부는 한국국제사법학회, 대한변호사협회 및 한국법제연구원과 공동으로 2017. 7. 3.부터 6.까지 "HCCH Asia Pacific Week 2017"(헤이그국제사법회의의 아시아 태평양 주간) 국제세미나를 개최하였다.6) "HCCH Asia Pacific Week 2016"은 동경에서 개최되었고 그 전에는 홍콩에서 개최된 적도 있는데 "HCCH Asia Pacific Week"가 한국에서 개최되는 것은 처음이다. 저자의 생애 중 한국에서 이런 행사를 개최한 것을 매우 기쁘게 생각하며 이를 가능하게 해 주신 법무부와 사법연수원 등 관계기관에 감사의 뜻을 표한다. 법무부가 주관한 전반부는 국제가족법 특히 입양협약을 포함한 아동보호에 관한 헤이그협약(이른바 The Children's Conventions)을 다루었고, 사법연수원이 주관한 후반부는 국제민사사법공조(송달협약 및 증거협약), 국제재판관할합의협약과 외국재판의 승인 및 집행에 관한 헤이그협약을 성안하기 위한 작업(재판 프로젝트. Judgments Project)을 다루었다.7) 위 행사는 한국 사회에서 최광의의 국제사법의 중요성에 대한 인식을 확산시키는 중요한 계기가 될 것으로 확신한다.

한편 1997년 대법원은 법원행정처에 각계인사들로 구성된 민사사법공조추진위원회를 구성하여 아래에서 논의하는 송달협약과 증거협약 가입 등을 심의하게 하였다.8)9) 따라서 대법원이 위원회를 구성하여 국제사법규범에 대한 체계적

의 능동적인 참여를 통하여 우리 국제사법과 국제사법학은 비약적인 발전을 이룩하고, 우리의 염원이고 목표인 한국국제사법학의 국제적 수준에로의 제고를 실현할 수 있게 되었다고 확신한다."고 평가하고, "헤이그국제사법회의에의 가입이 한국 국제사법학에 대하여 갖는 의의가 너무 크고 경사스러운 일이어서, 국제사법학도로서 오직 겸허하게 환영하고 감격만을 하고 싶다."(8면)고 당시 솔직한 심경을 토로하였다. [밑줄 친 부분은 이 책에서 새로 추가한 것이다.]

6) 기사는 법률신문, 제4524호(2017. 7. 6.), 9면 참조. 금년은 중국의 헤이그회의 가입 30주년이 다. 이를 기념하고자 중국국제사법학회는 헤이그회의와 공동으로 2017. 9. 22. 우한대학에서 "Global Forum on Private International Law"라는 주제로 국제회의를 개최할 예정이다.

7) 7월 3일은 법무부가, 3일과 4일은 법무부와 외교부가, 그리고 5일과 6일은 사법연수원(법원)이 행사를 주관하였다. 아쉬운 것은 국제거래를 다루는 대형로펌 변호사들이 5일과 6일 별로 보이지 않은 점이다. 홍보가 부족한 탓이 아니라면, 이는 최광의의 국제사법에 대한 우리 법률가들의 인식의 후진성을 보여주는 것이다.

8) 1997. 6. 17. 연합뉴스는 아래와 같이 보도하였다. "대법원은 17일 해외교류 증가로 외국인과 관련된 각종 민사 및 가사사건이 늘어남에 따라 이들 사건의 신속·적정한 재판을 위해 민사사법 공조에 관한 다자간 조약 가입을 추진키로 했다. 대법원은 이를 위해 법원행정처 사법정책연구실장(李恭炫 부장판사)을 위원장으로 외무부 관계자 1명과 법무부

연구를 해 온지도 20년이 되었다.[10] 당시 변호사였던 저자도 위원으로 참여하였으니 헤이그회의와 저자와의 인연도 20년이 되었다. 저자는 그 사이에 한양대 교수를 거쳐 2007년 10월 서울대 교수가 되었다.

현재 한국은 헤이그회의가 성안한 협약("헤이그협약"[11]) 중 4개 협약(convention)[12]의 당사국인데, 이는 ① "민사 또는 상사의 재판상 및 재판외 문서의 해외송달에 관한 1965. 11. 1.[13] 협약"("송달협약"),[14] ② "외국공문서에 대한 인증의 요구를 폐지하는 1961. 10. 5. 협약"("아포스티유협약"),[15] ③ "민사 또는 상사의 해외증거조사에 관한 1970. 3. 18. 협약"("증거협약")[16]과 ④ "국제적 아동탈취의 민사적 측면에 관한 1980. 10. 25. 협약"("탈취협약")[17]이다. 탈취협약은

검사 2명, 법학교수 2명, 경제학자 1명, 변호사 3명, 법관 2명 등 12명으로 '민사사법공조 추진위원회'를 구성했다. 현재 우리나라는 범죄인 인도조약 등 형사사법공조 조약은 여러 나라와 체결하고 있으나 민사사법 공조를 위한 조약 체결을 추진하기는 이번이 처음이다."

9) 당시 법원행정처 국제담당관은 유영일 판사였는데 유 판사는 국제법을 전공하여 박사학위를 받았다. 유영일, "國際民事司法共助에 관한 硏究", 서울大學校 大學院 法學博士學位論文(1995)이 학위논문이다.

10) 2017. 1. 23.(월) 오후 대법원 1601호 회의실에서 제7차 국제규범연구위원회가 개최되었다. 저자도 그에 참석하여 20주년을 맞이하는 소회를 간단히 술회한 바 있다. 대법원은 2005년부터 산하에 국제규범연구반을 두고 있다고 한다. 노태악, "대한민국의 HCCH 가입 20주년: 회고와 전망", HCCH AP Week (법원), 37면. 그러나 법원행정처, 국제규범의 현황과 전망—2017년 국제규범연구반 연구보고 및 국제회의 참가보고—(2018), 모두 법원행정처장의 머리말은 2006년부터 국제규범연구반을 운영하고 있다고 한다. [밑줄 친 부분은 이 책에서 새로 추가한 것이다.]

11) 헤이그협약의 조문과 국문번역은, 조금 오래 된 것이기는 하나 법무부, 국제사법에 관한 헤이그회의 제협약, 법무자료 제213집(1997)이 있다. 이는 영어본과 프랑스어본에 너무 오타가 많아 내어 놓기가 부끄럽다.

12) 'Convention'을 조약이라고 번역할 수도 있으나 정부에서 관보에 공표한 공식번역문이 '협약'이라고 하므로 이를 따른다.

13) 주의할 것은 헤이그협약의 일자가 가지는 의미이다. 이는 그 협약이 헤이그회의에서 채택 또는 결의된 일자를 가리키는 것이 아니라 그 협약이 최초로 서명된 일자를 말한다. 이 점은 예컨대 헤이그회의가 간행한 Collection of Conventions (1951-2003)도 조약 앞에 있는 Notice에서 concluded라고 표시하면서 그 점을 명시한다. 이호정, 국제사법(1981), 89면. 헤이그회의에서는 협약의 문안이 확정되면 Final Act를 작성하고 참가국들이 서명한다. 우리 국제법학에서는 종래 이를 '최종의정서'라고 번역한다. 예컨대 정인섭, 조약법강의(2016), 65면. [밑줄 친 부분은 이 책에서 새로 추가한 것이다.]

14) 이는 조약 제1528호로 2000. 8. 1. 한국에서 발효하였다.

15) 이는 조약 제1854호로 2007. 7. 14. 한국에서 발효하였다.

16) 이는 조약 제1993호로 2010. 2. 12. 한국에서 발효하였다.

17) 이는 조약 제2128호로서 2013. 3. 1. 한국에서 발효되었다.

한국에게는 여러 모로 최초인데, 가족법 분야 최초이고 준거법과 관련된 분야 최초이며18) 가입 시 이행법률을 제정한 유일한 헤이그협약이다. 헤이그협약에 가입하면 정부는 발효에 즈음하여 공식 국문번역을 관보에 공표한다.

　이 글은 한국의 헤이그회의 가입 20주년을 기념하는 취지에서 저자가 개인적 자격에서 한국의 헤이그회의 가입과 관련한 다양한 논점을 기술한 것이다. 구체적으로 한국이 가입한 헤이그협약의 주요내용과 가입 시 한국이 취한 조치(Ⅱ.), 헤이그협약이 한국 국제사법의 입법에 미친 영향(Ⅲ.), 한국이 장래 가입을 검토해야 할 헤이그협약들(Ⅳ.),19) 헤이그회의 가입의 의의와 우리의 장래 과제(Ⅴ.), 저자의 개인적 경험, 추억과 단상(Ⅵ.) 및 맺음말(Ⅶ.)의 순서로 논의한다. 말미에는 관련문제로 대법원의 IP 허브 코트 구상을 언급한다. 이는 헤이그회의와 관련이 있기 때문이다. 우리의 관점에서 헤이그회의를 바라보는 이 글의 성격을 고려하여 외국문헌의 인용은 대폭 생략하였다.20) 논의에 앞서 여기에서 말하는 국제사법의 개념과 범위를 간단히 정리한다.

2. 국제사법의 개념과 범위21)

　국제사법의 개념은 다의적이다. 이런 탓에 국제사법의 정체성에 대한 혼란이 있고 그에 대한 접근이 어려운 면이 있다. ① 협의의 국제사법(또는 저촉법)22)

---

18) 이처럼 다소 에둘러 표현한 것은 그것이 준거법을 직접 규정하지는 않기 때문이다. 한국이 가입한 협약 중 석광현, 국제사법 해설(2013)에서 다루는 헤이그협약은 이것뿐이고, 다른 3개의 헤이그협약은 석광현, 국제민사소송법(2012)에서 다룬다.

19) 이는 저자의 주관적 판단에 따른 것이다. Christoph Bernasconi(註 4), p. 67 이하는 헤이그회의의 '핵심협약(Core Convention)'으로 아래 14개 협약을 열거한다. 아포스티유협약, 입양협약, 탈취협약, 송달협약, 증거협약, 아동보호협약, 유언방식협약, 부양협약, 관할합의협약, 법원접근협약, 부양의정서, 신탁협약, 성년자보호협약과 증권협약이 그것이다.

20) 헤이그협약에 관한 일차적 자료는 각 협약에 대한 공식보고서이다. 그 밖에 헤이그회의의 웹사이트는 각 협약에 관한 문헌정보를 제공한다.

21) 이는 석광현, "한국 국제사법학의 과제", 국제사법연구, 제22권 제2호(2015. 12.), 382면 이하에서 논의하였다.

22) '저촉법'은 '실질법'과 대비되는 개념이다. 실질법이라 함은 법적용규범(또는 간접규범)인 저촉법(또는 국제사법)에 대비되는 개념으로, 예컨대 우리 민·상법과 같이 저촉법(또는 국제사법)에 의하여 준거법으로 지정되어 특정 법률관계 또는 쟁점을 직접 규율하는 규범을 말한다. 우리 국제사법은 이 용어를 사용하지 않으나 이는 강학상 확립되었고 판례도 정면으로 인정하는 개념이다. 예컨대 대법원 2010. 7. 15. 선고 2010다18355 판결; 대법원 1991. 12. 10. 선고 90다9728 판결 참조.

은 준거법 결정원칙을 말하고, ② 광의의 국제사법은 협의의 개념에 국제재판관할과 외국재판의 승인 및 집행을 더한 것이다. 나아가 ③ 최광의의 국제사법은 광의의 국제사법에 국제민사사법공조를 더한 것이다(아래 ③-1).[23] ④ 더 넓게는 최광의의 국제사법에 국제상사중재법과 국제도산법을 포함시키기도 한다. 이를 정리하면 아래와 같다. 아래에서는 헤이그회의의 태도[24]를 고려하여 ③-1(최광의의 국제사법)의 의미로 사용한다.

① 협의	② 광의	③ 최광의		④ 더 넓은 개념
준거법 결정원칙	협의＋국제재판관할/외국재판의 승인 및 집행[25]	③-1: **광의＋국제민사사법공조**		③-1(최광의)＋국제상사중재법/국제도산법[26]
		③-2: 광의＋국제상사중재법/국제도산법		

Ⅱ. 한국이 가입한 헤이그협약의 주요내용과 가입 시 한국이 취한 조치

위에서 보았듯이 한국은 송달협약, 아포스티유협약, 증거협약과 탈취협약에 가입하였다. 한국은 2013년 5월 "국제입양에서 아동보호 및 협력에 관한 협약("입양협약")에 서명하였으나 아직 비준하지 않고 있다. 헤이그회의가 2015년 3월 채택한 "헤이그 국제상사계약의 준거법원칙(Hague Principles on the Choice of Law in International Commercial Contracts)"("계약준거법원칙")은 협약은 아니지만 연성법(soft law)으로서 우리나라에도 의미가 있으므로 간단히 언급한다. 헤이그회의의 규정에 대한 논의는 생략한다.

---

23) 국제민사사법공조 대신 국제상사중재법과 국제도산법을 포함시킬 수도 있다. 이것이 ③-2로 스위스 국제사법의 태도이다. 석광현, 국제사법과 국제소송, 제1권(2001), 479면 이하 참조.

24) 예컨대 아래에서 소개하는 아동보호협약과 성년자보호협약 등은 국제재판관할, 준거법, 외국재판의 승인 및 집행과 국제공조를 함께 규율한다.

25) 이는 주로 영미법계의 태도이다. 한국의 실정법인 국제사법은 협의의 국제사법에 국제재판관할규칙만을 포함하므로 협의와 광의의 중간에 위치한다.

26) 여기에 국적법을 추가하면 보다 더 넓은 국제사법 개념이 된다. 프랑스 국제사법 문헌들은 그런 태도를 취한다. 국적은 국제사법에서 가장 중요한 연결점 중의 하나라는 점을 고려하면 이런 태도를 이해할 수 있다.

《한국이 가입한 헤이그협약 등》

분야	협약 명칭	한국 내 발효일	이행법률	중앙당국
일반	규정	1997. 8. 20.	없음	해당 없음
국제민사소송법	송달협약	2000. 8. 1.	없음	법원행정처
	증거협약	2010. 2. 12.	없음	법원행정처
국제가족법	탈취협약	2013. 3. 1.	있음	법무부장관
기타	아포스티유협약	2007. 7. 14.	없음	권한당국: 외교부/법무부/법원행정처
국제계약법	국제상사계약준거법원칙	해당 없음	해당 없음	해당 없음

1. 송달협약

민사소송법 제191조는 외국에서 하는 송달의 방법이라는 표제 하에 "외국에서 하여야 하는 송달은 재판장이 그 나라에 주재하는 대한민국의 대사·공사·영사 또는 그 나라의 관할 공공기관에 촉탁한다"는 원칙만을 선언하고 그 구체적인 방법을 정하고 있지 않다. 과거 법원은 대법원 1985. 10. 14. "사법공조업무처리등에 관한 예규"(송민예규 85-1)에 따라 국제적인 민사사법공조 업무를 처리했으나, 1991년 국제민사사법공조법("민사공조법")의 제정 이후에는 그에 따라 민사사법공조를 처리하고 있다. 민사공조법은 민사사건에서 외국으로의 사법공조촉탁(제2장)과, 외국으로부터의 사법공조촉탁(제3장)으로 나누어 민사사법공조, 즉 재판상서류의 송달에 관한 처리절차를 규정하는데 하위규범으로는 "국제민사사법공조규칙"("민사공조규칙")과 "국제민사사법공조등에 관한 예규"("민사공조예규")가 있다. 송달협약 가입 후 우리나라는 호주 등과 민사사법공조분야의 양자조약을 체결하였다.[27] 현재 송달협약은 활발하게 이용되고

---

27) 한국은 호주(2005년 발효), 중국(2005년 발효), 몽골(2010년 발효), 우즈베키스탄(2013년 발효) 및 태국(2015년 발효)과 양자조약을 체결하였다. 법원행정처 내의 국제규범연구위원회는 양자조약 체결 시 사용하고자 민사사법공조조약 모델안을 성안하였다고 한다. 오병희, "국제민사사법공조에 있어서의 영상전송(video-link)에 의한 증거조사: 헤이그 증거협약을 중심으로", 사법논집 제50집(2010), 485면. 그러나 상대방 국가가 영미법계인지 대륙법계인지에 따라, 나아가 송달협약 가입국인지에 따라 양자조약의 내용을 달리할 필요가 있다. 특히 송달협약 가입국이라면 송달협약을 기초로 하면서 사법공조를 강화하는 것이 바람직하다.

있다.[28] 2017. 4. 26. 현재 체약국은 72개국이다.

가. 주요내용[29]

한국 기타 대륙법계에서는 서류 송달과 증거 조사는 국가의 재판권, 즉 주권의 행사이므로 어느 국가의 법원이 다른 국가에서 직접 이러한 행위를 하는 것은 주권침해로서 허용되지 않으며 따라서 이를 위해서는 다른 국가의 사법기관의 협력이 필요하다. 소송서류의 송달을 재판권 행사로 볼지는 입법정책적인 문제인데, 직권송달주의를 취하는 대륙법계 국가에서는 이를 긍정하나 당사자송달주의를 취하는 영미법계에서는 이를 부정한다. 송달협약은 이런 법계의 대립을 극복하기 위한 것이다. 송달협약의 기본목적은 첫째, 송달문서의 수령인이 자신을 방어하는 데 필요한 충분한 시간을 가지고 현실적으로 문서의 내용을 알 수 있게 하는 제도를 확립하고, 둘째, 촉탁국으로부터 수탁국(또는 피촉탁국)에로의 문서의 전달방법을 단순화하며, 셋째, 통일된 양식에 의한 증명을 사용해 송달증명을 촉진하는 데 있다.

송달협약은 민사 또는 상사에만 적용되나(제2조), 송달협약은 '민사 또는 상사'의 개념을 정의하지 않는다. 1989년 헤이그회의 특별위원회는 ① 민사 또는 상사의 개념은 협약의 독자적 해석에 의해 결정해야 하고, ② 애매한 분야에서는 가능한 한 넓게 해석할 것이나, ③ 대부분 국가에서 공법분야로 인정되는 조세사건은 제외되지만, ④ 그 경우에도 체약국에 의한 송달협약의 적용을 금지하는 것은 아니라는 견해를 채택하였다.[30]

송달방법에는 크게 중앙당국을 통한 송달과 중앙당국을 통하지 않은 송달이 있다.

---

28) 노태악(註 10), 39면 별표에 따르면 2016년 외국으로의 촉탁은 453건이고 외국으로부터의 촉탁은 460건이라고 한다.

29) 배형원 외, 다자협약 및 양자조약 연구(2010), 16면 이하; 석광현, 국제민사소송법(2012), 223면 이하; 석광현, 국제사법과 국제소송, 제2권(2001), 287면 이하; 임치용, "헤이그송달조약을 가입함에 있어", 국제사법연구, 제2호(1997), 51면 이하; 유영일(註 9) 참조.

30) 우리 특허법원은 2016년 상표권의 등록무효 또는 취소와 관련하여 독일의 중앙당국에 서류의 송달을 촉탁하였으나 독일은 민사 및 상사사건이 아니라는 이유로 촉탁의 이행을 거부하고 서류를 법원행정처로 반송하였다고 한다. 이런 사례가 있음을 알려주신 이명철 부장판사님께 감사드린다.

(1) 중앙당국을 통한 송달

송달협약은 기존의 민사소송협약[31]에 따른 해외송달을 개선한 것인데, 가장 중요한 것은 각 체약국으로 하여금 중앙당국을 지정하도록 하고 그를 통해 규정된 바에 따라 송달을 하도록 하는 '중앙당국(central authority) 제도의 창설'이다. 각 체약국은 다른 체약국으로부터의 송달요청을 수령하고 이를 처리할 중앙당국을 지정해야 한다(제2조). 중앙당국은 송달요청의 수령기관이지 발송기관이 아니다.

촉탁국법상 권한 있는 당국이나 사법공무원은 송달협약의 양식에 따라 요청서를 수탁국의 중앙당국에 발송한다(제3조). 요청서를 받은 중앙당국은, 요청서가 송달협약의 규정에 일치하지 않거나 또는 요청서를 이행하는 것이 수탁국의 주권 또는 안보를 침해할 것이라고 판단하는 경우가 아닌 한(제4조, 제13조), 문서를 스스로 송달하거나 또는 적절한 기관으로 하여금 ① 공식적인 송달, ② 특정한 방식과 ③ 비공식적 교부라는 세 가지 중 어느 방식에 의해 송달하도록 한다(제5조). 수탁국은 송달요청서의 이행이 자국의 주권 또는 안보를 침해할 것이라고 판단하는 경우에만 거부할 수 있는데, 중앙당국은 송달요청을 거부하는 경우 신청인에게 즉시 그 거부사유를 통지한다(제13조). 송달 후에는 수탁국의 중앙당국 또는 기타 지정 당국은 송달협약에 부속된 양식으로 증명서를 작성하여 신청인에게 송부하여야 한다(제6조).

(2) 중앙당국을 통하지 아니한 송달

송달협약은 중앙당국을 통한 송달 외에도 ① 외교관 또는 영사관원에 의한 직접송달(제8조), ② 영사관원(예외적인 경우 외교관도 가능)을 통해 목적지국의 지정 당국으로 하는 간접송달(제9조), ③ 우편에 의한 송달(제10조 a호), 즉 우편경로(postal channel)에 의한 송달,[32] ④ 사법공무원 간의 직접 송달, ⑤ 이해관계인과 목적지국 사법공무원 등 간의 직접 송달(제10조 c호), ⑥ 기타 직접적인 경로와 ⑦ 기타 체약국법이 허용하는 방식(제19조)과 같은 대체적인 송달경로를 허

---

31) 이는 "민사소송절차에 관한 1954. 3. 1. 협약"을 말한다. 일본은 1970년 이에 가입하였다.
32) 민사소송법상 '우편송달'(Zustellung durch Aufgabe zur Post)('우편에 부하는 송달' 또는 '발송송달')은 보충송달·유치송달을 할 수 없는 경우 법원사무관 등이 하는 점에서 우편집배원이 하는 '우편에 의한 송달'과 다르다. 우편송달의 경우 등기우편 발송 시에 송달이 완료된 것으로 본다(제189조, 제187조).

용한다.

①과 관련하여 송달협약은, 강제력을 사용하지 않는다면, 영사파견국은 자국민에게 자유로이 직접 송달을 할 수 있다. 그러나 자국민 이외의 자에게 하는 외교관 또는 영사에 의한 직접송달에 대하여는 모든 국가는 이의를 제기할 수 있다. 위 ②는 영사관원이 송달받을 자에게 직접 전달하는 '영사송달'이 아니라 영사관원이 목적지국의 지정당국에 송달하는 방법이다. 위 ③의 우편에 의한 송달(제10조 a호)에 대하여 우리나라는 유보선언을 하였다. 흥미로운 것은, 구 독점규제 및 공정거래법을 역외적용한 흑연전극봉 사건에서 대법원 2006. 3. 24. 선고 2004두11275 판결이 공정거래위원회의 일본으로의 우편에 의한 송달을 허용한 점이다.[33] 대법원이 통상의 민사사건에서 우편에 의한 송달에 대해 어떤 태도를 취할지 궁금하다.

(3) 피고의 보호를 위한 안전장치

송달협약은 신속한 해외송달을 가능하게 함으로써 기본적으로 원고의 이익을 보호한다. 따라서 송달협약의 기초자들은 피고를 보호함으로써 원고와 피고의 이익 간의 균형을 잡을 필요성을 인정하고 제15조와 제16조를 두었는데 이는 협약의 중추(keystone)이다. 즉 송달협약은 결석재판을 위하여 일정한 요건이 구비될 것을 요구함으로써 판결 선고 전 피고를 보호하고(제15조),[34] 또한 결석판결을 받은 피고를 보호하기 위해 일정 요건이 구비되는 경우 피고의 상소를 허용한다(제16조).

---

33) 비판적 평석은 석광현, 국제사법과 국제소송, 제5권(2012), 155면 이하 참조.
34) 송달협약 제15조 제2항은 피고가 불출석하더라도 일정한 경우 법원이 결석재판을 할 수 있다고 규정하는데, 송달협약 가입 시 그 경우 법원이 공시송달을 할 수 있도록 민사소송법 제194조(구 민사소송법 제179조)를 개정할지 논란이 있었다. 민사소송법 제194조(구 민사소송법 제179조)가 송달협약 제15조 제2항과 모순되므로 일본처럼 민사소송법을 개정해 송달촉탁일로부터 6개월의 기간이 경과해야만 공시송달을 할 수 있는 것으로 개정해야 한다는 견해도 있었으나 우리는 민사소송법을 개정하지 않았다. 법원실무는 그 경우 송달촉탁일로부터 6개월이 경과하기 전에 공시송달을 하고 6개월이 경과한 시점에 공시송달에 의한 판결을 선고하는 것으로 보인다. 실무상 연속된 2회의 변론기일 및 판결선고기일(또는 제3회 변론기일 겸 판결선고기일)을 함께 지정하는 경우가 많다고 한다. 상세는 석광현, 국제민사소송법(2012), 246면 이하 참조.

나. 가입과 관련한 우리 정부의 조치

우리 정부는 송달협약에 가입하면서 이행법률 제정 없이 아래와 같은 선언을 하였다.[35]

---

1. 협약 제8조에 따라 대한민국은 재판상 문서가 촉탁국의 국민에게 송달되는 경우를 제외하고는, 대한민국 영역 안에서 외교관 또는 영사를 통하여 직접 동 문서를 송달하는 데 반대한다.

2. 협약 제10조에 따라 대한민국은 다음 각목을 인정하지 아니한다.

   가. 외국에 소재하는 자에게 재판상 문서를 우편으로 직접 송부할 권능

   나. 촉탁국의 사법공무원, 관리 또는 기타 권한 있는 자가 목적지국(目的地國)의 사법공무원, 관리 또는 기타 권한 있는 자를 통하여 재판상 문서를 직접 송달할 권능

   다. 재판절차의 모든 이해관계인이 목적지국의 사법공무원, 관리 또는 기타 권한 있는 자를 통하여 재판상 문서를 직접 송달할 권능

3. 협약 제15조 제2단에 따라 대한민국의 판사는 동조 제1단의 규정에 불구하고 송달 또는 교부가 있었다는 증명을 접수하지 아니하더라도 다음 각목의 제조건이 충족되는 경우에는 판결을 할 수 있다.

   가. 문서가 이 협약에 규정된 방식 중 하나로 송부되었을 것

   나. 문서의 송부일부터 최소한 6월 이상으로서 구체적인 사안에 있어서 판사가 적절하다고 보는 기간이 경과했을 것

   다. 피촉탁국의 권한 있는 당국을 통하여 어떠한 종류의 증명을 취득하려고 상당한 노력을 했음에도 불구하고 이를 얻지 못했을 것

그 밖에 정부는 법원행정처를 협약 제2조의 중앙당국으로 지정하고, 송달증명서 작성권한 기관(협약 제6조)에 관하여 중앙당국 이외에 송달을 실시할 지역을 관할하는 법원의 직원이 송달증명서를 작성할 수 있다고 명시하였다.

우리 정부는 제8조와 제10조에 따른 선언을 함으로써 제8조의 외교관 또는 영사에 의한 자국민 이외의 자에 대한 직접송달과, 제10조에 규정된 모든 간이한 송달방법에 대해 이의를 제기하였다. 제8조에 대한 이의는, 다른 체약국이 외

---

35) 선언내용은 석광현(註 34), 573면 참조. 송달협약 가입을 위해 당초 법원행정처는 "헤이그송달협약의 실시에 따른 민사소송절차의 특례등에 관한 법률안"을 제정하는 방안을 고려하였다. 그러나 결국 별도 법률 제정이나 민사소송법 또는 민사공조법 개정 없이 국회 동의를 얻어 송달협약에 가입하였다. 저자는 이는 송달협약에만 국한되는 것이 아니라 한국이 다른 헤이그협약에 가입할 때마다 제기되는 문제임을 지적하면서 의문을 표시하였다. 석광현, 국제사법과 국제소송, 제2권(2001), 308면.

교관 또는 영사를 통해 한국으로 송달하는 경우 자국민에 대해서만 이를 허용하고 한국민 또는 제3국민에 대해서는 반대한다는 취지이다.

　　제8조와 제10조에 대한 이의 선언은, 다자조약에 의해 간이한 송달방법을 광범위하게 허용하는 데 대한 거부감에서 비롯된 것으로, 한국 내에서 외국으로부터의 송달을 받을 자, 특히 한국민을 보호한다는 차원에서는 일단 긍정적으로 평가할 수 있었다. 특히 사법공조의 경험이 많지 않았던 송달협약 가입 당시에는 그렇게 볼 수 있었다.

다. 몇 가지 문제점[36]

　　송달협약과 관련한 우리나라의 장래 과제로는 아래를 들 수 있다.

　　첫째, 민사공조법의 개정이다. 송달협약 가입 후 체약국으로의 송달은 외교부가 아니라 법원행정처를 경유하는데 그것이 바람직하지만 법적 근거가 없다. 민사공조법상 외국 중앙당국으로 촉탁서를 실제로 발송하는 기관이라는 의미의 발송기관은 외교부장관이다(엄밀히는 이는 '발송기관'이라기보다는 '발송경로'의 문제이다). 즉 촉탁 주체는 수소법원 재판장이지만, 민사공조법상 촉탁서는 외교부를 경유해야지, 재판장이나 법원행정처장이 직접 외국 중앙당국으로 송부할 수는 없다.[37] 현재의 실무는 민사공조예규(제4조 송달촉탁의 경로)에 근거한 것이나 민사공조법을 개정하여 송달협약의 체약국에 대해서는 법원행정처가 직접 촉탁서 등을 발송할 수 있는 근거를 두어야 한다.

　　둘째, 송달협약 당시 우리나라는 간이한 송달방법에 대하여 이의를 하였다. 그러나 간이한 송달방법을 전면 배제한 점은 전향적이지 못하다. 특히, 오늘날 해외송달은 국가주권의 행사라는 측면보다는 피고의 방어권을 보장하기 위해 충분한 시간적 여유를 가지고 소송서류의 내용을 현실적으로 알 수 있도록 하는

---

36) 송달협약에 관하여는 근자에 개정판이 간행되었으므로 이를 참조할 필요가 있다. HCCH, Practical Handbook on the Operation of the Service Convention, 4th edition (2016) 참조. 근자의 특별위원회는 Handbook의 번역을 권장하는데 중국은 이미 번역하였다. https://assets.hcch.net/docs/eb709b9a-5692-4cc8-a660-e406bc6075c2.pdf 참조. <u>위 책 자는 법원행정처, 헤이그송달협약 실무편람(2018)으로 우리나라에서도 번역·간행되었다.</u> [밑줄 친 부분은 이 책에서 새로 추가한 것이다.]

37) 장기적으로는 수소법원이 외국의 중앙당국으로 직접 송달하는 방안도 검토할 필요가 있다. 그렇게 하자면 외국으로의 송달 시 법원행정처와 외교부를 경유할 것을 규정한 민사공조법을 먼저 개정해야 할 것이다.

것, 즉 '현실의 고지(actual notice)'를 보장하기 위한 것임을 고려한다면 간이한 송달방법 전체에 대한 전면이의는 너무 엄격하다. 따라서 양자조약을 통해 간이한 송달을 가능하게 해야 하고, 장기적으로는 간이한 송달을 점진적으로 허용하는 방향으로 유보를 철회하는 방안을 검토해야 한다. 특히 외국으로 우편에 의한 송달을 허용하는 방안도 고려할 필요가 있고 이를 위해 필요하다면 민사소송법의 개정을 고려할 수 있다.[38] 이처럼 완화할 수도 있고, 모든 송달협약 가입국에 대한 관계에서 유보를 철회하기가 주저된다면 송달협약 체약국과 양자조약을 체결하는 경우 양자조약을 통하여 당해 국가와 사이에서 간이한 송달을 허용하는 방안을 고려할 수 있다.[39]

셋째, 전화 등을 이용한 송달방법을 정한 민사소송규칙 제46조 제1항은 변호사인 소송대리인에 대한 송달은 법원사무관 등이 전화·팩시밀리·전자우편 또는 휴대전화 문자전송을 이용하여 할 수 있다고 규정하는데 국제소송에서 그것이 어떻게 처리되는가가 문제된다.[40] 즉 이메일 또는 전자적 수단 기타 현대적 통신수단(이를 "전자송달(e-service)"이라고 부를 수 있다)에 의한 송달을 검토해야 한다. 전자송달은 송달협약 제5조가 정한 중앙당국을 통한 경로(주된 경로)에 의해서도 가능하고, 중앙당국을 통하지 않은 경로(대안적 경로)를 통해서도 가능하다. 우선 전자를 보면 예컨대 중앙당국은 국내법상 허용된다면 송달촉탁을 받은 경우 제5조에 따라 공식적 송달, 특별한 방식에 다른 송달과 비공식적 교부의 방법을 이용할 수 있다.[41] 후자를 보면 '기능적 등가성 접근방법(functional equivalence approach)'에 따라 제10조 a호가 정한 우편에 의한 송달은 우편기관이 송

---

38) 송달개혁법에 의하여 2002. 7. 1. 개정된 독일 민사소송법(제175조와 제183조 제1항)은 수취증명이 있는 등기우편에 의한 외국으로의 송달을 명시한다. 유럽송달규정 제14조 1항에 따라 유럽연합 회원국(덴마크는 제외) 내에서는 법원의 서류를 우편으로 직접 발송할 수 있다. 상세는 김상훈, "독일의 개혁송달법", 민사소송 제10권 제2호(2006. 11.), 209면 이하 참조.
39) 양자조약과 다자조약 간에는 원칙적으로 선후 관계는 없으며 양자를 상호보완적인 것으로 이해하여 사법공조에 보다 우호적인 조항을 적용하는 것이 바람직하다고 본다.
40) 다만 송달협약은 해외로 송달하는 모든 경우에 적용되나, 송달받을 자의 주소가 불명인 경우에는 적용되지 않으므로(제1조 제1항과 제2항) 우선 위 요건이 구비되어야 하는데 여기에서 주소라 함은 이메일 주소가 아니라 물리적 주소를 말하는 것으로 해석될 것으로 보인다. HCCH, Practical Handbook on the Operation of the Service Convention, 4th edition (2016), Annex 8, para. 26.
41) HCCH(註 40), Annex 8, para. 30 이하.

부하는 경우 이메일이나 팩스와 같은 정보기술을 포함할 수 있는 것으로 해석되
나, 어느 정도의 보안요건이 충족되어야 한다. 통상의 이메일이 이에 포함되는지
나아가 social networking sites, 전자게시판(message board)과 문자(text message)
등이 이에 포함되는지는 논란이 있다.42) 주의할 것은, 이처럼 정보기술을 통한
송달은 <u>우편기관 등이 개재하는 한,</u> 기능적으로 우편에 의한 송달에 상응하므로
우편에 의한 송달에 이의하지 않은 국가들에서 사용할 수 있다는 점이다. 우리나
라처럼 이에 대해 이의한 경우에는 이를 이용하지 못하는 문제가 있다.

넷째, 예컨대 탈취협약의 예에서는 보듯이 국가 간 공조의 범위가 점차 확
대되고 있고,43) 국제도산의 맥락에서도 공조가 요구되므로44) 민사사법공조법을
확대개편하는 방안도 고려할 필요가 있다. 아니면 하위규범에 적절한 규정을 둘
수도 있을 것이다.

2. 증거협약

증거협약은 우리나라가 세 번째로 가입한 헤이그협약이다. 따라서 가입순서
대로 하자면 아포스티유협약을 먼저 써야 하나 민사사법공조에 관한 협약이라는
점을 고려하여 송달협약에 이어서 논의한다. 송달협약에 비하면 실무상 증거협
약의 이용은 훨씬 건수가 적다.45) 2017. 6. 22. 현재 체약국은 61개국이다.

---

42) HCCH(註 40), Annex 8, para. 35. Handbook은 송달협약의 문리해석상 송달국법이 이
    를 허용하고 수령국이 우편에 의한 송달에 이의하지 않았다면 우편에 의한 송달이 이메
    일을 포함하는 것으로 해석할 수 있다는 견해를 취하나, 헤이그회의 2008년 질문서에
    대해 1개국을 제외한 모든 국가가 부정적으로 답변하였다고 한다. 상세는 HCCH(註 40),
    Annex 8, para. 36 이하 참조. 국내법에 따른 이메일의 사용은 HCCH(註 40), Annex 8,
    para. 47 이하 참조. 개관은 Mayela Celis, "International Litigation & Information Tech-
    nology: Service by electronic means", HCCH AP Week (법원), p. 88 이하 참조. 근자
    에 우리 문헌도 나왔다. <u>사법정책연구원, 국제적 전자송달에 관한 연구(2021)(김효정 외
    집필).</u> [밑줄 친 부분은 이 책에서 새로 추가한 것이다.]
43) 탈취협약상 중앙당국은 행정당국일 수도 있고 그 업무도 공법적 성질을 가지는 것을 포
    함하므로 국제공조는 우리 법상의 민사사법공조의 범위를 넘는다. 이는 민사비송적 성질
    을 가지는 분야에서 체약국의 후견적 감독기능을 국제적으로 충실하게 하기 위하여 국가
    간 협력을 강화하는 것이다. 이런 공조체제는 입양협약과 아동보호협약에서도 채택되었
    고 점차 확산되고 있다. 석광현(註 34), 296면 참조.
44) 이는 채무자회생 및 파산에 관한 법률(제641조 제1항)이 정한 우리 법원과 외국 법원 간
    의 공조인데 이는 민사공조법상의 법원행정처를 통한 공조 수준에 비하면 획기적이다. 석
    광현(註 34), 568면 이하 참조.
45) 노태악(註 10), 39면의 별표에 따르면 2016년 외국으로의 촉탁은 10건이고 외국으로부터

가. 주요내용[46)

(1) 증거협약 가입 전 우리나라의 증거조사공조

민사소송법(제296조 제1항)은, 외국에서 시행할 증거조사는 그 나라에 주재하는 한국 대사·공사·영사 또는 그 나라의 관할 공공기관에 촉탁한다고 규정한다. 민사공조법은 외국으로의 사법공조촉탁(제2장)과, 외국으로부터의 사법공조촉탁(제3장)으로 나누어 증거조사의 처리절차를 정하는데 하위규범으로는 민사공조규칙과 민사공조예규가 있다.

증거협약 가입 전 우리 법원의 증거조사공조는 민사공조법에 따랐는데, 민사공조법은 외교경로를 통한 관할법원에의 촉탁방법, 즉 간접실시방법을 고수함으로써 많은 시간과 비용을 요하는 한계가 있었다. 민사공조법(제6조)에 따르면 외국에 있는 증거를 조사하기 위하여는 외국으로의 촉탁을 하고자 하는 재판장이 속하는 법원의 장이 법원행정처장에게 촉탁서 기타 관계서류("촉탁서 등")를 송부할 것을 요청하여야 하고, 법원행정처장은 외교부장관에게 촉탁서 등을 외교경로를 통하여 수탁기관으로 송부할 것을 의뢰하여야 한다. 그러나 외국은 우리 촉탁에 따를 의무가 없으므로 예양에 기한 처리를 기대할 수밖에 없어 이는 실효성이 없었다. 다만 증인신문을 받을 자가 한국 국민으로서 영사관계에 관한 비엔나협약에 가입한 외국에 거주한다면 외국 주재 한국 대사·공사 또는 영사에게 촉탁할 수 있다(민사공조법 제5조 제2항, 영사관계에 관한 비엔나협약 제5조 제이(j)항).

(2) 증거협약의 배경과 주요내용

전통적으로 영미법에서는 강제력을 수반하지 않는 증거조사는 당사자와 변호사의 일인 탓에 법원의 개입은 제한적이고 증거조사는 외국의 주권 침해가 아니다. 반면에 대륙법계에서는 증거조사는 법원이 주도하는 주권적 활동이므로

의 촉탁은 11건이라고 한다.

46) 개관은 석광현, "헤이그증거협약 가입을 환영하며", 법률신문, 제3806호(2010. 1. 4.), 15면, 상세는 배형원 외(註 29), 94면 이하; 석광현(註 34), 258면 이하; 석광현, 증거조사에 관한 국제민사사법 공조(법무부, 2007) 참조. 기타 해외증거조사에 관하여는 김용진, "국제소송과 관련한 해외증거조사의 현황과 문제점: 미국법상 증거조사제도의 특색을 중심으로", 충남대 법학연구, 제8권 제1호(1997), 153면 이하; 이규호, "국제민사사법공조로서의 증거조사에 관한 비교법적 고찰 — 우리나라와 미국을 중심으로", 통상법률 제56호(2004. 4.), 136면 이하 참조.

법원이 다른 국가에서 증거조사를 하는 것은 주권침해로서 허용되지 않으며, 이는 다른 국가의 사법기관의 협력을 통해야 한다. 즉 증거조사에서 영미법계에서는 당사자주의가, 대륙법계에서는 직권주의가 타당하다(우리 민사소송법은 양자를 절충한다). 증거협약은 이런 법계의 대립을 극복하기 위한 것이다. 증거협약은 기존의 관행을 유지함과 동시에 민사소송협약을 개선하고 현대화하는 것을 목표로 한다. 증거협약은 전문(前文), 본문 3개 장 42개 조문으로 구성되는데 그 주요내용은 다음과 같다.

(가) 촉탁서방식 의한 중앙당국을 통한 증거조사(제Ⅰ장)

증거협약은 제Ⅰ장에서 촉탁서(letter of request. 또는 요청서)에 의한 증거조사를 규정하는데, 전통적인 촉탁서(letter rogatory) 제도를 개선하고 중앙당국 제도를 도입하고 있다. 중앙당국 제도는 송달협약을 본받은 것이다. 중앙당국은 다른 체약국의 사법당국으로부터 촉탁서를 수령하고 이를 집행할 권한 있는 당국에 전달할 업무를 담당한다. 각 체약국은 중앙당국을 지정해야 하는데 중앙당국의 조직은 자국법에 의한다. 촉탁서를 받은 수탁국은 자국법에 따라 촉탁서를 신속하게 집행한다. 중앙당국을 통한 공식적인 사법공조방식에 의한 증거조사는 수탁국이 강제력을 행사할 수 있다는 장점이 있다(제10조). 체약국은 보통법 국가에서 통용되는 기일전 서류개시절차(pre-trial discovery of documents)를 목적으로 작성된 촉탁서의 집행을 유보할 수 있다(제23조).

(나) 외교관, 영사관원 및 수임인에 의한 증거조사(제Ⅱ장)

증거협약은 외교관과 영사관원("외교관 등")의 권한을 확장하였는데, 증인의 국적에 따라 그 권한을 차별화한다. 즉 체약국의 외교관 등은 파견국 법원에서 개시된 소송절차를 돕기 위하여 다른 체약국의 영역 안 그리고 직무수행지역 내에서 파견국 국민에 대하여 강제력 없이 증거조사를 할 수 있다(제15조). 또한 체약국의 외교관 등은, 접수국(또는 주재국)의 권한당국의 허가를 받고, 일정한 조건을 준수하면 접수국 영토 내에서 파견국 법원에서 개시된 소송절차를 돕기 위하여 접수국 또는 제3국 국민에 대하여 강제력 없이 증거조사를 실시할 수 있다(제16조). 나아가 증거협약은 증거조사방법을 확대하고자 수임인(commissioner) 제도를 도입하였다. 즉 접수국의 권한당국의 허가를 받고, 일정한 조건을 준수한 경우 수임인은 접수국 영토 내에서 파견국 법원에서 개시된 소송절차를 돕기 위하여 강제력 없이 증거조사를 실시할 수 있다(제17조). 수임인에 의한 증거조사는 수소법원이 '특별조사인' 또는 '선서수임인'을 통하여 외국에서 증거조사를 하는 영미 제도를 도입한 것이다. 수임인에 의한 증거조사는, 외교관 등의 접수국 또는 제3국 국민에 대한 증거조사와 동일한 구조를 취한다. 외교관 등에 의한 증거조사, 즉 '직접적 방법'은 강제력을 사용하지 않는 한 외국 당국의 개입을 요구하지 않으므로 촉탁서를 이용한 증거조사 방식보다 간편하고 신속하다는 장점이 있다.

촉탁서를 이용할 경우 증거조사는 집행국법을 따르는 데 반하여, 직접적 방법의 경우 외교관 등은 법정지법에 따르는 점에 차이가 있다. 대륙법계 국가는 촉탁서를 통한 증거조사방법을 선호하나, 영미법계 국가는 외교관 등을 통한 직접적 방법을 선호한다. 제II장의 직접적 방법은 체약국 간에 더 큰 신뢰를 기초로 하는데, 미국 이외의 다수 체약국은 주권 침해를 우려하여 제II장의 증거조사 방법에 대해 이의를 제기하였다.

(다) 기타 간이한 증거조사

증거협약은 그 밖에도 국내법, 국내 민사소송규칙이나 양자협약 또는 다자협약상 존재하는 보다 호의적이고 덜 제약적인 증거조사, 즉 간이한 증거조사의 관행을 유지하고자 한다(제III장). 다만 이를 위하여는 수탁국의 일방적 선언, 보다 관대한 조건을 정한 수탁국의 국내법이나 관행, 양자조약 또는 다자조약 등이 필요하다.

나. 가입과 관련한 우리 정부의 조치

우리 정부는 증거협약에 가입하면서 별도의 법률을 제정하거나 기존법률을 개정하지는 않고 아래와 같은 유보와 선언을 하였다.[47]

(유보사항)
1. 제4조 제2항 및 제33조에 따라, 대한민국은 한국어 또는 영어 촉탁서만을 접수

---

47) 선언 내용은 석광현(註 34), 579면 참조.

한다. 한국어 번역문이 첨부되지 않은 촉탁서의 집행은 지체될 수 있다. 또한 상기 지정한 언어 이외의 언어로 된 촉탁서만을 접수하는 국가에 대하여서는 한국어촉탁서만을 접수한다.

2. 제33조에 따라 대한민국은 그 영토 내에서 이 협약 제2장 제16조 및 제17조를 적용하지 아니한다.

(선언사항)

1. 제8조에 따라 대한민국 정부는 다른 체약국의 촉탁 당국의 법관 또는 법원직원은 대한민국의 권한 있는 당국의 사전승인을 받아 요청서의 집행 시에 출석할 수 있음을 선언한다. 이 조항의 목적상 권한 있는 당국은 법원행정처이다.

2. 제23조에 따라, 대한민국 정부는 기일전 서류개시절차의 목적으로 작성된 촉탁서를 집행하시 않을 것임을 선언한나. 나아가 내한민국 정부는 위 선언의 목적을 위하여 "기일 전 서류개시절차의 목적으로 작성된 촉탁서"란 어떤 사람에게 다음의 사항을 요청하는 촉탁서를 포함하는 것으로 이해한다고 선언한다.

가. 촉탁서에서 언급된 소송과 관련된 어떠한 서류가 그의 점유, 보관 또는 권한 하에 있는지 또는 있었는지에 대한 진술

나. 촉탁서에 명시된 특정한 서류 이외의 서류로서 촉탁을 받은 법원이 판단하기에, 그의 점유, 보관 또는 권한 하에 있거나 또는 있는 것으로 보이는 서류의 제출

(1) 중앙당국 지정, 촉탁 당국의 법관 등의 집행 시 출석 허가 선언 및 승인당국의 지정

정부는 송달협약의 경우처럼 법원행정처를 중앙당국(제2조)으로 지정하였다. 증거협약(제8조)은 "체약국은 다른 체약국 촉탁 당국의 법관이 촉탁서의 집행 시에 출석할 수 있다고 선언할 수 있음과, 그 경우 선언국이 지정하는 권한당국의 사전승인이 요구될 수 있다"는 취지로 규정하는데(이는 비디오링크와도 관련된다), 정부는 그런 선언을 하면서 법원행정처를 승인당국으로 지정하였다(위 선언사항 1).

(2) 촉탁서의 언어 선택

촉탁서는 수탁 당국의 언어로 작성되거나 또는 그 언어로 된 번역문이 첨부되어야 하나, 체약국은 제33조의 유보를 하지 않으면 영어나 불어로 작성되거나 번역된 촉탁서를 접수하여야 한다(제4조). 정부는 한국은 한국어 및 영어 촉탁서를 접수하고, 한국어 번역문이 첨부되지 않은 촉탁서의 집행은 지체될 수 있으며, 기타 언어로 된 촉탁서만을 접수하는 국가에 대하여서는 한국어 촉탁서만을 접수한다는 선언을 하였다. 즉 증거협약상으로는 한국어 번역문을 고집할 수도

있으나 개방적 태도를 취하면서 한국어 번역문이 없으면 집행이 지체될 수 있음을 밝힌 것이다(위 유보사항 1).

(3) 외교관 등에 의한 접수국(또는 제3국) 국민 대상 증거조사와 수임인에 의한 증거조사 거부

정부는 한국은 그 영토 내에서 증거협약 제2장 제16조 및 제17조를 적용하지 아니한다고 선언함으로써(위 유보사항 2), 외교관 등에 의한 주재국·제3국 국민대상 증거조사 및 수임인에 의한 증거조사를 전면 불허한다. 따라서 한국에서 외국 외교관 등이 파견국 국민에 대한 증거조사를 할 수는 있지만, 한국인 또는 제3국 국민에 대한 증거조사와, 수임인을 통한 증거조사는 할 수 없다.

(4) 기일전 서류개시를 위한 촉탁서의 집행에 대한 한정 불허(제23조)

정부는 한국은 기일전 서류개시 절차의 목적으로 작성된 촉탁서를 집행하지 않을 것을 선언하고 그 취지를 분명히 하고자 '기일전 서류개시 절차의 목적으로 작성된 촉탁서'가 어떤 의미를 가지는지를 명확히 밝히는 거부선언을 하였다(위 선언사항 2). 거부선언에는 전면적 거부선언과 제한적 거부선언의 두 가지 유형이 있는데, 우리의 선언은 제한적 거부선언으로 영국의 선언과 유사하다. 따라서 미국 법원으로부터의 기일전 서류개시절차를 위한 촉탁서이더라도 무조건 집행을 거부할 것은 아니고, 그것이 촉탁서에서 명시된 특정한 서류에 관한 것이라면 집행을 해야 한다.

(5) 증거협약 적용의 강행성과 국내법에 따른 외국으로부터의 증거방법의 수집의 우열

증거가 외국에 있을 때 법원은 반드시 증거협약에 따라야 하는지 아니면 국내법에 따라 증거조사를 할 수 있는지가 문제되고, 만일 강행성(이를 배타성으로 논의하기도 한다)을 부정하면 증거협약과 국내법 간의 우열과, 국내법의 적용 기준이 문제된다. 1980년대 미국과 유럽 간의 사법마찰[48]을 야기하였던 이 논점은

---

48) 근자의 논의는 김용진, "미국과의 증거조사공조 현황과 e-discovery 대응방안", 인권과 정의, 통권 제429호(2012. 11.), 6면 이하 참조. 사법마찰의 요인은 김용진, 國際民事訴訟戰略—國際訴訟實務 가이드—(1997), 21면 이하 참조.

1987. 6. 15. 미국 연방대법원의 *Aérospatial* 사건 판결(482 U.S. 522; 107 S.Ct. 2542 (1987))에서 다투어졌는데 다수의견은 강행성을 부정하였다. 논란이 있지만, '외국으로부터의 증거방법의 수집'은 '외국에서의 증거조사'와 다르므로, 우리 법원이 외국 소재 증인에게 임의 출석하여 증언하거나, 외국 소재 제3자에게 문서 또는 검증 목적물의 임의 제출을 요구하는 것은, 조약이나 외국의 동의가 없어도 국제법상 허용된다고 본다. 따라서 우리 법원도 국제법의 허용범위 내에서 민사소송법에 따라 외국 소재 증거를 수집할 수 있는데 앞으로 그 범위를 명확히 할 필요가 있다.

다. 몇 가지 문제점

증거협약과 관련한 우리나라의 장래 과제로는 아래를 들 수 있다.

첫째, 민사공조법의 개정이다. 위에서 지적한 바와 같이 송달협약 가입 후 체약국으로의 송달은 외교부가 아니라 법원행정처를 경유하는데 이는 법적 근거가 없다. 증거협약의 경우도 같다. 증거조사를 촉탁하는 기관, 즉 촉탁 주체는 수소법원 재판장이지만, 민사공조법상 촉탁서는 외교부를 경유해야지, 재판장이나 법원행정처장이 직접 외국 중앙당국으로 송부할 수는 없다. 따라서 현재의 실무를 적법하게 유지하자면 민사공조법을 개정하여 증거협약 체약국에 대해서는 법원행정처가 직접 촉탁서 등을 발송할 수 있는 근거를 두어야 한다.

둘째, 우리가 증거협약에 가입하면서 외교관 등에 의한 접수국 또는 제3국 국민에 대한 증거조사 및 수임인에 의한 증거조사를 전면 거부한 것은 아쉽다. 우리나라가 수임인에 의한 증거조사를 허용하였더라면 미국 변호사가 한국에서 한국인 증인에 대하여 'deposition'(증언녹취)을 시행하는 대신 수임인으로 지정받아 우리 권한당국의 허가에 따라 증거조사를 하게 할 수 있을 것이다. 물론 미국 영사는 1963년 12월 발효한 한미영사협약(제4조 c호)과 미국법에 따라 한국에서 한국인으로부터 선서 하에 증언녹취를 할 수 있다.

저자의 기억으로는 법원행정처와 법무부는 당초 제17조에 대해 유보하지 않기로 잠정 합의하였다. 다만 그 경우 접수국 권한당국의 허가를 받아야 하는데 누가 허가권자가 될 것인가에 관하여 이견이 있었다. 이에 관한 합의가 이루어지지 않자 엉뚱하게도 제17조에 대해 유보를 하기로 방침을 변경하였다. 저자는 법무부와 법원행정처의 협의 당시 현장에 있었는데 중립적 지위에 있던 저자

로서는 뜻밖의 결정에 놀라움을 금할 수 없었다.[49)]

셋째, 사적(私的) 증거조사에 대한 정부의 입장 정리이다. 종래 미국 변호사가 대리인으로서 기일전 개시절차의 일환으로(즉 제소 후) 한국에서 한국인을 상대로 증언녹취 등 증거조사를 하기도 하는데 이는 민사공조법의 취지에 반한다. 다만 증거협약은 이를 규율하지 않으므로, 증거협약 가입 후 그런 행위가 있을 때 정부의 대응이 문제된다. 정부가 입장을 정하고 그에 따라 사후관리를 할 필요가 있다.

넷째, 근자에는 외국 소재 증거조사를 함에 있어서 비디오링크 기타 현대기술을 활용하는 문제가 주목을 끌고 있다.[50)] 한국은 증거협약에 가입하였을 뿐만 아니라 한호조약에서 이를 규정하고 있고 국내민사소송에서도 비디오링크에 의한 증거조사를 하고 있으므로[51)] 이에 더 관심을 가져야 한다. 영상전송에 의한 증거조사도 촉탁서를 이용한 방법(제Ⅰ장)과 외교관 등에 의한 직접적 방법(제Ⅱ장)이 모두 가능하다.[52)] 수임인을 통한 영상전송에 의한 증거조사의 경우 촉탁국과 수탁국의 비디오링크를 수임인이 수배하여야 한다. 증거협약에서 영상전송에 의한 증거조사가 가장 잘 구현될 수 있는 것은 바로 수임인제도를 통해서이므로 우리나라도 수임인제도에 대한 유보선언을 철회함으로써 영상전송에 의한 증거

---

49) 물론 그것이 유일한 이유는 아닐지 모른다.

50) 이는 2009년 특별위원회에서 상세히 논의되었다. HCCH, Practical Handbook on the Operation of the Evidence Convention 3rd edition (2016), Annex 6, Guide on the use of video-links, para. 12 이하 참조. 근자의 특별위원회는 Handbook의 번역을 권장하는데 중국은 이미 번역하였다. https://assets.hcch.net/docs/eb709b9a-5692-4cc8-a660- e406bc60 75 c2.pdf 참조. 이 경우 증거의 제공국과 수령국이 상이할 수 있으므로 선서, 위증과 법정모욕의 문제가 제기된다. 오병희, "헤이그증거협약에서의 영상신문에 의한 증거조사" HCCH AP Week (법원), 161면 이하 참조; 위 HCCH, Annex 6, para. 37 이하 참조.

51) 한호조약상 영상전송에 의한 증인신문이 행해진 사례가 있다. 오병희(註 27), 491-492면. "원격영상재판에 관한 특례법"(약칭: 원격재판법)이 1995년 제정되어 시행되고 있고, 민사소송법은 민사재판에서 비디오 등 중계장치를 통한 증인이나 감정인신문의 법적근거와 절차를 규정한다. 2016년 3월 개정된 민사소송법 제327조의2(비디오 등 중계장치에 의한 증인신문)와 제339조의3(비디오 등 중계장치 등에 의한 감정인신문) 등이 신설되어 2016. 9. 30. 시행되고 있다. 민사소송규칙 제95조의2(비디오 등 중계장치에 의한 증인신문)와 제103조의2(비디오 등 중계장치 등에 의한 감정인신문 등) 등도 신설되었다.

52) HCCH(註 50), Annex 6, para. 12 이하; 오병희(註 27), 495면 이하; 오병희(註 50), 151면 이하 참조. 제Ⅰ장에 따른 조사와 제Ⅱ장에 따른 조사의 상세는 HCCH(註 50), B4.6과 B4.4.(c) 각 참조.

조사를 활성화하는 방안을 진지하게 고려해야 한다는 견해가 있다.53)

3. 아포스티유협약

우리나라는 2006년 10월 인증협약54)에 가입한 결과 동 협약은 2007. 7. 14. 발효되었다. 2017. 7. 12. 현재 인증협약의 체약국은 113개국이다. 인증협약은 작성국 이외의 외국에서 공문서를 제출함에 있어 과거 요구되었던 불편한 일련의 연쇄적인 인증절차—즉 어느 국가의 공무원이 작성한 문서를 그의 상급공무원들에 의하여, 그리고 작성국에 소재하는 문서가 제출되는 국가("제출국")의 대사관 또는 영사관에 의하여 인증하는 절차— 를 단순화한 것이다.

가. 주요내용55)

인증협약은 전문(前文)과 15개의 조문으로 이루어진 비교적 간단한 조약이다.

(1) 외국공문서의 인증 면제

각 체약국은 인증협약이 적용되는 문서로서 자국 영역에서 제출되어야 하는 공문서에 대해 인증을 면제하여야 한다(제2조). 인증협약은 한 체약국의 영역에서 작성되고 다른 체약국의 영역 내에서 제출되는 모든 공문서에 적용되며,

---

53) 오병희(註 27), 525면.
54) 저자는 '외국공문서의 인증요건폐지에 관한 협약'을 선호하나 관보 공표 명칭은 위와 같다. 재외공관공증법(제30조 제2항)은 이를 "아포스티유 협약"이라 한다. 이 글에서는 '인증협약'과 '아포스티유협약'을 호환적으로 사용한다. [밑줄 친 부분은 이 책에서 새로 추가한 것이다.]
55) 개관은 석광현, "외국 공문서에 대한 인증 요구의 폐지(헤이그협약에의 가입을 환영하며)", 법률신문, 제3560호(2007. 6. 7.), 15면; 석광현(註 34), 310면 이하 참조. 상세는 석광현, 국제사법과 국제소송, 제3권(2004), 500면 이하; 권순형, "외국공문서 인증폐지 협약의 시행 및 e-Apostille 모델의 모색", 국제규범의 현황과 전망—2007년 국제규범연구반 연구보고—(2007), 201면 이하; 박준의, "외국공문서의 국내법적 효력에 관한 몇가지 문제와 아포스티유협약", 사법논집 제47집(2008), 1면 이하; 정선주, "외국 공문서의 진정성립—대법원 2016. 12. 15. 선고 2016다205373 판결에 대한 비판적 검토—", 민사소송 제23권 제3호(2019. 10.), 237면 이하; 요약본은 법률신문 제4759호(2019. 12. 26.), 13면 참조. 정선주 교수는 민사소송법의 태도는 타당하지 않으므로 입법론으로서는 독일과 오스트리아처럼 법관의 자유심증에 맡겨야 한다고 한다. [밑줄 친 부분은 이 책에서 새로 추가한 것이다.]

민사 또는 상사의 문서에 한정되지 아니한다. 따라서 작성국이 인증협약에 가입하지 않은 경우에는 동 협약이 적용되지 않는다. 인증협약을 이해하기 위하여는 '공문서'와 '인증'의 개념을 파악할 필요가 있다.

첫째, 공문서는 ① 검찰기관 및 법원서기 또는 송달관[56] 기타 국가법원과 관련된 당국 또는 공무원이 발행하는 문서, ② 행정문서, ③ 공증인의 직무상 작성된 증서와 ④ 사서증서에 부가되는 것으로서 등록사실의 기재, 특정 일자에 대한 검인 및 서명의 인증과 같은 공적 기술서를 말한다. 그러나 외교관 또는 영사관에 의하여 작성된 문서와, 상사·세관의 사무와 직접 관련되는 행정문서(예컨대 원산지증명서와 수출/수입승인)는 포함되지 않는다. 인증협약은 사문서에는 적용되지 않지만, 사문서를 공증하는 경우 공성부분은 공문서가 된다.

둘째, 인증협약의 목적상 '인증'은 문서 제출국의 외교관 또는 영사관이 서명의 진정성, 동 문서에 서명한 사람이 행위하는 자격 등을 증명하는 절차만을 말한다(제2문). 즉 인증은 좁은 의미의 인증으로서 외교관 또는 영사관의 절차만을 의미하고, 작성자의 권한 또는 행위지의 방식요건의 준수의 확인은 포함하지 않는다. 제2조의 자격은 권한을 의미하는 것이 아니다.

(2) 증명서의 도입

첫째, 인증협약이 외국공문서에 대해 제출국의 외교관 또는 영사관에 의한 인증요건을 폐지하는 결과, 외국공문서의 진정성에 대해 의문이 있을 수 있다. 인증협약은 서명의 진정성에 관한 모든 안전장치를 포기하는 대신 어느 정도 통제가 필요하다고 보아, 서명의 진정성과 문서에 서명한 사람이 행위하는 자격 및 적절한 경우 문서상의 인영이나 스탬프의 동일성을 증명하기 위한 유일한 절차로서 작성국의 권한당국이 발행한 '증명서(즉, 아포스티유)'를 요구한다(제3조). 증명서는 인증협약에 부속된 방식으로 문서 자체 또는 補箋(외교부의 국문번역은 별전지)에 하는데 이는 발행당국의 공용어로 작성될 수 있다(제4조 제1항). 증명서상 기재내용은 제2의 언어로도 작성할 수 있으나 증명서에 기재되는 표제, 즉 'Apostille(Convention de La Haye de 5 octobre 1961)'는 반드시 프랑스어로 기재하여야 한다(제4조 제2항). 둘째, 증명서는 문서에 서명한 자 또는 그 소지인의

---

56) 외교부의 국문번역은 법원의 사무·집행기관이다.

요구에 따라 발행되는데, 이는 서명의 진정성과 문서에 서명한 자가 행위한 자격 및 적절한 경우 문서상의 인영이나 스탬프의 동일성을 증명한다(제5조). 인증협약은 '증명서의 실질적 증거력'은 규정하지 않는데 이는 법정지법에 의할 사항이다. 셋째, 각 체약국은 직무상으로 증명서를 발행할 권한당국을 지정하고, 비준서 등 기탁시 네덜란드 외무부에 통보하여야 한다(제6조). 권한당국은 발행한 증명서를 기록하고 일정사항을 명시하는 등록부 또는 카드식색인을 보존하여야 한다(제7조).

(3) 우리나라의 관련 법률과 과거 실무 및 인증협약 가입에 따른 변화
(가) 관련 법률의 규정

민사소송법(제356조 제1항)상 문서의 작성방식과 취지에 의하여 공무원이 직무상 작성한 것으로 인정한 때에는 이를 진정한 공문서로 추정한다. 공증인이 작성한 문서도 공문서로 취급된다. 외국공문서도 우리 공문서와 마찬가지로 진정성립이 추정되는데(제356조 제3항), 이 점은 외국의 예를 볼 때 이례적이다.

(나) 과거의 실무

과거(인증협약의 적용 범위 외에서는 현재도) 우리 등기소나 행정관청에 제출하는 문서의 경우(부처에 따라 상이하지만), 그것이 사문서이면 외국의 공증과 함께 당해 사문서의 작성국에 주재하는 우리 영사관의 확인을 받고, 경우에 따라 공증인의 자격증명도 요구되었다. 외국공문서의 경우 우리 영사관의 확인을 요구하고, 영사관이 없는 국가의 경우 이를 요구하지 않는 예도 있었다. 한편 우리 법원에 외국공문서를 증거로 제출하는 경우 법원은 민사소송법에 따라 진정성립을 추정하거나(일본 공문서의 경우), 증인 등에 의하여 진정성립을 인정하고, 외국 주재 우리 영사관의 확인을 요구하는 예도 있었는데, 실무는 민사소송법 하에서 형성된 종래의 관행이나 하위규칙 등에 기초한 것이었다. 영사관(또는 공증담당영사)의 확인은 외국에서 영사의 공증사무를 규율하는 재외공관공증법(제3조)에 근거한 것이다. 반면에 외국의 공증인이 작성한 서류의 경우 외국공문서와 동일하게 취급하는 대신, 공증인의 권한증명서류를 요구하거나 그에 더하여 우리 영사관의 확인을 요구하는 것이었다.

(다) 인증협약 가입에 따라 초래된 변화

그러나 인증협약이 발효됨에 따라, 외국에서 작성된 외국공문서를 우리나라에서 제출하는 경우(inbound의 경우) 당해 외국이 체약국이면, 당사자들(한국인도 포함)은 당해 외국의 권한당국으로부터 증명서를 받으면 족하고, 우리 영사관의 확인은 불필요하다. 또한 사문서를 공증하면 (즉 私署證書 인증의 경우) 공성부분은 인증협약상의 공문서이므로 그 범위 내에서는 증명서로 족하고, 공증인의 자격증명이나 그에 대한 우리 영사관의 확인은 불필요하다. 따라서 당사자들은 업무상의 부담을 덜게 되었다. 이 범위 내에서는 "공문서는 스스로 증명된다"는 법리가 적용된다. 즉 인증협약에 따른 증명서가 있으면 외국공문서의 진정성립이 인정된다. 그러나 인증협약은 서명의 진정성과 문서에 서명한 자가 행위한 자격 및 문서상의 인영이나 스탬프의 동일성을 증명할 뿐이고, 증명서의 실질적 증거력은 규정하지 않는다. 나아가 인증협약은 공문서의 인증을 면제할 뿐이고, 외국 공정증서의 집행력을 우리나라에서 인정하는 것은 아니다.

한편 한국 공문서를 외국에서 제출하는 경우(outbound의 경우) 당해 외국이 체약국이면, 당사자들(외국인도 포함)은 예컨대 미국 영사관의 확인 없이 한국의 권한당국으로부터 증명서(아포스티유)를 받으면 되므로 역시 업무상의 부담을 덜게 되었다.

나. 가입과 관련한 우리 정부의 조치

인증협약은 한국이 두 번째로 가입한 헤이그협약인데, 우리나라가 협약에 가입하면서 특별히 취한 법적 조치는 없다.[57] 다만 각 체약국은 직무상으로 증명서, 즉 아포스티유를 발행할 권한당국을 지정하고 네덜란드 외무부에 통보하여야 하는데(제6조), 우리나라는 외교부, 법무부와 법원행정처를 권한당국으로 지정하고 통보하였다.

---

57) 법무부장관은 "외국공문서에 대한 인증의 요구를 폐지하는 협약의 이행을 위한 법무부장관 소관 업무에 관한 규칙"을 법무부령 제659호로 2009. 2. 2. 제정하였고 이는 2009. 2. 2. 시행되었다.

다. 현재의 실무와 장래의 개선방향[58]

이제 한국에서 인증협약이 시행된 지도 10년이 되었고 그간 실무도 상당히 정착되었다. 2003년 헤이그회의는 전자증명서(electronic apostille)와 전자등록부의 법적인 틀을 발전시킬 필요성과 가능성을 검토하였고 인증협약을 전자문서에까지 확대하고자 노력하였다. 2003년 특별위원회는 인증협약이 외국의 전자공문서에 대해서도 적용될 수 있다고 밝혔고, 구체적으로 헤이그회의는 2006년 전미공증인협회(NNA)의 협조를 얻어 'Electronic Apostille Pilot Program'을 개시하였고 현재는 'Electronic Apostille Program (e-APP)'을 운영하고 있다.[59] e-APP는 전자증명서(e-Apostille)와 전자등록부(e-Register) 두 가지로 구성되는데, 헤이그회의는 체약국이 둘 중 하나만을 시행하는 경우에도 e-APP를 시행하는 것으로 취급한다. E-Apostille는 전자공문서에 대해 전자적으로 아포스티유를 첨부하여 하나의 전자문서(대부분 PDF파일 형태일 것으로 예정)로 작성하거나, 전자공문서에 별도로 e-Apostille를 첨부하는 형태로 발행할 수 있다.[60] 근자에는 우리 외교부가 행정자치부, 법원행정처 및 경찰청과의 협업을 통하여, 우리 국민이 온라인상으로 아포스티유/영사확인 인증서를 즉시 발급받을 수 있는 시범서비스를 2016. 11. 30. 개시한 결과 민원인이 자택에서 인터넷 홈페이지를 통해 아포스티유/영사확인 인증서를 발급받을 수 있게 되었고 따라서 전자 아포스티유 발급이 가능하게 되었다고 설명한다.[61] 그러나 이는 민원인이 아포스티유를 온라인상으로 신청해서 인쇄한다는 의미이지 PDF file 형태로 발급하는 본래의 e-Apostille는 아닌 것으로 보인다.[62] 이런 문서를 제출받은 상대방은 우리 정부 사이트의 e-Register를 통해 확인할 수 있다. 현재 우리 정부가 e-Apostille를 PDF file 형태로 발급하지 못하는 것은 전자서명법과 '전자문서 및 전자거래기본법'상의 제한 때문이라고 한다.[63]

---

58) 이(다.) 부분 작성에 도움을 주신 천창민 박사께 감사드린다. 그러나 혹시 남아 있을지 모르는 오류는 전적으로 저자의 것이다.

59) 헤이그회의의 홈페이지 Apostille Section 참조.

60) HCCH, A Handbook on the Practical Operation of the Apostille Convention (2013), para. 270. https://assets.hcch.net/docs/ff5ad106-3573-495b-be94-7d66b7da7721.pdf 참조.

61) http://www.apostille.go.kr 참조.

62) 천창민, 토론문 참조. 이는 HCCH AP Week (법무부)에 수록되지는 않았다.

63) Gyooho Lee, "e-Apostille for a Better International Cooperation", HCCH AP Week

4. 탈취협약

탈취협약 가입을 위하여 국회는 2012. 12. 11. 법률 제11529호로 "헤이그 국제아동탈취협약 이행에 관한 법률"("이행법률")을 제정하였다.[64] 타인이 하는 아동의 유괴, 즉 '고전적 유괴'와 대비하여 부모의 일방 기타 가까운 가족이 하는 아동의 일방적 이동(removal) 또는 유치(retention)를 '아동의 탈취(child abduc-tion)'라고 부른다. 헤이그회의는 불법탈취된 아동의 신속한 반환을 실현하기 위하여 1980년 탈취협약을 성안하였다. 2017. 6. 16. 현재 체약국은 97개국이다. 아동반환은 '시간과의 싸움(Kampf gegen die Uhr)'이므로 탈취협약은 약식의 사실확인에 기초한 신속절차를 통하여 불법 탈취된 아동의 신속한 반환과 면접교섭권을 보장한다. 탈취협약은 1989년 UN "아동의 권리에 관한 협약(CRC)"을 보완하는 것이기도 하다.[65]

가. 주요내용[66]

탈취협약은 6개 장 45개 조문으로 구성된다.

(법무부), p. 356. 그러나 e-Apostille Program을 수용하지 않은 국가(유럽연합에서는 벨기에, 스페인, 오스트리아가 프로그램을 받아들인 정도임)가 e-Apostille를 승인할 의무를 부담하는지에 관하여는 의문이 있다고 한다. 정선주, "외국 공문서의 진정성립 —대법원 2016. 12. 15. 선고 2016다205373 판결—", 민사소송 제23권 제3호(2019. 10.), 257면, 註 42. [밑줄 친 부분은 이 책에서 새로 추가한 것이다.]

64) 법무부는 "헤이그국제아동탈취협약 이행에 관한 법률 시행규칙"을 2013. 2. 28. 법무부령 제784호로 제정하여 2013. 3. 1.부터 시행하고 있고, 대법원은 "헤이그국제아동탈취협약 이행에 관한 대법원규칙"을 2013. 5. 1. 대법원규칙 제2465호로 제정하여 시행하고 있다. 다만 그 내용이 충분한 것 같지는 않다.

65) 헤이그회의는 1999년 이래 탈취협약의 적용사례에 관한 정보를 제공하는 데이터베이스, 즉 "The International Child Abduction Database (INCADAT)"를 운영하고 있다.

66) 개관은 석광현, 국제사법 해설(2013), 517면 이하; 윤진수(편집대표), 주해친족법, 제2권 (2015), 1738면 이하(석광현 집필부분) 참조. 상세는 이병화, 국제아동탈취의 민사적 측면에 관한 헤이그협약 연구(법무부, 2009); 석광현, "국제아동탈취의 민사적 측면에 관한 헤이그협약과 한국의 가입", 서울대학교 법학, 제54권 제2호(통권 제167호)(2013. 6.), 79면 이하; Kwang Hyun Suk, Korea's Accession to the Hague Child Abduction Con-vention, Family Law Quarterly, Volume 48, No. 2 (2014), p. 267 이하; 곽민희, "헤이그아동탈취협약의 해석상 「중대한 위험」과 子의 利益", 민사법학 제67호(2014. 6.), 25면 이하; 곽민희, "헤이그아동탈취협약의 국내이행입법에 관한 검토 —일본의 헤이그아동탈취협약 실시법으로부터의 시사—", 가족법연구, 제28권 제2호(2014), 1면 이하; 곽민희, "결혼이민자의 아동탈취와 헤이그 협약의 적용", 가천법학 제8권 제4호(2015), 319면 이

탈취협약의 목적은 a) 불법적으로(wrongfully) 어느 체약국으로 이동되거나 어느 체약국에 유치되어 있는 아동의 신속한 반환을 확보하고, b) 어느 체약국의 법에 따른 양육권 및 면접교섭권이 다른 체약국에서 효과적으로 존중되도록 보장하는 것이다(제1조). 탈취협약에서 '양육권(rights of custody)'은 아동의 신상보호에 관한 권리와 특히 아동의 거소지정권을 포함하고, '면접교섭권(rights of access)'은 일정 기간 동안 아동의 상거소 이외의 곳으로 아동을 데려갈 권리를 포함한다(제5조).

탈취협약은 16세 미만의 아동에 적용된다(제4조 2문). 탈취협약이 적용되려면 양육권 또는 면접교섭권 침해 직전에 아동이 체약국에 상거소가 있어야 하고, 아동의 현재 소재지가 다른 체약국에 있어야 한다(제4조 1문). 탈취협약은 중앙당국 간의 국제공조제도와, 법원 또는 행정당국에 의한 아동반환의 메커니즘이라는 '혼합체계(mixed system)'를 채택하고 있다. 중앙당국은 행정당국이 될 수 있고 그 업무도 공법적 성질을 가지는 것을 포함하므로 탈취협약상 국제공조는 한국법상 국제민사사법공조의 범위를 넘는데, 이는 민사비송 분야에서 체약국의 후견적 감독기능을 충실하게 하기 위하여 국제협력을 강화한다.

(1) 불법탈취된 아동의 반환청구

① 아동반환 요건. 탈취협약의 핵심조항은 제3조와 제12조이다. 아동이 불

하; 곽민희, 헤이그 국제아동탈취협약 이행현황에 관한 연구: 중앙당국의 실무상 역할과 기능을 중심으로(2015. 12.), 법무부 연구용역; 이병화, "헤이그국제아동탈취협약의 이행을 위한 한국과 미국의 「HCCH Country Profiles」의 비교분석", 국제사법연구, 제22권 제2호(2016. 12.), 215면 이하; 곽민희, "헤이그 아동탈취협약 적용사건에 관한 각국의 판결 및 이행입법의 쟁점별 분석 ─International Child Abduction Database(INCADAT)를 대상으로─", 경상대학교 법학연구, 제24권 제1호(2016. 1.) 95면 이하; 이병화, "헤이그국제아동탈취협약의 이행에 있어서 친자법적 재고찰", 국제사법연구, 제23권 제1호(2017. 6.), 209면 이하 참조. 그 밖에도 회의에 참가한 판사들의 보고서가 국제규범의 현황과 전망─2011년 국제규범연구반 연구보고 및 국제회의 참가보고─(2012)에 수록되어 있다. 현낙희, 139면 이하; 윤종섭, 829면 이하; 양민호, 849면 이하; 신우정·현낙희, 855면 이하에 수록되어 있다. 나아가 권재문, "헤이그 아동탈취협약과 가족생활에 관한 기본권─유럽인권재판소 판례를 중심으로─", 2018. 6. 20. 한국국제사법학회 창립 25주년 기념학술대회 발표자료 참조. 실무적인 논점은 권재문, 헤이그 2018 국제아동탈취협약 사건 수행을 위한 실무가이드(2018) 참조. 아동 탈취와 관련한 법률지원은 석광현·이병화, 헤이그 국제아동탈취협약 상 법률지원시스템 구축에 관한 연구(2017) 참조. [밑줄 친 부분은 이 책에서 새로 추가한 것이다.]

법하게 이동되거나 유치되었다면 아동이 소재하는 체약국의 사법당국 등은, 탈취협약이 정한 반환거부사유가 없는 한 원칙적으로 즉시 아동의 반환을 명해야 한다. 탈취협약에 따른 아동의 반환청구가 인용되자면 아동의 이동 또는 유치가 불법한 것이어야 하는데, '불법성'은 이동 또는 유치 직전 아동의 상거소 소재지국("상거소지국")의 법률에 따라 개인, 시설 등에 부여되고 그가 사실상 행사하던 '양육권'이 침해된 경우에 인정된다(제3조 제1항).

양육권의 침해에 관하여 아동의 탈취 직전 상거소지국법이 탈취의 불법성 판단의 준거법이 된다(이는 상거소지국의 국제사법을 포함하는 총괄지정이다). 부(또는 모)가 단독양육권을 가지는데 양육권이 없는 모(또는 부)가 아동을 탈취하는 경우와, 부모가 공동양육권을 가지는데 일방이 아동을 무단으로 외국으로 데리고 간 경우 양육권의 침해가 되며, 또한 양육권을 가지는 부모의 일방이 아동을 탈취함으로써 상대방이 가지는 거소지정권을 침해하는 경우에도 양육권의 침해가 된다. 한편 단독양육권을 가지는 부(또는 모)가 일방적으로 아동의 거소를 외국으로 변경할 수 있는지는 국가에 따라 다른 것으로 보인다.

② 국제재판관할. 탈취협약에 따른 아동반환신청사건과 본안인 양육권에 관한 사건을 구별해야 한다. 탈취협약은 전자에 관하여는 아동 소재지국의 반환의무를 부과함으로써 간접적으로 국제재판관할을 규율한다. 후자에 관하여는 관할규칙을 명시하지 않지만 탈취 직전 상거소지국이 관할을 가진다는 견해가 유력하다.

③ 절차와 집행. 양육권이 침해되어 아동이 이동되거나 유치되었다고 주장하는 개인, 시설 등은 아동의 상거소지의 중앙당국 또는 기타 모든 체약국의 중앙당국에 대하여 아동의 반환을 확보하기 위한 지원을 신청할 수 있다. 신청인은 직접 아동 소재지국의 중앙당국이나 법원에 신청할 수 있고, 신청인 자국(즉 아동의 상거소지국)의 중앙당국에 신청할 수도 있다. 중앙당국을 통한 조치는 탈취자가 임의반환에 동의하는 경우에 한정되고, 만일 탈취자가 아동을 자발적으로 반환하지 않으면 신청인은 결국 아동 소재지국의 사법당국 또는 행정당국에 반환청구를 해야 한다. 탈취협약에 따른 아동의 반환에 관한 결정은 양육권의 본안에 관한 결정으로 간주되지 않는다(제19조).

④ 아동의 반환거부사유. 아동이 불법하게 이동되거나 유치되고, 아동이 소재하는 체약국의 사법당국 또는 행정당국에서의 절차개시일에 그 불법한 이동

또는 유치일로부터 1년이 경과하지 아니한 경우 당해 기관은 즉시 아동의 반환을 명하는 것이 원칙이다(제12조 제1항). 다만 탈취협약(제12조, 제13조와 제20조)은 5개 반환거부사유를 규정한다. 우리 법원에서도 장래 반환거부사유의 유무가 가장 큰 쟁점이 될 텐데 그 경우 INCADAT에 소개된 외국 사례를 충분히 참조해야 한다.

반환거부사유는 (ㄱ) 아동의 새로운 환경에의 적응, (ㄴ) 양육권의 불행사, 동의 또는 추인, (ㄷ) 아동의 중대한 위험, (ㄹ) 반환에 대한 아동의 이의와 (ㅁ) 인권 및 기본적 자유 위반이다. 특히 문제되는 것은 (ㄷ)인데 이는 "아동의 반환으로 인하여 아동이 육체적 또는 정신적 위해에 노출되거나 그 밖에 견디기 힘든 상황에 처하게 될 중대한 위험이 있음"이다(제13조 제1항 b호). 반환으로 인하여 아동이 구체적 및 현실적으로 육체적 또는 정신적 위해 기타 중대한 위험에 처하게 되는 경우에 한정해야지, 이를 아동의 반환에 수반되는 경제적 또는 교육적 불이익에까지 확대해서는 아니 된다. 전형적 사례는 아동을 전쟁지역, 기아지역 또는 전염병지역으로 반환함으로써 임박한 위험에 빠뜨리는 것이다. 다만 근자에는 구체적인 사건에서 아동의 최선의 이익과 부모의 권리에 초점을 맞추는 경향도 보이는데 과연 그것이 바람직한지 그를 인정한다면 그 경계를 어디에 설정할지는 문제이다.[67]

⑤ 아동의 반환청구 재판의 진행과 본안 판단. 아동의 불법한 이동 또는 유치의 통지를 받은 후에는 신청인이 아동 소재지국의 법원에서 양육권의 본안에 관하여 제소하더라도 법원은 원칙적으로 본안에 관하여 결정할 수 없다. 이는 탈취자가 반환청구에 대응하여 수탁국에서 양육권에 관하여 제소함으로써 반환청구를 무력화하려는 시도를 막으려는 것이다.

(2) 면접교섭권

탈취협약 제21조는 부모 일방의 면접교섭권을 확보하기 위한 규정을 두나

---

67) 참고로 유럽인권법원은 초기에는 중대한 위험의 인정에 관해 엄격하였으나(2007. 12. 6. Maumousseau 판결), 점차 자녀의 최선의 이익 및 탈취부모의 권리에 초점을 맞추고 있다고 한다. 2010. 7. 6. Neulinger 대법정은, 아동의 반환명령 집행은 모와 자의 권리를 침해하는 것으로서 유럽인권협약 제8조 위반이라고 판단하였다. 소개는 곽민희, "헤이그 아동탈취협약의 해석상 「중대한 위험」과 子의 利益", 민사법학 제67호(2014. 6.), 47면 참조.

면접교섭권의 확보는 매우 소홀히 취급한다. 따라서 면접교섭권에 기하여 법원
에 청구하는 것은 인정되지 않는다는 견해가 유력하다. 판결로는 부정설을 취한
것이 다수인데 그에 따르면 탈취협약은 중앙당국에 면접교섭권 확보를 촉진할
행정적 의무만을 부과하는 셈이다. 다만 긍정설을 취한 판결도 있는데, 미국 제2
순회구 연방항소법원의 2013. 2. 11. 판결은 면접교섭권을 실행하기 위한 제소도
가능하다고 해석하였다.[68]

나. 가입과 관련한 우리 정부의 조치

한국은 탈취협약에 가입하면서 이행법률인 "헤이그 국제아동탈취협약 이행
에 관한 법률"을 제정하고 중앙당국을 지정하였다.

(1) 이행법률의 주요내용[69]

이는 한국이 헤이그협약에 가입하면서 처음 제정한 이행법률로, 종래 국제
적으로 탈취된 아동의 반환에 관한 우리의 경험이 많지 않은 점을 고려하여 가
사소송법상의 기존제도를 활용하는 것을 전제로 최소한의 조문을 둔다. 예컨대
법원과 연계되지 않은 민사조정이나 아동탈취명령을 집행하기 위한 새로운 제도
를 도입하지 않았다.

한국의 중앙당국은 법무부장관이다. 중앙당국이 그 임무를 수행함에 있어서
는 다른 기관들의 협력이 필수적이므로 이행법률 제9조는 관계기관에 대한 협조
요청과 요청을 받은 기관 장의 협조의무를 명시한다. 한국으로의 아동의 불법적
이동 또는 유치로 인하여 탈취협약에 따른 양육권이 침해된 자는 법무부장관에
게 아동의 반환을 확보하기 위한 지원 등을 신청할 수 있다. 반면에 우리 아동이
외국으로 불법적으로 이동된 경우에는, 법무부장관은 다른 체약국으로의 불법적
인 이동 또는 유치로 인하여 양육권 또는 면접교섭권이 침해된 자가 아동반환
지원 신청 등을 하는 때에는 아동 소재국 중앙당국으로의 지원 신청서 전달 등

68) Ozaltin v. Ozaltin, 708 F.3d 355 (2d Cir. 2013).
69) 이행법률에 관하여는 석광현, "국제아동탈취의 민사적 측면에 관한 헤이그협약과 한국의
가입", 서울대학교 법학, 제54권 제2호(통권 제167호)(2013. 6.), 107면 이하; 이병화, "헤
이그국제아동탈취협약에의 가입과 국내이행법률에 관한 소고", 지식융합, 동덕여대 지식
융합연구소, 제4호(2013. 12.), 113면 이하; 곽민희, "헤이그국제아동탈취협약의 국내이행
법의 입법평가", 입법평가연구, 제7권(2013. 11.), 189면 이하 참조.

필요한 지원을 할 수 있다.

탈취협약에 따른 아동반환사건은 서울가정법원의 전속관할에 속한다. 이는 관할을 집중함으로써 탈취사건을 다루는 법관의 전문성을 제고하고 경험을 축적하도록 하려는 것이다. 아동의 한국으로의 불법적인 이동 또는 유치로 인하여 탈취협약에 따른 양육권이 침해된 자는 관할법원에 아동의 반환을 청구할 수 있다(이행법률 제12조 제1항).

아동반환청구에 관하여는 탈취협약, 이행법률 및 대법원규칙에 따르고, 대법원규칙으로 정한 사항을 제외하고는 가사소송법에 따른 마류(類) 가사비송사건에 관한 규정을 준용한다. 법원은 이행법률의 청구사건에 관하여 아동의 권익 보호 또는 아동의 추가적인 탈취나 은닉을 예방하기 위하여 가사소송법 제62조에 따른 사전처분 또는 제63조에 따른 가처분을 할 수 있다.

이행법률은 탈취협약이 정한 아동의 반환거부사유를 되풀이하여 규정하는데 이는 수범자의 편의를 위한 것이다. 그러나 우리 법원에서 장래 반환거부사유가 다투어지는 경우 이행법률보다는 탈취협약을 기초로 판단해야 한다. 법원은 아동반환에 관한 사건의 심판 청구일 또는 조정 신청일부터 6주 이내에 결정에 이르지 못하면 청구인 또는 법무부장관의 신청에 따라 지연이유를 서면으로 알려야 하고, 사건의 심급별 재판 결과를 지체 없이 법무부장관에게 서면으로 알려야 한다.

가사소송법 제50조에 따르면, 마류 가사비송사건에 대하여 가정법원에 소를 제기하거나 심판을 청구하고자 하는 자는 먼저 조정을 신청해야 한다. 이행법률의 성안과정에서 가사소송법을 준용할지, 조정절차를 배제할지를 검토하였는데 조정이 사건의 신속처리에 도움이 될 수 있으므로 전자를 택하였다. 법원은 사건이 접수되면 즉시 변론기일을 정하고 상대방의 출석을 명하여야 한다. 반환사건의 핵심은 불법탈취된 아동을 신속하게 아동의 탈취 전 상거소로 반환하는 것이므로 변론의 초점도 그에 한정해야 한다. 법원이 아동의 반환을 명할 경우 주문에 반환 상대방을 신청인과 상거소지국 중 어떻게 기재할지는 논란이 있으나 신청인에게 직접 반환하도록 기재할 수 있다. 이행법률은 법원의 아동반환명령의 실효성을 확보하기 위한 수단으로서, 이행명령, 과태료 부과와 감치명령을 할 수 있다.

반환명령은 심판으로써 하는데 이는 확정되어야 집행할 수 있다. 가사소송법 제40조에 의하면 심판의 효력은 고지받음으로써 발생하지만 제43조에 따라 즉시항고를 할 수 있는 심판은 확정되어야 효력이 있기 때문이다. 그러나 법원은 가사소송법 제42조에 따라 가집행할 수 있음을 명해야 한다.[70]

이행법률의 성안과정에서 초기에는 면접교섭권에 관하여도 아동반환에 준하여 규정하였으나, 탈취협약은 면접교섭권에 관하여는 법원에 청구하는 것까지 허용하지는 않는다는 견해가 유력한 점을 고려하여 면접교섭권에 관한 조문을 결국 삭제하였다.

각 중앙당국은 탈취협약을 적용함에 있어 자신의 비용을 부담하고, 중앙당국과 공공 기관은 어떠한 수수료도 부과하지 않지만, 아동반환을 실시하기 위하여 발생한 경비의 지급을 요구할 수 있다(제26조 제1항, 제2항).

(2) 탈취협약에 대한 유보(탈취협약 제24조와 제42조)

수탁국의 중앙당국에 송부되는 모든 신청서 등은 자국 언어로 작성하고, 수탁국의 공용어 또는 공용어 중의 하나로 된 번역문을 첨부하거나 번역 곤란 시 프랑스어나 영어로 된 번역문을 첨부한다. 체약국은 유보를 함으로써 모든 신청서 등에 프랑스어 또는 영어 중 어느 하나를 사용하는 것을 거부할 수 있는데, 한국은 영어 번역문을 선택하고 유보선언을 하였다.

또한 체약국은 탈취협약 중 일부 조항에 대한 유보를 할 수 있는데(제42조), 한국은 제26조 제3항의 유보를 선언함으로써 변호사의 참가 비용 또는 재판절차 비용의 지급의무를 자국 법률구조제도에 의한 책임한도 내로 제한하였다.

다. 현재의 실무와 장래의 개선방향

이행법률에 대하여는 몇 가지 비판이 제기되었다.

첫째, 이행법률만으로 재판절차의 실제 흐름을 알 수 없고 관련 법률을 고려해서 전체 절차를 파악해야 하므로 이행법률은 절차적 집중도 및 접근성이 다소 떨어지고, 일반가사소송절차와 국제아동탈취반환 절차의 특수성에 기인한 차

---

70) 가사소송법 제42조 제1항과 제3항 참조. 하지만 대법원규칙(제8조)은 아동반환청구에 관한 심판에는 그 대상이 유아라 하더라도 가집행 명령을 붙이지 아니할 수 있다고 규정하므로 실무는 후자에 따라 이루어지는 것으로 보인다. 이는 아동반환청구의 결과 가집행에 따라 아동이 외국으로 이동하면 항고심에서 결론이 바뀌더라도 원상회복이 사실상 불가능한 점을 고려한 것이라는 점에서 이해할 수는 있으나 이행법률에는 반하는 것이다.

이나 아동의 최선의 이익이 충분히 고려되지 않았다거나,[71] 재판관할, 양육권 침해와 면접교섭권 침해의 불법성, 아동의 소재파악을 위한 지원문제와 이행명령의 확보를 위한 문제 내지 반환청구의 실효성 확보수단이라는 관점에서 미흡하다는 비판이 있다.[72] 둘째, 아동의 이익과 복지를 고려하여 강제집행 단계에서 당사자의 자발적 이행을 독려하는 매우 상세한 규정을 두는 일본은 강제집행의 대상이 아동인 점을 고려하여 세심하게 입법한 데 반하여 강제집행에 대해 별도의 조문을 두지 않은 한국의 경우 이행명령 불이행 시 과태료나 감치의 제재 외에 강제집행 방법에서는 해석에 의존할 수밖에 없음을 지적하면서 입법의 불비를 비판하기도 한다.[73]

저자도 이런 지적은 일리가 있다고 생각하지만, 저자는 이행법률 초안을 가급적 단순화하고 탈취협약의 해석을 법원에 맡기는 것이 옳다고 생각하였고, 작업반[74]은 아동인도의 집행을 위한 제도(이행명령, 과태료 부과 및 감치명령)는 이미 가사소송법에 구비되어 있었기에 기존의 집행절차를 이용하고자 하였다.[75] 솔직히 저자는 현재도 국제아동인도를 위한 새로운 집행절차의 도입은 이행법률의 제정을 계기로 가사소송법을 개정해서 절차를 보완하는 것이 바람직하다고 본다.[76] 그것을 기초로 '국제적' 아동인도에 특유한 사항은 물론 이행법률에 규정할 수 있다. 실제로 가사소송법 개정안(제143조)은 미성년 자녀 인도청구의 집행에 관한 규정을 신설하였으므로 만일 이것이 시행된다면 집행절차가 개선될 수 있을 것으로 기대한다. 그러나 그것이 탈취협약에 따른 아동인도의 특수성을 반

---

71) 곽민희, "헤이그아동탈취협약의 국내이행입법에 관한 검토 ─일본의 헤이그아동탈취협약 실시법으로부터의 시사─", 가족법연구, 제28권 제2호(2014), 42면 註 48.

72) 곽민희(註 69), 198면 이하. 그러나 곽민희(註 69), 190면의 지적(즉 "법률 그 자체의 입법과정은 그야말로 입법과정이라고 할 것 없이 급조되어 만들어지고 사회의 합의나 토론 없이, 특히 이 문제를 고민하는 학자들이나 실무가들의 참여가 없이 만들어졌다"는 지적) 은 대단히 부적절하다. 우리의 논의가 부족했다는 지적에는 동의할 수 있으나, 이는 이행법률을 단기간 내에 급조했기 때문이 아니라 헤이그회의의 작업과 국제사법, 특히 국제적 아동탈취의 사례를 심각하게 고민한 적이 별로 없는 우리의 총체적 역량 부족에 기인한다.

73) 김홍엽, "법률의 제·개정과 입법의 세심함", 법률신문, 제4350호(2015. 9. 14.), 14면.

74) 법무부는 이행법률의 초안을 작성하기 위하여 정식의 위원회가 아니라 task force를 구성하였고 위원장도 없었으며 국제법무과장이 회의를 주재하였다. 저자도 구성원으로 참여하였으나 이는 저자의 개인적 생각이다.

75) 저자는 이런 배경을 Kwang Hyun Suk(註 66), p. 282에서 설명한 바 있다.

76) 권재문, 헤이그 2018 국제아동탈취협약 사건 수행을 위한 실무가이드(2018), 76면, 註 101도 동지. [이 책에서 이 각주를 새로 추가한 탓에 이하의 각주 번호를 조정하였다.]

영했는지는 의문이다.[77] 일본은 한국보다 늦게 이행법률(일본에서는 실시법률[78])을 제정하였으나 과거 탈취협약에 서명하였으므로 비준함으로써 당사국과의 사이에서 협약이 2014. 4. 1. 일률적으로 발효한 데 반하여, 협약에 가입한 한국의 경우 기존 당사국의 수락이 필요한 탓에 EU 회원국들과는 2017. 4. 1. 비로소 발효되었다. 당사국이 되기 위하여 일본이 치밀하게 준비하였음을 보여준다.

나아가 한국도 앞으로 탈취협약에 따른 사건을 취급하는 과정에서 전문화된 '법정외 조정(out of court mediation)'의 도입을 검토해야 한다. 이를 가능하게 하자면 법정외 조정에 관한 일반법률을 제정하거나, 이행법률에 근거규정을 마련해야 할 것이다.

5. 국제상사계약 준거법원칙

계약준거법원칙은 헤이그회의의 전통적 방식(조약 또는 의정서)이나 모델법의 형식이 아니며, 각국이 상황에 적절한 방법으로 국제사법체제에 편입하도록 권유하는 구속력 없는 일련의 원칙인데, 이는 헤이그회의로서는 새로운 시도이다. 헤이그회의는 현재의 상황에서는 비구속적인 문서, 즉 '연성법(soft law)'인 계약준거법원칙이 각국의 법의 개혁에 영향을 미쳐 계약의 준거법결정에 관한 규범의 조화의 수준을 제고하고, 장래 구속력 있는 문서의 도입에 적절한 상황의 도래를 기대하는 것으로 보인다. 실질법의 영역에서는 사법통일국제협회(UNIDROIT)가 1994년 "국제상사계약원칙(Principles of International Commercial Contracts)"을 성안함으로써 이런 성질의 규범을 도입한 바 있다.[79]

계약준거법원칙의 모든 조문은 소송과 중재에 차별 없이 적용되나, 제3조는 소송의 경우에 배제될 수 있고 제11조는 소송과 중재를 구별한다. 국제계약에

---

77) 소개는 송효진, "가사소송법 개정안에 대한 고찰—이행의 확보 및 관할에 있어서 미성년 자녀의 복리 보호를 중심으로—", 법조 통권 제723호(2017. 6.), 445면 이하 참조. 근자에는 이재석, "유아 인도집행에 관한 규정의 신설 제안", 법률신문 제4935호(2021. 11. 4.), 12면도 있다. [밑줄 친 부분은 이 책에서 새로 추가한 것이다.]

78) 일본은 국제적인 아동의 탈취의 민사상의 측면에 관한 협약의 실시에 관한 법률을 2013. 6. 19. 공표하였고 이는 2014. 4. 1. 시행되었다. 이는 153개 조문을 담은 방대한 법률로 자족적인 법률의 형식을 취한다.

79) UNIDROIT, Principles of International Commercial Contracts (Unidroit, 1994)를 참조. 이는 2004년, 2010년과 2016년에 각각 그 내용이 확대되었다. 계약준거법원칙이 성안됨으로써 이제는 국제적 차원에서 국제상사계약에 관한 실질법원칙과 준거법원칙이 마련되었다. [밑줄 친 부분은 이 책에서 새로 추가한 것이다.]

한정되고 일부 예외가 있기는 하나, 이처럼 소송과 중재에 적용되는 통일적인 준거법결정원칙을 제시하는 것은 새로운 시도라고 할 수 있다.

가. 주요내용[80]

계약준거법원칙은 전문(前文)과 12개 조문으로 구성된다. 국제상사계약의 준거법 결정에 관하여 당사자자치를 규정하는 계약준거법원칙은 국제상사계약에서 당사자자치를 장려하기 위한 것이다. 이는 계약 당사자들이 어떠한 일련의 법적 규범이 그들의 거래에 가장 적절한지를 결정할 수 있는 최적의 지위에 있음을 인정하는 것이다. 그와 함께 계약준거법원칙은 당사자자치에 제한을 설정하고 있다. 본질적으로 계약준거법원칙은 국제상사계약에서 당사자자치와 관련하여 현재 최선의 관행을 담은 국제적 강령이라고 볼 수 있다.[81]

계약준거법원칙은 당사자자치의 원칙을 명시하면서, 관련성 없는 준거법의 선택을 허용하고, 준거법 분열과 준거법의 사후적 변경 등을 허용한다. 나아가 첫째, 당사자가 선택할 수 있는 규범을 국가의 법에 한정하지 않고 일정한 요건을 구비한 '법의 규칙'[82]으로 확대한 점(제3조), 둘째, 준거법에 관한 '약관의 충돌(battle of forms)'에 관하여 새로운 해결방안을 제시한 점(제6조 제1항)[83]과 셋

---

80) 상세는 석광현, "헤이그 국제상사계약 준거법원칙", 鎭武 徐憲濟先生 停年紀念集(2015), 279면 이하; 정홍식, "헤이그 국제상사계약 준거법 원칙", 통상법률, 통권 제125호(2015. 10.), 14면 이하; 권종걸, "국제상사계약의 준거법에 관한 헤이그원칙상 준거법으로서 법규범(rules of law) 지정", 전북대학교 동북아법연구, 제10권 제1호(2016. 5.), 473면 이하 참조. 상세는 Daniel Girsberger *et al.*, (eds.), Choice of Law in International Commercial Contracts (Oxford Private International Law) (2021) 참조. 한국법 부분(pp. 662-677)은 저자가 작성한 것이다. [밑줄 친 부분은 이 책에서 새로 추가한 것이다.]

81) The Hague Conference on Private International Law, Principles on Choice of Law in International Commercial Contracts (2015), Foreword. 사법연수원은 HCCH Asia Pacific Week 2017을 기념하여 이 책자의 국문번역을 "헤이그 국제상사계약 준거법원칙 해설"이라는 제목으로 간행하고 위 행사의 일환으로 2017. 7. 5. 배포하였다.

82) 다만 법의 규칙은 국제적, 초국가적 또는 지역적 수준에서 중립적이고 균형있는 일련의 규칙들로서 일반적으로 인정되는 법의 규칙이어야 한다. 계약준거법원칙 제3조.

83) 법의 선택에 관한 약정과 서식전쟁을 정한 제6조 제1항 (b)에 따르면, 당사자들이 다른 법들을 지정하는 약관을 사용하고, 그 두 개의 다른 법들에 따르면 동일한 약관이 우선하는 경우에는 그 약관에서 지정된 법이 적용되는데, 만일 이러한 법들 하에서 상이한 약관이 우선하거나 어느 약관도 우선하지 않는 경우에는 준거법은 지정되지 않은 것으로 한다. 상세는 김성민, "서식의 충돌의 국제사법상 쟁점", 국제사법연구, 제23권 제1호(2017. 6.), 119면 이하 참조.

째, 최우선 강행규정과 공서의 취급에 관한 해결방안을 제시하면서 양자를 묶어서 규정한 점(제11조)(그리고 셋째의 점을 소송과 중재에 공통적으로 적용하는 점)에서 우리 국제사법과 다른 특색이 있다.

그러나 계약준거법원칙은 당사자가 준거법을 선택하지 않은 경우 객관적 준거법의 결정 기준은 제시하지 않는다. 그 이유는 첫째, 계약준거법원칙의 목적은 당사자자치를 증진시키는 데 있지 국제상사계약의 준거법을 결정하기 위한 포괄적인 원칙체계를 규정하는 데 있지 않고, 둘째, 당사자의 선택이 없는 경우에 준거법을 결정하기 위한 규칙에 대한 국제적 합의가 현재 존재하지 않기 때문이다.[84]

나. 우리나라에 대하여 가지는 의의

계약준거법원칙의 주요내용을 우리 법과 비교하자면 소송과 중재를 나누어 볼 필요가 있다.

소송의 경우 계약준거법원칙과 우리 국제사법 간에 큰 차이는 없다. 관련성 없는 준거법의 선택, 준거법 분열과 준거법의 사후적 변경은 우리 국제사법이 이미 명시한다.

반면에 소송에서 계약준거법원칙의 위 세 가지 특징은 우리 국제사법과 다르다.

첫째, '비국가적 법의 규칙(non-State rules of law)'의 선택은 우리 국제사법의 맥락에서도 해석론과 입법론으로서 검토할 필요가 있다. 둘째, 준거법에 관한 약관의 충돌에 관하여는 계약준거법원칙의 태도가 설득력이 있지만 이를 그대로 따르기는 주저된다. 다만 계약준거법원칙이 위 논점을 해석론이나 입법론으로[85] 해결할 필요가 있음을 환기시켜준 점에서 의미가 있다. 셋째, 최우선 강행규정과 공서의 취급에 관하여 우리는 양자를 함께 규정할 수는 없고, 문제는 국제사법과 중재법에 통일적 내용을 담을 수 있는가이다. 또한 계약준거법원칙은 객관적 준거법 결정규칙을 두지 않은 점에서 우리 국제사법과 다르나, 이는 계약준거법

---

84) The Hague Conference on Private International Law(註 81), para. 1.14 참조.
85) 김도형, "헤이그국제사법회의 특별위원회 참가보고서", 국제규범의 현황과 전망—2013년 국제규범연구반 연구보고 및 국제회의 참가보고—(2014), 458면은 우리 국제사법 개정시 이를 반영할 필요가 있다고 한다.

원칙의 불완전성을 드러내는 것으로서 그 점에서는 계약준거법원칙은 우리에게 도움이 되지 않는다.

중재에 관하여 보면, 우리 중재법의 태도는 대체로 UNCITRAL이 1985년 채택한 "국제상사중재에 관한 모델법"을 받아들인 것인데, 계약준거법원칙의 태도는 비록 그것이 중재의 특수성을 고려하기는 하지만(예컨대 제3조와 제11조)[86] 종래 소송에서 통용되는 원칙을 중재에도 동일하게 적용하므로 과연 그것이 중재커뮤니티에서 발전시켜온 준거법결정원칙에 부합하는지는 의문이다. 예컨대 중재에서는 상인법과 같은 비국가적 법의 규칙도 준거규범이 될 수 있는데 계약준거법원칙은 이를 제한하고 것으로 보이고, 또한 중재에서는 당사자의 (명시적) 수권이 있는 경우 중재판정부는 형평과 선(*ex aequo et bono*)에 따라 중재판정을 내릴 수 있는데[87] 계약준거법원칙은 이 점을 충분히 고려하고 있지 않다. 계약준거법원칙(제11조 제5항)은 최우선 강행규정과 공서의 취급에 관하여 단지 소극적 규정만을 두는 점에서 한계가 있다. 또한 계약준거법원칙은 객관적 준거법 결정규칙을 두지 않은 점에서 우리 중재법과 다른데, 그 점에서는 계약준거법원칙은 우리에게 큰 도움이 되지 않는다.

이상의 논의를 종합하면, 우리에게는 소송이든 중재든 간에 계약준거법원칙의 의미와 효용은 제한적이다. 그렇지만 우리는 계약준거법원칙을 통하여 국제사법 분야에서 꾸준히 국제규범이 생성되고 있음을 확인하고, 통일원칙이라는 새로운 방식이 도입됨을 본다. 또한 로마 I 의 성안과정에서 있었던 유럽연합 차원에서의 논의가 헤이그회의의 논의에 영향을 미치는 점을 확인하면서 국제사법 규범의 통일 내지 조화를 추구하는 과정에서 유럽연합 국제사법의 영향력을 목도한다. 이처럼 헤이그회의의 맥락에서도 우리는 유럽연합의 논의에 무관심할 수 없다.

---

86) 계약준거법원칙 제3조는 비국가적 법의 규칙의 선택을 제한적으로 허용하나, 종래 국제 중재에서는 법의 규칙(rules of law)의 선택을 허용하는 경우에는 그보다 널리 비국가적 법의 규칙(예컨대 상인법)을 선택할 수 있다. 석광현, 국제상사중재법연구, 제1권(2007), 156면 참조.

87) 모델중재법(제28조 제3항)과 우리 중재법(제29조 제3항).

Ⅲ. 헤이그협약이 한국 국제사법의 입법에 미친 영향

여기에서는 한국이 가입하지는 않았으나 우리 국제사법과 민사소송법에 영향을 미친 헤이그협약을 간단히 언급한다.

1. 한국 국제사법 입법에 미친 영향

가. 부양의 준거법

국제사법은 부양권리자를 보호하고자 1973년 "부양의무의 준거법에 관한 헤이그협약"("부양협약")의 주요내용을 수용하였다.

섭외사법(제23조)에 따르면 부양의무의 준거법은 부양의무자의 본국법이었다.[88] 그러나 이에 의하면 각각의 법률관계에 따라 부양의 준거법이 달라지고 부양권리자의 보호에도 충실하지 않았다. 또한 부양은 신분적 관계라기보다는 재산적 관계라는 측면이 강하므로 부부 간의 부양문제에 혼인의 일반적 효력의 준거법이, 친자 간의 부양문제에 친자 간의 효력의 준거법을 적용하는 것은 타당하지 않다. 더욱이 국제사법상 혼인의 일반적 효력과 친자 간의 효력의 준거법은 일차적으로 부부의 동일한 본국법과 친자의 동일한 본국법이 되는데, 부양문제를 재산적 관계로 보는 한 (또는 그렇지 않더라도) 본국법보다는 부양권리자의 현실적인 생활의 중심지, 따라서 부양의 필요가 존재하고 그가 부양료를 소비하는 곳의 법을 적용하는 것이 타당하다. 그럼으로써 부양의무의 존재와 금액을 결정함에 있어서 그곳의 사회적 환경의 법적 그리고 사실적 조건을 고려할 수 있다. 또한 부양권리자의 부양청구권이 부인되는 경우 그에 대한 공적 부조는 상거소지국의 부담이 되므로 양자 간에 저촉이 발생하지 않도록 부양권리자의 상거소지법에 의하는 것이 타당하다.

따라서 국제사법(제46조)에서는 부양을 하나의 독립된 연결대상으로 취급하여 원칙적으로 모든 부양의무의 준거법을 통일하고, 부양협약의 원칙을 수용하여 부양권리자를 두텁게 보호하며(*favor alimenti*), 부양의 재산적 특성을 고려하여 준거법 결정원칙을 정하되, 이혼당사자 간의 부양의무에 관하여는 이혼의 준

---

88) 문면상 모든 부양의무의 준거법이 부양의무자의 본국법으로 보였지만, 통설은 부양의무는 그의 발생원인인 법률관계와 밀접한 관련이 있다고 보아 각각의 원인된 법률관계에 의하도록 해석하였다.

거법에 의하도록 하였다. 국제사법의 태도는 부양권리자의 보호라고 하는 실질
법적 가치를 국제사법적 차원에서 고려한 것이라고 할 수 있다.

다만 헤이그회의는 아래(Ⅳ.4.)에서 논의하는 2007년 아동부양협약과 부양
의정서를 채택하였고 이는 발효되었으므로 우리도 그에 관심을 가져야 할 것이다.

나. 유언의 방식

우리나라는 1961년 "유언에 의한 처분의 방식에 관한 법의 저촉에 관한 헤
이그협약(Hague Convention on the Conflicts of Laws Relating to the Form of
Testamentary Dispositions)" ("유언방식협약")의 당사국은 아니지만 동 협약의 주요
내용을 국제사법(제50조 제2항)에 반영하였으므로 실질적으로 큰 차이는 없다. 참
고로 일본은 당사국이다.[89]

다. 국제재판관할규칙

현행 국제사법을 개정하여 정치한 국제재판관할규칙을 두고자 법무부는
2014. 6. 30. 1년 예정으로 국제사법개정위원회(이하 "위원회"라 한다)를 구성하였
고, 1년 경과 후 임기를 연장함으로써 위원회는 2015. 12. 31.까지 개정 국제사
법의 초안을 성안하기 위한 작업을 진행하였다. 그러나 유감스럽게도 위원회는
개정안을 마련하는 데 실패하였고, 2016. 12. 31.까지도 개정안은 마련되지 않았
다. 법무부는 일부 위원들의 지원으로 2015년 12월말까지의 위원회 작업을 기초
로 2017년 1월부터 개정안을 마무리하기 위한 노력을 경주하였고 2017. 7. 17.
현재 내부적 논의를 위한 잠정적 초안("잠정초안")을 작성하였다. 앞으로 잠정초
안을 기초로 법무부가 정치한 국제재판관할규칙을 담은 개정안을 성안할 것으로
기대한다.

위원회와 법무부의 작업 과정에서 헤이그회의의 "민사 및 상사사건의 국제
재판관할과 외국재판에 관한 협약"의 1999년 예비초안(Preliminary Draft)("1999년
예비초안")과 이를 수정한 2001년 초안이 참고가 되었고, 그 연장선 상에서 현재
도 진행 중인 재판 프로젝트(Judgment Project)도 도움이 되고, 특히 관할합의에
관하여 위원회는 헤이그회의의 2005년 "관할합의에 관한 협약(Convention on

---

89) 일본은 1964년 "유언의 방식의 준거법에 관한 법률"을 제정하였다.

Choice of Court Agreements)"("관할합의협약")의 태도를 일정 부분 반영하기로 결정하였고 결국 개정법에 반영되었다. 나아가 친족법상의 사건에 관한 한 탈취협약과 입양협약 그리고 아래에서 논의하는 아동보호협약과 성년자보호협약 등의 국제재판관할규칙을 참조하였다. 따라서 개정법에 포함된 국제재판관할규칙은 다양한 헤이그협약들과 초안에 의하여 영향을 받았다고 평가할 수 있다.[90]

2. 한국 민사소송법에 미친 영향

2014. 5. 20. 자로 민사소송법 제217조, 민사집행법 제26조와 제27조가 개정되었고 민사소송법 제217조의2가 신설되었다. 여기에서 논의하는 것은 후자인데 조문은 아래와 같다.

가. 제217조의2의 신설: 손해배상에 관한 재판의 승인 제한

제217조의2(손해배상에 관한 확정재판등의 승인)
① 법원은 손해배상에 관한 확정재판등이 대한민국의 법률 또는 대한민국이 체결한 국제조약의 기본질서에 현저히 반하는 결과를 초래할 경우에는 해당 확정재판등의 전부 또는 일부를 승인할 수 없다.
② 법원은 제1항의 요건을 심리할 때에는 외국법원이 인정한 손해배상의 범위에 변호사보수를 비롯한 소송과 관련된 비용과 경비가 포함되는지와 그 범위를 고려하여야 한다.

법제사법위원회의 심사보고서는 그 제안이유에서, 한·EU FTA, 한미 FTA 발효 등으로 국내기업의 외국에서의 경제활동 증가에 따라 국내기업에 대한 외국에서의 소송 또한 증가할 것으로 예상되나, 외국 소송은 법문화와 법체계상의 차이뿐만 아니라 언어와 소송절차 등에서 국내기업에 불리하게 진행되는 경우가 많을 것으로 예상되므로 외국법원의 판결을 국내에서 승인하거나 집행할 경우에 국내기업이 외국법원에서 절차상의 불공정한 재판을 받았는지 또는 외국법원의 판결이 한국의 법질서나 선량한 풍속에 위배되는 것인지의 여부를 국내법원이

---

90) 저자는 2017. 7. 4. HCCH Asia Pacific Week 2017에서 국제재판관할규칙에 관한 국제사법 개정작업을 소개하였다. Kwang Hyun Suk, "Proposed Amendments of the Private International Law Act of Korea: With a Focus on the Rules of International Jurisdiction", HCCH AP Week (법무부), p. 262 이하 참조.

직권으로 조사하게 함으로써 외국법원의 부당한 재판이나 판결로부터 국내기업을 보호하고자 한다고 밝히고 있다.[91]

제2항의 문언은 문면상 관할합의협약(제11조 제2항)과 예비초안(제33조 제2항)의 영향을 받은 것이다. 반면에 제1항의 문언은 적어도 문면상으로는 위 협약이나 예비초안의 직접적인 영향을 받은 것으로 보기는 어렵다.

제11조   손해배상
1. 재판의 승인 또는 집행은 그 재판이, 당사자에게 징벌적 손해배상을 포함하여 실제로 입은 손실 또는 손해를 전보하는 것이 아닌 손해배상을 인용하는 경우 그 범위 내에서는 거부될 수 있다.
2. 요청받은 법원은 재판국의 법원이 인용한 손해배상이 소송과 관련된 비용과 경비를 전보하는지의 여부와 그 범위를 고려해야 한다.

나. 제217조의2 신설 후 대법원 판결의 변화[92]

제217조의2는 전보배상이 아닌 징벌배상 또는 수배배상을 명한 외국재판의 승인 및 집행을 적정범위로 제한한다. 이런 문제는 공서요건으로 해결할 수 있고, 실제로 과거 하급심판결들이 그런 취지로 판시해 왔지만 그 취지를 명확히 함으로써 법적 안정성을 제고하려는 것으로 본다. 상세는 다른 기회에 논의하나[93] 우선 217조의2의 적용이 문제되는 사안을 나누어 볼 필요가 있다.

첫째, 징벌적 손해배상을 명한 외국재판의 승인. 이는 제217조의2 제1항을 근거로 승인을 거부할 수 있다. 다만 그 경우 제217조의2 제2항을 고려해야 한다.

둘째, 삼배배상을 명한 외국재판의 승인. 삼배배상을 명한 외국재판 중 전보배상에 해당하는 부분의 승인을 거부할 수 없으나, 문제는 전보배상이 범위를

---

91) 민사소송법 일부개정법률안 심사보고서(2014. 4.), 2면 참조. 상세는 이규호, "외국판결의 승인·집행에 관한 2014년 개정 민사소송법·민사집행법의 의의 및 향후전망", 민사소송 제19권 제1호(2015. 5.), 105면 이하 참조.

92) 아래 대법원 판결들이 선고되기 전 제217조의2의 문제점은 석광현, "국제사법학회의 창립 20주년 특집: 국제재판관할과 외국판결의 승인 및 집행에 관한 입법과 판례", 국제사법연구, 제20권 제1호(2014. 6.), 61면 이하 참조.

93) 저자는 2017. 8. 24. 한국국제사법학회에서 "손해배상을 명한 외국재판의 승인과 집행: 2014년 민사소송법 개정과 그에 따른 판례의 변화를 중심으로"라는 제목으로 발표하였는데 상세는 그곳에서 논의한다. 이는 국제사법연구 제23권 제2호(2017. 12.), 245면 이하에 게재되었는데 이 책 [13] 참조. [밑줄 친 부분은 이 책에서 새로 추가한 것이다.]

부분의 손해배상을 명한 부분("초과부분")의 승인을 거부할 수 있는가이다. 과거에는 초과 부분의 승인 및 집행을 거부할 수 있는 것으로 보았다. 이런 결론은 제217조의2 제1항 하에서도 유지될 수 있다. 그러나 우리나라가 "하도급거래 공정화에 관한 법률"(제35조 제2항)을 통하여 삼배배상제도를 도입하고 그것이 확산되는 이상[94] 삼배배상의 지급을 명한 외국재판 중 200%에 해당하는 부분의 승인 및 집행이 당연히 우리의 공서에 반한다고 할 수는 없다. 저자는 과거 이 점을 지적하였으나[95] 2014년 개정과정에서 이에 대한 고민이 충분히 반영되지 않았다. 저자는 과거 제217조의2를 신설하자는 제안에 대해, 굳이 그러한 개정을 할 필요가 없다고 보면서도 기본적으로 지지하는 견해를 피력하였으나[96] 이는 ① 개정 문언이 공서요건을 구체화한 것이라는 점과, ② 삼배배상제도가 우리 법질서에 도입되었으므로 삼배배상의 지급을 명한 외국판결의 승인을 적절히 해결하는 것을 전제로 하는 것이었다. 만일 제217조의2가 공서요건으로 해결하는 것보다 외국판결의 승인 및 집행을 제한하려는 의도에서 비롯된 것이라면 저자는 이를 지지하지 않으며, 해석론으로서도 그런 견해를 저지해야 한다고 믿는다.

요컨대 삼배배상에 관한 한 과거 우리 법제가 삼배배상제도를 인정하지 않았던 시절에는 수원지방법원 평택지원 2009년 판결[97]처럼 삼배배상을 명한 외

---

94) 예컨대 가맹사업거래의 공정화에 관한 법률(가맹사업법) 제37조의2(손해배상책임)에는 이미 도입되었고, 근자에는 제조업자가 제조물의 결함을 알면서도 그 결함에 대하여 필요한 조치를 취하지 아니한 결과 소비자의 생명 또는 신체에 중대한 손해를 입힌 경우 최대 3배까지 손해배상책임을 부과하는 내용으로 제조물책임법(제3조 제2항)이 개정되어 2018. 4. 19. <u>시행되었다.</u>

95) 석광현(註 34), 436면.

96) 석광현(註 34), 435면.

97) 수원지방법원 평택지원 2009. 4. 24. 선고 2007가합1076 판결은 아래와 같다(석광현(註 34), 381면 이하 참조). 원고들은, 피고를 상대로 약정보상금과 고의적 박탈행위로 인한 징벌적 손해배상의 지급을 명하는 결석판결을 미국 법원으로부터 받고 그에 대한 집행판결을 청구하였다. 평택지원은, 약정보상금의 2배 상당의 징벌적 손해배상금은 손해전보를 넘어서 고의적으로 위반행위를 한 자에 대하여 징계하거나 위반행위의 발생을 억제하기 위한 목적으로 그 지급을 명한 것인데, 이는 징벌적 성격을 부여하지 아니하고 손해발생전 상태로의 회복에 목적이 있는 한국의 손해배상제도와 근본이념이 다르고, 한국의 손해배상 체계에서 위 사건 판결처럼 약정보상금의 2배 상당의 징벌적 손해배상금의 지급을 명하는 것은 원고들에 대한 적절한 배상을 위하여 필요한 정도를 넘는다고 보아 약정보상금의 2배 상당의 징벌적 손해배상금을 명하는 부분의 집행을 불허하였다.

국재판의 승인 및 집행은 손해전보에 목적이 있는 우리 손해배상제도와 근본이
념이 다르다는 이유로 그 부분의 승인 및 집행을 거부할 수 있었고, 그런 결론은
제217조의2 제1항 하에서도 유지될 여지가 있다. 그러나 삼배배상이 확산되고
있는 현재로서는 삼배배상의 지급을 명한 외국재판의 승인 및 집행이 우리의 공
서에 반한다거나 제217조의2 제1항에 해당한다는 결론을 도출하기는 어렵다.[98]
따라서 이제는 제217조의2의 문언을 개정하는 방안을 검토할 필요가 있다.

셋째, 전보배상을 명하였으나 우리 기준에 비추어 지나치게 과도한 손해배
상(grossly excessive damages)을 명한 외국재판의 승인. 과거 우리 법원은 이런
재판의 일부만을 승인함으로써 문제를 해결하였으나 이런 태도가 현재에도 가능
한지는 불분명하다. 주목할 것은 근자의 대법원 판결이다.

대법원 2016. 1. 28. 선고 2015다207747 판결은, 민사소송법 제217조의2 제
1항은 징벌적 손해배상과 같이 손해전보의 범위를 초과하는 배상액의 지급을 명
한 외국법원의 확정재판 등의 승인을 적정범위로 제한하기 위하여 마련된 규정
이므로 당사자가 실제로 입은 손해를 전보하는 손해배상을 명하는 외국법원의
재판에는 적용될 수 없다(대법원 2015. 10. 15. 선고 2015다1284 판결 참조)는 취지
로 판시하고, 문제된 외국재판의 승인은 제217조 제1항 제3호(공서조항)에도 저
촉되지 않는다고 판단하였다. 대법원판결을 문언대로 이해하면 우리 기준에 비
추어 지나치게 과도한 손해배상을 명한 외국재판은 그것이 전보배상을 명한 것
이라면 승인 및 집행을 거부할 수 없다는 취지로 보인다. 사실 과거 하급심 판결
들은 과도한 손해배상을 명한 외국재판의 일부만을 승인 및 집행하였는데, 입법
자가 한국 기업을 보호하려는 취지로 제217조의2를 신설한 결과 우리 기업의 처
지는 제217조의2가 신설되기 전보다 오히려 불리한 상황에 놓일 가능성이 있
다.[99] 다만 2015년 판결과 2016년 판결은 제217조 제1항 제3호만 검토한 것이

---

98) 다만 우리 법이 삼배배상제도를 도입한 법영역 외에서는 여전히 승인 및 집행을 거부할
   수 있다는 견해도 주장될 여지가 있다. 이 점은 석광현, "손해배상을 명한 외국재판의 승
   인과 집행: 2014년 민사소송법 개정과 그에 따른 판례의 변화를 중심으로", 국제사법연구
   제23권 제2호(2017. 12.), 245면 이하에서 논의하였다. 이 책 [13] 참조. [밑줄 친 부분은
   이 책에서 새로 추가한 것이다.]

99) 한충수, "국제민사소송절차와 국제도산절차에서의 외국재판 ― 외국보전재판의 승인 및
   집행가능성을 중심으로", 민사소송 제20권 제2호(2016), 47면. 가정준, "손해배상의 범위
   가 다른 외국판결의 승인과 집행 ―대법원 2016. 1. 28. 선고 2015다207747 판결―", 국
   제거래법연구 제26집 제1호(2017. 7.), 275면 참조. 그러나 최우영, "민사소송법 제217조

아니라 제217조의2 제1항을 함께 검토하고 있으므로, 대법원이 이런 태도를 취한 것은 과거의 견해를 변경한 것이 아니라, 문제된 사안이 과거 하급심판결들과 사안이 다르기 때문일 수도 있으므로 더 지켜 볼 필요가 있다.[100] 저자는 징벌배상을 명한 외국재판의 승인은 특별규정인 제217조의2로 거부하고, 지나치게 과도한 전보적 손해배상을 명한 외국재판 승인은 우선 제217조의2 제1항의 적용 여부를 검토하고, 적용되지 않는 경우 보충적으로 제217조 제1항 제3호를 통하여 승인을 제한하는 것이 타당하다고 본다.

Ⅳ. 한국이 장래 가입을 검토해야 할 헤이그협약들

우리나라는 장래 우선 입양협약을 비준하고,[101] 2005년 관할합의협약, 1996년 "부모책임과 아동(또는 子)의 보호조치와 관련한 관할권, 준거법, 승인, 집행 및 협력에 관한 협약"("아동보호협약")과 2007년 "아동양육 및 기타 형태의 가족부양의 국제적 회수에 관한 협약("아동부양협약")(이를 "Child Support Convention"이라 부른다)[102] 및 2007. 11. 23. "부양의무의 준거법에 관한 의정서(Protocol on the Law Applicable to Maintenance Obligations)"("부양의정서")와 2000년 "성년자의 국제적 보호에 관한 협약"("성년자보호협약") 등에 가입하는 방안을 우선 검토해야 한다. 그 밖에 가입을 검토할 필요가 있는 헤이그협약으로는 아래 언급하는 증권협약과 신탁협약을 들 수 있다. 다만 이런 헤이그협약의 선정은 위에서 언급한 것처럼 저자의 주관적 판단에 따른 것이다. 아래에서는 우선 가족법 분야의 협약을 먼저 논의하고 이어서 재산법 분야의 협약을 논의한다.

1. 입양협약

입양에 관하여는 1993년 입양협약이 있다. 한국은 2013. 5. 24. 입양협약에

의2의 적용범위와 관련하여", 법률신문, 제4471호(2016. 12. 15.), 11면은 판례에 대해 비판적이다.
100) 상세는 석광현(註 98), 269면 이하 참조.
101) 중국은 입양협약의 당사국이나 한국과 일본은 아니다.
102) 부양협약은 헤이그회의 1956년 "자(子)에 대한 부양의무의 준거법에 관한 협약"을 대체한 것이므로 저자는 위 협약을 신부양협약이라고 불렀으나 헤이그회의에서 위와 같이 부르기에 여기에서는 '아동부양협약'이라 한다.

《한국이 가입을 검토해야 할 헤이그협약들》

분야	협약 명칭	한국 서명 여부
국제가족법	1993년 입양협약	2013. 5. 24. 서명
	1996년 아동보호협약	X
	2000년 성년자보호협약	X
	2007년 아동부양협약 / 부양의정서	X
국제민사소송법	2005년 관할합의협약	X
국제증권거래	2006년 증권협약	X
국제신탁	1985년 신탁협약	X

서명하였으나 아직 비준하지 못하고 있다. 조속한 시일 내에 입양협약의 이행법
률을 제정하고 입양협약을 비준해야 한다.[103) 이는 이미 정부 차원에서 가입하
기로 결정한 헤이그협약이다.

가. 주요내용[104)

입양협약은 국제입양이 아동에게 최선의 이익이 되도록 국제법에서 인정된

---

103) 입양협약은 한국에서도 발효한 국제연합의 1989년 "아동의 권리에 관한 협약(Conven-
tion on the Rights of the Child)"(아동권리협약. CRC)에 근거한 것으로 입양협약 가입
은 위 아동권리협약에 따른 의무사항이다.

104) 입양협약의 개관은 석광현, 국제사법 해설(2013), 499면 이하; 윤진수/석광현(註 66),
1738면, 1710면 이하; 상세는 최흥섭, "국제입양에 관한 헤이그협약", 국제사법연구, 제3
호(1998), 803면 이하(이는 최흥섭, 국제사법의 현대적 흐름(2005), 281면 이하에도 수록
되어 있다); 김문숙, "국제입양에 있어서 아동의 보호 및 협력에 관한 헤이그협약—한국
의 가입가능성의 관점에서—", 국제사법연구, 제10호(2004), 379면 이하; 석광현, "1993
년 헤이그국제입양협약(국제입양에 관한 아동보호 및 협력에 관한 헤이그협약)", 국제사
법연구, 제15호(2009), 421면 이하; 장복희, "국제입양에 관한 헤이그협약과 국내입양법
의 개선", 저스티스, 통권 제93호(2006. 8.), 224면 이하; 장복희, "헤이그 국제아동입양
협약과 주요국 입양법에 관한 연구", 숭실대학교 법학논총 제23집(2010. 2.), 373면 이하
참조. 상세는 석광현 · 이병화, 헤이그국제아동입양협약에 관한 연구(법무부, 2010); 석광
현 외, "헤이그국제아동입양협약 가입 추진방안 연구", 보건복지부 연구용역 보고서
(2012); 정재훈 외, "헤이그국제아동입양협약 가입검토보고서", 국제규범의 현황과 전망
—2011년 국제규범연구반 연구보고 및 국제회의 참가보고— (법원행정처. 2012), 117면
이하; 주강원, "헤이그 국제 아동 입양 협약에 관한 소고 — 아동의 매매, 밀거래, 아동세
탁 등의 아동학대적 관행의 억제를 중심으로", 가천법학 제6권 제3호(2013. 9.), 77면 이
하; 현소혜, "헤이그 입양협약 가입에 따른 국제입양절차 개편방안", 가족법연구, 제28권
제2호(2014), 69면 이하 참조. 근자에는 안소영, "입양법제의 개선방안 —헤이그국제입양

그의 기본적 권리가 존중되면서 이루어지도록 보호조치(통일적 절차)를 확립하고, 그렇게 함으로써 아동의 탈취·매매 또는 거래를 방지하도록 체약국 간에 유연한 공조체제를 확립하며, 입양협약에 따라 이루어진 입양을 체약국에서 승인되도록 보장한다(제1조). 입양협약은 국제재판관할과 준거법결정규범의 통일이나 입양에 관한 국내실질법의 통일을 목적으로 하지 않는다.

'국제입양'이 되기 위하여는 입양 대상인 아동과, 입양을 하는 부부 또는 일인이 상이한 체약국에 상거소를 가져야 한다. 아동의 입양 전 상거소지 국가를 '출신국(State of origin)', 양친의 상거소지 국가를 '수령국(receiving State)'이라 한다. 입양협약은 영구적 친자관계를 창설하는 입양만을 대상으로 한다. 입양이 계약형인지 재판형인지와, 단순입양인지 완전입양인지는 불문한다. 입양협약은 18세 미만의 아동에만 적용된다.

입양협약에 따른 국제입양을 하기 위하여는 출신국과 수령국의 권한 있는 당국(이하 "권한당국"이라 한다)이 일정한 조치를 취해야 한다. 국제입양은 출신국 권한당국이 아동이 입양가능하다고 인정하고, 출신국 내 아동의 위탁 가능성을 적절히 고려한 후 국제입양이 아동에게 최선의 이익이 된다고 결정한 경우에만 가능한데(이는 입양협약의 전문과 아동권리협약(제21조 (b)호)이 정한 보충성원칙을 따른 것이다), 권한당국은 동의요건이 충족되었음을 확보하였어야 한다(제4조). 또한 국제입양은 수령국 권한당국이 양친될 자가 입양할 자격이 있고 입양에 적합하며 필요한 상담을 받았고, 아동이 수령국에 입국해서 영주할 자격이 있거나 있을 것이라고 결정한 경우에만 가능하다(제5조). 위 요건의 충족 여부는 권한당국이 확인한다. 원칙적으로 위 요건 충족 시까지는 양친될 자와 아동의 부모 기타 아동의 보호자는 접촉할 수 없으나 출신국 권한당국이 정한 조건에 따른 접촉은 가능하다(제29조). 체약국은 중앙당국을 지정해야 하는데 중앙당국의 직무는 ① 상호 협력, 정보교환 및 장애제거조치, ② 부당한 이득 방지 조치와 ③ 제

협약의 비준에 즈음하여—", 이화여자대학교 대학원 법학박사학위논문(2015)과 이경은, "국제입양에 있어서 아동 권리의 국제법적 보호", 서울대학교 대학원 법학박사학위논문(2017. 2.)이 있다. 전자는 주로 민법 논점을 다루었고 후자는 국제법의 논점을 다루었다. 그 밖에도 회의에 참가한 판사들의 보고서가 있다. 윤종섭, 국제입양에 있어 아동의 보호 및 협력에 관한 1993년 헤이그협약의 내용에 관한 검토", 국제규범의 현황과 전망(2012), 51면 이하; 김은교, "1993년 국제입양에서의 아동보호협약: 특별위원회 4차 회의 참가보고서", 국제규범의 현황과 전망(2016), 607면 이하 참조.

3장 및 제4장에 따른 직무 등이다. 중앙당국은 공적 기관 및/또는 인가단체에 그 직무를 위임할 수 있고, 비인가단체 등에 일정한 절차적 사항을 위임할 수 있다. 실제로 미국에서는 상업적 입양알선기관들이 중요한 역할을 한다.

입양절차는 양친될 자가 그의 상거소 소재지국의 중앙당국에 입양을 신청함으로써 개시되는데, 입양협약은 국제입양의 구체적 절차를 상세히 규정한다.

입양이 입양협약에 따라 행해지고 입양국의 권한당국이 이를 증명하면 그 입양은 자동적으로 다른 체약국에서 승인된다.[105] 여기에서 '입양국(state of adoption)'은 출신국일 수도 있고 수령국일 수도 있다. 다만 공서에 반하는 경우에는 입양의 승인이 거절될 수 있다. 입양이 입양국에서 단절효를 가지는 경우, 수령국과 입양이 승인된 기타 체약국에서 아동은 후자의 국가에서 단절효를 가지는 입양에서 나오는 권리와 동등한 권리를 향유한다(제26조 제2항). 그럼으로써 수령국에 사는 양자들의 출신국에 관계없이 입양의 효력이 동일하게 된다.

체약국의 권한당국은 아동의 출생에 관한 정보(특히 병력과 부모의 신원 정보)를 보존해야 하고, 그 국가의 법이 인정하는 경우에는 아동 또는 그 대리인의 정보접근을 허용해야 한다. 입양협약은 국제입양에 관한 활동으로부터 부당한 이득을 얻는 것을 금지하지만, 입양 관여자의 직업상의 합리적 보수 기타 비용과 지출은 허용한다.

나. 조속한 협약 비준의 필요성

2017년 7월 현재 국회에 계류 중인 "국제입양에 관한 법률안"과 입양특례법 개정안을 보면, 국회는 입양특례법과 별도로 국제입양법률을 제정하는 방안(이원화 방안)을 선택하면서 국제입양은 국제입양법률로 규율하고, 입양특례법의 적용범위를 국내입양만으로 축소하고자 한다. 중앙당국은 입양업무의 주무부처

---

105) 입양협약에서 입양이 계약형인지 선고형인지는 묻지 않는다. 계약형 입양은 준거법에 관계없이 국제입양으로서 효력이 있고, 선고형 입양은 승인국의 외국재판 승인요건을 충족하는지에 관계없이 국제입양으로서 효력이 있다. 외국에서 형성된 법률관계를 우리 법질서가 인정하는 경로에는 ① 준거법의 지정과 ② 외국재판의 절차적 승인이라는 두 가지가 있는데, ①에 따르면 외국에서 이루어진 계약형 입양은 그것이 우리 국제사법이 정한 준거법에 따르거나 적어도 그 준거법이 정한 요건을 구비해야 효력을 가진다. 그럼에도 불구하고 입양협약 하에서 준거법 통제를 하지 않고 계약형 입양에 따른 법률관계를 승인하는 것은 "(협의의) 국제사법에 갈음하는 승인(Anerkennung statt IPR)" 또는 '저촉법적 승인'이라고 할 수 있다.

인 보건복지부장관이 될 예정이다. 종래 한국에서는 국제입양은 민간 입양기관의 주도로 이루어졌는데, 그 경우 예컨대 미혼모가 입양기관을 찾아감으로써 해외입양이 이루어지는 체제를 취하였다. 국제입양법률은 이러한 체제와 결별하고, 아동의 입양적격성을 지방자치단체가 판단하도록 함으로써 아동에게 최선의 이익이 된다고 판단되는 경우에만 국제입양이 진행되도록 한다. 다만 지방자치단체의 전문성을 어떻게 확보할지, 입양허가를 하는 법원의 역할과의 관계를 어떻게 설정할지, 중앙당국의 권한을 종래 해외입양에서 주도적 역할을 맡아온 국제입양기관에 어느 범위 내에서 위탁할지 등이 중요한 문제이다. 입양협약의 비준이 늦어지는 것은 입양협약 가입의 문제와 이러한 입양체제 개편이 맞물려있기 때문이나 그렇더라도 너무 지체되고 있다는 비판을 면할 수 없다.

　한국이 입양협약을 비준하면 입양절차가 달라지는데 국제사법, 특히 재판의 승인과 관련한 변화를 이해하여야 한다. 과거 우리 아동의 외국으로의 입양에서 현지에서 입양재판을 받았다. 이런 체제 하에서 양친자관계가 성립하는지는 당해 외국재판과 외국법의 문제이고, 한국 친생부모와의 관계 단절 여부는 외국재판 승인의 메커니즘에 의하였다. 외국재판은 민사소송법 제217조 제1항이 정한 요건을 구비하는 때 한국에서 효력이 있으나, 입양재판은 비송사건이라는 데 특색이 있다.[106] 그러나 2012년 8월 입양특례법 개정에 의하여 이제는 과거와 달리 해외입양을 위하여 아동의 출국에 앞서 가정법원의 입양허가를 받아야 하고 이는 아동의 출생신고를 전제로 한다.[107] 따라서 우리 법원의 입양재판이 수령국에서 승인되는지가 문제되므로 이를 보장하기 위해 한국이 입양협약에 가입할 필요성이 커졌다. 입양협약에 따르면, 해외입양이 입양협약에 따라 행해지고 입양국의 권한당국이 이를 증명하는 경우 그 입양은 다른 체약국에서 자동승인되기 때문이다. 위에서 언급한 국제입양법률안은 이러한 입양협약의 메커니즘을 반영하고 있으나 여러 모로 문제가 많다.[108] <u>입양협약 가입으로 모든 문제가 해</u>

---

106) 종래 강학상 외국의 입양재판은 민사소송법 제217조가 정한 요건에 준하는 요건이 구비된 경우 그 효력(기판력과 형성력 등)이 한국에 확장된다고 보았다. 그런데 2014년 5월 시행된 민사소송법 제217조 제1항은 승인대상인 외국 법원의 재판을 "외국법원의 확정판결 또는 이와 동일한 효력이 인정되는 재판"이라고 규정함으로써 확정판결과 같은 효력이 인정되는 재판만이 승인되는 듯한 인상을 준다. 근자에까지 20만명 가까운 아동을 해외입양시킨 한국이 '외국비송재판 승인의 법리'를 아직도 정립하지 못하고 있음은 부끄러운 이야기다.

107) 입양허가는 라류 가사비송사건이다.

108) 위 법률안의 소개와 비판은 석광현, "헤이그입양협약 비준을 위한 2016년 "국제입양에

결되는 것은 아니고 입양 후 사후관리를 철저히 하는 것도 중요함을 잊지 말아야 한다.

2. 아동보호협약

아동보호에 관하여는 헤이그회의가 채택한 "미성년자의 보호에 관한 당국의 관할 및 준거법에 관한 1961년 협약"과 이를 개선한 1996년 아동보호협약이 있다. 후자가 전자를 대체하였으므로 여기에서는 후자를 논의한다. 아동보호협약은 탈취협약의 실제 적용과정에서 부모 간의 합의 등을 다루는 아동 상거소지국의 국제재판관할을 명시하고, 체약국 법원의 보호조치의 승인과 집행을 보장함으로써 탈취협약의 원활한 운영을 보충한다.[109] 따라서 탈취협약에 가입한 한국도 후자의 가입을 검토할 필요가 있다.

가. 주요내용[110]

아동보호협약의 적용대상인 아동은 18세 미만의 아동이다(제2조). 아동보호협약이 규율하는 사항은 ① 보호조치에 관한 관할권, ② 준거법, ③ 외국보호조

관한 법률안"에 대한 검토", 가족법연구, 제31권 1호(2017. 3.), 105면 이하 참조. 근자의 논의는 김나루, "헤이그국제아동입양협약과 그 비준을 위한 국내 법률의 개선에 관한 소고", 서강법률논총 제9권 제3호(통권 제19호)(2020. 10.), 31면 이하; 현소혜, "국제입양의 보충성과 투명성 실현방안", 가족법연구 제35권 제1호(통권 70호), 171면 이하 참조. [밑줄 친 부분은 이 책에서 새로 추가한 것이다.]

109) 아동보호협약과 탈취협약의 관계는 Victoria Bennett, "Framework and Operation of the 1980 Convention including Interaction with the 1996 Convention", HCCH AP Week (법무부), p. 107 이하 참조.

110) 개관은 윤진수/석광현(註 66), 1731면 이하; 석광현, "국제친권·후견법의 동향과 국내입법과제", 서울대학교 법학 제55권 제4호(2014. 12.), 473면 이하 참조. 상세는 최흥섭, "미성년자의 보호를 위한 1996년의 헤이그협약", 인하대학교 법학연구, 제4집(2001), 23면 이하(이는 최흥섭, 국제사법의 현대적 흐름(2005), 329면 이하에도 수록되었다); 이병화, "가족법 분야의 헤이그국제사법회의 협약: 특히 아동보호와 관련하여", 국제사법연구, 제12호(2006. 12.), 152면 이하 참조. 미성년자보호협약은 헤이그회의의 1902년 "미성년자의 후견을 규율하기 위한 협약"을 대체한 것이다. 아동보호협약의 국문번역은 법무부, 국제사법에 관한 헤이그회의 제협약, 법무자료 213(1997), 61면 이하; 정하경, "아동보호조치 및 부모책임에 대한 관할권, 준거법, 승인, 집행 및 협력에 관한 헤이그협약(The Hague Convention on Jurisdiction, Applicable Law, Recognition, Enforcement and Co-operation in Respect of Parental Responsibility and Measures for the Protection of Children)의 내용에 관한 검토", 국제규범의 현황과 전망 — 2012년 국제규범연구반 연구보고 및 국제회의 참가보고(2013), 73면 이하 참조.

치의 승인 및 집행과 ④ 국제공조이다. 보호조치는 부모책임의 귀속, 행사, 종료, 제한과 그의 위임에 관한 것을 포함한다. 주목할 것은 아동보호협약은 친권자가 없는 경우 개입하는 아동의 후견(guardianship, curatorship and analogous institutions)에 관한 조치도 포함하는 점이다.111) 그러나 아동보호협약은 친자관계의 성립 또는 다툼에는 적용되지 않는다.

(1) 국제재판관할(제Ⅱ장)

제Ⅱ장(제5조부터 제14조)은 다양한 국제재판관할규칙을 두는데 여기의 관할은 당국이 아동의 신상 또는 재산에 대하여 보호조치를 취할 관할을 말한다. 아동보호협약은 국제적으로 널리 인정되는 상거소지관할원칙을 따른다. 그 이유는 당국의 신속한 개입을 가능하게 하고, 절차로 인한 아동의 부담을 줄이며, 증거 근접성과 아동 및 청년원조제도와의 근접성을 확보할 수 있기 때문이다. 아동보호협약은 본국관할을 인정하지 않는다. 그러나 아동보호협약은 예외적 관할을 인정한다. 예컨대 ① 다른 체약국이 아동의 최대복리를 위하여 조치를 취하기에 더 적절하다면, 상거소지국은 다른 체약국의 당국에게 관할 인수를 요청하거나 관할을 이전할 수 있다(제8조). ② 반대로 제8조 제2항에 열거된 체약국은 아동의 최대복리를 위하여 적절하다고 판단하면 상거소지국에게 관할 이전할 것을 요청할 수 있다(제9조). ③ 아동보호협약은 관할 경합시의 처리에 관한 규정을 두고 있다.

(2) 준거법(제Ⅲ장)

아동보호협약 제Ⅲ장(제15조-제22조)은 준거법에 관한 규정들을 둔다. ① 당국의 개입이 있는 경우의 보호조치의 준거법으로서 법정지법원칙과 그에 대한 예외를 규정하고,112) ② 당국의 개입이 없는 경우, 즉 법률의 작용에 의한 부모

---

111) 이와 달리 우리 국제사법은 준거법의 맥락에서 아동후견을 친권과 구분하여 성년후견과 묶어 후견의 문제로 취급한다.

112) 그 근거는 첫째, 관할권을 가지는 당국으로 하여금 친숙한 자국법을 적용하게 함으로써 임무를 촉진하고, 둘째, 아동보호협약상 관할권은 아동과 가장 밀접한 관련이 있는 국가에 부여되는데 그 보호조치의 이행도 그 국가에서 이루어질 것이기 때문이다. 다만 필요한 경우 체약국은 실질적 관련을 가지는 다른 국가의 법을 적용하거나 고려할 수 있다(제15조 제2항).

책임의 귀속(또는 발생) 및 소멸과 행사의 준거법으로 아동의 상거소지법을 지정하고, ③ 일반규정을 두고 있다.

(3) 외국보호조치의 승인 및 집행(제Ⅳ장)

체약국의 당국이 취한 보호조치는 다른 체약국에서 법률상 당연히 승인되고(제23조 제1항) 실질재심사는 금지된다(제27조). 요청된 국가의 당국은 관할권의 기초가 된 사실인정에 구속된다(제25조). 제23조 제2항은 승인거부사유를 규정한다. 어느 체약국에서 취해진 보호조치를 다른 체약국에서 집행할 필요가 있는 경우 후자의 법률이 정한 절차에 따라 집행가능하다고 선언되거나 집행을 위하여 등록되어야 한다. 각 체약국은 집행가능선언 등에 대해 단순하고 신속한 절차를 적용해야 하나 구체적 방법은 각 체약국이 결정한다. 집행가능선언 또는 등록은 위 승인거부사유만을 이유로 거부될 수 있다.

(4) 국제공조(제Ⅴ장)

체약국은 중앙당국을 지정해야 한다(제29조). 중앙당국은 상호 협력하고 권한당국 간의 협력을 증진해야 하며 아동보호와 관련된 자국의 법과 이용가능한 서비스에 관한 정보를 제공해야 한다(제30조). 한편 권한당국은 아동을 다른 체약국의 보호가정이나 시설에 위탁하거나 또는 kafala[113)]에 의한 보호를 제공하고자 하는 경우 다른 체약국의 중앙당국 등과 미리 협의해야 하고, 아동의 보호에 필요한 정보를 교환할 수 있다.

나. 가입 여부의 검토

저자의 연구가 부족하여 현재로서는 견해를 피력하기는 어렵다. 우선 아동보호협약에 대한 철저한 연구를 한 뒤에 가입 여부를 결정하되, 근자에 국제적 아동보호의 문제가 증가하고 있으므로 가급적 전향적인 태도를 취하는 것이 바람직하다고 본다.

---

113) 'Kafala'라 함은 보호를 요하는 아동을 이슬람 가정에 위탁하여 그의 신상과 필요한 경우 재산에 대하여 돌보도록 하는 제도를 말한다. 그러나 그로 인하여 아동이 그 가정의 구성원이 되는 것은 아니므로 이는 입양은 아니다.

3. 성년자보호협약

근자에는 한국에서도 치매나 정신질환 등으로 의사결정이 어려운 성인을
보호하기 위한 성년후견제도의 중요성에 대한 인식이 커지고 있다. 과거 우리
민법은 금치산·한정치산제도를 두고 있었으나 이는 개인의 행위능력을 일률적
으로 박탈하거나 제한하는 점에서 문제가 있었기에 이를 개선하고자 국회는
2013. 7. 1. 시행된 구 민법을 통하여 성년후견제를 도입하였다. 서울가정법원은
2017년 7월 '후견센터'를 개설하였다.[114] 장래에는 한국에서도 성년자보호와 관
련된 국제사법적 쟁점이 다양하게 제기될 것으로 예상된다.[115]

가. 주요내용[116]

성년자보호에 관하여는 2000년 성년자보호협약이 있다. 성년자보호협약이
규율하는 사항은, 아동보호협약처럼 보호조치에 관한 관할권, 준거법, 외국보호
조치의 승인 및 집행과 국가간 협력이다. 여기에서 성년자라 함은 18세에 달한
자를 말한다.

(1) 국제재판관할(제 II 장)

제 II 장(제5조-제12조)은 다양한 국제재판관할규칙을 두는데 여기의 관할은

---

114) 법률신문, 제4525호(2017. 7. 10.), 1면.
115) 근자에 일본 법원의 후견인선임재판을 승인한 우리 판결이 있다. 서울고등법원 2012. 11.
16. 선고 2010나21209, 51224 판결(본소: 대표자선정, 반소: 대납금반환청구)은 일본에
거주하는 한국인에 대하여 일본 법원에서 일본법에 의하여 이루어진 후견에 관한 심판은
우리나라에서도 유효하다고 판단하면서 다만 이와 같은 거소국법에 의한 후견은 본국법
에 의한 후견에 대해서 보충적으로 인정되는 것이므로 본국법에 의하여 후견이 설정되면
위와 같은 예외적인 거소국 법에 의한 후견은 종료된다고 판시하였다. 2016년 당시 롯데
그룹 신격호 명예회장의 성년후견사건과 2020년 여배우 윤정희씨의 성년후견을 둘러싼
분쟁이 보도되어 국제적 성년후견사건에 대한 세간의 관심이 커졌고 양 사건에서 일본과
프랑스의 성년후견재판의 승인도 문제된 것으로 추측되나(언론보도에 따르면 프랑스에서
는 선행재판이 있었다고 하는데 일본의 선행재판이 없었다면 한국 성년후견심판의 일본
에서의 승인이 문제될 것) 성년자보호협약에 대한 관심으로 이어지지는 않은 것 같다. 참
고로 일본은 동 협약의 체약국이 아니나 프랑스는 체약국이다. [밑줄 친 부분은 이 책에
서 새로 추가한 것이다.]
116) 개관은 윤진수/석광현(註 66), 1782면 이하 참조. 상세는 최흥섭, 국제사법의 현대적 흐
름(2005), 395면 이하 참조.

당국이 성년자의 신상 또는 재산에 대하여 보호조치를 취할 관할을 말한다. 원칙적으로 성년자의 상거소지국이 관할을 가진다(제5조). 그 이유는 당국이 신속하게 개입할 수 있고 절차로 인한 성년자의 부담을 줄이며 증거 근접성을 확보할 수 있기 때문이다. 이는 국제적으로 널리 인정되고 있다. 그러나 성년자보호협약은 예외를 규정한다(제7조부터 제11조). ① 예외적으로 성년자의 본국이 관할권을 가진다. ② 상거소지국의 관청이 특정한 사항에 대해 다른 체약국이 성년자의 이익을 위하여 조치를 취하기에 더 적절하다고 판단하는 경우 관할의 인수요청과 관할이전을 허용한다. ③ 예외적으로 재산소재지 관할을 인정한다. ④ 긴급한 경우에는 성년지 또는 그 재산소재지 체약국이 관할을 가진다. ⑤ 성년자 또는 그 재산소재지 체약국은 임시적 성격의 보호조치를 취할 수 있다.

(2) 준거법(제Ⅲ장)

성년자보호협약 제Ⅲ장(제13조부터 제21조)은 다음과 같이 준거법에 관한 규정을 두고 있다.

(가) 보호조치의 준거법(제13조와 제14조): **법정지법원칙과 그 예외**   체약국 당국은 보호조치를 취하기 위하여 관할권을 행사함에 있어서 원칙적으로 자국법을 적용한다. 그 근거는 관할권을 가지는 당국으로 하여금 친숙한 자국법을 적용하게 함으로써 당국의 임무를 촉진하고, 둘째, 관할권을 가지는 국가가 보호조치의 이행도 하게 하기 위한 것이다(다만 실질적 관련에 기초한 예외가 인정된다). 어느 체약국에서 행해진 보호조치가 다른 체약국에서 이행되는 경우 그 이행의 조건은 다른 체약국의 법에 의한다.

(나) 임의대리의 준거법(제15조)   성년자가 장래에 대비하여 타인에게 대리권한을 부여하는 제도를 두는 국가들을 고려하여 성년자보호협약은 그에 적용될 준거법결정원칙을 둔다. 당사자는 준거법을 선택할 수 있으나, 선택될 수 있는 준거법은 성년자의 본국법, 이전의 상거소지국법과 재산소재지국법에 한정되며, 준거법을 선택하지 않은 경우에는 그 합의나 일방적 행위 시 성년자의 상거소지국법이 준거법이 된다. 준거법은 대리권한의 존재, 범위, 변경과 소멸을 규율하나 대리권한의 행사방법은 그 권한이 행사되는 국가의 법에 따른다.

(다) 일반규정   제17조는 거래 안전을 보호하기 위한 규정을 둔다. 성년자가 보호되어야 하는 국가의 국제적 강행규정은 준거법에 관계없이 적용된다

(제20조). 이는 협약이 대리의 준거법을 선택할 수 있는 가능성을 인정하는 데 대한 '평형추(counterweight)'로서 특히 의료 분야를 염두에 둔 것이다. 성년자보호협약은 반정을 배제하고 공서조항을 둔다.

(3) 외국보호조치의 승인 및 집행(제Ⅳ장)

성년자보호협약 제Ⅳ장(제22조-제27조)은 외국보호조치의 승인, 집행가능선언 및 집행등록과 구체적인 집행을 구분하여 규정한다.

체약국 당국이 취한 보호조치는 다른 체약국에서 법률상 당연히 승인되고 실질재심사는 금지된다. 제22조 제2항은 승인거부사유를 규정하는데 이는 ① 관할의 결여, ② 성년자의 청문기회 미부여, ③ 공서위반, ④ 보호조치가 성년자의 상거소지인 비체약국의 것으로서 요청된 국가의 승인요건을 구비하는 이후의 보호조치와 양립되지 않는 경우와 ⑤ 성년자의 수탁기관 등에의 위탁 시에 필요한 양국 당국 간의 협의절차의 미이행이다. 승인거부사유가 있더라도 체약국은 다른 체약국의 보호조치를 승인할 수 있다. 이해관계인은 사전에 체약국의 권한당국에 대하여 다른 체약국에서 취한 보호조치의 승인 또는 불승인에 관하여 결정하여 줄 것을 요청할 수 있는데, 이는 법적 불확실성을 제거하는 예방적 소송이다.

어느 체약국에서 취해진 보호조치를 다른 체약국에서 집행할 필요가 있는 경우 후자의 법률이 정한 절차에 따른 집행가능선언 또는 등록이 필요한데, 각 체약국은 이를 위해 단순하고 신속한 절차를 적용해야 하나 구체적 방법은 각 체약국이 결정하고, 집행가능선언 또는 등록은 위 승인거부사유만을 이유로 거부될 수 있다.

(4) 국제공조(제Ⅴ장)

체약국은 중앙당국을 지정해야 한다(제28조). 중앙당국은 상호 협력하고 권한당국들 간의 협력을 증진해야 하며 성년자보호와 관련된 자국의 법과 이용가능한 서비스에 관한 정보를 제공해야 한다(제29조). 체약국의 중앙당국과 공공기관은 공조과정에서 발생하는 비용을 원칙적으로 각자 부담하나 달리 합의할 수 있다(제36조).

나. 가입 여부의 검토

저자의 연구가 부족하여 현재로서는 견해를 피력하기는 어렵다. 우선 성년 자보호협약에 대한 철저한 연구를 한 뒤에 가입 여부를 결정하되 가급적 전향적 인 태도를 취하는 것이 바람직하다고 본다. 다만 현실적 필요성을 고려한다면 이보다는 아동보호협약 가입의 필요성이 더 클 것으로 생각된다.

4. 아동부양협약

가. 주요내용[117]

헤이그회의는 부양과 관련된 네 개의 기존 헤이그협약들과 1956. 6. 20. "해외부양회수에 관한 국제연합협약"("뉴욕협약")을 개선하고 행정공조 및 사법 공조를 포함하는 새로운 전 세계적인 국제협약을 채택하기 위한 작업을 추진하 여 아동부양협약을 채택하였다. 2007년 아동부양협약과, 부양의정서가 채택되었 고 양자 모두 발효되었다. 별도 의정서를 채택한 것은, 부양의무의 준거법에 관 하여 대체로 법정지법을 적용하는 영미법계국가들이 준거법에 관한 통일규칙을 아동부양협약에 포함시키는 것을 원하지 않았기 때문이다.

아동부양협약의 목적은 효율적인 아동양육비와 기타 형태의 가족부양의 국 제적 회수를 보장하기 위한 것이다. 동 협약은 국제적 신청을 처리하는 과정에 서 체약국 간의 실효적 공조체제를 확립하고, 체약국에게 부양재판의 취득과 변 경 및 그의 승인과 집행을 위한 신청을 가능하게 하며, 초국경적 부양절차에의 실효적 접근을 보장하도록 하고, 체약국에서 행해진 부양재판의 승인과 집행을 위한 광범위한 체제를 확립하며, 신속하고도 단순화된 승인 및 집행절차와, 신속 하고 실효적인 집행요건을 체약국에게 부과하는 등의 다양한 수단을 통하여 그 목적을 달성한다. 그러나 아동부양협약은 직접적 국제재판관할을 규정하지는 않 는다.

부양의정서는 이전 헤이그협약과 비교하여 세 가지 주요 혁신을 도입하였

---

117) 개관은 석광현(註 104), 537면 이하; 윤진수/석광현(註 66), 1763면 이하 참조. 상세는 이 병화, "아동양육 및 기타 가족부양의 국제적 청구에 관한 헤이그협약 연구", 저스티스 제 112호(2009. 7.), 354면 이하; 이병화, "헤이그국제부양청구협약에의 가입가능성 모색을 위한 해석론적 접근: 특히 중앙당국의 행정적 협력 및 기능을 중심으로", 국제사법연구, 제21권 제2호(2015. 12.), 213면 이하 참조. 아동부양협약은 2013. 1. 1., 부양의정서는 2013. 8. 1. 각 발효되었다.

다(제3조부터 제8조). 첫째, 부양의정서는 부양권리자의 상거소지법을 주된 연결점으로 유지하고 이를 배우자 및 전 배우자(ex-spouses) 간의 부양의무에까지 확대하면서,[118] 우선권이 있는 부양채권자들의 조(privileged classes of creditors)의 권리에 대하여 보정적 연결원칙을 도입하여 부양권리자의 지위를 강화한다. 둘째, 부양의정서는 배우자 및 전 배우자 간의 부양의무에 대하여 밀접한 관련에 기한 회피조항을 도입하였다. 그 결과 그 중 일방이 부양권리자의 상거소지법에 대해 반대하고 그들의 최후의 공통 상거소지법이 더 밀접한 관련이 있는 경우 그 법을 적용한다. 셋째, 부양의정서는 2가지 유형의 당사자자치를 도입하였는데, 하나는 특정한 소송절차를 위하여 당사자들이 법정지법을 선택할 수 있는 절차적 합의이고, 다른 하나는 일정한 요건 충족 시 제8조에 열거된 법[119] 중에서 언제든지 준거법을 선택할 수 있는 선택권이다.

장기적으로는 베트남의 라이따이한 또는 필리핀의 코피노 기타 한국인 자녀들이나 그의 모가 한국인인 부를 상대로 제소할 경우 아동부양협약이 문제될 수 있다.[120] 물론 이는 관련 국가들이 아동부양협약에 가입하는 것을 전제로 한다. 따라서 이런 쟁점에 관하여 선제적으로 대처할 필요가 있다.

나. 가입 여부의 검토

자자의 연구가 부족하여 현재로서는 견해를 피력하기는 어렵다. 우선 아동부양협약에 대한 철저한 연구를 한 뒤에 가입 여부를 결정하되 가급적 전향적인 태도를 취하는 것이 바람직하다고 본다.

---

118) 이혼 당사자 간의 부양을 이혼의 준거법에 따르게 하는 우리 국제사법(제46조 제2항)과는 다르다.

119) 이는 일방의 본국법, 상거소지국법, 부부재산제의 준거법과 이혼 또는 별거의 준거법이다.

120) 근자에는 필리핀 아동인 코피노의 아빠찾기 노력의 일환으로 필리핀 엄마와 코피노가 한국인 부를 상대로 친자확인과 양육비 청구의 소를 제기하여 승소판결을 받은 사례가 있었다. 초기 하급심판결들을 보면 담당법관은 위 사건이 국제사법에 따라 준거법을 결정해야 하는 사건이라는 점을 몰랐던 것 같다. 국제사법의 존재를 모르는 법관이 국제가사사건을 다루는 현실을 보면 실로 참담하다. 소개와 비판은 석광현, "국제가사사건을 다루는 법률가들께 드리는 고언(苦言)", 가족법연구, 제30권 1호(2016. 3.), 102면 이하 참조.

5. 관할합의협약

가. 주요내용[121]

(1) 관할합의협약의 핵심

헤이그회의에서 2005년 6월 관할합의협약이 채택되었고 2015. 10. 1. 발효되었다. 관할합의협약은 원칙적으로 전속관할합의의 효력과 전속관할합의에 기한 외국판결의 승인 및 집행을 보장한다. 이는 국제소송에 관하여, 종래 국제중재에서 1958년 "외국중재판정의 승인 및 집행에 관한 국제연합협약"(즉 뉴욕협약)이 수행하는 역할에 상응하는 역할을 하도록 하기 위한 것이다. 관할합의협약의 핵심은 3가지이다.

첫째, 당사자들의 전속적 관할합의가 있는 경우 선택된 국가의 법원은 확실하게 재판관할을 가지고 이를 행사해야 하며(제5조), 둘째, 다른 국가들의 법원은 재판관할을 부정해야 하고(제6조), 셋째, 일정한 예외적인 사유가 없는 한 관할합의에 기초하여 어느 체약국에서 선고된 재판을 다른 체약국들에서 승인 및 집행될 수 있도록 보장해야 한다(제8조, 제9조). 협약은 비록 원칙적으로 전속관할합의에만 적용되지만[122] 동 협약은 장래 국제거래의 실무상 매우 중요한 역할을 할 것으로 기대된다.

(2) 선택된 법원의 관할(제5조)

전속적 관할합의에 의하여 지정된 체약국의 법원은, 그 국가의 법률에 따라 그 합의가 무효가 아닌 한 그 합의가 적용되는 분쟁을 재판할 관할을 가진다(제1항). 이처럼 당사자들이 국제재판관할을 창설할 수 있다고 명시하므로 대륙법계의 태도를 따른 것이다. [밑줄 친 부분은 이 책에서 새로 추가한 것이다.] 이 경우 관

---

121) 상세는 석광현, "2005년 헤이그 재판관할합의협약", 국제사법연구, 제11호(2005), 192면 이하; 박정훈, "헤이그 재판관할합의협약(2005 Convention on Choice of Court Agreements)", 국제사법연구, 제11호(2005), 192면 이하 참조. 간략한 보고로는 김도형, "2005년 헤이그 재판관할합의협약(The Hague Convention on Choice of Court Agrements)의 검토", 국제규범의 현황과 전망—2012년 국제규범연구반 연구보고 및 국제회의 참가 보고—(2013), 31면 이하; 박상순, "헤이그 재판관할합의협약에 대한 연구", 서울대학교대학원 법학석사학위논문(2017. 8.) 참조. [밑줄 친 부분은 이 책에서 새로 추가한 것이다.]

122) 다만 체약국은 선언에 의하여 비전속적 관할합의에도 협약을 적용할 수 있다(제22조).

할을 가지는 법원은 부적절한 법정지(*forum non conveniens*)의 법리와, 또는 국제적 소송경합의 법리, 즉 다른 국가 법원에의 소송계속(*lis alibi pendens*)의 법리에 기하여 관할의 행사를 거부할 수 없다. 다만 관할합의가 무효인 경우에는 예외를 인정한다. 문제는 관할합의의 유효성을 판단하는 기준이 되는 준거법인데, 협약은 선택된 국가의 법률을 준거법으로 지정하는데, 이는 당해 국가의 국제사법을 포함한다.

(3) 외국재판의 승인 및 집행의 보장(제8조)

협약은, 일정한 예외사유가 없는 한 관할합의에 기초하여 어느 체약국에서 선고된 재판을 다른 체약국들에서 승인 및 집행될 수 있도록 보장한다. 제8조는 원칙적인 승인 및 집행의무를, 제9조는 승인 또는 집행의 거부사유를 각각 규정한다. 이는 뉴욕협약(제V조)과 유사한 소극적 규정방식이다. 전속관할합의에서 지정된 체약국의 법원이 선고한 재판은 협약에 따라 다른 체약국에서 승인되고 집행되며, 승인 또는 집행은 협약에 명시된 근거에 기하여만 거부될 수 있다(제1항). 승인 또는 집행을 요청받은 국가(requested State. "승인국")가 재판의 실질을 재심사하는 것은 금지되나, 다만 제III장을 적용하기 위한 목적상 필요한 심사, 즉 승인거부사유의 유무를 판단하기 위하여 필요한 경우에는 실질재심사가 허용된다(제2항 1문).

협약(제8조 제1항 2문과 제9조,)은 7개의 승인거부사유를 망라적으로 열거하는데 이는 관할합의가 무효인 경우(a호), 당사자의 무능력(b호), 송달요건의 미비(c호), 사기에 의한 재판(d호),[123] 공서위반(e호),[124] 승인국 재판과의 저촉(f호)[125]과 선행하는 제3국 재판과의 저촉(g호)[126]이다.

---

123) 미국에서는 종래 사기를 외재적 사기(extrinsic fraud. '외부적 사기'라고도 한다)와 내재적 사기(intrinsic fraud. '내부적 사기'라고도 한다)로 구분하나, 협약은 양자를 구분하지 않는다. 영미에서는 사기를 공서위반의 문제로 취급하는 대신 독립적인 승인 내지는 집행의 거부사유로 보나, 우리 민사소송법상으로는 이를 절차적 공서위반으로 본다. 사기와 관련하여 주목할 것은 사기에 의한 외국판결의 승인거부를 제한적으로 본 대법원 2004. 10. 28. 선고 2002다74213 판결이다.

124) 외국재판의 승인 또는 집행이 승인국의 공서에 명백히 반하는 것은 승인거부사유이다. 이는 재판에 이르게 된 특정 소송절차가 승인국의 절차적 공평의 근본원칙과 양립되지 않은 상황을 포함한다. 이처럼 공서에는 실체적 공서와 절차적 공서가 포함된다.

125) 승인국의 내국재판이 우선하며, 소의 계속시기와 확정의 선후는 묻지 않는다. 아래 g호와 달리 청구원인이 동일할 필요는 없다.

126) 재판이 동일한 당사자들 간에 동일한 청구원인에 관하여 다른 국가에서 선고된 선행재판

나. 가입 여부의 검토

위(Ⅲ.1.다.)에서 본 것처럼 관할합의협약은 한국의 국제사법 개정에도 이미 영향을 미쳤다. 아직 확정된 것은 아니지만, 국제사법 개정위원회는 국제재판관할규칙을 신설하기 위한 국제사법의 개정작업 과정에서 동 협약의 취지를 반영하기로 결정하였기 때문이다.

나아가 협약이 발효된 이상 한국도 관할합의협약 가입을 전향적으로 검토할 필요가 있다. 특히 관할근거에 관하여는 관할합의협약은 원칙적으로 전속관할합의만을 규율하므로[127] 다른 국제재판관할 근거에는 별로 영향을 미치지 않으나, 외국판결의 승인 및 집행에 관한 관할합의협약의 규정은 다른 관할근거에 기하여 선고된 판결에도 적용될 수 있기 때문이다. 따라서 외국재판의 승인 및 집행에 관한 협약의 규정(제Ⅲ장)은 장래 입법에 있어서 외국판결의 승인 및 집행에 관하여 표준 국제규범으로서 기능할 수 있다. 현재 진행 중인 재판 프로젝트의 작업에서도 실제로 그런 모습이 보인다. 특히 징벌배상을 명하는 재판의 승인 및 집행을 제한할 수 있도록 명시한 조문(관할합의협약 제11조)은 커다란 의미가 있는데 재판 프로젝트에서도 동일한 조문이 들어갈 것으로 예상된다. 나아가 만일 우리가 관할합의협약에 가입한다면 동 협약에 따른 외국재판의 집행에 대하여는 집행판결 대신 2016년 중재법과 마찬가지로 집행결정을 요구함으로써 절차의 신속을 도모하는 방안도 고려할 수 있다.[128]

6. 증권협약

가. 주요내용[129]

헤이그회의는 2006년 "중개기관에 보유하는 증권에 관한 일부 권리의 준거

과 양립하지 않는 것은 승인거부사유이다. 다만 선행재판은 승인국에서 승인을 위한 요건을 충족하여야 한다.

127) 다만 협약은 예외적으로 상호선언에 의하여 비전속적 관할합의에도 확장될 수 있다.

128) 이 점은 석광현, "중재법의 개정방향: 국제상사중재의 측면을 중심으로", 서울대학교 법학, 통권 제164호(제53권 제3호)(2012. 9.), 560면에서 지적한 바 있다.

129) 예비초안에 관하여는 석광현, "國際的인 證券擔保去來의 準據法 —PRIMA와 관련하여—", 증권법연구, 제3권 제1호(2002), 97면 이하를, 증권협약에 대하여는 석광현, 국제사법과 국제소송, 제4권(2007), 277면 이하; 341면 이하; 천창민, "국제적 유가증권거래의 준거법 —헤이그유가증권협약을 중심으로—", 국제사법연구, 제10호(2004. 12.), 233면 이하; 기타 국제사법연구, 제11권(2005), 제1장에 수록된 논문들 참조.

법에 관한 협약(Convention on the Law Applicable to Certain Rights in respect of Securities held with an Intermediary)"("증권협약")을 채택하였고 이는 2017. 4. 1. 발효되었다. 이는 관련 중개기관 소재지 접근방법('place of the relevant inter-mediary approach. PRIMA)을 변형한 연결원칙, 정확히는 '계좌약정접근방법(account agreement approach. AAA)'을 취한다(논자에 따라서는 전자를 '사실상의(Factual) PRIMA', 후자를 '계약상의(Contractual) PRIMA'라고 부르기도 한다. Guy Morton, The 2006 Securities Convention: background, purpose and future, Thomas John et al., The Elgar Companion to the Hague Conference on Private International Law (2020), p. 347 참조). [밑줄 친 부분은 이 책에서 새로 추가한 것이다.] 증권협약은 각국의 실질법은 그대로 둔 채 다양한 실질법적 접근방법에 공통적으로 통용될 수 있는 저촉법규칙의 통일을 목적으로 한다. 증권협약은 간접보유증권에 대한 담보, 처분 기타 물권법적 쟁점(정확히는 증권협약 제2조 제1항에 열거된 쟁점들)의 준거법을 결정한다. 반면에 간접증권 보유자가 증권발행인에 대하여 가지는 권리는 증권협약이 규율하지 않으므로 이는 법정지 국제사법에 의하여 결정된다.

증권협약은 이러한 물권법적 쟁점을 일차적으로 당사자들이 합의한 법에 따르도록 하고 그런 합의가 없는 경우 적용될 보충적 연결원칙을 두고 있다.

(1) 당사자들이 명시적으로 합의한 준거법(제4조)

중개기관에 보유하는 증권(즉 간접보유유가증권)은 계좌약정의 준거법으로 계좌약정에서 명시적으로 합의한 법, 또는 계좌약정이 그의 준거법이 아닌 다른 법이 간접보유유가증권의 준거법이 된다고 명시한 경우 그 법에 따른다(제4조 제1항 1문). '계좌약정(account agreement)'이라 함은 증권계좌와 관련하여 계좌보유자와 관련중개기관이 체결한 증권계좌를 규율하는 약정을 말한다.

증권협약의 성안과정에서 처음부터 PRIMA를 채택하는 데 대하여는 별 이견이 없었지만 그의 구체적인 내용, 즉 관련중개기관의 소재지가 실제로 증권계좌를 관리하는 중개기관의 소재지인지, 아니면 계좌보유자와 관련중개기관이 그곳에서 증권계좌를 관리하기로 합의한 국가(즉 합의한 관리지)인지가 논쟁의 핵심이었고, 그 결과 예비초안(제4조 제2항)은 후자에 따라 계좌보유자와 관련중개기관이 그곳에서 증권계좌를 관리하기로 하는 합의에 의하되, 실재기준(reality test)으로서 관련중개기관이 그곳에 실제로 증권계좌의 관리라는 업무 또는 통상적인 활동에 종사하는 사무소를 가지고 있을 것을 요구하였다. 그러나 증권협약 제4조 제1항은 이런 태도를 변경하여, 당사자들이 명시적으로 합의한 계좌약정의 준거법, 또는 달리 간접보유유가증권의 준거법으로 명시적으로 합의한 법이 준거법이 된다고 규정한다. 예비초안은 '증권계좌의 관리지'에 관한 당사자들의 합의에 착안하는 데 반하여, 증권협약은 '계좌약정의 준거법'에 관한 당사자들의 합의에 착안하는 점에서 차이가 있다. 이러한 차이는 증권협약이 예비초안의 접근방법과 결별하고 통일상법전(§8-110(e)(2))의 태도를 따른 결과이다.

이는 엄밀하게는 국제사법이론에서 말하는 딩사자자치는 아니다. 간접보유유가증권에 대한 담보의 준거법은 담보계약의 당사자인 담보설정자(즉 계좌보유자)와 담보권자 간의 합의가 아니라 그에 선행하는 계좌약정의 준거법 또는 간접보유유가증권의 준거법에 관한 담보설정자와 중개기관의 합의에 따르는 것이기 때문이다.

(2) 보충적 규칙(제5조)

제5조는 보충적 규칙을 다음과 같이 3단계로 규정한다. 첫째, 관련중개기관이 특정 영업소를 통해 계좌약정을 체결하였다는 점이 계좌약정에 명시적으로 의문의 여지없이 기술된 경우, 당해 영업소 소재지 국가의 법이 간접보유유가증권의 준거법이 된다(제1항). 다만 그러한 영업소가 당시 제4조 제1항 2문의 실재 기준을 충족하여야 한다. 둘째, 준거법이 제1항에 따라 결정되지 않는다면, 준거법은 서면 계좌약정 체결 시, 또는 그러한 약정이 없는 경우에는 증권계좌 개설 시 관련중개기관의 설립 또는 기타 조직의 준거법이 속하는 국가의 법이다(제2항). 셋째, 준거법이 제1항 또는 제2항에 따라 결정되지 않는다면, 준거법은 관련중개기관이 서면 계좌약정 체결 시, 또는 그러한 약정이 없는 경우에는 증권계좌 개설 시 영업소를 가지는 국가의 법이다(제3항).

나. 가입 여부의 검토

근자에 증권협약이 발효되었으므로 이제는 우리도 증권협약 가입에 대하여 더 전향적인 태도를 취할 필요가 있으나 증권협약에 대하여 더 철저한 연구를 진행하면서, 아직 가입하지 않은 유럽연합의 태도를 지켜볼 필요가 있다(증권협약이 당초 의도했던 목표를 달성할 수 있을 것 같지는 않다. 이는 결국 증권협약이 계좌약정접근방법을 채택함으로써 당사자들이 간접보유증권에 대하여 그들의 소재지에 관계없이 영국법 또는 뉴욕주법에 따라 담보 제공을 가능하게 하는데 이는 정치적으로 수용할 수 없는 것이기 때문이라고 한다. Guy Morton, The 2006 Securities Convention: background, purpose and future, Thomas John *et al.*, The Elgar Companion to the Hague Conference on Private International Law (2020), p. 347 참조). [밑줄 친 부분은 이 책에서 새로 추가한 것이다.] 2016년 공포된 "주식·사채 등의 전자등록에 관한 법률"(전자증권법)의 시행을 앞두고 있는 우리로서는 그 필요성이 더욱 크다. 한국이 당분간 증권협약에 가입하지 않는다면 입법론적으로는 간접보유증권의 처분의 준거법을 국제사법에 명시하는 방안이 바람직하다. 어느 경우이든 PRIMA 또는 이를 다소 수정한 연결원칙을 명시해야 할 것이다.130) 그때 중개기관에 보유된 증권에 대한 계좌이체를 통한 처분은 처분의 수익자를 위한 계좌이체가 직접 기재되는 계좌부를 관리하는 중개기관의 사무소 소재지(달리 표현하면 이를 '계좌소재지'라고 할 수 있다) 국가의 법에 의하도록 할지, 아니면 증권협약의 태도를 따를지를 결정할 필요가 있다.

7. 신탁협약

가. 주요내용

신탁은 기본적으로 재산에 대하여 관리·처분권을 가지는 법적 주체와 실질적(또는 경제적) 주체의 분열을 인정하는 제도인데, 이를 통하여 법인을 설립하지 않으면서도 일정한 재산을 출연자와 관리자의 도산으로부터 절연된 독립한 재산(segregated funds 또는 ring fenced funds)으로 전환할 수 있다. 이런 장점 덕에 신탁은 전 세계적으로 자선신탁, 금전신탁, 증권투자신탁과 부동산신탁 등 다양한 형태로 활용되고 있다. 한국은 기본적으로 대륙법계이나 신탁법에 관한 한 영미의 신탁을 도입하여 양 법계의 법리가 혼재한다.

신탁의 실질법에 관한 법계의 차이에 상응하여 국제사법규칙도 상이한데, 국제사법규칙을 통일하기 위한 국제적 노력의 결과 헤이그회의는 1984년 "신탁

---

130) 저자는 국제사법학회가 중심이 되어 2012년 11월 법무부에 제출한 "국제사법 개정 방안 연구"라는 보고서에서 견해를 피력하였다. 그 후에 발표된 개정안은 천창민, "간접보유증권의 국제재판관할과 준거법: 간접보유증권에 관한 국제사법상 연결규칙의 신설을 제안하며", 국제사법연구, 제19권 제1호(2013. 6.), 481면 이하 참조.

의 준거법과 승인에 관한 협약"("신탁협약")을 채택하였다.[131] 우리 국제사법은 신탁의 준거법을 명시하지 않는데, 신탁협약의 검토는 그 자체로 의미가 있고, 우리 국제사법의 해석론에도 도움이 되며, 우리 기업들이 관여하는 국제신탁의 준거법이 영국법이 되는 일이 빈번하므로 영국에서도 발효한 신탁협약을 이해할 필요가 있다. 2011년 7월 신탁법의 전부 개정(2012. 7. 26. 시행)을 계기로 한국에서도 신탁이 활성화되고 있으므로 신탁의 국제사법적 측면에도 관심을 가져야 한다. 신탁협약은 다른 협약들과 달리 신탁(trust) 또는 유사 제도를 가지고 있는 영미법계 국가들과 대체로 그러한 제도가 없는 대륙법계 국가들을 가교하기 위한 것이다. 신탁협약이 준거법만이 아니라 '신탁의 승인'을 함께 규율하는 것은 이 때문이다.

신탁협약의 주요내용은 아래와 같다.

(1) 신탁의 준거법(제Ⅱ장)

제Ⅱ장은 신탁의 준거법의 결정원칙을 두고 있다. 이는 실질법을 지정하는 사항규정지정이고 반정은 배제된다(제17조). 신탁은 위탁자가 선택한 법에 의하여 규율되는데(당사자자치의 원칙), 다만 그 선택은 신탁을 설정하는 증서 또는 신탁을 증명하는 서면의 조건에 명시되거나 묵시되어야 한다(제6조). 선택할 수 있는 법의 범위는 제한이 없다. 그러나 선택된 준거법이 신탁제도 일반 또는 관련된 유형의 신탁을 규정하지 않는 경우에는 선택은 무효이고 제7조에 따라 객관적 준거법이 적용된다(제6조 제2항). 신탁의 준거법이 선택되지 않은 경우 신탁은 가장 밀접하게 관련된 법에 의하여 규율되는데, 가장 밀접하게 관련된 법을 확정함에 있어서는 특히 ① 위탁자가 지정한 신탁사무 수행지, ② 신탁자산 소재지, ③ 수탁자의 거소 또는 사업소 소재지와 ④ 신탁의 목적과 그것이 달성되는 장소를 고려하여야 한다(제7조).

---

131) 신탁협약은 1992. 1. 1. 영국과 이탈리아 등지에서 발효되었고 그 후 대륙법계국가인 이탈리아와 네덜란드에 이어 2007. 7. 1. 스위스에서 발효되었음은 주목할 만하다. 신탁협약의 소개는 석광현, "신탁과 국제사법", 정순섭·노혁준 편저, 신탁법의 쟁점(제2권)(2015), 358면 이하 참조. 상세는 이필복, "헤이그 신탁협약 분석 및 협약 가입에 관한 검토", 서울대학교 대학원 법학석사학위논문(2014. 8.), 16면 이하 참조. <u>우리 법상의 학설은 정순섭, 신탁법(2021), 726면 이하 참조.</u> [밑줄 친 부분은 이 책에서 새로 추가한 것이다.]

신탁의 준거법을 정함에 있어서 준거법의 분열이 허용된다(제9조).

신탁의 준거법은 원칙적으로 신탁에 관한 모든 사항을 규율하지만, 유언, 또는 기타 자산을 수탁자에게 이전하는 기타 행위의 유효성에 관한 선결문제에는 적용되지 않는다(제4조). 신탁협약의 보고서는 이런 구별을 '로켓'(rocket)과 '발사대'(launcher)라는 이미지를 사용하여 비유적으로 설명한다.

(2) 신탁의 승인(제Ⅲ장)

국제사법이론에 따르면 어느 국가의 법을 준거법으로 지정하는 것은 당해 준거법을 적용한 결과를 인정하는 것이므로 준거법의 지정과 별개로 준거법적용의 효과의 승인이라는 개념을 사용할 필요는 없다. 그러나 신탁 개념을 알지 못하는 대륙법계 국가들—한국은 이에 해당하지 않는다— 이 있으므로 신탁협약은 별도의 장에서 신탁의 승인의 함의와 효력을 명시한다. 즉 신탁협약에 의하여 지정된 준거법에 따라 설정된 신탁은 다른 체약국에서도 신탁으로서 승인되는데, 승인의 최소한의 효력으로서 신탁재산은 수탁자의 고유재산과 독립한 별개의 재산이 되고, 수탁자는 수탁자의 자격으로 소송당사자가 될 수 있으며, 수탁자가 공증인 또는 공적 자격에서 행위하는 모든 사람 앞에 수탁자로서 출석하거나 행위할 수 있다(제11조).

(3) 신탁의 준거법 및 승인에 대한 강행법규와 공서에 의한 제한

신탁의 준거법인 외국법의 적용과 신탁의 승인에는 여러 제한이 있다(제15조부터 제18조). 우선, 신탁협약에 의하여 신탁의 준거법이 결정되거나 외국법에 따른 신탁이 승인되더라도 ① 소유권의 이전과 담보권, ② 도산사건에서 채권자의 보호와 ③ 그 밖에 선의의 제3자의 보호 등에 관하여는 법정지 국제사법에 의하여 지정된 강행법규의 적용이 배제되지 아니한다. 또한 법정지의 국제적 강행법규(또는 직접적용법)은 신탁협약에도 불구하고 적용되며, 법원은 밀접한 관련이 있는 제3국의 국제적 강행법규에 효력을 부여할 수 있으나 각 체약국은 이 원칙의 적용을 유보할 수 있다. 나아가 신탁협약의 규정들은 그 적용이 공서에 명백히 반하는 때에는 무시될 수 있다.

나. 가입 여부의 검토

저자의 연구가 부족하여 현재로서는 견해를 피력하기는 어렵다. 국제금융거래에서 신탁이 중요한 역할을 하고 있고, 유언신탁 등 상속과 관련한 국제신탁의 중요성이 점증하는 점을 고려하면 우리나라도 신탁협약 가입을 전향적으로 검토할 필요가 있다. 물론 그에 앞서 국제사법의 해석론으로서 신탁의 준거법에 관한 국제사법의 해석론을 정립하기 위해 노력해야 한다. 국제사법은 준거법 결정원칙을 두지 않으므로 신탁의 준거법은 국제사법의 대원칙, 즉 해당 법률관계 또는 쟁점과 가장 밀접한 관련이 있는 국가의 법이 된다. 다만 그 경우 신탁을 하나의 연결대상으로서 취급하여 통일적으로 연결할지, 아니면 채권적 측면과 물권적 측면 또는 달리 구분하여 연결할지가 문제되고, 또한 유언신탁에서 상속의 준거법과 신탁의 준거법의 관계를 어떻게 설정할지도 문제된다. <u>이는 유언신탁의 성질결정의 문제이다.</u>

V. 헤이그회의 가입의 의의와 우리의 장래 과제

1. 헤이그회의 및 헤이그협약 가입의 의의

헤이그회의와 관련하여 지난 20년간 한국이 국제사법 분야에서 성취한 발전은 위에서 소개하였다. 이는 송달협약과 증거협약 가입에서 보듯이 국제민사사법공조 분야에서 두드러지고, 탈취협약 가입을 통하여 국제가족법 분야에서도 나타나고 있으며 머지않아 입양협약 비준을 통하여 확대될 것이다. 뿐만 아니라 2001년 섭외사법의 개정과정에서 헤이그협약(부양협약, 유언방식협약 등)이 반영되었다. 한국의 헤이그회의와 헤이그협약 가입은 아래 두 가지 점에서 커다란 의미가 있다.

첫째, 과거 한국에서는 독일을 따라 국제사법을 협의로 파악하여 준거법결정원칙만을 다루는 법 분야로 인식하였으나 헤이그회의와 송달협약 및 증거협약 가입을 계기로 이런 인식이 불식되었다. 따라서 로스쿨에서도 국제사법을 담당하는 교수를 채용하고 변호사시험에서도 국제사법을 필수과목으로 지정할 이유가 충분하다.

둘째, 국제사법의 속성상 당연한 것인데, 한국도 국제사법의 목적을 달성하자면 국가 간의 협력이 필수적이라는 것을 깨닫게 되었다. 국제민사사법공조 분야에서는 이는 자명하고, 외국재판의 승인 및 집행에서도 당연하며, 나아가 준거법의 영역에서도 한국만 어떤 연결원칙을 정하는 것으로 충분하지 않고, 그것이 국제적 정합성을 가져야 하는데 이를 달성하자면 조약 등을 통한 규범의 국제적 통일 내지 조화가 필수적이다. 이를 달성하는 최선의 방법은 다자조약인 헤이그협약에 가입하는 것이다. 물론 다양한 양자조약 체결에도 관심을 가져야 한다.

2. 헤이그회의와 관련된 우리의 장래 과제

저자가 보기에 장래 한국 국제사법의 발전은 3개의 트랙으로 추진하는 것이 바람직하다. 첫째, 국제사법의 발전을 위한 국내적 노력이다. 21세기 세계화시대를 사는 법률가들, 그것도 특히 대외의존도가 높은 개방경제체제를 유지하고 있는 한국의 법률가들에게는 국제사법은 필수적인 분야이다. 둘째, 헤이그회의를 통한 전 세계적 차원의 국제사법 통일 작업에 적극적으로 참여하는 것이다. 셋째, 동북아시아 역내에서 국제사법규범의 통일과 조화를 모색해야 한다.

중요한 것은 위 세 가지 과제를 동시에 그리고 상호 보완적이 되도록 추진해야 한다는 점이다. 특히 동아시아 역내에서의 노력과 전 세계적 차원에서의 노력이 상호 배타적이 되지 않도록 해야 한다. 이를 부연하면 아래와 같다.

가. 한국 내 국제사법 전문가의 양성

위에서 언급한 바와 같은 장래 한국 국제사법의 발전을 도모하자면 무엇보다도 한국의 국제사법 전문가를 양성해야 한다. 한중일만 놓고 보더라도 유독 한국에서는 국제사법 학자와 연구자가 매우 부족하다. 솔직히 저자는 그 정확한 이유를 알지 못한다. 과거 한국에서는 준거법만을 다루는 섭외사법의 영향으로 국제사법학의 개념 내지 범위를 준거법 결정원칙으로 한정하는 경향도 있었고 그런 이유로 많은 로스쿨이 전임교수를 두지 않는 것인지 모르겠으나 위에서 본 것처럼 한국의 헤이그회의 가입을 계기로 그런 인식은 불식되었다고 본다. 특히 근자의 친족법분야의 헤이그협약이 국제재판관할, 준거법, 외국재판의 승인 및 집행과 국제공조를 함께 규정하는 경향에 주목해야 한다. 이 점은 유럽연합의 규정들도 마찬가지이다.132) 그렇다면 국제사법의 범위는 좁은 것이 아니며, 유수

---

132) 예컨대 2012년 EU상속규정(Regulation (EU) No 650/2012 of the European Parliament and of the Council of 4 July 2012 on jurisdiction, applicable law, recognition and

의 로스쿨에 국제사법 전임교수를 둘 이유는 충분하다. 그렇게 하지 않는 것은 아마도 대부분 로스쿨의 집행부가 불식된 과거 국제사법 개념에 아직 매몰되어 있다는 뜻일 것이다. 가사 이에 동의하지 않더라도 "국제사법 + 국제민사소송법"이라는 형태의 조합을 할 수 있을 것이다. 국제화된 법률가를 양성한다는 로스쿨 중 일부가 국제사법 강좌를 개설조차 하지 않는 현실은 결코 용납될 수 없다.133)

특히 주목할 것은, 대법원이 헤이그회의에 판사를 꾸준히 파견하는 점이다. 저자는 이를 우리나라 국제사법의 발전을 위한 법원의 과감하고 지속적인 투자라고 이해한다. 2010년 8월 처음으로 박정훈 판사가 헤이그회의에 파견되었고, 이어서 정하경 판사(2013), 김윤종 판사(2014), 황인준 판사(2015)가 다녀왔으며, 2017년 7월 현재 장지용 판사가 파견되어 있다.134) 장래에는 헤이그회의 파견 경험을 가진 판사들이 한국 국제사법의 발전을 위해 크게 기여하는 날이 올 것으로 확신한다. <u>만일 위 판사들이 개인적인 추억만 남기는 데 그친다면 굳이 파견제도를 존치할 이유가 없다.</u> [밑줄 친 부분은 이 책에서 새로 추가한 것이다.]

국제사건을 다루는 법원(가정법원도 포함)과 로펌은 물론이고 법무부와 외교부에도 국제사법 전문가를 두어야 한다. 이 점은 아래(Ⅵ.4.)에서 더 논의한다.

나. 헤이그회의 장래 과제에의 적극적 참여

헤이그회의가 이미 채택한 협약 중 우리나라가 장래 가입을 검토할 필요가

---

enforcement of decisions and acceptance and enforcement of authentic instruments in matters of succession)과 2016년 EU부부재산제규정(Council Regulation (EU) 2016/1103 of 24 June 2016 implementing enhanced cooperation in the area of jurisdiction, applicable law and the recognition and enforcement of decisions in matters of matrimonial property regimes) 참조.

133) 여기에서 말하는 국제사법, 즉 '최광의의 국제사법'을 모르는 한국의 법률가는, 외국적 요소가 전혀 없는 순수한 국내사건만을 다룰 수밖에 없어 결국 '시골뜨기 법률가'로서 경력을 마치게 될 것이다. 이는 21세기 한국의 로스쿨이 배출하는 법률가 중 적어도 일부는 국내사건만이 아니라 국제사건도 다뤄야 함을 강조하려는 것이지 국내사건을 경시하는 것이 아니다. 국제건설과 국제선박건조 등에서 보듯이 우리 기업의 활동영역은 국제화되어 있음에도 불구하고 그런 사건을 영미 변호사에게 맡기는 암담한 현실을 생각해보라.

134) Jiyong Jang, "Secondment of Korean Judges to HCCH", HCCH AP Week (법원), p. 54 이하 참조. 2017년 8월에는 차승우 판사가, 2018년 7월에는 강동원 판사가, <u>2019년 8월에는 최윤정 판사가, 2020년 8월에는 조수진 판사가, 2021년 8월에는 이혜민 판사가 파견되어 근무하고 있다.</u>

있는 것은 위에서 언급하였다. 다만 이는 저자의 개인적 의견이므로 그 밖에 가입을 고려할 필요가 있는 협약이 있는지는 정밀하게 검토할 필요가 있다.

여기에서 지적하는 것은, 우리나라도 헤이그회의의 장래 과제를 선정하고 작업을 추진하는 과제에 적극적으로 참여해야 한다는 것이다. 헤이그회의 홈페이지를 보면 새로운 주제로는 'Cohabitation outside marriage', 'Family agreements involving children', 'Parentage/Surrogacy',[135] 'Protection Orders',[136] 'Protection of tourists'와 'Post-Convention Projects'를 열거하고 있다. 물론 우리 국제사법상 시급한 주제와 헤이그회의의 장래 과제 사이에는 서울과 헤이그의 지리적 거리만큼이나 차이가 있는 것이 현실이다.[137] 하지만 그 과제도 가까운 장래에 우리나라에서도 문제가 될 쟁점이라는 점을 잊지 말아야 한다. 아쉬운 점은, 국제거래법연구단을 구성하여 교수들의 국제회의 참가 지원업무를 주관하는 법무부가 UNCITRAL만을 주요 대상으로 삼고 헤이그회의를 정규 대상으로 삼지 않고 간헐적으로 포함시키는 점이다.

다. 한중일 동북아시아 역내 국제사법규범의 조화의 모색[138]

동아시아 내에서의 국제적 판단의 일치, 당사자의 예측가능성과 법적 안정성을 제고하기 위하여 역내에서의 협력을 강화할 필요가 있다. 역내 경제활동의 활성화를 위한 법적 인프라를 구축하기 위하여, 외국재판의 승인 및 집행에 관한 규범 또는 준거법결정원칙을 통일 내지 조화시키는 노력을 할 필요가 있다.[139]

---

135) 대리모에 관하여는 우선 이병화, "국제대리모계약에 관한 연구", 국제사법연구, 제22권 제1호(2016. 6.), 123면 이하 참조.

136) 이에 관하여는 김윤종, "국내법상 국내 또는 외국 보호명령에 관한 국가별 개요서 (Country Profile)", 국제규범의 현황과 전망 —2014년 국제규범연구반 연구보고 및 국제회의 참가보고—(법원행정처. 2015), 21면 이하 참조.

137) 단적으로 한국이 1965년 송달협약에 2000년 가입하고, 1960년 아포스티유협약에 2007년에 비로소 가입한 사실로부터 그러한 간극을 짐작할 수 있다. 이는 우리나라에서 국제사법에 대한 무관심으로밖에는 설명할 길이 없다.

138) 이 점은 석광현, "국제민·상사분쟁해결에 관한 동아시아법의 현황과 미래 —조화와 통일의 관점에서—", 저스티스, 통권 제158-2호(한국법률가대회 특집호 I)(2017. 2.), 540면 이하에서 지적하였다.

139) 위에서 본 것처럼 한국은 4개 협약에 가입하고 입양협약에 서명하였으며, 일본은 민사소송협약, 유언방식협약, 아포스티유협약, 송달협약, 1956년 부양협약, 1973년 부양협약과 아동탈취협약 등 7개 협약의 당사국이고, 중국은 송달협약, 증거협약과 입양협약 등 3개 협약의 당사국이다. 한중일 3국이 함께 가입한 헤이그협약은 송달협약이 유일하다. 일본

이와 관련하여 저자는 한중 간에는 한중조약[140]이 있으므로 우선 한일 간에 민사사법공조와 판결의 승인 및 집행을 다루는 양자조약을 체결하고 이를 확대하여 3국 간에 조약을 체결하는 방안을 고려할 수 있다는 견해를 피력한 바 있다.[141] 유럽경제공동체 나아가 유럽연합이 초기단계부터 국제사법규범을 통일하고자 노력한 것은 그런 통일의 중요성을 보여준다. 그런 맥락에서 유럽인들이 성안한 규범은 동아시아 국제사법규범의 통일 내지 조화를 추구하는 우리에게 유용한 자료이다. 대표적 사례는 협의의 국제사법, 즉 준거법영역에서는 로마체제[142]이고, 광의의 국제사법, 즉 국제재판관할과 외국재판의 승인 및 집행의 영역에서는 브뤼셀체제(Brussels regime)[143]이다. 저자는 동북아 역내 국제사법규범의 통일 내지 조화의 필요성을 강조하지만, 그럼에도 불구하고 모든 것을 역내화하자는 것은 아니고 헤이그국제사법회의 차원에서의 통일작업과 병행해야 하고, 특히 동아시아의 노력이 외부세계에 대해 배타적이 되지 않도록 노력해야 된다. 즉 "헤이그국제사법 + 강화된 역내 규범"을 정립함으로써 양자가 상호 보

은 관련 협약 가입을 계기로 "유언의 방식의 준거법에 관한 법률"(1964년), "부양의무의 준거법에 관한 법률"(1986년)과 "국제적인 자(子)의 탈취의 민사상의 측면에 관한 조약의 실시에 관한 법률(2013)" 등을 제정하였다. 동북아에서의 송달에 관하여는 김용진, "외국송달의 운영시스템과 그 개선방안 — 한·중·일 사법공조 강화방안을 중심으로", 충남대학교 법학연구, 제23권 제1호(2012. 6.), 509면 이하 참조.

140) 이는 2003년 7월 체결된 "대한민국과 중화인민공화국간의 민사 및 상사사법공조조약"을 말한다. 이는 2005. 4. 27. 발효하였다.

141) 석광현, 국제사법과 국제소송, 제4권(2007), 207면 이하 참조.

142) 로마협약은 1991. 4. 1. 발효되었는데 2009. 12. 17. 로마 I (규정)에 의하여 대체되었다. 한편 "계약외채무의 준거법에 관한 2007. 7. 11. 유럽의회 및 이사회의 No 864/2007 규정"("로마 II")은 2009. 1. 11. 발효되었다. 그 밖에 로마 III("이혼 및 법적 별거의 준거법 영역에서 제고된 협력을 시행하기 위한 2010. 12. 20. 이사회의 No. 1259/ 2010 규정")과 로마 IV("상속사건에 관한 재판관할, 준거법, 재판의 승인 및 집행과, 공정증서의 인정과 집행에 관한 그리고 유럽상속증명서의 창설에 관한 유럽의회 및 이사회의 No. 650/2012 규정)" 등이 있다. 이들을 묶어서 '로마체제'라고 부를 수 있다. 로마 II 에 관하여는 석광현, "계약외채무의 준거법에 관한 유럽연합 규정(로마 II)", 서울대학교 법학, 제52권 제3호(통권 제160호)(2011. 9.), 245면 이하; 김인호, "일반 불법행위 및 제조물책임과 환경손해의 특수 불법행위에 관한 국제사법 규정의 입법적 검토", 법제연구, 제43호(2012. 12.), 173면 이하 참조.

143) 브뤼셀협약은 1973. 2. 1. 발효되었는데 2002. 3. 1. 브뤼셀 I 에 의하여 대체되었고, 브뤼셀 I bis에 의하여 다시 대체되었다. 브뤼셀 I bis는 2015. 1. 10. 이후 제기되는 소에 적용된다. 브뤼셀협약에 관하여는 석광현(註 35), 321면 이하; 브뤼셀 I 에 관하여는 석광현, 국제사법과 국제소송, 제3권(2004), 368면 이하 참조. 브뤼셀 II 와 이를 대체한 브뤼셀 II bis도 있다. 이것이 '브뤼셀체제'이다.

완적인 기능을 하도록 해야 한다. 환언하면, 한중일이 다양한 헤이그협약의 당사국이 됨으로써 국제적으로 공통된 법적 기초를 마련하고(한일 양국이 아동탈취협약의 당사국이 된 것은 좋은 사례이다), 그에 추가하여 동아시아에서는 역내규범의 통일 내지 조화시킴으로써 더욱 강화된 협력을 가능케 하자는 것이다.

동남아시아 지역 국가들은 상대적으로 헤이그협약에 관심이 크지 않았다. 그러나 근자에는 상황의 변화가 보인다[144]는 점을 주목해야 한다. 우리나라는 탈취협약에 가입하였지만 정작 우리나라와 사이에 아동탈취의 문제를 발생시키는 동남아국가들이 탈취협약에 가입하도록 할 필요가 있다. 따라서 우선은 동북아시아에 관심을 두더라도 장기적으로는 동남아시아국가들 나아가 ASEAN와의 관계에도 관심을 가져야 한다.

VI. 저자의 개인적 경험, 추억과 단상

여기에서는 저자가 헤이그, 나아가 헤이그회의와 인연을 맺게 된 경위와 그동안 헤이그를 방문하면서 가지게 된 경험, 추억과 느꼈던 단상을 간단히 기술한다.

1. 헤이그와의 첫 인연

저자가 난생처음 헤이그(Den Haag)에 도착한 것은 1990. 6. 30.이었다. 당시 저자는 김·장법률사무소의 프로그램에 따라 1989년 7월부터 독일 남부의 아름다운 소도시 프라이부르크[145]로 가서 같은 해 10월부터 프라이부르크 대학에

---

144) 예컨대 베트남은 2013년 4월 헤이그회의 회원국이 되었고 송달협약과 입양협약에 가입하였으며, 싱가포르도 2014년 4월 회원국이 되었고 증거협약, 탈취협약과 관할합의협약에 가입하였다. 말레이시아는 2002년 회원국이 되었으나 헤이그협약에는 아직 가입하지 않았고, 태국은 아직 회원국이 아니다. <u>베트남의 변화는 최창민, "베트남의 국제민사사법공조—송달협약과 증거협약을 중심으로—", 국제사법연구 제27권 제1호(2021. 6.), 431면 이하 참조.</u> [밑줄 친 부분은 이 책에서 새로 추가한 것이다.]

145) '프라이부르크'로 표기하기도 하나 저자는 프라이부르크法大 留學人會, 回想의 프라이부르그(1993)를 따른다. 한국 법률가로서 한국이 계수한 독일법을 배우려고 프라이부르크에 간 저자가 느끼는 '문화적 열등감'은, 부족한 독일어 실력과 결합하여 커다란 심리적 부담이었다. <u>그나마 근자에는 법학 공부를 위해 독일로 유학을 가는 사람이 현저히 줄었는데 그런 경향은 앞으로 더욱 심화될 것으로 예상된다.</u> [밑줄 친 부분은 이 책에서 새로 추가한 것이다.]

서 LL.M. 과정을 밟고 있었다. 1990년 초만 해도 저자는 헤이그아카데미에서 여름철에 국제사법과정과 국제거래법과정을 각 3주씩 개설한다는 사실을 알지 못하였다. 프라이부르그에 먼저 와 있던 일본 神戶大學의 中野俊一郎 교수로부터 위 과정이 있음을 듣고 관심을 가지게 되었다. 그리고 당시 연수차 프라이부르그에 체류하던 장시정 외무관(후에 카타르 대사 역임)으로부터도 그에 관한 이야기를 듣게 되었다. 해서 헤이그아카데미에 하계 국제사법과정 입학허가신청과 숙소배정신청을 하였고 그 결과 입학승인을 받고, 스헤브닝헨에서 그리 멀지 않은 Arnhemsestraat 82 소재 J.G. Hartman-Roetman 할머니 댁의 방을 배정받았다. 1990. 6. 30. 숙소에 도착히어 20일치 숙박비와 전화요금을 합쳐 603 길더를 선불하였다. 그리고 7월 2일부터 20일까지 진행된 국제사법 하계과정에 참가하게 되었다.

　이것이 저자가 헤이그국제사법회의와 첫 인연을 맺게 된 경위이다. 강의는 미국의 철강왕 앤드류 카네기의 지원으로 건설하였다는 '평화궁(Vredespaleis, Peace Palace)' 부속 구 건물(지금은 신축 건물로 대체되었다)에서 행해졌다. 저자는 당시 가족과 함께 프라이부르그에 체류 중이었기에 어린 아이 둘을 독일에 있는 안사람에게 맡긴 채 홀로 헤이그로 가는 것이 무척 부담스러웠다. 해서 가족과 함께 가고자 노력했으나 제대로 되지 않아 결국 혼자 헤이그로 가게 되었다. 헤이그에 가면서 이호정 교수님의 국제사법 교과서와 원전이라고 할 수 있는 Kegel 교수의 국제사법 교과서, 그리고 조용필의 노래가 담긴 카세트 테이프와 작은 카세트 플레이어를 들고 갔다. 국제사법 과정에서는 Oxford 대학의 Peter North 교수가 General Course로서 영국을 제외한 영연방국가들의 국제사법 전반을 소개하였고, 스위스 Fribourg 대학의 Paul Volken 교수가 국제도산법 강의를 하였으며 북경대학의 李浩培(Li Haopei) 교수146)가 국제상속법 강의를 담당하였다. 헤이그 수강을 계기로 저자는 *Recueil des Cours*'가 헤이그아카데미의 강의안을 기초로 발간되는 시리즈라는 사실도 알게 되었다. 헤이그 체류 기간 동안 북해의 스헤브닝헨과 평화궁을 알게 되었는데 처음 보았을 때 평화궁의 위용은 실로 압도적이었다. 이준 열사가 1907년 참가하려다 실패한 제2회 만국평화

---

146) 당시 이미 84세의 고령이었던 이 교수는 일찍이 1930년대 후반에 런던에서 국제사법과 국제공법을 공부한 중국 법학계를 대표하는 인물이었다. 저자에게는 그 시기에 중국에 그런 법학자가 있다는 사실이 매우 인상적이었다.

회의가 개최되었던 의사당, Binnenhof와 Mauritshuis를 방문하여 네덜란드 화가들의 작품을 감상하고 Jongbloed에 들러서 법학서적을 구입했던 것은 좋은 추억으로 남아 있다. 국제법 전공자인 고려대의 박기갑 교수와 경희대의 이영준 교수를 만났으며 박 교수 덕에 '국제법의 아버지'인 그로티우스의 고향인 델프트도 방문하였다.

전부 3주 과정 중 2주의 강의를 마친 뒤 독일로 돌아와 직접 운전을 하여 가족들과 함께 헤이그로 갔다. 가족들은 저자의 숙소 가까운 호텔에 묵게 하고, 저자는 남은 1주 강의를 들었다. 헤이그로 올라갔다가 내려오는 길에 룩셈부르그에 들렀고 벨기에에서 유럽연합의 행정중심지인 브뤼셀과 안트베르펜을 방문하였으며, 안트베르펜 시청사 앞에 있는 손목을 던지는 동상의 모습과 그것이 독일어로 말하자면 'Hand werfen'이라는 의미라는 점을 알게 되었다. 또한 북서부의 아름다운 도시 브뤼헤도 구경할 수 있었고, Karl (또는 Charlemagne) 대제의 유적이 남아 있는 독일 아헨에도 들렀다. 아헨에서는 유럽연합의 원형이 프랑크 제국이라는 생각이 들었다. 대체로 우리보다는 짧은 역사를 가진 유럽 국가들을 돌아다니면서, 역사는 오래되었지만 고궁이나 박물관에 가야 그 사실을 깨닫는 우리와 달리 유럽에서는 일상의 삶 속에서 '역사의 숨결과 무게'를 느낄 수 있다는 점이 부러웠다. <u>요즘 젊은이들과 달리 33세에 첫 해외여행을 경험한 저자로서는 서유럽의 국경을 자유롭게 넘나들면서 서유럽에서 국제사법이 발전한 이유를 몸소 깨닫게 되었다.</u>147) [이 부분은 아래에서 여기로 옮겼다.] 중국과 일본 등 외에는 대외 접촉이 없었던 한국인들은 외국적 요소가 있는 사법적(私法的) 법률관계에서 발생하는 문제를 알지 못하였다. 상이한 내용을 가지는 사법(私法)의 병존으로부터 발생하는 법적용상의 문제점을 극복하기 위해 협의의 국제사법이 발전되었으므로 <u>사법의 발전이 지체되었던</u> 동아시아에서 국제사법적 사고의 빈곤

---

147) 조선 후기 이계 홍양호(洪良浩) 선생은 다음과 같이 썼다고 한다(이종환, "족유(足遊), 목유(目遊), 심유(心遊)와 10월의 행사들", WorldKorean 칼럼, 2012. 10. 20.). "천하를 돌아다니는 방식에는 족유(足遊), 목유(目遊), 심유(心遊)가 있다. 갔다가 돌아와도 제대로 그 허실(虛實)을 살피지 못하면 그냥 돌아다닌, 발로 다닌 데 지나지 않는 족유다. 상대의 허와 실을 제대로 보며 같음(同)과 다름(異)을 살피면 그보다 좋기는 하나 이 또한 눈으로만 살핀 목유다. 도시를 살피고 백성을 관찰해 치(治)와 란(亂)을 보며, 아울러 상대가 성(盛)할지 아니면 쇠(衰)할지를 간파하면 그것이 바로 마음으로 살피는 심유다. 목유도 어려운데 심유를 할 수 있을까." 국제회의에 참가하는 자세는 다르지만, 저자도 여행을 하면서 심유가 가능할까라는 생각을 되뇌이곤 한다.

은 당연한 일이었다.[148)]

무엇보다도 헤이그에서 저자는 국제사법에 관심을 가진 사람들이 전 세계에 있으며, 국제사법에 극도로 무관심한 한국의 상황은 이례적이라는 점을 확인하였고, 단기간이었지만 네덜란드에 체류할 수 있었으며, 소국임에도 불구하고 대항해시대에 잠시 제국을 운영했던 네덜란드를 들여다보는 귀중한 체험을 하였다. 그러면서도 북해를 건너 더 강력한 대영제국을 마주보고 있는 두려움, 그리고 실제로 침공을 당했었기에 독일에 대한 두려움과 반감을 가지고 있는 네덜란드인을 가까이에서 보면서 우리보다 훨씬 개방된 마음가짐으로 시대의 변화에 능동적으로 대처하는 사람들이라는 생각이 들었다. 지자가 처음 갔을 때도 헤이그는 이미 국제사법재판소(ICJ), 상설중재재판소(PCA), 헤이그국제사법회의(HCCH)와 OPCW 등을 유치한 국제적 도시였으나 그 후 국제형사재판소(ICC)를 유치하고 유고전범재판소를 유치하는 등 꾸준히 노력한 덕에 이제 헤이그는 명실상부한 '평화와 정의의 수도(The Capital of Peace and Justice)'가 되었다.[149)] 박연이나 하멜처럼 17세기 조선에 표착한 네덜란드인이 없었던 것은 아니지만[150)] 우리는 그들을 활용하여 앞선 서구 문명을 받아들이지 못하고 결국 서구 문명을 적극

---

148) 최병조, "동아시아의 서양법 계수", 저스티스, 통권 제158-2호(한국법률가대회 특집호 I) (2017. 2.), 228면은 私法의 발달은 서양법 세계와 동아시아법 세계를 가르는 가시적 징표라고 보고, 私法의 성립과 발달이 私의 긍정과 私人들로 구성된 시민사회의 존재를 전제로 한다면, 동아시아의 政體는 이미 기원전부터 근원적으로 私法의 형성을 저지하는 방향으로 작동했다고 지적하고(205면), 동아시아에서는 자유롭고 평등한 법주체로서의 개인이라는 인간관이 없었기 때문에 추상적 권리의 개념도 등장하기 어려웠다고 지적한다(213면 이하)(이는 아래 책, 158면 이하에도 수록되었다). 한편 최병조, "Corpus Iuris 의 비밀: 왜 동양에서는 私法이 발달하지 않았을까?", 비교법문화론: 로마법학자가 본 조선의 전통 법문화(법사학 연구총서 제4권)(민속원, 2018), 581면 내지 582면은 "존재하는 모순·갈등을 어떻게 해결할지에 대한 태도의 차이", 즉 "모순·갈등의 존재적 근원인 개인과 그 개인에 의한 사익의 도모를 근본적으로 긍정하고, 그 갈등의 관리와 해소를 권리 중심적 법의 고유한 기능과 역할로 파악하고, 그 해결 과정 자체를 법적 절차로 구성하는 즉 정-반-합의 변증법적 세계 인식을 가진 서양 법문화에서만 가능하였고, 동아시아는 현실의 갈등과 모순을 직시하여 해소하기보다 정-반의 이원구도 자체를 뿌리로부터 부정하는 방식으로 해결함으로써 완벽한 조화의 세계를 표방한다는 차이에 있다고 설명한다. [밑줄 친 부분은 이 책에서 새로 추가한 것이다.]

149) 헤이그시는 2017년 The Hague, international city of peace and justice라는 책자를 간행하였다. http://www.thehaguepeacejustice.com/peace-and-justice.htm?channel=desktop 참조.

150) 위 양인의 조선 표착에 관하여 간단히는 김시덕, 동아시아, 해양과 대륙이 맞서다(2015). 130면 참조. [이 각주는 이 책에서 새로 추가한 것이다.]

수용한 일본의 식민지가 된 아픈 역사를 되새기게 되었다. 이는 우리가 결코 잊어서는 아니 되는, 엄청난 대가를 치르고 배운 뼈아픈 교훈이다.

그리고 이호정 교수님의 국제사법 교과서를 재독한 것도 작은 수확이었다. 그 기간 중에 당시 임한택 영사와 이준 열사의 묘소151)를 참배하는 기회도 가질 수 있었다. 서울 법대는 2012. 4. 25. 서암법학관 앞에 이준 열사의 동상을 건립하였다. 저자는 열사의 동상을 지나칠 때마다 헤이그에 머물던 시절을 상기하곤 한다. 그러나 1990년 당시만 해도 저자는 독일에 체류하는 기회를 활용하여 헤이그에 가보자는 생각이었지 훗날 저자가 국제사법과 국제거래법을 담당하는 교수가 될 줄은 알지 못하였다. 삶이란 항상 계획대로만 움직이는 것은 아니라는 점을 여기에서도 깨닫는다.

2. 헤이그회의 특별위원회 회의 참가

저자는 헤이그회의에서 개최한 여러 건의 특별위원회에 참가하였다. 저자의 기억으로는 재판 프로젝트(Judgment Project)와 관련하여 7회, 아동부양협약과 관련하여 1회, 증권협약과 관련하여 1회 그리고 송달협약, 증거협약 등의 운영에 관한 회의에 1회 참가한 바 있다. 초기에는 저자가 자비로 참석하였다. 이는 거의 제정신이 아니라고 하겠지만 국제사법의 중요성을 알지 못하는 국가에서는 어쩔 수 없는 일이었다.

1997년 6월말 처음으로 헤이그 회의에서 만났을 때 당시 사무총장이던 Hans van Loon은 한국 대표단에게 한국은 왜 입양협약에 가입하지 않는가라는 질문을 하였다.152) 그 때 저자는 몹시 부끄러웠는데, 지금 기억으로는 아직 입양협약에 대한 연구가 충분하지 않았기 때문이라고 생각한다고 대답했던 것 같다. 이것이 국제거래를 다루던 변호사이던 저자가 입양협약에 관심을 가지게 된 직접적인 계기였다. 그러나 20년이 지난 지금까지도 마음의 빚을 안고 있는데, 입양협약이 한국에서 발효해야 비로소 부채의식을 덜 수 있을 것이다. 헤이그회의의 특별위원회에 처음 참석했을 때 저자는 상설사무국 직원으로부터 Asser

---

151) 유해는 1963년 한국으로 봉환되었기에 헤이그의 것은 가묘라고 들었다. <u>그 후 이준 열사 기념관(Yi Jun Peace Museum)도 방문하였다.</u>

152) 유영일 판사는 HCCH Asia Pacific Week 2017. 7. 5. 발표에서 당시 특별위원회의 회장을 맡았던 캐나다의 QC인 Mr. T.B. Smith가 질문을 하였다고 회고하였다. 당시 회의의 전반부에 유영일 판사가 참석하였고 저자는 후반부에 참석하였기에 그럴 수도 있다.

Institute[153]가 간행한 '신헤이그협약: 국내법관에 의한 그의 적용(*Les Nouvelles Conventions de La Haye: leur application par les juges nationaux*)'이라는 책자를 5권 받았다. 솔직히 헤이그회의 상설사무국이 왜 이를 저자에게 주었는지는 잘 모르나 현재도 이를 귀중한 자료로 소장하고 있다.[154]

아래에서는 저자가 특별위원회에 참가했던 프로젝트 별로 단상을 간단히 적는다. 협약안의 내용에 관하여는 위에서 언급하였다.

가. 재판 프로젝트

저자가 처음 특별위원회 회의에 참가한 것은 바로 재판 프로젝트와 관련하여 1997. 6. 23.(월)-27.(금) 회의에 출석한 것이었다.[155] 귀국 후 국제사법학회에서 발표를 하였고 이를 정리한 참가보고서를 공간하였다.[156] 그리고 1999년 예비초안에 대한 코멘트를 작성하여 제출하였다. 1999년 예비초안 성안 후 미국이 헤이그회의에 프로젝트의 여기를 요청하는 공문을 제출할 때 한국도 동참하였기에 저자는 당시 외교부에 한국이 1999년 예비초안에 대해 코멘트를 제출하는 것이 좋겠다는 의견을 피력하였다. 외교부 국제협약과는 저자에게 보고서의 작성을 요청하였고 저자는 그에 따라 보고서를 작성하여 제출하였다. 그 후 이는 헤이그국제사법회의 홈페이지에 upload 되었다.[157] 저자가 참가할 당시에는

---

153) 이는 네덜란드의 법률가인 Tobias Michael Carel Asser의 이름을 딴 것이다.

154) 언젠가 저자의 자료를 적절한 기관에 기증할 때가 오면 이들도 운명을 함께 할 것이다.

155) 법률신문, 제2607호(1997. 6. 16.)는 17일부터 개최되는 특별위원회에 주 네덜란드 대사관 조규형 공사참사관이 수석대표, 법원행정처 국제담당관인 유영일 판사가 대표로, 석광현 변호사가 자문역으로 참석하기로 하였다고 법원행정저 등에 통보하였다고 보도하였다.

156) 석광현, "民事 및 商事事件의 國際裁判管轄과 外國裁判의 承認 및 執行에 관한 헤이그協約 —1997년 6월 개최된 特別委員會 회의 참가보고를 겸하여—", 국제사법연구, 제2권 (1997. 12.), 115면 이하; 석광현, "民事 및 商事事件의 國際裁判管轄과 外國裁判의 承認 및 執行에 관한 헤이그협약 —1998년 3월 개최된 特別委員會 제2차 회의 참가보고서—", 저스티스, 통권 제50호(1998. 12.), 141면 이하 참조. 1999년 예비초안에 관하여는 석광현(註 35), 396면 이하 참조. 2001년 잠정문언에 관하여는 석광현(註 143), 429면 이하 참조.

157) 위 의견서는 https://www.hcch.net/upload/wop/jdgm_pd14kr.pdf 참조. 위 의견서는 외교부와의 용역계약[1.5개월짜리 용역으로 기억한다]에 따라 저자가 작성한 것이었다. 당초 외교부는 저자에게 국문으로 작성하면 영문 번역은 외교부에서 하겠다고 하였으나 그 후 영문으로 작성할 것을 요구하였다. 저자가 보고서를 제출한 뒤 외교부가 일부 수정을 하였고 외교부에 담당자들이 모여서 보고서가 적절한지를 논의하였다. 외교부에서 일부 잘못된 수정을 하였기에 저자가 이를 지적하고 바로 잡았으며 저자가 당초 제출한 내용

'혼합협약(mixed convention)'을 목표로 했었으나 현재는 다소 확대된 '단일협약 (single convention)'을 목표로 하는 점에서 개인적으로는 아쉬움이 있다. 그렇더라도 만일 채택된다면 재판협약은 대단히 중요한 협약이 될 것이다.158)

그리고 재판 프로젝트를 위한 첫 회의참가 시 헤이그회의 상설사무국 부근의 아세르(Asser)연구소를 방문했던 일, 주 네덜란드 대사관의 조규형 당시 공사의 환대, 이준 열사의 기념관을 방문했던 일, 스헤브닝헨의 낙조와 유영일 판사와의 교유 등은 좋은 추억으로 간직하고 있다. 그리고 세월이 흐른 뒤 2000년 12월 바젤에서 회의를 개최했을 때 라인강변에 있는 레스토랑에서 유영일 당시 판사 및 한찬식 당시 검사와 2000. 12. 14.경 저녁을 함께 한 것도 좋은 추억으로 남아 있다.

무엇보다도 저자가 재판 프로젝트에 깊은 애정을 가지고 있는 이유는 그 과정을 통하여 저자의 박사학위 논문159)의 기초를 구상할 수 있었기 때문이다. 토지관할규칙으로부터 국제재판관할규칙을 도출하는 데는 크게 반대하지 않지만

에서 별로 달라진 바는 없었다. 그런데 외교부가 헤이그국제사법회의에 제출한 의견서상으로는 박동실 당시 외교통상부 국제협약과장, 유영일 판사, 한찬식 검사, 국제협약과의 이재완 외무관과 저자가 작성에 참여한 사람으로 기재되었고 저자가 말석에 기재되어 있었다. 저자는 석광현(註 143), 431면, 註 5에서 위 경위를 밝히고 "아직도 '官尊民卑'의 벽은 높은 모양이다"고 지적함으로써 외교부의 부당한 처사에 대한 억울함을 소심하게 토로한 바 있다. 외교부에서 사전에 공동명의로 제출하는 데 대하여 저자에게 양해를 구했더라면 저자가 반대하지는 않았을 것이다. 의전에 밝은 외교관들이 그런 행태를 보인 것은 실망스러웠다. 2017. 7. 5. 있었던 HCCH Asia Pacific Week 2017 행사에서 유영일 판사는 저자가 위 의견서 작성에 '중추적 역할(pivotal role)'을 했음을 밝히고(Young-Hill Liew, "Korea's 20th Anniversary: Retrospect and Prospect", HCCH AP Week (법원), p. 47) 발표 시에도 언급하였다.

158) 근자의 동향은 장준혁, "헤이그국제재판조약 성안작업의 경과", 국제사법연구, 제22권 제2호(2016. 12.), 679면 이하; 심현지·현낙희, 국제규범의 현황과 전망(2015), 627면 이하; 현낙희·설정은, 국제규범의 현황과 전망(2016), 629면 이하; 현낙희, 국제규범의 현황과 전망(2017), 1279면 이하 참조. [재판협약은 2019. 7. 2. 채택되었다. 재판협약의 소개와 영문 및 국문번역은 장준혁, "2019년 헤이그 외국판결 승인집행협약", 국제사법연구, 제25권 제2호(2019. 12.), 437면 이하, 731면 이하 각 참조. 기타 상세는 석광현, "2019년 헤이그 재판협약의 주요 내용과 간접관할규정", 국제사법연구 제26권 제2호(2020. 12.), 3면 이하와 국제사법연구 제26권 제2호(2020. 12.)에 수록된 기타 논문들 참조. [밑줄 친 부분은 이 책에서 새로 추가한 것이다.]

159) 석광현, "國際裁判管轄에 관한 硏究 —民事 및 商事事件에서의 國際裁判管轄의 基礎理論과 一般管轄을 中心으로—", 서울대학교 대학원 법학박사학위논문(2000). 이는 2001년 서울대 출판부에서 단행본으로 간행되었다.

모든 토지관할규칙을 동등한 가치를 가지는 것으로 볼 것이 아니라 ① 그대로 국제재판관할규칙으로 쓸 수 있는 것, ② 수정함으로써 국제재판관할규칙으로 쓸 수 있는 것, ③ 국제재판관할규칙으로 쓸 수 없는 것으로 분류하고, 그 밖에 토지관할규칙에는 없지만 국제재판관할규칙의 근거가 될 있는 규칙을 생각하자는 저자의 아이디어는 서울과 헤이그를 왕복하면서 탄생한 것이었다. 이런 생각을 구체화시켜 2000년 박사학위 논문을 발표하고 2001년 단행본을 간행하였다. 또한 1999년 섭외사법 개정작업에 참여하여 그런 구상을 국제사법에 담았던 것은 (2001년 개정 국제사법에서는 일반원칙을 제2조에, 소비자와 근로자를 위한 보호적 관할규칙을 제27조와 제28조에 담았고, 2018년 말과 2020년 국회에 제출된 개정법률안에서는 상세한 규칙을 총칙에 도입하고 각장에 법률분야별로 정치한 각칙을 담았다. 위 제27조와 제28조는 개정법에서는 각각 제42조와 제43조가 되었는데, 제42조의 경우 소비자의 범위가 다소 확대되었다. [밑줄 친 부분은 이 책에서 새로 추가한 것이다.]) 저자에게는 소중한 경험이었고, 연구결과를 입법에 반영시킴으로써 국제재판관할규칙에 관한 한 일본을 추종하던 시기를 벗어나 한국의 독자적 체계 구축에 조금이나마 기여하였다는 점에서 보람이 있었다.

나. 증권협약

저자는 2002. 1. 10.(목)부터 17.(목)까지 개최된 특별위원회 회의에 참석하였다. 그리고 그 때의 보고서를 기초로 예비초안과 증권협약에 관한 논문을 발표하였다. 한국국제사법학회는 증권예탁결제원과 공동으로 2005. 9. 23. 서울(웨스틴 조선호텔)에서 국제세미나를 개최하였는데 Karl Kreuzer 교수, 神田秀樹 교수, Harry C. Sigman 변호사와 Christophe Bernasconi 현 사무총장 등이 발표를 하였고 저자도 토론에 참가하였다. 헤이그회의는 신속절차를 취하여 증권협약을 채택하였지만 그의 발효는 지연되다가 마침내 2017. 4. 1. 미국과 스위스 등에서 발효하였다. 그러나 유럽연합은 아직 가입하지 않고 있다.160)

특별위원회의 회의에 참석하면서 당시 증권예탁결제원에 근무하던 천창민 대리를 알게 되었다. 스헤브닝헨의 호텔에서 평화궁으로 오가는 전차에서 천창민 대리에게 국제사법을 제대로 공부하자면 독일어를 해독해야 한다고 이야기하였으나, 그때만 해도 저자는 천창민 대리가 증권예탁결제원을 떠나 학업을 계속

---

160) 헤이그회의 웹사이트는 2016. 12. 15.까지 정보를 담고 있다.

하리라고는 생각하지 못하였다. 천 대리는 그 후 미네소타주립대학에서 2003년에, 캐나다 맥길대학에서 2008년에 각 LL.M.을 취득하였고 마침내 2011년 함부르크 대학에서 헤이그증권협약과 제네바증권협약에 관한 논문으로 법학박사학위를 취득하였다.161) 천 대리의 헤이그회의 특별위원회 참가가 귀중한 자본시장법과 국제사법 전문가를 배출하는 계기가 된 것인데, 저자와의 만남도 조금은 의미가 있었을 것으로 믿는다. 천창민 박사는 현재 자본시장연구원에 근무하면서 한국국제사법학회의 총무이사로서 중요한 역할을 수행하고 있다. 저자는 로스쿨 제도 도입 후 변호사 자격을 가진 실무가들이 학계로 진출하는 현상을 환영하지만 연구에는 별로 뜻이 없는 실무가들의 대거 학계 진출이 정작 학계로 진출해야 할 연구자들의 진입을 막는 현실은 매우 안타깝다.

다. 아동부양협약

저자는 2003. 5. 10.(일)-17.(토) 헤이그에서 개최된 부양의무에 관한 특별위원회에 참가하였고 그 후 법무부에 보고서를 제출하였다. 저자로서는 법무부의 경비지원으로 헤이그 회의에 참석하기는 이때가 처음이었던 것으로 기억한다. 하지만 그 후 별도의 논문을 공간하지 못하였고 특별위원회의 후속회의에도 참석하지 못하였는데, 이 점은 지금까지도 마음에 부담으로 남아 있다. 다만 저자는 헤이그법회의 아시아 지역사무소가 2015. 11. 9. 홍콩대에서 개최한 "Recovery of Child Support and Family Maintenance in Asia-Pacific and Worldwide: National and Regional Systems and the Hague 2007 Convention and Protocol"이라는 회의에 참가하여 "Korean Perspectives on the (International) Collection of Child Support"라는 제목으로 발표한 바 있다.

라. 송달협약과 증거협약 등의 운용을 점검하는 특별위원회

저자는 2009. 2. 1.-9. 헤이그회의 특별위원회 회의에 참석하였다. 이는 2003년 12월에 헤이그에 간 뒤에는 처음이었던 것으로 기억한다. 과거 특별위원회가 개최되었던 익숙한 건물이 아니라 새로 지은 건물이었던 점이 새로웠으나

---

161) Changmin Chun, Cross-Border Transactions of Intermediated Securities: A Comparative Analysis in Substantive Law and Private International Law (Springer, 2012)이 그 것이다.

낯설었다. 이로써 헤이그회의의 한 시대가 저물고 새로운 시대가 시작되었다는 느낌이 들었다. 회의에는 송동진 당시 판사와 함께 참석하였다. 위 특별위원회는 송달협약과 증거협약 등의 실제 운용과정에서 제기되는 문제점을 다루는 성질의 회의이므로 저자보다는 법원행정처의 국제담당관 또는 관련 실무를 경험해 본 판사가 참석하는 것이 적절하다는 생각이 들었다.

3. 국제회의에서 느낀 보람과 아쉬움

다른 국제회의(예컨대 UNCITRAL이나 UNIDROIT)의 경우도 마찬가지지만 헤이그 회의에 참가할 때마다 저자는 복합적인 감정을 느끼곤 했다. 하나는 내가 그래도 한국을 대표해서[162] 국제회의에 참석했다는 자부심이고, 다른 하나는 외국의 대가들을 만나 자신의 부족함에 대해 느끼는 부끄러움이었다. 결국 언제부터인가 국제회의에 더 이상 참가하지 않게 되었는데, 일차적 이유는 세월이 흐름에 따라 법무부의 지원이 젊은 연구자들에게로 옮겨 간 탓도 있지만 개인적으로는 이런 복합적 감정이 부담스러웠던 탓도 있었는지 모른다. 그래도 헤이그에 가면서 좋았던 것은, 한국에서는 국제사법을 공부하면서 항상 외로움을 느끼지만[163] 헤이그에서는 전 세계에서 온 국제사법 전문가 내지 애호가들을 만나 외로움을 덜 수 있었던 점이다. 그리고 가끔은 국제사법 분야의 대가들을 만나 배울 수 있었음도 큰 기쁨이었다. 다만 대가들과의 만남이 너무 늦었기에 교유를 오래 이어갈 수 없다는 점이 아쉬웠다.

4. 외교부와 법무부 및 법원의 인사와 국제회의 참가

우리 대표단이 헤이그회의에 참석할 때에는 네덜란드 주재 대사관의 고위 외교관이 대표를 맡는 것이 관례이다. 그러나 우리 외교부는 사법(私法)분야, 특히 국제사법 분야의 국제규범에는 관심도 별로 없고, 전문성을 구비한 인력은

---

162) 정확하게는 우리 대표단에는 공무원만 포함되고 민간인은 대표단의 고문이다. 일본은 대표단에 교수를 포함시켜 주는 점에서 우리와 다르다.

163) 이 점은 저자가 몸담고 있는 대학에서도 마찬가지이다. 1999년 3월 교수로서의 삶을 시작한 이래 '국제거래법과 국제사법' 전임교수로서 19년째 '나홀로 전공' 교수로 살아오고 있다. 한양대에서는 그야말로 혼자 담당했고, 서울대에서는 국제거래법(국제상거래법 또는 국제상법)은 장승화 교수와 함께, 국제사법은 최봉경 교수와 함께 담당하는 것으로 되어 있으나 사실상 저자가 양 과목을 거의 혼자서 담당하는 셈이다.

거의 없으며, 네덜란드 현지 고위외교관은 대체로 국제사법에 대해 관심도 지식도 별로 없다. 외교부에서는 심지어 창구역할을 하는 것조차 환영하지 않는 듯하다면 저자가 너무 나간 것일까. 예컨대 송달협약과 아동탈취협약의 경우 각각 법원행정처와 법무부가 중앙당국의 역할을 담당하는 데 반하여 일본에서는 외무성이 중앙당국의 역할을 담당한다.[164] 우리나라에서는 이처럼 관련 부처가 직접 중앙당국의 역할을 담당함으로써 전문성을 제고할 수 있기에 비난할 것만은 아니다. 그러나 솔직히 말하자면 그보다는 우리 외교부의 국제사법에 대한 무관심과 소극적 태도 탓이라는 인상을 받는다. 또한 헤이그회의에서 종종 각국에 여러 협약 관련 Questionnaire를 보내어 답변을 요구하는데, 외교부가 이에 대처하는 모습을 보더라도 국제사법을 대하는 우리 외교부의 자세를 짐작할 수 있다. 영사업무와 관련한 국제사법의 중요성을 생각하면 국제사법에 대한 외교부의 무관심과 무지는 실로 우려된다. 저자가 오랜 기간 동안 헤이그회의에 참가하면서 여러 차례 헤이그 주재 우리 외교관들의 도움을 받았고 그들과 알게 되었던 일도 좋은 추억으로 남아 있지만 이런 지적을 하지 않을 수 없다.

국제사법 분야의 전문성을 구비한 인재를 양성하지 못하는 점은 법무부도 다를 바 없다. 법무부는 2002년부터 국제법무과 검사, 교수, 변호사로 구성된 국제거래법연구단을 설치, 운영하면서 그 중 일부 위원을 선발하여 UNCITRAL의 6개 실무작업반(Working Group)에 지속적으로 참석하게 하고 있고 간혹 헤이그회의도 일부 위원을 보낸 적도 있다. 그러나 '국제거래법연구단'이라는 명칭 탓인지 헤이그회의 참석을 위한 지원은 아직 체계적이지 못하다. 그러나 이런 모습은 개선하지 않으면 아니 된다. 결국 외교부와 법무부에 변호사 자격을 구비한 젊은 인력을 선발하고, 그런 변호사들이 보람을 가지고 장기적으로 근무하면서 당해 분야의 전문성을 축적할 수 있도록 인프라를 구축하고 그런 인력을 우대하는 분위기를 조성해야 한다. 그러나 공무원들을 순환보직하게 하는 현행 제도는 전문가 양성이라는 관점에서 치명적인 한계를 드러내고 있다. 법무부 내 전문인력의 양성은 법무부의 문민화와 연계하여 추진할 과제이다.

한편 외교부, 법무부와 법원에 모두 공통된 사항으로서, 우리가 특히 경계해야 할 것은 국제회의에 참석하는 것을 일종의 특전이나 포상으로 보는 태도이

---

164) 예컨대 송달협약과 탈취협약에 관하여 모두 일본 외무성이 중앙당국의 역할을 맡고 있다.

다. 예컨대 법원에서도 실제 업무를 담당하는 국제담당관이 아니라 업무 관련성이 별로 없는 법관을 보내거나, 동일 프로젝트를 위한 연속된 회의에 법원측 참석자를 교체하는 것이 바로 이런 행태이다. 법원으로서는 가급적 많은 판사들에게 기회를 주려는 생각일지 모르겠으나 이렇게 해서는 전문성 축적을 기대하기 어렵다. 특히 한국이 당사자가 되는 국제민사사법공조 등 법원의 업무와 직접 관련되는 분야의 헤이그협약과 양자조약이 꾸준히 증가함에 따라 법원도 이제는 이 분야를 전문적으로 담당하는 인력을 양성해야 할 것이다. 그 사람이 반드시 법관이어야 할 이유는 없다. 만일 대법원이 전문적 역량을 축적하기 위한 노력을 하지 않고 국제회의 참가기회를 일종의 특전이나 포상처럼 운영한다면 장래에는 저자도 판사의 국제회의 참가를 전면 폐지해야 한다고 주장할지 모른다.

VII. 맺음말

여기에서는 한국의 헤이그회의 가입 20주년을 기념하는 취지에서, 20년 간 한국 정부의 노력과 국제사법학계 기타 국제사법에 관심이 있는 분들의 활동내용을 폭넓게 소개하고자 노력하였다.[165] 이 글의 학술적 가치가 크지는 않지만, 국제사법에 무관심한 독자들에게 한국에서 헤이그회의와 헤이그협약의 의미를 소개하는 의미가 있다. 무엇보다 지난 20년 동안 헤이그회의 관련 활동을 회고하는 저자에게 소중한 의미가 있으며, 국제사법의 중요성에 대한 인식 수준이 낮은 탓에 국제사법학의 생존을 위해 투쟁해야 하는 한국에도 헤이그회의의 작업을 (부족하더라도) 꾸준히 따라가는 사람이 있음을 보여주고 싶었다.[166] 1997

---

165) 따라서 '중간결산'의 의미도 있다. 그 결과 분량이 대폭 증가하였음에도 불구하고 간행을 허락해 준 동아대학교 법학연구소에 깊이 감사드린다.

166) 송달협약 가입과정에서 저자는 법원행정처의 민사사법공조추진위원회의 위원으로서 일조하였고 가입 직후 석광현, "헤이그送達協約에의 가입과 관련한 몇 가지 문제점", 세계국제법협회 한국본부, 국제법논총 제9권(2000), 103면 이하를 간행하였으며, 증거협약 가입과정에서는 법무부의 요청에 따라 '증거조사에 관한 국제민사사법공조 연구'라는 제목의 단행본을 간행하였고(2007. 5.), 탈취협약 가입과정에서는 법무부에서 구성한 이행법률 제정 T/F에 참가하여(2010. 3.부터 2011. 4.) 법률안을 성안하는 데 일조하였으며 외교통상부와 법무부가 2011. 10. 20. 개최한 "헤이그 국제아동탈취협약 가입안 및 협약 이행법률안에 관한 공청회"에서 좌장을 맡은 바 있다. 또한 아포스티유협약 가입과정에서는 외교통상부의 요청으로 2003년 10월 용역보고서를 제출하였는데 이는 석광현, 국제사법과 국제소송 제3권(2004), 500면 이하에 수록되었다. 이처럼 한국이 가입한 모든(현재로서는

년 이래 지난 20년 동안 한국은 4개 헤이그협약의 당사국이 되어 그에 따라 다양한 업무를 처리하는 점에서 눈부신 발전을 이룩하였으나 위에서 본 것처럼 여러 모로 아쉬움이 있다. 한국의 관점에서 보아 급선무인 입양협약을 아직 비준하지 않은 점이 가장 아쉽다. 한국이 가입할 다른 헤이그협약들이 있으나 성급하게 처리할 것은 아니고 가입 여부를 신중하게 검토해야 한다. 한국의 헤이그회의 가입이 늦은 탓에 과거에는 따라가는 데 급급하였으나, 앞으로는 이미 가입한 헤이그협약에 따른 충실한 실무처리를 하면서 새로운 헤이그협약 가입을 검토하는 한편 우리 입장에서 새로운 의제를 발굴하기 위한 노력도 해야 한다. 무엇보다도 우리로서는 헤이그회의를 민사 및 상사사건에서 초국경적 협력 증진을 위한 세계기구로 적절히 활용해야 한다. 우리나라에서는 법률가들이 해석론에 치중하는 탓에 입법론, 특히 규범의 통일 내지 조화를 위한 국제적 노력에 무관심하고 심지어 그 필요성을 인식하지 못하는 법률가들도 있는데 이런 태도는 시정해야 한다.

　지난 20여년 간 우리 사회가 국제사법 전문가, 특히 전문연구자를 별로 양성하지 못한 점은 매우 유감스럽다. 한국국제사법학회가 열심히 활동하고 있으나 전문연구자를 제대로 양성하지 못한다면 한국 국제사법학의 장래는 어두울 수밖에 없다.[167] 섭외거래를 일상적으로 다루는 대형로펌에는 국제사법 전문가들이 포진하고 있어야 마땅하나 현실은 그렇지 못하고, 문제의식도 매우 부족한 편이다. 변호사 자격이 없는 국제사법 교수에게도 변호사자격을 주어(지금은 폐지되었지만) 로스쿨 교수를 하면서도 로펌의 of counsel을 겸하도록 허용하는 일본과 달리 변호사 자격이 있는 교수의 of counsel도 허용하지 않음으로써 학계와 실무의 괴리를 강요하는 우리의 현실은 이해하기 어렵다. 우리 민사소송법 학자들이 절차법에 관한 헤이그협약에 무관심한 것도 아쉽다. 저자는 2012년 '국제민사소송법'이라는 제목의 단행본을 간행하여 민사소송법학자들의 관심을 불러일으키고자 하였으나 큰 변화는 없는 것 같다. 헤이그회의에 파견되어 1년간 근무했던 판사들이 귀국 후 추억만 간직한 채 살아간다면 큰 손실이다. 2017년 7월 서울에서 개최된 HCCH Asia Pacific Week 2017 회의에서 장지용 판사를 포함

4개) 헤이그협약 가입과정에서 다양한 형태로 기여하였음은 저자에게 보람 있는 일이었다. [이 각주는 이 책에서 새로 추가한 것이다.]

167) 한국 국제사법학을 발전시키기 위한 직역별 과제는 석광현(註 21), 393면 이하 참조.

하여 헤이그에 파견되었던 판사들이 발표자 또는 토론자로서 적극 참여하는 모습을 보면서 장래에 대한 희망을 품어 본다. 앞으로는 법원이 헤이그회의 파견 판사의 선발과정은 물론이고 귀국 후에도 전문성을 살릴 수 있는 방향으로 이끌어 주실 것을 부탁드린다. 10년 후 "한국의 헤이그국제사법회의 가입 30주년을 기념하여"를 집필하는 후배 교수가 향후 10년 동안 이룩한 눈부신 발전을 보고할 수 있게 되기를 간절히 희망한다. 여러 가지 사정으로 더 큰 역할을 하지 못한 점은 아쉽지만, 지난 20년간 저자가 헤이그회의와 관련하여 다양한 활동을 할 수 있도록 지원해 주신 모든 분들께 이 자리를 빌려 깊은 감사의 말씀을 드린다.

Ⅷ. 관련문제: 대법원의 IP 허브 코트(Hub court) 구상과 관련하여

근자의 보도에 따르면 대법원은 우리 법원을 'IP (지식재산권) 허브 코트'로 만드는 방안을 추진하고 있다고 한다.[168] 즉 최근 급증하는 국제 지식재산권 분쟁에서 당사자들이 한국 특허법원을 법정지로 많이 선택한다면[169] 한국 특허법원의 판결이 국제적 기준이 될 수 있으므로 우리 특허법원을 'IP 허브 코트'로 만들어 그 국제적 위상을 강화하고자 하는바 이를 위하여 법원조직법(제62조)을 개정하여 영어 변론도 가능하게 한다는 것이다.[170] 추진위원회는 우리 특허법원의 국제소송절차 기준을 재점검하여 발전시킬 예정이고, 가까운 미래에는 아시아 특허분쟁 해결기구까지 국내에 설치하는 것을 목표로 한다고 한다.

평소 국제화에 뒤진 법조계가 이런 작업을 추진하는 것은 반갑기도 하고 놀

---

168) 법률신문, 제4331호(2015. 7. 2.), 2면 기사 참조.

169) 이처럼 저자는 외국기업들이 한국법원의 관할을 선택하는 민사사건을 대상으로 하는 것으로 생각하였으나 반드시 그렇지는 않은 모양이다. 법률신문, 제4523호(2017. 7. 3.), 2면 기사에 따르면, 'IP 국제허브코트'를 추진하는 특허법원이 특허거절결정취소소송 사건(2016허7695)의 첫변론을 열고 재판을 영어로 진행했다고 한다. 이런 사건은 외국기업과 특허청장 간의 소송이므로 통상의 민사사건이 아니고 외국 특허권에 대해 당사자들이 한국 법원을 선택할 여지는 없기 때문이다.

170) https://www.lawtimes.co.kr/Legal-News/Legal-News-View?Serial=93489. 정갑윤 의원이 2016. 12. 16. 대표발의한 법원조직법 일부개정법률안(의안번호 2004427)이 2017. 7. 20. 현재 국회에 계류 중이다. 이는 그 후 2017년 11월 국회를 통과하였다. <u>2018. 7. 20. 특허법원이 호주 철강기업 '블루스코프스틸리미티드'이 특허청장을 상대로 제기한 특허심판원 심결 취소소송에서 외국어 변론을 허가함으로써 첫 국제재판이 이루어졌다고 한다. 법률신문 제4623호(2018. 7. 23.), 2면.</u> [밑줄 친 부분은 이 책에서 새로 추가한 것이다.]

라운데 저자는 우선 이런 노력을 높이 평가한다. 저자는 상세한 내용을 알지 못하나 보도에 따르면 주로 지식재산권에 초점을 맞춘 탓에 그것이 '국제민사소송'의 문제라는 점(따라서 국제사법과 국제민사소송법적 고려가 필수적이라는 점)에 대한 인식이 부족한 것 같다. 왜냐하면 IP 허브 코트를 만들자면 첫째, 당사자의 합의를 통하여 우리 법원의 국제재판관할을 확보해야 하고, 둘째, 지재권 분야에서 타당한 보호국법주의(*lex protectionis*)에도 불구하고 준거법 결정을 가급적 단순화하는 방안을 검토해야 하며, 셋째, 외국에서 우리 법원 판결의 승인 및 집행을 보장할 수 있어야 하는데 이에 대해 별로 고민이 없는 것 같기 때문이다. 우리 법원의 국제재판관할을 확보하자면 한국이 국제재판관할합의의 효력을 인정하고 그에 따른 재판의 국제적 효력을 담보해야 한다. 가장 초보적 조치는 관할합의협약에 가입하는 길이다. 그러나 지식재산권 분쟁, 특히 특허권의 유무효에 대하여는 등록국이 전속적 국제재판관할을 가지므로(대법원 2011. 4. 28. 선고 2009다19093 판결) 관할합의가 불가능하다. 또한 준거법에 관하여도 지재권 분야에서는 보호국법주의의 결과 복수국가에서 발생한 지재권 침해 전체에 대해 한국법을 준거법으로 일률적으로 적용하기는 어렵다. 요컨대 일반론으로 지재권(특히 특허권) 분야는 우리가 '허브 코트'를 만들어 국제소송을 유치하고 한국법을 일률적으로 적용하기는 상대적으로 어려운 분야이고, 관할합의협약에 가입하더라도 승인 및 집행이 제한될 수 있다(협약 제10조 제3항 참조). IP 허브 코트를 만들자면 이런 한계의 극복방안을 면밀하게 검토해야 한다.

그 밖에 송달 문제도 있다. 법원에서는 전자송달을 염두에 둔 것 같은데, 당사자가 일단 동의하면 문제가 없으나 그렇지 않으면 외국으로 문서를 송달해야 한다. 여기에서 송달협약상 간이한 송달방법에 대한 유보를 완화하는 방안을 검토해야 한다. 위에서 언급한 것처럼 독일과 같은 대륙법계국가의 경우 특허권 또는 상표권의 등록무효 또는 취소에 관한 분쟁을 송달협약의 대상이 아니라고 보기도 함을 유념해야 한다. 또한 비디오링크를 통한 증거조사의 문제도 있다.171) 비교적 단기간 내에 국제상사중재에서 중심지의 하나로 부상한172) 싱가

---

171) 이러한 고려는 해사법원 설치와 관련해서도 의미가 있다. 해사법원도 주로 국제민사소송을 염두에 둔 것이기 때문이다.

172) 2015년 자료에 따르면 싱가포르와 SIAC는 런던, 파리와 홍콩에 이어 넷째로 선호되는 중재지이자 중재기관이라고 한다. School of International Arbitration, Queen Mary University of London, 2015 International Arbitration Survey: Improvements and

포르가 국제소송을 유치하고자 2015년 1월 대법원 산하에 싱가포르 국제상사법원(Singapore International Commercial Court. SICC)을 설립하고, 관할합의협약에 가입한 뒤 후속 작업을 추진 중임을 주목해야 한다.[173][174] 중국은 2017. 9. 12. 협약에 서명하였는데, 이는 중국이 국가적으로 추진하는 이른바 '一帶一路' 프로젝트와 관련이 있는 것으로 보인다. 'IP 허브 코트'를 도입하기 위하여 우리가 새로운 제도를 만들고 이를 위한 입법적 조치를 하는 것은 당연하지만, 'IP 허브 코트'라는 것이 지재권 관련 민·상사사건을 염두에 둔 것이라면, 그와 병행하여 헤이그회의가 제공하는 협약과 제도를 적절히 활용하는 지혜를 발휘해야 한다.

후 기

위 글을 발표한 뒤에 아래의 문헌이 간행되었다. 물론 망라적인 목록은 아니다.
• 국제사법회의에 참가한 판사들의 보고서들. 국제규범의 현황과 전망—2017년 국제규범연구반 연구보고 및 국제회의 참가보고—(2018)에 수록된 한현희, 51면 이

Innovations in International Arbitration, p. 12 참조. http://www.arbit ration.qmul.ac. uk/docs/164761.pdf. (2017. 10. 10. 방문). 더욱이 한국에서 2016년 실시한 국제중재에 관한 설문조사 결과에 의하면 한국의 중재 관련 업무 종사자들이 선호하는 중재지는 싱가포르, 서울, 홍콩, 런던, 뉴욕과 파리 순이었다고 하여 싱가포르가 수위를 점하였다고 한다. 이호원, "국제상사분쟁해결방법으로서의 국제중재에 관하여", 연세대학교 법학연구, 제27권 제3호(2017. 9.), 214면 참조. [이 각주는 이 책에서 새로 추가한 것이다.]

173) 이는 예컨대 한국기업과 일본기업의 분쟁에 관하여 당사자가 싱가포르에서 재판받기로 관할합의를 하면 국제상사법원이 재판을 하겠다는 것으로, 국제상사중재에서 성공을 소송으로 확대함으로써 싱가포르를 국제분쟁해결허브로 육성하겠다는 의지의 표현이다. 관할합의협약은 2016. 10. 1. 싱가포르에서 발효되었는데 싱가포르의 협약 가입은 이런 배경에서 이해할 수 있다. 나아가 관할합의협약에 가입하지 않은 국가들에서도 싱가포르 재판의 승인 및 집행을 보장하는 것이 싱가포르의 중요 관심사이다. SICC의 설립 배경은 우선 Quentin Loh, "The Limits of International Arbitration and Introduction to the Concept of the Singapore International Commercial Court", in Reinhold Geimer und Athanassios Kaissis (Eds.), *Ars aequi et boni in mundo*: Festschrift für Rolf A. Schütze zum 80. Geburtstag (2014), p. 343 이하와 http://www.sicc.gov.sg/ 참조.

174) 나아가 싱가포르는 국제적 채무재조정의 중심지로 부상하기 위내 노력하고 있다. 이를 위해 2016년 싱가포르 강화위원회의 권고의견이 간행된 바 있다. 상세는 모성준, "기업회생의 국제허브가 되기 위한 싱가포르의 전략: 싱가포르의 2017년 개정 회사법을 중심으로", 2017. 10. 21. 개최된 도산법 심포지엄 — 도산절차의 새로운 흐름 자료집, 15면 이하 참조. [이 각주는 이 책에서 새로 추가한 것이다.]

하(입양협약); 황인준 · 이동진, 709면 이하(재판 프로젝트); 이명철, 773면 이하(일
반사무정책 이사회); 오소현, 789면 이하(아동탈취협약과 아동보호협약); 김윤종,
805면 이하(재판 프로젝트)
- 한충수, "헤이그 재판협약과 민사소송법 개정 논의의 필요성 — 관할규정의 현대화
및 국제화를 지향하며", 인권과정의 제493호(2020. 11.), 73면 이하
- 사법정책연구원, 국제적 전자송달에 관한 연구(2021)(김효정 외 집필)
- Lier Ying Khai, Trusts and Choice of Law in South Korea: The Case for
Adopting the Hague Trusts Convention, Journal of Korean Law, Vol. 20 (2021.
2.), p. 57 이하. 이는 한국이 신탁협약에 가입해야 한다는 주장을 담은 호주 멜버
른 대학 교수의 글인데 그 저자는 한글 문헌을 해독하지 못하는 사람이다. 그런 상
황에서 논문을 투고한 사실도 놀랍거니와 이를 간행해준 서울 법대도 이해하기 어
렵다. 한국법상 신탁의 준거법에 관하여는 견해가 나뉘고(정순섭, 신탁법(2021),
726면 이하 참조), 한국이 신탁협약에 가입해야 하는지를 다룬 글도 몇 편이 있으
나 위 저자는 그런 상황을 전혀 알지 못하였다. 위 잡지의 주된 목적은 한국법을
대외적으로 소개하는 것인데 이 건의 경우 한국법의 상황을 왜곡하게 되었다. 위
글을 읽는 외국인들은 한국에는 신탁협약 가입에 관하여 아무런 논의가 없는 것처
럼 오해할 수 있기 때문이다. 한국의 상황을 모르는 외국 교수가 한국법을 분석한
다는 것은 설득력이 없다. 저자는 JKL 측에 이의를 제기하였고 결국 인터넷판에서
나마 저자가 영어 문헌만을 기초로 작성하였다는 문구가 추가되었다. 이 사건은 우
리에게 여러 모로 반성할 것을 요구한다.
- 2020년 헤이그국제사법회의의 일반사무정책 이사회는 상설사무국으로 하여금 분산
원장기술의 국제사법적 함의와 관련한 전개를 모니터링하여 보고하도록 하였다. 상
설사무국은 2021년 3월 예비문서를 작성하여 그간의 활동과 쟁점 등을 보고하고
향후 계획을 제안하였다. HCCH, Developments with respect to PIL Implications
of the Digital Economy, including DLT, Prel. Doc. No.4, March 2021 참조. 따
라서 그에 대한 후속작업이 진행되고 있다.
- 사법정책연구원, 국제상사법원에 관한 연구(2020)(김정환 외 집필). 우리나라에서
도 국제상사법원을 도입하기 위한 입법이 추진되어 이수진 의원이 대표로 2021년
2월 각급 법원의 설치와 관할구역에 관한 법률 일부개정법률안(의안번호 8121), 민
사소송법일부개정법률안(의안번호 8120)과 법원조직법 일부개정법률안(의안번호
8118) 등을 발의한 바 있다.
- 근자에, 동양에 법학이 없었던 이유를 설명한 穗積陳重(호즈미 노부시게. 일본 최
초의 법학자로 일본 민법과 法例의 기초자의 1인)의 견해를 보았다. 內田 貴/정종
휴(역), 법학의 탄생(2022), 31면, 263면 이하 참조.

[3] 이호정 선생님의 국제사법학

前 記

이 글은 저자가 이호정 선생의 추모문집인 '자유주의자 李好珽의 삶과 학문'(2019), 37면 이하에 게재한 글을 다소 수정·보완한 것이다. 정치(精緻)한 국제재판관할규칙을 담은 국제사법 개정법률(개정법)이 2022. 1. 4. 공포되어 7. 5. 발효된다. 그 결과 준거법규칙을 담은 조문도 번호가 변경되기에 아래에서는 개정법의 조문을 일부 언급하였다.

Ⅰ. 머리말

2018. 12. 16. 이호정 선생님이 영면하였다. 1975년 3월[1]~2002년 2월까지 서울법대에서 민법과 국제사법을 가르쳤던 선생님은 1993년 한국국제사법학회 (이하 "국제사법학회" 또는 "학회"라 한다)의 설립을 이끌었고 처음 6년 동안 회장을 역임하면서 학회의 기틀을 세운 한국 국제사법학계의 상징적 존재였다.[2] 제자들은 선생님의 추모기념논문집을 간행하기로 하고 개별 주제를 다룬 논문들(解題 포함) 외에 선생님의 민법학과 선생님의 국제사법학을 정리하여 수록하기로 하였는데 후자를 필자가 담당하기로 하였다.[3] 여기에서 국제사법이라 함은 '협의의 국제사법', 즉 지정규범(Verweisungsnorm) 또는 '법적용규범(Rechtsanwen-dungsnorm)'에, 국제재판관할과 외국재판의 승인·집행에 관한 규범을 더한 광의

---

* 간행위원회의 지침에 따라 '선생님'이라는 호칭을 사용하되 그 밖에는 평어체를 사용한다.
1) 선생님은 1968년 1월부터 서울상대에 적을 두고 있다가 서울법대로 자리를 옮겼다.
2) 이호정 선생님의 업적은 석광현, "서울법대 국제사법 국제거래법 연구 70년", 별책 서울대학교 法學 제58권 제1호(2017. 3.), 399면 이하; 서울대학교 법과대학 72년 1946-2017 (2018), 520면 이하 참조.
3) 이런 접근방법이 부득이한 면이 있으나 민법학과 국제사법학의 상호작용에 대한 고려가 부족하게 될 수 있으므로 적절한지는 논란의 여지가 있다. 조금 다른 이야기지만, '국내계약'만 다룰 뿐이고 '국제계약'은 다루지 않는 계약법 교수가 있다는 사실은 놀라운 일이다. 국제계약을 다루자면 국제사법이 출발점이다. 더욱이 우리나라는 국제물품매매협약에 관한 UN협약(CISG)에도 가입하였는데 말이다.

의 국제사법을 말한다.4)

아래에서는 선생님의 교과서와 논문들을 기초로 삼고 2002년 2월 선생님의 정년퇴임을 기념하여 가졌던 대담(이하 "대담"이라 한다)5)을 참고하여 선생님의 국제사법 분야의 연구업적과 활동을 개관하고 그 의의와 아쉬움을 언급한다. 구체적 순서는 국제사법학에의 입문과 교과서의 집필(Ⅱ), 국제사법의 역사와 방법론(Ⅲ), 우리 (협의의) 국제사법의 해석론: 총론적 논점(Ⅳ), 우리 (협의의) 국제사법의 해석론: 각론적 논점(Ⅴ), 외국 국제사법의 소개(Ⅵ), 국제민사절차법에 대한 관심(Ⅶ), 외국법 연구의 필요성의 지적과 영국 계약법에 대한 연구(Ⅷ), 국제사법학회와 섭외사법 개정위원회 활동 등(Ⅸ), 맺음말: 총체적 평가를 겸하여(Ⅹ) 와 餘論: 사적(私的)인 이야기(Ⅺ)이다.

Ⅱ. 국제사법학에의 입문과 교과서의 집필

1. 국제사법과의 인연과 강의 담당 배경

선생님이 국제사법을 연구하게 된 것은 1970년 독일 쾰른에 체류한 결과인데 선생님은 그 계기를 "첫째로, 케겔 교수님과의 사제관계6) 때문이고, 둘째로는 독일에 가서 국제사법의 중요성을 인식하게 되었기 때문이라고"7) 하였다. 하지만 아래 진술을 보면 선생님은 그 전에도 국제사법에 관심을 가졌던 것 같다.

---

4) 국제사법의 개념은 석광현, "한국 국제사법학의 과제", 국제사법연구 제22권 제2호(2015. 12.), 381면 이하; Jürgen Basedow *et al.*, Encyclopedia of Private International Law, Vol. 2 (2017), p. 1380 이하(Peter-Heinz Mansel 집필부분) 참조. 이하 이를 "Encyclopedia"라고 인용한다.

5) 2002년 2월 당시 선생님의 정년퇴임을 앞두고 윤진수 교수와 선생님 댁에서 대담을 하였고 그 내용이 서울대학교 법학 제43권 제1호(2002), 13면 이하에 수록되었다. 필자는 주로 국제사법 관련 질문을 드렸는데 더 의미 있는 질문을 하지 못한 아쉬움이 남는다.

6) 선생님과 황적인 교수 등 한국 학자들과 케겔 교수의 인연은 케겔 교수의 지도로 쾰른대학교에서 국제사법 논문으로 박사학위를 받은 최종길 교수로부터 시작되었다고 한다. 대담, 20면. 최종길 교수의 1962년 학위논문 제목은 "Die Scheidung im koreanischen materiellen und internationalen Privatrecht(한국 실질법 및 국제사법에 있어서 이혼)"이었다. 이는 한국인 최초의 독일 법학박사 학위논문이라고 한다. [밑줄 부분은 이 책에서 새로 추가한 것이다.]

7) 대담, 19면.

"저는 고서적 사 모으는 취미가 있어서 … 고서점을 둘러보는 것이 큰 낙이지요. 주머니 사정이 허락하는 한 많은 책을 사들이곤 하는데, 대학교 때에는 청계천의 고서점에도 자주 들르곤 하였습니다. … 제가 대학교 4학년 때 그곳에서 Statute Theory, 즉 법칙학설을 철저하게 비판한 게오르그 베히터의 논문이 책으로 나와 있는 것을 발견했지요. 그 때도 베히터의 이름은 알고 있었지만, 제가 국제사법을 공부하게 될 줄은 전혀 몰랐기 때문에 그 책을 구입할 생각을 하지 못했습니다. 이 글은 국제사법학사의 기념비적인 논문의 하나인데, 국제사법을 공부하게 된 후로는 이것이 두고두고 후회가 되는 부분이지요."

독일 국제사법학자 베히터의 이름을 아는 법학부 학생이 얼마나 있을까.[8] 선생님의 국제사법에 대한 애성은 아래 진술을 통해서도 확인할 수 있다.[9]

"12세기에 북부 이탈리아에서 탄생하여 수많은 학자와 실무가를 배출한 <u>명예롭고 찬란한 역사와 전통을 가지고 있는 국제사법 및 국제사법학</u>의 의미, 가치 그리고 그 실용성을 넓게 홍보하여 국제사법의 중요성에 대한 이해를 넓히고 유능한 전문인력 확보에 노력을 기울이지 않으면 안된다고 생각한다."(밑줄은 필자가 추가)

선생님 전에는 김진 교수[10]가 서울법대에서 국제사법을 강의하였으나[11] 김

---

8) Carl Georg von Wächter는 법칙학설 극복의 단초를 열었는데 그의 생애, 업적과 국제사법학에의 공헌은 이호정, 국제사법(경문사, 1981), 58면 이하; Encyclopedia, Vol. 2 (2017), p. 1824 이하(Ralf Michaels 집필부분) 참조.

9) 이호정, "헤이그 국제사법회의에의 가입과 그 의미", 국제사법연구 제2호(1997. 12.), 11면 이하. 로마시대(특히 전기 고전기)에 등장한 만민법(*ius gentium*)에서 국제사법의 존재를 인정할 수 있는지는 논란이 있다. Encyclopedia, Vol. 2 (2017), p. 1028 이하 (Laurens Winkel 집필부분); Encyclopedia, Vol. 2 (2017), p. 1390 (Kurt Siehr 집필부분) 참조. 최병조, 로마법의 향연(2019), 41면은 만민법은 요즘의 말로는 '글로벌 스탠더드법'이라고 하는데, 만일 그렇다면 이는 통일실질법이라고 할 수 있으나 지정규범은 아니라는 것이 된다.

10) 김진 교수는 1958년 미국 예일대학에서 "Renvoi and characterization in the Korean conflict of laws"(한국국제사법에서 반정과 법률관계의 성질결정)라는 제목으로 법학박사(J.S.D)학위를 취득하고 귀국하여 1959년부터 서울법대에서 국제사법을 강의하였다. 석광현(註 2), 398면. 2019. 9. 30. 중앙일보에서 김진 교수가 9. 26. 미국 샌디에고에서 별세하였다는 부고를 보았다. 교수님의 명복을 빈다.

11) 광복 후 서울법대의 최초 국제사법 강사는 에른스트 프랭켈인데 그는 1946년부터 1950년까지 미군정청 법률조사국 및 법률심의국 고문 등으로 활동하면서 한국 체류 동안 줄곧 국제사법을 강의하였다고 한다. 이종혁, "韓國 國際私法 初期史 散考", 국제사법연구 제24권 제2호(2018. 12.), 281면 이하; 서울대학교 법과대학 동창회 編, 서울대학교 법과대학 백년사: 1895~1995(2004), 264면 참조. 1946. 4. 11. 군정청지령(제12호)에 따라 변호사자격을 인정받은 그는 미대사관 근무 당시(1950년 3월경) '국회프락치' 사건에서 피고

교수가 1970년대에 미국으로 돌아간 탓에 결원이 생겼고, 그 후 최종길 교수가 강의를 하기도 하였으나 선생님이 서울법대에 부임한 1975년에는 시간강사가 담당하였기에 선생님이 국제사법 강의를 담당하게 되었다고 한다.[12]

2. 국제사법 교과서의 집필

선생님은 교과서로 '국제사법'[13]과 '섭외사법'[14]을 간행하였다. 전자는 머리말에 있듯이 1977년 간행된 Gerhard Kegel, Internationales Privatrecht, 4. Auflage를 기초로 내외 문헌을 참조하여 집필한 섭외사법을 다룬 교과서이다. 이는 일본 교과서를 번역하거나 그에 기초한 당시 교과서들[15]과 달리 독일 교과서를 기초로 삼은 점에서 크게 다르다.[16] 요즘의 엄격한 기준에 따르면 '저서'라고 평하기 어려운 면이 있으나 섭외사법의 해석론을 중심으로 삼는 점에서 선생님의 저작임을 부정할 수는 없다.[17][18] 선생님은 교과서의 집필 동기를 아래와

인들의 무죄를 강력하게 뒷받침하는 법리검토보고서를 작성하여 법원에 제출하였다고 한다. 김두식, 법률가들(2018), 396면 이하, 654면 註 57 참조. 프랭켈의 일화는 정종휴, 역사속의 민법(1995), 207면에도 등장한다.

12) 대담, 20면.
13) 이호정(註 8)이 그것이다.
14) 이호정, 섭외사법(1986). 이는 이호정(註 8)을 조금 수정한 한국방송통신대학 교재인데 1991년에도 간행된 바 있다.
15) 선생님도 인정하였듯이 위 교과서도 번역서라는 한계가 있다. 따라서 석광현, 국제사법해설(2013), 안춘수, 국제사법(2017)과 최흥섭, 한국 국제사법1 —법적용법을 중심으로—(2019) 등은 다르지만, 과거 우리 국제사법학은 이른바 '飜譯法學' 내지 '飜案法學'의 수준에 머물렀다. 초기 우리 민법 교과서를 비판한 양창수, "우리 민법학의 성과와 앞으로의 과제", 우리 법 70년 변화와 전망: 사법을 중심으로, 청헌 김증한 교수 30주기 추모논문집(2018), 10면 이하 참조. 그렇다고 기존 교과서가 무의미한 것은 아니다.
16) 당시 소수의 우리 국제사법 교과서들은 내용이 대동소이한데, 일본, 독일, 프랑스 등 소수의 국가들만 등장하는 민법 교과서와 달리 다양한 국가의 입법례를 인용하는 점에 특색이 있었다(조문 언급 없이).
17) 전자에 대하여 최공웅 변호사는 "섭외사법이 시행된 1962년부터 18년간이나 새 교과서 한권 없이 학문의 不毛地였던 국제사법학계는 1980년 서울법대 이호정 교수의 종래의 전통적인 틀을 벗어난 독일류의 새로운 면모의 … 「국제사법」교과서가 발간됨으로[써] 새로운 局面을 맞이하였"다고 평가하였다. 최공웅, "韓國 國際私法의 回顧와 展望", 국제사법연구, 창간호(1995. 12.), 144면.
18) 독일 국제사법학의 연구는 우리가 일본 국제사법학을 극복하는 데 도움이 된다. 우리 법학에서 독일 법학이 '독자성 획득의 손쉬운 의거처'로서 적절한가는 논란의 여지가 있으나(독일법학이 가장 손쉬운 의거처라는 김증한 교수의 견해에 대한 양창수(註 15), 50면 이하의 비판 참조) 중요한 의거처의 하나임은 명백하다. 선생님은 평소 일본 문헌에의 지

같이 설명하였다.[19]

> "개인적으로는 케겔 교수의 학은에 보답한다는 점을 빼 놓을 수 없겠고[20] … [케겔] 선생님의 교과서를 읽다 보니 재미를 느끼기도 했습니다. 당시에는 케겔 교수의 책이 독일에서도 국제사법 저서로는 거의 유일하게 본격적인 것이었습니다. … 소개할 만한 가치가 있을 것 같아 이를 번역하다시피 하여 교과서를 내게 되었습니다. 그 때까지 우리 … 국제사법 교과서 … 들은 일본의 에가와라는 학자의 책들을 … 번역한 것에 불과했지요. 물론 그 책 자체로는 매우 잘 만들어진 것이지만 그 후의 발전을 소개하여야 한다는 점도 있고 국제사법이 내용이 풍부한 법영역이라는 점을 소개하고 싶어서 교과서를 쓰게 되었습니다. 또한 1975년 법대로 이적하면서 마침 국제사법 강의를 맡게 되었다는 점도 중요한 동기가 되겠지요."

위 교과서는 케겔 교수의 교과서에 기초한 것으로 풍부한 판례와 입법의 소개 및 이론의 깊이 등에서 기존 교과서들의 추종을 불허하였다. 이런 교과서를 가지게 되었다는 것은 우리에게, 특히 국제사법을 공부하는 한국 법률가들과 법학도들에게 축복이었다. 독일 책에 기초한 탓에 비근한 판례와 사례가 아니고 이론적 깊이로 인해 난해함이 가중된 것은 아쉬운 점이다. 또한 선생님의 견해를 더 적극적으로 밝히지 않은 점, 연원이 불분명한 섭외사법 조문들(특히 상사편의 조문들)에 대한 해석을 충실히 시도하지 않은 점[21]과 섭외사법의 낙후성을 극

나친 의존을 경계하였기에 독일 책을 저본(底本)으로 삼았을 것이다. 독일 국제사법학에의 지나친 경도는 피해야 하는데, 개정위원회가 EU국제사법, 헤이그협약 등 국제규범과 독일, 일본과 스위스 등 국내입법을 널리 참조한 점은 평가할 만하다. 필자는 국제거래법의 맥락에서 일본법을 극복하는 수단의 하나로 국제규범의 활용을 적시한 바 있다. 큰 틀에서 일본법도 서유럽 근대법에 기초한 것으로서 보편적 가치를 담은 것이므로 이를 따르는 것이 왜 문제인지 반문할지 모르겠으나(정종휴(註 11), 202면 이하가 소개하는 민법안의 기초자인 가인 김병로의 인식 참조) 큰 틀 안에 존재하는 제도설계상의 다양한 선택 가능성과 세부적 사항들을 무시할 수 없는 법률가가 할 말은 아니다. 더욱이 일본법과의 유사성이 다양한 논점에 대한 깊은 이해를 기초로 우리가 주도적으로 취사선택한 결과라면 모르겠으나(실제로 정종휴(註 11), 182면은 "우리 민법전은 확실히 수많은 논의의 결과요, 바깥 눈치를 보지 않고 독자적인 입장에서 이루어진 입법적 성과라 할 것입니다"라고 쓴다) 과거 우리가 한 것은 상당부분 모사(模寫)에 가까운 작업이었기에 더욱 그러하다.

19) 대담, 29면 이하.

20) 이런 이유로 책의 속지에 "恩師 게르하르트 케겔 선생님께 바칩니다."는 헌사를 한국어와 독일어로 적고 있다.

21) 단적으로 이호정(註 8), 445면은 은행업무에 관한 섭외사법 제30조의 조문만 적고 있다. 제30조와 보험계약에 관한 제33조는 실무상 중요성에도 불구하고 마치 없는 것처럼 취급되었다. 전자는 석광현, 국제사법과 국제소송, 제1권(2001), 169면 이하; 후자는 석광현,

복하기 위한 입법론을 충분히 개진하지 않은 점 등도 아쉽다.[22]

이익법학에 기초한[23] 케겔 교수의 교과서는 개정을 거듭하여 2004년 제9판
이 간행되었으나,[24] 선생님은 개정판을 간행하지 않았다. 이는 아쉬운데 주된
이유는 건강이 좋지 않았던 점과, 폭포처럼 쏟아진 국제사법의 최신 이론과 독
일, 스위스 등의 국제사법 개정까지 반영하여 제대로 개정하려다 보니 결국 하
지 못하게 된 것이라고 한다.[25]

국제사법과 국제소송, 제2권(2001), 62면 이하 각 참조.

22) 물론 절충주의를 취한 섭외사법(제13조 제2항과 제3항)에 대한 비판(이호정(註 8), 313
면)과 남녀평등의 원칙에 반하는 혼인의 신분적 효력의 준거법을 정한 섭외사법(제16조
제1항 등)에 대한 비판(이호정(註 8), 341면 이하)이 있다. 그러나 당사자의 지정이 없는
경우 행위지법을 계약의 준거법으로 지정한 섭외사법(제9조 2문)에 대한 비판과 입법론
은 잘 보이지 않는다. 이호정(註 8), 286면 이하 참조.

23) 국제사법의 저촉규정은 다양한 유형의 이익에 근거한다. Gerhard Kegel/Klaus Schurig,
Internationales Privatrecht, 9. Auflage (2004), S. 134ff.는 국제사법이 봉사하는 이익(즉
국제사법적 이익)을 ① 당사자이익, ② 거래이익과 ③ 질서이익으로 3분하고, 질서이익
을 ③-1 외적(국제적) 판단의 일치, ③-2 내적 판단의 일치, ③-3 법적 안정성 및 예견
가능성과 ③-4 기타 질서이익(이에는 내국법 적용의 이익과 실효적 판결의 이익을 포함
시킨다)으로 세분한다. 나아가 국제사법적 이익과 별개로 [1] 실질사법적 이익과 [2] 공
법적 이익 내지 국가이익이 있다. 이호정(註 8), 19면 이하에는 ③-3이 없고(다만 178면
에는 안정된 법적용이 질서이익의 하나로 등장한다) [2] 공법적 이익 내지 국가이익 대신
에 권력적 이익이 언급되고 있다. 국제사법적 이익과 실질법적 이익의 준별에 대하여도
비판이 있고, 특히 위의 이익분석이론에 대하여는 다양한 비판(예컨대 이익에 대한 평가
와 상호간 형량기준 제시 없는 점 등. 그러나 Lüderitz는 케겔의 이론을 발전시켜 당사자
이익의 우위를 인정하고 당사자자치를 중시한다)과 반론이 있다. Karsten Otte,
"Betrachtungen zur Interessenlehre", Heinz-Peter Mansel, Internationales Privatrecht
im 20. Jahrhundert (2014), S. 30, S. 36; Götz Schulze, "Individuelle und über-
individuelle Interessen im IPR", Martin Gebauer et al. (Hrsgs.), Die Person im
Internationalen Privatrecht: Liber Amicorum Erik Jayme (2019), S. 184ff; Encyclo-
pedia, "Kegel, Gerhard", Vol. 2, p. 1069 (Heinz-Peter Mansel 집필부분) 참조. 케겔
이론의 소개와 비판은 Boris Schinkels, Das international-privatrechtliche Interesse-
Gedanken zur Zweckmäßigkeit eines Begriffs, Festschrift für Bernd von Hoffmann
zum 70. Geburtstag (2011), S. 390ff.도 참조. Kegel의 이익법학을 소개한 우리 문헌은
신창선, "국제사법의 목적과 이념 —국제사법적 정의와 실질사법적 정의와의 관계를 중심
으로—", 안암법학 제6집(1997), 204면 이하 참조. 황적인, "Gerhard Kegel 교수의 생애
와 업적—Kegel 교수의 一周忌에 임하여—", 국제사법연구 제12호(2006), XIII면 이하는
간략하게 케겔의 생애와 저술을 소개한다(다만 이 글은 케겔 교수가 교과서를 10판까지
간행하였다고 하나(XV면) 10판은 보지 못하였다). [밑줄 부분은 이 책에서 새로 추가한
것이다.]

24) 이는 케겔 교수의 제자인 Schurig 교수와의 공저이다(2000년 8판부터 공저이다).

25) 대담, 30면.

Ⅲ. 국제사법의 역사와 방법론

국제사법의 역사를 공부하는 것은 국제사법의 문제를 해결하기 위하여 장기간에 걸쳐 제시되고 축적된 다양한 사고를 이해함으로써 현대 국제사법을 바라보는 관점을 정립하는 데 도움이 된다.26) 현대 국제사법의 이론과 실무에 여전히 영향을 미치고 있는 다양한 접근방법의 첫째는 12세기 중세 이탈리아에서 주장된 법칙학설 또는 법규분류설(Statutentheorie)이다. 이는 법규를 내용에 따라 사람의 법적 지위에 관한 人法(statuta personalia), 부동산에 관한 물법(statuta realia)과 행위에 관한 혼합법(statuta mixta)으로 분류하고 각각 그의 장소적 적용범위를 정한다.27) 둘째는 법칙학설을 비판하고 각 법률관계에 대하여 그것이 본거(Sitz)를 가지고 있는 지역의 법이 준거법이 된다고 하며 법률관계로부터 출발하여 그의 본거를 탐구하는 방향으로 접근하는 Savigny의 접근방법이다. 셋째는 통치이익(government interest) 분석을 기초로 각국법의 적용범위를 획정할 것을 주창함으로써 1960년대 국제사법의 혁명을 선도한 Brainerd Currie 기타 미국 학자들이 주로 불법행위의 준거법 지정에 관하여 전개한 접근방법이다. 그들은 전통적 국제사법의 경직된 저촉규칙으로부터 벗어나 정치한 규칙(rules) 없이 접근방법(approaches)만으로 문제 해결을 시도하였다. 선생님 교과서 중 국제사법의 역사에 관한 서술은 간략하지만 균형 잡힌 것이다.28)

---

26) Friedrich K. Juenger, Choice of Law and Multistate Justice (1993), p. 6. 1990년 여름 연구년으로 프라이부르그에 머물던 김성태 교수(당시 경희대)의 주선으로 Juenger 교수를 만나 3인이 근교에서 점심을 하며 담소할 수 있었다. Juenger 교수의 논문선집(2001)과 기념논문집(Patrick J. Borchers et al., 2001)을 볼 때면 그의 인자한 얼굴이 떠오른다.

27) 법칙학설을 주장한 주석학파의 대표적 학자인 Bartolus de Saxoferrato는 로마의 市民法大典(또는 로마법대전. Corpus Iuris Civilis) 전체에 대하여 해설을 썼는데 가장 유명한 것이 勅法彙撰(Codex)에 대한 주석의 일부로(C.1.1.1)로 국제사법을 다룬 것이다. 이호정(註 8), 46면; Encyclopedia, Vol. 1, p. 157 이하(Pietro Franzina 집필부분); 최병조, "바르톨루스 〈법률들의 저촉에 관하여〉", 서울대 법학 제34권 제3·제4호(1993), 245면 이하(최병조, 로마법연구 I (1995), 498면 이하) 참조. 영문번역은 소책자인 Joseph Henry Beale, Bartolus on the Conflict of Laws (1914) 참조. 시민법대전과 칙법휘찬에 관하여는 최병조, 로마법강의(2007), 208면 이하; 한동일, 법으로 읽는 유럽사(2019), 273면 이하 참조.

28) 추상적인 문제에 관심을 가지느라 구체적인 것에 다소 소홀하였음을 반성한(대담, 29면) 선생님과 달리 구체적인 문제의 해결에 치중한 필자는 국제사법의 역사에 대해 연구가

국제사법의 방법론에 관하여 선생님은 두 편의 논문을 발표하였다. 하나는 Kegel과 Juenger의 논쟁을 소개한 것으로 국제사법의 혁명을 선도한 미국 이론과 전통이론 간의 異同을 보여준다.29) 다른 하나는 사비니가 1849년 간행한 '현대 로마법체계(System des heutigen Römischen Rechts)' 제8권—선생님은 이를 "偉大한 天才의 老衰할 줄 모르는 創造的 힘을 보여주고 있는 國際私法의 記念碑的 名著"라고 평가한다— 30)을 소개한 논문이다.31) 위대한 독일 법학자인 사비니에 대하여 한국에서는 주로 <u>역사법학, 법률행위론, 점유권론과 부당이득론</u> 등에 주목할 뿐이고 국제사법의 접근방법상 '코페르니쿠스적 전환(kopernikanische Wende)'32)을 가져온 국제사법학자로서의 업적에 대한 연구는 없던 상황에서33) 후자는 사비니의 국제사법학을 소개한 논문으로서 큰 의의가

부족함을 반성한다. 국제사법의 역사는 이호정(註 8), 34면 이하; Juenger(註 26), p. 6 이하; Nikitas Hatzimihail, "Chapter 4: Pages of History: Friedrich Juenger and the Historical Consciousness of Modern Private International Law", http://papers.ssrn. com/author=331751 참조. 최병조(註 27), 248면은 "현재 우리나라 국제사법학계의 사정은 여러 가지 이유가 있겠지만 국제사법의 역사를 깊이있게 천착하는 데까지는 아직 힘이 못 미치는 것 같다"고 지적한 바 있다. 국제사법의 역사를 알자면 위에 언급한 학자들 외에도 외국에서 발생한 법상태의 예양을 통한 승인을 주장함으로써 예양이론과 기득권이론의 기초를 놓은 Ulrik Huber, 국적주의의 옹호자이며 저촉법조약의 최초 지지자인 이탈리아의 Pasquale Stanislao Mancini와 Huber의 예양이론을 도입하여 미국 국제사법의 기초를 놓은 Joseph Story 등 국제사법사 속에 명멸한 저명학자들의 업적을 이해하여야 한다. 차례대로 Encyclopedia, Vol. 1, p. 875 이하(Mathijs Ten Wolde 집필부분); Encyclopedia, Vol. 2, p. 1194 이하(Yuko Nishitani 집필부분); Encyclopedia, Vol. 1, p. 1659 이하(Ralf Michaels 집필부분) 참조. Huber의 이론은 영미 국제사법의 발전에 있어서 무엇보다도 더 큰 영향을 미쳤다고 평가되는데, Wächter의 통렬한 비판 탓에 대륙에서는 별로 지지를 받지 못하였으나 근자에 법상태의 승인의 법리에 따라 새로운 조명을 받고 있다.

29) 이는 이호정, "最近의 國際私法理論의 動向에 관한 硏究 —Kegel과 Juenger의 論爭을 中心으로—", 서울대학교 법학 제20권 제3호(1980. 12.), 139면 이하이다.

30) 이호정(註 8), 59면. 나아가 선생님은 위 저서는 "國際私法分野에 있어서 500년 이래의 最高의 法創造的 傑作"이라고 평가된다며 M. Wolff를 인용한다.

31) 이는 이호정, "Savigny의 國際私法理論", 서울대학교 법학 제22권 제3호(통권 제47권) (1981. 9.), 92면 이하이다. 사비니에 관하여는 Encyclopedia, Vol. 2, p. 1609 *et seq.* (Ralf Michaels 집필부분) 참조.

32) Paul Heinrich Neuhaus, "Savigny und die Rechtsfindung aus der Natur der Sache", RabelsZ, Band 15, S. 366 (1949/1950).

33) 최종고, 위대한 法思想家들 I (1984), 148-170면은 사비니의 생애와 법사상을 소개하면서도 국제사법학을 언급하지 않는 탓에 사비니 법사상의 전모를 보여주지 못한다. 사비니는 만년의 저작인 제8권을 통하여 아마도 가장 널리 명성과 지속적 영향을 획득하였을

있다.34) 전통적 유럽 국제사법이론35)은 "국제사법적 正義는 실질사법적 正義에 우선한다"고 하면서 양자를 준별한다.36) 현재도 전통적 방법론이 유지되는지는 논란이 있으나 독일 통설은 이를 긍정하는데37) 어쨌든 현대 국제사법 방법

것이라는 평가도 있다. Gerd Kleinheyer/Jan Schröder, Deutsche Juristen aus fünf Jahrhunderten, 3. Auflage (1989), S. 243 (Raape를 인용하며). <u>민법학의 여러 분야(예컨대 부당이득론, 소멸시효론)에 미친 사비니의 영향은 양창수 교수의 글들에도 단편적으로 소개되어 있다. 이호정선생 추모문집 간행위원회, 자유주의자 李好珽의 삶과 학문(2019)에 수록된 양창수의 글, 2면 주 2 참조. 위 책의 서언의 번역은 사비니, "現代로마法體系序言", 서울대학교 법학 제36권 제3·4호(1995. 12.), 172면 이하(양창수 편역, 독일민법학논문선(2005), 1면 이하에도 수록됨). 물권행위에 관한 사비니의 이론은 위 추모문집에 수록된 지원림, 310면 참조.</u> [밑줄 부분은 이 책에서 새로 추가한 것이다.]

34) 근자에는 사비니의 법사고를 관통하는 원리들을 발견하여 그 이론의 전모를 통일적으로 파악하려는 시도가 있다. 남기윤, "사비니의 법사고와 법이론: 한국 사법학의 신과제 설정을 위한 법학 방법론 연구(8-1)", 저스티스 제119호(2010), 5면 이하; 남기윤, 법학방법론(2014), 344면 이하(제10장부터 제12장) 참조.

35) 전통적 국제사법의 연결원칙은 대체로 아래와 같다. 첫째, 법질서의 엄격한 동가치성(법규로부터가 아니라 법률관계로부터 출발한다는 사비니의 관점은 여기에서 유래한다), 둘째, 저촉법의 가치중립성(공서와 간섭규범을 제외하고는 실질법적 평가로부터의 독립성), 셋째, 지정규범의 진정한 양면성과 넷째, 국제적 판단의 일치가 그것이다. Marc-Philippe Weller, Grundfragen des Europäischen Kollisionsrechts (2016), S. 137은 Heinz-Peter Mansel, Internationales Privatrecht im 20. Jahrhundert (2014), S. 2를 위와 같이 정리한다. <u>가치중립적인 전통 국제사법의 政治化에 관하여는 우선 Martin Gebauer, Zur sogenannten Wertneutralität des klassichen IPR, Politisches Kollisionsrecht (2021), S. 35ff.; Marc-Philippe Weller/Greta Göbel, Das politische Kollisionsrecht unserere Zeit: Gesellschaftsentwicklung durch Internationales Privatrecht?, S. 75ff. 참조.</u> [밑줄 부분은 이 책에서 새로 추가한 것이다.]

36) Gerhard Kegel, Internationales Privatrecht, 6. Auflage (1987), S. 81; 이호정(註 8), 17면 참조. 전통적 접근방법을 'state-selection model' 또는 'jurisdiction-selection model', 미국의 새로운 접근방법을 'content-oriented law selection' 또는 'law-selection'이라고 부르기도 한다. Symeon C. Symeonides, The American choice-of-law revolution: past, present and future (2006), p. 394 이하 참조. 방법론은 우선 Encyclopedia에 실린 (American) Conflict of laws revolution (Linda Silberman), Brainerd Currie (Linda Silberman), Interest and policy analysis in private international law (Mathias W Reimann), Better law approach (Mathias W Reimann) 등 참조. Currie에 관한 우리 문헌은 장준혁, "브레이너드 커리의 통치이익분석론에 관한 연구", 서울대학교 대학원 법학석사 학위논문(1994. 2.) 참조. <u>그러나 Christian von Bar/Peter Mankowski, Internationales Privatrecht, Band Ⅰ, Allgemeine Lehren, 2. Auflage (2003), §6, Rn. 94f.는 양자의 준별에 반대하고 실질법과 저촉법은 상이한 수단을 가지고 동일한 목적을 추구하며, 실질법적 정의와 저촉법적 정의 간에는 원칙적으로 차이가 없다고 하면서 Kegel/Schurig, Internationales Privatrecht, 8. Auflage (2000), S. 127도 전과 달리 자신들과 유사한 견해를 취한다고 평가한다.</u> [밑줄 부분은 이 책에서 새로 추가한 것이다.]

37) 근자의 변화는 Ralf Michaels, "Die europäische IPR-Revolution. Regulierung,

론이 다원화되었음은 널리 인정되고 있다. 미국의 접근방법에 의하여 영향을 받은 유럽에서는 특히 가장 밀접한 관련의 원칙에 의하여 연결규칙을 정치하게 다듬어가고 있고 우리 국제사법도 같다. 상세는 장준혁 교수의 해제(解題)에 맡긴다.

IV. 우리 (협의의) 국제사법의 해석론: 총론적 논점

1. 협의의 국제사법과 시제(사)법

흔히 '협의의 국제사법'을 '저촉법(또는 충돌법)'이라고도 하나 엄밀하게는 협의의 국제사법은 장소적 저촉법(räumliches Kollisionsrecht)을 말하고, 그 밖에도 인적 저촉법(personales Kollisionsrecht)과 시간적 저촉법(zeitliches Kollisionsrecht) (즉 시제법) 등이 있다.[38] 시제법(intertemporales Recht)이라 함은 하나의 법률관계에 신법과 구법이 모두 관련되는 경우 어느 법을 어느 범위에서 적용할 것인가라는, 법률의 시간적 충돌을 해결하는 법률이다.[39] 私法이 바뀐 경우 '時際私法'이 있게 된다. '법률관계에 대한 법규의 지배의 장소적 한계'를 정한 국제사법

Europäisierung, Mediatisierung", Dietmar Baetge et al. (Hrsgs.), Festschrift für Jan Kropholler zum 70. Geburtstag (2008), S. 151ff. 참조. 후자는 EU 국제사법의 유럽화(공동체법화)의 내용으로 규제화와 陪臣化(Mediatisierung. 예컨대 국내법인 국제사법이 유럽법화되는 현상)를 들고 이런 현상을 '유럽 국제사법의 혁명(European Choice of Law Revolution)'이라고 부른다. 나아가 '법상태의 승인'도 유럽화 또는 헌법화의 현상으로 파악한다. 2008. 2. 9. 미국 듀크대 로스쿨에서 "The New European Choice-of-Law Revolution: Lessons for the United States?"라는 주제로 국제학술대회가 개최되었고 논문들은 Tulane Law Review, Vol. 82, No. 5 (2008. 5.)에 간행된 바 있다. 법상태의 승인은 학설 시장(Markt der Meinungen)에 가장 최근에 등장한 국제사법의 대이론(Gross-theorie)이라는 평가도 있다. Peter Mankowski, Das Bündelungsmodell im Internationalen Privatrecht, in Liber Amicorum Klaus Schurig zum 70. Geburtstag (2012), S. 175f.(역시 대이론인 Schurig의 'Bündelungsmodell(다발화모델)'의 가치를 높이 평가하면서). 저촉법적 승인에 관하여는 석광현, "국제사법에서 준거법의 지정에 갈음하는 승인: 유럽연합에서의 논의와 우리 법에의 시사점", 동아대학교 국제거래와 법, 제35호 (2021. 19.), 1면 이하 참조. [밑줄 친 부분은 이 책에서 새로 추가한 것이다.] Abbo Junker, Internationales Privatrecht, 3. Auflage (2019), §4, Rn. 37ff.는 '국제사법의 유럽화'를 21세기 초 현대 유럽 국제사법의 가장 중요한 발전으로 들고, 구체적으로 저촉규범의 정치화(精緻化), 당사자자치의 강조, 약자의 보호와 (특히 국제적 강행규정에 관하여) 국제사법상 미완의 부분이 있는 점을 현대적 발전의 내용으로 열거한다.

38) 그 밖에도 이호정(註 8), 9면 이하는 순위저촉법과 실질저촉법을 열거한다.
39) 이호정(註 8), 9면; Kegel/Schurig(註 23), S. 39.

과 '법률관계에 대한 법규의 지배의 시간적 한계'를 정한 시제사법에 적용되는 원칙들 간에는 서로 내적 관련이 있다는 사비니의 설명[40]은 정곡을 찌른 것이다. 근자에 우리 법원의 징용사건과 서산 부석사 고려불상 사건에서 저촉법과 실질법의 측면에서 시제법의 문제가 다루어진 바 있다.[41]

2. 국제사법의 적용범위와 사안의 섭외성의 요부

국제사법(제1조)은 "이 법은 외국적 요소가 있는 법률관계에 관하여 국제재판관할에 관한 원칙과 준거법을 정함을 목적으로 한다."고 규정한다. 종래 국제사법이 순수한 국내적 사법관계에도 직용되는지는 논란이 있다. 선생님은 케겔 교수를 따라 소수설인 긍정설을 취한다. 다수설은 외국적 요소가 있는 법률관계일 것을 요구하는데, 이를 외국적 요소가 포함된 모든 사법관계(私法關係)로 이해하는 광의설과, 외국적 요소가 있을 뿐만 아니라 외국적 성격이 상당한 정도에 이르러 그 관계에 막연히 국내법을 적용함은 부당하고 국제사법을 적용하는 것이 합리적이고 타당할 경우에 한하여만 이를 인정하는 협의설이 있다.[42] 대법원은 협의설을 따르나 이는 국제사법에 반한다. 더욱이 과거 카타르사건에서 섭외성을 부정한 대법원의 결론(대법원 1979. 11. 13. 선고 78다1343 판결)은 협의설로도 정당화될 수 없다.

3. 숨은 반정

반정(renvoi)이라 함은 우리 국제사법이 어느 외국법을 적용할 것을 지정하고 있으나, 그 외국의 국제사법이 법정지법 또는 제3국법을 적용할 것을 규정하는 경우에 후자에 따라 법정지법 또는 제3국법을 적용하는 것을 말한다. 국가에

---

40) 이호정(註 8), 10면. 독일어 원문, 영어번역과 일어번역은 Friedrich Carl von Savigny, System des heutigen Römischen Rechts (1849), Vorrede, Ⅶ; Friedrich Carl von Savigny (translated by William Guthrie), A Treatise on the Conflict of Laws (1880), p. 45; Savigny/小橋一郎(譯), 現代ローマ法体系 제8권(2009), 5면.

41) 전자는 석광현, 국제사법과 국제소송, 제6권(2019), 670면 이하; 후자는 석광현, "대마도에서 훔쳐 온 고려 불상의 서산 부석사 반환을 명한 제1심판결의 평석: 국제문화재법의 제문제", 국제사법연구 제23권 제1호(2017. 6.), 12면 이하, 18면 이하 참조.

42) 외국에서도 다수설이 전통적 견해이다. 헤이그국제사법회의 사무국, 국제상사계약에서 법의 선택에 관한 원칙, 주석(2016), para. Ⅰ.13. 학설은 석광현, 국제사법과 국제소송, 제1권(2001), 203면 참조.

따라 연결점이 상이하거나 법률관계의 성질결정을 달리 하기 때문에 반정이 발
생한다. 외국의 국제사법규정이 명시하는 '명시적 반정'과 달리 외국의 국제재판
관할규정 등에 숨겨져 있는 저촉법규정에 의하여 법정지법 등으로 반정하는 경
우가 '숨은 반정(hidden *renvoi*)'이다. 즉, 영미의 국제재판관할규칙은 어떤 경우
자국 법원이 국제재판관할을 가지는지만 규정하고 관할을 가지는 경우 법정지법
을 준거법으로 적용하는데, 이러한 관할규칙에는 법정지법이 준거법이라는 저촉
규칙이 숨겨져 있다는 것이다. 실제로 국제적 이혼사건에서 대법원 2006. 5. 26.
선고 2005므884 판결[43]은 국제사법 제9조를 유추적용하여 숨은 반정을 정면으
로 허용하였다.

    문제는 우리 법원이 상계의 준거법이 영국법인 사안을 재판하는데 보통법
상의 상계가 문제되는 경우 영국법이 이를 절차의 문제로 성질결정하므로 영국
절차법이 한국으로의 숨은 반정을 인정할 수 있는가이다. 선생님은 섭외사법의
해석상 이를 긍정하였다.[44] 국제사법 하에서도 같은 견해가 있다. 그러나 우리
가 영국 보통법상의 상계를 실체의 문제로 성질결정한다면 우리는 영국 보통법
을 적용해야 한다. 만일 여기에서 숨은 반정을 허용한다면 실체적 성질결정은
무의미하게 된다. 즉 상계에서 일단 실체로 성질결정한다면 숨은 저촉규범의 존
재를 인정할 수 없다는 것이고 이 점은 국제사법 하에서도 같다.[45]

4. 공서위반과 기본권

    법원은 문제된 사안에서 성질결정을 하여 연결대상을 포섭하는 국제사법
조문을 결정하고 그를 적용하여 준거법을 지정한 뒤 그 준거법을 적용한다. 입
법자는 연결대상과 가장 밀접한 관련이 있는 법을 지정하기 위하여 통상 단일
연결점을 선택하나(단순연결), 선택적 연결, 종속적 연결, 누적적 연결, 배분적 연
결과 보정적 연결처럼 연결점을 조합하기도 한다.[46] 이 과정에서 국제사법도 최
고규범인 헌법의 가치판단에 구속되므로 국제사법의 연결원칙은 헌법적합성이

---

43) 평석은 석광현, "2006년 국제사법 분야 대법원판례: 정리 및 해설", 국제사법연구, 제12호
    (2006), 594면 이하 참조.
44) 이호정(註 8), 163면.
45) 상세는 석광현, 국제사법과 국제소송, 제6권(2019), 21면 이하 참조.
46) 다양한 연결원칙과 사례는 석광현(註 15), 37면; Encyclopedia, Vol. 1 (2017), p. 445 *et
    seq.* (Heinz Peter Mansel 집필부분) 참조.

있어야 하고 특히 헌법의 평등의 원칙(내지 평등권)에 부합하여야 한다.[47] 또한 준거법의 적용이 한국의 기본권을 침해하는 경우에는 기본권을 관철해야 하므로 국제사법은 공서를 통하여 간접적으로 기본권에 반하는 외국법의 적용을 배제한다. 즉 공서조항은 헌법상 '기본권들의 국제사법에의 입구(Einbruchsstelle der Grundrechte in das IPR)'로서의 기능을 수행한다. 독일 입법자들은 독일 연방헌법재소의 1971. 5. 4. '스페인인 결정(Spanierbeschluss)에 의해 촉발되어 1986년 민법시행법(제6조 2문)을 개정하면서 외국 법규범의 적용이 기본권과 상용되지 않는 경우 그 적용이 배제됨을 명시하였는데, 우리 국제사법에는 상응하는 조문이 없더라도 동일한 결론을 도출할 수 있다.

V. 우리 (협의의) 국제사법의 해석론: 각론적 논점

1. 속인법: 재일한국인의 속인법

선생님은 "재일한국인의 속인법"이라는 논문을 발표하였다.[48] 선생님은 이 주제에 대하여 큰 관심을 가졌는데, 혼인과 이혼 준거법의 맥락에서 재일한국인의 속인법으로서 본거법인 한국법을 적용하는 것보다는 상거소지법인 일본법을 적용하는 것이 바람직하다는 견해를 피력하면서, 다만 이는 3세 이후의 재일한국인에 한해서만 적용하자는 입법론임을 분명히 밝히고 있다. 이런 문제의식은 신분관계의 속인법으로서 본국법(한국 국제사법의 태도)과 상거소지법(중국 섭외민사관계법률적용법의 태도) 중 어느 것을 우선시킬지와 관련해서도 의미가 있다. 상세는 임성권 교수의 해제(解題)에 맡긴다.

---

47) 여기에 국제사법과 헌법의 접점이 있다. 상세는 석광현, "국제사법에 대한 헌법의 영향", 저스티스 통권 제170-3호(2019. 2. 한국법률가대회 특집호Ⅱ), 513면 이하 참조.

48) 이호정, "在日韓國人의 屬人法 — 婚姻·離婚準據法을 中心으로", 국제사법연구, 창간호 (1995. 12.), 30면 이하. 또한 이호정, "在日韓國人의 屬人法 —日本 國際私法상의 北韓籍 在日韓國人의 相續準據法을 中心으로—", 법조 제27권 제10호(1978. 10.), 20면 이하(이는 선생님의 글로서는 드문 판례평석으로 1975. 10. 7. 나고야지방재판소 판결을 다룬 것이다. 일본 소재 부동산 상속의 준거법이 북한법이나 북한 상속법의 불명과 공서위반 등을 들어 일본법을 적용한 사안); 李好珽, "在日韓国人の属人法 —婚姻·離婚準拠法を中心にして—", ジュリスト 1025 (1993. 6.)와 이호정, "재일한국인의 국제사법상의 지위", 문교부 학술연구조성비에 의한 연구보고서(1977)도 있다. 연구보고서는 직접 확인하지 못하였다.

2. 국제회사법: 회사의 속인법에 관한 본거지법설

규정이 없던 섭외사법 하에서 회사의 속인법에 관하여는 설립준거법설(영미법계)과 본거지법설(대륙법계)이 나뉘었다. 선생님은 케겔 교수를 따라 본거지법설을 지지하였다. 그에 의하면 설립준거법 소속국과 본거지국이 상이한 경우(케이만 아일랜드와 같은 조세피난처에 회사를 설립하되 주된 영업소를 타국에 두는 경우 또는 델라웨어주법에 따라 회사를 설립하되 주된 영업소를 뉴욕주에 두는 경우 등) 문제가 발생하였다. 설립준거법설에 의하면 케이만 아일랜드법이나 델라웨어주법이 회사의 속인법이 되므로 문제가 없지만, 본거지법설에 의하면 위 회사는 본거지에서 설립된 바 없으므로 법인격이 부정될 수 있다.

독일에서는 이런 문제를 민법시행법(제4조 제1항)이 정한 반정에 의해 해결한다. 미국 회사의 설립(즉 법인격)은 본거지법인 뉴욕주법에 의할 것이나, 뉴욕주법은 설립준거법설을 따르므로 독일로서도 전정에 의해 델라웨어주법을 속인법으로 취급한다. 즉 독일에서는 본거지법설의 엄격성이 반정 또는 전정에 의해 완화된다. 그러나 리히텐슈타인법에 따라 설립된 회사가 독일에 본거를 두는 경우 독일 법원은 그 회사의 법인격을 부정하게 된다.[49] 그러나 섭외사법(제4조)은 당사자의 본국법이 준거법인 경우에만 반정을 허용하고 어음행위능력 외에는 전정을 불허하므로 본거지법설을 따른다면 반정에 의해 그의 엄격성을 완화할 수 없었는데 이는 국제사법 하에서도 같다. 따라서 델라웨어주법에 따라 설립되었으나 주된 영업소를 뉴욕주에 둔 미국회사들의 법인격은 만일 조약이 없다면 부정될 수 있다.[50] 요컨대 독일법과 달리 섭외사법은 회사의 속인법에 관하여 전정을 불허하였으므로 본거지법설을 취한다면 이 문제에 대한 해결방안을 제시하였어야 하나 선생님은 그렇게 하지 않았다는 것이다.

---

49) 이는 본거지법설의 논리적 귀결이나 2002. 7. 1. 독일 연방대법원 판결(BGHZ 151, 204 = NJW 2002, 3539)은 이를 완화하여 擬似외국회사의 법인격을 인정하면서 사안에 따라 이를 독일 민법상의 조합 또는 인적회사로 보아 권리능력과 당사자능력을 인정하였다.

50) 그러나 실제로는 미국 회사의 경우 이 문제는 한미조약(미국 회사라면 1957. 11. 7. 발효된 한미우호통상항해조약 제22조 제3항)으로 해결된다. 왜냐하면 동항은 "일방 당사자의 영토 내에서 준거법규에 따라 설립된 회사는 그 국가의 회사로 간주되고 상대방 당사자의 영토 내에서 그의 법적 지위가 승인된다."고 규정하기 때문이다. 이런 조약이 없는 국가와는 여전히 문제가 있다.

다만 국제사법(제16조)은 설립준거법설을 원칙으로 하면서 본거지법설을 예외적으로 적용하므로 이런 문제가 해소되었다.

3. 국제지식재산권법

지식재산권(이하 "지재권"이라 한다)[51]의 준거법에 관한 쟁점은 ① 지재권의 성립과 내용 등 지재권 자체의 준거법, ② 지재권의 사용허락에 관한 라이센스 계약과 같이 지재권에 관한 계약의 준거법, ③ 지재권의 침해를 이유로 하는 손해배상 또는 침해금지의 준거법 및 ④ 지재권의 최초귀속의 준거법으로 구분할 수 있다. ②의 쟁점은 계약 준거법에 따를 사항인데 섭외사법은 나머지 세 개의 쟁점의 준거법을 규정하지 않았다. 그 결과 섭외사법 하에서 지재권에 관한 준거법 쟁점에 대한 인식이 별로 없었고, 지재권 침해의 준거법은 일반 불법행위의 준거법에 의한다는 견해가 퍼져 있었다.[52] 선생님은 교과서에서 지재권의 준거법을 다루지 않았으나 별도의 논문에서 지재권 침해의 준거법에 관한 독일의 보호국법주의를 소개하고 섭외사법의 해석론으로 보호국법주의를 지지하였다.[53] 중요한 논거는 불법행위의 준거법에 관하여 섭외사법이 취하였던 절충주의를 속지주의가 지배하는 지재권이 적용할 경우 부당한 결론이 도출된다는 것이었다.

법무부가 2000년 6월 구성한 섭외사법개정특별분과위원회(이하 "개정위원회"라 한다)는 지재권에 관한 준거법 조문(국제사법 제24조)을 신설하여 보호국법주의를 명시하였다. 만일 제24조를 두지 않았더라면 우리 법원은 일본 최고재판소 2002. 9. 26. 판결(카드리더 사건)을 추종하였을지 모른다. 일본에는 제24조와 같은 조문이 없었기에 최고재판소는 지재권의 침해를 구제수단에 따라 금지청구와 손해배상으로 구분하여 이원적으로 성질결정하고 전자에는 지재권의 준거법을, 후자에는 불법행위의 준거법을 각각 적용하였다.[54] 이런 태도는 양자를 통일적으로 연결하는 제24조에 반하고, X-Girl 사건의 대법원 2004. 7. 22. 선고 2003

---

51) 여기에서는 지식재산권과 지적재산권을 호환적으로 사용한다.

52) 최공웅, 國際訴訟 개정판(1988), 636면.

53) 이호정, "知的財産權의 準據法", 知的財産權法講義(정상조 편)(1997), 653면; 이호정·정상조, "涉外知的財産權法 試論 —知的財産權의 準據法—", 서울대학교 법학 제39권 제1호(통권 제106호)(1998. 5.), 116면 이하.

54) 강영수, "國際 知的財産權侵害訴訟에 있어서 國際私法的 問題에 관한 研究 —屬地主義原則의 限界 및 그 修正을 중심으로—", 서울대학교 대학원 박사학위논문(2005), 49면 이하는 위 판결을 소개한다.

다62910 판결에도 반한다.[55]

4. 국제불법행위법: 공통의 속인법

외국적 요소가 있는 불법행위의 준거법 결정에 관하여 섭외사법은 절충주의를 취하여 불법행위지법(*lex loci delicti [comissi]*)과 법정지법을 누적적용하였다. 이는 과거 영국(England) 판례가 취하였던 'double actionability(二重訴求可能性)'의 법리이다.

주목할 것은 섭외사법 하의 카타르 사건 판결이다. 즉 대법원 1979. 11. 13. 선고 78다1343 판결은 한국 회사에 의하여 고용되어 카타르국 소재 동 회사의 사업장에서 근무하던 한국인 근로자가 업무 도중의 과실로 다른 한국인 동료근로자에게 손해를 가한 사안에서, 불법행위지가 단순히 우연적이고 형식적인 의미를 가진다는 것을 근거로 사안의 섭외성을 부정하고 섭외사법의 적용을 배제하였다.[56] 위 대법원 판결에 대하여는 긍정적인 견해와 비판적인 견해가 있고 그 밖에 섭외사법 하에서 공통의 속인법을 섭외불법행위의 연결원칙으로 보고 위 판결이 동 원칙을 따랐다고 보는 견해[57]가 있었다. 위 판결이 미국 뉴욕주 대법원(Court of Appeal)의 저명한 Babcock v. Jackson (1963) 사건 판결[58]의 영향을 받았고, 결과적으로 공통의 속인법인 한국법을 적용한 것은 맞지만 대법원은 섭외사건성을 부인함으로써 그런 결론을 도출한 것이지 공통의 속인법을 섭외사법상 불법행위의 준거법으로 인정한 것은 아니다. 섭외성이 있음이 명백한 사건에서 이를 부정한 중대한 잘못을 저지른 대법원판결에 대하여 새로운 방법론을 제시한 것이라고 높이 평가할 수는 없다.[59]

---

55) 그러나 놀랍게도 서울중앙지법 2008. 3. 13. 선고 2007가합53681 판결은 최고재판소의 태도를 따랐다. 필자는 이를 비판하였던바 서울중앙지방법원 2008. 6. 20. 선고 2007가합43936 판결(탄줘잉 사건 판결)은 제대로 판단하였다. 석광현, "2004년 국제사법 분야 대법원판례: 정리 및 해설", 국제사법연구 제10호(2004), 446면 이하 참조.
56) 소개와 비판은 석광현, "섭외불법행위의 준거법결정에 관한 소고— 공통의 속인법에 관한 대법원판결을 계기로 본 섭외사법의 적용범위와 관련하여 —", 법조 통권 제456호(1994. 9.), 37면 이하 참조.
57) 이호정(註 8), 305-306면은 대법원 판결을 그렇게 이해한다.
58) 191. N.E. 2d. 279.
59) 석광현(註 42), 200면 이하의 비판 참조. 그러나 장준혁 교수는 선생님은 국제사법' 체계서에서 이런 판례가 '공통본국법주의'를 채택한 것으로 해석하였다고 보고, "불법행위지법규칙을 회피한 빈 공간을 채울 저촉규칙에 대해, 판례는 침묵 내지 법정지법주의로 대

불법행위의 준거법에 관하여 선생님이 구체적 입법론을 제시하지 않은 점은 아쉬웠다.[60]

5. 상사에 관한 섭외사법 및 국제사법규칙의 취급

섭외사법은 제1장(총칙), 제2장(민사에 관한 규정) 제3장(상사에 관한 규정)으로 구성되었는데 제3장을 둔 점에 특색이 있었다. 그러나 개정위원회는 제3장에 있던 제31조(무기명증권)를 제4장(물권)으로 옮기고, 어음·수표에 관한 조문(제34조부터 제43조)과 해상에 관한 조문(제44조부터 제47조)을 제8장과 제9장으로 독립시켰으며 그 밖에 상사에 관한 조문[61]을 전부 삭제하였다. 결국 문제가 해결되었지만 제3장의 연혁과 배경 등에 대한 연구 부족은 아쉬웠다. 강력한 해운사와 조선사를 보유하는 한국에서 해상법 분야는 '국제사법 논점의 보고(寶庫)'임에도 불구하고 과거 해사국제사법에 대한 연구는 매우 부족하였으나[62] 점차 개선되고 있다. 해사국제사법은 국제사법 전문가와 해상법 전문가의 학제적 연구가 긴요

처하는 데 머물렀으나, 선생님의 '국제사법' 체계서에 의해 공통본국법주의라는 연결원칙으로 가시화되었고, 판례도 여기에서 더 나아가지 않았다."라고 한다. 이호정 선생 추모논집 간행위원회, 자유주의자 이호정의 삶과 학문(2019), 578면(장준혁 집필부분). 하지만 대법원이 공통본국법주의를 채택한 것이 아님은 명백하므로 판례를 그렇게 평가할 여지는 없다. 장준혁 교수는 "(선생님은) 케겔 교수가 '본거'이론의 의제적 성격을 버리고 '저촉법적 정의'의 탐구와 '국제적 판단일치'의 추구로써 포용력 있는 접근방법을 제시한 것을 받아들였다. 그래서 공통본국법규칙이라는 연결기준을 가시화하여 판례에 나타난 문제의식을 수용·해소시켰다"고 평가한다. 장준혁 교수는 "실무계 내에서도 불법행위지규칙(섭외사법 제13조 제1항)의 '목적론적 감축(축소해석)'(teleologische Reduktion)을 통해 불법행위에 대해 다른 연결기준이 채택될 여지를 발견하는 노력이 기울여졌다"고 하나 그런 노력의 흔적은 잘 보이지 않는데, 분명한 것은 그것이 대법원의 태도는 아니었다는 점이다. 필자는 위 판결로부터 세월이 한참 흐른 뒤 독일 이론을 빌려 '법관에 의한 法形成(richterliche Rechtsfortbildung)'의 대표적 방법인 목적론적 축소(teleologische Reduktion)로 바람직한 해석론을 도입할 수 있음을 지적하였다. 석광현(註 56), 51면 이하. 만일 1979년 대법원이 목적론적 축소를 원용하였다면 저자도 최종웅 판사(당시)처럼 위 판결을 높이 평가하였을 것이다. [밑줄 부분은 이 책에서 새로 추가한 것이다.]

60) 섭외사법의 절충주의를 비판한 이호정(註 8), 313면에서 이를 제시했더라면 좋았을 것이다. 특히 최종길, "불법행위의 준거법", 저스티스 제10권 제1호(1972. 12.), 81면 이하에서 입법론이 제시되었으므로 이는 다소 의외이다. 필자는 이 논문의 존재를 뒤늦게 알게 되었다.

61) 섭외사법 제3장에는 그 밖에도 제28조(商事에 關한 適用順位), 제29조(商事會社의 行爲能力), 제30조(銀行), 제32조(委託 및 運送契約)와 제33조(保險契約)가 있었다.

62) 이호정(註 8), 453면 이하를 보면 선생님도 이런 비판으로부터 자유롭지는 않다.

한 분야이다.[63] 2001년 개정 시 제9장은 큰 개정을 겪지 않았는데 이는 연구 부족을 감안하여 현상을 유지한 미봉책이었다.

우리는 섭외사법을 보면서 입법자의 의사가 무엇인가, 구체적으로 일본 입법자의 의사가 포괄적으로 우리 입법자의 의사가 된 것인가라는 의문을 가졌다. 모사 수준에 그친 조문이라면 그럴 수도 있으나 상응하는 조문이 없는 제3장의 경우 그럴 수도 없었다. 그렇다면 조문을 기초로 우리 입법자의 의사를 탐구했어야 하나 그런 작업이 부족하였다. 2001년 개정 국제사법에 대해 법무부가 해설서를 간행한 것은 이런 과오를 피하기 위한 것이다.[64]

6. 남북한 주민 간의 법률관계의 논점

한동안 남북한 주민 또는 기업 간의 교류가 활성화에 됨에 따라 준거법 결정의 문제가 제기되었다. 이런 문제를 처리하는 데는 몇 가지 접근방법이 있다. 첫째, 헌법의 논리에 충실하게 북한을 한국의 일부로 보아 한국법을 적용하는 방법. 둘째, 국제적으로 남북한이 별개의 국가처럼 취급되는 현실을 중시하여 전면적으로 국제사법을 적용하는 방법. 셋째, 준국제사법적 방법이다. 선생님은 일찍이 남북한의 사법(私法) 중 어느 법을 적용할 것인가의 문제는 준국제사법에 가까운 것이라는 견해를 피력하고 미리 준국제사법과 북한법제에 대한 학문적 연구를 하여 대비할 필요성을 적절히 지적하였다.[65] 준국제사법적 접근은 일단 국제사법을 유추적용하는 형태로 나타나나 그 내용을 정치하게 다듬어야 한다.[66] 국제사법에 대한 이해 없이 준국제사법규칙을 정립할 수는 없는데 이는 광의의 준국제사법에도 같다.

---

63) 석광현(註 15), 581면 이하 참조. 해사국제사법의 준거법에 관한 논의는 석광현, 국제사법과 국제소송, 제5권(2012), 241면 이하 참조.
64) 2001년 법무부 해설은 개정위원회가 간행한 것은 아니므로 官撰의 입법이유서는 아니다. 석광현, 2001년 改正 國際私法 解說(2001)은 이를 보완하기 위한 私撰의 국제사법 해설이다.
65) 이호정(註 8), 33면. 임성권, "남북한 사이의 국제사법적 문제", 국제사법연구 제4호(1999), 190면도 이를 따른다.
66) 필자는 준국제사법적 접근방법을 지지하면서도 실질법상 특례의 필요성을 지적하였다. 상세는 석광현(註 45), 709면 이하 참조.

VI. 외국 국제사법의 소개

국제사법의 영역에서도 비교법은 중요한 역할을 한다. 선생님은 아래에서 보는 바와 같이 1986년 개정된 독일 민법시행법과 1987년 제정되어 1989년부터 시행된 스위스 국제사법을 다룬 논문을 발표함으로써 그 후 섭외사법의 개정작업에 기여하였고, 불법행위의 준거법에 관한 영국 국제사법의 변화를 다룬 논문도 발표하였다.

1. 독일 국제사법의 개정

선생님은 1986년 개정된 독일 민법시행법(EGBGB)에 관한 논문을 두 편 발표하였는데, 첫째는 그 초안을 개관하고 국문시역을 첨부한 것이고[67] 둘째는 공포된 조문을 개관하고 국문시역을 첨부한 것이다.[68] 우리의 관점에서 1986년 민법시행법은 1998년 민법시행법과 더불어 2001년 섭외사법의 개정작업에 영향을 미친 점에서 중요한데 위 논문들이 독일 국제사법에 관심을 가지게 하는 계기가 되었다. 상세는 필자의 해제(解題)에서 논의한다.

2. 스위스 국제사법의 개정

선생님은 1989. 1. 1. 시행된 스위스 국제사법을 개관하고 전문의 국문번역을 수록한 논문[69]을 발표하였다. 이는 개별적 논점들을 깊이 다룬 것은 아니나 과거 우리가 별로 주목하지 않았던 스위스 국제사법을 정면으로 다룬 논문으로서 의미가 있다. 특히 스위스 국제사법은 2001년 우리 섭외사법의 개정작업에 영향을 미친 점에서 중요한데 위 논문이 그 계기가 되었다.[70] 상세는 필자의 해제(解題)에서 논의한다.

---

67) 이호정, "독일 國際私法草案에 대한 考察 ―最近의 國際私法의 動向―", 서울대학교 법학, 제26권 제1호(통권 제61호)(1985. 4.), 131면 이하.

68) 이호정, "독일 改正國際私法에 관한 考察", 서울대학교 법학, 제28권 3·4호(1987. 12.), 106면 이하.

69) 이호정, "스위스 改正國際私法典", 서울대학교 법학, 제31권 제3·4호(통권 제83·84호)(1990. 12.), 1면 이하.

70) 필자는 스위스 국제사법을 부연설명하는 별도 글을 발표하였다. 최종본은 석광현(註 42), 479면 이하 참조.

3. 불법행위의 준거법 결정에 관한 영국법의 변화

불법행위의 준거법에 관하여 영국은 과거 二重訴求可能性 원칙을 따랐다. 섭외사법의 절충주의(또는 누적적용주의)는 이와 유사하다. 과거에는 귀족원의 1870년 *Phillips v Eyre* 사건 판결71)에 따라, 피해자가 영국에서 불법행위에 기한 손해배상청구소송에서 승소하기 위하여는 당해 불법행위가 영국법상 소구할 수 있어야(actionable) 하고 또한 불법행위지법상 정당하지 않을(not justifiable) 것이 요구되었으나, 귀족원의 1969년 *Chaplin v Boys* 사건 판결 이래 원칙적으로 二重訴求可能性 원칙이 채택되었다. 그 후 영국은 1995년 "國際私法(各種의 規定) 法典"(The Private International Law (Miscellaneous Provisions) Act 1995)72)(이하 "1995년 법률"이라 한다)에 의하여 二重訴求可能性 원칙을 폐지하였고, 명예훼손 및 그와 유사한 사건에 대하여 예외를 인정하게 되었다. 선생님은 이러한 영국 법의 변화를 소개하였다.73) 그 후 2009. 1. 11. 유럽연합에서(덴마크 제외) 로마 Ⅱ(즉 "계약외채무의 준거법에 관한 2007년 7월 11일 유럽의회 및 이사회의 규정 번호 864/2007")의 시행에 따라 영국의 불법행위 연결원칙은 대부분 로마Ⅱ에 의하여 대체되었다. 하지만 프라이버시와 인격권의 침해로부터 발생하는 계약외채무는 로마Ⅱ의 적용범위로부터 제외되는데(제1조 제2항 g호) 그 중 명예훼손74)은 1995 년 법률의 적용범위로부터도 제외되므로(동법 제13조) 영국법의 연결원칙에 따른 다. 따라서 프라이버시와 인격권의 침해로부터 발생하는 계약외채무의 준거법은 사안에 따라 1995년 법률 또는 보통법 원칙에 따른다.75) 상세는 임성권 교수의 해제(解題)에 맡긴다.

---

71) LR 6 QB 1.
72) 위는 선생님의 번역용어인데 이를 '국제사법(잡칙)법률'이라고 번역할 수도 있다.
73) 이호정, "不法行爲에 관한 英國의 法選擇規則의 素描", 서울대학교 법학 제41권 제1호(통권 제114호)(2000. 3.), 1면 이하 참조.
74) 제13조 제2항은 동조에서 말하는 명예훼손 청구권(defamation claim)을 정의한다.
75) 상세는 Paul Torremans, Cheshire, North & Fawcett, Private International Law, Fifteenth Edition (2017), p. 884 이하 참조.

Ⅶ. 국제민사절차법에 대한 관심

국제민사소송법(또는 국제민사절차법)에 대한 선생님의 관심은 비교적 작았다. 이는 섭외사법에서 보듯이 국제사법을 협의로 이해하는 과거 독일 전통을 따른 결과인데, 과거 우리 국제사법 교과서들은 대부분 그런 체계를 따랐다. 그러나 선생님은 국제민사절차법에 대하여도 관심을 가졌고 영국의 부적절한 법정지에 관한 논문76)과 국제상사중재제도에 관한 논문77)을 발표하였다. 한 가지 아쉬운 점은, 케겔 교수는 처음부터 국제사법학의 대상에 국제민사절차법과 섭외공법을 포함시켰고 이 점은 독일에서 높이 평가받고 있는데(Hilmar Krüger, "Gerhard Kegel (1912-2006)", Rabls Zeitschrift Band 71 (2007), S. 2.)(케겔의 교과서에도 포함되어 있는데) 선생님의 교과서에서는 그 부분이 생략된 점이다. 이 부분은 항상 의문이었다. 장준혁 교수는 "선생님의 '국제사법' 체계서가 국제민사소송법을 외면했다고 보는 것은 피상적"이라고 지적하면서 교과서에 언급된 국제민사절차법 관련된 여러 부분을 열거한다. 장준혁, 자유주의자 이호정의 삶과 학문(2019), 577면, 註 39). 장준혁 교수는, 선생님은 국제민사절차법에 관한 별도의 체계서를 간행할 계획을 가지고 있었고 그 준비작업으로서 Haimo Schack의 국제민사절차법 교과서를 번역하였으나 건강상 이유로 결실을 맺지 못하였음을 아쉬워 한다. [밑줄 부분은 이 책에서 새로 추가한 것이다.]

1. 영국의 부적절한 법정지의 법리의 소개

선생님은 1995년 영국의 부적절한 법정지(*forum non conveniens*)78)의 법리를 소개한 논문에서 법정지국가에 국제재판관할이 있음에도 불구하고 구체적 사건에서 모든 사정을 고려하여 법원이 재량으로 국제재판관할의 행사를 거부할 수 있음을 인정하는 영국 판례를 소개한 뒤, 영국법원이 위 법리를 발전시켜 나가는 과정을 "지혜로운 점진적 개량주의"라고 묘사하고 이것이 영국 법률가들과

---

76) 이호정, "英國에 있어서의 forum non conveniens를 理由로 하는 訴訟의 停止", 서울대학교 법학, 제36권 제3·4호(통권 제99호)(1995), 28-50면 참조.

77) 이호정, "國際 商事 仲裁制度에 관한 研究", 무역연구1(4)(1969. 12.), 138면 이하.

78) 선생님은 '*forum non conveniens*'라는 표현을 사용한다. 필자는 이를 '부적절한 법정지'라고 번역하나 '불편의 법정' 또는 '불편한 법정' 등이라고 번역하기도 한다.

영국법 발전의 특색이라고 적절히 지적하였다.[79] 선생님은 과거 우리가 인식하지 못하였던 국제재판관할권의 유무 판단과 그 행사 여부의 판단이 구별된다는 점에 주의를 환기시켰다. 물론 과거에도 우리 법원은「국제재판관할규칙 = 토지관할규정」이라는 공식을 관철할 수 없기에 구체적 사건의 제 사정을 고려하여 그러한 공식을 고집할 경우 초래될 부당한 결론을 시정하는 '개별적 조정의 도구'로서 특별한 사정을 활용하였으나[80] 이는 여전히 국제재판관할권의 유무 판단의 문제였다. 한국에는 선생님 논문의 전후에 부적절한 법정지의 법리에 관하여 소수의 논문이 있을 뿐이다.[81]

주목할 것은, 2018년 11월 국회에 제출된 국제사법 개정안(제12조)이 부적절한 법정지의 법리를 제한적으로 도입한 점이다.[82] 이는 민사소송법(제35조)상 토지관할의 맥락에서 재량 이송과 궤를 같이 하는 것으로 준거법 결정에서 국제사법(제8조 제1항)처럼 개별사안에서 구체적 타당성을 실현하려는 것이다. 상세는 임치용 변호사의 해제(解題)에 맡긴다.

2. 국제상사중재에 관한 논의

한국은 1966년 중재법을 제정하였고 대한상공회의소는 같은 해 10월 상사중재규칙을 제정·시행하였으며 상설중재기관인 한국상사중재위원회를 대한상공회의소에 설립하였다. 한국은 뉴욕협약에는 1973년에 비로소 가입하였다. 중재에 관한 선생님의 유일한 논문인 위 논문은 뉴욕협약 가입 전의 것이므로 당시 우리 중재법의 상황을 이해하는 데 도움이 된다. 흥미로운 것은 당시 한국은 뉴욕협약상 외국중재판정을 승인 및 집행할 의무가 없었지만, 주요 교역상대국인 미국 및 일본과의 관계에서는 각 양자조약에 따라 미국 및 일본 중재판정을

---

79) 이호정(註 76), 49면, 38면.
80) 이런 의미에서 외국에서는 일본의 과거 특단의 사정이론을 변형된 부적절한 법정지의 법리로 평가하기도 한다.
81) 필자는 석광현, 國際裁判管轄에 관한 硏究(서울대학교출판부, 2001)에서 영미의 전통적인 부적절한 법정지의 법리와 1999년 예비초안을 일본의 특단의 사정론과 비교하여 설명하고, 또한 우리의 입법론으로 엄격한 요건 하에 동 법리를 제한적으로 도입할 것을 제안하였다.
82) 개정안 제12조는 석광현, "2018년 국제사법 전부개정법률안에 따른 국제재판관할규칙: 총칙을 중심으로", 동아대학교 국제거래와 법, 제21호(2018. 4.), 99면 이하 참조. 이는 저자의 과거 제안의 연장선상에 있는 것이다. <u>개정된 국제사법 제12조 참조.</u> [밑줄 친 부분은 이 책에서 새로 추가된 것이다.]

승인 및 집행할 의무가 있었다는 점이다.[83] 위 논문은 선생님의 다른 논문과 달
리 실무지향적 성향을 보이는 점에서 이례적인데, 이는 아마도 선생님이 서울 상
대 교수로서 법률문헌이 아닌 무역연구에 게재하였기 때문이 아닐까 짐작된다.[84]

Ⅷ. 외국법 연구의 필요성의 지적과 영국 계약법에 대한 연구

1. 외국법 연구 및 연구센터의 필요성

우리 국제사법을 적용한 결과 준거법이 외국법이라면 법원은 이를 적용해
야 한다. 선생님은 외국법연구소와 연구인력의 필요성을 역설하면서 그 근거를
아래와 같이 설명하였다.[85]

  "우리나라가 국제화됨에 따라 외국법을 준거법으로 적용하게 되는 예가 매우 많
  아지고 있습니다. 국제사법은 준거법을 지정하는 것에 그치는 것으로 알고 있지만,
  실제 재판에서는 준거법을 지정하여 이를 적용해야 비로소 문제가 해결되는 것입니
  다. 케겔 교수의 책에서도 외국법의 내용을 모르는 상태에서 국제사법을 공부하는
  것은 빈 공간을 방황하는 것이라고 하고 있지요."[86]

2. 영국 계약법에 대한 연구

선생님의 영국 계약법[87]은 국제사법 분야는 아니지만 비교사법 분야를 연
구 대상으로 삼는 국제사법학회의 취지를 고려하면 그와 관련된 저술이다. 함부
르크 소재 막스플랑크연구소(Max-Planck-Institut für ausländisches und inter-
nationales Privatrecht)의 명칭에서 보듯이 국제사법 연구는 외국사법 또는 비교사
법 연구와 병행해야 한다. 국제사법학회는 창립 당시부터 국제사법 및 국제민사
절차법과 나란히 비교사법 분야를 연구영역의 하나로 명시한다(회칙 제2조). 이런

---

83) 이호정(註 76), 163면.
84) 필자는 국제상사중재에 관한 논문들을 발표하였고 이를 묶어 석광현, 국제상사중재법연
   구, 제1권(2007)과 석광현, 국제상사중재법연구, 제2권(2019)을 간행하였다. 국제사법에
   대한 관심은 자연스럽게 국제상사중재법으로 이어지는데, 필자는 국제상사중재법의 가장
   중요한 선수과목의 하나가 국제사법이라고 본다. 이는 실체적(준거법) 및 절차적 측면 양
   자에서 그렇다.
85) 대담, 36면.
86) 법제처의 세계법제정보센터가 일부 그 역할을 할 수 있을 것이다.
87) 이호정, 영국 계약법(2003).

이유로 필자는 위 단행본의 간행을 국제사법학의 시각에서도 높이 평가한다. 선생님의 지적처럼 금융, 건설, 운송, 보험과 조선 등 다양한 국제거래에서 빈번하게 영국법이 준거법으로 지정되는 현실에서 결론을 도출하기 위하여는 영국(계약)법을 이해할 필요가 있다. <u>저자는 당초 상세를 김기창 교수의 해제(解題)에 맡겼으나 김기창 교수는 이 점을 언급하지 않았다. 김형석 교수는 위 책이 Atiyah의 계약법 책을 저본으로 삼은 것이라고 적었으나(추모문집, 381면), 추모행사를 하던 날 이준형 교수는 Treitel의 책이 저본이라고 설명하였다. 저자가 비교한 바로는 G. H. Treitel, An outline of the law of contract, 5th ed. (1995)을 저본으로 삼고 다른 책들을 다소 반영한 것으로 보인다. 다만 필자는 4판(1999)을 보았을 뿐이고 5판을 확인하지는 못하였다.</u> [밑줄 부분은 이 책에서 새로 추가한 것이다.]

IX. 국제사법학회와 섭외사법 개정위원회 활동 등

1. 국제사법학회 활동

선생님은 1993. 3. 27. 창립된 국제사법학회 회장직을 맡아 1999년 2월까지 6년 동안 학회를 이끌어 오면서 한국에서 국제사법학 공동연구의 기초를 구축하였다. 학회 설립의 배경에는 1992년 일본 국제사법학회의 초청으로 일본에서 세미나 개최를 계기로 학회가 있어야 국제사법의 발전에 기여할 수 있고, 학자들 간의 교류의 장으로서 역할을 할 수 있으며, 한일 간의 교류에도 편리할 것이라는 취지의 동경대학 명예교수인 池原季雄 교수의 권유가 있었다.[88] 학회의 창립을 가능하게 한 데는 최공웅 전주지방법원장(당시), 김문환 국민대 교수(당시)와 손경한 변호사(당시)의 공이 컸다. 그 후 국제사법학회는 일본 국제사법학자들과 활발히 교류하였다.[89]

---

88) 대담, 32면 참조. 그 경위는 김문환, "韓國 國際私法의 最近 動向", 국제사법연구, 제3호 (1998. 7.), 855면 이하; 임성권, "한국국제사법학회의 20년", 국제사법연구, 제20권 제1호(2014. 6.), 202면; 창립일 배포된 자료집인 "韓國國際私法學會 創立總會 및 紀念講演會" 참조. 필자도 1993. 1. 15. 개최된 제3차 준비모임에 처음 참석하였다. 1993. 1. 30. 국제사법연구회 발표(이호정, "在日韓國人의 屬人法")에 이어 연구회를 학회로 발전시키기로 하는 결의가 채택되었다.

89) 일본에서는 松岡 博, 渡辺惺之, 櫻田嘉章, 木棚照一, 野村美明, 道垣內正人과 中野俊一郎 선생이, 한국에서는 선생님, 최공웅 원장, 김문환 교수, 손경한 교수와 필자 등이 중심이 되었다. 松岡 선생과 선생님께서는 이미 영면하셨다. 다만 당시 교류는 일본 국제사법학

2. 섭외사법 개정위원회 활동

한국 국제사법의 역사에서 2001년 7월 발효된 개정 국제사법은 매우 중요하다.[90] 과거 황산덕 교수가 섭외사법 초안에 대해 통렬하게 비판한 것처럼[91] 섭외사법은 개정 당시부터 낙후된 것이었는데, 전부개정된 국제사법은 20세기 유럽국제사법이 이룩한 성과를 대폭 수용한 것으로 한국 국제사법의 역사에 큰 획을 긋는 획기적 입법이었다.[92] 당시 국제사법학회 회장이었던 선생님은 온화한 지도력으로 개정위원회 위원장으로서의 대임을 완수하였다.[93] 국제사법의 시행은 한국의 국제사법 입법이 일본 法例의 영향을 거의[94] 벗어나 독자노선을 걷게 되었음을 의미한다. 다만 2001년 시행되었음에도 불구하고 교과서만 몇 권

회 차원의 교류는 아니었다. 양 학회는 2015년 9월 서울에서 공동학술행사를 계기로 공식 교류를 시작하였고 2019. 6. 15. 4년만에 나고야에서 제2회 공동학술행사를 개최하였다. 필자는 1999년 4월 한일 교류를 위하여 오사카를 처음 방문하였고 당시 한국측 참가자 중 가장 젊은 축에 속하였다. 당시 道垣內 교수는 일본측 참가자 중 가장 젊은 축이었는데 20년의 세월이 흐른 뒤 각각 회장으로서 나고야에서 만났기에 감회가 깊었다. 제2회 공동학술행사 전야의 환영만찬과 6. 15. 공동학술대회 및 간친회에서 道垣內 교수는 선생님, 최공웅 원장, 김문환 총장과 손경한 교수를 일일이 언급하면서 사의를 표시하였다. 또한 1993. 6. 15.자 ジュリスト (No. 1025)에 간행되었던 최공웅 원장, 선생님, 김문환 총장과 손경한 교수의 글을 복사하여 참석자들에게 배포하고 지난 세월을 회고함으로써 그간의 교류를 중시하는 모습을 보여주었다. 국제사법학자들의 교류는 한일 교류사의 일부이나 역사는 이렇게 만들어지고 기억되는 것임을 느꼈고 소중한 인연을 잘 이어가야겠다고 다짐하였다. 다만 한일 공동학술행사에 참가하면서 일본 학문후속세대의 꾸준한 성장을 목도하는 반면에 한국 측에서는 그런 모습을 찾기 어려운 탓에 마음이 아프다.

90) 필자는 국제사법의 시행이 한국 국제사법학 발전의 결정적 계기가 될 것으로 기대하였지만 아직 아쉬움이 많은 탓에 앞으로 더 열심히 하지 않으면 아니 된다.

91) 황산덕, "嚴肅한 態度로 立法을 하라", 사상계(1958. 12.), 176면 이하 참조. 그러나 이러한 비판은 전혀 고려되지 않았다. 최공웅, "섭외사법 개정의 의의와 특징(상)", 법률신문 제2971호(2001. 4. 19), 19면. 김진, "섭외사법의 공표를 보고", 고시계(1962. 3.), 123면은 "考試界社의 부탁은, 公布된 涉外私法에 대한 逐條解說을 해 달라는 것이나 헌 신[짝] 같은 것에 解說云云하는 것은 너무나 學問에 대한 모욕인 것 같아서 당장 勇氣가 나지 아니한다"고 하였다.

92) 최공웅, "섭외사법 개정의 의의와 특징(하)", 법률신문, 제2972호(2001. 4. 23), 13면 참조. 개정의 배경과 경과는 석광현(註 64), 3면 이하 참조. 일본은 2006년 법례(法例)를 "法の適用に関する通則法"으로 개정하였고 이는 2007년 1월 발효되었다.

93) 다만 선생님이 섭외사법 개정의 지침을 제시해 주었더라면 하는 아쉬움은 있다. 다만 국제사법학회 차원에서 개정준비 작업은 있었다. 석광현(註 64), 4면, 註 4 참조.

94) '거의'라고 한 이유는 국제가족법 영역에서는 일본법의 영향이 잔존하는 탓이다. 장래에는 가족관계등록 관련 예규도 더 체계적으로 정리해야 한다.

간행되었을 뿐95) 개별적 논점을 다룬 깊이 있는 논문 및 연구서는 고사하고 주
석서도 간행되지 않은 현실은 매우 아쉽다.

학회의 창립 시부터 관여한 필자로서는 국제사법학회 설립의 최대 수혜자
의 하나가 바로 필자라고 믿는다. 학회 활동을 통하여 국제사법을 더 깊이 공부
함으로써 국제사법·국제거래법 전임교수가 되었고, 훌륭한 선후배를 비롯한 국
내외 학자들 및 실무가들과 교유하는 가운데 인간적으로 성장할 수 있었기 때문
이다. 국제사법학을 공부하는 사람들이 만나면 취미를 공유하는 동호회 모임처
럼 반가운데 국제사법의 중요성에 대한 인식이 턱없이 부족한 한국에서는 더욱
그러하다.

3. 한국의 헤이그국제사법회의 가입

한국은 1997년 헤이그국제사법회의에 가입하였는데 선생님은 그 의미를 다
음과 같이 밝혔다.96)

> "이 가입은 우리 … 국제사법의 역사에 있어서 … 획기적인 일이며, 우리 국제사
> 법학도들에게는 경하해 마지 않을 대경사이다. 이 가입이 우리 … 국제사법의 앞으
> 로의 발전에 대하여 갖는 의미는 아무리 강조하여도 모자란다. 헤이그 국제사법회의
> 의 그동안의 성과의 적극적 수용과 앞으로의 헤이그 국제사법회의에의 능동적인 참
> 여를 통하여 우리 국제사법과 국제사법학은 비약적인 발전을 이룩하고, 우리의 염원
> 이고 목표인 한국국제사법학의 국제적 수준에로의 제고를 실현할 수 있게 되었다고
> 확신한다."

선생님은 이어서 "헤이그국제사법회의에의 가입이 한국 국제사법학에 대하
여 갖는 의의가 너무 크고 경사스러운 일이어서, 국제사법학도로서 오직 겸허하
게 환영하고 감격만을 하고 싶다"고 솔직한 심경을 토로하면서도97) 아래와 같이
경계의 말씀을 잊지 않았다.98)

---

95) '교과서법학'이 중심이 되는 민법학의 현실을 지적하고 우리 민법학자들은 교과서를 쓰나
연구는 별로 하지 않는다는 비판도 있다. 양창수(註 15), 39면 이하. 이런 비판은 축소된
형태로 국제사법학에도 타당한데 솔직히 국제사법학은 아직 그런 수준에도 미치지 못하
였다.
96) 이호정(註 9), 7면 이하.
97) 이호정(註 9), 8면.
98) 이호정(註 9), 11면.

"헤이그국제사법조약들 … 중에는 … 시행을 못보고 사장, 무시당한 것도 적지 않다. 따라서 우리는 … 역량을 총동원하여 지금까지 성립된 헤이그조약들과 현재 … 논의되고 있는 문제들을 철저하게 연구, 분석, 검토하여 우선 어떤 조약에 가입할 것이냐를 결정하는 작업에 착수하지 않으면 안된다. 이러한 작업은 매우 중요하고도 시급한 일인 반면에 … 전문가의 절대수가 부족한 우리 … 실정에서는 아주 어려운 작업이다. 그러나 국제사법학도에게는 우리 국제사법의 개선발전에 기여할 다시없는 소중한 기회가 주어졌다고 할 수 있다. 우리는 현재 일의 어려움을 면책사유로 수수방관할 수만은 없는 절대절명의 시점에 와 있다."

한국은 최근까지 4개 헤이그협약(송달협약, 아포스티유협약, 증거협약과 아동탈취협약)에 가입함으로써 국제소송을 위한 협의의 민사사법공조(송달과 증거조사)의 법적 기초를 구축하였고 국제사법을 국제화하였다.99) 그러나 우리가 선생님이 제시한 과제를 충실히 수행하고 있는지 자문(自問)하게 된다. 앞으로도 선생님이 언급한 '매우 중요하고도 시급한' 작업을 더 열심히 수행해야 한다.100)

4. 국제사법 전공 제자의 배출

선생님의 지도 하에 국제사법 전공으로 박사학위를 받은 제자로는 필자(2000년 2월)와 장준혁 교수(2002년 2월)가 있다. 이인재, 김수형, 임성권, 오승룡 등이 석사학위를 받았다.101) 이는 서울법대 재직기간에 비추어 보면 낮은 실적이나 선생님의 탓은 아니다.

X. 맺음말: 총체적 평가를 겸하여

지금까지 국제사법학에 관한 선생님의 연구업적과 활동을 개관하고 그 의의와 아쉬움을 언급하였다. 업적을 잣대로 삼으면 민법학에의 기여가 더 크겠지만 학계의 비중을 잣대로 삼으면 국제사법학에의 기여가 더 클 것이다. 과거 한국 국제사법학은 대체로 일본 국제사법학을 기초로 한 번역법학 내지 번안법학

---

99) 상세는 석광현, "한국의 헤이그국제사법회의 가입 20주년을 기념하여: 회고, 현상과 전망", 동아대학교 국제거래와 법 제19호(2017. 8.), 69면 이하 참조.

100) 석광현(註 99), 112면 이하는 이런 작업의 일환이다.

101) 장준혁 교수도 1994년 석사학위를 받았고, 국제협력 전공인 최원경 변호사는 선생님의 지도로 2001년 국제재판관할에 관한 비교법적 연구로 석사학위를 받았다.

의 수준에 머물러 있다가 선생님의 활동으로 이를 벗어나는 계기를 가지게 되었고 1993년 창설된 국제사법학회를 중심으로 활성화되었으나 학자들 간에 유의미한 논의는 별로 없었다. 그러나 2001년 국제사법의 시행에 따라 일본 국제사법학으로부터 벗어나 독자적인 길을 걷기 시작하였다. 즉 우리는 유럽에서 생성·발전한 국제사법을 일본을 통해 수용하였으나 그 후 독일, 스위스, 유럽연합과 전 세계적 규범으로부터 배우고 이를 소화하여 한국 국제사법학을 발전시켜가는 중이고(아직 불충분하나), 헤이그국제사법회의 가입이 중요한 모멘텀이 되었다. 이런 발전은 우리 법학 분야에는 유례가 없는 질적 변화이다.

국제사법의 중요성에 대한 우리 법학계와 법조계 및 사회의 인식이 턱없이 부족했던 상황에서 선생님은 국제사법학자로서 중요한 굽이마다 소중한 역할을 하였다.[102][103] 과거와 비교할 수 없을 정도로 국제사법과 국제사법학이 중요해진 이유는 무엇보다도 광복 후 시장과 기업의 국제화 및 사람의 이동성과 기술의 진보 등으로 나타나는 한국 사회의 '국제화'에 있다.[104] 장래 국제화의 심화와 더불어 그 중요성은 더욱 커지게 될 것이다.[105]

선생님의 연구업적을 정리하면서 느낀 아쉬움은, 위에서 단편적으로 언급한 것(교과서에 대한 언급 등) 외에, 국제사법을 협의로 파악한 점,[106] 국제사법 각론의 연구범위가 제한된 점,[107] 사회적 관심의 대상인 우리 아동의 해외입양에 큰

---

102) 김진 교수의 제자인 최공웅 판사(당시)가 선생님과 동시대에 광의의 국제사법학을 천착하여 논문들과 단행본을 발표한 것은 한국 국제사법학에 또 다른 축복이었다. 선생님은 협의의 국제사법에, 최공웅 판사는 광의의 국제사법에 비중을 두었다. 최공웅 판사의 뒤를 잇는 법관이 없음은 안타까운데 헤이그국제사법회의 파견 법관들에게 기대를 걸어 본다.
103) 국제사법학자로서 선생님의 업적 전모에 대한 평가는 더 정교하게 다듬어야 할 것이다.
104) 이는 석광현, "한국 국제사법 70년 변화와 전망", 우리 법 70년 변화와 전망: 사법을 중심으로, 청헌 김증한 교수 30주기 추모논문집(2018), 1219면 참조.
105) 선생님은 국제화되지 않은 과거에 "일본에서 국제사법을 공부하는 것은 마치 다다미방에서 수영을 하는 것과 같다"는 취지의 일본 교수의 표현을 인용하면서 과거와는 환경이 근본적으로 달라졌음을 지적하곤 하였다.
106) 국제사법을 광의로 파악하는 것은, 협의의 국제사법 이론과 외국재판 승인 및 집행의 이론을 단순히 합한 것이 아니라 양자를 관통하는 법리를 구축할 때 의미가 있다. 종래 국제사법의 체제는 협의의 국제사법과 개별 고권적 행위의 승인(외국재판의 승인 포함)이라는 두 개의 기둥(支柱)에 기초한 것인데, 외국에서 형성된 법상태의 승인을 둘러싼 근자의 EU의 논의는 위 체제에 대한 도전이다. 소개는 석광현(註 104), 1214면 이하 참조.
107) 예컨대 국제자본시장법이나 국제해상법 등에 대한 관심이 제한적인 것은 아마도 민법학을 주로 하면서 국제사법학을 병행한 이유에 기인한다고 본다.

관심을 보이지 않은 점[108]과 (교과서와 소수의 논문을 제외하면) 미국 국제사법에 대한 논의가 부족한 점이다. 미국 국제사법에 관하여는 최공웅 원장과 김문환 총장의 논문들이 아쉬움을 일부 해소해 준다. 또한 우리 판례에 대한 비판적 평석의 부재도 아쉬운데 이는 학계와 실무계의 교류 부족을 보여준다.

XI. 餘論: 사적(私的)인 이야기

여기에서는 지난 1979년 경 선생님을 처음 뵌 이래 커다란 학은을 입은 제자로서 지난 세월 동안 느낀 단상을 두서없이 적어 본다.

필자 연배의 법률가들은 사법시험을 준비하면서 국제사법을 배웠다. 그 덕에 법률가들은 협의의 국제사법의 주요 개념들을 배울 수 있었다. 필자는 법대생 시절 선생님의 국제사법강의를 들은 기억은 없다. 법대생 시절 황산덕 · 김용한 교수의 교과서로 1차 시험을 준비하였다. 흥미로운 분야라는 생각은 들었으나 그 이상의 관심은 없었다.

필자는 법대 졸업 후 1979년 대학원에 진학하였는데 이는 법학에 뜻이 있어서가 아니라 사법시험 응시를 위한 것이었다. 1979년 졸업하면서 사법시험에 합격하여 사법연수원과 대학원을 병행하는 기회에 독일 문헌을 읽자는 생각을 하였다.[109] 해서 선생님의 강좌를 수강하였고 10동[저자는 당초 17동이라고 했으나 당시 법대는 10동에 있었기에 수정한다] 선생님의 연구실에서 김용담, 김대휘, 방희선 등과 독일어 문헌을 강독하였다.[110] 그 때 Larenz의 글에 인용된 불어 단락이 있었는데 불어에 무지한 필자는 무시하였으나 동료 수강생이 그 부분을 해석한 뒤 오자를 지적하는 것을 보고 불어에 관심을 가졌고 후에 *Alliance française* 등에서 공부를 이어갔다. 덕분에 1999년 박사논문을 쓰면서 불어 문헌을 참조할

---

108) 김진 교수가 고아입양특례법을 다룬 논문을 발표하였음(서울대학교 법학, 제4권(1962), 124면 이하)을 고려하면 더욱 그러하다. 소개는 우선 석광현(註 2), 406면 참조.

109) 4학년이던 1978년 4월 2차 사법시험에서 떨어진 필자는 학부시절 성취가 없음에 대한 반성과 대학원 준비를 겸하여 독일어 공부에 신경을 썼다. 법대 졸업을 기념하여 1979년 초 당시 명동에 있던 소피아 서점에서 Erik Wolf/Hans-Peter Schneider (Hrsgs.), Gustav Radbruch, Rechtsphilosophie (1973)를 구입한 것도 그 연장선상에 있었다.

110) Franz Wieacker, Privatrechtsgeschichte der Neuzeit unter besonderer Berücksichtigung der deutschen Entwicklung (1952); Karl Larenz, Über die Unentbehrlichkeit der Jurisprudenz als Wissenschaft (1966)의 일부를 읽었던 것 같다.

수 있었다. 1981년 2월 수료 시 필자는 지도교수이던 황적인 교수의 권유로 국
제물품매매협약에 관한 UN협약(CISG)을 논문주제로 고려하였고, 다른 한편 청
구권경합도 고려하였기에 이시윤 부장판사(당시)로부터 참고문헌을 빌리기도 하
였지만 1981년 8월 사법연수원을 수료 후 군에 입대한 탓에 석사논문은 쓰지 못
하였다. 석사학위를 취득하지 못한 데 대한 아쉬움은 있었지만 당시 필자는 법
관직을 원하였기에 학위는 필수가 아니었다.

1984년 8월 말 제대 후 김·장에서 국제금융을 다루게 된 필자는 국제사
법의 중요성을 절감하였다. 해서 1989년 김·장의 유학 프로그램에 따라 프라
이부르크에 갈 때 필자는 LL.M. 논문 주제로 '국제적 강행규정'을 고려하였으
나 독일에 가보니 이는 필자의 능력을 넘는 주제였다. 해서 지도교수를 Peter
Schlechtriem 교수에서 Dieter Leipold 교수로 변경하고 '국제재판관할합의의 방
식'을 주제로 LL.M. 논문을 작성하였다. 세월이 흘러 1992년 국제사법연구회와
국제사법학회 활동을 하던 중 선생님의 권유로 1996년 박사과정에 진학한 결과
오늘이 있게 되었다. 지난 세월 선생님과의 사제인연을 촘촘히 복기할 수는 없
으나, 위에 적은 인연만으로도 선생님께 큰 학은을 입었음은 의문이 없다.

대학원 재학 중 선생님이 연구실에서 종종 손수 갈아 주신 원두커피를 마시
던 때, 어느 학기 종강 후 반포의 면옥에서 저녁을 사주시던 때, 1989년 LL.M.
과정 지원을 위하여 필요한 추천서를 써주시던 때, 1999년 말 박사학위 논문심
사 시 이렇게 편하게 심사한 적은 없다며 격려하시던 때, 2002년 2월 퇴임 시
필자를 선생님 후임자로 추천하고 임용될 수 있도록 애써주시던 때(실패하였지
만),111) 국제사법학회에서 필자를 'trouble-shooter'라고 부르면서 아껴주시던
때, 2007년 필자의 서울법대 부임 후 국제사법 전공자가 있는지를 물으면서 걱
정하시던 때, 언제부턴가 매년 정월 2일 오승룡 변호사와 함께 댁으로 신년하례
차 찾아뵙고 말씀을 듣던 때 등의 선생님의 모습이 정겨움과 아쉬움 속에 주마
등처럼 스쳐간다. 다양한 기회에 말씀을 들으면서 세상을 보는 선생님만의 독특
한 관점을 배울 수 있었다. 이탈리아어를 배우고 (아마도 선생님처럼) 취미를 가지
라는 말씀이 지금도 귀에 들리는 듯하다.

---

111) 필자는 2002년 8월 국제사법·민법 과목에 지원하고 공개강의를 하였지만 서울법대는 다
음 학기 재공고하고 위 과목을 타교 출신에게 배정하였기에 지원할 수 없었다. 그 결과
서울법대에서 저자의 국제사법·국제거래법을 전공하는 제자의 양성은 5년 쯤 지체되었
다. 이는 국제법무의 중요성에 대한 일부 교수들의 인식부족이 초래한 결과이다.

2000년 대 초부터 선생님, 최공웅 원장, 김문환 총장과 손경한 교수 그리고 필자는 한동안 연말연시에 부부동반 모임을 가지곤 하였다. 그 자리에서는 선생님 말씀을 듣는 것이 관례가 되었다. 저녁을 하면서 담소하는 자리였으나 선생님은 다양한 주제에 대한 풍부한 지식과 놀라운 기억력으로 대화를 이끌었고 타인의 오류를 바로 잡았다. 필자는 늘 선생님의 博覽強記에 놀라움을 금할 수 없었다. 이는 자유로운 영혼의 소유자인 선생님이 평생 다양한 주제에 대하여 지적 호기심을 가지고 多讀과 多商量을 실천한 결과일 것이나 아쉬운 것은 多作을 하지 않은 점이다. 금년에는 필자가 모시고자 했는데 너무 늦었다. 선생님과 속 깊은 이야기를 더 나누지 못한 섬은 아쉬운데 이는 싱격 닷도 있으나 필자기 늦게 박사과정에 진학한 탓인지도 모르겠다. 예술가적 기질을 가진, 따뜻하고 온화한 성품의 선생님은 오랜 세월 필자를 믿어주면서 늘 편하게 느끼도록 배려한 것 같다. 거듭 감사할 따름이다.[112]

마지막으로 한 가지 아쉬움을 적는다. 선생님의 정년을 기념하여 일단의 제자들이 1998년 "李好挺敎授 華甲紀念論文集 刊行委員會 編, 法律行爲論의 史的 展開와 課題"를 간행하였다. 필자는 민법 교수들의 주도로 단행본을 간행할 것이라는 소식만 들었을 뿐 간행에 관여한 바 없고 책이 나온 뒤 선생님으로부터 1권을 받았다. 책을 받고 보니 당사자자치의 원칙을 다룬 국제사법 논문[113]이 수록되어 있어 다소 의외였다. 국제계약법에서 당사자자치의 원칙은 매우 중요한 주제이기에 솔직히 아쉬움이 있었다.[114] 그러나 세월과 더불어 아쉬움도 옅

---

112) 선생님은 평양, 필자의 선친은 무산 출신이었기에 정서적 친근감이 있었다. 언제인가 선생님이 선친을 알고 있고 1950년 한국전 당시 육군 제1사단에 배치된 선생님의 형님(이현섭 이사)이 낙동강 전선에서 참모장이던 선친 덕에 목숨을 건졌다는 사연을 듣고 매우 놀랐다. 2019. 2. 15. 양창수, 엄동섭, 지원림 교수와 함께 선생님의 형님과 대담할 기회가 있었는데, 필자는 대담 후 이사님께 위 사연의 배경을 들을 수 있었고, 인간의 운명과 인연에 대하여 다시 생각하게 되었다.

113) 위 책 377면 이하의 이인재, "契約의 準據法에 관한 當事者自治의 原則 — 法敎義史的 전개와 현대적 과제"가 그것이다. 이는 주로 André Aloys Wicki, Zur Dogmengeschichte der Parteiautonomie im internationalen Privatrecht (1965)를 기초로 국제사법에서 당사자자치의 法敎義史를 소개한 뒤 독일 민법시행법이 수용한 로마협약도 꽤 소개하나 필자가 "契約上 債權關係의 準據法에 관한 유럽共同體 協約"이라는 제목으로 法曹 1994년 3월호(50-82면), 4월호(67-97면)와 5월호(242-261면)에 게재한 로마협약에 관한 상세한 글은 언급하지 않는다. 필자는 목차만 보았으나 Wicki의 저서는 Zürich 대학의 법학박사 학위논문으로 보인다.

114) 사비니는 계약의 이행지 합의를 통하여 간접적으로 법지정의 자유를 인정하였지만 당사

어졌다. 이것이 인생일 것이다.

　이 글을 쓰는 지금도 선생님과의 영별이 실감나지 않는다. 선생님이 남긴 숙제를 열심히 하여 재회 시 보고 드리고 속 깊은 이야기를 더 나누었으면 한다. 선생님! 그 때까지 편히 쉬시기 바랍니다.

자자치의 원칙과 직접 관련이 없다는 견해도 있으나, 당사자자치는 가장 밀접한 관련이 있는 법을 적용한다는 국제사법의 정의를 구체화하는 기능적 수단이라는 견해도 있다. Stefan Arnold, Grundfragen des Europäischen Kollisionsrechts (2016), S. 28ff. 이는 당사자자치 원칙이 궁여지책이라는 폄훼적 표현을 거부한다. 위 S. 29, Fn. 38. 근자에는 당사자자치의 원칙을 궁여지책이라고 보는 견해와 적극적 의미를 가지는 연결원칙으로서의 의미를 부여하는 견해가 나뉜다. Junker(註 37), §5, Rn. 17은 당사자자치는 최밀접관련원칙에 이어 국제사법의 제2의 기본원칙이 되었다고 한다(Giesela Rühl, "Rechts-wahlfreiheit im europäischen Kollisionsrecht", Festschrift für Kropholler(註 37), S. 187을 인용하며). [밑줄 친 부분은 이 책에서 새로 추가한 것이다.]

제 2 장

UNCITRAL의 작업과 비교법

[4] UNCITRAL이 한국법에 미친 영향과 우리의 과제

[4] UNCITRAL이 한국법에 미친 영향과
우리의 과제

前記

이 글은 저자가 당초 '유엔국제상거래법위원회의 법적 쟁점과 과제'라는 주제로 2018. 8. 24. 대한상공회의소에서 개최된 한국비교사법학회 2018년 하계학술대회에서 발표한 글을 다소 수정·보완하여 비교사법 제25권 제4호(통권 제83호)(2018. 11.), 1039면 이하에 게재한 글로서 오타와 오류를 제외하고는 원칙적으로 수정하지 않은 것이다. 가벼운 수정 부분은 밑줄을 그어 표시하였고, 참고할 사항은 말미의 후기에 적었다. 정치(精緻)한 국제재판관할규칙을 담은 국제사법 개정법률(개정법)이 2022. 1. 4. 공포되어 7. 5. 발효된다. 그 결과 준거법규칙을 담은 조문도 번호가 변경되기에 아래에서는 개정법의 조문을 일부 언급하였다.

I. 머리말

1. 국제연합 국제(상)거래법위원회

국제거래법에 관한 국제연합 위원회(United Nations Commission on International Trade Law)("UNCITRAL")는 1966. 12. 17. "국제거래법(law of international trade)[1]의 점진적인 조화와 통일의 촉진"을 목적으로 하는 위원회를 설립하자는 유엔총회의 결의(Resolution 2205 (XXI))에 따라 설립된 국제연합 산하 기구다.[2]

---

1) 이와 달리 이를 '국제상거래법' 또는 '국제무역법'이라고도 번역한다. 그에 따라 UN-CITRAL도 "국제거래법위원회', 국제상거래법위원회 또는 '국제무역법위원회'라고 번역한다. 국제거래법의 개념은 다양한데 국제상법이 그의 핵심임은 의문이 없다. 석광현, "한국 국제거래법학의 과제", 성균관법학 제28권 제3호(2016. 9.), 54면 이하 참조. UNCITRAL이 실제로 다루고 있는 법의 영역은 국제거래법이 중심이기는 하나 그에 한정되지는 않는다.

2) UNCITRAL에 관한 기본정보는 UNCITRAL, A Guide to UNCITRAL: Basic facts about the United Nations Commission on International Trade Law; Franco Ferrari, UNCITRAL, in Encyclopedia of Private Intetrnational Law, Vol. 2, p. 1758 이하 참조. [밑줄 친 부

현재 총회에서 선출된 60개(처음에는 29개) 국가가 회원으로 참여하고 있다. 우리
나라는 1981년 옵저버(참관인) 자격으로 참여하기 시작해 2004년 정회원국이 되
었다. UNCITRAL은 정부조달, 중재, 온라인 분쟁해결, 전자상거래, 국제도산, 담
보 등 6개 실무작업반(Working Group)("작업반")을 구성하였는데 작업반들은 다
양한 분야의 협약, 모델법과 입법지침 등(text)("UNCITRAL 규범" 또는 "UNCITRAL
문서")3)을 성안하여 매년 개최되는 UNCITRAL 본회의에 제출하고 본회의가 이
의 채택 여부를 결정한다.4) 나아가 UNCITRAL은 다른 기구의 문서를 지지함으
로써(by endorsing) 기구 간 협력을 도모한다.

2. 논의의 방향과 순서

UNCITRAL 내지 UNCITRAL의 작업을 바라보는 시각은 각 국의 관점에 따
라 다를 수 있고, 특히 전 지구적 관점에서 바라볼 때에는 특정국가의 관점과는
다를 것이다. 여기에서는 UNCITRAL 규범 또는 UNCITRAL 문서를 중심으로 전
세계적인(따라서 유럽연합에 의한 지역적 규범 통일은 제외) '국제거래규범의 통일

분은 이 책에서 새로 추가한 것이다] 당초 본부는 뉴욕에 있었으나 1979년 빈으로 이전
되었다. UNCITRAL의 설치는 1965년 헝가리의 제안(이는 1966년 UN문서 A/6396으로
총회에 제출되었다)에서 시작되었는데 이는 Clive M. Schmitthoff의 제안에서 비롯되었
다고 한다. Clive M. Schmitthoff, "The Unification of the Law of International Trade",
Chia-Jui Cheng (ed.), Clive M. Schmitthoff's Select Essays on International Trade
Law (1988), p. 214. 국제거래법의 생성과 성장에 관하여는 우선 Clive M. Schmitthoff,
"The Law of International Trade, Its Growth, Formulation and Operation", 위
Chia-Jui Cheng (ed.), p. 137 *et seq.* 참조.

3) 본문 아래에서 보듯이 그 중에는 입법지침이나 계약조항처럼 규범이 아닌 것도 있으나 여
기에서는 편의상 양자를 호환적으로 사용한다. UNCITRAL 홈페이지는 이를 "UNCITRAL
Texts"라고 한다. http://www.uncitral.org/uncitral/en/uncitral_texts.html. 여기에서 언급
하는 UNCITRAL 문서 중 일부의 영문과 국문번역은 UNCITRAL 아시아·태평양 지역사
무소·법무부, UN 국제상거래 규범집(제1권)(2018)에 수록되어 있다(이하 "UN 국제상거
래 규범집(제1권)"이라 인용한다). 담보, 도산 등 분야의 규범은 2020년 간행된 제2권에
수록되어 있다.

4) UNCITRAL 문서의 확정과 채택을 위한 절차는 문서 유형에 따라 다르다. 협약의 경우
UNCITRAL이 단독으로 이를 확정할 수 없고 국제연합 총회의 조치가 필요하나(외교회의
가 바람직한 경우에는 국제연합총회가 협약의 확정과 채택을 위한 전권위원 회의의 역할
을 하고 서명을 위하여 개방한다), 모델법이나 지침의 경우에는 UNCITRAL이 이를 확정
하고 채택한다. 후자의 경우 국제연합 총회가 결의를 채택하기도 하나 이는 UNCITRAL의
결정을 지지하고 회원국들에게 적절히 고려하라는 취지이다. UNCITRAL(註 2), paras. 48
& 49.

내지 조화'와 '기타 규범의 국제적 통일 내지 조화'라고 하는 현상을 파악하고, UNCITRAL이 한국법에 미친 영향과 우리의 과제를 논의한다. 여기에서 '우리'라 함은 주로 우리 법률가(이는 법학자와 실무가인 법조인을 포함한다. 이하 같다)를 말 한다. 현재 작업반 별로 추진 중인 작업에 관한 논의는 개별 주제의 발표에서 다 루어질 예정이므로 그에 대하여는 간단히 언급한다.[5] 구체적인 논의 순서는 머 리말(I.), 규범을 국제적으로 통일 내지 조화시키는 방법(II.), UNCITRAL 작업 의 분야별 개관과 한국법에 미친 영향(III.), 현재 UNCITRAL에서 진행 중인 작업 (IV.), 우리나라의 UNCITRAL 규범 도입의 지체와 도입의 의의(V.), UNCITRAL 규범 도입에 따른 우리의 과제(VI.), UNCITRAL 회의 참가와 관련한 필자의 단상 (VII.)과 맺음말(VIII.)이다.

과거 UNCITRAL의 작업에 여러 번 참가했던 필자로서는 한국비교사법학회 가 "유엔국제상거래법위원회(UNCITRAL)의 법적 쟁점과 과제"라는 대주제로 학 술대회를 개최하는 점을 높이 평가한다.[6] 앞으로도 UNCITRAL의 작업에 대하여 학회 차원에서 지속적으로 관심을 가져주실 것을 부탁드린다.

II. 규범을 국제적으로 통일 내지 조화시키는 방법

국제거래에 관한 실질법[7] 내지 실질규범을 통일 내지 조화시키는 데는 다 양한 방법이 있다. 첫째, 일정한 私法分野의 실질법을 통일하는 방법(예컨대 제네 바어음수표조약[8]), 둘째, 국내법은 그대로 두고 국제거래에 적용되는 법을 입법적

---

5) 6개 개별 주제에는 현재 제4작업반에서 작업 중인 전자상거래 대신 매매협약이 들어 있다.

6) 한국국제거래법학회는 종래 UNCITRAL의 작업에 관심을 가지고 다양한 학술행사를 개최 하였으며 오래 전에도 Gerold Herrmann 사무총장(사무국장이라고 번역하기도 한다) (1991-2001)과 Spiros V. Bazinas가 여러 차례 한국을 방문하여 세미나를 개최한 바 있 다. 2012년 이후 국내행사는 UNCITRAL 아태지역사무소가 주도하고 있다.

7) 실질법이라 함은 법적용규범(또는 간접규범)인 저촉법(또는 국제사법)에 대비되는 개념 으로, 우리 민·상법과 같이 저촉법(또는 국제사법)에 의하여 준거법으로 지정되어 특정 법률관계 또는 쟁점을 직접 규율하는 규범을 말한다. 우리 국제사법은 이 용어를 사용하 지 않으나 이는 강학상 확립되었고 판례도 정면으로 인정한다. 대법원 2010. 7. 15. 선고 2010다18355 판결; 대법원 1991. 12. 10. 선고 90다9728 판결 참조.

8) 엄밀하게 말하자면 통일법(uniform law)이 되려면 복수의 법역에서 통일적으로 해석되고 적용될 '통일의 의사(*animus unificandi*)'를 가지고 창설된 규범이어야 하고 모델법처럼 규범의 조화를 추구하는 법은 통일법이라고 할 수 없다. Franco Ferrari, Uniform sub- stantive law and private international law, Encyclopedia of Private International Law

으로 통일하는 방법(이에는 조약과 모델법이 있다)(예컨대 CISG와 국제연합의 1988년 "국제환어음 및 국제약속어음에 관한 협약"),9) 셋째, '私法統一을 위한 국제협회'(또는 연구소. UNIDROIT)10)의 국제상사계약원칙(Principles of International Commercial Contracts)과 같은 restatement,11) 넷째, 기업관행과 국제상업회의소(ICC) 등의 통일규칙(신용장통일규칙12)과 인코팀즈13))에 의하는 방법과 다섯째, 약관에 의한 거

Vol. 2 (2017), p. 1772. 그러나 광의로는 이를 포함시킬 수 있을 것이다. 국제거래만이 아니라 순수한 국내거래에도 적용되는 통일법을 '제한되지 않은 통일실질법(unlimited uniform substantive law)', 국제거래에만 적용되는 통일법을 '제한된 통일실질법(limited uniform substantive law)'이라고 부르기도 한다. 위 Ferrari, p. 1772. 우리 어음법의 기초가 된 1930년 제네바통일어음협약은 국제어음과 국내어음을 함께 규율하는 것으로 전자에 속한다. 그러나 대법원 1998. 4. 23. 선고 95다36466 전원합의체 판결의 다수의견은 발행지에 관한 한 국내어음과 국제어음을 구별하여 달리 취급함으로써 동 협약이 추구하는 통일성을 깨뜨렸다.

9) 조약에 의한 사법통일 작업의 장단점은 Herbert Kronke, "International Uniform Commercial Law Conventions: Advantages, Disadvantages, Criteria for Choice", Uniform Law Review, Volume 5, Issue 1 (2000), p. 13 *et seq*. 참조.

10) 이는 1926년 국제연맹(League of Nations) 보조기구로 설립되었으며 국제연맹의 해체 후에 1940년에 사법통일국제연구소 규정에 근거하여 독립된 정부 간 국제법률기구로 발족되었다. 개관은 Franco Ferrari, UNIDROIT, Encyclopedia of Private International Law, Vol. 2 (2017), p. 1766 *et seq*.; https://www.unidroit.org/about-unidroit/overview 참조. 따라서 UNCITRAL 문서만이 아니라 더 넓게 다양한 국제적 통일규범을 체계적으로 다룰 필요가 있다. 예컨대 일본 日本国際法協会年報(Japanese Yearbook of International Law) 제60권(2017)은 "통일법조약: 그의 수용, 시행, 성공과 실패"라는 대주제로 통일사법조약의 제문제를 다루고 있다. 사법정책연구원은 헤이그국제사법회의(HCCH), UNCITRAL, UNIDROIT과 함께 2020. 11. 12.-13. 서울에서 "국제상사소송의 발전과 미래"라는 주제로 국제 컨퍼런스를 공동 주최하였는데 회의에는 私法의 국제적 통일 · 조화를 추구하는 위 3대 조직이 모두 참가하였다. 회의 자료는 UNIDROIT를 '사법통일을 위한 국제연구소'라고 번역한다. 외교부에서는 '사법통일국제연구소'라고 번역하는 경향이 있다. [밑줄 친 부분은 이 책에서 새로 추가한 것이다.] '국제사법통일기구'라는 번역도 보이나 이는 국제사법을 통일하는 듯한 오해를 초래하여 부적절하고 '기구'도 부적절하다.

11) 이는 '재기록(재록)' 또는 '재기술'로도 번역하는데 법률도 모델법도 아니고 미국법협회(American Law Institute)가 판결과 제정법 등에 의하여 발전한 미국의 법리를 영역 별로 법조문 형태로 체계적으로 정리한 것이다. 국제상사계약원칙에 관하여 유사한 논의를 한다. Michael Joachim Bonell, An International Restatement of Contract Law, 2nd ed. (1997), p. 7 *et seq*. 참조. 이태희 · 임홍근, 법률영어사전(2007)은 미국의 '일반보통법(general common law)'을 설명한 것이라고 한다. '표준법률안인 보통법전집'이라고 하는 조규창, 比較法(下)(2005), 477면의 설명은 부적절하다.

12) 이는 국제상업회의소의 "화환신용장 통일규칙 및 관례"(Uniform Customs and Practice for Documentary Credits)로 간행물 제600호로 개정되었고 2007. 7. 1. 시행되었다.

13) 국제상업회의소는 1936년 인코팀즈(현재는 "국내 · 국제거래조건의 사용에 관한 ICC규칙")(ICC rules for the use of domestic and international trade terms)를 제정하여 국제물

래 표준화 방법 등이 그것이다. 결국 이러한 작업의 결과 통일적인 실질규범이 채택되고[14] 나아가 그것이 널리 이용됨으로써 상인법(*lex mercatoria*. law mer-chant)("상인법")[15]이 형성된다.

UNCITRAL은 국제거래법의 점진적인 조화와 통일의 촉진을 목적으로 하나 반드시 국제거래만을 다루는 것은 아니고, 2007년 담보권 입법지침(권고와 주석으로 구성된)과 2004년 도산법에 관한 입법지침처럼 규범의 국제적 통일 내지 조화를 추구하는데, 그렇게 함으로써 간접적으로 국제거래의 촉진에 기여한다.

1. 실질규범의 통일과 국제사법규범의 통일

국제연합의 "국제물품매매계약에 관한 협약(Convention on Contracts for the International Sale of Goods)"(CISG)("매매협약")은 국제물품매매계약에 관한 실질규범의 통일을 추구하는 '통일 실질법'이라는 점에서 저촉규범의 통일을 목적으로 하는 헤이그국제사법회의의 1986년 "국제물품매매계약의 준거법에 관한 협약"과 다르다. 법의 저촉을 극복하는 방법은 다양한데, (협의의) 국제사법은 그 중 어느 국가법을 지정하는 데 반하여 매매협약은 새로운 통일 실질법(더 정확히

품매매계약의 상업적 측면을 규율하는 통일규범을 정립하였고 이는 수차례 개정되었으며 2011년부터 인코텀즈 2010이 시행 중이다. Incoterms®2010은 등록상표이다.

14) 이를 '통일규범'이라고 할 수 있다. 이를 'transnational law', 상사에 관한 것은 'transnational commercial law'라고도 하나 정립된 개념은 아니다. 통일법의 개념은 박정기, "비교법의 성과로서의 사법의 국제적 통일", 경북대학교 법학논고 제44집(2013. 11.), 147면 이하도 참조.

15) 이는 대체로 국제상거래에서 통용되는 통일적인 법규인데 넓게는 통일법을 창설하는 조약, 법의 일반원칙, 국제법, 국제기구의 규칙과 국제적으로 흔히 사용되는 조항 등을 포함하나, 좁게는 국제상거래에서 자생적으로 발생·발전하고 특정 국내법과 관련 없는 일반원칙과 관행을 말한다. 특히 비국가 주체(non-state actor)의 규범 창설을 'private codification'이라고 하는데 국제상사계약원칙이 대표적인 예이다. Gralf-Peter Calliess, Encyclopedia of Private International Law, Vol. 2 (2017), p. 1126; Klaus Peter Berger, The Creeping Codification of the New Lex Mercatoria, 2nd Edition (2010) 참조. 초기 글로는 Clive M. Schmitthoff, "International Business Law: A New Law Merchant" (1961), Chia-Jui Cheng (ed.)(註 2), p. 20 *et seq.* 참조. 우리 문헌은 서헌제, "Lex mercatoria로서의 UNIDROIT Principles", 통상법률 제33호(2000. 6.), 77면 이하; 최준선, "國際商事契約에 관한 UNIDROIT原則의 成立과 展望", 企業構造의 再編과 商事法: 박길준교수화갑기념논문집(1998), 80면 이하; 손경한, "lex mercatoria의 21세기적 의의", 成均館法學 제28권 제3호(2016. 9.), 1면 이하 참조. 조금 오래 된 것으로는 김지수, "유엔 國際商去來法委員會와 私法의 統一化 傾向", 민사법학 제2호(1979. 12.), 152면 이하 참조.

는 실질사법)을 정립한다. 따라서 매매협약이 규율하는 사항의 범위 내에서는 (협
의의) 국제사법은 적용되지 않으나 매매협약이 규율하지 않는 사항은 국제사법
에 의하여 결정되는 국내법에 따른다. 이런 이유로 매매협약과 같은 국제규범을
'여전히 적용되는 국내법(또는 국가법)의 바다에 둘러 싸여 있는 국제규칙의 섬
(an island of international rules surrounded by an ocean of still-applicable national
law)'과 같은 존재라고 묘사한다.16) 양자의 차이는 아래와 같다.

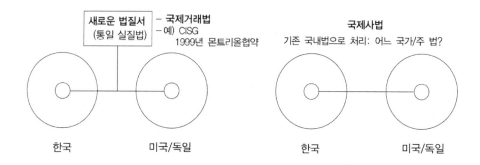

2. UNCITRAL이 채택한 실질법 분야의 국제규범

어떤 법 분야에 관하여 어떤 유형의 문서를 채택할지는 UNCITRAL이 모든
사정을 고려하여 정책적으로 판단할 사항이다. 경우에 따라서는 우선 지침을 채택
하고 후에 시기가 성숙되면 이를 모델법으로 전환하기도 한다. 예컨대 UNCITRAL
은 1987년의 '국제 전자자금이체에 관한 법률지침(Legal Guide on International
Electronic Fund Transfers)'을 채택하였고 1992년 '국제 자금이체에 관한 모델법
(Model Law on International Credit Transfers)'을 채택하였으며, 2007년 담보권 입
법지침을 채택하였고 2017년 담보권에 관한 모델법을 채택한 바 있다.

---

16) Harry M. Flechtner, "The U.N. Sales Convention and MCC-Marble Ceramic Center,
 Inc. v. Ceramica Nuova d'Agostino, S.p.A.: The Eleventh Circuit Weighs in on
 Interpretation, Subjective Intent, Procedural Limits to the Convention's Scope, and
 the Parol Evidence Rule", 18 Journal of Law and Commerce (1999) 285.

《국제거래에 관하여 UN/UNCITRAL이 채택한 실질법 분야의 주요 국제규범 등》[17]

유형	유형별 UNCITRAL 규범	한국의 채택 여부
조약	• 1980년 CISG • ICAO 1999년 몬트리올협약[18]	• 2004년 가입(2005. 3. 발효) • 2007년 가입(2007. 12. 29. 발효)
모델 법[19]	• 1985년 국제상사중재에 관한 모델법, 2006년 개정 모델법 • 1992년 국제 자금이체에 관한 모델법 • 1996년 전자상거래에 관한 모델법 • 1997년 국제도산에 관한 모델법 • 2001년 전자서명에 관한 모델법 • 2002년 국제상사조정에 관한 모델법 • 2003년 사적금융조달에 의한 인프라 프로젝트에 관한 모델입법규정(모델법은 아님)[20] • 2011년 개정 정부조달에 관한 모델법[21] • 2017년 전자양도등록에 관한 모델법 • 2017년 담보권에 관한 모델법 • <u>2018년 도산 관련 재판의 승인 및 집행에 관한 모델법</u> • <u>2019년 기업집단의 도산에 관한 모델법</u>	•중재법에서 1985년 모델법, 2006년 개정 모델중재법 채택 • 1999년 전자거래기본법에서 전자상거래 모델법 참조 / 2012년 '전자문서 및 전자거래기본법'으로 전환 • 1999년 전자서명법 제정 • 2006년 채무자회생 및 파산에 관한 법률에서 <u>1997년</u> 모델도산법 채택

---

17) 위 목록은 망라적인 것은 아니다. UNCITRAL 작업을 소개함에 있어서는 법무부, 국제회의 참가 연구보고서와 법원행정처, 국제규범의 현황과 전망 —국제규범연구반 연구보고 및 국제회의 참가보고— 등 국내문헌을 우선 참조하였다. 이하 전자는 "법무부 보고서", 후자는 "법원행정처 보고"라고 인용한다.

18) 이는 UNCITRAL이 성안한 것은 아니고 UN 산하 전문기구인 ICAO가 관리한다.

19) 이는 미국 내 다양한 통일법(uniform law 또는 uniform code)에 상응한다.

20) 당초 UNCITRAL은 2000년 Legislative Guide on Privately Funded Infrastructure Projects를 채택하였고 그 후 2003년에는 위 Model Legislative Provisions on Privately Financed Infrastructure Projects를 채택하였다. 입법가이드와 모델입법규정에 대한 설명은 Seungwoo Son, "Legal Analysis on Public-Private Partnerships Regarding Model PPP Rules", 국제거래법연구 제22집 제2호(2013. 12.), 121면 이하 참조. 여러 국가의 PPP 법제도에 관한 소개는 http://ppp.worldbank.org/public-private-partnership/legislation-regulation/laws/ppp-and-concession-laws를 참조. 민관협력에 관하여는 우선 정홍식, "해외 민관협력(PPP)의 주요 법률적·실무적 쟁점", 국제거래법연구 제27집 제1호(2018. 7.), 111면 이하 참조.

21) 2011년 모델법은, 물품·공사·용역의 조달에 관한 1994년 모델법(Model Law on Procurement of Goods, Construction and Services)에 전자적 수단과 새로운 다양한 방법에 의한 조달실무를 반영함으로써 그를 대체하였다. 손승우, "제20차 정부조달 실무회

지침	• 2004년 도산법에 관한 입법지침, 2010년 입법지침, 도산에서 기업집단의 취급에 관한 제3부, 2013년 도산에 인접한 시기에서 이사의 의무에 관한 제4부 • 2007년 담보권 입법지침 • 2013년 담보권등기 시행지침	• 동산채권담보법에서 참조
계약 조항	• 채무불이행 시 지급할 금액의 합의에 관한 통일계약조건[22]	

　　그 밖에도 2003년 채택된 UNCITRAL Model Legislative Provisions on Privately Financed Infrastructure Projects과 1974년 "국제물품매매의 시효에 관한 협약" 등이 있다.[23] 이를 보면 UNCITRAL의 작업이 다루는 범위는 민법, 상법, 중재법, 도산법 등에 걸치는 대단히 광범위한 분야라는 점을 알 수 있다.

3. 다른 국제기구 또는 조직이 채택한 실질법 분야의 국제규범

　　국제거래와 관련하여 UNCITRAL 이외의 다른 국제기구 또는 조직이 채택한 실질법 분야의 국제규범의 사례는 아래와 같다.

　　의 참가보고서", 법무부 보고서(2012), 5면 이하; 손승우, "UNCITRAL 정부조달 모델법의 개정논의", 통상법률 제88호(2009. 8.), 14면 이하 참조. 손승우, "정부조달에 관한 UNCITRAL모델법 연구"라는 제목의 2013년 11월 법무부에 제출된 용역보고서도 보인다.

22) 이는 "Uniform Rules on Contract Clauses for an Agreed Sum Due upon Failure of Performance"를 말한다. <u>"채무불이행 시 지급할 합의금액 계약조건에 관한 통일규칙"이라고 번역할 수도 있다. 그렇게 보면 엄밀하게는 계약조건은 아니다.</u> [밑줄 친 부분은 이 책에서 새로 추가한 것이다.]

23) 후자는 1980. 4. 11. "시효협약에 대한 부속의정서"에 의해 개정되었다. 시효협약의 국문 번역은 UN 국제상거래 규범집(제1권), 261면 이하 참조. UN 국제상거래 규범집(제1권), 발간사(iii)는 "UNCITRAL은 … 국제상거래의 다양한 분야에서 11개의 협약과 11개의 모델법을 제정, 전파한 바 있다"고 한다. 정확한 UNCITRAL 문서의 목록은 UNCITRAL(註 2), Annex VI 참조.

《국제거래에 관하여 다른 국제기구 또는 조직이 채택한 실질법 분야의 주요 국제규범 등》

유형	다른 기구가 채택한 규범의 사례	한국의 채택 여부
조약	• UNIDROIT 2001년 케이프타운협약 + 의정서(2001년 항공기/2007년 철도차량/2012년 우주장비) • UNIDROIT 1988년 국제팩토링협약 • UNIDROIT 1988년 국제금융리스협약	• 미가입
모델법	• UNIDROIT 2002년 모델가맹정보공개법	• 미채택
지침	• UNIDROIT 2007년 국제마스터가맹약정에 관한 지침	• 미채택
모델계약 조항	• <u>UNIDROIT 국제상사계약원칙의 사용을 위한 모델조항24)</u>	
Restate- ment	• UNIDROIT 1994년 국제상사계약원칙. 2004년, 2010년과 2016년 확대 (미국 restatement에 상응)	• 사용
원용가능 통일규칙	• ICC 신용장통일규칙(UCP 600) • 국내·국제거래조건의 사용에 관한 ICC규칙(인코텀즈) 2010 • ICC의 기타 각종 규칙(URDG 758 / ISP 98 등)	• 광범위하게 사용
약관25)	• 항공운송 관련 국제 항공 운송 협회(IATA) 약관 • 해상보험에서 사용되는 런던보험자협회 각종 보험약관 • 국제엔지니어링컨설팅연맹(FIDIC)의 건설계약약관 • 파생금융계약에서 ISDA26) Master Agreement	• 광범위하게 사용

Ⅲ. UNCITRAL 작업의 분야별 개관과 한국법에 미친 영향

UNCITRAL이 홈페이지에서 "UNCITRAL Texts and Status"라는 제목 하에 열거하는 UNCITRAL 문서는 국제상사중재와 조정, 국제물품매매(CISG), 담보권, 도산, 국제적 지급, 국제물품운송, 전자상거래, 조달 및 인프라 개발과 온라인 분쟁해결이다. 이것만으로도 그 작업의 범위와 분야가 매우 광범위하다는 것을 알 수 있다. 이하 이를 중심으로 논의한다. 다만 그 순서는 필자가 임의로 수정한 것이다.

---

24) <u>Model Clauses for the Use of the UNIDROIT Principles of International Commercial Contracts.</u> [이 각주는 이 책에서 새로 추가한 것이다.]
25) 약관은 규범은 아니나 사실상 국제거래를 통일하는 기능을 하므로 여기에 적었다.
26) ISDA는 'International Swaps and Derivatives Association, Inc.'를 말한다.

1. 매매협약[27)]

매매협약이 적용되는 국제물품매매계약은 매매협약에 의하여 규율되고, 일반계약법에 관한 한 UNIDROIT 원칙에 의하여 보충될 수 있으며, 나아가 위험이전은 인코텀즈에 의하여, 대금 결제는 신용장통일규칙에 의하여 각각 규율될 수 있다. 이처럼 국제거래의 여러 측면은 병존하는 국가규범과 사적 통일법으로 구성되는 다양한 규범에 의하여 규율된다. Insa Stephanie Jarass, Privat Eiheintsrecht (2019), S. 259 참조. [밑줄 친 부분은 이 책에서 새로 추가한 것이다.]

(1) 우리나라의 매매협약 가입의 의의와 장·단점

매매협약은 1980년 4월 채택되었고 1988. 1. 1. 미국과 중국 등이 가입함으로써 발효하였다. 최근까지 주요국을 포함한 89개국(영국 제외)이 체약국이다.[28)] 매매협약은 가장 기본적인 국제거래 유형인 물품(동산)매매계약을 규율하는 국제규범으로서 성공적인 조약이다.[29)] 성공요인의 하나는, 그것이 전 세계 매수인과

---

27) 학술대회 당시 1세션 제1주제 발표에서 김승현 변호사는 해외건설분야에서도 매매협약의 중요성이 적지 않음을 지적하면서 향후 해외건설 분야에 종사하는 실무가들이 매매협약에 더욱 관심을 가질 것을 촉구하였다. 김승현, "국제중재에서 CISG 적용 사례 연구: 호주 New South Wales 법을 준거법으로 지정한 철골구조물 제작·공급계약 관련 분쟁", 2018. 8. 24. 개최된 한국비교사법학회 하계학술대회발표자료, 59면 이하 참조. 이는 비교사법 제25권 제4호(통권 제83호)(2018. 11.), 1,111면 이하에 간행되었다. [밑줄 친 부분은 이 책에서 새로 추가한 것이다.]

28) http://www.uncitral.org/uncitral/en/uncitral_texts/sale_goods/1980CISG_status.html (2018년 8월 방문) 참조. 어느 국가가 조약에 가입하더라도 미발효이면 체약국(Contracting State)이나 당사국(Party)은 아니다. '조약법에 관한 비엔나협약' 제2조 제1항 f호, g호.

29) 매매협약은 "국제적 수준에서 유효한 가장 중요한 실질계약입법"이라고 한다. Stefan Kröll/Loukas Mistelis/Maria Pilar Perales Viscasillas (Hrsg.), UN Convention on Contracts for the International Sale of Goods (CISG): Commentary (2011), Introduction, para. 1 참조(위 3인 공동 집필부분). 이하 이 책을 "Kröll/M/PV/집필자"로 인용한다. 참고로 조약 등 국제문서의 성공과 실패의 평가기준에 관한 일본의 논의는 Tetsuo Morishita, "Success and Failure of Harmonization of Commercial Law", in Japanese Yearbook of International Law, Volume 60 (2017), p. 125 et seq. 참조. 국제매매계약의 당사자들이 흔히 CISG의 적용을 배제하는 합의를 하는 경향에 비추어 CISG가 성공적인 조약인지에 대하여 의문을 제기하기도 하나 이를 부정할 것은 아니다. 그 밖에 김기영, 私法의 統一과 國際物品賣買契約에 관한 유엔협약(CISG)", 인권과 정의 제407호(2011. 7.), 7면 이하도 참조. [밑줄 친 부분은 이 책에서 새로 추가한 것이다.]

매도인에게 공통된 이해의 기반을 제공하는 통일적 제도를 달성하는 동시에, 매매계약의 주요 법제도에 대한 현대적 이해를 반영하기 때문이라고 한다.30) 매매협약은 한국에서는 2005. 3. 1. 일본에서는 2009. 8. 1. 발효되었다. 한국에서 私法분야의 가장 중요한 조약은 매매협약이고 매매협약 가입은 한국 私法의 국제화에서 커다란 획을 긋는 일대사건이다.

우리나라의 매매협약에 가입에 따른 장점은 다음과 같다.31)

첫째, 국제물품매매계약의 준거법이 단순화된다. 둘째, 준거법의 협상에 따른 시간, 노력과 비용을 절감할 수 있다. 셋째, 준거법에 대한 무지와 오해에 기인하는 법적 분쟁을 줄일 수 있다. 넷째, 한국기업이 협상력이 약한 경우 상대방의 준거법지정으로 인한 불이익을 피할 수 있다. 다섯째, 매매협약에의 가입은 우리 私法의 국제화에 결정적인 계기가 되고 민·상법의 해석론 내지 입법론에도 큰 영향을 미치며, 사법(私法)분야에서의 비교법32)의 발전에 커다란 계기가 될 것이다.

반면에 매매협약 가입에 따른 단점은 다음과 같다.

첫째, 매매협약이라는 규범이 추가됨으로써 국제매매계약의 준거법 결정이 복잡하게 된다는 지적이 있으나 준거법이 단순화되는 효과가 더 크다. 둘째, 법적 환경의 변화에 따른 노력, 시간과 비용의 부담이 생긴다는 지적이 있으나 장기적으로 국제매매계약의 표준화에 따른 장점이 더 크다. 셋째, 한국은 매도인 국가인데 매매협약은 매도인에게 불리하다거나, 반대로 매매협약상 매도인의 지위가 너무 강하므로 수출보다 수입이 많은 한국으로서는 득보다 실이 많다는 의

---

30) Kröll/M/PV, Introduction, para. 2 (위 3인 공동 집필부분).

31) 석광현, "국제물품매매협약 가입과 한국법에의 수용", 상사법연구 제21권 제2호(2002. 6.), 105면 이하 참조.

32) 비교법의 목적은 여러 외국법제도의 단순한 이해를 위한 평면적 비교서술에 있는 것이 아니라 여러 외국법제도 간에 존재하는 공통의 핵심요소와 법가치를 추출하는 데, 즉 상이한 법제도 간의 동질성과 이질성을 규명하는 데 있다. 조규창, 比較法(上)(2005), 95면. 김도균, "법철학자의 관점에서 바라본 비교법 방법론 — '비교되는 법'의 중층성 및 복합성과 관련하여", 법사학연구 제34호(2006. 10.), 285면은 Konrad Zweigert/Hein Kötz, Einführung in die Rechtsvergleichung, 3. Auflage (1996), S. 1ff.를 인용하면서 비교법의 목적은 '외국법의 이해'를 통하여 보다 나은 법적 해결책을 획득하는 데 있다고 한다. 지식의 획득을 목표로 하는 순수비교법과 그렇게 획득한 지식을 재판과 입법(법의 통일 또는 조화와 국내법의 개혁)에 사용하는 것을 목표로 하는 응용비교법을 대비시키기도 한다. Ralf Michaels, "Comparative Law and Private International Law", in Encyclopedia of Private International Law, Vol. 1 (2017), p. 417.

견도 있다. 한국이 수출국인가 수입국인가를 정확히 판단하자면 체약국과 비체약국을 구분하고 또한 매매협약의 적용대상인 국제매매계약의 규모를 조사할 필요가 있다. 넷째, 과거에는 매매계약의 준거법에 따라 계약의 성립, 유효성과 효력 등이 규율되었으나, 현재는 계약의 성립과 효력은 매매협약, 계약의 유효성은 매매계약의 준거법에 의하므로 준거법이 분열될 개연성이 커지고, 준거법의 적용범위의 획정과 적응 등 까다로운 문제가 제기될 가능성도 커진다는 지적이 있다. 이러한 지적은 정확하나 그러한 불편은 부득이하고 그리 크지는 않을 것이다. 다섯째, 매매협약에 대한 무역업계의 이해 부족과 학계와 실무계의 체계적인 연구가 부족하다는 지직이 있는데 이는 우리가 극복해야 할 사항이다.

(2) 매매협약 연구의 목적과 의의

우리가 매매협약을 연구하는 목적과 의의는 다음과 같다.[33]

첫째, 매매협약은 통일 실질법으로 그 자체로서 중요하다. 우리는 매매협약이 적용되는 분쟁을 해결하기 위해 이를 알아야 한다. 둘째, 매매협약 연구를 통해 우리 민·상법의 개정에 대한 시사점을 도출할 수 있다. 셋째, 매매협약 연구는 영미 매매계약법 내지 계약법을 이해하는 유용한 기회를 제공한다. 넷째, 매매협약은 비교법의 중요한 과제인 법의 통일을 위한 국제사회의 노력의 대표적인 결과물이다. 따라서 비교법의 목적, 기능과 한계를 보여주는 실증적인 사례로서 중요한 의미를 가진다. 다섯째, 매매협약은 국제상사계약원칙[34]과 유럽계약법위원회의 1995년 "유럽계약법원칙(Principles of European Contract Law)" (PECL)[35]("유럽계약법원칙")에도 큰 영향을 미친 결과 협약의 개념과 용어는 국제

---

33) 석광현, "매매협약(CISG)이 적용되는 국제물품매매계약상 손해배상의 몇 가지 논점: 통화와 증명도로 본 통일 실질법의 사정범위(射程範圍)와 흠결의 보충", 국제거래법연구 제27집 제1호(2018. 7.), 6면 이하 참조.

34) UNIDROIT, Principles of International Commercial Contracts (1994) 참조. 이는 2004년, 2010년과 2016년 범위가 점차 확대되었다. 최근판의 국문번역은 오원석 외, UNIDROIT 국제상사계약원칙 2016 (2018) 참조.

35) Ole Lando and Hugh Beale, The Principles of European Contract Law — Part Ⅰ: Performance, Non-Performance and Remedies (Martinus Nijhoff Publishers, 1995). 이는 1998년 확대되었다. Ole Lando and Hugh Beale, The Principles of European Contract Law — Parts Ⅰ and Ⅱ, Combined and Revised (Kluwer Law International, 2000) 참조. 후자의 국문번역은 올 란도·휴 빌 편/김재형 역, 유럽계약법원칙 — 제1·제2부(2013) 참조. 2002년 5월에는 유럽계약법원칙 제Ⅲ부가 발표되었다.

(매매)계약법의 '공용어(*lingua franca.* '공통어'라고 할 수도 있다)'가 되었다. 근자에는 매매협약과 위 양자, 즉 국제계약의 'troika(3두마차)'를 기초로 세계계약법원칙 내지 세계계약법(World Contract Law)을 만들자는 제안도 있다.[36] 따라서 매매협약 연구는 장래 세계계약규범을 성안하는 작업의 기초로서 의미가 있다. 여섯째, 조약이라는 국제규범의 적용과정에서 국제거래법(또는 국제상법)과 가까이에 있는 국제법의 역할을 이해하고 국제법에 관한 시야를 넓힐 수 있는 기회를 제공한다.

북한도 매매협약에 가입하여 2020. 4. 1. 북한에서도 매매협약이 발효하였으므로 이제 남북한 기업간 동산매매계약에 매매협약의 적용 여부를 결정해야 한다. [밑줄 친 부분은 이 책에서 새로 추가한 것이다.]

2. 국제중재

(1) 우리나라의 1999년 모델중재법 전면 수용과 문제점

1966년 처음 제정된 중재법("1966년 중재법")은 UNCITRAL이 1985년 채택한 "국제상사중재에 관한 모델법"(모델중재법)의 전면 도입을 계기로 1999년 전부개정되었다("1999년 중재법"). 이는 국제중재뿐만 아니라 국내중재를 함께 규율하고 상사와 민사에 모두 적용되도록 적용범위를 확대한 데 특색이 있다. 중재법은 한글화를 위하여 2010년 일부 개정되었으며("2010년 중재법"), 2016. 5. 29. 다시 개정되어 2016. 11. 30.부터 시행되고 있다("2016년 중재법").[37] 2016년 중재법은 2006년 UNCITRAL 개정 모델법("개정 모델중재법")을 수용한 것이다.

우리나라는 모델중재법을 전면수용하였다. 그 근거는 모델중재법은 전 세계적인 합의의 산물로서 국제적으로 그 타당성이 검증된 법이고 내용적으로도 매

---

36) Ole Lando, "CISG and Its Followers: A proposal to Adopt Some International Principles of Contract Law", 53 Am. J. Comp. L. 379 (2005) 참조. 근자에는 전 세계적인 통일계약법을 만들 필요성을 강조하면서 그때 매매협약이 출발점이 되어야 한다는 유력설도 있다. Ingeborg Schwenzer, "Global Unification of Contract Law", Uniform Law Review, Vol. 21(1)(2016), p. 73 참조. 이런 제안을 기초로 Tripartite Guide로 알려진 지침을 성안하기 위한 작업이 헤이그국제사법회의, UNIDROIT와 UNCITRAL 사무국의 공동작업으로 추진되어 2021년 결실을 맺었다. UNCITRAL, HCCH and Unidroit Legal Guide to Uniform Instruments in the Area of International Commercial Contracts, with a Focus on Sales 참조. [밑줄 친 부분은 이 책에서 새로 추가한 것이다.]

37) 상세는 석광현, "2016년 중재법 개정의 주요 내용과 그에 대한 평가", 전북대 법학연구 제53집(2017. 8.), 213면 이하 참조.

우 합리적이므로 이를 전면 수용하는 것이 바람직하다는 견해가 유력하였기 때문이었다.[38]

주요 내용은 적용범위에 관한 속지주의의 채택, 임시적 처분의 허용, 분쟁의 실체의 준거법 결정원칙 명시, 중재판정 취소의 소의 정비와 중재판정의 승인과 집행에 관한 조문(제37조-제39조)의 도입 등이다.

모델중재법을 전면 수용함으로써 우리는 외부 세계에, 특히 국제거래에 참여하는 당사자들에게 한국의 중재제도가 국제적인 보편성을 획득하게 되었음을 효과적으로 알릴 수 있었다. 이것이 현재 우리가 중재산업을 운위하면서 한국을 국제중재의 허브로 육성하려는 꿈을 꿀 수 있는 법적 기초가 되었다는 점에서 커다란 의미가 있다.

여기에서 모델법의 수용과 관련되는 한 가지 문제점을 지적하고자 한다.

1966년 중재법 제2조는 "중재계약은 사법상의 법률관계에 관하여 당사자 간에 발생하고 있거나 장래에 발생할 분쟁의 전부 또는 일부를 중재에 의하여 해결하도록 합의함으로써 효력이 생긴다. 다만, 당사자가 처분할 수 없는 법률관계에 관하여는 그러하지 아니하다"는 취지로 규정하였는데, 학설은 "당사자가 처분할 수 있는 사법상의 법률관계"를 재산권에 관한 법률관계로서 당사자 간에 화해로써 종결될 수 있는 것으로 해석하였다. 1999년 중재법은 당사자의 처분가능성을 삭제하였는데 이는 모델중재법을 따랐기 때문인 것으로 짐작된다(삭제 이유에 관하여 아무런 설명이 없기 때문이다). 그러나 모델중재법이 중재가능성의 기준을 규정하지 않은 것은, 모델중재법을 채택하는 국가의 국내 실체법에 대한 간섭으로 이해되었고 또한 그의 완전한 목록을 작성하거나 일반적으로 타당한 정의규정을 두는 것이 불가능하였기 때문이므로 우리 입법자로서는 기존의 규정을 삭제하지 말았어야 한다.[39] 더욱이 중재가능성에 관한 일응의 기준을 제시할 필요가 있는 점, 1966년 중재법에 규정이 있었던 점과, 1999년 중재법은 국제중재만이 아니라 국내중재를 함께 규율하는 점을 고려할 때 중재가능성에 관하여 규정을 두었어야 한다. 이는 모델중재법을 맹종함으로써 잘못을 초래한 사례이

---

38) 장문철, "개정중재법 해설", 인권과 정의 제284호(2000. 4.), 100-101면 참조. <u>상세는 장문철 외, UNCITRAL 모델중재법의 수용론(1999) 참조.</u> [밑줄 친 부분은 이 책에서 새로 추가한 것이다.]

39) 석광현, 국제상사중재법연구 제1권(2007), 64면, 註 27 참조.

다. 이런 사례를 보면 모델법의 수용도 그렇게 쉬운 일은 아니다. 모델법이 왜 그런 태도를 취하는지와 우리의 법상황을 정확히 이해하고 규정을 마련해야 한다.

(2) 2016년 중재법과 민사집행법의 정합성

2010년 중재법의 개정작업에는 여러 착안점이 있는데[40] 그 중 하나가 개정 모델중재법을 수용하여 중재판정부의 임시적 처분에 관한 상세한 조문(제18조 이하)을 신설한 것이다.

여기에서 한 가지 의문점을 지적하고자 한다. 이제 우리 민사절차법상 당사자의 잠정적 구제수단에는 법원의 보전처분(민사집행법)과 중재판정부의 임시적 처분(중재법)이 병존하게 되었는데 양자 간에 정합성이 있는가라는 점이다.[41] 즉 법원의 보전처분은 독일 민사소송법을, 중재판정부의 임시적 처분은 UNCITRAL 개정 모델중재법을 각각 따랐는데, 만일 그 요건의 상위[42]가 소송과 중재의 성질상의 차이에 기인한다면 문제가 없으나 그것이 아니라 어느 법제를 받아들였는가라는 연혁적 이유에 기인한다면 양자의 병존을 방치하는 것은 법계의 충돌을 내면화하는 것으로서 바람직하지 않다고 생각한다. 민사집행법과 중재법을 떼어 놓고 보면 '잠정적 구제에 관한 한국 민사절차법의 내적 정합성'은 별 문제가 아니지만 전체 한국법의 관점에서는 이에 관심을 가져야 한다.

3. 국제전자상거래

전자상거래에 관하여 이미 채택된 UNCITRAL 문서에는 ① 1996년 전자상

---

40) 상세는 석광현(註 37), 213면 이하 참조. 또한 2010년 중재법 제35조와 제38조의 정합성에 관하여 비판이 있었기에 2016년 중재법 제35조 단서를 신설하였으나 과연 그것이 적절한지에 대하여는 의문이 제기되고 있다. 즉 이는 기존 중재법의 태도와 모델중재법 간의 정합성이 문제되는 사례이다. 석광현, "2016년 중재법에 따른 국내중재판정의 효력, 취소와 승인·집행에 관한 법리의 변화", 한양대학교 법학논총(2017. 3.), 465면 이하 참조.

41) 상세는 석광현, "2016년 중재법에 따른 중재판정부의 임시적 처분: 민사집행법에 따른 보전처분과의 정합성에 대한 문제 제기를 포함하여", 국제거래법학회지 제26집 제1호(2017. 7.), 144면 이하 참조.

42) 민사집행법은 보전처분의 유형을 가압류와 가처분으로 구분하고 후자를 '다툼의 대상에 관한 가처분'과 '임시지위를 정하는 가처분'으로 분류하면서 피보전권리와 보전의 필요성을 요구한다. 그러나 중재판정부의 임시적 처분은 이런 분류를 따르지 않으며, 요건으로도 피보전권리와 보전의 필요성이 아니라 신청인 측의 손해발생 가능성과 승소가능성 등을 요구한다.

거래에 관한 모델법(Model Law on Electronic Commerce)("전자상거래모델법"), ②
2001년 전자서명에 관한 모델법(Model Law on Electronic Signatures)("전자서명
모델법"), ③ UNCITRAL이 2005년 채택한 "국제계약에서 전자적 통신의 사용에
관한 국제연합협약(Convention on the Use of Electronic Communications in Inter-
national Contracts)("전자계약협약")과 ④ 2017년 채택한 '전자양도성기록에 관한
모델법(UNCITRAL Model Law on Electronic Transferable Records. MLETR)'이 있다.

첫째, 우리나라는 UNCITRAL이 전자거래모델법을 채택한 직후 전자서명모
델법에 대한 논의 종료 전인 1999년 전자거래기본법과 전자서명법을 제정함으
로써 선사상서래모델빕과 진자시명모델법을 수용하였고, 그 후 양자의 기초 위
에서 전자거래 관련 법제를 서둘러 마련해 왔다.43) 전자거래기본법은 2012년 그
명칭이 "전자문서 및 전자거래 기본법(약칭: 전자문서법)"으로 개정되었다.44) '전
자상거래모델법'은 사이버 스페이스에서의 상거래와 관련한 기본입법 지침을 제
시했다는 점에서 전자상거래 법제에 있어서 기념비적인 업적으로 평가된다.45)
또한 제4작업반은 제31차 회의부터 전자서명과 인증기관에 관한 논의를 시작하
여 2001년 '기술중립'이라는 대원칙을 기초로 하는 '전자서명모델법' 초안을 채택
하였다.46)

둘째, 서면계약을 전제로 하는 매매협약이 전자거래에 적용되는 과정에서
발생할 수 있는 법적 장애를 제거하고, 국제계약의 당사자들이 전자거래에 대한
신뢰를 가질 수 있도록 하기 위하여 UNCITRAL은 2004년 10월 전자계약협약 초
안을 성안하였고 이는 유엔총회에서 승인되었으며 2013. 3. 1. 발효되었다.47) 전

---

43) 왕상한, "UNCITRAL 전자상거래 주요 논의내용과 향후 활동 전망", 통상법률 제88호
(2009. 8.), 119면, 註 42. 전자문서법(제4조)을 통하여 전자문서의 유효성과 등가성의 문
제가 해결되었다고 평가하나, 이는 피상적 검토이고 실제로 유가증권에서 보는 바와 같이
전자문서법에 의하여 모든 법률에서 규정하는 서면이 전자문서에 의해 대체될 수 있다고
보기는 어렵고 결국 전자문서법 제4조는 시장의 선제적 규율이라는 모호한 정책을 앞세
우고 다른 법률을 전혀 고려하지 않은 무모한 입법이라는 신랄한 비판이 있다. 정경영,
"UNCITRAL 전자양도성기록(ETR) 모델법에 관한 연구", 비교사법 제24권 제4호(통권 제
79호)(2017. 11.), 1600면, 註 4.

44) 최경진, "전자거래기본법 개정방안 연구", 정보법학, 제15권 제1호(2011. 12.), 6면은 이
런 제안을 한 바 있다.

45) 왕상한(註 43), 124면.

46) 왕상한(註 43), 95면.

47) 전자계약협약의 개관은 왕상한, 전자계약의 현안과 과제 —UN 전자계약협약을 중심으
로— (2008); 왕상한(註 43), 94면 이하; 정완용, "전자계약에 관한 국제협약 초안의 검토

자계약협약에 따르면 전자적 통신은 서면성을 구비한 것으로 취급되고(제9조), 매매협약의 체약국이 전자계약협약에 가입하면 매매협약상의 계약의 성립 또는 이행과 관련된 전자적 의사표시의 이행에는 전자계약협약이 적용된다. 이렇게 함으로써 매매협약을 개정하지 않고도 전자통신에 의한 매매계약의 서면성을 구비할 수 있다. 전자계약협약은 매매계약에 한정되지 않고 다양한 거래 유형에도 적용된다. 우리나라는 2008. 1. 15. 전자계약협약에 서명하였으나 아직 비준하지 않고 있다. 국내 전자거래에 관한 법규와 국제 전자거래에 관한 협약의 내용이 서로 상이할 경우 규범의 이중성(duality of regimes)을 피할 수 없어 계약당사자가 자신의 계약이 어느 규범의 적용을 받게 되는지 명확히 알 수 없는 문제가 있음을 지적하면서 비준에 앞서 국내법을 개정해야 한다는 견해가 있다.[48] 비준 여부에 관하여는 견해가 나뉘고 있다.[49]

셋째, 2017년 채택된 '전자양도성기록에 관한 모델법'은 전자증권의 문제를 다룬다.[50] 우리 법상으로는 전자어음법, 전자금융거래법, 상법상 전자선하증권

—UNCITRAL 제39차 전자상거래작업반회의 참가보고서—", 한국해법학회지 제24권 제1호(2002. 4.), 251면 이하; 정완용, "제43차 유엔국제상거래법위원회(UNCITRAL) 전자상거래작업부(W/G)회의 참가보고서", 한국해법학회지 제26권 제1호(2004. 4.), 405면 이하; 정완용, "전자계약에 관한 국제협약(초안) 제정회의 참가보고 — UNCITRAL 제44차 전자상거래실무그룹회의", 인터넷법률 제26호(2004. 11.), 118면 이하; 최경진, "UN전자계약협약에 관한 연구", 중앙법학 제11집 제4호(2009. 12.), 131면 이하; 최경진, "UN전자계약협약에 관한 비교법적 고찰", 국제거래법연구 제19집 제1호(2010. 7.), 77면 이하; 정진명, "UNCITRAL 전자계약협약의 국내법에의 수용", 비교사법 제16권 제2호(통권 제45호)(2009. 6.), 41면 이하; 오병철, "UNCITRAL 전자계약협약에 관한 비교법적 고찰과 전자거래기본법에의 영향", 비교사법 통권 제35호(2006. 12.), 83면 이하 등 참조.

48) 오병철(註 47), 87면; 정진명(註 47), 43-44면. 그러나 최경진, "UN전자계약협약에 관한 연구", 중앙법학 제11집 제4호(2009), 134면, 註 14는 이에 반대한다.

49) 왕상한(註 43), 297면 이하는 부정설을 취하나, 최경진(註 48), 101면은 협약의 비준에 따라 규율에 큰 변화가 예상되지 않고 비준을 저해할 정도의 국내 법률과의 불균형도 거의 발견되지 않으므로 비준해야 한다는 견해를 피력한다.

50) 이에 관하여는 정경영(註 43), 1597면 이하; 정경영, UNCITRAL 및 UNIDROIT 논의 내용 분석을 통한 국내 주식등록제도의 개선방안 연구(한국법제연구원. 2014)도 보인다. 정경영, "전자양도성기록(Electronic Transferable Record, ETR)의 '증권성' 확보에 관한 연구— 최근 UNCITRAL Working Group Ⅳ의 논의를 중심으로", 금융법연구 제11권 제1호(2014. 4.), 135면 이하; 최경진, "UNCITRAL 전자양도성기록 규정안에 관한 고찰—제47차 UNCITRAL WG Ⅳ 논의를 중심으로—", 국제거래법연구 제22집 제1호(2013. 7.), 285면 이하; 최경진, "'UNCITRAL 전자양도성기록 규정안'에 대한 비교법적 고찰", 국제거래법연구 제23집 제2호(2014. 12.), 204면 이하; 임성철, "UNCITRAL 전자양도성기록 모델법의 전자선하증권 적용에 관한 소고", 무역상무연구 제79권(2018. 8.), 143면 이하

에 관한 규정과 주식, 사채의 전자등록제도 등이 이미 도입되어 있으므로 우리
가 전자양도성기록 모델법을 수용하자면 전자양도성기록 모델법과의 충돌 여부
를 면밀히 검토해야 한다는 견해51)와 위 모델법은 우리 법제와 특별히 충돌할
것으로 예상되지 않으므로 문제가 없을 것이라는 견해52)도 보인다. 우리 법상으
로는 위 모델법에서 말하는 전자양도성기록이 여러 법률에 산재하므로 이를 통
합규정하는 모델법과는 체계가 다르나 위 모델법은 그에 포섭되는 다양한 증권
에 관하여 기존의 개별 실체법을 개정하지 않고 유가증권의 전자화를 실현하는
것이므로 전자어음법, 전자금융거래법, 전자선하증권에 관한 상법과 전자증권법
등을 통하여 전자화를 이미 실현한 우리로서는 모델법 자체를 국내법화할 필요
는 없고 전자화가 실현되지 않은 유가증권에 관하여만 규정을 마련할 필요가 있
다는 견해53)가 있다.

4. 국제도산

(1) 국제도산법의 쟁점

과거에는 '국제도산'(cross-border insolvency, Internationale Insolvenz)의 문제
가 별로 제기되지 않았으나, 개인이나 회사가 다수의 국가에 재산을 보유하거나
국제적으로 영업활동을 하는 것이 보편화된 오늘날 그러한 개인이나 특히 회사
에 대하여 어느 국가에서 파산, 회생 및 기타 이와 유사한 도산절차가 개시된 경
우 순수한 국내도산사건에서는 볼 수 없는 다양한 법적 쟁점들54)이 제기된다.
이처럼 외국적 요소가 있는 도산사건에서 제기되는 법적 제문제를 규율하는 규
범의 총체가 '국제도산법'이다. 민사집행법에 기한 강제집행을 의미하는 '개별집

등 참조.

51) 정경영(註 43), 1640면. 기존의 전자유가증권에 관한 우리 법제는 정경영(註 43), 1632면
이하 참조.

52) 원호신, "UNCITRAL 제50차 본회의(Commission) 출장보고서", 법원행정처 보고(2018),
264면.

53) 정경영(註 43), 1640면.

54) 이는 ① 외국도산절차 개시의 효력이 국내에 미치는가, ② 외국도산절차의 관재인이 한
국 내 재산에 대하여 관리처분권을 가지는가, ③ 그 결과 외국 관재인이 국내 소송에서
당사자적격을 가지는가, ④ 외국도산절차에서 외국법원이 한 각종 재판이 한국 내에서
효력을 가지는가, ⑤ 도산재단의 범위에 한국 소재 재산도 포함되는가, ⑥ 우리 도산법원
또는 도산관재인과 외국 도산법원 또는 도산관재인과의 공조, ⑦ 병행 도산절차 간의 조
정 및 ⑧ 도산국제사법(또는 도산저촉법)의 문제 등이다.

행'과 구별하여 도산을 '포괄집행'이라고 부르기도 한다.

(2) 한국에서 국제도산법제의 발전

과거 우리나라의 파산법, 회사정리법 및 화의법은 국제도산에 관하여 극단적 속지주의를 취하였으나, 여러 문제가 발생하자 판례55)는 속지주의를 완화하고자 노력하였다. 입법자들은 도산법을 통합하여 2006. 4. 1. 발효한 "채무자 회생 및 파산에 관한 법률"("통합도산법")에서 국제도산에 관한 제5편(제628조 - 제642조)을 신설하여 수정된 보편주의를 채택하였다. 국제도산법은 UNCITRAL이 1997년 5월 채택한 "국제도산에 관한 모델법(Model Law on Cross-Border Insolvency)"("모델도산법". MLCBI)56)과, 일본이 모델도산법을 기초로 작성하여 2001. 4. 1. 발효시킨 "外國倒産處理手續의 承認援助에 關한 法律"("승인원조법")의 영향을 받은 것이다.

채권자평등이라는 도산법의 정의와 도산절차의 목적을 달성하기 위해서는 극단적 속지주의를 고집할 수 없고 속지주의를 완화하지 않을 수 없다. 통합도산법은 이런 방향으로 국제도산법의 쟁점을 입법적으로 해결한 것으로 타당하다. 우리나라가 이처럼 국제도산법제를 정비한 덕에 근자에 한진해운을 비롯한 선사들의 도산 시 우리 법원의 회생개시절차를 외국에서 승인받고 집행을 금지할 수 있었다는 점에서 이는 커다란 의미를 가진다. 과거 우리나라에서는 국제도산의 주요 관심사는 외국도산절차의 대내적 효력이었으나, 근자에 해운사들의 도산, 특히 한진해운의 도산을 계기로 내국도산절차의 대외적 효력이 중요한 논점으로 부상하였고 여러 문헌들이 간행되었으나 국제도산법적 분석은 불충분하다.57) 내국도산절차의 대외적 효력을 이해하자면 외국의 도산법제와 외국법원의

---

55) 예컨대 대법원 2003. 4. 25. 선고 2000다64359 판결과 대법원 2009. 4. 23. 선고 2006다 28782 판결 등.

56) 필자는 석광현, "國際倒産法에 관한 연구 — 立法論을 중심으로", 국제사법과 국제소송 제3권(2004), 255면 이하(당초 통상법률 2001. 6.(통권 제39호), 62면 이하)에서 모델도산법을 소개하고 국제도산법제를 현대화하는 수단으로서 모델도산법의 수용을 주장한 바 있다.

57) 김창준, "한진해운의 도산법의 쟁점", 한국해법학회지 제39권 제1호(2017. 5.), 39면 이하; 김인현, "한진해운 회생절차에서의 해상법 및 도산법의 쟁점", 상사법연구 제36권 제2호(2017. 8.), 9면 이하; 김인현, "한진해운 회생절차상 압류금지명령(stay order)의 범위 — 한국과 싱가포르를 중심으로", 상사판례연구 제30권 1호(2017. 3.), 131면 이하 참조. 그 밖에 변호사들(예컨대 이정현 변호사와 김남성 변호사)의 발표자료도 보인다. 다만 임

실무를 파악해야 하므로 이는 쉽지 않은 과제이다.

필자가 여기에서 언급하는 것은, 두 가지 점에서 모델도산법을 변형한 우리 입법자의 결단이 정당한가라는 점이다.

첫째, 외국도산절차의 승인의 효력에 관하여 통합도산법은 모델도산법을 따르는 대신 더 보수적 태도를 취하는 승인원조법을 따름으로써 새로운 '승인' 개념을 도입하였다.58) 그러나 이는 바람직하지 않으므로 모델도산법에 충실하게 통합도산법을 개정해야 한다. 모델도산법의 수용 과정에서 필자는 일본에 의하여 변형된 모델도산법을 추종하는 것을 비판하였으나59) 채용되지 않았다. 국제도산법에서는 과거처럼 일본법의 배후에 있는 독일법을 계수한 것이라는 변명도 할 수 없다. 국제도산법은 우리가 합리적 근거 없이 일본법을 추종한 현대의 사례로 기억될 것이다.

둘째, 모델도산법은 주절차(main proceeding)와 종절차(또는 비주절차. non-main proceeding)를 구분하고 있고 일본의 승인원조법(제2조)도 이와 유사하게 양자를 정의한다.60) 모델도산법상 승인의 대상이 되는 외국도산절차에는 외국주절차와 외국종절차가 포함되나 양자는 승인의 효력에 차이가 있다. 즉 모델도산법에 따르면 외국주절차를 승인하는 경우 개별집행 금지 등의 효력은 자동적으로 발생하고 관재인 등으로의 관리처분권의 이전은 승인국 법원의 재량에 의하여 인정되나, 외국종절차를 승인하는 경우 모든 효력이 승인국 법원의 재량에 의하여 인정된다. 그러나 통합도산법은 모델도산법의 핵심적 개념으로서 주절차

치용, "해운회사의 회생절차 개시와 국제사법의 주요 쟁점", 국제사법연구 제22권 제2호 (2016. 12.), 473면 이하; 임치용, "한진해운 도산의 법적 쟁점", BFL 제92호(2018. 11.), 39면 이하; 김선경·김시내, "우리나라 해운회사의 회생절차에 대한 외국 법원의 승인", BFL 제81호(2017. 1.), 65면 이하는 국제도산법의 논점을 다룬다.

58) 즉 외국도산절차의 승인은 민사소송법 제217조가 정한 외국판결의 승인과는 달리 외국법원의 재판을 승인하는 것이 아니라 당해 외국도산절차를 승인하는 것으로서 그 법적 효과는 외국도산절차가 지원결정을 하기 위한 적격을 갖추고 있음을 확인하는 데 그치고, 그 승인에 의하여 외국도산절차의 효력이 직접 한국 내에서 확장되거나 국내에서 개시된 도산절차와 동일한 효력을 갖게 되는 것이 아니다. 대법원 2010. 3. 25.자 2009마1600 결정 참조.

59) 석광현, "채무자회생및파산에관한법률안 중 국제도산에 대한 의견", 법률신문 제3305호 (2004. 10. 11.), 15면; 석광현, 국제사법과 국제소송 제5권(2012), 578면, 註 211도 참조.

60) 이런 이유로 우리나라가 통합도산법을 채택한 후에도 UNCITRAL은 한동안 우리나라를 모델도산법을 채택한 국가로 인정하지 않았다가 한참 뒤에야 비로소 태도를 바꾸었던 것으로 기억한다.

와 종절차를 구분하는 기준이면서 근자에 그 중요성이 커지고 있는 '주된 이익의 중심지(center of its main interests. COMI)'라는 개념을 정면으로 도입하지 않았다. 이런 결단을 내린 이유는 위 첫째의 연장선 상에서 승인의 효력을 모델도산법과 달리 하므로 양자를 굳이 구별할 필요가 없다는 데 있었던 것으로 생각한다. 그러나 그 결과 주절차와 종절차의 개념이 불분명하고 양자의 구별 실익조차 모호하게 되는 폐단이 있으므로 시정해야 한다.

필자가 보기에 통합도산법의 국제도산법제는 잘못된 방향으로 모델법을 일부 변형함으로써 그 취지에 반하는 결과를 초래한 사례이다.

(3) 모델도산법 채택 후 UNCITRAL의 작업

UNCITRAL은 모델도산법을 채택한 뒤에도 2009년 "국제도산 협력에 관한 활용지침(UNCITRAL Practice Guide on Cross-Border Insolvency Cooperation)", 2010년 도산에서 기업집단의 취급에 관한 입법지침 제3부(UNCITRAL Legislative Guide on Insolvency Law, Part Three: Treatment of enterprise groups in insolvency),[61] 2013년 <u>국제도산에 관한 모델법: 사법적 관점(UNCITRAL Model Law on Cross-Border Insolvency: The Judicial Perspective)</u>, 도산에 근접한 시기에서 이사의 의무에 관한 제4부(UNCITRAL Legislative Guide on Insolvency Law, Part Four: Directors' obligations in the period approaching insolvency)[62]를 성안하였고, <u>2013년 보완된</u> "국제도산모델법 입법지침과 해석(Guide to Enactment and Interpretation)을 간행하였다. 이러한 작업을 주시하면서 우리가 무엇을 어떻게 취할지를 검토해야 한다. 나아가 <u>UNCITRAL은 2018년 '도산 관련 재판의 승인 및 집행에 관한 모델법(Model Law on Recognition and Enforcement of Insolvency-Related Judgments. MLIRJ)'을</u>, 2019년 기업집단의 도산에 관한 모델법(Model Law on Enterprise Group Insolvency)을 채택하였다(전자에 관하여는 후기에 적은 석광현, 채무자회생 및 파산에 관한 법률 제5편(국제도산법)의 개선에 관한 연구, 2019년도 법무부 연구용역 과제보고서가 있고, 후자에 관하여는 권종걸, "기업집단 도산에 한 UNCITRAL 모델법 검

---

61) 심현지, "UNCITRAL 제51차 도산 실무작업반 회의 보고서", 법원행정처 보고(2018), 207 면 이하 참조.

62) 이에 관하여는 한민, "도산에 근접한 시기의 이사의 의무", 선진상사법률연구 제70권 (2015), 11면 이하 참조.

토 — 기획도산절차, 의제절차와 기업집단도산계획을 중심으로", 부산대학교 법학연구 제 60권 제4호 · (통권 102호)(2019. 11.), 75면 이하; 이화여자대학교 산학협력단, 2018 · 2019 도산 관련 UNCITRAL 모델법 입법 방안 연구보고서(2020)(한민 · 석광현 집필); 석 광현, "도산 관련 재판의 승인 및 집행에 관한 2018년 UNCITRAL 모델법의 소개와 우리 의 입법방향", 동아대학교 국제거래와 법 제33호(2021. 4.), 1면 이하; 석광현, "미국 연방 파산법에 따른 회생계획인가결정의 한국에서의 승인", 양창수 교수 고희기념논문집 간행 위원회, 自律과 正義의 民法學: 梁彰洙 교수 古稀기념논문집(2021), 555면 이하와 김영 석, "국제도산에서 도산절차와 도산관련재판의 승인 및 집행에 관한 연구", 서울대학교 대학 원 법학박사학위논문(2022. 2.)가 있다). [밑줄 친 부분은 이 책에서 새로 추가한 것이다.]

5. 국제채권양도협약[63]

UNCITRAL은 국제적인 채권양도의 방법을 통하여 저리에 의한 자금조달을 원활하게 하기 위하여 1995년 11월부터 5년 여의 기간 동안 작업을 마치고 2001년 6월 "국제거래에서 채권양도에 관한 국제연합협약(United Nations Convention on the Assignment of Receivables in International Trade)"("국제채권양도협 약")의 초안을 채택하였다. 국제연합 총회는 2001. 12. 12. 국제채권양도협약을 채택하고 서명 또는 가입을 위하여 이를 개방하였으며 회원국에게 가입을 고려 할 것을 부탁하는 결의를 채택하였다. 이 협약은 아직 발효되지 않고 있다.

국제채권양도협약은 국제거래에서의 채권의 양도에 적용되는데, UNIDROIT 의 1988년 국제팩토링에 관한 협약(Convention on International Factoring)(오타와 협약)을 기초로 그의 적용범위를 채권 일반에까지 확장한 것이다. 국제채권양도 협약상 '채권(receivables)'은 금액(a monetary sum)을 지급받을 수 있는 계약상의 권리를 말하는데 이는 민법상의 '금전채권'에 상응한다. 협약상 양도에는 채권의 매매와 같이 '완전한 이전(outright transfer)'(담보목적을 위한 것을 포함하여)과 '담보 로서의 양도(assignments by way of security)'의 양자가 포함된다. 국제채권양도협 약은 독자적인 국제사법규칙을 포함하고 있다.

---

63) 국제채권양도협약의 상세는 석광현, "국제연합의 國際債權讓渡協約—협약의 소개와 民法 및 資産流動化에관한法律에의 시사점—", 국제사법과 국제소송 제3권(2004), 616면 이하; 석광현(편), 국제채권양도협약연구(2002) 참조.

6. 담보

위에서 본 국제채권양도협약의 채택에 이어 제6작업반은 나아가 2007년 '담보거래에 관한 입법지침(Legislative Guide on Secured Transactions)'("담보거래 입법지침")64)을 성안한 데 이어서 담보권 등기의 실행에 관한 지침(Guide on the Implementation of a Security Rights Registry)("담보권 등기지침")을 성안하였다.65) 이어서 UNCITRAL은 2016. 7. 1. 담보거래에 관한 모델법(Model Law on Secured Transactions)("모델담보법")을 채택하였다.66) 우리나라는 2010. 6. 10. 법률 제10366호로 '동산·채권 등의 담보에 관한 법률'("동산채권담보법")을 제정하였고 이는 2012. 6. 11. 시행되었는데67) 필자는 과거 회의에 참가하였음을 이유로 동산·채권 담보법 제정 특별분과위원회에 참여할 수 있었다. 그 기회에 당초 법원행정처의 제안처럼 일본의 접근방법을 따라 단순히 공시방법으로서 등기제도를 도입하기보다는 새로운 담보권을 창설하는 접근방법이 바람직하다고 생각하였고 이런 태도를 법률안에 반영할 수 있었다.68)69) 여기에서는 상세한 내용에 대

---

64) 상세는 석광현(편), UNCITRAL 담보권 입법지침 연구(법무부, 2010), 649면 이하 참조. 동 지침이 우리 법에 시사하는 바는 석광현, "UNCITRAL의 담보권 입법지침과 우리나라의 동산·채권담보법제", 통상법률 통권 제88호(2009. 8.), 173면 이하 참조. 2012. 6. 11. 시행된 "동산·채권 등의 담보에 관한 법률"은 동 지침의 영향을 받았다. 동법은 기존의 물권에 추가하여 동산등기담보권과 채권등기담보권이라는 새로운 물권을 창설한 점에 특색이 있다.

65) 이에 관하여는 권영준, UNCITRAL 담보등기 제도 실행에 관한 지침 연구(2014) 참조. 그 밖에도 UNCITRAL은 지식재산 담보권에 관한 UNCITRAL 담보거래 입법지침 부속서를 성안하였다. 상세는 손승우 외, 지식재산 담보권에 관한 UNCITRAL 담보거래 입법지침 부속서(2011); 손승우, "UNCITRAL 지식재산권 담보논의와 국내 입법방향", 단국대학교 법학논총 제32권 제2호(2000), 3면 이하 참조.

66) 상세는 권영준, 담보거래에 관한 UNCITRAL 모델법 연구(2018) 참조. 조문은 http://www.uncitral.org/pdf/english/texts/security/ML_ST_E_ebook.pdf 참조.

67) 법무부, 동산·채권 등의 담보에 관한 법률 해설서(2010) 참조. 이에 따라 동산채권담보법에 관한 박사학위 논문들도 발표되었다. 김현진, "동산·채권 등의 담보에 관한 법률 연구 — 주요 내용과 현대화의 과제", 서울대학교대학원 법학박사학위논문 (2011); 정소민, "채권담보제도에 관한 연구 — 동산·채권 등의 담보에 관한 법률을 중심으로—", 서울대학교대학원 법학박사학위논문(2012) 등이 그것이다.

68) 또한 필자는 회의에 참석하면서 국제적 담보거래에 관한 저술(Dennis Campbell 편집)에 한국에 포함되지 않은 것을 발견하고 한국편의 작성을 자원하였다. 그 결과 South Korea Section, in International Secured Transactions edited by Dennis Campbell, Binder 2 (Oceana Publications, Inc., Dobbs Ferry, NY, 2004)을 수록할 수 있었다. 2010년과

한 논의를 생략하나 두 가지만 언급하고자 한다.

담보권에 관한 규범을 통일 내지 조화시키기 위한 국제적 노력은 UNCITRAL 만이 아니라 UNIDROIT 기타 국제기구에서도 이루어지고 있다는 점[70]과, 우리 법상의 담보권과는 다르지만 국제규범 간에 어떤 공통점이 있다는 점이다. 이는 이른바 '담보권의 현대화'라고 하는 것인데, 단순화하자면 단일한 포괄적인 담보 권제도(single comprehensive regime for secured transactions)를 기초로 '기능적 접 근방법(functional approach)'을 선호하는 점 —그러면서도 취득금융을 위한 담보 권인 취득담보권(또는 소유권유보권과 금융리스권)에는 특수한 지위를 부여한다—, 물권법정주의를 상당히 완화하거나 대부분 배제하고 사적 자치를 더 존중하는 점, 담보권자의 보호를 위하여 담보권의 사적 실행을 널리 허용하는 점, 담보권 법제를 성안하는 과정에서 담보권이 중요한 기능을 하는 도산절차와의 관련을 충분히 고려하여 도산법제와의 조화를 도모하는 점 등이 그것이다. 이들은 모두 미국 통일상법전 제9장에 따른 비부동산담보법제의 영향을 많이 받은 점에서 공 통된다.[71] 이에 대해서는 더 체계적인 연구를 함으로써 우리 법상의 담보제도를

2018년에 간행된 개정판은 Oxford 대학에서 박사학위를 받은 전우정 변호사와 함께 집 필하였다.

69) 국제거래법학회는 2007. 11. 23. 비부동산담보법제에 관한 국제세미나를 개최하였으며, 국제거래법연구 제16집 제2호를 국제담보거래법 특집으로 마련하였고 2008. 3. 3. 공시방 법으로서 등기제도를 도입하는 미봉책이 아니라, 가능한 한 UNCITRAL의 입법지침을 대 폭 참조하여 비부동산담보법제 전반을 개혁함으로써 포괄적인 비부동산담보법을 제정할 것을 촉구하는 결의를 채택하고 관계요로에 건의문을 제출하였다. 국제거래법연구 제17 집 제1호(2008), 279면 이하 참조.

70) 유럽부흥개발은행(EBRD)의 1994년 모델담보법(Model Law on Secured Transactions); 2001년 "이동장비에 대한 국제적 담보권에 관한 협약"(Convention on International Interests in Mobile Equipment)("케이프타운협약")과 그에 기초한 항공기 의정서, 철도 차량 의정서, 우주자산 의정서 등이 그런 사례이다. 후자에 관하여는 윤여균·장선, 운송 장비의 국제 담보권협약 연구(2001); 석광현, "항공기에 대한 국제적 담보거래 —케이프 타운협약과 항공기의정서를 중심으로—", 국제거래법연구 제12집(2004. 2.), 163면 이하 참조. 근자에는 건설장비, 농업장비와 광업장비를 대상으로 하는 네 번째 의정서(이른바 MAC 의정서)를 성안하는 작업을 하고 있다. 이재규, "Cape Town 협약 —MAC의정서 예 비 초안에 관한 연구", 저스티스 통권 제164호(2018. 2.), 276면 이하; 이민구, "케이프타 운 협약 농업건설광업장비 의정서 초안준비를 위한 제1차 정부 전문가 회의 참가보고서", 법원행정처 보고(2018), 893면 이하; 신수빈, "이동장비에 대한 국제적 권리에 관한 협약 중 농업·건설·광업 장비 의정서 초안 준비를 위한 제2차 정부 전문가 회의 참가보고 서", 법원행정처 보고(2018), 957면 이하 참조.

71) 상세는 김현진, 동산·채권담보권 연구(2013), 45면 이하 참조. 이처럼 UNCITRAL 문서

개선하도록 노력해야 할 것이다. 그러나 동산채권담보법이 2012년 시행된 후 현재까지 그 이용실적은 당초 기대에 미치지 못하는 점과 부동산 담보가 여전히 담보시장의 중심을 차지하고 있음은 유감이므로 동산·채권담보의 활용을 촉진하기 위한 제도적 노력을 기울여야 할 것이다.[72]

7. 국제물품운송: 로테르담규칙

개품운송계약에 관한 법은 국제적 통일의 필요성이 강하므로 그에 관하여는 일찍이 조약이 채택되었다. 1924. 8. 25. 채택된 헤이그규칙,[73] 1968년 채택된 헤이그-비스비규칙[74] 및 1978. 3. 30 채택된 함부르크규칙[75]이 그런 사례이다. 그 후 세계경제가 발전함에 따라 위 조약들이 낙후되자 UNCITRAL은 "전부 또는 일부가 해상으로 운송되는 국제물품운송계약에 관한 국제연합협약(United Nations Convention on Contracts for the International Carriage of Goods Wholly or Partly by Sea)("유엔국제물품해상운송협약"),[76] 즉 로테르담규칙(Rotterdam Rules)을 성안하였다.[77] 로테르담규칙은 아직 발효되지 않았고 우리나라는 가입하지 않았다.

로테르담규칙의 특징은 ① 적용범위를 해상운송을 포함하는 복합운송으로 확대하고, ② 헤이그-비스비 규칙에 있었던 항해과실 면책규정을 폐지하며, ③ 운송인으로 하여금 발항 시만이 아니라 항해 중에도 계속하여 감항능력유지의무를 부과하고, ④ 책임한도액을 함부르크 규칙보다 인상하며, ⑤ 대량정기화물운

가 미국법의 영향을 받은 경우 UNCITRAL 문서의 확산은 미국법의 국제적 확산이라는 결과를 초래할 수 있다는 우려가 있을 수 있다. 그러나 CISG, 모델중재법과 모델도산법의 예에서 보는 바와 같이 이는 모든 UNCITRAL 문서에 타당한 평가는 아니다.

72) 이에 관한 논의는 김현진, "UNCITRAL 담보법제 현대화에 평가와 우리 법에의 시사점", 2018. 8. 24. 개최된 한국비교사법학회 하계학술대회발표자료, 116면 이하 참조.

73) 이는 1924년 "선하증권에 관한 약간의 규칙을 통일하기 위한 국제협약"을 말하는 것으로 국제해법회(CMI)가 주도하여 성안한 조약이다.

74) 이는 1968년 "선하증권에 관한 약간의 규칙을 통일하기 위한 국제협약의 개정을 위한 의정서"를 말하는 것으로 헤이그규칙을 개정한 조약으로서 국제해법회(CMI)가 주도하여 성안한 것이다.

75) 이는 국제연합 산하기관인 UNCTAD와 UNCITRAL이 주도하여 성안한 협약이다.

76) 송상현·김현, 해상법원론 제5판(2015), 280면은 "유엔해상운송조약"이라 한다. UN 국제상거래 규범집(제1권)(2018), 377면은 "전부 또는 일부가 해상으로 운송되는 국제화물운송계약에 관한 UN협약"이라고 한다.

77) 최종현, 해상법상론, 제2판(2014), 235면.

송계약(volume contract)의 경우 당사자의 계약자유를 허용하고, ⑥ 송하인의 의
무와 의무 위반의 경우의 손해배상책임을 규정함으로써 이해관계의 균형을 도모
한 점 등에 있다.[78] 많은 전문가들이 위 조약안이 비록 완전하고 만족스러운 것
은 아니나 발효되는 것이 바람직하다고 평가한다고 하나 과연 빠른 시일 내에
그렇게 될 수 있을지는 의문이다.

8. 국제 온라인 분쟁해결

제3작업반은 '소액의 대규모(low-value, high-volume)' 국제 분쟁을 온라인상
에서 해결하고자 신속, 효율 저비용의 분쟁해결의 모델을 만들기 위하여 2010년
부터 논의를 하였다. 이는 B2C에 한정되지 않고 B2B, C2B와 C2C에도 적용될
수 있는 것이었다. 제3작업반의 당초 임무는 전 세계적인 온라인 분쟁해결을 위
한 ODR Platform과 제공자에 관한 지침과 최소요건, 실체적 법원칙과 분쟁해결
후 국제적 집행에 관한 최소요건을 담은 일련의 통일규칙을, 모델법이나 입법지
침이 아니라 당사자들이 계약에 편입할 수 있는 형태의 연성법(soft law) 문서의
형태로 작성하는 것이었다.[79]

그러나 제3작업반은 당초 의도했던 작업을 완료하지 못하고 2016년 "ODR
에 관한 기술지침(Technical Notes on Online Dispute Resolution)("TN")을 채택하
는 데 그쳤다. TN은 온라인 분쟁해결절차의 중요요소를 반영하고 있다.[80] 이는

---

78) 최종현, "한국 해상법의 발전 방향", 해법학회지 제31권 제1호(2009), 31면; 김인현, 해상
법 제5판(2018), 부록8, 705면 이하. 상세는 김인현, 해상법연구 Ⅲ(2015), 제6장(837-
980면) 참조. 그 밖에도 송옥렬, "UNCITRAL 해상운송협약상 송하인의 책임", 국제거래
법연구 제16권 제2호(2007. 12.), 291면 이하; 정병석, "UN국제상거래법위원회 운송법 제
정을 위한 제9차 실무그룹회의 참가 결과보고", 한국해법학회지 제24권 2호(2002. 11.),
298면 이하; 최준선, "UNCITRAL 국제운송법 제12차 회의 참가보고서", 한국해법학회지
제26권 2호(2004. 11.), 513면 이하; 최준선·김인현·신유철, "UNCITRAL 국제운송법 제
13차 회의 참가보고서", 한국해법학회지 제26권 2호(2004. 11.), 545면 이하 참조.
79) Gralf-Peter Callies and Simon Johannes Heetkamp, Online dispute resolution, Encyclo-
pedia of Private International Law, Vol. 2 (2017), p. 1314.
80) 상세는 오수근, "제23, 24차 온라인 분쟁해결 실무회의 참가보고서", 법무부 보고서
(2012), 137면 이하; 남유선, "제30차 온라인 분쟁해결 실무회의 참가보고서", 법무부 보
고서(2015), 31면 이하; 남유선, "제31차 온라인 분쟁해결 실무회의 참가보고서", 법무부
보고서(2015), 94면 이하; 정수진, "UNCITRAL 제30차 ODR 실무작업반 회의 참가보고
서", 법원행정처, 보고(2015), 345면 이하; 남유선·윤민섭, "UN의 온라인분쟁해결에 관
한 기술지침의 주요내용과 시사점 참조", 전북대학교 법학연구 제49권(2016), 441면 이하

UNCITRAL의 소개가 명시하듯이 모든 국가들이 모든 발전단계에 있는 국가의 매도인과 매수인들이 이용할 수 있는 ODR systems를 발전시키는 것을 지원하는 수단으로서 의도된 것이다. TN은 스스로 구속력이 없음을 밝히고 있는데, 그럼에도 이는 ODR에 관한 첫 공식문서로서 국제적 기준을 제시하는 점에서 의미가 있고 연성규범의 역할을 할 것이라는 평가도 있다.[81] 위 문서는 사전중재합의를 허용할 것인지, 분쟁해결 후 집행력 등에 관하여 명시적으로 규정하지 않을 뿐만 아니라, 문서 자체가 구속력이 없다는 점에서 매우 미흡하다. 이런 이유로 위 문서는 ODR 절차규칙으로 사용하기에는 적합하지 않고, 누구에 대하여도 구속력이 없다는 이유로 그의 영향력에 대해 의문을 표시하는 견해도 있다.[82] ODR에 관한 작업이 이렇게 끝난 데는 여러 가지 이유가 있겠지만 특히 구속력이 있는 사전중재합의[83]를 허용할지 아니면 구속력이 없는 권고를 채택할지에 관하여 컨센서스를 도출할 수 없었기 때문이라고 한다.[84] 위 TN과 그간에 UNCITRAL에서 이루어진 논의는 장래의 작업에 참고가 될 수는 있겠지만 작업이 이렇게 끝난 것은 아쉬운 일이다.

참조. TN의 소개는 사법정책연구원, 온라인 분쟁해결(ODR)에 관한 연구(2018), 85면 이하 참조. 남유선 교수는 TN을 '기술지침'이라고 번역하나 지침은 Guide의 번역이므로 적절성은 의문이다. 사법정책원구원은 '기술문서'라고 한다. Ronald A. Brand, Party Auto-nomy and Access to Justice in the UNCITRAL Online Dispute Resolution Project, 10 Loy.U.Chi.Int'l. L.R. 11 (2012)도 참조. 텍스트는 http://www.uncitral.org/pdf/english/texts/odr/V1700382_English _Technical_Notes_on_ODR.pdf 참조.

81) 남유선·윤민섭, "온라인분쟁해결(ODR)에 관한 국제적 합의를 위한 노력과 2016년 UNCITRAL 최종안", 국제거래법연구 제25집 제2호(2016. 12.), 232면.

82) Callies and Heetkamp(註 79), p. 1322.

83) 위 문서에 관한 보고서에서 남유선, "제30차 온라인 분쟁해결 실무회의 참가보고서", 법무부 보고서(2015), 57면은 'pre-dispute agreement to arbitrate'를 '사전 강제중재 합의'라고 번역하나, 이는 분쟁발생 전에 중재합의를 할 수 있는가의 문제로 B2C에서 특히 논란이 있는 쟁점이다. '사전강제중재합의'라고 하기보다는 '사전중재합의'가 적절하지 않을까 생각한다. 또한 위 보고서(59면, 62면)는 우리 국내법제와 소비자보호 정책상 B2C거래에서 사전중재합의를 수용하기 어렵다고 하나 아직 국내에 유권적인 견해는 없다. 상세는 석광현, "해외직접구매에서 소비자의 보호: 국제사법, 중재법과 약관규제법을 중심으로", 서울대학교 법학 제57권 제3호(2016. 9.), 108면 이하 참조.

84) 중도에 미국은 작업의 중단을 제안하였으나 작업반이 어려움을 극복하고 그나마 TN을 작성한 것은 평가할 만하다. 남유선, "제31차 온라인 분쟁해결 실무회의 참가보고서", 법무부 보고서(2015), 100면 참조.

Ⅳ. 현재 UNCITRAL에서 진행 중인 작업

UNCITRAL이 홈페이지에서 2018년 8월 중순 현재 진행 중인 작업으로 열거하는 것은 소중소기업(제1작업반),[85] 분쟁해결(제2작업반), 투자자-국가 분쟁해결제도 개선(제3작업반), 전자상거래(제4작업반), 도산법(제5작업반)과 담보권(제6작업반)이다. 전자상거래를 제외한 나머지 작업에 관하여는 개별적으로 주제 발표가 있으므로 상세한 내용은 그에 맡기고 여기에서는 작업반의 순서에 따라 간단히 소개한다.

1. 제1작업반: 소중소기업법제

소중소기업이 당면한 법적 장애를 축소하기 위하여 소중소기업(Micro, Small and Medium-sized Enterprises)의 설립 및 등록 절차를 간소화하기 위한 법적 쟁점을 논의하고 있고 현재 입법지침을 성안하기 위한 작업을 진행 중이다. 입법지침은 이른바 'one-stop shop'을 도입하고자 하는데 이는 상업등기, 세무서와 사회보장기관에 대한 신고 내지 등록을 포괄하는 하나의 국가기관을 설립하는 것은 아니고, 각 해당 국가기관의 자율성을 인정하되 동일한 정보를 공유할 수 있는 단일한 인터페이스를 구축하여 등기신청자와 이용자의 편의를 도모하는 것이라고 한다.[86] 우리 법은 이미 이에 관하여 정비된 법제를 가지고 있으므로 제1작업반의 작업으로부터 의미 있는 시사점을 찾는 데는 한계가 있으나 신속·간이 도산절차가 시사점을 줄 수 있을 것이라는 평가가 있다.[87] 2021년 6월 말에서 7월에 걸쳐 개최된 회기에서 UNCITRAL은 소중소기업에 관한 두 개의 문서, 즉 책임제한기업에 관한 입법지침과 소소기업의 도산에 관한 입법권고를 채택하

---

85) 개인적으로는 '소중소기업'이라는 용어가 적절한지는 의문이나 여기에서는 학술대회 당시 프로그램상의 용어를 따랐다.

86) 이고은, "UNCITRAL 제29차 중소기업 실무작업반 회의 참가보고서", 법원행정처 보고 (2006), 336면. 노혁준, "제28차 소규모기업법제 실무회의 참가보고서", 법무부 보고서 (2018), 5면 이하; 노혁준, "제29차 소규모기업법제 실무회의 참가보고서", 법무부 보고서 (2018), 29 이하 참조.

87) 한정미, "UNCITRAL 소규모기업의 상업등기와 단순화된 기업조직 관련 논의와 쟁점", 2018. 8. 24. 개최된 한국비교사법학회 하계학술대회발표자료, 68면 이하 참조. 이는 비교사법 제25권 제4호(통권 제83호)(2018. 11.), 1189면 이하에 간행되었다. [밑줄 친 부분은 이 책에서 새로 추가한 것이다.]

였다. [밑줄 친 부분은 이 책에서 새로 추가한 것이다.]

2. 제2작업반: 분쟁해결법제[88]

위에 언급한 2002년 국제상사조정에 관한 모델법(Model Law on International Commercial Conciliation)("모델조정법")과 별개로 제2작업반은 분쟁해결(Dispute Settlement)에 관한 작업을 추진하면서 당초 모델법 또는 협약의 성안을 의도하였으나 결국 협약을 선택하였고 지난 7월 조정협약안[89]이 UNCITRAL 본회의에서 채택되었고 연말에 유엔총회에서 채택되었다. 이것이 2019년 서명된 싱가포르 조정협약(Singapore Convention on Mediation. 공식명칭은 "조정으로 인한 국제화해합의에 관한 국제연합협약(United Nations Convention on International Settlement Agreements Resulting from Mediation)"("싱가포르협약")인데 이는 2020. 9. 12. 발효되었다. 이에 따르면 당사자들이 조정절차를 거친 뒤 합의에 이른 경우[90] 이를 국제조정협약에 따라 다른 당사국에서 집행할 수 있도록 한다. 즉 집행의 대상은 '화해합의(settlement agreement)'[91]이다. 흥미로운 것은, 국제조정협

---

88) 그 밖에 김태병, "UNCITRAL 국제상사조정모델법의 개요", 법원행정처, 2006년 참가보고(2006), 541면 이하; 이혜민, "UNCITRAL 제64차 국제중재 실무작업반 회의 참가보고서", 법원행정처 보고(2016), 170면 이하; 이재민, "제67차 분쟁해결법제 실무회의 참가보고서", 법무부 보고서(2018), 71면 이하 참조.

89) 초안은 Draft convention and draft amended Model Law on International Commercial Conciliation. A/CN.9/929-Report of Working Group Ⅱ (Dispute Settlement) on the work of its sixty-seventh session, Annex 참조. http://www.uncitral.org/uncitral/commission/sessions/51st.html 참조.

90) 필자가 당초 썼던 것과 달리 협약은 반드시 조정합의(mediation agreement)를 전제로 하지는 않으며 조정합의라는 개념도 사용하지 않는다. [밑줄 친 부분은 이 책에서 새로 추가한 것이다.] 작업반은 당초 모델조정법과 마찬가지로 'conciliation'이라는 용어를 사용하였으나 미국의 수정제안에 따라 이를 'mediation'으로 수정하였다. 고승환, "제67차 UNCITRAL 분쟁해결 작업반 회의 참가보고서", 법원행정처 보고(2018), 310면 참조. 참고로 미국은 2001년 통일 조정법(Uniform Mediation Act)을 가지고 있다.

91) 중재합의에 상응하는 것은 조정합의이고 절차의 결론인 중재판정에 상응하는 것은 화해계약 또는 화해합의(settlement agreement)이다. 2002년 모델법 제11조 참조. 한편 재판상화해는 'Judicial settlements (*transactions judiciaires*)'라고 한다. 2005년 헤이그관할합의협약 제12조 참조. 민법(제731조)은 전형계약의 하나로 화해계약을 규정하나 여기에서는 조정절차를 거쳐 체결된 화해계약이므로 관할합의 또는 중재합의와 유사하게 '화해합의'라고 번역한다. 조정을 거쳤음을 밝히기 위하여 '조정에 따른 화해합의'라고 할 수도 있다. 한국조정학회, 국제상사조정 및 합의의 집행 관련 협약과 모델법의 국내 수용 및 동북아시아 분쟁 조정 허브 도입방안 연구(2017)는 여기에서 말하는 화해합의를 '조정합의'라고 번역하기도 하고 '분쟁해결합의'라고 번역하기도 하나 이는 잘못이다. 다만 2019.

약에 반대하는 국가들을 고려하여 작업반은 국제조정협약안을 성안함과 동시에 모델법안을 성안하는 two track 방식을 채택한 점인데, 후자는 기존 모델조정법을 개정하는 방식을 취하였다.[92]

우리나라는 현재 법원연계조정에 관하여 규정하는 민사조정법 외에 민사조정에 관한 단행법률이 없으므로[93] 국제상사조정을 활성화하기가 쉽지 않다. 더욱이 외국의 제소전화해도 집행의 대상이 되지 않는다는 것이 우리 대법원 판례의 태도로 보이므로[94] 그보다 약한, 즉 법원이 관여하지 않는 민사조정을 통한 당사자의 합의(즉 화해합의)를 집행하는 것은 현재로서는 허용되지 않는다. 따라서 위 모델법과 조정협약에 관심을 가지는 한편 민사조정 내지 대체적 분쟁해결(ADR)에 관한 법률의 제정에 관심을 가져야 할 것이다.[95] 우리나라는 싱가포르협약에 서명하였고 법무부는 2021. 3. 10. 싱가포르협약 이행법률 제정을 위한 태스크 포스를 발족하였다. [밑줄 친 부분은 이 책에서 새로 추가한 것이다.]

---

8. 2. 개최된 제3회 아시아태평양조정컨퍼런스의 배포자료에서는 협약을 "조정에 의한 국제화해합의에 관한 UN협약"이라고 번역하고 settlement agreement를 '화해합의'라고 번역하고 있다. 과거에는 화해합의를 조정합의라고 번역하기도 하였으나 근자에는 화해합의가 사용되고 있다. UN 국제상거래 규범집(제2권), 5면 이하에 수록된 번역문도 같다. 정선주, "싱가포르협약과 조정결과의 승인집행", 민사소송(제24권 2호)(2020. 6.), 4면, 註5는 화해합의는 민법상의 화해계약과의 구분이 명확하지 않다는 문제가 있다고 지적하면서 '조정결과'라고 번역하나 '합의'라는 요소가 누락되는 문제가 있다. [밑줄 친 부분은 이 책에서 새로 추가한 것이다.]

92) 싱가포르협약의 상세는 이재민, "국제 조정을 통한 합의서 집행협약의 도입과 법적 쟁점", 비교사법 제25권 제4호(통권 제83호)(2018. 11.), 1263면 이하; 한국조정학회(註91); 정선주, "싱가포르협약과 조정결과의 승인집행", 민사소송(제24권 제2호)(2020. 6.), 1면 이하 참조. [밑줄 친 부분은 이 책에서 새로 추가한 것이다.]

93) 일본에는 2004. 12. 1. 공포되고 2007. 4. 1. 시행된 "재판외 분쟁해결절차의 이용촉진에 관한 법률"이 있다. 소개는 사법정책연구원, 한국형 대체적 분쟁 해결(ADR) 제도의 발전방향에 관한 연구(2015), 215면 이하 참조. 일본어 조문은 박철규, 한국 ADR법령체계의 현황과 정립방안 연구 — 대체적 분쟁해결 기본법(안) 제안을 중심으로(한국개발연구원. 2012), 161면 이하에도 수록되어 있다.

94) 대법원 2010. 4. 29. 선고 2009다68910 판결이 우리의 제소전 화해에 상응하는 것으로 보이는 캘리포니아주 법원의 confession judgment에 기한 집행판결을 불허하였다. 평가는 석광현, "한국국제사법학회 창립 20주년 회고와 전망; 국제재판관할과 외국판결의 승인 및 집행 — 입법과 판례", 국제사법연구 제20권 제1호(2014. 6.), 32면 이하 참조.

95) 우리 법의 논의는 박지영, 민사조정제도의 입법적 개선방안(국회입법조사처. 2017) 참조. 한국조정학회(註 91)는 싱가포르협약을 기초로 하여 그 내용과 절차를 국내에 수용할 수 있는 방안으로서 가칭 '상사조정기본법'의 제정과 국제상사분쟁조정센터의 설립을 제안한다. 기본법의 구체적 내용은 138면 이하. [밑줄 친 부분은 이 책에서 추가한 것이다.]

3. 제3작업반: 투자자-국가 분쟁해결제도 개선[96]

근자에 투자자-국가 분쟁해결(Investor-State Dispute Settlement. ISDS) 또는 투자자-국가 중재가 점차 중요해지고 있다.[97] 투자중재는 2007년 4월 한미자유무역협정의 타결을 계기로 우리나라에서도 논란의 대상이 되었는데, 이를 제도화한 것은 우리나라도 가입한 1965년 "국가와 타방국가 국민간의 투자분쟁의 해결에 관한 협약"(Convention on the Settlement of Investment Disputes between States and Nationals of Other States)(ICSID 협약 또는 워싱턴협약)이다. 투자중재의 가장 큰 특성은, 국가가 아닌 투자자가 국가를 상대로 직접 중재신청을 할 수 있도록 허용함으로써 국가의 주권적 행위의 적법성에 대하여 판단할 수 있는 광범위한 관할권(또는 권한)을 중재인에게 부여하는 데 있다. ICSID 협약은 투자중재의 체제를 최초로 창설한 데 큰 의의가 있다. 투자중재는 그 후 '양자투자협정의 폭발적 증가'(explosion of Bilateral Investment Treaties 또는 BITS)에 의하여 확산됨으로써 중요한 변화를 겪게 되었다. 투자중재에는 ICSID 투자중재만 있는 것은 아니고 non-ICSID 투자중재도 있는데 그 경우 당사자의 선택에 따라 ICC 중재규칙이나 UNCITRAL 중재규칙 등을 적용한다.

근자에는 투자중재에서 비밀보장 원칙이 완화되는데, UNCITRAL은 투자중재의 투명성을 확보하기 위하여, "조약에 근거한 투자자-국가중재에서의 투명성에 관한 법적 기준(a legal standard on transparency in treaty-based investor-State arbitration)"으로서 '투명성규칙'을 성안하였고 이는 2014. 4. 1. 발효되었다. 2014년 12월 개최된 UN총회는 '조약에 기초한 투자자-국가 중재에서의 투명성에 관한 국제연합협약'(United Nations Convention on Transparency in Treaty-Based Investor-State Arbitration)("투명성에 관한 모리셔스협약")을 채택하였다.[98]

UNCITRAL에서는 2017년 제50차 전체회의에서 투자자-국가 분쟁해결

---

96) 이에 대하여는 3세션 제6주제 발표가 있었다. 김준기, "투자자-국가간 분쟁해결 제도(ISDS)에 대한 새로운 도전", 2018. 8. 24. 개최된 한국비교사법학회 하계학술대회발표자료, 1366 이하 참조. 아쉽게도 이는 소략한 슬라이드에 그쳤다.

97) 국제투자에 관한 분쟁의 해결을 위한 중재라고 해서 모두 투자중재는 아니고 국제조약에 근거한 것을 말하므로 이를 '투자조약중재(investment treaty arbitration)'라고 부르기도 한다.

98) 축조해설은 https://www.uncitral.org/pdf/english/texts/arbitration/transparency-convention/Transparency-Convention-e.pdf 참조. 위 협약은 2017. 10. 18. 발효되었으나 우리나라는 아직 가입하지 않고 있다.

(investor-State dispute settlement)(ISDS)에 관한 개선방안을 마련하기로 한 이래 제3작업반이 작업을 진행하고 있다. ISDS 제도 개선에 대하여는 대체로 공감대가 형성되었으나 구체적인 방법에 관하여는 견해가 나뉘었다. EU 등 일부 국가들은 상설국제투자법원(permanent investment tribunal)의 도입을 포함하여 UNCITRAL 에서 투자분쟁해결제도 개선을 본격적으로 논의하는 방안을 지지하였으나 미국 과 일본은 상설국제투자법원의 도입에 반대하였다고 한다.[99]

4. 제4작업반: 국제전자상거래

제4작업반에서는 전자상거래(Electronic Commerce)와 관련하여 두 가시 작 업이 진행 중이라고 한다. 첫째는, 클라우드 컴퓨팅의 계약법적 측면에 관하여 비입법적 가이드라인을 채택하기 위한 작업이고, 둘째는, 아이덴티티 관리와 트 러스트 서비스에 관한 법정 쟁점에 관한 작업인데 논의의 내용과 프레임이 아직 정하여 지지 않았다고 한다.[100] 전자, 즉 클라우드 컴퓨팅에 관한 작업은 우리나 라가 캐나다와 함께 제안한 것이라고 한다.[101] 후자는 아이덴티티 관리(신원관리 시스템)의 문제인데, 이에 관하여는 우리나라가 가장 앞선 실무적 경험과 법제가 있으므로 특별한 문제는 없을 것이나 우리나라가 중앙집중적인 강력한 공인전자 서명 체제를 유재하고 있는 탓에 논의상황을 지켜볼 필요가 있다고 한다.[102]

5. 제5작업반: 국제도산[103]

제5작업반은 국제도산(Insolvency Law)에 관하여 다음 두 가지 의제를 논의

---

99) 이재민, "제34차 투자자-국가 간 분쟁해결제도 개선 실무회의 참가보고서", 법무부 보고 서(2018), 84면 이하. 2018년 4월 개최된 뉴욕 회의 소개는 강병근, "UNCITRAL 제3실무 작업반의 ISDS 개선 회의 참관기", 중재, 2018 봄·여름호(제349호), 84면 이하 참조. 캐 나다, 베트남과 싱가포르의 자유무역협정은 투자법원 제도를 도입하고 있다고 한다. 김준 기(註 96), 172면 참조.
100) 이 부분은 고학수, "제55차 전자상거래법제 실무회의 참가보고서", 법무부 보고서(2018), 97면 이하 참조.
101) 원호신(註 52), 264면.
102) 원호신(註 52), 264면.
103) 이에 대하여는 2세션 제4주제 발표가 있었다. 상세는 김성용, "UNCITRAL 국제도산 모델 법과 우리 법의 비교", 2018. 8. 24. 개최된 한국비교사법학회 하계학술대회발표자료, 132 면 이하 참조. 이는 비교사법 제25권 제4호(통권 제83호)(2018. 11.), 1231면 이하에 간 행되었다. [밑줄 친 부분은 이 책에서 새로 추가한 것이다.]

하고 있다. 첫째는 다국적 기업집단의 국제도산 원활화와 관련된 입법규정을 성안하는 것으로 이것이 채택되면 국제도산모델법에 부속서로 추가하기 위하여 국제도산모델법을 개정할 것으로 예상된다고 한다.104) 둘째는 도산 관련 재판의 승인 및 집행에 관한 별도의 문서를 성안하는 것이었는데 2018년 7월 UNCITRAL 본회의에서 모델법(UNCITRAL Model Law on Recognition and Enforcement of Insolvency-Related Judgments)이 채택되었다.105)

6. 제6작업반: 담보(Security Interests)

위에서 본 것처럼 UNCITRAL은 2007년 이후 담보거래 입법지침과 담보권 등기지침을 채택하였고, 2016. 7. 1. 모델담보법을 채택하였고 그에는 국제사법 조문도 포함되어 있다. 그 후 제6작업반은 모델담보법의 취지와 내용을 해설하는 '국내도입 입법지침(Guide to Enactment)'을 성안하여 본회의의 승인을 받았고,106) 이어서 '모델법에 관한 실무지침(Practice Guide to Enactment of the Model Law on Secured Transactions)'을 성안하는 작업을 진행하고 있는 것으로 보인다.107)

V. 우리나라의 UNCITRAL 규범 도입의 지체와 도입의 의의

여기에서는 종래 우리나라의 UNCITRAL 규범 도입이 지체된 이유와 도입의 의의를 살펴본다.

---

104) 한민, "제51차 도산법제 실무회의 참가보고서", 법무부 보고서(2018), 117면 이하; 한민, "제52차 도산법제 실무회의 참가보고서", 법무부 보고서(2018), 134면 이하; 심현지(註 61), 207면 이하 참조.

105) 이에 관하여는 한민, "제51차 도산법제 실무회의 참가보고서", 법무부 보고서(2018), 120면 이하; 한민, "제52차 도산법제 실무회의 참가보고서", 법무부 보고서(2018), 137면 이하; 한민, "도산 관련 외국재판의 승인과 집행", BFL 제81호(2017. 1.), 90면 이하 참조. 상세는 이화여자대학교 산학협력단, 2018·2019 도산 관련 UNCITRAL 모델법 입법 방안 연구보고서(2020)(한민·석광현 집필) 참조. [밑줄 친 부분은 이 책에서 새로 추가한 것이다.]

106) 소개는 권영준, "제31차 담보거래법제 실무회의 참가보고서", 법무부 보고서(2018), 151면 이하 참조.

107) 소개는 권영준, "제32차 담보거래법제 실무회의 참가보고서", 법무부 보고서(2018), 181면 이하; 송유림, "제32차 UNCITRAL 제6실무작업반(담보거래) 회의 참가보고서", 법원행정처 보고(2018), 357면 이하 참조.

1. 종래 우리나라의 UNCITRAL 규범의 도입이 지체된 이유

우리나라의 UNCITRAL 규범의 도입이 지체된 이유는 우리나라가 UNCITRAL 규범의 도입에 소극적이기 때문이다. 일반적으로 어느 국가가 국제규범을 도입하는 데 대해 소극적인 데는 다양한 이유가 있다고 설명한다.[108] 즉 새로운 것에 대한 혐오 또는 국내법에 대한 자부심과 같은 심리적 이유, 법적 개념과 관념의 상이와 같은 기술적인 이유(이는 철저한 비교법적 준비를 통하여 극복해야 한다)와, 각국의 입법자는 국제기구에서 채택된 통일규범을 액면 그대로 채택하기를 꺼린다는 정치적인 이유가 그것이다. 나아가 규범을 통일 내지 조화시킬 경우 우리 법의 독자성이 훼손되고, 거시적 관점에서 법률문화의 다양성이 위축되는 문제가 있다. 더욱이 우리나라가 국제규범을 수용하면 외국의 당사자들과 법률가들에게 친숙하게 되므로 한국법에 대한 수요가 축소되고 그 결과 한국 법률가의 업무영역이 축소될 수도 있다는 우려도 있다. 그러나 이런 고차원적인 이유 외에 우리나라에서는 규범의 국제적 통일 내지 조화에 대해 관심이 별로 없었고 그 필요성을 제대로 인식하지도 못하였다. 가사 국제규범이 채택되더라도 그 내용을 잘 알지 못하거나 그 내용을 아는 경우 국제협약이 국내법과 차이가 큰 탓에 가입하기를 주저하였다.

그러나 필자가 생각하는 근본적 이유는 아래와 같다.

일국 법률가들의 관심은 자국법으로부터 출발하여 외국법을 거쳐 결국 규범의 통일/조화로 확대되어 가는데 그 과정을 거칠게 정리하면 아래와 같다.

> ① 자국법 - ② 외국법/비교법(법의 통일 제외) - ③ (협의의) 국제사법의 적용 - ④ 규범의 국제적 통일/조화: 비교법(법의 통일): 국제거래법의 法源 - 경우에 따라 자국법이 된다[109]

첫째, 한국 법률가들(특히 실무를 주로 하는 법조인들)의 주된 관심의 대상은 한국법이고(① 단계), 일부 법학자들이 외국법에 대해 관심을 가지고 있는데(②

---

108) Zweigert/Kötz(註 32), S. 26.
109) 일부 우리 법률가들에게는 이 점에 대한 인식이 부족한 것 같다. 단적으로 국제물품매매계약의 당사자들이 한국법을 준거법으로 합의하면 한국의 민·상법이 아니라 매매협약이 특별법으로서 적용된다.

단계) 그 대상은 과거 우리 법의 모법으로서 해석론과 입법론에 도움이 되는 독일법, 프랑스법과 일본법 등이었고[110] 이는 주로 이론적 연구의 대상이었다. 그후 법률가들의 관심이 점차 영미법(특히 미국법)으로 확대되었다. 근자에는 아시아 국가와 교역이 확대되면서 관심의 대상이 중국법과 베트남법 등으로 확대되었는데 이는 실제적 필요에 기인하므로 실무가들이 주도하는 경향이 있다. 우리나라에서 발표되는 법학 저술에 거의 예외 없이 포함되는 '비교법적 검토(또는 고찰)'[111]를 보면 이런 상황을 확인할 수 있다. 복수의 법의 병존을 전제로 하는 점은 비교법과 (협의의) 국제사법에 공통된다. ② 단계에 비교국제사법도 포함되는데 국제사법의 속성상 이는 다른 실질법 분야와 비교하여 더욱 활발하다. 국제사법과 비교법은 과거에도 그랬고 현재에도 밀접하나, 당사자자치의 확대, 저촉규범의 공동체법화와 비교법의 집단적 연구라는 상황의 변화에 따라 무게 중심이 다소 변화하였다고 할 수 있다(Axel Flessner, "Rechtsvergleichung und Kollisionsrecht-Neue Akzente in einer alten Beziehung", Peter Mankowski *et al.*, (Hrsgs.), Festschrift für Ulrich Magnus zum 70. Geburtstag (2014), S. 403ff). 또한 비교법의 번성은 심화되고 세련된 국제사법의 발전을 위하여 매우 중요하다 (Dagmar Coester-Waltjen, Die Geschichte des Münchener Instituts für Rechtsvergleichung, Stephan Lorenz *et al.* (Hrsgs.), Einhundert Jahre Institut für Rechtsvergleichung an der Universität München (2018), S. 5). 독일 대학에서는 비교사법과 국제사법을 함께 다루는 연구소를 두는 경향이 있는데 이는 비교사법과 국제사법의 지적 결합을 중시한 Rabel의 영향이나 다른 나라에서는 그렇지 않다

---

110) 한국에서는, 국제거래와 국제사법을 다루는 소수의 법률가를 제외하고는, 외국법을 연구하는 경우에도 그것은 예컨대 독일, 영국 또는 일본 내의 국내법으로서 파악될 뿐이지 국제거래를 규율하는 규범으로서 인식되지는 않는다. 따라서 우리 민·상법학자들에게는 국제거래의 준거법으로서 영국법의 비중이 크다는 사실은 아무런 의미가 없고 오히려 우리 법과의 친연성이 큰 독일법과 일본법이 더 중요한 의미를 가진다.

111) 현승종 교수님께서는 1974년 간행된 책의 머릿말에서 "法學에 관한 硏究論文·敎科書 등을 일별하면 比較法上의 方法이 흔히 活用되고 있음을 간단히 엿볼 수 있다. 著者가 원하는 바는, 이 상태에서 進一步하여 比較法의 理論 그 자체에 대한 理解를 가지도록 하여야 하겠다는 점이다"라고 저술 의도를 밝히시고, 위 책이 우리나라 법학계에서 비교법 연구의 출발점을 마련하는 데 도움이 되기를 희망한다고 밝히신 바 있다. 玄勝鍾, 比較法入門(1974), 2면과 5면(아마 1972년 간행된 초판도 동일할 것이나 확인하지는 못하였다). 그러나 그 후 우리나라에서 비교법적 검토의 대상이 확대된 것은 사실이지만 비교법의 이론 자체가 얼마나 발전되었는지는 의문이다.

(Jürgen Basedow, Rabel, Ernst, Jürgen Basedow *et al.* (eds.), Encyclopedia of Private International Law, Vol. 2 (2017), p. 1466). Rabel의 대표작은 그가 미국에서 간행한 4권짜리 국제사법(The Conflict of Laws-A Comparative Study)인데 이는 비교법에 기초한 것으로 세계적으로 통용되는 저촉법(협의의 국제사법)의 기념비라고 평가된다(위 Flessner, S. 404). [밑줄 친 부분은 이 책에서 새로 추가한 것이다.]

둘째, 한국 법률가들의 주된 관심의 대상은 국내거래이고 국제거래에 대한 관심은 제한적이다. 그런데 UNCITRAL 기타 국제기구의 규범의 통일/조화를 위한 노력은 일차적으로 국제거래를 염두에 두므로 한국 법률가들이 UNCITRAL의 사업에 대체로 무관심한 것은 이상할 것도 없다. 국제거래에는 다양한 법이 적용되므로 당사자들이 자신의 권리·의무를 정확히 알자면 당해 거래의 준거법을 파악해야 하므로 변호사의 도움을 받아야 하고 따라서 비용이 발생하고 준거법 결정에 다른 불확실성과 외국법 적용에 따른 불확실성을 피하기 어렵다. 이러한 불확실성을 배제하는 방법은 실질규범을 통일하는 것이다.112) 이러한 수요에 부응하고자 국제사회는 통일 실질법인 매매협약을 성안하였고 선진국들은 이를 채택하였다.113) 그러나 우리 기업들은 거래의 상업적 측면(단가와 수량 등)에 관심을 가질 뿐이고 준거법에 의하여 자신의 권리·의무가 달라진다는 데 대한 인식이 부족하므로 매매계약과 같은 통일 실질법의 성안에 대해 관심도 없고 매매협약이 채택된 뒤에도 그에 가입할 필요성도 별로 인식하지 못한다. 따라서 법률가들에게 매매협약 가입을 요구할 이유도 없었다. 우리 법률가들은 입법, 특히 국제적 차원의 입법에 대하여 별로 관심이 없는데 이는 그들의 관심 대상이 주

---

112) 이는 UNCITRAL과 UNIDROIT가 추구하는 방법이다. 그 밖에 사법분야의 실질규범을 통일하는 기구에는 세계지식재산권기구(WIPO)도 있다. 그러한 불확실성을 배제하는 방법으로는 그 밖에도 준거법 결정원칙을 통일하는 것이 있고 이는 헤이그국제사법회의가 취하는 것이다. 양자의 비교는 Franco Ferrari, Uniform substantive law and private international law, Encyclopedia of Private International Law, Vol. 2 (2017), p. 1772 *et seq.* 참조. 제2차 세계대전 후 국제연맹이 국제연합에 의하여 대체되었으므로 UNIDROIT가 존속하는 것은 다소 의외인데 이탈리아 정부의 노력이 있었을 것으로 짐작된다. UNIDROIT는 사법(私法), 특히 상법의 현대화와 조화, UNCITRAL은 국제거래법의 통일과 조화를 추구하므로 엄밀하게는 다소 목적에 차이가 있으나 실제로는 UNCITRAL과 UNIDROIT 작업 간에 다소 겹치는 부분이 있다. UNIDROIT의 활동은 한동안 침체되었으나 국제상사계약원칙을 계기로 근자에 활성화되고 있는 것으로 보인다. 양 기구 간에 의제 선점을 위한 경쟁도 있지만 중복을 조정하기 위한 대화가 있을 것으로 추측한다. 이 점은 더 확인할 필요가 있다. 근자에는 양자의 문서에 국제사법규칙이 포함되기도 한다.
113) Harry Flechtner 교수의 'CISG Song'을 들어 보면 이 점을 쉽게 확인할 수 있을 것이다.

로 ① 단계와 ② 단계에 한정되는 탓이다.

환언하면 현재의 법상태(즉 ③ 단계)를 정확히 알아야 이를 극복하는 수단으로서 ④ 단계의 필요성과 중요성을 이해한다.114) 그러나 ③ 단계에 무관심한 우리 법률가들은 이를 인식하지 못하거나 인식하더라도 추상적 수준에 머무른다.115)116) 또한 ③ 단계에서는 많은 경우 준거법인 외국법을 적용하므로 외국법에 대해 개방적 태도를 취하는데,117) 이 단계에 무관심한 우리 법률가들은 통일 실질법에 대한 거부감이 크다. 나아가 ④ 단계인 규범의 국제적 통일/조화는 현대 비교법의 중요한 학문적 과제이고 목표라는 점은 국제적으로 널리 인정되나,118)

---

114) 대체로 법의 통일을 추구하는 요인으로 국제거래의 촉진과 거래 안전의 확보, 법의 충돌에서 야기되는 거래행위의 불확실과 문제해결의 복잡성 배제를 통한 예측가능성 확보 등을 든다. 조규창(註 11), 467면; 박정기(註 14), 146면 참조. 이는 달리 표현하면 국제거래에서 법적 위험(legal risks)의 감소를 의미한다.

115) ③ 단계에 대한 무관심은 그 자체로도 문제이나 나아가 ④ 단계의 필요성 내지 중요성에 대한 인식의 결여를 초래하는 문제가 있다. 예컨대 전자문서의 사례에서 모델법이 없는 법상태를 보자면 법률행위의 방식의 준거법을 먼저 판단하여야, 모델법을 수용함으로써 전자화를 달성할 경우 어떤 변화가 초래되는지를 정확히 평가할 수 있으나 종래 우리의 논의는 대체로 우리 실질법상의 방식요건과 대비한다. 이런 방법에 따르면 UNCITRAL 문서의 채택이 초래할 변화를 정확히 평가할 수 없다.

116) (협의의) 국제사법과 비교법은 인접분야로서 상호 밀접하게 관련된다. 특히 국제사법의 적용과정의 첫 단계인 성질결정에서부터 비교법이 중요한 역할을 한다. 석광현, 국제사법 해설(2013), 31면; 조규창(註 32), 94면. 국제사법의 적용과정에서 비교법이 역할을 하는 기타 사례는 Michaels(註 32), p. 420 *et seq.* 참조.

117) 비교법학에서도 자국법만을 최고·최선의 법으로 파악하지 아니하고 개방적 자세로 외국법과 자국법의 비교를 통하여 자국법의 개선과 향상을 도모하며, 각국의 법을 존중하며 법의 다양성을 인정하는 다원주의에 기초함을 지적한다. 김상용, 비교계약법(2002), 6면 이하.

118) 玄勝鍾(註 111), 35면은 비교법의 가장 중요한 그리고 궁극의 목적은 법 그 중에서도 私法의 국제적 통일에 있으므로 법의 통일은 세계 비교법학자의 이상이며 최종적 목표라고 한다. 김상용(註 117), 27면; 조규창(註 11), 465면; 박정기(註 14), 146면; 박정기, 비교법(2012) 187면도 같다. 五十嵐清, 比較法ハンドブック(2010), 63면은 중요한 목적이라고 하고, 滝沢 正, 比較法(2009), 26면 이하는 비교법의 실무적 효용의 하나로 공통법의 정립을 열거한다. 그러나 조규창(註 32), 17면은 비교법은 그 자체 다양한 법제도에 관한 지적 욕구를 충족시키기 위한 것이지 통일법의 제정 등 실용적 목적달성을 위한 학문은 아니라면서 비교법이 법제도의 통일을 달성하는 데 기여하는 것은 사실이나 이는 비교연구의 결과를 이용한 것이지 비교법의 연구목적은 아니라고 한다. 그러나 조규창(註 11), 465면에서는 법의 통일은 현대비교법의 가장 중요한 학문적 과제이고, 나아가 법의 통일이 비교법의 최종적 목표라는 주장에는 모든 비교법학자가 동조한다고 함으로써 스스로 모순되는 주장을 하고 있다. Zweigert/Kötz(註 32), S. 23ff.는 비교법의 다양한 기능과 목적을 열거하면서 법의 통일을 그 중 하나로 열거할 뿐이고 이를 가장 중요한 목적이라

비교법에 관심이 크지 않고 있더라도 비교법적 고찰에 치중하는 우리는 독립적
학문 분야로서의 비교법학[119] 따라서 ④ 단계에 익숙하지 않다. 즉 우리의 경우
법의 비교를 통해서 획득된 지식은 단지 한국법의 개선을 위한 것이고 법의 통
일을 위한 것은 아니다.[120] 어쨌든 ④ 단계에 진입하자면 준비작업으로서 비교
법적 연구가 선행되어야 한다.[121]

이런 이유로 우리나라는 늦게 매매협약에 가입하였고, 중재법 등의 영역에
서도 다소 늦게 UNCITRAL 규범을 채택할 수 있었다. 그나마 근자에 상황이 점
차 개선되고 있다고 평가할 수 있으나 아직도 충분한 것은 아니다.

2. 우리에게 있어 UNCITRAL 규범 도입이 가지는 의의

우리에게 있어 UNCITRAL 규범을 도입하는 의의는 아래와 같이 정리할 수
있다.

(1) 우리 규범의 국제화

UNCITRAL 규범 도입의 첫째 의의는 통일된 국제규범을 국내규범화함으로
써 우리 법을 국제화하는 것이다. 이는 우리나라가 통일규범을 적용하는 국제적
공동체에 편입됨을 의미하는데, 이는 매매협약처럼 통일 실질법을 채택하는 경
우에 현저하다. 위에서 언급한 것처럼 이는 국제거래를 촉진하고 (협의의) 국제
사법의 적용을 불필요하게 만든다. 조약 가입은 조약 자체의 채택을 의미하므로
규범을 국제화함은 명백하다. 모델법의 경우 국제적 조화를 달성하는 수단이므
로 조약과 비교할 때 통일성(uniformity)은 떨어지지만 규범의 국제화를 긍정할
수 있다. 규범을 국제화하는 데 수반되는 단점은 아래(3.다.)에서 논의한다.

고 하지는 않는 것 같다. 박홍규, 비교법 ─ 법을 통한 세계여행(1993), 39면도 법의 통일
을 비교법의 목적의 하나로 열거한다.

119) 비교법이 법학의 독립적 한 분야인지 아니면 단순한 방법인지는 논란이 있고 이런 논쟁
은 무의미하다는 견해도 있다. 박홍규(註 118), 29면 이하. 김상용(註 117), 3면은 비교법
은 법학의 한 분야이며 동시에 법학방법론의 하나라고 한다.

120) 다만 ④ 단계가 반드시 조약이나 모델법만에 의하는 것이 아니라 국제적으로 통용되는
약관 또는 원용가능한 통일규칙 등에 의하여도 형성된다.

121) 이런 준비작업의 대표적 사례로는 매매협약을 위한 Ernst Rabel, Das Recht des
Warenkaufs I (1936), II (1958)를 들 수 있다. Zweigert/Kötz(註 32), S. 24.

(2) 우리 규범의 선진화(또는 현대화)

UNCITRAL 규범 도입의 둘째 의의는 우리 규범을 선진화(또는 현대화)하는 것이다. 이는 예컨대 모델중재법과 모델도산법의 수용에서 볼 수 있다. 동산채권담보법에 관하여도 마찬가지이다. 통일규범을 채택함으로써 그 전의 법상태보다 퇴보한다면 국제화를 달성할 수 있더라도 굳이 통일규범을 채택할 이유가 없다. 국제화는 선진화와 동행할 때 추구할 가치가 있다. 매매협약이 규범을 선진화한 것인지는 논란이 있을지 모르나, 물품(동산)의 국제매매계약에 관한 한 우리 민·상법과 비교할 때 매매협약은 더 적절하고 선진적이다. 매매협약이 성공한[122] 요인의 하나는, 그것이 전 세계 매수인과 매도인에게 공통된 이해의 기반을 제공하는 통일적 제도를 달성하는 동시에, 매매계약의 주요 법제도에 대한 현대적 이해를 반영하기 때문이라는 평가는 주목할 만하다.[123]

우리가 독자적으로 새로운 규범을 만들 때보다 UNCITRAL 규범을 채택할 때 덜 부담스러워 하는 이유는 UNCITRAL 규범이 상당한 정도로 검증된 내용을 담고 있기 때문이다. 해서 필자는 일본법에의 의존을 극복하는 수단으로서 UNCITRAL 문서와 같은 국제규범을 활용해야 한다고 믿는다. 하지만 항상 그런 것은 아님을 주의해야 한다. UNCITRAL 규범 자체가 국가들 간의 타협의 산물이고 경우에 따라 우리의 기존 법체계와 충돌할 수도 있기 때문이다. 따라서 UNCITRAL 규범을 수용함에 있어서는 개별 규범(더 정확히는 개별 규정) 별로 그 내용을 철저히 검토해야 한다.

(3) 우리 규범의 국제화 및 선진화(또는 현대화) 사례: 중재법의 국제경쟁력 강화

UNCITRAL 규범을 도입함으로써 우리 규범이 국제화되고 선진화된다면 이는 당연히 우리 법의 국제경쟁력을 강화하는 수단이 된다. 이는 특히 당사자들이 한국법을 준거법으로 또는 중재지로 선택할 수 있는 경우 의미가 있다. 근자에 정부는 한국을 국제중재의 허브로 육성하려는 노력을 기울이고 있고, 국회는 "중재산업 진흥에 관한 법률"(중재산업진흥법)을 제정하였으며 대한상사중재원은 2018. 4. 20. 국제중재를 전담할 국제중재센터(KCAB International)를 출범시켰다.

---

122) 매매협약은 "국제적 수준에서 유효한 가장 중요한 실질계약입법"이라고 한다. Kröll/M/PV, Introduction, para. 1 참조(위 3인 공동 집필부분).
123) Kröll/M/PV, Introduction, para. 2 (위 3인 공동 집필부분).

국제거래의 당사자들이 중재지로서 한국을 선택하도록 유인하기 위한 중요한 법적 기초가 중재법이므로 우리는 1999년 모델중재법을 수용하였고 2016년 개정 모델중재법을 수용하였다. 우리로서는 외국인 투자를 유치하기 위하여 외국인투자촉진법 등을 제정, 운용한 사례는 있으나 사법(私法) 분야에서 국제경쟁력을 강화하기 위한 수단으로서 법제를 정비한 경험은 별로 없었다. 국제상사중재에서는 이러한 노력이 현재진행형이라는 점에서 커다란 의미가 있고 이는 새로운 경험이다. 우리의 고유한 텃밭이 있는 공법이나 형사법과 달리 당사자가 준거법을 선택할 수 있는 私法 영역에서는 특히 한국법의 경쟁력을 강화하기 위하여 노력하지 않으면 아니 된다.

VI. UNCITRAL 규범 도입에 따른 우리의 과제

여기에서는 UNCITRAL 규범을 도입함에 따라 우리가 취해야 할 장래의 과제를 논의한다. 일단 UNCITRAL 규범이라고 하나 이는 다른 국제규범에도 타당하다. 따라서 여기(VI.)에서는 'UNCITRAL 규범'과 '국제규범'을 호환적으로 사용한다. 개별 규범과 관련한 우리의 과제는 개별 주제를 담당하신 분들께서 다루실 것으로 믿고, 여기에서는 UNCITRAL 문서 전반에 공통된 과제를 언급한다.

1. UNCITRAL 규범의 선별적 수용

우선 우리는 어떤 UNCITRAL 규범을 채택할지를 결정해야 한다. 구체적인 결정은 개별 UNCITRAL 문서 별로 정밀하게 판단할 사항이나, 추상적 원칙을 열거하자면 ① 당해 문서 내용 자체의 타당성과 설득력, ② 우리 법의 국제화 및 선진화를 위한 필요성, ③ 우리 기존 법체계와의 정합성 및 법체계에 미치는 영향, ④ 우리나라의 관련 산업 또는 업계에 미치는 영향(이에는 통일 내지 조화된 규범을 가짐으로써 우리 업계가 받을 이익과 불이익이 포함된다)과 우리 업계의 태도 및 지원 여부,124) ⑤ 당해 문서에 대한 한국 내 연구와 이해의 정도와 ⑥ 관련 문서의 국제적 수용의 정도(관련 문서가 국제적으로 이미 발효되었고 이를 채택한 국

---

124) 이는 로테르담규칙처럼 우리 업계(즉 화주와 선주)의 이해관계에 미치는 영향이 큰 UNCITRAL 문서의 경우 중요한 의미를 가진다.

가가 많을수록 우리나라가 수용하기가 용이하다) 등을 들 수 있을 것이다.125) 이런 요소들을 고려함에 있어서 관련 작업반 회의에 참석했던 우리 대표단의 의견도 고려된다.

우리 법제와의 정합성과 관련하여 물론 우리가 UNCITRAL 문서를 수용함으로써 기존 법제를 개정할 수 있으나 그것이 기존 법제 및 경우에 따라서는 관련 산업에 미치는 영향이 클수록 수용하기가 더 어렵다. 예컨대 국제거래만을 대상으로 하는 UNCITRAL 문서의 채택이 상대적으로 용이한데 이는 종래 다양한 UNCITRAL 문서의 수용과정에서 우리가 이미 경험한 바이다.126) 어느 경우이든 우리나라가 어떤 UNCITRAL 규범 또는 문서를 수용하자면 당해 규범 또는 문서에 대한 정확한 이해가 필수적임은 의문이 없다.

2. UNCITRAL 규범 채택을 전후한 우리의 조치

다음으로 우리나라가 특정 UNCITRAL 규범을 채택하기로 하는 경우 채택을 전후하여 취해야 할 조치가 문제되는데 이는 UNCITRAL 문서의 유형에 따라 국제협약과 모델법 등 기타로 구분할 수 있다.

(1) 매매협약 기타 국제협약의 경우

국제규범이 매매협약처럼 조약인 경우 우리가 취할 수 있는 조치는 UN-CITRAL 규범의 도입이다. 매매협약이 한국에서 2005년 3월 발효되었으나 아직

---

125) Hiroo Sono, "Going Forward with Uniform Private Law Treaties: A Study in Japan's Behavioral Pattern", in Japanese Yearbook of International Law, Volume 60 (2017), p. 40 *et seq.*는 일본이 채택한 통일사법(私法)조약을 중심으로 일본의 수용패턴에 관한 견해를 제시한다. 다만 이는 UNCITRAL 문서만이 아니라 통일사법 전반을 대상으로 한다. 나아가 Souichirou Kozuka, "Selective Reception of Uniform Law in Asia", in Japanese Yearbook of International Law, Volume 60 (2017), p. 86 *et seq.*는 일본을 넘어 아시아의 상황을 설명하고자 시도한다.

126) 이와 관련하여 어느 국가 나아가 그 국가 기업들이 국제거래법제에 편입되어 원활한 국제적 활동을 하기 위하여 필요한 조약을 상정할 수 있다. 이에는 매매계약 영역의 CISG, 중재 영역의 뉴욕협약, 항공운송 영역의 몬트리올협약(또는 그 전의 바르샤바협약 내지 헤이그의정서), 국제사법 영역의 헤이그 송달협약과 헤이그 아포스티유협약 등을 들 수 있다. 이런 논의는 Sono(註 125), p. 47; Kozuka(註 125), p. 96 참조. <u>한편 해상법분야 조약에 관한 한 우리나라는 조약 자체에 가입하는 방법 대신 상법 등 실질법에 편입하는 방법을 채택하였으나 이는 여러 가지 점에서 문제를 드러내고 있다.</u> [밑줄 친 부분은 이 책에서 새로 추가한 것이다.]

도 매매협약이 규율하는 사항과 보충적 준거법이 규율하는 사항을 혼동하는 사례가 가끔 보이는데 이 점은 시정해야 한다. 나아가 매매협약의 접근방법을 우리 민·상법에 반영할지는 민·상법 개정과 관련하여 정책적으로 판단할 사항이다.

매매협약에 가입했다고 매매계약법 분야의 국제화가 완성되는 것은 아니다. 예컨대 2017. 1. 1. 베트남에서도 매매협약이 발효되었는데 그렇다면 무역협회는 교역상대국으로서 베트남의 중요성에 비추어 베트남과 거래하는 우리 무역업계를 위하여 베트남법과 매매협약의 차이를 밝히고 우리 기업이 매도인인지 매수인인지에 따라 적절한 주의사항과 권고를 담은 매뉴얼을 간행해야 할 것이나 이런 자료를 보지 못하였다. 이것은 세계 10위 안에 드는 무역국가로서는 부끄러운 일이다. 준거법에 대한 우리 무역업체들의 무관심을 보여주는 사례이다.

(2) 모델법 또는 입법지침 등의 경우 — UNCITRAL을 통하여 UNCITRAL 위로

국제규범이 모델법 등인 경우 우리는 UNCITRAL 규범이 성취한 통일 내지 조화를 수용하면서 우리 법을 선진화, 국제화할 뿐만 아니라 모델법을 넘어서는 수월성을 확보함으로써 "UNCITRAL plus" 접근방법(이는 필자가 편의상 사용한 표현이다)을 실현하기 위하여 노력해야 한다. 그 구체적 방법은 UNCITRAL 규범별로 다를 수 있다.

예컨대 모델중재법을 보자. 우리는 1985년 모델중재법과 2006년 개정 모델중재법을 도입하였는데 이는 낙후된 우리 중재법을 선진화, 국제화시키기 위한 조치였고 한국법의 독자성이나 수월성을 확보하기 위한 것은 아니었다. 중재법은 프랑스 민사소송법이 규정하는 지원판사(또는 후견판사. *juge d'appui*)[127]라는 개념은 두고 있지 않다. 만일 우리가 그런 제도를 바람직하다고 판단하여 도입한다면 이는 "UNCITRAL plus" 접근방법을 실현하는 길이 될 것이다. 또한 싱가포르 중재법은 모델중재법에는 규정이 없는 긴급중재인(emergency arbitrator)에 관한 조문을 두었다. 이는 당사자의 중재신청을 접수하거나 중재판정부가 구성되기 전에 긴급하게 잠정적 처분을 구할 필요가 있는 경우, 중재기관에서 선정

---

127) 안건형·유병욱, "프랑스 개정 민사소송법의 주요내용과 시사점", 민사소송 제15권 제2호(2011. 11.), 101면; 조희경, "프랑스의 2011년 개정된 중재법이 우리에게 주는 시사점에 대한 소고", 홍익법학 제15권 제2호(2014. 6.), 279면 이하 참조.

한 단독 긴급중재인으로부터 긴급처분(emergency measures)에 관한 결정을 받을 수 있는 제도를 말하는데, 2016년 중재법은 이에 관한 규정을 두지 않는다. 다만 대한상사중재원의 국제중재규칙은 이에 관한 규정을 두는데(국제중재규칙 별표 3. 긴급중재인에 의한 긴급처분) 우리가 그에 동의한다면 중재법에 긴급중재인에 관한 조문을 둘 수도 있을 것이다.128)

한편 2006년 발효된 통합도산법에서 국제도산모델법을 수용하면서 2002년 5월 이미 발효된 유럽연합의 "도산절차에 관한 이사회규정"—이는 2017. 6. 26. 개정 EU도산규정으로 대체됨— 129)에서 보는 바와 같은 도산저촉법에 관한 조문의 일부나, 현재 UNCITRAL에서 작업 중인 도산관련 재판의 승인에 관한 조문130)을 넣을 수 있었더라면 "UNCITRAL plus" 접근방법을 취한 훌륭한 사례가 되었을 것이다. 하지만 솔직히 그런 입법을 하기에는 당시 우리의 역량이 부족하였다.

3. UNCITRAL 규범의 해석, 적용상의 통일성의 확보

전 세계적으로 여기에서 논의하는 국제규범 해석과 적용상의 통일을 최종

---

128) 석광현(註 40), 116면. 상세는 김인호, "긴급중재인이 내린 긴급처분의 효력", 국제거래법연구 제27집 제1호(2018. 7.), 235면 이하 참조.
129) 당초 규정은 석광현, "유럽연합의 國際倒産法制", 국제사법과 국제소송 제3권(2004), 309면 이하 참조. 개정 도산규정은 "Regulation (EU) 2015/848 of the European Parliament and of the Council of 20 May 2015 on Insolvency Proceedings (recast)"를 말한다. 소개는 Stefan Reinhard, The European Insolvency Regulation 2015, Yearbook of Private International Law, Vol. 17 2015/2016 (2017), p. 294 이하 참조. 이제정·민지현·심영진·김영석, "최근 EC도산규정의 주요 개정내용— Regulation (EU) 2015/848 of the European Parliament and of the Council of 20 May 2015 on insolvency proceedings(recast)", 법원행정처, 2015년 참가보고(2016), 3면 이하; 김영석, "「유럽의회와 유럽연합이사회의 2015년 5월 20일 도산절차에 관한 2015/848(EU) 규정(재구성)」에 관한 검토—전문(Recital)에 관한 시역(試譯)을 중심으로—", 국제사법연구 제21권 제2호(2015. 12.), 285면 이하 참조.
130) 이 점을 언급하는 이유는 우리나라에서도 미국 회생계획인가결정의 승인이 대법원에서 다루어졌고 그에 관하여 민사소송법 제217조가 정한 외국재판의 승인의 법리와 통합도산법이 정한 도산절차 승인의 법리 중 어느 것을 적용해야 하는지가 논란이 되었기 때문이다. 대법원 2010. 3. 25.자 2009마1600결정 참조. 개관은 석광현(註 59), 587면 이하; 상세는 석광현, "미국 연방파산법에 따른 회생계획인가결정의 한국에서의 승인", 양창수 교수 고희기념논문집 간행위원회, 自律과 正義의 民法學: 梁彰洙 교수 古稀기념논문집 (2021), 555면 이하 참조. [밑줄 친 부분은 이 책에서 새로 추가한 것이다.]

적으로 담보하는 최고법원이 없으므로 통일성의 확보는 매우 중요하다. 이 점은 매매협약과 모델법에 모두 타당하다. 매매협약은 그의 해석에는 그 국제적 성격 및 적용상의 통일을 증진할 필요성을 고려하여야 함을 명시한다(매매협약 제7조 제1항).131) 모델도산법(제8조)과 개정된 모델중재법(제2조A)도 이 점을 명시한다. 또 한 가지 주목할 것은 매매협약이나 모델중재법에 의하여 규율되는 사항으로서 협약 또는 모델중재법에서 명시적으로 해결되지 아니하는 문제는, 협약 또는 모델중재법이 기초하고 있는 일반원칙에 따라 해결되어야 한다는 점이다. 따라서 내적 흠결이 있다고 해서 성급하게 법정지 국제사법에 호소해서는 아니 된다.

매매협약의 적용상의 통일을 증진하기 위하여는 다른 체약국의 판례도 참조해야 한다. 이를 가능하게 하는 수단의 하나로 UNCITRAL은 1988년 이래 CLOUT(Case Law on UNCITRAL Texts)라는 보고체계를 구축하여132) 판례를 수집·전파하고, 판례 요약집(UNCITRAL Digest)을 간행한다.133) 따라서 우리 법원도 매매협약의 통일적 해석을 위하여 외국 판례와 문헌을 참고할 것임은 의문이 없는데, 종래 우리 법원의 실무처럼 출전을 밝히지 않으면 그 사실을 드러낼 길이 없다. 따라서 통일규범을 적용하는 경우만이라도 실무를 변경하여 논거를 밝힘으로써 판결의 설득력과 권위를 제고해야 할 것이다.

나아가 매매협약을 적용한 우리 판결을 적절히 정리하고 관리하는 것이 바람직하나 이는 우선 학계를 중심으로 해결해야 할 것이다.134)

---

131) 나아가 매매협약(제7조 제1항), 모델중재법(제2조A)과 모델도산법(제8조)은 그에 더하여 국제거래상의 신의 준수의 필요성도 언급한다.

132) 이를 위하여 각국별 national correspondent가 지정되어 관련 판례와 정보를 UNCITRAL 에 보고한다. 이혜민 판사는 자신이 법원행정처 추천으로 2009년 처음 national correspondent로 임명되었고 2012년 3월 재임명되었다고 한다. 이혜민, "국제물품매매에 관한 UN협약(CISG) 발효 후 10년", 법원행정처, 2016년 참가보고(2017), 7면, 註 4.

133) 판례 요약은 현재 매매협약과 국제중재에 관하여 간행되고 있다. 이는 판례를 소개할 뿐이고 따라야 할 것과 그렇지 않은 것을 구분하지 않는데 이는 UNCITRAL의 의도적 결정의 산물이다. 그 결과 UNCITRAL은 UNCITRAL 문서의 해석과 적용상의 통일을 촉진할 수 있는 기회를 상실하였다는 비판이 있다. Franco Ferrari, UNCITRAL, Encyclopedia of Private International Law, Vol. 2 (2017), p. 1765.

134) 매매협약을 적용한 우리 판례는 석광현, "국제물품매매협약(CISG)을 적용한 우리 판결의 소개와 검토", 국제거래법연구 제20집 제1호(2011. 7.), 87면 이하; 이혜민, "국제물품매매에 관한 UN협약(CISG) 발효 후 10년", 우리 판결례의 동향과 시사점", 사법논집 61집 (2015), 235면 이하 참조(후자는 이혜민(註 132), 3면 이하에도 수록됨).

4. 국제상법(국제거래법)과 비교사법의 대상으로서 국제규범에 대한 관심의 제고

UNCITRAL 작업의 핵심은 국제거래법 달리 말하자면 국제상법이다. 그러나 근자에 우리 상법학에서 상거래법(상법총칙과 상행위법 및 해상법)에 대한 관심이 줄고 있는 것은 우려되는 현상이다. 상거래법에 대한 관심이 있어야 자연스럽게 한걸음 더 나아가 국제상법에 관심을 가질 수 있다. 국제상법은 실질적 의미의 민법이자 실질적 의미의 상법이다. 따라서 국제계약은 민법(계약법), 상법총칙·상행위법과 국제거래법에서 모두 다루어야 하나 실제로 민법(계약법)이나 상법총칙·상행위법의 교수는 국제계약에는 별로 관심이 없는 것 같다. 민법-상법-국제거래법 간에 칸막이를 치고 각자의 영역에 안주하는 현상은 바람직하지 않다. 또한 위에서 언급하였듯이 우리나라에서는 비교사법의 대상으로서 독일, 프랑스, 일본과 근자에는 영미의 私法에 대한 관심은 있지만 국제규범에 대한 관심은 작은데 이는 마땅히 개선해야 한다.

5. 국제규범에 관한 연구와 법학교육

다른 기회에 지적하였듯이[135] 민·상법 영역에서는 우리가 연구하는 주요대상은 한국의 민·상법이므로 한국 법률가들이 비교우위를 가질 수 있으나 국제규범의 경우는 사정이 다르다. 동일한 국제규범을 다루는 외국 법률가들과 경쟁해야 하기 때문이다. 이런 현상은 국제(공)법과 국제경제법 영역에서는 이미 발생하고 있으나 사법(私法) 영역에서는 새로운 현상이다. 아직은 심각하지 않더라도 장래 더 많은 국제규범이 우리 법에 도입될수록 문제가 심각해질 것이다. 매매협약과 중재법에서 보듯이 우리 법률가들도 리서치와 연구는 정평 있는 외국 저서에 의존하고 우리 법학계는 학생들과 초심자들을 위해 외국 문헌을 우리말로 풀어내는 작업에 머무르거나[136] 심지어 그것조차 제대로 하지 못한다면 이는 심각한 문제이다. 이처럼 국제규범의 도입은 법학 연구와 교육의 측면에서 한국 법률가들에게 새로운 도전이다. 국제(공)법과 국제경제법 분야의 우리 법률가들이 뒤늦게 유사한 경험을 하게 된 사법분야의 법률가들이 본받을 만한 선례를

---

135) 석광현, "한국 국제거래법학의 과제", 성균관법학 제28권 제3호(2016. 9.), 72면.
136) 석광현, 국제물품매매계약의 법리: UN통일매매법(CISG) 해설(2010) 참조.

구축하였는지는 의문이다. 장래에는 외국 법률가들과 경쟁하여야 하고 국제화의 물결을 타고 우리 법률가들도 국제적으로 진출해야 한다. 나아가 모델법 도입 시 가능한 한 우리 법에 우수한 콘텐츠를 담아 한국법과 한국 법률가의 경쟁력을 강화하도록 노력해야 한다. 이것이 <u>당사자자치(party autonomy)가 널리 인정되어 당사자가 법률관계를 규율하는 법질서를 스스로 선택할 수 있게 된 오늘날 우리가</u> [밑줄 친 부분은 이 책에서 새로 추가한 것이다.] 전 세계 '법률시장(law market)'에서 살아남는 길이다. 또한 국제규범의 성안 과정에서 우리 목소리를 담기 위해 더 적극적으로 참여해야 한다.

6. UNCITRAL 문서의 국문번역과 법률 영어

UNCITRAL 회의에 참석해 본 사람은 UNCITRAL 문서 기타 국제적 법률문서의 한글 번역에 어려움을 익히 알고 있다. 종래 우리나라가 가입한 조약을 제외하고는 공식 번역이 없기 때문에 각자 나름대로 번역해서 사용하는 경향이 있었기에 통일적인 번역본이 있었으면 하는 바람이 늘 있었다. 따라서 2018년 5월 UNCITRAL 아시아·태평양 지역사무소("아태지역사무소")는 법무부와 공동으로 "UN 국제상거래 규범집(제1권)"을 간행한 것은 반가운 일이다. 이는 UNCITRAL 텍스트의 영어 원문과 한국어 번역문을 함께 수록한 것으로 국제상사중재, 국제 물품매매, 전자상거래와 국제화물운송과 관련된 UNCITRAL 텍스트의 내용을 담고 있는데 이는 국내 법률 전문가와 학계에서 편리하게 유엔 표준에 접근할 수 있도록 하려는 목적해서 간행되었다고 한다.[137)138)]

---

137) 텍스트는 인터넷에서 검색할 수 있다. 일본에서도 2016년 유사한 자료가 간행되었다. これからの国際商取引法 —UNCITRAL 作成文書の条文対訳— (Emerging Rules of International Commercial Law: Bilingual (English-Japanese) Selected UNCITRAL Texts) (2016). 일본에서는 아태지역사무소와 'グローバル私法フォーラム (GPLF)'의 공동명의 (공동대표: 藤田友敬(東京大学教授)와 曽野裕夫(北海道大学教授)로 간행하고 교수 기타 전문가들이 번역하였으며 관련된 곳에서 당해 규범의 개요를 언급한다. 반면에 우리 규범집을 보면, 우리나라가 당사국인 경우 이미 간행된 국문번역을 사용한 것으로 보이고 (번역자가 외교부로 기재되어 있다) 기타 규범의 경우 번역·검수는 분야에 따라 관여 교수와 법무부의 국제법무과가 담당한 것으로 보이나 개요를 적지 않는 점과 두 권으로 분리하여 간행하는 점은 일본과 다르다.

138) 우리나라가 당사국인 규범의 경우 기존의 국문번역을 사용한 점을 나무랄 수는 없지만 명백한 오역을 바로잡거나 각주에서라도 지적하지 않은 점은 아쉽다. 외국중재판정의 승인 및 집행에 관한 국제연합협약(즉 뉴욕협약)의 한글 번역문은 당초 1973. 2. 19. 관보 제6380호에 공포되었으나 2015. 3. 16. 정정 공포되었다. 석광현, 국제상사중재법연구 제

법률 영어의 번역과 관련하여 근자의 커다란 변화를 주목해야 한다. 근자에 대법원은 우리 법원을 'IP (지식재산권) 허브 코트'로 만드는 방안을 추진하고 있고 한다. 즉 최근 급증하는 국제 지식재산권 분쟁에서 당사자들이 한국 특허법원을 법정지로 많이 선택한다면 한국 특허법원의 판결이 국제적 기준이 될 수 있으므로 우리 특허법원을 'IP 허브 코트'로 만들어 그 국제적 위상을 강화한다는 것이다. 이를 위하여 법원조직법(제62조)을 개정하여(2017. 12. 12. 신설) 영어 기타 외국어 변론도 가능하게 되었다. 장래에는 아시아 특허분쟁 해결기구까지 국내에 설치하는 것을 목표로 한다고 한다. 평소 국제화에 뒤진 법조계가 이런 작업을 추진하는 것은 반갑기도 하고 놀라운 일이나 여러 가지 검토할 사항들이 있음을 유념해야 한다.[139]

7. 외교부, 법무부와 법원 내 국제규범 전문가의 부재와 개선방안[140]

UNCITRAL, UNIDROIT와 헤이그국제사법회의에서 개최되는 각종 국제회의에 참석하는 대표단에는 현지 주재 대사관의 고위외교관이 대표를 맡는 것이 관례이다. 그러나 외교부는 국제(공)법 분야와 달리 사법(私法)분야의 국제규범에는 관심도 별로 없고 전문성도 갖추고 있지 못하다. 외교부는 이것이 자신들의 업무라는 데 대한 인식도 없는 것으로 보인다.

1권(2007), 581-585면에서 뉴욕협약 한글번역문의 몇 가지 오류를 지적하였는데 그 중 일부가 위 정정 공포에 반영되었음은 다행이나 일부(제5조 제1항 마호)가 반영되지 않은 것은 유감이다. 정정 공포된 번역문은 "마. 당사자에 대하여 판정의 구속력이 아직 발생하지 아니하였거나 또는 판정이 내려진 국가의 권한 있는 당국에 의하여 또는 그 국가의 법에 따라 판정이 취소 또는 정지된 경우"이나, 밑줄 친 부분은 잘못이다. 이는 "또는 중재판정의 기초가 된 법령이 속하는 국가의 권한 있는 당국에 의하여"라고 번역해야 한다. 외교부가 번역문을 정정 공포하면서도 이를 간과한 점과 법무부가 UN 국제상거래 규범집(제1권)에서 이런 오류를 답습하는 점은 유감이다.

139) 실제로 2018. 7. 20. 특허법원이 호주 철강기업 '블루스코프스틸리미티드'이 특허청장을 상대로 제기한 특허심판원 심결 취소소송에서 외국어 변론을 허가함으로써 첫 국제재판이 이루어졌다고 한다. 법률신문 제4623호(2018. 7. 23.), 2면. 이는 외국어 변론만을 허용한다는 취지이고 판결문을 영어로 작성하는 것은 아니라는데 영어 변론의 문제는 변론을 하는 법률가들의 영어 능력만의 문제가 아니다. 준거법이 한국법인 경우 한국법 개념을 어떻게 영어로 정확히 표현할지 문제된다. 법원이 제공하는 판결문의 영문번역은 단순히 참고용일 뿐이다. 유권적인 영문번역을 제공하자면 우리 주요법률의 유권적인 영문번역을 우선 확정할 필요가 있다.

140) 이런 문제점은 석광현(註 135), 86면 이하에서 대체로 지적한 바 있다.

한편 법무부는 2002년부터 국제법무과 검사, 교수, 변호사로 구성된 국제거래법연구단을 설치·운영하면서 그 중 일부 위원을 선발하여 UNCITRAL의 6개 작업반 회의에 지속적으로 참석하게 하고 관련된 연구보고서[141]와 기타 전문연구서적을 간행하고 있는데,[142] 이는 우리가 UNCITRAL 규범을 이해하고 도입하는 데 커다란 기여를 하였다. 필자는 법무부의 노력을 높이 평가한다. 그러나 법무부 내에는 UNCITRAL에서 하는 작업에 관한 전문가가 없다. 변호사 자격을 구비한 젊은 인력을 선발하고, 그들이 외교부와 법무부에서 보람을 가지고 장기적으로 근무하면서 당해 분야의 전문성을 축적할 수 있는 인프라를 구축하고 그런 인력을 우대하는 분위기를 조성해야 한다. 공무원들을 순환보직하게 하는 현행 제도는 전문가 양성이라는 관점에서 치명적인 한계를 드러내고 있다. 현재 검사들이 순환보직의 원칙에 따라 법무부에서 잠시 업무를 담당하는 기존의 제도를 개선해 가고 있으므로 장차 좋아질 것으로 기대해 본다.

대법원은 2005년부터 산하에 국제규범연구반을 두어 운영하면서 소속 법관을 국제회의에 파견하고 있다. 이는 자체 구성원의 전문성을 축적해 가는 과정이라는 점에서 호의적으로 평가할 수 있다. 그러나 현재 운영실태를 보면 법관이 일정기간 경과 후 국제규범연구반을 떠나는 탓에 대법원이 법관의 전문성을 심화시키려는 의도를 가지고 있다고 보기는 어렵다. 사실 현직 법관이 국제규범의 성안을 위한 국제회의에 참여하는 것은 이례적이다. 필자가 이러한 문제의식을 가지고 있으면서도 비판하지 않은 것은 그나마 국제규범에 관심을 가지고 전문 인력을 파견하는 모습을 좋게 보는 탓이다. 그러나 대법원이 전문화에는 관심이 없고 젊은 법관들에게 국제회의 참가 기회를 제공할 생각이라면 그런 제도는 폐지해야 한다.

여기에서 한 가지 지적할 것은 UNCITRAL 회의 참가를 위한 준비과정이다.

---

141) 연구보고서가 해마다 간행되는지는 불분명하나 2011년 이후에는 국제거래법연구단 국제회의 참가 연구보고서가 간행되고 있는 것으로 보인다.

142) 그의 일환으로 예컨대 필자는 국제채권양도협약(법무부, 2002), 증거조사에 관한 국제민사사법공조 연구(법무부, 2007)와 UNCITRAL 담보권 입법지침 연구(법무부, 2010)를 간행한 바 있다. 그 밖에도 2005년 채택된 UN의 전자계약협약(Convention on the Use of Electronic Communications in International Contracts)을 다룬 왕상한, 전자계약의 현안과 과제 —UN 전자계약협약을 중심으로— (법무부, 2008), 신희택, 국제투자분쟁에서의 UNCITRAL 중재규칙 활용 실무(법무부, 2013)도 간행되었고 위에 언급한 권영준(註 66)도 있다.

근자의 상황은 정확히 알지 못하나, UNCITRAL 회의 참가를 위하여 법무부와 법원 측이 사전 및 사후 협력을 강화할 필요가 있다. 종래와 같이 법무부에서 보내준 교수는 법무부에, 법원에서 파견한 판사는 대법원에 각각 보고서를 제출하고 이를 단행본으로 간행하는 데 그칠 것이 아니라 더 체계적으로 접근할 필요가 있다는 것이다. 경우에 따라서는 법무부 보고서와 법원 보고서가 상이한 용어를 사용하기도 한다. 그리고 많은 사람들이 법무부와 법원의 보고서에 접근할 수 있도록 보고서를 웹사이트에 올려두어야 할 것이다.

8. UNCITRAL에서 한국의 지위 강화 및 기여 확대를 위한 노력

(1) UNCITRAL 작업에의 적극적 참가

위에 언급한 것처럼 법무부는 국제거래법연구단을 구성하여 운영하고 있다. 국제거래법연구단은 부정기적으로 연구단 세미나를 개최하는데 장래에는 국제거래법연구단의 활동이 UNCITRAL만이 아니라 UNIDROIT 회의와 헤이그국제사법회의143)에도 확대되고 더욱 조직화, 체계화되기를 기대한다.144) 또한 국제거래법연구단을 확대하여 당해 분야의 전문성을 가진 대형로펌의 변호사가 공익업무의 일환으로 국제회의에 참석할 수 있도록 한다면 좋을 것이다(물론 비용부담에 관하여는 적절한 방안을 찾아야 하겠지만).145) 나아가 국제회의에 참가한 교수들로 하여금 한국에서 당해 분야의 논의를 주도하는 적극적 역할을 하도록 유도할 필요가 있다. 과거 온라인 분쟁해결을 다룬 작업반에서 오수근 교수가 의장을 맡아 활동한 적도 있고, 근자에 작업반에서 한국 대표단의 역할이 점차 커지고 있는 것으로 생각한다. 장래에는 UNCITRAL 아태지역사무소의 활동과 연계하여 UNCITRAL 내에서 한국 대표단의 역할과 기여를 더욱 강화하고, 장래에는 한국에서도 UNCITRAL 사무총장을 배출할 수 있기를 기대한다.146) 나아가

---

143) 엄밀하게 말하면 국제가족법과 관련된 회의는 국제거래법의 영역에 속하지 않는다고 할 수도 있으나 굳이 그렇게 제한할 이유가 있는지는 의문이다.
144) 법원행정처 국제규범연구반의 대상에는 UNIDROIT와 헤이그국제사법회의가 포함된다.
145) 미국대표단은 대체로 국무부 담당자, 로스쿨 교수와 대형로펌의 변호사 등으로 구성되었다. 특히 당해 분야의 전문성을 가진 대형로펌의 변호사가 프로보노 서비스의 일환으로 국제회의에 참석하는 것은 매우 인상적이었다. 우리 로펌의 변호사들도 이처럼 공익업무를 보다 다양화할 필요가 있다.
146) 과거 일본의 曾野和明(Kazuaki Sono) 교수는 1980-1985년에 사무총장('사무국장'이라고 번역하기도 한다)을 역임하였다. 지역사무소의 역할에 관한 제언은 손경한, "유엔국제거

UNCITRAL의 새로운 의제(agenda)의 발굴과 선정에도 적극적으로 기여할 수 있어야 한다. 근자에 UNCITRAL 홈페이지에 올라 있는 "A Legal Roadmap For Digital Trade-ICC Conference, London, 11 September 2018"과 같은 것이 장래 의제의 예일 것이다.[147)

(2) UNCITRAL 아태지역사무소의 적절한 활용

우리나라는 2012년 1월 인천 송도에 UNCITRAL 아시아·태평양 지역사무소("아태지역사무소")를 유치하였고 그 후 UNCITRAL과 공동세미나의 개최 등 다양한 활동을 하고 있다.[148) 종래에는 법무부에서 검사를 파견하여 아태지역사무소의 업무를 지원하고 있으나 장래에는 장기간 근무할 수 있는 전문가를 양성하여야 하고, 적절한 시기에는 아태지역사무소 소장도 국제거래법 기타 UNCITRAL 업무에 정통한 한국 전문가가 맡게 해야 한다. 앞으로 UNCITRAL 아태지역사무소의 존재와 활동이 한국 私法의 국제화와 한국에서 국제거래법과 비교법의 발전으로 이어지기를 기대한다. 또한 아태지역사무소의 활동에 대한 법학 교수들의 지원 내지 기여를 체계화할 필요도 있다.

9. UNCITRAL과 관계없는 사법(私法)분야의 문제

문제는 UNCITRAL 규범과 같은 통일규범이 없는 사법(私法)분야이다. 이런 분야에서는 원칙으로 돌아가 당해 거래의 준거법이 법률관계를 규율한다. 예컨대 국제금융, 국제운송, 국제해상보험과 국제건설에서는 영미법(특히 영국법)이 우위를 점하고 그 분야에서 영미법을 대체하는 국제규범의 도입은 기대하기 어렵다. 다만 제한된 범위 내에서 당사자들이 분쟁해결수단으로서 중재를 선택하는 경우 UNIDROIT의 국제상사계약원칙이 조금은 역할을 할 수 있을 것이다. 국제규범의 통일에 대해 영미법계(특히 영국)가 상대적으로 큰 열의를 보이지 않는 것은 어쩌면 자신들이 점하고 있는 우위를 훼손할 이유가 없기 때문일 수 있다. 따라서 필자는 국제거래의 준거법으로서 열위에 있는 한국의 법률가로서는

래법위원회 아태사무소의 역할", 법률신문 제4002호(2012. 1. 26.), 13면 참조.
147) 상세는 https://iccwbo.uk/collections/events/products/icc-trade-supply-chain-finance-conference 참조.
148) 상세는 http://uncitralrcap.org/ko/ 참조.

UNCITRAL 규범의 성안과 채택에 더 큰 관심을 가져야 한다고 생각하지만 당분간은 넘을 수 없는 장벽이 있음을 절감한다. 그렇더라도 우리는 그 장벽을 낮추고자 꾸준히 노력해야 한다. 우선 그 때까지는 영미법을 공부하고 익혀야 함에도 불구하고 종래 우리 법학계의 영미법(특히 영국법)에 대한 연구는 매우 부족하고 한동안은 오히려 무역학이나 상학을 하는 사람들에게 맡긴 것처럼 느껴질 정도였다. 한국의 법학자가 영미법을 연구하는 데는 한계가 있으나 상황을 개선하기 위하여 노력하지 않으면 아니 된다.149)

VII. UNCITRAL 회의 참가와 관련한 필자의 단상

여기에서는 저자가 그 동안 UNCITRAL 회의에 참가하면서 느낀 단상을 언급한다.150)

1. 보람과 아쉬움의 교착

필자는 2001년 6월 국제채권양도협약을 위한 회의(비엔)에, 2002년 5월부터 6차례에 걸쳐 담보권 지침을 위한 회의(비엔과 뉴욕)에 참가한 바 있다.

다른 국제회의(예컨대 헤이그회의나 UNIDROIT)의 경우도 마찬가지지만 UN-CITRAL 회의에 참가할 때마다 필자는 복합적인 감정을 느끼곤 했다. 하나는 필자가 한국 대표단의 일원으로서151) 국제회의에 참석했다는 자부심이고, 다른 하나는 외국의 대가들을 만나 자신의 부족함에 대해 느끼는 부끄러움이었다. 결국 언제부터인가 국제회의에 더 이상 참가하지 않게 되었는데, 일차적 이유는 세월이 흐름에 따라 법무부의 지원이 젊은 연구자들에게로 옮겨 간 탓도 있지만 개

---

149) 다만 2013년 9월 국제거래법학회에 산하연구회로 설치된 국제건설법연구회(뒤에 국제건설 · 에너지법연구회로 확대개편됨)가 활동하면서 국제건설계약과 관련된 영국법상의 쟁점을 많이 다루고 있다. 동 연구회의 결과를 담아 정홍식 외, 국제건설에너지법-이론과 실무(2017)라는 제목의 단행본이 간행되었다. 또한 해법학회는 김인현(편), 선박건조 · 금융법 연구(2016)를 간행하였다. 선박건조계약이나 선박금융은 종래 해상법에 속하는 영역은 아니나 근자에는 해법학회가 이 분야에 관심을 보이고 있다.

150) 헤이그회의에 관하여는 석광현, "한국의 헤이그국제사법회의 가입 20주년을 기념하여: 회고, 현상과 전망", 동아대학교 국제거래와 법 제19호(2017. 8.), 138면 이하에 적었다.

151) 정확하게는 우리 대표단에는 공무원만 포함되고 민간인은 대표단의 고문이다. 일본은 대표단에 교수를 포함시켜 주는 것 같다.

인적으로는 이런 복합적 감정이 부담스러웠던 탓도 있었는지 모른다.

　　UNCITRAL 회의에 참가하면서 필자는 영미법계와 대륙법계의 대립을 재확인하고 각국의 법제가 다양하다는 당연한 사실을 생생하게 깨우칠 수 있었고——필자가 강조하고 싶은 것은 UNCITRAL 작업의 기초에는 다양한 법제에 대한 비교법적 연구가 있다는 점인데, 그런 연구결과가 더 널리 공유되었으면 하는 바람이 있다. 이는 비교법적 연구가 부족한 우리에게는 이는 특히 아쉬운 점이다——[밑줄 친 부분은 이 책에서 새로 추가한 것이다], 어떤 주제에 관하여는 막연히 생각했던 것과 달리 한국법이 소수 입법례에 속한다는 사실을 깨닫곤 하였다.152) UNCITRAL 회의 참가는 교수들에게 여러 모로 유익한 기회이므로 더 많은 교수들이 UNCITRAL 기타 국제기구의 회의에 더 적극적으로 참석하여 활동하게 되기를 희망한다. UNCITRAL과 UIDROIT 회의는 판사들보다 지속적으로 참가하는 교수들에게 더 의미가 있다. UNCITRAL 회의 참가를 통한 외국 전문가들과의 인적 교류도 의미가 있고, 회의가 번갈아 개최되는 비인과 뉴욕을 방문하는 것은 덤으로 제공되는 작은 즐거움이다.

2. 국제비교법학회에 관하여

　　UNCITRAL과는 직접 관련되지 않으나 비교사법학회가 국제비교법학회(International Academy of Comparative Law. IACL)153)에 대해 학회 차원에서 관심을 기울였으면 한다. 지난 2018. 7. 22.부터 28.까지 일본 후쿠오카(福岡)에서 제20차 국제비교법학회 일반회의(General Congress)가 개최되었다.154) 이는 1924. 9.

---

152) 나아가 필자는 회의 참가를 통하여 '기능적 등가성(functional equivalence)'의 개념을 접하였는데 그 기초에는 비교법학 방법론으로서의 '기능주의(functionalism)'가 있음을 알게 되었다. 기능주의는 현대 비교법학의 지배적인 방법론으로 열거주의(또는 병렬주의)와 대비되는 개념이라고 한다. 김도균(註 32), 294면 이하 참조. 기능주의의 주요 내용은 김도균(註 32), 296면 이하 참조. Rabel은 Rabel(註 121), I 에서 기능적 비교방법을 사용함으로써 법계를 달리하는 국가들도 많은 문제에 관하여 동일한 결론에 이르고 있음을 명백히 함으로써 법의 통일이 가능함을 논증하였다고 한다. 박정기(註 14), 153-154면. 기능적 접근방법에 관하여는 우선 Ralf Michaels, "The Functional Method of Comparative Law", The Oxford Handbook of Comparative Law (2006), p. 339 et seq. 참조.

153) 이는 1924. 9. 13. 헤이그에서 설립되었다. https://aidc-iacl.org/general-presentation/ 참조. 근자에는 국제비교법학회가 사용되는 것으로 보이나(윤진수 외, 헌법과 사법(2018), 1면) '비교법국제학술원'이라는 번역도 있다. 조규창(註 32), 19면.

154) http://www.congre.co.jp/iacl2018/ 참조.

13. 헤이그에서 설립된 학자들의 단체로 법체계의 비교연구를 목적으로 하는 데(정관 제2조) 국가별 위원회도 있는 것으로 보인다.[155] 독일에는 공법·민사법·형사법 등 다양한 법학분야를 망라하는 비교법학회(Gesellschaft für Rechtsvergleichung e.V.)[156]가 있는데 이를 중심으로 독일 법률가들이 국제비교법학회에 제출한 보고서를 묶어 독일에서 별도의 단행본으로 간행하는 점이 많이 부러웠다.[157]

Ⅷ. 맺음말

지금까지 필자는 우리나라가 채택한 UNCITRAL 문서를 중심으로 '국제거래 규범의 통일 내지 조화'와 '기타 규범의 국제적 통일 내지 조화'라고 하는 현상을 파악하고 그것이 우리나라에 미친 영향과 우리의 과제를 살펴보았다. 개별 주제에 관한 논의는 그의 발표를 담당하신 분들께서 해주실 것으로 믿고 필자는 UNCITRAL 규범 내지 UNCITRAL의 작업 전반을 관통하는 논점을 포착하고자 하였으며 그 과정에서 비교법학 그 중에서도 법통일론의 의미도 논의하였다.

비교법에 관하여 보면 우리나라에서도 다양한 법학 분야에서 비교법적 고찰은 활발히 이루어지고 있으나 비교법학 특히 그 중에서도 법통일론에 대한 관심은 작다.[158] 그로 인하여 UNCITRAL 기타 국제기구의 활동에 대한 우리 법률

---

155) IACL의 홈페이지는 https://aidc-iacl.org/ 참조.

156) http://www.gfr.jura.uni-bayreuth.de/de/index.html 참조. 이는 우리로 치면 한국비교사법학회(http://www.kac pl.or.kr/), 한국비교공법학회(http://www.kcpla.co.kr/)와 한국비교형사법학회(http://kacclphoto/view.asp?Page=1&Photo_Key=7) 등을 통합한 것이라고 할 수 있다. 우리나라에도 한국비교법학회가 있는 것으로 보이므로 그에 상응한다고 할 수 있으나 홈페이지가 보이지 않고, 2002년 창간된 비교법학연구를 보면 다양한 주제를 다룬 논문들이 보이기는 하나 비교법학 자체에 대한 관심은 크지 않은 것 같다. 그마저도 인터넷상으로는 제7집(2007년)까지 보이고 그 후는 보이지 않는다. 그 밖에도 동국대학교 비교법문화연구원에서 2000년부터 '비교법연구'를 간행하고 있으나 특별히 비교법에 초점을 맞춘 것으로는 보이지 않는다. 산하에 여러 분과를 둔 비교법학회가 국제비교법학회에 적극 참여하는 독일과 달리 비교법 관련 학회는 여럿 있지만 국제비교법학회에의 참여에 무관심한 우리의 현실은 무척 아쉽게 느껴진다.

157) Martin Schmidt-Kessel (ed.), German National Reports on the 20th International Congress of Comparative Law (2018); Martin Schmidt-Kessel (ed.), German National Reports on the 19th International Congress of Comparative Law (2014) 등 참조.

158) 비교사법학회의 정관(제1조)은 "본 법인은 사법(민사법, 상사법, 기타 관련법)의 비교연

가들의 관심이 부족한 현상이 나타나고 있는데 이 점은 시정해야 한다.

마지막으로 지적하고 싶은 것은, 국제적으로는 다양한 분야에서 통일 내지 조화된 규범이 형성되었고, 우리 법도 과거와 비교할 수 없이 국제화되었으며 장래 국제화가 더 심화될 것으로 예상되므로 국내법에 안주해왔던 우리 법률가들도 이러한 상황의 변화를 인식하고 국제규범에 더 큰 관심을 가져야 하며, 규범의 국제화에 더 능동적으로 대처하고 국제화의 물결을 적극 활용해야 한다는 점이다. 국제규범의 도입에 따라 한국 법률가들은 법학 연구와 교육의 측면에서 새로운 도전에 직면하게 되므로 이를 극복하기 위해서도 더욱 노력해야 한다. 이는 21세기를 살아가는 우리 법률가들로서는 피할 수 없는 과제이다.

후 기

위 글을 발표한 뒤에 아래의 문헌이 간행되었다. 물론 망라적인 목록은 아니다.
- 근자의 동향은 최승은·임세영, "2021년 제54차 UNCITRAL 본회의 동향", 111면 이하. 특히 디지털 경제와 관련된 사항(120면 이하)은 앞으로 주목할 필요가 있다.
- 2020년에는 "Legal Guide to Uniform Legal Instruments in the Area of International Commercial Contracts (with a focus on sales)" 또는 'Tripartite Guide'로 알려진 지침을 성안하려는 노력이 있는데, 이는 헤이그국제사법회의, UNIDROIT 와 UNCITRAL 사무국의 공동작업으로 추진하였다. 간단한 소개는 김효정, "2020 사법정책연구원 국제 콘퍼런스 참가 후기", 국제사법연구 제26권 제2호(2020. 12.), 689면 참조.

국제도산에 관하여는 아래 문헌 등이 있다.
- 석광현, 채무자회생 및 파산에 관한 법률 제5편(국제도산법)의 개선에 관한 연구, 2019년도 법무부 연구용역 과제보고서
- 한민·석광현, 2018·2019 도산 관련 UNCITRAL 모델법의 입법 방안 연구, 2020년도 법무부 연구용역 최종보고서

구를 통하여 한국사법학의 발전에 기여함을 목적으로 한다"고 규정할 뿐이고 법의 통일을 직접 언급하지 않는다. 한국국제사법학회의 정관(제3조)은 "본회는 국제사법, 국제민사절차법, 비교사법(이하 "국제사법"이라 한다) 및 관련 분야의 이론과 실무에 대한 학술적 연구 … 등을 촉진하고 … 협력을 목적으로 한다"고 하여 비교사법 연구를 명시하나 실제로 비교사법에 대한 연구를 제대로 하고 있지 못하다. 법의 통일에 관하여는 玄勝鍾 (註 111), 218면 이하(제5장 법통일론); 조규창(註 11), 459면 이하(제4편 법통합론) 참조.

- 석광현, "미국 연방파산법에 따른 회생계획인가결정의 한국에서의 승인", 양창수 교수 고희기념논문집 간행위원회, 自律과 正義의 民法學: 梁彰洙 교수 古稀기념논 문집(2021), 555면 이하
- 김영석, "국제도산에서 도산절차와 도산관련재판의 승인 및 집행에 관한 연구", 서 울대학교 대학원 법학박사학위논문(2022. 2.)
- 이연주, "기업집단 국제도산 원활화에 관한 UNCITRAL에서의 논의와 평가", 민사 소송 제22권 제1호(2018. 5.)

싱가포르협약에 관하여는 아래를 포함하여 많은 문헌들이 나오고 있다.

- 김영국, "싱가포르 국제상사분쟁해결 제도의 최근 쟁점과 시사점 — 국제상사분쟁 해결 허브국가를 지향하는 관점에서", 충북대학교 법학연구 제31권 제1호(2020. 6.), 67면 이하
- 박노형, 국제상사조정체제: 싱가포르조정협약을 중심으로(박영사. 2021)
- 오현석·김성룡, "국제상사조정제도에 관한 UNCITRAL 모델법 개정 동향", 한국무 역학회지 제45권 제1호2(2020. 2.), 31면 이하
- 오현석·김성룡, "조정에 의한 국제화해합의에 관한 UN협약의 주요내용과 특징에 관한 연구", 통상정보연구 제22권 제2호(2020. 6.), 195면 이하
- 오현석, "싱가포르 협약과 국제조정의 최근 동향", 분쟁해결 제3호[木雲 부구욱 총 장 고희 기념호](2021. 5.), 219면 이하
- 정선주, "싱가포르협약과 조정결과의 승인집행", 민사소송(제24권 2호)(2020. 6.), 1면 이하
- 조수혜, "싱가포르 협약 이후의 조정합의문의 집행: 미국과 싱가포르의 조정합의문 집행제도와 시사점", 민사집행법연구 통권 16호(2020), 402면 이하

아래 두 개의 비교적 간결한 글은 저자의 논문에 앞서 간행된 것이나 인용하지 못하였다.

- 오수근, "우리나라와 UNCITRAL", 통상법률 제88호(2009. 8.), 3-13면
- 이성규, "운씨트랄(UNCITRAL) 規範 도입 필요성", 통상법률 제21호(1998. 6.), 209-213면

제 3 장

헌법과 국제사법

[5] 국제사법에 대한 헌법의 영향

前 記

이 글은 저자가 2018.10.18.~19.에 개최된 한국법률가대회의 세미나에서 발표한 내용을 기초로 작성하여 저스티스 통권 제170-3호(2019. 2. 한국법률가대회 특집호Ⅱ), 489면 이하에 게재한 글로서 오타와 오류를 제외하고는 원칙적으로 수정하지 않은 것이다. 가벼운 수정 부분은 밑줄을 그어 표시하였고(인용 부분 중 밑줄 친 부분은 제외), 참고할 사항은 말미의 후기에 적었다. 정치(精緻)한 국제재판관할규칙을 담은 국제사법 개정법률(개정법)이 2022. 1. 4. 공포되어 7. 5. 발효된다. 그 결과 준거법규칙을 담은 조문도 번호가 변경되기에 아래에서는 개정법의 조문을 일부 언급하였다.

Ⅰ. 머리말

1. 논의의 배경

과거 우리 국제사법은 섭외사법에서 보듯이 주로 준거법을 결정하는 법규(즉 협의의 국제사법)[1]로 논의되었다. 헌법과 섭외사법의 상호작용은 별로 인식되지 않았고, 다만 섭외사법에 의하여 준거법으로 지정된 외국법을 적용한 결과가 우리의 공공질서(공서)에 반하는 경우 그 외국법의 적용은 배제되었는데 공서위반 여부를 판단할 때 헌법이 의미가 있는 것으로 이해되었다. 그러던 중 2001년 7월 국제사법의 시행에 따라 친족법 영역에서 부(父) 또는 부(夫)의 본국법을 우선시키던 섭외사법의 저촉규정은 모두 양성평등의 원칙에 부합하는 연결원칙으로 대체되었다.[2] 한편 2001년 7월 국제사법의 시행을 계기로 한국에서도 국제

---

[1] 국제사법의 개념에 관하여는 다양한 견해가 있다. 석광현, "한국국제사법학의 과제", 국제사법연구 제22권 제2호(2016. 6.), 382면 이하 참조.

[2] 섭외사법 개정작업에서 '국제사법상의 남녀평등의 실현'은 중요한 개정방향의 하나였다. 석광현, 2001년 개정 국제사법 해설(2001), 17면. 윤진수, "憲法이 家族法의 변화에 미친 영향", 民法論攷 Ⅳ(2009), 15면도 이 점을 지적한다. 개정의 지침은 위 석광현, 15면 이하 참조.

사법을 광의로 이해하게 되었다. 또한 강제징용사건에 관한 2012년 대법원판결이 공서위반을 근거로 한국 헌법의 핵심적 가치에 반하는 일본판결의 승인을 거부함으로써 공서위반의 판단 시 헌법의 역할이 명확히 인식되기에 이르렀다. 특히 근자에는 헌법상의 기본권과 인권은 국제사법의 맥락에서도 중요한 의미를 가진다는 인식이 국내외적으로 확산되고 있다. 따라서 이제는 우리나라에서도 광의의 국제사법(즉 국제재판관할, 준거법 지정과 외국재판의 승인 및 집행을 규율하는 국제사법)과 헌법(특히 기본권규범으로서의 헌법)의 관계를 체계적으로 검토할 필요성이 커졌다. 그에 더하여 우리 특유의 쟁점으로 남북한 주민 간의 법률관계에서 세기되는 준국제사법적 쟁점이 있다.

이런 배경 하에서 마침 '헌법이 각 법률분야에 미친 영향'이 한국법학원이 2018년 10월 개최하는 법률가대회의 대주제로 선정되었기에 필자가 위 제목으로 발표를 하게 되었다. 다만 필자의 연구가 부족하므로 여기에서는 서론적 고찰로서 광의의 헌법과 국제사법의 접점에 있는 다양한 논점을 소개한다.[3] 이를 통하여 국제사법 연구자들에게 헌법에 더 큰 관심을 가질 것을 촉구하고 '헌법에 대한 민감성'을 제고하는 기회로 삼고자 한다. 더 깊이 있는 논의는 다음 기회로 미룬다.

2. 논점의 정리

여기에서는 광의의 국제사법의 주제에 상응하여 첫째, 국제재판관할의 결정과 헌법(Ⅱ.), 둘째, 준거법의 지정과 헌법(Ⅲ.)과 셋째, 외국재판의 승인 및 집행과 헌법(Ⅳ.)을 살펴보고 넷째, 준국제사법의 맥락에서 남북한 주민 간의 법

---

3) 우리나라의 최고규범인 헌법은 수권적 조직규범인 동시에 기본권보장규범이다. 김철수, 헌법학신론 제21전정신판(2013), 17면. 따라서 헌법과 국제사법과의 관계도 두 가지 측면으로 구분할 수 있다. 전자는 예컨대 입법권과 사법권의 관계 및 국제사법조약과 국내법의 관계에서 일원론을 취하는지 이원론을 취하는지와 같은 권력분립으로부터 유래하는 쟁점과 연방국가와 같은 법적 다원주의 국가에서 관할과 준거법의 맥락에서 연방법과 주법 중 어느 법을 적용해야 하는지, 또한 연방법원과 주법원 중 어느 법원이 관할을 가지는지 등의 쟁점(이는 한국에서는 제기되지 않는 쟁점이다)을 포함한다. Alex Mills, Constitutional law and private international law, Jürgen Basedow *et al.* (eds.), Encyclopedia of Private International Law, Vol. 1 (2017), p. 452 *et seq.* 참조(이하 이 책을 "Encyclopedia"라고 인용한다). 따라서 여기에서는 기본권규범으로서의 헌법을 중심으로 논의하나, 강제징용사건의 대법원판결은 기본권과 직접 관련되지 않은 헌법의 가치에 관한 것이다.

률관계와 헌법(V.)을 논의한다. 마지막으로 근자에 점차 중요성을 더해가고 있는 인권과 국제사법의 관계(VI.)를 간단히 언급한다. 국제사법에 대한 헌법의 영향을 논의함에 있어서 기본권이 중요한 의미를 가지지만 강제징용사건에 관한 대법원 판결에서 보듯이 국제사법에 대한 헌법의 영향이 기본권에 한정되는 것은 아니다.

외국적 요소가 있는 법률관계를 다루는 국제사법과 기본권의 관계를 논의함에 있어서는 외국인의 기본권(특히 천부인권에 속하는 자연권) 주체성이 인정되는 것과 그 외국인에는 자연인만이 아니라 성질상 적용될 수 있는 범위 내에서는 법인도 포함한다는 점을 당연한 전제로 한다.[4]

Ⅱ. 국제재판관할의 결정과 헌법

1. 문제의 제기

국제재판관할은 전체로서의 어느 특정국가의 법원이 법적 쟁송을 재판해야 하는가, 또는 재판임무를 전체로서의 어느 특정국가에 배분할 것인가의 문제이다. 미국의 경우 통상 어느 주(state)가 재판관할을 가지는지를 문제삼는다. 종래 미국에서는 국제재판관할은 헌법상의 문제, 특히 적법절차(due process)의 문제인 데 반하여 우리나라에서는 과거 국제재판관할규칙은 판례에 의하여 발전되었고 근자에 국제사법에 의하여 규율되고 있으나 헌법과의 접점이 있음은 별로 인식되고 있지 않다. 그러나 근자에는 독일에서도 국제재판관할법의 기초를 독일 기본법(Grundgesetz. 이하 '독일 헌법'과 호환적으로 사용한다), 특히 재판청구권에서 구하는 견해가 있다.[5] 여기에서는 이런 배경 하에서 우리의 국제재판관할법을

---

4) 이것이 헌법학의 통설과 판례이다. 외국인과 법인에 관하여 김철수(註 3), 330면 이하. 외국인에 관하여 헌법재판소 1994. 12. 29. 93헌마120 전원재판부결정("기본권 보장규정인 헌법 제2장의 제목이 "국민의 권리와 의무"이고 그 제10조 내지 제39조에서 "모든 국민은 …권리를 가진다"고 규정하고 있으므로 국민(또는 국민과 유사한 지위에 있는 외국인과 사법인)만이 기본권의 주체라 할 것이다."), 법인에 관하여 헌법재판소 1991. 6. 3. 90헌마56 결정("우리 헌법은 법인의 기본권향유능력을 인정하는 명문의 규정을 두고 있지 않지만, 본래 자연인에게 적용되는 기본권규정이라도 언론·출판의 자유, 재산권의 보장 등과 같이 성질상 법인이 누릴 수 있는 기본권은 당연히 법인에게도 적용하여야 한 것으로 본다") 참조.

5) 아래에서 소개하는 Geimer와 Pfeiffer 등. 미국과 독일을 포함한 비교 국제재판관할법 연

검토한다.

2. 미국에서의 논의: 헌법상의 적법절차

현재 미국의 법원이 피고에 대하여 주제재판관할권 또는 국제재판관할권을 가지자면 아래 두 가지 요건이 구비되어야 한다.[6]

첫째, 관할권확대법(long arm statute)에 의한 입법적 수권이 있어야 한다. 주법원의 경우는 당해 주의 관할권확대법을 적용하고, 연방법원의 경우는 연방법원을 위한 일반적인 관할권확대법은 없으므로 연방민사소송규칙에 따르는데, 그에 의하면 연빙독짐금지빕이나 언방증권법과 같이 대인관할권을 부여하는 연방법률이나 연방민사소송규칙(4(k)(2))에 근거한 재판관할권이 인정되지 않는 한, 연방법원은 그가 소재한 주의 관할권확대법을 차용한다.[7]

둘째, 재판관할권의 행사가 헌법상의 적법절차(due process)에 부합해야 한다. 적법절차분석에서는 법정지 주 외의 피고에 대하여 법원의 재판관할권을 긍정하는 것이 'fair play and substantial justice(공평과 실질적 정의)'의 전통적 관념에 비추어 피고에게 기본적인 권리를 보장하는 연방헌법의 적법절차조항에 부합하는지의 여부를 심사하여 그에 부합하는 경우 재판관할권을 긍정한다.[8] 이처럼 미국에서는 재판관할권을 연방헌법 차원의 문제로 이해하는 점에 특색이 있는데 적법절차분석은 바로 그의 핵심을 이룬다. 적법절차의 요건을 충족하기 위해서는 우선 피고와 법정지간에 '최소한의 접촉(minimum contact)'이 있어야 하고,[9] 다음으로 법정지의 재판관할권의 행사가 공평과 실질적 정의의 관념에 부합하는 합리적인 것이어야 한다.

나아가 미국 법원은 두 단계의 심사를 거쳐 국제재판관할권이 긍정되더라

구는 Arthur T. von Mehren, Adjudicatory Authority in Private International Law: A Comparative Study (2007) 참조.

6) 이하는 석광현, 國際裁判管轄에 관한 研究 —民事 및 商事事件에서의 國際裁判管轄의 基礎理論과 一般管轄을 중심으로—(2001), 102면 이하 참조.

7) 연방민사소송규칙 Rule 4(e).

8) 이 경우 주법원의 재판관할권 행사에는 연방헌법 수정 제14조의 적법절차조항이, 연방법원의 재판관할권 행사에는 연방헌법 수정 제5조의 적법절차조항이 각 적용된다. Weintraub, Russell, J., Commentary on the Conflict of Law Third Edition (1986) p. 94.

9) 그러나 연방대법원의 *Hanson v. Denckla*, 357 U.S. 235 (1958) 판결을 계기로 피고가 법정지주법의 이익 및 보호를 향유할 것이라는 요건을 요구한 결과 'purposeful availment(의도적 이용)'는 적법절차분석의 또 하나의 시금석이 되었다.

도 관할권의 확대를 억제하는 수단으로서 '부적절한 법정지(*forum non con-veniens*)의 법리'[10])에 기초하여 재량으로 재판관할권의 행사를 거부할 수 있다고 함으로써 '재판관할권의 유무 판단'과 '행사 여부 판단'을 구별한다.

3. 우리 법상의 국제재판관할 일반론

대법원은 과거 이른바 4단계 구조를 취하였으나 도메인이름에 관한 대법원 2005. 1. 27. 선고 2002다59788 판결[11])은, 국제사법이 시행되기 전의 사건임에도 불구하고 국제사법 제2조를 고려하여 아래와 같이 판시하였다.

> "국제재판관할을 결정함에 있어서는 당사자 간의 공평, 재판의 적정, 신속 및 경제를 기한다는 기본이념에 따라야 할 것이고, 구체적으로는 소송당사자들의 공평, 편의 그리고 예측가능성과 같은 <u>개인적인 이익</u>뿐만 아니라 재판의 적정, 신속, 효율 및 판결의 실효성 등과 같은 <u>법원 내지 국가의 이익</u>도 함께 고려하여야 할 것이며, 이러한 다양한 이익 중 어떠한 이익을 보호할 필요가 있을지 여부는 개별 사건에서 법정지와 당사자와의 실질적 관련성 및 법정지와 분쟁이 된 사안과의 실질적 관련성을 객관적인 기준으로 삼아 합리적으로 판단하여야 할 것이다."

그 후 대법원 2008. 5. 29. 선고 2006다71908, 71915 판결과 대법원 2010. 7. 15. 선고 2010다18355 판결 등을 보면 이는 추상적 법률론으로서 정착되었다고 할 수 있다.

한편 2001. 7. 1. 발효한 국제사법은 제1장(총칙)에서 과거 대법원판례가 취해 온 입장[12])을 개선하여 아래와 같이 국제재판관할에 관한 일반원칙을 두고(제2조), 각칙인 제5장(채권)에서 소비자와 근로자를 보호하기 위한 특칙을 둔다(제

---

10) 부적절한 법정지의 법리는, 우리 법원에 제기된 국제민사소송에서 법원이 국제재판관할을 가지더라도 외국에 대체법정지가 있고 사안의 제사정을 고려할 때 그 법원이 더 적절한 법정지인 경우 우리 법원이 재량으로 소송을 중지하거나 소를 각하할 수 있는 법리인데 이는 영미법계에서 널리 인정된다. 석광현(註 6), 11면, 115면, 132면 이하 참조.

11) 국제재판관할 이익이라는 개념은 위 판결에 처음 등장한 것이다. 필자는 석광현(註 6), 53면 이하에서 독일의 논의를 참조하여 당사자이익, ② 법원이익, ③ 국가이익과 ④ 질서이익(Ordnungsinteresse)을 소개하였는데 위 판결은 그 중 질서이익을 제외한 점에서 아쉬움이 있다. 평석은 석광현, 국제사법과 국제소송 제4권(2007), 85면 이하 참조.

12) 이른바 '4단계 구조'를 말한다. 석광현(註 6), 159면 이하 참조.

27조와 제28조).

> **제2조(국제재판관할)** ① 법원은 당사자 또는 분쟁이 된 사안이 대한민국과 실질적 관련이 있는 경우에 국제재판관할권을 가진다. 이 경우 법원은 실질적 관련의 유무를 판단함에 있어 국제재판관할 배분의 이념에 부합하는 합리적인 원칙에 따라야 한다.
> ② 법원은 국내법의 관할 규정을 참작하여 국제재판관할권의 유무를 판단하되, 제1항의 규정의 취지에 비추어 국제재판관할의 특수성을 충분히 고려하여야 한다.

즉 제2조는 미국 연방헌법상 직법질차 요건을 충족하기 위한 '최소한의 접촉'의 존재와, 재판관할권의 행사가 공평과 실질적 정의의 관념에 부합하는 합리적인 것이어야 한다는 두 가지 요건을 규정한다.[13] 그러나 대법원은 제2조 제2항을 거의 무시하고 제2조 제1항만을 기초로 사안의 모든 사정을 고려하는 '사안별분석(case-by-case analysis)'을 거쳐 원하는 결론을 내리고 있으며, 그 과정에서 토지관할규정은 아예 배제되거나 법원이 고려할 요소 중 하나로 전락하였다. 이를 시정하여 법적 안정성과 당사자의 예측가능성을 제고하고자 법무부는 국제사법학회의 촉구를 받아 들여 2014년 6월 위원회를 구성함으로써 국제사법 개정작업에 착수하였고 2018년 말에 국제사법개정안(이하 "개정안"이라 한다)을 국회에 제출할 예정이다.[14] <u>전기에 적은 바와 같이 개정법이 2022. 1. 4. 공포되어 7. 5. 발효된다.</u> [밑줄 친 부분은 이 책에서 새로 추가한 것이다.]

---

13) 국제사법에 조문이 신설되기 전에는 대법원 판결이 국제재판관할 배분의 이념으로 당사자 간의 공평과 같은 민사소송의 이상을 열거하였으나 이를 헌법상의 원칙으로 파악하지는 않았다. 하지만 이는 헌법재판소 결정에서 보듯이 헌법(제27조)의 재판청구권으로부터 도출할 수도 있다. 동일한 원칙을 국제사법이 아니라 헌법원칙으로 고양하더라도 실질이 달라지는 것은 아니다. 즉 법원이 기본권을 동원하지 않더라도 국제사법법리의 적용 및 적절한 이익형량만으로 동일한 결과에 도달할 수 있을 것이다. 기본권의 대사인적 효력 또는 수평효의 맥락에서 김형석, "사적 자치와 기본권의 효력 —유럽사법의 경험으로부터의 시사—", 윤진수 외, 헌법과 사법(2018), 199면. 물론 헌법원칙이라면 국회는 그에 위반하는 입법을 할 수 없는 데 반하여, 이를 국제사법원칙이라고 본다면 국회는 입법형성의 자유를 가지고 이를 개정할 수 있다는 차이가 있다.

14) 법무부는 국제재판관할규칙을 담은 국제사법 전부개정법률안을 성안하여 2018. 1. 19. 입법예고하였고 2. 27. 공청회를 개최하였다. 개정안의 소개는 석광현, "2018년 국제사법 개정안에 따른 국제재판관할규칙", 국제사법 전부개정법률안 공청회 자료집, 15면 이하 참조.

4. 헌법과 국제재판관할규칙

가. 독일에서의 논의와 우리 법에의 시사점

추상적으로 말하자면 독일에서도 사안이 독일과 충분한 관련이 있고 권리
보호의 필요성이 긍정되면 국제재판관할이 인정되는데, 근자의 유력설은 이는
법치국가원칙으로부터 도출되는 것으로 특별히 구체적 기본권에 연결할 필요는
없으며[15] 법관에 의한 재판을 받을 헌법(제101조 제1항 제2호)상의 재판청구권은
기본권의 관철을 위해서만이 아니라 일반적으로 모든 분쟁에 관하여 인정된다고
한다.[16] 이런 유력설은 국제재판관할규칙을 원고의 재판청구권으로부터 도출하
면서 아래의 취지로 설명한다.[17]

> "당사자 또는 사안이 독일과 충분한 관련이 있어 독일 법원의 재판을 정당화할 수
> 있는 경우처럼 헌법상 원고의 법원에의 접근이 강제되는 영역이 있고, 반면에 독일과
> 아무런 관련이 없어 국제법적으로도 국제재판관할의 주장을 금지하는 사안이 있다.
> 양자 사이에 존재하는 중간영역에서는 원고의 재판청구권은 법치국가적 절차에 따라
> 공정한 재판을 받을 수 있는 헌법상으로 보호되는 피고의 지위와 비교·형량되어야
> 하는데, 그 경우 입법자는 자신의 고유한 활동영역을 가지고 재량에 따라 국제재판관
> 할규칙을 적절히 형성할 수 있다."

나. 우리 법상의 논의

헌법(제12조)은 처벌, 보안처분과 영장주의 등과 관련하여 적법절차의 원칙
을 규정하고 있지만 그 적용대상은 예시적 열거라는 것이 헌법학의 통설이다.[18]
헌법재판소 1992. 12. 24. 92헌가8 결정(형사소송법 제331조 단서규정에 대한 위헌

---

15) Reinhold Geimer, Internationales Zivilprozessrecht, 6. Auflage (2009), Rn. 250.
16) Geimer(註 15), Rn. 250. 독일 기본법에 명시적 조문은 없으나 재판청구권이 헌법적으로
보장된다는 점에는 이의가 없다. Geimer(註 15), Rn. 1923; Thomas Pfeiffer, Inter-
nationale Zuständigkeit und prozessuale Gerechtigkeit: Die internationale Zuständigkeit
im Zivilprozeß zwischen effektivem Rechtsschutz und nationaler Zuständigkeitspolitik
(1995), S. 337 참조. 국제민사소송법의 맥락에서 재판청구권에 관하여는 Geimer(註 15),
Rn. 1906ff. 참조.
17) 이에 관한 Geimer와 Pfeiffer의 견해가 두드러진다. 예컨대 Geimer(註 15), Rn. 250a,
Rn. 250b 참조.
18) 김철수(註 3), 624면. 사법정책연구원, 법원의 헌법판단을 위한 위헌심사기준 연구(2018),
153면.

심판 위헌)도 "헌법 제12조 제3항 본문은 동조 제1항과 함께 적법절차원리의 일
반조항에 해당하는 것으로서, 형사절차상의 영역에 한정되지 않고 입법, 행정 등
국가의 모든 공권력의 작용에는 절차상의 적법성뿐만 아니라 법률의 구체적 내
용도 합리성과 정당성을 갖춘 실체적인 적법성이 있어야 한다는 적법절차의 원
칙을 헌법의 기본원리로 명시하고 있는 것"이라고 판시하였다. 따라서 우리나라
에서도 미국에서처럼 적법절차원칙으로부터 국제재판관할규칙을 도출할 여지도
있다. 하지만 아직 이런 견해는 잘 보이지 않는다. 아래에서는 헌법과의 관련 하
에서 의미가 있는 우리의 국제재판관할규칙을 검토한다.

(1) 국제재판관할 일반

위에서 언급한 바와 같이 우리나라에서는 과거 국제재판관할규칙은 판례에
의하여 발전되었고 근자에 국제사법에 의하여 규율되고 있으나, 헌법과의 접점
이 있음에 대한 인식은 별로 없다. 그런데 헌법(제27조 제1항)에 따르면 모든 국
민은 헌법과 법률이 정한 법관에 의하여 법률에 의한 재판을 받을 권리, 즉 '재
판청구권(Justizgewährungsanspruch 또는 Justizanspruch)'을 가지고, 더욱이 헌법에
명문의 규정은 없으나 공정한 재판을 받을 권리는 국민의 기본권으로 보호되
며,[19] 신속한 재판을 받을 권리는 헌법 제27조 제3항에 의하여 보호된다. 나아
가 평등의 원칙은 재판청구권의 실현에도 당연히 적용되어야 하므로 재산권 등
사권(私權)의 구제절차인 민사소송에서도 당사자가 누구인가에 따라 차별대우가
있어서는 아니 된다.[20] von Mehren의 지적처럼[21] Geimer는 지나치게 원고의

---

19) 헌법재판소 1996. 12. 26. 94헌바1 결정; 헌법재판소 2001. 8. 30. 99헌마496 결정; 김철
수(註 3), 1089면. 허영, 한국헌법론 전정 13판(2017), 398면 이하는, 재판청구권은 권
리·의무에 관한 다툼이 생긴 경우 그 기능과 신분이 독립한 법관의 재판을 요구할 수 있
는 제소권 내지 재판청구권으로서의 실체적 권리와 일단 재판이 행해지는 경우, 그 기능
과 신분이 독립한 법관에 의해서 적법한 절차의 공정한 재판을 받을 수 있는 사법절차적
권리를 포함한다고 설명한다. 참고로 위안부 사건에서 일본의 주권면제를 인정할지에 관
하여는 하급심 판결이 나뉘고 있는데 이를 인정한 서울중앙지방법원 2021. 4. 21. 선고
2016가합580239 판결은 헌법상 재판청구권은 법률에 의하여 그 내용과 범위가 정해지는
권리로서 당연히 본안 판단을 받을 수 있는 권리를 의미하지 아니하므로, 법률과 동일한
효력을 갖는 국제 관습법에 따른 내재적 제약이 전제된 권리로 보아야 한다고 판시하였
다. [밑줄 친 부분은 이 책에서 새로 추가한 것이다.]
20) 헌법재판소 1989. 1. 25. 88헌가7 결정 참조.
21) von Mehren(註 5), p. 133.

재판청구권을 강조하는 경향이 있으므로 Geimer의 견해를 수용하더라도 적절한 제한이 필요하다. Pfeiffer는 절차적 정의의 관점에서 포괄적인 국제재판관할의 이론체계를 정립하고자 그의 방대한 교수자격논문에서 국제재판관할법의 기초를 헌법으로부터 도출하는데 그 핵심에 기본권인 당사자의 재판청구권이 있다. Pfeiffer는 그러나 국가고권으로부터 피고의 자유영역(*status negativus*, a sphere of liberty)의 보호를 인정한다.22) Geimer에 따르더라도 광범위한 중간영역에 관한 한 헌법으로부터 구체적 기준을 도출할 수는 없고23) 결국 입법자는 재량에 따라 국제재판관할규칙을 정립할 수 있다. 그렇다면 헌법상의 재판청구권으로부터 국제재판관할규칙을 도출하더라도 실제로 그렇게 큰 의미가 있는 것은 아니다.24)

한편 현행법상의 문제는 아니지만, 2018년 개정안(제12조)은 영미법계의 부적절한 법정지의 법리를 도입하고 있으므로 이것이 재판청구권의 침해가 되는가라는 의문이 있다. 독일에서는 구체적으로는 독일 민사소송법에 따라 독일에 토지관할이 있으면 독일의 국제재판관할이 인정된다(토지관할규칙의 '이중기능'). 따라서 개별사건에서 독일 법원의 국제재판관할이 긍정되면 법원은 재판을 해야 하고, 제사정을 고려하여 재판관할권(또는 재판권)의 행사를 거부할 수 없다.25) 위 법리는 법치국가원칙으로부터 파생되는 원고의 재판청구권과 양립할 수 없고, 또한 미리 정해진 규칙에 따라 법관에 의한 재판을 받을 수 있는 권리(독일

---

22) von Mehren은 헌법으로부터 국제재판관할규칙을 도출하려는 Pfeiffer의 견해를 높이 평가한다. von Mehren(註 5), p. 133 이하(*status negativus*의 번역은 von Mehren을 따랐다); Pfeiffer는 독일 연방헌법재판소가 발전시킨 법리를 기초로 개인의 재판청구권으로부터 법치주의원칙에 따른 재판절차를 도출한다. 국내사건과 국제사건에 적용되는 이런 재판절차는 효율적이고 공평하며 독립적으로 기능하는 사법제도를 요구한다. 나아가 이러한 속성을 가지는 재판청구권에 기초하여 국제재판관할의 정의와 규칙을 도출한다. 상세는 Pfeiffer(註 16), S. 356ff. 참조. 솔직히 지금으로서는 필자가 Pfeiffer의 견해를 숙지하였다고 하기는 어렵다.

23) Heinrich Nagel/Peter Gottwald, Internationales Zivilprozeßrecht, 7. Auflage (2013), §3, Rn. 405; Haimo Schack, Internationales Zivilverfahrensrecht, 6. Auflage (2014), Rn. 41. 다만 한국의 재판관할규칙에 의하여 법원이 국제재판관할을 가지지 않는 때에도 외국법원이 재판할 수 없는 때에는 긴급관할(*forum necessitatis*)을 인정할 여지가 있는데 이런 개념은 헌법상의 권리로부터 도출할 수 있다. Patrick Kinsch, Human rights and private international law, Encyclopedia, Vol. 1 (2017), p. 881.

24) 이는 종래 필자가 국제법으로부터 민사사건에 관하여 의미 있는 국제재판관할규칙을 도출할 수 없다고 보는 것(석광현(註 6), 43면)과 유사하다. 다만 헌법은 국제법보다는 더 큰 의미가 있다고 본다.

25) 이것이 통설이다. Schack(註 23), Rn. 568 참조.

기본법 제101조)와 양립할 수 없다거나,[26] 독일의 국제재판관할규칙은 전형적 관할이익의 형량에 기초한 확고한 규칙으로서 재판적에 대한 예측가능성을 제공하므로 개별사건에서 그것이 적절한지를 장기간 다투도록 허용하는 것은 그와 양립할 수 없으며 피고만을 위하여 이를 일방적으로 수정할 필요는 없다[27]고 설명한다. 그러나 아래의 이유로 필자는 이에 동의하지 않는다.[28]

과거 간접관할에 관한 우리 대법원 1995. 11. 21. 선고 93다39607 판결(나우정밀 사건)은 원칙적으로 「국제재판관할규칙 = 토지관할규칙」이라고 보되, 그 공식을 따를 경우 부당한 결론이 초래되는 예외적 사정이 있는 경우 결론을 시정하는 '개별적 조정의 도구'로서 특별한 사정을 도입하였고 힌둥인 이린 태도를 유지하였다. 4단계이론과 특별한 사정이론은 일본 판례를 따른 것이었는데,[29] 국제사법 제2조가 신설된 후에는 양자는 사용되지 않는 것으로 보인다. 특별한 사정이론이 원고의 재판청구권을 침해하는 것이 아니라면, 유사한 예외적 사정이 있는 경우 특별한 사정이론처럼 재판관할권을 부정하는 것이 아니라 개정안(제12)이 정한 엄격한 요건 하에[30] 재판관할권(또는 재판권) 행사의 거부를 허용하는 것은 재판청구권 침해가 아니라고 본다.[31]

요컨대 부적절한 법정지의 법리를 둘러싼 논의는, 국제재판관할의 결정에서 '법적 안정성'과 '구체적 타당성', 즉 개별사건에서 관할배분상의 정의(justice)라고 하는 대립하는 두 이념을 어떻게 조화시킬 것인가의 문제이다.[32] 과거에는

---

26) Geimer(註 15), Rn. 1075. 상세는 Pfeiffer(註 16), S. 381-421를 참조.

27) Schack(註 23), Rn. 568.

28) 우리 법상 부적절한 법정지의 법리를 수용하는 데는 헌법적 장애가 있을 수 있음이 언급된 적도 있다. 유영일, "2000년 헤이그 신협약이 가져올 변화와 우리의 대응—민·상사사건에 있어서 국재재판관할, 외국판결의 효력에 관한 헤이그 국제사법회의 특별위원회 논의를 중심으로—", 인권과 정의 제272호(1999. 4.), 84면.

29) 석광현, 국제민사소송법(2012), 74면 註 19 참조.

30) 더욱이 개정안(제12조 제1항 단서)에서는 우리 법원이 제8조에 따라 합의관할을 가지는 경우에는 제외된다.

31) 물론 이런 논거는 특별한 사정이론 자체가 헌법상의 재판청구권을 침해한다고 보면 근거가 될 수 없지만 그와 별개로 헌법상의 문제는 없다고 본다. 재판청구권에 관한 법리가 미국과 다르므로 단순비교할 수는 없지만 국제재판관할권을 연방헌법의 문제로 보는 미국에서 부적절한 법정지의 법리를 허용하는 점도 고려할 필요가 있다.

32) 상세는 석광현(註 6), 188면 이하 참조. 영국 귀족원은 *Airbus Industrie GIE v. Partel and others*, 1998 All ER 257, 263 판결에서 이에 관한 법계의 대립을 문화의 차이(cultural differences)라고 하고, 부적절한 법정지의 법리를 "one of the most civilised

상당히 거친 '특별한 사정'에 맡겨던 역할을 개정안에서는 부적절한 법정지의 법리에 맡겨 더 세련되고 유연하게 처리하자는 것이다.[33] 국제재판관할의 유무를 판단하는 단계, 즉 국제재판관할규칙의 정립에 있어서는 '국제절차법적 정의(internationalverfahrensrechtliche Gerechtigkeit)'를 고려하나, 부적절한 법정지에 의하여 재판관할권의 행사 여부를 판단하는 단계에서는 '실질절차법적 정의(materielverfah- rensrechtliche Gerechtigkeit)'를 포함하는 모든 사정을 고려하여 미세조정(fine tuning)을 한다는 차이가 있다.[34] 더욱이 우리 민사소송법은 정치한 토지관할규칙을 두면서도, 독일 민사소송법과 달리 손해나 지연을 피하기 위한 재량 이송제도를 두어(제35조) 구체적인 사건에서 조정 가능성을 열어 두므로 부적절한 법정지의 법리가 생소한 것은 아니다.

(2) 일반관할

민사소송법 제2조는 '원고는 피고의 법정지를 따른다'는 로마법 이래 대륙법의 원칙을 수용한 것이다. 대륙법계 국가에서는 국제재판관할, 특히 일반관할의 배분에 있어 위 원칙을 당사자의 공평 내지는 이익형량의 출발점으로 삼는다. 얼핏 위 원칙은 평등의 원칙에 반하는 것이 아닌가라는 의문이 있을 수 있으나[35] 이는 아래 이유로 정당화된다.[36] 즉 원고는 현재의 상태를 공격함으로써 변경하려는 자이므로 피고의 법정에서 제소하도록 하는 것이 사회의 평화와 질서를 유지하는 데 도움이 되고, 사법권의 행사가 일차적으로 피고에 대해 향해진 것이며, 피고의 생활중심지에서의 소송이 그의 방어를 용이하게 함으로써 피고에게 가장 부담을 적게 주고, 원고로서는 많은 경우에 피고의 주소지에서 집행할 수 있는 재산을 발견할 수 있기 때문이다. 또한 원고는 상당한 준비를 하고

of legal principles(가장 문명화된 법원칙 중 하나)"라고 표현한 바 있다.

33) 국제사법이 정치한 준거법 결정원칙을 두면서도 천차만별의 사안을 고려하여 예외조항(제8조)에 의하여 가장 밀접한 관련이 있는 법을 적용하는 원칙을 관철하는 것과 유사하게, 개정안(제12조)에서는 정치한 국제재판관할규칙을 두면서도 예외조항에 의하여 개별 사안의 구체적 사정을 고려함으로써 국제재판관할배분의 이념을 더 정치하게 실현하자는 것이다. 개정법 제12조 참조.

34) 석광현(註 6), 169면; Jan Kropholler, Handbuch des Internationalen Zivilverfahrensrecht Band Ⅰ, Kapitel Ⅲ Internationale Zuständigkeit (1982), Rz. 22-23 참조.

35) 우리 민사소송법학상 '당사자 간의 공평'은 민사소송의 이념의 하나이고, 대법원도 이를 국제재판관할 배분의 이념 중 하나로 열거하였다. 석광현(註 6), 167면 이하 참조.

36) 석광현(註 6), 209-210면 참조.

국제재판관할이 있는 여러 법정 중에서 자신에게 유리한 것을 선택하여 제소하
는 데 반하여 피고는 갑자기 제소를 당하므로 양자 사이에 불공평을 완화하기
위한 것이기도 하다.

따라서 피고주소지(상거소지)의 일반관할을 인정하는 것은 헌법상 문제가 없다.

(3) 재산소재지 관할

민사소송법 제11조에 의하면 한국에 주소가 없는 사람에 대하여 재산권에
관한 소를 제기하는 경우에는 청구(또는 담보)의 목적의 소재지나, 압류할 수 있
는 피고의 재산소재지의 법원에 제기할 수 있다. 문제는 재산권에 관한 소 일반
에 대하여 재산소재지 관할을 인정하는 것이 정당한가이다. 과거 대법원 1988.
10. 25. 선고 87다카1728 판결은 추상적 법률론으로 이를 긍정하였으나, 이는
전형적인 과잉관할(exorbitant jurisdiction)이라는 이유로 전 세계적으로 비판을 받
았고 브뤼셀체제에서는 배척되고 있다. 종래 독일의 유력설은 재산소재지의 관
할을 인정하는 독일 민사소송법 제23조를 정당하다고 평가하나,[37] Pfeiffer는 이
를 지지하는 견해를 논박한 뒤 제23조는 비례의 원칙에 반하는 것으로 위헌이라
고 평가하고 합헌적인 해석론을 전개한다.[38] 개정안(제5조 제2호)은 재산소재지
관할을 인정하면서도 재산의 압류가능성과 가액 및 관련성의 존재를 통하여 합
리적인 범위로 제한한다.

(4) 보호적 관할의 문제

국제사법 제27조와 제28조는 소비자와 근로자를 보호하기 위하여 준거법과
국제재판관할의 맥락에서 특칙을 둔다. 예컨대 소비자는 자신의 상거소지에서
소비자계약 상대방에 대한 소를 제기할 수 있다. 얼핏 위 원칙은 평등의 원칙에
반하는 것이 아닌가라는 의문이 있을 수 있으나 위 원칙은 사회·경제적 약자를
보호하기 위한 국제사법 차원의 조치라는 이유로 정당화된다. 또한 헌법의 소비
자보호규정(제124조)과 근로자보호규정(제32조)을 두고 있는데, 이러한 사회적 약
자에 대한 배려에서 평등의 원칙은 '형식적 평등'이 아닌 '실질적 평등' 또는 '절
대적 평등'이 아닌 '상대적 평등'을 요구하는 것이라는 근거로도 정당화될 수 있

---

37) Geimer(註 15), Rn. 1356.
38) Pfeiffer(註 16), S. 620ff.

을 것이다.39)

Ⅲ. 준거법의 지정과 헌법

1. 문제의 제기

(협의의) 국제사법, 즉 준거법 결정원칙으로서의 국제사법과 헌법은 다음과 같이 세 가지 측면에서 접점이 있다. 첫째는 국제사법의 존재근거로서 헌법상 평등의 원칙이고, 둘째는 국제사법에서 연결점의 선택 시 헌법, 특히 헌법상의 평등의 원칙이며(여기에서는 특히 양성평등의 원칙과 기타 평등의 원칙(내지 평등권)40)의 문제로 구분할 수 있다), 셋째는 국제사법에 의하여 준거법으로 지정된 외국법의 적용과 공서위반의 문제이다. 첫째와 둘째에서는 주로 평등권의 문제이고, 셋째에서는 평등권과 기타 기본권이 문제된다.41)42) 이는 주로 강학상의 논

---

39) 형식적 평등과 실질적 평등은 김철수(註 3), 470면, 절대적 평등과 상대적 평등은 사법정책연구원(註 18), 177면 참조.

40) 헌법 제10조는 객관적 규범으로서는 평등원칙을 규정하고 국민적 권리로서는 평등권을 보장한다. 김철수(註 3), 464면. 헌법재판소 1989. 1. 25. 88헌가7 결정도 "평등의 원칙은 국민의 기본권 보장에 관한 우리 헌법의 최고원리로서 국가가 입법을 하거나 법을 해석 및 집행함에 있어 따라야 할 기준인 동시에, 국가에 대하여 합리적 이유없이 불평등한 대우를 하지 말 것과, 평등한 대우를 요구할 수 있는 모든 국민의 권리로서, 국민의 기본권 중의 기본권"이라고 판시하였다.

41) 일반적으로 사법(私法)과 관계가 있는 기본권(예컨대 헌법 제23조의 재산권의 보호)은 주로 실질사법에 관련되는 데 반하여 헌법 제11조의 평등권은 국제사법과도 관계가 있다. 이호정, 국제사법(1983), 221면은 제36조의 혼인과 가족생활의 보호와 같은 기본권도 국제사법과도 관계가 있다고 한다.

42) 미국에서는 주제사건 나아가 국제사건에도 법정지주법의 적용을 제한하는 원리로서 연방헌법상의 완전한 신뢰와 신용(Full Faith and Credit)의 원칙과 적법절차(Due Process)의 원칙이 의미를 가진다. 주제사건에 관한 한 이는 연방국가의 특성에 기초한 것이므로 우리와는 관련이 없으나, 국제사건에 관한 한 우리에게도 시사하는 바가 있다. 즉 국제재판관할 맥락에서와 마찬가지로, 준거법의 맥락에서도 적법절차의 목적상 어느 주의 법이 적용되기 위하여는 그 주와 당해 사건 사이에 '중요한 관련성(significant relationship)'이 있어서 당해 주법의 적용이 자의적이거나 본질적으로 불공정하지 않아야 한다는 것이다. Allstate Insurance Co v. Hague, 449 U.S. 302 (1981) 상세는 Eugene F. Scoles *et al.*, Conflict of Laws Third Edition (2000), §3.20 *et seq.* 참조. 우리 국제사법상으로는 연결대상과 가장 밀접한 관련이 있는 법이 준거법이 되어야 하나(제9조) 이는 종래 헌법상의 문제로 인식되고 있지는 않다. 동일한 원칙을 국제사법에 두는 대신 이를 헌법원칙으로 고양하더라도 실질이 달라지는 것은 아닐 것이나 어떤 차이가 있는지는 여기에서도 더 생각해볼 문제이다. 미국 논의의 소개는 안춘수, "헌법, 국제사법 그리고 가족법 ―독일

의이고 헌법재판소에서 국제사법 조문의 위헌성이 다투어진 사례는 위 둘째의 논점과 관련하여 아래(3.나.(5))에서 소개하는 결정 하나를 제외하고는 보지 못하였다. 이하 이를 아래에서 차례대로 검토한다. 여기(Ⅲ.)에서 국제사법은 달리 밝히지 않으면 '협의의 국제사법'을 말한다.

2. 국제사법의 존재근거

우리가 국제사법을 적용하는 직접적인 근거는 실정법인 국제사법이 있기 때문이다. 국제사법을 제정한 이유는 입법자가 외국적 요소가 있는 법률관계에 관하여는 국내사건에서처럼 한국법을 적용하는 대신 준거법을 지정하고 동법을 적용하는 것이 타당하다고 보았기 때문이다. 그러나 국제사법을 적용함으로써 외국적 요소가 있는 법률관계의 준거법을 탐구하고 적용하는 근본적인 근거는 헌법 제11조의 평등의 원칙에서 찾을 수 있다.[43] 외국인 간의 법률관계에 대하여 한국법을 적용하거나, 한국인 간의 법률관계에 대하여 외국법을 적용하는 것이 평등의 원칙에 반한다는 점은 쉽게 이해할 수 있다. 그러나 국제사법의 모든 연결원칙을 헌법상의 평등의 원칙으로부터 도출할 수는 없다. 왜냐하면 평등의 원칙을 구체화하는 연결원칙은 다양할 수 있기 때문이다. 따라서 평등의 원칙을 충족하는 한 입법자는 다양한 연결원칙을 선택할 수 있는 넓은 활동의 여지 (Spielraum)를 가진다.[44]

이를 헌법의 개념을 빌려서 논의하면 아래와 같다. 헌법(제40조)상 입법권을 가지는 입법자는 입법 여부, 입법 시기, 입법 내용 등에 관한 판단권 및 형성의 자유를 가지고 있는데 이러한 입법자의 입법에 관한 재량권을 '입법형성의 자유 (Gestaltungsfreiheit)' 내지 '입법재량(gesetzgeberisches Ermessen)'이라 부른다.[45]

학설, 판례 및 입법의 변화와 우리 국제사법의 현 위치—", 가족법연구 제18권 제2호 (2004. 7.), 357면 이하 참조.

43) 안춘수, "외국법 적용의 근거", 국제사법연구 제3호(1998), 564면 이하; Jan Kropholler, Internationales Privatrecht, 6. Auflage (2006), S. 25. 위 안춘수, 548면 이하는 여러 학설을 소개하나 학설의 분류는 이해하기 어렵다.

44) Gerhard Kegel/Klaus Schurig, Internationales Privatrecht, 9. Auflage (2004), S. 523 참조. 이들은 이를 'Hof'라고 부른다. 외국법의 해결이 우리 법의 해결과 다르더라도 이런 활동의 여지에 속하면 기본권 침해는 존재하지 않으며 외국법의 적용은 수인할 수 있다. 위 Kegel/Schurig, S. 534-535.

45) 김철수(註 3), 374면, 1375면 이하; 이부하, "입법자의 입법형성권의 내용과 한계", 법과 정책연구 제13집 제1호(2013. 3.), 93면 참조.

헌법재판소는 많은 경우 '다양한 규범적 요소들과 사실적 요소들을 종합적으로 고려해야 하기에 입법자에게 광범위한 자유를 인정'하는데[46] 이는 권력분립원리에 기초한 것으로 사법부의 자기억제(또는 사법자제)의 요청이기도 하다.[47] 따라서 다양한 법률관계에 대하여 어떤 연결원칙을 선택할지는 입법재량에 속하지만 입법행위는 헌법의 기본원리나 기본질서에 위배되어서는 아니 된다는 실체적 한계가 있다. 입법자의 입법형성의 자유에 대한 심사기준으로서 헌법재판소는 국가의 입법정책에 관한 사항에 관하여는 입법자의 광범위한 입법재량 내지 형성의 자유가 인정되고, 입법재량권이 헌법규정이나 헌법상의 제 원리에 반하여 자의적으로 행사된 경우에는 위헌이 될 수 있다는 취지로 판시하였다.[48]

요컨대 평등의 원칙으로부터 구체적인 국제사법규칙을 도출할 수는 없고, 평등의 원칙은 입법자가 사법(私法)규범을 제정하거나 법관이 법을 적용함에 있어서 준수해야 하는 한계 내지 테두리를 정하는 기능을 한다.[49][50] 이 점에서 평등의 원칙은 주로 소극적(내지 방어적) 기능을 한다.[51] 예컨대 아래(3.나.)에서 보듯이 이혼에 관하여 원칙적으로 부(夫)의 본국법을 준거법으로 지정한 구 섭외사법(제18조)[52]은 양성평등의 원칙에 반하였기에 국제사법은 이를 개선하여 1차적으로 부부의 동일한 본국법을, 2차적으로 부부의 동일한 상거소지법을 준거법으로 지정하는 데 반하여 중국(섭외민사관계법률적용법 제27조)[53]과 영미에서는 법정지법을 적용한다.[54] 위 양자의 연결원칙 간에는 양성평등원칙의 관점에서는 우열이 없고 그 중 어느 것을 선택할지는 연결정책의 문제이고 입법재량에 속한다

---

46) 박찬권, "헌법재판에서 입법형성의 범위에 관한 고찰", 헌법학연구 제20권 제2호(2014. 6.), 239면.

47) 정영화, "헌법소송에서 입법재량권에 대한 위헌심사 —2010. 2. 25. 2007헌마956 —변리사법 제3조 제1항 제2호등의 위헌성—", 홍익법학 제14권 제3호(2013. 9.), 711면 참조.

48) 헌법재판소 2008. 12. 26. 2005헌마971 결정 등.

49) Dirk Looschelders, "Die Ansstrahlung der Grund- und Menschenrecht auf das Internationale Privatrecht", Rabels Zeitschrift für ausländisches und internationales Privatrecht, Band 65 (2001), S. 485. 이하 "RabelsZ"로 인용한다.

50) 이런 이유로 헌법을 '윤곽(틀)규범'이라고 부르기도 하는데(이부하(註 45), 98면; 정종섭, 헌법소송법(2014), 14면) 이는 그 안에 있는 그림에 해당하는 법률과 대비된다.

51) Looschelders(註 49), S. 485.

52) 정확히는 법정지법을 누적적용하였다.

53) 정확히는 재판상이혼의 경우이다. 협의이혼에 관하여는 별도 조문(제26조)이 있다.

54) 영국법에 관하여는 Paul Torremans (ed.), Cheshire, North & Fawcett, Private International Law, 15th edition (2017), pp. 979-980.

는 것이다.

3. 국제사법에서 연결점의 선택과 헌법(국제사법 적용의 [1]단계)

국제사법 조문은 다양한 연결대상을 구분하고 각각에 대하여 적절한 연결점을 규정함으로써 준거법을 지정하는 구조를 취한다. 따라서 법원 기타 법적용자는 주어진 사안에서 성질결정을 하여 연결대상을 포섭하는 국제사법 조문을 결정하고 당해 조문을 적용하여 준거법을 지정한 뒤([1]단계), 그렇게 지정된 준거법을 적용하는([2]단계) 과정을 거친다. 입법자는 입법목적과 주로 국제사법적 이익55)을 고려하여 정책적 판단에 따라 다양한 연결원칙을 선택한다. 입법자는 대체로 연결대상과 가장 밀접한 관련이 있는 법을 지정하기 위하여 단일 연결점을 선택하나, 그 밖에 선택적 연결, 종속적 연결, 누적적 연결, 배분적 연결과 보정적 연결과 같이 연결점의 조합을 이용하기도 한다.56) 이 과정에서 국제사법은 최고규범인 헌법의 가치판단에 구속되므로 국제사법의 연결원칙은 헌법적합성이 있는 것, 특히 헌법의 평등의 원칙에 부합하는 것이어야 한다. 위에서 보았듯이 합헌적인 연결원칙은 매우 다양할 수 있는데 이는 비교국제사법 연구가 실증하는 바와 같다. 즉 다른 나라는 우리 국제사법과 다른 연결원칙을 채택할 수 있고 그 점에서 각국의 입법자는 입법재량을 가진다.

가. 연결점의 선택과 헌법상의 양성평등의 원칙

과거 섭외사법은 국제가족법의 분야, 즉 혼인의 효력(제16조), 부부재산제(제17조), 이혼(제18조) 및 친생자(제19조)에 관하여 부(夫)의 본국법을 준거법으로 지정하고, 친자 간의 법률관계(제22조)에 관하여 부(父)의 본국법을 준거법으로

---

55) Kegel/Schurig(註 44), S. 134ff.는 국제사법이 봉사하는 이익(국제사법적 이익)을 ① 당사자이익, ② 거래이익과 ③ 질서이익으로 분류하고, ③을 다시 ③-1 외적(국제적) 판단의 일치, ③-2 내적 판단의 일치, ③-3 법적 안정성 및 예견가능성과 ③-4 기타 질서이익(이에는 내국법 적용의 이익과 실효적 판결의 이익을 포함시킨다)으로 세분한다. 나아가 국제사법적 이익과 별도로 [1] 실질법적 이익과 [2] 공법적 이익 내지 국가이익을 열거한다.

56) 그러면서도 우리 국제사법(제8조)은 가장 밀접한 관련이 있는 법의 지정을 관철하기 위하여 일반적 예외조항을 두고 있다. 다양한 연결원칙과 그 사례는 석광현, 국제사법 해설 (2013), 37면; Heinz Peter Mansel, Connecting factor, Encyclopedia, Vol. 1 (2017), p. 445 *et seq.* 참조.

지정함으로써 연결점을 선택하는 단계에서 헌법(제11조 제1항과 제36조 제1항)이 정한 양성평등의 원칙에 반한다는 비판을 받았다. 그러나 섭외사법 하에서 법원이 위 조문들이 위헌이라고 판단한 사례는 보지 못하였다. 이는 섭외사법을 다루는 우리 법률가들의 헌법에 대한 민감성 내지 감수성이 부족하였음을 보여준다. 국제사법은 위 연결원칙을 수정하여 양성평등의 원칙에 부합하도록 1차적으로 부부의 동일한 본국법, 2차적으로 부부의 동일한 상거소지법을 준거법으로 지정하거나, 남녀차별적인 요소를 배제함으로써 위헌의 소지를 불식하였다. 이처럼 입법에 의하여 문제가 해소됨으로써 사회의 주목을 받지 못하였으나 이는 섭외사법 개정 시 중요한 착안점의 하나였다.

흥미로운 것은, 과거 독일에서는 저촉법적 지정(또는 준거법지정)은 일차적으로 기술적 과정이므로 실질적 관점에서 그로 인하여 남성 또는 여성이 우대를 받는 것은 아니고 따라서 독일 기본법(제3조 제2항과 제3항)이 정한 양성평등의 원칙에 반하는 것은 아니라는 견해가 통설이었다는 점이다.[57] 예컨대 부양청구권의 금액과 같은 실질법적 결과만이 문제가 되고, 국제사법은 남편의 본국법이 부인을 부인 자신의 본국법보다 더 불리하게 대우하는지에 대하여서는 전혀 이야기하지 않기 때문이라는 것이다. 이러한 주장은 '국제사법에 대한 형식적-가치중립적 이해(formal-wertneutrales Verständnis des IPR)'에 근거한다. 그러나 어떤 사람과 밀접하게 관련되어 그에게 익숙한 법의 지정을 배제하는 것은 그 자체로서 그를 저촉법적 차원에서 홀대함으로써 보호할 만한 이익을 침해하므로 이런 반론은 부당하다.[58] 독일에서는 과거의 태도는 1986년 민법시행법 개정에 의하여 입법적으로 극복되었는데 이는 독일 연방헌법재판소의 공로라고 평가된다.[59]

요컨대 독일의 과거 통설과 달리 양성평등의 원칙은 [2]단계, 즉 실질법의

---

57) Hans Dölle, Intertnationales Privatrecht: Eine Einführung in seine Grundlagen, 2. Auflage (1972), S. 21.

58) Kropholler(註 43), S. 35에 소개된 1950년 Dölle의 그런 취지의 주장에 대한 1952년 Makarov의 반론 참조. <u>아무 법질서가 아니라 '올바른' 법질서를 지정해야 한다는 점에서 국제사법은 형식적-가치중립적이지 않다. Krophollerr(註 43), S. 24; Stefan Arnold, "Gründe und "Grenzen der Parteiautonomie im Europäischen Kollisionsrecht", Stefan Arnold, Grundfragen des Europäischen Kollisionsrechts (2016), S. 25f. 다만 여기의 올바른 법질서는 당해 법률관계와 가장 밀접한 관련이 있는 법질서를 의미한다.</u> [밑줄 친 부분은 이 책에서 새로 추가한 것이다.]

59) Looschelders(註 49), S. 467ff.

적용단계에서만이 아니라 [1]단계, 즉 연결점의 선택단계에서도 적용된다. 이상
을 정리하면 아래와 같다.

《국제사법의 적용 과정과 헌법에 의한 통제》

국제사법의 연결대상의 특정과 성질결정		
준거법의 결정과 적용과정		헌법에 의한 통제
[1]단계	**준거법의 결정**	← 평등원칙(양성평등 및 기타)에 의한 통제
	국제사법(연결원칙)의 적용	* **국제사법의 위헌 여부**
[2]단계	지정된 외국법 (실질법)의 적용	← 공서(평등권 기타 기본권에 의한)에 의한 통제 * 실질법 적용 결과의 공서위반 여부

나. 연결원칙과 헌법상의 평등원칙(양성평등 이외의)

국제사법은 다양한 법률관계, 보다 정확히는 연결대상을 분류하여 각각에
대해 연결원칙을 규정하고 있다. 이러한 연결원칙은 헌법상 평등의 원칙에 비추
어 대체로 문제가 없다고 본다.[60] 여기에서는 그 중에서 헌법상의 평등원칙(양성
평등 이외의)에 비추어 문제의 소지가 있는 연결원칙을 검토한다.[61][62]

---

60) 즉 전통적으로 국제적으로 널리 인정되는 연결원칙은 평등의 원칙상 문제가 없다는 것이
다. 예컨대 속인법에서 국적을 연결점으로 삼든 상거소(또는 주소)를 연결점으로 삼든 문
제는 없고, 회사의 준거법 지정에 관하여 설립준거법설을 취하든 본거지법설을 취하든 문
제는 없으며, 상속의 준거법 지정에 관하여 상속통일주의를 취하여 피상속인의 본국법에
따르든 상속분열주의를 취하여 부동산에 관하여는 소재지법을, 동산에 관하여는 피상속
인의 최후 상거소지법(또는 주소지법)을 지정하여도 이는 입법정책의 문제로서 위헌 문
제는 없다. 형사소송법에 관한 것이기는 하나 헌법재판소 1995. 11. 30. 92헌마44 결정은
"형사소송의 구조를 당사자주의와 직권주의 중 어느 것으로 할 것인가의 문제는 입법정
책의 문제라고 보아야 할 것인바, 헌법 제11조 제1항의 평등권규정, 헌법 제12조 제1항의
적법절차규정, 헌법 제27조 제1항의 공정한 재판을 받을 권리규정 등을 근거로 형사소송
에 있어서 완벽한 당사자주의가 요구된다고 보기는 어렵고"라고 판시한 바 있다.
61) 또한 우리 국제사법(제9조)이 허용하는 반정(renvoi)은 한국법을 우대하여 평등원칙에 반
하는가라는 의문이 있을 수 있다. 우리 국제사법이 제한적으로 직접반정을 허용하는 것은
반정을 허용함으로써 국제사법의 이상인 국제적 판결의 일치를 도모할 수 있고, 제한된
범위 내에서나마 경직된 법 선택의 원칙을 완화하여 구체적 사건에 보다 타당한 법을 적
용할 수 있으며, 법정지법을 적용함으로써 외국법의 적용에 따른 어려움을 완화할 수 있는
등의 실제적 효용을 고려한 것이므로(석광현(註 56), 162면) 위헌의 문제는 없다고 본다.
62) 독일의 문제영역, 특히 자유권과 국제사법에 관하여는 Christian von Bar/Peter Mankowski,
Internationales Privatrecht, Band 1, 2. Auflage (2003), §7, Rn 49ff. 참조.

(1) 한국국적과 외국국적의 적극적 저촉

국제사법은 속인법에 관하여 본국법주의를 유지하므로 국제사법상 국적은 사람 또는 신분, 친족 및 상속에 관한 법률관계에서 연결점으로서 중요한 의미를 가진다. 그런데 출생, 혼인, 이민 등으로 복수국적이 존재하는 경우('국적의 적극적 저촉') 당사자의 본국법 결정이 문제된다. 국제사법은 아래와 같이 규정한다.

제3조(본국법)(개정법 제16조) ① 당사자의 본국법에 의하여야 하는 경우에 당사자가 둘 이상의 국적을 가지는 때에는 그와 가장 밀접한 관련이 있는 국가의 법을 그 본국법으로 정한다. 다만, 그 국적중 하나가 대한민국인 때에는 대한민국 법을 본국법으로 한다. (밑줄은 필자가 추가)

신 국적을 우선시킨 섭외사법과 달리 국제사법은 당사자와 가장 밀접한 관련이 있는 국가의 법을 우선시킴으로써 구체적 사건에서 타당한 연결을 가능하게 하나, 다만 복수국적 중 하나가 한국인 경우 '내국국적 우선의 원칙'을 고수한다. 이는 구체적 타당성보다 법적용상의 명확성(내지 안정성)과 실용성을 위한 것이다.[63] 이런 태도는 독일 민법시행법(제5조 제1항 단서)과 일본 법적용통칙법(제38조)에서 보듯이 국제적으로 널리 인정되기는 하나,[64] 당사자가 내국과 국적 외에 아무런 관련이 없거나 관련이 약한 사안에서도 내국국적을 자동적으로 우선시키는 것은 '당사자와 가장 밀접한 관련'이 있는 국가의 법을 적용한다는 국제사법의 정의에 반하고[65] 국제적 판결의 일치를 해치며 파행적 법률관계를 초래할 가능성이 있다[66]는 비판을 받고 있다.

문제는 제3조 제1항 단서가 평등의 원칙에 반하는가이다. 위에서 보았듯이 이는 법적용상의 명확성과 실용성을 위한 것이므로 정당화할 여지도 없지는 않

---

63) BT-DruckS. 10/504. 40f.(Kropholler(註 43), S. 266에서 재인용).

64) Franz Jürgen Säcker *et al.*, Münchener Kommentar zum BGB, Band 10, 6. Auflage (2015), Band 10, Art. 5, Rn. 62 (von Hein 집필부분)(이하 "MünchKommEGBGB/집필자"로 인용한다); von Bar/Mankowski(註 62), §7, Rn. 119; Kropholler(註 43), S. 266.

65) MünchKommEGBGB/von Hein, Art. 5, Rn. 62. 이런 이유로 독일에는 목적론적 축소 (teleologische Reduktion)에 의하여 그 범위를 제한하여 당사자가 내국과는 국적 외에는 아무런 관련이 없거나 관련이 약한 사안에서는 이를 적용하지 말자는 견해도 있다. MünchKommEGBGB/von Hein, Art. 5, Rn. 64.

66) MünchKommEGBGB/von Hein, Art. 5, Rn. 62. 특히 양국이 모두 자국국적을 우선시킨다고 생각하면 이를 쉽게 이해할 수 있다.

으나 헌법상 합리적 근거가 없는 차별로서 위헌의 소지가 있음을 부정하기는 어렵다.67) 만일 위헌이 아니라고 보더라도 입법정책적으로 장래 이를 폐지하는 것이 바람직하다.

(2) 혼인의 방식요건에서 내국인조항

혼인의 방식의 준거법에 관하여 국제사법 제36조(개정법 제63조) 제2항은 아래와 같이 규정한다.

제36조(혼인의 성립) ① (생략)
② 혼인의 방식은 혼인거행지법 또는 당사자 일방의 본국법에 의한다. <u>다만, 대한민국에서 혼인을 거행하는 경우에 당사자 일방이 대한민국 국민인 때에는 대한민국법에 의한다.</u> (밑줄은 필자가 추가)

국제사법은 혼인당사자 중 일방이 한국인이고 또한 그들이 한국에서 혼인하는 경우에는 이른바 '내국인조항'을 두어 한국의 혼인 방식에 따르도록 한다(제36조 제2항 단서). 만일 위의 경우 한국법이 아닌 타방 당사자의 본국법에 의한 방식만으로 혼인이 성립되는 것을 인정한다면 그 혼인관계가 우리 가족관계등록부에 전혀 명시되지 않은 채 유효하게 성립되어 가족관계에 혼란을 가져올 수 있고, 그 혼인관계에서 출생한 자녀의 국적이나 지위가 불안정해지는 문제점을 고려한 것이다.68) 또한 그 경우 당사자에게 거행지법인 한국법의 방식에 따라 혼인신고를 요구하더라도, 한국인이 외국법의 방식에 의하여 혼인을 할 때 보고적 신고를 하는 것(가족관계등록법 제35조 제1항 참조)과 비교하면, 그것이 창설적 신고라는 것일 뿐 실제 내용상의 차이는 없어 특별한 불편을 강요하는 것도 아니라고 한다.69)

내국인조항을 두어 혼인의 방식에 관한 한국법의 적용을 강제할 경우 '파행

---

67) 독일에서는 견해가 나뉘는 것으로 보인다. 예컨대 MünchKommEGBGB/von Hein, Art. 5, Rn 62, Fn. 264는 위헌이 아니라고 하나 von Bar/Mankowski(註 62), §4, Rn 45; §7, Rn 119는 위헌이라고 본다.
68) 석광현(註 56), 451면 이하 참조.
69) 최흥섭, "섭외사법개정법률안의 검토 — 제2장(자연인), 제4장(친족), 제5장(상속)", 국제사법학회 8차 연차학술대회 발표자료(2000. 11. 25.), 7면; 법무부, 국제사법해설(2001), 130면 註 81.

혼(跛行婚)(limping marriage)'을 초래할 가능성이 커진다는 비판이 가능하나, 개정위원회에서는 당시 호적 실무상의 문제점을 해소하고, 가족관계에서의 법적 안정성이라는 공적 이익을 위해 이것이 필요하다고 보았다. 이는 일본 법례(제13조 제3항)[70]를 따른 것이다. 참고로 스위스와 오스트리아 등은 자국에서 거행된 혼인의 방식에 대하여 자국인이든 외국인이든 구별 없이 절대적으로 거행지법주의를 취하고 있어 국제사법보다 더욱 엄격하다.[71]

여기에서 문제는 내국인조항이 헌법상 평등의 원칙에 반하는가이다. 내국인조항을 두지 않는다면 결국 당사자 일방의 본국법인 외국법에 의한 방식요건도 유효할 텐데, 위에서 본 내국인조항의 근거를 고려한다면 이는 입법자의 입법재량에 속하는 사항이라고 보는 것이 설득력이 있으므로 헌법에 위반된다고 평가하기는 어려울 것이다.[72]

(3) 이혼에서 내국인조항

이혼의 준거법에 관하여 국제사법 제39조(개정법 제66조)와 제37조(개정법 제64조)는 아래와 같다.

제**39조(이혼)** 이혼에 관하여는 제37조의 규정을 준용한다. <u>다만, 부부중 일방이 대한민국에 상거소가 있는 대한민국 국민인 경우에는 이혼은 대한민국 법에 의한다.</u> (밑줄은 필자가 추가)

제**37조(혼인의 일반적 효력)** 혼인의 일반적 효력은 다음 각호에 정한 법의 순위에 의한다.
1. 부부의 동일한 본국법
2. 부부의 동일한 상거소지법
3. 부부와 가장 밀접한 관련이 있는 곳의 법

---

70) 일본의 법적용통칙법(제24조 제3항)도 같다.
71) 다만 독일 민법시행법(제13조 제3항)은 독일내의 혼인은 독일법이 규정하는 방식으로만 체결할 수 있다고 하면서('Inlandsehe-Inlandsform'), 외국인들 간의 혼인의 경우 예외를 인정하여, 일방 당사자가 속하고 있는 국가의 정부로부터 적법하게 수권받은 사람 앞에서 그 국가의 법이 규정하는 방식에 의하여 체결할 수 있도록 하여 다소 완화된 태도를 취한다.
72) 혼인거행지는 혼인식이 필요한 경우 혼인주재자(신분공무원, 시장 또는 성직자)의 입회하에 공식적 혼인식이 거행되는 장소를 말하는데, 우리처럼 국가기관에 혼인신고를 해야 하는 국가의 경우 혼인거행지의 결정은 쉽지 않다. 상세는 윤진수(편), 주해친족법 제2권 (2015), 1599면 이하 참조(석광현 집필부분).

국제사법은 부부 중 일방이 한국에 상거소가 있는 한국인인 경우 한국법에 의하여 이혼을 하도록 규정한다(단서). 이는 일본 법례(제16조)[73]를 따른 것인데, 일본처럼 우리나라에서도 협의상 이혼제도가 인정되고 있고, 협의상 이혼 신고서를 가족관계등록 공무원이 수리하는 점에서 발생하는 문제점을 해결하기 위한 것이다.[74] 즉 부부 중 일방(즉 한국에 상거소를 둔 한국인)이 협의상 이혼 신고서를 제출하면 가족관계등록 공무원은 이혼의 준거법을 판단해야 한다. 가족관계공무원은 부부의 동일한 본국이 한국이거나 동일한 상거소지가 한국이라면 한국법의 요건을 검토하여 수리할 수 있으나 그런 연결점이 없으면 가장 밀접한 관련이 있는 곳의 법(最密接關聯地法)을 적용해야 하는데 이는 확정하기가 매우 어렵다. 더욱이 이혼의 경우에는 동일한 상거소지도 없는 경우가 빈번하므로 이런 문제가 발생할 가능성이 매우 크다. 단서는 이런 실무상의 난점을 피하기 위한 것이다. 내국인조항에 대해 국제사법의 이념에 비추어 바람직하지 못하다는 비판이 가능하나 위의 이유로 정당화되었다.[75]

그런 이유로 제39조 단서는 일방 당사자가 한국인이고 한국에 상거소를 가질 것을 요구한다.[76] 즉 일방 당사자가 한국인이고 한국에 상거소를 가진다면 제37조가 정하는 혼인의 일반적 효력의 준거법은 제1호와 제2호에 의할 경우 논리적으로 한국법이 될 수밖에 없고, 부부와 가장 밀접한 관련이 있는 곳의 법도 한국법일 개연성이 크다. 그렇다면 굳이 제39조 단서를 두지 않아도 결론은 동일할 것이다. 더욱이 제39조 단서는 가족관계등록공무원의 판단을 돕기 위한 것인데 우리나라에서는 일본과는 달리 협의상 이혼 시 법관이 이혼의사를 확인하

---

73) 일본의 법적용통칙법(제27조 단서)도 같다. 구 독일 민법시행법(제17조 제1항)은 "이혼은 이혼신청의 계속이 개시된 시점에서 혼인의 일반적 효력의 준거법에 따른다. 혼인이 그 법에 의하면 이혼될 수 없는 때에는 이혼은 그것을 청구하는 배우자가 그 시점에서 독일인이거나 또는 혼인의 체결 당시에 독일인이었던 경우에 독일법에 따른다"고 규정함으로써 혼인의 효력의 준거법에 따르도록 규정하면서 보정적 연결을 규정하였으나 현재는 이혼의 준거법에 관한 2010년 EU규정(번호 1259/2010), 즉 로마III에 따른다. 내국인조항은 없다.

74) 상세는 석광현(註 56), 468면 이하 참조.

75) 최흥섭(註 69), 11면. 위 조항은 탈북자와 북한에 남아 있는 배우자와의 이혼에서도 의미를 가진다.

76) 그러나 위에서 본 독일 민법시행법(제17조 제1항 제2문)은 국제사법과는 다르다. 그 목적은 외국인과 결혼한 독일 여자들에게 독일에서 이혼을 가능하게 하기 위한 것이라고 한다.

고 있어 이혼의 준거법을 판단할 수 있으므로 단서를 굳이 둘 필요는 없다.[77]

　여기에서 문제는 내국인조항이 헌법의 원칙에 반하는가라는 점이다. 위에서 본 것처럼 위 조문이 없더라도 결국 한국법이 준거법이 될 수밖에 없거나 그렇지 않더라도 한국법이 될 개연성이 크므로 그 결과를 보다 명확히 규정한 제39조 자체가 평등의 원칙에 반하는 것이라고 평가하기는 어렵다.

(4) 사회경제적 약자의 보호와 헌법상의 평등원칙

　국제사법은 소비자 또는 근로자와 같은 사회·경제적 약자를 보호하기 위한 국제사법의 조치로서 준거법의 맥락에서도 그들을 보호하는 연결원칙을 두고 있다.[78] 이는 헌법상 평등의 원칙에 비추어 문제가 없는가라는 의문이 있을 수 있으나, 국제재판관할에 관하여 위에서 논의한 바와 같이 이는 결국 실질적 평등을 실현하기 위한 것이라는 점에서 정당화될 수 있을 것이다. 과거 섭외사법은 국제사법적 정의(正義)와 실질법적 정의(正義)를 준별하고 전자는 법의 적용에만 관계되고 준거법으로 지정된 실질법의 내용에는 관여하지 않는다는 전통적 국제사법이론을 따랐으나[79] 국제사법은 소비자와 근로자의 보호라는 실질법적 정의를 저촉법적 차원에서 고려하여 통상의 계약에 대한 특칙을 둔다. 지금의 잣대에 따르면 오히려 준거법의 측면에서 약자보호를 전혀 고려하지 않은 섭외사법이 실질적 평등에 반하는 것으로서 위헌이라는 주장도 제기될 수 있다고 해야 할지도 모르겠다.

(5) 국제사법 조문의 위헌성을 다룬 헌법재판소의 결정: 선박소유자의 책임제한의 준거법

　수산업협동조합중앙회는 선박소유자의 책임제한(총체적 책임제한)과 범위를 선적국법에 의하도록 규정한 국제사법 제60조(개정법 제94조) 제4호는 재산권과

---

77) 최봉경, "국제이주여성의 법적 문제에 관한 소고", 서울대학교 법학 제51권 2-1호(통권 제155호)(2010), 143면도 '단서'의 입법태도가 오늘날과 같은 국제화된 사회에서 여전히 합리적이라고 할 수 있을지는 의문이라고 지적한다.

78) 국제사법(제46조)은 또한 준거법의 맥락에서 부양권리자를 보호하는 연결원칙을 두고 있다.

79) 이러한 원칙을 "국제사법적 정의는 실질사법적 정의에 우선한다"고 표현한다. 이호정(註 41), 16-18면 참조.

평등권을 침해한다며 헌법소원을 제기하였다. 이에 대하여 헌법재판소는 2009. 5. 28. 2007헌바98 전원재판부 결정에 의하여 재판관 8대 1의 의견으로 합헌결정을 하였다.[80)]

　　다수의견이 다룬 헌법상의 쟁점은 두 가지였다.

　　첫째는 제60조 제4호에 의하여 재산권이 제한되는지 여부이다. 다수의견은 청구인들의 손해배상청구권이 제한되는 것, 즉 이 사건 사고에 말레이시아 상선법을 적용함으로써 선박소유자의 책임한도액이 우리 상법을 적용한 경우보다 현저하게 낮게 되더라도 이는 준거법을 적용한 반사적인 결과에 불과하므로, 제60조 제4호 자체로 인하여 청구인들의 재산권이 제한된다고 보기 어렵다고 판시하였다. 선박소유자의 책임한도액이 현저하게 낮게 된 것은 제60조 제4호(즉 연결점의 선택) 자체의 문제는 아니라는 점에서 다수의견은 타당하다. 즉 제60조 제4호의 위헌 여부는 연결점의 선택의 문제(위 표의 [1]단계)여야 하지, 그에 의하여 지정된 실질법의 문제(위 표의 [2]단계)는 아닌데 재산권 제한의 문제는 국제사법의 문제는 아니라는 것이다.

　　둘째는 제60조 제4호가 평등권을 침해하는지이다. 다수의견은, 제60조 제4호는 내·외국 선박을 불문하고 모두에게 적용되는 법률이므로 차별적 취급이 존재한다고 할 수 없고, 이 사건 선박에 말레이시아 상선법을 적용하여 선박소유자 등의 책임한도액이 우리 상법을 적용한 경우보다 현저히 낮게 되더라도 이는 준거법을 적용한 결과에 불과하므로, 합리적인 근거가 없는 자의적인 차별이라고 할 수 없다고 판시하였다. 다수의견은, (아마도 제60조 제4호가 정한 연결점(선적)의 선택 자체는 평등권의 관점에서 문제 없음을 전제로 하면서), 그에 따라 결정된 준거법을 적용한 반사적인 결과는 합리적인 근거가 없는 자의적 차별은 아니라고 하나 이에 대하여는 다음과 같은 의문이 있다.

　　다수의견은 논거는 제60조 제4호가 선적이라는 동일한 연결점을 내·외국 선박 모두에게 적용하므로 차별적 취급이 없다는 것이다. 이는 위 표의 [1]단계의 위헌 여부를 논의한 점에서는 타당하다. 그러나 위헌 여부 판단 시 중요한 것

---

80) 이 사건에서는 우선 제60조 제4호의 '해상'이 선박을 이용한 상행위만을 의미하는 것인지 아니면 선박충돌이나 그로 인한 책임도 포함하는 것인지가 다투어졌다. 다수의견은 이를 긍정하였으나 소수의견은 부정하였다. 다수의견이 타당하나 이는 헌법상의 쟁점으로서는 의미가 없다. 상세는 석광현, "海事國際私法의 몇 가지 문제점 —準據法을 중심으로—", 한국해법학회지 제31권 제2호(2009. 11.), 134면 이하 참조.

은, 선적이라는 '동일한 연결점'을 내·외국 선박에 동일하게 적용하는 <u>것뿐만 아</u>
<u>니라</u> 선적을 연결점으로 선택함으로써 결국 내국 선박에 대하여는 한국법을, 외
국 선박에 대하여는 외국법을 각 적용하는 것이 <u>정당한가이기도 하다.</u> 만일 법
정지국법을 적용하면 내·외국 선박에 대하여 '동일한 준거법'이 지정되므로 이
런 문제가 아예 제기되지 않는다.[81] 헌법재판소로서는 동일한 연결점에도 불구
하고 결국 상이한 준거법을 지정하는 점을 검토했어야 하는데 이를 하지 않았다
는 점에서 아쉬움이 있다. 물론 그렇게 했더라도 헌법상 문제가 없다는 결론이
도출되었을 것이다. 즉 헌법상의 추상적 원칙이 정한 한계 내이므로 제60조 제4
호는 문제가 없고 결정적인 것은 국제사법상의 연결정책이다. <u>보다 근본적으로</u>
<u>속인법에서 국적을 연결점으로 하는 것이 기능협약 제18조가 정한 차별금지에</u>
<u>반하는가라는 의문이 있으나 문제는 없다</u>(Marc-Philippe Weller, "Anknüpfungs-
prinzipien im Europäischen Kollisionsrecht-eine neue kopernikanische Wende-",
Stefan Arnold, Grundfragen des Europäischen Kollisionsrechts (2016), S. 149, Fn.
101). 외국 법질서의 독립성을 존중하고, 본국법과는 전형적으로 밀접한 결합이
인정되므로 국적에의 연결이 정당화될 수 있다고 한다. Jürgen Basedow, Das
Staatsangehöigkeitsprinzip in der Europäischen Union, IPRax (2011), S. 111f.
는 국적에의 연결은 외국인에 비하여 내국인을 우대하려는 보호주의적인 목적
내지 효력을 가지지 않는 양면적 연결원칙이므로 국적에 기한 차별이 아니라고
한다. 어쨌든 근자에는 본국법으로부터 법정지법으로의 패러다임의 변경이 있다
는 지적도 있다. Marc-Philippe Weller, Die lex personalis im 21. Jahrhundert
— Paradigmenwechsel von der lex patriae zur lex fori, in: FS Coester-
Waltjen (2015), S. 904; Marc-Philippe Weller, Die neue Mobilitätsanknüpfung
im internationalen Familienrecht, IPRax 2014, 225ff. [밑줄 친 부분은 이 책에서
새로 추가한 것이다.]

---

81) 만일 제60조 제4호가 법정지법설을 취한다면 내·외국 선박에 동일한 연결점을 적용할
뿐만 아니라, 결국 내·외국 선박에 동일한 준거법(법정지법)이 적용된다. 따라서 양자는
차이가 있는데 평등권 침해의 맥락에서는 '동일한 연결점'인지가 아니라 '동일한 준거법'
인지가 더 의미가 있다.

(6) 소결

여기에서는 헌법상의 평등원칙에 비추어 문제의 소지가 있는 국제사법의 연결원칙을 검토하였고 제3조 제1항 단서를 제외하고는 문제가 없다고 판단하였다. 즉 국제사법의 개별조문이 정한 연결원칙도 평등의 원칙에 위배되어서는 아니 되나, 헌법은 준거법의 맥락에서도 입법자와 법관이 준수해야 하는 큰 테두리만을 규정하므로, 결정적인 것은 입법자가 그 입법재량의 범위 내에서 준거법 결정의 다양한 요소를 고려하여 채택하는 연결정책이다. 이런 관점에서 우리 국제사법의 연결원칙은 대체로 헌법상 문제가 없다고 본다.

민사법과 헌법의 관계를 다룬 김형석 교수의 설명을 빌려 국세사법에 대입하면 이를 아래와 같이 표현할 수 있을 것이다.[82] 즉, "연결원칙을 찾는 경우에도 법적용자는 국제사법질서에서 해결책을 찾아야 하는데 이는 무엇보다 추상적인 원칙규범인 기본권이 아니라 오랜 시간 동안 세밀하게 정련된 국제사법 규정 및 법리에서 비로소 현실적인 해결을 가능하게 하는 구체적인 형량기준이 발견될 수 있기 때문이다. 국제사법의 적절한 적용으로 이미 기본권이 예정하는 보호는 실현되고 있으며 그러한 의미에서 '인식에 있어 국제사법의 우선성'이 인정되어야 한다"[83]는 것이다.

4. 준거법으로 지정된 외국법의 적용과 공서위반(국제사법 적용의 [2]단계)

가. 공서조항의 취지

국제사법은 외국적 요소가 있는 사안에서 준거법을 결정하기 위하여 연결정책을 고려하여 다양한 연결대상에 대하여 적절한 연결점을 정하여 준거법을 지정한다. 이는 외국법도 문명국가의 법으로서 사안에 따라 적용하겠다는 입법자의 개방적 자세를 보여준다. 그러나 외국법을 적용한 결과가 한국의 본질적 법원칙, 즉 기본적인 도덕적 신념 또는 근본적인 가치관념과 정의관념, 즉 공공질서(또는 공서. *ordre public*)에 반하여 우리가 수인(受忍)할 수 있는 범위를 넘는 때에는 외국법의 적용을 배제할 수 있다. 이것이 공서조항의 방어적 또는 소극

---

82) 김형석(註 13), 204면.
83) 바꾸어 말하면 "효력상 우위는 헌법이 누리나 인식상 우위는 오히려 민법에 있다"거나, "민법에 대한 규범통제는 체계정당성 심사로 축소된다"는 식의 설명(이동진, "재산권 보장 조항(헌법 제23조 제1항)과 민법", 윤진수 외(註 13), 150면)은 준거법 결정원칙에서도 타당하다고 본다.

적 기능이다. 이를 헌법의 맥락에서 보면 '다름에 대한 관용(tolerance of difference)'은 국제사법에 내재된 원리나 그 다름이 근본적인 헌법적 성질을 가지는 경우 한계에 직면하고 공서위반의 문제가 제기된다.[84][85]

나. 공서조항이 적용되기 위한 요건

국제사법 제10조(개정법 제23조)는 다음과 같다.

> **제10조(사회질서에 반하는 외국법의 규정)** 외국법에 의하여야 하는 경우에 그 규정의 적용이 대한민국의 선량한 풍속 그 밖의 사회질서에 명백히 위반되는 때에는 이를 적용하지 아니한다.

국제사법에 의하여 지정된 준거법의 적용을 공서위반을 이유로 배제하려면 ① 준거법이 외국법으로 지정될 것, ② 외국법을 적용한 결과가 한국의 법원칙에 반하고, ③ 그 법원칙이 본질적인 것, 즉 기본적인 도덕적 신념 또는 근본적인 가치관념과 정의관념에 속하는 것이어야 하며, ④ 그 위반의 정도가 중대하여 우리가 수인할 수 있는 범위를 넘어야 하는데, 이러한 요건의 구비 여부는 내국관련성 및 현재관련성과의 관계에서 상대적으로 판단하여야 한다. 위 ②, ③ 및 내국관련성을 부연하면 아래와 같다.

(1) 외국법을 적용한 결과가 우리의 공서에 명백히 반할 것

공서조항이 적용되기 위하여는 준거법인 외국법을 적용한 결과가 우리의 선량한 풍속 기타 사회질서에 반하여야 한다.[86] 국제사법에서 공서의 원칙은 외

---

84) Mills(註 3), p. 456는 국제사법에 내재하는 원칙은 압력을 받는다고 하고 그 사례로 피고의 행위가 미국 연방헌법 수정 제1조가 정한 '언론의 자유라는 기본권(free speech right)의 행사로서 정당화될 수 있는 경우 외국의 명예훼손 판결의 승인 및 집행을 거부하도록 하는 미국 연방법률인 2010년 SPEECH(Securing the Protection of our Enduring and Established Constitutional Heritage) Act를 든다. 이는 미국이 'libel tourism'에 대처하기 위하여 제정한 법률이다.
85) 소극적 기능을 하는 공서만이 아니라 나아가 적극적으로 국제적 강행규정성의 근거가 될 수도 있을 것이다.
86) 호문혁, "외국판결의 공서위반 판단의 대상에 관한 연구—강제징용 사건 관련 대법원 판결에 대한 검토를 중심으로", 법학평론 제6권(2016. 4.), 78면은 "민사소송법 제217조상의 공서 규율은 외국판결을 승인한 '결과'가 공서에 위반되는 경우에 승인을 거부할 수

국법 자체에 대하여 '추상적 규범통제(abstrakte Normenkontrolle)'를 하는 것이 아니라,[87] 외국법을 적용한 결과로 인해 자국의 기본적인 사회질서가 파괴될 우려가 있는 경우 이를 막기 위한 것이므로 문제는 외국법 자체가 아니라 외국법을 적용한 결과이다.

국제사법이 말하는 "선량한 풍속 그 밖의 사회질서"란 민법 제103조가 규정하는 '국내적 공서(internal 또는 domestic public policy)'와는 구별되는 '국제적 공서(international public policy)'를 의미한다.[88] 만일 이를 민법상의 공서로 보아 외국법적용의 결과가 우리 민법상의 공서에 반한다는 이유로 외국법의 적용을 배제한다면 국제사법규정의 대부분은 무의미하게 될 것이다.[89] 따라서 국제사법 제10조의 공서를 민법(제103조) 등 실질법상의 공서와 구별하기 위하여 '국제적 공서'라고 부르는 것이다. 아래(다.)에서 보듯이, 외국법을 적용한 결과 우리 헌법상 기본권이 침해되는 때에는 여기의 공서위반이 될 수 있다.

또한 공서조항이 적용되기 위하여는 외국법을 적용한 결과가 우리의 공서에 '명백히' 위반되어야 한다. 이는 공서조항의 개입을 제한함으로써 그 남용을 막기 위한 것으로 공서위반이 명백하지 않은 경우에는 우리가 외국법의 적용을 수인해야 한다. 이 점은 독일 민법시행법(제6조), 로마협약(제16조)과 로마 I (제21조) 등 국제규범과 같다.[90]

있다는 것이고, 국제사법 제10조의 공서양속 규율은 외국의 준거법의 '내용 자체'가 우리나라 공서에 반하는 내용일 때에 그 법률을 적용하지 않는다는 것"이라고 설명하나 이는 잘못이다.

87) von Hoffmann/Thorn, Internationales Privatrecht, 9. Auflage (2007), §6, Rn. 150. 다만 추상적 규범통제의 개념에 관하여는 논란이 있다.

88) 국내적 공서와 대비되는 국제적 공서 개념은 프랑스(Batifol/Lagarde, Droit international privé, Tome 1, 8. éd. (1993), n. 354 참조)와 이탈리아에서는 익숙하나 독일에서는 아니다. MünchKommEGBGB/von Hein, Art. 6 Rn. 8 참조. 독일에서 국제적 공서라 함은 오히려 국제법에 근거한 공서로 이해하는 경향이 있다. Winfried Bausback et al., J. von Staudingers Kommentar zum BGB/EGBGB (2013), Art. 6, Rn. 75f. (Markus Voltz 집필부분). 이하 "StaudingerEGBGB/집필자"로 인용한다.

89) 이호정(註 41), 219면; 신창선·윤남순, 신국제사법 제2판(2012), 184-185면. 만일 국제사법 제10조의 공서를 민법상의 공서와 동일시하면 예컨대 이혼의 준거법인 외국법이 파탄주의를 따르는 경우 내국관련성이 있는 사안에서는 우리 법원은 이를 적용할 수 없게 된다.

90) 헤이그국제사법회의에서 채택한 조약은 자에 대한 부양의무의 준거법에 관한 1956년 협약 이래 이러한 문언을 사용한다.

(2) 사안의 내국관련성

공서위반의 정도는 사안의 내국관련성과의 관계에서 상대적으로 이해해야 한다. 즉 내국관련성이 크면 외국법 적용의 결과가 우리나라의 선량한 풍속 및 사회질서에 위반되는 정도가 약하더라도 공서위반이 될 수 있으나, 반대로 내국 관련성이 작으면 외국법 적용의 결과가 선량한 풍속 및 사회질서에 위반되는 정도가 큰 경우에만 공서위반이 될 수 있다.[91] 이것이 '정의 개념의 장소에 따른 상대성'에 기인하는 '공서의 상대성(Relativität des ordre public)'이다.[92] 다만 기본권 또는 인권 위반의 경우에도 내국관련성이 요구되는지는 아래(다)에서 보듯이 논란이 있다.

다. 공서위반과 헌법: 공서의 테두리 내에서의 기본권
(1) 문제의 소재

외국법을 적용한 결과 우리 헌법이 보장하는 인간의 기본권이 침해되는 때에는 공서위반이 될 수 있는데, 이는 기본권은 '자유민주적 기본질서의 핵심'으로서 우리의 기본적인 도덕적 신념 또는 근본적인 가치관념과 정의관념을 반영하기 때문이다. 이런 의미에서 공서는 기본권규범 내지 인권규범으로서 기능을 가진다. 기본권이 외국법의 적용을 배제하는지 여부와 그 배제의 범위는 위(나.(2))에서 보았듯이 사안의 내국관련성과의 관계에서 개별적으로 검토해야 한다.[93]

헌법 위반을 논의함에 있어서는 우리 헌법의 원칙에 기술적으로 반하는 듯한 외국법의 적용이 당연히 국제사법상으로도 공서위반이 되는 것은 아니므로 우리 헌법상의 원칙을 분명히 해야 한다. 예컨대 외국법이 혼인에 의하여 처가 남편의 성을 따르도록 하는 태도, 즉 부계성본주의 자체가 양성평등의 원칙에 반하는 것처럼 보이나 헌법재판소에 따르면 그렇지는 않다는 점을 주의해야 한다.[94] 만일 부계성본주의가 헌법상의 양성평등의 원칙에 반한다고 하더라도 그

---

91) 이호정(註 41), 220면. 외국판결의 승인에 관한 대법원 2012. 5. 24. 선고 2009다22549 판결은 위 개념을 정면으로 도입하였다.

92) Looschelders(註 49), S. 482; MünchKommEGBGB/von Hein, Art. 6 Rn. 190.

93) 이호정(註 41), 222면. 기본권의 맥락에서도 이것이 독일 다수설이나 불필요하다는 견해도 있다. Staudinger/EGBGB (2013), Art. 6, Rn. 164 (Markus Voltz 집필부분); Looschelders(註 49), S. 491.

94) 예컨대 자(子)의 성에 관하여 헌법재판소 2005. 12. 22. 2003헌가5 등 결정의 다수의견은 부계성본주의 자체가 헌법에 반하는 것은 아니지만 부성주의를 강요하는 것이 부당한 경

것이 국제사법상 당연히 공서위반이 되는 것은 아니다.[95]

(2) 독일 스페인인 결정의 의의와 우리 법에의 시사점
(가) 독일 연방헌법재판소 결정의 소개

공서위반과 관련하여, 20세기의 가장 중요한 독일 국제사법 판결[96] 또는 독일 국제사법의 발전에 있어 전환점을 이루는 판결이라고 평가되는[97] 독일 연방헌법재판소의 1971. 5. 4. '스페인인 결정(Spanierbeschluss)'[98]은 검토할 만한 가치가 있다.[99]

우에 대해서도 예외를 규정하지 않은 것은 헌법에 반한다고 판시하였다. 구체적으로 다수의견은 "양계 혈통을 모두 성으로 반영하기 곤란한 점, 부성의 사용에 관한 사회 일반의 의식, 성의 사용이 개인의 구체적인 권리의무에 영향을 미치지 않는 점 등을 고려할 때 민법 제781조 제1항 본문(2005. 3. 31. 법률 제7427호로 개정되기 전의 것) 중 "자(子)는 부(父)의 성(姓)과 본(本)을 따르고" 부분이 성의 사용 기준에 대해 부성주의를 원칙으로 규정한 것은 입법형성의 한계를 벗어난 것으로 볼 수 없다"고 판시하였다. 그러나 우리나라도 가입한 유엔 여성차별철폐협약(제16조 제1항 (사))은 여성에게 가족성을 선택할 권리를 보장하도록 규정하는데 우리나라는 위 협약에 가입하면서 위 조항에 대해 유보를 하였다. 그러나 현행 민법은 부의 성을 모의 성보다 우선시키므로 여전히 문제가 있다. 위 헌법재판소의 태도가 언제까지 유지될 수 있을지는 모를 일이다.

95) 다만 그 이론적 근거는 논란의 여지가 있는데 우선 아래를 생각할 수 있다. 첫째는 국내 사건에서 양성평등의 원칙은 절대적 차별금지인 데 반하여, 외국적 요소가 있는 사건에서는 각국의 종교적 및 문화적 차이를 고려하여 상대적으로 판단해야 한다고 보는 것이다. 그러나 양성평등은 인간으로서의 존엄과 밀접하게 관련된다는 이유로 상대화에 반대하는 견해도 있다(Looschelders(註 49), S. 487). 둘째는 피해자 동의 시 절대적 차별금지에 대한 예외를 인정하는 것이다. 즉 기본권의 개입은 기본권의 침해가 있는 경우에만 문제되므로 기본권 주체가 동의한 경우(부인이 외국법에 따라 남편 성을 따르는 데 동의한 경우) 침해가 없어(*volenti non fit injuria*) 독일 법관이 피해자의 의사에 반하여 양성평등의 원칙을 관철할 이유는 없다는 것이다. Looschelders(註 49), S. 488(다만 피해자의 동의는 주관적 권리로서 기본권이 침해되는 경우 의미가 있으나 기본권이 제도보장 및 중요한 가치판단으로서 객관적 차원을 가지는 경우에는 당사자가 비록 동의하더라도 기본권의 침해가 인정된다고 하면서 일부다처제 혼인을 예로 든다). 셋째는 양성평등의 원칙에 반하더라도(다만 前註를 고려해야 함을 주의) 부계성주의가 우리의 사법적 사회생활의 질서를 해하는 것은 아니므로 문제가 없다는 것이다. 신창선·윤남순(註 89), 185면 이하.

96) von Bar/Mankowski(註 62), §4, Rn 40.

97) Murad Ferid, Internationales Privatrecht, 3. Auflage (1986), §2 Rn. 2-47.

98) BVerfGE 31, 58 = NJW 1971, 1509.

99) 상세는 RabelsZ, Band 36 (1972), 2ff.에 수록된 논문들 참조. 영문 소개는 Friedrich K. Juenger, "The German Constitutional Court and the Conflict of Laws", The American Journal of Comparative Law, Vol. 20, No. 2 (Spring, 1972), pp. 290-298 참조. 우리

사건의 개요는 아래와 같다. 독일에서 혼인하였다가 이혼재판에 의하여 이혼한 독일 여자가 독신인 스페인 남자와 혼인하고자 하였다. 스페인 당국이 독일에서의 혼인에 필요한 스페인 남자의 혼인자격증명서를 발급하지 않자 독일 여자는 독일 법원에 증명서의 면제를 신청하였으나 기각되었다. 독일의 당국(Hahm 고등법원장)이 이를 기각한 이유는, 당시 스페인법은 이혼을 허용하지 않았으므로 독일 여자의 이혼은 스페인에서는 인정되지 않았고 따라서 스페인 남자는 기혼인 독일 여자와 혼인하려는 것으로서 스페인 법이 금지하는 배우자 있는 여자와 혼인하는 것이 되었기 때문이었다. 이에 독일 여자와 스페인 남자는 '독일 법원이 이혼을 금하는 스페인 법을 적용하여 신청을 기각한 것은 독일 기본법상 보장된 혼인의 자유권을 침해한 것'이라 하여 헌법소원을 제기하였다.

스페인인 결정에서 독일 연방헌법재판소는 우선 혼인의 자유는 독일 기본법 및 독일이 가입한 조약과 유엔협약에서 보장하는 핵심적인 인권임을 확인한 뒤 아래와 같이 판시하였다. 첫째, 독일의 국제사법은 독일 기본법에 부합해야 하고, 둘째, 독일의 국제사법에 따라 지정된 준거법인 외국법(스페인 남자의 혼인의 성립요건에 관한 스페인법)을 적용한 결과는 독일 기본법이 정한 당사자의 기본권에 의하여 평가되어야 한다. 이런 법리에 기초하여 일체의 이혼을 금지하고 외국에서 외국법에 따라 이루어진 이혼까지 인정하지 않음으로써 이혼한 자와의 혼인을 중혼으로 금지하는 (당시) 스페인 법은 독일 기본법(제6조)에서 불가침의 기본권으로 인정하고 있는 혼인의 자유를 침해하므로 독일 법원은 이를 적용할 수 없다.

그 결과 저촉규범도 기본권에 의한 통제 하에 놓이게 되었다. 이것이 저촉법의 기본권 내지 헌법 적합성 또는 '저촉법에 대한 기본권의 우위(Grundrechte vor IPR)'이다.[100]

문헌으로는 안춘수(註 42), 365면 이하가 충실히 소개한다. <u>양병회, "獨逸의 改正國際私法", 국제사법연구 제3권(1998), 45면 이하</u>; 한복룡, "미국과 독일의 국제사법 개혁이 우리나라 국제사법 개정에 미친 영향 — 미국의 Babcock 판결과 독일의 Spanier 판결을 중심으로", 충남대학교 법학연구 제18권 제1호(2007), 277면 이하에도 간단한 소개가 있고, <u>영문은 Friedrich K. Juenger, "Trends in European Conflicts Law", Cornell, L. R. Vol. 60 (August, 1975), pp. 969-984도 있다.</u> [밑줄 친 부분은 이 책에서 추가한 것이다.]

100) 이는 또한 국제사법에 의하여 지정된 규범에 당해 국가의 헌법도 포함되는가라는 문제를 제기한다. Kurt Siehr, "Private International Law, history of", Encyclopedia, Vol. 2 (2017), p. 1398.

(나) 준거법인 외국법을 적용할 때 독일의 기본권을 관철하는 방법

위 독일 연방헌법재판소는 외국의 사항규범(즉 준거법으로 지정된 스페인법)의 적용이 독일의 기본권을 침해하는 경우 독일의 기본권을 어떻게 관철시켜야 하는지에 관하여 세 가지 가능성을 제시하였다.[101]

첫째는 기본권 자체가 저촉규범에 의하여 지정된 외국법의 적용에 대한 한계를 직접 규정한다고 보는 것이고, 둘째는 공서를 통하여 간접적으로 기본권에 반하는 외국법의 적용을 배제하는 것이다. 첫째를 따르는 견해는 국제사법과 상이한 독자적인 국제헌법(또는 헌법저촉법) 내지 국제기본권법(internationales Grund-rechtsrecht)[102]이론을 개발하는 소수설이 되었고,[103] 독일 법원 판례와 다수설은

---

101) 본문에 소개하는 두 가지에 앞서 독일 연방헌법재판소는 헌법에 반하는 결과를 회피하는 수단으로서 이혼을 혼인요건에 대한 선결문제로 파악하여 스페인법이 아니라 독자적으로 준거법을 지정함으로써 독일법에 의하는 방법도 가능하다고 판시하였다. 한편 이런 논의는 '기본권의 대사인적 효력'에 관한 직접적용설과 간접적용설의 대립을 연상시킨다. 양창수, "헌법과 민법 — 민법의 관점에서", 서울대학교 법학 제39권 제4호(1999. 2.), 63면 참조. 영미에서는 기본권의 대사인적 효력을 '수평효'라 한다. 윤진수, "보통법 국가에서의 기본권의 수평효", 윤진수 외(註 13), 3면 참조. <u>간접적용설은 헌법은 공법이므로 사인 간의 법률관계에 바로 적용될 수는 없으나 사법(私法)상의 일반조항을 통하여 간접적으로 적용된다는 취지이다.</u> [밑줄 친 부분은 이 책에서 새로 추가한 것이다.]

102) 이는 직역하면 '국제기본권법'이나 '국제헌법'이라고 번역할 수도 있다. 안춘수(註 42), 374면은 전자를, 이호정(註 41), 221면은 후자를 각 사용한다.

103) 그러나 여기에서 말하는 헌법저촉법의 정확한 의미는 다소 불분명하다. 진정한 '헌법저촉법'이라면 국내 헌법과 외국 헌법 간의 선택을 문제삼는 양면적 저촉규정이어야 하나, 독일 연방헌법재판소는 국제사법에 의하여 지정된 외국법의 적용을 독일 기본권이 직접 제한할 수 있다고만 설명하였기 때문이다. Kegel/Schurig(註 44), S. 534(이호정(註 41), 222면)도 아래와 같이 설명한다. 즉 Kegel/Schurig(註 44), S. 533은 헌법저촉법은 외국적 요소가 있는 사안에 독일 헌법의 개별적 기본권이 적용되는지를 규정하고, 만일 적용요건이 구비되면 독일의 헌법원칙이 통상의 국제사법의 연결원칙과 누적적용되므로, 외국법이 정한 법률효과는 독일 헌법의 기본권에 부합할 때에만 발생할 수 있으며 이 경우 독일 헌법은 외국법의 효력을 배제하는 것이 아니라 헌법저촉법에 의하여 지정된 실질법으로서 외국법에도 불구하고 관철된다고 한다. 이런 설명방식은 공서를 경유하지 않는 점에 특색이 있는데, 이 또한 독일 헌법의 적용범위를 정하는 일면적 저촉규정의 접근방법을 취한 것으로 보인다. Looschelders(註 49), S. 475도 필자와 같은 지적을 하는 것으로 보인다. 참고로 이처럼 헌법이 공서를 통하지 않고 사법질서에 직접 개입하는 현상은, 미국 연방헌법이 외국재판의 승인을 직접 제한하도록 규정하는 SPEECH (Securing the Protection of our Enduring and Established Constitutional Heritage) Act에서 볼 수 있다. 동법은 피고의 행위가 미국 수정헌법 제1조가 정한 free speech right의 행사로서 정당화될 수 있는 경우에는 외국의 명예훼손 판결의 승인 및 집행을 거부하도록 규정한다(제4102조 (a)항).

둘째를 따른다. 둘째에 의하면 공서조항은 헌법상 '기본권들의 국제사법에의 입구(Einbruchsstelle der Grundrechte in das IPR)'[104]로서 의미가 있다. 그 후 독일 법원은 부부재산제와 이혼의 준거법에서 부(夫)를 우선시키거나 친자관계에서 부(父)를 우선시키는 저촉규정은 위헌으로서 무효라고 선언하거나 새롭게 해석하였고,[105] 마침내 독일 입법자들은 1986년 민법시행법(제6조 2문)을 개정하면서 외국 법규범의 적용이 기본권과 상용되지 않는 경우 적용이 배제됨을 명시함으로써 기본권을 공서유보에 통합하는 둘째 견해를 채택하였다.[106]

소수설은 저촉규범적 요소를 분명하게 드러내는 장점이 있으나, 헌법의 기초자들은 기본권의 보호를 형성함에 있어서 외국관련을 고려하지 않았으므로 헌법규범의 해석을 통하여 구체적인 사안에서 타당한 헌법저촉규범을 도출하기는 매우 어렵다는 단점이 있다.[107] 결국 이 견해는 저촉규범의 구체화를 포기하고 결국 일반조항의 형태를 사용할 수밖에 없다. 공서의 테두리 내에 기본권을 편입하는 둘째의 방법은 외국법을 적용함에 있어서 기본권이 미치는 영향력(Wirkungskraft)을 구체화하기 위하여 이미 검증된 국제사법 법리를 이용 가능하게 하는 장점이 있다.[108] 근자에는 유럽인권협약은 '유럽연합의 가족헌법 (Euopäisches Familienverfassungsrecht)'이 되었다는 평가도(Dieter Martiny) 있다. Yuko Nishitani, Kulturelle Idendität und Menschenrechte im Internationalen Privatrecht, Christoph Benicke *et al*. (Hrsgs.), Festschrift für Herbert Kronke

---

104) 이호정(註 41), 222면의 번역이다. '기본권이 국제사법에 뚫고 들어가는 지점'이라고 번역할 수도 있다.

105) BVerfGE 63, 181 = NJW 1983, 1968(부부재산제에 관한 민법시행법 제15조에 관하여); BVerfGE 68, 384 = NJW 1985, 1282(이혼에 관한 민법시행법 제17조 제1항에 관하여) 등 참조.

106) 민법시행법에 조문이 신설됨으로써 학설 대립이 해소되었다는 견해도 있으나 아직 대립이 있는 것으로 보인다. Looschelders(註 49), S. 474; Michael Grünberger, "Alles obsolet?-Anerkennungsprinzip vs. klassisches IPR", in Stephan Leible and Hannes Unberath (Hrsg.), Brauchen wir eine Rom 0-Verordnung? (2013), S. 104ff.

107) Ferid(註 97), Rn. 2-54ff. Kegel/Schurig(註 44), S. 533ff. 참조. 더욱이 이는 헌법으로부터 그 적용범위를 획정하는 형태로 접근하나 이처럼 실질법으로부터 그의 장소적 범위를 도출하는 법규분류학설적 접근은 신뢰하기 어려운 탓에 유럽 국제사법에서는 이미 폐기되었다. Looschelders(註 49), S. 475.

108) Looschelders(註 49), S. 475. 안춘수(註 42), 374면은 "독일에서 경직적일 수밖에 없는 국제기본권법적 접근을 포기하고 유연한 운용이 가능한 공서조항을 통한 적용제한의 길을 열어두는 방법을 택한 것은 현명했다"고 평가한다.

<u>zum 70. Geburtstag (2020), S. 438 참조.</u> [밑줄 친 부분은 이 책에서 새초 추가한 것이다.]

(3) 공서에 관한 우리 법원 판례의 검토

우리나라에서 법원이 준거법이 외국법인 사안에서 공서위반을 근거로 외국법의 적용을 배제한 사례는 많지 않다.[109] 특히 법원이 기본권을 근거로 들어 공서위반이라고 판단한 사례는 보지 못하였고 대체로 국제사법 맥락에서 공서위반이라고 판단한 사례들이다.

(가) 필리핀법에 따른 이혼 불허: 서울가정법원 1981. 3. 11. 선고 79드2574 심판

이 사건에서는 섭외사법 하에서 외국법이 이혼을 전면 불허하는 외국법의 적용이 공서위반인지가 다루어졌는데 법원은 아래의 취지로 설시하면서 공서위반이라고 판단하였다.

> "… 청구인은 한국 국적을 가진 여자이고, 피청구인은 필리핀공화국의 국적을 가진 남자인데, … 이건 이혼심판청구는 섭외적 사법관계에 속하는 사건인바, 섭외사법 제18조에 의하면 부(夫)인 피청구인의 본국법, 즉 필리핀공화국의 이혼에 관한 법률이 그 준거법이 될 것이나, 필리핀공화국의 법률 … 에 따르면 처의 간통이나 부의 축첩 등의 사유가 있는 경우에 법정 별거소송을 인정하고 있을 뿐, 이혼제도 자체를 인정하지 않고 있다고 해석되며, … 따라서 <u>필리핀공화국 법률의 적용을 고집한다면 청구인은 어떠한 경우에도 이혼할 수 없다는 부당한 결과가 되는데 이는 협의이혼은 물론 재판상 이혼도 비교적 넓게 인정하는 우리 법제도에 비추어 공서양속에 반하므로 섭외사법 제5조에 의하여 필리핀공화국의 법률을 적용하지 아니하고 우리 민법을 적용한다.</u>"(밑줄은 필자가 추가)

위 판결은 기본권을 언급하지 않았으나 이혼의 불허는 제36조(혼인과 가족생활의 보호와 같은 기본권) 그것이 아니라면 헌법 제10조(인간의 존엄과 행복추구권)의 한계문제로서 공서위반이 된다고 구성할 여지도 있지 않았을까 생각된다.[110]

---

109) 사례는 석광현(註 56), 181면 이하 참조.

110) 이혼의 자유가 헌법상 인정(보장)되는가에 관하여는 견해가 나뉜다. 윤진수, "婚姻의 自由", 民法論攷 IV(2009), 198면, 註 93 참조. 유럽인권재판소는 1986. 12. 18. Johnston and Others v Ireland 판결에서 국내법에 따른 이혼의 불허는 유럽인권협약 위반이 아니

(나) 알라바마주법에 따른 파양 불허: 서울가정법원 1996. 10. 31. 선고 94드 89245 판결

이 사건에서는 섭외사법 하에서 입양의 준거법인 외국법이 파양을 전면 불허하는 경우 그의 적용이 공서위반인지가 다루어졌는데, 법원은 아래의 취지로 설시하면서 공서위반이라고 판단하였다.

> "이 사건 소송은 한국 국적을 가지고 한국에 주소를 둔 양자인 원고가 미국 국적을 가지고 알라바마주에 주소를 가지고 있던 양친인 피고를 상대로 파양을 구하는 것이다. … 파양은 양친의 본국법에 의하므로 이 사건의 준거법은 미국 알라바마주 법률이다. 그런데, 알라바마주의 법에 따르는 한 어떠한 경우에도 원고와 피고는 파양할 수 없다. 그러나, 이를 관철하는 경우에는 <u>피고가 원고를 악의로 유기한 채 장기간에 걸쳐 아무런 연락도 없고 행방조차 알 수 없는 데다가 양자인 원고가 그 관계의 청산을 간절히 바라고 있음에도 불구하고 원고로 하여금 형식적으로 양친자 관계를 유지하도록 강요하는 것은 양자의 복지를 주된 목적으로 하는 양자제도의 본질에 반하고 우리의 선량한 풍속 기타 사회질서에도 위반되므로, 섭외사법 제5조의 규정에 따라 알라바마주의 법률이 적용될 수 없고 우리나라 법률이 준거법이 된다.</u>" (밑줄은 필자가 추가)

현재는 계약형입양/단순입양과 선고(허가, 재판)형 입양/완전입양인 친양자 제도가 허용되나, 위 판결 당시에는 우리 민법상으로는 전자만 인정되었다. 미국에서는 완전입양 시 파양은 인정되지 않으나 현재 우리 민법상 친양자의 경우에도 예외적으로 파양이 인정된다. 위 판결은 기본권을 언급하지 않았으나 파양의 불허는 제36조(혼인과 가족생활의 보호와 같은 기본권) 그것이 아니라면 헌법 제10조(인간의 존엄과 행복추구권)의 한계문제로서 공서위반이 된다고 구성할 여지도 있지 않았을까 생각된다.

(다) 강제징용사건에서 공서위반을 이유로 일본 회사법의 적용을 배척한 사례

아래(Ⅳ.2.(3))에서 소개하는 2012년 강제징용사건에서 피고는 원고등이 원래 책임을 물어야 할 구 미쓰비시와 피고는 별개의 법인이라고 항변하였던바, 대법원은 일본 회사의 법인격을 판단하는 준거법인 일본법을 적용하면 원고등은

라고 판단하였고, 2017. 1. 10. Babiarz v Poland 판결에서도 이런 태도를 유지하였다. 이 점을 알려주신 윤진수 교수께 감사드린다.

구 미쓰비시에 대한 채권을 피고에 대하여 주장할 수 없게 되는데 회사의 인적, 물적 구성에는 기본적인 변화가 없었음에도, 전후처리 및 배상채무 해결을 위한 일본 국내의 기술적 입법을 이유로 구 미쓰비시의 채무가 면탈되는 것은 공서양속에 비추어 용인할 수 없다고 판시하고 일본법의 적용을 배제하였다. 대법원은 판단과정에서 원고등의 기본권 또는 인권을 언급하지 않았다.

필자는 대법원 판결처럼 구 미쓰비시와 피고가 동일한 법인이라는 식으로 과격한 결론을 도출하기보다는, 별개의 법인격을 인정하면서 구 미쓰비시의 원고등에 대한 채무가 면탈되는 결과는 공서에 반하므로 피고가 구 미쓰비시의 채무를 승계하였다는 식으로 일본법질서에 최소한의 간섭(*minimum d'atteinte portée à loi étrangère*)[111])을 할 여지도 있다고 보았다.[112]) 만일 그런 접근을 했더라면 일본법을 적용한 결과는 피고가 원고등의 기본권을 침해하는 것[113])이라고 이론구성할 수 있었을 것이다.

(4) 국제사법 제10조에 기본권 내지 인권에 대한 언급을 추가할 필요가 있는가

독일의 전례를 보면 우리도 국제사법(제10조)을 개정하여 '기본권' 또는 '인권'에 대한 언급을 추가할 필요가 있는가라는 의문이 있다. 하지만 해석론으로 해결할 수 있으므로 굳이 그럴 필요는 없다고 본다. 준거법에 관한 것은 아니나, 강제징용사건에서 대법원이 헌법의 핵심적 가치를 들어 공서위반이라고 보아 일본재판의 승인을 거부한 바 있으므로 더욱 그러하다.

Ⅳ. 외국재판의 승인 및 집행과 헌법

1. 문제의 제기

어느 국가의 법원의 재판은 재판권(또는 사법권), 즉 주권을 행사한 결과이므로 당해 국가에서 효력을 가지는 데 그치고 다른 국가에서 당연히 효력을 가지

---

111) 이호정(註 41), 223면.
112) 석광현, "강제징용사건의 준거법", 남효순 외, 일제강점기 강제징용사건 판결의 종합적 연구(2014), 131면.
113) 여기에서 '기본권의 대사인적 효력', '기본권의 제3자적 효력' 또는 영미에서 말하는 '기본권의 수평효'가 문제될 수 있다.

지는 않는다. 그러나 이러한 원칙을 고집한다면 섭외적 법률관계의 안정을 해하고 국제적인 민사분쟁의 신속한 해결을 저해하므로 오늘날 많은 국가들은 일정한 요건을 구비하는 외국재판의 효력을 승인하고 집행을 허용한다. 우리나라에서는 외국재판의 승인은 민사소송법이, 외국재판의 집행은 민사집행법이 각각 규율한다.

민사소송법 제217조는 외국판결의 승인요건을 명시하는데 이는 확정판결요건, 국제재판관할요건, 송달요건, 공서요건과 상호보증요건이다. 2014년 5월 신설된 민사소송법 제217조의2(손해배상에 관한 확정재판등의 승인)는 공서요건을 구체화한 것이다. 헌법과의 맥락에서 특히 문제되는 것은 공서요건과 제217조의2이므로[114] 이하 이를 중심으로 논의한다.[115]

2. 외국재판 승인 맥락에서의 공서위반과 손해배상에 관한 재판의 특별취급

가. 민사소송법 제217조의 공서요건

민사소송법 제217조 제1항 제3호는 아래와 같이 승인요건의 하나로 공서요건을 규정한다. 제217조는 아래와 같다.

제217조(외국재판의 승인)
① 외국법원의 확정판결 또는 이와 동일한 효력이 인정되는 재판(이하 "확정재판등"이라 한다)은 다음 각호의 요건을 모두 갖추어야 승인된다.
  1. (생략)
  2. 패소한 피고가 소장 또는 이에 준하는 서면 및 기일통지서나 명령을 적법한 방식에 따라 방어에 필요한 시간여유를 두고 송달받았거나(공시송달이나 이와 비슷한 송달에 의한 경우를 제외한다) 송달받지 아니하였더라도 소송에 응하였을 것
  3. 그 확정재판등의 내용 및 소송절차에 비추어 그 확정재판등의 승인이 대한민국의 선량한 풍속이나 그 밖의 사회질서에 어긋나지 아니할 것
  4. (생략) ② (생략)

---

114) 그러나 위에 언급한 미국 SPEECH는 승인 및 집행의 맥락에서 헌법규범의 직접적용을 규정하므로 그러한 경우 통상적인 공서위반의 경로를 통할 필요가 없다.
115) 그러나 제217조 제1항 제2호의 송달요건도 패소한 피고의 방어권을 보장하기 위한 것으로 영미에서 말하는 '적법절차(due process)' 내지 독일에서 말하는 '법적인 심문을 받을 권리'를 보장하기 위한 것이므로 여기에도 헌법과의 접점이 있다. 상세는 석광현(註 29), 362면.

공서요건은 승인국(또는 집행국)의 기본적인 도덕적 신념과 사회질서를 보호하기 위한 것이다. 여기의 공서에는 제1항 제3호가 명시하듯이 절차적 공서와 실체적 공서가 있는데[116] 실체적 공서와 관련하여 문제되는 것은 불법행위를 이유로 징벌배상의 지급을 명한 미국 법원 판결의 승인 및 집행이다. 이를 정면으로 다룬 우리 판례는 아직 없는 것으로 보이지만[117] 징벌배상의 지급을 명한 미국 법원 판결의 승인 및 집행은 우리나라의 공서에 반하는 것으로 본다. 독일 민사소송법 제328조 제1항 제4호[118]는 외국재판 승인거부사유로 공서위반을 열거하면서 기본권 위반을 특별히 언급하나 우리 민사소송법은 기본권을 별도로 언급하지 않는다.

유념할 것은, 공서위반을 이유로 외국판결의 승인을 거부하기 위하여는 사안의 내국관련성이 필요한데, 내국관련의 정도가 낮은 경우에는 우리의 공서가 개입할 가능성이 낮으므로 우리 법의 '본질적인 원칙'과 다소 괴리가 있더라도 승인·집행될 가능성이 상대적으로 크다. 즉 공서위반의 정도는 사안의 내국관련성과의 관계에서 상대적으로 이해해야 한다. 강제징용사건에 관한 2012년 대법원판결은 이러한 취지를 처음으로 판시하였다.

독일에는 기본적 인권 또는 최소한의 자연법적 정의와 같은 보편적 공서(*ordre public universel*) 위반의 경우에는 내국관련을 요하지 않는다는 유력한 견해가 있는데[119] 이는 설득력이 있다. 다만 저촉법적 공서의 맥락에서 기본권 침해 시에도 내국관련을 요구한다면 절차적 공서의 맥락에서 기본권 침해 시에도 내국관련이 필요하다는 견해도 가능할 것이다.

나. 민사소송법 제217조의2의 의미

제217조의2는 아래와 같은데 문제는 공서요건과 제217조의2와의 관계이다.

---

116) 대법원 2004. 10. 28. 선고 2002다74213 판결도 같은 취지로 판시하였다. 절차적 공서 위반의 사례는 석광현(註 29), 390면 이하 참조.
117) 삼배배상을 명한 판결의 승인을 다룬 수원지방법원 평택지원 2009. 4. 24. 선고 2007가합1076 판결은 있다. 석광현(註 29), 381면 이하 참조.
118) 우리와 달리 외국의 가사비송재판의 승인에 관하여 별도로 규정하는 독일 가사비송사건절차법(FamFG)(제109조 제1항 제4호)도 마찬가지다.
119) Nagel/Gottwald(註 23), §12 Rn. 172.

제217조의2(손해배상에 관한 확정재판등의 승인)

① 법원은 손해배상에 관한 확정재판등이 대한민국의 법률 또는 대한민국이 체결한 국제조약의 기본질서에 현저히 반하는 결과를 초래할 경우에는 해당 확정재판등의 전부 또는 일부를 승인할 수 없다.

② 법원은 제1항의 요건을 심리할 때에는 외국법원이 인정한 손해배상의 범위에 변호사보수를 비롯한 소송과 관련된 비용과 경비가 포함되는지와 그 범위를 고려하여야 한다.

여기에서는 제217조의2와 관련하여 두 가지 논점만 논의한다. 첫째는 징벌배상 기타 비전보적 손해배상을 명한 외국재판의 승인의 문제이고, 둘째는 지나치게 과도한 전보배상의 지급을 명한 외국재판의 승인의 문제이다.[120]

(1) 비전보적 손해배상을 명하는 외국법원의 확정재판등의 승인

제217조의2에 따르면 외국법원의 손해배상에 관한 확정재판등이 한국의 법률 또는 조약의 기본질서에 현저히 반하는 결과를 초래할 경우에는 그의 전부 또는 일부를 승인할 수 없다. 제1항은 '징벌배상'이나 '비전보적 손해배상'이라는 용어를 사용하지 않지만 이는 비전보적 손해배상(non-compensatory damages),[121] 즉 피해자에 대한 (실)손해의 전보라는 기능을 넘는 손해배상을 명한 외국재판의 승인을 적정범위로 제한하는 취지로 보인다. 비전보적 손해배상을 명한 외국재판의 승인은 제217조 제1항 제3호(즉 공서조항)로 해결할 수 있지만, 이를 신설한 것은 그 취지를 명확히 함으로써 법적 안정성을 제고하기 위한 것이다. 따라서 제217조의2도 공서조항을 구체화한 것이라고 본다.

과거에는 징벌배상(punitive damages)을 명한 미국 법원 판결의 승인·집행은 구 민사소송법 제217조 제3호의 맥락에서 실체적 공서에 반하는가의 문제로 논의되었다. 과거 유력설은, 피해자가 입은 손해의 정도와 관계없이 가해자의 제재와 일반예방을 목적으로 법관 또는 배심원에 의하여 부과되는 징벌배상의 승인 및 집행은 우리의 공서에 반하므로, 징벌배상을 명한 미국 법원의 판결의 승인 및 집행은 허용되지 않는다고 보았다. 이를 법치국가원칙으로부터 유래하는

---

120) 상세는 석광현, "손해배상을 명한 외국재판의 승인과 집행: 2014년 민사소송법 개정과 판례의 변화를 중심으로", 국제사법연구 제23권 제2호(2017. 12.), 245면 이하 참조.

121) 징벌배상과 삼배배상은 비전보적 손해배상의 대표적인 예이다.

'비례의 원칙(Verhältnismäßigkeitsprinzip)'으로 설명하기도 한다.[122] 이는 징벌배상을 명한 외국재판의 승인 및 집행이 한국의 공서에 반한다고 함으로써 당사자들이 승인국에서의 결과를 예견할 수 있어 법적 안정성이 증대되고, 한국의 입장에서 볼 때 피해자가 한국인을 상대로 외국에서 소를 제기하려는 충동을 제거하는 장점이 있다.

서울지방법원 동부지원 1995. 2. 10. 선고 93가합19069 판결은 비례의 원칙을 인정하였으나 그때와 달리 2011년 이래 삼배배상제도가 도입되어 확산 중인 현재로서는 '비례의 원칙'이 우리 민사법질서의 기본원칙이라고 하더라도(우리 민법학계에서는 비례의 원칙에 대한 논의는 별로 없으나 가사 이를 인정하더라도) 이제는 '과거와 동일한 정도로' 그 지위를 유지하고 있다고 할 수는 없다.[123]

참고로 독일 연방대법원은 1992. 6. 4. 기념비적인 판결[124]에서 미화 750,260 달러의 지급을 명한 캘리포니아주 법원 판결 중 징벌배상 부분(40만불)의 승인 및 집행을 공서위반을 이유로 거부하였고, 일본 최고재판소 1997. 7. 11. 판결도 미화 1,125,000불의 징벌배상을 명한 캘리포니아주 법원 판결의 집행을 공서위반을 이유로 거부하였다. 이처럼 독일과 일본에서는 실체적 공서를 근거로 징벌배상을 명한 외국재판의 승인 및 집행을 거부할 수 있다고 본다.[125]

---

122) BGHZ, 118, 312 (1993) = IPrax 1993, S. 319는 이런 취지를 명확히 선언한다(Zu den wesentlichen Grundsätzen des deutschen Rechts gehört der aus dem Rechtsstaatsprinzip folgende Grundsatz der Verhältnismäßigkeit, der auch in der Zivilrechtsordnung Geltung beansprucht). 서울지방법원 동부지원 1995. 2. 10. 선고 93가합19069 판결은 이런 견해를 따랐다. 김용진, 국제민사소송전략 —국제소송실무 가이드— (1997), 202면도 동지. 우리 헌법재판소는 '비례의 원칙'과 '과잉금지원칙'을 동일한 의미로 사용한다. 사법정책연구원(註 18), 23면.

123) 홍완식, "징벌적 손해배상제도에 관한 입법평론", 경희법학 제52권 제2호(2017. 6.), 496면 이하는 징벌적 손해배상 입법에 관한 헌법적 쟁점을 논의하면서, 징벌적 손해배상을 자의적으로 과도하게 확대하는 입법은 평등원칙 침해의 가능성이 있다고 하면서도 비례의 원칙 위반이라고 하거나 비례의 원칙이 우리 민사법질서의 기본원칙이라고 설명하지는 않는다.

124) BGHZ, 118, 312 (1993) = IPRax 1993, 310-321.

125) Nagel/Gottwald(註 23), §12 Rn. 174; 中野俊一郎, "懲罰的損害賠償を命じる外國判決の承認・執行, 萬世工業事件最高裁判決をめぐって", NBL No. 627(1997. 10. 15.), 19면 이하 참조.

(2) 지나치게 과도한 전보배상의 지급을 명한 외국법원의 확정재판등의 승인 제한

여기의 문제는, 외국법원의 확정재판등이 전보배상의 지급을 명한 것이기는 하나 그 금액이 우리의 기준에 비추어 그것이 지나치게 과도한(grossly excessive) 경우 그 승인을 제한할 수 있는가이다. 지나치게 과도한 경우에는 대체로 이미 징벌적 성격이 들어간 것이라고 볼 수 있으므로 그 범위 내에서는 제217조의2가 아니라 제217조 제1항 제3호가 정한 공서위반을 이유로 승인을 거부할 수도 있다. 물론 그런 결론은 신중하게 제한적으로 내려야 한다. 필자는 외국재판에 징벌적 성격이 포함되지 않았더라도 우리가 수인(受忍)할 수 있는 범위를 넘는 때에는 승인을 거부할 수 있다고 보나 이는 제217조의2가 아니라 제217조 제1항 제3호를 근거로 삼는다. 여기에서도 비례의 원칙을 동원할 여지가 있을 것이다.

다. 헌법적 가치와의 충돌을 이유로 일본판결의 승인을 거부한 대법원 판결

강제징용사건에서 대법원은 헌법적 가치위반을 이유로 일본판결의 승인을 거부하였다.[126)

일제강점기 강제징용을 당했던 한국인들(또는 그의 후손들)이 각각 일본 미쓰비시 중공업을 상대로 ① 강제연행 및 강제노동을 이유로 하는 손해배상과 ② 원자폭탄 투하 후 구호조치의 불이행과 안전귀국의무 위반을 이유로 하는 손해배상 등을[127) 구하는 일본 히로시마지방재판소에 제기하였으나 패소하였고 일본 최고재판소에서 상고가 기각됨으로써 원고패소판결이 확정되었다. 그 근거는 ①

---

126) 대법원 2012. 5. 24. 선고 2009다22549 판결(미쓰비시 사건)과 대법원 2012. 5. 24. 선고 2009다68620 판결(신일본제철 사건). 위 대법원판결이 제기하는 외국판결 승인의 문제는 석광현, "강제징용배상에 관한 일본판결의 승인 가부", 국제사법연구 제19권 제1호(2013. 6.), 103면 이하 참조. 대법원 판결의 문제점을 지적하면서도 결론에는 수긍하는 필자와 달리 호문혁(註 86), 81면 이하는 대법원이 외국판결의 이유에서 판단한 부분 중 주문과 직접 관련이 없는 사항을 이유로 승인을 거부한 것은 잘못이라며 신랄하게 비판한다. 필자는 그에 동의하지 않는다. 가사 우리 법원이 어느 항변을 받아들이더라도 일단 일본 판결의 승인을 거부한 뒤 본안에 대해 재판하면서 원고등의 청구를 기각해야 할 것이다. 호문혁 교수의 견해에 대한 비판은 석광현, "한국 국제사법 70년 변화와 전망", 우리 법 70년 변화와 전망: 사법을 중심으로, 청헌 김증한 교수 30주기 추모논문집(2018), 1202면 註 71; 이필복, "외국판결의 승인에서 '공서위반' 심사의 대상", 사법 제44호(2018. 6.), 271면 이하 참조.
127) 사안을 단순화하기 위하여 미지급임금청구 부분은 제외한다.

272 제3장 헌법과 국제사법

에 관하여는 강제징용 자체가 불법행위가 아니라는 점이고, ②에 관하여는 원고
등의 권리가 있더라도 제척기간(또는 소멸시효)의 완성, 한일청구권협정에 의하여
소멸했다는 점 또는 위에서 언급한 것처럼 피고는 원고등이 원래 책임을 물어야
할 구 미쓰비시와 피고는 별개의 법인이라는 점 등이었다.

이 사건의 일차적 쟁점은 일본판결의 승인 여부인데, 이를 판단하는 과정에
서 피고가 일제의 침략전쟁에 가담하여 저지른 반인도적인 전쟁범죄가 일본법에
따른 것으로서 적법한지, 국민징용령위반으로 인하여 발생한 손해배상의무가 제
척기간(또는 소멸시효)에 의하여 소멸하였으며, 그렇지 않더라도 한일청구권협정
과 일본의 재산권조치법에 의하여 소멸하였다고 보아 청구를 기각한 일본판결을
승인하는 것이 우리 공서에 반하는가 여부이다.

대법원 2012. 5. 24. 2009다22549 판결(미쓰비시 사건)과 대법원 2012. 5.
24. 2009다68620 판결(신일본제철 사건)은, 일본판결의 이유는 일제의 강점과 일
제강점기의 강제동원 자체를 불법이라고 보는 한국 헌법의 핵심적 가치와 정면
으로 충돌하므로, 일본판결을 승인하는 결과는 그 자체로 한국의 공서에 반하므
로 승인할 수 없다고 판시하였다.[128] 대법원은 일본판결의 승인을 거부하는 이
유에서 일제의 한반도 지배는 규범적 관점에서 불법적인 강점이고, 원고들의 개
인청구권은 물론 한국 국민에 대한 외교적 보호권도 청구권협정에 의하여 소멸
되지 않았다고 판시하였다. 공서위반을 이유로 일본 판결의 승인을 거부한 대법
원판결은 법적으로나 역사적으로 큰 의의가 있고 그 결론과 논리는 높이 평가할
만하다. 특히 (승인의 맥락에서) 불법행위의 성립 여부와 관련하여 승인공서의 판
단기준으로 헌법의 핵심적 가치를 도입한 점은 커다란 의미가 있다. 앞으로 우
리나라에서도 공서위반 여부 판단 기준으로 헌법적 가치가 더 큰 역할을 할 것
으로 기대한다.

---

128) 이는 그렇더라도 일제강점기 한국인들 간의 혼인, 매매 등 계약과 그에 따른 물권변동 등
의 효력을 모두 부정함으로써 일제강점기를 법적 공백상태로 만들 수는 없으므로, 개인
들의 일상적인 삶에 관한 한 일제강점기에 통용되던 법에 사실상의 규범력을 인정하되,
한국의 헌법정신과 양립할 수 있을 것이라는 한계 하에 효력을 유지하도록 한 것이다. 반
면에 일부 공법적인 법률관계의 효력은 헌법정신과 양립할 수 없어 부정될 수 있으나, 그
의 정확한 의의와 외연은 더 검토해야 한다.

V. 남북한 주민 간의 법률관계와 헌법

1. 문제의 제기

남북한 주민 또는 기업(이하 "남북한 주민"이라고 한다) 간의 교류에 따라 다양한 법률관계(이하 "남북한 법률관계"라고 한다)가 형성되고, 그 과정에서 광의의 국제사법의 논점들, 즉 국제재판관할, 준거법과 외국판결의 승인 및 집행의 문제가 발생하는데, 이를 광의의 준국제사법 문제라고 부를 수 있다. 만일 북한이 남한의 일부라고 본다면 남북한 법률관계를 남한의 국내적 법률관계로 취급하면 되고, 반대로 북한을 외국으로 본다면 이를 국제적 법률관계로 취급하면 되나 양자는 모두 만족스럽지 않다. 왜냐하면 남북관계는 나라와 나라 사이의 관계가 아닌 통일을 지향하는 과정에서 잠정적으로 형성되는 '한민족 공동체 내부의 특수관계'이기 때문이다.129) 여기에서 남북한 법률관계에서 발생하는 분쟁의 올바른 해결방안이 제기된다.130) 그 해결방안을 탐구하는 과정에서 준국제사법적 접근방법이 유용하다.

논리적으로는 여기에서도 관할, 준거법 그리고 재판의 승인 및 집행의 순서로 논의해야 하나 종래 가장 문제된 것이 준거법이므로 이를 먼저 논의한다.

2. 준거법 결정에 관한 접근방법: 헌법과의 관계

종래 북한이 남한의 일부인가는 헌법상의 문제이고, 남북한 주민 간의 법률관계를 바라보는 관점을 헌법 조문과의 관계에서 논의한다. 즉 헌법 제3조(영토조항)에 의하면 북한주민도 대한민국 국민이므로 남북한 법률관계에는 당연히 남한법이 적용되는 데 반하여, 헌법 제4조(통일정책 조항)를 중시하면 북한의 법적 실체를 인정하여 남한과 북한은 별개 국가이고, 북한주민은 외국인으로 취급되므로 남북한 주민 간의 법률관계는 전면적으로 국제사법의 법리에 따른다는 것이다.131) 그러나 위(Ⅲ.2.)에서 본 것처럼 국제사법의 적용근거는 헌법 제11조(평등의 원칙)에 있음을 고려해야 한다. 북한주민 간의 법률관계에 남한법을 적용하는 것과, 사망한 북한주민의 상속문제를 남한 민법에 의하여 규율하는 것은

---

129) 헌법재판소와 대법원도 이런 개념을 사용하고 남북가족특례법 제2조도 이를 명시한다. 상세는 이효원, 통일법의 이해(2014), 100-101면, 127면 이하 참조.
130) 상세는 석광현, "남북한 주민 간 법률관계의 올바른 규율: 광의의 준국제사법규칙과 실질법의 특례를 중심으로", 국제사법연구 제21권 제2호(2015. 12.), 335면 이하 참조.
131) 학설의 소개는 석광현(註 56), 117면 이하 참조.

평등의 원칙에 반하고 당사자의 이익에도 반한다. 남한주민 간의 법률관계에 대하여 남한법을, 북한주민 간의 법률관계에 대하여 북한법을 각 적용하는 것이 타당함은 異論이 없는데, 만일 북한주민 간의 법률관계에 대하여도 헌법 제3조 우위설을 따라 남한법을 전면 적용하는 것은 평등의 원칙에 반한다. 따라서 사법적(私法的) 법률관계에 관한 한 제3조와 제4조만 논의할 것은 아니고 제11조를 함께 고려하여 구체적인 연결원칙을 정립해야 한다. 남북한 특수관계론을 취하더라도 이러한 접근방법을 받아들이지 않으면 아니 된다. 그러나 준국제사법적 접근방법이 모든 문제를 해결할 수는 없으므로 필요한 경우에는 문제된 남북한 법률관계의 특수성을 충분히 고려하여 적절한 실질법규칙을 도입함으로써 올바른 방향으로 문제를 해결해야 한다. 예컨대 남북가족특례법 제6조는 중혼에 대한 특례를 두어 민법에도 불구하고 중혼을 취소할 수 없는 것으로 하고 일정한 경우 오히려 전혼이 소멸한 것으로 보는데, 이는 정의로운 실질법규칙을 도입함으로써 문제를 해결한 것이다.

다만 (협의의) 준국제사법규칙이 평등의 원칙에 반할 수 없으나 평등의 원칙으로부터 구체적인 (협의의) 준국제사법규칙을 도출할 수는 없다. 여기에서도 평등의 원칙은 큰 테두리만을 정할 뿐이고 이는 (협의의) 준국제사법에 의하여 보완되지 않으면 아니 된다.

3. 준국제재판관할과 북한재판의 승인 및 집행

가. 준국제재판관할

남북한 간에 어느 지역이 재판관할을 행사할지의 문제는 국제재판관할과 구별하여 '준국제재판관할'이라고 부를 수 있다. 여기에서도 북한의 법적 지위와 관련한 헌법상의 문제가 제기된다. 즉 북한도 대한민국이라고 보면 남북한 법원 간의 관할은 당연히 남한법에 따라 결정되는 데 반하여, 북한의 법적 실체를 전면적으로 인정한다면 재판관할은 전면적으로 국제사법의 법리에 따른다. 필자는 준국제재판관할의 결정에도 준국제사법적 접근방법이 타당하다고 본다. 이런 취지를 고려하여 "남북 주민 사이의 가족관계와 상속 등에 관한 특례법"("남북가족특례법") 제4조가 규정을 두고 있다.[132]

---

132) 개정안이 국회를 통과하면 제4조도 상응하여 개정할 필요가 있으나 개정안에 포함된 부적절한 법정지의 법리를 적용하는 것은 남북한의 현황을 고려할 때 다소 부정적이다.

나. 북한재판의 승인 및 집행

예컨대 북한주민이 북한법에 따라 혼인하고 혼인신고를 했다면 혼인의 방식요건을 구비한 유효한 혼인인데, 만일 부부인 북한주민들이 북한법에 따라 재판상 이혼을 하였다면 남한에서 그 효력이 문제된다. 이것이 북한판결의 승인의 문제이다. 여기에서도 북한의 법적 지위와 관련한 헌법상의 문제가 있다. 만일 북한의 법적 실체를 전면적으로 인정하여 외국처럼 취급한다면 북한재판의 승인 및 집행은 전면적으로 (광의의) 국제사법(또는 국제민사소송법) 법리에 따른다. 반면에 만일 북한을 대한민국의 일부라고 본다면 북한법원의 재판은 민사소송법 제217조가 말하는 외국재판이 아니다. 그러나 북한법원은 남한법원이 아니고 그 재판은 대부분 남한법 질서가 아니라 그와 현저하게 다른 북한법 질서에 기초하여 이루어지므로 그 재판을 남한법원의 재판과 동일시할 수는 없고, 일정한 요건을 구비하는 경우에 한하여 남한에서 효력을 인정할 수 있을 뿐이다. 이는 북한법원의 재판이 남한에서 효력을 가지기 위하여는 외국재판처럼 '승인'을 필요로 함을 의미한다. 따라서 여기에서도 (광의의) 준국제사법적 접근방법을 취하는 것, 즉 민사소송법의 규정을 유추적용하는 것이 타당하다.

2011년 작성된 남북가족특례법 초안(제6조)은 외국재판의 승인에 관한 구 민사소송법 제217조를 준용하였으나 이는 결국 삭제되었다.[133] 이는 북한 판결을 승인하는 것은 북한을 국가로 승인하는 것이 될 수 있다는 우려 때문이나 필자는 그에 동의하지 않는다. 남북한 특수관계론으로도 친족관계에 관한 북한 판결의 승인을 정당화할 수 있을 것이다.[134]

유념할 것은, 북한에서 형성된 법률관계 중 남한의 헌법정신과 양립할 수 없는 것은 그 효력이 배제되므로 북한법을 적용한 결과 또는 북한 재판을 승인한 결과가 남한 헌법의 핵심적 가치와 정면으로 충돌하는 경우에는[135] 공서에 반하는 것으로서 남한에서는 효력을 가질 수 없다는 점이다.

---

133) 상세는 석광현(註 130), 383면 이하 참조.
134) 아니면 공법적 법률관계와 사법적 법률관계를 구분하는, 즉 승인의 공법적 차원과 사법적 차원을 구분하는 법리를 동원할 여지도 있다. 이는 미승인국가의 법 적용에 관하여 국제사법재판소가 채택한 'Namibia exception'이다. Alex Mills, States, failed and non-recognized, Encyclopedia, Vol. 2 (2017), p. 1656 *et seq.*는 그런 접근방법을 위한 영미와 유럽인권재판소의 판례와 미국 대외관계 Restatement Third, §205(3) 및 타이완 관련 판례를 소개한다.
135) 강제징용사건의 대법원판결 참조.

VI. 국제사법 맥락에서 인권

1. 인권이 국제사법에서 가지는 의미

우리 헌법상의 기본권은 인권의 문제이기도 하다. 여기에서는 인간의 권리의 공식적 원천에 따라 그것이 국내법이면 '기본권(fundamental rights, Grund-rechte)'이라 하고, 그것이 국제관습법 또는 국제인권협약과 같은 국제규범[136]이면 '인권(human rights)'이라고 부른다.[137] 이렇게 보면 원칙적으로 기본권은 우리 국내법의 문제인 데 반하여 인권은 국제법의 문제라고 할 수 있으나[138] 인권은 국내법(특히 헌법과 형사소송법)에 의하여도 보호되므로 하나의 권리가 국내법과 국제법에 의하여 동시에 보호되는 것도 흔한 일이다. 일반적으로 국제인권협약과 같은 조약은 헌법과 동일한 지위에 있는 것은 아니나 우리 법의 핵심적인 구성부분이므로 그에 위반된 외국법은 기본권에 반하는 외국법처럼 우리의 공서에 반하고 기본권에 관한 위의 논의는 대체로 인권의 맥락에서도 타당할 것이

---

136) 1948년 국제연합 세계인권선언을 기초로 법적 구속력을 가진 기본적이고 보편적인 국제인권법으로 마련된 것이 '시민적·정치적 권리규약(B규약)'과 '경제적·사회적·문화적 권리규약(A규약)'이다(모두 1966년 채택 1976년 발효). 세계인권선언과 이들을 묶어 '국제인권장전(International Bill of Rights)'이라 한다. 인권에 대해 포괄적 내용을 담은 A·B규약과 달리 특정 주제 또는 집단(group)에 초점을 맞춘 국제인권협약으로는 인종차별철폐협약, 여성차별철폐협약, 고문방지협약과 아동권리협약이 있다. 이들 4개 협약과 A·B규약을 묶어 '주요(core)인권협약'이라 하는데 한국은 이에 모두 가입하였다. 또한 협약의 이행 강화를 위한 절차적 사항을 정한 다양한 선택의정서가 있고, 주요인권협약 외에 이주노동자권리협약, 장애인권리협약, 강제실종협약과 같이 사회적 취약계층의 권리 보호를 위한 국제인권규범이 있다. 국제연합 국제인권협약의 개관과 한국의 가입상황 등은 http://www.mofa.go.kr/www/wpge/m_3996/contents.do 참조. 상세는 정인섭, 신 국제법강의: 이론과 사례 제8판(2018), 875면 이하 참조. <u>대법원 2018. 11. 1. 선고 2016도10912 전원합의체 판결은 국제연합의 시민적 및 정치적 권리에 관한 국제규약(International Covenant on Civil and Political Rights, 이하 '자유권규약'이라 한다. 이는 B규약을 말하나. 자유권규약은 우리나라에서 1990. 7. 10.부터 효력을 발생하게 되었다(조약제1007호). 자유권규약에 관하여는 우선 장태영, "자유권규약의 효력, 적용, 해석 —대법원 2016도10912 전원합의체 판결에 대한 평석을 중심으로—", 국제법학회논총 제65권 제2호(통권 제157호), 263면 이하 참조.</u> [밑줄 친 부분은 이 책에서 새로 추가한 부분이다.]

137) Kinsch(註 23), p. 880.

138) 따라서 기본권에 기하여 외국재판의 승인 또는 집행과 외국법의 적용을 거부하는 데 대하여는 지역적 가치를 역외적으로 투사하는 것으로서 잠재적으로 문제가 있다는 비판이 있으나(Mills(註 3), p. 456 참조), 국제적으로 보호되는 인권에 기한 경우에는 체약국들 간에는 그런 비판의 여지가 없을 것이다.

다.139) 그러나 구체적으로는 세계적으로 구속력이 있는 통일적인 인권 목록이 없으므로 헌법상의 개별적인 기본권에 포함된 인권의 내용을 정확히 파악하는 것은 쉽지 않고 양자가 일치하지 않을 수 있다는 지적도 있다.140) 아직 이 주제에 대한 필자의 연구가 부족하므로 여기에서는 간단한 소개에 그친다.141)

2. 인권이 국제사법에 영향을 미치는 장면

가. 외국법의 적용과 공서위반 맥락에서의 인권

국제인권협약의 적용범위 내에서는 그에 열거된 인권은 기본권과 마찬가지로 공서의 내용을 결정하는 데 있어 의미가 있다. 이는 위에서 논의한 '국제사법에 의하여 준거법으로 지정된 외국법의 적용과 공서위반'(즉 국제사법 적용의 [2]단계)의 문제이다. 즉 인권은 협약의 모든 당사국에 공통된 저촉법적 공서의 구성부분이다.142)

국제사법 맥락에서 인권의 기능의 실천적 의미는, 1950년 유럽인권협약 (European Convention on Human Rights. ECHR)143)뿐만 아니라 그의 집행을 담보하는 유럽인권재판소(European Court of Human Rights. ECtHR)144)를 두고 있는 유럽에서 두드러지는데 유럽인권협약은 전통적인 국가별 공서와 구별되는 새로운 유럽의 공서의 기능을 한다.145)

---

139) Kegel/Schurig(註 44), S. 536은 인권을 기본권과 동일하게 다룬다. 그러나 독일에서는 인권은 기본권보다 절차적으로 관철하기가 더 어렵다는 지적이 있다. Looschelders(註 49), S. 491.

140) Looschelders(註 49), S. 483.

141) 이에 관하여는 우선 Patrick Kinsch, *Droits de l'homme, droits fondamanteaux, et droit international privé*, 318 *Recueil des Cours* (2005) 9 *et seq.*; James J. Fawcett, "The Impact of Article 6(1) of the ECHR on Private International Law", Journal of Private International Law, 56 (2007), 1 *et seq.*; RabelsZ, Band 63 (1999), S. 409ff.에 수록된 '유럽인권협약과 유럽사법'에 관한 세미나 논문들; Patrick Kinsch, "Private International Law Topics before the European Court of Human Rights: Selected Judgments and Decisions (2010-2011)", Yearbook of Private International Law, Vol. XIII (2011), p. 37 *et seq.* 참조.

142) von Hoffmann/Thorn(註 87), §6, Rn. 148.

143) 이는 1950년 "인권 및 기본권의 보호에 관한 협약(Convention for the Protection of Human Rights and Fundamental Freedoms)"을 말한다.

144) 유럽인권재판소에 관하여는 우선 변지영, EU사법재판소(CJEU)와 유럽인권재판소(ECtHR)에 관한 연구(사법정책연구원 연구총서 2016-10)(2016), 89면 이하 참조.

145) Mills(註 3), p. 455. 그러나 인권의 적극적 기능을 인정하기도 한다. Jürgen Basedow,

나. 외국재판의 승인 및 집행의 맥락에서의 인권

특히 외국재판의 승인 및 집행의 맥락에서도 그를 승인한 결과가 인권을 침해하는 경우 공서위반을 이유로 승인이 거부될 수 있다. 논란이 있는 것은 국내법상 대리모가 허용되지 않는 국가의 경우 의뢰인 부부가 외국인 대리모를 통하여 자를 출생한 때 친자관계의 존재를 긍정한 외국(예컨대 캘리포니아주) 판결의 승인이 공서에 위반되는가이다. 이에 관하여는 견해가 나뉘나 독일 연방대법원 2014. 12. 10. 판결146)은 생활동반자 남성커플이 의뢰한 대리모 사건에서 (일방은 유전적 부였다) 이는 공서위반이 아니라고 판단하였다. 이는 무엇보다도 아이의 복리 그리고 아이와 유전적 부모의 기본권을 중시하기 때문이다.147) 다만 독일 연방대법원과 일본 최고재판소(네바다주 판결)는 이를 긍정한 바 있으나 여기에서 캘리포니아주 판결이 승인대상인 외국재판에 해당하는지는 논란이 있다. 외국법원의 판결이 되기 위하여는 법원이 책임을 지는 어떤 판단이 포함되어야 하고, 법원의 역할이 단순히 증서화하는 활동(Urkundstätigkeit) 또는 공증적 기능(beurkundende Funktion)을 하는 데 그치는 것으로는 부족하기 때문이다.148)

나아가 유럽인권협약 제6조가 보장하는 원고의 공정한 재판을 받을 권리를

"Theorie der Rechtswahl oder Parteiautonomie auf Grundlage des Internationalen Privatrechts", RabelsZ, Band 75 (2011), S. 55ff.는 계약 준거법에 관하여 국제적으로 널리 인정되는 당사자자치 원칙의 근거를 인권에서 구한다. 상세는 Kathrin Kroll-Ludwigs, Die Rolle der Parteiautonomie im europäischen Kollisionsrecht (2013), S. 222ff., S. 262. 이는 계약자유의 원칙의 연장선상에서 당사자자치의 원칙의 근거를 찾으면서 '일반적 행동의 자유(allgemeine Handlungsfreiheit)'로부터 양자의 근거를 찾는다. 우리 헌법학상으로도 일반적 행동자유권이 인정되는데, 그 헌법적 근거에 관하여는 견해가 나뉘나 인간의 존엄과 가치 · 행복추구권을 정한 헌법 제10조로부터 도출하는 것이 다수설이나, 포괄적 자유권을 정한 헌법 제37조 또는 양자의 결합으로부터 도출하기도 한다. 김철수 (註 3), 560면 이하 참조. <u>그러나 당사자자치의 근거를 객관적 법질서 선행하는 주관적 권리로 파악하는 견해(위 Basedow)에 대한 비판도 있다. Arnold(註 58), S. 29ff. 참조.</u> [밑줄 친 부분은 이 책에서 새로 추가한 것이다.]

146) XII ZB 463/13. FamRZ 2015, 240 = IPRax 2015, 261. 평석은 Dieter Henrich, "Leimütter Kinder: Wessen Kinder?", IPRax (2015), S. 229.

147) 상세는 Claudia Mayer, "Ordre public und Anerkennung der rechtlichen Elternschaft in internationalen Leihmutterschaftsfällen", RabelsZ, Band 78 (2014), S. 572ff. 참조. 대리모와 관련된 인권 문제는 우선 이준일, 인권법: 사회적 이슈와 인권 제7판(2017), 565면 이하 참조.

148) 석광현, "국제재판관할과 외국판결의 승인 및 집행", 국제사법연구 제20권 제1호(2014. 6.), 33면.

침해하는 경우에는 승인 및 집행이 거부될 수 있다.[149]

다. 국제적 아동인권 보호기제로서의 헤이그아동협약

국제사법에서 인권보호의 문제는 아동입양협약, 아동탈취협약, 아동보호협약 및 아동부양협약과 같은 아동인권의 보호를 목적으로 하는 헤이그협약에서 두드러진다.[150] 다만 아동보호협약을 제외하면 위 헤이그아동협약은 전통적인 국제사법의 과제(즉 국제재판관할, 준거법과 외국재판의 승인 및 집행)를 정한 규범은 아니므로 여기의 논의와 직접 관련되지는 않는다. 한편 국제재판관할, 준거법과 외국재판의 승인 및 집행을 다루는 아동보호협약은 아동보호와 국제사법의 목적을 충분히 고려한 국제적 컨센서스를 반영한 것이므로[151] 그에 정한 원칙이 인권, 나아가 우리 헌법의 기본권에 반할 가능성은 거의 없을 것이다.

3. 외국에서 형성된 친자관계의 승인: 대리모의 경우

외국에서 획득한 지위의 승인에 관하여는 유럽인권재판소가 특별히 관심을 기울여 왔다. 외국에서 법원의 재판에 의하여 형성된 법상태의 승인은 위(VI.2. 나.)에서 본 외국재판의 승인의 문제이다. 반면에 법원의 재판에 의하지 않고 형성된 법상태는 우리의 준거법 통제 나아가 공서통제에 반하는 경우 원칙적으로 인정되지 않지만, 예외적으로 그 법상태의 부정이 헌법상의 기본권 내지 인권보호에 반할 경우 그 법률효과가 인정될 수도 있는데 특히 신분관계의 경우 그러하다(예컨대 성명에 관한 유럽사법재판소의 2008. 10. 14. Grunkin and Paul 사건 판결(C-353/06)).[152] 이 점은 아직 우리나라에서는 별로 논의되고 있지 않으나 앞으로 문제가 될 것으로 예상된다.

---

149) Patrick Kinsch, "The European Court of Human Rights and PIL", T. Einhorn and K. Siehr (eds.), International Cooperation through Private International Law: Essays in memory of Peter Nygh (2004), p. 218 *et seq.* 참조.

150) 특히 아동탈취협약에 따른 아동의 반환과 관련하여 아동의 기본권이 문제된다. 권재문, "헤이그 아동탈취협약과 가족생활에 관한 기본권 — 유럽인권재판소 판례를 중심으로", 2018. 6. 20. 서울가정법원에서 개최된 한국국제사법학회 창립 25주년 기념 공동학술대회 발표문, 83면 이하 참조.

151) 개관은 석광현(註 56), 515면 이하; 윤진수(편)(註 72), 1731면 이하 참조(석광현 집필 부분).

152) Kinsch(註 23), p. 882-883.

근자에 유럽인권재판소(ECtHR)에서 대리모의 문제를 다룬 사건이 있다. 그 사건에서는 유럽인권재판소는 출생증명서의 기재 또는 외국판결에 의한 것인지를 묻지 않고 유럽인권협약상 외국에서 적법하게 형성된 '친자관계(parent-child relationship, parenthood, parentage)의 승인'의 문제로 다루었다. 대리모, 의뢰인 부부와 아이의 기본권의 보호라는 관점에 검토할 필요가 있다.

2쌍의 프랑스인 부부는 남편의 정자와 익명의 제3자의 난자로 만든 수정란을 대리모계약을 체결한 다른 여성으로 하여금 출산케 하였다. 프랑스인 부부는 각각 캘리포니아주 법원과 미네소타주 법원으로부터 생물학적 부모와 자녀 사이의 친자관계를 인정하는 판결을 받았고, 미국의 출생증명서에도 그렇게 기재되었다. 프랑스인 부부는 미국의 출생증명서와 판결에 기하여 프랑스의 신분등록부에 아이를 자신들의 자녀로 기재하고자 신청하였으나 프랑스 당국은 이를 거부하였다. 프랑스 파기원은 그들의 청구를 인용할 경우 프랑스법상 형사처벌의 대상이고, 프랑스 민법상 무효인 대리모계약을 인정하고 프랑스법상의 '신분의 불가처분성 원칙'에 반하게 되며 신분등록부 기재 거부가 유럽인권협약 제8조 (Right to respect for private and family life) 위반은 아니라고 판단하였다. 위 부부는 프랑스 정부를 유럽인권재판소에 제소하였고, 유럽인권재판소는 2014. 6. 26. 선고한 두 개의 판결(Mennesson v. France와 Labassee v. France)에서, 자녀와 의뢰인 부(夫) 사이에 법적 친자관계를 인정하지 않는 것은 자녀의 사생활을 존중받을 권리(유럽인권협약 제8조) ―이는 사람의 정체성과 법적 친자관계의 승인을 받을 권리를 포함한다― 를 침해한다고 판시하였다.[153]

우리 헌법상으로도 이는 제17조(사생활의 자유),[154] 제36조(혼인과 가족생활의 보호와 같은 기본권) 그것이 아니라면 헌법 제10조(인간의 존엄과 행복추구권)가 정

---

153) 반면에 유럽인권재판소는 자녀의 가족생활에 대한 권리의 침해를 부정하였고, 또한 의뢰인 부모의 인권침해는 부정하였다. 소개는 "Family: foreign surrogacy arrangement-child conceived using father's sperm and donor egg", European Human Rights Law Review (2014), Vol. 5, pp. 546-550; Rainer Frank, "Französisches Kindschaftsverhältnis bei Leihmutterschaft in Kalifornien-Anerkennung (NJW 2015, 3211)", FamRZ 2014, S. 1527ff.; 전반적 논의는 Claire Fenton-Glynn, "International surrogacy before the European Court of Human Rights", Journal of Private International Law, Vol. 13 Issue 3 (2017), p. 546 et seq. 참조.

154) 우리 헌법은 사생활의 자유에 관하여 조문을 두므로 보충적 권리인 인간의 존엄과 가치·행복추구권에서 찾을 필요는 없다.

한 기본권과 관련될 수 있다. 여기에서 두 개의 쟁점이 제기된다. 첫째는, 의뢰인 부모와의 친자관계를 인정하는 미국 재판의 승인이 우리의 공서에 반하는가이고, 둘째는, 만일 그렇다면 그럼에도 불구하고 우리는 헌법 또는 국제인권조약에 의하여 의뢰인 부부 또는 아이에게 부여된 권리에 의하여, 미국에서 적법하게 형성된 친자관계를 승인해야 하는가이다.[155]

나아가 헌법상의 기본권 내지 인권의 쟁점은 동성혼[156]과 동성생활동반자 등의 경우에도 제기된다.

VII. 맺음말

위에서는 헌법과 광의의 국제사법의 접점에 있는 논점들을 검토하였다. 이를 통하여 헌법이 국제사법에 미치는 영향 내지 국제사법과 헌법의 접점이 광범위함을 확인할 수 있었다. 헌법과 민법의 관계와 비교하면 헌법과 광의의 국제사법의 관계는 다소 차이가 있다. 즉 국제재판관할과 외국재판의 승인 영역에서는 절차법적 측면이 문제되고, 준거법의 영역에서는 연결점의 선택과 그에 의하여 결정된 준거법의 적용이라는 이단계를 구분할 필요가 있다는 것이다. 이는 국제사법이라는 법영역의 특수성에 기인한다. 다만 헌법상의 논의는 가치판단을 수반하는 탓에 많은 경우 윤곽규범인 헌법만에 근거하여 구체적인 국제재판관할 규칙과 준거법규칙을 도출하기는 어렵다. 즉 헌법은 국제재판관할과 준거법의 맥락에서 입법자와 법관이 준수해야 하는 큰 테두리만을 규정하고, 결정적인 것은 입법자가 그 입법재량의 범위 내에서 국제사법상의 다양한 요소를 고려하여 채택하는 국제재판관할규칙과 준거법규칙이다.

국제재판관할규칙의 경우 연결점의 선택 자체가 헌법의 평등권에 반하거나

---

155) Katharina Boele-Woelki, "(Cross-Border) Surrogate Motherhood: We need to Take Action Now!", A Commitment to Private International Law: Essays in Honor of Hans van Loon (2013), p. 55 참조. 대리모 출생자의 경우 결국 기본권 또는 인권을 이유로 우리가 미국에서 형성된 친자관계를 승인해야 한다면 그 승인은 공서위반이 아니라고 보는 것이 논리적일 것이다.

156) 동성혼은 헌법 제36조 제1항에 의해 금지된다고 보는 견해도 유력하다. 정종섭, 헌법학원론 제9판(2014), 216면; 대법원 2011. 9. 2.자 2009스117 전원합의체 결정; 가족관계등록 공무원의 혼인신고 불수리처분에 대한 동성커플의 불복신청을 각하한 서울서부지방법원 2016. 5. 25.자 2014호파1824 결정 참조.

당사자의 재판청구권을 부당하게 침해하여서는 아니 된다.

준거법규칙의 경우 연결점의 선택 자체가 헌법의 평등권에 반해서는 아니 된다. 여기에서는 준거법규칙의 맥락에서 헌법상의 평등원칙(양성평등)에 비추어 문제의 소지가 있는 연결원칙을 검토하였고 국제사법 제3조 제1항 단서를 제외하고는 문제가 없다고 판단하였다. 나아가 지정된 준거법을 적용한 결과가 공서에 반하면 그 적용이 배제되는데, 공서의 판단에서 헌법의 가치(특히 기본권)가 한국의 본질적 법원칙을 판단함에 있어 준거를 제공한다.

공서위반의 맥락에서 헌법이 역할을 하는 점은 외국재판 승인 및 집행에서도 같다.

근자에 대리모, 동성혼과 동성생활동반자 관계처럼 국제사법에서 까다로운 가치판단을 수반하는 쟁점들이 제기되고 있는데 이는 특히 기본권(내지 인권)과 밀접한 관련을 가지는 문제이므로 앞으로는 광의의 국제사법과 헌법의 상호작용에 대해 더 큰 관심을 가져야 한다. 특히 우리 사회에서 헌법재판소의 역할이 커감에 따라 '국제사법과 기본권 내지 인권'의 상호작용에 대하여 깊이 연구할 필요가 있다. 이 글을 계기로 우리나라에서도 장래에는 국제사법 연구자들이 국제사법 쟁점을 다루는 과정에서 헌법의 의미에 대해 더 큰 관심을 가지게 되기를 희망한다.[157] 그리고 여기의 논의가 더욱 구체화되고 심화되기를 기대한다.

후 기

위 글을 발표한 뒤에 아래의 문헌을 발견하였다. 물론 망라적인 목록은 아니다.
• 채대원, "책임제한의 준거법을 선적국법으로 정하고 있는 국제사법 제60조 제4호의 위헌 여부를 판시한 헌법재판소 2009. 5. 28. 선고 2007헌바 98 결정에 대한 소고", 해사법의 제문제(부산판례연구회 창립 30주년 기념. 2018), 463면 이하

---

157) 여기에서 다루지는 않았으나 준거법 결정에서 당사자자치 원칙과 국가 주권의 관계(입법 관할권의 한계와 연계하여) 그리고 국제재판관할과 국가 주권의 관계(사법관할권의 한계와 연계하여) 등도 검토할 필요가 있다. 나아가 외국적 요소가 없는 경우에도 외국법원에 관할을 부여하거나 외국법을 적용하기로 하는 당사자의 합의가 허용되는지도 같은 맥락에서 검토할 필요가 있다.

제 4 장

국제회사법

[6] 한국에서 주된 사업을 하는 외국회사의 법인격과 당사자능력: 유동화전업 외국법인에 관한 대법원 판결과 관련하여

前記

이 글은 저자가 선진상사법률연구 제90호(2020. 4.), 33면 이하에 게재한 글로서 오타와 오류를 제외하고는 원칙적으로 수정하지 않은 것이다. 가벼운 수정 부분은 밑줄을 그어 표시하였고, 참고할 사항은 말미의 후기에 적었다. 정치(精緻)한 국제재판관할규칙을 담은 국제사법 개정법률(개정법)이 2022. 1. 4. 공포되어 7. 5. 발효된다. 그 결과 준거법규칙을 담은 조문도 번호가 변경되기에 아래에서는 개정법의 조문을 일부 언급하였다.

I. 머리말

1. 회사의 속인법과 의사(擬似)외국회사의 취급

오늘날 국제거래의 주요 주체는 각국 회사들이다. 이 경우 일방 회사가 상대방 회사가 법인격(Rechtspersönlichkeit)과 권리능력을 가지는지, 회사 대표자는 누구인지, 그 회사의 채무에 대해 주주(사원 또는 구성원)가 책임을 지는지, 또한 상대방 회사가 당해 거래를 위해 필요한 회사법상의 내부조치는 무엇이고 그 조치를 취했는지 등이 문제되는데, 이를 판단하기 위하여는 그러한 사항들을 규율하는 회사의 준거법 또는 '속인법(lex societatis)'[1]을 파악하여야 한다. 이것이 국제사법(國際私法) 더 정확히는 국제회사법의 논점이다. 국제사법상 회사의 속인

---

1) 일본에서는 '종속법'이라고도 하나 이는 우리나라에서는 잘 사용되지 않으므로 황남석, "유사외국회사에 관한 고찰", 전남대학교 법학논총 제39권 제2호(2019. 5.), 166면이 이를 사용하는 것은 다소 의외다. 한국조세연구포럼, "외국회사 관련 규정 정비방안 연구: 세법적 측면의 검토를 포함하여", 2018. 12. 10. 법무부 연구용역 최종보고서도 같다(2면 등). 연구책임자가 황남석 교수이다.

법의 결정에 관하여는 세계적으로 견해가 나뉘고 전통적으로 영미가 선호하는 설립준거법설(incorporation theory)과 독일과 프랑스가 선호하는 본거지법설(real seat theory)이 크게 대립하고 있다.[2] 우리 국제사법 제16조(개정법 제30조)가 양자를 결합하고 있음은 주지하는 바와 같다.

회사의 속인법과 관련하여 검토할 만한 2015년에 대법원 판결이 보이기에 평석을 하고자 한다. 이는 의사(擬似)외국회사(pseudo-foreign corporation 또는 Scheinauslandsgesellschaft)[3] 더 정확히는 "자산유동화에 관한 법률"("자산유동화법")에 따른 자산유동화업무를 전업으로 하는 외국법인(이하 "유동화전업 외국법인"이라 한다)[4]이 원고가 된 사건인데, 비록 법원에서는 전혀 쟁점이 아니었으나, 여기에서는 그런 회사에 국제사법 제16조 단서를 적용한 효과는 무엇인지를 논의한다. 즉 그에 따라 원고의 권리능력과 당사자능력이 부정될 가능성이 있기

---

2) Gerhard Kegel/Klaus Schurig, Internationales Privatrecht, 9. Auflage (2004) S. 572ff; Christian von Bar/Peter Mankowski, Internationales Privatrecht, Band Ⅱ, 2. Auflage (2019), §7, Rn. 1ff.; 유럽연합 주요국의 소개는 Stephan Rammeloo, Corporations in Private International Law: A European Perspective (2001), p. 95 이하 참조. 본거지의 개념에 관하여 정관 내지 설립등기상의 본거지라는 견해도 있으나 다수설에 따르면 이는 사실상의 주된 사무소를 말한다. 석광현, 국제사법과 국제소송, 제2권(2001), 196면; 안춘수, 국제사법(2017), 204면. Thomas Rauscher, Internationales Privatrecht, 5. Auflage, 2017, Rn. 630는 본거지는 사실상의 경영지(tatsächlicher Verwaltungssitz. 경영중심지 또는 경영통괄지)를 의미한다고 한다. 다른 학설들은 위 석광현, 197면; 이병화, "국제적 법인에 관한 국제사법적 고찰", 저스티스 통권 제124호(2011. 6.), 391면 이하(후자는 중층화설, 개별화설과 유형화설 등을 소개한다); Tim Lanzius, Anwendbares Recht und Sonderanknüpfungen unter der Gründungstheorie (2005), S. 111ff. 참조.

3) 상법 제617조에 따르면 '외국에서 설립된 회사로서 한국에 그 본점을 설치하거나 한국에서 영업할 것을 주된 목적으로 하는 회사'를 말한다. 국제사법 제16조 단서에 따르면 '외국에서 설립된 회사로서 한국에 주된 사무소가 있거나 한국에서 주된 사업을 하는 회사'를 말하여 다소 차이가 있으나, 여기에서는 일단 양자를 호환적으로 사용한다. 이를 'offshore company'라고도 부른다. Abbo Junker, Internationales Privatrecht, 3. Auflage (2019), §13, Rn. 40. 의사(擬似)외국회사라는 개념은 미국에서 발전된 것이라고 한다. Peter Behrens, "Connecting factors for the determination of the proper law of companies", Peter Mankowski et al. (Hrsgs.), Festschrift für Ulrich Magnus zum 70. Geburtstag (2014), p. 367. Eugene F. Scoles/Peter Hay/Patrick J. Borchers/Symeon C. Symeonides, Conflict of Laws, Fifth Edition (2010), §23.9도 참조. 현행 상법 제617조는 이를 '유사외국회사'라고 하나 擬似가 유사보다 더 정확하다고 본다. 이하 "의사(擬似)외국회사"라 한다.

4) "유동화전문회사"라 함은 제17조 및 제20조의 규정에 의하여 설립되어 자산유동화업무를 영위하는 회사를 말하는데(자산유동화법 제2조 제5호), 자산유동화법은 위와 같은 유동화전문회사 외에 유동화전업 외국법인의 존재를 상정한다.

때문이다. 일반적으로 권리능력은 실체법의 문제로서 협의의 국제사법의 논점이고, 당사자능력은 광의의 국제사법 또는 국제민사소송법(또는 국제민사절차법)의 논점으로 이해되고 있다. 후자는 '절차는 법정지법에 따른다(*forum regit proc-essum*)'는 법정지법원칙(*lex fori* Principle)[5]에 따라 기본적으로 법정지법인 우리 민사소송법에 의할 사항이나 더 면밀한 검토가 필요하다.

2. 논의의 순서

구체적인 논의순서는 아래와 같다. 첫째, 국제사법상 회사의 속인법과 상법 제617조(Ⅲ.), 둘째, 여기에서 다루는 2015년 대법원판결의 사안과 유동화전업 외국법인의 권리능력과 당사자능력[6]의 검토(Ⅳ.)와 셋째, 상법 제617조와 국제사법 제16조 단서의 관계(Ⅴ.)의 순서로 검토한다. 다만 그에 앞서 회사의 준거법과 관련하여 우리의 주목을 끌고 있는 유럽사법재판소의 일련의 판결들[7] 중에서 Überseering 사건 판결을 소개한다(Ⅱ.). 이를 앞서 소개하는 이유는, 본거

---

5) 최공웅, 국제소송, 개정판(1994), 243면 이하. 대법원 1994. 6. 28. 자 93마1474 결정도 이를 인정한 바 있다. 위 원칙의 이론적·법적 근거는 석광현, 국제사법과 국제소송 제6권(2019), 241면 이하 참조.

6) 여기에서는 권리능력과 그에 기초한 실질적 당사자능력에 초점을 맞춘다. 즉 민사소송법 제51조에 따르면 당사자능력(當事者能力)은 이 법에 특별한 규정이 없으면 민법, 그 밖의 법률에 따르므로 민법 등에 의하여 권리능력을 가지는 자연인과 법인은 당사자능력을 가지는데 이를 '실질적 당사자능력자'라고 한다. 이시윤, 신민사소송법 제11판(2017), 147면.

7) 예컨대 1999. 3. 9. Centros 사건(C-212/97), 2002. 11. 5. Überseering 사건(C-208/00), 2003. 9. 30. Inspire Art 사건(C-167/01), 2005. 12. 13. SEVIC 사건(C-411/03), 2008. 12. 16. Cartesio 사건(C-210/06), 2011. 11. 29. National Grid Indus 사건(C-371/10)과 2012. 7. 12. VALE 사건(C-210/06) 등) 등. von Bar/Mankowski(註 2), §7, Rn. 27ff. 참조. 우리 문헌은 정성숙, "유럽회사법의 발전동향: 영업소의 설치·이전의 자유와 회사조직형식을 중심으로", 비교사법 제14권 제1호(통권 제36호)(2007. 3.), 445면 이하; 정성숙, "유럽연합에 있어서 회사의 준거법과 영업소설치·이전의 자유에 관한 연구", 홍익법학 제10권 제3호(2009. 10.), 455면 이하; 정성숙, "유럽연합 내 영업소 이전에 관한 판례의 동향", EU연구, 제52호(2019), 39면 이하; 이병화(註 2), 409면 이하; 김화진·송옥렬, 기업인수합병(2007), 85면 이하 참조. 영국 문헌은 우선 Justin Borg-Barthet, The Governing Law of Companies in EU Law, 2012, p. 104 이하 참조. EU회원국의 국제회사법과 유럽연합 국제회사법의 입법방향에 관하여는 Carsten Gerner-Beuerle *et al.* (eds.), The Private International Law of Companies in Europe (2019) 참조. 이는 EU 위원회 등의 의뢰에 따라 2017. 4. 4. 간행된 "Study on the Law Appliable to Companies" 라는 보고서에 기초한 것이다.

지법설을 적용한 결과에 관한 논의가 부족한 우리나라와 달리 종래 본거지법설을 취하는 독일의 판례를 봄으로써 우리 국제사법 제16조 단서가 규정한 본거지법설을 적용한 결과를 파악하는 데 도움이 되고, 나아가 이른바 '(준거법)지정에 갈음하는 승인'을 둘러싼 유럽연합에서의 근자의 논의를 이해하는 데 도움이 되기 때문이다.

II. 유럽사법재판소의 Überseering 사건: 본거지의 이전과 회사의 속인법

1. 사안과 독일 하급심 판결

Überseering 사건의 사안은 아래와 같다.

네덜란드법에 따라 설립된 회사인 Überseering B.V.[8] (이하 "Überseering")은 본거지(또는 본거)를 독일로 이전하였는데[9] 독일 유한회사인 피고(Nordic Construction Company Baumanagement GmbH)를 상대로 1996년 계약위반에 따른 손해배상을 구하는 소를 제기하였다. 제1심법원인 뒤셀도르프 지방법원은 독일로의 '본거지의 이전(Sitzverlegung)'이 있었으므로 본거지법설에 따라 회사의 속인법이 네덜란드법에서 새로운 본거지법인 독일법으로 변경되었다고 보아 독일에서 설립되지 않은 Überseering의 법인격을 부정하였고, 나아가 권리능력에 기하여 당사자능력을 인정하는 독일 민사소송법 제50조 제1항[10]을 근거로 당사자능력을 부정하고 소를 각하하였다. 뒤셀도르프 항소법원도 제1심의 판단을 지지하고 항소를 기각하였다. 이처럼 외국법에 따라 설립되었으나 독일에 본거지를 두고 있는 법인의 법인격을 부정하고 마치 존재하지 않는 것처럼 취급하는 것은 전통적인(또는 엄격한) 본거지법설의 논리적 귀결로 이해되었다.[11] 즉 법정지의

---

8) B.V.는 'Besloten Vennootschap'으로 독일법상 유한회사에 상응하는 네덜란드법상의 회사형태라고 한다.
9) Überseering의 모든 이사들이 독일에 거주하였다고 한다.
10) 독일 민사소송법 제50조 제1항은 "권리능력이 있는 자는 당사자능력이 있다."고 규정한다.
11) von Bar/Mankowski(註 2), §7, Rn. 137; Junker(註 3), §13, Rn. 44; Heinrich Nagel/Peter Gottwald, Internationales Zivilprozeßrecht, 7. Auflage, 2013, §5, Rn. 23; 櫻田嘉章・道垣内正人(編), 注釈国際私法 제1권(2012), 150면(西谷祐子 집필부분) 이하 참조. 정성숙(註 7)(홍익법학), 44면도 동지로 보인다. 그러나 섭외사법의 개정과정에서 안춘수,

국제사법이 지정하는 준거법에 따라 설립되지 않은 회사는 법인격이 부정된다. 독일 연방대법원은 2000. 3. 30. 결정에 의하여 유럽사법재판소의 선결적 판단을 구하였다.12)

2. 유럽사법재판소의 판결

유럽사법재판소는 2002. 11. 5. 판결13)에서 아래의 취지로 판시하였다. 네덜란드법에 따라 유효하게 설립된 Überseering이 본거지를 독일로 이전한 경우, 독일 법원이 독일에서 통용되는 본거지법설에 따라 독일법이 속인법이라고 판단하고 그의 법인격을 부정하는 것은 유럽공동체설립조약(제43조와 제48조)14)이 정한 영업소 설립(또는 설치)의 자유(freedom of establishment. '영업 또는 개업의 자유'라고 번역하기도 한다)에 반하는 것으로 허용되지 않고, 따라서 독일 법원은 Überseering을 회사로서 승인하여야 한다는 것이다. 이는 독일이 Überseering의

한국국제사법학회 제8차 연차학술대회《제1분과 토론자료》(2000), 7면은 어느 한 나라의 법에 따라 설립된 법인의 권리능력을 여러 나라에서 승인하는 것이 가능하기 때문에 "본거지법설에 따른다 하여 설립준거법 소속국과 본거지법 소속국이 일치하지 않는 경우 필연적으로 법인격을 부인하게 되는 것은 아니"라고 하고 이를 전제로 본거지법설을 지지하였다. 이는 아래 소개하는 독일 연방대법원의 수정된 본거지법설을 연상시키나 후자는 설립준거법에 따른 법인격과 책임제한을 인정하는 것은 아니라는 점에서 그와는 다르다.

12) BGH, EuZW, 2000, 412, 413 = DB 2000, 1114 = openJur 2010, 8030. 첫째는 독일 법원이 본거지법설에 따라 독일법을 적용하여 Überseering의 권리능력과 당사자능력을 부정하는 것이 유럽공동체설립조약(제43조와 제48조)이 정한 영업소 설립(또는 설치)의 자유에 반하는지이고, 둘째는 그 경우 유럽공동체설립조약(제43조와 제48조)이 독일로 하여금 그의 권리능력과 당사자능력을 승인할 것을 요구하는지이다.

13) C-208/00. 판결문(독일어본)은 IPRax (2003), 65ff. 참조. 평석은 우선 Wulf-Hening Roth, "Internationales Gesellschaftsrecht nach Überseering", IPRax, 2003, 117ff. 참조 비교적 상세히 소개한 독일 문헌은 Andreas Jüttner, Gesellschaftsrecht und Nieder-lassungs-freiheit-nach Centros, Überseering und Inspire Art, 2005, S. 57ff. 참조.

14) 이는 그의 후신인 EU기능조약(The Treaty on the Functioning of the European Union. TFEU) 제49조와 제54조에 상응한다. 제49조는 어느 회원국 국민이 다른 회원국 영토 내에서 가지는 영업의 자유에 대한 제한을 금지하고, 영업의 자유는, 독립적인 영리활동을 하는 권리와 영업을 하는 국가의 국민을 위한 법이 정한 조건에 따라 제54조 제2항의 회사 또는 기업을 설립하고 운영하는 권리를 포함함을 명시한다. 제54조는 등기된 사무소, 경영중심지 또는 주된 사무소를 유럽연합 내에 가지고 어떤 회원국의 법에 따라 설립된 회사 또는 기업은 그 회원국 국민인 자연인과 동일한 방법으로 취급됨을 명시하고, '회사 또는 기업'은 민·상법상 조직된 회사 또는 기업과, 공법 또는 사법에 의하여 규율되는 기타 법인을 의미한다고(다만 비영리목적인 것 제외) 규정한다.

법인격과 당사자능력을 승인해야 함을 의미하고 결국 설립준거법설을 따르는 결과가 된다.[15]

3. 유럽사법재판소 판결의 의의: 설립준거법설의 확산과 외국에서 형성된 법상태의 승인

종래 광의의 국제사법 체제는 "지정규범으로서의 국제사법(협의의 국제사법) 과 개별 고권적 행위의 승인(외국재판의 승인)이라는 두 개의 지주(支柱)를 가지고 있다.[16] 첫째 지주를 보면, 외국법에 따라 외국에서 형성된 법상태를 인정하기 위하여는 당해 법상태가 우리 국제사법이 지정하는 준거법에 따른 것이어야 한다. 이것이 (협의의) 국제사법에 따른 준거법 지정의 기능인데 이를 '준거법 통제' 라고 부를 수 있다.[17]

Überseering 사건에서 독일 하급심들이 회사의 준거법인 독일법의 요건을 구비하지 못하였음을 이유로 Überseering의 법인격과 당사자능력을 부정한 것은 이러한 준거법 통제의 결과이다. 그러나 Überseering 사건에서 유럽사법재판소는 유럽공동체설립조약(The Treaty Establishing the European Community)(후신은 EU기능조약(TFEU))이 영업소 설립의 자유를 보장하는 결과 독일은 네덜란드에서

---

15) 따라서 유럽사법재판소는 Centros 사건 이래 설립준거법설을 채택하고 결과적으로 의사 (擬似)외국회사라는 존재를 허용하고 조장해왔다는 평가도 있다. Reinhard Bork/Kristin Van Zwieten, Commentary on the European Insolvency Regulation (2016), para. 35.09. 영업소 설립(또는 영업소 설치·이전)의 자유는 정성숙(註 7)(EU연구), 43면 이하 참조.

16) Hans Jürgen Sonnenberger, "Anerkennung statt Verweisung? Eine neue international-privatrechtlichne Methode?", in Festschrift für Ulrich Spellenberg zum 70. Geburtstag (2010), S. 390-391.

17) 우리 국제사법(제17조) 등 다수의 국제사법은 계약의 방식을 행위지법과 실체의 준거법 에 선택적으로 연결함으로써 가급적 방식요건의 구비를 쉽게 한다. 계약이 위 양자 중 어느 하나의 준거법이 아닌 다른 국가법의 방식요건을 구비하더라도 그 계약은 방식상 무효이다. 독일에서는 이를 "Handeln unter falschem Recht (그릇된 준거법에 따른 행위)" 의 문제로 논의한다. Kegel/Schurig(註 2), S. 65f.; von Bar/Mankowski, Internationales Privatrecht, Band 1, 2. Auflage (2003), §7 Rn. 247f. 아직 '그릇된 준거법에 따른 행위' 의 효과를 체계적으로 설명할 수는 없지만, 적어도 방식에 관한 한 그 방식이 행위지법 또는 실체의 준거법의 요건을 구비한다면 무효라고 할 이유가 없다. Rauscher(註 2), Rn. 2647 참조. 그러나 본거지법설을 취한다면 외국에서 회사의 설립등기가 있다고 해서 본 거지인 우리 상법상 요구되는 회사의 등기요건이 충족되었다고 평가할 수 없다. 양자 간 에는 등가성도 없다.

설립된 회사의 법인격과 당사자능력을(비록 그것이 독일 국제사법 원칙에 반하더라도) 인정해야 한다고 판단하였는데, 이는 독일이 비록 독일의 준거법 통제에 반하는 결과가 되더라도 다른 회원국에서 형성된 '법상태를 승인(Anerkennung von Rechtslagen, *reconnaissance des situations*)'해야 함을 의미하고[18] 설립준거법설이 관철되는 결과를 초래한다. 유럽사법재판소는 이러한 법상태의 승인을 신분관계에서도 인정한 바 있다.[19][20]

위에 언급한 Centros 사건 판결 이래 유럽사법재산소의 일련의 판결들에서 보는 바와 같이 유럽연합규범이 보장하는 영업소 설립의 자유가 이렇듯 유럽연합의 국제사법에 영향을 미치는 현상은 매우 흥미롭다. 다만 법상태의 승인을 통하여 설립준거법설이 관철되는 것은 유럽공동체설립조약 가입국(현재는 EU 회원국)[21]에서 설립된 회사에 한정되고, 역외국가에 대한 관계에서는 여전히 본거지법설이 타당하다는 것이 독일의 유력설이다.[22]

그러나 국제사법 위에 EU기능조약과 같은 상위규범이 없는 우리는 독일과 사정이 다르다. 한국에서는 이런 경우 국제사법이 지정한 준거법에 반하는 법적 효과는 원칙적으로 인정되지 않는다. 따라서 본거지법설을 채택한 우리 국제사

---

18) 이는 Ulricus Huber의 이론에서 유래하여 영미에서 널리 인정된 기득권이론(vested rights theory)을 연상시킨다. Sonnenberger(註 16), S. 375.

19) 예컨대 사람의 성(姓. 또는 姓氏)에 관한 2008. 10. 14. Grunkin and Paul 사건 판결(C-353/06)에서 유럽사법재판소는 어떤 사람이 출생국과 주소지국에서 성명을 유효하게 획득하였다면 다른 회원국은 자신의 국제사법과 실질법에 관계없이 이를 승인해야 한다고 판시하였다.

20) 그 결과 유럽연합에서는 '지정규범으로서의 (협의의) 국제사법'과 '개별 고권적 행위의 승인'이라는 전통 국제사법의 두 개의 접근방법 외의 제3의 접근방법으로서 '(준거법)지정에 갈음하는 승인(Anerkennung statt Verweisung)'을 도입할지를 둘러싸고 논란이 있다. 이는 문서(특히 공문서)에 의하여 증명되는 법상태의 승인을 중심으로 논의되고 있다. 우선 Sonnenberger(註 16), S. 371ff.; Dagmar Coester-Waltjen, "Recognition of legal situations evidenced by document", Encyclopedia of Private International Law, Vol. 2 (2017), p. 1496 이하 참조. 우리 문헌은 석광현, "국제사법에서 준거법의 지정에 갈음하는 승인: 유럽연합에서의 논의와 우리 법에의 시사점", 동아대학교 국제거래와 법 제35호(2021. 10.), 1면 이하; 이 책 [14] 참조. [밑줄 친 부분은 이 책에서 새로 추가한 것이다.]

21) 더 정확히는 유럽연합과 유럽자유무역연합(EFTA)으로 구성되는 유럽경제지역(European Economic Area. EEA)에서 설립되는 회사이다.

22) Kegel/Schurig(註 2), S. 572ff.; Rauscher(註 2), Rn. 636ff.; Nagel/Gottwald(註 11), §5 Rn. 27.

법 제16조 단서를 적용한 효과를 판단함에 있어서는 Überseering 사건에서 독일 하급심 판결이 참고가 된다.[23]

4. 독일 판례의 변화: EU법이 적용되지 않는 사건에서 수정된 본거지법설의 채택

유럽사법재판소의 2002. 11. 5. Überseering 사건 판결이 선고되기 전 다른 사건에서 독일 연방대법원은 2002. 7. 1. 판결[24]에서 의사(擬似)외국회사가 부존 재하는 것으로 취급하는 대신 전통적 본거지법설을 완화하여 사안에 따라 이를 독일 민법상의 조합 또는 합명회사(OHG)와 같은 인적회사로 보아 권리능력과 당사자능력을 인정하고, 채권자에 대한 합명회사 사원의 책임을 규정한 독일 상법(제128조)을 유추적용하여 사원은 회사 이름으로 한 행위에 대해 채무를 부담한다는 취지로 판시하였다.[25] 다만 독일법상 합명회사는 권리능력은 가지지만 법인은 아니라는 점에서 법인인 우리 상법상 합명회사와는 다르다. 이런 태도를 '신본거지법설' 또는 '수정된(또는 완화된) 본거지법설'이라고 부르는데, 독일 연방대법원이 이를 채택한 이유는 전통적인 본거지법설에 따라 권리능력을 부정할 경우 본거지법설이 추구하는 보호목적(이는 회사와 거래하는 상대방의 거래이익)을 훼손하여 비생산적이고, 또한 당사자능력을 부정하는 것은 유럽인권협약에도 반

---

23) 다만 이미 형성된 법상태, 특히 신분관계의 부정이 헌법상의 기본권 내지 인권 보호에 반할 경우 그 법률효과가 인정될 여지는 있는데 이는 앞으로 더 검토할 필요가 있다. 석광현, "국제사법에 대한 헌법의 영향", 저스티스 통권 제170-3호(2019. 2. 한국법률가대회 특집호Ⅱ), 530면; 석광현(註 20), 1면 이하 참조.

24) BGHZ 151, 204 = NJW 2002, 3539 = IPRax 2003, 62. 평석은 우선 Peter Kindler, "„Anerkennung" der Scheinauslandsgesellschaft und Niederlassungsfreiheit", IPRax 2003, 41ff. 참조. 이는 Jersey 법에 따라 설립된 원고가 피고를 상대로 보증채무의 이행을 구한 사건이다. 제1심법원은 원고의 본거지가 포르투갈 또는 독일에 있을 가능성이 있는데 원고가 본거지가 Jersey 섬에 있음을 증명하지 못하였다는 이유로 원고의 당사자능력을 부정하였고 제2심법원도 이런 결론을 지지하였다.

25) 이를 따른 독일 연방대법원 판결들이 있다. 예컨대 독일 연방대법원 2008. 10. 27. 판결(BGHZ 178, 192 = NJW 2009, 289. Trabrennbahn 사건) 등. 박성은, "국내에 사무소를 가진 외국회사의 권리능력 및 당사자능력 인정 기준: BGH, Urteil vom 27. 10. 2008-Ⅱ ZR 158/06-OLG Hamm-LG Essen", 「독일법제동향」(2010. 5.), 4면은 이를 소개한다. 이는 스위스 주식회사에 관한 판결인데 스위스는 유럽자유무역연합의 회원국이지만, 다른 EFTA 회원국과 유럽연합 사이에 체결된 유럽경제지역협약의 당사국은 아니었기에 역외국가에 대한 법리가 적용된다. von Bar/Mankowski(註 2), §7, Rn. 139는 외국회사가 독일 인적회사로 전환된다고 하고 회사 기관 또는 행위자에게 가중된 책임을 지운다.

한다는 것이다.26) 다만 수정된 본거지법설을 취함으로써 본거지법설 고유의 보호목적을 충족하고 이를 공평하게 취급할 수 있다고 하나27) 그에 따른 법률효과가 충분히 명확하지 않다는 비판이 있다.28) 더욱이 독일법상으로는 법인격을 인정하지 않더라도 권리능력을 인정할 수 있으나, 등기를 요하지 않는 합명회사 또는 민법상 조합으로서 권리능력을 인정하기 어려운 우리 법상으로는 법인격을 인정하지 않는다면 그 법률효과가 더욱 애매하게 된다.29) 그 밖에도 그런 회사와 거래한 상대방을 보호하기 위해 권리외관이론을 원용하여 존재하지 않는 회사를 상대로 청구를 허용하거나, 법인격부인의 법리를 적용하는 경우와 유사하게(설립준거법에 따라 법인격을 부인할 사안은 아니더라도) 사원 또는 실제 행위자에게 책임을 부담시키는 견해도 있다.30) 요컨대 독일의 수정된 본거지법설을 따르면 회사의 권리능력은 유지될 수 있으나 사원은 유한책임을 주장할 수 없게 된다.

Ⅲ. 우리 국제사법상 회사의 속인법과 상법 제617조

구 섭외사법은 회사의 속인법에 관한 연결원칙을 두지 않았다.31) 국제사법 제16조(개정법 제30조)는 아래와 같이 설립준거법설(본문)을 원칙으로 채택하고 한국에 본거지를 둔 의사(擬似)외국회사에 대하여 예외적으로 본거지법설(단서)을 결합하는데32) 이를 절충적 태도라고도 한다.

---

26) von Bar/Mankowski(註 2), §7, Rn. 137.

27) von Bar/Mankowski(註 2), §7, Rn. 138f.; Junker(註 3), §13, Rn. 44. Münch-KommBGB, Band 12, 7. Auflage (2018), Rn. 425, Rn. 486 (Kindler 집필부분)도 수정된 본거지법설을 지지한다.

28) 예컨대 공개회사에 적용될 수 있는지 기타 세부적 법률효과가 불분명하다는 점을 지적한다. von Bar/Mankowski(註 2), §7, Rn. 143f.

29) 필자는 우리 법상으로는 민법상의 조합 또는 설립중의 회사로 취급되거나, 만일 사단의 실체를 구비한다면 권리능력 없는 사단으로 취급될 것이라는 견해를 피력하였는데(석광현(註 2), 341면) 그에 따르면 권리능력을 인정할 수는 없다. 따라서 아래(註 87)에서 보는 바와 같이 우리가 독일 이론을 그대로 따르기는 어렵다.

30) Jan Kropholler, Internationales Privatrecht, 6. Auflage (2006), S. 573.

31) 다만 섭외사법 제29조는 "商事會社의 行爲能力"이라는 제목 하에 "商事會社의 行爲能力은 그 營業所所在地의 法에 依한다."는 규정을 두고 있었다. 동 조의 의미는 석광현, 국제사법 해설(2013), 201면 이하 참조.

32) 상세는 석광현(註 2), 202면 이하 참조. 설립준거법설을 기초로 하면서 이를 수정하는 견해들이 있는데 우리 국제사법은 그 중 결합설과 유사하다. 결합설(Kombinationslehre)은

> "제16조(법인 및 단체) 법인 또는 단체는 그 설립의 준거법에 의한다. 다만, 외국
> 에서 설립된 법인 또는 단체가 대한민국에 주된 사무소가 있거나 대한민국에서 주된
> 사업을 하는 경우에는 대한민국 법에 의한다."

1. 제16조 본문의 연결원칙: 설립준거법설

설립준거법설을 원칙으로 채택한 이유는 그렇게 함으로써 속인법이 고정되
고 그 확인이 용이한 탓에 법적 안정성을 확보할 수 있으며, 발기인들(또는 설립
자들. 이하 호환적으로 사용한다)의 의사를 존중하는 점에서 당사자이익에 충실하
게 봉사하는 데 반하여, 본거지법설에 따르면 본거지의 개념이 애매하여 그 결
정이 쉽지 않고, 본거지 이전(Sitzverlegung) 시 준거법이 변경되는 문제가 있기
때문이다. 더욱이 본거지법설에 따르면, 반정(광의)(renvoi)을 인정하지 않는 한
설립준거법과 본거지법이 상이한 다수 외국회사의 법인격을 부정하게 될 우려가
있다[33)는 점도 고려되었다. 즉 본거지법설을 따를 경우 예컨대 델라웨어주법에
따라 설립되었지만[34) 본거지를 뉴욕주 등에 가지고 있는 많은 미국 법인들의 경
우 본거지법을 적용해야 하나 본거지에서는 설립등기 기타 설립절차를 취한 바
없어 법인격을 부정해야 하는데 실제로 그렇게 할 수는 없고,[35) 나아가 국내기

본거지법 이외 국가와 관련성이 큰 경우에는 설립준거법설을 따르고 그렇지 않으면 본거
지법설을 따른다. Daniel Zimmer, Internationales Gesellschaftsrecht (1995), S. 232ff.
학설은 MünchKommBGB, Band 12, 7. Auflage (2018), Rn. 387ff. (Kindler 집필부분)
참조. 결합설은 사안에 따라 설립준거법 또는 본거지법을 일원적으로 적용하므로 규범의
중첩으로 인한 문제를 피할 수 있다. 그러나 이에 대하여는 원칙과 예외를 구별하는 기준
이 명확하지 않다는 점과 유럽연합법에 반한다는 비판이 있다. Lanzius(註 2), S. 139f.

33) 이는 본거지법설의 논리적 귀결이나 독일 연방대법원은 아래에서 소개하는 바와 같이 수
정된 본거지법설을 취하였다.

34) Philip Wood, Law and Practice of International Finance (2008), para. 31-05는 이를
'Delaware Factor(델라웨어 요소)'라고 부른다. 그 이유는 델라웨어주 Chancery Court의
판사들이 임원들의 경영판단을 존중하는 점과 시장은 그의 수요에 합리적으로 부응하는
한 선택지가 많은 것보다 단일한 선택지(즉 델라웨어주법으로의 단일화)를 선호한다는
점 등을 들고 있다.

35) 만일 조약이 없다면 위와 같은 회사의 법인격이 부정될 수 있다. 다만 미국 회사의 경우
이 문제는 한미조약으로 해결된다. 왜냐하면 1957. 11. 7. <u>조약 제40호로</u> 발효된 한미우
호통상항해조약 제22조 제3항 <u>제2문</u>은 "일방 당사자의 영토 내에서 준거법규에 따라 설
립된 회사는 그 국가의 회사로 간주되고 상대방 당사자의 영토 내에서 그의 법적 지위가
승인된다."고 규정하기 때문이다. 반면에 이런 조약이 없는 국가와는 문제가 있다. <u>참고
로 외교부 조약정보에 따르면 조약의 명칭은 "대한민국과 미합중국간의 우호·통상 및 항</u>

업들도 금융 또는 조세상의 편의 등의 이유로 외국의 '조세피난처(tax haven)'에 특수목적회사(special purpose company 또는 special purpose vehicle)를 설립하는 예가 많이 있는데 그런 법인의 경우도 마찬가지이다. 설립준거법설이 널리 인정되는 미국에서는 준거법 선택의 자유가 투자자는 물론 사회경제적 이익을 증진시켰다는 분석도 많이 있다.36)

2. 제16조 단서의 예외적 연결원칙: 본거지법설

제16조 단서는 외국법에 의해 설립된 법인 또는 단체라도 한국에 주된 사무소를 두거나 한국에서 주된 사업(또는 영업. 이하 양자를 호환적으로 사용한다)을 하는 예외적인 경우, 즉 한국에 본거지를 둔 의사(擬似)외국회사에 대하여 한국 법에 의하도록 함으로써 본거지법설을 취한다. 그렇게 함으로써 설립준거법설을 따를 경우 발생할 수 있는 내국거래의 불안정을 예방하고, 발기인들이 규제가 느슨한 외국법에 따라 회사를 설립하고 한국에서 주된 사업을 하는 것을 근본적으로 막는 일반예방적 위하(威嚇)를 달성하려는 것이다. 설립준거법설을 따른다면 '제3자의 이익을 최소로 보호하는 법질서로의 경주(race to the bottom)' 또는 '최소요건을 정한 회사법으로 도피'가 발생할 우려가 있다.37) 과거와 비교하여 우리 회사법의 규제가 완화되어38) 이런 설명은 상당부분 설득력을 잃었지만 그

해조약"이고 조문은 "一方締約國의 領域內에서 關係法令에 基하여 成立한 會社는 當該 締約國의 會社로 認定되고 또한 他方締約國의 領域內에서 그의 法律上의 地位가 認定된다"이다. 실제로 2021년 3월 뉴욕 증시에 상장한 쿠팡, Inc.의 경우 위 한미조약에 의하여 문제가 해결된다. 석광현, "쿠팡은 한국 회사인가—쿠팡의 뉴욕 증시 상장을 계기로 본 국제회사법—", 법률신문 제4870호(2021. 2. 25.), 11면 참조. 유사한 취지의 미독 조약의 조문(제25조 제5항)에 대하여 독일 연방대법원은 조약상의 저촉규범으로서 국내법에 우선한다고 판시하였다. 예컨대 BGH, 13. 10. 2004. JZ 2005, 298 = IPRax 2005, 340 참조. Jürgen Basedow, "Aliens law", Jürgen Basedow *et al.* (eds.), Encyclopedia of Private International Law, Vol. 1 (2017), p. 55는 위 판결이 외인법과 저촉규범으로서의 이중기능을 인정하였다고 평가한다. [밑줄 친 부분은 이 책에서 새로 추가한 것이다.]

36) 대표적으로 Roberta Romano, The Genius of American Corporate Law, The AEI Press (1993)을 인용한다. 천경훈, "상법상 외국회사 규정의 몇 가지 문제점: 2011년 개정의 분석과 비판을 겸하여", 상사법연구, 제32권 제4호(통권 제81호)(2014. 2.), 244면, 註 12.

37) Rauscher(註 2), Rn. 628, Fn. 6. BGH, EuZW (2000), 412, 413(위에 언급한 것처럼 이는 Überseering 사건에서 유럽사법재판소에 선결적 판단을 구한 독일 연방대법원의 결정이다).

38) 예컨대 과거에는 자본의 3원칙(즉 자본확정의 원칙, 자본충실의 원칙과 자본불변의 원칙)

래도 의미가 없지는 않다. 즉 제16조 단서는 설립준거법설에 의한 사실상의 당
사자자치39)에 대하여 한계를 설정한 것이다.

주의할 것은, 제16조 단서는 설립준거법과 본거지법이 상이한 모든 경우에
적용되는 것이 아니라 그 중에서 비교적 극단적인 사안, 즉 한국에 본거지를 둔
의사(擬似) 외국회사에만 적용된다는 점이다.40) 2000년 섭외사법의 개정 과정에
서 제16조 단서를 추가한 것은 당시 본거지법설을 주장하는 유력한 학설이 있었
고, 또한 아래와 같은 구 상법 제617조가 있었기에 그 수준을 국제사법에 수용
할 수 있다고 보아 제617조와 동조시켰기 때문이다. 일면적(또는 일방적) 저촉규
정을 취한 것은 국제사법상 바람직하지는 않지만 본거지법설의 적용범위를 제한
한 것이다.

> "제617조(적용법규) 외국에서 설립된 회사라도 대한민국에 그 본점을 설치하거나
> 대한민국에서 영업할 것을 주된 목적으로 하는 때에는 대한민국에서 설립된 회사와
> 동일한 규정에 의하여야 한다."

3. 회사의 속인법이 규율하는 사항의 범위

우리 국제사법은 회사의 속인법이 규율하는 사항을 명시하지 않으나, 회사
의 속인법은 회사의 설립, 권리능력의 유무와 범위, 행위능력,41) 조직과 내부관

이 널리 인정되었으나 현재는 자본충실의 원칙을 제외하고는 크게 의미를 상실하였다. 김
건식, 회사법(2015), 79면.

39) 즉 발기인들은 설립준거법(정관상의 본거지)을 선택함으로써 마치 계약에서 당사자자치
의 원칙이 인정되는 것과 유사한 결과를 달성할 수 있다. 이를 '법률행위 유사적 당사자자
치(rechtsgeschäftsähnliche Parteiautonomie)'라고 부르기도 한다. Marc-Philippe Weller
et al., "Rechtsgeschäftsähnliche Parteiautonomie", Stephan Lorenz *et al.* (Hrsgs.),
Einhundert Jahre Institut für Rechtsvergleichung an der Universität München (2018),
S. 152.

40) 가장 극단적인 사안은 한국에 본거지를 둔 회사가 외국과는 설립준거법 외에 아무런 관
련이 없는 경우이다. Zimmer(註 32), S. 219 참조. 당사자자치에 대한 이런 제한은 순수
한 국내계약의 경우에도 당사자자치를 허용하되 당해 국가의 강행규정의 배제를 불허하
는 국제사법 제25조 제4항에서도 볼 수 있다. Zimmer(註 32), S. 220ff. 참조.

41) 당사자능력과 소송능력은 회사의 속인법이 직접 규율하는 것은 아니고 민사소송법을 통
하여 간접적으로 규율된다. 권리능력이 있어서 당사자능력을 가지는 실질적 당사자능력
자 외에 권리능력이 없더라도 당사자능력을 가지는 형식적 당사자능력자가 있다. 즉 민사
소송법 제52조에 따르면 법인이 아닌 사단이나 재단은 대표자 또는 관리인이 있는 경우
에는 그 사단이나 재단의 이름으로 당사자가 될 수 있는데 이를 '형식적 당사자능력자'라

계, 사원의 권리와 의무 및 사원권의 양도, 합병 등 회사의 설립부터 소멸까지 법인 또는 단체의 모든 사항을 규율한다. 회사의 속인법의 적용범위는 회사의 내부사항(internal affairs), 즉 조직법상의 문제에 한정된다는 견해도 있으나[42] 예컨대 회사가 계약상 채무를 부담하는 경우 회사의 주주가 그에 대해 개인적으로 채무 또는 책임을 부담하는지도 회사의 속인법에 의하므로 이는 정확하지 않다.[43] 물론 회사의 모든 대외적 관계가 속인법에 따르는 것은 아니고 계약이나 불법행위와 같이 회사의 행위로 인하여 형성되는 법률관계는 각 그 준거법에 따르므로 그 경계를 획정할 필요가 있다. 논자에 따라서는 회사의 법률행위적인 대외관계는 그것이 법인이라는 속성으로부터 특별관계(Sonderbeziehung)가 발생하는 범위 내에서만 속인법에 따른다고 설명하기도 한다.[44]

4. 상법 제617조의 취지와 해석론

현행 상법 제617조는 제목을 "적용법규"에서 "유사외국회사"로 수정하고, 본문의 "동일한"을 "같은"으로 수정한 것 외에는 위에 소개한 구 상법 조문과 같다. 구 상법 제617조는 2005년 일본 회사법 제정 전의 구 상법 제482조[45][46]를

고 한다. 이시윤(註 6), 149면.

42) 법무부, 國際化 時代의 涉外私法 改正方向(1999), 258면; 김태진, "회사의 국제적인 조직 변경 —외국 회사가 관련된 경우를 중심으로—", BFL 제42호(2010. 7.), 21면.

43) 대법원 2018. 8. 1. 선고 2017다246739 판결도 "국제사법 제16조 본문이 정한 법인의 준거법의 적용범위는 법인의 설립과 소멸, 조직과 내부관계, 기관과 구성원의 권리와 의무, 행위능력 등 법인에 관한 문제 전반을 포함한다. 따라서 법인의 구성원이 법인의 채권자에 대하여 책임을 부담하는지, 만일 책임을 부담한다면 그 범위는 어디까지인지 등에 관하여도 해당 법인의 설립 준거법에 따라야 한다."고 판시하였다. 소개는 이필복, "법인과 단체의 실체적, 절차적 준거법", 국제사법연구 제25권 제2호(2019. 12.), 103면 이하 참조.

44) Rauscher(註 2), Rn. 642f.는 기관의 대리권과 법인과 사원의 관계를 전형적 사례로 든다.

45) 일본 구 상법 제482조는 1899년 제정된 일본 구 상법 제258조와 동일하다. 제258조는 이 탈리아 구 상법 제230조 제4항을 계수한 것이나, 후자는 1942년 구 민법 제2505조로 승계되었다가 1995년 전면개정된 이탈리아 국제사법 제25조 제1항 제2문이 되었다고 한다. Rammeloo(註 2), p 217 이하; 황남석(註 1), 166면 참조. 제25조 제1항 제2문은 우리 국제사법 제16조 단서와 유사하나 이는 의사(擬似)외국회사에 대하여 본거지법설을 적용하는 것이 아니라 법인격을 승인하면서 이탈리아법을 보충적으로 적용한다는 취지로 보인다. Lombardo/Mucciarelli, in Gerner-Beuerle et al. (eds.)(註 11), p. 493. 그 경우 의사(擬似)외국회사는 두 개의 국적을 가진다고 설명하기도 한다. Behrens(註 3), p. 365. 그러나 해석론은 더 복잡한 것으로 보인다. Rammeloo(註 2), p 221 이하 참조.

46) 현행 일본 회사법(제821조)에 따르면 일본에 본점을 두거나 일본에서 사업을 행하는 것을 주된 목적으로 하는 외국회사(의사(擬似)외국회사)는 일본에서 거래를 계속할 수 없고

모델로 한 것이다.

가. 제617조의 적용 요건

여기에서 "국내에 본점을 설치"한 경우란 정관에 본점으로 기재된 장소가 한국 내인 경우뿐만 아니라 사실상의 영업의 중심이 되는 본거지가 한국에 있는 경우도 포함한다.[47] 사업의 장소는 다양한 요소들을 고려하여 결정해야 하는데, 사안에 따라서는 특히 인터넷을 사용하는 경우 그의 결정이 어려울 수 있다.[48] 예컨대 구조화금융(structured finance) 사례인 자산유동화를 위하여 외국에 설립된 특수목적회사(SPC), 즉 유동화전업 외국법인이 한국 내 보유하는 자산을 기초로 해외에서 유동화증권을 발행하는 경우 자산 보유만으로 SPC가 한국에서 주된 사업을 하는 것은 아니다.[49] 그러나 유동화전업 외국법인의 구체적인 사업의 태양에 따라서는 한국에서 주된 사업을 하는 것으로 인정될 수 있다. 실제로 유동화전업 외국법인의 업무는 자산의 취득, 보유, 관리와 처분인데, 유동화전업

(제1항), 이에 위반하여 거래를 한 자(대표자 등)는 그 상대방에 대하여 외국회사와 연대하여 당해 거래에 의하여 발생한 채무를 변제할 책임을 진다(제2항). 그러나 현행 회사법 하에서는 의사(擬似)외국회사도 법인격을 가지고 외국회사 등기를 할 수 있다(제818조 제1항, 제933조 제1항).

47) 황남석(註 1), 168면 참조.

48) 일본에서는 자산유동화와 관련하여 외국법인인 특수목적회사(SPC)가 의사(擬似)외국회사에 해당하는지 논란이 있었고 그로 인한 불확실성을 해결하고자 법무성 민사국장이 2006. 3. 31. 民商 第782号 通達을 발표하였다. 의사(擬似)외국회사에 관하여는 제6부 제1(124면 이하) 참조. 通達은 영업소나 종업원의 소재지로 결정되지 않고 고객, 거래처의 소재지, 거래장소, 거래의 방식, 자금조달장소 등을 고려하여 실질적·종합적으로 판단할 것이라고 한다. 소개는 황남석(註 1), 176면 註 43 참조. 그러나 우리는 국제사법 제16조 단서가 의사(擬似)외국회사에 대하여 본거지법설을 명시하므로 그런 식으로 해결할 수는 없다. 통달은 http://www.moj.go.jp/MINJI/minji06_00098.html (2020. 2. 27. 최종방문) 참조. 우리 법상의 구체적인 논의는 정동윤 집필대표, 「주석 상법[회사VII]」, 제5판(2014), 52면 이하(천경훈 집필부분) 참조. 이하 "정동윤/집필자"로 인용한다.

49) 예컨대 어떤 미국 회사가 자신이 제조한 물품을 한국 회사에만 공급하더라도 미국 회사가 한국에서 주된 사업을 하는 것은 아니다. 또한 항공기리스나 BBCHP 등 금융을 위하여 외국에 SPC를 설립하고 한국에 항공기를 임대(금융리스)하거나 BBCHP 선박을 용선자에게 임대하는 것만으로는 SPC가 한국에서 주된 사업을 하는 것은 아니다. BBCHP 금융의 구조와 SPC의 지위는 석광현, "외국도산절차의 승인에 관한 모델법과 EU규정의 비교: 한진해운 사건을 계기로", 국제거래법연구 제28집 제2호(2019. 12.), 39면 이하 참조. '특수목적금융(special purpose finance)'이라는 개념을 사용하기도 한다. Wood(註 34), para. 13-01 이하 참조.

외국법인은 외국에서 다른 사업을 할 수 없으므로[50] 결국 한국에서 주된 사업을 하는 경우가 많을 것이다.

나. 제617조의 적용 효과

상법 제617조의 "같은 규정에 따라야 한다"의 의미에 관하여 과거 일본에서 견해가 나뉘었는데 다수설은 회사의 설립부터 청산 종결까지의 모든 규정을 포함하는 것으로 보았고[51] 같은 취지의 하급심 판결[52]도 있었다. 그에 의하면 그러한 외국회사는 일본에서 설립절차를 밟지 않는 한 법인격이 인정되지 않아 법인으로서 활동할 수는 없다. 그러나 설립에 관한 규정을 제외하고(즉 법인격은 인정하면서) 일본 회사와 동일한 규정을 적용하면 족하다는 유력한 소수설도 있었다.[53]

현행 한국 상법 하에서도 견해가 나뉜다. 원칙적으로 일본 다수설을 따르는 견해[54]도 있으나, 유력설은 다수설에 따르면 의사(擬似)외국회사는 법인격을 가질 수 없게 되어 거래의 효력이 부정되는 결과 오히려 거래의 안전을 지나치게 해하게 되고 거래상대방에게 예측할 수 없는 손해를 가할 수 있으므로 일단 설

---

50) 유동화전업 외국법인과 달리 유동화전문회사는 제22조의 규정에 의한 업무외의 업무를 영위할 수 없고, 본점외의 영업소를 설치할 수 없으며, 직원을 고용할 수 없다(자산유동화법 제20조). 근본적으로 자산유동화법이 실체가 없고 실질이 법인성에 반하는 유동화전문회사를 법인으로 인정하는 데서 여러 가지 문제가 발생한다는 지적도 있다. 김연미, "유동화전문회사(SPC)의 법리", 박준·정순섭(편), 자산유동화의 현상과 과제 제1권(2009), 279면.

51) 과거 일본 학설은 上柳克郎/鴻 常夫/竹內昭夫(編), 「新版 注釋會社法」, 13 (1990), 534-535면; 정동윤/천경훈(註 48), 73면. 다만 2005년 제정된 일본 신회사법(제2조 제2호)에서 외국회사를, 외국 법령에 준거하여 설립된 법인 그 밖의 외국 단체로서 회사와 동종 또는 유사한 것"이라고 정의한다. 외국회사에 관한 우리 상법의 조문과 이에 상응한 일본 회사법 조문의 대비는 천경훈(註 36), 274면 이하; 정동윤/천경훈(註 48), 43면 이하; 한국조세연구포럼(註 1), 45면 이하 참조.

52) 東京地方裁判所 1954. 6. 4. 판결. 判夕40号, 73면.

53) 권남혁, "外國會社의 國內法上의 地位", 會社法上의 諸問題[下], 재판자료 제38집(1987), 519면.

54) 김연미, "상법상 외국 회사의 지위", BFL 제42호(2010. 7.), 14면, 각주 42; 한국상사법학회 편, 주식회사법대계 III, 제3판(2019), 986면(김연미 집필부분)은 원칙적으로 다수설을 따르면서 국내회사법의 적용을 피하기 위하여 외국법에 따른 설립절차를 고의적으로 탈법한 경우에만 제617조를 적용하고, 단순한 한국 자산의 취득과 보유, 담보권의 취득과 실행, 독립적 국내 보조상을 통한 국내영업 등은 제617조의 적용대상이 아니라고 보거나, 아니면 소수설을 취하는 것이 적절하다고 한다.

립되어 거래관계를 맺은 의사(擬似)외국회사에 대하여는 설립에 관한 규정은 적
용되지 않는 것으로 해석하여 법인격을 인정하면서 그 이외의 영역에서 한국 상
법을 관철하는 것이 타당하다고 한다.55) 문제는 가사 상법의 해석상 그런 견해
를 취하더라도 국제사법 제16조 단서의 해석론으로는 원칙적으로 그렇게 보기
어렵다. 위(3.)에서 본 것처럼 회사의 속인법이 규율하는 사항에는 회사의 설립
과 법인격의 유무가 포함되기 때문이다. 하지만 독일 연방대법원의 2002. 7. 1.
판결은 수정된 본거지법설을 취함으로써 본거지법 적용의 효과를 다소 제한하여
법인격은 인정하지 않으면서도 합명회사 내지 민법상의 조합으로서의 권리능력
을 인정하였다. 그러나 국제사법 제16조 단서의 해석론으로는 법인격과 권리능
력의 분리를 인정하기는 어려울 것이다.

Ⅳ. 유동화전업 외국법인에 관한 2015년 대법원판결의 사안과 검토56)

이 사건에서는 이 사건 일본 중재판정의 승인 및 집행이 자산유동화법에 반
하는 것으로서 공서위반인지와 당사자 간에 중재합의가 존재하는지가 주된 쟁점
이었고, 유동화전업 외국법인인 원고의 법인격과 당사자능력은 쟁점이 아니었다.
당사자들과 법원들은 원고가 법인격(따라서 권리능력)과 당사자능력을 가진다는
데 대하여 전혀 의문이 없었던 것으로 보인다.

1. 사안의 개요

(1) 한국 회사인 피고(주식회사 케이알앤씨. 예금보험공사57)의 100% 자회사)와
버뮤다국 면세회사인 엘에스에프3 코리안 포트폴리오 인베스트먼츠 원 엘티디
("LS펀드")는 2000. 12.경 원고가 부실자산 매입재원을 마련하기 위해 자산유동화
계획에 따라 발행하는 주식 및 사채를 반씩 취득하는 방식으로58) 유동화전업 외

---

55) 정동윤/천경훈(註 48), 74면 이하; 김건식(註 42), 982면. 김연미(註 54), 10면 이하는 외
   국회사에 대한 상법 개별 규정의 적용에 따른 문제점을 검토한다.
56) 필자가 다루는 쟁점을 우리 법원들은 전혀 논의하지 않았기 때문에 여기의 판례평석은
   통상의 판례평석과는 차이가 있다. 자산유동화법에 관하여 조언을 주신 김용호 변호사님
   과 유현욱 변호사님께 감사의 말씀을 드린다.
57) 판결문에는 '예금보호공사'라고 기재되어 있으나 아마도 오기인 것 같다.
58) 원심판결에 따르면, 원고가 발행한 308억원 상당의 주식 및 1,841억원 상당의 사채를 피
   고와 LS펀드가 50%씩 취득하였는데, 피고가 명목 상 가액 4,131억원의 부실채권을 2,150

국법인인 원고(LSF-KDIC Investment Company, Ltd.)를 버뮤다국 법률에 따라 공동으로 설립하였다. 원고는 2000. 12. 19. 피고 및 LS펀드와 사이에 주주간 계약을 체결하였는데[59] 그에는 분쟁 발생 시 국제상업회의소(ICC) 중재규칙에 따라 해결한다는 중재조항이 있었고 중재지는 일본이었다.

(2) 원고는 2002년부터 2003년에 걸쳐 부실채권인 부산종합화물터미널 주식회사에 대한 근저당권부 채권의 담보물인 부산종합화물터미널 부지("이 사건 부지")를 법원 경매에 의하여 취득한 뒤 이를 2004. 3. 29 한국의 주식회사 해밀컨설팅그룹("해밀")에게 매도하는 계약을 체결하였다. 원고는 한국의 유한회사 창일인베스트먼트("창일")에게 이 사건 부지의 관리·매각 업무를 위임하였고,[60] 원고의 자산관리는 허드슨어드바이저코리아 주식회사가 담당하였다.

(3) 원고는 2004. 11. 30.경 해밀로부터 이 사건 부지의 매매대금 중 일부를 선급받고 소유권을 이전하고, 잔금은 용도변경 시 지급받되 용도변경이 이루어지지 않으면 매매대금을 반환하기로 하였다. 원고는 피고에게 일단 선급금을 지급하되, 매매대금 반환사유 발생 시 피고가 이를 피고에게 반환한다는 이 사건 확약서를 피고로부터 받았다. 이 사건 확약서에는 중재조항이 없었다.

(4) 용도변경 승인신청이 거부되자 원고는 해밀로부터 이 사건 부지의 소유권을 다시 취득하였다. 원고는 피고에게 이미 지급한 선급금 등의 반환을 요구하였으나 거절되자 2009. 1. 16. 국제상업회의소 중재재판소에 위 주주간 계약의 중재조항에 근거하여 피고를 상대로 이 사건 확약서에 따른 금원의 지급을 구하는 중재를 신청하였고 2011. 4. 18. 원고의 신청을 인용하는 중재판정을 받았다.

필자가 주목하는 것은, 원고는 자산유동화법에 따른 유동화전업 외국법인으로서 버뮤다국 법률에 따라 설립된 회사인데 사안을 보면 한국에서 주된 사업을 하였고, 한국에서 주된 사업을 하는 것이 되지 않도록 달리 신경을 쓴 것으로 보

억 원에 원고에 매각하되, 그 대금 중 1,075억 원을 LS펀드가 지급한 낙찰대금으로 충당하고, 나머지 매각대금을 원고가 회수하는 부실자산의 처분 대가 중 50%를 사채원리금 및 주식 배당금 등의 형태로 회수하는 구조를 취하였다고 한다.

59) 필자는 버뮤다법에 익숙하지 않지만 원고가 주식과 사채를 발행하였다고 하므로 이는 주식회사로 짐작되기도 하나 번역상의 문제인지 모르겠다.

60) 참고로 자산유동화법상 유동화전문회사는 유동화자산의 관리를 자격을 갖춘 자산관리자에게 위탁하여야 하고(제10조 제1항) 그 밖의 대부분의 업무는 업무수탁자에게 위탁하여야 한다(제23조 제1항).

이지 않는 점이다.[61]

2. 소송의 경과

원고는 2011. 8. 9. 이 사건 일본 중재판정에 기한 집행판결 청구의 소를 제기하였다. 피고도 반소를 제기하였으나 이하 본소만 언급한다. 피고는, 원고는 이 사건 중재조항의 당사자가 아니며 주주간 계약의 중재조항이 이 사건 확약서에 관련한 이 사건 분쟁에 미치지 않으므로 당사자 간에 중재합의가 없었다고 주장하였다.

가. 제1심의 판단

제1심은 이 사건 중재판정의 집행은 외국중재판정의 승인 및 집행에 관한 국제연합협약("뉴욕협약")상 공서위반에 해당한다는 이유로 원고의 청구를 기각하였다.[62] 그 논거는 원고가 자산유동화법 및 자산유동화계획이 정한 부동산 매각방법 및 자금차입 목적을 위반하여 간접적으로 이 사건 부지를 매각하고 그 과정에서 창일과 해밀의 각 대출금채무를 최종적으로 부담키로 한 행위는 피고에게 불측의 손해와 위험을 발생시킨 행위로서 자산유동화법 제22조를 위반하여 무효라는 것이었다.

나. 원심의 판단

원심은 항소를 기각하였다.[63] 그 이유는 이 사건 분쟁에 관하여는 중재합의

---

61) 유동화자산을 취득할 경우 그의 보유, 관리와 처분이 당연히 수반되나, 이 사건에서 원고는 자산 보유라는 소극적 기능을 넘어 스스로(또는 적어도 원고 명의로) 한국에서 사업을 영위하였다고 생각된다. 자산유동화법 제정 초기에 유동화전업 외국법인이 이용되었으나 1999년 법인세법 개정 이후로는 외국에 유동화전업법인을 설립할 이유가 없어 사용되지 않는다고 한다. 박준·한민, 금융거래와 법, 제2판(2019), 486면. 참고로 Cross-border 자산유동화거래의 기본 구조는 국내 자산보유자가 자산유동화법에 따른 국내 유동화전문회사(SPC)에 유동화자산을 양도(또는 신탁회사에 신탁한 후 제1종 수익권을 국내 SPC가 인수)하고 국내 SPC가 해외 SPV에게 외화표시 유동화사채(bond)를 사모로 발행하며, 해외 SPV가 유동화사채를 기초자산으로 하여 해외에서 Note를 공모 발행하는 형태로 이루어진다고 한다. 김용호·선용승, "국제금융을 위한 담보수단 —개관 및 몇가지 관련문제—", 국제금융법의 현상과 과제(6), BFL 10권(서울대학교 금융법센터, 2005), 109면. [밑줄 친 부분은 이 책에서 새로 추가한 것이다.]
62) 서울중앙지방법원 2012. 9. 27. 선고 2011가합82815(본소) 판결.
63) 서울고등법원 2013. 8. 16. 선고 2012나88930 판결.

가 부존재하거나, 이 사건 일본 중재판정은 당사자 간의 중재합의의 범위에 속하지 않는 분쟁이라는 것이었다. 원심은 자산유동화법 위반에 대하여는 판단하지 않았다.

다. 대법원의 판단

대법원은 원심 판결을 파기·환송하였다.[64] 그 이유는 이 사건 확약서는 피고가 이익배당금과 사채원리금의 명목으로 지급받는 선급금을 일정한 경우 반환한다는 약정인데, 이는 위 주주간 계약을 구체화한 것으로서 그의 실행을 위한 후속약정이므로 이 사건 중재조항의 효력은 이 사건 분쟁에도 미친다는 것이었다. 나아가 이 사건 일본 중재판정의 승인 및 집행이 공서위반이 아니라고 판단하였다.

3. 한국에서 주된 사업을 하는 유동화전업 외국법인의 법인격과 당사자능력

가. 의사(擬似)외국회사에 국제사법 제16조 단서를 적용한 효과

문제는 의사(擬似)외국회사에 대하여 국제사법 제16조(개정법 제30조) 단서의 본거지법설을 적용한 효과가 무엇인가라는 점이다.[65] 외국회사가 한국에서 주된 사업을 하는 때에는 본거지법설에 따라 한국법이 회사의 속인법이 되므로 위(Ⅱ.)에서 소개한 Überseering 사건의 독일 하급심 판결들에서 보듯이 법인격이(따라서 권리능력과 당사자능력도) 부정될 가능성이 있고, 위에서 본 것처럼 우리 법상으로는 민법상의 조합 또는 설립중의 회사로 취급되거나, 만일 사단의 실체를 구비한다면 권리능력 없는 사단으로 취급될 수 있다.[66] 이는 전통적인 본거

---

64) 대법원 2015. 10. 29. 선고 2013다74868 판결. 이 판결 후에도 제2차 환송 전 판결(서울고등법원 2016. 10. 25. 선고 2015나29277 판결)과 제2차 환송 판결(대법원 2018. 12. 13. 선고 2016다49931 판결)이 있고 결국 서울고등법원 2019. 8. 20. 선고 2018나10878 판결은 원고가 일부 감축한 청구를 인용하였다. 여기의 논의와는 직접 관련이 없기에 그 내용의 소개를 생략한다.

65) 물론 이는 의사(擬似)외국회사만이 아니라 회사 일반에 관하여 본거지와 설립준거법과 (실제적인) 본거지법이 상이한 경우에 발생하는 문제이나, 우리 국제사법 제16조 단서와 제617조는 의사(擬似)외국회사에 관하여만 규정하므로 여기에서는 그 경우만을 언급한다.

66) 미국의 다수 회사는 델라웨어주법에 따라 설립되는데 미국에서는 설립준거법설을 따르므로 다른 주 법원들은 회사법상의 쟁점에 관하여 델라웨어주법을 적용하나, 캘리포니아주 회사법(California Corporations Code, 제2115조)은 다른 주에서 설립된 회사가 일정요건

지법설의 논리적 귀결이다.[67] 그렇게 된다면 국제사법 개정 시 회사의 준거법 결정에 있어서 설립준거법설을 원칙으로 채택한 의미가 외국회사에 관한 한 상당 부분 상실되는 것은 사실이나, 한국에 본거지를 둔 의사(擬似)외국회사에 관한 한 이는 부득이하다고 판단하였다.[68]

위에서 본 것처럼 독일 연방대법원은 2002. 7. 1. 판결에서 본거지법설의 결과를 완화하여 의사(擬似)외국회사를 독일 민법상의 조합 또는 인적회사로 보아 권리능력과 당사자능력을 인정할 수 있다고 판시함으로써 수정된 본거지법설을 채택하였다.

또한 위에서 본 것처럼 상법 제617조의 해석상 의사(擬似)외국회사의 법인격이 부정되는지는 논란이 있었는데, 엄격한 본거지법설에 따르면 이 사건에서와 같은 의사(擬似)외국회사의 경우 국제사법 제16조 단서에 의하여 법인격이 부정될 수 있다. 의사(擬似)외국회사에 대하여 국제사법 제16조 단서가 적용되는 경우, Überseering 사건에서 독일 하급심 판결들이 판시한 바와 같이, 한국법을 적용하여 원고의 권리능력과 당사자능력을 부정하고 소를 각하하는 것이 본거지법설에 충실한 해석이었을 것이다. 외국에서 설립된 회사가 본거지를 처음부터 독일에 둔 경우와 사후적으로 독일로 이전한 경우를 달리 취급할 이유는 없기 때문이다. 이와 달리 우리 법원들처럼 원고의 법인격을 인정하고 권리능력과 당사자능력을 인정하고자 한다면 그런 결론을 정당화할 수 있는 근거를 제시했어야 한다. 그 근거로는 아래 사유들을 생각할 수 있다.

첫째, 원고가 한국에서 주된 사업을 하지 않았다고 인정되는 경우. 제1심부터 대법원에 이르기까지 모두 국제사법 제16조 단서를 전혀 고려하지 않은 점을

을 구비하여 캘리포니아에서 중대한 영업접촉을 확립하는 때에는("quasi-California corporation") 캘리포니아주가 그 회사의 내부사항을 규율할 권리가 있음을 명시한다. 이것이 이른바 'outreach statute'이다.

67) 최흥섭, 한국 국제사법(1) — 법적용법을 중심으로(2019), 239면; 김연·박정기·김인유, 국제사법 제3판(2012), 258면; 이병화(註 2), 398면도 동지. 프랑스 판결도 이런 태도를 취한다고 한다. Paschalis Paschalidis, Freedom of Establishment and Private International Law for Corporations, 2012, para. 2.43 이하; Behrens(註 6), pp. 367-368. Pierre Mayer/Vincent Heuzé, Droit interanational privé, 10e éd. (2010), §1037 이하는 프랑스법을 회피할 목적으로 설립한 의사(擬似)외국회사를 예로 든다.

68) 석광현(註 31), 205면. 하지만 설립준거법설을 취한다고 해서 의사(擬似)외국회사에 대한 규제를 전면 포기하는 것은 아니다. 극단적인 경우 공서 또는 법률의 회피(faude à la loi)의 법리로 해결하려는 시도가 가능하다. Zimmer(註 32), S. 219f. 참조.

보면 이 사건에서 사실관계를 그렇게 평가한 것일 수도 있다. 그러나 그렇게 보기는 어렵다. 유동화전업 외국법인이 자산관리와 기타 업무를 타인에게 위탁하더라도 사업 주체임은 사실이고 수탁자가 한국에서 업무를 처리한다면 유동화전문회사는 한국에서 주된 사업을 하는 것이다.[69]

둘째, 자산유동화법이 국제사법 제16조 단서에 대한 특례를 정한 것으로 보아 해결하는 방안. 국제사법 제16조 단서에 의하면 전통적 본거지법설을 따를 경우 의사(擬似)외국회사인 원고의 법인격과 당사자능력이 부정될 수 있으나, 자산유동화법은 유동화전업 외국법인을 허용함으로써 국제사법 제16조 단서의 예외를 규정한 것이라고 해석하는 방안이다.[70] 자산유동화법은 "… 자산유동화에 관한 제도를 확립하며, 자산유동화에 의하여 발행되는 유동화증권에 투자한 투자자를 보호함으로써 국민경제의 건전한 발전에 기여함을 목적으로" 1998. 9. 16. 제정·시행된 법률로 유동화전업 외국법인이 유동화전문회사처럼 자산유동화를 할 수 있음을 명시한다(제2조 제1호). 더욱이 유동화전업 외국법인도 당국의 감독 하에 자산유동화업무를 전업으로 수행한 만큼 그렇게 보아야 한다고 주장할 여지가 있다. 기존에 행해진 수많은 유동화거래의 효력을 전면 부정하는 것은 부담스러우므로 이 견해를 채택할 현실적 필요성도 있다.[71]

하지만 아래의 이유로 필자는 위 견해를 전폭적으로 지지하지는 않는다. ① 2001년에 국제사법 제16조 단서가 신설되었으므로 자산유동화를 위하여 필요하였다면 국제사법 또는 자산유동화법에 유동화전업 외국법인을 위한 예외를 명시

---

69) 익명의 심사자는 유동화전문회사와 같은 특수목적회사의 경우 유동화증권 등의 발행지, 자산 소재지, 자산보유자나 스폰서의 주소지를 주된 영업지로 보는 방안 등이 가능하다면서, 일단 구조를 설계하여 특수목적회사를 설립하였다면 그에 따라 주된 영업지를 인정하고 사후 운영과정에서 원래의 의도와 달리 영업이 이루어지더라도 설립의 준거법이 변경되는 것은 아니라는 의견을 피력하였다. 그러나 필자가 말하는 주된 사업지 내지 영업지는 사실상의 영업지를 말하므로 구체적인 사안을 기준으로 개별적으로 판단해야 할 것이라는 점에서 동의하기 어렵다. 후단에서 설립준거법이 변경되지 않는다는 점에 대하여는 이의가 없다.
70) 자산유동화 업무를 취급하는 우리 변호사들은 이런 견해를 피력한다. 일본에는 의사(擬似)외국회사의 법인격을 인정하는 회사법 제821조에 의하여 자산유동화에 외국에서 설립된 특수목적기구를 이용하는 데에는 문제가 없다는 견해도 있다. 김연미(註 54), 16면 참조.
71) 여기에서 유동화전업 외국법인에 대하여 국제사법 제16조 단서의 예외를 인정한다는 것은 유동화전업 외국법인이 의사(擬似)외국회사이더라도 회사의 속인법에 따르는 회사법상의 사항에 대하여 한국법이 아니라 설립준거법을 적용한다는 취지이지 한국법인 자산유동화법의 적용을 배제한다는 취지는 아니다.

하는 등 보완조치를 취하였어야 하는데[72] 그러지 않은 이상 위 해석론은 적어도 제16조 단서의 시행 후에는 근거가 약하다. ② 더욱이 유동화전업 외국법인이라고 하여 당연히 제16조 단서에 대한 예외라고 볼 것은 아니고 사업의 구체적 태양을 고려하여 달리 평가할 여지가 있다. 예컨대 한국 자산을 보유하는 유동화전업 외국법인이 유동화증권을 한국에서 한국 투자자들에게 발행·판매한다면 (외국에서 외국 투자자들에게 발행·판매하는 경우와 비교할 때) 한국에서 주된 사업을 한다고 인정될 가능성이 더 크다. 이 사건에서 원고는 한국 내 자산 취득, 매각, 용도변경 추진, 그의 실패에 따른 자산 재취득 등 일련의 행위를 하였고 한국 회사인 피고가 원고가 발행한 유동화증권(주식과 채권)의 50%를 취득한 점 등을 보면 원고가 한국에서 주된 사업을 한 것이라고 볼 가능성이 커진다. ③ 가사 둘째 방안을 지지하더라도 이 방안이 제16조 단서의 적용을 배제하고 준거법이 외국법이라는 것인지, 의사(擬似)외국회사의 법인격을 인정하는 데 그치는지, 아니면 독일의 수정된 본거지법설처럼 의사(擬似)외국회사의 권리능력은 인정하면서 사원의 책임제한은 부정하는지 등이 불분명하므로 이를 구체화할 필요가 있다. ④ 가사 유동화전업 외국법인은 그렇게 해결하더라도 다른 특수목적회사의 경우에는 문제가 남는다. 일본 회사법(제821조)은 의사(擬似)외국회사의 법인격을 인정하는 데 반하여 우리 상법 제617조의 해석론은 논란이 있고 국제사법 제16조 단서에 따르면 법인격이 부인될 가능성이 더 크므로 우리는 이 쟁점에 대하여 일본보다 더 큰 관심을 기울여야 했음에도 그러지 않은 점은 유감이다. 이는 우리 법률가들의 국제사법에 대한 인식이 부족한 탓이다.

또한 이와 관련하여 상법 제617조의 적용 효과도 문제가 될 수 있는데, 만일 국제사법 제16조 단서를 위 둘째처럼 이해한다면 가사 일반론으로 의사(擬似)외국회사의 경우 상법 제617조를 적용한 결과 법인격이 부정된다고 보더라도 자산유동화법을 상법에 대한 특칙으로 볼 여지가 있다고 주장할 수 있으나 그 경우에도 한국에서 주된 사업을 하는지를 고려해야 할 것이다.

셋째, 독일 연방대법원의 2002년 판결이 취한 것처럼 수정된 본거지법설을 택하는 방안. 그러나 우리 법상 의사(擬似)외국회사를 인적회사로 보자면 한국에서 등기되어야 하는데 이 사건에서 원고는 한국에서 등기된 바 없으므로 민법상

---

72) 마찬가지로 상법 제617조에 대하여도 예외를 명시할 필요가 있었다.

의 조합 또는 설립중의 회사로 취급되거나 만일 사단의 실체가 있다면 권리능력 없는 사단으로 취급될 뿐인데, 권리능력 없는 사단이라면 사실상 권리능력을 가질 여지도 있으나[73] 조합으로 취급된다면 양자 모두 가지기 어렵다.[74] 또한 독일 판례를 따르면 주주의 책임이 제한되는 효과는 달성할 수 없는데, 우리 국제사법의 해석상 회사 기관 또는 행위자에게 가중된 책임을 지울 수 있는지 의문이다.

넷째, 한국과 버뮤다국 간에 위에서 본 한미우호통상항해조약 제22조 제3항과 같은 규정이 있다면 그에 의하여 원고의 법인격이 인정될 수 있을 것이다. 한국과 버뮤다국 간에 그런 조약은 없는 것 같고, 버뮤다국은 영국속령이므로 한영 간 양자조약이 있는지도 확인할 필요가 있는데 1883년 체결된 조영통상조약이 있으나 위 조문과 유사한 조문은 없다. 위 조약의 유효기간은 10년인데(제11조) 동 조약이 연장되었는지는 별론으로 하더라도 동 조약은 1948년에 수립된 대한민국정부에 의해 '승계'되지 않았고 그 밖에 한국이 영국과 우호통상항해조약을 체결한 바는 없다.[75]

다섯째, 국제사법 제16조 단서에 따라 본거지법인 한국법을 적용한 결과 원고의 법인격이 부정된다면 권리능력은 인정될 수 없으나, 만일 사단의 실체를 구비하고 있다면 위에 언급한 민사소송법 제52조에 따라 원고는 법인이 아닌 사단으로서 당사자능력을 가질 수 있다. 다만 이 사건에서는 원고가 피고를 상대로 이 사건 확약서에 따른 일정금원의 지급을 구하므로 당사자능력의 문제만을 해결하는 것은 큰 실익이 없다.

여섯째, 법률상태 승인의 법리의 적용. 위에서 본 것처럼 유럽사법재판소는 Überseering 사건 판결에서 Überseering의 권리능력과 당사자능력을 긍정하였으나 EU기능조약과 같은 상위규범이 없는 우리에게는 법률상태 승인의 법리가 원칙적으로 적용될 여지가 없다.

---

73) 곽윤직 · 김재형, 민법총칙[민법강의 Ⅰ] 제9판(2013), 167면.
74) 상법 제617조의 적용 효과를 완화하는 견해와 국제사법 제15조(거래보호)에 의하여 이를 가능하다고 주장할지 모르겠다. 의문을 해소하자면 일본 회사법처럼 그 경우 의사(擬似) 외국회사의 법인격을 인정하는 조문을 상법과 국제사법에 도입하는 방안도 고려할 수 있다. 그 경우 독일 판례처럼 행위자의 책임을 가중하거나 일본 회사법처럼 대표자의 연대책임을 규정하는 방안도 고려해야 한다.
75) 이 점의 확인을 도와주신 이근관 교수님께 감사의 뜻을 표한다.

나. 우리 법원의 판단에 대한 평가

대법원은 국제사법 제16조 단서는 전혀 언급하지 않았다. 제1심과 원심도 같았다. 이 사건에서 원고가 한국에서 주된 사업을 하였다면 법원의 판단은 아래 이유로 잘못이다.

국제사법 제16조 단서를 적용한 결과, 자산유동화법을 특칙으로 인정하지 않는다면, 버뮤다국 법률에 따라 설립된 원고는 실체법상 법인격(따라서 권리능력)이 없고 원고가 체결한 여러 계약들은 무효일 가능성이 있다. 더욱이 원고의 당사자능력은 소송요건으로서 법원이 직권으로 판단할 사항이므로 법원은 이를 심리하여 당사자능력의 결여를 이유로 소를 각하하였어야 한다고 주장할 여지가 있다. 만일 이 사건이 순수하게 당사자능력만이 문제라면 법인이 아닌 사단 등의 당사자능력을 인정한 민사소송법 제52조를 원용함으로써 문제를 해결할 여지도 있지만 원고는 이 사건 확약서에 근거하여 일본 중재판정을 받고 그에 기하여 집행판결을 청구하였으므로 당사자능력을 가지는 것만으로는 문제가 해결되지 않는다.[76)]

입법자들이 2001년 국제사법 제16조를 채택함으로써 설립준거법설과 본거지법설을 결합하였으므로 법원이 함부로 국제사법을 무시할 수는 없다. Überseering 사건에서 독일 법원의 판단에서 보듯이 법원으로서는 우선 원고가 한국에서 주된 사업을 하는지를 판단하고 만일 그렇다면 국제사법 제16조 단서를 적용하여 전통적인 본거지법설에 따라 원고의 법인격과 당사자능력을 판단하고, 만일 그에 따른 결론을 수용할 수 없다면 수정된 본거지법설을 채택할지를 검토했어야 한다.[77)] 또한 법원으로서는 상법 제617조를 적용하여 그 법률효과를 판단했어야 한다. 만일 그랬더라면 국제사법 제16조 단서와 상법 제617조의 관계를 검토할 기회가 있었을 것이다. 근자에 독일의 학설·판례가 국제사법상 수정된 본거지법설을 취하면서 그에 따른 법률효과를 구체화하는 모습은, 일본이 회사법에 규정된 외인법을 통하여 의사(擬似)외국회사의 법인격을 인정하면서 그에 따른 법

---

76) 이 사건에 적용된 뉴욕협약(제5조 제1항 a호)에 따르면 당사자의 무능력은 중재판정 승인 및 집행의 거부사유이므로(법원의 직권판단 사유는 아니지만) 중재합의에서 당사자의 능력의 준거법도 문제된다. 준거법은 석광현, 국제상사중재법연구 제1권(2007), 272-273면 참조.

77) 자산유동화와 관련하여 제16조 단서가 문제될 수 있음은 석광현(註 31), 206면, 註 18 참조.

률효과를 구체화하는 모습과 유사하다. 우리도 해석론과 입법론을 통한 해결방
안을 고민해야 하는데 이 사건은 그 점에서 아쉬움을 남긴다.

　　필자가 지적하고 싶은 것은, 우리 법원이 국제사법 제16조 단서를 적용하여
원고의 법인격과 당사자능력을 부정하고 원고의 모든 법률행위가 무효라는 결론
을 도출하지 않았다는 점이 아니다. 필자는 외국법인인 원고의 설립, 자산유동화
업무의 수행, 이 사건 중재와 이 사건 소송 수행 등 일련의 과정 중 어느 단계에
선가는 우리 법원(중재의 경우 중재인)이 국제사법 제16조 단서 및 상법 제617조
와 관련된 쟁점을 검토하고 그에 따른 법적 효과를 판단했어야 함에도 불구하고
그렇게 하지 않았다는 점에서 아쉬움을 토로하는 것이다.

V. 상법 제617조와 국제사법 제16조 단서의 관계

1. 상법 제617조와 국제사법 제16조 단서의 異同

　　상법 제617조는 외국회사의 국내법상 취급에 관한 외인법[78] 조문이고 준거
법을 지정하는 국제사법(저촉법) 조문이 아니다.[79] 양자는 목적, 규정방식과 법
률효과가 다르다. 다만 제16조 단서는 외국회사 일반에 대하여 준거법을 지정하
는 양면적(양방적 또는 전면적) 저촉규정의 형식을 취하는 대신 한국에 본점을 두
거나 한국에서 주된 사업을 하는 의사(擬似)외국회사에 한정하여 일면적 저촉규
정의 형식을 취하므로 외인법의 규정에 접근하게 되었다. 의사(擬似)외국회사에
한정하여 보면, 국제사법 제16조 단서에 의하여 한국법이 그 회사의 속인법이
되고, 상법 제617조에 의하여 그 회사는 한국에서 설립된 회사와 같은 규정에
따르게 되므로 양자는 동일한 취지로 보이고 경합적으로 적용된다. 이는 2000년

---

78) 외인법(Ausländerrecht. 전에는 Fremdenrecht)은 외국인을 내국인과 달리 취급하는 법규
　　또는 외국인의 법적 지위에 관한 법규의 총체를 말한다. 이호정, 「국제사법」, 1983, 14면;
　　Kegel/Schurig(註 2), S. 64; Jürgen Basedow, "Aliens law", Encyclopedia of Private
　　International Law, Vol. 1, 2017, p. 51. 종래 외인법은 실질법이므로 준거법이 한국법으
　　로 지정된 때에 비로소 적용된다고 설명하나(Kegel/Schurig(註 2), S. 64. 다만 이는 그러
　　면서도 관련된 국가이익을 고려한 특별한 저촉규범을 발전시킬 수 있음을 인정한다), 외
　　인법은 통상 적용범위를 스스로 결정하므로 그에 규정된 구성요건표지가 충족되면 적용
　　된다는 점에서 특수하다. 이 점에서 외인법은 일면성이 있고 한국의 국제적 강행규정을
　　방불케 하는데 외인법의 지위는 더 검토할 사항이다.
79) 석광현(註 31), 204면; 정동윤/천경훈(註 48), 72면; 김연미(註 54), 7면.

섭외사법의 개정 작업 당시 국제사법 제16조 단서를 구 상법 제617조에 동조시킨 결과이다.

양자의 관계에 관하여 논리적으로 국제사법 제16조 단서가 논리적으로 먼저 적용되므로 상법 제617조는 실질적으로 사문화된다는 견해[80] —이 견해도 제16조 단서를 적용한 결과는 상법 제617조를 적용한 것과 다르지 않음을 인정한다— [81]와, 국제사법 제16조는 상법상 외국회사 관련규정의 적용범위를 정하는 역할을 한다는 견해 등이 보인다.[82] 상법 제617조는 외국회사에 관한 상법 조문의 적용에 있어서 당사자자치를 존중하는 설립준거법설을 전제로 하면서 의사(擬似)외국회사의 경우 그에 대한 한계를 정한 것으로 볼 수 있다. 양자의 기본적인 차이는 저촉규범인가 실질규범인가이다.[83]

중요한 것은 해석상 양자 간의 충돌이 발생해서는 아니 된다는 점인데, 의사(擬似)외국회사에 대하여는 어느 조문을 적용하든 한국법이 적용된다는 결론은 같지만[84][85] 양자는 개념적으로 차이가 있고 그때 적용되는 한국법의 범위는 각각에

---

80) 황남석(註 1), 180면. 이는 아마도 외인법은 실질법이므로 준거법이 한국법으로 지정된 때에 비로소 적용됨을 전제로 하는 것으로 짐작되나, 위에서 언급한 것처럼 그렇게 단정하기는 어렵고 이는 더 검토할 사항이다.

81) 한국상사법학회 편/김연미(註 54), 981면.

82) 천경훈(註 36), 243면. 필자는 상법상 외국회사의 개념을 국제사법에 따라 판단하는 것이 타당하다는 견해를 피력하였다. 그러나 다수의 상법학자들은 대체로 국제사법과 관계없이 준거법설을 따른다. 김연미(註 54), 10면.

83) 따라서 저촉규범인 국제사법 제16조 단서는 실질규범(특히 외인법)인 상법 제617조와 병존할 수 있으나, 위에서 본 것처럼 외인법은 대체로 그 적용범위를 직접 규정하는 특수한 지위를 가지는 실질규범이다. 사법(私法)적 외인법과 국제사법의 관계에 관하여, 우리 외인법은 국제사법에 의하여 한국법이 준거법으로 지정된 때에 적용된다는 견해(국제사법 선행설)와 반면에 외인법은 국제사법에 선행하여 적용된다는 견해(외인법 선행설)가 있다. 신창선·윤남순, 신국제사법 제2판(2016), 26면은 후자를 지지한다. 석광현, "외국인에 대한 한국 사회보장법의 적용: 외인법에서 저촉법인 국제사회보장법으로", 국제사법연구 제27권 제2호(2021. 12.), 647면 이하도 참조. [밑줄 친 부분은 이 책에서 새로 추가한 것이다.]

84) 그런 이유로 2001년 섭외사법 개정 시 국제사법 제16조 단서를 둘 수 있었다. 당시 필자는 개인적으로 우리 법원이 [1]과 [A]의 결합 아니면 [1]과 [B]의 결합을 채택할 가능성이 크다고 보았고 [1]이 채택되는 한 후자의 결합에서도 결국 법인격이 부정될 것으로 생각하였다. 정동윤/천경훈(註 48), 75면도 동지. 당시는 수정된 본거지법설을 채택한 독일 연방대법원 판결이 선고되기 전이었다.

85) 국제사법 제16조 단서상으로는 준거법이 한국법이 된다. 만일 법정지가 외국이면 그곳의 연결원칙에 따라 설립준거법이 채택될 수 있고 법정지에 따라 파행적 법률관계가 발생한다. 한편 상법 제617조에 따르면 의사(擬似)외국회사의 경우 준거법은 외국법인데 한국

관하여 어떤 견해를 취하는가에 따라 다를 수도 있다(더욱이 독일의 유력설처럼 회사 기관 또는 행위자에게 가중된 책임을 부과하는 것이 상법상 가능한지는 의문이다).[86]

과거 전통적인 견해에 따르면 제16조 단서의 결과 의사(擬似)외국회사의 법 인격을 부정하고, 상법 제617조를 성립에도 적용하여 법인격을 부정하므로 동일 한 결과가 된다. 그러나, 근자의 완화된 견해는 제16조 단서와 상법 제617조에 서 법인격을 인정하는 견해를 채택할 여지가 있다. 만일 상법 제617조를 근자의 유력설처럼 해석하여 의사(擬似)외국회사의 법인격을 유지하더라도 국제사법 제 16조 단서를 엄격하게 해석하면 상법의 완화된 해석론은 무의미하다. 그렇다면 2011년 상법 개정 시 제617조를 개정하거나, 그런 결론을 수긍할 수 없다면 국 제사법 제16조 단서에 대한 예외를 명시할 필요가 있었을 것이다. 국제사법 제 16조와 상법 제617조의 개정방향은 아래(2.)에서 논의한다.

국제사법 제16조 단서와 상법 제617조의 적용 효과를 정리하면 아래와 같다.

	국제사법 제16조 단서[저촉규범]	상법 제617조[실질규범]
전통적인 견해	[1] 본거지법설: 법인격 부정	[A] 법인격 부정
근자의 유력설	[2] 수정된 본거지법설: [법인격 부정]. 인적회사 또는 조합으로 전환. 권리능력 과 당사자능력 인정(독일에서)[87]	[B] 법인격 인정: 기타 상법 규정 적용

상법이 중첩적용된다는 것인지 아니면 한국법이 준거법이 됨으로써 외국법은 배제되는 것인지는 불분명한데 전자라면 적응의 문제가 발생한다. 정동윤/천경훈(註 48), 77면은 의사(擬似)외국회사의 장래를 향한 각종 실체적·절차적 의무와 회사와 이사 등의 책임과 주주의 권리 등에 관하여는 한국법을 적용하나, 한국법 중에서 실체적·절차적 요건을 위 반한 회사의 행위에 대하여는 그 효력을 부인할 경우 거래의 안전을 해하므로 설립준거 법에 맡기는 것이 타당하다고 한다. 그런 해석론의 취지는 이해할 수 있으나 상법 제617 조의 의미가 매우 불확실하게 된다. 해석론과 입법론을 통하여 제617조의 취지를 더욱 분명히 할 필요가 있다.

86) 그러나 김연미(註 54), 8면, 註 8은 Bratton/McCahery/Vermeulen, "How Does Cor-porate Mobility Affect Lawmaking? A Comparative Analysis", 57 American Journal of Comparative Law (2009), 347, 353을 인용하면서 양자는 동일한 기능을 수행하므로 의 사(擬似)외국회사의 문제를 준거법의 문제로 해결하는 것이 옳은지 외인법으로 해결하는 것이 옳은지를 논하는 것은 실익이 없다고 한다. 정동윤/천경훈(註 48), 38면도 동지.

87) 독일에서는 이처럼 법인격과 권리능력이 분리될 수 있다(상법 제124도). 우리 상법은 이런 분리를 인정하지 않기에 필자도 과거 독일법을 설명하면서 권리능력이 있다는 것을 마치 법인격이 있다는 취지로 쓰기도 하였다. 다만 법인격을 인정하기 위한 전제로 한국 내 설

2. 국제사법 제16조와 상법 제617조의 개정방향

일부 논자는 국제사법 제16조(개정법 제30조) 단서를 삭제함으로써 설립준거법설로 일원화하자는 입법론을 제시한 바 있다.[88][89] 이는 한국에 본거지를 둔 의사(擬似)외국회사에 대하여 전면적으로 설립준거법설만을 적용하자는 것은 아니고, 예외적으로 한국 상법을 적용하는 상법 제617조의 존재를 전제로 하므로, 이런 태도는 한국의 의사(擬似)외국회사를 규율하기 위하여 설립준거법설과, 회사의 본거지인 한국의 상법(외인법)상의 규제를 결합하는 방법이다.[90] 그렇게 한다면 설립준거법과 본거지법이 상이한 모든 사안에서 본거지법설이 우려하는 바를 해소할 수는 없지만, 적어도 한국에서 주된 사업을 하려는 발기인들이 상궤를 벗어날 정도로 최소요건을 정한 회사법으로 도피하는 사안, 즉 한국의 의사(擬似)외국회사의 경우 초래되는 거래의 안전, 채권자의 보호와 사원(특히 소수사원)의 이익 보호라는 문제점에 대하여는 어느 정도 대처할 수 있다.

설립준거법설로의 일원화는 법적 안정성을 확보하는 데 도움이 되는 것은 사실이나 필자는 당분간 국제사법 제16조 단서의 유지를 선호한다. 그렇지 않으면 본거지가 한국인 의사(擬似)외국회사의 경우 준거법이 외국법임에도 불구하고 회사법상의 쟁점에 관하여 우리 상법을 적용하게 되어 체계상 다소 부자연스럽고, 준거법인 외국법과 상법이 저촉되는 경우 그 해결이 어려울 수 있고 국제사법 이론상 적응(adaptation)과 같은 문제가 발생할 가능성이 커지기 때문이

립등기를 요하는 우리로서는 독일과 동일한 결론을 도출하기 어렵지만, 상법 제617조의 해석상 법인격(따라서 권리능력)을 인정하는 견해는 제16조 단서 하에서도 같은 주장을 할지 모르겠다. 의문을 해소하자면 그 경우 의사(擬似)외국회사의 법인격을 인정하는 조문을 상법(일본 회사법처럼)과 국제사법에 도입하는 방안을 고려해야 한다고 주장할 여지도 있다.

88) 예컨대 천경훈(註 36), 265면; 한국조세연구포럼(註 1), 134면; 황남석(註 1), 183면 참조. 다만 황남석(註 1), 183면은 국제사법 제16조 단서를 삭제하자는 견해가 합리적이라면서 일본이 그러한 입법례라고 소개하나 일본의 법적용통칙법에는 조문은 없고 설립준거법설이 다수설이다. 櫻田嘉章·道垣內正人(編)/西谷祐子(註 11), 157면.

89) 그 밖에도 자산유동화법에 "자산유동화업무를 전업으로 하는 외국법인에는 국제사법 제16조 단서를 적용하지 아니 한다"는 취지의 특칙을 넣자는 입법론도 주장할 여지가 있으나 이는 다른 목적을 위한 특수목적회사의 경우를 해결하지 못하는 문제가 있다.

90) 櫻田嘉章·道垣內正人(編)/西谷祐子(註 11), 145면 참조. 신창선·윤남순, 신국제사법 제2판(2016), 229면도 설립준거법설을 취하는 경우 발생하는 폐해는 본거지의 외인법에서 외국법인에 대한 감독규정을 둠으로써 제거할 수 있다고 하고 상법 제617조를 그 예로 든다.

다.91) 다만 제16조 단서는 의사(擬似)외국회사만을 대상으로 하므로 삭제하더라
도 의사(擬似)외국회사의 법인격 인정 여부에 관하여 차이가 발생할 수 있음을
제외한다면 커다란 차이가 있는 것은 아니다. 하지만 아래 사항을 더 고려할 필
요가 있다.

첫째, 우선 해석론을 통하여 국제사법 제16조 단서 적용의 효과를 명확히
해야 한다.92) 예컨대 독일의 전통적 본거지법설, 수정된 본거지법설과 다른 견
해가 타당한지를 검토해야 한다. 만일 해석론으로 해결되지 않고 필요하다면 그
경우 의사(擬似)외국회사의 법인격을 인정하는 조문을 국제사법에 도입하는 방
안도 고려할 수 있다.

둘째, 한국의 의사(擬似)외국회사가 아닌 외국회사의 처리의 문제이다. 이는
제16조 단서의 유무와 무관하게 제기되는 문제이다. 종래 본거지법설은, 설립준
거법설을 따를 경우 거래의 안전, 채권자의 보호와 사원(특히 소수사원)의 보호
등의 측면에서 취약점이 있다고 보는데,93) 독일 등 대륙법계 국가가 본거지법설
을 고집하는 이유는 여기에 있다. 그러나 우리가 제16조 단서의 적용범위를 확
대할 것은 아니고, 설립준거법국(예컨대 A국)이 아닌 다른 외국(예컨대 B국)에 본
거를 둔 외국회사에 대하여는 국제사법 제16조 단서와 상법 제617조를 적용할
수 없으므로 문제는 그런 외국회사들의 경우 위 고려사항(즉 설립준거법설의 약점)
을 어떻게 해결할지이다. 결론적으로는 위 사항들에 관한 본거지법(예컨대 B국법)
의 규정들을 국제적 강행규정으로 적용 내지 고려해야 할 것이나 그에 관한 법
리가 아직 한국과 유럽연합 내94)95)에서 정립되지 않았으므로 이 점을 더 검토할

91) 적응이라 함은 복수의 준거법이 적용되는 경우 그의 충돌로부터 발생하는 문제를 해결하
    는 법리를 말한다. 적응의 해결방안으로서 국제사법적 해결방안과 실질사법적 해결방안
    이 있는데, 추상적으로는 개별사건에서 이익형량을 통하여 법질서에 최소로 손을 대는 방
    안을 선택해야 한다. 이호정(註 78), 123면 이하 참조.
92) 이런 논의는 예컨대 Lanzius(註 2), S. 45ff. 참조.
93) Kropholler(註 30), S. 575; Marc-Philippe Weller, "Das autonome Unternehmens-
    kollisionsrecht", IPRax (2017), S. 173ff. 참조. 과도한 경영판단 규칙을 들기도 한다. 독일
    에서 시행되는 공동결정제는 한국에서는 아직 문제되지 않으나 노조가 추천한 사람을 사외
    이사로 선임하는 노조추천이사제가 장래 도입된다면 그 범위 내에서는 달라질 수도 있다.
94) Hans Jürgen Sonnenberger (Hrsg.), Vorschläge und Berichte zur Reform des euro-
    päischen und deutschen internationalen Gesellschaftsrechts (2007), S. 10에 제시된 유
    럽연합 국제회사법 초안도 국제적 강행규정에 관하여는 구체적인 문언은 제시하지 않은
    채 조문을 둔다는 점만 밝히고 있다. 논의는 위 Sonnenberger (Hrsg.), S. 60f. 참조.
95) GEDIP(Groupe européen de droit international privé)가 제안한 회사의 준거법에 관한

필요가 있다.

한편 상법 제617조에 관하여는 우선 그 해석론을 더 명확히 해야 하고,[96] 나아가 제617조를 일본 회사법처럼[97] 개정하는 방안도 고려할 수 있다. 이는 의사(擬似)외국회사의 법인격이 인정됨을 명확히 하는 것이다.

마지막으로 현재처럼 국제사법 제16조 단서와 상법 제617조가 모두 필요한가라는 의문이 있다. 상법상으로는 회사의 속인법에 관하여 설립준거법설을 취한다면 이를 제한하기 위하여 상법 제617조가 필요하나, 국제사법 제16조 단서처럼 본거지법설을 취한다면 불필요하다고 볼 수 있다. 위에 언급한 이탈리아의 입법변천을 보면 양자를 병치할 필요는 없다고 할 수 있다. 준거법을 정하는 국제사법과 외인법인 상법이라는 체계적 관점에서 보면 양자를 둘 수도 있으나 과연 이를 유지할지는 더 검토할 사항이다. 어쨌든 양자를 존치한다면 해석상 양자 간에 충돌이 발생하지 않도록 해야 한다.

Ⅵ. 맺음말: 국제사법과 국제민사소송법에 대한 더 큰 관심을 촉구하며

위에서는 법원에서 쟁점이 되지는 않았으나 의사(擬似)외국회사인 유동화전업 외국법인으로 보이는 원고가 된 대법원 판결의 사안을 중심으로 원고의 법인격과 당사자능력이 있는지를 국제사법 제16조 단서와 관련하여 검토하였다. 핵심은 의사(擬似)외국회사의 경우 국제사법 제16조 단서가 명시한 본거지법설을 적용한 효과는 무엇인가라는 점이다. 유명한 Überseering 사건에서 독일 하급심 법원들은 전통적인 본거지법설의 결론을 정확히 보여주었는데,[98] 대법원을 포함

EU규정안 제10조는 로마 I (제9조)을 모델로 한 조문을 두고 있다. 소개는 Christian Kohler, "Eine europäische Verordnung über das auf Gesellschaften anzuwendende Recht", IPRax, (2017), S. 323ff.; Jan von Hein, "Der Vorschlag der GEDIP für eine EU-Verordnung zum Internationalen Gesellschaftsrecht", in Burkhard Hess et al., Europa als Rechts- und Lebensraum: Liber Amicorum für Christian Kohler zum 75. Geburtstag (2018), S. 551ff. 참조.

96) 위에 언급한 정동윤/천경훈(註 48), 77면의 해석론은 그러한 시도이나 이를 더 정치하게 다듬을 필요가 있다.

97) 위에서 본 것처럼 일본 회사법 제821조는 의사(擬似)외국회사의 법인격을 인정하면서 그의 일본 내 영업활동을 규제하고 그에 위반하여 거래를 한 자에게 채무를 부과한다.

98) 그 후 독일 연방대법원은 수정된 본거지법설을 채택하였고 유럽사법재판소가 EU기능조약(TFEU)상의 영업소 설립 자유를 근거로 '법률상태의 승인' 법리를 도입함으로써 EU 내

한 우리 법원들이 국제사법 제16조 단서에 대하여 문제의식이 없었던 점은 아쉽다. 가사 국제사법 제16조 단서와 상법 제617조를 적용한 효과—즉 원고의 법인격과 당사자능력의 부정— 가 자산유동화법에 의하여 구제된다고 보더라도 그런 쟁점을 인식하고 논의함으로써 적절한 기준을 제시하였어야 마땅하다. 의미 있는 쟁점이 법원의 무관심 내지 무지로 인하여 논의조차 되지 못한 채 간과되는 것은 아닌지 우려된다. 우리는 의사(擬似)외국회사에 대하여 국제사법 제16조 단서와 상법 제617조를 적용한 효과가 무엇인지를 해석론으로서 정립하고, 만일 그런 결론이 문제가 있다면 입법론으로써 해결하는 방안을 고민하여야 한다. 유동화전업 외국법인 또는 유동화전문회사의 경우에는 자산유동화법을 근거로 문제를 해결하더라도 그러한 특별한 법적 근거가 없는 다른 특수목적회사의 경우 문제의 소지가 있으므로 국제사법 제16조 단서 및 상법 제617조의 해석론과 입법론에 더 큰 관심을 가져야 한다.99)

후 기

위 글을 발표한 뒤에 아래의 문헌이 간행되었다. 물론 망라적인 목록은 아니다.
• 석광현, "쿠팡의 뉴욕 증시 상장을 계기로 본 국제회사법: 쿠팡은 한국 회사인가", 법률신문 제4870호(2021. 2. 25.), 11면에서 저자는 국제사법 제16조 단서가 적용되는 사례로 Coupang, Inc.를 소개하였다. 2021년 3월 뉴욕 증시에 주식을 상장하는 것은 Coupang, Inc.인데 이는 델라웨어주 회사로서 한국에 주된 사무소를 두고 있음이 거의 명백하기 때문이다.
• 櫻田嘉章・道垣內正人(編), 일본 注釈国際私法 제2권(有斐閣, 2012), 449면 이하 (橫構 大 집필부분)도 참조.

에서는 그런 결론을 유지할 수는 없게 되었다.
99) 익명의 심사자는 필자가 보다 구체적인 해결방안을 제시하면 이 글의 완성도가 높아질 것이라는 심사의견을 제시하였다. 필자도 그에 전적으로 동의하나 구체적인 해결방안을 제시하기 위하여는 더 검토해야 할 사항들이 있어 지금으로서는 그렇게 하기 어렵다는 말씀을 드리고 양해를 구한다. 다른 익명의 심사자는 이 글이 2015년 선고된 대법원 판결을 부제로 달고 있음을 이유로 목차 구성의 변경을 권고하였으나 이는 반드시 필요한 것은 아니고 이를 반영하자면 오히려 상당한 시간과 노력이 소요될 것을 고려하여 반영하지 않았다는 말씀을 드리고 양해를 구한다.

쿠팡은 한국 회사인가:
쿠팡의 뉴욕 증시 상장을 계기로 본 국제회사법*

Ⅰ. 머리말

근자에 '로켓배송'과 '쿠팡이츠'로 유명한 전자상거래업체 쿠팡이 2021. 2. 12.(현지시각) 미국 증권거래위원회(SEC)에 뉴욕증권거래소(NYSE) 상장을 위한 증권신고서("신고서")를 제출함으로써 기업공개(IPO)를 진행하고 있다. 미국에서도 이는 2014년 9월 알리바바 후 최대 규모의 외국 회사 기업공개(IPO)인 탓에 주목을 받는 모양이다. 다만 알리바바는 뉴욕 증시에 상장하였으나 케이만 아일랜드 회사인 Alibaba Group Holding Limited가 주식예탁증서(ADR)를 상장한 데 반하여, 쿠팡은 주식을 상장한다. 언론은 상장 주체가 한국 회사인 쿠팡 주식회사인 것처럼 보도하나 부정확하다. 창업자인 미국 국적의 김범석 대표 보유 주식(수퍼주식. Class B 주식)에 'Class A 주식의 29배'에 해당하는 '차등의결권'을 부여하여 실질적인 경영권을 유지하게 한다는데 한국 상법상 그런 주식은 허용되지 않는다. 그러면 상장 주체와 상장 대상은 무엇인가. 미국 SEC에 제출한 신고서와 예비투자설명서를 보면 쿠팡 주식회사의 주식 전부를 보유하는 델라웨어주 유한책임회사 "Coupang, LLC"가 델라웨어주 회사 "Coupang, Inc."로 전환하고 상호를 변경하면서 주식(Class A 주식)을 상장하는 것이다. 필자가 주목하는 것은 Coupang, Inc.가 한국에 주된 사무소를 두는 점인데, 여기에서는 그로 인

---

* 이는 법률신문 제4870호(2021. 2. 25.), 11면에 게재된 글을 전재하면서 밑줄 친 부분과 이 각주를 추가한 것이다. 저자는 이 글이 법률신문에 간행되면 관련 회사나 로펌에서 연락을 할 줄 알았다. 특별히 무엇을 기대한 것은 아니지만 담당자들이 발을 뻗고 잘 수 있게 해주어 고맙다는 식의 이야기 정도는 하지 않을까 싶었는데 아마도 착각이었던 모양이다.

해 제기되는 국제사법(國際私法) 쟁점을 다룬다(Ⅲ.). 그에 앞서 대중의 관심사인 쿠팡의 국적을 언급한다(Ⅱ.).

Ⅱ. 쿠팡의 국적

한국에서 영업을 하는 쿠팡 주식회사는 한국법에 따라 설립되고 한국에서 주된 영업을 하는 한국 회사인데, 그 주식 전부는 델라웨어주 회사인 Coupang, Inc.가 가지고 있다. 손정의 회장의 소프트뱅크그룹이 투자한 탓에 쿠팡이 일본 국적이 아닌가라는 논란이 있었다. 기업의 국적 결정에 관하여는 다양한 견해가 있는데 흔히 설립준거법, 주된 사무소 소재지, 정관상 본점 소재지, 경영중심지, 주주의 국적, 경영자와 근로자를 포함한 구성원들의 국적, 공장 소재지, 기술·인력·자금 등 기업의 핵심자원의 소재지, 납세지 나아가 기업문화와 풍토를 비롯한 경영 메커니즘의 성향 등이 기준이 된다고 한다. 그러나 이런 식의 두루뭉술한 기준은 대중의 애국심 등 감성에 호소할지 모르나 법적으로 큰 의미가 없다. 한편 자본의 국제적 이동과 기업활동의 글로벌화를 강조하면서 회사의 국적은 무의미하다는 주장도 있으나 이도 옳은 것은 아니다. 자연인의 국적을 정하는 국적법은 회사에는 적용되지 않고, 회사의 경우 보편타당한 국적개념은 존재하지 않는다. 회사의 국적 개념을 사용하자면, 대상이 어느 회사인지, 나아가 민법, 회사법, '부동산 거래신고 등에 관한 법률', 세법(조세조약 포함), 외국인투자촉진법, 국제법과 국제투자법 등 맥락별로 달리 판단해야 하는데, 다양한 회사법적 쟁점을 규율하는 준거법을 지정하는 국제사법이 특히 중요하다. 200개가 넘는 국가법(주법을 감안하면 더 많다)으로 형성된 바다를 항해하자면 항해술이 필요한데, 어떤 쟁점을 어느 국가법이 규율하는지를 가르쳐줌으로써 항해를 가능하게 하는 것이 국제사법이기 때문이다.

Ⅲ. Coupang, Inc.의 준거법(속인법)과 국제사법 제16조 단서

1. 회사의 속인법의 지정

회사의 속인법 결정에 관하여 국제사법 제16조는 설립준거법설을 원칙으로

채택하면서, 한국에 본거지를 둔 의사(擬似)외국회사에 대하여 예외적으로 본거
지법설을 결합하는 절충적 태도를 취한다. 따라서 외국에서 설립된 회사가 한국
에 주된 사무소를 두거나 한국에서 주된 사업을 하는 경우에는 한국법에 의한다.
이런 단서에 해당하는 사례는 많이 알려져 있지 않다. 그런데 "Coupang, Inc."
는 단서에 해당하는 명백한 사례라는 점에서 시선을 끈다. 신고서에 따르면
Coupang, Inc.는 델라웨어주법에 따라 설립되는 회사이나 주된 사무소(principal
executive office와 corporate headquarters)를 서울에 두고 있다. 그렇다면 Coupang,
Inc.는 국제사법 제16조 단서에 해당하므로 델라웨어주 회사임에도 불구하고 한
국 상법의 적용을 받는데, Coupang, Inc.는 한국 상법상 설립된 바 없으므로 법
인격을 인정받기 어렵다. 상법 제617조(외국에서 설립된 회사라도 한국에 본점을 설
치하거나 한국에서 영업할 것을 주된 목적으로 하는 때에는 한국에서 설립된 회사와 동
일한 규정에 의한다는 취지)에 따르면 다소 애매하나, 제16조 단서의 논리적 귀결
은 위와 같다(다만 異論의 여지가 있고, 단서와 상법 제617조의 정당성에 대한 비판은
가능하다). 그렇다면 이는 매우 심각한 문제이다. 그러나 쿠팡에는 다행스럽게도
한미조약이 문제를 해결한다. 즉 1957. 11. 7. 발효된 "대한민국과 미합중국간의
우호·통상 및 항해조약"(제22조 제3항)은 "일방체약국의 영역내에서 관계법령에
기하여 성립한 회사는 당해 체약국의 회사로 인정되고 또한 타방체약국의 영역
내에서 그의 법률상의 지위가 인정된다"고 규정하기 때문이다. 따라서 국제사법
과 상법의 특별법인 위 조문에 근거하여 Coupang, Inc.는 한국에서 델라웨어주
회사로 취급되고, (아마도) 주식 기타 회사법적 사항에 대하여 델라웨어주법의
규율을 받는다. 한미조약이 아니라면 Coupang, Inc.가 한국에 주된 사무소를 두
면서 쿠팡 주식회사를 통하여 수익을 올리는 구조는 애당초 불가능하며 기업공
개도 생각할 수 없다.

　　보도에 따르면 쿠팡이 한국 증시에 상장하면 자본시장법에 따라 모집하려
는 주식 총수의 20%를 우리사주조합원에게 배정해야 한다고 한다. 그러나 상장
주체는 Coupang, Inc.이므로 한국 증시에 상장하더라도 자본시장법에 따른 우
리사주조합원 배정의무는 없다. 한편 Coupang, Inc.는 델라웨어주 회사인데 한
국에 주된 사무소를 두고 뉴욕 증시에 주식을 상장하므로, 회사법상 쟁점은 델
라웨어주법에, 상장 관련 쟁점은 뉴욕주법에, 그리고 한국내 영업활동은 대체로
한국법에 따를 것이다. 델라웨어주법상 차등의결권이 있는 주식을 발행할 수 있

고 주식의 내용도 동법이 결정할 사항이나 한국 증시에 상장하자면 한국법상 가
능해야 한다. 상장요건도 문제인데, 우리 법상 생소한 주권(주식)의 상장은 한국
거래소의 방침상 어렵다고 하나 그 법적 근거는 불분명하다.

2. 유럽연합에서 논의되는 '법상태의 승인'에 의한 해결

종래 광의의 국제사법 체제는 '지정규범으로서의 국제사법'(협의의 국제사법)
과 '개별 고권적 행위의 승인'(외국재판의 승인)이라는 두 개의 지주(支柱)를 가지
고 있다. 첫째 지주를 보면, 외국법에 따라 외국에서 형성된 법상태를 인정하기
위하여는 당해 법상태가 우리 국제사법이 지정하는 준거법에 따른 것이어야 한
다. 2002년 Überseering 사건에서 유럽사법재판소는 유럽공동체설립조약(현재는
EU기능조약)이 영업소 설립의 자유를 보장하므로 독일은 네덜란드에서 설립된
회사의 법인격과 당사자능력을 인정해야 한다고 하였는데, 이는 비록 독일의 준
거법 통제에 반하더라도 독일은 다른 EU회원국에서 형성된 '법상태를 승인'해야
한다는 것을 의미한다(석광현, "한국에서 주된 사업을 하는 외국회사의 법인격과 당사
자능력", 선진상사법률연구 제90호(2020. 4.), 38면 이하 참조). 다만 법상태의 승인을
통하여 설립준거법설이 관철되는 것은 EU회원국에서 설립된 회사에 한정된다.
EU규범이 보장하는 영업소 설립의 자유가 국제사법에 영향을 미치는 현상은 흥
미롭지만, 조약과 같은 상위규범이 없는 우리는 EU와 사정이 다르다. 한국에서
는 국제사법이 지정한 준거법에 반하는 법적 효과는 원칙적으로 인정되지 않는
다. 한미조약이 없다면 Coupang, Inc.를 둘러싼 국제회사법의 문제를 법상태의
승인을 통하여 해결할 수는 없다.

Ⅳ. 맺음말

쿠팡은 명백히 국제사법 제16조 단서에 해당되는 사례라 주목할 만하다. 21
세기에 국제사법은 무시해도 되는 법분야가 아니다. 쿠팡은 뉴욕 증시에 상장하
고, 근자의 전기차 배터리 영업비밀 침해사건에서 보듯이 글로벌 플레이어가 된
LG와 SK는 미국 국제무역위원회(ITC)에서 소송전을 벌였다. 이런 현상이 우리
법제와 법률가들에게 던지는 함의를 숙고해야 한다. 근자에 국제상사법원을 설
립하자는 말도 있는데, 반대할 생각은 없지만 국제상사사건을 유치하지 못하는

것은 법원이 없어서가 아니다. 쿠팡이 뉴욕 증시로 가는 이유는 다양하나 한국 증시가 제2의 쿠팡을 유치하자면 차등의결권 기타 회사법제와 상장요건을 개선 해야 한다는 지적도 있다. 중요한 것은, 거래구조상 상장 주체와 상장 대상을 특정하고 어느 국가법이 그의 준거법인지를 판별하는 일이다. 그 뒤에 비로소 개선 착안점을 정확히 포착할 수 있다. 어쨌든 이제 쿠팡 주식을 원하는 민초들은 '서학개미'가 되어야 할 판이다.

[7] 국제적 기업인수계약의 준거법을 다룬 하급심 판결에 대한 평석: 주주총회의 특별결의를 요구하는 상법 규정은 국제적 강행규정인가

前 記

이 글은 저자가 경희법학 제53권 제2호(2018. 6.), 119면 이하에 게재한 글로서 오타와 오류를 제외하고는 원칙적으로 수정하지 않은 것이다. 다만 가벼운 수정 부분은 밑줄을 그어 표시하였다. 정치(精緻)한 국제재판관할규칙을 담은 국제사법 개정법률(개정법)이 2022. 1. 4. 공포되어 7. 5. 발효된다. 그 결과 준거법규칙을 담은 조문도 번호가 변경되기에 아래에서는 개정법의 조문을 일부 언급하였다.

대상판결: 서울고등법원 2017. 1. 17. 선고 2016나2015158 판결

[사안의 개요]

여기의 논의를 위하여 필요한 범위 내에서 이 사건의 사실관계를 정리하면 아래와 같다.

가. 원고(주식회사 디케이이엔씨)는 한국 회사이고, 피고는 원고의 주식 중 25%를 보유하고 있는 주주로서 과거 원고의 이사로 재직하였던 자이다. 디케이이엔씨 베트남("베트남 자회사")은 원고가 베트남에서 골프장 사업을 진행하고자 베트남에 설립한 유한책임회사이다. 당시 원고는 7.58%의 지분을 보유하였고 다른 투자자인 주식회사 A와 B가 나머지 92.42% 지분을 보유하였다.

나. 베트남 자회사는 2006년 하노이 인민위원회로부터 골프장 사업에 관하여 투자허가서를 받아 임차권과 골프장 개발사업권을 확보하였다.

다. 베트남 회사법(Law on Enterprise)의 하위 규정인 정부명령(Decree)과 계획투자부의 결정(Decision)에 따르면 외국인 투자자가 베트남에서 영업활동을 하는 외국인투자회사의 지분을 취득하는 경우 투자허가서 변경 절차를 밟아야 한다. 사업 추진 과정에서 원고는 다른 투자자들로부터 지분을 이전받고 2008년 10월 하노이 인민위원회로부터 베트남 자회사의 지분 100%를 소유하게 되었다는 내용의 투자허가서('이 사건 투자허가서')를 발급받았고, 베트남 자회사는 원고 1인의 사원을 둔 유한책임회사가 되었다.

라. 피고는 2009년 4월 이 사건 골프장 사업에 자본을 투자하여 원고로부터 베트남 자회사의 지분 92.42%('이 사건 지분')를 양도받았다면서 투자허가서 변경을 신청하였고, 하노이 인민위원회는 2009년 10월 '이 사건 지분 92.42%는 피고가, 나머지 7.58%는 원고가 보유하게 되었고, 베트남 자회사는 2인 유한책임회사로 변경되었다'는 내용으로 이 사건 투자허가서를 변경하여 발급하였다. 원고가 보유한 베트남 자회사의 지분은 원고의 중요 영업 또는 주요 자산에 해당하므로, 그 중 92.42%인 이 사건 지분을 양도하기 위해서는 구 상법 제374조 제1항, 제434조 및 원고의 정관에 따라 원고 주주총회의 특별결의를 거쳐야 함에도 특별결의 없이 이 사건 지분을 피고에게 양도하였다.

[소송의 경과]

1. 제1심판결[1]

원고는 원고와 피고 사이의 이 사건 지분 양도는 무효이므로, 피고에 대하여 이 사건 지분 양도가 무효라는 확인을 구함과 동시에 이 사건 지분의 반환 및 그에 따른 투자허가서 변경절차의 이행을 구하는 소를 서울중앙지방법원에 제기하였다. 제1심은 원고의 청구를 인용하였다.[2]

이에 대하여 피고가 항소하였다.

---

1) 서울중앙지방법원 2016. 1. 21. 선고 2014가합546716 판결.
2) 평석의 대상은 원심판결이므로 제1심의 판단은 상세히 언급하지 않고 관련되는 곳에서 간단히 언급한다.

2. 원심판결[3]

원심은 피고의 항소를 기각하였다. 판시내용은 대체로 아래와 같다.[4]

가. 이 사건은 베트남 자회사의 지분양도의 유효성 및 그에 따른 원상회복 의무 여부가 쟁점인 사건으로서 외국적 요소가 있으므로 국제사법에 따라 준거법을 결정하여야 한다.

나. 이 사건 지분양도계약의 목적물이 베트남 자회사의 지분이고, 위 계약은 베트남에서 이루어진 것으로 보인다. 그러나 계약 당사자인 원고와 피고는 모두 한국 법인 또는 한국 사람인 점, 이 사건 지분은 한국 법인인 원고의 주요 자산이고, 피고는 원고의 이사로서 베트남 자회사의 설립을 주도하는 등 원고와 밀접한 관련이 있는 점, 이 사건 지분양도계약의 유효성 여부는 기본적으로 계약당사자 사이의 법률관계에서 비롯된 문제이지 그 양도 대상인 이 사건 지분이나 베트남 자회사와는 별다른 관계가 없는 점 등을 고려하면, 이 사건 지분양도계약과 가장 밀접한 관련이 있는 국가는 한국이다. 따라서 이 사건 지분양도계약의 유효성 여부 기타 위 양도계약에 따른 당사자 사이의 법률관계의 준거법은 한국법이다.

다. 설령 이 사건에 적용되어야 할 준거법이 베트남법이더라도, 원고의 청구원인 중 한국 법률인 구 상법 제374조 제1항 제1호 위반을 이유로 한 부분에 관하여는 한국 법률이 그대로 적용되어야 한다. 왜냐하면 국제사법 제7조는 '입법목적에 비추어 준거법에 관계없이 해당 법률관계에 적용되어야 하는 대한민국의 강행규정은 이 법에 의하여 외국법이 준거법으로 지정되는 경우에도 이를 적용한다'고 규정하는데, 구 상법 제374조 제1항 제1호는 '회사가 영업의 전부 또는 중요한 일부의 양도' 행위를 할 때에는 동법 제434조에서 정하는 주주총회 특별결의를 거치도록 규정하고 있고, 위 규정은 회사 수익의 원천이 되는 영업의 전부 또는 일부를 주주총회의 특별결의에 의하여만 양도될 수 있도록 함으로써 주주권을 보호하고 회사의 계속기업으로서의 존속을 보장하고자 하는 취지이

---

3) 서울고등법원 2017. 1. 17. 선고 2016나2015158 판결.
4) 이는 노태악·김영석, "2017년 국제사법 주요 판례 소개", 국제사법연구, 제23권 제2호 (2017. 12.), 339면 이하를 참조한 것이다. 매년 말 국제사법학회지에 연재되는 주요 판례 소개는 커다란 가치가 있다. 수년에 걸쳐 수고를 해주시는 노태악 원장님께 깊이 감사드린다. 김영석 판사님께서도 앞으로 수고해 주실 것을 부탁드린다.

므로, 그 입법목적에 비추어 위 조항은 한국의 공익 또는 회사법 질서를 유지하기 위하여 필수적인 이른바 '국제적 강행규정'이라고 봄이 상당하기 때문이다.[5]

라. 만약 이와 같이 보지 않는다면, 한국 회사의 주요 자산을 해외로 처분하면서 그 양도계약의 당사자가 구 상법 제374조 제1항 제1호과 같은 규정이 없는 국가의 법을 준거법으로 선택할 경우 위 조항의 적용이 배제되어 그 입법목적을 달성할 수 없게 되는바, 이러한 결과는 한국 회사법 질서의 근간을 해하는 것으로서 그대로 용인될 수 없다.

3. 대법원판결[6]

대법원은 이 사건 지분양도계약과 가장 밀접한 관련이 있는 국가는 대한민국이라고 보아야 하므로 위 계약에 따른 원고와 피고의 법률관계의 준거법은 대한민국 법이라고 판단한 원심은 정당하다고 판단하고 상고를 기각하였다. 대법원은 저자가 관심을 가지는 가정적 판단, 즉 이 사건 지분양도계약의 준거법이 베트남법일 경우를 전제로 하는 논점에 대하여는 판결에 영향을 미칠 수 없다는 이유로 판단하지 않았다.

[연 구]

I. 문제의 제기

이 사건은 한국 회사인 원고가 보유하는 베트남 자회사에 관한 지분(<u>주식은 아니다)</u>을 한국인인 피고에게 양도하는 이 사건 지분양도계약을 체결하고 베트남법상 필요한 투자허가서를 받은 뒤 이 사건 지분 양도가 무효라면서 그 무효 확인을 구함과 동시에 이 사건 지분의 반환 및 그에 따른 투자허가서 변경절차의 이행을 구하는 소를 제기한 사건이다. 이 사건 지분양도계약의 당사자들은 준거법을 명시적으로 지정하지 않았고, 이 사건 지분을 양도하기 위하여 구 상법상

---

5) 제1심판결은 '국제적 강행규정'이라는 개념을 정면으로 밝히지는 않았지만 국제사법 제7조를 설명하면서 구 상법 조문이 강행규정으로 준거법이 베트남법이더라도 적용된다고 판시하였다. 다만 제1심판결은 이 사건 지분양도계약의 준거법을 명시적으로 판단하지는 않았다.
6) 대법원 2017. 8. 23. 선고 2017다213937 판결.

원고 주주총회의 특별결의가 필요하나 원고는 이를 거치지 않았다. 변호사가 관여하는 <u>대규모의</u> 국제적 기업인수계약<u>에서는</u> 당사자가 준거법을 명시적으로 선택하는 것이 일반적이나 이 사건에서는 준거법의 선택이 없었다. <u>그런 의미에서</u> <u>이 사건은 전형적인 대규모의 국제적 기업인수계약은 아니나,</u> 이 사건은 국제적 기업인수계약(또는 국제적 M&A 계약. <u>정확히는 지분인수계약이지 주식인수계약은 아니다</u>)의 객관적 준거법을 다룬 판결로서 의미가 있고, 특히 (가정적 판단이기는 하지만) 원고가 이 사건 지분을 양도하기 위하여 주주총회의 특별결의를 거쳐야 한다는 구 상법 조문이 준거법에도 불구하고 적용되는 국제적 강행규정이라고 판단한 점에서 주목할 만하다.

이 글에서 다루는 국제사법 쟁점은 아래와 같다.

첫째, 이 사건은 국제사법의 적용대상이 되는 외국적 요소가 있는 사건인가 (아래 Ⅱ.). 이는 국제사법의 적용범위의 문제이다.

둘째, 당사자들은 이 사건 지분양도계약의 준거법을 지정하지 않았는데 그 준거법은 어느 법인가(아래 Ⅲ.). 이는 계약의 객관적 준거법 결정의 문제이다.

셋째, 이 사건 지분양도계약이 무효라면 원상회복의무(또는 부당이득반환의무. 이하 양자를 호환적으로 사용한다)의 준거법은 어느 법인가(아래 Ⅲ.). 이는 부당이득의 준거법의 문제이다.

넷째, 이 사건 지분양도계약의 준거법이 베트남법이더라도 원고 주주총회의 특별결의를 요구하는 한국 구 상법 제374조 제1항 제1호는 적용되는가. 만일 그렇다면 주주총회의 특별결의를 거치지 않고 한 원고의 이 사건 지분양도의 유효성의 준거법은 어느 법인가. 위 상법 조문은 국제적 강행규정인가, 만일 아니라면 그럼에도 불구하고 적용되는 근거는 무엇인가(아래 Ⅳ.). 이는 회사의 속인법과 그 적용범위의 문제와 국제적 강행규정의 문제이다.

다섯째, 지분양도계약의 준거법과 외국인 투자 관련 국제적 강행규정의 문제. 특히 피고가 부당이득을 반환하는 과정에서 베트남법이 적용되는 근거(아래 Ⅴ.) 이는 국제적 강행규정의 문제이다.

여섯째, 관련문제로서 외국에서 해야 하는 의사의 진술을 명하는 판결과 소의 이익(아래 Ⅵ.)

여기에서는 대상판결에서 문제된 위 쟁점만을 다루고 국제적 기업인수계약(또는 국제적 M&A 계약)의 준거법에 관한 본격적인 논의는 다른 기회로 미룬다.[7] 저자가 대상판결에 대한 평석을 쓰는 이유는, 서울고등법원과 서울중앙지 방법원의 합의부가 주주총회의 특별결의를 거쳐야 한다는 구 상법 조문이 국제 적 강행규정이라고 판단한 것을 보면 다른 재판부도 그렇게 오해할 가능성이 있 고, 대상판결과 제1심판결의 잘못된 논리가 이를 참조하는 다른 법원에 영향을 미칠까 우려되기 때문이다.

Ⅱ. 국제사법의 적용대상인 외국적 요소가 있는 법률관계

1. 국제사법의 적용범위: 외국적 요소가 있는 법률관계

양도계약의 목적물인 이 사건 지분이 베트남 회사의 지분이고, 양도계약이 베트남에서 이루어진 것으로 보이는 점에서 이 사건 지분양도계약의 효력 유무 와 부당이득반환의무를 다루는 이 사건은 외국적 요소가 있다. 다만 원심이 판 시한 바와 같이 ① 이 사건 지분양도계약의 당사자인 원고와 피고는 한국 법인 또는 한국인인 점, ② 위 양도계약의 유효성 여부는 기본적으로 당사자인 원고 와 피고 사이의 법률관계에서 비롯된 문제이지 그 양도 대상이나 베트남 자회사 와는 별다른 관계가 없는 점[8] 등을 고려하면, 카타르사건 판결(대법원 1979. 11. 13. 선고 78다1343 판결)을 고려할 때 외국적 요소의 존재에 관하여 의문을 가질 여지도 없지 않다.

2. 대상판결의 판단과 그에 대한 평가

원심은 "이 사건은 베트남 법인의 지분양도의 유효성 및 그에 따른 원상회 복의무 여부가 쟁점인 사건으로서 외국적 요소가 있으므로 국제사법에 따라 준 거법을 결정하여야 한다"는 취지로 판시하였다. 이런 판단은 타당하다. 저자가 굳이 이 점을 언급하는 이유는 대법원이 종래 "국제사법 제1조가 '이 법은 <u>외국</u>

---

7) 2017년에 간행된 천경훈 편저, 우호적M&A의 이론과 실무 — M&A계약의 주요 조항, 제1 권과 제2권은 M&A에 관한 유용한 자료이나 준거법에 따른 차이 기타 국제적 M&A에 특 유한 쟁점에 대한 고려가 부족한 점이 아쉽다. 예컨대 위 제2권 중 김지평·박병권, "위약 금조항", 282면 이하와 이진국·최수연, "M&A계약상 손해전보조항의 법적 쟁점", 158면 이하는 한국법의 맥락만 논의하는 것으로 보인다.
8) 이러한 요소들은 원심이 이 사건 지분 양도계약과 가장 밀접한 관련이 있는 국가가 한국 이라고 판단한 근거이다.

적 요소가 있는 법률관계에 관하여 국제재판관할에 관한 원칙과 준거법을 정함을 목적으로 한다'고 규정하고 있으므로, 거래 당사자의 국적·주소, 물건 소재지, 행위지, 사실발생지 등이 외국과 밀접하게 관련되어 있어 곧바로 내국법을 적용하기보다는 국제사법을 적용하여 그 준거법을 정하는 것이 더 합리적이라고 인정되는 법률관계에 대하여는 국제사법의 규정을 적용하여 준거법을 정하여야 한다"는 태도를 유지하는 탓이다.9) 저자는 전형적인 연결점에 외국적 요소가 있는 사건에는 국제사법을 적용해야 한다고 보고, 대법원이 국제사법을 적용하기 위한 추가적 요건으로 요구하는 '합리성 기준'은 국제사법상 아무런 근거가 없고 부당하다고 본다.10) 대상판결이 그런 설시를 하지 않은 점을 환영한다. 여기에서 이를 상론하지 않는다.

Ⅲ. 국제적 기업인수계약의 준거법

기업인수, Merger & Acquisition의 줄임말인 'M&A'라 함은 합병과 인수를 말한다. 그러나 국제거래에서 합병(삼각합병이 이용되기는 하지만)은 잘 이용되지 않고, 대체로 주식(또는 지분)거래(share deal)와 자산거래(asset deal)의 형태로 이루어진다. 지분양도계약 또는 지분매수계약(share purchase agreement)은 전자에 해당하고, 자산매수계약(asset purchase agreement)은 후자에 해당한다.

1. 국제사법에서 준거법 결정을 위한 법적 쟁점의 성질결정

회사의 국제적 활동과 관련된 국제사법의 쟁점은 다양하나 ① 국제계약법, ② 국제회사법, ③ 국제자본시장법(내지 국제불법행위법)과 ④ 국제증권법(내지 국제물권법)11) 등이 있다. 어떤 쟁점이 국제계약법상의 쟁점으로서 계약의 준거법

---

9) 대법원 2008. 1. 31. 선고 2004다26454 판결; 대법원 2014. 12. 11. 선고 2012다19443 판결 등. 후자에 대한 평석은 권창영, "용선료채권의 성립·소멸에 관한 준거법 — 대법원 2014. 12. 11. 선고 2012다19443 판결", 해양한국(2016. 4.), 154면 이하 참조. 위 권창영, 156면과 157면은 저자의 견해를 판례와 같은 협의설로 소개하나 이는 오해이다. 저자는 협의설의 부당성을 지적하였다. 저자의 견해는 광의설에 가까우나 그로 인한 결론의 부당성은 개별조문에의 포섭으로 해결하자는 일종의 절충적 견해이다.
10) 석광현, 국제사법 해설(2013), 51면; 석광현, "가집행선고의 실효로 인한 가지급물 반환의무의 준거법", 전북대 법학연구, 제51집(2017. 2.), 513면 이하도 참조.
11) 여기에는 '증권 실물'과 '간접보유증권'의 처분이 포함된다. 석광현, "동시상장 등 자본시

에 따를 사항인지, 아니면 국제회사법의 쟁점으로서 회사의 준거법(이를 회사의 '속인법'이라 한다)에 따를 사항인지는 국제사법학에서 말하는 '성질결정(char-acterization 또는 classification)'의 문제이다. 법원이 성질결정을 함에 있어서는 우선 법정지법으로부터 출발하되, 연결대상을 법정지법상의 체계개념이 아니라 비교법적으로 획득된 기능개념으로 이해하면서 <u>실질규범12)</u>의 목적과 함께 당해 저촉규범의 기능과 법정책적 목적을 고려해야 한다. 이것이 근자에 유력한 '기능적 또는 목적론적 성질결정론', '광의의 법정지법설' 또는 '신법정지법설'이다.13)

2. 지분양도계약의 주관적 준거법: 당사자자치

우리 국제사법(제25조)(개정법 제45조)은 국제계약의 준거법에 관하여 '당사자자치(party autonomy)의 원칙'을 명시한다. 우리 국제사법상 일반적으로 국제계약의 당사자들은 당해 거래와 아무런 관련이 없는 중립적 국가의 법을 준거법으로 선택할 수 있다. 그러나 미국의 통일상법전(UCC) §1-105에 따르면 당사자는 당해 거래와 합리적인 관련(reasonable relation)을 가지는 주 또는 국가의 법을 선택할 수 있을 뿐이고, 아무런 관련이 없는 중립적인 준거법의 선택은 허용되지 않는다. 국제사법 제8조(개정법 제21조) 제2항은 당사자가 합의에 의하여 준거법을 선택한 경우에는 예외조항이 적용되지 않는다고 규정하는데, 이는 국제사법이 당사자들이 아무 관련이 없는 법을 선택할 수 있도록 허용하고 있음을 명확히 한 것이다.

실무적으로는 양도의 대상인 지분의 준거법을 지분양도계약의 준거법으로 선택하는 경우가 많으나14) 문제는 이러한 실무가 원칙으로서 지분양도계약에 반

장의 국제화에 따른 國際私法 문제의 서론적 고찰", 국제사법연구, 제20권 제2호(2014. 12.), 32면 이하 참조.

12) 실질법(또는 실질규범)이라 함은 법적용규범(또는 간접규범)인 저촉법(또는 국제사법)에 대비되는 개념으로, 우리 민·상법과 같이 저촉법(또는 국제사법)에 의하여 준거법으로 지정되어 특정 법률관계 또는 쟁점을 직접 규율하는 규범을 말한다.

13) 석광현, 국제사법 해설(2013), 29면 이하; 신창선·윤남순, 新國際私法 제2판(2016), 87면 참조.

14) 오태헌, "기업인수계약상 진술·보증에 관한 연구", 서울대학교 대학원 법학박사학위논문(2016. 2.), 1면은 "통상 우리나라의 기업들을 대상으로 하는 기업인수계약에서는 민법을 포함한 일체의 우리법이 그 준거법으로 약정된다."고 밝히고 있다.

드시 적용되어야 하는가이다. 즉 양도대상인 주식 또는 지분이 한국 주식(또는 지분)인 경우 외국 회사들 간에 또는 외국 회사와 한국 회사 간에 체결하는 주식(또는 지분)양도계약의 준거법이 반드시 한국법이어야 하는가이다. 결론은 아니라는 것이다. 이 사건 지분은 베트남의 유한책임회사이고 따라서 그 지분의 준거법은 베트남법임에도 불구하고 이 사건 지분양도계약의 준거법이 한국법이라는 대상판결의 판단은 이 점을 잘 보여준다.

따라서 다소 이례적일 수는 있으나, 외국 회사가 한국 회사로부터 한국 회사의 주식(또는 지분)을 매수하는 주식(지분)매수계약의 준거법이 뉴욕주법이나 영국법일 수도 있다.

3. 준거법 선택이 없는 경우 계약의 객관적 준거법의 결정 — 특징적 이행에 기초한 추정

국제사법 제26조(개정법 제46조) 제1항과 제2항은 다음과 같다.

> 국제사법 제26조(준거법 결정시의 객관적 연결) ① 당사자가 준거법을 선택하지 아니한 경우에 계약은 그 계약과 가장 밀접한 관련이 있는 국가의 법에 의한다.
> ② 당사자가 계약에 따라 다음 각호 중 어느 하나에 해당하는 이행을 행하여야 하는 경우에는 계약체결 당시 그의 상거소지법(당사자가 법인 또는 단체인 경우에는 주된 사무소가 있는 국가의 법)이 가장 밀접한 관련이 있는 것으로 추정한다. 다만, 계약이 당사자의 직업 또는 영업활동으로 체결된 경우에는 당사자의 영업소가 있는 국가의 법이 가장 밀접한 관련이 있는 것으로 추정한다.
> 1. 양도계약의 경우에는 양도인의 이행
> 2.-3. (생략)

당사자가 준거법을 선택하지 아니한 경우의 계약의 준거법, 즉 객관적 준거법의 결정에 관하여 국제사법은 섭외사법의 행위지법원칙을 폐지하고 계약과 가장 밀접한 관련이 있는 국가의 법에 의하도록 규정한다. 즉 국제사법에서는 로마협약 등 조약과 외국의 입법례를 따라 "계약과 가장 밀접한 관련이 있는 국가의 법(最密接關聯國法)"을 준거법으로 지정한다(제1항).

당사자들이 준거법을 지정하지 않은 경우 가장 밀접한 관련을 가진 국가의 법을 준거법으로 하는 것은 요즈음 국제적으로 널리 인정되고 있는 연결원칙이다. 그러한 법의 결정을 전적으로 법관에게 일임하거나(멕시코시티협약[15] 제9조), 법관이 그러한 결정을 함에 있어 고려할 다양한 연결점과 지침의 기능을 하는 관련 정책과 이익만을 제시하는 방법도 있으나(Restatement (Second), Conflict of Laws, 제188조 제2항), 국제사법은 로마협약과 스위스 국제사법의 예를 따라 법관의 판단을 용이하게 하기 위해 '특징적 이행(또는 給付)(characteristic perform-ance)'을 기초로 하는 깨어질 수 있는 추정규정을 둔다. 즉 양도계약(매매계약과 증여계약처럼 권리를 양도하는 계약)에 있어 양도인의 이행 등과 같이 계약의 특징적 이행을 해야 하는 경우에는 당사자가 계약체결 시 상거소(자연인의 경우), 주된 사무소(법인 또는 단체의 경우) 또는 영업소(직업상 또는 영업상 계약의 경우)를 가지는 국가를 당해 계약과 가장 밀접한 관련을 가지는 국가로 추정한다(제2항). 영업소가 복수 존재하는 경우에는 당해 계약과 가장 밀접한 관련이 있는 영업소가 기준이 된다. 특징적 이행을 해야 하는 당사자의 의무의 이행지가 아니라, 특징적 이행을 해야 하는 당사자의 상거소, 주된 사무소 또는 영업소 소재지 국가와 밀접한 관련을 가지는 것으로 추정된다. 특징적 이행은 계약을 그것이 일부를 이루는 사회·경제적 환경과 본질적으로 연결짓는 기능을 하기 때문에 그를 통하여 추정기능을 인정하는 것이며, '밀접한 관련'이라고 하는 매우 애매한 개념을 보다 구체화하고 객관성을 부여함과 동시에 준거법 선택이 없는 경우의 준거법 결정의 문제를 단순하게 한다는 장점이 있다고 설명된다. 그 밖에도 특징적 이행을 하는 당사자가 통상 계약관계에서 반복적인 행위를 하는 사람(repeat player)이므로 만일 계약이 다양한 법질서에 의해 규율된다면 더 불리한 영향을 입게 되는 까닭에 그 법을 적용하는 것이 효율성을 제고할 수 있다고 설명하기도 한다.[16] 특징적 이행에 대해서는 비판이 있으나, 우리의 경우 막연히 가장 밀접한 관련이 있는 국가의 법을 지정하라고만 하거나, 그에 추가하여 접근방법만을 규정할 경우 법관은 물론 당사자들에게 과도한 법적 불안정을 부담시킬 것이라는 점에서 현실적인 수단으로서 이를 도입한 것이다. 국제사법에서는 로마협약이나 스위스 국제사법처럼 '특징적 이행'이라는 용어를 정면으로 사용하지는

---

15) 이는 "국제계약의 준거법에 관한 미주간 협약(Inter-American Convention on the Law Applicable to International Contracts)"을 말한다.

16) Dennis Solomon, "The Private International Law of Contracts in Europe: Advances and Retreats", 82 Tulane Law Review, 1715 (2008).

않고, 계약을 특징지우는 이행의 사례를 예시적으로 열거하는 방법을 이용하였다(제2항 제1호-제3호). 제2항에서 "다음 각호 중 어느 하나에 해당하는 이행"이라 함은 바로 특징적 이행을 의미한다.

4. 지분양도계약의 준거법

가. 지분양도계약의 준거법이 규율하는 사항의 범위와 준거법 결정의 실익

국제계약의 준거법은 계약의 성립, 해석, 유효성과 효력(즉 계약에 따른 당사자의 권리와 의무)을 규율한다. 이처럼 계약의 준거법이 규율하는 사항을 보면 준거법이 법적으로나 실무적으로 매우 중요함을 알 수 있다. 그리고 계약법은 아직도 국가에 따라 많은 차이가 있으므로 준거법인 외국 계약법의 내용에 대한 충분한 이해 없이 막연히 외국 계약법이 우리 계약법과 유사할 것으로 믿고 함부로 외국법을 준거법으로 선택하는 것은 위험하다.

국제적 기업인수계약(또는 국제적 M&A 계약)에서 진술 및 보장의 위반에 따른 법률효과는 주식(또는 지분)양도계약의 준거법이 결정할 사항이다. 예컨대 이른바 '샌드배깅(sandbagging)'[17]이 허용되는지는 준거법에 따라 다른데, 영국에서는 손해배상청구를 할 수 없다는 것이 일반적인 해석이나, 미국 내에서는 주법에 따라 다르다고 한다.[18] 이처럼 주식양도계약의 준거법은 이론상의 흥미에 그치는 것이 아니라 법률효과에 실제적인 차이를 초래할 수 있다. 또한 주식양도계약에서 영미의 실무상 발전되어 온 '진술 및 보장(representations and warranties) 조항'도, 그것이 준거법이 한국법인 주식매매계약서에 포함되었다면 원칙적으로 한국법에 따라 해석되어야 한다. 나아가 국제계약에 통상적으로 포함되는 boilerplate 조항의 의미도 준거법의 배경 하에서만 정확히 이해할 수 있다.[19]

---

17) 이는 매도인의 진술 및 보증 위반사실을 매수인이 알았거나 알 수 있었음에도 계약을 체결하거나 거래를 종결한 뒤 매도인을 상대로 진술 및 보증 위반을 이유로 손해배상을 청구하는 것을 말한다. 이준기, "진술 및 보증 위반에 관한 매수인의 악의의 법적 효과", 천경훈 편저, 우호적M&A의 이론과 실무 ─ M&A계약의 주요 조항(제2권)(2017), 52면. 국제적 지분인수계약의 실무에서 진술 및 보증에 포함되는 사항에 대하여는 전호정, "해외 민자발전프로젝트의 지분 인수를 둘러싼 법률적·실무적 쟁점 ─실사, 주식인수계약 및 주주간협약을 중심으로─", 국제거래법연구 제26집 제1호(2017. 7.), 52면 이하 참조. [밑줄 친 부분은 이 책에서 새로 추가한 것이다.]

18) 이준기(註 17), 55면 이하 참조.

19) Giuditta Cordero-Moss (ed.), Boilerplate Clauses, International Commercial Contracts and the Applicable Law (2011), p. 115 이하 참조.

한 가지 주의할 것은 계약의 유효성의 준거법이 규율하는 범위이다. 국제사법 제29조(개정법 제49조)는 그 중 계약의 성립과 유효성(validity)이 계약의 준거법에 의하여 규율됨을 명시한다. 여기에서 '계약의 유효성'이란 '계약의 방식(또는 형식적 유효성. formal validity)'과 대비되는 '계약의 실질적 유효성(substantial or material validity)'을 말한다. 따라서 후자는 청약 또는 승낙의 유효성(착오, 사기 또는 강박 등 의사표시의 하자에 의한 영향)과 선량한 풍속 기타 사회질서 위반 등과 관련된 계약의 적법성 등을 포함한다. 그러나 계약의 유효성에 관계되는 것이더라도 당사자의 능력, 대리권의 존재와 같은 사항은 각각 국제사법 제11조(권리능력), 제13조(행위능력)와 제18조(임의대리)에 의해 별도로 연결되므로 그에 의하여 결정되는 준거법에 따를 사항이지 계약의 준거법에 의해 규율되는 사항이 아니다. 아래에서 보는 바와 같이 회사인 당사자의 회사법상의 의사결정을 위하여 필요한 요건을 결여한 경우 그것이 회사의 법률행위에 미치는 영향은 계약의 준거법에 따를 사항이 아니다.

나. 지분양도계약의 준거법과 준물권행위의 준거법

주식거래(share deal)의 경우 당사자들이 주식매매계약의 준거법을 영국법이나 뉴욕주법으로 선택하더라도 준물권행위인 지분양도는 회사의 속인법에 따른다.[20] 이는 계약의 준거법이 규율하는 사항이 아니기 때문이다. 따라서 예컨대 당사자들이 주식매매계약의 준거법을 한국법으로 선택하거나 이 사건에서처럼 객관적 준거법이 한국법이더라도, 우리 국제사법에 따르면 준물권행위인 지분양도는 회사의 속인법에 따를 사항이다. 결국 회사의 속인법이 주식의 양도라는 준물권행위의 준거법이 된다. 주권의 교부 또는 명의개서가 필요한지는 준물권행위인 주식양도의 준거법에 따를 사항인데, 만일 준거법상 주권을 교부해야 한다면 주권 자체의 교부에 대하여는 증권으로서의 주권 소재지법(*lex cartae sitae*)이 적용된다.[21]

한편 자산거래(asset deal)의 경우에도 자산매매계약에 대하여는 당사자자치

---

20) 이것이 전통적인 견해이나 근자에는 이런 경향이 점차 완화되어 가고 있는 것으로 보인다.
21) 실무상으로는 한국 회사의 주식 양도의 준거법을 의식하지 않고 매매계약의 준거법을 외국법으로 합의하기도 하나, 그 경우 엄밀하게는 외국법은 매매계약의 준거법이고, 준물권행위인 주식 양도는 한국법에 따르게 된다.

의 원칙이 타당하다. 반면에 자산양도는 자산별로 해당 준거법(물건의 소재지법, 채권의 준거법과 지식재산권의 보호국법 등)에 따른다.

5. 지분양도계약이 무효인 경우 부당이득반환의무의 준거법

지분양도계약이 무효인 경우 그에 따라 부당이득반환 내지 원상회복의 문제가 발생하고 그 준거법도 문제된다.

국제사법은 부당이득의 준거법에 관하여 부당이득지법주의를 유지하되(제31조 본문), 이른바 '급부(급여)부당이득반환청구권(Leistungskonkdiktion)'의 경우 종속적 연결을 규정한다(동조 단서). 국제사법에서는 예외적으로 부당이득이 당사자 간의 법률관계에 기하여 행하여진 이행으로부터 발생한 경우 그 법률관계의 준거법을 부당이득의 준거법으로 하였다. 예컨대 당사자가 계약에 기한 의무를 초과하여 이행한 경우 계약의 준거법이 부당이득의 준거법이 된다는 것이다. 문면상 제31조(개정법 제51조) 단서는 "부당이득이 당사자 간의 법률관계에 기하여 행하여진 이행으로부터 발생한 경우에는"이라고 하여 마치 유효한 법률관계, 예컨대 유효한 계약이 존재해야 하는 것처럼 보이나, 계약에 기하여 이행이 행해진 때에는 계약이 무효이거나 또는 취소 또는 해제되는 경우에도 적용된다. 즉이 경우 부당이득은 바로 이행의 근거가 된 계약 자체의 준거법에 따른다. 이처럼 계약이 무효, 취소되거나 해제된 경우 부당이득의 문제가 발생하는데, 만일 계약과 부당이득의 준거법이 상이하고 양자가 상호 저촉되는 결론을 요구한다면 매우 까다로운 적응(또는 조정)의 문제가 발생한다. 종속적 연결의 근거는, 급부 부당이득의 기능이 무산된 채권관계를 청산하는 데 있으므로 그 채권관계와 밀접한 관련이 있는 법이 준거법이 되어야 한다는 것이다. 나아가 부당이득반환청구권을 무산된 채권관계를 청산하는 다른 구제수단(즉 해제권 또는 손해배상청구권)과 동일한 준거법에 의하도록 함으로써 상이한 법질서의 적용으로 인한 긴장을 회피하는 것이 합목적적이라는 것이다.[22] 국제사법은 부당이득의 준거법에 관하여 이득발생지법에 의할 것이라고 하면서도 부당이득이 계약에 기하여 행하여진 이행으로부터 발생한 경우에는 계약의 준거법에 따르도록 규정하므로 계약

---

22) Jan Kropholler, Internationales Privatrecht, 6. Auflage (2006), S. 517; 법무부, 국제사법 해설(2001), 114면; 안춘수, "국제부당이득법 小考", 비교사법, 제19권 제1호(통권 제56호)(2012. 2.), 149면.

의 준거법에 의하든 부당이득의 준거법에 의하든 결과는 동일하다.[23]

6. 대상판결의 판단과 그에 대한 평가

가. 대상판결의 판단

원심은 이 사건 지분양도계약의 준거법은 한국법이라고 판단하였다.[24] 원심의 구체적인 설시는 아래와 같다.

> "국제사법 제26조 제1항은 당사자가 준거법을 선택하지 아니한 경우에 계약은 그 계약과 가장 밀접한 관련이 있는 국가의 법에 의한다고 규정하고 있고, 제29조 제1항은 계약의 성립 및 유효성은 그 계약이 유효하게 성립하였을 경우 적용되는 준거법에 의하여야 한다고 규정하고 있다.
>
> 비록 당사자 간에 체결한 지분양도계약의 목적물인 이 사건 지분이 베트남 법인 (유한책임회사)의 지분이고, 위 계약이 베트남에서 이루어진 것으로 보인다. 그러나 위 계약의 당사자인 원고와 피고는 모두 대한민국 법인 또는 대한민국 사람인 점, 이 사건 지분은 대한민국 법인인 원고의 주요 자산이고, 피고 역시 원고의 이사로서 베트남 법인의 설립을 주도하는 등 원고와 밀접한 관련이 있는 사람인 점, 위 지분양도계약의 유효성 여부는 기본적으로 계약당사자인 원고와 피고 사이의 법률관계에서 비롯된 문제이지 그 양도 대상인 이 사건 지분이나 베트남 법인과는 별다른 관계가 없는 점 등을 고려하면, 이 사건 지분 양도계약과 가장 밀접한 관련이 있는 국가는 대한민국이라고 봄이 타당하다. 따라서 이 사건 지분 양도계약의 유효성 여부를 비롯하여 위 양도계약에 따른 원고와 피고 사이의 법률관계의 준거법은 대한민국 법이라고 할 것이다."

나. 대상판결에 대한 평가

(1) 준거법의 묵시적 지정

국제사법 제25조 제1항은 "계약은 당사자가 명시적 또는 묵시적으로 선택한 법에 의한다"고 하여 당사자자치의 원칙을 선언한다. 다만 묵시적 선택이 부당하게 확대되는 것을 방지하기 위하여, 묵시적 선택은 계약내용 그 밖에 모든 사정으로부터 합리적으로 인정될 수 있는 경우로 제한한다(제1항). 이 사건에서

---

23) 유럽연합에서는 계약의 준거법은 로마 I 규정, 부당이득의 준거법은 로마 II 규정에 의하여 각각 결정되는데 전자가 후법이자 특별법으로서 후자에 우선한다고 본다. Rauscher/ Freitag, EuZPR/EuIPR, Art. 12, Rom I-VO, Rn. 5, Rn. 28.

24) 이 사건 지분양도계약의 준거법을 명확히 밝히지 않은 제1심판결과 비교하면 원심 판결이 준거법 판단에서는 더 나은 것이다.

당사자들은 이 사건 지분양도계약의 준거법을 명시적으로 지정하지 않은 것으로 보인다. 그렇다면 원심의 판단처럼 곧바로 객관적 준거법을 결정할 것이 아니라 혹시 묵시적 지정의 존재를 인정할 만한 요소들이 있는지를 살펴보고 그것도 없는 때에 비로소 국제사법 제26조에 따라 객관적 준거법을 결정하여야 한다. 아마도 원심으로서도 묵시적 준거법 지정의 가능성을 심리하였을 것으로 생각하지만, 원심의 설시에는 이런 과정이 생략되어 있는 것 같아 아쉬움이 있다.

(2) 가정적 당사자의사

이와 관련하여 국제사법상 이른바 '가정적 당사자자치(hypothetischer Partei-wille)'가 허용되는지도 문제된다. 당사자의 명시적 또는 묵시적 지정이 현실적 당사자의사인 데 반하여, 당사자들이 실제로 의욕하지는 않았지만 만일 어떤 것을 원하였다면 원하였을 것이라고 생각되는 바를 '가정적 당사자의사'라고 부른다.[25] 우리 대법원 2004. 6. 25. 선고 2002다56130, 56147 판결은[26] 당사자들이 준거법을 지정하지 않은 근로계약의 준거법을 결정하는 과정에서, "계약의 당사자 사이에 준거법 선택에 관한 명시적 또는 묵시적 합의가 없는 경우에도 당사자의 국적, 주소 등 생활본거지, 사용자인 법인의 설립 준거법, 노무 급부지, 직무 내용 등 근로계약에 관한 여러 가지 객관적 사정을 종합하여 볼 때 근로계약 당시 당사자가 준거법을 지정하였더라면 선택하였을 것으로 판단되는 가정적 의사를 추정하여 준거법을 결정할 수 있다"고 판시한 바 있다. 이들은 섭외사법이 적용된 사건들이다. 그러나 가정적 당사자의사에 기한 준거법의 결정은 국제사법 하에서는 허용되지 않는다. 국제사법상 묵시적 지정도 위와 같이 제한되고, 국제계약의 객관적 준거법은 그 계약과 가장 밀접한 관련이 있는 국가의 법이기 때문이다. 원심은 이 사건에서 가정적 당사자의사를 전혀 언급하지 않았는데 이 점은 타당하다.

---

25) 가정적 당사자의사에 대한 논의는 석광현, 국제사법과 국제소송, 제5권(2012), 3면 이하; 석광현(註 13), 297면 참조. 대법원 2008. 2. 1. 선고 2006다71724 판결도 유사한 취지로 판시하였다.

26) 대법원 2007. 11. 15. 선고 2006다72567 판결도 동지.

(3) 객관적 준거법의 결정 과정

원심은 이 사건 지분양도계약의 객관적 준거법을 결정하는 과정에서 국제사법 제26조 제2항의 추정규정을 적용하지 않았는데,[27] 그 이유는 잘 이해되지 않는다. 즉 제26조 제2항 제1호는 "양도계약의 경우에는 양도인의 이행"이 특징적 이행이라는 취지로 규정하므로 원심으로서는 이 사건 지분양도계약의 준거법을 결정함에 있어서 양도인의 이행이 특징적 이행이므로 양도인인 원고의 주된 사무소(또는 영업활동이라면 영업소) 소재지인 한국이 가장 밀접한 관련이 있는 국가라고 추정하고,[28] 나아가 추정을 깨뜨릴 만한 사정이 없으므로 한국법이 가장 밀접한 관련이 있는 국가의 법으로서 이 사건 지분양도계약의 준거법이 된다고 판단했어야 한다. 그것이 제26조 제2항 제1호의 취지에 부합하는 해석이다. 그런 추정규정이 있더라도 법원은 여전히 준거법을 직권으로 조사해서[29] 적용해야 한다. 물론 특징적 이행을 정할 수 없는 계약의 경우에는 법원은 제2항의 적용을 생략하고 제1항을 적용하여 직접 최밀접관련국법을 준거법으로 결정할 수 있으나 이 사건은 그에 해당하지 않는다. <u>이와 달리 매매계약의 목적물이 베트남 유한회사의 지분임을 근거로 베트남법이 가장 밀접한 관련이 있다고 볼 여지가 있다. 통상적인 국제계약이라면 그럴 여지가 있고(Marc-Philippe Weller, Anknüpfungs-prinzipien im Europäischen Kollisionsrecht-eine neue kopernikanische Wende-, Stefan Arnold, Grundfragen des Europäischen Kollisionsrechts (2016), S. 146ff. 참조. 그는 로마협약에서는 그랬으나 로마 I 에서는 아니라고 한다) 그렇다면 추정이 깨어질 수 있으나 이 사건에서는 양 당사자가 한국 기업이라는 점 등을 고려하면 가장 밀접한 관련이 있는 법은 한국법이라고 본다.</u> [밑줄 친 부분은 이 책에서 새로 추가한 것이다.]

만일 국제사법 제26조 제2항의 열거를 망라적인 것으로 이해한다면 그에 열거되지 않은 계약의 경우 제2항을 적용하지 않고 제1항에 의하여 객관적 준거법을 결정해야 한다고 주장할 여지도 전혀 없지는 않다. 실제로 대법원 2011. 1.

---

27) 원심은 국제사법 제26조를 적용하여 이 사건 지분양도계약의 객관적 준거법을 판단한 점에서 준거법을 판단하지 않은 제1심보다 우월하다.

28) 로마 I (제4조 제2항)의 맥락에서 Stefan R. Göthel (Hrsg.), Grenzüberschreitende M&A-Transaktionen: Unternehmenskäufe, Umstrukturierungen, Joint Ventures, SE (2015), §6, Rn. 115도 같다.

29) 더 정확히는 직권으로 탐지해야 한다.

27. 선고 2009다10249 판결은, 매입은행인 한국의 은행이 신용장 개설은행인 일본의 은행을 상대로 신용장대금 및 이에 대한 지연손해금의 지급을 구하는 소를 제기한 사건에서, 국제사법 제26조 제1항에 따라, 환어음 등의 매입을 수권하고 신용장대금의 상환을 약정하여 신용장대금 상환의무를 이행하여야 하는 신용장 개설은행의 소재지법인 일본법이 계약과 가장 밀접한 관련이 있는 국가의 법으로서 준거법이 된다고 판시하였다. 저자는 위 대법원 판결의 결론은 지지하지만 대법원이 특징적 이행에 기초한 추정(제26조 제2항) 과정을 생략한 채 제26조 제1항에 따라 가장 밀접한 관련이 있는 국가의 법을 결정한 이유는 이해하기 어렵다.[30] 논리적으로는 특징적 이행을 하는 당사자가 개설은행이므로 개설은행의 소재지법인 일본법이 가장 밀접한 관련이 있는 국가의 법으로 추정되는데[31] 그 추정을 깨뜨릴 사정이 없으므로 결국 일본법이 준거법이라고 판단하는 것이 옳았을 것이다.

가사 신용장의 경우는 그렇게 볼 여지가 있다고 하더라도 이 사건 지분양도 계약에서는 제26조 제2항 제1호의 추정규정이 적용됨이 명백하므로 대상판결의 판단은 이해하기 어렵다. 오히려 이 사건에서 문제는, 이 사건 지분양도계약과 가장 밀접한 관련이 있는 국가를 결정함에 있어서 이 사건 지분이 베트남 회사라는 점이 그런 추정을 깨뜨릴 만한 사정인가라는 점이나 이는 부정해야 할 것이다. 원심 판결도 이를 부정하였다.

(4) 이 사건 지분양도계약이 무효인 경우 부당이득반환의무의 준거법

근거를 명확히 제시하지는 않았으나 원심은 "이 사건 지분 양도계약과 가장 밀접한 관련이 있는 국가는 대한민국이라고 봄이 타당하다. 따라서 이 사건 지분 양도계약의 유효성 여부를 비롯하여 위 양도계약에 따른 원고와 피고 사이의

---

30) 그에 대하여 위 대법원판결은 제26조 제2항의 열거를 한정적 열거로 보고 매입은행과 개설은행 간의 관계는 그 어느 것에도 해당하지 않으므로 제2항을 적용하는 대신 제1항을 적용한 것이라는 평가가 있다. 정구태, "국제항공여객운송계약에서의 오버부킹과 약관규제법의 적용 여부", 외법논집 제39권 제4호(2015. 11.), 24면 註 22. 그러나 저자는 제26조 제2항의 열거는 예시적인 것으로 이해한다. 이는 특징적 이행의 개념을 받아들인 것이기 때문이다.

31) 이 점은 논란이 있으나 매입은행의 경우에 그렇다는 말이고 제2의 은행이 특징적 이행을 하는 경우에는 달리 보아야 한다. 독일의 논의는 Rauscher/Thorn, EuZPR/EuIPR, Art. 4, Rom I-VO, Rn. 51ff. 참조.

법률관계의 준거법은 대한민국 법이라고 할 것이다"고 판시함으로써 아마도 원상회복의무의 준거법도 한국법이라고 판단한 것으로 생각된다.

다만 원심이 판시한 바와 같이 원상회복의무의 이행을 위하여 지분을 다시 원고에게 양도해야 한다면 그 이행과정에서 원상회복의무의 준거법이 한국법임에도 불구하고 지분양도라고 하는 준물권행위의 준거법으로서 베트남법이 적용될 수 있고, 베트남에의 외국인투자를 규율하는 베트남법이 적용될 수 있다.

원심이 그 근거를 설명하지는 않았지만 원심은 "피고가 원고에게 이 사건 지분을 반환하는 절차는 피고가 이 사건 지분을 다시 원고에게 양도하는 방식에 의하여야 하고, 앞서 본 바와 같이 베트남 회사법의 하위 규정인 정부명령과 계획투자부의 결정에 의하면 원고가 베트남 자회사의 지분을 취득하는 경우 외국인 투자자는 반드시 투자허가서를 변경하는 절차를 수행하여야 하므로, 피고는 이 사건 지분을 원고에게 양도하는 방식으로 이를 반환하고, 하노이 인민위원회에 이 사건 지분에 관하여 투자자를 원고로 변경하고 베트남 자회사를 1인 유한책임회사로 변경하는 투자허가서 변경절차를 이행할 의무가 있다"고 판시하였는데 그러한 결론은 위와 같은 준거법에 대한 이해를 전제로 한 것이라고 짐작된다. 그렇다면 설시에 미흡한 점은 없지 않지만 결론은 타당하다.[32]

다만 이 경우 외국인 투자에 관한 베트남법이 국제적 강행규정으로서 적용되는지는 검토할 필요가 있으나 이는 아래(V.2.)에서 논의한다.

IV. 회사의 속인법과 속인법이 규율하는 사항

현대의 개방경제체제 하에서 한국 회사들은 다양한 외국회사들과 국제거래를 하는데 이는 주로 국제계약을 통하여 이루어진다. 이 경우 상대방 외국회사가 법인격이 있는지, 그 회사를 대표하는 자는 누구인지, 그 회사의 채무에 대해 주주(또는 사원)가 어떤 책임을 지는지, 또한 외국회사가 당해 거래를 위해 필요

---

32) 원심의 가정적 판단처럼 만일 이 사건 지분양도계약의 준거법이 베트남법이라면 부당이득의 준거법도 종속적 연결원칙에 따라 베트남법이 된다. 그 경우 반정(*renvoi*)은 허용되지 않는다(국제사법 제9조 제2항 제6호). 석광현(註 13), 168면 참조. 참고로 베트남에서는 국제사법규칙은 민법에 포함되어 있다. 소개는 Nguyen Thu Hong Trinh, Vietnam, Encyclopedia of Private International Law (2017), p. 2658 이하 참조. 조문의 영문번역은 위 책, p. 3994 이하 참조.

한 회사법상의 내부조치(corporate action)를 취했는지 등이 문제되는데 이러한 사항들이 어느 법에 따르는지가 문제된다. 이것이 회사의 준거법 또는 '속인법 (*lex societatis*)'의 문제이다. 이는 국제거래에서 항상 제기되는 기본적인 국제사법 논점이다.

1. 우리 국제사법의 태도

가. 국제사법의 조문

회사의 속인법 결정에 관하여는 전 세계적으로 견해가 나뉘나 우리 국제사법(제16조)(개정법 제30조)은 설립준거법설(incorporation theory)을 원칙으로 삼고 일정한 요건이 구비되는 경우 예외적으로 본거지법설(real seat theory)을 따른다.

제16조(법인 및 단체) 법인 또는 단체는 그 설립의 준거법에 의한다. 다만, 외국에서 설립된 법인 또는 단체가 대한민국에 주된 사무소가 있거나 대한민국에서 주된 사업을 하는 경우에는 대한민국 법에 의한다.

회사법적 쟁점의 준거법을 당사자자치의 원칙에 맡기지 않는 이유는, 준거법의 결정을 당사자의 처분에 맡기는 것은 부적절한 탓인데, 근본적으로는 그 준거법은 거래 당사자만이 아니라 회사라는 단체는 물론 회사채권자 기타 제3자의 이해관계에 영향을 미치고, 법적 확실성과 명확성을 위하여 획일적으로 처리해야 하는 단체법적(내지 조직법적) 쟁점을 규율하기 때문이다.[33] 만일 회사법적 쟁점에 관하여도 당사자자치를 허용한다면, 원심판결이 언급한 것처럼 한국 회사와 국제계약을 체결하는 당사자가 한국법에서와 같은 제한이 없는 국가의 법을 준거법으로 선택함으로써 상법 규정의 적용을 잠탈할 수 있게 되어 한국 회사법 질서의 근간을 해하는 결과를 초래하게 되기 때문이다.[34]

---

[33] 이철송, 회사법강의, 제25판(2017), 7-8면은 회사법의 특색으로 '단체법적 성질'을 지적한다. 그러나 회사법에도 거래법적 성질을 가지는 조문이 있다. 특히 발행회사와 사채권자 간의 법률관계는 거래법, 특히 계약법적 성질을 가지므로 그의 준거법은 당사자자치의 원칙에 따른다. 상세는 석광현, 국제사법과 국제소송, 제1권(2001), 611면 이하 참조.

[34] 회사 설립 후 특정거래를 하는 당사자는 회사의 속인법을 임의로 결정할 수 없다. 물론 발기인들은 설립 당시 설립준거법을 선택함으로써 간접적으로 당사자자치의 원칙을 실현할 수는 있다.

나. 국제사법의 태도: 설립준거법설(원칙)과 본거지법설(예외)의 결합

회사의 속인법 결정에 관하여는 세계적으로 견해가 나뉘나 우리 국제사법
(제16조)은 설립준거법설을 원칙으로 삼고 예외적으로 본거지법설을 따른다. 설
립준거법설을 원칙으로 삼은 이유는 영미법계에서 널리 인정되는 설립준거법설
을 취할 경우 속인법이 고정되고 그 확인이 용이한 관계로 법적 안정성을 확보
할 수 있으며, 설립자들의 당사자의사를 존중할 수 있다는 장점이 있는 데 반하
여, 대륙법계(특히 독일)의 통설이던 본거지법설에 따르면 본거지의 개념이 애매
하여 그 결정이 쉽지 않고, 본거지를 이전한 경우 준거법이 변경되는 문제가 있
기 때문이다. 또한 본거지법설에 따르면, 반정과 전정을 인정하지 않는 국제사법
하에서는 설립준거법 소속국과 본거지법 소속국이 일치하지 않는 다수 외국법인
의 경우 그 법인격을 부정하게 될 우려가 있다. 그러나 현실적으로 델라웨어주
법에 따라 설립되었지만 본거를 뉴욕주 등지에 둔 미국 법인들의 법인격을 부정
할 수 없고, 국내기업들도 금융 또는 조세상의 편의 등의 이유로 '조세피난처(tax
haven)'에 특수목적회사(special purpose company)를 설립한 예가 많은데 이런 법
인의 법인격을 부정할 수 없었다.

제16조 단서는 외국법에 의해 설립된 법인 또는 단체라도 한국에 주된 사무
소를 두거나 대한민국에서 주된 사업을 하는 경우에는 설립준거법이 아니라 대
한민국 법에 의하도록 예외를 규정함으로써 설립준거법설을 따를 경우 발생할
수 있는 내국거래의 불안정을 예방하고, 발기인들이 규제가 느슨한 외국법에 따
라 회사를 설립하고 한국에서 주된 영업을 하는 것을 근본적으로 막는 일반예방
적 위하(威嚇)를 달성하려는 것이다.[35] 단서를 넣은 것은 당시 상법 제617조가
"외국에서 설립된 회사라도 대한민국에 그 본점을 설치하거나 대한민국에서 영
업할 것을 주된 목적으로 하는 때에는 대한민국에서 설립된 회사와 동일한 규정
에 의하여야 한다"[36]고 규정하므로 그런 수준의 통제는 무리가 없다고 판단했기

---

35) Peter Behrens, "Das Internationale Gesellschaftsrecht nach dem Überseeing-Urteil
des EuGH und den Schlussanträgen zu Inspire Art", IPRax (2003), S. 194.

36) 현재의 조문은 다소 수정되었으나 내용적으로는 차이가 없다. 과거에는 이를 '의사(擬似)
외국회사(pseudo-foreign company)'라고 불렀다.
　　"제617조(유사외국회사) 외국에서 설립된 회사라도 대한민국에 그 본점을 설치하거나
대한민국에서 영업할 것을 주된 목적으로 하는 때에는 대한민국에서 설립된 회사와 같은
규정에 따라야 한다."

때문이다.

다. 회사의 속인법이 규율하는 사항의 범위

국제사법은 준거법이 규율하는 사항의 범위를 명시하지 않는다. 해석론으로는 회사의 속인법은 회사의 설립, 권리능력의 유무와 범위, 행위능력, 조직과 내부관계, 사원의 권리와 의무 및 사원권의 양도, 합병 등 회사의 설립부터 소멸까지 법인 또는 단체의 모든 사항을 규율한다고 본다. 회사의 속인법은 회사의 내부사항(internal affairs), 즉 조직법상의 문제를 규율함은 물론이나, 회사의 채권자에 대해 회사재산만이 책임재산이 되는지의 여부와, 회사의 채권자에 대한 사원의 개인적인 책임의 유무 등도 회사의 속인법에 따를 사항이다. 예컨대 회사가 계약상 채무를 부담하는 경우 회사의 주주가 그에 대해 개인적으로 채무 또는 책임을 부담하는지도 회사의 속인법에 의한다. 따라서 회사가 중요한 의사결정을 하기 위하여 어떠한 회사법적 행위(corporate action)를 해야 하는지도 속인법에 따를 사항이다.

2. 대상판결의 판단과 그에 대한 평가

가. 대상판결의 판단

대상판결은 아래와 같이 판단하였다.

> "설령 이 사건에 적용되어야 할 준거법이 베트남 법이라고 하더라도, 원고의 청구원인 중 한국 구 상법 제374조 제1항 제1호 위반을 이유로 한 부분에 관하여는 한국 법률이 그대로 적용되어야 한다. 왜냐하면 국제사법 제7조는 국제적 강행규정의 강행적 적용을 규정하고 있는데, 구 상법 제374조 제1항 제1호는 '회사가 영업의 전부 또는 중요한 일부의 양도' 행위를 할 때에는 동법 제434조에서 정하는 주주총회 특별결의를 거치도록 규정하고, 이는 회사의 수익의 원천이 되는 영업의 전부 또는 일부를 주주총회의 특별결의에 의하여만 양도될 수 있도록 함으로써 주주권을 보호하고 회사의 계속기업으로서의 존속을 보장하고자 하는 취지이므로 '국제적 강행규정'이라고 봄이 상당하기 때문이다. 그렇게 보지 않는다면, 한국 회사의 주요 자산을 해외로 처분하면서 그 양도계약의 당사자가 구 상법 제374조 제1항 제1호과 같은 규정이 없는 국가의 법을 준거법으로 선택할 경우 위 조항의 적용이 배제되어 그 입법목적을 달성할 수 없게 되는바, 이러한 결과는 한국 회사법 질서의 근간을 해하는 것으로서 그대로 용인될 수 없다."

즉 원심은 이 사건 지분양도계약에 따른 원고와 피고의 법률관계의 준거법
은 한국법이라고 판단하였다. 원심은 가사 이 사건 지분양도계약의 준거법이 베
트남 법이더라도 '회사가 영업의 전부 또는 중요한 일부의 양도' 행위를 할 때에
는 주주총회의 특별결의를 거쳐야 한다는 한국 구 상법 제374조 제1항 제1호는
국제사법 제7조가 정한 국제적 강행규정으로서 적용되어야 한다고 판시하였는데,
대상판결은 우리 법원이 사법적(私法的) 법률관계에서 사법(私法)규정을 국제적
강행규정이라고 인정한 드문 사례이다.[37] 이를 근거로 원심은 원고와 피고 사이
의 이 사건 지분 양도는 원고의 주주총회 결의를 거치지 않아 무효라고 판시하였다.

나. 대상판결에 대한 평가

저자가 주목하는 것은 원심의 가정적 판단 중 구 상법 제374조 제1항 제1
호가 국제적 강행규정이라고 판단한 부분이다. 여기에서 쟁점은 첫째, 이 사건
지분양도계약의 준거법이 베트남법이더라도 원고의 주주총회의 특별결의를 요
구하는 한국 구 상법 제374조 제1항 제1호는 적용되는가. 둘째, 위 상법 조문이
적용되는 경우 주주총회의 특별결의를 거치지 않고 한 원고의 이 사건 지분양도
계약은 무효인가. 또한 그 효력의 유무(또는 유효성)을 규율하는 준거법은 한국법
(한국 상법)인가 아니면 베트남법(베트남 계약법)인가. 셋째, 위 상법 조문은 국제
적 강행규정이고 그런 이유로 적용되는가. 넷째, 위 상법 조문이 국제적 강행규
정이 아니라면 그럼에도 불구하고 적용되는 근거는 무엇인가.

(1) 이 사건 지분양도계약의 준거법이 베트남법인 경우 구 상법의 적용 여부

이 사건 지분양도계약의 준거법이 베트남이더라도 구 상법 제374조 제1항
제1호는 적용된다. 원심이 판시한 것처럼, '회사가 영업의 전부 또는 중요한 일
부의 양도' 행위를 할 때에는 주주총회 특별결의를 거치도록 규정하는 것은, 회

---

37) 이 점은 제1심판결도 같다. 국제적 강행규정에 관한 우리 판례의 소개는 김인호, "국제계
   약에서 강행규정에 의한 당사자자치의 제한", 선진상사법률연구, 제60호(2012. 10.), 110
   면 이하 참조. 저자는 양자인 요보호아동의 자격과, 양친이 될 자격을 규정하는 입양특례
   법 제9조와 제10조는 국제사법(제43조)에 따라 결정되는 입양의 준거법에 관계없이 적용
   되는 규정으로서 요보호아동의 국외입양의 경우 반드시 적용되어야 한다는 입법자의 의
   지를 반영한 것으로서 국제적 강행규정이라고 본다. 우리 가정법원의 실무가 그런 태도인
   지는 의문이다.

사의 수익의 원천이 되는 영업의 전부 또는 일부를 주주총회의 특별결의에 의하여만 양도될 수 있도록 함으로써 주주권을 보호하고 회사의 계속기업으로서의 존속을 보장하기 위한 것인데, 만일 위 조문의 적용을 배제할 수 있다면 한국 회사법 질서의 근간을 해하는 부당한 결과가 발생하기 때문이다. 상법학자들은 영업을 양도하면 당초 주주들의 출자 동기였던 목적사업의 수행이 어려워지게 되어 정관에 기재된 목적을 실질적으로 변경하는 것이 되고, 회사 수익의 원천이 변동함으로 인해 주주들이 새로운 위험을 부담하므로 경영정책적 판단을 요하기 때문이라거나(영업전부 양도의 경우), 영업의 중요한 일부양도의 경우에도 주주를 보호할 필요가 있고 이사회가 탈법적으로 일부양도의 형식을 빌리는 것을 차단하기 위해 특별결의를 요하도록 한 것이라거나,[38] 주주 지위에 중대한 영향을 주는 거래에 대해서 신중한 판단을 요구하는 취지라고 설명한다.[39]

저자는 구 상법이 적용된다는 결론을 지지한다. 즉 이 사건 지분양도계약의 준거법이 베트남법이더라도 원고가 이 사건 지분을 양도하기 위해서는 구 상법 제374조 제1항 제1호에 따라 원고 주주총회의 특별결의가 필요하다는 것이다.

(2) 구 상법이 적용되는 경우 주주총회의 특별결의 없이 한 원고의 이 사건 지분양도계약의 유효성을 규율하는 준거법

대상판결을 보면, 원심이 가정적으로 판시한 것처럼 만일 이 사건 지분양도계약의 준거법이 베트남법이라고 할 경우, 주주총회의 특별결의 없이 한 원고의 이 사건 지분양도의 유효성을 규율하는 준거법이 한국 상법인지 아니면 이 사건 지분양도계약의 준거법인 베트남법인지는 분명하지 않다.

저자는 이는 한국 상법이 규율하는 사항이라고 본다. 물론 국제사법 제29조 제1항은 계약의 성립 및 유효성은 그 계약이 유효하게 성립하였을 경우 적용되는 준거법에 의하여야 한다고 규정한다. 그러나 위에서 언급한 바와 같이, 계약의 유효성에 관계되는 사항이더라도 당사자의 권리능력과 행위능력 및 대리권의 존재와 같은 사항은 각각 국제사법 제11조, 제13조와 제18조에 의해 별도로 연결되며 계약의 준거법에 의해 규율되는 사항은 아니라고 하였다. 그런데 이처럼 양도계약의 당사자인 회사가 의사결정을 위하여 필요한 회사절차를 거치지 않은

---

38) 이철송(註 33), 570-571면.
39) 김건식·노혁준·천경훈, 회사법, 제3판(2018), 312면.

경우에도 한국 상법상 그 양도의 효력이 부정되는데,[40] 이는 마치 행위능력과 유사하게 계약의 준거법이 아니라 회사법이 규율할 사항이다. 즉 이 경우 원고의 주주총회 특별결의의 필요성은 물론 한국 상법에 의하여 규율되지만 더 나아가 그에 위반한 행위의 유효성도 마찬가지로 한국 상법에 의하여 결정된다는 것이다. 만일 이와 달리 원고의 주주총회 특별결의의 필요성은 한국 상법에 의하지만 이를 거치지 않은 경우 그 양도의 효력은 다시 계약의 준거법인 베트남법에 의한다고 하면 한국 상법의 취지가 몰각될 수 있기 때문이다. 이를 한국 상법에 의하여 판단하게 함으로써 주주총회 특별결의를 요구하는 상법의 취지를 관철할 수 있다. 이는 마치 행위능력이 없는 자의 법률행위의 유무효를 당해 법률행위의 준거법이 아니라 행위능력의 준거법에 따르도록 하는 것[41]과 마찬가지다.

(3) 구 상법 조문은 국제적 강행규정인가

원심은 아래의 이유로 위 상법 조문을 국제적 강행규정으로 보고 그 때문에 준거법이 베트남법인 이 사건 지분양도계약에도 적용된다고 판시하였다.[42] 원심은 구체적으로 아래와 같이 판시하였다.

> "만일 위 상법 조문을 '국제적 강행규정'이라고 보지 않는다면, 한국 회사의 주요 자산을 해외로 처분하면서 그 양도계약의 당사자가 구 상법 제374조 제1항 제1호과 같은 규정이 없는 국가의 법을 준거법으로 선택할 경우 위 조항의 적용이 배제되어 그 입법목적을 달성할 수 없게 되는바, 이러한 결과는 한국 회사법 질서의 근간을 해하는 것으로서 그대로 용인될 수 없다".

---

40) 상법의 해석론에 따르면 주주총회의 특별결의에 의한 승인이 없는 영업양수도는 상대방의 선의 여부에 관계없이 무효라는 것이 종래의 판례·학설이다. 김건식·노혁준·천경훈(註 39), 315면; 황남석, "영업양도에 관한 주주총회 특별결의 흠결의 효과—대법원 2003. 3. 28. 선고 2001다14085 판결—", 법조 제624호(2008. 9.), 290면.

41) 이호정, 국제사법(1983), 237면.

42) 제1심판결도 동지다. 제1심은 이 사건 자산 양도로 반출된 원고의 자산인 이 사건 지분이 베트남법에 의하여 설립된 베트남 자회사에 대한 지분이고, 그 지분 양도계약의 체결도 베트남에서 이루어지는 등 외국적 요소가 있어 베트남 법이 적용될 여지가 있다 하더라도, 그와는 별개로 국제사법 제7조에 의하여 강행규정인 구 상법 제374조 제1항 제1호는 여전히 적용된다고 판단하였다. 원심은 구 상법 제374조 제1항 제1호는 국제사법 제7조의 이른바 '국제적 강행규정'이라고 봄이 상당하다고 판시하였으나 제1심은 '국제적 강행규정'이라는 용어는 사용하지 않았다.

저자는 이런 결론을 지지하지 않는다. 구 상법 제374조 제1항 제1호는 국제적 강행규정이 아니다. '국제적 강행규정(internationally mandatory rules)'이라 함은 당사자의 합의에 의해 그 적용을 배제할 수 없다는 의미의 국내적 강행규정을 말하는 것이 아니라, 당사자의 합의에 의해 적용을 배제할 수 없을 뿐만 아니라(따라서 국내적 강행규정이면서), 그에 추가하여 준거법이 외국법이라도 그의 적용이 배제되지 않는 강행규정을 말한다. 국제사법 제7조(개정법 제20조)는 외국법이 준거법으로 지정되더라도 예컨대 대외무역법, 외국환거래법(과 그에 대한 특별법인 외국인투자촉진법), 독점규제 및 공정거래에 관한 법률과 문화재보호법 등 그의 입법 목적에 비추어 준거법에 관계없이 적용되어야 하는 법정지인 한국의 국제적 강행규정은 여전히 적용된다는 점을 명시한다.43) 물론 저자는 특별사법도 국제적 강행규정이 될 수 있음을 인정한다.44)

회사법상의 어떤 규정이 국제적 강행규정이 되기 위해서는 그 규정이 규율하는 대상의 준거법이 외국법임에도 불구하고 적용되어야 한다.45) 예컨대 회사의 준거법이 외국법임에도 불구하고 만일 회사채권자의 이익 또는 거래 안전을 보호하기 위하여 한국 회사법이 적용된다면 그런 경우를 예로 들 수 있을 것이다. 그리고 중요한 것은 그 경우 준거법에도 불구하고 한국 회사법을 적용하고자 하는 입법자의 의지(또는 의사)를 엿볼 수 있는 지표를 도출할 수 있어야 한다는 점인데 여기에서는 그런 지표가 없다. 그런 지표라고 생각할 수 있는 것은 한국 회사일 것(정확히는 한국법에 따라 설립된 회사일 것)인데 그 경우 준거법 자체가 한국법이 되므로 그 경우 구 상법 규정은 준거법으로서 적용되는 것이지 준거법에도 불구하고 적용되는 것이 아니다. 다만 회사의 속인법에 관하여는 당사자자치가 허용되지 않으므로 문제된 구 상법 규정은 국제적 강행규정보다 더욱 강력한 보호를 받는 셈이다. 그렇더라도 이를 국제적 강행규정이라고 설명할 것은 아니다.

---

43) 국제사법의 맥락에서 국제적 강행법규의 적용을 문제삼는 것은 그러한 법이 사법적 법률관계에 영향을 미치는 범위 내에서이다. 그 범위 밖의 국제적 강행법규의 적용 문제는 '섭외공법(internationales öffentliches Recht)' 또는 국제행정법의 문제이다.

44) 독일법상 국제적 강행규정의 예는 Rauscher/Freitag, EuZPR/EuIPR, Art. 9, Rom Ⅰ-VO, Rn. 34ff. 참조.

45) 외국환거래법은 규율하는 대상이 계약과 투자 등 다양한 분야에 걸쳐 있으나 회사법은 대체로 회사법적 쟁점을 규율하고 있고 특히 여기에서 문제되는 주주총회의 결의사항에 관한 조문은 규율하는 대상이 제한적이기 때문이다.

(4) 구 상법 조문이 국제적 강행규정이 아님에도 불구하고 적용되는 근거

구 상법 제374조 제1항 제1호는 국제적 강행규정이기 때문에 이 사건에서 적용되는 것이 아니다. 원고가 이 사건 지분을 양도하기 위하여 주주총회의 특별결의를 거쳐야 하는 점46)은 계약법의 쟁점이 아니라 회사법의 쟁점인데, 원고는 한국 회사이므로 그의 속인법인 한국회사법에 따를 사항이기 때문이다. 요컨대 이 사건에서 원고가 이 사건 지분을 양도하기 위하여 주주총회의 특별결의요건을 정한 상법 조문은 회사법적 쟁점의 준거법이기 때문에 적용되는 것이지, 법정지의 국제적 강행규정으로서 적용되는 것이 아니다. 국제사법상 어떤 쟁점이 계약법의 문제로서 우리 국제사법 제25조 이하의 준거법에 따를 사항인지, 아니면 회사법의 문제로서 국제사법 제16조에 따를 사항인지는 성질결정(characterization)의 문제이다. 원심은 성질결정과 계약의 준거법이 규율하는 사항의 범위를 오해한 것이다.

주주총회의 특별결의에 관한 구 상법조문을 강행규정으로 보아야 하는 근거로 원심이 설시한 사정은 회사법상의 쟁점을 계약법상의 쟁점과 구분하여 회사의 속인법에 따르도록 하는 근거이지 회사법을 국제적 강행규정으로 보아야 하는 근거는 아니다. 즉 한국 회사의 주요 자산을 해외로 처분하면서 그 양도계약의 당사자가 구 상법 제374조 제1항 제1호과 같은 규정이 없는 국가의 법을 준거법으로 선택할 경우 위 조항의 적용이 배제되어 그 입법목적을 달성할 수 없게 되는바, 이러한 결과는 한국 회사법 질서의 근간을 해하는 것으로서 그대로 용인될 수 없다는 대상판결의 논리전개는 타당하나, 바로 그런 이유 때문에 주주총회의 특별결의가 필요한지는 계약의 준거법이 아니라 회사의 속인법에 따를 사항이고47) 그에 대하여는 당사자자치를 허용하지 않는 것이다.

주목할 것은 특허법원 2017. 11. 10. 선고 2017나1919 판결이다. 이 판결은 "이 사건 약정 제22조는 계약의 성립 및 그 유효성 등에 관한 준거법 합의라고 해석될 뿐, 더 나아가 법인에 관하여 적용될 사항(즉 피고 대표이사가 피고 조직 내부로부터 이 사건 약정 체결에 관한 위임을 받았는지, 이 경우 주주총회 특별결의 절차가

---

46) 어쩌면 주주총회의 특별결의요건을 정한 조문이 문제되었기에 법원이 국제적 강행규정이라고 보았는지도 모르겠다. 그러나 보통결의요건을 정한 조문이건 이사회 결의요건을 정한 조건이건 관계없이 회사의 속인법으로 적용되는 점은 차이가 없다. 실질법적으로 그 위반 시의 효력이 달라질 수는 있더라도 그러하다.
47) Göthel (Hrsg.)(註 28), §8, Rn. 83 참조.

필요한지 여부 및 그 경우 적법하게 의결권을 행사할 수 있는 주주가 누구이고 의결정족수가 얼마인지 등)에 관한 준거법 합의까지 포함하고 있다고 보기 어렵다. 위와 같은 사항들은 국제사법 제16조에 의하여 한국 법률에 따라 판단하여야 한다"는 취지로 판시하였는데 이는 그런 사항들이 회사의 속인법에 따를 사항이라는 점을 정확히 지적한 것으로서 정당하며, 국제회사법에 관한 한 대상판결보다 낫다.[48]

예컨대 만일 원고가 한국회사이고 피고는 독일 회사라고 가정한다면 지분양도계약의 준거법과 회사의 속인법이 규율하는 사항의 관계는 아래와 같이 표시할 수 있다.

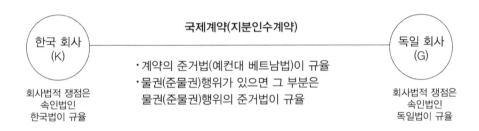

이는 한국 회사와 외국 회사 간의 모든 국제계약에서 발생하는 현상이다. 이처럼 하나의 국제거래에는 복수 국가의 법이 적용되므로 각 준거법의 적용범위를 정확히 획정하는 것은 당사자 간의 법률관계를 정확히 이해하기 위하여 필수적인 작업이다.

원심은 구 상법 조문이 국제적 강행규정이기 때문에 이 사건 지분양도계약의 준거법에도 불구하고 적용된다고 판단하였다. 원심의 논리를 따르면 이 사건 지분양도계약의 준거법이 한국법이면 문제된 구 상법의 조문은 준거법의 일부로

---

48) 다만 특허법원 판결이 대상판결과 유사한 근거를 설시하고 "구 상법 제374조 제1항 제1호는 한국의 공익과 회사법 질서를 유지하기 위하여 필수적인 규정이므로 국제적 강행규정에 해당한다"는 취지로 판시한 것은 부적절하다. 또한 특허법원 판결이 "설령 이 사건 약정에 앞서 본 법인 관련 사항에 관하여 캘리포니아 주법을 적용하기로 하는 준거법 합의가 포함되어 있다고 보더라도, 국제사법 제7조에 의하여 구 상법 제374조 제1항 제1호는 여전히 적용된다"고 하여 마치 국제사법 당사자가 회사의 준거법을 선택할 수 있는 것처럼 가정적으로 설시하였으나 이는 잘못이다. 제16조의 맥락에서는 당사자자치는 허용되지 않는다. 국제사법이 명시하지 않는 한 준거법 결정의 맥락에서 당사자자치는 허용되지 않는다. 특허법원 판결의 존재를 알려준 류재현 법무관에게 감사한다.

서 적용된다는 것처럼 읽히나, 이는 계약의 준거법이 규율하는 사항과 회사의 속인법이 규율하는 사항을 혼동하는 결과가 된다.

V. 계약의 준거법과 외국인 투자 관련 국제적 강행규정의 문제

1. 한국의 독점규제법과 외국인투자촉진법의 적용

이 사건과 달리 예컨대 주식거래(share deal)인 inbound M&A에서 외국 회사의 한국 회사 주식 취득 시 그것이 독점규제 및 공정거래에 관한 법률(이하 "독점규제법"이라 한다)(제7조)이 정한 기업결합에 해당하고, 취득하는 자와 그 상대 회사의 자산총액 또는 매출액 규모가 동법 제12조 제1항에 해당하는 때에는 주식인수계약의 준거법에 관계없이 동법 제12조에 따라 공정거래위원회에 기업결합 신고를 해야 한다.[49][50] 이러한 독점규제법 조항은 국제적 강행규정의 전형적 사례이다. 주의할 것은, 위에서 언급한 바와 같이, 그 경우 동법에 따라 허가를 받거나 신고를 하는 것은 섭외공법(내지 국제행정법)의 문제이고, 금지의 효과, 그 허가 또는 신고의 결여가 사인들 간의 사법적(私法的) 법률관계에 미치는 영향—이를 '반사적 효력'(Reflexwirkung)이라고 부르기도 한다[51]— 은 국제사법 법리에 따른다는 점이다. 이 사건에서 우리 독점규제법 적용의 문제는 없으므로 이에 관한 논의는 생략한다.

---

49) 특히 대규모의 국제적 M&A에서는 당해 기업결합이 영향을 미치는 모든 국가의 당국에서 기업결합 신고, 심사 및 제재의 요건, 절차와 판단기준을 숙지하여 대응해야 한다는 점에서 결합당사회사의 입장에서 상당한 법적 위험이 발생할 소지가 높다. 신상훈, "M&A에 대한 각국의 기업결합 신고 및 심사제도와 사례", 국제거래법연구, 제20집 제2호(2011. 12.), 24면. 예컨대 2018. 7. 24. 중앙일보 기사에 따르면 "퀄컴은 2016년 10월 네덜란드 반도체 회사 NPX를 인수하겠다고 처음 발표하였는데 당초 2017년 말까지 인수를 마무리할 예정이었지만 중국 상무부는 2018년 4월 퀄컴의 NXP 인수는 업계에 상당한 영향력을 미칠 것이라며 인수 승인을 미루었다. 퀄컴이 440억 달러(약 50조원) 규모에 달하는 NPX를 인수하려면 미국, 유럽, 한국 등 9개 관련국 경쟁 당국의 승인을 받아야 하는데 중국이 유일하게 승인을 해주지 않다가 승인 마감시한인 25일까지 중국이 침묵한 결과 퀄컴은 25일 네덜란드 반도체 회사 NXP 인수를 포기한다고 밝혔다고 한다. https://news. joins.com/article/22835516?cloc=joongang|home|newslist1. 이는 벌써 과거의 사례이지만, 이처럼 대규모 국제적 M&A가 경쟁 당국의 승인을 받지 못하여 좌절되기도 한다. [밑줄 친 부분은 이 책에서 새로 추가한 것이다.]
50) 또한 그 경우 외국인투자촉진법이 적용될 것이다.
51) 석광현(註 33), 33면.

2. 피고의 원상회복의무의 준거법과 베트남 회사법 등의 적용

한편 이 사건에서 원심은 이 사건 지분양도계약이 무효가 됨에 따라 피고가 부당이득을 반환하는 과정에서 베트남 회사법의 하위 규정인 정부명령이 적용된다고 판단하고 그에 기한 의무의 이행을 피고에게 명하였다. 그렇다면 이 사건 지분양도계약과 피고의 부당이득반환의무의 준거법이 한국법임에도 불구하고 베트남 회사법과 정부명령이 적용되는 근거는 무엇인가. 대상판결은 그 근거는 언급하지 않았다.

이 사건 지분양도계약과 피고의 부당이득반환의무의 준거법에 관계없이 베트남 회사법과 정부명령이 정한 요건에 해당하는 한 적용되어야 하므로 이는 마치 국제적 강행규정이라는 성질에 근거한 것처럼 보인다. 만일 그렇다면 이 사건 지분양도계약과 피고의 부당이득반환의무의 준거법은 한국법이므로 우리 법원이 준거법 소속국법도 아니고 법정지법도 아닌 제3국의 국제적 강행규정을 적용한 사례가 될 것이다. 그러나 그런 설명보다는 아래의 설명이 적절할 것으로 본다. 즉 이 사건 지분양도계약은 무효이므로 피고는 준거법인 한국법에 따라 이 사건 지분을 원고에게 반환할 의무를 부담한다. 피고는 이 사건 지분의 준거법인 베트남법에 따라 반환의무를 이행하게 되는데 그 과정에서 베트남 회사법의 하위 규정인 정부명령과 계획투자부의 결정에 의하면 베트남 자회사의 지분을 취득하는 외국인 투자자는 투자허가서를 변경하는 절차를 밟아야 하므로, 피고는 그에 따라 하노이 인민위원회에 이 사건 지분에 관하여 투자자를 원고로 변경하고 베트남 자회사를 1인 유한책임회사로 변경하는 투자허가서 변경절차를 이행하여야 한다는 것이다.

요컨대 베트남 회사법과 정부명령은 국제적 강행규정으로서 계약상 의무 내지 부당이득반환의무의 준거법에도 불구하고 적용되는 것이라기보다는, 피고의 의무이행 과정에서 요구되는 준물권행위 등의 준거법인 베트남법으로서 적용된다는 것이다.

VI. 관련문제: 외국에서 필요한 의사의 진술을 명하는 판결과 소의 이익

민사집행법 제263조 제1항에 따르면 의사의 진술을 명하는 판결은 확정과 동시에 그러한 의사를 진술한 것으로 간주된다. 따라서 종래 대법원은 의사의 진술이 간주됨으로써 어떤 법적 효과를 가지는 경우에는 소로써 구할 이익이 있지만 그러한 의사의 진술이 있더라도 아무런 법적 효과가 발생하지 아니할 경우에는 소로써 청구할 법률상 이익이 있다고 할 수 없다고 본다.[52] 이 사건에서도 대법원은 이 사건 투자허가서의 지분 변경절차에는 양도인의 지위에 있는 당사자의 협력이 필요하므로, 원고는 이 사건 지분의 명의자로서 투자자로 등록된 피고로부터 이 사건 지분을 이전받기 위해 피고를 상대로 투자허가서의 지분 변경절차 이행을 구할 이익이 있다고 보고, 소의 이익이 있음을 전제로 판단한 원심판결은 잘못이 없다고 판단하였다.

상세한 논의는 다른 기회로 미루고 여기에서는 의문점만 지적해 둔다.

이 사건에서 제1심은 "피고는 베트남 하노이 인민위원회가 발급한 투자허가서에 피고가 투자자로 등록되어 있는 베트남 자회사[53]의 지분 92.42%에 관하여 투자자를 원고로 변경하고, 베트남 자회사를 1인 유한책임회사로 변경하는 투자허가서 변경절차를 이행하라"고 명하였다. 민사집행법상 의사의 진술을 명하는 판결이 확정됨과 동시에 피고가 그러한 의사를 진술한 것으로 간주되는데, 이는 의사의 진술이 한국 내에서 이루어지는 국내소송에서는 별 의문이 없다.

그러나 이 사건에서는 의사의 진술은 베트남 당국에 대한 것으로서 한국이 아니라 베트남에서 효력이 있어야 한다. 즉 대법원 판결에 따르면 의사의 진술이 간주됨으로써 어떤 법적 효과를 가지는 경우에는 소로써 구할 이익이 있지만 그러한 의사의 진술이 있더라도 아무런 법적 효과가 발생하지 아니할 경우에는 소로써 청구할 법률상 이익이 있다고 할 수 없는데, 이 사건에서는 피고의 행위는 베트남 당국에 대한 것이므로 "피고의 의사의 진술이 간주됨으로써 어떤 법적 효과를 가지는지"를 판단함에 있어서 중요한 것은 '베트남에서의 법적 효과'여야 한다는 것이다. 즉 이 사건 판결에서 소의 이익이 있으려면 베트남에서(즉 <u>베트남 당국에 대하여</u>) 의사를 진술한 것으로 간주되어야 하는데 그에 대한 검토 없이 위와 같이 판시하는 것은 이해하기 어렵다. 바꾸어 말하자면, 이 사건에서 베트남 당국에 대한 피고의 의사의 진술이 민사집행법 제263조 제1항에 따라 그러한 의사를 진술한 것으로 일단 간주되고, 그러한 효력이 베트남에서 인정되는

---

52) 대법원 2016. 9. 30. 선고 2016다200552 판결 참조.
53) 판결문 원문에서는 "디케이이엔씨 베트남 컴퍼니 리미티드"이다.

지는 이 사건 판결이 베트남에서 승인 및 집행될 수 있는가라는 별개의 문제라
고 보아야 하는지, 아니면 이 사건 판결이 있더라도 베트남에서는 우리 민사집
행법 제263조 제1항에 따른 의사 진술 간주의 효력은 없으므로 따라서 이 사건
소는 피고의 의사 진술을 명하는 부분에 관한 한 소의 이익이 없다고 보아야 하
는지의 문제이다. 다른 한편으로서는 민사집행법이 정한 효과는 의사의 진술을
명하는 판결의 집행의 문제인데 집행지가 한국이라면 문제가 없으나 집행지가
베트남이라면 이는 외국에서의 집행이 되어 허용되지 않는다고 생각할 수도 있
다. <u>아니면 한국에서 의사의 진술을 명하는 판결을 하고 베트남에서 집행판결을
받아야 할지도 모른다.</u> [밑줄 친 부분은 이 책에서 새로 추가한 것이다.]

요컨대 제1심판결문 중에서, 피고가 베트남 자회사의 지분에 대하여 원고에
게 반환의 의사표시를 하는 것은 문제가 없지만, 피고가 베트남 당국에 대해 투
자허가서 변경절차를 이행하라는 부분은 문제가 있다는 것이다.54)

VII. 맺음말

원심이 제1심과 달리 이 사건 지분양도계약의 객관적 준거법을 명확히 그리
고 한국법이라고 정확하게 판단하고, (명확하지는 않지만) 부당이득반환의 준거법
까지도 판단한 점은 높이 평가할 만하다. 그러나 이 사건 지분양도계약의 객관
적 준거법을 결정하는 과정에서 '특징적 이행에 기초한 깨어질 수 있는 추정'을
규정한 국제사법 제26조 제2항을 적용하지 않은 이유는 잘 이해되지 않는데 이
는 국제사법 제26조 제2항에 반한다. 또한 원심이 가정적 판단을 하는 과정에서,
주주총회의 특별결의를 요구하는 구 상법을 적용한 결과 이 사건 지분양도계약
이 특별결의가 없어 무효라고 본 결론은 타당하나, 그 근거를 구 상법 조문이 국

---

54) 대법원 판시처럼 이 사건 투자허가서의 지분 변경절차에는 양도인의 지위에 있는 당사자
    의 협력이 필요하므로, 이 사건에서도 법원은 외국에서 필요한 의사를 진술하라는 식의
    판결은 할 수 있다. 다만 그러한 의사의 진술을 명하는 판결을 하더라도 (그것이 베트남
    에서 당연히 법적 효과가 발생하는 것이 아니라 베트남에서 한국판결이 승인되거나 집행
    판결을 받아야 한다면 그것이 있기 전에는) 소의 이익이 없다는 주장이 가능하다는 것이
    다. 따라서 의사진술이 외국에서 의미를 가지는 경우, 즉 의사진술의 법적 효과가 외국에
    서 발생해야 하는 사안의 경우 이론구성을 달리 하거나 적어도 더 검토할 문제가 있는 것
    이 아닌가라는 의문이 있다. 반면에 원고에게 반환의 의사표시를 한 것으로 간주되는 효
    과는 상대적으로 쉽게 인정할 수 있다. 이 각주는 이 책에서 새로 추가한 것이다.

제사법 제7조 소정의 국제적 강행규정이라는 데서 구한 것은, 계약의 준거법이 규율하는 사항과 회사의 준거법이 규율하는 사항을 혼동한 것이고, 국제적 강행규정의 개념을 오해한 것이다.[55] 이 사건 지분양도를 위하여 원고의 주주총회의 특별결의를 요구하는 구 상법 조문은 국제적 강행규정이기 때문에 적용되는 것이 아니다. 주주총회 결의의 요부와 필요한 결의 없이 한 행위의 효력은 회사법의 쟁점이므로 한국 회사인 원고의 속인법이 규율하는 사항이고, 이는 지분양도계약의 준거법과 관계가 없다. 이 사건 지분양도계약이 무효가 된 것은 이런 이유 때문이다. 대상판결은 국제거래를 다루는 법률가들에게 국제사법 교육이 왜 필요한지를 보여주는 사례로 기억될 것이다.

후 기

위 글을 발표한 뒤에 아래의 문헌이 간행되었다. 물론 망라적인 목록은 아니다.
• 정준혁, "국제 M&A 거래의 준거법에 관한 시론", 국제사법연구 제27권 제1호(2021. 6.), 273면 이하

---

55) 이런 비판은 제1심판결에도 적용된다.

제 5 장

국제계약법

[8] 국제라이선스계약의 준거법 결정에서 당사자자치의 원칙과 그 한계: FRAND 선언을 통한 라이선스계약의 성립 여부를 포함하여

前 記

前 記

이 글은 저자가 2017. 12. 21. 서울대학교 법과대학 '지재권 라이선스계약의 제 문제'에 관한 (공동연구) 학술대회 발표자료를 다소 수정·보완하여 국제사법연구 제24권 제1호 (2018. 6.), 3면 이하에 게재한 글을 다시 다소 수정·보완한 것이다. 수정 부분은 밑줄을 그어 표시하였다. 정치(精緻)한 국제재판관할규칙을 담은 국제사법 개정법률(개정법)이 2022. 1. 4. 공포되어 7. 5. 발효된다. 그 결과 준거법규칙을 담은 조문도 번호가 변경되기에 아래에서는 개정법의 조문을 일부 언급하였다.

I. 머리말

1. 라이선스계약과 국제라이선스계약

우리 법은 라이선스계약[1]에 관하여 일반적인 정의조항을 두고 있지 않다. 그러나 대체로 라이선스계약(또는 지식재산권이용계약, 실시권허여계약이라고도 한다)이라 함은 특허권, 상표권, 저작권 등의 지식재산권[2] 또는 노하우를 가지고 있는 사람(즉 라이선서. 실시허락자)이 타인에게 그 지식재산권 등의 실시 또는 사용을 허락하고, 허락을 받은 사람(즉 라이선시. 실시이용자)이 그에 대하여 일정한 대가(실시료 또는 사용료)를 지급하는 것을 내용으로 하는 계약을 말한다.[3] 라이

---

1) 저자는 과거 '라이센스계약'이라고 하였으나(예컨대 석광현, 2001년 개정 국제사법 해설 [제2판](2003), 217면) 여기에서는 공동연구를 하는 교수님들과 용어를 통일하고자 '라이선스계약'이라 한다.

2) 여기에서는 '지식재산(권)'과 '지적재산(권)'을 호환적으로 사용한다.

3) 최준선 외, 로스쿨 국제거래법: 이론과 사례(2011), 337면(정홍식 집필부분); 임채홍·백창훈, 회사정리법(상)(2002), 375면 참조. 최치호·허상훈, 기술계약 실무가이드(2001),

선스계약은 유상, 쌍무계약이고 계속적 계약관계를 형성하는 근거가 된다. 라이선스계약의 법적 성질에 관하여는 논란의 여지가 있으나, 비전형계약으로서[4] 일응 권리를 이용하도록 하는 이용계약의 유형에 해당한다고 볼 수 있다.[5] 라이선스는 대부분 라이선스계약을 통해 이루어지는데 라이선스계약은 계약법의 문제이나, 지적재산권을 대상으로 하는 점에서 지적재산권법과 밀접한 관련을 가지며, 경우에 따라 경쟁을 제한하므로 독점규제법(공정거래법 또는 경쟁법)과도 관련되는 탓에[6] 라이선스계약을 둘러싼 법률관계를 이해하자면 다양한 법분야를 종

331면은 라이선스계약은 "당사자의 일방(실시권허락자)이 상대방(실시권자)에게 특정한 기술에 대하여 실시권을 허락하는 계약"이라고 정의한다. 2016. 1. 27. 삭제된 외국인투자촉진법 제2조 제1항 제10호는 기술도입계약이란 대한민국국민 또는 대한민국법인이 외국인으로부터 산업재산권이나 그 밖에 기술을 양수하거나 그 사용에 관한 권리를 도입하는 계약이라고 정의하였다. 아래에.(2.) 공정거래위원회 심사지침은 "실시허락"이란 특허권자가 특허발명에 대하여 전용실시권, 통상실시권 등을 부여하는 것을 말하며 그 밖에 환매조건부 양도와 같이 실시권 부여와 실질적으로 유사한 효과를 발생시키는 경우를 포함한다고 규정한다. 박준석, "라이선스 관련 지적재산권 이슈들―우리 판례의 관련 동향을 중심으로―", 산업재산권 제54호(2018), 104면도 유사하나 이는 라이선서가 '그 권리를 유지하는 채로'라는 요건을 부가함으로써 라이선스와 양도를 구별하고, 나아가 라이선스와 지적재산권 물품판매의 구별에 수반되는 어려움을 논의한다.

4) 최치호·허상훈(註 3), 332면도 동지.

5) 독일에서는 라이선스계약의 법적 성질이 독자적 성질의 계약(Vertrag sui generis), 용익임대차계약(Pachtvertrag) 또는 기타 전형계약인지 논란이 있다. 연방대법원 판결은 독자적 성질의 계약이라고 본다. Benkard, Patentgesetz, 11. Auflage (2015), §15 Rn. 83 (Ullmann/aDeichFuß 집필부분). 학설은 Louis Pahlow, Lizenz und Lizenzvertrag im Recht des Geistigen Eigentums (2006), S. 258ff. 참조. 그렇더라도 원칙적으로 용익임대차에 관한 조문을 라이선스계약에 적용하는 것이 타당하다고 본다.

6) 지식재산권자에게 독점적 권리를 부여하는 지식재산권법과, 자유롭고 공정한 경쟁질서를 확보하고자 하는 독점규제법 간에는 원초적 긴장이 존재한다. 특히 양자가 상이한 법에 의하여 규율된다면 긴장관계는 더 가중될 수 있다. 그러나 지식재산권에 대한 독점이 반드시 시장의 독점을 초래하는 것은 아니고 독점규제법이 독점을 무조건 금지하는 것이 아니라 독점적 행태의 경쟁행위를 규제하는 점에서 양자는 병존할 수 있고 무엇보다도 양자는 창작과 혁신을 향한 경쟁을 촉진함으로써 궁극적으로 소비자 후생을 증진하고 경제를 발전시킨다는 공통의 목적을 가진다. 손경한(편저), 新특허법론(2005), 67면(손경한·정진근 집필부분); 정상조, "FRAND확약과 특허법상의 구제수단", Law & Technology, 제14권 제5호(2018. 9.), 14면 이하 [밑줄 친 부분은 이 책에서 새로 추가한 것이다.] 참조. 오승한, "특허제도와 독점금지법의 조화적 관계", 서울대학교 기술과 법 센터(편), 과학기술과 법(2007), 844면도 이론적 측면에서는 특허제도와 독점규제법이 상호보완관계에 있지만, 실제로 특허 라이선스계약에 포함되는 배타적 경쟁제한행위에서는 특허법과 독점규제법이 상충관계에 있음을 인정하면서도, 양법이 궁극적으로 사회복지를 증진하기 위한 제도라는 점은 같다고 지적한다. 경쟁제한에 관하여는 정희진, "국제라이선스계약상 당사자의 의무와 경쟁제한 연구에 관한 연구", 성균관대학교 경제학박사학위

합적으로 분석해야 한다.

특허법은 전용실시권의 설정(제100조 제1항)과 통상실시권의 허락(제102조 제1항)이라는 표현을 사용하고,[7] 상표법은 전용사용권의 설정(제95조 제1항)과 통상사용권의 설정(제97조 제1항)이라는 표현을 사용한다. 반면에 저작권법은 제2조 정의조항에서 '저작물의 이용'을 정의하지 않는다. 특허법상 실시권은 특허권자 이외의 자가 특허발명을 업으로서 실시할 수 있는 권리를 말하는데, 이는 발생 원인에 따라 법정실시권, 강제실시권과 허락(또는 약정)실시권으로 구분된다.[8] 약정실시권은 라이선스계약을 통하여 부여되는데 여기에서는 오프라인에서 체결되는 특허권을 대상으로 하는 라이선스계약(특허 라이선스계약)을 중심으로 논의한다.[9][10]

국제라이선스계약이라 함은 라이선스계약 중 국제적 요소, 즉 '국제성(inter-national character)'이 있거나 '외국적 요소(foreign element)'가 있는 것을 말한다. 무엇이 국제성의 근거인지는 논란이 있는데 당사자의 주소에 착안하는 견해도 있고[11] 대법원처럼 국제사법(나아가 국제계약)의 적용범위를 제한하는 견해[12]도 있지만, 근자에는 이를 넓게 파악하여 모든 요소가 어느 한 국가와만

논문(2016. 2.), 147면 이하도 참조.

7) 우리 법상 전용실시권과 통상실시권에 관하여는 정상조·박성수(공편), 특허법주해 I (2010), 1229면 이하, 1247면 이하(이회기 집필부분) 참조. 이하 이 책을 "정상조·박성수/ 집필자"로 인용한다. 전용실시권은 김수철, "독점 라이센시의 법적 지위에 관한 고찰", Law & Technology 제11권 제2호(2015. 3.), 19면 이하 참조. 이는 독점라이선스라고 하나 전용실시권을 가리키는 것으로 보인다.

8) 정상조·박성수/이회기, 1248면 이하; 윤선희, 특허법 제5판(2012), 670면.

9) 컴퓨터정보의 라이선스에 대하여 미국에서는 Uniform Computer Information Trans-actions Act (UCITA)가 채택되었다. 이는 별로 성공이지 않지만 동법이 적용범위 내에서는 적용된다. 이 글을 쓰면서 다소 의외였던 것은 특허법에 관한 우리 문헌은 전용실시권과 통상실시권을 중심으로 다루지만 라이선스계약(또는 실시권설정계약)은 별로 논의하지 않는 점이다.

10) 라이선스계약은 개별약정에 의할 수도 있고 약관에 의할 수도 있다.

11) 예컨대 국제물품매매계약에 관한 국제연합협약(CISG) 제1조.

12) 대법원 판결에 따르면, 거래 당사자의 국적·주소, 물건 소재지, 행위지, 사실발생지 등이 외국과 밀접하게 관련되어 있어 곧바로 내국법을 적용하기보다는 국제사법을 적용하여 준거법을 정하는 것이 더 합리적이라고 인정되는 법률관계에 대하여 국제사법을 적용하여 준거법을 정하여야 한다(대법원 2008. 1. 31. 선고 2004다26454 판결과 대법원 2014. 12. 11. 선고 2012다19443 판결 등). 비판은 석광현, 국제사법 해설(2013), 53면 이하 참조.

관련된 순수한 국내적 계약을 제외한 계약을 국제계약이라고 보는 경향이 있다.[13] 이는 라이선스계약의 경우도 마찬가지이나, 실무상 국제라이선스계약이라면 통상 당사자 중 일방이 외국기업일 것이므로 이를 전제로 논의한다.[14][15] 1960년 1월 처음 시행된 외자도입촉진법은 외자 및 기술도입을 통하여 한국의 경제발전에 크게 기여하였는데,[16] 이는 우리가 외국기술의 도입, 즉 국제라이선스계약을 중시하였음을 잘 보여준다. 국내라이선스계약의 경우 계약법, 지식재산권법과 독점규제법 측면은 모두 한국법에 의하여 규율되는 데 반하여 국제라이선스계약의 경우 각각의 준거법을 논의해야 하고, 더욱이 우리 기업이 라이선시인지 라이선서인지에 따라 준거법 적용의 양상이 달라신다는 섬에서 논의의 양상이 더 복잡하다.

2. 논점의 정리와 논의 순서

여기에서는 국제라이선스계약의 준거법 결정에 관한 당사자자치의 원칙과 그 한계의 문제를 중심으로 준거법의 결정과 그 실익을 논의한다. 준거법의 결정과 그 적용은 소송과 중재에서 다르므로 양자를 구분해야 하나 여기에서는 소송의 맥락에서 논의한다.[17]

특허권을 대상으로 하는 국제라이선스계약은 기본적으로 채권계약이므로

---

13) UNIDROIT의 국제상사계약원칙(Principles of International Commercial Contracts (2016), p. 2)과 헤이그국제사법회의 국제상사계약 준거법원칙(제1조 제2항과 제12조).

14) 국내 업체들 간에 특허 라이선스계약을 체결하기도 하나, 중요한 특허 라이선스계약은 여전히 국제라이선스계약이라고 할 수 있다. 남문기, "특허라이선스계약 작성 및 검토 실무", 2015년 제1기 지식재산연수원 강의교재안(대한변호사협회), 170면.

15) 최치호·허상훈(註 3), 101면 이하는 기술계약을 기술창출형계약(공동연구개발계약, 위탁연구개발계약), 기술양도형계약, 기술담보형계약, 기술대여형계약(라이선스계약 포함), 노무제공형계약과 기타의 기술계약으로 분류한다. 그러나 기술계약이 무엇인지 그리고 이런 분류가 독자적 견해인지는 밝히지 않는다. 특수한 라이선스계약의 유형으로 특허상호실시계약과 특허풀계약을 들기도 하는데(최준선 외/정홍식(註 3), 339면), 아래(2.) 언급하는 공정거래위원회 심사지침은 특허풀과 상호실시허락과 관련된 권리 행사의 부당성 판단기준을 제시한다. 또 다른 지적재산권 관련 계약으로 공동연구개발계약을 들기도 한다. 공동연구는 손경한·박진아, "국제연구개발계약상의 권리의무에 관한 고찰", 국제거래법학회지 제17권 제2호(2008), 363면 이하 참조.

16) 박노형 외, 新국제경제법(2013), 706면.

17) 중재에서 분쟁의 실체의 준거법은 석광현, 국제상사중재법연구 제1권(2007), 145면 이하 참조.

이는 계약법 영역의 문제인데, 계약의 준거법은 국제계약 일반에 적용되는 연결
원칙에 따라 결정된다.18) 계약법이 국제적으로 통일되지 않은 현재로서는 모든
국제계약에 공통적으로 타당한 계약법 또는 계약법리는 존재하지 않으므로19) 결
국 준거법이 되는 각국의 국내법에 의할 수밖에 없고 따라서 준거법 결정원칙을
이해하지 않으면 아니 된다. 한편 국제라이선스계약에서 라이선스가 가능한지와
실시권의 설정을 위한 요건(경우에 따라) 등의 문제는 당해 특허권 자체의 문제이
므로 특허법(또한 지식재산권법) 영역의 문제이다. 또한 국제라이선스계약은 경쟁
제한적인 효과를 가질 수 있으므로 독점규제법 영역과 관련되고 관련 국가의 독
점규제법이 개입한다.20) 구체적으로 독점규제법의 어느 조문이 문제되는지는 아
래에서 논의한다. [밑줄 친 부분은 이 책에서 새로 추가한 것이다.] 따라서 쟁점별로
준거법을 파악하지 않으면 아니 된다.21) 다만 저자는 특허권이나 독점규제법의
전문가가 아니므로 여기에서는 법 적용의 전체적인 모습과 각 법영역의 상호관
계에 중점을 둔다. 특히 공정거래위원회의 "지식재산권의 부당한 행사에 대한
심사지침"(2016. 3. 23. 예규 제247호)("심사지침")22)이 다소 애매하여 개별사건에
어떻게 적용될지 판단하기 어려우므로 이는 간단히 소개한다.

---

18) 우리 특허법상 전용실시권을 물권적 성질을 가진다고 본다면 전용실시권을 설정하는 라
   이선스계약은 물권행위이거나, 채권계약과 물권행위 양자의 성질을 가진다고 볼 가능성
   이 크다.

19) 그나마 가장 가까운 것이 UNIDROIT의 "국제상사계약원칙"(Principles of International
   Commercial Contracts)이다. 이는 1994년 처음 채택되고 2004년, 2010년과 2016년에
   확대 개편되었다. http://www.unidroit.org/instruments/commercial-contracts/unidroit-
   principles-2016 참조.

20) 그 밖에도 TRIPs와 같은 국제경제법 내지 국제공법상의 규제도 적용된다. TRIPs 협정(제
   40조)도 각 당사국이 지식재산권의 남용을 규제할 수 있도록 허용하는데, 이는 지식재산
   권의 남용으로부터 중진국과 개발도상국을 보호하는 수단이 될 수 있다. 박노형 외(註
   16), 529면 이하 참조.

21) 각국의 라이선스에 관하여는 우선 특허청·한국발명진흥회, 사례중심의 실무자를 위한 국
   제라이센스계약 고급과정(2008), 29면 이하 참조.

22) 과거에는 공정거래위원회의 '특허 라이선스 계약 공정화를 위한 가이드라인'이 있었으나
   이는 폐지된 것으로 보인다.

《법 분야별 준거법 교착의 예시》

		계약법	특허법	독점규제법
국내라이선스계약		한국법	한국법	한국법
국제라이선스 계약	기술도입(독일로부터 도입)	독일법/한국법	한국법	한국법/독일법
	기술제공(베트남에 제공)	한국법/베트남법	베트남법	베트남법/한국법

구체적으로 국제라이선스계약의 준거법 결정에 관한 당사자자치의 원칙
(Ⅱ.), 국제라이선스계약의 객관적 준거법(Ⅲ.), 국제라이선스계약의 주요 내용과
준거법 결정의 실익(Ⅳ.), 국제라이선스계약의 준거법이 규율하는 사항의 범위와
그 한계(Ⅴ.) 및 국제라이선스계약상의 분쟁해결: 소송과 중재(Ⅵ.)의 순서로 논
의한다.

Ⅱ. 국제라이선스계약의 준거법: 당사자자치의 원칙

1. 당사자자치의 원칙

국제계약의 경우 당사자가 계약의 준거법을 선택하도록 허용하는 '당사자자
치의 원칙'(principle of party autonomy)이 널리 인정되고 있고 우리 국제사법도
같다. 국제사법은 유럽경제공동체의 1980년 "계약채무의 준거법에 관한 협약
(Convention on the Law Applicable to Contractual Obligations)"("로마협약")23)을 대
폭 수용한 것이다.24)

당사자의 준거법 선택은 묵시적으로도 가능하나 이는 계약내용 기타 모든
사정으로부터 합리적으로 인정될 수 있어야 한다(제25조 제1항, 개정법 제45조 제1
항). 준거법이 될 수 있는 것은 특정한 국가의 법이거나, 미국과 같은 연방국가
의 경우 주법이다. 따라서 당사자가 예컨대 독일법이 라이선스계약의 준거법이

---

23) 이는 "계약채무의 준거법에 관한 2008. 6. 17. 유럽의회 및 이사회의 No. 593/2008 규정",
    즉 로마Ⅰ 규정에 의하여 대체되었다. 이하 "로마"이라 하는데 이는 2009. 12. 17. 발효되
    었다(덴마크 제외). 로마협약은 석광현, 국제사법과 국제소송 제1권(2001), 53면 이하 참조.
24) 또한 "국제계약의 준거법에 관한 미주간 협약(Inter-American Convention on the Law
    Applicable to International Contracts)"(멕시코시티협약)도 참고하였다. 이는 멕시코와
    베네주엘라에서 발효되었다. 브라질과 우루과이는 서명하였으나 비준하지 않았다. http://
    www.oas.org/juridico/english/sigs/b-56.html 참조.

라고 합의하면 이는 실질법[25]인 독일의 계약법을 준거법으로 지정한다는 취지이고 그 경우 독일의 국제사법은 제외된다.

참고로 지적재산권에 관한 국제사법 규칙을 정한 국제적 원칙의 태도를 간단히 소개한다. 이에는 ALI 원칙[26]과 CLIP 원칙[27]이 있다.[28] 그 밖에도 국제법률협회(ILA)는 위 논점들과 지재권분쟁의 중재가능성에 관한 지침을 마련하는 작업을 추진한 결과 2021년 초 ILA Guidelines on Intellectual Property and Private International Law (Kyoto Guidelines)가 채택되었다. Journal of Intellectual Property, Information Technology and Electronic Commerce Law, Volume 12 (2021) 참조. 국문번역은 이규호·이종혁, "지식재산과 국제사법에 관한 ILA 가이드라인", 국제사법연구 제27권 제1호(2021. 6.), 679면 이하 참조. [밑줄 친 부분은 이 책에서 새로 추가한 것이다.]

CLIP 원칙(제3:501조)에 따르면, 지식재산권의 양도, 라이선스계약과 기타 지식재산권에 관한 계약에 대하여는 당사자자치의 원칙이 타당하다. 선택은 명시적이거나 계약의 조항들 또는 사안의 제사정과 당사자들의 행위로부터 합리적인 확실성을 가지고 표시되어야 한다. 당사자들은 계약의 전부 또는 일부만에

---

25) 실체법은 절차법에 대비되는 개념인 데 반하여, 실질법은 국제사법(또는 저촉법)에 대비되는 개념이다. 실질법이라 함은 법적용규범인 국제사법(또는 저촉법)에 대비되는 개념으로, 우리 민·상법과 같이 국제사법에 의하여 준거법으로 지정되어 특정 법률관계 또는 쟁점을 직접 규율하는 규범을 말한다.

26) 이는 미국법률협회(ALI)가 2007년 5월 발표한 "지적재산: 초국가적 분쟁에서의 관할권, 준거법 및 재판을 규율하는 원칙"(Intellectual Property: Principles Governing Jurisdiction, Choice of law and Judgments in Transnational Disputes)("ALI 원칙")을 말한다. American Law Institute, Intellectual Property: Principles Governing Jurisdiction, Choice of law and Judgments in Transnational Disputes 2007 (American Law Institute Publishers, 2008) 참조.

27) 이는 지식재산의 국제사법에 관한 유럽 막스플랑크 그룹(European Max-Planck Group on Conflict of Laws in Intellectual Property. EMPG)이 2011년 8월 발표한 "지적재산의 국제사법 원칙"(Principles for Conflict of Laws in Intellectual Property) 최종문언("CLIP 원칙")을 말한다.

28) 상세는 석광현, "국제지적재산권분쟁과 國際私法: ALI 원칙(2007)과 CLIP 원칙(2011)을 중심으로", 민사판례연구 제34집(2012), 1101면 이하 참조. 그 밖에 일부 한국 전문가들도 일본 木棚照一 교수의 주도 하에 작업을 추진하여 2011년 3월 "知的財産權의 國際私法原則(韓日共同提案)"(이하 "한일공동제안"이라 한다)을 발표한 바 있다. 木棚照一 編著, 知的財産의 國際私法原則研究 —東アジアからの日韓共同提案— (2012) 참조. "일본법의 투명화" 프로젝트에 따른 일본 교수들의 제안도 있다. 투명화안은 河野俊行(編), 知的財産權と涉外民事訴訟(2010), 2면 이하(개관), 209-371면(상세) 참조.

적용될 법을 선택할 수 있다. 흥미로운 것은, 특정국가에 관할을 부여하기로 하는 당사자들의 합의로부터 준거법 선택을 추정하는 점이다. 사실 이 조항은 로마협약을 대체한 로마I의 개정과정에서 위원회 초안에는 들어 있었으나 결국 삭제된 조항이다.[29] ALI 원칙(제315조 제1항, 제302조)도 지식재산권의 양도와 라이선스에 대하여 당사자자치를 명시한다.[30]

국제라이선스계약의 준거법은 다른 계약조건과 마찬가지로 당사자의 협상력의 우위에 의하여 결정된다. 많은 경우 라이선서가 우위를 가지므로 실무상으로는 라이선서 국가의 법을 준거법으로 규정하는 경우가 많은 것으로 보인다.[31] 그렇다면 예컨대 국제금융계약에서 보는 바와 같은 준거법 결정 맥락에서의 영미법(특히 영국법 또는 뉴욕주법)의 압도적 우위는 국제라이선스계약에서는 타당하지 않다. 다만 준거법이 영미법이 아니더라도 아래에서 보는 바와 같이 영미법 또는 영미의 실무에서 발전된 조항(예컨대 진술 및 보증조항 등)이 사용되는 경향이 있음은 부정하기 어렵다.

2. 당사자가 선택할 수 있는 법의 범위: 중립적 법의 선택

일부 입법은 ① 준거법과 당사자 또는 당해 계약 간에 실질적 관련의 존재를 요구하거나, ② 당사자의 준거법 선택에 합리적 근거 또는 승인할 만한 이익이 있을 것을 요구하나, 우리 국제사법과 로마Ⅰ(로마협약을 대체한)에 따르면 당사자는 당사자 또는 당해 계약과 무관한 중립적 법을 선택할 수 있다.

반면에 미국 통일상법전(UCC) §1-105에 따르면 당사자는 당해 거래와 합리적인 관련(reasonable relation)을 가지는 주 또는 국가의 법을 선택할 수 있을 뿐이고, 아무런 관련이 없는 중립적인 준거법의 선택은 허용되지 않는다. 만일 그런 선택을 한다면 준거법 선택은 무효가 된다. 또한 미국과 같이 지역에 따라 법을 달리하는 연방국가의 경우 통상 주법이 계약의 준거법이 되므로[32] 어느 주법

---

29) 다만 로마Ⅰ 전문 제12항은 당사자들의 전속적 관할합의는 준거법의 선택 여부를 판단하는 데에 고려하여야 할 요소들 중의 하나임을 명시하고 있다.
30) ALI 원칙(제202조 제3항)에 따르면 대량시장계약의 경우에는 당사자의 준거법 선택은 합리적이고, 계약 체결 시 약관제안자의 상대방이 접근할 수 있었으며, 사후적으로 법원과 당사자들이 참조할 수 있는 경우에만 유효하다. 한일 공동제안(제307조 제2항)은 라이선시의 법으로 추정한다.
31) 남문기(註 14), 212면.
32) 미국에서도 특허권 등 지식재산권 자체는 연방법이 규율하는 사항이다.

을 선택해야 한다. 그럼에도 불구하고 당사자들이 연방법을 계약의 준거법으로 합의하였다면 그런 합의의 효력에 관하여는 논란이 있다. 이는 무효라는 견해와, 이는 지나치고 미국의 어느 주법을 선택한 것이라는 범위 내에서는 효력을 인정하는 것이 당사자의 의사에 부합한다는 견해가 있다.33) 대법원 2012. 10. 25. 선고 2009다77754 판결은, 그 경우 선택된 법이 … 연방제국가의 법이라는 사정만으로 그러한 준거법 약정이 당연 무효라고 보아서는 아니 되고 계약문언, 계약 전후의 사정, 거래관행 등 모든 사정을 고려하여 당사자가 그 국가의 어느 지역의 법을 지정한 것으로 합리적으로 인정되는지 여부까지 살펴보아야 한다며 후자를 지지하였다.

3. 당사자가 선택할 수 있는 규범: 상인법 기타 국제규칙의 선택의 문제

전통적 국제사법이론에 따르면 계약의 준거법은 어느 국가의 법체계(national system of law)여야 하고 기타 '법의 규칙(rules of law)'은 준거법이 될 수 없었다. 어느 국가의 법만이 당사자들의 권리·의무와 그의 집행을 위한 구제수단을 망라적으로 규율할 수 있고, 법의 규칙은 그 내용이 명확하지 않기 때문이다. 어느 견해를 취하는가에 따라 당사자들이 예컨대 UNIDROIT 국제상사계약원칙("UNIDROIT 원칙")을 계약에 적용하기로 한 경우 이것이 준거법의 지정인지, 아니면 계약내용으로 편입한 것인지가 결정된다. 그러나 근자에는 ① UNIDROIT 원칙 또는 유럽연합계약법원칙과 같은 국제적으로 승인된 규칙, ② 더 나아가 상인법(*lex mercatoria*)도 국제계약의 주관적 준거법으로 허용하려는 경향이 강해지고 있다.

헤이그국제사법회의의 2015년 국제상사계약 준거법원칙(제3조, 제2조)34)은 ①은 허용하나 ②는 허용하지 않는다. 그에 따르면 객관적 준거법이 한국법인

---

33) Frank Vischer/Lucius Huber/David Oser, Internationales Vertragsrecht, 2. Auflage (2000), Rn. 169 참조.

34) 이는 헤이그국제사법회의의 "Hague Principles on the Choice of Law in International Commercial Contracts("국제상사계약의 준거법 원칙)"를 말한다. 상세는 석광현, "헤이그 국제상사계약 준거법원칙", 서헌제 교수 정년기념논문집(2015), 279면 이하; 정홍식, "헤이그 국제상사계약 준거법 원칙", 통상법률 통권 제125호(2015. 10.), 14면 이하; 권종걸, "국제상사계약의 준거법에 관한 헤이그원칙상 준거법으로서 법규범(rules of law) 지정", 전북대학교 동북아법연구 제10권 제1호(2016. 5.), 473면 이하 참조. 국문번역은 사법연수원, "헤이그 국제상사계약 준거법원칙 해설"(2017) 참조.

사안에서, 당사자들은 계약자유(또는 사적 자치)의 원칙에 의해서는 (국내적) 강행법규인 약관규제법을 배제할 수 없지만, 당사자자치의 원칙35)에 의해서 즉 외국법이나 법의 규칙(UNIDROIT 원칙)을 준거법(또는 준거규범)으로 지정함으로써 약관규제법을 배제할 수 있게 되는 중요한 차이가 발생한다.

반면에 중재에서 당사자는 어느 국가의 법체계는 물론이고 법의 규칙도 선택할 수 있다는 점이 널리 인정되고 있고, 우리 중재법의 해석론도 같다.36) 즉 위 ①과 ②가 허용된다.

4. 국제계약 준거법 지정의 효과

아래(V.1.)에서 논의하는 바와 같이, 계약의 준거법을 외국법(예컨대 영국법)으로 지정한 경우(즉 강학상 '저촉법적 지정'의 경우) 당해 계약의 성립, 유효성과 효력 등은 그 준거법에 의하여 규율된다. 또한 만일 준거법을 지정하지 않았더라면 적용되었을 객관적 준거법(예컨대 한국법)의 국내적 강행법규의 적용이 배제된다. 따라서 통상의 소비자관련 법규와 근로관련 법규의 적용도 배제된다.37) 나아가 당사자가 준거법을 지정하면 준거법으로 지정된 외국법은 계약체결 시의 외국법으로 고정되지 않으므로 준거법 지정 후 외국법이 개정된 때에는 개정된 법이 적용된다.

반면에 외국법을 준거법이 아니라 계약의 내용으로 편입한 경우(이것이 강학상 '실질법적 지정'이다), 당사자가 달리 계약의 준거법을 선택하지 않았다면 그 계약의 객관적 준거법의 강행법규가 허용하는 범위 내에서 편입된 외국법이 계약의 내용이 된다. 다만 준거법 지정의 경우에도 법정지의 국제적 강행규정(internationally mandatory rules)의 적용은 배제되지 않는다.

Ⅲ. 국제라이선스계약의 객관적 준거법

국제라이선스계약의 객관적 준거법을 논의함에 있어서는 우선 국제계약 일

---

35) 독일법에서는 '사적 자치(Privatautonomie)'와 '당사자자치(Parteiautonomie)'를 구분하나 영미법계에서는 그렇지 않은 것으로 보인다.
36) 상세는 석광현(註 17), 157면 이하 참조.
37) 소비자관련 법규와 근로관련 법규 중 국제적 강행법규인 것은 여전히 적용된다.

반에 관하여 개관하고 국제라이선스계약의 준거법을 살펴본다.

1. 국제계약의 객관적 준거법에 관한 우리 국제사법의 태도

당사자가 계약의 준거법을 선택하지 아니한 경우 결국 법원이 당해 계약의 준거법을 결정하게 된다.[38] 이것이 '객관적 준거법'이다. 주의할 것은 이 경우 법원은 자국의 국제사법을 적용하므로 동일한 계약이더라도 법정지가 어느 국가인가에 따라 객관적 준거법이 달라질 수 있다는 점이다. 따라서 법정지(forum)의 결정이 중요하다.

당사자가 국제계약의 준거법을 선택하지 않은 경우에 많은 입법례는 "계약과 가장 밀접한 관련이 있는 **국가의 법**(최밀접관련국법)"을 준거법으로 지정한다. 우리 국제사법(제26조 제1항, 개정법 제46조 제1항)도 같다. 이처럼 준거법이 될 수 있는 법을 국가의 법에 한정하면 UNIDROIT 원칙과 상인법과 같이 규범은 준거법이 될 수 없다.

문제는 최밀접관련국법의 결정이다. 그 결정을 법관에게 일임하거나(멕시코시티협약 제9조), 법관이 고려할 다양한 연결점과 관련 정책과 이익만을 제시하기도 한다(Restatement (Second), Conflict of Laws, 제188조 제2항). 우리 국제사법(제26조 제2항 제3호)은 로마협약(제4조)과 스위스 국제사법(제117조)을 따라,[39] 법관의 판단을 용이하게 하고자 '특징적 이행(characteristic performance)에 기초한 깨어질 수 있는 추정'을 도입하였다. 그에 따르면 위임·도급계약 등 용역제공계약의 경우, 특징적 이행인 용역을 제공하는 당사자가 계약체결시 상거소(자연인의 경우), 주된 사무소(법인 또는 단체의 경우) 또는 영업소(직업상 또는 영업상 계약의 경우)(이하 3자를 묶어 "영업소"라 한다)를 가지는 국가가 당해 계약과 가장 밀접한 관련을 가지는 것으로 추정한다.

실무상의 쟁점은 얼마나 엄격한 요건 하에 추정을 깰 것인가이다. 계약의 객관적 준거법을 결정함에 있어서 로마협약의 해석상 영국 법원은 예외조항(제4조 제5항)을 적용하여 특징적 이행에 기초한 추정을 비교적 쉽게 깨뜨린 반면

---

38) 당사자가 중재를 선택한 경우에는 중재지의 중재법 또는 당사자가 지정한 중재규칙에 의하여 준거법이 결정된다. 상세는 석광현(註 17), 145면 이하 참조.

39) 일본 법적용통칙법(제8조)은 거의 같고, 중국 섭외민사관계법률적용법(제41조)은 특징적 이행을 하는 당사자의 상거소지법과 가장 밀접한 관련이 있는 법에 선택적으로 연결한다.

에[40]) 네덜란드와 독일 법원은 이를 엄격하게 적용한 결과 저촉규범의 통일적 해석을 저해하는 현상이 발생하였다. 이러한 우려를 불식하고자 유럽연합은 로마 I 에서 이 점을 개정하였다. 유럽연합은 로마 I (제4조)에서 "특징적 이행을 기초로 하는 깨어질 수 있는 추정"을 규정하는 대신 8개 유형[41])의 계약에 대해 '고정된 규칙(fixed rules)'(또는 '확고한 규칙')을 도입하고 기타 유형의 계약 또는 혼합계약의 경우 특징적 이행을 해야 하는 당사자의 상거소 소재지법을 준거법으로 규정하되,[42]) 다만 모든 사정에 비추어 계약이 그러한 준거법 이외의 법과 명백히 더 밀접한 관련이 있는 것이 분명한 때에는 더 밀접한 법을 적용하도록 하는 예외규정을 둔다. 이는 결국 국제계약의 준거법결정에 있어 고정된 규칙을 적용함으로써 달성되는 법적 안정성과, 법관에게 구체적 사건의 모든 사정을 고려하여 준거법을 결정할 수 있는 재량을 인정함으로써 달성되는 유연성 및 구체적 타당성의 형량의 문제이다. 특징적 이행에 기초한 추정을 깨뜨리기 위한 문턱(threshold)은, 로마 I 에서 예외조항을 통하여 고정된 규칙을 뒤집기 위한 문턱보다 낮다고 본다.[43]) 따라서 로마협약으로부터 로마 I 로의 이행은 실익이 있다.

---

40) 영국 법원은 제4조 제5항을 약한 추정으로 이해하고 의무이행지가 영국인 경우 제4조 제5항을 원용하여 제2항의 추정을 쉽게 깨뜨리고 영국법이 가장 밀접한 관련이 있는 국가의 법이라고 판단하는 경향을 보였다. 예컨대 2001년 *Definitely Maybe (Touring) Ltd. v Marek Lieberberg Konzertagentur G.M.B.H.* 사건에서 Morison 판사는 "주된 이행자의 영업소 소재지와 의무이행지가 상이한 경우" 사안의 요소가 의무이행지와 보다 밀접한 관련이 있다면 제2항의 추정은 당연히 깨뜨려야 한다고 판시하였다. 영국 판례의 소개는 여태식 · 서완석, "로마협약 제3조 및 제4조를 둘러싼 최근 유럽에서의 논의와 그 시사점에 관한 연구", 상사법연구 제26권 제1호(2007), 363면 이하 참조.

41) 라이선스계약은 이러한 계약 유형에 포함되지 않는다. <u>다만 이에 관하여는 논란이 있는데 상세는 문화경, "국제 지식재산권 라이센스 계약 분쟁의 준거법 결정 원칙으로서 로마 I 규정의 적용에 관한 연구", 법제연구 제44호(2013. 6.), 502면 이하 참조.</u> [밑줄 친 부분은 이 책에서 새로 추가한 것이다.]

42) 로마 I 에 따른 객관적 준거법의 결정에 관한 상세는 김인호, "로마 I 규정에 기초한 객관적 연결에 의한 국제계약의 준거법 결정에 관한 입법적 검토", 국제사법연구 제19권 제1호(2013. 6.), 553면 이하 참조. <u>로마 I 에 따른 라이선스계약의 객관적 준거법 결정에 관하여는 문화경(註 41), 498면 이하 참조.</u> [밑줄 친 부분은 이 책에서 새로 추가한 것이다.]

43) Franco Ferrari/Stefan Leible (Eds.), Rome I Regulation: The Law Applicable to Contractual Obligations in Europe (2009), p. 30 (Ulrich Magnus 집필부분).

2. 국제라이선스계약의 객관적 준거법

가. 우리 국제사법의 해석론

우리 국제사법(제26조, 개정법 제46조)은 계약의 객관적 준거법 결정에 관하여 아래와 같이 규정한다.

제26조(준거법 결정 시의 객관적 연결) ① 당사자가 준거법을 선택하지 아니한 경우에 계약은 그 계약과 가장 밀접한 관련이 있는 국가의 법에 의한다.

② 당사자가 계약에 따라 다음 각호 중 어느 하나에 해당하는 이행을 행하여야 하는 경우에는 계약체결 당시 그의 상거소가 있는 국가의 법(당사자가 법인 또는 단체인 경우에는 주된 사무소가 있는 국가의 법)이 가장 밀접한 관련이 있는 것으로 추정한다. 다만, 계약이 당사자의 직업 또는 영업활동으로 체결된 경우에는 당사자의 영업소가 있는 국가의 법이 가장 밀접한 관련이 있는 것으로 추정한다.

1. 양도계약의 경우에는 양도인의 이행
2. <u>이용계약의 경우에는 물건 또는 권리를 이용하도록 하는 당사자의 이행</u>
3. 위임 · 도급계약 및 이와 유사한 용역제공계약의 경우에는 용역의 이행

③ (생략)

즉 우리 국제사법은 지식재산권과 관련된 라이선스계약(또는 지식재산권이용계약)의 준거법에 관하여 특칙을 두지 않고 스위스 국제사법(제117조)을 참조하여 이용계약의 경우에는 물건 또는 권리를 이용하도록 하는 당사자의 이행이 특징적 이행임을 명시한다. 즉 계약의 객관적 준거법을 결정하는 과정에서 추정을 규정한 제26조 제2항은 계약을 양도계약, 이용계약과 용역제공계약이라는 유형으로 분류하는데, 이는 계약유형을 언급함이 없이 특징적 이행에 착안한 원칙만 규정하는 로마협약(제4조)과 달리 5개 유형을 규정한 스위스 국제사법(제117조)을 참조하되 3개 유형만을 예시적으로 언급하는 데 특색이 있다.

나아가 스위스 국제사법(제122조 제1항)은 무체재산에 관한 계약은 무체재산권을 양도하거나 또는 무체재산권의 이용을 허용하는 자가 그의 상거소를 가지고 있는 국가의 법에 의한다고 명시하나,[44][45] 그 상응하는 조문이 없는 우리 국

---

44) 또한 스위스 국제사법 제110조 제3항은 무체재산권에 관한 계약은 채권법적 계약의 준거법에 관한 제122조에 의한다고 명시한다. 스위스 국제사법(제122조 제1항)은 라이선서의 상거소지법을 적용하나, 개정 전의 오스트리아 국제사법(제43조 제1항)은 반대로 라이선

제사법상으로는, 라이선스계약의 법적 성질을 어떻게 볼지에 따라 달라질 수 있으나, 위에서 언급한 것처럼 라이선스계약은 권리를 이용하도록 하는 이용계약의 유형에 해당한다고 볼 수 있다.[46) 따라서 우리 국제사법의 해석으로는 라이선스계약에 따라 특징적 이행을 하는 당사자의 상거소지법이 가장 밀접한 관련이 있는 것으로 추정되는데, 라이선스계약도 제26조 제2항 제2호의 이용계약이라고 볼 수 있으므로 라이선서의 영업소가 있는 국가의 법이 가장 밀접한 관련이 있는 것으로 일응 추정되고, 궁극적으로는 라이선스계약과 가장 밀접한 관련이 있는 국가의 법이 준거법이 되어야 할 것이다. 문제는 라이선서와 라이선시 중 누가 특징적 이행을 하는 자인가인데 이에 관하여는 종래 국세적으로 견해가 나뉜다.

라이선스계약에 따라 라이선시가 단순히 실시료 지급의무만을 부담하는 단순한 형태의 라이선스계약의 경우에는 라이선서가 특징적 이행 의무를 해야 하는 당사자라고 할 수 있을 것이다. 그러나 라이선스계약의 구체적인 내용은 매우 다양하므로 일률적인 판단은 어렵고 라이선스계약을 둘러싼 구체적인 상황에 따라 개별적으로 검토해야 할 사항이라고 본다.[47) 즉, 복잡한 라이선스계약의 경우에는 특징적 이행 자체 또는 이를 이행하는 당사자의 결정이 어려우므로 그 때에는 가장 밀접한 관련이 있는 국가를 정해야 하는데 보호국이 가장 밀접한 관련을 가지는 것으로 볼 여지도 있다.[48)

시의 국가의 법을 적용하였다. 후자는 1998. 12. 1. 폐지되고 로마협약에 의해 대체되었다. 이는 스위스는 주로 기술수출국으로서 라이선서 국가임에 반하여 오스트리아는 라이선시 국가라는 경제정책적 고려에 기인하는 것으로 보인다.

45) 스위스에서도 제122조 제1항에도 불구하고 제117조 제1항에 따라 라이선스계약에서 가장 밀접한 관련이 있는 국가의 법이 준거법이 될 수 있는데(Daniel Girsberger et al., Zürcher Kommentar, 2. Auflage (2004), Art. 122 Rn. 18 (Vischer 집필부분)) 그 과정에서 로마협약에 관한 유럽연합의 논의를 참고한다. Girsberger et al./Vischer, Art. 122 Rn. 18ff. 참조.

46) 브뤼셀 I (제5조 제1호)은 국제재판관할의 맥락에서 계약을 매매계약과 용역제공계약이라는 2개 유형으로 구분하는데 유럽사법재판소는 라이선스계약은 용역제공계약은 아니라고 본다(C-533/07 참조). Thomas Rauscher (Hrsg.), Europäisches Zivilprozess- und Kollisionsrecht EuZPR/EuIPR, Band I, 4. Auflage (2016), Art. 5, Brüssel I a-VO, Rn. 69 (Stephan Leible 집필부분).

47) 유형별 검토는 Thomas Rauscher (Hrsg.), Europäisches Zivilprozess- und Kollisionsrecht EuZPR/EuIPR, Band II, 4. Auflage (2016), Art 4, Rom I -VO, Rn. 123ff. (Karsten Thorn 집필부분).

48) 하나의 라이선서가 하나의 라이선시에게 복수국에서 지식재산권의 이용을 허락하는 라

흥미로운 것은 유럽연합의 논의이다. 즉 로마협약과 로마Ⅰ에는 제26조 제2
항 제2호와 같은 조항이 없으므로 유럽연합에서는 라이선스계약이 용역제공계약
인지를 둘러싸고 논란이 있다. 유력설은 이를 부정하고, 라이선스계약의 준거법
은 용역제공계약에 관한 로마Ⅰ 제4조 제1항 b호가 아니라 '기타 계약'에 관한
제2항에 따라 특징적 이행을 하여야 하는 당사자의 상거소지국법이라고 본다.49)
그에 따르면 논란의 핵심은 특징적 이행을 하는 당사자는 누구인가이므로 유럽
연합의 논의는 우리 국제사법상 특징적 이행을 하는 당사자, 나아가 계약과 가
장 밀접한 관련이 있는 국가를 결정하는 데 참고가 된다.

독일에서는 하나의 라이선시와 계약을 체결하는 경우에는 원칙적으로 라이
선서가 계약의 특징적 이행을 하는 당사자이므로 그의 영업소 소재지법이 준거
법이 되고, 라이선서가 수개국에 산재하는 라이선시들에게 이용허락을 하는 경
우에는 라이선서의 영업소 소재지법이 준거법이 되나, 라이선시가 전용실시권을
가지는 경우 및/또는 물품의 제조, 판매, 마케팅 등 지식재산권의 이용 내지 실
행의무 등을 부담하는 경우에는 라이선시의 영업소 소재지법이 준거법이 된다는
견해와, 어느 경우든 보호국이 가장 밀접한 관련을 가지므로 보호국법을 적용해
야 한다는 견해 등이 있다.50)

한편 영국에서는 특허권 라이선스의 경우 로마협약의 해석상 라이선서의
상거소지법, 라이선시의 상거소지법과 보호국법을 적용할 것이라는 견해가 주장

이선스계약에서는 복수 준거법이 있게 되어 부당하다는 비판도 있으나 이 경우 일차적
(primary) 보호국법을 전체의 준거법으로 보는 견해가 있다. James J. Fawcett/Paul
Torremans, Intellectual Property and Private International Law, second edition (2011),
para. 14.94.

49) 학설은 MüKoBGB, 6. Auflage (2015), Band 10, Rom Ⅰ-VO, Art. 4, Rn. 215ff.
(Martiny 집필부분); Rauscher/Thorn(註 47), Art. 4, Rn. 124; Fawcett/ Torremans(註
51), para. 14.61 이하 참조. 라이선스계약에 따라 지식재산권의 보유자가 그 권리를 보유
하면서 당해 지식재산의 실시 및 사용권을 타인에게 이용·허락하고 그에 상응하는 대가
인 로열티를 지급받는 것을 주된 내용으로 하므로 용역의 제공이라고 보기는 어렵다는
견해가 유력하다. 상세는 Peter Mankowski, "Contracts Relating to Intellectual or
Industrial Property Rights under the Rome Ⅰ Regulation", in Stefan Leible/Ansgar
Ohly, Intellectual Property and Private International Law (2009), p. 39ff. 참조.

50) Rauscher/Thorn(註 47), Art 4, Rn. 124; Christoph Reithmann/Dieter Martiny (Hrsgs.),
Internationales Vertragsrecht, 8. Auflage (2010), Rn. 6.1100ff. (Hiestand 집필부분)(이
하 이는 "Reithmann/Martiny/집필자"로 인용한다); 이호정, "知的財産權의 準據法", 知的
財産權法講義(정상조 편)(1997), 657면 이하 참조.

되었던바 로마 I 하에서도 유사하다.[51] 유력설은 로마협약의 해석론으로서 단순한 라이선스계약의 경우를 제외하고는 대부분의 라이선스계약의 경우 특징적 이행을 결정할 수 없으므로 제4조 제2항의 추정규정이 적용될 수 없고 결국 제4조 제5항에 따라 가장 밀접한 관련을 가지는 국가의 법을 적용해야 하는데 이는 보호국법이며 이는 통상 이용이 행해지는 국가라고 한다.[52] 로마 I 하에서는 이는 제4조 제1항 또는 제2항에 따라서 준거법이 결정될 수 없는 경우에 해당하므로 라이선스계약에 대하여는 가장 밀접한 관련을 가지는 국가의 법을 적용해야 한다는 식으로 논의가 전개된다.

참고로 지적재산권에 관한 국제사법 규칙을 정한 국제적 원칙의 태도를 간단히 소개한다.

CLIP 원칙(제3:502조)에 따르면, 당사자의 준거법 선택이 없으면 계약은 가장 밀접한 관련이 있는 국가의 법에 의한다. CLIP 원칙은 지적재산권의 양도 또는 라이선스계약에서 가장 밀접한 관련이 있는 국가를 결정함에 있어서 법원이 고려할 요소를 열거하는데, 이를 양수인(또는 라이선시)의 상거소지국법을 가리키는 요소들[53]과 양도인(또는 라이선서)의 상거소지국법을 가리키는 요소들[54]로 구분하여 열거한다. 그러한 요소들로부터 명확히 결정할 수 없는 경우에는, 양도(또는 라이선스)가 단지 하나의 국가를 위한 지적재산권에 관련되는 때에는 그 국가의 법이 가장 밀접한 관련이 있는 것으로 추정되나, 그것이 복수 국가를 위한 지적재산권에 관련되는 때에는 양도인(또는 라이선서)의 계약 체결 시 상거소지국법이 가장 밀접한 관련이 있는 것으로 추정된다.

ALI 원칙(제315조 제1항, 제302조)도, 당사자의 선택이 없는 경우 가장 밀접

---

51) Fawcett, James J./Torremans, Paul, Intellectual Property and Private International Law (1998), p. 561; (註 51), para. 14.55 이하.

52) 상세는 Fawcett/Torremans(註 51), para. 14.68 이하 참조.

53) 이는 양도(또는 라이선스)가 양수인(또는 라이선시)의 상거소지 또는 영업소 국가를 위하여 부여된 지적재산권에 관련된 것이라는 점, 라이선시(또는 양수인)가 권리를 이용할 의무를 지는 점, 사용료 또는 기타 형태의 금전 대가가 매매대금의 비율로 표시되는 점과 라이선시(또는 양수인)가 권리를 이용하기 위한 그의 노력을 보고할 의무를 지는 점이다.

54) 계약체결 시 창설자, 양도인(또는 라이선서)의 상거소지 국가의 법을 가리키는 요소들은, 양도(또는 라이선스)가 양도인(또는 라이선서)의 상거소지 또는 영업소의 국가를 위하여 부여된 지적재산권에 관련된 것이라는 점, 양수인(또는 라이선시)이 금전 대가로서 확정 금액을 지급하는 것 외에 다른 의무를 부담하지 않는 점, 라이선스가 일회 사용을 위한 것이라는 점과 창설자가 창설할 의무를 지는 점이다.

한 관련이 있는 국가의 법이 준거법이 된다고 규정하는 점은 CLIP 원칙과 같지만, 고려할 요소들을 열거하지 않으며 또한 경우를 나누지 않고, 양도인 또는 라이선서의 상거소지법 또는 주된 영업소가 있는 국가의 법이 가장 밀접한 관련이 있는 국가의 법으로 추정한다.

나. 우리 국제사법의 입법론

입법론으로, 현행 국제사법과 달리 지적재산권이용계약의 경우 이용하는 당사자의 이행을 특징적 이행으로 보아야 하므로 이를 제2호의 적용범위로부터 제외해야 한다면서 제2호의 "이용계약의 경우에는"을 "이용계약의 경우(지적재산권이용계약을 제외한다)에는"으로 수정하자는 견해55)가 있다. 그러나 저자는 아래 이유로 이를 지지하지 않는다.56)

첫째, 제2호가 라이선스계약에 적용되더라도 이는 추정규정에 불과하므로, 만일 위 개정의견이 지적하듯이 라이선스계약의 경우 항상 이용하는 당사자의 이행이 특징적 이행이라면, 라이선스계약과 가장 밀접한 관련이 있는 국가의 법은 이용하는 당사자의 상거소(법인의 경우 주된 사무소, 영업활동의 경우 영업소)가 있는 국가의 법이 될 것이므로 결론은 동일할 것이다. 둘째, 라이선스계약이더라도 예컨대 라이선시가 단순히 일시불로 이용료를 내는 것에 그치는지, 아니면 지식재산권을 사용하여 물품을 제조, 판매하고 로열티를 지급할 의무 등을 부담하는지의 여부 기타 계약에 따른 당사자들의 권리, 의무 기타 사실관계에 따라 라이선서 또는 라이선시의 의무가 특징적인 이행이 될 수 있고 경우에 따라서는 그의 결정이 어려운 경우도 있으므로 개정의견처럼 항상 라이선시의 이행이 특징적 이행이라고 단정할 수도 없다.

요컨대 저자는 현행 조문을 유지하는 견해를 지지한다. 나아가 가사 국제사법을 개정하더라도 반드시 그렇게 개정해야만 하는 것도 아니다. 예컨대 당사자의 준거법합의가 없는 경우 계약에 가장 밀접한 관계가 있는 곳의 법에 의하도록 규정하면서 라이선서(또는 라이선시)의 상거소지법을 우선시키면서도, 법원이 일

---

55) 이성호, "사이버 知的財産權 紛爭에 관한 國際裁判管轄과 準據法", 저스티스 통권 제72호(2003. 4.), 188-189면.
56) 이는 석광현, 2001년 개정 국제사법 해설, 제2판(2003), 218면 註 373; 석광현(註 12), 315면, 註 19에서 이미 지적하였다.

정한 요소를 고려하여 달리 판단할 가능성을 열어 놓는 것도 하나의 방안이다.57)

Ⅳ. 국제라이선스계약의 주요 내용과 준거법 결정의 실익

여기에서는 라이선스계약의 대상이 특허권인 국제라이선스계약의 주요 내용을 간단히 살펴보고(1.) 준거법 결정의 실익(2.)을 논의한다. 계약법의 영역은 다른 법 영역에 비하여 국가별로 차이가 상대적으로 작지만 여전히 차이가 있다. 따라서 준거법이 어느 국가의 법 또는 비국가적 규범이 되는가에 따라 당사자의 권리와 의무에 영향을 미친다. 이것이 준거법 결정의 실익이다. 그러한 실익을 보여주는 특수한 사례로 표준특허권자의 FRAND 선언(또는 '확약'. 이하 양자를 호환적으로 사용한다)과 경쟁자의 실시행위에 의한 라이선스계약의 성립 여부(3.)와, 국제라이선스계약의 준거법이 불법행위의 준거법과 부당이득의 준거법에 미치는 영향(4.)을 언급한다.

1. 국제라이선스계약의 주요 내용

국제계약에서도 민법과 상법 기타 한국법이 적용되는 한국 국내계약에서와 동일하거나 공통된 내용을 포함할 수 있으나 그 밖에 사안의 국제성 또는 당해 거래 분야의 관행 등을 반영하기 위하여 국제계약에 특유한 내용을 담게 된다. 이 점은 라이선스계약의 경우에도 마찬가지이다. 국제계약에도 예컨대 국제투자계약, 국제금융계약, 국제건설계약 등과 같은 다양한 분야가 있으나 여기에서는 다양한 국제계약에 통상적으로 포함되는 조항58)은 생략하고 국제라이선스계약

---

57) 이는 석광현(註 12), 288면에서 제시한 견해이다.

58) 그러한 예로는 통화, 면책(또는 손해전보. indemnity), 위약금, 불가항력(force majeure), 비밀유지, 완결조항(integration clause or merger clause) 또는 완전합의(entire agreement), 분리 조항 등과 같은 이른바 'boilerplate clauses'라고 일컫는 조항들을 들 수 있다. 그에 대한 비교법적 검토는 Giuditta Cordero-Moss (ed.), Boilerplate Clauses, International Commercial Contracts and the Applicable Law (2011) 참조. 면책조항에 관하여는 김우성, "손해보전 조항(Indemnity Clause)의 해석", 서울대학교 법학 제58권 제1호(2016. 3.), 311면 이하 참조. 위약금은 최창렬, 違約金論(2007), 완결조항은 최영홍, "완결조항에 관한 소고", 상사법연구 제28권 제1호(2009), 173면 이하; 이소은, "미국법상 구두증거배제의 원칙에 관한 연구—처분문서의 증명력 법리와의 비교를 중심으로", 비교사법 제23권 제1호(통권 제72호)(2016. 2.), 387면 이하 참조. 위약금에 관하여 최근 영국 판례가 변경되었다. 과거 예정된 금액이 벌을 과하거나 징벌적인 경우 위약벌로서 무효이

에 특유한 조항을 중심으로 논의한다.[59)]

가. 실시권의 부여(또는 실시허락)

이는 라이선서가 라이선시에게 실시권을 허락(또는 부여)하는 취지의 조항을 말한다. 라이선서가 라이선시에게 어떤 내용의 실시권을 허락하는지는 당사자가 합의하는 바에 따른다. 라이선서는 독점적(또는 배타적) 실시권을 허락할 수도 있고 비독점적 실시권을 허락할 수도 있다. 전자를 'exclusive 라이선스', 후자를 'non-exclusive 라이선스'라고 한다. 독점적 라이선스를 설정하는 경우 실시지역은 중요한 의미를 가진다. 양자의 중간형태로서 'sole license'를 들기도 한다.[60)] 미국을 포함한 대부분의 국가에서 실시권의 내용은 계약으로 결정할 사항이다.[61)]

한편 우리 특허법은 전용실시권과 통상실시권을 법정하고 있다.[62)] 전용실시권의 효력은 특허권과 거의 유사하고 전용실시권자는 자신의 권리로서 제3자에 대하여 금지청구권과 손해배상청구권을 가진다(특허법 제126조와 제128조). 주

나 진정한 예측이라면 유효하였다. 1915년 영국 Dunlop v New Garage, A.C. 79 사건 판결. 그러나 2015. 11. 4. 영국 대법원은 Cavendish Square Holding BV v El Makdessi 사건과 ParkingEye Ltd v Beavis [2015] UKSC 67; [2015] WLR (D) 439 사건에서 새로운 기준을 도입하였다. 이에 따르면 진정한 잣대는 문제된 손해배상조항이 당사자들의 일차적 의무와 관계없이 과다한 이차적 책임을 부과하는지 여부이므로 예측가능한 손해를 넘는 손해배상조항도 당사자의 정당한 이익을 위한 것이라면 유효할 수 있다.

59) 라이선스계약의 주요 내용은 특허청 외(註 21), 109면 이하; 최치호 · 허상훈(註 3), 357면 이하; 남문기(註 14), 165면 이하; 최우영, "미국에서 특허 및 노하우와 관련된 라이센스 및 기술이전계약의 실무에 대한 연구", 정보법학 제15권 제2호(2011), 181면 이하; 박준석(註 3), 137면 이하; 영문은 Robert W. Gomulkiewicz et al., Licensing Intellectual Property: Law and Applications (Aspen Casebooks), 3rd Edition (2014)을 주로 참조하였다. 조금 오래된 문헌으로는 장룡식, 技術導入을 위한 國際契約 —理論과 實際— (1994); 이남기, 국제계약법(1987); 김찬진, 技術導入을 위한 典型契約의 研究: 技術導入契約締結時의 考慮事項을 中心으로(대한상사중재협회, 1979) 참조.

60) 최준선 외/정홍식(註 3), 343면; 이남기(註 59), 125면은 이를 '자기실시유보부 독점적 실시권'이라고 부른다. 이 경우 1인의 라이선시가 있지만 라이선서가 한정적으로 또는 일반적으로 이를 실시할 수 있는 권리를 유보하는 라이선스라고 한다.

61) Gomulkiewicz et al.(註 59), p. 229 이하 참조.

62) 이는 독일 특허법과 일본 특허법도 같다. 독일에서는 'ausschließliche Lizenz'와 'einfache Lizenz'로 구분한다. Benkard PatG/Ulmann/DeichFuß, 11. Auflage (2015), §15 Rn. 97ff. 일반적으로 전용실시권은 지상권과 같은 용익물권에, 통상실시권은 임차권과 같은 채권적인 이용권에 비유된다. 정상조 · 박성수/이회기, 1229면.

의할 것은, 국제계약에서 널리 인정되는 독점적 실시권이 우리 특허법(제100조)의 전용실시권과 동일한 것은 아니라는 점이다.[63] 따라서 독점적 국제라이선스계약을 체결하는 경우 준거법에 따른 차이를 정확히 인식하면서 필요한 내용을 계약에 반영해야 한다.[64] 특허법상 전용실시권은 등록에 의하여 권리가 발생하고(제101조),[65] 통상실시권은 비록 독점적 라이선스의 경우에도 등록에 관계없이 권리가 발생하며, 독점적 통상실시권을 가지는 라이선시는 라이선서에 대하여 채권적 권리만을 가지는데 그 경우 라이선시가 제3자에 대하여 직접 금지청구 또는 손해배상청구를 할 수 있는지는 논란이 있다.[66] 만일 라이선서가 전용실시권을 허여하고자 한다면 단순한 독점적 라이선스가 아니라 전용실시권을 허여함을 명확히 하고 우리 특허법에 따라 전용실시권을 등록해야 한다. 만일 외국에서 전용실시권을 설정하자면 당해 국가의 특허법상 전용실시권의 개념이 인정되고 그것이 등록에 의하여 설정되는지를 확인해야 한다. 실시권의 범위에 관하여는 시간적 및 장소적 범위를 명확히 규정할 필요가 있는데 장소적 범위는 계약상품(또는 계약제품)[67]의 수출과도 연계된다.

계약상품의 수출　　　라이선시가 실시허락을 받은 특허를 실시하여 제조한

---

63) 정상조·박성수/이회기, 1249면; 남문기(註 14), 178면은 양자를 구분한다. 양자를 동일시하는 듯한 최준선 외/정홍식(註 3), 341면이나 김수철(註 7), 22면 이하의 설명은 오해의 소지가 있다. 최치호·허상훈(註 3), 385면은 실시권을 전용실시권(exclusive license)과 통상실시권(non-exclusive license)으로 구분하고, 후자를 다시 독점적 실시권과, 비독점적 실시권으로 분류한다.

64) 김수철(註 7), 19면은 국가별로 차이가 있으므로 국제계약을 체결하는 당사자는 그에 주의해야 한다는 점을 지적하는 것은 타당하나, 라이선스계약의 준거법의 중요성은 도외시한다.

65) 따라서 그 경우 라이선서의 등록 협조의무를 라이선스계약에 규정할 필요가 있다.

66) 이는 채권의 효력, 특히 채권침해로 인한 불법행위의 성립과 채권에 기한 방해배제청구권이 인정되는가와 관련되는데 정상조·박성수/이회기, 1252면은 일본 학설을 소개한다. 정상조·박성수/이회기, 1255면은 상표권의 통상실시권에 기하여 제3자에 대한 금지청구와 손해배상청구를 부정한 하급심 판결(부산지방법원 2001. 11. 16. 선고 2000가합19444 판결)을 소개한다. 김수철(註 7), 24면은 이를 소송권한의 문제로 설명하면서 한국법에서 지식재산권자뿐 아니라 독점(전용) 라이선시에게도 '소송권한'을 인정하는 것은 일본법의 영향을 받은 것으로 미국과는 다르다고 한다. 그러나 소송권한이라는 개념이 당사자적격의 문제인지 본안의 문제인지를 명확히 해야 한다. 우리 민사소송법은 형식적 당사자개념을 채용하므로 이행의 소에서 당사자적격은 원고의 주장 자체에 의하여 결정되고, 실제로 원고가 그러한 권리를 가지고 있어 승소할 수 있는지는 본안의 문제이다. 석광현, "國際訴訟의 外國人當事者에 관한 몇 가지 문제점", 국제사법과 국제소송 제4권(2007), 138면 참조.

67) 이를 '실시제품'이라고도 하나 여기에서는 심사지침을 따랐다.

계약상품을 외국으로 수출할 수 있는지는 라이선스계약에서 정할 사항이다.[68] 규정을 두는 경우에는 수출지역, 수량, 기간, 경로 등에 관하여 규정한다.[69] 다만 이러한 조항은 독점규제법상 문제가 될 수 있다. 만일 계약에서 이에 관한 규정을 두지 않는 경우의 처리는 준거법에 따른다.

하도급제조　　　상황에 따라서는 라이선시가 실시허락을 받은 특허를 실시하여 스스로 제품을 제조할 수 없을 수 있다. 이에 대비하여 일정한 요건을 구비하는 경우 라이선시가 제3자에게 하도급을 주어 제품을 생산할 수 있도록 할 필요가 있다. 이것이 '하도급실시'에 관한 조항인데 그 허용 여부를 라이선스계약에서 명시할 필요가 있다. 여기에서는 하도급에 의하여 제품을 제조할 제조자, 제품범위, 제조장소, 제조자에 대한 지휘·감독, 제품의 인수, 대금 제품에 대한 정기적 보고 등을 규정한다.[70] 이는 아래(다.)에서 논의하는 서브라이선스와 구별해야 한다.

실시허락 시 조건 부과　　　라이선서는 실시허락 시 다양한 조건을 부과하는데 이는 독점규제법 위반의 문제를 초래할 수 있다. 심사지침은 부당하게 조건을 부과하는 행위는 특허권의 정당한 권리범위를 벗어난 것으로 판단할 수 있다면서 문제되는 사례로 계약상품 가격의 제한, 원재료 등의 구매상대방 제한, 계약상품의 판매상대방 제한, 경쟁상품 또는 경쟁기술의 거래 제한, 끼워팔기, 부쟁의무 부과, 기술개량과 연구 활동의 제한, 권리 소멸 후 이용 제한, 계약해지 규정 등을 열거한다.

나. 실시료[71]

라이선시가 지급할 실시료(royalty)는 라이선스계약에서 가장 중요한 계약조항의 하나로 그 금액, 산정기준, 실시료율과 지급방법 등은 당사자가 합의할 사항이다. 실시료에는 실적에 연동하여 일정비율을 지급하는 실시료(실적실시료 또는 경상실시료(running royalty))와 실적에 관계없이 고정액을 지급하는 실시료(비실적실시료)가 있다. 라이선서로서는 라이선시가 라이선스를 성공적으로 실시하

---

68) 이는 '권리소진이론'과 관련된다. 다만 이는 특허권자로서 권리를 행사하는 것임에 반하여 본문에서 논의하는 것은 계약상의 문제를 말한다.

69) 최치호·허상훈(註 3), 396면 이하 참조.

70) 최치호·허상훈(註 3), 40면: 특허청 외(註 21), 236면.

71) 상세는 특허청 외(註 21), 173면 이하; 최치호·허상훈(註 3), 408면 이하 참조.

지 못하여 라이선서에게 실시료를 제대로 지급하지 못하는 위험을 줄이기 위해 계약 상품의 개발 및 판매의무(marketing obligation)[72]를 부과하고, 일정한 고정 금액을 선급금으로 지급하도록 하거나, 어느 기간 중 실적실시료의 총액이 약정 금액에 미달하는 경우 차액을 지급하도록 요구하는데 이처럼 사업의 성과에 관계없이 지급해야 하는 실시료를 최저실시료(minimum royalty)라 한다.[73] 경상실시료의 산정방식도 당사자가 합의할 사항이나 매출량(이는 총매출일 수도 있고 순매출일 수도 있다)을 기준으로 일정비율을 곱하여 산정하는 요율실시료(percentage royalty. 또는 종가실시료) 방법을 이용하거나, 계약상품에 대하여 고정액으로 표시된 대물실시료(per-quantity royalty. 또는 종량실시료)를 지급하기도 한다. 경상실시료는 통상 6개월 기타 당사자의 합의에 따라 정기적으로 지급한다. 라이선서는 라이선시에게 실시료 산정의 기초가 되는 자료(계약상품의 생산, 판매기록 등)를 작성하고 보관할 의무와 실시료를 계산하고 그 금액을 보고할 의무를 부과한다. 이를 위하여 라이선서에게 기록을 검사할 수 있는 권한을 부여하기도 하는데 그 경우 검사에 관한 사항들을 규정한다.

이와 관련하여 라이선스의 대상인 특허권이 무효로 확정되는 경우 라이선시가 미지급 실시료를 계속 지급해야 하는지와, 기지급한 실시료의 반환을 청구할 수 있는지가 문제된다. 이의 해결방안도 국가에 따라 다른데, 미국에서는 이는 계약법이 규율하는 라이선스계약의 문제인지 연방법인 특허법이 규율하는 문제인지로 논의되고 있다.[74] 이는 아래의 진술 및 보증책임과도 관련된다. 실무

---

72) 최우영(註 59), 186면은 이를 '상업화조항'이라고 번역한다.

73) 최저실시료에 관하여는 우선 최치호·허상훈(註 3), 428면 이하; 특허청 외(註 21), 198면; 최준선 외/정홍식(註 3), 345면 참조.

74) 대법원 2014. 11. 13. 선고 2012다42666, 42673 판결(폐타이어 재생특허 무효사건)은, 특허발명 실시계약의 목적인 특허발명의 실시가 불가능이 아닌 한 특허무효의 소급효에도 불구하고 <u>실시계약이 원시적 이행불능 상태라고 볼 수 없고</u>, 다만 <u>특허무효가 확정되면 그때부터 실시계약은 이행불능 상태에 빠진다</u>고 보아야 한다. 따라서 계약 체결 후 특허가 무효 확정되었더라도 특허권자가 지급받은 실시료 중 실시계약이 유효하게 존재하는 기간에 상응하는 부분을 실시권자에게 부당이득으로 반환할 의무는 원칙상 없다. 특허는 성질상 특허등록 이후 무효가 될 가능성이 내재하는 점을 감안하면, 실시계약 체결 후 특허무효가 확정되었더라도 특허의 유효성이 계약 체결의 동기로 표시되었고 그것이 법률행위 내용의 중요부분에 해당하는 등의 사정이 없는 한, 착오를 이유로 실시계약을 취소할 수 없다는 취지로 판시하였다. 특허청 외(註 21), 304면 이하 참조. 평석은 조영선, "특허의 무효가 실시계약에 미치는 영향—대법원 2014. 11. 13. 선고 2012다42666, 42673 판결—", 법률신문 제4407호(2016. 4. 18.), 11면 참조. 대법원 2019. 4. 25. 선고

상 특허가 무효이더라도 기수령 금액을 반환하지 않는다는 취지를 라이선스계약
에 명시하기도 하나 그 효력이 부정될 수도 있다.[75]

조세 문제   실시료 수입에 대하여는 라이선서가 자신의 소재 국가의 세
무관서에 소득세 또는 법인세 형태로 조세를 납부해야 한다. 실시료를 지급하는
라이선시가 원천징수를 해야 하는지는 관련 조세협약과 라이선시 소재 국내 조
세법에 따를 사항이다. 내국법인이 국내사업장이 없는 외국법인과 특허라이선스
계약을 체결하고 지급하는 실시료는 사용료소득으로 조세조약 및 법인세법의 규
정에 의하여 원천징수하여야 한다.[76] 라이선시가 원천징수를 하는 경우 gross-
up을 해야 하는지는 당사자가 합의할 사항이다. 물론 그런 합의가 유효한지는
라이선스계약의 준거법이 결정할 사항이나 대체로 유효할 것이다. 라이선시가
실시료를 지급하면서 조세를 원천징수하고 gross-up을 하지 않는 경우에는 이
중과세를 방지하기 위해 라이선시는 원천징수세액만큼을 공제한 금액만을 실시
료로 송금하되 세금납부 증명서를 라이선서에게 송부함으로써 라이선서가 자국
에서 세금을 추가 납부하지 않도록 하는 취지의 규정을 두는 것이 보통이다.[77]

다. 서브라이선스(재실시) 허용

서브라이선스(sublicense)라 함은 라이선시가 라이선스의 범위 내에서 제3자
에게 다시 라이선스를 허락하는 것을 말한다. 마치 임차인이 전대하는 것과 유
사하다.[78] 라이선시가 서브라이선스를 할 수 있는지도 라이선스계약이 정하는

2018다287362 판결도 동지.

75) 심사지침은 실시료 부과 행위는 특허권에 의한 정당한 권리 행사로 볼 수 있으나, 실시료
   를 부당하게 요구하는 행위는 특허권의 정당한 권리범위를 벗어난 것으로 판단할 수 있
   다면서 일정한 유형을 열거한다. 이는 ① 부당하게 다른 사업자와 공동으로 실시료를 결
   정·유지 또는 변경하는 행위, ② 부당하게 거래상대방 등에 따라 실시료를 차별적으로
   부과하는 행위, ③ 부당하게 실시 허락된 기술을 사용하지 않은 부분까지 포함하여 실시
   료를 부과하는 행위(단, 실시수량 측정상의 한계 등으로 인해, 실시료 산정을 위한 불가
   피한 방법으로 인정되는 경우에는 제외될 수 있음), ④ 부당하게 특허권 소멸 이후의 기
   간까지 포함하여 실시료를 부과하는 행위와 ⑤ 실시료 산정방식을 계약서에 명시하지 않
   고 특허권자가 실시료 산정방식을 일방적으로 결정 또는 변경할 수 있도록 하는 행위이다.
76) 예컨대 법인세법 제91조(과세표준), 제93조(외국법인의 국내원천소득)(특히 제8호)와 제
   98조(외국법인에 대한 원천징수 또는 징수의 특례) 참조.
77) 남문기(註 14), 188면.
78) 서브라이선스와 구별되는 것으로 이른바 'have-made 조항'이 있다. 이는 라이선시가 제3
   자에게 라이선스를 하는 것이 아니라 일정 조건 하에 제3자에게 당해 계약상품을 하도급

바에 따르는데, 통상은 라이선시가 라이선서의 동의를 받아(물론 이런 동의는 부당
하게 유보되지 않는다는 단서 하에) 서브라이선스를 할 수 있음을 라이선스계약에
서 명시하면서, 일정한 범위의 제3자(예컨대 자회사 또는 계열회사)에 대하여는 라
이선서의 동의 없이 서브라이선스를 허락할 수 있음을 명시한다.79) 라이선스계
약에 정함이 없는 때에는 동 계약의 준거법에 따를 사항이나, 원칙적으로 서브
라이선스는 허용되지 않는다고 이해하는 것으로 보인다.80)

라. 기술의 개량과 그의 처리

라이신스계약을 이행하는 과정에서 라이선서 또는 리이선시기 개량기술을
개발하는 일이 빈번한데 그 경우 개량기술의 처리가 문제된다. 라이선스계약에
서 규정하는 사항은 통상 개량기술의 정의 내지 특정(개량기술이 라이선스계약의
대상인 허락기술의 범위에 속하는지 여부는 중요하다), 개량기술의 보고(또는 개시),
개량기술의 귀속과 이용, 개발상황의 검사와 개량 제한에 관한 사항들이다.81)

라이선시가 개량기술을 개발한 경우 라이선서에게 이를 양도하거나 실시허
락하도록 해야 하는지 등이 문제되는데, 라이선시가 개량 기술을 라이선서에게
양도(assign back) 또는 실시허락하도록 하는 것(grant back)의 문제이다. 그랜트
백은 개량기술에 대한 이용권을 특허권자에게만 실시허락하는 배타적인 경우와
특허권자 이외의 다른 사업자들에게도 실시허락할 수 있는 비배타적인 경우가
있는데, 배타적인 경우에는 독점규제법상의 문제가 될 소지가 크다.82) 대체로

실시하는 것, 즉 제3자를 통해서 계약상품을 생산하는 것을 말한다. 특허청 외(註 21), 259
면; 양자의 구분은 원재료의 공급, 상품의 생산에 대한 관리감독, 상품을 누구에게 납품하
는지, 제품생산에 대한 대가를 어떻게 받는지 등을 종합적으로 검토해서 판단할 사항이라
고 한다. 조원희, "라이센스계약 지상강의(9): Sublicense", 특허와상표 제765호(2011. 4.), 7면.

79) 우리 특허법상 전용실시권자가 타인에게 통상실시권을 허락하기 위해서는 특허권자의 동
의를 받아야 한다고 명시한다(제100조 제4항). 반면에 통상실시권자의 서브라이선스에
관하여는 규정을 두지 않는다.

80) 다만 특허법(제100조 제4항)은 "전용실시권자는 특허권자의 동의를 받아야만 통상실시권
을 허락할 수 있다"고 규정한다.

81) 특허청 외(註 21), 272면 이하; 최치호 · 허상훈(註 3), 464면 이하; 조원희, "라이센스계약
지상강의(1): 개량기술(상)", 특허와상표 제747호(2011. 4.), 4면 참조.

82) 그랜트백은 라이선시의 연구개발 유인을 감소시키고 관련시장의 경쟁을 제한할 수 있는
데, 심사지침은 그랜트백이 경쟁을 제한하여 특허권의 정당한 권리범위를 벗어나는지를
판단함에 있어 고려요소를 열거한다. (1) 그랜트백이 배타적인지, (2) 배타적인 경우 실
시권자가 개량기술에 대한 사용권한을 보유하는지, (3) 그랜트백의 범위가 실시허락된 특

라이선서에 대하여 개량기술 허락의무를 부과하는 것은 허용한다고 하나 그 구체적 내용은 국가에 따라 차이가 있다.[83)]

한편 라이선서가 개량기술을 개발한 경우 그에 대하여도 라이선시에게 실시허락을 할지와 그 범위를 어떻게 규정할지도 문제된다.

마. 라이선서의 보증책임(warranty)

라이선서의 보증책임으로서 다루어지는 것에는 통상의 국제계약에서 보듯이 당사자가 적법하게 설립되어 존속하고 당해 계약을 체결할 능력이 있다는 점을 포함하나,[84)] 라이선스계약에 특유한 사항으로서 ① 라이선서가 실시허락권이 있다는 점(이는 일종의 권원보증으로 필수적이다)(실시허락권한 보증)과 ② 실시허락하는 특허권이 유효하다는 점(특허의 유효성 보증), ③ 라이선서가 제공하는 기술정보, 기술자료와 노하우 등이 상업적으로 사업화될 수 있다는 점(기술적 실시가능성 보증)(이는 명시하지 않으면 보증하지 않은 것으로 보는 경향이 있다고 한다), ④ 라이선서의 제품과 동일한 품질의 계약상품이 생산될 것이라는 점,[85)] ⑤ 실시허락된 특허권과 노하우 등이 제3자의 권리를 침해하지 않는다는 점(제3자 지재권 비침해보증),[86)] ⑥ 라이선시에게 제공하는 설비, 부품과 원자재 등이 하자가 없다는 점에 대한 보증 등이 있다.[87)]

허기술과 상관없는 부분까지 포함하는지, (4) 그랜트백의 존속기간, (5) 그랜트백에 대한 실시료가 무료인지, (6) 양 당사자의 시장지배력 여부 및 양 당사자가 경쟁사업자인지, (7) 그랜트백이 연구개발 유인에 미치는 효과 등이 그것이다.

83) 특허청 외(註 21), 265면 이하 참조.

84) 이는 영미법에서 유래하는 것으로 국제금융계약과 국제투자계약 등의 국제계약에서 빈번하게 사용된다. 오태헌, "기업인수계약상 진술·보증에 관한 연구", 서울대학교 대학원 법학박사학위논문(2016. 2.) 참조. 조원희, "라이센스계약 지상강의(6): 진술과 보증(1)", 특허와상표 제757호(2011. 4.), 6면도 참조.

85) 파겐베르크/가이슬러(조익제 역), 라이센스 계약(2004), 75면 이하는 '기술적 유용성'(technical utility)과 '경제적 활용가능성'(commercial exploitability)으로 논의한다.

86) 이 점에 관하여 당사자 간에 합의가 없는 경우 라이선스계약의 준거법에 따라 결과가 달라질 가능성이 있다. 특허청 외(註 21), 313면 이하에 따르면 미국법상으로는 라이선서의 묵시적 보증책임이 부정되나 중국법상으로는 긍정되는 것으로 보인다. 우리 법상 현대호, "라이센스契約에 관한 立法研究", 법제(2005. 11.), 50면은, 특허권은 특허청에 의하여 특허심사를 받은 후 이를 등록해야 발생하고, 라이선시도 주의의무를 부담하므로 특허권자는 라이선스에 대하여 묵시적 보증책임이 없다고 본다.

87) 특허청 외(註 21), 302면 이하 참조. 남문기(註 14), 201면 이하는 라이선스 계약의 협상에 있어 가장 마지막까지 첨예한 협상의 대상이 되는 사항이 유효성(validity) 보증 및 비

　　라이선서의 보증책임의 구체적 범위는 라이선스계약이 정할 사항이고 규정이 없다면 라이선스계약의 준거법에 의할 사항이다.[88] 국제라이선스계약에서는 라이선서와 라이선시로 구분하여 상세한 '보증조항(warranties)' 또는 '진술 및 보증조항(representations and warranties)'을 두는 경우가 많다. 이는 영미에서 유래한 것이지만 라이선스계약에서도 국제적으로 널리 사용되고 있다. 다만 그 정확한 취지와 위반 시의 법률효과는 준거법의 맥락에서 검토해야 한다. 라이선스계약상 진술 및 보증조항의 위반은 계약이 정한 바에 따라 계약의 해지사유가 되고, 손해배상책임 또는 면책의무의 발생원인이 된다. 나아가 영국처럼 진술(representation)에 관한 법률(Misrepresentation Act 1967)이 있는 국가에서는 그 위반에 따른 책임 기타 당해 법률이 정한 법률효과가 발생한다.[89]

　　제조물책임　　라이선시가 실시허락을 받은 제품을 제조판매한 결과 제조물의 결함으로 인하여 생명, 신체 재산에 대하여 손해가 발생한 경우 라이선서가 피해자에 대하여 제조물책임을 지는지가 문제된다. 대체로 라이선서가 직접 제조물책임을 지지는 않는 것으로 취급되지만, 상표라이선스의 경우에는 상표의 품질보증기능으로 인하여 제조물책임법상 책임이 인정될 가능성이 있다고 한다.[90] 물론 라이선시가 피해자에게 손해배상을 한 경우에는 라이선스계약에 따라 라이선서에게 책임을 물을 수 있다.

　　침해(non-infringement) 보증이고, 이는 양 당사자의 이해관계가 대립되는 사항이므로 이러한 보증 조항을 둘지는 결국 양 당사자의 협상의 결과에 따라 결정될 문제라고 한다. 실무적으로는 '라이선서가 아는 한'이라는 단서를 달기도 한다.

88) 우리 민법상으로는 라이선스계약은 유상계약이므로 매도인의 담보책임에 관한 규정이 준용되고(민법 제567조), 독일에서도 민법상 임대차에 관한 조문(제535조 이하)을 유추적용한다. 파겐베르크 외/조익제 번역, 라이선스 계약(2004), 69면. 이런 이유로 한국에서는 '담보책임'이라고 부르기도 한다. 미국에서는 당사자들이 별도로 합의하지 않으면 통일상법전 매매편(Article 2)의 규정이 흠결을 보충한다. Gomulkiewicz et al.(註 59), p. 91.
89) 근자에 준거법이 한국법인 M&A 계약(주식인수계약) 진술 및 보증 조항 위반에 관해 계약 체결 당시 이미 알고 있던 매수인이더라도 해당 계약에서 명시적으로 반대 내용을 정하고 있지 않은 한 진술 및 보증조항 위반을 이유로 손해배상을 청구할 수 있다는 대법원 2015. 10. 15. 선고 2012다64253 판결이 선고되었다. 이는 M&A에서 '샌드배깅'의 문제로 논의된다. 이준기, "진술 및 보증 위반에 관한 매수인의 악의의 법적 효과", 천경훈(편), 우호적 M&A의 이론과 실무(제2권)(2017), 51면 이하; 임철현, "진술보장 조항의 본질은 무엇인가", 법률신문 제4745호(2019. 11. 7.), 13면. [밑줄 친 부분은 이 책에서 새로 추가한 것이다.] 참조. 라이선스계약에서도 유사한 문제가 있다. 조원희, "라이선스계약 지상강의(7): 진술과 보증(2)", 특허와상표 제759호(2011. 4.), 7면은 동일한 법리를 적용한다.
90) 특허청 외(註 21), 325면 이하 참조.

라이선서가 보증책임에 위반하여 제3자가 라이선시를 상대로 소를 제기하는 경우 라이선서가 방어를 하거나 자신의 비용으로 소송을 수행하도록 하는 조항을 둔다.

라이선서의 보증책임과는 별개로 제3자의 권리침해 배제를 위한 조항을 두는 경우가 많다. 즉 제3자가 라이선스의 대상인 특허권을 침해하는 경우 누가 어떻게 이를 처리할지와 비용부담 및 손해배상 등에 관하여도 규정한다.91) 우리 법상으로는 전용실시권자는 고유한 권리로서 침해금지청구권과 손해배상청구권을 가지는 데 반하여, 통상실시권자는 독점적 권리를 가지더라도 고유한 권리로서 침해금지청구를 할 수는 없으나 손해배상청구는 가능하다는 견해도 있고, 반면에 비독점적 통상실시권자는 손해배상청구도 할 수 없다는 견해도 있다.92) 통상적으로 제3자가 특허권을 침해하는 경우 라이선시는 이를 라이선서에게 통지하고, 배제 방법의 결정, 비용분담과 손해배상의 분담 등에 관하여 규정한다.

바. 라이선시의 부쟁의무

라이선스계약에서 라이선서는 라이선시로 하여금 라이선스의 대상, 즉 라이선스계약의 기초인 특허권의 유효성을 다툴 수 없다는 취지의 조항('부쟁조항' 또는 '부쟁의무조항')(incontestability clause, no-challenge clause, no-contest clause) 또는 '유효인정조항'(acknowledgement of the validity clause)을 두기도 한다. 이와 관련하여 두 가지 의문이 제기된다. 첫째, 부쟁조항이 없는 경우 라이선시는 부쟁의무를 부담하는가. 둘째, 부쟁조항을 두는 경우 그것이 유효한가이다.

어쨌든 특허권이 무효인지는 라이선스계약의 준거법이 아니라 특허권의 준거법, 즉 보호국법에 따를 사항이다.

(1) 부쟁조항이 없는 경우 라이선시는 부쟁의무를 부담하는가

라이선스계약에 부쟁조항이 없는 경우 라이선시가 부쟁의무를 부담하는가

---

91) 그 밖에도 라이선시가 특허권을 실시하는 과정에서 제3자의 권리를 침해하거나 손해를 끼친 경우 라이선서에게 손해가 발생하지 않도록 할 의무를 부과한다. 이런 'indemnity clause'는 라이선시의 면책의무를 명시한다.

92) 특허청 외(註 21), 322면.

에 관하여 우리 특허법상은 긍정설과 부정설이 있는데[93] 전용실시권과 통상실시권을 구별하지 않는 것으로 보인다.[94] 반면에 일본에서는 계약에 별도 조항이 없으면 실시권자는 신의칙상 당연히 부쟁의무를 부담한다는 것이 통설이라고 한다.[95][96]

한편 미국에서는 과거 Automatic Radio Manufacturing Co. v. Hazeltine Research Inc. 사건 판결[97]에서 확립된 'licensee estoppel' 원칙이 통용되었다. 즉 특허 라이선스계약을 체결하는 당사자들은 특허권이 유효함을 전제로 하므로 라이선시는 보통법상 금반언의 원칙(common law doctrine of estoppel)에 따라 당해 특허권의 유효성을 다툴 수 없다는 것이다. 라이선시가 한편으로는 라이선스계약의 혜택을 누리면서 다른 한편으로는 대상인 특허가 무효라고 주장하는 것은 허용되지 않는다는 것이다. 그러나 미국 연방대법원은 Lear, Inc. v. Adkins

---

93) 학설은 정상조·박성수/이회기, 1240면 이하 참조. 이 책은 부쟁의무를 원칙적으로 부정하면서도 계약체결 시 라이선시가 무효이유의 존재를 안 경우 또는 화해에 의하여 무효심판을 취하하고 전용실기권을 설정한 경우에는 신의칙에 기한 부쟁의무의 존재를 긍정하는 절충적 견해를 취한다. 한국에서는 라이선시가 특허무효심판을 청구할 적격의 문제로 논의하는 경향이 있다. 정상조·박성수/이회기, 1240면; 徐權福, "라이센스 契約과 不爭義務", 橫川이기수교수화갑기념논문집: 知識社會와 企業法(2005), 259면 이하; 최치호·허상훈(註 3), 491면. 현대호(註 86), 50면은 부쟁의무를 부정한다. <u>주목할 것은 아래 대법원판결이다. 즉 대법원 2019. 2. 21. 선고 2017후2819 전원합의체 판결은 "특허권의 실시권자도 실시 대상 특허발명에 대해 무효심판을 청구할 수 있는 이해관계인에 해당한다"는 점을 명확히 밝히고, 그에 반하는 "실시권자라는 이유만으로 무효심판을 청구할 수 있는 이해관계인에 해당하지 않는다"는 취지의 구 판례(대법원 1977. 3. 22. 선고 76후7 판결, 대법원 1983. 12. 27. 선고 82후58 판결 등)를 변경하였다. 대법원이 "당사자 간에 특허의 무효 여부를 다투지 않겠다는 의사를 표시할 경우" 무효심판청구의 이익이 존재하지 않을 수 있음을 언급한 점도 주목할 만 하다고 평가된다. 해설은 이혜진, "실시권자의 무효심판청구에 관한 주요 쟁점 — 이해관계인 및 특허품, 부쟁의무를 중심으로", 사법 제1권 제49호(2019. 9.), 591면 이하 참조.</u> [밑줄 친 부분은 이 책에서 새로 추가한 것이다.]
94) 정상조·박성수/이회기, 1256면.
95) 현대호(註 86), 51면 주 26도 일본의 통설이라고 소개한다.
96) 독일에서는 계약상 부쟁조항이 없는 경우 라이선시가 계약목적물인 특허권에 대하여 무효소송을 제기하는 것은 신의칙에 반하여 허용되지 않는다는 견해가 보인다. BGH 14. Juli 1964 Ia ZR 195/63(GRUR 1965, 135) Venal-Patent; BGH 2. März 1956 I ZR 187/54 (GRUR 1956, 264) Wendemanschette. 이는 파겐베르크, 전게서, pp. 182-183에도 소개되어 있다. 그러나 徐權福(註 93), 257면은 독일에서는 무효의 소를 제기하는 것은 본문과 같지만, 원칙적으로 부쟁의무는 없고 신의칙에 반하는 특별한 사정이 있는 경우 부쟁의무가 있다고 설명한다.
97) 339 U.S. 287 (1950).

사건 판결98)에서 위 원칙을 폐기하고 라이선시도 특허침해소송에서 당해 특허의 무효를 주장할 수 있다고 판시하였다. 연방대법원은 당해 사건의 쟁점은, 매수인이 단지 그가 행한 거래에 만족하지 못한다는 이유로 약속을 거절하는 것을 금지하는 계약법의 요구와, 일반적으로 통용되는 발명은 유효한 특허에 의하여 보호되지 않는 한 누구나 자유롭게 사용할 수 있어야 한다는 연방정책 간의 충돌에 있다고 보았다. 위 사건에서 Lear 사는 종업원이던 Adkins가 항공기 자이로스코프의 개량기술을 개발하여 특허권을 취득한 뒤 그와 라이선스계약을 체결하였는데, 쟁점은 Lear 사가 Adkins의 특허권이 무효임을 주장할 수 있는가였다. 연방대법원은 많은 경우 라이선시는 라이선서의 특허의 효력을 다투는 데 가장 큰 이해관계를 가지고 경우에 따라 충분한 경제적 동기를 가지는 유일한 자이므로 그에게 그런 기회를 주는 것이 정당한 근거 없이 독점적 지위를 획득하는 자로부터 공중을 보호한다는 정책과 공익에 대한 고려에 부합하고, 따라서 Lear 사는 Adkins의 특허권이 무효임을 주장하고 실시료의 지급을 거부할 수 있다고 판시하였다.99) 연방대법원의 2007년 MedImmune, Inc. v. Genentech, Inc. 사건 판결100)은 라이선시는 라이선스계약을 해제하거나 위반하지 않고 계약에 따른 실시료를 지급하면서도 특허무효의 확인을 구하는 소를 제기할 수 있다고 판단하였다.101)

일본의 논의를 보면 라이선시가 특허권의 유효성을 다투는 것은 계약법의 문제처럼 보이기도 하나, 미국의 논의를 보면 이는 계약법과 특허법의 접점에 있는 문제로 보인다. 이를 어떻게 파악할지는 국제사법상 '성질결정(characterization)'의 문제인데, 이처럼 일본과 미국의 접근방법이 다르므로 라이선스계약의 준거법이 미국의 어느 주법인지 아니면 일본법인지에 따라 결론이 달라질 수 있다.

(2) 부쟁의무를 부과하는 부쟁조항은 유효한가

라이선스계약에 포함된 부쟁조항의 유효성은 계약의 준거법에 따를 사항이나, 만일 이것이 독점규제법에 근거한 규제라면 라이선스계약의 준거법에 관계

98) 395 U.S. 635 (1969).
99) 미국 판례법의 소개는 徐憲福(註 93), 244면 이하 참조.
100) 127 S. Ct. 764 (2007).
101) 박준석(註 3), 152-153면.

없이 법정지의 국제적 강행규정이 적용될 수 있다. 우리 학설로는 부쟁조항이
무효라는 견해도 있고,[102] 원칙적으로 유효하나 공서양속에 반하는 경우 무효이
며 시장의 경쟁질서에 악영향을 미치는 경우 불공정거래행위에 해당할 수가 있
다는 견해도 있다.[103][104]

　　미국에서는 위 1969년 Lear 사건 판결 및 2007년 MedImmune v. Genentech
사건 판결이 부쟁조항의 효력을 직접 다룬 것은 아니나 위 판결들의 결과 부쟁
조항이 있어도 라이선시는 특허권을 다툴 수 있다고 한다.[105]

---

102) 현대호(註 86), 51면. 박준석(註 3), 152면. 상표권에 관한 대법원 판결도 동지로 보인다.
　　즉 '디포라탄 살충제 상표취소'사건에서 대법원 1987. 10. 26. 선고 86후78, 79, 80 판결
　　은 "이 사건 상표권을 다투지 않기로 하는 취지의 약정을 하였더라도 … 이해관계의 사
　　전포기 합의를 허용하면 상표권자의 상표부정사용을 방지하기 위한 제재적 규정인 동시
　　에 일반수요자의 이익을 도모하기 위한 공익적 규정인 구 상표법 제45조 제1항 제1호의
　　적용을 당사자들이 임의로 배제할 수 있게 될 뿐만 아니라 상표권자의 위법행위를 조장
　　할 우려마저 없지 않으므로 사전포기약정은 무효"라는 취지로 판시하였다.
103) 특허청 외(註 21), 351면 참조. 이는 나아가 부쟁의무를 부과하는 것은 독점규제법상 불
　　공정한 거래행위에 해당하여 무효가 될 수 있다고 한다. 조금 오래되었으나 송영식, "실
　　시권자의 특허무효심판청구", 민사판례연구 제4집(1982), 252면 이하는 부쟁의무에 관한
　　입법례를 소개한다.
104) 심사지침에 의하면, 실시허락 시 부쟁의무의 부과, 즉 무효인 특허의 존속 등을 위하여
　　부당하게 실시권자가 관련 특허의 효력을 다투는 것을 금지하는 행위는 특허권의 정당한
　　권리범위를 벗어난 것으로 불공정거래행위에 해당한다. 심사지침은 단서로 해당 특허권
　　의 침해 사실을 특허권자에게 통지하도록 하는 경우, 특허 관련 소송을 대행하도록 하거
　　나 특허권자가 소송을 수행하는데 협력하도록 하는 경우에는 제외될 수 있다고 규정한다.
　　심사지침은 부쟁조항이 없는 경우 라이선시는 대상인 특허권의 유효성을 다툴 수 있음을
　　전제로 하는 것으로 보인다. 최근 공정거래위원회는 "특허의 효력 또는 소유를 다투는 것
　　을 금지하는 거래조건을 설정"한 행위(즉, 부쟁의무 부과)에 대하여 불공정거래행위 중
　　거래상 지위의 남용(불이익제공)에 해당한다는 결정을 내린 바 있는데(공정거래위원회
　　2015. 8. 3.자 의결(제2015-125호) 2014서감2354 사건. 남문기(註 14), 194면 참조), 이
　　는 부쟁조항의 유효성을 독점규제법상의 문제로 성질결정하는 것으로 볼 수 있다. 일본
　　의 경우 일본 공정거래위원회의 과거 가이드라인에서는 부쟁조항은 특허권을 부여할 수
　　없는 기술에 특허권을 존속시키는 것을 의미하고 시장경쟁질서에 악영향을 끼칠 위험이
　　있으므로 위법이라고 하였으나, 특허권을 무효로 할 수 있는 수단인 특허이의신청이나
　　무효심판청구는 라이선시 이외의 제3자도 제기할 수 있으므로 부쟁조항의 존재가 바로
　　특허의 존속을 의미하는 것은 아니라는 점, 부쟁의무가 원활한 기술거래를 통한 경쟁촉
　　진에 기여하는 측면이 있는 점을 고려하여 2007년 가이드라인부터는 적법조항으로 분류
　　하고 있다고 한다. 김언숙, "국제라이선스계약과 국제사법—한일비교국제사법적 관점에
　　서", 국제사법연구 제26권 제2호(2020. 12.), 511면. [밑줄 친 부분은 이 책에서 새로 추
　　가한 것이다.]
105) 박준석(註 3), 153면; Alfred C. Server & Peter Singleton, "Licensee Patent Validity
　　Challenges following MedImmune: Implications for Patent Licensing", 3 Hastings Sci.

부쟁조항의 유효성에 관하여 일본처럼 신의칙상 라이선시가 특허권의 유효성을 다툴 수 없다면 독점규제법을 근거로 부쟁조항의 효력을 부정하기는 어렵다. 반면에 미국처럼 라이선시가 이를 다툴 수 있다면 부쟁조항은 독점규제법에 위반될 가능성이 있다. 이렇듯 부쟁조항의 유효성은 계약법, 특허법과 독점규제법이 교착하는 문제인데 심사지침이 이를 고려했는지는 의문이다. 즉 심사지침이 그렇게 규정하더라도 준거법상 일본처럼 다툴 수 없다면 부쟁조항의 효력을 부정할 이유가 없고 독점규제법이 개입할 이유도 없거나 완화된다.

부쟁조항이 독점규제법 위반인 경우 동법은 불공정거래행위의 사법상 효력을 명시하지 않으므로 그 조항의 효력이 문제된다. 즉 라이선스계약의 준거법이 외국법인데 부쟁조항이 법정지의 국제적 강행규정인 우리 독점규제법 위반인 경우, 계약의 효력의 유무(즉 유효성)를 결정하는 준거법이 외국법인지 아니면 한국법인지는 논란의 여지가 있으나 후자가 설득력이 있다.106)

사. 최혜대우조항

라이선서가 라이선시에게 비독점적 실시권을 부여한 뒤 만일 동일한 지역에서 제3자에게 비독점적 실시권을 부여하면서 기존 실시권보다 라이선시에게 유리한 조건으로 라이선스를 부여하면 기존 라이선시의 경쟁력이 약화될 수 있다. 이런 위험에 대비하기 위하여 라이선시로서는 그런 사태가 발생하지 않도록 하기 위하여 라이선서가 더 유리한 조건으로 라이선스를 제공하지 않도록 하고, 나아가 그렇게 하는 경우 기존 라이선스계약의 조건을 변경할 수 있도록 하는 조항을 '최혜대우조항(most favored clause)'이라 한다.107)

아. 준거법

국제라이선스계약의 준거법은 당사자가 합의에 따를 사항인데, 많은 경우 우위를 가지는 라이선서 국가의 법을 준거법으로 지정한다. 배타적 라이선스계

& Tech. L.J. 243 (2010), p. 403 *et seq.* 참조.
106) 한편 미국에서는 위에서 본 연방대법원의 Lear, Inc. v. Adkins, 395 U.S. 635 (1969) 사건 판결을 근거로 부쟁조항이 무효라는 견해가 통설이라고 소개하기도 한다. 최치호·허상훈(註 3), 491면, 註 190. 반면에 Lear 사건 판결은 부쟁조항의 효력에 대하여는 판단하지 않았고 부쟁조항의 효력에 대하여는 아직도 유권적 견해는 없는 것으로 보인다.
107) 특허청 외(註 21), 356면.

약의 경우 지재권 자체의 준거법이라는 견해도 보이는데(안춘수, 국제사법(2017), 241면) 이는 당사자자치를 허용하지 않는다는 취지로 보인다. 이는 (특허권에) 전용실시권을 설정하는 라이선스계약은 물권행위이거나, 채권계약과 물권행위 양자의 성질을 가진다고 보기 때문일 수 있다. [밑줄 친 부분은 이 책에서 새로 추가한 것이다.] 금융, 보험이나 해상거래에서와 달리 당사자들과 중립적 법을 선택하는 사례는 별로 없고 따라서 영미법의 압도적 우위가 보이지도 않는다. 다만 영미에서 발전된 국제계약의 실무는 널리 사용되고 있다.[108) 라이선스계약의 준거법에 따라 계약상의 당사자의 권리와 의무가 영향을 받을 수 있다. 지적재산권 자체의 문제는 라이선스계약의 준거법이 아니라 보호국법에 의하여 영향을 받고, 독점규제법의 규제는 라이선스계약의 준거법이 아니라 나름의 연결원칙에 따른다. 예컨대 우리 기업이 독일 라이선서로부터 기술을 도입하는 경우 준거법은 독일법이 되고, 우리 기업이 베트남 라이선스에게 기술을 제공하는 경우 준거법은 한국법이 되는 경우가 많을 것이다. 후자의 경우 우리 법원이 재판한다면 한국 독점규제법이 법정지의 국제적 강행규정으로 적용되고 이를 위반한다면 라이선스계약이 무효가 될 수도 있다.[109)

자. 분쟁해결

국제라이선스계약상의 분쟁해결은 당사자의 합의에 따라 소송 또는 중재에 의한다. 소송을 선택하는 경우 통상 국제재판관할합의를 하는데 어느 국가의 법원을 관할법원으로 할지는 당사자 간의 협상력의 우위에 따라 결정된다. 실무상 준거법과 관할법원은 병행하는 경우가 많다. 한편 중재 선택 시 중재지와 중재기관(예컨대 ICC, LCIA 또는 KCAB 등)의 결정이 중요한데 이도 당사자 간의 협상력의 우위에 따라 결정된다.

---

108) 만일 라이서서가 종합적으로 설계된 라이센싱 프로그램에 의하여 각 나라별로 많은 라이선스를 제공하고 있다면, 이들 라이센스마다 다른 준거법을 선택하는 것은 라이선스의 일관된 관리와 통일된 해석을 위하여 바람직하지 않기 때문에 이런 경우는 하나의 준거법을 고집하는 것이 바람직하다는 지적이 있다. 최우영(註 59), 206면.

109) 심사지침은 국내계약과 국제계약에 모두 적용되는데 그것이 우리 기업이 외국에 라이선스를 제공하는 상황을 충분히 고려한 것인지는 다소 의문이다.

2. 국제라이선스계약의 준거법 결정의 실익

라이선스의 대상이 특허권인지 상표권인지 저작권 등인지에 따라 라이선스
계약의 내용이 다르고 라이선서가 라이선시에게 설정(내지 허락)하는 권리가 전
용실시권인지 통상실시권인지 또한 라이선시가 지급할 사용료의 금액과 지급방
법 등도 라이선스계약이 정하는 바에 따른다. 그러므로 마치 라이선스계약의 준
거법을 결정할 실익은 없는 것처럼 보이나 그렇지 않다. 그 이유는 아래와 같다.

단적으로 아래(V.1.)에서 보듯이 라이선스계약의 준거법은 계약의 성립과 효
력 등을 규율하는데 후자는 실무상 중요한 의미를 가진다. 왜냐하면 당사자들이
라이선스계약을 체결하는 경우 당사자의 권리·의무는 사적 자치(또는 계약자유)
의 원칙에 따라 1차적으로 당해 계약에 의해 규율되지만, ① 라이선스계약에 포
함되지 않은 사항은 계약의 준거법에 의해 보충되고, ② 라이선스계약에서 계약
조건을 정하더라도 그 조건은 준거법의 강행법규(또는 강행규정. 이하 강행법규라
한다)에 저촉되지 않는 한도 내에서만 효력을 가지기 때문이다(이런 의미에서 사적
자치의 원칙의 허용범위는 계약의 준거법에 의하여 좌우된다).[110] 준거법의 보충적 기
능(①)을 보여주는 사례로는 계약위반에 따른 손해배상의 범위를 들 수 있고[111],
준거법의 통제적 기능(②)을 보여주는 사례로는 우리 약관의 규제에 관한 법률
("약관규제법")이나 영국의 1977년 불공정계약조건법(Unfair Contract Terms Act
1977. UCTA)에 따른 약관에 대한 내용통제를 들 수 있다.

3. 국제라이선스계약에 특유한 몇 가지 문제점

<u>국제계약 일반과 달리</u> 국제라이선스계약에 특유한 몇 가지 쟁점이 있는데
<u>그 중의 하나가</u> 표준특허권자의 FRAND 선언을 둘러싼 라이선스계약의 문제
이다.

---

110) 저자는 국제건설계약의 맥락에서 유사한 지적을 한 바 있다. 석광현, "FIDIC 조건을 사용
　　하는 국제건설계약의 준거법 결정과 그 실익", 사법 제29호(2014. 9.), 9면 참조.
111) 예컨대 계약위반에 대한 구제수단으로서 특정이행을 명할 수 있는지도 일차적으로 계약
　　법이 결정할 사항이다.

가. 라이선스계약에서 의무부담행위와 처분행위의 구분

라이선스계약이 채권계약이라는 데는 별 의문이 없다. 다만 우리 특허법에 따른 전용실시권을 설정하는 경우에는 준물권적 합의가 포함될 것이나, 그 경우에도 라이선스계약이 채권계약의 성질을 가지는 데는 의문이 없을 것이다. 그런데 통상실시권을 설정하는 라이선스계약에 채권양도에서와 같은 처분행위가 포함되는지는 논란이 있다. 영국에서는 처분행위를 별도로 다루지 않고 통일적으로 연결하였으나(통일설 또는 단일설. Einheitstheorie) 독일에서는 전통적으로 채권행위와 처분행위를 구별하여 연결하는 견해(분열설 또는 분할설. Spaltungstheorie)가 유력하였다.112) 만일 라이신스계약에 처분행위가 포함되어 있지 않다면 라이선스계약의 준거법은 통일적으로 계약의 준거법에 따르면 족하다. 반면에 라이선스계약에 처분행위가 포함되어 있다면 라이선스계약의 준거법을 의무부담행위(즉 채권계약)와 처분행위로 구분하여 판단해야 한다. 양자를 구별한다면 전자는 계약의 준거법에 따르나, 후자는 준물권의 준거법, 즉 지식재산권에 적용되는 준거법에 따를 것이라고 보는 것이 자연스럽다.113) 다만 어느 견해를 따르든 지재권이 라이선스의 대상이 될 수 있는지는 권리 자체의 준거법에 따를 사항이다.

통상 준물권행위는 별로 의식되지 않으므로 준거법의 실익이 크지는 않으나, 만일 준물권행위인 지재권 양도의 준거법과 지재권 양도와 원인행위 간에 독립성 및 유인성이 인정되는지 여부에 관하여 결론이 다를 수 있으므로 실익이 없지는 않다. 라이선스계약이 아니라 지재권의 양도를 생각하면 처분행위의 개

112) 이호정 · 정상조, "涉外知的財産權法 試論 —知的財産權의 準據法—", 서울대학교 법학 제39권 제1호(통권 제106호)(1998. 5.), 129면. Axel Metzger, Jürgen Basedow *et al.* (eds.), Encyclopedia of Private International Law (2017), p. 1146 참조. 독일은 라이선스계약에 처분행위가 포함된다고 보고 양도가능성과 유사하게 라이선스 가능성은 권리 자체의 준거법에 따른다고 본다. 가사 라이선스계약에 처분적 효력이 포함되지 않다고 보더라도 이를 보호국법주의로부터 도출하기도 한다. 채권양도에서 양도가능성을 채권 자체의 준거법이 결정하도록 하는 것과 같다. Reithmann/Martiny/Hiestand, Rn. 6.1113. 그러나 근자에는 부정설도 유력해지고 있다. 위 Metzger, p. 1150 참조. 견해 대립은 Peter Mankowski, Contracts Relating to Intellectual or Industrial Property Rights under the Rome I Regulation, Leible and Ohly (eds.), Intellectual Property and Private International Law (2009), p. 44f.도 참조. 이는 위에 더하여 보편적 분열설(universelle Spaltungstheorie)도 소개한다. CLIP 원칙은 지재권의 양도가능성은 보호국법에 따르도록 하나(제3:301조) 라이선스 가능성은 언급하지 않는 것으로 보인다. [밑줄 친 부분은 이 책에서 새로 추가한 것이다.]

113) Metzger(註 112), p. 1150. 이호정(註 50), 652면 이하는 이를 소개하였다.

념을 쉽게 이해할 수 있다.

나. 표준특허권자의 FRAND 선언과 경쟁자의 실시행위에 의한 라이선스계약의 성립 여부

특허권자와 실시자 간에 체결하는 통상적인 국제라이선스계약은 아니지만 라이선스계약의 준거법 결정의 실익을 보여주는 사례의 하나가 이른바 FRAND (Fair, Reasonable And Non-Discriminatory terms and conditions)이다. 여기에서는 실질법의 쟁점이 아니라 국제사법적 논점을 간단히 언급한다. <u>참고로 퀄컴 II 사건에서 서울고등법원 2019. 12. 4. 선고 2017누48 판결 공개본, 11면 이하도 FRAND 확약의 의미를 설명한다.</u> [밑줄 친 부분은 이 책에서 새로 추가한 것이다.]

(1) 문제의 소재

근자에 삼성전자 대 애플 사건을 계기로 표준필수특허(또는 표준특허. stand-ard essential patent. SEP)[114]를 둘러싼 분쟁이 발생하면서 표준특허, 특히 표준특허 보유자의 특허권 남용행위에 대한 규제의 필요성에 대한 관한 우리 법률가들의 관심이 커졌다. <u>근자에는 특허청·한국지식재산보호원, 표준특허(Standard Essential Patent) 분쟁대응 가이드(2020)도 간행된 바 있다.</u> [밑줄 친 부분은 이 책에서 새로 추가한 것이다.] 표준특허의 남용에 대한 규제는 흔히 계약법적 규제, 특허법적 규제와 독점규제법적 규제로 구분한다.[115] 준거법의 문제는 위 세 개의 영역에서 모두 제기되나 준거법 결정원칙은 라이선스계약에서 본 것처럼 각 영역에서 차이가 있다. 즉 ① 계약법 영역에서는 당사자자치의 원칙이 타당하고, ② 특허법 영역에서는 보호국법주의가 타당하며, ③ 독점규제법 영역에서는 공법적 규제에 관하여는 국제행정법의 법리가 타당하고 손해배상 기타 사법적(私法的) 규제에 관하여는 특별연결이론에 의하거나(계약에 관련된 부분) 불법행위지

---

114) 심사지침은, "표준필수특허"란 표준기술을 구현하는 상품을 생산하거나 서비스를 공급하기 위해서는 필수적으로 실시허락을 받아야 하는 특허로서, 실시자에게 공정하고 합리적이며 비차별적인(FRAND: Fair, Reasonable And Non-Discriminatory) 조건으로 실시허락할 것이라는 자발적인 확약이 요청되는 특허라고 정의한다.

115) 예컨대 강민정, "표준필수특허 남용에 대한 경쟁법적 규율", Law & Technology 제13권 제5호(2017. 10.), 64면 이하는 표준특허의 남용에 대한 피해자의 구제를 계약법적 구제, 특허법적 구제와 경쟁법적 구제로 구분하여 논의한다.

법 내지 영향을 받은 시장지법에 의하여 규율된다(계약 외의 측면).[116] 이러한 문제를 검토할 필요가 있는데 그 출발점은 표준특허를 가진 특허권자의 FRAND 선언과 경쟁자의 실시행위 등에 의하여 라이선스계약이 성립되는가이다. 여기에서는 FRAND를 둘러싼 라이선스계약을 중심으로 준거법 결정이 가지는 실익을 간단히 언급한다.

(2) 표준화기구의 지식재산권 정책

표준화기구들(ISO와 삼성전자가 FRAND 선언을 한 유럽연합전기통신표준기구(ETSI) 등)은 표준 설정 과정에서 장래 표준필수특허 보유자가 사후에 특허위협 행위 기타 기회주의적 행위를 하는 것을 방지하기 위하여 다양한 내용의 지식재산권 정책(intellectual property rights policies, IPR Policy)을 활용한다. 지적재산권 정책의 구체적인 내용은 표준화기구에 따라 다르지만 통상 공개규칙(disclosure rules), 협상규칙(negotiation rules)과 라이선스규칙(licensing rules)의 3가지로 유형화할 수 있다고 한다.[117] 그러나 이들이 표준특허 보유자의 경쟁제한적 행위를 규율하는 데는 한계가 있고 이는 결국 다른 법원칙에 의하여 보충되어야 하는데 그 과정에서 준거법이 의미를 가진다. 표준화기구들이 이런 문제를 예방할 수 있는 방안을 마련하지 못한 것은 아쉬운 점이다.

(3) 라이선스계약의 성립 여부

특허권자가 FRAND 조건에 맞게 실시허락하겠다고 약속하고도 상대방을 차별적으로 취급하는 경우 상대방은 ① 특허권자가 표준화기구의 지적재산권정책을 받아들이고 FRAND 선언을 한 것은 장차 실시허락을 구할 자들에 대한 청약에 해당하고 상대방이 당해 표준특허를 실시함으로써 승낙하여 특허권자와 상대방 간에 직접 계약관계가 성립되었다거나, ② 특허권자가 FRAND 선언을 포함한 일련의 언동을 함으로써 특허권자와 표준화기구 간에 계약이 체결되고, 나아가 특허권자와 표준특허를 실시하는 제3자 간에 '제3자를 위한 계약' 또는 예약이 성립하였고 상대방은 동 계약의 수익자에 해당하므로 특허권자는 상대방에

---

116) 독점규제법 제2조의2의 의미를 검토해야 한다.
117) 이호영, "표준필수특허 보유자의 FRAND 확약 위반행위에 대한 공정거래법의 집행에 대한 연구", 상사법연구 제31권 4호(통권 제77호), 244면; 강민정(註 115), 23면 이하.

게 위 계약에 따른 구속을 받는다고 주장한다.[118] 여기에서 라이선스계약의 성
립 여부가 문제된다.

표준특허권자의 FRAND 선언과 실시자 간에 '제3자를 위한 계약' 또는 예약
이 성립하는지는 계약의 준거법에 따른다.[119] 만일 라이선스계약이 성립한다면
실시자의 특허권 실시는 계약에 따른 정당한 권리행사이고 다만 실시료의 결정
과 권리행사가 권리남용이 되는지 등이 문제되는데 그의 결정 또한 라이선스계
약의 준거법에 따른다.

표준필수특허를 다룬 미국 하급심 판결 중에는 당사자들이 표준화기구에
제출한 FRAND 확약서에 의해 계약이 성립되었고, 이는 모든 회원사들을 구속
한다고 인정한 사례들이 있다.[120] 반면에 삼성전자가 애플코리아유한회사[121]를

---

118) 박준석, "표준특허의 제문제 —ITC의 배제명령 발동가능성 문제를 포함하여—", 서울대학
교 법학 제54권 제4호(2013. 12.), 118면 참조. ITC의 특허침해조사에 관하여는 사법정책
연구원, 미국 특허쟁송실무에 관한 연구 — 연방순회항소법원(CAFC), 연방지방법원, 국제
무역위원회(ITC), 특허청(USPTO)을 중심으로 (2016), 114면 이하 참조. [밑줄 친 부분은
이 책에서 새로 추가한 것이다.]

119) 서울중앙지방법원 2012. 8. 24. 선고 2011가합39552 판결, 173면 이하는 이를 부정하였
으나, Microsoft Corp. v. Motorola Inc., 사건 판결, No. C10-1823JLR, 2013 U.S. Dist.
LEXIS 60233 (W.D. Wash Apr. 25, 2013)은 이를 긍정하였다. 물론 문제된 표준화기구
및 표준특허가 다르고 계약의 성립 여부에 관한 준거법이 상이하므로 평면적으로 비교할
사항은 아니다. 박준석(註 118), 143면, 註 106은 Microsoft v. Motorola 사건에서 Robart
판사는 제3자를 위한 계약의 성립을 인정한 데 반하여, 일리노이 북부 연방지방법원의
2012. 6. 22. Apple v. Motorola 사건 판결(Apple Inc. v. Motorola Inc., 869 F.Supp.2d
901 (N.D.Ill., 2012))에서 Posner 판사는 FRAND 선언을 통해 특허권자는 FRAND 조건
에 부합하는 실시료를 지급하려는 누구에게나 실시허락을 부여하기로 약속한 셈이므로
침해금지청구는 논리적으로 허용되지 않는다고 보았는데 다만 그 근거가 금반언인지 계
약상 효력인지는 명확히 하지 않았다고 소개한다. 정상조(註 6), 6면 이하는 영미법계에
서는 제3자를 위한 계약이라고 보는 경향이 있음에 반하여 대륙법계에서는 이를 부정하
는 경향이 있다고 소개한다. [밑줄 친 부분은 이 책에서 새로 추가한 것이다.]

120) Ericsson Inc. v. Samsung Electronics. Co., No 2:06-CV-63, 2007 WL 1202728 (E.D.
Tex. Apr. 20. 2007). 이호영(註 117), 251면); 강민정(註 115), 27면도 참조. 이 사건에
서 ETSI의 회원인 Ericsson과 삼성전자 간의 문제이므로 라이선스계약의 준거법은 프랑
스법일 텐데 당사자들은 프랜드의무가 계약상의 것이고 당사자들을 구속하는 데 동의하
였다. 라이선스계약의 성립을 긍정한다면 동 계약에 따른 표준특허의 사용은 특허권 침
해가 되지 않으나, 라이선스계약을 위반하는 경우 이는 계약위반은 물론이고 나아가 특
허권침해를 구성할 수도 있다. 저작권의 맥락에서 이에 관한 논의는 박준석, "오픈캡처
판결 비판—사용과 이용의 구별 라이선스 위약에 따른 저작권침해책임 인정 논리를 중
심으로—", 계간 저작권 제120호(2017. 12.), 68면 이하 참조. 간단한 소개는 진욱재, "미
국 특허 침해 소송에서 프랜드 주장", 법률신문 제4467호(2016. 12. 1.), 28면 참조. 정상

상대로 제기한 특허침해금지소송 사건에서 서울중앙지방법원 2012. 8. 24. 선고 2011가합39552 판결은 표준필수특허의 실시료 조건에 대한 구체적 정함이 없는 FRAND 확약만으로는 라이선스 계약에 관한 청약의 의사표시를 한 것이라고 단정할 수 없다고 보고 나아가 제3자를 위한 계약의 성립을 부정하였다.[122] 주의할 것은 라이선스계약의 성립 여부를 판단함에 있어서 계약의 준거법을 우선 확인해야 한다는 점이다.[123] 서울중앙지방법원도 결론을 도출함에 있어서 청약과

조(註 6), 7면은 준거법을 밝히지 않은 채 Apple v. Motorola, No. 11-cv-178-bbc. 2011 WL 7324582, at 2-3 (WD Wis. June 7, 2011)와 Microsoft v. Motorola, 851 F.Supp. 2d 993 (W.D. Washh. 2012) 사건을 소개하고, 영국 법원도 동일한 Unwiered Planet v. Huwawei, [2017] EWHC 711 (Pat) 사건에서 제3자를 위한 계약이라고 판단하였다고 소개한다. 나지원 변호사는 제3자를 위한 예약의 성립을 긍정하는 데 반하여, 정상조 교수는 7면에서 계약의 성립을 부정하면서 나아가 계약조건의 결여를 근거로 계약법적 접근의 한계를 지적한다. 그러나 저자가 보기에는 준거법을 고려하지 않은 이런 견해 대립의 소개는 의미가 제한적일 수밖에 없다. [밑줄 친 부분은 이 책에서 새로 추가한 것이다.]

121) 삼성전자와 애플은 여러 나라에서 소송전을 벌였고 그 대상은 삼성의 표준특허이나 엄밀히 말하자면 당사자가 완전히 동일한 것은 아니고, 분쟁의 대상인 특허권도 완전히 동일한 것은 아니라는 점을 주의해야 한다. 이것은 속지주의가 지배하는 지식재산권 분쟁의 특성을 보여준다.

122) 이런 설시는, 매매대금이 확정되어야 매매계약이 성립한다는 원칙, 즉 'pretium certum'의 원칙에 관한 법계의 차이를 연상시킨다. 즉 로마법과 프랑스법은 위 원칙을 요구하는데 반하여 미국 통일상법전은 이를 요구하지 않는다. 석광현, 국제물품매매계약의 법리: UN통일매매법(CISG) 해설(2010), 214면.

123) 이는 서울중앙지방법원 판결이 설시한 것처럼, 삼성전자는 1998. 12. 14. WCDMA 기술관련 원고의 표준특허 전체에 관하여 포괄적으로 FRAND 조건으로 실시권을 허여할 준비가 되어 있다는 FRAND 선언서를 유럽전기통신표준협회(ETSI)에 제출하였고, 그 후 2003. 12. 31., 2006. 5. 16., 2007. 8. 7., 이 사건 표준특허 및 그 패밀리 특허에 대하여 FRAND 조건으로 실시권을 허여할 준비가 되어 있다는 선언서(declaration)를 ETSI에 제출하였는데, 위 선언서에는 선언서의 해석, 유효성 및 이행은 프랑스법을 준거법으로 한다고 기재되어 있기 때문이다. Apple v. Samsung, 2012 WL 1672493 (N.D. Cal., May 14, 2012)도 프랑스 민법을 검토하여 결론을 내렸다. 후자의 소개는 박준석(註 118), 122면 이하 참조(즉 "미국의 Apple v. Samsung 사건에서도 Apple은 FRAND 선언에 터 잡아 계약이 성립하였다는 요지로 한국에서의 '삼성 대 애플' 사건에서와 거의 동일한 주장을 개진하였다. 하지만 1심법원은 2012. 5. 14.자 결정에서 이런 주장을 배척한 바 있다. 배척의 이유 역시 한국 법원이 앞서 제시한 이유와 크게 보아 대동소이하다"). 반면에 미국의 1997년 연방특허항소법원(CAFC)의 Wang Labs. v. Mitsubishi, 103 F.3d 1571 사건 판결과 2012년 Microsoft v. Motorola, 854 F.Supp. 2d 993 결정은 FRAND 선언으로 인하여 특허권자와 상대방 사이에 계약관계의 성립을 인정한 바 있다. 박준석(註 118), 120면. 나아가 UK Unwired Planet FRAND Decision 사건에서 Unwired Planet v. Huawei ([2017] EWHC 711 (Pat), 5 Apr. 2017] 사건에서 Colin Birss 판사도 프랑스법을 기초로

승낙 및 제3자를 위한 계약에 관한 프랑스 민법의 법리를 검토하였는데 이런 접근방법은 타당하다.[124] 즉 한국 법원과 미국 법원이 라이선스계약의 성립 여부에 관한 결론을 달리한 것이 동일한 법의 해석론의 차이에 기인하는지, 아니면 준거법의 차이에 기인하는 것인지를 검토해야 한다. 이처럼 라이선스계약의 성립 여부를 판단함에 있어서 준거법을 우선 결정하고 그 준거법의 맥락에서 논의해야 한다.[125] 준거법의 상이를 무시하고 동일한 평면 위에서 FRAND 선언에 의하여 라이선스계약의 성립 여부를 논의하는 것은 잘못이다.[126][127]

그러한 접근방법이 바람직하지 않을 수는 있지만 현재로서는 부득이하다. 물론 그 결과 유사한 결론이 도출될 수는 있다. 일부 논자(정상조(註 6), 7면 이하)는 FRAND 확약 위반으로 인해서 관련 시장 전체에 미친 폐해는 계약법상의 구제수단으로 회복될 수는 없다면서 계약법적 구제수단의 한계를 지적한다. 그러

FRAND 확약에 의하여 라이선스계약이 성립 여부를 검토하였다. 소개는 우선 https://patentlyo.com/patent/2017/04/unwired-perspective-roy alties.html 참조. 영국 판결의 실질법적 논의는 박윤석, "표준필수특허소송의 법률적 쟁점에 대한 고찰—독일과 영국 사례를 중심으로—", 저스티스 제165호(2018. 4.), 156면 이하; 임지영, "표준필수특허 침해를 이유로 한 금지가처분 관련 EU 개별국 판례 동향—Huawei v. ZTE 판결 이전과 이후를 중심으로—", Law & Technology, 제14권 제3호(2018. 5.), 31면 이하 참조. 후자에 따르면 '시장지배적 지위 남용행위'를 규제하는 EU기능조약 제102조의 맥락에서 내려진 유럽연합사법재판소의 2015. 7. 16. Huawei v. ZTE 사건 판결(C-170/13)이 표준필수특허권자의 금지가처분에 대한 판단에서 가장 중요한 기준이 되었다고 한다.

124) 나아가 프랑스법은 한국법 및 미국법과 달리 지적재산권의 양도나 실시허락에 관한 계약의 방식으로서 서면을 요구하는 탓에 위 두 법원 모두 Apple의 계약 성립 주장을 배척하는 데 중요한 논거 중 하나로 서면이 없었다는 사실을 들었음을 지적하기도 한다. 박준석(註 118), 120면.

125) 박준석(註 118), 119-120면은 준거법의 쟁점을 검토해야 함을 적절히 지적한다.

126) FRAND 확약에 의하여 라이선스계약이 성립하는지에 관하여 준거법을 논의하지 않은 채 여러 국가의 판례를 평면적으로 비교하는 것(나지원, "FRAND 확약의 계약적 효력의 고찰", Law&Technology, 제13권 제3호(2017. 5.), 7면 이하)은 부적절하다. 정상조(註 6), 6면 이하도 같은 문제가 있다. 예컨대 정상조(註 6), 7면은 FRAND 확약은 구체적 조건이 결여되어 불완전한 청약에 불과하다고 단정하나 미국의 사례에서 보듯이 유효한 청약이 되기 위한 요건은 준거법에 따라 다를 수 있다. 전 세계적으로 보편타당한 계약법의 존재를 전제로 하는 입론은 설득력이 없다. [밑줄 친 부분은 이 책에서 새로 추가한 것이다.]

127) 예컨대 우리나라에는 FRAND 확약에 기하여 FRAND 조건으로 실시허락을 구할 권리를 제3자에게 부여한다는 내용으로 표준화기구를 요약자, 표준특허권자를 낙약자 그리고 제3자인 잠재적 실시권자를 수익자로 하는 제3자를 위한 (라이선스 계약체결을 위한) 예약이 성립했다고 보는 견해(나지원(註 126), 15면)도 있는데, 이는 마치 그것이 모든 FRAND 선언에 타당한 법리인 것처럼 제시하나 그렇게 접근할 것은 아니다.

한 지적은 타당하기는 하나, 그의 불완전성이 FRAND 확약에 의하여 성립한 계약관계가 있는 피해자의 계약상의 손해배상을 부정할 근거가 될 수는 없다. 저자는 표준화기구에 가입하지 않은 잠재적 실시권자와 불특정 다수의 잠재적 경쟁사업자와 소비자를 비롯한 관련 시장 전체가 받은 손해에 대하여 공정거래법상의 구제를 배척하자는 것이 아니라, 그것을 이용하되 계약관계가 있는 자들 사이의 손해배상은 계약의 법리에 의해야 하고 그 때에는 계약의 준거법이 여전히 의미를 가진다는 점을 지적하는 것이다. 더욱이 경쟁당국의 공법적 규제가 아니라 피해자가 사적 집행으로서 손해배상을 청구한다면 그의 준거법을 결정해야 하는 것은 당연한 법리이고 불법행위책임을 묻는 경우에도 아래에서 보듯이 종속적 연결(우리 국제사법 제32조 제3항, 개정법 제52조 제3항)에 의하여 불법행위에 대하여도 계약법 소속국법이 지정됨을 고려할 때 더욱 그러하다. [밑줄 친 부분은 이 책에서 새로 추가한 것이다.]

(4) 라이선스계약 불성립 시 당사자들의 협상의무의 존재와 법적 근거

만일 라이선스계약의 성립을 부정한다면 그 경우 특허권자와 표준특허를 실시한 상대방 간에 실시료 등 계약조건에 관한 협상의무의 존재하는지가 쟁점이 되는데 그의 준거법도 문제된다.[128] FRAND 선언에 의하여 라이선스계약이 성립하는 것은 아니지만 특허권자와 제3자 간에 일종의 예약이 성립하므로 당사자는 상호 간에 신의칙에 부합하게 성실하게 교섭하여야 할 의무가 인정된다는 견해[129]도 있는데, 예약의 성립 여부도 준거법을 고려하여야 하고, 이 과정에서 협상의 부당파기 기타 계약체결상의 과실책임의 준거법을 정한 로마Ⅱ도 참고할

---

128) 남구현, "표준특허에 대한 특허법과 경쟁법 적용의 제문제 — FRAND 위반행위에 대한 규율을 중심으로", Law & Technology 제11권 제6호(통권 제60호)(2015. 11.), 62면 이하는 표준특허권자는 FRNAND 선언에 의하여 성실하게 협상할 의무를 부담한다고 한다. 그러나 그 경우 협상의무의 법적 근거를 명확히 할 필요가 있고 준거법을 고려해야 한다.

129) 나지원(註 126), 16면. 특히 이 견해는 "FRAND 의미의 문리적 해석만으로 충분하지 않은 상황에서 특허 라이선스와 이를 위한 교섭관계에 적용될 수 있는 관련 법규(민법, 특허법, 독점규제법 등)에 의하여 성실교섭의무의 내용을 보다 구체화할 필요가 있다"고 한다. 그러나 계약체결 과정에서 당사자들이 성실교섭의무를 부담하는지는 법계에 따라 다르고, 그런 의무를 위반한 경우 위반당사자의 책임이 계약 또는 불법행위의 문제인지라는 성질결정도 고민해야 한다. 요컨대 전 세계적으로 보편타당한 성실교섭의무는 존재하지 않는다.

필요가 있을 것이다.130)

(5) 표준특허권자의 권리행사와 권리남용

표준특허권자의 FRAND 선언과 실시자 간에 라이선스계약이 성립한다고
보는 경우 표준특허권자의 권리행사가 권리남용에 해당될 여지도 있다. 권리남
용에는 개념적으로 계약법상의 권리남용, 특허법상의 권리남용과 독점규제법상
의 권리남용을 구분할 수 있다.

문제는 표준특허권자의 권리행사 전반에 통용되는 권리남용 금지 내지 신
의칙에 일반적으로 타당한 국제사법상의 연결원칙이 있는가라는 점이다. 현재는
이를 긍정하기 어려우므로 논리적으로는 특허권자의 권리행사를 구분하여 계약
법상 권리남용은 계약의 준거법, 특허법상 권리남용131)은 특허권의 준거법, 그리
고 독점규제법상 권리남용132)은 그 준거법에 따라 결정해야 할 것으로 보인
다.133) 정상조(註 6), 32면은 "구제수단의 비례성이라고 하는 시각에서 보면, 특

---

130) 이에 관하여는 최흥섭, "국제사법에서 「계약체결상의 과실」의 준거법", 법학연구, 제15집
    제3호(2012), 528면 이하 참조.

131) 손경한(편저)(註 6), 76면 이하(손경한·정진근 집필부분); 강민정(註 115), 32면 이하 참
    조. 예컨대 특허권침해에 근거한 금지청구권과 손해배상채권은 어디에서나 인정되는 것
    같지만 국가에 따라 차이가 있다. 예컨대 미국에서 금지청구는 형평법상의 구제로서 재
    량적 구제수단이고, 나아가 징벌배상이 인정된다. 우리 특허법은 기본적으로 특허권의 침
    해 여부에 따라서 침해금지청구권의 인정 여부를 결정하는 "이분법적 판단(binary deci-
    sion)"을 전제로 하고 있으나(정상조(註 6), 31면은 이를 '이분법적 판단(binary deci-
    sion)'이라고 한다), 비례성의 원칙을 따르면 침해가 있더라도 당연히 침해금지가 인용되
    는 것은 아니다. 정상조(註 6), 31면 이하는 법경제학상 'property rule(물권적 규범)'과
    'liability rule(채권적 규범)'의 접근방법의 차이를 지적하면서 구제수단의 비례성의 문제
    로 논의한다. 또한 금지청구가 실체의 문제인지 절차의 문제인지도 논란의 여지가 있다.
    나지원, FRAND 확약의 효력과 표준특허권 행사의 한계(2018), 130면도 특허법과 경쟁법
    을 포괄하는 권리남용론 정립을 논의하나 준거법은 고려하지 않는다. 나아가 나지원, 198
    면에서는 민법상 권리남용의 법리, 특허권 남용의 법리, 독점규제법 위반에 따른 남용법
    리가 분화되고 각각의 남용법리에 적용되는 요건과 효과가 달라질 수 있다고 지적하면서
    삼성 애플 사건에서 한국 제1심 판결은 이 점을 간과하였다고 비판한다. 이러한 지적은
    타당하나, 나지원 변호사는 각 권리남용의 법리를 규율하는 준거법을 고려해야 함을 간
    과하고 있다. 우리 기업들과 관련되는 실무상 특허권과 독점규제법에 관하여는 우리 법
    이 적용될 여지가 크더라도 외국의 표준특허가 문제되는 사건에서 민법상 권리남용은 우
    리 민법이 아니라 프랑스 민법 기타 외국법을 검토해야 하기 때문이다. [밑줄 친 부분은
    이 책에서 새로 추가한 것이다.]

132) 강민정(註 115), 32면 이하 참조.

133) 심사지침은 표준기술, 표준필수특허 정의 규정 등을 보완하여 표준필수특허(SEP) 관련

허권 남용의 판단기준이 민법상 권리남용의 판단기준과 다를 수 있고 당연히 달라야 한다."면서 "서울중앙지방법원이 삼성 애플 사건에서 제시한 바와 같이 특허권의 남용여부를 판단함에 있어서는 민법상 권리남용의 주관적 요건을 필요로 하지 않는다."고 밝히고 있다. [밑줄 친 부분은 이 책에서 새로 추가한 것이다.]

(6) 소결

저자는 라이선스계약의 준거법이 FRAND와 관련된 논점의 결론에 미치는 영향을 과대평가할 생각은 없고 모든 쟁점이 계약의 성립 여부에 따라 자동적으로 결정된다고 믿지는 않지만, 준기법에 대한 검토기 법적 분석의 출발점이고 동시에 접근방법을 정하는 데 큰 의미가 있다는 점을 분명히 지적해 둔다. 장래 FRAND 선언에 특유한, 그리고 가능하다면 국제적으로 통일된 법리를 개발하는 것이 바람직하겠지만 그것은 기존의 법적 분석에 따라 갈 데까지 가본 뒤 그렇게 도출된 결론이 만족스럽지 않을 경우 비로소 이를 넘어서는 새로운 접근방법으로서 모색해야 하는 것이지 법적 근거 없이 성급하게 기존의 법적 분석을 무시하는 방법, 즉 준거법과 절연되어 각자가 원하는 결론을 적절히 조합하는 방법을 채택해서는 아니 된다. 외국적 요소가 있는 법률관계에서 '준거법' 요소를 사상(捨象)하고 모든 쟁점이 하나의 준거법(특히 한국법) 하에서 처리된다고 믿는 것은 마치 3D 컬러프린터로 제작해야 실체를 파악할 수 있는 대상을 2D 흑백프린터로 출력하는 것처럼 우둔한 일이다.

다. 직무발명의 최초귀속과 사용자의 통상실시권

직무발명[134]의 경우 사용자와 종업원 중 누가 특허권을 취득하는지와 그에 따른 당사자 간의 이해관계를 어떻게 조정할지에 대하여 각국 실질법의 태도가 다르다. 사용자에게 특허권이 귀속하면 종업원에게 보상을 받을 권리를 허여하

규제를 합리화함으로써 기업의 정당한 특허권 행사를 촉진하는 한편, 지식재산권의 부당한 행사에 대한 독점규제법 집행의 예측가능성을 제고하고자 하나, 과연 심사지침이 권리남용의 복합적 성격과 국제적 맥락을 충분히 고려하고 있는지는 의문이다.

134) 발명진흥법 제2조 제2호는 "직무발명"이란 종업원, 법인의 임원 또는 공무원(이하 "종업원등"이라 한다)이 그 직무에 관하여 발명한 것이 성질상 사용자·법인 또는 국가나 지방자치단체(이하 "사용자등"이라 한다)의 업무 범위에 속하고 그 발명을 하게 된 행위가 종업원등의 현재 또는 과거의 직무에 속하는 발명을 말한다고 규정한다.

고, 반대로 특허권이 종업원에게 귀속하면 사용자에게 무상 통상실시권을 부여하는 식으로 규정한다.135) 즉 전자와 달리 후자의 경우에는 우리 법상으로는 사용자는 통상실시권을 취득하는데 이는 법정실시권이다.

　문제는 외국적 요소가 있는 경우 직무발명으로 인한 특허권의 최초귀속을 규율하는 준거법의 결정이다. 종래 다양한 견해가 있는데 대법원 2015. 1. 15. 선고 2012다4763 판결은 직무발명에서 특허를 받을 권리의 귀속과 승계, 사용자의 통상실시권의 취득 및 종업원의 보상금청구권에 관한 사항은 고용관계를 기초로 한 권리의무 관계라고 보고, 직무발명에 관한 섭외적 법률관계에 적용될 준거법은 그 발생의 기초가 된 근로계약에 관한 준거법으로서 국제사법 제28조 제1항, 제2항 등에 따른다고 판시하였다. 즉 문제된 특허권이 캐나다법상의 권리이고 그 성립의 준거법은 캐나다법이더라도 사용자인 한국회사는 캐나다법상의 특허권에 대하여 한국법에 따라 통상실시권을 취득한다는 것이다. 직무발명을 둘러싼 법률관계는 라이선스계약과 직접 관련되지는 않으므로 상세한 논의는 생략한다. <u>위 판결에 대하여는 여러 편의 평석들이 발표되었다.</u> [밑줄 친 부분은 이 책에서 새로 추가한 것이다.]

4. 국제라이선스계약의 준거법이 불법행위의 준거법과 부당이득의 준거법에 미치는 영향

　과거 섭외사법 하에서는 라이선스계약의 준거법은 계약의 쟁점만을 규율하였으나, 이제는 종속적 연결의 결과 라이선스계약의 준거법 소속국의 불법행위법과 부당이득법이 불법행위와 부당이득의 준거법이 될 수 있다. 이는 라이선스계약의 준거법이 가지는 중요성이 커졌음을 의미한다.

가. 국제라이선스계약의 준거법과 불법행위의 준거법

　우리 국제사법(제32조 제3항)은 불법행위의 준거법 결정에 관하여 불법행위지법에 우선하는 연결원칙의 하나로 '종속적 연결원칙'을 규정한다.136) 예컨대

---

135) 직무발명에 관한 각국 실질법의 차이는 김언숙, "직무발명 및 업무상 저작물에 관한 국제사법상의 문제", 국제사법연구 제17호(2011), 325-328면.

136) 제32조는 다음과 같다.
　　"① 불법행위는 그 행위가 행하여진 곳의 법에 의한다. ② 불법행위가 행하여진 당시 동일한 국가안에 가해자와 피해자의 상거소가 있는 경우에는 제1항의 규정에 불구하고 그

당사자 간에 라이선스계약관계가 있는 경우 채무자의 불법행위가 당해 라이선스계약관계를 침해하는 때에는 불법행위책임과 함께 채무불이행책임이 인정될 것이나, 이 경우 불법행위는 국제사법(제32조 제1항)에 따라 불법행위지법이 아니라 라이선스계약의 준거법 소속국의 불법행위법에 따른다. 그 결과 라이선스계약의 준거법과 불법행위의 준거법이 동일 국가의 법이 되므로 실질법의 모순 또는 저촉으로 인한 어려움을 피할 수 있는 장점이 있고, 당사자의 기대에도 부합한다. 이 경우 청구권경합 여부는 종속적 연결에 의하여 지정된 준거법 소속국의 실질법이 정할 사항이다. 다만 라이선스계약과 관련한 특허권 침해의 경우 이것이 종속적 연결의 대상인지 논란의 여지가 있다. 즉 불법행위의 경우는 국제사법 제32조 제3항에 따른 종속적 연결원칙이 적용됨이 명백하나, 지재권 침해의 경우 제24조가 적용되는 탓에 종속적 연결원칙이 적용되는지는 논란이 있기 때문이다. [밑줄 친 부분은 이 책에서 새로 추가한 것이다.]

나. 국제라이선스계약의 준거법과 부당이득의 준거법

우리 국제사법(제31조 단서)은 부당이득의 준거법 결정에 관하여 이득지법에 우선하는 연결원칙의 하나로 종속적 연결원칙을 규정한다.[137] 예컨대 당사자 간에 라이선스계약관계가 있어 라이선시가 라이선스에게 급부를 제공하였는데 계약이 무효가 된 경우 부당이득반환의무가 인정될 여지가 있는데, 이 경우 부당이득은 국제사법(제31조 본문)에 따라 이득지법이 아니라 계약의 준거법 소속국의 부당이득법에 따른다.

다. 국제라이선스계약의 준거법이 관할합의와 중재합의에 미치는 영향

그 밖에도 국제라이선스계약의 준거법, 특히 당사자가 선택한 준거법은 라이선스계약에 포함된 관할조항 또는 중재조항의 준거법이 될 수 있다. 이 점은 논란이 있으나 저자는 라이선스계약의 준거법이, 당사자가 별도로 합의하지 않으면 관할합의 또는 중재합의의 성립과 실질적 유효성 등의 묵시적 준거법이 된

국가의 법에 의한다. ③ 가해자와 피해자간에 존재하는 법률관계가 불법행위에 의하여 침해되는 경우에는 제1항 및 제2항의 규정에 불구하고 그 법률관계의 준거법에 의한다."
[137] 제31조는 "부당이득은 그 이득이 발생한 곳의 법에 의한다. 다만, 부당이득이 당사자간의 법률관계에 기하여 행하여진 이행으로부터 발생한 경우에는 그 법률관계의 준거법에 의한다"고 규정한다.

다고 본다.138) 따라서 예컨대 일방 당사자가 관할합의 또는 중재합의에 위반하여 소를 제기한 경우 상대방이 이를 다투는 과정에서 변호사 보수 기타 금전적 손해를 입었다면 그를 이유로 손해배상책임을 물을 수 있는지는 논란이 있으나 위의 준거법에 따를 사항이라고 볼 여지가 있다.

V. 국제라이선스계약의 준거법이 규율하는 사항의 범위와 그 한계: 당사자자치의 한계를 중심으로

국제라이선스계약의 준거법이 규율하는 사항은 원칙적으로 계약(채권계약)에 관한 사항에 한정된다. 그 준거법이 주관적 준거법인지 객관적 준거법인지는 묻지 않는다. 여기에서는 국제라이선스계약의 준거법이 규율하는 사항의 범위와 그 한계를 살펴본다. 당사자가 국제라이선스계약의 준거법을 선택하는 경우에는 이는 당사자자치 원칙의 한계라고 할 수 있다.

과거 우리나라에서는 지적재산권과 관련된 국제사법적(특히 준거법) 논점에 대한 관심이 별로 없었으나, 2001년 시행된 국제사법은 지적재산권의 준거법에 관한 조항을 신설하면서 지적재산권 관련 조약과 입법에 의해 널리 인정되는 '보호국법주의'를 명시하므로 과거보다는 문제의식이 커졌다. 지재권 관련 준거법을 논의할 때에는 대체로 ① 라이선스계약 기타 지적재산권 계약의 준거법, ② 지적재산권의 성립과 유효성 등의 준거법, ③ 지적재산권의 침해의 준거법, ④ 지적재산권의 최초귀속(initial ownership)(이를 '원시취득'이라고도 부른다)의 준거법으로 나누어 볼 필요가 있다.139)

1. 국제라이선스계약의 준거법이 규율하는 사항의 범위 개관140)

우리 국제사법은 국제라이선스계약의 준거법이 규율하는 사항을 명시하지 않는다. 더욱이 계약의 준거법이 규율하는 사항도 명시하지 않는다. 종래 유력한

---

138) 관할합의에 관하여는 석광현, 국제민사소송법(2012), 118-119면; 중재합의에 관하여는 위 석광현(註 17), 507면 참조.

139) 석광현(註 12), 288면 이하 참조. 물론 그 밖에도 지적재산권에 대한 담보권의 준거법 등의 문제가 제기된다.

140) 국제건설계약의 맥락에서 유사한 논의는 석광현, "FIDIC 조건을 사용하는 국제건설계약의 준거법 결정과 그 실익", 사법 제29호(2014. 9.), 47면 이하 참조.

견해에 따르면 계약의 준거법이 규율하는 사항은 계약의 성립과 유효성, 해석과
효력이라는 점은 널리 인정되는데, 계약의 효력은 계약에 따른 당사자의 권리와
의무 또한 채무의 이행과 소멸, 채무불이행의 결과 등을 포함한다.

한편 계약의 방식에 관하여 국제사법(제17조, 개정법 제31조)은 계약의 실질
의 준거법과 행위지법에 선택적으로 연결한다. 따라서 라이선스계약의 방식은
계약의 준거법 또는 계약체결지법의 방식요건 중 어느 하나를 충족하면 유효하
다. 실무적으로 국제라이선스계약은 서면으로 작성하므로 방식요건의 구비는 별
로 문제되지 않는다. 다만 서면요건을 요구하는 법제에서는 인터넷에 의한 라이
선스계약의 경우 논란의 여지가 있다.[141]

나아가 국제사법 제29조(개정법 제49조)는 계약의 성립과 유효성(validity)이
계약의 준거법에 의하여 규율됨을 명시하면서, 다만 제1항에 의한 준거법에 따
라 당사자의 행위의 효력을 판단하는 것이 모든 사정에 비추어 명백히 부당한
경우에는 그 당사자는 계약에 동의하지 아니하였음을 주장하기 위하여 그의 상
거소지법을 원용할 수 있음을 명시한다.[142]

다만 국제라이선스계약의 준거법이 어느 국가의 계약법이든 간에 라이선서
가 가지는 지적재산권의 존재, 범위, 라이선스 가능성처럼 지적재산권 자체에 관
한 사항은 보호국법에 따른다.[143] 국제라이선스계약의 준거법을 적용함에 있어
서 아래를 주의해야 한다.[144]

---

141) 참고로 CLIP 원칙(제3:504조)에 따르면, 지적재산권의 양도 또는 라이선스, 그러한 양도
또는 라이선스와 관련된 계약과 기존의 또는 예정된 계약과 관련하여 법적 효력을 가지
고자 하는 모든 행위는 ① CLIP 원칙에 따른 그 행위의 실질의 준거법, ② 계약 체결 시
당사자(또는 대리인)의 소재지법 또는 ③ 그 당시 당사자 중 일인의 상거소지국법의 방
식요건을 구비하면 유효하다. 이는 로마 I (제11조 제1항 및 제2항)과 유사하다. 한편 ALI
원칙은 방식에 관한 규정을 두지 않는다.

142) CLIP 원칙(제3:505조)도 우리 국제사법 제29조와 유사한 취지를 규정하는데 이 점은 로
마 I (제10조)도 마찬가지이다. 한편 ALI 원칙은 이에 상응하는 규정을 두지 않는다.

143) Metzger(註 112), p. 1150도 이 점을 분명히 밝힌다.

144) 물론 그 밖에도 그 밖에도 당사자들은 ④ 조세법상의 규제를 준수해야 하고, ⑤ 안전 및
노동법을 포함한 다양한 공법적 규제를 준수하고 필요한 정부의 인·허가를 받아야 하며,
⑥ 소송에서는 절차는 법정지법에 따르고 —이것이 법정지법원칙(lex fori principle)이
다—, ⑦ 도산 시에는 절차만이 아니라 실체(엄격히는 도산전형적 효과)도 도산법정지법
에 의하여 규율된다. 근자에는 라이선서 또는 라이선시의 도산시 상대방의 보호도 관심
의 대상이 되고 있는데 도산절차에 들어가면 라이선스계약의 준거법이 규율하는 범위는
제한되고 도산전형적 효과에 관하여는 도산절차가 개시된 국가의 법이 강행적으로 적용

첫째, 라이선스의 대상인 특허권 기타 지식재산권에 관한 일정한 쟁점은 라이선스계약의 준거법이 규율하는 사항이 아니다(아래 2.).

둘째, 독점규제법 기타 국제적 강행규정(internationally mandatory rules)은 라이선스계약의 준거법에 관계없이 적용될 수 있다(아래 3.). 여기에는 독점규제법이 공법으로서 적용되는 측면과 사법(私法)적 법률관계에 영향을 미치는 측면이 있다.

셋째, 라이선스계약의 준거법인 외국법 또는 외국의 독점규제법의 적용이 우리의 공서에 명백히 위반되는 때에는 적용되지 않는다(아래 4.).

참고로 지적재산권에 관한 국제사법 규칙을 정한 국제적 원칙의 태도를 간단히 소개한다.

CLIP 원칙(제3:506조)에 따르면, 계약의 준거법이 규율하는 사항은 해석, 이행, 계약의 전부 또는 일부의 결과(계약의 해제와 손해배상의 산정을 포함하여), 채무를 소멸시키는 다양한 방법, 시효와 제소기한, 계약의 무효의 결과를 포함한다.[145] 또한, 채무 이행의 태양 및 하자 있는 채무 이행의 경우 채권자가 취하여야 할 조치에 관하여는 이행이 행하여지는 국가의 법을 고려하여야 한다.[146] 한편 ALI 원칙은 CLIP 원칙과 달리 계약의 준거법이 규율하는 사항을 구체적으로 열거하는 조항은 두지 않는다.

2. 지식재산권 관련 쟁점에 대한 보호국법의 적용

가. 라이선스계약의 대상인 지식재산권 자체의 준거법과 보호국법주의

라이선스의 대상인 특허권 또는 상표권과 같은 지식재산권 자체에 관한 쟁점은 당사자자치의 원칙이 아니라 독자적 연결원칙에 따른다. 지식재산권 자체의 준거법에 관하여 침묵하였던 섭외사법과 달리 우리 국제사법(제24조, 개정법 제40조)은 보호국법(lex (loci) protectionis) 주의를 채택하고 있다.[147] 지식재산권은

됨을 주의해야 한다. 도산절차에서의 국제사법은 석광현, 국제사법과 국제소송 제5권 (2012), 618면 이하 참조. 라이선스계약에서는 조원희, "라이센스계약 지상강의(3): 파산과 라이센시의 보호", 특허와상표 제751호(2011. 4.), 6면 참조.

145) 이는 로마 I (제12조 제1항)과 유사하다.

146) 이는 로마 I (제12조 제2항)과 거의 같다. CLIP 원칙이 규율하지 않는 계약법의 쟁점들 (예컨대 소비자보호, 무능력, 대리인의 권한, 상계, 지적재산권 이외의 권리의 양도, 법정대위, 복수의 채무자가 있는 경우 그들 간의 구상과 계약 체결 전의 관계로부터 발생하는 채무)은 법정지 국가의 국제사법규칙에 의하여 결정되는 준거법에 따른다(제3항).

147) 석광현(註 12), 277면 이하 참조.

일국의 경제체제나 정책과 밀접한 관련을 맺고 있고 그 권리의 인정 여부와 범위가 국가에 따라 상이한 속지적인 성격을 가지며—따라서 지적재산권에 대하여는 속지주의[148]가 타당하다—, 그 효력도 이를 부여한 국가 내에 한정되는 경향이 있다. 보호국법주의는 속지주의의 연장선상에 있는 것으로 속지주의가 국제사법 차원에서 발현된 것이다.[149] 여기에서 '보호국(Schutzland, protecting country)'이라 함은 "그의 영토 내에서 문제된 지적재산권을 어떠한 형태로든 사용하거나, 제3자에 대해 방어하고자 하는 국가", 간단히 말하면 "그의 영토에 대하여 지적재산권의 보호가 청구되고 있는 국가"를 말하는 것이지[150] 지적재산권에 대하여 실제로 보호를 부여하는 국가를 말하는 것이 아니다.[151] 예컨대 특허권 침해의 경우 "보호가 청구되고 있는 국가"는 표현상으로는 마치 소를 제기함으로써 보호를 구하는 국가, 즉 법정지국처럼 들리지만 이는 법정지국이 아니라 특허권이 그 곳에서 침해되었다고 주장함으로써 그 곳에서의 보호를 요구하는 국가, 즉 침해지국을 말한다. 예컨대 영국에서 지적재산권을 침해당하였음을 이유로 한국에 주소를 둔 한국인을 상대로 한국에서 손해배상청구의 소를 제기하는 경우, 법정지는 한국이지만 보호국은 영국이므로 영국법이 준거법이 된다.

제24조는 지적재산권 침해만을 규정하므로 지적재산권의 성립과 내용 등의 문제는 판례와 학설에 맡겨진 것이라는 견해도 주장될 수 있으나, 제24조는 지적재산권 전반에 관한 보호국법주의를 선언한 것으로 해석하는 것이 타당하다.[152] 입법론으로는 이를 명시하는 것이 바람직하다.

---

148) 속지주의는 다의적인 개념이나, 우리나라에서는 "지적재산권의 성립·소멸과 그 내용은 그 지적재산권을 부여한 국가의 법률에 의하여서만 결정되고 그 효력도 부여국(예컨대 특허권의 등록국 또는 저작권에 기한 보호를 긍정하는 국가)의 영토주권이 미치는 범위 내에서만 인정된다는 원칙"이라고 설명한다.

149) 양자의 관계는 논란이 있으나 저자는 위와 같이 본다. 대법원 2015. 1. 15. 선고 2012다 4763 판결도 국제사법 제24조는 속지주의의 원칙에 기초하여 지식재산권의 보호에 관하여 규정하고 있는 조문이라고 판시하였다.

150) MünchKomm/Drexl, Band 11, IntImmGR, Rn. 10; 이호정(註 50), 653면; 이호정·정상조(註 112), 119면.

151) 실제로 보호를 부여하는지는 본안에서 판단할 사항이다. 저자는, 보호가 요구되는 국가에 보호를 부여하는 국가를 포함시키는 견해(예컨대 김인호, "국제지식재산권 침해에 대한 보호국법의 적용과 그 한계", 인권과 정의 제429호(2012. 11.), 95면)에 동의하지 않는다.

152) 동지로 판시한 하급심판결들도 있다. 예컨대 서울고등법원 2008. 7. 8. 선고 2007나80093 판결; 대구지방법원 2015. 7. 10. 선고 2014노816 판결 참조.

나. 라이선스계약의 준거법이 아니라 보호국법이 규율하는 사항

보호국법이 규율하는 사항에는 지적재산권의 성립과 유효성, 지적재산권의 침해와 지적재산권의 최초의 권리귀속 등이 포함된다.153) 이들에 대해서는 당사자자치의 원칙이 허용되지 않지만 지적재산권 침해에 대하여는 다소 논란의 여지가 있다. 이를 부연하면 아래와 같다.

첫째, 지식재산권의 성립, 유효성, 권리의 내용, 소멸 등 지식재산권 자체와 관계되는 문제는 보호국법에 의한다. 우리 국제사법의 해석론으로서는 이 경우 준거법의 사전합의는 허용되지 않는다.154) 지식재산권이 라이선스의 대상이 될 수 있는지와 그 양도가능성도 당해 보호국법이 규율한다.

둘째, 지식재산권의 침해도 보호국법에 의한다. 이에는 지식재산권의 침해 여부, 침해에 대한 구제수단으로서 금지청구와 손해배상청구가 가능한지 등이 포함된다. 따라서 지적재산권의 침해를 구제수단에 따라 ① 금지청구와 ② 손해배상으로 구별하여 성질결정을 달리 하고 전자에는 지적재산권의 준거법을, 후자에는 불법행위의 준거법을 각각 적용하는 일본 최고재판소 판결의 태도는 양자를 통일적으로 연결하는 제24조와는 양립할 수 없다.155) 손해배상에 대해 불법행위의 준거법을 적용하는 것은 X-Girl 사건의 대법원 2004. 7. 22. 선고 2003다62910 판결에도 반한다. 지적재산권 침해의 경우 국제사법(제33조)에 따라 사후적으로 법정지법을 선택할 수 있는지는 논란의 여지가 있다.

셋째, 지식재산권의 최초귀속도 보호국법에 의한다. 다만 직무발명에 관한 섭외적 법률관계, 즉 직무발명으로 인한 특허권의 최초귀속, 사용자와 종업원 간의 법률관계의 준거법은, 위에서 소개한 대법원 2015. 1. 15. 선고 2012다4763 판결처럼, 사용자와 종업원 간의 근로계약 준거법 소속국법에 의한다는 견해가 유력하다.

---

153) 석광현(註 12), 288면 이하 참조.
154) 참고로 한일공동제안(제302조 제1항)은 지적재산권의 성립, 유효성, 소멸 등 지적재산권 자체와 관계되는 문제에 대하여도 준거법의 사전적 합의를 허용하면서 그 합의의 효력을 당사자 간에 한정함으로써 당사자자치의 범위를 확대하는 점에서 매우 전향적이다. 그러나 이에 대하여는 당사자자치원칙의 한계를 넘는다는 비판과, 준거법합의의 효력을 당사자 간에 한정함으로써 분쟁해결을 지나치게 상대화한다는 비판을 할 수 있다.
155) 지재권 침해에서 보호국법이 규율하는 사항은 김인호(註 151), 93면 이하 참조.

3. 독점규제법 기타 국제적 강행규정(internationally mandatory rules)에 의한 제한

당사자는 준거법에 관계없이 사법적(私法的) 법률관계에 영향을 미치는 강행규정, 즉 국제적 강행규정을 준수해야 한다. 그런 법의 적용은 준거법의 합의 기타 지정에 의해 배제되지 않기 때문이다. 우리 민법에서 말하는 강행규정, 즉 국내적 강행규정은 당사자의 합의에 의해 그 적용을 배제할 수 없는 규정인데, 국제적 강행규정은 그에 추가하여 준거법이 외국법이라도 그의 적용이 배제되지 않는 강행규정을 말한다. 국제적 강행규정은 그 원천에 따라 ① 법정지의 국제적 강행규정, ② 준거법 소속국의 국제적 강행규정과 ③ 그 밖의, 즉 제3국의 국제적 강행규정으로 구분할 수 있다. 국내적 강행규정과 국제적 강행규정의 구별에 관하여, 당해 규범이 주로 계약관계에 관여하는 당사자들 간의 대립하는 이익의 조정에 봉사하는 경우는 국내적 강행규정이나, 주로 공적인(국가적·경제정책적인) 이익에 봉사하는 경우는 국제적 강행규정이라는 견해가 설득력이 있다.156)

독점규제법이 국제적 강행규정이라는 점은 널리 인정되고 있다(우리 독점규제법의 구체적인 조문은 아래(가(1)) 참조). 국제적 강행규정이 적용 되는 범위 내에서는 당사자자치는 허용되지 않는다. 독일에서는 공법적 성질을 가지는 국제적 강행규정을 '간섭규범(Eingriffsnorm)', 프랑스에서는 '경찰법(*lois de police*)' 또는 '직접적용법(*lois d'application immédiate*)'이라 한다. 그 밖에도 과거 외국인투자촉진법(또는 외자도입법)처럼 외국으로부터의 기술도입을 촉진하기 위한 규정을 두기도 하는데 이런 규정은 라이선스계약의 준거법에 관계없이 적용되는 국제적 강행규정이다.

가. 법정지의 독점규제법 기타 국제적 강행규정(국제사법 제7조, 개정법 제20조)
(1) 법정지의 정책적 고려와 국제적 강행규정

외국법이 국제라이선스계약의 준거법으로 지정되더라도 법정지의 국제적 강행법규는 적용된다. 국제사법(제7조, 개정법 제20조)도 이를 명시하는데 법원은

---

156) 석광현(註 12), 141면.

법정지법에 구속되므로 이는 당연하다. 이는 국제라이선스계약의 준거법이 외국법이더라도 한국에서 재판하는 경우 우리 독점규제법이 법정지의 국제적 강행규정으로서 적용될 수 있음을 의미한다. 예컨대 특허권자인 독일 기업으로부터 한국 기업이 라이선스를 받는 경우 라이선스계약의 준거법이 독일법이더라도 한국 법원에서 재판하는 경우 한국 독점규제법은 법정지의 국제적 강행규정으로 적용된다. 반면에 독일 독점규제법은 준거법의 일부로서 적용될 수 있다.

일정한 지식재산권의 행사가 독점규제법 제3조의2(시장지배적지위남용 금지), 제7조(기업결합의 제한), 제19조(부당한 공동행위 금지),[157] 제23조(불공정거래행위의 금지), 제26조(사업자단체의 금지행위)와 제29조(재판매가격유지행위의 제한) 등에 위반되는지는 각 조항에 규정된 별도의 위법성 요건을 종합적으로 고려하여 결정한다. <u>위 조문들과 그를 위반한 경우 손해배상책임을 정한 제56조의 국제적 강행규정성이 문제된다. 특히 그 중에서도 제19조와 제26조 제1항 제1호 위반의 경우 3배배상을 부과할 수도 있다.</u> [밑줄 친 부분은 이 책에서 새로 추가한 것이다.] 지식재산권의 행사가 독점규제법 제23조 불공정거래행위에 해당하는지는 '불공정거래행위 심사지침'[158]을 적용하여 판단하는데 동 심사지침은 구체적 판단기준을 상세히 규정한다. 지식재산권 행사가 경쟁제한 효과와 효율성 증대효과를 동시에 발생시키는 경우 양 효과의 비교형량을 통해 법 위반 여부를 심사함을 원칙으로 한다. 불공정거래행위 심사지침은 적용범위에서 "이 지침은 외국사업자가 국내외에서 행한 계약·결의나 그 밖의 행위를 통해 국내시장에 영향을 미치는 경우에도 적용한다."고 명시한다. 이런 의미에서 위 규제는 국제적 강행규정이다.

이와 관련하여 독점규제법의 적용제외를 규정한 제59조는 '무체재산권의 행사행위'라는 제목 하에 "이 법의 규정은 저작권법, 특허법, 실용신안법, 디자인보호법 또는 상표법에 의한 권리의 정당한 행사라고 인정되는 행위에 대하여는 적용하지 아니한다."고 명시한다.[159] 심사지침은 기본원칙을 선언하면서 "법 제59

---

157) 제19조는 부당한 공동행위의 유형을 열거하고, 연구·기술개발 등의 목적을 위하여 행하는 경우로서 일정요건에 해당하고 공정거래위원회의 인가를 받은 경우에는 예외적으로 허용하며, 그러한 부당한 공동행위를 할 것을 약정하는 계약은 무효임을 명시한다.

158) 개정 2015. 12. 31. 공정거래위원회 예규 제241호. 이에 따르면 예컨대 특허권 등 지식재산권자가 라이선스 계약을 체결하면서 다른 상품이나 용역의 구입을 강제함으로써 관련 시장에서 경쟁의 감소를 초래하는 행위는 불공정거래행위가 될 수 있다.

159) 독점규제법(제59조) 기타 독점규제법과 지식재산권법의 관계는 권오승 편저, 독점규제법 30년(2011), 65면 이하(오승한 집필부분) 참조. 근자의 논의는 정현순, "지식재산권과 독

조의 규정에 따른 지식재산권의 정당한 행사라 함은 관련 법률에 따라 허여받은 지식재산권의 배타적 사용권 범위 내에서 행사하는 것을 말하며, 이러한 경우에는 법 제59조의 규정에 따라 이 법의 적용이 배제된다. 그러나 외형상 지식재산권의 정당한 행사로 보이더라도 그 실질이 지식재산 제도의 취지를 벗어나 제도의 본질적 목적에 반하는 경우에는 정당한 지식재산권의 행사로 볼 수 없어 이법 적용 대상이 될 수 있다."고 한다.160)

(2) 우리 독점규제법 기타 국제적 강행규정의 완화

과거에는 국제라이선스계약에 관하여 외국인투자촉진법(또는 외자도입법)과 독점규제법이 규정을 두었다.161) 우선 외국인투자촉진법은 기술도입계약에 관하여 별도의 장(제6장)을 두고 제25조 제1항에서 한국 국민 또는 한국 법인이 외국인과 대통령령으로 정하는 기술도입계약을 체결하였을 때 또는 신고한 기술도입계약 내용을 변경하였을 때에는 지식경제부장관에게 신고하도록 규정하였다.162) 나아가 선진 기술의 도입을 촉진하고자 제26조는 기술도입계약에 대하여는 조세특례제한법에 따라 법인세 또는 소득세 등의 조세를 감면할 수 있다고 규정하였는데 이는 경제개발의 초기단계에서는 필요한 조치였다. 그러나 신고의무와 조세감면 조항은 모두 삭제되었다.

또한 구 독점규제법 제8장(국제계약의 체결제한) 제32조 제1항은 "사업자 또는 사업자단체는 부당한 공동행위, 불공정거래행위 및 재판매가격유지행위에 해당하는 사항을 내용으로 하는 것으로서 대통령령이 정하는 국제적 협정이나 계약163)

점규제법의 관계 ― 독점규제법 제59조와 관련하여", Law&Technology 제13권 제6호 (2017. 11.), 11면 이하 참조.
160) 주목할 것은 심사지침의 적용범위이다. 심사지침은 지식재산권의 행사가 시장지배적 사업자의 남용행위 및 복수 사업자 사이의 부당한 공동행위에 해당하는지 여부에 대한 판단기준을 제시한다. 심사지침은 원칙적으로 사업자가 단독으로 지식재산권을 행사하는 경우에는 그 사업자가 시장지배력을 보유한 경우에 한하여 적용한다. 특히 사업자가 지식재산권을 행사하면서 단독으로 행하는 거래거절, 차별취급, 현저히 과도한 실시료 부과는 원칙적으로 이를 행하는 사업자가 압도적인 시장지배력을 보유한 경우에 적용한다고 한다.
161) 소개는 예컨대 梁明朝, 國際獨占禁止法 ―美國法의 理論과 實際―(1986), 218면 이하 참조.
162) 신고제는 과거의 허가제와 비교하여 기술도입이 자유화되었음을 의미한다. 과거 기술도입정책과 외자도입법의 태도는 김찬진(註 59), 40면 이하; 이남기(註 59), 73면 이하 참조.
163) 과거 구 독점규제법 시행령(제47조)에 의하면, 여기에서 "대통령령이 정하는 국제적 협정

을 체결하여서는 아니된다"고 규정하고, 제33조(국제계약의 심사요청), 제34조(시정조치), 제34조의2(과징금)가 있었다. 또한 국내사업자의 보호를 위하여 국제계약의 사전심사제도를 두었다. 제8장은 문제된 국제계약의 준거법에 관계없이 동법이 정한 요건이 구비되면 적용되었으므로 국제적 강행규정이었다. 그러나 위 제도가 2016. 3. 29. 개정에 의하여 삭제됨으로써 국제계약의 당사자인 국내사업자를 보호하는 하나의 보호장치가 제거되었다. <u>위 규정들을 삭제한 개정 취지는 해당 조항에 근거한 시정조치 사례가 없고 이미 공정거래법에 국외행위에 대한 적용 규정이 있어 별도로 국제계약의 체결제한 조항을 둘 실익이 없다고 보았기 때문이라고 한다(국회 정무위원장 2016. 3. 제안, 의안번호 18638 독점규제 및 공정거래에 관한 법률 일부개정법률안(대안) 참조. 서울중앙지방법원 2019. 10. 24. 선고 2018가합576876 판결도 이를 인용한 바 있다). 하지만 저자가 알기로는 실제 사례가 없었던 것은 아니다. 즉 과거 실무상 외국회사에게 시정조치를 명하지는 않았지만 한국 회사를 통하여 간접적으로 공정위가 시정요구를 하였기 때문이다.</u> [밑줄 친 부분은 이 책에서 새로 추가한 것이다.] 이와 같이 준거법에 관계없이 적용되는 한국의 국제적 강행규정이 완화되는 결과 당사자, 특히 한국 기업은 스스로 자신의 권리와 이익을 보호하지 않으면 아니 된다. 따라서 법적 규제의 완화에 수반하여 또는 그에 선행하여 한국 기업이 자신의 권리와 이익을 보호하기 위하여 필요한 협상력을 확보하고 국제라이선스계약의 내용을 적절히 판단할 수 있는 능력을 제고해야 한다. 이를 위하여 한국 기업들은 한국 변호사의 도움을 받을 필요가 있다.

나. 준거법 소속국의 독점규제법 기타 국제적 강행규정

준거법 소속국의 독점규제법 기타 국제적 강행규정의 적용 여부는 국제사법적 고려에 기해 판단해야 하나 대체로 적용될 것이다. 예컨대 국제라이선스계약의 준거법이 한국법이면 위에서 논의한 독점규제법상의 규제는 적용될 것이다. 다만 그 근거는 독점규제법이 준거법의 일부이기 때문이라거나 특별연결이론으로 설명할 수 있다. 과거에는 '외국공법 부적용의 원칙'이 통용되었으나 사

이나 계약"이라 함은 산업재산권도입계약, 저작권도입계약, 노우하우도입계약, 프랜차이즈도입계약, 공동연구개발협정, 수입대리점계약과 합작투자계약의 하나에 해당하는 국제적 협정이나 계약을 말하였다.

법적 법률관계에 영향을 미치는 범위 내에서는 이제는 타당하지 않다. 국제사법 제6조(개정법 제19조)는 준거법 소속국인 외국의 공법을 반드시 적용해야 한다고 규정하지는 않으며, 단지 공법이라는 이유만으로 적용이 배제되는 것은 아니라는 소극적 규정방법을 취하므로, 외국공법이 준거법 소속국법이라고 하여 당연히 적용되지는 않고 그 적용 여부는 국제사법적 고려에 기해 판단해야 한다. 다만 국제사법의 일반론으로서 외국공법 부적용의 원칙이 극복되었다고 하더라도 외국의 세법과 형사법은 여전히 적용되지 않는다. 세법은 자신의 별도의 원칙에 따라 적용범위가 결정되는데 이것이 국제조세법의 문제이다.[164]

다. 제3국의 독점규제법 기타 국제적 강행규정

제3국의 국제적 강행규정의 적용이 문제되기도 한다. 예컨대 우리 기업이 베트남 라이선스에게 기술을 제공하는 경우 라이선스계약의 준거법이 한국법이라면 계약은 한국법에 의하여 규율된다. 그 경우 라이선스 대상은 베트남 특허권일 것이므로 한국 법원이 재판할 때에는 제3국의 국제적 강행규정인 베트남 독점규제법의 적용되는지, 그로 인하여 라이선스계약이 무효가 되는지 등이 문제된다. 이에 관하여는 한국에는 현재 정설이 없다.[165][166] 나아가 국제라이선스계약과 관련하여 문제되는 것은 그것이 제3국에 영향을 미침으로써 제3국의 독점규제법이 적용될 여지가 있다는 것이다. 많은 국가의 독점규제법, 특히 카르텔법이 효과이론(또는 영향이론)에 입각한 규정을 두고 있기 때문이다.[167] 따라서 국제라이선스계약의 준거법이 독일법인 경우 그로 인한 영향이 미국에도 미치는

---

164) 우리 형법(제2조 내지 제6조)은 이른바 국제형법에 관하여 명시적 규정을 두고 있으므로 적어도 해석론으로서는 우리 형사법의 적용범위는 그에 의하여 규율된다.
165) 학설은 석광현, "국제적 불법거래로부터 문화재를 보호하기 위한 우리 국제사법(國際私法)과 문화재보호법의 역할 및 개선방안", 서울대학교 법학 제56권 제3호(2015. 9.), 150면 이하 참조.
166) 로마협약(제7조 제1항)은 사안과 밀접한 관련을 가지는 제3국의 국제적 강행규정에 대해 그 성질과 목적 및 그 적용 또는 부적용의 결과 발생하게 될 효과를 고려하여 효력을 부여할 수 있다고 규정하였다. 로마 I 은 '최우선 강행규정(overriding mandatory provisions)'이라는 개념을 사용하면서 이를 정의하고, 로마협약의 태도를 제한하여 계약의 이행을 불법한(unlawful) 것으로 만드는 의무이행지 국가의 최우선 강행규정에 대하여 법원이 효력을 부여할 수 있음을 명시하는데(제9조) 이는 영국 판례의 태도를 반영한 것이다. 석광현(註 12), 381면 이하 참조.
167) Reithmann/Martiny/Hiestand, Rn. 6.1133.

때에는 미국 법원은 자국의 독점규제법을 적용할 것이다. 실무적으로 당사자들은 한국과 미국의 독점규제법을 모두 준수하는 방향으로 일을 처리한다. 문제는 우리 법원에서 재판할 때 법정지인 우리 독점규제법과 미국 독점규제법의 관계를 어떻게 파악해야 하는지이다. 역외적용을 규정하는 미국 독점규제법을 적용하는 것은 우리의 공서에 반한다고 주장할지 모르겠으나168) 우리 독점규제법의 역외적용을 명시하면서 동일한 접근방법을 취하는 미국 독점규제법의 적용이 우리의 공서에 반한다고 주장할 수는 없다. 양자가 충돌할 경우 이론 구성은 어떻게 하든 결론적으로는 우리 법원에서는 우리 법이 우선한다고 볼 가능성이 <u>크지만 항상 그런 것은 아니다</u>.169)

4. 공서에 의한 외국법 적용의 제한

국제사법에 의해 준거법으로 지정된 외국법을 적용한 결과가 한국의 국제적 공서에 명백히 반하는 때에는 적용될 수 없다(제10조). 공서라 함은 어느 국가의 "본질적인 법원칙, 즉 기본적인 도덕적 신념 또는 근본적인 가치관념과 정의

---

168) 과거 도메인이전결정취소등에 관한 사건에서 서울중앙지방법원 2007. 8. 30. 선고 2006 가합53066 판결은, 한국은 상표권에 관해서 속지주의 원칙을 채용하고 있는데 미국 상표권의 침해행위에 대하여 미국 '반사이버스쿼팅 소비자보호법(Anticybersquatting Consumer Protection Act, ACPA)'을 적용한 결과 한국 내에서 그 침해행위의 금지의 효과로서 도메인이름의 사용금지의무나 이전의무를 인정하는 것은 한국 상표법 질서의 기본이념에 비추어 받아들일 수 없고 이를 인정하는 것은 국제사법 제10조가 정한 공서에 반한다는 취지로 판단하였다.

169) 역외적용되는 우리 독점규제법과 외국 독점규제법의 관계에 관하여 대법원 2014. 5. 16. 선고 2012두13665 판결은 아래와 같이 주목할 만한 판시를 하였다.
"국외에서 이루어진 외국 사업자의 행위가 국내시장에 영향을 미치는 경우에는 독점규제 및 공정거래에 관한 법률(이하 '공정거래법'이라 한다) 제2조의2의 요건을 충족하므로, 당해 행위에 대한 외국 법률 또는 외국 정부의 정책이 국내 법률과 달라 외국 법률 등에 따라 허용되는 행위라고 하더라도 그러한 사정만으로 당연히 공정거래법의 적용이 제한된다고 볼 수는 없다. 다만 <u>동일한 행위에 대하여 국내 법률과 외국의 법률 등이 충돌되어 사업자에게 적법한 행위를 선택할 수 없게 하는 정도에 이른다면 그러한 경우에도 국내 법률의 적용만을 강제할 수는 없으므로, 당해 행위에 대하여 공정거래법 적용에 의한 규제의 요청에 비하여 외국 법률 등을 존중해야 할 요청이 현저히 우월한 경우에는 공정거래법의 적용이 제한될 수 있고</u>, 그러한 경우에 해당하는지는 당해 행위가 국내시장에 미치는 영향, 당해 행위에 대한 외국 정부의 관여 정도, 국내 법률과 외국 법률 등이 상충되는 정도, 이로 말미암아 당해 행위에 대하여 국내 법률을 적용할 경우 외국 사업자에게 미치는 불이익 및 외국 정부가 가지는 정당한 이익을 저해하는 정도 등을 종합적으로 고려하여 판단해야 한다." 그 정확한 취지와 근거는 더 검토할 사항이다.

관념"을 말하는데 이는 각국이 결정할 사항이다.170) 국제적 공서의 범위는 국내적 공서보다는 좁다.171)

국제라이선스계약의 맥락에서 외국법의 적용이 우리의 공서와 관련하여 문제되는 것은 삼배배상을 규정한 외국법이다. 왜냐하면 우리 국제사법(제32조 제2항)은, "제1항 내지 제3항의 규정에 의하여 외국법이 적용되는 경우에 불법행위로 인한 손해배상청구권은 그 성질이 명백히 피해자의 적절한 배상을 위한 것이 아니거나 또는 그 범위가 본질적으로 피해자의 적절한 배상을 위하여 필요한 정도를 넘는 때에는 이를 인정하지 아니한다."고 규정하기 때문이다. 즉 외국법에 따른 손해배상의 성질이 명백히 피해자의 적절한 배상을 위한 것이 아니거나, 또는 그 범위가 본질적으로 피해자의 적절한 배상을 위하여 필요한 정도를 넘는 때에는 이를 인정하지 아니한다. 전자로는 미국의 '징벌적 손해배상(punitive damages)'과, 미국 독점규제법인 1914년 Clayton Act(제4조)의 삼배배상(treble damages)에서 이배에 해당되는 부분을 넘는 부분을 들 수 있다.172)

5. 국제조세법

실시료 수입에 대하여는 라이선서가 자신의 소재 국가의 세무관서에 소득세 또는 법인세 형태로 조세를 납부해야 함은 물론이다. 실시료를 지급하는 라이선시가 원천징수를 해야 하는지는 관련 조세협약과 라이선시 소재 국내 조세법에 따를 사항이다. 이는 라이선스계약의 준거법과는 관련이 없으므로 당사자가 라이선스계약의 준거법을 한국법으로 하든 외국법으로 하든 영향을 받지 아니하며 국제행정법(특히 국제조세법)에 따를 사항이다.

영미에서는 이를 "어느 국가의 법원도 다른 국가의 형사법과 조세법을 집행하지 않는다"는 보편적 원칙이 있다고 설명하는데, 이것이 'penal rule'과 're-venue rule'이다.173) 즉 국제조세는 외국적 요소가 있음은 물론이나, 그 영역에

---

170) 이호정, 국제사법(1983), 219면.

171) 석광현(註 12), 177면 이하 참조.

172) 그러나 한국이 2011년 6월 시행된 하도급거래 공정화에 관한 법률을 통하여 삼배배상제도를 도입한 이상 삼배배상의 지급을 규정한 외국법의 적용이 반드시 제32조 제4항에 해당하는 것은 아니므로 해석론과 입법론으로 이를 해결해야 한다. 상세는 석광현, "손해배상을 명한 외국재판의 승인과 집행: 2014년 민사소송법 개정과 판례의 변화를 중심으로", 국제사법연구 제23권 제2호(2017. 12.), 286면 이하 참조.

173) James Fawcett/Janeen Carruthers/Peter North, Cheshire, North & Fawcett: Private

서는 재정적 이익을 보호하고자 하는 주권 국가가 입법의 주체로서의 지위를 가지고 주도적 역할을 담당하는 점에 특색이 있다.174) 이런 이유로 그리고 조세법상의 규제는 대체로 라이선스계약의 효력에 영향을 미치지 않으므로 국제조세법으로 다루어지고 있고 국제사법의 맥락에서 국제적 강행규정의 문제로 다루어지지 않는 것으로 보인다.

VI. 국제라이선스계약상의 분쟁해결: 소송과 중재

1. 소송

국제라이선스계약으로부터 또는 그와 관련하여 발생하는 분쟁의 해결은 소송에 의하기도 하고 중재에 의하기도 하는데, 어느 것을 선택할지는 당사자의 합의에 따를 사항이다. 물론 당사자들이 아무런 선택을 하지 않으면 당연히 소송에 의하게 된다.

당사자들이 소송을 선택하는 경우 통상 국제재판관할합의를 하는데 어느 국가의 법원을 관할법원으로 할지는 당사자 간의 협상력의 우위에 따라 결정된다.175) 다만 특허권 자체의 유효성이 등록국의 전속관할에 속한다고 보더라도 그 쟁점이 선결문제로 제기되는 경우에는 법원은 전속관할에 구애됨이 없이 판

International Law, 14th edition (2008), p. 123 이하; Dicey, Morris and Collins on the Conflict of Laws, Volume 1, 15th edition (2012), Rule 3 and para. 5-020. Rule 3은 "English courts have no jurisdiction to entertain an action:

　　(1) for the enforcement, either directly or indirectly, of a penal, revenue or other public law of a foreign State; or (2) founded upon an act of state."라고 규정한다.

　　따라서 외국공법 부적용의 원칙이 극복되었다고 하더라도(우리 국제사법 제6조 참조) 이는 사법적 법률관계에 영향을 미치지 아니하는 순수 조세법의 영역에서는 타당하지 않다. 다만 국제공조에 관한 조세조약이 있는 경우에는 그에 따른다.

174) Markus Heintzen, in Encyclopedia of Private International Law (2017), p. 1696.

175) 라이선스계약의 대상인 특허권의 유효성을 다투는 소송의 경우 등록국의 전속적 국제재판관할을 인정하는 경향이 있으나 그의 구체적 범위는 논란이 있다. 대법원 2011. 4. 28. 선고 2009다19093 판결은 "… 등록을 요하는 특허권의 성립에 관한 것이거나 유·무효 또는 취소 등을 구하는 소는 일반적으로 등록국 또는 등록이 청구된 국가 법원의 전속관할로 볼 수 있다면서도 그 주된 분쟁 및 심리의 대상이 특허권의 성립, 유·무효 또는 취소와 관계없는 특허권 등을 양도하는 계약의 해석과 효력의 유무일 뿐인 그 양도계약의 이행을 구하는 소는 등록국이나 등록이 청구된 국가 법원의 전속관할로 볼 수 없다"고 판시하였다. 이런 취지는 2022년 개정 국제사법(제10조 제1항 제1호)에 반영되었다. [밑줄 친 부분은 이 책에서 새로 추가한 것이다.]

단할 수 있다고 본다.176) 법무부에서 입법예고한 국제사법 전부개정법률안177)은 우리 대법원판결의 태도를 반영하는 조문을 두고 있다.

2. 중재

중재라 함은 당사자 간의 합의로 당사자 간의 분쟁을 법원의 재판에 의하지 아니하고 중재인의 판정, 즉 중재판정에 의하여 해결하는 절차이다. 중재는 사적 (私的) 분쟁해결수단으로서 대표적인 대체적(또는 대안적) 분쟁해결의 수단이다. 따라서 소송과 비교할 때 중재에서는 사적 자치 내지 당사자자치의 모습이 훨씬 강력히게 나타난다.

특허권 기타 지식재산권 라이선스계약상의 분쟁을 중재에 의하여 해결할 수 있음은 별 의문이 없다. 반면에 라이선스의 대상인 지적재산권(특히 등록에 의하여 발생하는 특허권)의 성립과 유무효에 관한 분쟁이 중재가능한지는 논란이 있고 국가에 따라 차이가 있다.178) 우리 중재법(제1조)은 분쟁이 중재의 대상이 되기 위한 요건으로서 사법(私法)상의 분쟁일 것을 요구한다.179) 따라서 특허권의 성립과 유무효에 관한 분쟁은 사법상의 분쟁이 아니므로 중재가능성이 없다. 우리 법상 특허권의 부여는 행정행위이므로 그에 관한 분쟁은 사법상의 분쟁이 아니다.180) 특허권에 관한 라이선스계약과 특허권 침해에 관한 국제상사중재에서 상대방이 특허권의 무효나 부존재를 주장하는 경우 중재인은 이를 판단할 수 있다.181)

---

176) 석광현, 국제사법과 국제소송 제2권(2001), 564-565면.
177) 법무부는 2018. 2. 27. 공청회를 개최하였다. 개정안은 석광현, "2018년 국제사법 개정안에 따른 국제재판관할규칙", 국제사법 전부개정법률안 공청회 자료집, 15면 이하 참조.
178) 우리 중재법상 논의는 석광현, "2016년 중재법 개정의 주요 내용과 그에 대한 평가", 전북대 법학연구 제53집(2017. 8.), 225면 이하 참조.
179) 2016년 개정된 중재법 제1조는 중재의 대상이 사법(私法)상의 분쟁일 것을 요구하나, 제3조 제1호는 그렇지 않은 탓에 중재 대상이 사법상의 분쟁이어야 하는지는 논란이 있다. 이는 국회에서 잘못으로 발생한 혼란이다. 석광현(註 178), 220면 이하 참조.
180) 반면에 특허권 침해로 인한 분쟁은 여전히 중재가능성이 있다.
181) 석광현(註 178), 568면 이하 참조.

Ⅶ. 맺음말

이상에서는 특허권을 대상으로 하는 국제라이선스계약을 중심으로 당사자자치의 원칙과 당사자가 준거법을 선택하지 않은 경우 객관적 준거법의 결정방법을 살펴보고, 이어서 국제라이선스계약의 주요 내용과 준거법 결정의 실익을 검토하였다. 국제라이선스계약의 주요 내용을 살펴본 것은, 준거법에 따라 어떤 실익이 있는지를 보여주기 위한 것이다.

특허권에 관한 라이선스계약은 계약법, 특허법과 독점규제법이 교착(交錯)하는 영역이다. 국내라이선스계약의 경우 계약법적 측면, 특허법적 측면과 독점규제법적 측면이 모두 한국법에 의하여 규율된다. 반면에 국제라이선스계약의 경우 ① 계약법적 측면은 계약의 준거법, ② 특허법적 측면은 보호국법, 그리고 ③ 독점규제법적 측면은 둘로 나누어 그 중 ③-1 공법적 측면은 기본적으로 속지주의에 의하되 예외적으로 역외적용이 가능하며, ③-2 사법적(私法的) 측면은 특별연결이론에 의하거나(계약에 관련된 부분) 불법행위지법 내지 영향을 받은 시장지법에 의하여 규율된다(계약 외의 부분).[182] 따라서 국제라이선스계약을 둘러싼 법률관계를 정확히 이해하자면 우선 각 쟁점의 준거법을 결정하고, 각 준거법이 규율하는 사항의 범위를 정확히 획정해야 하는데 이것이 협의의 국제사법의 존재이유이다. 그런데 한국법상 라이선스계약의 법리가 충분히 정립되지 않은 탓에 국내라이선스계약에서는 물론이고 국제라이선스계약에서도 계약의 준거법이 한국법인 경우 법적 불확실성이 작지 않다. 또한 심사지침이 추상적이라 실무상 명확한 지침을 제공하기 어렵다. 근본적으로 당사자에게 맡겨야 할 계약법의 영역과 공정거래위원회가 개입할 필요가 있는 영역 간의 경계획정은 까다로운 문제를 제기한다. 복수 국가가 개입하는 국제라이선스계약에서는 더욱 그러하다. 여기에서의 논의가 앞으로 우리 기업들과 법률가들이 국제라이선스계약을 둘러싼 법률관계를 정확히 이해하는 데 도움이 되기를 희망한다.

---

182) 다만 국내기업이 한국에 등록된 특허권에 대해서 한국에서만 실시하기 위한 라이선스를 도입하는 단순한 사안에서는 ②와 ③은 한국법일 것이다.

후 기

위 글을 발표한 뒤에 아래의 문헌이 간행되었다. 물론 망라적인 목록은 아니다.

- 나지원, FRAND 확약의 효력과 표준특허권 행사의 한계(2018)
- 정상조, "FRAND확약과 특허법상의 구제수단", Law & Technology, 제14권 제5호 (2018. 9.), 3면 이하
- 특허청·한국지식재산보호원, 표준특허(Standard Essential Patent) 분쟁대응 가이드(2020)
- 김언숙, "국제라이선스계약과 국제사법 — 한일비교국제사법적 관점에서", 국제사법연구 제26권 제2호(2020. 12.), 503면 이하
- 국제법률협회(ILA)는 국제지재권법의 논점들과 지재권 중재에 관한 지침을 마련하여 2021년 초 ILA Guidelines on Intellectual Property and Private International Law (Kyoto Guidelines)를 채택하였다.[183]
- 문화경, "국제 지식재산권 라이센스 계약 분쟁의 준거법 결정 원칙으로서 로마 I 규정의 적용에 관한 연구", 법제연구 제44호(2013. 6.), 487면 이하는 전에 간행된 것이나 본문에 반영하지 못하였다.
- 김민경, "국제계약에서 국제적 강행규정에 관한 연구", 서울대학교 대학원 법학박사 학위논문(2022. 2.)

---

183) 이에 관하여는 Journal of Intellectual Property, Information Technology and Electronic Commerce Law, Volume 12 (2021) 참조. 국문번역은 이규호·이종혁, "지식재산과 국제사법에 관한 ILA 가이드라인", 국제사법연구 제27권 제1호(2021. 6.), 679면 이하 참조.

[9] 국제금융거래에서 제3국의 외국환거래법과 국제적 강행규정의 적용: IMF 협정 제Ⅷ조 2(b)를 포함하여

前 記

이 글은 저자가 국제사법연구 제26권 제1호(2020. 6.), 353면 이하에 게재한 글을 다소 수정·보완한 것이다. 정치(精緻)한 국제재판관할규칙을 담은 국제사법 개정법률(개정법)이 2022. 1. 4. 공포되어 7. 5. 발효된다. 그 결과 준거법규칙을 담은 조문도 번호가 변경되기에 아래에서는 개정법의 조문을 일부 언급하였다.

Ⅰ. 머리말

1. 문제의 소재: 국제금융거래에서 제3국의 국제적 강행규정의 고려

여기에서 다루는 국제금융거래 기타 외국적 요소가 있는 법률관계의 준거법은 법정지의 국제사법에 의하여 결정되나, 성질상 준거법에 관계없이 관철되어야 하는 법률의 규정들이 있다. 계약(정확히는 국제금융계약)을 중심으로 보면, 아래(2.) 소개하는 로마Ⅰ 제9조 제1항을 빌려 대체로 "그의 정치적, 사회적 또는 경제적 조직과 같은 국가의 공익을 보호하기 위하여 그를 존중하는 것이 결정적인 것으로 간주되는 결과, 법정지의 국제사법에 따라 계약에 적용되는 준거법에 관계없이, 그의 범위에 속하는 모든 상황에 적용되는 규정"이라고 정의할 수 있다. 상세는 아래에서 논의하나, 이를 당사자들이 합의로써 배제할 수 없는 강행규정, 즉 국내적 강행규정(또는 강행규범. 이하 양자를 호환적으로 사용한다)과 구별하여 '국제적 강행규정(internationally mandatory rules)'이라 한다.[1]

---

1) 이를 '절대적 강행규정' 또는 '최우선 강행규정'이라고도 하는데 독일에서는 'Eingriffs-norm(간섭규범 또는 개입규범)', 프랑스에서는 *lois d'application immédiate*(직접적용

외환(또는 외국환. 이하 양자를 호환적으로 사용한다)거래를 규제하는 국내법(명칭은 국가별로 다르나 이하 편의상 "외국환거래법"이라 한다)은 전형적인 국제적 강행규정이므로2) 외국환거래법의 문제는 국제적 강행규정의 문제이다.

2. 논의의 방향과 순서

여기에서는 국제금융거래에서 제3국의 외국환거래법의 고려(또는 취급)를 중심으로 논의한다. '고려'는 국제적 강행규정의 적용, 실질법 일반조항에서의 고려 또는 기타 형태의 효력의 부여를 포괄한다.3) 국제적 강행규정은 그 원천에 따라 법정지의 국제적 강행규정, 준거법 소속국의 국제적 강행규정과 제3국의 국제적 강행규정으로 나뉜다. 여기에서는 제3국의 국제적 강행규정을 중심으로 논의하는데 그 방향과 순서는 아래와 같다.

첫째, 제3국의 국제적 강행규정에 앞서 국제적 강행규정의 개념과, 법정지와 계약의 준거법 소속국의 국제적 강행규정의 적용 여부를 간단히 논의한다(Ⅱ.).4)

둘째, 국제금융거래에서 제3국의 외환규제가 문제되는 경우와 관련하여 1944년 브레튼 우즈 회의 결과 체결된 조약으로서 국제통화기금(IMF)의 설립근

법)' 또는 'lois de police(경찰법)'이라 한다. 석광현, 국제사법과 국제소송 제4권(2007), 18면 이하 참조.

2) 정순섭, 은행법(2017), 577면. Charles Proctor, Mann on the Legal Aspect of Money, Seventh Edition (2012), para. 16.31은 그의 역할에 비추어 외국환거래법이 로마Ⅰ 제9조의 최우선강행규정에 해당함은 아무런 의문이 없다고 한다. 이하 이 책을 "Mann"이라 인용한다. 그의 목적을 달성하기 위하여 거주자와 비거주자라는 개념 등을 사용하여 그 적용범위를 정치하게 규정하는 외국환거래법의 적용 여부가 관련 계약의 준거법에 따라 결정될 수는 없다.

3) 스위스 국제사법(제19조 제1항)은 제3국 국제적 강행규정을 고려할 것을 명시한다. 이런 상황 등을 감안하여 '고려(Berücksichtigung)'를 (준거법) '지정(Verweisung)' 및 (법상태의) '승인(Anerkennung)'과 함께 현대 국제사법의 세 가지 방법론으로 평가하기도 한다. Marc-Philippe Weller, Vom Staat zum Menschen: Die Methodentrias des Internationalen Privatrecht unserer Zeit, Rabels Zeitschrift 81 (2017), 775ff. 고려에는 외국의 법규를 준거규범으로서가 아니라 사실, 즉 local data로 고려하는 경우도 포함된다. 예컨대 안전과 행위에 관한 규칙의 고려를 정한 "계약외채무의 준거법에 관한 2007. 7. 11. 유럽의회 및 이사회 규정"(로마Ⅱ)(제17조)는 이른바 'Datumtheorie'를 반영한 것이라고 평가하기도 한다.

4) 이는 소송을 전제로 한다. 법정지 개념이 없는 중재에서 국제적 강행규정의 문제는 양상이 다르다.

거가 된 Articles of Agreement of the International Monetary Fund(국제통화기금협정. 이하 "IMF 협정"이라 한다),5) 그 중에서도 제Ⅷ조 제2항 b(이하 "제Ⅷ조 2(b)"라고 한다)6)를 검토한다(Ⅲ.) 동조의 적용범위를 좁게 보는 영미의 태도가 확립되었고 우리 외환규제가 완화된 이상 이는 국제금융 실무상 예전처럼 중요한 쟁점은 아니나, 우리 은행들이 개발도상국 기업들에게 대출하는 경우 그 국가의 외국환거래법이 문제되므로 여기에서는 예컨대 한국산업은행이 칠레의 차주에게 미국 달러로 대출하면서 준거법을 한국법으로 지정하고, 관할법원을 우리 법원으로 합의한 사안을 상정하여 논의한다.7) 그 경우 제3국의 외환규제의 적용 여부는 우선 IMF 협정이 적용되는 경우 그에 따르고, 적용되지 않으면 우리 국제사법상 제3국의 국제적 강행규정의 취급에 따른다. 이 점에서 IMF 협정 제Ⅷ조는 외환규제가 문제되는 법률관계에 관한 한 우리 국제사법에 대한 특별저촉규범이다.8) 종래 한국에서 이에 관한 논의가 별로 없음은 의외이다.9)

---

5) "International Monetary Fund Agreement"라고도 한다. 한국에서는 조약 제24호로 1955. 8. 26. 발효되었다. IMF 협정은 그 후 7번 개정되었는데 2010년 12월의 최근 개정은 2016. 1. 26. 발효되었다. https://www.imf.org/external/pubs/ft/aa/index.htm. 외교부 조약정보에서는 제2차 개정(1978. 4. 1. 조약 제631호로 발효)까지만 보인다. 그 후 큰 틀은 유지되고 있는 것으로 보이고 특히 제Ⅷ조 2(b)는 개정된 바 없다.

6) 조문은 Article, Section으로 구성되고 (a)(b)를 사용하나 국문 번역문은 당초 이를 '조'와 '절'로 번역하면서 영문과 달리 아라비아 숫자를 사용하고 (A)(B)라고 하였으나, 개정 협정의 번역은 '조'와 '항'이라 하면서 (a)(b)를 사용한다. 외국중재판정의 승인 및 집행에 관한 1958년 유엔협약(뉴욕협약)의 국문 번역에서도 우리는 아라비아 숫자를 사용한다.

7) 그 경우 우리 법원에서 재판 시 IMF 협정과 칠레의 외국환거래법이 적용되는지가 문제된다.

8) Staudinger, Kommentar zum BGB, Internationales Vertragsrecht 1 (2016), Anh. zu Art. 9 Rom I -VO, Rn. 81f. (Werner F. Ebke 집필부분)(이하 "Staudinger/집필자, Art.*"로 인용한다); Christoph Reithmann/Dieter Martiny (Hrsgs.), Internationales Vertragsrecht, 8. Auflage (2015), Rn. 5.181 (Reinhold Thode 집필부분)(이하 "Reithmann/Martiny/집필자"로 인용한다. Christian von Bar/Peter Mankowski, Internationales Privatrecht, Band I Allgemeine Lehren, 2. Auflage (2003), §4 Rn. 116은 이를 '저촉법적 특별연결규칙(kollisionsrechtliche Sonderanknüpfungsregel)'이라고 한다. 조약이 국제사법에 우선함을 명시하는 독일 민법시행법(제3조 제2항)과 달리 우리 국제사법에는 조문이 없으나 특별법으로서 우선한다는 결론은 같다.

9) 이는 금전(또는 통화)과 그 지급의 私法 및 국제사법적 측면에 대한 관심이 작은 것과 맞물려 있다. IMF 협정 제Ⅷ조 2(b)의 간단한 소개는 석광현, "外換許可를 받지 아니한 國際保證과 관련한 國際私法上의 問題點—서울고등법원 1994. 3. 4. 선고 92나61623 판결에 대한 평석을 겸하여—", 法曹 통권 제459호(1994. 12.), 154면 이하(수정·보완된 글은 석광현, 국제사법과 국제소송 제1권(2001), 37면 이하 참조); 석광현(註 1), 514면. 한

셋째, 국제금융거래에서 국제사법상 제3국의 외국환거래법의 고려를 논의한다(Ⅳ.). IMF 협정 제Ⅷ조 2(b)가 적용되지 않는 경우 우리 국제사법이 적용되기 때문이다. 다만 한국에서는 논의가 부족하므로 2009년 공표된 "계약채무의 준거법에 관한 2008. 6. 17. 유럽의회 및 이사회의 No. 593/2008 규정"(이하 "로마 I"이라 한다) 제9조의 해석론을 참조한다.

넷째, 외국환거래법 외에 국제금융거래에서 제3국의 국제적 강행규정이 문제되는 그 밖의 사례를 검토한다(Ⅴ.). 여기에서는 미국 대통령의 명령에 의하여 동결된 예금반환청구를 다룬 영국 법원의 판결과, 경제위기 속에서 환율을 규제함으로써 사실상 채무감면을 초래한 아르헨티나 대통령령을 다룬 우리 하급심판결을 소개한다. <u>여기에서는 국제금융거래를 다루나 미국 또는 유럽연합의 경제제재가 다른 영역의 국제계약에 미치는 영향도 대체로 유사한 법리를 따를 것이다.</u> [밑줄 친 부분은 이 책에서 새로 추가한 것이다.]

Ⅱ. 국제사법에서 국제적 강행규정의 취급 개관

국제사법은 대부분 어떤 사안 또는 쟁점에 가장 밀접한 관련이 있는 법을 찾는 것을 목적으로 하는 양면적(또는 전면적) 저촉규범으로 구성되나, 국제적 강행규정에서는 특정한 국가적 또는 사회·경제정책적인 목적을 추구하는 일면적 저촉규범이 문제된다. 전자에서는 "법률관계로부터 출발하여 각 법률관계의 본거(Sitz)를 탐구하고 이것을 통하여 그에 적용할 법체계를 선택한다"는 사비니의 명제가 타당하나, 후자에서는 그와 반대로 법규로부터 출발하여 그의 적용범위를 획정하므로 사비니의 명제가 타당하지 않다. 현재 유럽연합과 그의 영향을 받은 국가들(한국 등)의 국제사법은 위 두 가지 방법론을 병용한다.[10]

여기에서는 제3국의 국제적 강행규정의 고려에 관한 논의에 앞서 국제적 강행규정의 개념과, 법정지의 국제적 강행규정과 문제된 법률관계(예컨대 계약)의

국금융연수원(최성현·신종신 집필), 국제금융관계법률 전면개정판(2014), 16면 이하는 아래 언급하는 협의설과 광의설을 소개하는 등 구 판보다 보완되었는데 exchange contract를 '외환계약'이라고 번역한다. 정순섭(註 2), 594면은 이를 간단히 언급하고 고맙게도 필자의 위 글을 인용한다.

10) 이러한 현상을 '국제사법의 양극성' 또는 '방법론적 다원주의(Methodenpluralismus)'라고 부르기도 한다. 석광현, 국제사법 해설(2013), 23면 참조.

준거법 소속국의 국제적 강행규정의 적용 여부를 논의한다.

1. 국제적 강행규정의 개념

이 글에서는 국제적 강행규정임에 별 의문이 없는 외국환거래법이 주요 관심의 대상이니 국제적 강행규정에 관한 일반론은 간단히 다룬다.[11]

가. 로마 I 의 태도

국제계약의 준거법에 관한 로마협약은 2009년 로마 I 로 대체되었다. 로마협약(제7조)[12]은 국제적 강행규정의 적용에 관하여 단일(또는 통일)연결이론과 특별연결이론(또는 특별연결설)을 결합한 것으로 평가되었다. 로마협약은 이를 정의하지 않았으나, 로마 I (제9조 제1항)은 '최우선 강행규정(overriding mandatory provisions)'[13]이라는 용어를 사용하면서 아래와 같이 정의한다(이하 이를 국제적 강행규정과 호환적으로 사용한다).

> "최우선 강행규정은 그의 정치적, 사회적 또는 경제적 조직과 같은 국가의 공익을 보호하기 위하여 그를 존중하는 것이 결정적인 것으로 간주되는 결과, 이 규정상 달리 계약에 적용되는 준거법에 관계없이, 그 범위에 속하는 모든 상황에 적용되는 규정이다."

문언상은 국제적 강행규정의 정의에 속하지 않는 것처럼 보이나, 입법자의 의지(또는 의사)에 따라서는 당사자들 간의 유형적인 불균형상태의 조정, 예컨대 소비자와 근로자와 같은 약자의 보호를 목적으로 하는 특별사법도 국제적 강행

---

11) 로마 I 과 국제사법의 해석론은 석광현, "국제적 불법거래로부터 문화재를 보호하기 위한 우리 국제사법(國際私法)과 문화재보호법의 역할 및 개선방안", 서울대학교 법학 제56권 제3호(2015. 9.), 139면 이하 참조. 개관은 석광현(註 10), 379면 이하 참조.

12) 제3국의 국제적 강행규정의 고려를 정한 로마협약 제7조 제1항은 아래와 같았다.
"이 협약에 근거하여 특정국가의 법을 적용함에 있어서, 사안과 밀접한 관련을 가지는 다른 국가의 강행규정들에 대하여는, 그 규정들이 당해 국가의 법에 의하여 계약의 준거법에 관계없이 적용되는 것인 한에 있어서는 효력을 부여할 수 있다. 이러한 강행규정들에 대하여 효력을 부여할 것인지를 결정함에 있어서는 그의 성질과 목적 및 그의 적용 또는 부적용의 결과 발생하게 될 효과를 고려하여야 한다."

13) 이를 '우선적 강행규정'이라고 번역할 수 있으나, '우선적'이 단순히 강행규정을 수식하는 취지로 오해될 소지가 있어 채택하지 않았다.

성을 가질 수 있다.14)

나. 우리 국제사법의 해석론

국제사법은 국제적 강행규정을 정의하지 않으나 제7조(개정법 제20조)를 보면 법정지의 국제적 강행규정은 "입법목적에 비추어 준거법에 관계없이 해당 법률관계에 적용되어야 하는 한국의 강행규정"이라고 이해할 수 있다. 즉 이는 당사자의 합의에 의해 적용을 배제할 수 없는 국내적(또는 단순한) 강행규정이면서 그에 더하여 준거법이 외국법이라도 적용이 관철되는 강행규정을 말한다. 필자는 당해 규범이 주로 공적인(국가적·경제정책적인) 이익에 봉사하는 경우는 국제적 강행규정이나, 주로 계약관계에 관여하는 당사자들 간의 대립하는 이익의 조정에 봉사하는 경우에는 국내적 강행규정이라고 본다.15) 한국법상 국제적 강행규정의 예로는 대외무역법, 외국환거래법, 독점규제 및 공정거래에 관한 법률(독점규제법), 문화재보호법의 일부 조문을 들 수 있다. 또한 입법자의 의지(또는 의사)에 따라서는 특별사법(Sonderprivatrecht)도 포함되는데 입양특례법의 일부 조문16)이 그에 해당한다고 본다.17)

---

14) 이러한 특별사법을 '국제적 강행규정인 특별사법(Sonderprivatrecht)', '私法的인 간섭규범' 또는 'Parteischutzvorschrift(당사자보호규정)'라고 부르기도 한다. Andrea Bonomi, "Overriding Mandatory Provisions in the Rome I Regulation on the Law Applicable to Contracts", Yearbook of Private International Law, Volume 10 (2008), p. 291. 프랑스에서는 간섭규범을 'lois de police de direction', 사적인 간섭규범을 'lois de police de protection'이라고 구분하기도 한다. 독일에서는 제9조 제1항은 공법적 성질의 규정(즉 간섭규범)에만 적용된다는 견해도 있으나 다수설은 전적으로 또는 압도적으로 사익의 조정에 봉사하는 것이 아니고 실질적인 공법적 이해관계를 다룬다면 특별사법도 포함시킨다. Thomas Rauscher (Hrsg.), Europäisches Zivilprosess- und Kollisionsrecht EuZPR/EuIPR Kommentar, Art. 9 Rom I -VO (2016), Rn. 11 (Karsten Thorn 집필부분).
15) 이는 MünchKomm/Martiny, 2. Auflage (1990), Art. 34 Rn. 12을 참고한 것이다.
16) 상세는 석광현, "국제가사사건을 다루는 법률가들께 드리는 고언(苦言)", 가족법연구 제30권 1호(2016. 3.), 113면 이하; 윤진수(편), 주해친족법, 제2권(2015), 1699면 이하(석광현 집필부분) 참조.
17) 어떤 규정이 국제적 강행규정인지는 당해 규정의 의미와 목적을 조사하여 그것이 입법자의 적용의지(또는 적용의사)를 반영하는지를 검토하여 판단한다. 당해 법률이 준거법에 관계없이 적용됨을 명시하거나, 그의 국제적 또는 영토적 적용범위를 스스로 정하고 있는 경우, 나아가 당해 법규가 행정법적 절차 내에서 전적으로 관할을 가지는 관청을 통한 정규적인 집행을 규정하는 경우 국제적 강행규정성의 징표가 되나, 불분명한 경우에는 국제적 강행규정이 아니라고 추정한다. von Bar/Mankowski(註 8), §4 Rn. 95; 석광현(註 10), 145면 참조.

2. 법정지의 외국환거래법

가. 로마 I 의 태도

법정지의 외국환거래법 기타 국제적 강행규정은 계약의 준거법에 관계없이 적용된다. 로마 I (제9조 제2항)[18]은 이를 명시하는데 이 점은 로마협약(제7조 제2항)도 같다.

나. 우리 국제사법의 해석론: 국제사법 제7조[19]

국제사법 제7조(개정법 제20조)는 아래와 같다.

> **제7조(대한민국 법의 강행적 적용)** 입법목적에 비추어 준거법에 관계없이 해당 법률관계에 적용되어야 하는 대한민국의 강행규정은 이 법에 의하여 외국법이 준거법으로 지정되는 경우에도 이를 적용한다.

한국이 법정지라면 한국의 국제적 강행규정은 문제된 법률관계의 준거법에 관계없이 적용된다. 국제적 강행규정의 적용을 문제삼는 것은 그것이 사법적(私法的) 법률관계에 영향을 미치는 범위 내에서이다.[20] 법정지 국제적 강행규정의 적용 근거는 특별연결이론으로 설명하는 것이 자연스러우나, 공법의 경우 공법의 속지주의이론으로 설명할 수도 있다.

---

18) 로마 I 제9조 제2항은 "이 규정의 어느 것도 법정지법의 최우선 강행규정의 적용을 제한하지 아니한다"라고 규정한다. 영국법상으로도 같지만 유럽연합에서는 자본이동과 지급에 대하여 제한을 부과할 수 없으므로 외환규제는 실제로는 문제되지 않는다. Mann, para. 16.08 (p. 443, Fn. 18).

19) 개관은 석광현(註 10), 140면 이하 참조.

20) 그 밖의 국제적 강행규정의 적용(예컨대 외국환거래법에 따른 인·허가 부여와 금지위반에 대한 공법적 제재와 처벌(Mann, para. 16.13은 이를 외국환거래법의 적극적 집행이라 한다)은 '국제행정법' 또는 '섭외공법(internationales öffentliches Recht)' 내지 '국제형법'의 문제이다. Gerhard Kegel/Klaus Schurig, Internationales Privatrecht, 9. Auflage (2004), S. 1090ff. 참조. 영미에서도 외국 형법, 세법과 기타 공법(penal, revenue or other public law)의 적용은 배제된다. Mann, para. 16.10; Dicey, Morris & Collins, The Conflict of Laws, Fifteenth Edition (2012), para. 5R-019 이하(외국환규제는 para. 5-033) 참조. 이하 "Dicey, Morris & Collins"로 인용한다.

3. 준거법 소속국의 외국환거래법

가. 로마 I 의 태도

로마협약은 명시적인 해결방안을 제시하지 않았기에 계약의 준거법 소속국의 국제적 강행규정은 ① 준거법의 일부로서 적용된다는 견해와, ② 특별연결이론에 의하여 적용된다는 견해가 있었다.[21] 로마 I 의 해석론도 다를 바 없다. 특히 영국에서는 준거법 소속국의 국제적 강행규정은 준거법의 일부로서 적용되는데 대해 별 의문이 없다.[22] 반면에 독일에서는 제9조 제3항의 문언을 기초로 준거법 소속국의 국제적 강행규정도 제3국의 국제적 강행규정과 같은 요건을 구비하는 때에 한하여 적용 내지 고려된다는 특별연결이론이 유력하다.[23]

나. 우리 국제사법의 해석론: 국제사법 제6조[24]

국제사법 제6조(개정법 제19조)는 아래와 같다.

> 제6조(준거법의 범위) 이 법에 의하여 준거법으로 지정되는 외국법의 규정은 공법적 성격이 있다는 이유만으로 그 적용이 배제되지 아니한다.

---

21) 석광현, 국제사법과 국제소송 제1권(2001), 84면은 전자가 유력하다고 하나 독일에서는 특별연결이론도 유력하였다. Staudinger/Magnus, Art 9, Rn. 130ff.; Jan Kropholler, Internationales Privatrecht, 1. Auflage (1990), S. 423 참조.

22) Dicey, Morris & Collins, para. 32-094; Mann, paras. 16.01 & 16.08. 종래 국제금융을 다루는 법률가들은 금융계약의 준거법 선택 시 차주국법으로부터의 절연을 강조하는데, 이는 차주국이 외국환관리법 등 자국법을 일방적으로 변경할 수 있기 때문이다. Philip R. Wood, Law and Practice of International Finance, University Edition (2008), para. 31-14는 역사적으로 자국 채무자를 보호하는 가장 보편적인 법률개정은 (a) 외국의 채무에 지급유예(모라토리엄)를 부과하는 입법과 (b) 외환규제였다고 지적하면서 대주로서는 차주국의 법률제도로부터 절연된 법을 국제금융거래의 준거법으로 지정해야 함을 강조한다.

23) Staudinger/Magnus, Art 9, Rn. 129ff.; Jürgen Basedow, The Law of Open Societies-Private Ordering and Public Regulation of International Relations: General Course on Private International Law (2013), para. 409. 스위스의 해석론은 흥미롭다. 스위스 국제사법(제13조)에 따르면, 외국법의 지정은 그 외국법에 의하여 사실관계에 적용될 수 있는 모든 규정들을 포함하고 나아가 외국법의 어떤 규정의 적용가능성은 그 규정에 공법적 성질이 있다는 이유만으로 배제되지 아니하므로, 준거법 소속국의 국제적 강행규정은 당연히 준거법의 일부로 적용될 것 같으나 제3국의 국제적 강행규정에 관한 제19조를 적용해야 한다는 견해도 있다. Markus Müller-Chen *et al.*, Zürcher Kommentar zum IPRG, 3. Auflage (2018), Art. 147, Rn. 42 (Frank Vischer/Philippe Monnier 집필부분). 이하 "Zürcher Kommentar/집필자"로 인용한다.

24) 개관은 석광현(註 10), 137면 이하 참조.

과거에는 국제사법에 의하여 지정되는 외국법은 사법(私法)에 한정되고 공법은 제외되는 것으로 이해되었다. 이것이 '외국공법 부적용의 원칙(principle of the inapplicability of foreign public law)'이다. 그러나 최근 사법의 공법화 현상이 두드러지고 사인 간의 국제거래관계에 각국 정부가 공법적 규제를 하는 현실에서 위 원칙을 관철하는 것은 부당하다. 더욱이 공·사법의 구별은 매우 어렵고 구별기준도 국가별로 다르며, 외국공법의 적용을 배제하거나 제한하더라도 이는 국제사법적 고려에 기초한 것이어야지, 어떤 규정의 성질에 따라 일률적으로 결정할 것은 아니다.25) 다만 제6조는 준거법 소속국인 외국 공법을 적용해야 한다고 규정하지는 않으므로, 외국공법 적용의 근거를 준거법의 일부이므로 적용한다거나, 특별연결이론 등으로 설명할 수 있다.

따라서 우리 법원은 준거법의 일부를 구성하는 외국의 외국환거래법을 적용하여 지급에 대한 동법상의 규정들(즉 이행의 정지, 금지 또는 이행불능 등에 관한 규정들)에 따라야 한다(물론 공서에 반하지 않는 한).26) 다만 제6조에도 불구하고 외국공법을 적용할 수 없는 한계가 있는지, 만일 있다면 그것이 무엇인지를 더 검토해야 한다.27)

4. 제3국의 외국환거래법

이 글의 중심은 여기에 있는데, 이에는 IMF 협정 제Ⅷ조 2(b)가 적용되는 경우와 그렇지 않은 경우가 있으므로 아래 Ⅲ과 Ⅳ에서 차례대로 논의한다.

Ⅲ. 제3국의 외환규제가 문제되는 경우 IMF 협정 제Ⅷ조 2(b)의 적용

IMF는 국제재무안정성과 국제통화협력을 촉진하고, 국제무역의 확장과 균형 있는 성장을 용이하게 하며, 외국환의 안정을 촉진하고 가맹국(또는 회원국. 외교부의 공식번역문은 '가맹국'이나, 이하 양자를 호환적으로 사용한다) 간의 질서 있는 외국환협정을 유지하며 경쟁적인 환평가절하를 회피하고 세계무역의 성장을 저

---

25) Werner F. Ebke, Internationales Devisenrecht (1991), S. 156-157 참조. 이는 교수자격 논문이다.
26) 영국 판례들의 소개는 Mann, para. 16.25 이하 참조.
27) Zürcher Kommentar/Anton Heini/Andreas Furrer, Art. 13 Rn. 43ff. 참조.

해하는 외국환에 관한 제제한(諸制限)의 제거에 조력하는 것 등을 목적으로 한
다.28) 이 글에서 중요한 것은 IMF 협정 제VIII조 2(b)이다.

1. 제VIII조 2(b)의 조문

동조 제1문은 다음과 같다.29)

> "Exchange contracts which involve the currency of any member and which
> are contrary to the exchange control regulations of that member maintained or
> imposed consistently with this Agreement shall be unenforceable in the terri-
> tories of any member (가맹국의 통화에 관련된 환계약으로서 이 협정에 합치하여
> 유지 또는 부과되어 있는 그 가맹국의 환관리 규정에 위배되는 환계약은 여하한 가
> 맹국의 영토 내에서도 이를 시행할 수 없다)."(밑줄은 필자가 추가)30)

2. 조문의 법적 성질

IMF 협정 제VIII조 2(b)는 국제통화제도의 협력을 위하여 가맹국에게 다른
가맹국의 외국환거래법을 적용할 의무를 부과하므로, 외국의 외국환거래법에 대
하여는 국제적 강행법규에 관한 일반적인 논의가 타당하지 않고 회원국은 제3국

---

28) IMF 협정 제 I 조 참조.
29) 당초 협정의 번역문은 제VIII조 2의 제목을 "경상적 지불에 관한 제한의 무효"라고 하였으
나, 제2차 개정의 번역문은 "정상지급에 관한 제한의 회피"라고 한다. 아마도 "경상지급
에 관한 제한의 회피"가 적절할 것이다.
30) IMF 협정은 개정되었으나 제VIII조는 그대로이다. 위 국문은 조약 제631호로서 발효된 제2
차 개정의 번역문이다. 필자는 위 "시행할 수 없다"와 '집행할 수 없다'(과거 필자의 번역)
보다 "강제할 수 없다"를 선호한다. IMF 상무이사들은 환계약상의 의무는 다른 가맹국의
사법 또는 행정당국에 의하여 implemented 되지 않을 것이라는 취지로 해석하였다고 한
다. International Monetary Fund, 1949 Annual Report, pp. 82-83 (Edmund M. A.
Kwaw, Grey Areas in Eurocurrency Deposits and Placements: The Need for an
International Legal Regime (1994), p. 281, p. 314에서 재인용). 이호정, 영국 계약법
(2003), 259면은 영국법상 위법한(illegal) 계약은 '강제실현할(enforce) 수 없다'고 한다.
한국은행, 국제통화기금 협정문(2012), 47면은 "회원국의 통화에 관련된 외환계약으로서
본 협정문에 부합되게 유지 또는 부과되어 있는 그 회원국의 외환관리 규정에 위배되는
외환계약은 어떠한 회원국의 영토 内에서도 이를 시행할 수 없다"고 한다. 참고로 영미계
약법상 필요한 약인(consideration)이 결여된 경우 그 계약은 'unenforceable' 하다고 하
나 그것이 강제할 수 없다는 것인지 무효인지는 다소 불분명하다. 위 이호정, 43면 참조.

의 외국환거래법을 적용해야 한다.31) 이런 의미에서 IMF 협정 제Ⅷ조 2(b)는 통일적인 저촉규범인 동시에 실질규범이고,32) 따라서 그 요건을 충족하는 한 법정지의 국제사법원칙과 계약의 준거법에 관계없이 적용된다.33) 저촉규범이라고 하는 이유는 만일 그것이 없으면 아래에서 보는 우리 국제사법이 적용될 것이나 동조가 국제적 강행규정의 고려에 대한 예외를 규정하기 때문이다. 이는 외국공법 부적용의 원칙이라는 과거의 법리에는 반하는 것이나 국제적 통화 협력의 필요성에 관한 공감대가 형성되었기 때문이다.34) 한편 실질규범이라고 하는 이유는 계약의 준거법에 관계없이 법률효과를 직접 규정하기 때문이다.

3. 제Ⅷ조 2(b)의 적용요건

가. 환계약의 개념

주지하듯이 제Ⅷ조 2(b)의 핵심인 환계약(exchange contract)35)의 개념을 좁게 파악하는 견해(이하 "협의설"이라 한다)와 넓게 파악하는 견해(이하 "광의설"이라 한다)가 있다.

협의설은 'exchange'에 교환이라는 요소를 포함시키므로 이는 어느 회원국의 통화를 다른 통화와 교환하는 계약을 의미하고, 물품, 용역 또는 증권을 대상으로 하는 계약은 포함하지 않는다.36) 영국 법원37)과 미국 법원38)의 태도는 협

---

31) Reithmann/Martiny/Thode, Rn. 5.142; 석광현(註 21), 38면 이하: 석광현(註 1), 513면 이하 참조. 이것이 아래 특별연결이론을 입법화한 것이라고 설명하기도 하나 정확하지는 않다. 제3국을 중심으로 보면 이를 제3국 외국환거래법의 역외적용이라고 할 수도 있다.
32) Reithmann/Martiny/Thode, Rn. 5.145.
33) Mann, para. 15.04.
34) 이는 1995년 UNDROIT 협약, 즉 "도난 또는 불법반출된 문화재에 관한 협약"(제3장)이 체약국에게 문화재 기원의 문화재보호법을 국제적 강행규정으로서 존중할 의무를 부과하는 것을 방불케 한다. 위 협약이 그런 태도를 취하는 것도 문화재의 국제적 보호의 필요성에 대한 국제적 공감대가 있기 때문이다. 석광현, "UNDROIT 문화재환수협약 가입과 문화재보호법의 개정", 국제사법연구 제15호(2009), 333면 이하 참조. 우리는 아직 미가입이다.
35) 공식 독어번역과 공식 불어번역은 'Devisenkontrakte'와 *contrats de change*'라고 한다. Ebke(註 25), S. 203. 프랑스어 번역은 https://www.imf.org/external/french/pubs/ft/aa/aa.pdf 참조.
36) 이는 미국의 Arthur Nussbaum, Exchange Control and the International Monetary Fund, 59 Yale L. J. 421, 426-427 (1950)에서 주창한 것이다. Ebke(註 25), S. 205 참조. William Blair, Interference of Public Law in the Performance of International Monetary Obligations, Mario Giovanoli (ed.), International Monetary Law: Issues for the New Millennium, para. 21.29도 이를 지지한다.

의설을 취하는 것으로 확립되었다고 평가된다.[39] 협의설은 회원국이 자국의 금전자원을 방어하기 위하여 도입할 수 있는 정당한 규제와 금지를 적용범위 밖에 두고, 상대적으로 작은 그룹의 거래만을 대상으로 보는 문제가 있다.[40] 또한 이는 환계약을 IMF 당초 협정 제IV조(제3항과 제4항)의 "exchange transactions between its currency and the currencies of other members(제가맹국 통화간의 환거래)"와 동일시하여 부당하다는 비판이 있었다.[41]

한편 광의설은 환계약을 어떤 방법으로든 어느 회원국의 환자원 또는 통화에 영향을 줄 수 있는 계약으로 이해하므로, 물품, 용역 또는 증권을 대상으로 하는 계약도 포함시키고 그런 해석이 IMF의 경제적 목적을 촉진하고 지지한다고 한다.[42] IMF는 이를 "외환규제를 부과하는 국가의 거주자와 비거주자 간의

---

37) 영국 항소법원은 Wilson Smithett & Cope Ltd v Terruzi [1976] 1 QB 683. 사건에서 이런 견해를 취하였다. 그 후 귀족원이 United City Merchants (Investments) Ltd v Royal Bank of Canada [1983] 1 AC 168에서 동일한 태도를 취한 탓에 영국에서는 정립된 판례라고 한다. Mann, para. 15.27 (p. 421) 전자는 Corinne R. Rutzke, The Libyan Asset Freeze and Its Application to Foreign Government Deposits in Overseas Branches of United States Banks: Libyan Arab Foreign Bank v. Bankers Trust Co., 3 American University International Law Review 265 (1988); Ebke(註 25), S. 208f., 후자는 위 Rutzke, p. 267 이하; Ebke(註 25), S. 210f. 참조. 다만 영국 법원은 '통화의 교환을 위한 위장된 금전거래(disguised monetary transactions for the exchange of currencies)'라는 개념을 사용하면서 이는 환계약의 개념에 포함될 수 있다고 보았다.

38) 예컨대 Banco do Brasil v. AC Israel Commodity Co (1963) 12 NY 2d 371; 190 NE 2d 235 cert. denied (1964) 376 US 906 (1964) 등. 이것이 뉴욕주 법원의 태도라고 한다. Ronald A. Brand, Non-Convention Issues in the Preparation of Transnational Sales Contracts, 8 Journal of Law and Commerce 145, 180 (1988). 그 밖의 미국 문헌은 Gerhard Wegen (독일 변호사), 2(B) or Not 2(B): Fifty Years of Questions-The Practical Implications of Article VIII Section 2(B), 62 Fordham L. Rev. 1931 (1994); David Litvack, Losing Control: Why IMF Article VIII(2)(b) May Nullify the Enforceability of Financing Contracts When Spiraling Oil Prices Prompt the Use of Exchange Controls, 13 Fordham J. Corp. & Fin. L. 805 (2008); Allan T. Marks, Exchange Control Regulations within the Meaning of the Bretton Woods Agreement: A Comparison of Judicial Interpretation in the United States and Europe, 8 Int'l Tax & Bus. Law. 104 (1990)(Beth A. Simmons, Money and the Law: Why Comply with the Public International Law of Money?, 25 Yale J. Int'l L. 323, 229, Fn. 75 (2000)에서 재인용) 등 참조.

39) Mann, para. 15.27 (p. 425).

40) Mann, para. 15.27 (p. 426).

41) Mann, para. 15.27 (p. 420). 그러나 제2차 개정에는 그런 문언은 보이지 않는다.

42) 광의설은 Mann이 주창한 것인데, IMF의 general counsel이었던 Gold도 환계약은 외국

지급을 규정하는 계약"으로 본다고 한다.[43]

광의설은 회원국의 통화자원을 보호하고 그들의 국제수지에 대한 불리한 영향을 피한다는 협정의 목적에 부합하는 장점이 있으나, 'exchange'라는 단어를 무의미하게 만들고, 통상의 무역거래의 매도인과 매수인에게까지 상대방 국가의 외환규제를 확인하도록 하는 부담스러운 결과를 초래한다는 비판을 받고 있다.[44]

만일 협의설에 따르면 어느 회원국의 거주자와 비거주자 간에 체결되는 국제대출계약과 사채발행은 환계약이 아닌 데 반하여,[45] 광의설에 따르면 국제대출계약은 그 금액과 기간에 관계없이 이에 포섭된다. 거주자와 비거주자 간의 국제보증계약도 마찬가지이다. IMF 협정의 목적(제 I 조)을 보아도 환계약의 개념에 교환이라는 요소를 포함시킬 이유가 있는지 의문이나 협의설은 exchange 개념을 제거하는 것은 협정의 문언에 대한 폭거로 이해한다. 어쨌든 국제적으로 협의설이 확산되고 있고 한국의 외환규제가 많이 완화된 이상 우리가 광의설을 따를 이유는 없을 것이다.

협의설에 따르면 대부분의 금융거래는 환계약이 아니게 되어 당사자들의 거래의 자유가 널리 보장되고 외국의 외국환거래법을 적용할 가능성이 작아지는 반면에, 광의설을 따르면 그만큼 다른 국가의 외국환거래법을 적용할 가능성이 커지므로 종래 국제금융의 중심지인 영미가 협의설을 취할 실제적 필요성도 있다.

또는 내국 통화로 국제적인 지급 또는 이체를 요구하는 계약을 의미한다고 보았다. Mann, para. 15.27, Fn. 89 (p. 422) 소개 문헌; F. A. Mann, The Private International Law of Exchange Control Under the International Monetary Fund Agreement, 2 Int. & Comp. L.Q. 97, 100 (1953); Joseph Gold, "Exchange Contracts", Exchange Control, and the IMF Articles of Agreement: Some Animadversions on Wilson, Smithett & Cope Ltd v. Terruzzi, 33 Int. & Comp. L.Q. 777, 781 (1984). 후자는 Joseph Gold, Fund Agreement in the Courts. Volume I(1962)과 Volume II(1982)를 참조하라고 한다.

43) Mann, para. 15.27 (p. 422), Fn. 91에 인용된 문헌 참조. 그러나 이는 IMF의 유권적 견해는 아니다. IMF 협정의 해석에 관하여 가맹국과 기금 간에 또는 가맹국 간에 발생하는 문제는 상무이사회(Executive Board)에 회부하여 결정된다(제29조 a).

44) Mann, para. 15.27 (p. 426).

45) 협의설에 따르더라도 이종통화 간의 스왑거래와 'dual currency bond'는 환계약에 해당된다. 따라서 장외 파생상품거래를 다룬 문헌들은 IMF 협정 제Ⅷ조 2(b)를 다루어야 하나 잘 보이지 않는다. 예컨대 황민택, 장외 파생상품 계약 실무: ISDA master agreement를 중심으로(2008); 신용진, 장외파생상품 거래계약 해설(2013) 참조.

독일은 가맹국의 외환보유와 통화를 보호한다고 하는 IMF 협정의 목적
을 중시하여 전통적으로 광의설을 따랐다.[46] 따라서 어느 회원국의 국제수지
(balances of payments)에 영향을 미치는 모든 계약상의 의무가 포섭되는 결과 당
사자의 합의에 의하여 자국 또는 외국통화로의 지급 또는 이체가 규정되어 있으
면 환계약에 해당한다. 그 결과 독일 당사자들이 독일법 대신 뉴욕법이나 영국
법을 준거법으로 하는 경향이 있음을 이유로, 근자의 판례와 학설은 협의설을
취하는 경향이 있고 이를 통하여 독일은 영미와 비교하여 불리한 지위에 놓이는
것을 피할 수 있게 되었다고 한다.[47] 그 동안 유럽에서 외환규제가 완화되었고,
힌편 동구와 중앙아시아 국가들이 IMF 협정에 가입함에 따라 위 조문을 넓게 해
석할 경우 독일 법원에서 그런 국가들의 외국환거래법을 적용해야 한다는 우려
가 커진 점도 작용하였다.[48]

나. 자본거래에의 적용 여부

제VIII조 2(b)가 자본거래(capital transaction)에도 적용되는지는 논란이 있
다.[49] 독일에서는 과거와 달리 부정설이 근자의 유력설로 보인다. 독일 연방대
법원의 1993. 11. 8. 판결(불가리아 판결)[50]과 1994. 2. 22. 판결[51]은 제VIII조는 자
본거래(자본이동)에는 적용되지 않는다는 취지로 판시하였다.[52] 즉 제VIII조 2(a)

---

46) Ebke(註 25), S. 229; Reithmann/Martiny/Thode Rn. 5.156; MünchKommBGB, Band 12, 7. Auflage (2018), Anh. II Art. 9 Rom I-VO, Rn 25 (Martiny 집필부분). 이하 "MünchKomm/집필자, Art.*"로 인용한다). 과거 유력설도 같았다.
47) Ebke(註 25), S. 240-243; Reithmann/Martiny/Thode, Rn. 5.157; von Bar/Mankowski (註 8), §4 Rn. 116. Werner F. Ebke, Article VIII, Section 2(b) of the IMF Articles of Agreement and International Capital Transfers: Perspectives from the German Supreme Court, 28 International Lawyer, 768 (1994) 참조. Ebke는 동조의 개정필요성을 주장한다.
48) Angelika Fuchs, Auf dem Weg zur engen Auslegung des Art. VIII Abschn. 2b) S. 1 IWF-Abkommen, IPRax (1995), S. 85.
49) Mann, para. 15.17; MünchKomm/Martiny, Anh. II Art. 9, Rn 25.
50) 간단한 평석은 Carsten Ebenroth/Woggon, Rüdiger, Keine Berücksichtigung aus－ländischer Kapitalverkehrsbeschränkungen über Art. VIII Abschnitt 2 b) IWF-Abkommen, IPRax (1994), S. 276ff. 참조. 이는 불가리아 회사의 증자결의에 따라 출자금의 지급청구가 문제된 사건이다. 판결문은 IPRax 1994, 298 참조.
51) NJW 1994, 390 = IPRax 1995, 110. 간단한 평석은 Fuchs(註 48), S. 82ff. 참조.
52) Fuchs(註 48), S. 85.

는 가맹국은 IMF의 동의 없이는 경상적 국가거래를 위한 지불 및 자금이동에 대하여 제한을 부과하지 못한다고 규정하므로 이는 상품무역이나 서비스거래를 위한 지불을 제한할 수 없다는 취지로서 경상거래(current transaction)에만 적용된다는 것이다. 더욱이 제Ⅷ조 제2절이 'Avoidance of restrictions on current payments(경상적 지불에 관한 제한의 회피)'라고 하여 경상거래를 전제로 하고, 자본거래에 대한 별도 규정(제Ⅵ조 제3항)53)에 따르면 가맹국은 IMF의 허가 없이도 국제자본이동을 규제하기 위하여 필요한 통제를 행할 수 있기 때문이다.54) 그러나 IMF 협정상 차입금에 대한 변제기 도래 이자 지급(payments due as interest on loans)과 차입금의 상환을 위한 적당한 금액의 지급(payments of moderate amount for amortization of loans)은 경상거래를 위한 지급이고(용어를 해설한 IMF 협정 제XXX조 (d)), 그를 넘는 범위만이 자본거래가 되므로 양자의 경계가 애매하다.55) 동조는, IMF는 관계 가맹국과 협의 후 특정거래를 경상거래와 자본거래 중 어느 것으로 보아야 할지를 결정할 수 있다고 규정한다.

다. 가맹국의 '통화에 관련된'의 의미

'통화에 관련된'이라는 것은 특정한 통화만이 아니라 금, 유가증권, 부동산, 동산과 무형자산의 양도도 통화에 관련될 수 있으므로 그를 포함하는 개념이고, 그러한 해석이 가맹의 환자원(exchange resources)의 보호를 목적으로 하는 제

---

53) "제3절 자본이전의 통제. 가맹국은 국제자본 이동을 규제하기 위하여 필요한 통제를 행할 수 있다. (생략)" 이는 제2차 개정의 국문번역이다. 당초 협정의 번역은 '자본이동의 통제'라고 하였는데 내용상 이것이 더 적절하다.

54) 필자는 자본거래에도 적용될 수 있음을 전제로 제Ⅷ조 2(b)의 적용범위를 논의하였는데 (석광현(註 21), 42면, 624면; 석광현(註 1), 514면), 이는 Mann의 견해를 따라 어느 회원국의 외환규제가 IMF 협정에 따라 부과되는 것이라면 그의 존중을 경상거래에 한정하고 오히려 일국 통화에 더 큰 영향을 미치는 자본거래에는 적용하지 않을 이유는 없기 때문이었다. Proctor는 위 견해의 설득력을 인정하면서도 결국은 자본거래에는 적용되지 않는다고 보았으나(Mann, Sixth Edition, para. 15.19, Fn. 51), 흥미롭게도 Mann, para. 15.22에서는 견해를 바꾸어 자본거래에도 적용된다는 견해를 취하면서 다양한 근거를 제시하는데 중요한 것은 위 Mann의 논거이다. Wood(註 22), para. 31-25은 대출계약과 사채에 관하여 견해가 나뉜다고 하나 이는 환계약의 범위의 문제이지 자본거래인지를 문제 삼는 것은 아니다.

55) IMF 협정의 해석에는 영향이 없으나, 우리 외국환거래법(제3조 제1항 제19호)은 자본거래를 예금계약, 금전대차계약 등에 따른 채권의 발생·변경 또는 소멸에 관한 거래, 증권의 발행·모집, 증권 또는 이에 관한 권리의 취득 등으로 넓게 정의한다.

Ⅷ조의 취지에도 부합한다.56)57)

다수설은 위 요건은 중립적 표현이므로 당해 거래가 어떠한 형태로든 가맹국의 국제수지에 영향을 미치는 경우를 의미한다고 보나, 소수설은 그로 인하여 가맹국의 국제수지에 불리한 영향을 미치는 경우만을 의미한다고 본다.58)

라. 가맹국의 '환관리 규정에 위반(위배)되는'의 의미

제Ⅷ조 2(b)가 적용되는 것은 가맹국의 '환관리 규정에 위반되는' 환계약에 한정된다. 이는 어느 가맹국의 금융자산을 보호할 목적으로 통화, 재산, 용역의 국외로의 이동을 통제하는 입법을 말하고, 관세, 무역제한, 가격통제와 적국과의 교역금지는 이에 포함되지 않는다.59) 어느 국가의 자산동결 또는 봉쇄 조치가 환관리 규정인지는 논란이 있으나 이는 통화의 보호를 목적으로 하는 조치는 아니므로 부정설이 유력하다.60) 국가 채무자(sovereign debtor)의 지급유예(모라토리엄)가 이에 해당하는지는 논란이 있다.61)

한편 가맹국이어야 한다는 요건은 법원의 판결 시에 존재해야 하나, 환계약 체결 시에도 위 요건이 구비되어야 하는지는 논란이 있다.62)

---

56) Mann, para. 15.28.

57) IMF에 따르면 위 요건은 환계약 당사자의 일방이 (통화) 발행국의 거주자이거나 또는 환계약의 이행이 발행국의 영역 내에 소재하는 자산으로써 이행되어야 하는 경우 충족된다고 한다. Mann, para. 15.29.

58) Mann, para. 15.28; Ebke(註 25), S. 246f: Reithmann/Martiny/Thode, Rn. 5.159.

59) Mann, para. 15.30.

60) Mann, para. 15.30. 이런 이유로 영국 법원은 미국의 자산동결명령을 IMF 협정의 문제로 다루지 않았다고 한다. IMF는 정치적인 자산동결명령이 IMF 협정에 부합하는 외환규제인지를 결정할 권한이 있다. 아르헨티나가 발행한 채권(債券. sovereign bond. 이하 '국채'는 이런 의미다)과 관련하여 IMF 협정 제Ⅷ조 2(b)는 지급유예를 명한 아르헨티나 대통령령에 적용되지 않는다는 견해도 있다(준거법은 독일법이었다). 그 근거는 사채는 환계약이 아니고(협의설에 따라) 협약의 적용대상이 아닌 자본거래이며, 아르헨티나의 모라토리엄이 환규제인지는 논란이 있으나 이를 인정하더라도 그것은 체결 시의 것도 아니고 더욱이 IMF 협정에 부합하는 것도 아니라는 점 등을 열거한다. Alf Baars/Margret Böckel, Argentinische Auslandsanleihen vor deutschen und argentinischen Gerichten, Zeitschrift für Bankrecht und Bankwirtschaft (ZBB)(2004), S. 456ff.

61) Mann, para. 15.30, Fn. 136은 이를 부정하나 독일에는 긍정설도 있다. Dietrich Schefold, Moratorien ausländischer Staaten und ausländisches Devisenrecht, IPRax (2007), S. 315ff. 참조. 간략히는 Baars/Böckel(註 60), S. 456, Fn. 143 참조.

62) 구 판인 Mann, Sixth Edition, para. 15.30은 이를 요구하였으나 Mann, para. 15.29는 요구하지 않는다.

위 조항은 계약체결 시 환관리 규정에 위반되는 경우에만 적용되고 환계약 체결 후 사후적으로 도입된 환관리 규정에는 적용되지 않는지는 논란이 있다. 환관리 규정 위반 여부를 계약체결 시를 기준으로 판단하는 견해는 그렇지 않으면 회원국은 계약 체결 후 환통제 규정을 도입함으로써 체결 시 완전히 유효했던 환계약을 강제할 수 없는 것으로 전환할 수 있게 되어 부당하다고 지적하나, 체결 시 완전히 유효했던 환계약이 이후 상황의 변화로 인하여(예컨대 외환허가의 취소 등) 환규제에 위반될 수 있음을 인정하는 견해도 있다.[63]

마. 'IMF 협정에 따라(합치하여) 유지 또는 부과되는 환관리 규정'의 의미

어느 가맹국이 부과하는 환관리가 IMF 협정에 부합하는 것인지를 판단하여야 한다. 이는 환관리 규정이 모든 세부사항의 점에서 IMF 협정에 부합해야 한다는 것이 아니라 그 존재와 취지의 점에서 IMF 협정에 부합하는가의 문제라고 한다.[64] 가맹국이 IMF 협정 제Ⅷ조의 가맹국이 되었다면[65] 그 후 새로운 환규제의 도입은 IMF의 허가가 없이는 원칙적으로 IMF 협정에 부합하지 않는다.[66]

4. 제Ⅷ조 2(b)의 적용효과

우선 'unenforceable'(시행할 수 없다는 번역의 적절성은 의문이므로 이하 영문을 사용한다)의 개념에 관하여는 아래 두 가지 논점을 검토할 필요가 있다.

첫째는 이것이 계약을 무효로 만드는가의 문제이다. 영국에서는 이는 계약을 처음부터 무효로 하지는 않으나 법원에 제소하여 즉 소송에 의하여 강제할 수는 없다고 이해한다.[67] 다만 그 결과 계약 전부가 unenforceable 하게 되는지

---

63) 구 판인 Mann, Sixth Edition, para. 15.28 (p. 387)은 전자이나, Mann, para. 15.27 (p. 418 이하)은 후자를 취한다. Blair(註 36), para. 21.29; Wood(註 22), para. 31-25도 전자를 지지한다.

64) Mann, para. 15.32.

65) 한국은 1988. 11. 1. 제8조국이 되었는데, 제Ⅷ조는 모든 가맹국에게(즉 제14조에 따라 과도기적 조치를 취하는 국가들) 적용되는 것이지 제8조국 사이에서만 적용되는 것은 아니다. Mann, para. 15.23.

66) Mann, para. 15.32.

67) Ebke(註 25), S. 276ff. 그러나 1977년 Batra v Ebrahim [1982] Lloytd's Rep. 11은 이를 무효라고 본 것으로 해석하기도 한다. 계약이 이미 이행된 경우 급부의 반환을 청구할 수 있는지는 논란이 있다. Mann, para. 15.33 참조.

아니면 일부만 unenforceable 하게 논란이 있다.[68] 한편 독일에서는 un-enforceable을 'unklagbar'로 번역하는데 판례와 통설은 이는 계약의 유효성에는 영향을 미치지 않고 다만 제소가능성이 배제된다고 본다.[69]

둘째는 계약이 unenforceable 하다는 것이 소송절차에서 당사자의 항변사항인가 아니면 법원이 직권으로 판단할 사항인가의 문제이다. 영국 법원은 전자로 판단하였다.[70] 한편 독일에서는 종래 판례와 통설은 이를 본안판결을 위한 요건으로 이해하고 법원이 직권으로 조사·판단하여 소를 각하할 것이라고 보았다.[71] 그러나 그에 대하여는 영미 판례와 균형을 맞추고 해석의 통일을 기하고자 이를 '불완전한 채무(unvollkommene Verbindlichkeit)'[72]라고 실체법적으로 파악하고(따라서 청구기각사유가 된다) 절차적으로도 항변사유로 보아야 한다는 주장[73]이 유력하게 제기되고 있다.[74]

이처럼 외국의 외국환거래법을 위반한 계약이 IMF 협정 제Ⅷ조 2(b)에 따라 unenforceable 하다면 우리 법원은 청구를 기각하거나 소송요건으로 보아 소를 각하해야 한다. 그런데 우리 법원은 우리 외국환거래법 위반 시 그 계약의 유효성을 인정하면서 무조건의 지급을 명하므로(물론 강제집행은 불가하더라도),[75]

---

68) Mann, para. 15.33은 제Ⅷ조 2(b)의 정책목적에 비추어 이를 전부 unenforceable 하다고 보아야 한다면서, 그리스의 외국환거래법이 허용한 최고이율을 넘는 계약의 이행이 문제된 사건에서 최고이율을 넘는 범위 내에서만 unenforceable 하다고 본 1991. 11. 14. 독일 연방대법원 판결을 소개한다.

69) Mann은 무효라고 보았으나 이는 소수설이고 1969. 2. 27. OLG Frankfurt 판결은 그를 따랐으나 연방대법원판결의 확고한 입장은 본문과 같다. Reithmann/Martiny/Thode, Rn. 5.170; MünchKomm/Martiny, Anh. II Art. 9, Rn 25. 프랑스어 공식번역은 "*ne sont exécutoires*"라고 한다.

70) 1977년 Batra v Ebrahim [1982] Lloytd's Rep. 11. 귀족원도 United City Merchants (Investments) Ltd v Royal Bank of Canada [1983] 1 AC 168에서 그 결론을 따랐다. Mann, para. 15.33도 동지.

71) Reithmann/Martiny/Thode, Rn. 5.170. 판례는 BGH 31. 1. 1991, NJW 1991, 3095 외.

72) 불완전한 채무는 (소구가능성이 없는) 자연채무와 (강제집행 가능성이 없는) 책임 없는 채무를 말한다. 지원림, 민법강의, 제17판(2020), [4-24].

73) Reithmann/Martiny/Thode, Rn. 5.175; Staudinger/Ebke, Anh. zu Art. 9, Rn. 72ff. 이를 절차법적으로 이해하면 요건의 구비 여부를 변론종결 시를 기준으로 판단하나, 실체법적으로 이해하면 계약체결 시가 기준이 되어 영미 판례와 일관된 결론을 도출할 수 있다. Reithmann/Martiny/Thode, Rn. 5.176.

74) 이런 논의는 unenforceable 한 채권을 자동채권으로 하여 상계할 수 있는지와 급부의 반환을 청구할 수 있는지 등에 영향을 미친다.

75) 대법원 1975. 4. 22. 선고 72다2161 전원합의체 판결이 외환관리법은 단속법규에 지나지

한국의 외국환거래법보다 IMF 협정의 가맹국인 외국의 외국환거래법에 더 강력한 보호를 부여하는 기이한 결과가 된다.[76)

5. 제VIII조 2(b)의 적용과 공서위반

IMF 협정 제VIII조 2(b)에 따라 동 협정에 부합하는 회원국 외국환거래법의 적용이 법정지의 공서에 반하는 것은 통상의 경우 상정하기 어렵다. 동 협정은 회원국에 그러한 외환규제를 할 수 있는 권한을 부여한 것이기 때문이다.[77)

6. 한국의 IMF 협정 제VIII조 2(b)의 해석론 정립

한국과 칠레는 IMF 협정의 당사국이므로 위에서 상정한 사안, 즉 한국산업은행의 칠레 차주에 대한 대출계약과 관련하여 만일 그것이 IMF 협정에 합치하여 부과된 칠레의 외국환거래법에 위배된다면 우리 법원은 환계약을 강제할 수 없게 될 수 있다. 결국 위 대출계약의 준거법이 한국법이더라도 우리 법원은 칠레의 외국환거래법을 검토해야 한다. 문제는 우리 법원이 제VIII조 2(b)의 해석상 협의설과 광의설 중 어느 것을 따를지와, 대출계약에도 동조가 적용되는지(적용된다면 어느 범위 내에서 적용된다고 보는지)이다.[78) 조약인 제VIII조 2(b)의 통일적 해석이 확립되지 않았음은 유감인데, 양설이 나름 논거가 있으나 근자에 협의설

않으므로 그에 위반한 약정의 효력에는 영향이 없다고 판시하고, 집행의 조건에 불과한 외환허가는 채권금액의 지급을 명하는 판결을 함에 있어서 고려될 사항은 아니므로 무조건의 지급을 명한 조처는 정당하다고 판시하였다.

76) 이 점을 들어 필자는 대법원의 결론에 의문을 표시하였다. 석광현(註 21), 42면 참조. 한편 한국 외국환거래법에 위반한 금융거래에 관하여 IMF 협정의 가맹국인 외국 법원이 재판할 경우 청구기각 또는 소 각하를 해야 하므로 위 대법원 판결의 결론과 불균형이 발생한다.

77) Mann, para. 15.07, 15.09와 15.32는 그렇게 보면서도 다만 구체적 사안에서 어떤 외환규제가 차별적, 처벌적이거나 추악한(obnoxious) 경우에는 예외가 인정될 수 있다고 한다. IMF는 1949년 6월 연차 보고서에 따르면 IMF 상무이사들은 제VIII조 2(b)의 결과 가맹국은 다른 가맹국이 IMF 협정에 부합하는 회원국 외국환거래법의 적용이 법정지의 공서에 반한다는 이유로 그 적용을 거부하지 않을 것이라고 해석하였다고 한다. International Monetary Fund, 1949 Annual Report, Appendix XIV, pp. 82-83 (Brand(註 38), p. 173에서 재인용). Kwaw(註 30), p. 281에도 소개되어 있다.

78) 이처럼 IMF 협정 제VIII조 2(b)는 조약으로서 그 적용범위에 속하는 환계약에 적용되므로 환계약의 준거법이나 의무이행지와는 관계가 없다. 동조의 적용범위가 계약의 준거법과 의무이행지에 의하여 영향을 받는다는 한국금융연수원(註 9), 17면의 설명은 정확하지 않다. 물론 법정지가 가맹국인지는 IMF 협정의 적용에 영향을 미친다.

이 정착되고 있으므로 우리도 협의설을 따르는 것이 바람직하고 광의설에 따라
제3국의 외환규제의 효력을 확대할 이유는 없다.[79] 협의설에 따르면 국제금융에
서 중요한 통상의 대출계약이나 사채는 그의 적용 대상에 포함되지 않는다. 아
래(V.2.)에서 보는 아르헨티나 사건에서 서울고등법원이 우리의 해석론을 다룰
기회를 놓친 것은 아쉽다.

IV. IMF 협정 제Ⅷ조 2(b)가 적용되지 않는 경우 제3국의 외국환거래
법의 고려

여기에서는 우리 국제사법상 제3국의 외국환거래법의 고려를 검토한다. 위
에서 보았듯이 IMF 협정 제Ⅷ조 2(b)가 적용되지 않는 경우 제3국의 외국환거래
법의 고려는 법정지 국제사법에 따르므로 이는 환계약의 범위를 좁게 보면서 자
본거래를 제외하는 국가에서 더 중요하다.[80] 본격적인 논의는 후일로 미루고,
여기에서는 로마 I (그에 영향을 준 영국법 포함)의 태도(1.)와 우리 국제사법의 해
석론을 간단히 논의한다(2.).

1. 제3국의 국제적 강행규정의 고려에 관한 로마 I 의 태도

가. 로마 I 의 태도

로마협약(제7조 제1항)에 따르면, 사안과 밀접한 관련을 가지는 제3국의 강
행규정에 대하여는 그 성질과 목적 및 그 적용 또는 부적용의 결과 발생하게 될
효과를 고려하여 법원이 효력을 부여할 수 있었다.[81] 이는 스위스 국제사법(제19
조 제1항)과 유사하였다. 그러나 로마 I 제9조(최우선 강행규정) 제3항은 로마협약
과 달리 제3국의 국제적 강행규정의 고려에 관하여 아래와 같이 규정한다.

---

79) Zürcher Kommentar/Vischer/Monnier, Art. 147, Rn. 51도 스위스 법원이 협의설을 따를
   것을 기대한다.
80) 필자는 IMF 협정과 법정지 국제사법의 관계를 위와 같이 이해하나, Mann, para. 15.34는
   IMF 제Ⅷ조 2(b)가 적용되는 경우에도 로마 I 이 적용될 수 있다고 한다.
81) 그러나 제7조 제1항에 대하여는 일부 회원국들이 반대하였기에 타협안으로서 각 회원국
   에게 동조의 적용을 유보할 수 있도록 허용하였고(제22조) 영국과 독일 등이 이를 유보
   하였기에 통일된 규칙은 없는 상태였다.

> "계약으로부터 발생하는 의무가 이행되어야 하거나 또는 이행된 국가의 법의 최우선 강행규정에 대하여는, 그러한 강행규정이 계약의 이행을 불법한(unlawful, unrechtmäßig, illégale)[82] 것으로 만드는 한에서는 효력을(또는 효과를) 부여할 수 있다. 그러한 규정에 효력을(또는 효과를) 부여할지를 결정함에 있어서는 그의 성질과 목적 및 그의 적용 또는 부적용의 결과를 고려하여야 한다(Effect may be given to the overriding mandatory provisions of the law of the country where the obligations arising out of the contract have to be or have been performed, in so far as those overriding mandatory provisions render the performance of the contract unlawful. In considering whether to give effect to those provisions, regard shall be had to their nature and purpose and to the consequences of their application or non-application)."

(1) 제9조 제3항의 적용 요건

로마협약(제7조 제1항)과 비교하면 로마 I 은 제3국의 국제적 강행규정의 범위를 제한하였는데 차이는 구체적으로 아래와 같다.

첫째, 제3국의 범위를 '사안과 밀접한 관련이 있는 국가'가 아니라 '의무이행지인 국가'로 제한한다. 이런 취지에서 이는 일방당사자를 '의무의 충돌(conflict of duties)'로부터 보호하기 위한 것이라고 설명하기도 한다.[83] 따라서 의무이행지가 아닌 제3국의 국제적 강행규정은 비록 사안과 밀접한 관련이 있더라도 제3항의 적용대상에 포함되지 않는다. 예컨대 대리상의 보상청구권을 규정한 조문[84]처럼 청구의 근거가 되는 국제적 강행규정이 그러하다.[85]

여기에서 의무이행지의 결정이 문제되는데,[86] 이는 계약의 준거법 등 국내

---

82) 이를 '위법한'이라고 번역할 수도 있다. 여기에서는 편의상 '위법한'과 '불법한'을 호환적으로 사용한다.

83) Ulrich Magnus *et al.*, European Commentaries on Private International Law: Rome I Regulation (2016), Art. 9, para. 136 (Bonomi 집필부분). 이하 "Magnus/집필자", Art.*" 로 인용한다. 이는 제9조를 비교적 상세히 해설한다.

84) 이는 상법 제92조의2의 문제와 관련된다. 석광현(註 1), 3면 이하 참조.

85) 독일 저작권법(제32조 제32a조와 제32b조)의 청구권도 그런 예이다. Rauscher/Thorn, Art. 9, Rn. 68.

86) 의무이행지의 결정의 어려움은 계약사건의 국제재판관할의 연결점으로 이행지를 규정하는 브뤼셀 I (제5조 제1호), 브뤼셀 I bis(제7조 제1호)의 해석에서 보는 바와 같다. Jonathan Harris, Mandatory Rules and Public Policy under the Rome I Regulation, in Franco Ferrari/Stefan Leible (eds.), Rome I Regulation: The Law Applicable to Contractual Obligations in Europe (2009), p. 315 이하; Staudinger/Magnus, Art 9, Rn. 100ff. 참조. 그러나 Magnus/Bonomi, Art. 9, para. 155 이하는 양자의 차이를 지적하면

법에 따를 것이 아니라 유럽연합법의 독자적인(즉 유럽연합법 자체의) 입장에서
결정해야 한다.[87] 따라서 이는 사실상의 이행지에 착안하고, 특히 이미 이행이
이루어진 경우에는 그러하다. 아직 이행이 이루어지지 않은 경우에도 계약에 따
라 사실상 이행이 이루어져야 하는 장소에 착안하나 그의 결정에서는 준거법인
국내법을 무시할 수는 없다.[88] 이행행위지와 이행결과발생지가 상이한 경우 의
무이행지는 양자를 모두 포함한다.[89] 이행지 자체가 복수인 경우에는 각각에 대
해 의무이행지를 결정해야 한다.[90]

둘째, 국제적 강행규정의 범위도 제3국의 모든 국제적 강행규정이 아니라
계약의 이행을 불법한[91] 것으로 만드는 것에 한정한다. 이는 아래(나.) 소개하는
영국의 전통적 판례이론과 유사하다. 불법할 것을 요구하므로 제3항은 주로 제3
국의 금지규범을 염두에 둔 것이고 다른 국제적 강행규정은 포함되지 않는 것으
로 보인다.[92] 진정한 금지규범 —금지의 결과 계약의 무효를 초래하는 규범— 은
이에 해당하나, 금지 결과 계약이 무효가 되지 않더라도 이에 포함될 수 있다.[93]
그 밖에 법정지가 제3국의 국제적 강행규정에 반영된 외국의 이익 또는 가치평
가를 공유해야 하는지에 관하여 독일의 통설은 이를 긍정하는데,[94] 이런 태도를
'shared values approach(공유가치 접근방법)'라고 부르기도 한다.[95]

서 동일하게 해석할 수 없음을 지적한다. 이행지의 결정에서는 준거법설, 법정지법설, 추
정적 이행지와 로마 I 의 독자적 개념이라는 견해 등이 있는데, 계약이 이행된 경우와 아
닌 경우를 구별하기도 한다.

87) MünchKomm/Martiny, Art. 9, Rn 117; Reithmann/Martiny/Freitag, Rn. 5.121.

88) Reithmann/Martiny/Freitag, Rn. 5.122.

89) Rauscher/Thorn, Rn. 64. 그러나 영국법상으로는 채무자 송금의 출발지가 아니라 채권자
가 수령하는 곳이 이행지라고 한다. Mann, para. 16.32(Libyan Arab Foreign Bank v
Bankers Trust Co, [1989] 1 QB 728을 인용하면서).

90) Reithmann/Martiny/Freitag, Rn. 5.119, Rn. 5.123.

91) 아래 소개하는 영국 Ralli Bros 원칙의 맥락에서는 illegal이라는 표현을 사용하는데 영국
문헌을 보면 양자를 의도적으로 구분하지는 않는 것 같다. 양자의 차이는 Harris(註 85),
p. 321 이하; Paul Hauser, Eingriffsnormen in der Rom I-Verordnung (2012), S. 73ff.
는 양자를 비교하고 unlawfulness는 illegality 보다 넓은 개념이라고 한다.

92) Reithmann/Martiny/Freitag, Rn. 5.116. 위에서 본 대리상의 보상청구권의 제외도 이 맥
락에서 이해할 수도 있다.

93) Magnus/Bonomi, Art. 9, para. 150. 우리 외국환거래법이 이런 예이다. Harris(註 86), p.
322는 이는 이행지국법이 계약을 무효로 만드는 것을 넘어 그 국가 내에서의 의무의 이
행을 금지할 것을 요구한다고 본다.

94) Reithmann/Martiny/Freitag, Rn. 5.125.

95) von Bar/Mankowski(註 8), §4 Rn. 107.

국제적 강행규정의 범위와 관련하여 계약 체결 후의 것만을 가리키는지 아니면 체결 전의 것도 포함하는지는 논란이 있으나 포함한다는 견해가 유력한 것으로 보인다.[96]

(2) 제9조 제3항의 적용 결과

제3항의 요건이 구비되는 경우 법원이 제3국의 국제적 강행규정에 효력을 부여할지 여부와 어떻게 부여할지(즉 부여 방법)가 문제된다. 문언상 효력의 부여 여부에 관하여 법원이 재량을 가지는 점은 명백하므로 법원은 사안에 따라 효력을 부여하지 않을 수도 있다.

효력의 부여 방법을 보면, 전형적인 것은 제3국의 국제적 강행규정을 발령국에서처럼 규범으로서 적용하는 것이고(특별연결 또는 직접적용), 다른 하나는 계약의 준거법인 실질법의 차원에서 고려하는 것이다(간접적용).[97] 로마 I 의 해석상 사안에 따라 법정지가 외국의 국제적 강행규정에 반영된 가치평가에 전면 동의하는 경우에는 직접적용(또는 특별연결)하고, 그렇지 않은 경우에는 간접적용할 것이라고 구분하는 견해도 있다.[98] 아래 소개하는 영국 Ralli Bros 원칙에 따르면 계약은 unenforceable 하나, 로마 I 에 따르면 법원이 효력을 부여할 수 있다는 점이 다르다. 로마 I 은 효과가 무엇인가라는 점에서 불확실성이 있다.

(3) 로마 I 제9조에 따른 제3국의 외국환거래법

여기에서는 첫머리에 제시한 사안에서, 즉 법정지가 한국이고 금융계약의

---

96) MünchKomm/Martiny, Art. 9, Rn 25.

97) Reithmann/Martiny/Freitag, Rn. 5.129. Magnus/Bonomi, Art. 9, para. 180. 후자는 직접적용 시는 마치 준거법의 분열이 있는 것과 같다고 한다. 그러나 유럽사법재판소는 2016. 10. Republik Griechenland v Grigorios Nikiforidis 사건(C-135/15)에서, 제9조가 정한 국제적 강행규정 이외의 국제적 강행규정은 법으로서 적용할 수는 없으나 준거법인 국내법이 규정하는 경우 사실의 문제로서 고려될 수 있다고 판시하였다. 위 판결의 소개는 이필복, "국제적인 문화재 거래와 국제적 강행규정 —기원국의 국제적 강행규정을 중심으로—", 국제사법연구 제27권 제1호(2021. 6.), 144면 이하 참조. 스위스에서는 스위스 국제사법 제19조는 적응의 법리를 당연히 포함하고 있고 나아가 법관은 특별실질법을 창설할 수 있다고 본다. ZürcherKomm, IPRG, 3. Auflage (2018), Art. 19, Rn. 46. [밑줄 친 부분은 이 책에서 추가한 것이다.]

98) Reithmann/Martiny/Freitag, Rn. 5.130. 이는 간접적용하는 경우 준거법의 틀 내에서 수정할 수 있다고 한다.

준거법이 한국법이라고 가정하고 로마 I 에 따를 경우 어떤 결론이 도출되는지를 본다.

로마 I 에 따르면 우선 채무 이행지를 결정하여야 한다. 차주가 원리금을 뉴욕 소재 은행의 계좌로 이체하기로 합의한다면 이행지는 뉴욕주일 수 있으므로 칠레의 외국환거래법은 이행지의 국제적 강행규정이 아니고[99] 따라서 우리 법원으로서는 그에 대하여 효력을 부여할 근거가 없다. 다만 이처럼 국제사법적으로 효력을 부여할 수 없더라도 칠레의 외국환거래법상 사실상 지급 내지 계좌이체가 불가능하다면 아래 ① 실질법설(또는 사실설)에 따라 실질법 차원에서 일정한 영향을 받을 수는 있다.[100]

만일 차주의 의무이행지가 칠레라면, 우리 법원은 칠레 외국환거래법에 효력을 부여할 수 있다. 제3국의 국제적 강행규정을 특별연결하거나 직접적용하는 경우 칠레법에 따른 효과가 발생하고, 간접적용한다면 계약의 준거법인 한국법의 차원에서 그 효과를 고려할 것이다.

나. 영국의 전통적 법리와 로마 I 제9조의 차이

영국의 전통적인 법리를 보여주는 대표적 사례는 항소법원의 *Ralli Bros v. Cia Naviera Sota y Aznar* 사건 판결[101]이다. 사안과 판결의 취지는 아래와 같다.[102]

> 용선자인 영국회사(Ralli Brothers)는 선박소유자인 스페인 회사(Compana Naviera Sota y Aznar)로부터 선박을 용선하여 캘커타로부터 바르셀로나까지 황마(Jute)를 운

---

99) 이행지가 이행행동지와 이행결과발생지를 포함한다면 칠레도 이행지가 될 수 있다. 그러나 반드시 칠레에서 이행행동을 해야 하는 것은 아니므로 칠레는 이행지가 아닐 수도 있다. 이처럼 계약사건, 특히 금전채무의 경우 이행지의 결정이 어려울 수 있다.

100) 로마 I 의 태도는 권력설로 평가되기도 하나(Reithmann/Martiny/Freitag, Rn. 5. 114) 이처럼 차이가 있다. Magnus/Bonomi, Art. 9, para. 153eh 권력설은 아니라고 한다.

101) [1920] 2 KB 287. 그 밖에도 Foster v Driscoll [1929] 1 KB 470, 520 [CA] 등이 있다. Dicey, Morris & Collins, para. 32-097, Fn. 371; Mann, para. 16.37, Fn. 104에 인용된 판결들 참조.

102) Dicey, Morris & Collins, para. 32-097 이하; Paul Torremans (ed.), Cheshire, North & Fawcett, Private International Law, Fifteenth Edition (2017), pp. 769-770; Mann, para. 16.36 참조. 우리 문헌은 김민경, "국제계약에서 국제적 강행규정에 관한 연구", 서울대학교 대학원 법학박사학위논문(2022. 2.), 150면 이하 참조. [밑줄 친 부분은 이 책에서 새로 추가한 것이다.]

송하고, 그 운임의 절반은 출항 시 용선자가 런던에서 선박 소유자에게 지급하고 나머지 절반은 바르셀로나 도착 시 지급하기로 하였는데 용선계약의 준거법은 영국법으로 지정되었다. 계약 체결 후 화물 도착 전에 스페인법이 개정되어 황마에 대한 운임은 톤당 875페세타로 제한되었고 이를 위반하면(지급과 수령 모두) 위법하고 처벌대상이었다. 용선자는 위 제한을 넘는 운임의 지급을 거절하였고, Compana Naviera는 영국의 Ralli Brothers를 상대로 그 지급을 구하는 소를 영국 법원에 제기하였다. 항소법원은 의무이행지인 스페인에서 위 제한을 넘는 운임의 지급은 위법이므로 그에 해당하는 계약은 'unenforceable' 하다고 판시하고 원고의 청구를 기각하였다.[103]

위에서 본 것처럼 계약의 준거법이 영국법인 경우 채무의 이행이 그 이행지에서 불법하다면(illegal or unlawful) 그러한 계약은 영국에서 unenforceable 하다는 것이다. 위 법리가 적용되기 위하여는 이행을 해야 하는 장소에서 그 국가의 법상 행위가 불법한 것이어야 하고, 의무가 면제된 것만으로는 부족하다.[104]

이런 의미에서 영국 국제사법이론은 국제계약법 분야에서 'illegality'에 관한 이론(이를 '이행지법원칙'이라고 부르기도 한다)을 발전시켜 온 것으로 평가된다. 그러나 영국에서는 위 원칙이 국제사법원칙인지 아니면 실질법인 영국 계약법상 후발적 위법성(supervening illegality)의 원칙인지는 논란이 있다. 어느 견해를 취하는가에 따라 계약의 준거법이 외국법인 경우에도 위 원칙이 적용되는지와, 그것이 로마 I 제9조에 의하여 대체되었는지가 달라진다. Ralli Bros 원칙이 영국 실질법의 원칙이라고 보면 이는 국제사법규칙을 명시한 로마 I 과는 다르다.[105][106]

---

103) 위 판결에서 용선자가 톤당 875페세타 범위 내에서의 운임을 지급할 의무가 있는 것인지는 불분명하다. Mann, para. 16.36.
104) Dicey, Morris & Collins, para. 32-098; Mann, para. 16.37.
105) 이를 실질법 원칙으로 이해하는 것이 다수설로 보인다. Dicey, Morris & Collins, para. 32-100; Mann, para. 16.36, Fn. 94; Sarah Paterson & Rafal Zakrzewski (Eds.), McKnigt, Paterson, and Zakrzewski on The Law of International Finance, Second Edition (2017), para. 4.5.4.1.2.6. Torremans (ed.)(註 102), p. 770은 불분명하다고 한다. Adrian Briggs, Private International Law in English Courts (2014), para 7.251은 이를 국제사법원칙으로 본다. 브렉시트의 결과 만일 영국에서 로마 I 이 적용되지 않는다면 영국은 전통적 법리로 회귀할 것이나 영국은 로마 I 규정을 국내법화하였기에(2021. 1. 1. 발효된 The Law Applicable to Contractual Obligations and Non-Contractual Obligations (Amendment etc.) (EU Exit) Regulations 2019) 이는 유럽연합 탈퇴 이후에도 마찬가지이다. [밑줄 친 부분은 이 책에서 새로 추가한 것이다.]
106) Mann은 위 판결에서 Scrutton 판사는 묵시적 조항(implied term)이론, 즉 어떤 계약이 외국에서 행위가 행해질 것을 요구하는 경우에는 그 행위가 당해 외국에서 위법하지 않을 것을 묵시적 조항으로 하는 것이라고 판시하였음을 지적한다. 그러면서 나아가 그러

Ralli Bros 원칙은 이행지에서의 위법의 효과를 unenforceable 하다고 하는데[107] 반하여, 로마 I 은 효력을(또는 효과를) 부여할 수 있다고 하여 다소 애매하다는 점도 차이가 있다.

솔직히 로마 I 에서 영국법 원칙(위에 언급한 Ralli Bros 원칙 또는 그의 영향을 받은 원칙)의 채택은 의외인데,[108] 이는 유럽연합이 영국을 포용할 수 있는 규범을 채택하기 위하여 취한 정치적 타협의 산물이다. 만일 유럽연합이 로마협약(제7조 제1항)과 같은 태도를 채택한다면 당사자자치의 원칙에 따른 지정에 불확실성이 초래되고, 이는 국제상거래(특히 국제금융거래)의 법적 불확실성을 초래할 우려가 깊기 때문에 영국은 이에 반대하였다.[109] 즉 제9조 제3항은 영국법의 국제거래, 특히 국제금융거래에서 우월적 지위의 유지를 가능하게 하는 연결원칙이라는 것이다.[110]

위 법리를 반영하기 위하여 국제금융거래를 다루는 영국 변호사들의 공식적인 법률의견서에서 예컨대 다음과 같은 일반적 단서를 포함시켰다(법률사무소에 따라 다르지만).

한 묵시적 조항을 인정하는 것은 잘못이라고 비판한다. 이행지에서 지급이 불가능한 경우 채권자의 주소지 기타 다른 가능한 곳에서 지급하는 것이 묵시적 조항이라고 보는 것이 당사자들의 기대에 부합한다고 비판한다. Mann, para. 16.36 (p. 461 이하). 그러나 계약 좌절(frustration)이론에 기초한 판결도 있다.

107) Dicey, Morris & Collins, para. 32-097은 여기에서 unenforceable 하다는 것은 무효(invalid)라는 취지로 설명한다.

108) 영국 유력설처럼 Ralli Bros 원칙이 실질법 원칙이라면 동 원칙을 국제사법원칙을 정한 로마 I 에 반영한 것을 어떻게 정당화할 수 있을지 의문이다. 영국의 국제사법원칙은 제3국의 국제적 강행규정을 전면 무시하는 것이었으나 일부 양보한 것이라고 보아야 하나 모르겠다. Mann, para. 16.37도 양 법리의 관계를 명확히 규명할 필요성을 지적하는데, 최선의 해결방안은 Ralli Bros 원칙이 로마 I 제9조 제3항에 의하여 실제적으로 대체되었다고 보는 것이라고 한다. 학자들은 제9조 제1항의 적용요건에 대하여 비판적이다. Magnus/Bonomi, Art. 9, para. 134.

109) Dicey, Morris & Collins(註 20), para. 32-095; Torremans (ed.)(註 102), p. 751. 로마 협약 제7조 제2항에 대하여 Mann, para. 16.08. 영국은 이를 수용할 수 없었기에 그 범위를 제한하면서 법적 불안정성을 최소화하는 방안을 찾아 타협한 것이다. Harris(註 86), p. 341은, 만일 위와 같은 조항이 로마 I 에 포함되었더라면 그 이유만으로도 영국은 로마 I 에 참여하지 않았을 것이라고 한다. 예컨대 Stuart Dutson, A dangerous proposal for English lawyers, International Financial Law Review (2006. 8.) 참조.

110) 2015년 12월 발표된 유럽의회와 이사회의 초안(COM (2005) 650 final) 제8조 제3항도 여전히 밀접한 관련이 있는 제3국으로 규정하였다.

"Where obligations are to be performed in a jurisdiction outside England, they may not be enforceable in England to the extent that performance would be il-legal under the laws of that jurisdiction."[111]

한편 미국 변호사들은 위와 유사한 내용을 법률의견서에 포함시키지는 않지만 유사한 법리는 미국에서도 인정되고 있는 것으로 보인다.[112] 물론 주에 따라 법리가 다를 수 있다.

2. 우리 국제사법상 제3국의 외국환거래법의 고려

우리 국제사법 제7조(개정법 제20조)는 로마협약과 스위스 국제사법의 태도를 따르면서도 제3국의 강행규정의 고려에 관하여는 로마협약(제7조 제1항) 및 스위스 국제사법(제19조)과 달리 규정을 두지 않는다. 무엇보다도 이는 섭외사법 개정 당시 제3국의 강행규정의 처리에 관하여 정설이 없었던 탓이다. 따라서 이는 학설·판례에 의하여 해결할 사항이다. 필자는 과거 독일 판례와 학설[113] 및 로마협약을 참조하여 국제사법의 해석론으로 특별연결이론이 설득력이 있다고 보았으나 로마Ⅰ의 태도를 보니 혼란스럽다. 필자는 과거 독일의 논의를 참조하여 학설을 정리한 바 있는데[114] 여기에서는 우리 법원이 IMF 협정이 적용되지 않는 사안에서 우리 국제사법상 제3국의 외국환거래법을 어떻게 고려해야 하는지를 논의한다.

---

111) 로마Ⅰ 시행 후에는 예컨대 제9조 제3항에 충실한 아래 문언으로 수정된 것으로 보인다 (법률사무소에 따라 다르지만)(이는 국제금융거래를 취급하는 변호사로부터 저자가 구한 것이다).

"Effect may be given to the overriding mandatory provisions of the law of the country where the obligations arising out of a contract have to be performed, in so far as those provisions render the performance of the contract unlawful. In such circumstances, the relevant obligations may not be enforceable."

112) 예컨대 Restatement (Second) of Conflict of Laws, §202 (Illegality) 제2항은 "When performance is illegal in the place of performance, the contract will usually be de-nied enforcement."라고 규정한다.

113) 독일 판례의 태도는 나뉘나 저촉법적 차원에서 직접 적용하거나 고려하지는 않는 것으로 평가된다.

114) 개관은 석광현(註 11), 150면 註 122 참조. 일본 학설의 소개는 이병화, "국제소비자계약에 관한 국제사법적 고찰", 국제사법연구 제21권 제1호(2015. 6.), 374면 이하 참조.

가. 학설의 소개

① **실질법설**(또는 사실설)   준거법이 한국법이라면 제3국인 칠레의 외국
환거래법은 적용되지 않고 나아가 고려되지도 않는다. 그러나 우리 법원은 칠레
의 외국환거래법에 위반된 대출계약이 민법 제103조에 반하여 무효인지를 판단
하고[115] 무효라면 부당이득의 문제로 처리하고, 만일 유효라면 이행불능 등 우
리 민법상의 논점을 검토해야 한다.[116] 그러나 이에 대하여는 위 법원칙은 민사
법상의 이익조정만을 염두에 두고 섭외적 사안에 적절한 이익형량을 하지 못한
다는 단점이 있다.[117]

② **권력설**   공법인 칠레의 외국환거래법은 속지주의 원칙에 따라 한국에
서는 적용되지 않으나 칠레가 사실상 관철할 수 있는 힘을 가지는 범위 내(채무
자의 주소나 재산의 칠레 소재 등)에서는 적용(또는 고려)된다. 이에 대하여는 밀수
나 뇌물금지처럼 보편적으로 금지되는 행위임에도 불구하고 간섭규범의 입법국
이 실행하지 않음을 이유로 고려하지 않는 것은 부당하고, 실행가능성의 존부
확정도 쉽지 않아 실무적 어려움이 있다는 비판이 있다.[118]

위에서 언급한 로마 I 또는 영국의 전통적 법리에 따르면, 외국환거래법의
소속국인 제3국(칠레)이 이행지인 경우 동법에 의하여 이행이 금지되어 위법하고
불가능하게 되었다면 모두에 상정한 사안에서 한국 법원은 영국 법원이 하듯이

---

115) 독일 판례의 태도는 실질법설을 따르는 것이라고 한다. MünchKomm/Martiny, Art. 9,
Rn 56. 예컨대 독일 판례로는 나이지리아 문화재보호법에 반하여 독일로 반입된 나이지
리아 문화재의 운송 위험을 담보하기 위한 보험계약은 독일 민법 제138조의 공서에 반하
여 무효라고 판단하고 보험금 청구를 기각한 독일 연방대법원의 1972. 6. 22. 판결
(BGHZ 59, 82), Borax 판결(BGHZ 34, 169), Borsäure 판결(BGH NJW 1962, 1436)과
1985. 5. 8 판결(BGHZ 94, 268. 외국의 뇌물지급 금지) 등이 있다. 독일 학설은 신창선,
"국제적 채권계약의 준거법과 강행법규", 김형배 교수 화갑기념논문집(1994), 816면 이
하; 신창선·윤남순, 新國際私法, 2판(2016), 279면 이하; 김용진, "강행법규의 대외적 효
력", 국제사법연구 제3호(1998), 711면 이하; 안춘수, "국제사법상 절대적 강행규정의 처
리—이론의 전개와 국제사법 제6조, 제7조의 의미—", 법학논총 제23권 제2호(통권 제37
호)(2011. 2.), 194면 이하; 안춘수, 국제사법(2017), 145면 이하; 석광현(註 11), 150면,
註 122 참조.
116) 준거법설은 준거법 소속국의 국제적 강행규정은 그 일부로 적용되나 제3국의 국제적 강
행규정에 대하여는 실질법설처럼 접근하는 견해인데, 여기에서 다루는 제3국의 외국환거
래법에 관한 한 위 ① 실질법설(또는 사실설)과 같다.
117) Kropholler(註 21), S. 509.
118) Staudinger/Magnus, Art 9, Rn. 95.

대출계약을 강제하지 않을 것이다. 이런 해결방안은 권력설에 따르면 도출이 불가능한 것은 아니더라도 한국법의 해석론으로서 도출하기는 어렵다.119)

③ **특별연결이론**120) 이에 따르면 칠레 입법자의 적용의지(또는 적용의사)를 확인함으로써121) 칠레의 외국환거래법이 준거법에 관계없이 당해 대출계약에 적용되는 국제적 강행규정인가를 검토하여 이를 긍정할 수 있다면—아마도 그럴 것이다— 칠레의 외국환거래법을 직접 적용하거나 그 위반에 따른 효과를 부여할 수 있을 것이다. 특별'연결'이라면 칠레 외국환거래법을 적용해야 하나, 특별연결이론을 채택한 로마협약(제7조 제1항)과 스위스 국제사법(제19조 제1항)이 제3국의 국제적 강행규정에 대하여 효력을 부여하거나 고려할 수 있다고 규정한다. 따라서 제3국의 국제적 강행규정이 그 위반을 무효라고 하더라도 반드시 그에 따라야 하는 것은 아니다. 즉 칠레법상 외국환거래법 위반 시 당해 계약이 무효라면 우리 법원도 이를 무효로 판단할 여지가 있으나 반드시 그런 것은 아니다.122) 계약의 유효성을 판단하는 준거법이 문제인데, 외국환거래법을 포함한 칠레법에 따르는 견해와, 준거법인 한국법에 따르는 견해가 가능하나(위와 같이 칠레법에 구속되는 것이 아니라면 그 차이는 완화된다),123) 계약이 무효라고 판단하는 경우 그에 따른 청산관계는 계약의 준거법에 따른다.

④ (쌍방적) **특별저촉규정설**124) 국제적 강행규정에 대해 특별저촉규정을

---

119) 이 경우 이행지의 결정도 문제된다.

120) 섭외사법 하에서 김용진(註 115), 718면 이하는 이를 지지하였다.

121) 결합설은 준거법 소속국의 국제적 강행규정에 대하여는 註 116의 준거법설을, 제3국의 국제적 강행규정에 대하여는 특별연결이론을 취하는 견해인데, 여기에서 다루는 제3국의 외국환거래법에 관한 한 위 ③ 특별연결이론과 같다.

122) 나아가 특별연결이론을 채택한 스위스 국제사법(제19조)의 해석상 법원은 형성가능성을 가진다고 한다. 즉 법원은 원칙적으로 당사자가 청구하는 바에 따라 계약의 일부무효, 이행 중지, 강제실현의 거부와 계약의 종료 등을 선택할 수 있고, 사정변경의 원칙을 적용하는 경우에서처럼 적절한 적응권한을 가진다는 것이다. Zürcher Kommentar/Vischer/Corinne Widmer Lüchinger, Art. 19. Rn. 2. 그렇게까지 볼 수 있는지는 더 검토할 사항이다. 다만 우리 법원이 칠레 외국환거래법 위반행위를 유효로 보아 판결하더라도 칠레에서의 집행은 아마도 허용되지 않을 것이다.

123) 다만 우리 법원이 칠레법에 반하는 행위를 유효라고 판단하여 판결을 하더라도 그 판결이 칠레에서 집행되기는 어려울 것이다.

124) 이는 널리 인정되는 견해는 아니나 신창선·윤남순(註 115), 286-287면은 이를 취하고, 안춘수(註 115)(논문), 198면도 소개하므로 본문에서 소개한다. Lisa Günther, Die Anwendbarkeit ausländischer Eingriffsnormen im Lichte der Rom I- und Rom II Verordnungen (2011), S. 63f.는 이를 Schurig의 "결속(다발화)모델(Bündelungsmodell)에

요구하는 점은 특별연결이론과 같지만, 이는 저촉법적 정의의 관점에서 적절한 연결원칙, 즉 가장 밀접한 관련이 있는 법을 탐구함으로써 국제적 강행규정을 쌍방적 저촉규범의 형식으로 국제사법체계에 편입한다. 이는 외국 입법자의 적용의지(또는 적용의사)에 크게 영향을 받는 특별연결이론과 달리 법정지국의 관점에서 국제적 강행규정의 적용 여부를 스스로 결정하는 장점이 있으나, 현재는 원리(Maxime)만을 제시하고 구체적 연결원칙을 제시하지 못하고 있다. 즉 이는 새로운 특별저촉규정을 정립해야 하므로 우선 그 연결대상과 연결점을 특정해야 하는데 이를 어떻게 구체화할지 모르겠다.125) 특별연결이론에 따르면 한국과 칠레의 외국환거래법이 모두 적용되나, 양자의 충돌 시 법정지의 외국환거래법이 우선한다. 전자는 당연히 적용되나(국제사법 제7조), 후자는 견해에 따라 적용되거나 고려되는 데 그치기 때문이다. 반면에 이 견해에 따르면 양자 중 어느 하나

따른 특별연결이론"이라고 소개한다. 참고로 Bündelungsmodell은 어떤 사안에 적용될 개별 실질규범을 불러내는 개별 저촉규범('요소저촉규범. Element-kollisionsnorm')과 그의 '수직적 결속(화)(vertikale Bündelung)' 및 '수평적 결속(화)(horizontale Bündelung)'을 중심개념으로 사용한다. 요소저촉규범은 개념상 일방적 저촉규범이고 이는 수평적 결속을 통하여 양면적 저촉규범을 형성한다(이는 한국에는 소개된 바 없는 듯하다). Meiko Zeppenfeld, Die allseitige Anknüpfung von Eingriffsnormen im Internationalen Wirtschaftsrecht (2001), S. 130ff.는 이 견해를 주장하는데, IMF 협정 제VIII조 2(b)를 간섭법(또는 개입법)에서의 양면적 저촉규범의 예로 든다. 참고로 Ivana Kunda, Internationally Mandatory Rules of a Third Country in European Contract Conflict of Laws, The Rome Convention and the Proposed Rome I Regulation (2007), para. 212 는 이런 태도를 취하는 견해로 Stefan Kröll, Future Perspectives of Conflict Mandatory Rules in International Contracts, in: Karl-Heinz Böcksteigel (ed.), Perspectives of Air Law, Space Law, and International Business Law for the Next Century (1995), p. 87 이하 등을 소개한다. 또한 Adrian Hemler, Die Methodik der "Eingriffsnorm" im modernen Kollisionsrecht (2019), S. 120ff.도 Bündelungsmodell을 언급하면서 특별저촉규범의 형성을 지지하는 것으로 보인다. 근자에 역외적용의 확대현상에 대한 대처방안으로 Matthias Lehmann, New Challenges of Extraterrioriality: Superposing Laws, in Franco Ferrari, and Diego P. Fernández Arroyo, Private International Law Contemporary Challenges and Continuing Relevance (2019), p. 259 이하는 규범적 과잉을 억제하는 '합리적 자제'(rule of rational restraint)와 일정 조건 하에 외국법 준수를 국내법 준수와 동일시하는 '대응 법리의 확대 사용(increased use of substitution)'을 제안한다. [밑줄 친 부분은 이 책에서 새로 수정한 것이다.]

125) 몇 가지 사례의 시도는 Zeppenfels(註 124), S. 162ff. 참조. Ralf Michaels, Towards a Private International Law for Regulatory Conflicts, Japanese Yearbook of International Law, Vol. 59 (2016), p. 191 이하도 국제사법적 접근방법을 규제법의 영역에 도입하자는 견해를 피력한다. [밑줄 친 부분은 이 책에서 새로 추가한 것이다.]

를 지정할 것이나 그 구체적 내용은 두고 보아야 한다.

나. 소결

로마협약이나 스위스 국제사법도 입법국의 적용의지(또는 적용의사)가 있다고 무조건 적용하는 것은 아니고, 문제된 국제적 강행규정이 사안과 밀접한 관련이 있고, 법정지의 법관에게 효력의 부여(즉, 적용 또는 고려를 통하여) 여부에 관한 판단 시 재량을 허용하며, 그의 성질, 목적 및 적용·부적용의 결과 발생할 효과를 고려하도록 요구하거나, 법정지의 법관념에 따라 보호할 가치의 존재를 요구하므로126) 결국 법정지의 법원이 효력의 부여 여부를 결정하는 구조이다. 이처럼 적절한 통제를 한다면 우리 국제사법의 해석론으로서는 특별연결설이 설득력이 있다. 이것이 로마 I 전의 독일의 다수설이었다.127) 로마 I 제9조 제3항의 해결방안은 우리에게 해석론으로서는 크게 도움이 되지 않으므로 우리로서는 특별연결설을 따르면서 그러한 국제적 강행규정의 범위, 이를 고려하기 위한 요건과 구체적인 경우 효력의 부여를 어떻게 실현할지는 앞으로 더 검토해야 한다.

제3국의 외국환거래법의 경우 특별연결설에 따라 그것이 우리의 법관념에 따라 보호할 가치가 있다면 국제적 통화협력이라는 취지를 고려하여 제3국의 외국환거래법을 직접 적용할 수도 있으나, 다소 보수적으로 로마협약 제7조 제1항과 스위스 국제사법(제19조)처럼 고려하는 방안을 택할 수도 있다. 국제적 강행규정에 대해 사법(私法)에서처럼 등가성 내지 교환가능성을 인정하기는 어려우므로 (쌍방적) 특별저촉규정설을 따르기는 어렵다.

나아가 특별연결설을 따르지 않아 국제사법 차원에서 칠레의 외국환거래법을 적용하거나 고려하지 않더라도 실질법 차원에서 고려할 수는 있다.128) 아마

---

126) 참고로 신창선·윤남순(註 115), 284면은 이익동일설(또는 이익동참설)을 특별연결설과 별개 견해로 소개한다. 그러나 필자처럼 밀접한 관련에 추가하여 법정지국과의 '공유 가치(shared value)'를 요구한다면 이는 별개 견해가 아니다. 공유 가치를 요구하는 견해는 외국 외국환거래법의 경우에도 이를 요구할 것이나, Ebke는 이를 일반적으로 승인된 국제통화법의 원칙과 국제통화협력이라는 원칙에 부합해야 한다는 식으로 특별연결이론의 요건으로 설명한다. Staudinger/Ebke, Anh. zu Art. 9, Rn. 87.

127) Basedow(註 23), para. 407.

128) Kropholler(註 21), S. 509. 외환규제의 맥락에서의 논의는 Ebke(註 25), S. 332f. 제3국의 국제적 강행규정을 실질법적으로 또는 사실의 문제로서 고려한다는 것은 공서와 같은 개방적 구성요건 적용시 고려하거나, 이행지에서 금지로 인하여 사실상 이행불능이 되는 경우 그로 인한 영향을 고려하는 것을 의미한다. 이필복(註 97), 164면도 참조. [밑줄 친

우리의 실무적으로는 이것이 유력할 것으로 생각한다. 명문의 규정이 없는 상황
에서 우리 법원이 로마Ⅰ이나 영국의 Ralli Bros 원칙과 같은 결론을 도출하기는
어렵고,[129] 우리 법원이 국제사법의 해석상 특별연결설을 도출할 가능성은 현재
로서는 매우 낮다. 일부를 제외하면 우리 법관들은 대체로 국제사법적 문제의식
이 부족하기 때문이다. 법원이 제3국의 국제적 강행규정의 문제를 정면으로 다
루어 올바른 법리를 도출하기까지는 많은 시간이 필요할 것 같다. 아래(Ⅴ.) 소
개한 아르헨티나 사건 판결은 이를 여실히 보여준다. 어쨌든 위에 상정한 칠레
기업에 대한 대출계약 사례에서 어느 견해를 따르는지에 따라 칠레 외국환거래
법에 대한 고려가 결정된다.

Ⅴ. 국제금융거래에서 국제적 강행규정이 문제되는 그 밖의 사례

여기에서는 외국환거래법 외에 국제금융거래에서 국제적 강행규정이 문제
되는 사례 중 미국 대통령의 자산동결명령에 의하여 동결된 예금반환청구를 다
룬 영국 법원의 판결(1.)과 금융위기 하에서 발령된 아르헨티나 대통령령의 적용
이 문제된 우리 하급심판결(2.)을 간단히 소개한다. 양자는 모두 국제금융법의
맥락에서 주목할 만한 사건이다.

1. 미국 대통령의 자산동결명령에 반하는 예금반환청구와 영국 법원의 판결

미국 대통령은 정치적으로 필요한 경우 평시에도 미국 내 자산, 해외 소재

부분은 이 책에서 새로 추가한 것이다.]
129) 이를 로마Ⅰ(제12조 제2항)이 정한 이행지법(*lex loci solutionis*)의 문제로 설명할 여지도
　　있으나 통상은 그렇게 보기는 어렵다. Torremans (ed.)(註 102), p. 771은 이행의 태양은
　　좁은 개념이므로 Ralli Bros 사안은 그에 해당되지 않지만, 외환규제로 인하여 지급이 불
　　법한지는 이에 해당하는 것으로 볼 수 있다는 견해를 소개한다. 한편 채무이행의 방법 내
　　지는 태양의 문제는 이행지법에 따른다는 것이 국제사법의 전통적 이론이었고 섭외사법
　　하에서도 이른바 보조준거법으로 인정되었는데(황산덕 · 김용한, 신국제사법(1976)[131],
　　김용한 · 조명래, 전정판 국제사법(1991), 274면) 국제사법상 그 이론을 수용할 수 있는지
　　는 불분명하나 <u>이를 수용할 수 있을 것이다.</u> 다만 이를 구체화할 필요가 있다. 서울고등
　　법원 2009. 7. 23. 선고 2008나14857 판결은 매매대금 채권에 관하여 대용급부권청구권
　　을 이행의 태양의 문제로 보아 이행지법인 한국법에 따라 인정할 수 있다고 보았다. 소개
　　는 석광현, "국제물품매매협약(CISG)을 적용한 우리 판결의 소개와 검토", 국제거래법연
　　구 제20집 제1호(2011. 7.), 125면 참조.

미국 은행의 지점과 현지법인에 외국 측에 자산 인도와 금전 지급을 금지하는 자산동결명령을 발령한다.[130) 예컨대 1987. 9. 2. High Court[131)의 Libyan Arab Foreign Bank v Bankers Trust Co 사건 판결[132)에서 보는 바와 같다. 위 사건의 사안은 대체로 아래와 같다.[133)

　리비아 중앙은행의 자회사인 Libyan Arab Foreign Bank (이하 "LAFB"라 한다)은 Bankers Trust Co (이하 "BTC"라 한다) 런던 지점에 미국 달러를 예금하였고 예금계약의 준거법은 영국법이었다.[134) 미국의 레이건 대통령은 1986. 1. 8. 미국의 안전과 외교정책에 대한 리비아의 협박에 대응한 조치로 미국 내에 있거나 미국인(미국인의 해외지점 포함)의 지배 하에 있는 리비아 자산동결명령[135)을 발령하여 예금지급을 금지하였다. LAFB는 BTC 런던 지점을 상대로 영국 법원에 예금반환을 구하는 소를 제기하였다. 영국 법원은 아래의 이유로 원고의 청구를 인용하고 BTC 런던 지점에게 예치금을 미국 달러로 지급할 것을 명하였다. 비록 미국 달러가 통상 뉴욕 청산시스템(Clearing House Interbank Payments System. CHIPS)을 통해서 뉴욕에서 지급되더라도, 반드시 뉴욕에서 지급해야 한다는 조항이 없어 뉴욕은 강제적인 의무이행지는 아니었기 때문에 BTC는 다른

---

130) 미국의 카터 대통령은 1979. 11. 14. 주 이란 미국 대사관 인질사건에 대한 제재로 이란에 대하여 자산동결명령을 발령한 바 있다(Executive Order 12170). 그 결과 1979년 11월 Bank Markazi Iran (BMI)은 미국 은행들을 상대로 런던에서 예금반환을 구하는 소를 제기하였다. 그 후 인질들이 석방됨에 따라 변론에 이르지는 않았으나 이 사건에서는 아래 LAFB 사건에서 보는 쟁점들이 제기된 바 있다. 소개는 Kwaw(註 30), p. 121-123; 澤木敬郞 외, 國際金融取引 2(1991), 317면 이하는 이를 '자산동결조치의 역외적용'으로 다룬다. 桝田淳二, "國際的貸付契約 ― 米國·イラン金融戰爭にこれに關連して", 遠藤浩·林良平·水本浩 監修, 現代契約法大系 第8卷(1983), 184면 이하도 이를 소개한다. 또한 미국은 2017년 11월 북한을 테러지원국으로 재지정하면서 미국 내 자산을 동결하고 현황을 공개하였다. https://www.mk.co.kr/news/politics/view/2019/05/368971/ 참조.
131) Queen's Bench Division, Commercial Court (Jusitce Staughton).
132) [1989] QB 728. [1988] 1 Lloyd's Rep 259. Rutzke(註 37), p. 241 이하는 위 판결의 사안과 논점을 상세히 소개한다. Libyan Arab Foreign Bank v Manufacturers Hanover Trust Co. [1989] 1 Lloyd's Rep 608도 있다. 과거 간단한 소개는 Philip Wood & Paul Phillips, International Financial Law Review (1998. 7.), p. 10 이하 참조.
133) 사안은 Kwaw(註 30), p. 123 이하; 박준·한민, 금융거래와 법, 제2판(2019), 62면; Wood(註 22), para. 31-22 참조. Mann의 판례색인에서 보듯이 이 사건은 금전법의 다양한 문제를 제기하였다.
134) 유로달러 예금계약의 준거법은 논란이 있다. Citibank NA v. Wells Fargo Asia (1990) 495 US 660; Mann, para. 1.100, Fn. 295 참조.
135) Executive Order 12544.

가능한 수단에 의하여 런던에서 지불할 수 있고 이는 위법하지 않다는 것이었다.[136] 만일 뉴욕에서 지급하는 것이 요건이었다면 의무이행지에서 이행이 위법이므로 영국 법원은 Ralli Bros 원칙에 따라 예금반환을 명하지 않았을 것이다.

만일 은행간 유로달러예금에서 수취은행이 부담하는 채무가 금전채무가 아니라 뉴욕의 CHIPS 시스템을 통한 계좌이체(즉 특정이행의 대상)라고 파악한다면,[137] 의무 이행은 뉴욕에서만 가능하고 대체수단이 없는데 미국 대통령의 자산동결명령에 의하여 뉴욕에서 이행이 위법하고 불가능하게 되었으므로 영국 법원은 예금 반환을 명하지 않았을 것이다.

영국 법원은 미국의 자산동결명령과 관련하여 제Ⅷ조 2(b)를 적용하지 않는데 이는 위에서 보았듯이 자산동결명령은 개념상 제Ⅷ조 2(b)가 말하는 환관리규정에 포함되지 않는다고 보기 때문이다.[138] 그렇더라도 이것이 국제적 강행규정의 문제임은 분명하다.[139][140]

---

136) 반면에 위 Libyan Arab Foreign Bank v Manufacturers Hanover Trust Co. (No. 2) [1989] 사건에서는 예금이 은행 본점에 예치되었기에 예금계약의 준거법은 뉴욕주법이었고 따라서 영국 법원은 미국의 자산동결명령을 적용할 용의가 있었으나 실제로는 자산동결명령의 미비로 당해 예금의 반환이 금지되지 않았다. Mann, para. 17.29. 나아가 예금주가 미국 은행의 외국지점에 예치한 예금의 반환을 본점에 대하여 요구할 수 있는지라는 쟁점은 Wells Fargo Asia Ltd.와 Citibank 간의 일련의 재판에서 다루어졌다. 예컨대 Wells Fargo Asia Limited v. Citibank, N.A., 936 F.2d 723 (2d Cir. 1991)와 Citibank, NA v. Wells Fargo Asia Ltd., 495 U.S. 660 (1990) 등

137) 이를 둘러싼 논점은 Mann, para. 1.91 이하와 Chapter 7; Kwaw(註 30), p. 123 이하; 石黑一憲, 金融取引と國際訴訟(1983), 10면 이하; Zürcher Kommentar/Vischer/Monnier, Art. 147, Rn. 44 참조. 이는 유로달러예금(또는 계좌)의 법적 성질과 연결된다. 필자는 1987년 경 친구인 정두언(2019. 7. 16. 작고)에게 부탁하여 당시 독일 체류 중이던 형님(정일언)으로부터 Mann의 논문("Zahlungsprobleme bei Fremdwährungsschulden", Schweizerisches Jahrbuch für internationales Recht, Band XXXⅥ (1980), S. 93ff)을 받았으나 소개하지 못하였다. 친구는 먼저 떠났지만 이 점을 밝히고 謝意를 거듭 표시한다.

138) Mann, para. 15.30. Rutzke(註 37), p. 276은 자산동결명령의 문언과 목적 중 어느 것을 중시할지에 관한 견해 대립을 소개한다. 이를 긍정하여도 그것이 IMF 협정에 부합하는 조치인지는 논란이 있다. Zürcher Kommentar/Vischer/Monnier, Art. 147, Rn. 46 참조.

139) Dicey, Morris & Collins, para. 32-105도 이를 국제적 강행규정 문제의 사례로 열거한다.

140) Ralli Bros 원칙과 외국의 자산동결명령을 영국에서는 ① 우호적인 외국의 법을 위반하는 계약은 강제하지 않는다는 법리로 설명하기도 한다. Wood(註 22), para. 31-22. 이는 나아가 ② 외국의 차별적인 법과 ③ 정부조달 등과 관련하여 외국 공무원에게 뇌물을 제공하는 계약을 법정지의 강행규정 또는 공서위반으로 취급하고, 위 3자를 묶어 준거법이 규율하지 않는 사항의 예로 설명한다. Wood(註 22), para. 31-22. 이를 영국법상 '공서에

2. 아르헨티나의 대통령령의 적용이 문제된 우리 하급심판결

1990년대 말부터 아르헨티나는 경제위기 속에서 국가채무조정을 위하여 비상조치를 취한 결과 국제투자법과 국제금융법에 관한 분쟁을 양산하였다.[141] 국가채무는 아니나 한국에서도 경제위기 속에서 발령된 아르헨티나 대통령령(이하 "대통령령"이라 한다)의 적용이 문제된 서울고등법원 2009. 3. 6. 선고 2007나122966 판결[142]이 있기에 간단히 소개한다.

가. 사안

한국의 주식회사 동원(원고)은 아르헨티나 사업 자금 조달을 위해 2000. 10. 3. 대출계약을 체결하고 국민은행(피고)의 부에노스아이레스 지점에서 미화 150만 달러를 차입하였다. 대출계약의 준거법은 명시하지 않았다. 아르헨티나의 경제위기로 인해 미국 달러화('미화') 대 페소화 가치가 폭락해 2002년 3월에는 1:3까지 하락했다. 아르헨티나 정부는 이에 대응하고자 2002. 2. 3. 은행의 외화대출을 1:1(미화: 페소) 비율로 환산한 페소화로 변제하도록 하는 대통령령(제214/2002호)을 공포하였다.[143][144] 원고는 이를 근거로 1:1 비율로 환산해 페소화

양원칙(public policy comity rule)'이라고 부르기도 하는데 다수설은 이를 실질법원칙으로 이해한다. 상세는 김민경(註 102), 143면 이하 참조. [밑줄 친 부분은 이 책에서 새로 추가한 것이다.] 우리 국제사법 하에서 위 상황 중 일부는 공서 또는 한국의 국제적 강행규정 위반('국제상거래에 있어서 외국공무원에 대한 뇌물 제공행위 방지를 위한 협약'과 '국제상거래에 있어서 외국공무원에 대한 뇌물방지법' 참조)의 문제일 것이나 그 밖의 경우 처리는 더 검토할 필요가 있다.

141) ICSID 중재는 2005년 5월 CMS Gas Transmission Company v. Argentina, ICSID Case No. ARB/01/8 등 참조. 투자법에서는 가스산업에 투자한 미국인 투자자들이 아르헨티나가 취한 조치를 이유로 ICSID에 제기한 Enron 사건 등을 분석한 서철원, "투자보장협정상 투자자보호와 경제위기에 대응하는 조치와의 관계에 관한 연구 — 아르헨티나의 가스산업 사건들을 중심으로", 서울국제법연구 제18권 제1호(2011. 6.), 117면 이하 참조. 금융법에서는 아르헨티나 국채를 취득한 벌처펀드들이 제기한 미국 소송도 여러 건 있었다. 남미 국가의 금융위기를 계기로 국가채무조정메커니즘(sovereign debt restructuring mechanism. SDRM)이 관심을 끌었다. 우선 윤광균, "국가의 채무불이행과 채무조정 그리고 책임금융", 선진상사법률연구 통권 제80호(2017. 10.), 144면 이하 참조.

142) 위 사건은 대법원 2009다25944호로 상고되었으나 심리불속행 기각으로 2009. 6. 16. 확정되었다. 제1심 판결은 서울중앙지방법원 2007. 10. 24. 선고 2007가합13676 판결이다.

143) 판결문에 따르면, 위 대통령령의 결과는 아르헨티나의 금융기관이 2002. 1. 6. 이전에 미화 등 외화로 대출한 돈은 1:1(미화:페소) 비율로 페소화하여 변제받고, 미화로 예금받은

로 대출금을 변제하고 부에노스아이레스 법원으로부터 채무부존재확인 판결까
지 받았다. 그러나 피고는 2002년 6월 1달러당 3.6페소의 비율로 대출금을 계산
해 피고 광화문지점에 예치된 원고의 정기예금과 상계처리하고 잔액만 반환하였
다. 원고는 서울중앙지방법원에 전액에 대한 예금반환 청구의 소를 제기하였으
나 전부 패소하였다.

나. 서울고등법원의 판단과 쟁점의 검토

원고의 항소에 따라, 서울고등법원은 제1심판결을 취소하고 피고는 상계 후
잔액을 지급하라며 원고 일부승소 판결을 선고하고 나머지 항소를 기각하였다.
관건은 피고의 자동채권(즉 대출금채권)이 남아 있는가인데, 이는 달러로 계산하
면 원고가 대통령령에 따라 사실상 1/3 정도만 변제하였음에도 불구하고 그것이
대출계약의 준거법인 아르헨티나법[145]에 따라 피고의 대출금채권 전부를 소멸시
키는가이다.[146] 서울고등법원은 경제위기로 미화 대 페소 1:1 비율로 외화대출
을 변제하도록 한 대통령령을 근거로 채무감면을 인정할 수는 없다고 판단하였

돈은 1:1.40 비율로 페소화하여 변제하도록 강제하는 것이었다. 채무가 사실상 1/3로 감
면되는 결과가 된다. 우리 외국환거래법 제6조도, 천재지변, 전시·사변, 국내외 경제사정
의 중대하고도 급격한 변동 기타 이에 준하는 사태가 발생하여 부득이한 경우 기획재정
부장관은 대통령령이 정하는 바에 따라 외국환거래 정지 등의 조치를 할 수 있다고 명시
한다.

144) 아르헨티나 국채 사건에서 지급유예의 국제법적 및 사법(私法)적 쟁점을 다룬 독일 연방
헌법재판소의 2007. 5. 8. 결정(BVerfGE 118, 124 = IPRax, 2008, 427)은 비상사태에
관한 2002년 1월 아르헨티나 법률 제25.561호와 2002년 2월의 명령 256/2002호를 언급
하므로 우리 판결에 언급된 대통령령과는 다른 것 같다. 평석은 Astrid Stadler, Pacta
sunt servanda—auch im Falle argentinischer Staats-anleihen, IPRax (2008), S. 405ff.
참조. 아르헨티나 국채 관련 쟁점은 Baars/Böckel(註 60), S. 445ff.; Staudinger/Ebke,
Anh. zu Art. 9, Rn. 43aff. 참조. 아르헨티나는 지급불능에 빠진 뒤 대외채무의 대폭삭감
을 선언하였고 2005년 기존 채권소지인들에 대하여 신규 채권과의 교환을 제시하였으나
반대하는 소수 채권자들의 소송에 시달렸다. 소개는 윤광균(註 141), 131면 이하 참조.

145) 서울고등법원은 섭외사법(제9조)에 따라 당사자들이 묵시적으로 아르헨티나 법을 이 사
건 대출계약의 준거법으로 정한 것으로 판단하였다.

146) 다른 쟁점은 채무부존재를 확인한 아르헨티나 법원의 확정판결이 한국에서 승인되는가
이다. 만일 승인된다면 피고는 기판력에 의하여 대출금채권의 존재를 주장할 수 없다.
서울고등법원은 아르헨티나 판결을 승인할 경우 피고의 재산권을 부당하게 침해하게 되
므로 한국의 공서위반으로써 허용될 수 없다고 판단하였고 제1심도 같다. 즉 아르헨티
나 판결 승인의 맥락과 아르헨티나법 적용의 맥락에서 동일한 이유로 공서위반이라고 보
았다.

다. 즉 위 대출계약의 준거법이 아르헨티나법이지만, 대통령령을 적용하는 것은 피고의 재산권을 부당하게 침해하게 되어 한국의 공서위반이 되므로 섭외사법 제5조에 의하여 대출금채무가 대통령령에 따라 소멸하였다고 볼 수는 없다는 것이었다.

다. 간단한 평가

문제는 위 대출계약의 준거법과 대통령령의 적용인데 두 개의 의문이 제기된다.

첫째, IMF 협정의 적용 여부. 한국과 아르헨티나는 IMF 협정의 가맹국이므로, 당사자들이 한국 회사지만 피고는 아르헨티나의 거주자, 원고는 비거주자일 것이므로 우리 법원으로서는 우선 특별저촉규범인 IMF 협정 제Ⅷ조의 적용 여부를 검토했어야 한다. 즉 서울고등법원은 대통령령에 따른 조치가 외환규제인지 기타 제Ⅷ조 2(b)의 적용 여부를 검토했어야 하나 이를 하지 않았다.[147] 서울고등법원은 대통령령이 준거법의 일부로 적용된다고 판단하였으므로(공서위반이 아니었더라면) 결과는 같고, 협의설을 따르면 더욱 그럴 것이나 제Ⅷ조 2(b)에 관한 우리의 해석론을 정립할 기회를 놓친 것은 아쉽다. IMF 협정의 적용이 부정된다면 대통령령은 준거법의 일부로(제2심판결에 따를 경우) 또는 제3국의 국제적 강행규정으로서(제1심판결에 따를 경우) 적용된다. 준거법이 아르헨티나법이므로 대주인 피고는 아르헨티나법의 변화에 따른 위험을 떠안게 되어 있었다.

둘째, 대통령령의 적용이 한국법상 공서위반인지 여부. 비상사태에서 자국 통화자원을 보호하기 위한 정당한 외환규제는 모든 국가들이 취하는 조치이므로 그 자체는 특별한 요소가 없는 한[148] 공서위반이 아닐 것이다.[149] 위 대통령령에 따른 조치가 IMF 협정에 부합한다면 그럴 것이나 그렇더라도 차별적이거나

---

147) 유로(통화) 표시 국채의 경우 주간사 본거지국법을 준거법으로 지정하는 것이 관행이라고 한다. Baars/Böckel(註 60), S. 449, Fn. 42. IMF 협정 제Ⅷ조 2(b)이 지급유예에 적용되는지에 관하여 논란이 있음은 위 註 61과 그 본문에서 언급하였다.

148) 영국에서는 공서위반의 예로 예컨대 외국환규제가 억압적이거나 차별적인 경우(다만 거주자와 비거주자 간의 차별은 당연히 허용되므로 이는 제외)를 들고, 외환규제가 진정한 것이 아니라 감추어진 다른 동기에서 비롯된 경우 특히 국제법에 반하는 경우를 열거한다. Mann, para. 16.08 (p. 444).

149) Mann, para. 16.07. 과거 독일 사안에서 공서위반을 부정한 영국 판결 Re Helbert & Wagg Co Ltd [1956] Ch 323 참조.

근본원칙을 침해하는 경우에는 공서위반일 수 있다.[150] 이 맥락에서도 아르헨티나의 조치가 IMF 협정에 부합하는지 검토할 필요가 있었다. 서울고등법원은 준거법이 아르헨티나법이라고 판단하면서도 피고의 재산권을 부당하게 침해하는 것은 한국 헌법이 정한 재산권보장의 기본원칙에 어긋나는 점 등을 고려하여 대통령령의 적용을 공서위반을 이유로 배척하였다. IMF 협정이 적용되더라도 동일한 결론을 도출했을 가능성도 있다.

다만 아르헨티나가 긴급한 재정경제상의 필요에 의하여 채무 일부를 감면한 것이라면 그 효력을 일부만 배척할 여지도 있지 않았을까. 1/3만을 지급하는 것은 공서위반이더라도 외국법질서에 최소로 간섭하는 것(*minimum d'atteinte portée à loi étrangère*)이 타당하므로[151] 피고로서도 일부 감면은 수인해야 한다고 볼 여지도 있지 않았을까. 물론 위 사건에서 당사자들이 모두 한국 회사이므로 우리 공서의 개입 가능성은 상대적으로 크다.[152]

가사 제1심 법원의 판단처럼 위 대출계약의 준거법이 한국법이더라도 법원은 첫째, 제VIII조 2(b)의 적용 여부를 검토하고 아르헨티나의 조치가 IMF 협정에 부합하는지 확인하였어야 한다. 만일 적용대상이 아니라면, 둘째, 섭외사법상 제3국의 국제적 강행규정(내지 외국환거래법)의 취급을 검토하였어야 한다.[153]

흥미롭게도 제1심은 섭외사법 제30조[154]를 당사자자치를 정한 제9조에 우선시켜 위 대출계약의 준거법이 한국법이라고 보고, <u>준거법이 아닌 아르헨티나법에 따라 이루어진 대출금 변제는 유효한 변제라고 볼 수 없다</u>고 판시하였다. 밑줄 부분은 아르헨티나 대통령령에 따른 채무 감면효과는 인정할 수 없다는 취지이나, 제1심은 위 대통령령 기타 아르헨티나의 외국환거래법은 고려하지 않았다. 결론은 옳을 수도 있으나 그 근거가 부족하다. 다만 IMF 협정을 적용하든,

---

150) Schefold(註 61), S. 317.

151) 이호정, 국제사법(1983), 223면; Kegel/Schurig(註 20), S. 539.

152) 공서위반 여부는 사안의 내국관련성의 정도에 비추어 판단하여야 한다. 외국판결 승인의 맥락에서 대법원 2012. 5. 24. 선고 2009다22549 판결도 같은 취지로 판시하였다.

153) Stadler(註 144), S. 406은 준거법이 독일법인 아르헨티나 국채와 관련하여 지급유예를 명한 대통령령의 특별연결 가능성을 검토하면서 이를 위하여는 가치의 공유가 필요한데 당해 사안에서 그것이 없음을 근거로 특별연결을 부정한다.

154) 섭외사법 제30조는 은행이라는 제목 하에 "銀行業務에 關한 事項 및 效力은 그 銀行이 屬하는 國家의 法에 依한다."고 규정하였다. 위 대출계약의 준거법을 제9조에 의하여 결정한 원심의 판단이 적절하다.

아니면 섭외사법에 따라 제3국의 국제적 강행규정을 고려하든 간에 우선 대통령령의 내용을 명확히 하여야 한다. 통상은 외환규제에 따른 금지가 문제되므로 IMF 협정상 환계약이 unenforceable 하다는 것은 쉽게 이해되나, 위 대통령령의 경우에는 그런 내용이 아닌 것으로 보이므로 그 법률효과를 어떻게 판단할지 문제되기 때문이다.155)

VI. 맺음말

위에서는 국제금융거래에서 제기되는 제3국의 국제적 강행규정의 전형인 외국환거래법의 적용과 고려(내지 취급)를 논의하였다. 첫째, IMF 협정 제VIII조 2(b)는 국제사법에 대한 특별저촉규범이므로 우리 법원은 문제된 국제금융계약에 동조의 적용 여부를 검토해야 한다. 만일 적용된다면, 당해 제3국법상 필요한 외환허가가 없을 경우 당해 국제금융계약은 가맹국에서 unenforceable 하다. 동조의 적용범위는 논란이 있고 국제적 컨센서스는 없으나 우리도 일응 협의설을 따르되 그 내용을 명확히 해야 한다. 둘째, 제VIII조 2(b)의 적용대상이 아니라면 국제사법상 당해 제3국의 외국환거래법 위반의 처리가 문제된다. 우리 국제사법에는 규정이 없으므로 견해가 나뉜다. 필자는 특별연결이론을 지지하나 그 요건과 효과 등을 구체화해야 하고 실질법 차원에서 고려할 여지도 있다. 우리는 로마 I 과 스위스 국제사법 등을 참조하여 국제사법의 해석론을 정립하고 입법적인 해결방안도 검토해야 한다.

그 밖에 국제금융거래에서 국제적 강행규정이 문제되는 사례로 미국 대통령의 명령에 의하여 동결된 예금반환청구를 다룬 영국 판결을 소개하고, 채무를 실질적으로 감면한 아르헨티나 대통령령의 적용이 문제된 우리 하급심 판결들을 소개하였다.

영미법, 특히 영국법이 국제금융거래에서 우월적 지위를 가지는 데는 연혁

---

155) Baars/Böckel(註 60), S. 458도 제3국의 국제적 강행규정에 관한 특별연결설, 준거법설과 실질법설의 어느 것에 의하여도 지급유예의 효과를 도출하거나 고려할 수는 없다고 하나 견해가 나뉠 수 있다. 또한 국채의 경우 외국 채권(債權)의 수용과 그 승인의 문제가 있다. Baars/Böckel(註 60), S. 457 참조. 즉 아르헨티나 대통령령에도 Ralli Bros 사건에서 본 스페인의 입법처럼 그 범위를 초과해서 지급하는 것을 금지하고 처벌하는 내용이 포함되어 있었는지도 확인할 필요가 있다. [밑줄 부분은 이 책에서 새로 추가한 것이다.]

적 이유도 있지만, IMF 협정 제Ⅷ조 2(b)의 해석론과 로마 I 제9조 제3항의 채택에서 보듯이 그 위상을 유지하려는 영국의 집요한 노력이 있다. 우리도 국제거래에서 한국법의 위상 강화를 위해 노력해야 하는데, 위 아르헨티나 사건에서 보는 것처럼 IMF 협정 제Ⅷ조 2(b)와 국제적 강행규정에 관한 국제사법 법리에 무관심한 우리 법률가들의 모습은 실망스럽다.156)

당초의 기대를 충족하기에는 여러 모로 부족하나 어쨌든 이 글을 씀으로써 오래 미루었던 숙제를 끝낸 것 같은 기분이다. 아르헨티나 대통령령을 다룬 우리 판결을 비판적으로 소개한 것은 망외의 소득이다.

후 기

위 글을 발표한 뒤에 아래의 문헌이 간행되었다. 물론 망라적인 목록은 아니다.
- 이필복, "국제적인 문화재 거래와 국제적 강행규정 ―기원국의 국제적 강행규정을 중심으로―", 국제사법연구 제27권 제1호(2021. 6.), 119면 이하
- 김민경, "국제상사중재와 국제적 강행규정", 한양대학교 법학논총 제38집 제3호 (2021. 9.), 353면 이하
- 김민경, "국제계약에서 국제적 강행규정에 관한 연구", 서울대학교 대학원 법학박사학위논문(2022. 2.)
- 김민경, "제3국의 국제적 강행규정이 국제계약에 미치는 영향―영국 판례에 대한 비판적 검토―", 저스티스 통권 제189호(2022. 4.), 427면 이하

---

156) 석광현, 2001年 改正 國際私法 解說(2001), 75면의 본문은 IMF 협정 제Ⅷ조2(b)를 언급하고 註 96은 석광현(註 9)(논문)을 인용하니 위 사건의 담당 법관들과 소송대리인들이 IMF 협정의 쟁점을 알 수 있었을 것이다.

제6장

국제민사소송

[10] 호주 법원 판결에 기한 집행판결 청구의 소에서 번호계인 원고의 당사자능력

前 記

이 글은 저자가 한양대학교 법학논총 제37집 제1호(2020. 3.), 155면 이하에 게재한 글로서 오타와 오류를 제외하고는 원칙적으로 수정하지 않은 것이다. 가벼운 수정 부분은 밑줄을 그어 표시하였고(인용 부분의 밑줄은 제외), 참고할 사항은 말미의 후기에 적었다. 정치(精緻)한 국제재판관할규칙을 담은 국제사법 개정법률(개정법)이 2022. 1. 4. 공포되어 7. 5. 발효된다. 그 결과 준거법규칙을 담은 조문도 번호가 변경되기에 아래에서는 개정법의 조문을 일부 언급하였다.

대상판결: 대법원 2015. 2. 26. 선고 2013다87055 판결

[사안의 개요]

원심판결이 확정한 사실관계는 아래와 같다.

1. 원고의 조직과 운영

원고는, 호주 시드니에 거주하는 33명의 한국인이 2001. 10. 5. 써리 힐스에서 계주 A("계주"), 구좌 수, 계원 수, 운영기간(35개월), 계 운영주기 매월 1회, 1구좌 당 매월 납입금, 계금 등을 정하여 조직한 번호계('써리 힐스 뮤추얼 론 클럽(Surry Hills Mutual Loan Club)')(속칭 '새마을계', 미리 정한 순번에 따라 계금을 지급받는 형식의 계)이다. 순번 제2번의 1구좌에 가입한 피고는 2001. 11. 계주로부터 계금을 지급받은 후 월납입금을 지급하였으나 2003. 5.부터는 이를 지급하지 아니하였다.

2. 호주 소송의 경과

원고는 2005. 1. 28. 피고를 상대로 호주 뉴사우스웨일스 지방법원(Local Court of New South Wales)(이하 "NSW 지방법원"이라 한다)에 미지급 월납입금 32,160달러와 이자의 지급을 구하는 소를 제기하였고, 피고는 계주에 대한 대여금 35,747.37달러의 지급을 구하는 반소를 제기하였으며, NSW 지방법원(F 판사)은 2005. 9. 26. 본소를 인용하고 반소는 기각하였다.

피고는 뉴사우스웨일스 대법원(Supreme Court)(이하 "NSW 대법원"이라 한다)에 항소하면서 별개의 법적 주체가 되지 못하는 권리능력 없는 사단(the incorporated association)인 원고는 소를 제기할 수 있는 지위나 자격이 없다고 주장하였고, NSW 대법원(M 판사)은 2006. 9. 15. 원고는 법적 실체가 없는 권리능력 없는 사단으로서 판결의 집행을 강제할 자격이 없고 2004. 8.에 해산하였다는 이유로 위 판결을 취소하고 위 사건을 지방법원으로 환송하였다.

환송 후 NSW 지방법원(F 판사)은 2006. 11. 17. 원고의 신청을 받아들여 원고의 명칭을 'Surry Hills Mutual Loan Club'에서 'Surry Hills Mutual Loan Club comprising a number of individuals listed in schedule "C" to the Amended Statement of Liquidated Claim'으로 수정할 것을 명하면서 위 판결에 기한 집행을 허가하는 내용의 판결을 하였고, 2007. 2. 1. 'Surry Hills Mutual Loan Club'에 의해 제기된 소송이 부적법하다는 피고의 신청은 권리능력 없는 사단을 위해 구성원들이 위 소송을 제기한 것이라는 이유로 기각하였다.

피고는 위 2006. 11. 17.자 판결과 2007. 2. 1.자 판결에 대하여 NSW 대법원에 항소하였고, NSW 대법원(H 판사)은 2006. 11. 17.자 판결을 집행 불가능을 이유로 취소하고, 2007. 2. 1.자 판결에 대해서는 이 사건 소송은 권리능력 없는 사단인 원고를 위해 계원들이 제기한 것이라는 이유로 위 판결의 결론을 인정하여 2007. 6. 26. "원고는 소송을 제기할 자격이 있고, 계원 28명으로 구성된 'Surry Hills Mutual Loan Club'을 원고로, 이 사건 피고를 피고로 하는 재판을 개시할 것을 권고한다"는 취지의 판결을 선고하였다.

이후 원고는 피고를 상대로 관련 소송사건에서 소송비용과 비용사정인의 보수 등을 청구하였고, NSW 대법원은 2010. 12. 17. "피고는 원고에게 147,144.62 달러를 지급하라"는 취지의 판결을 선고하였고 이 판결(이하 "승인·집행의 대상판

결"이라 한다)이 확정되었다.[1]

번호계라는 생소한 단체를 접한 호주 법관들로서는 그의 실체를 분석하고 파악하는 데 어려움을 겪었던 것으로 짐작된다.[2]

[한국 소송의 경과]

피고가 승인·집행의 대상판결인 NSW 대법원 판결을 이행하지 않자 원고는 2011년 피고를 상대로 집행판결을 구하는 이 사건 소를 의정부지방법원에 제기하였다. 제1심은 원고의 당사자능력이 없음을 이유로 소를 각하하였고 원고는 항소하였다.

1. 원심판결[3]

원심은 항소를 기각하였는데 몇 가지 오류를 수정하는 외에는 제1심 판결[4]을 인용하고 아래(다.) 언급하는 추가적 판단사항을 덧붙였다.

가. 원고의 당사자능력에 대한 판단의 준거법

원심은 집행판결 제도의 취지를 설시하고 '외국판결의 승인'과 '외국판결의 집행'의 개념을 설명한 뒤 강제집행절차는 채권자의 신청에 의하여 국가의 집행기관이 채권자를 위하여 집행권원에 표시된 사법(私法)상의 이행청구권을 국가권력에 기하여 강제적으로 실현하는 법적절차이므로, 본질적으로 속지적(屬地的)인 성격을 가지고 따라서 강제집행의 당사자·방법·대상·개시·진행·종료 등 집행력의 실질적인 내용은 모두 우리 민사집행법의 규정에 따른다고 판시하였다.

원고는 제1심에서 단체의 권리능력은 국제사법 제16조(개정법 제30조)에 따라 설립준거법에 의하여 판단해야 하는데, NSW 대법원이 호주에서 설립된 단체인 원고의 당사자능력을 인정하였으므로 한국에서도 당연히 당사자능력이 인정

---

1) 호주 법원 판결들의 상호관계는 다소 애매하나 우리 제1심법원은 한국에서 집행판결의 대상은 본문에 적은 NSW 대법원의 2010. 12. 17. 판결임을 밝히고 있다.
2) 미국에서는 "a traditional Korean savings plan utilized by women"이라고 부르기도 한단다. 임치용, "미국에서 파산한 계주 강씨 아줌마" BFL 22권(2007. 3.), 82면.
3) 이는 의정부지방법원 2013. 9. 26. 선고 2012나17692 판결이다.
4) 이는 의정부지방법원 2012. 11. 14. 선고 2011가단51847 판결이다.

된다고 주장하였으나 원심은 아래와 같이 설시하면서 이를 배척하였다.

> "집행판결은, 외국판결이 그 외국법상 갖는 효력을 한국에서도 존중하는 데 그치는 것이 아니라, … 외국 … 판결에서 확인된 당사자의 권리를 한국에서 강제적으로 실현하는 것이 허용되는지 여부에 관한 것이므로, 이를 소구할 수 있는 당사자능력을 판단함에 있어서는 우리 집행법을 기준으로 해야 하고, 따라서 <u>설령 NSW 대법원이 원고의 당사자능력과 소송능력을 인정하였더라도 그러한 사정만으로 당연히 원고가 한국에서 강제집행을 구할 수 있는 당사자능력을 가진다고는 볼 수 없다.</u>"(밑줄은 필자가 추가함)[5]

　　원고가 호주에서 설립된 단체라는 원고의 주장은 원고를 설립하기 위한 계약(이하 "이 사건 론 클럽 계약"이라 한다)의 준거법이 호주법(정확히는 아마도 뉴사우스웨일스주법. 이하 편의상 "호주법"이라고 한다)이라는 취지의 주장으로 보이나 우리 법원은 그 준거법에 대하여는 판시하지 않았다.

나. 원고가 법인이 아닌 사단으로서의 당사자능력을 가지는지 여부

　　원심은 민사집행법은 집행당사자능력에 대해서 별도의 규정을 두지 않으면서, 제23조 제1항에서 민사집행법에 특별한 규정이 있는 경우를 제외하고는 민사소송법의 규정을 준용하는데 민사소송법 제51조는 당사자능력에 대해서는 민법 그 밖의 법률에 따르는 것으로, 제52조는 법인 아닌 사단은 대표자 또는 관리인이 있는 경우에 그 사단의 이름으로 당사자가 될 수 있는 것으로 각 규정하고 있으므로, 자연인 또는 법인이 아니더라도 대표자가 있는 법인이 아닌 사단에 대하여도 집행당사자능력이 인정된다고 판시하였다. 즉 원심은 원고가 법인 아닌 사단으로서 제52조에 따라 당사자능력을 가질 수 있는지에 초점을 맞추어 검토하면서 대법원 판례에 따라 민법상의 조합과 법인 아닌 사단의 구별기준을 설시하였다.

---

　5) 또한 원심은 "NSW 대법원은 2007. 6. 26. 선고한 판결에서 "이 사건 소송은 권리능력 없는 사단인 원고를 위해 계원들이 제기한 것(The action has been brought by the members on behalf of the incorporated association, 'Surry Hills Mutual Loan Club'.)"이라고 설시하였는바, 그 기재에 비추어 볼 때 위 법원이 원고를 그 구성원에 대하여 독립적인 권리·의무의 주체로 인정하여 원고로서의 당사자 지위를 인정하였다고 단정하기도 어렵다"고 판시하였다.

> "계는 ⋯ 그것을 조직한 목적과 방법, 급부물의 급여방법과 급부 전후의 계금지급
> 방법, 계주의 유무 및 계주와 계 또는 계원 상호간의 관계 ⋯ 여하에 따라 그 법률적
> 성질을 달리하여 <u>조합계약이나 소비대차계약 또는 무명계약의 성질을 가진다</u> ⋯ . 또
> 한 <u>민법상의 조합과 ⋯ 법인 아닌 사단을 구별함에 있어서는 일반적으로 그 단체성
> 의 강약을 기준으로 판단하여야 하는바</u>, 조합은 ⋯ 구성원의 개인성이 강하게 드러나
> 는 인적 결합체인 데 비하여, 법인 아닌 사단은 ⋯ 독자적 존재로서의 단체적 조직을
> 가지는 특성이 있는데, <u>어떤 단체가</u> 고유의 목적을 가지고 사단적 성격을 가지는 규
> 약을 만들어 ⋯ <u>조직을 갖추고 있고</u>, 기관의 의결이나 업무집행방법이 다수결의 원칙
> 에 의하여 행하여지며, ⋯ 기타 단체로서의 주요사항이 확정되어 있는 경우에는 <u>법인
> 아닌 사단으로서의 실체를 가진다</u> ⋯."(밑줄은 필자가 추가함)

나아가 원심은 아래와 같이 판시하면서 원고의 사단성과 당사자능력을 부
정하였다.

> "원고의 운영방식, 총 구좌 수, 계원 수, ⋯ 금융이익을 도모하는 목적을 공유하고
> 있는 점 등을 보면, <u>원고는 단순히 계주와 계원 사이의 소비대차계약에 불과하다고
> 보기는 어렵고, 각 계원이 금융ㆍ저축을 목적으로 상호 출자하여 공동사업을 경영하
> 는 이른바 민법상 조합계약 또는 조합계약과 소비대차계약의 성격이 혼재하는 무명
> 계약의 성격을 가진다</u>. 그러나 원고에게 사단적 성격을 가지는 규약이 만들어져 있었
> 다거나 ⋯ 조직을 갖추고 있고, ⋯ 구성원의 ⋯ 변경에 관계없이 단체 그 자체가 존
> 속되고, ⋯ 단체로서의 주요사항이 확정되어 있었다고는 볼 수 없다. 따라서 ⋯ <u>원고
> 는 어느 정도의 단체성은 지니고 있으나, 그 구성원인 계원들의 개인성과는 별개로
> 권리ㆍ의무의 주체가 될 수 있는 독자적 존재로서의 사단에 이르렀다고는 보기 어렵
> 다</u>."(밑줄은 필자가 추가함)

다. 원심의 추가적 판단사항

원고는 집행판결을 구하는 소송에서 원고의 당사자능력을 심리할 필요가
없다고 주장하였으나, 원심은 집행판결도 판결의 일종이어서 민사소송법상의 판
결절차에 관한 규정이 적용되므로 집행판결을 구하는 소송 역시 통상의 소송과
동일하게 소송요건, 즉 관할을 비롯하여 당사자능력, 소송능력이나 소의 이익 등
에 관한 사항을 먼저 심리하여야 한다며 이를 배척하였다.

2. 대법원판결[6]

집행판결을 청구하는 소도 소의 일종이므로 통상의 소송에서와 마찬가지로 당사자능력 등 소송요건을 갖추어야 함을 전제로, 대법원은 원고는 변호계로서 법인 아닌 사단으로서의 실체를 가지지 못하여 당사자능력이 없으므로 집행판결을 청구하는 원고의 이 사건 소는 부적법하다고 본 원심의 판단은 정당하다고 판단하고 상고를 기각하였다.

[연 구]

I. 문제의 제기

민사소송법상 소송의 당사자가 되어 소송을 수행하여 본안판결을 받기 위해서는 우선 당사자능력과 소송능력이 있어야 한다. 헌법(제6조)에 따라 외국인도 내국인과 마찬가지로 우리 법원에서 재판을 받을 권리를 가지는데[7] 외국인의 이러한 권리는 한국도 가입한 국제인권규약 B규약(또는 자유권규약. 제1조)에 의하여도 보장된다. 그러나 외국인에게 법원에의 자유로운 접근이 보장된다고 하여 소송 당사자가 외국인이라는 사실이 무의미한 것은 아니다.[8] 우리 민사소송법은 제51조와 제52조에서 당사자능력을 규정하는데 그것이 당사자가 외국인 또는 외국회사인 경우 어떤 의미를 가지는지가 문제된다. 외국인의 권리능력은 실체법의 문제로서 협의의 국제사법의 논점이고, 외국인의 당사자능력 ─소송의 주체가 될 수 있는 일반적인 능력─ 은 광의의 국제사법 또는 국제민사소송법(또는 국제민사절차법)의 논점이다. 후자는 '절차는 법정지법에 따른다(*forum regit processum*)'는 법정지법원칙(*lex fori* Principle)[9]에 따라 기본적으로 법정지법인 우

---

6) 대법원 2015. 2. 26. 선고 2013다87055 판결.

7) 모든 국민은 헌법과 법률이 정한 법관에 의하여 법률에 의한 재판을 받을 권리를 가지는데(헌법 제27조 제1항), 공정한 재판을 받을 권리는 국민의 기본권으로 보장된다. 헌법재판소 2001. 8. 30. 선고 99헌마496 결정 참조.

8) Haimo Schack, Internationales Zivilverfahrensrecht 7. Auflage (2017) Rn. 596.

9) 최공웅, 국제소송 개정판(1994), 243면 이하. 대법원 1994. 6. 28.자 93마1474 결정도 이를 인정한 바 있다. 위 원칙의 이론적·법적 근거는 석광현, 국제사법과 국제소송 제6권 (2019), 241면 이하 참조.

리 민사소송법에 의할 사항이라고 할 수 있으나 더 면밀한 검토가 필요하다.

우리나라에는 외국인의 당사자능력에 관한 논의가 많지 않은데,[10] 당사자능력을 다룬 대법원 판결이 2015년 선고되었으나 문제가 있는 것으로 보이기에 평석을 하고자 한다. 이는 호주에 거주하는 한국인들이[11] 조직한(또는 구성한) 단체인 번호계가 원고가 되어 계금을 받은 뒤 월납입금을 지급하지 아니한 계원인 피고를 상대로 호주 법원에서 일정금액의 지급을 구하는 소를 제기하여 승소판결을 받은 뒤 한국에서 집행판결을 청구한 사건인데, 우리 법원들은 익숙한 국내 계에 적용되는 법리에 따라 원고의 당사자능력을 부정하였다. 여기에서는 민사소송법 제51조, 제52조와 제57조에 비추어 그런 결론이 타당한지를 검토한다.

구체적인 논의순서는 아래와 같다. 첫째, 원고는 호주법상의 단체인가(Ⅱ.), 둘째, 우리 민사소송법상 당사자능력의 준거법(Ⅲ.), 셋째, 원심과 대법원의 판단 및 그에 대한 평가(Ⅳ.). 넷째, 관련 문제로서 소송이 아닌 중재에서의 당사자능력을 간단히 언급한다(Ⅴ.). 우리 민사소송법 특히 당사자능력을 규정한 제51조와 제52조는 독일과 일본 민사소송법의 영향을 받았으므로 양자를 소개한다.[12]

Ⅱ. 원고는 호주법상의 단체인가

1. 논의의 전제

만일 원고가 한국법에 따라 조직된 번호계라면 번호계를 둘러싼 통상의 국내소송에서 적용되는 민사소송법 제51조와 제52조의 법리가 전면적으로 적용되고 외국인이 당사자라는 점에 기인하는 문제는 발생하지 않는다. 하지만 원고가 호주법에 따른 단체라고 주장하고 실제로 그럴 개연성이 있으므로 원고의 당사자능력을 판단함에 있어서 권리능력과 당사자능력의 준거법으로서 호주법이 개

---

10) 다만 석광현, 국제사법과 국제소송 제4권(2007), 125면 이하; 이필복, "법인과 단체의 실체적, 절차적 준거법", 국제사법연구 제25권 제2호(2019. 12.), 116면 이하 참조.

11) 호주 법원은 피고에 대한 국제재판관할을 인정하였는데 피고의 주소가 과거 호주에 있었다가 한국으로 이전된 것인지는 불분명하다.

12) 미국과 영국의 태도는 우선 이헌묵, "민사소송에서 당사자능력과 소송능력의 준거법", 국제사법연구 제24권 제2호(2018. 12.), 317-318면 참조. 미국 FRCP Rule 9(a)는 'Capacity or Authority to Sue; Legal Existence'를 규정하고, Rule 17(b)는 자연인의 경우 주소지법에 따라서, 법인의 경우에는 설립준거법에 따라서 당사자능력을 인정하고 비법인사단의 경우도 규정한다.

입할 가능성이 있다.13) 즉 이 사건에서 원고가 외국 단체일 가능성이 있기 때문에 호주법에 따른 당사자능력을 논의할 이유가 있다.14) 특히 원고는 한국의 제1심에서 이 사건 론 클럽 계약의 준거법이 호주법이라는 취지로 주장하였으나15) 우리 법원은 당사자능력의 준거법에 관하여만 판단하였을 뿐이고 위 계약의 준거법에 대하여는 판시하지 않았다. 제16조는 법인격이 없는 단체에도 적용되므로 원고가 외국 단체인지는 국제사법 제16조(개정법 제30조)에 따라 판단할 사항이다. 조합에도 제16조가 적용되는지는 논란이 있을 수 있으나, 제16조를 적용하든 계약으로 성질결정하여 국제사법 제25조(개정법 제45조)를 적용하든 국제사법이 법인 및 단체의 속인법에 관하여 원칙적으로 설립준거법설을 취했으므로 실익이 크지 않을 것이다.

법인이 아닌 원고가 어떤 성질의 단체인지는 논란의 여지가 있으나 아래에서 보듯이 우리 법원은 사단은 아니지만 조합 내지 조합과 유사한 단체성을 긍정하였다.

2. 이 사건 론 클럽 계약의 준거법

이 사건에서 원고의 조직(또는 설립)의 근거, 즉 이 사건 론 클럽 계약의 준거법이 무엇인지는 중요한 논점이다. 이 사건 론 클럽 계약의 준거법을 결정함에 있어서는 아래 논점을 검토할 필요가 있다.

첫째, 외국적 요소가 있나. 이 사건 론 클럽 계약에 외국적 요소가 있음은 명백하다. 이 사건 론 클럽 계약의 당사자들의 국적이 모두 한국이더라도 그들의 주소, 계약의 체결지와 이행지 등이 모두 호주에 있음을 고려하면 이는 아무런 의문이 없다.

---

13) 이 사건에서 호주 판결의 한국 내 집행이 문제되므로 호주법에 따른 원고의 당사자능력의 문제가 발생하는 것이라고 생각할 수도 있으나 집행판결 청구의 소에서 당사자능력은 소송요건으로서 한국 민사소송법에 따를 사항이므로 그렇게 볼 수는 없다. 예컨대 한국인 A가 한국인 B를 상대로 외국 법원에서 승소판결을 받아 이를 한국에서 집행하는 경우에도 A와 B의 당사자능력은 한국법에 따른다.

14) 다만 이 사건은 외국재판의 승인·집행이 문제되는 사건인데 호주 재판의 기판력의 주관적 범위라는 관점에서는 당사자가 누구인지가 의미를 가진다.

15) 제1심은 "원고는, 법인 또는 단체의 권리능력은 국제사법 제16조에 따라 그 설립의 준거법에 의하여 판단하는 것인데, 원고는 오스트레일리아에서 설립된 단체로서 NSW 대법원이 2007. 6. 26. 선고한 판결에서 원고의 당사자능력과 소송능력을 인정하였으므로, 이 사건에서도 당연히 당사자능력이 인정된다고 주장한다."고 판시하였다.

둘째, 외국적 요소가 있더라도 곧바로 내국법을 적용하기보다는 국제사법을 적용하여 그 준거법을 정하는 것이 더 합리적이라고 인정되는 정도에 이르렀는가. 필자는 국제사법을 적용하기 위한 전제로서 둘째 요건이 필요하다고 보지 않으나, 대법원 판례16)에 따르면 이 요건이 구비되어야 비로소 국제사법이 적용된다. 이 사건의 사안을 보면 이 사건 론 클럽 계약의 준거법을 결정함에 있어서 곧바로 내국법을 적용하기보다는 국제사법을 적용하여 그 준거법을 정하는 것이 더 합리적이라고 인정되는 정도에 이르렀다고 본다. 더욱이 국제계약에 관한 한 우리 국제사법 제25조 제4항은 로마협약을 본받아 "모든 요소가 오로지 한 국가와 관련이 있음에도 불구하고 당사자가 그 외의 다른 국가의 법을 선택한 경우에 관련된 국가의 강행규정은 그 적용이 배제되지 아니한다"고 규정한다. 따라서 이 사건 론 클럽 계약의 준거법을 결정함에 있어서 국제사법을 적용해야 함은 의문이 없다.

셋째, 이 사건 론 클럽 계약의 준거법은 무엇인가. 이 사건 론 클럽 계약의 준거법이 한국법인지 호주법인지는 논란의 여지가 있는데, 호주법이 준거법이 되는 것은 두 가지 경로를 통하여 가능하다. 어느 경로가 타당한지와 과연 호주법이 준거법인지는 계원들의 호주 내 체류기간과 계를 조직하게 된 배경 등 사실관계를 더 파악한 뒤에 판단할 수 있다.

하나는 우리 국제사법(제25조 제1항)이 정한 묵시적 합의에 의하는 것이다. 이 사건에서 계원들이 한국인인 점, 한국사회에 특유한 개념인 번호계를 조직한 점과 계를 조직하면서 (아마도) 한국어로 협상하고 계약을 체결하였을 것이라는 점을 고려하면, 비록 통화는 호주 달러였고 번호계의 영문명칭을 사용하였더라도 계약내용 그 밖에 모든 사정으로부터 묵시적 합의가 있었음을 합리적으로 인정할 여지도 있다.17)18) 그러나 이 사건 한국 하급심판결에서 보듯이 이 사건 론

---

16) 예컨대 대법원 2008. 1. 31. 선고 2004다26454 판결 등.

17) 묵시적 준거법에 관하여는 석광현, 국제사법과 국제소송 제5권(2012), 22면 이하 참조. 이 사건에서 원고가 호주 법원에서 월납입금에 대한 이자를 청구할 당시 어떤 이율을 적용하였는지도 궁금하다.

18) 원심의 판단처럼 이 사건 론 클럽 계약이 조합계약이나 소비대차계약 또는 무명계약의 성질을 가진다면 제16조의 적용 여부가 문제된다. 본문에 적은 것처럼 조합원들 간의 내부적인 관계는 국제계약에 관한 국제사법 제25조 이하의 조문에 의하나, 조합원들 간의 개별적 권리·의무에 그치지 않고 그 자신의 조직을 가지는 경우에는 조합에 대해서도 제16조가 적용된다고 볼 수 있다. 또는 조합의 내부관계는 계약에 의하고 외부관계는 제16

클럽 계약이 민법상 조합계약 또는 조합계약과 소비대차계약의 성격이 혼재하는 무명계약의 성격을 가진다면 비록 번호계가 한국에서는 익숙한 현상이지만 그 법적 성질이 한국 민법상의 전형계약도 아니고 한국법에 특유한 것이라고 하기는 어렵고 세계적으로 널리 인정되는 조합계약과 소비대차계약 등으로 설명할 여지도 있다. 또한 계원들은 이 사건에서 보듯이 분쟁이 발생하면 호주에서 제소해야 함을 알았을 텐데 그럼에도 불구하고 한국법을 준거법으로 의도하였을 것 같지는 않다.

다른 하나는 당사자의 준거법 지정이 없어서 우리 국제사법 제26조 제1항 (개정법 제46조 제1항)에 따라 이 사건 론 클럽 계약과 가장 밀접한 관련이 있는 계약으로 호주법을 객관적 준거법으로 보는 것이다. 이 경우 특징적 이행을 정하기는 어려우므로 제26조 제2항이 아니라 제26조 제1항에 따라 준거법을 결정해야 할 것이다. 독일의 유력설에 따르면 조합계약의 준거법은 통상 당사자들이 사업목적을 주로 추구하는 장소의 법이라고 하는데,[19] 이 사건에서 계약의 체결지, 계약상 계원들의 의무 이행지 등이 모두 호주라는 점을 고려하면 호주법이 객관적 준거법이 될 여지도 있다. 호주 법원이 이 사건 론 클럽 계약의 준거법에 대하여 판단하였는지, 하였다면 어떻게 판단하였는지도 궁금하다.[20]

이 사건 론 클럽 계약의 준거법이 무엇인가는 이 사건 원고들의 당사자적격을 판단함에 있어서도 의미가 있다. 즉 고유필수적 공동소송은 실체법상 관리처분권, 즉 소송수행권이 수인에게 공동으로 귀속하는 때이므로 실체법상 이유에 의한 필수적 공동소송이라고 하는데, 예컨대 우리 법상 조합이 능동당사자가 되는 경우에는 소송의 목적이 조합원 전원에 대하여 합일적으로 확정되어야 하기

조에 의한다는 견해도 가능하다. 다만 어느 견해에 의하든, 국제사법이 단체의 속인법에 관하여 원칙적으로 설립준거법설을 취하므로 조합이 국제계약법에 따르는지 아니면 국제단체법에 따르는지의 구별은 실익이 크지는 않다. 안춘수, 국제사법(2017), 209면은 조합의 경우에도 당사자자치가 허용되고 제16조 본문이 말하는 설립준거법은 당사자가 선택한 법이라고 한다.

19) Christoph Reithmann/Dieter Martiny (Hrsgs.), Das Internationale Vertragsrecht, 8. Auflage (2015), Rz. 7.148 (Hausmann 집필부분). 스위스 국제사법의 해석상로도 조합목적의 달성을 위하여 결정적인 행위가 전개되는 곳을 기준으로 삼을 것이라는 견해가 있다. Frank Vischer *et al.*, Internationales Vertragsrecht, 2. Auflage (2000), Rn. 686.

20) 아마도 호주 법원은 이 사건 론 클럽 계약의 준거법에 관하여는 판단하지 않았을 것으로 추측된다. 이를 판단했더라면 그것이 우리 법원의 주의를 환기시켜 우리 법원도 준거법에 관심을 가지고 설시했을 것이기 때문이다.

때문이다.21)

Ⅲ. 우리 민사소송법상 당사자능력의 준거법

1. 우리 민사소송법의 규정

우리 법원에서 민사소송의 당사자가 되기 위하여는 소송의 주체가 될 수 있는 일반적인 능력, 즉 당사자능력이 있어야 한다. 당사자능력은 소송요건이므로 법원이 직권으로 조사할 사항이다. 외국인도 우리 법원에서 당사자가 되자면 당사자능력이 있어야 한다. 민사소송법상 당사자능력은 민법상의 권리능력에 대응하지만 양자가 동일한 것이 아니다.22) 민법상 권리능력자는 민사소송법상 당사자능력자이나, 민법상 권리능력이 없어도 민사소송법상 당사자능력을 가질 수 있기 때문이다. 전자를 민사소송법 제51조는 아래와 같이 규정한다.

> "제51조(당사자능력·소송능력 등에 대한 원칙) 당사자능력(當事者能力), 소송능력(訴訟能力), 소송무능력자(訴訟無能力者)의 법정대리와 소송행위에 필요한 권한의 수여는 이 법에 특별한 규정이 없으면 민법, 그 밖의 법률에 따른다."

민사소송법 제51조에 의하면 민법, 그 밖의 법률에 따라 권리능력을 가지는 자는 당사자능력을 가지므로, 민법상 권리능력을 가지는 자연인과 법인이 당사자능력을 가지는 것은 명백하다. 이를 '실질적 당사자능력자'라고 한다.23) 제51조가 외국인 당사자에 대하여 어떤 의미가 있는지는 아래에서 논의한다.

한편 후자를 정한 민사소송법 제52조는 아래와 같다.

---

21) 석광현(註 10), 139면 참조.
22) 당사자능력은 권리능력에, 소송능력은 행위능력에 대응한다는 것이 통설이나 근자에는 실체법에 대한 절차법의 독자성을 강조하는 입장에서 이에 대한 비판도 있다. 정선주, "행위능력제도의 변화에 따른 소송능력의 재검토", 민사소송 제18권 제1호(2014. 5.), 59면 이하; 장완규, "민사소송법 제51조에 대한 비판적 고찰: 소송법학의 독자성 관점에서", 민사소송 제21권 제2호(2017. 11.), 73면 이하. 양자는 국제적 맥락을 다룬 것은 아니나 이런 견해를 취한다면 외국인의 당사자능력에 관하여 본국실체법설을 취할 여지는 별로 없을 것이다.
23) 이시윤, 신민사소송법 제11판(2017), 147면.

> "제52조(법인이 아닌 사단 등의 당사자능력) 법인이 아닌 사단이나 재단은 대표
> 자 또는 관리인이 있는 경우에는 그 사단이나 재단의 이름으로 당사자가 될 수 있다."

민사소송법 제52조는 법인이 아닌 사단이나 재단은 대표자 또는 관리인이 있는 경우에는 그 사단이나 재단의 이름으로 당사자가 될 수 있도록 규정한다. 이를 '형식적 당사자능력자'라고 한다.[24] 이는 법인 아닌 사단이나 재단이 거래 활동의 주체가 되어 분쟁의 당사자가 되는데 만일 당사자능력을 부인하면 상대 방은 구성원전원을 상대로 소를 제기하지 않으면 아니 되는 불편과 번잡이 초래 되기 때문에 이를 피함으로써 소송수행의 편의를 도모하기 위한 것이다. 법인이 아닌 사단보다 단체성이 약한 민법상 조합이 당사자능력을 가지는지는 논란이 있는데 다수설과 판례[25]는 이를 부정한다.[26]

제52조가 외국인 당사자에 대하여 어떤 의미가 있는지는 아래에서 논의한다.

2. 우리 민사소송법상 당사자능력의 준거법

아래에서는 우리 민사소송법에 영향을 준 일본과 독일의 학설을 간단히 살펴본다.

가. 학설의 소개

외국인이 당사자인 경우 당사자능력의 준거법을 결정함에 있어서는 우선 성질결정을 하여야 하는데, 당사자능력을 절차로 성질결정하는 경우 이는 법정 지법에 의한다. 그런데 많은 국가들이 당사자능력을 권리능력으로부터 도출하고, 우리 민사소송법 제51조는 당사자능력은 민사소송법에 특별한 규정이 없으면 민법, 그 밖의 법률에 따른다고 규정하는데 이는 국제사법을 포함하므로 결국 권리능력의 준거법에 연결하는 것으로 보인다. 이 경우 권리능력은 당사자능력의 선결문제가 된다.[27] 우리나라에서는 선결문제는 독립적 연결대상이 된다고 보는 것이 다수설이므로[28] 권리능력이 있는지는 우리 국제사법에 의하여 결정되는 권

---

24) 이시윤(註 23), 149면.
25) 대법원 1991. 6. 25. 선고 88다카6358 판결; 대법원 1999. 4. 23. 선고 99다4504 판결 등.
26) 이시윤(註 23), 151면.
27) Thomas Rauscher, Internationales Privatrecht 5. Auflage (2017), Rn. 626.
28) 석광현, 국제사법 해설(2013), 39면 이하 참조. 절충설을 따르더라도 이 경우에는 선결문

리능력의 준거법에 의한다. 자연인이나 법인의 경우 일반적으로 권리능력과 당
사자능력이 인정되므로 큰 문제가 없으나 법인격이 없는 단체의 경우 문제된다.
이에 관하여 한국에는 과거 논의가 많지 않았는데, 일본에는 종래 일본 민사소
송법 제28조(우리 민사소송법 제51조와 거의 같다)와 관련하여 세 가지 견해가 대립
하였으므로 이를 우리 민사소송법 조문에 대입하여 소개하면 다음과 같다.29)

첫째는 '법정지법설'(또는 '속인법실체법설')30)인데, 이는 법정지법원칙으로부
터 출발하여 민사소송법 제51조를 적용하되, 동 조에서 말하는 "그 밖의 법률"은
국제사법을 가리키므로 결국 국제사법에 따른 당사자의 권리능력의 준거법, 즉
당사자의 속인법 그 중에서도 실체법을 적용할 것이라고 한다.31) 따라서 만일
그 실체법에 따라 권리능력이 긍정되면 한국에서도 권리능력이 긍정된다.32) 속
인법실체법설을 취하는 이유는 절차는 법정지법에 따른다는 법정지법원칙상 우
리 법원이 외국 소송법을 적용할 수 없다는 점과, 권리능력이 없는 당사자에게
형식적 당사자능력을 인정할 경우 실체법상 처리의 어려움이 발생하는 점에 있

제와 법정지 간에 관련이 있으므로 법정지 국제사법을 적용해야 할 것이다.

29) 일본 학설은 高桑 昭, "當事者能力", 高桑 昭·道垣內正人(編), 国際民事訴訟法(財産法関
係)(新·裁判実務大系 3)(2002), 163면 이하; 전병서, "국제민사소송법서설 및 외국인당
사자의 소송상 취급", 사법행정 통권 416호(1995. 8.), 13면 이하와 최공웅(註 3), 349면
이하; 山內惟介 編著, 国際手続法(中)(1998), 65면 이하; 小林秀之·村上正子, 国際民事訴
訟法(2009), 94면 이하를 주로 참조한 것이다. 일본 문헌은 위 小林秀之·村上正子,
94-95면, 註 6 참조.

30) 高桑 昭(註 29), 169면. 법정지법설이라는 명칭보다는 속인법실체법설(또는 본국실체법
설)이라는 명칭이 더 적절하다. 법정지법설은 당사자능력에 관한 우리 민사소송법의 원칙
을 적용하는 것으로 보이나, 실제는 우리 민사소송법과 국제사법을 적용하여 결국 권리능
력의 준거법을 적용하기 때문이다.

31) 민일영·김능환(편집대표), 주석 민사소송법(Ⅰ) 제7판(2012), 351면(장석조 집필부분)과
서울고등법원 2018. 11. 6. 선고 2017나18608 판결도 동지. 즉 동 판결은 "법인이 소송
법상 원고·피고가 될 수 있는 법인의 당사자능력은 소송법 상의 능력이고, "절차는 법정
지법에 의한다."는 법원칙에 따라 법정지법에 의하여야 하므로, 본안 전 항변에 관한 준
거법은 법정지법인 대한민국 법이 된다. 이 사건 법정지법인 대한민국 민사소송법 제51
조는 "당사자능력, 소송능력, 소송무능력자의 법정대리와 소송행위에 필요한 권한의 수여
는 이 법에 특별한 규정이 없으면 민법, 그 밖의 법률에 따른다."고 규정하고 있는바, 위
규정상의 '그 밖의 법률'에는 국제사법이 포함된다."는 취지로 판시하였다. 위 판결의 소
개는 이필복(註 10), 118면 이하 참조. 아래(註 64) 소개하는 서울고등법원 2019. 1. 29.
선고 2016나2070124 판결은 이런 태도를 취하였다. [밑줄 친 부분은 이 책에서 새로 추
가한 것이다.]

32) 이헌묵(註 12), 320면 이하 동지. 그러나 위에 언급한 바와 같이 실체법과 별개로 소송법
의 독자적인 당사자능력과 소송능력을 구축하자는 견해는 이를 지지하지 않을 것이다.

다. 둘째는 당사자능력은 권리능력, 행위능력과 표리를 이루는 사람의 속성·능력에 관한 문제이지만, 그것은 소송법상의 문제이기 때문에 민사소송법 제51조의 경유 없이 당사자의 본국(법)[33]의 소송법을 적용하는 견해이다. 이를 '본국소송법설'('속인법소송법설' 또는 '속인법설'이라고도 한다)이라고 한다. 이 견해는 제51조를 경유하지 않고 독자적인 연결원칙을 도출하는 것이므로 가사 "그 밖의 법률"에 국제사법이 포함되지 않는다고 보더라도 이런 결론을 도출할 수 있다.

셋째는 속인법 소속국의 실체법과 소송법의 양자를 선택적으로 연결하여 어느 하나의 법에 따라 당사자능력이 있으면 한국에서도 당사자능력이 있다는 견해이다. 일본에서는 이것이 근자의 다수설이라고 한다.[34] 일본의 판례는 나뉘는데 첫째 견해, 즉 법정지법설을 따른 것이 다수로 보인다.[35]

나. 독일 민사소송법의 조문과 학설

우리 민사소송법 제51조와 제52조에 상응하는 조문은 독일 민사소송법 제50조 제1항과 제2항인데 양자가 같지는 않다. 즉 독일 민사소송법 제50조는 당사자능력에 관하여 아래와 같이, 권리능력이 있는 자는 당사자능력이 있다는 점과(제1항), 권리능력 없는 사단도 제소될 수 있으며 그 경우 사단은 권리능력 있는 사단의 지위를 가진다고 규정한다(제2항).

> "제50조 권리능력
> (1) 권리능력이 있는 자는 당사자능력이 있다.
> (2) 권리능력이 없는 사단은 제소할 수 있고 제소될 수 있으며 그 쟁송에서 사단은 권리능력이 있는 사단의 지위를 가진다."[36]

---

33) 본국법과 속인법은 동일한 개념은 아니다. 즉 자연인과 법인에서 공히 속인법이라는 표현을 사용하는데, 속인법은 자연인의 경우 대체로 본국법 또는 주소지법이고, 법인의 경우 대체로 설립준거법 또는 본거지법이다. 논리적으로는 두루 사용할 수 있는 '속인법'이 적절하나, 우리 민사소송법 제57조와 종래 견해들은 양자를 구별하지 않으므로 여기에서도 양자를 혼용한다.

34) 高桑 昭(註 29), 169면; 小林秀之·村上正子(註 29), 94면.

35) 高桑 昭(註 29), 167면; 전병서(註 29), 14면. 위의 학설을 독일 상법상의 합명회사, 영국과 미국의 partnership에 적용한 결과는 석광현(註 10), 130면 이하 참조.

36) 독일 구 민사소송법 제50조 제2항은 수동적 당사자능력만 규정하였으나 2009년 독일 사단법개혁을 통하여 능동적 당사자능력도 인정하는 것으로 개정되었다. 그러나 구 민사소송법 하에서 독일 연방대법원의 2001. 1. 29. 판결(BGHZ 146, 341, 347. Weißes Ross

독일 민사소송법은 민법 그 밖의 법률을 언급하지 않는 점에서 우리 민사소송법과 다르다. 제50조 제1항의 맥락에서 독일에서는 당사자능력은 법정지법에 따른다는 제국재판소와 연방대법원의 전통적인 견해가 완전히 포기된 것은 아니지만, 지금으로서는 당사자의 속인법[37]에 의하는 데는 별 이견이 없으나 속인법의 실체법[38]인지 소송법인지에 관하여 견해가 나뉘는데, 통설은 독일 민사소송법에 쓰이지 않은 저촉규범이 있다고 보아 법정지법원칙을 깨뜨리고 독자적인 절차적 저촉규범(prozessuale Kollisionsnorm)을 인정하여 문제된 당사자의 속인법의 소송법에 연결하고[39] 판례도 같다.[40]

제50조 제2항은 형식적 당사자능력자를 정한 것이다. 이를 외국의 사단에 적용하면 외국법에 따라 조직된 사단이 비록 외국법상 당사자능력이 없어도 국내 사단처럼 조직되어 제50조 제2항의 요건을 구비하면 국내에서의 거래의 안전을 보호하기 위하여 당사자능력을 인정한다.[41] 그러나 근자에는 실효적인 권리보호를 위하여 양자의 선택적 연결을 인정하는 견해, 즉 외국인 당사자는 속인법의 실체법 또는 소송법 중 어느 하나에 따라 당사자능력이 있으면 독일에서 당사자능력이 있다는 견해도 주장된다.[42] 나아가 속인법상 권리능력이 없더라도, 독일 민사소송법상 당사자능력이 있는 조직에 상응하는 외국의 조직은 독

사건) 등은 능동적 당사자능력도 이미 인정한 바 있다. Heinrich Nagel/Peter Gottwald, Internationales Zivilprozeßrecht, 7. Auflage (2013), §5 Rn. 17.

37) 독일에서는 자연인인 외국인의 권리능력은 민법시행법(제7조 제1항)에 따라 속인법에 의하고, 법인인 외국인의 권리능력은 명문의 규정이 없지만 통설과 판례는 한국 국제사법과 달리 사실상의 본거지법설에 의하는 것으로 본다.

38) Rolf A. Schütze, Deutsches Internationales Zivilprozessrecht unter Einschluss des Europäischen Zivilprozessrechts 2. Auflage (2005), Rn. 186.

39) Rauscher(註 27), Rn. 626; Abbo Junker, Internationales Zivilprozessrecht, 3. Auflage (2016), §24, Rn. 12. 기타 학설은 Schack(註 8), Rn. 598; Reinhold Geimer, Internationales Zivilprozeßrecht 6. Auflage (2009), Rz. 2202ff.; Nagel/Gottwald(註 36), §5, Rz. 15; MünchKommZPO, 5. Auflage (2016) Art. 50, Rn. 55 (Lindacher 집필부분); Leo Rosenberg/Karl Heinz Schwab/Peter Gottwald, Zivilprozessrecht, 18. Auflage (2018), §43, Rn. 3 등. Geimer는 제50조 제1항의 맥락에서 본국 실체법과 소송법 중 하나에 따라 당사자능력이 있으면 독일에서도 당사자능력이 있다고 한다. Rz. 2203.

40) 독일 연방대법원 1999. 2. 3. 결정(BGH IPRax 2000, 21, 22)은 영국의 partnership은 영국법상 권리능력이 없어도 당사자능력이 있으므로 독일에서도 당사자능력이 있다고 보았다.

41) Geimer(註 39), Rz. 2204.

42) Reithmann/Martiny/Hausmann(註 19), Rz. 7.144; Geimer(註 39), Rz. 2203, Rz. 1936.

일에서도 당사자능력이 있으므로 결국 '세 가지 저촉규칙'이 타당하다는 견해도 있다.[43)]

3. 학설의 정리와 사견[44)]

제51조를 둘러싼 견해의 대립은 법인이나 단체의 경우 특히 의미가 있다. 그리고 어느 견해를 따르더라도 실제 결과에 큰 차이는 없는 것으로 보인다. 어쨌든 이 문제는 우리 민사소송법이 실체법의 권리능력을 기초로 당사자능력을 인정하고 있음을 중시하여 외국인에게도 동일한 원칙을 적용할 것인지, 아니면 소송능력에 관한 민사소송법 제57조를 당사자능력에 유추적용하여 이를 특별한 저촉규범으로 보거나 민사소송법에 쓰이지 않은 저촉규범의 존재를 인정할지의 문제이다. 제57조는 아래와 같이 소송능력의 맥락에서 외국인과 그의 본국법을 언급하는 데 반하여 당사자능력을 정한 제51조는 외국인과 그의 본국법을 언급하지 않지만, 필자는 아래 이유로 제51조의 해석상 본국소송법설이 더 설득력이 있다고 본다.[45)]

> "**제57조(외국인의 소송능력에 대한 특별규정)** 외국인은 그의 본국법에 따르면 소송능력이 없는 경우라도 대한민국의 법률에 따라 소송능력이 있는 경우에는 소송능력이 있는 것으로 본다."

첫째, 속인법의 실체법상 권리능력이 없더라도 소송법상 당사자능력이 인정된다면 우리 법원으로서도 이를 인정할 수 있고, 또한 그렇게 하는 것이 실효적인 분쟁해결을 위하여 합목적적이고, 외국법이 권리능력은 부정하지만 당사자능력은 인정하는 경우에 발생하는 까다로운 적용의 문제를 회피할 수 있기 때문이다.[46)]

---

43) Stein/Jonas/Bork, Kommentar zur Zivilprozessordnung 22. Auflage Band 2 (2004), § 50 Rn. 51; MünchKommZPO/Lindacher(註 39) Art. 50, Rn. 56. 셋째의 근거는 본국실체법설을 취하면서 독일 민법시행법의 거래보호조항(제12조)을 유추적용하거나, 본국소송법설을 취하면서 소송능력에 관한 독일 민사소송법 제55조(우리 민사소송법 제57조와 유사)를 유추적용하여 도출한다. Schütze(註 38), Rn. 187; Geimer(註 39), Rz. 2204.

44) 이 점은 석광현(註 4), 131면 이하를 보완한 것이다.

45) 전병서(註 29), 15면도 동지. 이헌묵(註 12), 328면은 제57조에도 반대하고 우리 민사소송법에 따라 일률적으로 결정하자는 입법론을 제안한다.

46) Schack(註 8), Rn. 598.

반면에 가사 속인법의 실체법상 권리능력이 있더라도 속인법의 소송법상 당사자능력이 부정되면—이런 이유는 별로 없지만— 한국에서도 당사자능력을 부정한다.

둘째, 우리 법원이 외국의 소송법에 따라 외국인의 당사자능력을 판단하는 본국소송법설에 대해서는 법정지법원칙에 반한다는 비판이 가능하지만,[47] 아래에서 보듯이 민사소송법 제57조를 유추적용하거나 민사소송법에 쓰이지 않은 저촉규범의 존재를 긍정한다면 예외를 인정할 수 있을 것이다.

셋째, 민사소송법 제51조는 당사자능력은 이 법에 특별한 규정이 없으면 민법, 그 밖의 법률에 따른다고 규정한다. "그 밖의 법률"에 국제사법이 포함된다고 보더라도 민사소송법에 특칙이 있으면 그 특칙에 따라야 한다. 그런데 위에서 본 민사소송법 제57조[48]는 외국인의 소송능력에 관하여 본국소송법이 준거법임을 밝히고 있으므로[49] 당사자능력에도 이를 유추적용하거나, 민사소송법에 쓰이지 않은 저촉규범의 존재를 인정하여 본국소송법에 착안하는 결론을 도출할 여지도 있다. 따라서 관건은 제57조를 유추적용하거나 민사소송법에 쓰이지 않은 저촉규범의 존재를 긍정할 수 있는가이다. 제57조는 소송능력에 대하여 이미 외국 소송법을 적용하므로 법정지법원칙을 고집할 것은 아니다. 더욱이 법정지법원칙의 근거를 외국 절차법(또는 소송법. 이하 양자를 호환적으로 사용한다) 적용에 따른 어려움을 피하기 위한 실무적 필요성, 효율적 소송수행이라는 실용적 명령과 법적 안정성의 요청 등을 고려한 합목적성 또는 소송경제 등에서 구하는 견해가 유력한데[50] 그렇다면 외국인의 당사자능력을 판단하기 위하여 법정지법만에 의할 것은 아니고 어차피 외국인의 본국법을 보아야 한다면 그것을 실체법에 한정하고 소송법을 배제할 이유는 없다. 나아가 만일 우리 민사소송법이 형식적 당사자능력이라는 개념을 모른다면 권리능력의 존재를 고집할 수도 있겠으나 권리능력과 분리된 형식적 당사자능력을 인정하므로 그렇게 할 것은 아니다. 더욱이 현재로서는 권리능력과 완전히 절연된 당사자능력의 개념을 인정하기는

---

47) Schütze(註 38), Rn. 186. 그러나 위에서 본 것처럼 제57조는 법정지법원칙에 대한 예외를 규정한다. 나아가 외국에서의 송달과 증거조사에 관하여 송달 또는 증거조사의 요청을 수행하는 국가의 법에 따르는 것이 원칙이나 예외적으로 요청국의 법에 따른 처리가 가능하다. 송달협약 제5조 제2항과 증거협약 제9조 참조.
48) 이는 독일 민사소송법 제55조, 일본 구 민사소송법 제51조(현재는 제33조)와 거의 같다.
49) 즉 민사소송법 제57조가 "외국인은 그의 본국법에 따르면 소송능력이 없는 경우라도"라고 규정하는 것을 보면 소송능력의 원칙적 준거법을 본국소송법으로 본다는 것이다.
50) 석광현(註 9), 242면.

어려우므로 당사자능력을 순전히 절차적 개념이라고 보기도 어렵다. 가사 "그 밖의 법률"에 국제사법이 포함되지 않는다고 보더라도 당사자능력에 관하여 쓰이지 않은 저촉규범을 도출할 수도 있다.[51]

만일 외국 소송법상 당사자능력이 인정됨에도 불구하고 만일 한국의 집행판결 청구의 소에서 원고의 당사자능력을 부정한다면 법제의 차이로 인하여 원고가 권리구제를 받을 수 없게 되는 문제가 발생한다. 즉 독일과 일본의 판례는 민법상 조합의 당사자능력을 인정하므로[52] 독일 또는 일본에서 조합이 승소판결을 받으면 그 효력이 조합에 미치는데, 집행판결 청구의 소를 심리하는 우리 법원이 조합의 당사자능력을 부정한다면 독일 또는 일본의 조합은 한국에서 승인 및 집행을 받을 수 없다. 그 경우 독일과 일본에서는 조합의 구성원 전원이 원고가 되어 소를 제기할 수 없을 것이므로 결국 어느 나라에서도 권리구제를 받을 수 없게 되는 결과가 발생한다.[53]

위에서는 주로 제51조를 논의하였는데, 형식적 당사자능력을 정한 제52조

---

51) 근자에 당사자능력과 소송능력의 차이를 지적하면서 소송능력을 정한 제57조를 당사자능력에 유추적용하여 본국소송법을 선택적 준거법의 하나로 사용하는 데 반대하는 견해가 보이나 필자는 그에 동의하지 않는다. 즉 이헌묵(註 12), 326면 이하의 논거는 아래와 같다. 첫째, 당사자능력은 소송물인 권리의무의 귀속주체가 당사자가 되어야 한다는 순전히 소송법적 의미를 가지는 데 반하여, 소송능력은 당사자능력이 있음을 전제로 독자적으로 소송행위를 할 수 없는 자를 보호하는 데 목적이 있다는 점에서 다르고, 둘째, 당사자능력은 당사자의 표시부터 판결의 효력까지 민사소송법의 다른 규정과 긴밀하게 관련되어 소송법과 분리시킬 수 없지만, 소송능력은 다른 소송법 규정과 긴밀한 관련을 갖지 않기 때문에 소송법적 효력에 대한 고려 없이 당사자 보호라는 정책적 고려만으로 충분하다는 차이가 있다는 것이다. 그러나 첫째의 점은 실체법상의 권리능력을 기초로 소송법상의 실질적 당사자능력을 인정하는 민사소송법 제51조를 설명하기에 부적절하다. 또한 둘째의 점에 관하여는 당사자능력을 본국실체법의 권리능력에 연결한다면 소송능력을 본국실체법의 행위능력에 연결하는 것과 다를 바 없는데, 소송능력을 본국 소송능력에 연결할 수 있다면 당사자능력을 본국 당사자능력에 연결하지 못할 이유가 없다.

52) 독일에서는 연방대법원 2001. 1. 29. 판결(BGHZ 146, 341 = NJW 2001, 1056)은 조합의 권리능력과 당사자능력을 인정한 바 있다. 소개는 안성포, "민법상 조합의 권리능력과 당사자능력 —2001년 1월 29일 독일연방법원의 변경된 판결을 중심으로—", 비교사법 제10권 제3호(통권 제22호)(2003. 9.), 285면 이하. 일본 판례는 민법상 조합을 일본 민사소송법상의 법인 아닌 사단으로 인정한 바 있다. 정규상, "민법상 조합의 당사자능력에 관한 고찰", 민사소송 제16권 제2호(2012. 11.), 39면; 민일영·김능환(편집대표)/장석조(註 31), 370면; 한충수, 민사소송법 제2판(2018), 130면 참조.

53) 나아가 판결 승인의 결과 독일과 일본 판결의 효력이 한국에 확장된다는 것이 종래 다수설인데, 독일과 일본 법상 판결의 주관적 효력이 조합에 미친다면 당사자를 동일하게 파악할 때 한국에서 효력이 확장될 수 있고 그렇지 않으면 판결의 승인이 무의미하게 될 수 있다.

에 관하여도 견해가 나뉜다. 즉 일부 견해는 제57조가 외국인의 소송능력을 언급하는 것과 달리 제52조는 외국인을 언급하지 않으므로 외국의 비법인 사단에는 적용되지 않는다고 본다.[54] 그러나 필자는 이에 동의하지 않는다. 즉 제52조는 한국법에 따라 설립된 사단에만 적용되는 것은 아니고 외국법에 따라 설립된 사단에도 적용된다.[55] 문제는 그런 사단이 제52조가 정한 사단의 실체를 구비하는가이다.[56]

이와 같이 제51조를 적용함에 있어서 제57조를 유추적용하거나 민사소송법에 쓰이지 않은 저촉규범의 존재를 긍정하는 견해를 취할 경우,[57] 제51조, 제52조와 제57조를 묶어보면 결국 본국소송법과 우리 소송법에 선택적 연결을 하는 결과가 된다.[58] 입법론으로서는 당사자능력을 정한 제51조에서도 제57조에 상응하여 본국법에 따른 외국인의 당사자능력을 언급하고, 나아가 제52조가 외국의 비법인 사단 등에 대하여도 적용됨을 명시하는 편이 바람직하다.

외국인 당사자에 대한 제51조와 제52조의 적용에 관한 학설을 정리하면 아래와 같다.

제51조(실질적 당사자능력)	본국 실체법(A)	
	본국 소송법(B): **필자 지지**	
	A or B [어느 하나에 따라 당사자능력이 있으면 인정]	
제52조(형식적 당사자능력)	부적용설	적용설: 한국 소송법(C): **필자 지지**
필자의 결론	B or C [어느 하나에 따라 당사자능력이 있으면 인정][59]	

---

54) 이헌묵(註 12), 322면; 강현중, 민사소송 제7판(2018), 212면.
55) Rosenberg/Schwab/Gottwald(註 39), §43, Rn. 20; Geimer(註 39), Rz. 2204; Nagel/Gottwald(註 36), §5, Rz. 17. 독일에서는 이를 당연시하는 것으로 보인다.
56) 제52조가 외국 사단 등에 대하여 적용되는지에 관하여 견해가 나뉘므로 위에서 논의한 학설대립이 제51조의 해석론인지 제51조와 제52조의 해석론인지에 따라 결론이 반드시 달라지지는 않는다.
57) 만일 이를 인정한다면 이는 논리적으로 형식적 당사자능력이 될 것이다.
58) 강현중(註 54), 212면도 동지. 필자는 본국소송법상 권리능력은 있으나 당사자능력은 인정되지는 않는 경우 한국에서 당사자능력을 인정하지 않는다. 그러나 그런 법제는 별로 없을 것이므로 실제로는 권리능력을 정한 본국실체법을 선택지에 포함시키는 것과 별로 차이가 없을 것이다.
59) 다만 본국실체법상 권리능력이 있으면 본국소송법상 당사자능력은 대체로 인정될 것이라는 점에서 A를 제외하든 아니든 실제로는 큰 차이는 없을 것이다.

Ⅳ. 원심과 대법원의 판단 및 그에 대한 평가

1. 원고의 당사자능력의 판단기준

원심과 대법원은 단체인 원고의 당사자능력의 준거법은 한국법, 특히 한국 민사집행법이라고 판단하였다. 그런데 민사집행법(제23조 제1항)은 "민사집행법에 특별한 규정이 있는 경우를 제외하고는 민사집행 및 보전처분의 절차에 관하여는 민사소송법의 규정을 준용한다."고 규정하는데 민사집행법에는 당사자능력에 관하여 규정이 없으므로 민사소송법이 준용된다고 판단하였다. 이를 전제로 원심과 대법원은 익숙한 법리, 즉 국내 법호계에 적용되는 법리를 적용하여 원고의 당사자능력을 부정하였다.

원고는 호주법에 따라 설립된 단체일 가능성이 있고 실제로 원고는 그런 취지로 주장하였으므로 원고가 당사자능력이 있는지를 판단함에 있어서는 첫째, 위에서 언급한 민사소송법 제51조에 따라 그 실질적 당사자능력의 준거법을 결정하여 그에 따라 당사자능력이 있는지를 판단하고, 둘째, 가사 제51조에 따라 당사자능력이 없더라도 제52조에 따라 형식적 당사자능력을 가지는지를 검토할 필요가 있다.

2. 우리 민사소송법에 따른 당사자능력의 검토

이 사건에서 원고는 법인이 아닌데, 원고 소송대리인이 원고가 권리능력이 있다고 주장하지는 않은 것을 보면 아마도 원고가 호주법상 권리능력이 없다는 점은 다툼이 없었던 것으로 보인다.[60] 따라서 아래에서는 이를 전제로 민사소송법 제51조에 따른 실질적 당사자능력과 이어서 민사소송법 제52조에 따른 형식적 당사자능력을 차례대로 검토한다.

---

60) 필자가 NSW 대법원의 판결문을 보지 못해 정확한 것은 알 수 없지만, 원고의 주장으로부터 미루어 볼 때 아마도 당사자능력만 인정한 것으로 짐작된다. 제1심 판결문을 보면 "… NSW 대법원의 Harrision 판사는 … 2007. 2. 1.자 판결에 대해서는 이 사건 소송은 사단법인인 원고를 위해 계원들이 제기한 것이라는 이유로 위 판결의 결론을 인정하여 2007. 6. 26. "원고는 소송을 제기할 자격이 있고, 계원 28명으로 구성된 'Surry Hills Mutual Loan Club'을 원고로, 이 사건 피고를 피고로 하는 재판을 개시할 것을 권고한다"는 취지의 판결을 선고하였다"고 하므로 원고가 사단법인처럼 보이기도 하나 원심은 위 '사단법인'을 '권리능력 없는 사단'으로 바로 잡았다.

당사자능력은 민사소송법에 특별한 규정이 없으면 민법, 그 밖의 법률에 따르는데(민사소송법 제51조) 그 밖의 법률에는 국제사법이 포함된다. 여기에서 문제는 제51조가 실질적 당사자능력을 규정하는 것을 근거로 이를 실체로 성질결정하여 외국의 권리능력에 연결할지, 절차로 성질결정하여 외국의 당사자능력에 연결할지, 나아가 소송능력에 관하여 절차로 성질결정하면서도 이를 본국절차법에 연결하는 제57조의 유추적용 가능성 또는 민사소송법에 쓰이지 않은 저촉규범을 인정할 가능성이 있는가이다. 위에 소개한 것 중 어느 견해를 취하는가에 따라 원고의 당사자능력은 호주법에 의하거나(**본국실체법설**), 호주 민사소송법에 의하거나(본국소송법설) 아니면 양자에 선택적 연결을 할 수 있다(선택적 연결설). 필자는 제57조를 유추적용하여 본국소송법설을 지지한다.[61]

한편 필자처럼 제52조가 외국 사단에도 적용된다고 보면, 원고가 호주법상 당사자능력이 없더라도 만일 법인이 아닌 사단으로 볼 수 있다면 제52조에 따라 형식적 당사자능력을 가질 수 있다. 나아가 민사소송법 제57조는 외국인의 소송능력에 관하여 본국소송법이 준거법이 될 수 있음을 밝히고 있고, 이는 본국소송법상 소송능력이 없더라도 한국법상 소송능력이 있다면 소송능력을 인정하는 것으로 한국 소송의 맥락에서 거래의 안전을 보호하는 것이라고 할 수 있는데 한국 소송의 맥락에서 거래의 안전을 보호할 필요성은 당사자능력의 맥락에서도 동일하게 고려할 필요가 있다.[62] 따라서 제52조를 외국 단체에도 적용할 수 있다(다만 이 점에 관하여 논란이 있음은 위에서 보았다).

요컨대 제51조(제57조의 유추적용과 결합)와 제52조를 묶어 보면 결국 우리 민사소송법의 해석론으로는 당사자능력은 본국소송법과 우리 민사소송법에 선택적으로 연결하는 셈이 된다.

---

61) 이필복(註 10), 121면도 동지.

62) Hartmut Linke/Wolfgang Hau, Internationales Zivilverfahrensrecht, 5. Auflage (2011), Rn. 272. 이는 국제사법 제15조(개정법 제29조)가 권리능력과 행위능력의 맥락에서 거래안전을 보호하기 위하여 특칙을 두는 것과 유사하다. 즉 제15조 제1항은 "법률행위를 행한 자와 상대방이 법률행위의 성립 당시 동일한 국가 안에 있는 경우에 그 행위자가 그의 본국법에 의하면 무능력자이더라도 법률행위가 행하여진 국가의 법에 의하여 능력자인 때에는 그의 무능력을 주장할 수 없다."고 규정한다. 이는 거래보호(Verkehrsschutz), 더 정확히는 거래의 안전을 보호하기 위한 것이다. 그 취지는 석광현(註 28), 199면 이하 참조.

3. 원심과 대법원의 판단과 그에 대한 평가

집행판결도 판결의 일종이어서 민사소송법상의 판결절차에 관한 규정이 적용되므로 집행판결을 구하는 소송 역시 통상의 소송과 동일하게 소송요건, 즉 관할을 비롯하여 당사자능력, 소송능력이나 소의 이익 등에 관한 사항을 먼저 심리하여야 한다는 원심과 대법원의 판단은 타당하다.[63] 즉 집행판결은 강제집행절차가 아니다. 또한 우리 법원이 외국판결이 승인 및 집행 요건을 구비하는지를 심사함에 있어서 실질재심사(*révision au fond*) 금지 원칙이 적용되지만(민사집행법 제27조 제1항 참조), 그럼에도 불구하고 소송요건의 구비 여부 심사는 실질재심사 금지 원칙의 대상이 아니다. 이 점을 판시한 원심의 추가적 판단도 타당하다.

가. 우리 민사소송법 제51조에 따른 실질적 당사자능력

제1심과 원심은 제51조를 언급하기는 하였으나 "그 밖의 법률"에 국제사법이 포함된다는 점은 언급하지 않았고 따라서 원고가 호주법상 권리능력이 있는지는 검토하지 않았다.[64] 이 점에서 우리 법원들은 법정지법원칙을 관철한 것이라고 볼 여지도 있으나 더 정확하게는 민사소송법만을 적용한 것이라고 생각된다. 하지만 가사 국제사법을 고려하였더라도 권리능력의 준거법에 연결하였다면 아마도 동일한 결론에 이르렀을 것이다.

하지만 우리 법원들이 민사소송법 제57조의 유추적용 또는 민사소송법에 쓰이지 않은 절차적 저촉규범(prozessuale Kollisionsnorm)을 고려하였더라면, 원고의 당사자능력은 ① 호주 실체법에 의하거나(**본국실체법설**), ② 호주 소송법에

---

63) Martin K. Wolff, Handbuch des Internationalen Zivilverfahrensrecht Band Ⅲ/2 (1984) Kapitel Ⅳ, Rn. 137; 석광현, 국제사법과 국제소송 제1권(2001), 348면 이하; 석광현, 국제민사소송법(2012), 419면.

64) 원고가 법인이 아니므로 권리능력이 없다는 점이 당연하다고 생각했기 때문으로 짐작된다. 이런 태도는 법정지법설(국제사법을 제외한)이라고 부를 수 있으나 민사소송법 제52조에도 충실하지 않다. 반면에 위에 언급한 서울고등법원 2019. 1. 29. 선고 2016나2070124 판결은 민사소송법 제51조에서 말하는 '그 밖의 법률'에는 국제사법이 포함됨을 전제로 국제사법 제16조 본문은 법인 또는 단체에 관하여 설립준거법설을 취하므로 법인의 당사자능력, 소송능력을 가지고 있는지에 관하여는 해당 법인의 설립 준거법에 따라야 한다는 취지로 판시함으로써 법정지법설(또는 속인법실체법설)을 따랐는데 이는 이 사건에서의 판단보다는 진일보한 것이다. [밑줄 친 부분은 이 책에서 새로 추가한 것이다.]

의하거나(본국소송법설) 아니면 ③ 양자의 선택적 연결에[65] 의할 수 있었을 것이다. 위에서 본 것처럼 ② 또는 ③을 따른다면, 마치 영국의 partnership은 영국법상 권리능력이 없어도 당사자능력이 있으므로 한국에서도 당사자능력이 인정될 수 있는 것처럼, 이 사건에서도 원고의 당사자능력을 인정할 수 있었을 것이다. 즉 원고의 실질이 조합 또는 그에 유사한 단체라 우리 민사소송법상 당사자능력이 없더라도 호주의 민사소송법상 당사자능력이 있다면[66] 집행판결 청구의 소에서 우리 법원도 원고의 당사자능력을 인정할 여지가 있다는 것이다. 원심은 NSW 대법원이 원고의 당사자능력을 인정한 것만으로 한국에서도 당연히 당사자능력을 가지는 것은 아니라고 판시하였는데, 이는 호주 소송법이 당사자능력의 준거법이 될 수 없다는 것과 동일한 결론이다. 그러나 이것은 원고의 당사자능력을 판단함에 있어서 원고가 호주법상 구성된 론 클럽이라는 점에서 섭외성의 존재를 긍정할 여지가 있다고 보고 그의 저촉법에 대한 판단을 한 뒤에 내린 결론이 아니라 통상의 국내사건에 대하여 내린 판단으로 보이는 점에서 크게 의미가 있는 것은 아니다.

나. 우리 민사소송법 제52조에 따른 형식적 당사자능력

원심은(제1심도) 익숙한 국내 계의 법리에 따라 원고는 민법상 조합계약, 또는 조합계약과 소비대차계약의 성격이 혼재하는 무명계약에 의하여 설립된 번호계로서 어느 정도의 단체성은 있으나 그 구성원과 별개의 독자적 존재로서의 사단성을 부정하고 민사소송법 제52조의 요건 구비를 부정하였다. 이는 번호계, 나아가 조합의 사단성과 당사자능력을 부정하는 종래 우리 판례와 통설을 따른 것이다.[67]

---

65) 선택적 연결은 외국 사단에 대하여 제52조를 적용한다고 보거나 원고가 한국 사단이라고 보는 경우 가능하나 이 사건에서 원고의 사단성은 부정되므로 결국 제52조는 적용될 수 없다.

66) 필자는 호주 민사소송법을 잘 모르지만 원고가 NSW 대법원에서 승소판결을 받았다는 사실은 이를 뒷받침한다. 익명의 어느 심사위원이 지적한 바와 같이 필자가 호주법을 더 조사하여 논의하는 것이 바람직할 것이나 필자로서는 지금 그런 작업을 하기는 어렵다. 이 사건을 처리하는 과정에서 법원에 제출된 호주법에 관한 자료에 접근하지 못하는 점이 우선 아쉽다.

67) 우리 민사소송법상 조합의 당사자능력은 논란이 있다. 상세는 정규상(註 52), 45면 이하 참조. 독일과 일본 판례는 민법상 조합의 당사자능력을 인정한다. 이시윤(註 23), 151면.

제52조는 한국법에 따라 설립된 사단에만 적용되는지 아니면 외국법에 따라 설립된 사단에도 적용되는지는 논란이 있고 필자는 후자를 지지함은 위에서 언급하였다. 이 사건에서 우리 법원들은 제52조가 적용됨을 전제로 그 요건의 구비 여부를 심사하였는데 이는 동조가 외국 사단에도 적용된다고 보았기 때문인지 아니면 이 사건 론 클럽 계약의 준거법이 한국법이라고 보았기 때문인지는 분명하지 않다.[68]

다. 집행판결 청구의 소에서 외국판결의 효력이 미치는 당사자에 대한 고려

위에서 본 것처럼 집행판결 청구의 소에서도 당사자능력과 같은 소송요건은 원칙적으로 법정지인 한국법에 따라 판단할 사항이라는 점은 부정할 수 없다. 이 사건에서 우리 법원은 써리 힐스 뮤추얼 론 클럽 자체가 원고가 된 탓에 한국법에 따라 원고의 당사자능력을 부정하였다. 그러나 여기에서 한국법이라 함은 한국의 국제사법 기타 저촉규범을 포함하는 것이라는 점을 유념해야 한다.

특히 집행판결 청구의 소의 경우 외국판결의 효력이 미치는 당사자가 누구인가라는 점도 고려할 필요가 있다. 즉 외국판결의 효력은 외국 소송에서의 당사자에게 미치는 것이 당연한데 외국판결이 한국에서 승인되면 그 당사자에게 미치는 효력이 한국에까지도 확장된다는 것을 의미한다. 따라서 집행판결 청구의 소에서 원고는 외국판결(즉 이 사건에서 승인·집행의 대상판결)에 청구권을 가지는 당사자로 표시된 자이므로 호주 소송의 원고가 집행판결 청구의 소의 원고가 되는 것이 당연하고 그 때 외국판결 승인이 실제로 의미를 가질 수 있다. 이 사건에서 승인·집행의 대상판결인 NSW 대법원 판결의 효력(예컨대 기판력)이 단체로서의 원고(원고를 구성하는 계원들이 아니라)에게 미친다면 한국에서 승인될 수 있는 효력은 바로 단체로서의 원고에게 미치는 NSW 대법원 판결의 효력(예컨대 기판력)이므로 만일 우리가 원고의 당사자능력을 호주와 달리 파악하여 원고를 구성하는 계원들이 당사자가 되어야 한다고 본다면 외국판결의 승인 및 집행은 어렵게 된다. 당사자능력의 준거법을 판단함에 있어서 필자가 지지하는 본국소송법설에 선택적으로 연결할 실제적 필요성은, 만일 원고가 호주에서 제소

---

68) 이는 설립준거법설을 따르는 경우에 그렇다는 것이고 만일 본거지를 기준으로 삼는다면 사단성이 구비될 경우 이 사건 론 클럽은 그 계약의 준거법에 관계없이 외국 단체로 인정될 것이다.

하는 대신 한국 법원에 곧바로 제소하였을 경우와 비교하자면, 외국판결의 승인
및 집행의 맥락에서는 이런 이유로 더욱 커진다고 할 수 있다.

라. 소결

요컨대 대법원과 하급심이 제52조의 요건 구비를 부정한 것은 수긍할 수 있
으나, 제51조의 적용(내지 당사자능력의 준거법)과 관련해서는 법정지법인 한국 민
사소송법만 적용한 것은 지지하기 어렵다. 우리 법원들이 당사자능력에 관하여
민사소송법 제57조의 유추적용 또는 민사소송법에 쓰이지 않은 저촉규범에 따라
호주 소송법으로의 지정을 전혀 고려하지 않고 익숙한 국내 번호계의 법리에 따
라 쉽게 당사자능력을 부정한 점은 아쉽고 이 사건 론 클럽 계약 기타 이 사건
에 내재하는 외국적 요소에 대한 고려가 부족하였다고 본다. 더욱이 호주 소송
에서도 Surry Hills Mutual Loan Club과 계원들 중 누가 원고가 되어야 하는지
가 다투어졌으므로 아쉬움이 더 크다. 즉 원고가 당사자능력이 없다면 우리 소
송에서는 결국 원고를 구성하는 계원 전원이 원고가 되어야 하는데 계원들이 승
인·집행의 대상판결인 호주 판결문의 목록에 특정되어 있다면 그들이 원고가
된 것으로 취급할 여지는 없을까라는 의문도 있다. 법인격이 없는 단체를 구성
하는 계원들과 단체 중 누가 원고가 되어야 하는지는 형식적 당사자능력의 문제
로서 기술적 사항이므로 그를 이유로 집행판결을 거부하는 것이 국제적인 분쟁
해결의 효율성이라는 정책적 관점에서 바람직한지도 의문이다.

V. 관련 문제: 중재에서 당사자능력과 중재합의를 체결하기 위한 권리능력[69]

소송의 맥락에서 당사자능력이 문제되는 점을 생각해보면 중재의 경우에도
마찬가지로 당사자능력 —즉 중재의 주체가 될 수 있는 일반적인 능력— 의 문제
가 제기됨을 알 수 있다.[70] 또한 중재는 당사자의 중재합의를 전제로 하므로 중
재의 맥락에서는 그에 더하여 중재합의를 체결할 수 있는 능력의 존재가 필요하다.

우선 중재합의를 체결하기 위하여 당사자들이 권리능력과 행위능력을 가져

---

69) 이 점은 석광현, 국제상사중재법연구 제1권(2007), 111면에서 간단히 언급한 바 있다.
70) 관할합의를 체결할 권리능력과 당사자능력은 개념상 구별된다는 점을 생각하라.

야 하는지, 아니면 당사자능력과 소송능력을 가져야 하는가라는 의문이 제기된다. 중재합의의 법적 성질을 사법상(私法上)의 계약으로 보면 권리능력과 행위능력이 필요하다고 보는 데 반하여, 소송행위로 보면 당사자능력과 소송능력이 필요하다고 보는 것이 자연스럽다. 다만 우리 민사소송법상 당사자능력은 원칙적으로 권리능력을, 소송능력은 행위능력을 기초로 하므로 양자는 대체로 유사한 결론이 되지만 차이가 전혀 없지는 않다.[71] 견해에 따라서는 중재합의를 소송행위로 보면서도 권리능력, 행위능력, 나아가 당사자능력과 소송능력이 필요하다고 하고 이는 국제사법에 따라 권리능력과 행위능력의 준거법에 의한다고 한다.[72] 우리 민사소송법상 당사자능력의 준거법에 관하여는 견해가 나뉨은 위에서 보았다. 중재지가 한국인 국내중재의 경우 민사소송법의 당사자능력에 관한 규정을 유추적용할 가능성이 큰데 그렇다면 중재에서도 실질적 당사자능력과 형식적 당사자능력이 인정될 수 있을 것이다. 한편 중재지가 한국인 국제중재의 경우 위에서 논의한 외국인의 당사자능력에서와 마찬가지로 권리능력에 관한 국제사법원칙을 따르는 견해와, 당사자능력에 관한 원칙을 따르는 견해가 주장될 여지가 있다.

중재합의와 별개로 중재절차에서 요구되는 당사자능력의 문제를 보면 이에 관하여는 민사소송법상 외국인의 당사자능력에 관한 위의 논의를 참조할 수 있을 것이다.

VI. 맺음말: 국제사법과 국제민사소송법에 대한 관심을 촉구하며

위에서는 국제소송에서 당사자능력이 문제된 대법원 판결의 문제점을 검토하였다. 이는 호주에 거주하는 한국인들이 조직한 변호계가 원고로서 계원인 피고를 상대로 호주 법원에서 승소판결을 받아 한국에서 집행판결을 청구한 사건인데, NSW 대법원이 원고의 당사자능력을 긍정하였음에도 불구하고 우리 법원들은 마치 국내 변호계가 제소한 것처럼 계에 관한 법리를 적용하여 당사자능력을 부정하였다. 이 사건 론 클럽 계약의 준거법이 한국법이라고 볼 여지도 있으

---

71) Manja Epping, Die Schiedsvereinbarung im internationalen privaten Rechtsverkehr nach der Reform des deutschen Schiedsverfahrensrechts (1999), S. 173-174.
72) Geimer(註 39), Rz. 3815f. 이는 항변단계에서 법원이 판단할 경우에 그렇다고 한다.

므로 필자는 대법원의 결론이 틀렸다고 단정하지는 않는다. 다만 우리 법원이 이 사건 론 클럽 계약의 준거법에 대하여 전혀 판단하지 않고, 당사자능력에 관하여 민사소송법 제57조의 유추적용 또는 민사소송법에 쓰이지 않은 저촉규범에 따라 호주 소송법으로의 지정 가능성을 전혀 고려하지 않은 채 결론을 내린 것은 유감이다. 외국 단체의 당사자능력이라고 하는 국제사법 내지 국제민사소송법의 논점이 우리 법원들의 무관심 내지 무지로 인하여 논의조차 되지 못한 점이 무척 아쉽다. 호주 판결의 승인·집행이 문제된 사건이므로 더욱 그러한데, 이는 호주 판결의 효력을 받는 원고가 우리 법원에서도 원고가 되어야 하기 때문이다. 이 사건에서 원고를 구성하는 계원들의 목록이 승인·집행의 대상판결인 호주 판결에 첨부되어 명확히 특정되어 있었던 점을 고려할 때 아쉬움이 더욱 크다.

후 기

위 글을 발표한 뒤에 아래의 문헌이 간행되었다. 물론 망라적인 목록은 아니다.
• 석광현, "쿠팡은 한국 회사인가 —쿠팡의 뉴욕 증시 상장을 계기로 본 국제회사법—", 법률신문 제4870호(2021. 2. 25.), 11면

[11] 손해배상을 명한 외국재판의 승인과 집행: 2014년 민사소송법 개정과 그에 따른 판례의 변화를 중심으로

前 記

이 글은 저자가 당초 2017. 8. 24. 개최된 한국국제사법학회 정기연구회에서 발표한 원고를 수정·보완하여 국제사법연구 제23권 제2호(2017. 12.), 245면 이하에 게재한 글을 다시 다소 수정·보완한 것이다. 수정 부분은 밑줄을 그어 표시하였다(인용 부분 중 밑줄 친 부분은 제외). 정치(精緻)한 국제재판관할규칙을 담은 국제사법 개정법률(개정법)이 2022. 1. 4. 공포되어 7. 5. 발효된다. 그 결과 준거법규칙을 담은 조문도 번호가 변경되기에 아래에서는 개정법의 조문을 일부 언급하였다.

I. 머리말

어느 국가 법원의 재판은 재판권(또는 사법권), 즉 주권을 행사한 결과이므로 당해 국가에서 효력을 가질 뿐이고 다른 국가에서 당연히 효력을 가지지는 않는다. 그러나 섭외적 법률관계의 안정을 기하고 국제적 민사분쟁의 신속한 해결을 위하여 현재 많은 국가들은 일정한 요건을 구비하는 외국재판의 효력을 승인하고 집행을 허용한다. 우리 민사소송법상 외국재판은 승인요건이 구비되면 별도 절차 없이 한국에서도 기판력(*res judicata* effect)을 포함한 효력(집행력은 제외)을 가지는데[1] 이것이 '자동승인의 원칙'이다.[2] 반면에 외국재판을 집행하기 위하여

---

[1] 이는 승인대상인 외국 법원의 재판이 기판력이 있으면 그것이 한국에 확장된다는 의미이지, 승인대상이 되기 위해서 외국재판이 기판력이 있어야 한다는 의미는 아니다. 비송사건 재판의 승인을 생각해보라(물론 비송사건에 대해 민사소송법이 적용되는지 유추적용되는지는 논란이 있지만).

[2] 이와 달리 UNCITRAL 모델법에 따른 외국도산절차는 승인국 법원의 승인결정이 있어야 승인국에서 비로소 효력을 가진다. 전자를 '자동승인제', 후자를 '결정승인제'라고 부르는

는 우리 법원의 집행판결(또는 집행가능선언. *exequatur*)을 받아야 하는데,3) 집행
판결청구의 소를 심리하는 법원은 승인요건의 구비 여부만을 조사할 수 있고 재
판의 옳고 그름을 조사할 수 없다. 이것이 실질재심사(*révision au fond.* 이를 '실질
심사'라고 번역하기도 한다) 금지의 원칙이다. 외국판결의 승인을 규정한 민사소송
법 제217조와 외국판결의 집행을 규정한 민사집행법 제26조와 제27조는 2014.
5. 20. 개정되고 손해배상에 관한 재판의 승인을 정한 민사소송법 제217조의2가
신설되었다. 이는 외국법원의 부당한 재판으로부터 국내기업을 보호하기 위한
조치로서 국회의 주도 하에 이루어진 입법의 결과이다.4) 입법의 직접적 계기가
된 것은 징벌적 손해배상 및 침해의 금지를 명한 듀퐁 대 코오롱(*E.I. DuPont de
Nemours and Co. v. Kolon Industries Inc. et al.*) 사건이라고 한다.5) 최정열·이규호,

---

데, 어느 방식을 취할지는 입법정책의 문제이다. 석광현, 국제사법과 국제소송, 제5권
(2012), 533면. 다만 우리 채무자회생 및 파산법에 따르면, 우리 법원이 하는 '외국도산절
차의 승인'은 외국법원의 '재판'을 승인하는 것이 아니라 당해 '외국도산절차'를 승인하는
것으로서 그 법적 효과는 외국도산절차가 지원결정을 하기 위한 적격을 갖추고 있음을
확인하는 것에 그친다(대법원 2010. 3. 25.자 2009마1600 결정 참조). 이는 입법자가 모
델법을 변형한 일본 승인원조법의 체제를 수입한 탓인데, 이는 국제민사절차법에서 말하
는 통상의 승인은 아니다.

3) 집행재판은 대륙법계의 접근방법이고, 영미법계에서는 제정법에 따라 등록(registration)
을 하거나, 보통법에 따라 외국판결에 기한 소(action upon the foreign judgment)를 제
기하는 방법에 의한다.

4) 민사소송법 일부개정법률안 심사보고서(2014. 4.), 2면 참조. <u>개정된 민사소송법 217조와
신설된 217조의2는 2014. 5. 20. 공포되고 같은 날 시행되었다. 부칙은 "이 법은 공포한
날부터 시행한다"고 규정한다. http://likms.assembly.go.kr/bill/billDetail.do?billId=
PRC_Y1I3N1R1B0E8L1M 7Z0Y8W1N2A1O1S6.</u> [밑줄 친 부분은 이 책에서 새로 추가한
것이다.]

5) 이규호, "외국판결의 승인·집행에 관한 2014년 개정 민사소송법·민사집행법의 의의 및
향후전망", 민사소송 제19권 제1호(2015. 5.), 110면. 위 사건의 배경은 아래와 같다. 미
국의 화학기업인 듀퐁사는 자사의 첨단섬유소재(아라미드)의 영업비밀을 부정취득하였다
며 한국의 코오롱 인더스트리를 상대로 영업비밀 침해로 인한 손해배상청구의 소를 2009
년 미국 버지니아 주 동부지구 소재 연방지방법원에 제기하였고, 이에 대해 동 법원은
2011년 9월 아라미드 기술의 영업비밀을 침해하였다는 것을 이유로 듀퐁사에 거의 9억 2
천만 달러(1조원)의 배상금을 지급하라는 판결을 선고하였으나 미국 제4순회구 연방항소
법원항소심에서는 2014년 코오롱이 승소하여 큰 문제는 없었다고 한다. <u>최우영, "징벌배
상이나 과도한 손해배상에 관한 국제사법적 쟁점", 국제사법연구 제26권 제1호(2020. 6.),
5면, 주 5에 따르면 미국 법원의 판결 선고에 따라 코오롱인더스트리는 2006년부터 5년
간 수출한 아라미드가 30억원 규모임에도 불구하고 무려 300배가 넘는 배상금을 지급할
위기에 처했었으나, 다행히 항소심이 2014. 4. 3. 코오롱인더스트리의 항소를 인용하여
파기 환송함으로써 위기를 모면할 수 있었다고 한다.</u> 상세는 위 이규호, 110면 이하, 註

부정경쟁방지법 제2판(진원사, 2017), 534면 이하도 이를 소개하는데, <u>역외적 효력을 인정한 외국의 침해금지판결의 집행 문제로 논의한다. [밑줄 친 부분은 이 책에서 새로 추가한 것이다.]</u> 저자는 2012년 국회 공청회에 참석하여 당시 개정안에 대해 몇 가지 의문을 제기하였고,[6] 2014. 6. 18. 개최된 한국국제사법학회 창립 20주년 기념 세미나에서 위 조문의 개정에 대하여 간단히 언급하였다.[7] 그 전에도 저자는 2001년 간행한 단행본에서 외국판결의 승인 및 집행에 대해 상세히 논의하였으며, 2001년 개정을 위하여 개정안을 제시한 바 있다.[8] 근자에 민사소송법 제217조의2의 적용 여부를 다룬 대법원판결들이 나오고 있다. 아직 충분한 논의는 없으나 대법원 판결의 취지가 무엇인가에 따라 입법자가 제217조의2를 신설한 취지가 몰각될 수 있고, 입법자들이 보호하고자 했던 우리 기업들은 제

---

5 참조. 보도에 따르면 그 후 코오롱은 듀퐁사와 2억 7천 5백만 달러를 지급하기로 합의하였다고 한다. https://en.wikipedia.org/wiki/DuPont_v._Kolon_Industries (2017. 11. 9. 방문) <u>사단법인 한국기업법무협회가 2010. 7. 30. 발간한 "국제민사소송절차 개선방안" 최종보고서(연구책임자: 이규호 교수)에 따르면, 한국기업법무협회는 국내기업 총 116곳의 법무담당자들을 대상으로 실태조사를 수행하였는데 당시 "외국법원의 판결에 실제 손해배상 범위를 초과하는 부분이 있는 경우 국내법원이 승인 및 집행을 거부할 수 있도록 개정하는 방안"에 대해서는 응답대상 업체 중 84.5%가 찬성하였다고 한다. 설문대상기업 중 대부분의 국내기업이 외국법원의 징벌적 손해배상판결 또는 자국기업의 입장을 보호하기 위한 과도한 손해배상판결에 대해서 우리나라 법원이 승인 내지 집행을 하지 말아야 한다는 의견을 보였기에 이러한 의견을 수렴하여 민사소송법을 개정한 것이라고 한다. 그러나 이 부분은 최종 논문에서는 삭제되었다. [밑줄 친 부분은 이 책에서 새로 추가한 것이다.]</u>

6) 이는 석광현, 국제민사소송법(2012), 434면 이하(여기에서 저자는 2012년 국회 공청회 자료집을 인용하였다); 석광현(註 2), 438면 이하 참조.

7) 석광현, "국제사법학회의 창립 20주년 특집: 국제재판관할과 외국판결의 승인 및 집행에 관한 입법과 판례", 국제사법연구 제20권 제1호(2014. 6.), 58면 이하 참조. 이규호(註 5), 105면 이하는 저자의 문헌을 인용하고 있으나 정작 제217조의2에 대한 비판은 인용하지 않는다.

8) 상세는 석광현, 국제사법과 국제소송, 제1권(2001), 259면 이하; 2001년 개정을 위한 개정안은 석광현, "외국판결의 승인 및 집행 —민사소송법 개정안(제217조)과 민사집행법 초안(제25조, 제26조)에 대한 관견—", 인권과 정의, 통권 제271호(1999. 3.), 8면 이하(개정안은 22면) 참조. 당시 저자의 개정안은 아래와 같았다.
"4. 裁判의 내용 또는 소송절차에 비추어 裁判의 承認이 대한민국의 선량한 풍속이나 그 밖의 사회질서에 명백히 어긋나지 아니할 것. 損害 전보의 범위를 넘는 損害賠償을 명한 외국재판은 승인하지 않을 수 있고 過度한 損害賠償을 명한 외국재판은 그 일부만을 승인할 수 있다."
이는 2002년 시행된 개정 민사소송법에 반영되지 않았다. 아래(IV.3.)에서 제시하는 저자의 개정안은 2002년 개정안의 연장선 상에 있다.

217조의2가 신설되기 전보다 더 불리한 지위에 놓일 우려도 있다. 따라서 여기에서는 민사소송법 제217조의2의 올바른 해석론을 모색하고 그에 관한 판례의 태도를 분석하고 평가한다.[9] 위에서 언급한 것처럼 외국재판의 집행은 승인을 전제로 하므로 통상 양자를 함께 논의하나, 여기에서는 승인을 규정한 민사소송법 제217조와 제217조의2를 중심으로 논의하므로 '승인'을 주로 언급한다.

아래에서는 개정된 민사소송법 제217조와 신설된 제217조의2의 검토와 평가(Ⅱ.), 손해배상을 명한 외국재판의 승인 및 집행에 관한 제217조의2 신설 후 판례의 태도(Ⅲ.), 민사소송법 제217조의2의 개정에 관한 입법론(Ⅳ.), 관련문제로서 국제사법 제32조(개정법 제52조) 제4항의 문제점과 개정에 관한 입법론(Ⅴ.) 및 맺음말(Ⅵ.)의 순서로 논의한다.

Ⅱ. 개정된 민사소송법 제217조와 신설된 제217조의2의 검토와 평가

2014년 5월 민사소송법 제217조, 민사집행법 제26조와 제27조가 개정되었고 민사소송법 제217조의2가 신설되었다. 과거 일부 국회의원들이 민사소송법 개정안과 민사집행법 개정안을 발의하여 2012년 1월 국회 공청회가 개최되었을 때[10] 저자도 토론에 참여하였으나[11] 이처럼 개정이 빨리 실현될 줄은 몰랐다.

법제사법위원회의 심사보고서는 제안이유를, "한·EU FTA, 한미 FTA 발효 등으로 국내기업의 외국에서의 경제활동 증가에 따라 국내기업에 대한 외국에서의 소송 또한 증가할 것으로 예상되나, 외국 소송은 법문화와 법체계상의 차이뿐만 아니라 언어와 소송절차 등에서 국내기업에 불리하게 진행되는 경우가 많을 것으로 예상되므로 외국법원의 판결을 국내에서 승인하거나 집행할 경우에 국내기업이 외국법원에서 절차상의 불공정한 재판을 받았는지 또는 외국법원의 판결이 한국의 법질서나 선량한 풍속에 위배되는 것인지의 여부를 국내법원이

---

9) 이 글은 결국 저자가 2012년 국회 공청회 당시 제217조의2의 개정안에 대하여 지적한 문제점과, 2014년 개정된 제217조의2에 제시한 의문에 대하여 스스로 답을 제시하려는 시도인데 그 과정에서 근자에 선고된 두 개의 대법원 판결에 대한 간단한 평석을 곁들인다.
10) 당시 개정안의 주요내용은 이규호, "국제민사소송절차의 개선방안—관련 법안의 검토를 중심으로—", 2012년 국회 공청회 자료집, 40면 이하 참조.
11) 소개는 석광현(註 2), 485면 이하; 석광현(註 6), 434면 이하 참조.

직권으로 조사하게 함으로써 외국법원의 부당한 재판이나 판결로부터 국내기업을 보호하고자 한다"는 취지로 밝히고 있다.[12)

아래에서는 개정내용을 검토하고 평가를 덧붙인다.

1. 민사소송법 제217조의 개정

가. 조문

개정된 제217조는 아래와 같다(밑줄은 저자가 추가).

제217조(외국재판의 승인)

① 외국법원의 확정판결 또는 이와 동일한 효력이 인정되는 재판(이하 "확정재판등"이라 한다)은 다음 각호의 요건을 모두 갖추어야 승인된다.

1. 대한민국의 법령 또는 조약에 따른 국제재판관할의 원칙상 그 외국법원의 국제재판관할권이 인정될 것

2. 패소한 피고가 소장 또는 이에 준하는 서면 및 기일통지서나 명령을 적법한 방식에 따라 방어에 필요한 시간여유를 두고 송달받았거나(공시송달이나 이와 비슷한 송달에 의한 경우를 제외한다) 송달받지 아니하였더라도 소송에 응하였을 것

3. <u>그 확정재판등의 내용 및 소송절차에 비추어 그 확정재판등의 승인이 대한민국의 선량한 풍속이나 그 밖의 사회질서에 어긋나지 아니할 것</u>

4. 상호보증이 있거나 대한민국과 그 외국법원이 속하는 국가에 있어 확정재판등의 승인요건이 현저히 균형을 상실하지 아니하고 중요한 점에서 실질적으로 차이가 없을 것

② 법원은 제1항의 요건이 충족되었는지에 관하여 직권으로 조사하여야 한다.

나. 개정의 착안점

여기에서는 다른 개정 착안점은 제외하고,[13) 공서위반을 규정한 제1항 제3호(이하 이를 "공서조항"이라 한다)만 논의한다. 이는 신설된 제217조의2와 밀접하게 관련되기 때문이다.

과거 제217조 제3호는 단순히 "그 판결의 효력을 인정하는 것이 대한민국의 선량한 풍속이나 그 밖의 사회질서에 어긋나지 아니할 것"이라고 규정하였다. 개정된 제3호는 "그 확정재판등의 내용 및 소송절차에 비추어 그 확정재판등의

---

12) 민사소송법 일부개정법률안 심사보고서(2014. 4.), 2면 참조.
13) 개략적인 비판은 석광현(註 7), 58면 이하 참조.

승인이 대한민국의 선량한 풍속이나 그 밖의 사회질서에 어긋나지 아니할 것"이
라고 규정하는 점에서 과거와 다른데, 이는 종래 학설상 인정되던 것처럼 공서
에는 실체적 공서와 절차적 공서가 있음을 명확히 한 것이다. 대법원 2004. 10.
28. 선고 2002다74213 판결도 "외국판결의 내용 자체뿐만 아니라 외국판결의 성
립절차에 있어서 공서에 어긋나는 경우도 승인 및 집행의 거부사유에 포함될
것"이라고 판시한 바 있으므로 꼭 개정해야 하는 것은 아니었다.[14]

문제는 공서조항과 신설된 제217조의2의 관계인데, 이는 아래(2.나.6.)에서
논의한다.

2. 민사소송법 제217조의2의 신설: 손해배상에 관한 재판의 승인 제한

가. 조문

> 제217조의2(손해배상에 관한 확정재판등의 승인)
> ① 법원은 손해배상에 관한 확정재판등이 대한민국의 법률 또는 대한민국이 체결
> 한 국제조약의 기본질서에 현저히 반하는 결과를 초래할 경우에는 해당 확정재판등
> 의 전부 또는 일부를 승인할 수 없다.
> ② 법원은 제1항의 요건을 심리할 때에는 외국법원이 인정한 손해배상의 범위에
> 변호사보수를 비롯한 소송과 관련된 비용과 경비가 포함되는지와 그 범위를 고려하
> 여야 한다.

제2항은 문면상 헤이그국제사법회의의 2005년 '관할합의협약'(제11조 제2항)[15]

---

14) 저자는 과거 이런 취지의 입법론을 제안하였다. 석광현, 국제사법과 국제소송, 제1권
(2001), 429면. '성립절차'를 '소송절차'로 변경한 점이 눈에 띄는데 이를 굳이 명시할 필
요는 없지만 규정해도 문제될 것은 없다.
15) 이는 "관할합의에 관한 협약(Convention on Choice of Court Agreements)"을 말한다.
관할합의협약의 상세는 석광현, "2005년 헤이그 재판관할합의 협약의 소개", 국제사법연
구 제11호(2005), 337면 이하 참조. 손해배상(Damages)이라는 제목의 제11조의 조문은
아래와 같다.
"1. 재판의 승인 또는 집행은 그 재판이, 당사자에게 징벌적 손해배상을 포함하여 실제
로 입은 손실 또는 손해를 전보하는 것이 아닌 손해배상을 인용하는 경우 그 범위 내에
서는 거부될 수 있다(Recognition or enforcement of a judgment may be refused if,
and to the extent that, the judgment awards damages, including exemplary or pu-
nitive damages, that do not compensate a party for actual loss or harm suffered).
2. 요청받은 법원은 재판국의 법원이 인용한 손해배상이 소송과 관련된 비용과 경비를
전보하는지의 여부와 그 범위를 고려해야 한다(The court addressed shall take into
account whether and to what extent the damages awarded by the court of origin

과 헤이그국제사법회의의 '1999년 예비초안'(제33조 제2항)16)의 영향을 받았다.17)
반면에 제1항은 적어도 문면상으로는 위 협약이나 예비초안의 직접적인 영향을
받은 것으로 보기는 어려우나,18) 아래에서 보듯이 그 취지를 어떻게 이해하는가
에 따라 영향을 긍정할 수 있다.

나. 신설의 착안점
(1) 비전보적 손해배상을 명하는 외국법원의 확정재판등의 승인

　제217조의2에 따르면 외국법원의 손해배상에 관한 확정재판등이 한국의 법
률 또는 조약의 기본질서에 현저히 반하는 결과를 초래한 경우에는 그의 전부
또는 일부를 승인할 수 없다. 제1항은 2012년 개정안과 달리 '징벌배상' 또는 '비
전보적 손해배상'이라는 취지의 용어를 사용하지 않으므로 문언상으로는 불분명
하나, 이는 전보배상이 아닌(즉 비전보적) 손해배상(non-compensatory damages)을
명한 외국재판의 승인을 적정범위로 제한하는 취지로 이해되고 있다.19) 저자가

---

　　serve to cover costs and expenses relating to the proceedings)."
　　　2019년 채택된 헤이그국제사법회의의 민사 또는 상사에서 외국재판의 승인 및 집행에
　　관한 협약(Convention on the Recognition and Enforcement of Foreign Judgments in
　　Civil or Commercial Matters) 제10조도 동일하다. 2019년 헤이그재판협약에 관하여는
　　장준혁, "2019년 헤이그 외국판결 승인집행협약", 국제사법연구 제25권 제2호(2019.
　　12.), 437면 이하; 석광현, "2019년 헤이그 재판협약의 주요 내용과 간접관할규정", 국제
　　사법연구 제26권 제2호(2020. 12.), 192면 이하 참조. [밑줄 친 부분은 이 책에서 새로 추
　　가한 것이다.]
16) 이는 헤이그국제사법회의의 성안한 1999년 10월 "민사 및 상사사건의 국제재판관할과 외
　　국재판에 관한 협약(Convention on Jurisdiction and Foreign Judgments in Civil and
　　Commercial Matters)"의 예비초안을 말한다. 상세는 석광현, 국제사법과 국제소송, 제2권
　　(2001), 396면 이하 참조. 제33조의 문언은 아래(註 47)에서 소개한다.
17) 이규호(註 5), 123면도 제217조의2 제2항은 관할합의협약(제11조 제2항)을 모델로 한 것
　　이라고 한다.
18) 이와 달리 2012년 당시 개정안 제3호 단서는 관할합의협약(제11조 제1항)과 예비초안(제
　　33조 제1항)의 직접적인 영향을 받았다(밑줄은 저자가 추가).
　　　"3. 그 재판의 내용 및 소송절차에 비추어 보아 그 재판의 승인이 대한민국의 선량한
　　풍속이나 그 밖의 사회질서에 위반되지 아니할 것. 다만 손해전보의 범위를 초과하는 손
　　해배상을 명한 외국재판은 그 초과범위 내에서 대한민국의 선량한 풍속이나 그 밖의 사
　　회질서에 위반한 것으로 본다."
19) 석광현(註 7), 61면. 아래 소개하는 대법원 판결도 같은 취지이다. 이규호(註 5), 128면도
　　"징벌적 손해배상으로 고액배상의 민사 판결을 승인하는 것은 공서양속에 반하는 취지로
　　인정한 우리나라의 통설 및 독일, 일본 등의 입법례 내지 판례를 개정 민사소송법에 명시
　　적으로 담고자 한 것"이라고 설명한다.

그런 견해를 피력한 것은, 개정과정에서 문언이 변경되었지만 입법취지는 바뀌지 않았다고 믿었기에 당초 개정안에 대한 해석론을 유지한 탓이다. 비전보적 손해배상을 명한 외국재판의 승인을 차단하는 것은 별도조문이 없어도 제217조 제1항 제3호, 즉 공서조항으로 해결할 수 있지만, 이를 굳이 신설한 것은 그러한 취지를 더욱 명확히 함으로써 법적 안정성을 제고하기 위한 것으로 이해하였다. 비록 그것이 관할합의협약의 문언처럼 명확하지는 않지만, 제217조의2에 대한 저자의 기본적 인식은 이것이다.

비전보적 손해배상이라 함은 피해자에 대한 (실)손해의 전보라는 기능을 넘는 손해배상을 말한다. 징벌배상과, 미국의 1914년 Clayton Act(제4조. 15 U.S.C. § 15) 또는 RICO Act(제1964조)에 의해 인정되는 삼배배상(또는 3배배상)이 대표적인 예이다.[20] 삼배배상도 징벌배상의 한 유형이라고 할 수 있으나 여기에서는 일단 양자를 구분해서 논의한다. 2017년 8월 현재 한국의 입법에는 삼배배상만이 도입되어 있는 것으로 보이기 때문이다.

과거에는 징벌배상(punitive damages)[21]을 명한 미국 법원 판결의 승인 · 집

---

20) 리코법(RICO-Act)은 "Racketeer Influenced and Corrupt Organization Act"로 부패 및 조직범죄처벌법이다. 증권사기를 포함한 일정한 공갈행위를 영위하는 일체의 기업에 참여하는 것을 범죄로 규정하고 행위자에 대한 강력한 형사처벌(제1963조)과 함께 민사구제(제1964조)를 규정한 연방법률이다. 민사구제에는 검찰총장에 의한 'equitable remedies'와 피해자에 의한 손해배상청구가 있다. 삼배배상은 후자에 속한다(제1964조 c)항). 동법은 미국에서 기업의 담합, 금융사기, 공무원 뇌물과 같은 조직범죄를 통제하는 실효적 수단으로 인식되고 있다. Dirk Brockmeier, Punitive damages, multiple damages und deutscher ordre public (1999), S. 140ff. 참조. 손해배상이 피해를 입은 원고에게 지급되는 한 민사재판의 성격을 부정할 수 없다. 강수미, "징벌적 손해배상을 명한 외국판결의 승인 · 집행에 관한 고찰", 민사소송 제12권 제2호(2008), 127면 註 44는 손해배상의 일부를 주 또는 피해자구제기금 등에 납부할 것을 의무화하는 법률(split-recovery statute)을 두는 주의 경우 그 부분이 민사재판인지는 검토가 필요하다고 하나, 저자는 민사재판성을 부정한다.

21) 'exemplary damages' 또는 'vindictive damages'라고도 한다. 김제완, "징벌적 배상 법리의 발전과정과 현황", 징벌적 손해배상제의 법리와 도입 가능성(Ⅰ)(한국법제연구원, 2007), 13면 이하 및 징벌적 손해배상제의 법리와 도입 가능성(Ⅱ)(한국법제연구원, 2007)에 수록된 논문들; 최나진, "징벌적 손해배상과 법정손해배상: 우리나라 민법과 양립가능성", 경희법학 제51권 제3호(2016. 9.), 242면 이하; 2015. 4. 20.(월) 서울지방변호사회와 법률신문사가 개최한 징벌적 손해배상제도 도입에 관한 심포지엄 자료 참조. 미국에서의 징벌적 손해배상제도의 운용현황에 관하여는 장혜련, "미국법상 징벌적 손해배상의 운용과 경제 · 상거래적 효과에 대한 고찰 —연방대법원과 법경제학의 접근방식을 중심으로—", 안암법학 제53권(2017. 5.), 191면 이하 참조.

행은 구 민사소송법 제217조 제3호의 맥락에서 실체적 공서에 반하는가의 문제
로 논의되었다. 과거 유력설은, 피해자가 입은 손해의 정도와 관계없이 가해자의
제재와 일반예방을 목적으로 법관 또는 배심원에 의하여 부과되는 징벌배상의
승인 및 집행은 우리의 공서에 반하므로, 징벌배상을 명한 미국 법원의 판결의
승인 및 집행은 허용되지 않는다고 보았다.22) 이를 독일 법에서 유래하는 '비례
의 원칙(Verhältnismäßigkeitsprinzip)'으로 설명하기도 한다.23) 이는 징벌배상은
손해의 보상 내지는 전보를 목적으로 하는 것이 아니므로 금액의 다과의 문제가
아니지만, 징벌배상이라고 하여 일률적으로 한국에서의 집행을 거절할 것은 아
니고, 그 중 일부가 손해의 보상 내지는 전보의 기능을 하는 때에는 아래(4)에서
보는 바와 같이 그 범위 내에서 승인·집행할 수 있다고 보았다.24) 이처럼 외국
재판의 승인 및 집행이 한국의 공서에 반한다고 봄으로써 당사자들이 승인국에
서의 결과를 예견할 수 있어 법적 안정성이 증대되고, 한국의 입장에서 볼 때 피
해자가 한국인을 상대로 외국에서 소를 제기하려는 충동을 제거하는 장점이 있다.

참고로, 독일 연방대법원은 1992. 6. 4. 기념비적인 판결25)에서 미화 750,260
달러의 지급을 명한 캘리포니아주 법원 판결 중 징벌배상 부분(40만불)의 승인
및 집행을 공서위반을 이유로 거부하였고,26) 일본 최고재판소 1997. 7. 11. 판

---

22) 강수미(註 20), 109면도 동지. 양병회, "공서요건과 징벌적 배상판결에 관하여", 일감법학
제4권(1999), 52면은 "징벌적 손해배상액이 우리 법의 관점에서 상응한 금액으로 인정되
는 범위를 초과한 부분에 대해서는 구 민사소송법 제203조 제3호의 공서요건에 반하는
것으로서 승인, 집행을 거절해야 한다고 본다. 그러나 이것이 쿠션을 불허하는 취지인지
는 불분명하다.
23) BGHZ, 118, 312 (1993) = IPrax 1993, S. 319는 이런 취지를 명확히 선언한다(Zu den
wesentlichen Grundsätzen des deutschen Rechts gehört der aus dem Rechtsstaats-
prinzip folgende Grundsatz der Verhältnismäßigkeit, der auch in der Zivilrechtsordnung
Geltung beansprucht.). 아래 언급하는 서울지방법원 동부지원 1995. 2. 10. 선고 93가합
19069 판결은 이런 견해를 따랐다. 김용진, 국제민사소송전략 —국제소송실무 가이드—
(1997), 202면도 동지.
24) 강수미(註 20), 109면, 139면도 동지.
25) BGHZ, 118, 312 (1993) = IPRax (1993), 310-321. 소개는 양병회(註 22), 47면 이하 참조.
26) 위 사건의 개요는 아래와 같다. 피고는 1982년 당시 13세의 원고에게 5회에 걸쳐 동성애
적 자위행위를 강요한 후 독일로 도피하였다. 원고는 캘리포니아주 법원에 제소하여 손해
배상의 지급을 명하는 판결(Doe v. Schmitz, No. 168-588 (Cal. Super. Ct. Apr. 24,
1985)을 받았는데, 동 판결은 과거 실제 치료비(260 달러), 장래 예상 치료비(100,000달
러)와 장래 정신과적 치료기간(2년) 중 특별시설 숙박비(50,000달러), 불안 등 정신적 고
통에 관한 배상(200,000달러)과 <u>징벌적 손해배상(400,000달러)</u> 등으로 구성된 손해배상

결27)도 미화 1,125,000불의 징벌배상을 명한 캘리포니아주 법원 판결의 집행을 공서위반을 이유로 거부하였다. 이처럼 독일과 일본에서는 실체적 공서를 근거로 징벌배상을 명한 외국재판의 승인 및 집행을 거부할 수 있다고 본다.28)

제217조의2가 신설되기 전에 징벌배상을 명한 외국재판의 승인이 문제가 된 우리 법원 판결로는 수원지방법원 평택지원 2009. 4. 24. 선고 2007가합1076 판결이 있다.29) 이 판결은 징벌배상을 직접 다룬 점에 의의가 있으나 계약위반

(합계 750,260달러)의 지급을 명하였고, 또한 원고가 피고로부터 받을 손해배상액 중 40%를 원고와 변호사간의 성공보수 약정에 따라 원고 변호사에게 지급할 것을 명하였다. 독일 연방대법원은 징벌적 손해배상을 제외한 나머지 손해배상(350,260달러)을 집행가능하다고 선언하였다. 소개는 양병회(註 22), 46면 이하; 양병회, "징벌적 배상판결의 집행에 관한 소고", 민사소송 제IV호(2001), 518면 이하; 조상희, "징벌적 손해배상을 명한 미국 법원 판결의 집행에 관한 독일과 일본의 판례", 인권과 정의 제208호(1993. 12.), 102-106면; 강수미(註 20), 133면 이하 참조. 독일 판결문의 영문 번역은 32 I.L.M. 1320 (1993), 영문 평석은 Volker Behr, Enforcement of United States Money Judgments in Germany, 13 J.L. & Com. 211, 226 (1994) 참조.

27) 이는 萬世工業事件 판결인데, 피해자가 가해자로부터 실제로 발생한 손해의 배상에 더하여 제재 및 일반예방을 목적으로 하는 배상금의 지불을 받게 하는 것은 일본의 불법행위에 기한 손해배상제도의 기본원칙 내지 기본이념에 어긋난다고 보았다. 民集 51권 6호, 2573면. 소개는 양병회(註 22), 49면 이하; 이점인, "징벌적 배상판결과 국내에서의 承認, 執行에 관한 고찰", 부산법조 제15호(1997. 12.), 177면 이하; 193면 이하 참조.

28) Heinrich Nagel/Peter Gottwald, Internationales Zivilprozeßrecht, 7. Auflage (2013), §12 Rn. 174; 中野俊一郎, "懲罰的損害賠償を命じる外國判決の承認·執行, 萬世工業事件最高裁判決をめぐって", NBL No. 627(1997. 10. 15.), 19면 이하 참조. 삼배배상에 관하여도 동지. 위 Nagel/Gottwald, §12 Rn. 175. 우리 민사소송법 제217조는 현행 독일 민사소송법 제328조와 일본 민사소송법 제118조에 상응한다.

29) 원고들은, 미국의 소외 회사가 보상금 지급약정을 위반하고 고의적으로 원고들의 보너스를 박탈하는 행위를 하여 원고들에게 일정 금액(원고 1, 2에게 각 210,000달러(각 약정보상금 70,000달러 + 고의적 박탈행위로 인한 징벌적 손해배상 140,000달러), 원고 3, 4, 5에게 각 120,000달러(각 약정보상금 40,000달러 + 고의적 박탈행위로 인한 징벌적 손해배상 80,000달러))의 손해배상책임이 있는데, 피고인 일진디스플레이 주식회사는 소외 회사로부터 사기적인 목적으로 재산을 이전받은 승계법인이라는 이유로 피고를 상대로 위싱턴주 클라크 카운티 제1심법원에 제소하여 결석판결을 받았다. 수원지방법원 평택지원 2009. 4. 24. 선고 2007가합1076 판결은, 약정보상금의 2배 상당의 징벌적 손해배상금은 고의적으로 보상금을 지급하지 않음으로써 원고들에게 추가적으로 발생된 손해를 전보하기 위한 것이 아니라, 손해전보를 넘어서 고의적으로 위반행위를 한 자에 대하여 징계를 하거나 그러한 위반행위의 발생을 억제하기 위한 목적으로 지급을 명한 것인데, 이는 손해배상의무에 대하여 징벌적 성격을 부여하지 아니하고, 불법행위 또는 채무불이행에 의하여 야기된 결과에 대한 보상, 즉 손해발생 전의 상태로의 회복에 목적이 있는 우리나라의 손해배상제도와 근본이념이 다르다고 할 것이고, 우리나라의 손해배상 체계에서 이 사건 판결처럼 약정보상금의 2배 상당의 징벌적 손해배상금의 지급을 명하는 것은 원고들

에 따른 삼배배상을 다룬 것이지 불법행위를 이유로 하는 전형적인 징벌배상에 관한 사안은 아니다. 다만 징벌배상을 명한 미국재판의 승인 및 집행도 예컨대 제조물책임처럼 우리 법이 삼배배상을 도입한 범위 내에서는 전면적으로 거부할 것은 아니라 그 범위 내에서는 수용해야 한다. 이 점은 아래에서 삼배배상에서 제기되는 문제와 같은 논점이다. <u>무엇이 민사소송법에서 말하는 전보배상인지는 성질결정의 문제인데 승인국 법원은 판결국 법원의 판단에 구속되지 않고 독자적으로 판단해야 함은 당연하다.</u> [밑줄 친 부분은 이 책에서 새로 추가한 것이다.]

(2) 삼배배상을 명한 확정재판 등의 승인

현행 민사소송법 하에서 삼배배상을 명한 미국판결을 승인할 수 있는가는 문제이다. 과거 우리 법제가 삼배배상제도를 인정하지 않았던 시절에는 위에서 본 수원지방법원 평택지원 2009년 판결처럼, 삼배배상을 명한 외국재판의 승인 및 집행은 손해전보에 목적이 있는 우리 손해배상제도와 근본이념이 다르다는 이유로 그 부분의 승인 및 집행을 거부할 수 있었다. 그러나 한국이 "하도급거래 공정화에 관한 법률"(이하 "하도급법"이라 한다)(제35조 제2항)을 통하여 2011년 6월 삼배배상제도를 처음 도입하고,[30] 이어서 개인정보보호법(제39조),[31] 가맹사

에 대한 적절한 배상을 위하여 필요한 정도를 넘는다고 보아 약정보상금의 2배 상당의 징벌적 손해배상금 및 이에 대한 지연이자의 지급을 명하는 부분은 집행을 불허하였다.

30) 하도급법은 원사업자는 원칙적으로 수급사업자의 기술자료를 본인 또는 제3자에게 제공하도록 요구하여서는 아니되지만, 예외적으로 정당한 사유를 입증하여 수급사업자에게 기술자료를 요구할 경우에는 요구목적 등 일정한 사항을 해당 수급사업자와 미리 협의하여 정한 후 그 내용을 적은 서면을 해당 수급사업자에게 주어야 하며, 원사업자는 취득한 기술자료를 자기 또는 제3자를 위하여 유용하여서는 아니 된다고 규정한다(제12조의3). 원사업자가 위 조항을 위반하여 취득한 기술자료를 유용함으로써 손해를 입은 자가 있는 경우에는 그 자에게 발생한 손해의 3배를 넘지 아니하는 범위에서 배상책임을 진다(제35조 제2항)(다만, 원사업자가 고의 또는 과실이 없음을 입증한 경우에는 그러하지 아니하다). 간결한 소개는 전국경제인연합회, 「하도급법상 3배 배상제도」에 대한 비판적 검토(2011) 참조.

31) 제39조 제1항에 따르면 정보주체는 개인정보처리자가 개인정보 보호법을 위반한 행위로 손해를 입으면 개인정보처리자에게 손해배상을 청구할 수 있고, 개인정보처리자는 고의 또는 과실이 없음을 입증하지 아니하면 책임을 면할 수 없는데, 그 경우 개인정보처리자의 고의 또는 중대한 과실로 인하여 개인정보가 분실·도난·유출·위조·변조 또는 훼손된 경우로서 정보주체에게 손해가 발생한 때에는 법원은 그 손해액의 3배를 넘지 아니하는 범위에서 손해배상액을 정할 수 있다. 다만, 개인정보처리자가 고의 또는 중대한 과실이 없음을 증명한 경우에는 그러하지 아니하다.

업거래의 공정화에 관한 법률(가맹사업법)(제37조의2)[32]과 대리점거래의 공정화에 관한 법률(제34조 제2항) 등에 도입하였으며, 근자에는 제조업자가 제조물의 결함을 알면서도 그 결함에 대하여 필요한 조치를 취하지 아니한 결과로 소비자의 생명 또는 신체에 중대한 손해를 입힌 경우 최대 3배까지 손해배상책임을 부과하는 내용으로 제조물책임법 제3조 제2항이 개정되어 2018. 4. 19. <u>시행되었다</u>.[33] 이렇듯이 우리나라는 근자에 개별 입법에 의하여 징벌배상제도를 속속 도입하는 경향을 보이고 있다.[34] 이처럼 삼배배상제도가 적용되는 영역이 점차 확대되고 있는 현재로서는 삼배배상의 지급을 명한 외국재판의 승인이 '한국의 공서'에 반한다거나, '한국의 법률 또는 조약의 기본질서에 현저히 반하는 결과를 초래한다'고 단정할 수는 없다. 저자는 과거 국회 공청회에서 그리고 다른 기회에도 이 점을 지적하였으나,[35] 2014년 민사소송법의 개정과정에서는 이에 대한 해결방안이 반영되지 않았다.[36] 민사소송법 하에서는 실손해에 해당하는 범위

---

32) 제37조의2에 따르면 가맹본부가 허위·과장된 정보제공을 하거나, 가맹점사업자에 대하여 상품이나 용역의 공급 또는 영업의 지원 등을 부당하게 중단 또는 거절하거나 그 내용을 현저히 제한하는 행위로서 가맹사업의 공정한 거래를 저해할 우려가 있는 행위를 하거나 다른 사업자로 하여금 이를 행하도록 하는 경우 가맹점사업자에 대하여 손해배상의 책임을 지는데 그 경우에는 가맹점사업자에게 발생한 손해의 3배를 넘지 아니하는 범위에서 배상책임을 진다. 다만, 가맹본부가 고의 또는 과실이 없음을 입증한 경우에는 그러하지 아니하다. 위 조문은 2017. 4. 18. 신설된 것으로 2017. 10. 19. 시행되었다.

33) 이에 관하여는 윤석찬, "제조물책임법상의 징벌적 손해배상론", 저스티스 통권 제63호(2017. 12.), 6면 이하 참조.

34) 현행법상 도입된 징벌배상에 관하여는 이점인, "현행 징벌적 손해배상 제도에 대한 비판적 고찰", 동아법학 제74호(2017. 2.), 58면 이하; 홍완식, "징벌적 손해배상제도에 관한 입법평론", 경희법학 제52권 제2호(2017. 6.), 485면 이하 참조. <u>그 후에 도입되었거나 도입을 검토하는 법률안은 사법정책연구원, 징벌적 손해배상의 적정한 운영방안에 관한 연구(2019), 177면 이하 참조. 또한 2020년 2월 신설된 자동차관리법(제74조의2)에 따라 자동차제작자등이나 부품제작자등은 결함을 알면서도 시정하지 않아 중대한 손해가 발생하면 손해의 5배 이내에서 배상해야 한다. 이는 2021. 2. 5. 부터 시행되었다. 징벌배상의 무분별한 도입에 대한 간단한 비판은 호문혁, "징벌적 손해배상이 손오공 여의봉인가", 법률신문 제4916호(2021. 8. 23), 11면 참조. 법정배액배상 도입 법률의 현황을 정리한 근자의 자료는 박지원, "징벌적 손해배상 조항의 난립과 민사소송법학의 제문제", 2022. 2. 19. 개최된 민사소송법학회 발표자료, 32면 이하 참조. [밑줄 친 부분은 이 책에서 새로 추가한 것이다.]</u>

35) 예컨대 석광현, "외국판결의 승인 및 집행: 2001년 이후의 판결을 중심으로", 진산 김문환총장정년기념논문집 제1권: 국제관계법의 새로운 지평(2011), 557면 참조.

36) 저자는 2012년 국회 공청회에서 당시 개정안에 대하여 굳이 그런 개정이 불필요하다고 보면서도 기본적으로 지지하였으나(석광현(註 6), 435면 참조) 이는 몇 가지 사항을 전제

내에서는 승인 및 집행할 수 있음은 명백하고, 문제는 이를 초과하는 부분(즉 200%)에 해당하는 부분의 처리이다. 이에 관하여는 견해가 나뉠 수 있다.[37]

1설은 이제는 더 이상 삼배배상이라는 이유로 삼배배상을 명한 외국법원의 확정재판등의 승인 및 집행을 거부할 수 없다는 견해이다. 한국이 삼배배상을 도입한 이상 외국의 확정재판등이 가사 우리가 삼배배상을 도입한 법영역이 아니더라도 그 승인은 한국 법률의 기본질서에 반하지 않고, 가사 반하더라도 현저히 반하는 것은 아니라는 것이다.

2설은 우리 법이 삼배배상제도를 도입한 법영역 외에서는 여전히 승인 및 집행을 거부할 수 있다는 견해이다.[38] 어느 분야에서 삼배배상제도를 도입할지

로 한 것이고, 삼배배상의 지급을 명한 외국판결의 승인을 적절히 해결하는 것이 포함되었다.

37) 논리적으로는 그 밖에도 삼배배상의 지급을 명한 외국재판의 승인 및 집행은 전과 마찬가지로 전면 거부하는 견해도 가능하다. 그러나 저자는 이는 비현실적이라고 생각한다.

38) 이규호(註 5), 132-133면은 이를 지지한다. 즉 이 교수는 "3배 손해배상제도는 당사자 간 교섭력에 현저한 차이를 보이는 공정거래법 및 노동법 분야 등 특정 분야에 예외적으로 적용되는 제도로 보아야 하고, 3배 손해배상제도는 징벌적 손해배상의 성격을 띤다는 점에서 일반적으로는 한국 민사법의 기본질서를 반할 가능성이 높다고 보아야 한다"고 지적한다. 우리가 삼배배상제도를 도입한 법영역이라 함은 그에 상응하는 영역을 포함한다. 즉 그 판단에는 기능적 접근방법을 취해야 한다. <u>서울고등법원 2018. 3. 23. 선고 2017나 2057753 판결은 피고가 불공정한 경쟁방법과 불공정한 기만행위를 하여 하와이주 개정 법 제480-2조 (a)항을 위반하였음을 이유로 삼배배상을 명한 하와이주 법원 판결에 대하여 한국의 개별 법령에서 그런 유형의 위법행위로 인해 발생한 손해에 대해 삼배배상책임을 인정하는 개별 법률이 없다는 근거로 3배배상을 명하는 부분의 효력을 인정하는 것은 한국의 공서에 어긋나는 것으로서 허용되지 않는다고 판시하고 그 집행을 제한하였다. 이는 2설을 따른 것이다. 그러나 상고심인 대법원 2022. 3. 11. 선고 2018다231550 판결은 우리나라에서 손해전보의 범위를 초과하는 손해배상을 허용하는 개별 법률의 규율 영역에 속하는 경우에는 외국재판을 승인하는 것이 손해배상 관련 법률의 기본질서에 현저히 위배되어 허용될 수 없는 정도라고 보기 어렵다고 전제하고, 위 사건 하와이주 판결에서 손해배상의 대상으로 삼은 행위는 우리나라 공정거래법의 규율 대상에 해당할 수 있는데, 공정거래법에서도 실제 손해액의 3배 내에서 손해배상을 허용하는 법조항을 두고 있으므로, 위와 같은 법리에 비추어 실제 손해액의 3배에 해당하는 손해배상을 명한 위 사건 하와이주 판결을 승인하는 것이 우리나라 손해배상제도의 원칙이나 이념, 체계 등에 비추어 도저히 허용할 수 없는 정도라고 할 수 없다고 보아 이와 반대되는 결론의 원심판결을 파기하였다.</u> 이로써 삼배배상을 명한 외국판결의 승인·집행이 우리나라에서 가능하게 되었다. 위 사건에서 대법원은 하와이주 법원이 적용한 하와이주 법률이 우리나라의 개별 법률의 규율 영역에 속한다고 판단하였는데 그런 논리를 전개한 점 등을 보면 2설을 지지한 것으로 보인다. 그러면서도 대법원이 원심과 다른 결론에 이른 것은 우리의 개별 법률의 규율 영역에 속하는지에 관한 판단이 달랐기 때문인데 이와 관련하여 대법원은 말미에 소개한 바와 같이 판단기준을 제시하였다. 경우에 따라서는 삼배배상 중 일부

는 입법자가 정책적으로 판단할 사항인데, 우리가 삼배배상이 적절하지 않다고 보는 영역에서 삼배배상을 명하는 외국의 확정재판등의 승인은 한국 법률의 기본질서에 현저히 반할 수 있다는 것이다.

당분간은 2설을 유지할 수 있으나 우리 법상 삼배배상이 꾸준히 확산된다면 어느 단계에서는 결국 1설이 타당하게 될 것이다. 이런 논의는 징벌배상에도 적용된다. 즉 한국에서도 제조물책임법에 따라 삼배배상이 도입되는 이상 예컨대 전보배상의 9배의 징벌배상의 지급을 명하는 미국재판도 삼배의 범위 내에서는 승인 및 집행을 해야 한다는 것이다.[39] [대법원 판결에 따르더라도 이런 결론을 용인해야 할 것이다] 이 점을 고려하면 징벌배상과 삼배배상을 구분하여 논의하는 것이 적절한지 의문이나, 우리가 삼배배상만을 도입하고 있으므로 일단 구분하는 것이 좋겠다. <u>사안별 분석을 통하여 일부만 승인하는 유연한 접근방법도 고려할 필요가 있다. 예컨대 Béligh Elbalti, The Supreme Court of Japan on Punitive Damages ⋯ 참조. 이는 2021. 6. 4. conflictoflaws.net에 올라온 글이다.</u> [밑줄 친 부분은 이 책에서 새로 추가한 것이다.]

(3) 지나치게 과도한 전보배상의 지급을 명한 외국법원의 확정재판등의 승인 제한

문제는 외국법원의 확정재판등이 전보배상의 지급을 명한 것이기는 하나 그것이 지나치게 과도한(grossly excessive) 배상액의 지급을 명한 경우 그 승인을 제한할 수 있는가이다.

지나치게 과도한 경우에는 대체로 이미 징벌적 성격이 들어간 것이라고 볼 수 있으므로 그 범위 내에서는 제217조의2가 아니라 제217조 제1항 제3호가 정한 공서위반을 이유로 승인을 거부할 여지도 있다. 물론 그런 결론은 신중하게 제한적으로 내려야 할 것이다. 관할합의협약은 과도한 손해배상의 지급을 명한

만의 승인·집행도 가능할 것으로 보인다. 위 판결은 더 검토할 필요가 있다. <u>상세는 말미 참조.</u> [밑줄 친 부분은 이 책에서 새로 추가한 것이다.]

39) 1999년 예비초안 제33조(손해배상) 제1항은 이런 취지를 명시한다. <u>영문 조문은 아래와 같다.</u>

"In so far as a judgment awards non-compensatory, including exemplary or punitive, damages, it shall be recognised at least to the extent that similar or comparable damages could have been awarded in the State addressed."

판결의 승인을 제한할 수 있음을 명시하지 않으므로 마치 그런 판결의 승인은 제한할 수 없는 것처럼 보이지만, 협약의 보고서는 예외적인 경우 전보배상의 지급을 명하는 판결도 제11조에 해당할 수 있다고 설명하는데,[40] 이는 위 견해와 궤를 같이 한다.

저자는 외국재판에 징벌적 성격이 포함되지 않았더라도 우리가 수인(受忍)할 수 있는 범위를 넘는 때에는 승인을 거부할 수 있다고 보나 이는 제217조의2가 아니라 제217조 제1항 제3호를 근거로 삼는다. 이 점은 아래(6)에서 논의한다.

외국재판이 지나치게 과도한 손해배상을 명하였음을 이유로 승인을 제한할 경우, 과도한지의 여부를 판단함에 있어서는 동일한 사안에서 우리 법원이 우리 법을 적용하여 재판하였을 경우 인용되었을 금액을 기준으로 기계적으로 판단해서는 아니 된다. 우리 법원으로서는 제반사정을 고려해서 "위 금액 + 쿠션"을 인정할 여지가 있기 때문이다.[41] 아래에서 소개하는 예비초안(제33조 제2항)은 이런 취지를 보여준다.

지나치게 과도한 손해배상의 문제는 과도한 위자료(미국에서는 solatium 또는 solatium damages라고 부르는 것으로 보인다)의 지급을 명한 외국재판의 승인에서도 발생한다. 종래 한국 법원이 인정하는 위자료의 금액은 법 공동체의 건전한 상식, 국가 경제규모, 해외 판례 등에 비추어 지나치게 낮게 형성되어 있는 것으로 평가되었기에 이를 현실화할 필요가 있다는 지적이 법원 내외에서 제기되었고, 그 결과 법원은 2017년 1월 「불법행위 유형별 적정한 위자료 산정방안」을 공표하고 합리적인 위자료 산정을 도모하고 있다.[42] 이러한 개선이 이루어지지

---

40) Trevor Hartley and Masato Dogauchi, Explanatory Report on Convention of 30 June 2005 on Choice of Court Convention, para. 205 참조(But in exceptional cases, damages which are characterised as compensatory by the court of origin could also fall under this provision). 이규호(註 5), 122면도 이를 소개한다.

41) 따라서 한국에서 판결했었더라면 인용했을 금액으로 승인의 범위를 한정해야 한다는 취지의 견해(최승재, "지재권 침해사건에서 손해배상액 인정과 외국판결의 승인", 법률신문, 제3993호(2011. 12. 10.), 13면)는 쿠션을 인정하지 않는 취지이므로 타당하지 않다.

42) 근자에는 가습기 살균제로 인한 피해와 관련하여 위자료의 현실화 및 증액방안이 논의되고 있다. 예컨대 이재목, "악의적 제조물사고에 있어 위자료 증액론과 징벌배상제도 도입론의 우열 —가습기살균제 사건을 계기로—, 홍익법학 제17권 제3호(2016), 167면 이하; 대법원 사법정책연구원과 국회입법조사처가 2016. 6. 27. 공동 개최한 "국민의 생명 신체 보호 적정화를 위한 민사적 해결방안의 개선"이라는 주제의 심포지엄에서 "위자료의 현실화 및 증액 방안"(이창현)이 그것이다. 이동진, "위자료 산정의 적정성에 관한 사법정책연구", 대법원 제출 연구용역 보고서(2013), 3면, 115면에 따르면, 비교법적으로 우리의

않는다면 위자료의 지급을 명하는 우리 법원의 재판을 외국에서 집행하자면 소
액밖에 인정되지 않는데, 반대로 지나치게 과도한 위자료의 지급을 명한 외국재
판을 전면 승인 및 집행한다면 심한 불균형이 발생하고 한국에서 제소하는 원고
에게 불리하게 되어 결국 외국에서의 제소를 권장하게 된다. 이를 방치하는 것
은 바람직하지 않으므로 그 해결방안을 고민해야 한다. 그 중 하나가 사안의 제
반사정을 고려하여 외국법원이 인정한 고액의 위자료를 적정한 규모로 감액하는
것이다. 물론 인간의 생명과 건강이 한국에서보다 외국에서 금전적으로 높이 평
가되더라도 이를 受忍할 수 없는 것은 아니라는 견해43)도 주장될 수 있고, 한국
법상 위자료가 전체 손해배상금의 적정화를 위한 조정기능을 수행하고, 나아가
일정한 한계 내에서 손해전보를 넘어 예방 내지 제재의 기능을 수행할 수 있음
도 고려해야 한다.44) 그러나 국내적 사안에서 대법원 2013. 5. 16. 선고 2012다
202819 전원합의체 판결45)로부터 위자료의 한도를 도출할 수 있음을 고려할 때
외국재판의 승인 및 집행의 맥락에서도 우리가 수인할 수 있는 한계가 당연히
존재한다고 본다.

위자료의 전체 수준은 다른 비슷한 경제수준의 나라들에 비하여 어느 정도 낮은 것으로
평가되고, 예컨대 사지마비 피해에 대한 국내 위자료는 8,000만원, 프랑스는 3억원, 영국
은 5억원, 독일은 8억원, 이탈리아는 15억원, 미국은 70억원으로, 각국의 경제수준을 고
려해 위자료를 1인당 국민총소득(GNI)으로 나눈 값을 비교하더라도 미국은 우리나라보
다 37배나 높다. 황다연, "징벌적 손해배상과 위자료 현실화", http://blog.naver.com/
dayeonhwang/220993568683도 이를 소개한다(2017. 10. 31. 방문). 위 연구 후 우리 법
원의 위자료가 다소 인상되었으나 국가 간에 여전히 차이가 있다. 위 「불법행위 유형별
적정한 위자료 산정방안」은 교통사고, 대형재난사고, 영리적 불법행위, 명예훼손 등 불법
행위 유형별로 기준금액을 설정하고 가중사유에 따라 최대 3배까지 위자료 액수를 가중
할 수 있도록 규정한다. 위 산정방안은 권고적 효력을 가지지만, 당초 방안 수립과정에서
외부 기관과의 공동 논의를 마련하고 전국 법관들을 대상으로 한 설문조사도 거친 만큼
실제 시행과정에서 법관들이 위자료 산정방안을 따를 가능성이 매우 큰 것으로 기대된다.
법률신문 제4503호(2017. 4. 17.), 15면 사설 참조.
43) Dieter Martiny, Handbuch des Internationalen Zivilverfahrensrechts IZVR III/1 Kap.
I(1984), Rn. 1046. 이 견해는 '엄청난 금액(horrende Summe)의 위자료'의 승인 및 집행
도 허용한다. 반면에 이시윤, 신민사소송법, 제6증보판(2012), 595면은 고액의 위자료판
결은 공서에 반한다고 한다. [밑줄 친 부분은 이 책에서 새로 추가한 것이다.]
44) 양창수·권영준, 민법 II : 권리의 변동과 구제 제2판(2015), 634면.
45) 위 판결에서 대법원은 "위자료의 산정에도 그 시대와 일반적인 법감정에 부합될 수 있는
액수가 산정되어야 한다는 한계가 당연히 존재하고, 따라서 그 한계를 넘어 손해의 공평
한 분담이라는 이념과 형평의 원칙에 현저히 반하는 위자료를 산정하는 것은 사실심법원
이 갖는 재량의 한계를 일탈한 것"이라고 판시하였다.

(4) 징벌배상 또는 삼배배상을 명한 확정재판 중 소송비용 기타 전보적 성격이 있는 부분의 승인 및 집행(제217조의2 제2항)

제217조의2 제2항은 법원이 제1항의 요건을 심리할 때 외국법원이 인정한 손해배상의 범위에 변호사보수를 비롯한 소송과 관련된 비용과 경비가 포함되는 지와 그 범위를 고려하여야 한다고 규정한다. 이는 피해자가 입은 손해의 정도와 관계없이 가해자의 제재와 일반예방을 목적으로 부과되는 현저히 고액인 징벌배상의 승인은 공서에 반하지만, 징벌배상이라고 하여 일률적으로 이를 거절할 것은 아니고 그 중 일부가 보상적 기능을 하는 때에는 그 범위 내에서 승인할 수 있을 것이라는 견해[46]를 반영한 것으로 보인다. 즉 이는 1999년 예비초안(제33조 제3항)[47]과 관할합의협약(제11조 제2항)을 모델로 삼은 것으로서 집행에 우호적인 태도를 수용한 것으로 보인다(2019년 헤이그 재판협약 제10조 제2항도 같다). 이는 외국법원이 징벌배상을 명하였기에 원칙적으로 집행을 할 수 없을 것처럼 보이더라도 그 징벌배상이 원고에게 발생한 손해의 전보를 목적으로 하는 범위 내에서는 전보적 손해배상으로 취급하여 승인 및 집행을 해주라는 취지로서 그 부분에 대하여는 별 이의가 없다.[48] 이는 손해배상액을 산정함에 있어서

---

46) 예컨대 석광현(註 14), 405면. 예비초안(제33조 제3항)은 징벌배상이 원고에게 발생한 소송비용의 전보를 목적으로 하는 범위 내에서는 이를 비전보적 손해배상으로 취급할 것이 아님을 명시한다.

47) 예비초안 제33조(손해배상)는 아래와 같다.
　"1. 어떤 재판이 징벌적 손해배상을 포함하여 비전보배상을 명하는 한, 적어도 유사한 또는 그에 상응하는 손해배상이 요청받은 국가에서 선고될 수 있었던 범위 내에서는 승인되어야 한다.
　2. a) 채권자가 청문의 기회를 가지는 절차를 거친 후에, 채무자가 재판국에 존재하는 상황을 포함하여 그 상황에서, 지나치게 과도한 손해배상을 명한 재판이 선고되었음을 요청받은 법원에 증명하는 경우, 승인은 보다 적은 금액으로 제한될 수 있다.
　b) 재판을 승인함에 있어 요청받은 법원은 어떤 경우에도, 재판국에 존재하는 상황을 포함하여 동일한 상황 하에서 요청받은 국가에서 선고되었을 금액보다 적은 금액을 승인할 수 없다.
　3. 제1항 또는 제2항을 적용함에 있어, 요청받은 법원은 재판국의 법원이 선고한 손해배상이 소송과 관련된 비용과 경비의 전보를 목적으로 하는지의 여부와 그 범위를 고려해야 한다."

48) 이점인(註 27), 206면; 강수미(註 20), 139면도 동지. 독일에서는 징벌배상 판결의 승인의 맥락에서 '효력유지적 축소'는 허용되지 않는다는 견해도 유력한데, 이는 징벌배상의 부분적 승인은 허용하지 않는다. Helena Charlotte Laugwitz, Die Anerkennung und Vollstreckung drittstaatlicher Entscheidungen in Zivil- und Handelssachen, Rechtsvergleichende Betrachtung und europäische Regelungsoptionen (2016), S. 251f 참조.

변호사보수 기타 소송비용을 산입하는 미국 판결의 경우 특히 의미가 있다. 물론 그 이유만으로 외국재판의 승인 및 집행이 거부되는 것은 아니다.[49]

(5) 과도한 소송비용에 대한 통제(제217조의2 제2항 참조)

2012년 개정안에는 "외국법원이 인용한 변호사 보수를 비롯한 소송비용이 과도하다고 판단한 경우에는 그 범위에서 승인을 거부할 수 있다"는 문언이 있었고, 이는 국회 검토보고서[50]가 적은 바와 같이, 외국재판에 따른 변호사 보수를 비롯한 소송비용이 과다할 경우에도 한국의 사회질서에 반한다고 판단하여 그 부분에 대한 승인을 일부 거부할 수 있다는 취지로 이해된다. 이는 비록 전보배상이라고 하더라도 변호사 보수 기타 소송비용이 과다한 경우에는 그 승인을 제한함으로써 우리 기업을 보호하려는 취지이다.[51] 즉 우리의 기준에 비추어 과도하지만 전보배상을 명한 외국재판의 승인에 대한 통제는 제1항에 의하여, 그리고 과다한 변호사 보수 기타 소송비용의 승인에 대한 통제는 제2항에 의하여 각각 처리하라는 것이다.

저자는 미국의 과도한 성공보수 등 과도한 변호사보수는 승인 및 집행의 맥락에서 우리가 통제할 수 있는 가능성을 열어 둘 필요가 있다고 본다.[52] 하지만

---

49) Mörsdorf-Schulte, Funktion und Dogmatik US-amerikanischer punitive damages (1999), S. 29. 미국법의 태도는 흥미로우나 미국법에서도 예컨대 매매대금의 지급을 구하는 소송에서 소송비용의 처리는 손해배상청구의 경우와 같을 수는 없을 것이다. 이러한 미국법의 접근방법과, 소송비용을 별도의 소송법상의 제도로 파악하는 한국법의 접근방법의 異同은 성질결정 기타 다양한 관점에서 검토할 필요가 있다.

50) 민사소송법 법률 일부개정법률안, 민사집행법 법률 일부개정법률안(이군현의원 대표발의, 제7667, 7673호)에 대한 2014년 2월의 검토보고서, 12면.

51) 검토보고서(註 48), 12면은 한·미 FTA(제18.10조 제7항)에서는 상대방 사법당국은 저작권 침해 및 상표위조 관련 민사 사법절차의 종결 시 패소자로 하여금 합리적인 변호사 보수를 승소자에게 지급하도록 명할 수 있게 하고 있으므로 지나치게 소송비용을 제한할 경우 분쟁을 야기할 소지가 있다고 지적한다.

52) Haimo Schack, Internationales Zivilverfahrensrecht, 6. Auflage (2014), Rn. 961도 동지. 다만 통제의 구체적 모습은 성공보수가 어떻게 산정되는가에 따라 달라질 수 있다. 예컨대 성공보수가 원고가 불법행위로 인하여 수령하는 손해배상액의 일부를 구성하는 경우와 아닌 경우를 구별해야 하고, American rule에 따라 소송비용을 각 당사자가 부담하는지에 따라 다를 수 있다. 위에 소개한 독일 연방대법원의 1992. 6. 4. 판결은 승소한 당사자의 소송대리인에게 승소금액의 40%를 지급하는 미국 재판의 승인은 공서위반이 아니라고 보았다. BGHZ 118, 312. Reinhold Geimer, Internationales Zivilprozessrecht, 6. Auflage (2009), Rn. 2975도 이를 지지하면서, 독일 변호사와 그런 성공보수 합의를 할 경우 그것이 독일법상 무효가 되더라도 그렇다고 한다.

개정안의 제2항이 삭제되고 1999년 예비초안(제33조 제2항) 및 관할합의협약(제11조 제2항)을 수용한 제217조의2 제2항만이 남은 현재로서는 이를 반대의 취지로 해석할 수는 없다.[53] 따라서 저자의 개정안에서는 전보배상을 명한 재판의 일부만을 승인할 수 있도록 하는 규정을 두고, 외국법원이 인정한 변호사보수를 비롯한 소송비용에 대하여도 그 조문을 준용하도록 한다.[54]

특히 변호사보수의 취급에 관한 법제를 보자. 우리 법원이 재판하는 경우에는 소송비용에 산입되는 변호사보수를 법규로써 제한하고, 실제로 지급한 변호사보수와의 차액을 손해배상으로 청구할 수도 없는 제도를 운영하면서(따라서 당사자가 우리 법원에서 승소하더라도 실제 변호사보수 전액을 상대방으로부터 회수할 수는 없다), 반면에 외국 법원에서 재판한 경우에는, 승인 및 집행단계에서 우리 법원이 그 금액에 관계없이 실제 변호사보수 전액의 지급을 명한 외국재판을 승인 및 집행해 준다면 심한 불균형이 발생한다. 그 결과 당사자들이 법정지로서 한국을 선호하게 하는 요소를 상실하게 될 수도 있다. 이를 방치하는 것은 바람직하지 않으므로 여기에서도 그 해결방안을 고민해야 한다.[55] 이 점은, 한국이 국제거래의 당사자들이 선호하는 법정지가 되자면(예컨대 IP 허브에 관한 우리 법원의 근자의 노력을 상기하라) 개선해야 할 논점의 하나이다.

(6) 제217조의2와 제217조 제1항 제3호(공서조항)의 관계

제217조의2와 제217조 제1항 제3호(공서조항)의 관계는 불분명하다. 즉 제217조의2의 문언상 외국재판의 승인이 비록 공서에는 반하지 않더라도, 한국 법률의 기본질서 또는 조약의 기본질서에 현저히 반하는 결과를 초래할 경우에는 승인을 거부한다는 취지인지 애매하다. 공서위반의 맥락에서는 공서의 범위를 제한하기 위하여 그것이 국제적 공서에 한정됨을 강조하는데, 제217조의2는 외국재판이 한국의 법률 또는 조약의 기본질서에 현저히 반하는 결과를 초래하면

---

53) 이 점은 석광현(註 7), 62면 이하에서 지적한 바 있다.

54) 구체적 문언은 아래(V.1.) 입법론에 쓴 저자의 개정안 참조.

55) 2016년 판결의 원심은 소송비용의 일부만을 승인하는 근거의 하나로 미국재판이 지급을 명한 소송비용도 한국의 '변호사보수의 소송비용산입에 관한 규칙'에 따라 소송비용에 산입되는 변호사 보수액에 비하여 과도하다는 점을 들었다. 근자에는 소송비용 산입 변호사 보수를 상향 조정하고자 대한변호사협회는 대법원에 위 규칙 개정안을 제출한 바 있다. 대한변협신문 제655호(2017. 9. 11.), 1면 참조.

적용되므로 국제적 고려를 할 여지가 없거나 약하다. 이는 제217조의2를 도입한 실익과 그 정확한 취지는 무엇인가라는 의문을 제기하는데, 그것은 공서조항과의 관계에서 비로소 정확히 인식할 수 있다.

이에 대해 이규호 교수는 "대한민국의 법률의 기본질서 또는 대한민국이 체결한 국제조약의 기본질서, 즉 국내법질서를 '대한민국의 선량한 풍속이나 그 밖의 사회질서'와 동일선상에서 보기 어렵다는 점과 외국재판의 승인요건에 단서규정을 두는 것이 적절한지 여부에 대한 논란이 있었기에 이를 최종적으로는 별도의 조문으로 규정하게 된 것이다."고 한다.[56)]

2012년 개정안에 대해 저자는 "만일 제217조의2가 공서요건으로 해결하는 것보다 외국판결의 승인 및 집행을 제한하려는 의도에서 비롯된 것이라면 이를 지지하지 않으며, 해석론으로서도 그런 견해를 저지해야 한다"는 견해를 피력한 바 있다.[57)] 즉 제217조의2가 의도하는 문제는 별도로 규정하지 않더라도 공서요건으로 해결할 수 있는 성질의 것이지만 그 취지를 명확히 함으로써 법적 안정성을 제고하기 위한 것으로 이해할 수 있다는 취지이다. 요컨대 저자는 비전보적 배상인 징벌배상과 삼배배상의 승인은 특별조항인 제217조의2로 해결하고, 그에 해당하지 않는 지나치게 과도한 손해배상은 제217조 제1항 제3호의 공서조항으로 해결하는 견해(즉 공서조항이 제217조의2를 보충한다는 견해. 양자의 관계를 특별조항과 일반조항의 관계로 파악한다)를 취한다.[58)59)] 다만 저자의 견해는 당초

---

56) 이규호, "외국재판의 승인 등에 관한 개정 민소법·민사집행법에 대한 평가", 법률신문, 제4252호(2014. 9. 4.), 11면; 이규호(註 5), 121면. 반면에 양자는 실질적 차이가 없다는 견해도 있다. 윤성근, "외국판결 및 중재판정 승인거부요건으로서의 공서위반", 국제사법연구 제20권 제2호(2014. 12.), 443면. 강현중, "징벌적 손해배상의 법적 성격 —대법원 2015. 10. 15. 선고 2015다1284 판결—", 법률신문, 제4446호(2016. 9. 12.), 13면은 동지로 보이기도 하나, 징벌적 배상을 명한 외국재판에 대해 제217조 제1항 제3호의 공서조항을 적용하기 곤란하다고 하므로 정확한 취지는 불분명하다.

57) 석광현(註 7), 63면.

58) 다만 조약의 기본질서에 관한 한 차이가 있는지 검토할 필요가 있다. 예컨대 대한민국이 당사자인 조약에 반하는 내용을 담은 외국재판의 경우에도 그 자체로서 승인거부사유가 되는 것은 아니고 조약의 기본질서에 반하는 경우에만 승인거부사유가 되는 점을 고려하면 양자는 동일하다고 본다.

59) 불법행위의 준거법 맥락에서 독일 민법시행법(제40조 제3항 제3호)은 조약에 의한 제한을 명시하는데, 우리는 2001년 섭외사법 개정 시 이를 수용하지 않았으나 제217조의2에서 조약을 언급하면서도 조약 위반이라고 하여 외국재판의 승인을 거부하지는 않고 '조약의 기본질서에 현저히 반하는 결과를 초래할 경우'에만 승인을 거부하는 점은 흥미롭다.

개정안에는 전적으로 타당하나, 현재 문언에서는 다소 애매하지만 그렇더라도
이를 유지한다.[60] 따라서 지나치게 과도한 손해배상을 명한 판결의 승인은 제
217조의2에 의하여 거부할 수 없더라도 제217조 제1항 제3호(공서조항)로 감액
할 수 있다. 예비초안 제33조 제2항은 승인국 법원이 감액할 수 있음을 명시한
다.[61] 따라서 저자는 관할합의협약 제11조보다 예비초안 제33조 제2항을 선호
한다.

특히 우리 국제사법 제32조(개정법 제52조) 제4항은 우리 법원이 재판하는
단계에서 과도한 손해배상을 차단하는 장치를 두고 있음을 고려한다면 외국재판
승인의 단계에서도 이렇게 해석하는 것이 설득력이 있다.

(7) 기술적 문제점

그 밖에 제217조의2에는 여러 가지 기술적 문제점들이 있다.

첫째, 국어의 문제로서 기본질서가 조약에만 걸리는지 아니면 법률에도 걸
리는지는 문면상 애매하나 법률에도 걸리는 것으로 보인다. 즉 "한국 법률에"이
아니라 "한국 법률의 기본질서에" 현저히 반하는 경우에만 제217조의2가 적용된
다는 것이다. 이런 해석이 그 취지에도 부합한다(그 결과 이는 공서조항에 더욱 접

---

60) 그러나 제217조의2의 입법목적이나 입법자의 의도가 "구체적 사안에서 형평성을 고려한
    법원의 재량적 판단이 가능하도록 한 것"이라는 최우영, "민사소송법 제217조의2의 적용
    범위와 관련하여", 법률신문, 제4471호(2016. 12. 15.), 11면은 너무 나간 것이다. 위 조문
    은 공서위반을 구체화하는 것이므로 법원으로서는 우리가 수인(受忍)할 수 있는 범위 내
    로 손해배상액을 제한할 수 있을 뿐이지 형평성을 고려해서 재량적으로 판단할 수는 없
    다. 참고로 최우영 변호사는 2015년 대법원 판결 사건 제1심과 원심에서 피고 소송대리
    인인 법무법인충정의 담당변호사였다. 최우영(註 5), 3면 이하; 김효정, "헤이그관할합의
    협약 가입시의 실익과 고려사항", 국제사법연구 제25권 제1호(2019), 26면도 제11조의
    해석과 공서조항의 적용이라는 양 측면에서 저자의 견해를 지지한다. 그러나 김효정·장
    지용, 외국재판의 승인과 집행에 관한 연구(사법정책연구원, 2020), 171면은 이와 달리
    본다. [밑줄 친 부분은 이 책에서 새로 추가한 것이다.]
61) 제33조 제2항의 영문은 아래와 같다(국문 번역은 註 47 참조).
    "a) Where the debtor, after proceedings in which the creditor has the opportunity
    to be heard, satisfies the court addressed that in the circumstances, including those
    existing in the State of origin, grossly excessive damages have been awarded, rec-
    ognition may be limited to a lesser amount. b) In no event shall the court addressed
    recognise the judgment in an amount less than that which could have been awarded
    in the State addressed in the same circumstances, including those existing in the
    State of origin."

근한다).

둘째, '국제조약'이라고 하기보다는 '조약'이라고 하는 것이 국제법의 용어나 제217조 제1항 제1호와도 일관성이 있다.

셋째, 문언은 불법행위로 인한 손해배상에 한정되지 않는데 이것이 입법자의 의사인지 불분명하다.

넷째, 한국의 기본질서 위반이 문제되는 것은 '외국재판'이 아니라 '외국재판의 승인'이라는 점도 고려되지 않았다. 이 점은 과거 2002년 민사소송법 개정 시 반영되었는데, 2014년 제217조의2를 신설하면서 그런 고려조차 반영하지 못한 것은 과거로의 퇴행이다.

다섯째, 기본질서는 대한민국의 기본질서이지 법률의 기본질서가 아니다. 공서조항에서 대한민국의 사회질서가 문제되는 것과 마찬가지이다. 법률을 넣어야겠다면 '법률의 기본원칙' 등이 타당하다.

3. 입법에 대한 평가

단적으로 말하자면 현재의 제217조의2는 불필요한 조문이었다. 이는 제217조 제1항 제3호(공서조항)로 해결할 수 있고[62] 실제로 하급심 판결들은 그렇게 해왔기 때문이다.[63] 만일 그 입법취지가 징벌배상 기타 비전보적 손해배상을 명한 외국재판은 승인 및 집행되지 않음을 명시하는 것이라면 이해할 수 있지만, 당초 개정안과 달리 제217조의2 제1항에서 공서조항과 유사한 문언을 사용함으로써 입법자의 의사를 모호하게 만든 매우 부족한 입법이 되었다. 그 취지를 분명하게 담아내지 못한 제217조의2 제1항은 존재이유가 없는 것이라고 혹평할 여지도 있다. 따라서 이를 존치하자면 그 취지가 명확하게 드러나도록 개정하는

---

62) 따라서, 외국재판의 승인에 관한 제217조 제1항 제3호도 그것이 위약벌과 같이 당사자 사이의 약정에 기한 것이 아닌 이상 징벌배상에 직접 적용하기 곤란할 것이라는 강현중 (註 56), 13면의 설명은 매우 의외이고 아무런 근거가 없다. 관할합의협약은 손해배상액의 예정에도 적용되고 법정손해배상에도 적용된다. Hartley/Dogauchi(註 39), p. 75 참조. 이규호(註 5), 122면도 이를 소개한다.

63) 제217조의2 없이 제217조 제1항에 상응하는 조문만 두고 있는 독일에서도 징벌배상과 삼배배상의 승인은 공서위반으로 해결하는 것이 통설이고 판례이다. 예컨대 MüKoZPO/Gottwald ZPO §328 Rn. 123, beck-online; Geimer(註 52), Rn. 2974. Nagel/Gottwald (註 28), §12, Rn. 174; Schack(註 52), Rn. 960; Rolf A. Schütze, Deutsches Internationales Zivilprozessrecht unter Einschluss des Europäischen Zivilprozessrechts, 2. Auflage (2005), Rn. 339; Laugwitz(註 47), S. 251f.

것이 바람직하다.

또한 제217조의2에는 현재 진행 중인 삼배배상의 확산에 직면하여 삼배배상 중 실손해를 초과하는 범위의 승인에 관한 고민이 없음도 유감이다.[64]

나아가 제217조의2와 제217조 제1항 제3호와의 관계를 명확히 할 필요가 있었다.

입법자의 의사를 선해하면 저자의 생각은 아래와 같다. 제217조의2는 공서 위반 여부를 판단함에 있어서 수범자에게 상대적으로 명확한 기준을 제시하기 위한 입법이다. 즉 징벌배상을 명한 외국재판은 217조의2로 해결하고(다만 삼배배상을 명한 외국재판의 승인은 불분명하다),[65] 지나치게 과도한 손해배상을 명한 외국재판은 우리가 수인(受忍)할 수 없는 범위 내에서는 제217조 제1항 제3호를 근거로 승인을 제한하자는 것이다.[66] 그 범위는 개별사안의 모든 사정을 고려하여 판단한다. 이런 취지를 명확히 하는 제217조의2의 개정안은 말미(V.)에 제시한다.

마지막으로 제217조의2를 신설함에 있어서 국제사법 제32조(개정법 제52조)와의 관련성을 고려할 필요가 있었으나 이에 대한 고려가 부족하였다. 이는 전자 신설 시 반드시 후자를 개정해야 한다는 취지가 아니라 전자만을 신설하더라도 양자의 관련성에 비추어 장래 제32조(개정법 제52조)를 어떻게 개정할 것인가에 대한 고려와 논의가 있었어야 한다는 취지이다.

Ⅲ. 손해배상을 명한 외국재판의 승인에 관한 제217조의2 신설 후 판례의 태도

1. 제217조의2 신설 전의 판례[67]

가. 개관

외국재판이 승인되기 위하여는 그 재판의 효력을 인정하는 것이 한국의 선량한 풍속이나 그 밖의 사회질서에 어긋나지 않아야 한다. 공서요건은 외국재판

---

64) 저자는 2012년 국회 공청회에서 이 점을 지적하고 입법적으로 해결해 줄 것을 요청한 바 있으나 반영되지 않았다.

65) 다만 이 경우에도 제217조 제1항 제3호의 적용이 배제되는 것은 아니다.

66) 물론 매우 예외적인 경우에는 지나치게 과도한 손해배상에 대하여도 제217조의2를 적용할 여지가 있다.

67) 상세는 석광현(註 6), 376면 이하 참조.

의 승인의 맥락에서 한국의 기본적인 도덕적 신념과 사회질서를 보호하기 위한
비상수단으로서 기능한다. '선량한 풍속 기타 사회질서'란 민법 제103조의 국내
적 공서보다 좁은 '국제적 공서'를 의미한다. 제217조의2가 신설되기 전에도 학
설은 불법행위를 이유로 엄청난 징벌배상을 명한 미국 판결의 승인 및 집행은
우리 공서에 반하는 것으로 보았다.[68) 다만 과도한 손해배상을 명한 외국 판결
의 승인 및 집행을 제한한 하급심 판결은 여러 개가 있다. 그 중 선구적인 것이
아래 판결이다.

나. 손해배상을 명한 미국 법원 판결의 승인 및 집행을 일부만 허용한 사례: 서울지방법원 동부지원 1995. 2. 10. 선고 93가합19069 판결[69) 등

한국인인 피고의 성폭행 등을 이유로 50만불의 손해배상의 지급을 명한 미
국 미네소타주 법원 판결의 집행과 관련하여 서울지방법원 동부지원 1995. 2.
10. 선고 93가합19069 판결은, 우리 손해배상법의 기준에 비추어 우리나라에서
인정될 만한 상당한 금액을 현저히 초과하는 부분에 한하여는 공서양속에 반한
다는 이유로 미국 법원이 명한 손해배상액의 50%만의 집행을 허가하였다. 나아
가 위 판결은 "불법행위의 준거법이 외국법이더라도 한국법에 의하여 손해배상의
범위를 제한하고 있는 섭외사법 제13조 제3항[70)은 한국 손해배상법의 지침적 기
능(Leitbildfunktion)을 인정하고, 헌법상의 법치국가원리로부터 파생되어 민사법질

---

68) 석광현(註 6), 310면.
69) 위 판결이 특히 주목을 끌었던 이유는, 유사한 사안에 관하여 위에 언급한 독일 연방대법
원(BGH)과 위 최고재판소 판결의 제1심인 동경지방재판소 1991. 2. 18. 판결(萬世工業事
件)도 1,125,000불의 징벌배상을 명한 캘리포니아주 법원 판결의 집행을 공서위반을 이
유로 거부하였는바, 대상판결은 위 판결들의 영향을 받은 것으로 보이기 때문이기도 하
다. 다만 독일 판결과 일본 판결에서는 징벌배상 부분만 승인을 거부한 것으로 보인다.
외국판결이 징벌배상을 명한 것이라고 판단하지는 않았지만 위 서울지방법원 동부지원
판결은 "… 징벌배상이란 가해자에게 특히 고의 등의 주관적인 악사정이 있는 경우에 보
상적 손해배상(compensatory damages)에 덧붙여 위법행위에 대한 징벌과 동종행위의
억지를 주목적으로 하여 과하여지는 손해배상으로서 코몬로상 인정되고 있는 구제방법의
일종인바, 이는 불법행위의 효과로서 손해의 전보만을 인정하는 우리의 민사법 체계에서
인정되지 아니하는 형벌적 성질을 갖는 배상형태로서 우리나라의 실체적 공서에 반할 수
가 있으므로"라고 판시하였다.
70) 조문은 아래와 같았다.
"③ 외국에서 발생한 사실이 대한민국의 법률에 의하여 불법행위가 되는 경우일지라도
피해자는 대한민국의 법률이 인정한 손해배상 기타의 처분 이외에 이를 청구하지 못한다."

서에로 편입되어 있는 이른바 '비례의 원칙'에 따라 우리 손해배상법의 기준에 비추어 한국에서 인정될 만한 상당한 금액을 현저히 초과하는 부분에 한하여는 공서양속에 반한다"는 취지로 판시하였다.71) 위 판결의 상고심인 대법원 1997. 9. 9. 선고 96다47517 판결에서는 이 쟁점은 다루어지지 않은 것으로 보인다.

그 밖에도 서울남부지원 2000. 10. 20. 선고 99가합14496 판결72)과 부산고등법원 2009. 7. 23. 선고 2009나3067 판결(확정)73) 등이 있다.

2. 제217조의2 신설 후의 판례

여기에서는 미국 특허권침해로 인한 손해배상을 명한 미국 연방지방법원

---

71) 평석은 석광현(註 14), 381면 이하 참조(이는 당초 인권과 정의 통권 제226호(1995. 6.), 91면 이하에 수록한 것을 수정·보완한 것이다). 몇 년 전 유방성형수술에 필요한 실리콘을 제조하는 미국 다우코닝사가 제품의 결함이 발견되자 이를 사용하여 수술한 여성들에게 손해배상을 지급하면서 한국 등 일부 국가의 여성들에게는 미국 여성들에게 지급하는 금액의 일정비율(예컨대 30%)만을 지급할 것이라는 보도가 있었다. 이에 대해 이는 근거 없는 차별대우로서 매우 부당하다는 것이 우리나라의 일반적인 논조였다. 한국 피해자측은 지속적으로 이의를 제기해 많게는 미국 피해자의 60%까지 피해액을 인정받았다고 한다. 중앙일보 2011. 2. 24. 기사 참조. 그런데 동일한 불법행위에 대해 미국에서는 50만불을 지급하는 것이 정당하더라도 우리의 잣대에 의하면 25만불을 지급하는 것이 정당하다면 다우코닝의 조치가 부당하다고 하기는 어렵다.

72) 이 사안에서 한국 회사인 피고가 미국 회사인 원고의 디자인에 대한 저작권을 침해하였음을 이유로 미화 442,300.19달러의 지급을 명한 미국 뉴욕주 남부지방법원판결에 기한 집행판결청구소송에서 서울지방법원 남부지원 2000. 10. 20. 선고 99가합14496 판결도 유사한 논리에 기하여 그의 50%만의 집행을 허가하였다. 석광현, 국제상사중재법, 제1권 (2007), 318면, 註 327 참조.

73) 이 사건에서 캘리포니아주 샌디애고 카운티 슈피어리어 법원 북부지원 판결은 캘리포니아주 소재 공장에서 피고 회사가 제작한 사출성형기로 작업 도중 사고를 당하여 사망한 소외 망 S의 처와 자녀들인 원고들이 제기한 손해배상청구 소송에서 원고 일부 승소판결에 기초하여 집행판결청구의 소를 제기하였다. 이에 대해 우리 제1심판결(부산지방법원 2009. 1. 22. 선고 2008가합309 판결)은, 미국 판결에서 인정된 경제적 및 비경제적 손해액을 전부 승인하는 것은 손해의 공평·타당한 분담이라고 하는 우리 손해배상법의 기본원칙 내지 사회 일반의 법 감정상 도저히 참을 수 없는 가혹한 결과를 가져올 수 있고, 한국에서 인정될 만한 상당한 금액을 현저히 초과하는 부분에 한하여는 한국의 공서에 반한다고 보아 비경제적 손해액을 전부 배척하고 경제적 손해액만을 승인하였다. 반면에 항소심인 부산고등법원 2009. 7. 23. 선고 2009나3067 판결(확정)은, 비경제적 손해액에 대한 배상은 우리 손해배상법체계에 있어서 위자료에 해당하는데, 위자료를 전혀 인정하지 않는 것은 오히려 우리 손해배상법체계에 비추어 보아도 수긍할 수 없다는 이유로, 미국 판결에서 인정한 손해액 중 경제적 손해액은 전액을 승인하고, 비경제적 손해액은 위자료의 조절적 기능을 합리적으로 고려한 범위 내에서 미화 100,000달러만을 승인함이 타당하다고 보아 제1심판결을 변경하였다.

재판의 승인 및 집행을 다룬 2015년 대법원판결과, 종마 매매계약의 위반으로 인한 손해배상을 명한 미국 주법원 재판의 승인 및 집행을 다룬 2016년 대법원 판결을 논의한다.

가. 대법원 2015. 10. 15. 선고 2015다1284 판결[74]
(1) 사안의 개요

원고는 피고 등을 상대로 미합중국 텍사스 동부지방법원 러프킨지원(United States District Court for the Eastern District of Texas Lufkin Division, 이하 "미국 제1심법원"이라 한다)에 미국에서 판매되는 피고의 지폐계수기가 원고의 특허권을 침해하였음을 이유로 손해배상 등을 구하는 소를 제기하였다.

미국 제1심법원은 2009. 10. 30. '① 피고는 암로와 연대하여 원고에게, 미화 12,962,700.47달러(특허침해로 인한 손해배상금 + 판결선고 전 이자 + 소송비용) 및 이에 대한 판결선고 후 이자를 지급할 것 등의 내용[75])이 포함된 판결(이하 "미국 제1심판결"이라 한다)을 선고하였다. 손해액 산정에 있어 미국 제1심판결은, 피고의 지폐계수기 판매량 중 특허침해가 없었다면 원고에게 귀속되었을 판매량에 관한 일실이익을 먼저 산정하고, 원고에게 귀속되지 않았을 판매량에 관해서는 합리적 실시료를 계산하여 일실이익과 합리적 실시료를 합산하는 방식을 사용하였는데, 일실이익 산정 시 원고가 판매할 수 있었던 제품의 전체 가격을 기준으로 하는 전 시장가치법(The Entire Market Value Rule)을 적용하였다. 위 손해액은 전보배상이고 징벌적 손해배상 등 제재적 성격의 손해액은 포함되지 않았다.[76]

피고는 연방순회항소법원(United States Court of Appeals for the Federal Circuit, 이하 "미국 제2심법원"이라 한다)에 항소하였는데, 미국 제2심법원은 2012. 5. 25. 미국 제1심판결 중 특허침해로 인한 손해배상 부분을 유지하는 취지의 판

---

74) 위 판결은 제217조의2 제1항을 다룬 첫 대법원판결로 보인다.

75) 그 밖에 "원고의 특허 중 354특허 및 456특허가 무효임을 선언한다"는 내용도 포함되었다.

76) 따라서 위 판결에 대해 "대상판결은 징벌적 손해배상을 미국에서에서와 같이 형사법상의 벌금에 근사한 것으로 보지 아니하고 우리나라의 위약벌 약정과 유사하게 보면서도 그 제한의 기준이 되는 공서양속에 위반 여부를 제217조의2 제1항 규정에 맡겨서 손해전보의 범위를 초과하는 배상액의 지급을 적정 범위로 제한한다는데 의미가 있다."는 평석(강현중(註 56), 13면)은 이해하기 어렵다. 위 사건에서는 징벌적 손해배상의 승인은 문제되지 않았고, 더욱이 징벌적 손해배상을 위약벌 약정과 유사하게 본 것도 아니기 때문이다.

결(이하 "이 사건 미국판결"이라 한다)을 선고하였고,77) 이 사건 미국판결은 피고의 상고포기로 확정되었다.

원고는 수원지방법원에 이 사건 미국판결에 기하여 집행판결 청구의 소를 제기하였다.

(2) 제1심의 판단

제1심 판결78)은 아래와 같은 취지로 설시하고, 과도한 손해배상을 명한 외국판결의 일부만을 승인한 서울동부지법판결 기타 과거 하급심 판결들처럼 미국판결이 명한 금액의 70%만 승인을 허가하였다.

> "헌법상의 법치국가원리로부터 파생되는 원칙으로서 민사법질서에 있어서도 그대로 타당하다고 할 수 있는 이른바 비례의 원칙을 적용하여,79) 이 사건 미국판결에 기한 집행을 그대로 용인하는 것이 한국의 사회통념 내지 법감정상 수인할 수 없는 가혹한 결과를 초래하지 않는지 여부와 민사집행법 제27조 제1항의 실질심사금지의 원칙을 관철하여 국가간 파행적 법률관계의 발생을 억제하고 법적 안정성을 도모함으로써 외국판결의 존중이라는 승인제도 본래의 취지를 살린다는 측면을 비교형량하여 제반 사정을 전체적·종합적으로 참작하면, 이 사건 미국판결에서 인용된 손해배상액은 과다한 것으로서 원고에게 지나친 이익을 부여하고 피고에게는 지나친 책임을 부과하고 있는 것으로 보이고, 더욱이 외국판결의 승인 여부를 판단함에 있어 외국판결의 기초가 된 사실관계와 한국과의 내국관련성도 중요한 고려요소인바, 피고가 대한민국 법인이고, 이 사건 미국판결을 승인할 경우 한국 법인인 피고가 파산할 우려가 있는 점에 비추어 사건의 내국관련성 또한 비교적 강하므로, 이 사건 미국판결의 승인은 원고가 구하는 금액의 70%에 해당하는 9,109,278.5달러(= 13,013,255달러 × 0.7)를 한도로 이를 제한하고, 이를 초과하는 금액은 공서양속에 반하는 부분으로서 승인을 제한함이 상당하다."

---

77) 다만 미국 제2심법원은 354특허의 무효선언 부분은 파기하였다.
78) 수원지방법원 2013. 11. 28. 선고 2013가합14630 판결.
79) 서울지방법원 동부지원 판결이 선고된 1995년과 달리 2011년 이래 삼배배상제도가 도입되어 확산되고 있는 현재로서는 독일에서 말하는 '비례의 원칙'이 우리 민사법질서의 기본원칙이라고 하더라도(우리 민법에서는 비례의 원칙에 대한 논의는 별로 보이지 않지만 가사 이를 인정하더라도. 참고로 저자의 발표 시 토론에 참석한 사람들은 이를 긍정하는 태도를 취하였다.) 이제는 '과거와 동일한 정도로' 그 지위를 유지하고 있다고 할 수는 없다는 것이다. 홍완식(註 34), 496면 이하는 징벌적 손해배상 입법에 관한 헌법적 쟁점을 논의하면서 징벌적 손해배상을 자의적으로 과도하게 확대하는 입법은 평등원칙 침해의 가능성이 있다고 하면서도 비례의 원칙 위반이라고 하거나 비례의 원칙이 우리 민사법질서의 기본원칙이라고 설명하지는 않는다.

(3) 원심의 판단

반면에 원심 판결[80]은 그와 같이 제한할 근거가 없다고 보아 원고의 항소와 원심법원에서 확장한 청구를 모두 인용하고 집행을 허용하였다.

피고는, 원고의 일실이익을 산정함에 있어 전 시장가치법에 따라 원고 제품의 전체 판매가격을 기준으로 손해액을 산정한 이 사건 미국판결은 한국 손해배상의 기본원리인 제한배상주의에 반하는 과다한 배상액을 인정한 것이므로, 민사소송법 제217조 제1항 제3호 내지 민사소송법 제217조의2 제1항에 따라 그 승인이 제한되어야 한다고 주장하였다. 이에 대하여 원심은 아래와 같은 취지로 판단하였다.[81]

> "다음과 같은 사정 즉, ① 우리나라의 특허법 체계 하에서도 침해된 특허기술이 제품 구입의 결정적 계기가 된 경우에는 해당 특허의 기여율이 100%로 인정될 수 있는데, 이는 특허 부분이 소비자의 수요의 기초를 구성하는 경우 제품 전체의 가치를 기준으로 손해액을 산정하는 미국법상의 전 시장가치법과 본질적으로 차이가 없는 점, ② 특허권자의 일실이익 산정에 있어 침해행위자의 판매가격이 아니라 특허권자의 판매가격을 기준으로 하는 경우 특허권자의 일실이익이 침해행위자의 매출액을 초과할 수 있으므로, 이 사건 미국판결에서 원고의 손해액이 피고의 매출액 내지 이익을 초과한다는 사정만으로는 특허권자의 일실이익이 공평의 이념에 반할 정도로 과다하다고 볼 수 없는 점, ③ 이 사건 미국판결에서 인정된 원고의 손해액은 모두 전보적 손해배상액에 해당하고 제재적 성격의 손해액이 포함되어 있지 않은데, 민사소송법 제217조의2의 입법취지가 징벌적 손해배상이 아닌 전보적 손해배상의 경우에도 손해액이 과다하다는 이유만으로 외국판결의 승인을 제한할 수 있도록 한 것이라고 볼 수 없는 점 등에 비추어, 이 사건 미국판결이 인정한 손해액이 전보배상의 범위를 초과한다거나 이 사건 미국판결의 손해액 산정방식이 우리나라 법원에서 사용하는 방식과 본질적인 차이가 있다고 보기 어려우므로, 그에 기초하여 내려진 이 사건 미국판결을 승인하는 것이 선량한 풍속이나 그 밖의 사회질서에 어긋난다고 볼 수 없다."

---

80) 서울고등법원 2014. 12. 11. 선고 2014나1463 판결.

81) 아래 부분은 대법원 판결의 설시를 기초로 한 것이다. 이규호(註 5), 130면은 위 제1심판결과 원심판결을 소개한 뒤 위 사건이 상고심에 계속 중임을 소개하면서 "제217조 및 제217조의2가 적용될 수 있다는 측면에서 향후 그 결과가 주목된다"고만 할 뿐이고 그 이상 논의하지는 않는다.

(4) 2015년 대법원 판결의 요지

대법원은 대체로 아래와 같은 취지로 판시하고 피고의 상고를 기각하였다.

민사소송법 제217조의2 제1항은 징벌적 손해배상과 같이 손해전보의 범위를 초과하는 배상액의 지급을 명한 외국법원의 확정판결 또는 이와 동일한 효력이 인정되는 재판(이하 '확정재판 등'이라 한다)의 승인을 적정 범위로 제한하기 위하여 마련된 규정이므로, 외국법원의 확정재판 등이 당사자가 실제로 입은 손해를 전보하는 손해배상을 명하는 경우에는 제217조의2제1항을 근거로 승인을 제한할 수 없다고 전제하고, 같은 취지의 원심 판단은 정당하다고 확인한 뒤, 이 사건 미국판결이 채택한 손해배상액 산정방식에 관하여도, 대법원은 원심의 판단은 정당하고, 거기에 외국판결의 승인에 관한 법리 등을 오해한 위법이 없다고 판시하였다.

나. 대법원 2016. 1. 28. 선고 2015다207747 판결[82]
(1) 사안의 개요[83]

미국 켄터키 주에서 종마 산업에 종사하는 미국인인 원고는 2007. 4. 피고로부터 순종 암말 '퍼스트 바이올린'(이하 "이 사건 암말"이라 한다)을 미화 150,000 달러에 매수하기로 하는 매매계약(이하 "이 사건 매매계약"이라 한다)을 체결하였다. 이에는 국제물품매매계약에 관한 국제연합협약(이하 "매매협약"이라 한다)이 적용된다. 그 후 이 사건 암말이 낳은 '도미니칸'이 2007. 4. 14. 미국 경마대회에서 우승하자 피고는 원고에게 이 사건 암말의 적정 시장가치가 100만 달러에 이른다고 주장하면서 이 사건 암말을 판매하지 아니하겠다고 통지하였다.

원고는 2008. 11. 3. 피고와 그의 처를 상대로 미합중국 켄터키주 우드포드 순회법원(이하 "이 사건 미국법원"이라 한다)에 계약위반으로 인한 손해배상을 구하는 소송(이하 "이 사건 미국소송"이라 한다)을 제기하였다. 이 사건 미국소송은 소제기 후 중간판결(summary judgment)을 거쳐 종국판결이 선고되기까지 1년 9개월 가량 계속되었는데, 피고는 이 사건 미국소송에서 소송대리인을 선임하여 소

---

82) 이 판결에 대하여는 가정준, "손해배상의 범위가 다른 외국판결의 승인과 집행 —대법원 2016. 1. 28. 선고 2015다207747 판결—", 국제거래법연구 제26집 제1호(2017. 7.), 261 면 이하의 평석이 있다. 이는 손해배상을 명한 재판의 승인 및 집행에 초점을 맞춘 것은 아니다.

83) 이 부분은 대법원 판결의 설시를 기초로 한 것이다.

장과 소환장 등을 송달받고 방어할 기회를 실질적으로 보장받았다.

이 사건 미국법원은 매매협약을 적용하여 2010. 8. 27. 피고에게 손해배상금 639,044달러 및 그 지연손해금, 그리고 판결집행과 판결금 회수를 위한 소송비용 및 변호사보수의 지급을 명하는 내용의 판결(이하 "이 사건 미국판결"이라 한다)을 선고하였고 이는 피고가 항소하지 않아 확정되었다. 위 손해액은 ① 일실이익, ② 원고가 이행과정에서 지출한 비용인 이 사건 암말의 건강검진비, ③ 원고의 부가적 손해(incidental damage) 내지 추가지출비용(additional cost)에 해당하는 자문비용(consulting fees) 및 소송 전 법률비용(pre-litigation legal fees), ④ 원고가 이 사건 미국소송 수행과정에서 지출한 2010. 5. 10.까지의 변호사보수 중 피고에게 배상을 명함이 합리적이라고 판단되는 소송비용(litigation legal fees)으로 구성된다.84) 이러한 손해항목들은 모두 원고가 실제로 입은 손해 내지 실제로 지출한 비용의 범위 내의 것으로 징벌적 손해배상 등 전보배상을 초과하는 손해액은 포함되어 있지 않았다.

원고는 제주지방법원에 이 사건 미국판결에 기하여 집행판결 청구의 소를 제기하였다.

(2) 제1심의 판단

제1심 판결85)은 민사소송법 제217조의 승인요건이 모두 구비된다고 판단하고 원고의 청구를 전부 인용하였다. 판결 선고 당시는 제217조의2는 신설되기 전이다.

(3) 원심의 판단

반면에 원심 판결86)은 이 사건 미국법원이 인용한 손해배상이 과다하다는 피고의 주장에 대하여 아래와 같이 판단하였다.87)

---

84) 다만 위 금액을 더한 금액이 본문에 적은 639,044달러인지라 소송비용과 변호사 비용이 어떻게 산정된 것인지는 다소 애매하다.

85) 제주지방법원 2013. 11. 21. 선고 2013가합5158 판결.

86) 광주고등법원 2015. 2. 4. 선고 (제주)2013나1152 판결.

87) 참고로 한국에서의 이 사건 소 제기 후 신설된 민사소송법 제217조의2가 이 사건에 적용되는지도 논란이 되었다. 이는 위 조문을 신설하면서 경과규정을 명확히 두지 않았기 때문인데(저자는 이 점이 아쉬움을 지적한 바 있다(석광현, 국제사법과 국제소송 제6권 (2019), 607면)) 원심판결은 아래의 이유로 소급적용을 부정하였다. 즉 "이 사건 개정 조

이 사건 미국판결의 배상액 내역을 일실손해, 자문료, 소송 전 법률비용 및 소송비용으로 구분하여 산정내역을 면밀하게 검토한 뒤에 ① 일실손해금(481,200달러)과 검사비용(465달러)은 전액의 강제집행을 허용하였으나, 반면에 ② 자문비용, 소송 전 법률비용 및 소송비용 합계 157,379달러에 대하여는 민사소송법 제217조 제1항 제3호 소정의 공서위반을 이유로 그 배상액의 50%만 승인하고 나머지 부분은 각하하였다. 원심은 아래와 같이 설시하였다.

"자문비용, 소송 전 법률비용 및 소송비용을 전부 승인하는 것은 손해의 공평·타당한 분담이라고 하는 한국 손해배상법의 기본원칙 또는 사회 일반의 법 감정상 도저히 참을 수 없는 가혹한 결과를 가져올 수 있고, 한국에서 인정되는 상당한 금액을 현저히 초과하는 부분에 대하여는 한국의 선량한 풍속 그 밖의 사회질서에 반한다고 보아 승인을 제한함이 옳다(공서양속을 이유로 승인을 제한할 수 있다는 점에 관하여는 대법원 1997. 9. 9. 선고 96다47517 판결과 그 하급심 판결 참조)."[88]

나아가 원심은 이 사건 미국판결은 한국에서는 채무불이행을 한 당사자로 하여금 계약을 이행하도록 설득하거나 촉구함으로써 손해를 감경하는 역할을 하는 자문사(consultant)를 선임하는 것이 관습이라고 전제하였으나 그런 관습이 한국에는 없다는 점, 소송비용도 한국의 '변호사보수의소송비용산입에관한규칙'을 적용하여 소송비용에 산입되는 변호사 보수액에 비하여 과도하다는 점 등을 들었다.[89]

문은 확정된 외국 재판에서 인정된 권리의 범위를 사후적으로 제한할 수 있다는 것이어서, 절차법적 성격뿐만 아니라 실체법적 성격까지 가지고 있으므로 이해관계인이 종전에 취득한 권리를 침해하지 않기 위하여 장래효만 가지고 위 개정 조문의 시행 이전에 소가 제기된 이 사건에는 적용되지 않는다고 해석될 여지가 있다"는 것이다. <u>원심은 가정적으로 개정 조문이 위 사건에 적용된다고 가정하더라도 미국 판결의 일부만 승인된다는 결론에는 영향이 없다고 판시하였다.</u>] 이런 견해는 민사소송법학에서 널리 인정되는 것으로 보인다. 예컨대 이시윤(註 43), 38면은, 실체법과 절차법 구별의 실익을 논의하면서 실체법은 법률불소급의 원칙에 의하여 재판 당시의 개정법을 소급적용하는 것을 금하는 것이 원칙이나, 절차법은 소급하는 것이 원칙이라고 한다. 그러나 저자는 그런 견해가 일반론으로서 또한 외국재판의 승인 및 집행의 맥락에서 타당한지 의문이다. 반면에 2016년 대법원 판결은 제217조의2가 이 사건에 적용되는 것을 전제로 판단한 것으로 보인다. <u>2015년 대법원 판결도 같다.</u> [이 각주의 밑줄 친 부분은 이 책에서 새로 추가한 것이다.]

88) 원심판결은 공서양속을 이유로 승인을 제한할 수 있다는 점에 관하여는 대법원 1997. 9. 9. 선고 96다47517 판결을 인용한다. 이는 위에 언급한 당시 서울지방법원 동부지원 판결의 상고심인에 대법원이 제1심의 결론을 뒤집지 않은 것은 사실이나 대법원에서는 공서위반을 이유로 한 감액 여부의 적법성이 쟁점이 되지는 않았던 것으로 보인다.

89) 채무불이행을 한 당사자로 하여금 계약을 이행하도록 설득하거나 촉구함으로써 손해를 감경하는 역할을 하는 자문사(consultant)를 선임하는 것이 한국의 관습이 아니라는 지적은 타당하지만, 매매협약의 해석상 이행기일의 경과 후 통상 상황에 응하는 형식으로 행

(4) 2016년 대법원 판결의 요지

첫째, 계약위반으로 인한 손해배상에 관하여 대법원은 아래와 같은 취지로
판시하고 피고의 상고를 기각하였다(밑줄은 저자가 추가함).

> "민사소송법 제217조 제1항 제3호는 외국법원의 확정재판 등의 승인이 한국의 선
> 량한 풍속이나 그 밖의 사회질서에 어긋나지 아니할 것을 외국재판 승인요건의 하나
> 로 규정하고 있다. 여기서 확정재판 등을 승인한 결과가 대한민국의 선량한 풍속이나
> 그 밖의 사회질서에 어긋나는지는 그 승인 여부를 판단하는 시점에서 확정재판 등의
> 승인이 우리나라의 국내법 질서가 보호하려는 기본적인 도덕적 신념과 사회질서에
> 미치는 영향을 확정재판 등이 다룬 사안과 우리나라와의 관련성의 정도에 비추어 판
> 단하여야 한다(대법원 2012. 5. 24. 선고 2009다22549 판결 등 참조). 그리고 <u>민사소
> 송법 제217조의2 제1항은 징벌적 손해배상과 같이 손해전보의 범위를 초과하는 배상
> 액의 지급을 명한 외국법원의 확정재판 등의 승인을 적정범위로 제한하기 위하여 마
> 련된 규정이다. 따라서 외국법원의 확정재판 등이 당사자가 실제로 입은 손해를 전보
> 하는 손해배상을 명하는 경우에는 민사소송법 제217조의2 제1항을 근거로 그 승인을
> 제한할 수 없다</u>(대법원 2015. 10. 15. 선고 2015다1284 판결 참조)."

이러한 법리를 전제로 대법원은 이 사건에서 아래와 같은 결론을 도출하였
다(밑줄은 저자가 추가함).

> "<u>이 사건 미국판결에서 인용한 손해배상액은 모두 원고가 실제로 입은 손해 내지
> 실제로 지출한 비용의 범위 내에서 배상을 명한 전보적 성격의 배상액이므로, 이 사
> 건 미국판결의 배상액이 이 사건 매매계약의 매매대금을 초과하더라도 그러한 사정
> 만으로는 그 배상액이 과다하여 이 사건 미국판결을 승인하는 것이 한국의 선량한
> 풍속이나 그 밖의 사회질서에 반한다고 볼 수 없다.</u>[90]

하는 최고 또는 독촉(특히 변호사에 의한)의 비용이 손해배상에 포함된다는 견해가 유력
하다. 이 사건 미국재판은 변호사보수 등 소송비용을 손해의 일부로 구성하였는데 이는
소송비용을 절차의 문제로 인식하는 우리와 다르다. 변호사보수 등 소송비용을 매매협약
상 손해로 구성하는 것이 타당한지는 논란이 있는데 저자는 이는 법정지법이 결정할 사
항이라고 본다. 석광현, 국제물품매매계약의 법리: UN통일매매법(CISG) 해설(2010), 285
면 이하 참조.

90) 이 사건은 한국도 당사자인 매매협약이 적용되는 사건이므로 만일 미국 법원이 매매협약
의 적용을 잘못하였다면 그것이 미국 재판의 승인에 어떤 영향을 미치는지도 검토할 문
제이다. 조약의 적용 잘못이 승인거부사유는 아니고 그것이 우리가 수인할 수 있는 범위
를 넘는 경우에 비로소 공서위반이 된다고 본다. 아래에서 소개하는 독일 민법시행법 제

그리고 설령 이 사건 미국판결의 승인으로 피고에게 생활기반의 파탄위험이 있더라도 그러한 사정만으로는 이 사건 미국판결을 승인한 결과가 우리나라의 국내법 질서가 보호하려는 기본적인 도덕적 신념과 사회질서에 어긋난다고 볼 수 없고, 앞서 본 바와 같이 이 사건 미국판결이 인정한 원고의 손해액이 전보배상의 범위를 초과한다고 볼 수 없으므로 민사소송법 제217조의2 제1항을 근거로 이 사건 미국판결의 승인을 제한할 수도 없다.

따라서 민사소송법 제217조 제1항 제3호 내지 제217조의2 제1항에 따라 이 사건 미국판결의 승인을 제한할 수는 없으므로, 이 부분 상고이유의 주장은 이유 없다.”

둘째, 변호사 보수 기타 소송비용에 관하여 대법원은 원심과 달리 아래와 같이 판시하고 변호사비용 전액의 강제집행을 허용해야 한다는 취지로 판단하였다.

“이 사건 미국판결에서 인정한 변호사비용도 원고가 실제로 지출한 변호사보수 중에서 이 사건 미국법원이 적법한 근거에 따라 피고에게 부담시키는 것이 합리적이라고 판단한 액수의 배상만을 명한 것이므로, 이 사건 미국판결이 우리나라 법원에서 인정되는 수준보다 다액의 변호사비용을 피고에게 부담하게 하였더라도 이러한 변호사비용의 배상을 명한 이 사건 미국판결을 승인하는 것이 대한민국의 기본적인 도덕적 신념과 사회질서에 배치되는 것은 아니다.”

다만 대법원은 원심의 조치가 적절하지 아니하지만, 위 사건에서 피고만이 상고한 이상 불이익변경금지의 원칙상 원심판결을 상고인인 피고에게 불이익하게 변경할 수는 없다는 이유로 상고를 기각하였다.

3. 제217조의2 신설 후 판례에 대한 평가

2015년 및 2016년 대법원판결은 제217조의2가 징벌적 손해배상을 명한 외국재판에는 적용되나, 전보배상을 명한 외국재판에 대해서는 적용될 수 없다는 점을 분명히 밝히고 있다.[91] 저자는 예외를 인정할 필요성을 긍정하지만 이에

40조 제3항 제3호(여기에서는 준거법 적용의 맥락에서 조약의 책임법적 규정에 반하는 경우 문제된다)와 우리 민사소송법 제217조의2 제1항(여기에서는 외국재판 승인의 맥락에서 외국재판이 한국이 체결한 조약의 기본질서에 현저히 반하는 경우에만 문제된다)이 조약의 취급에 관하여 상이한 태도를 취하는 점도 고려할 사항이다.

91) 예컨대 한충수, “국제민사소송절차와 국제도산절차에서의 외국재판 — 외국보전재판의 승인 및 집행가능성을 중심으로”, 민사소송 제20권 제2호(2016), 47면; 윤병철, “[2015년 분야별 중요판례분석](18) 국제거래법”, 법률신문, 제4430호(2016. 7. 14.), 13면은 이런 취

대하여는 커다란 이견은 없다. 더 큰 문제는 전보배상을 명한 외국재판에 대하여 제217조 제1항 제3호(공서조항)가 적용되는가이다. 제217조의2와 공서조항을 둘러싸고 아래와 같은 의문들이 제기된다.

가. 제217조의2 제1항의 해석에 관한 대법원의 추상적 법률론

대법원 판결들은 추상적 법률론으로 "민사소송법 제217조의2 제1항은 징벌적 손해배상과 같이 손해전보의 범위를 초과하는 배상액의 지급을 명한 외국법원의 확정재판 등의 승인을 적정범위로 제한하기 위하여 마련된 규정이다. 따라서 외국법원의 확정재판 등이 당사자가 실제로 입은 손해를 전보하는 손해배상을 명하는 경우에는 민사소송법 제217조의2 제1항을 근거로 그 승인을 제한할 수 없다(대법원 2015. 10. 15. 선고 2015다1284 판결 참조)"고 판시하였다. 그러나 제217조의2 제1항의 문언상 그런 결론이 당연히 도출되는 것은 아니다. 이는 아마도 대법원이 제217조의2에 어떤 의미를 부여하기 위하여 입법자의 당초 의도를 고려하여 짜낸 고육책일 것이다. 징벌배상을 직접 언급하였던 2012년 국회 초안의 제3호 단서("다만 손해전보의 범위를 초과하는 손해배상을 명한 외국재판은 그 초과 범위 내에서 대한민국의 선량한 풍속이나 그 밖의 사회질서에 위반한 것으로 본다.")와 달리 제217조의2 제1항은 징벌적 손해배상, 전보의 범위를 초과하는 배상을 전혀 언급하지 않고 매우 일반적인 표현을 사용하므로 문리해석상 그렇게 해석할 근거는 약하다. 하지만 과거 유사한 의견을 피력한 저자로서는 대법원의 결론을 비판하지는 않으나 논거를 제시했더라면 하는 아쉬움이 있다.[92] 제217조의2 제1항의 문언과 그런 해석 간의 괴리가 크기 때문이다.

다만 위 문언이 관할합의협약(제11조 제1항)의 영향을 받았더라도 제1항이 전보적 손해배상에 적용되지 않는다는 결론이 당연한 것은 아니다. 위에서 본 것처럼 관할합의협약의 보고서는 과도한 손해배상에도 제11조 제1항이 예외적으로 적용될 여지를 긍정하기 때문이다. 즉 저자는 전보배상을 명한 외국재판에 대하여도 지나치게 과도한 경우에는 전보배상으로서의 성격을 부정하고 제217

지로 이해한다.

92) 석광현(註 7), 61면. 저자가 과거 그런 견해를 피력한 것은 개정과정에서 문언이 변경되었지만 입법취지는 바뀌지 않았다고 믿었기에 당초 개정안에 대한 평가를 유지한 결과이다. 그러나 최우영(註 60), 11면은 비판적이다.

조의2를 적용할 수 있다고 본다.[93)]

또한 대법원 판결의 추상적 법률론이 삼배배상에도 타당한가라는 의문이 있다. 물론 당해 사건이 삼배배상을 명한 외국재판이 아니므로 이를 직접 다룬 것은 아니지만 이미 삼배배상을 명한 외국재판의 승인에 관한 고민이 지적되고 있는 마당이므로 조심스럽게 설시했더라면 하는 아쉬움이 있다. 대법원의 추상적 법률론을 액면 그대로 받아들이면 한국이 삼배배상제도를 도입한 사실에 관계없이 실손해의 전보를 넘는 부분의 승인 및 집행은 여전히 허용되지 않는다는 취지로 보일 수 있기 때문이다.

나. 제217조의2와 제217조 제1항 제3호의 관계에 관한 대법원의 추상적 법률론

대법원 2015. 10. 15. 선고 2015다1284 판결은 "민사소송법 제217조 제1항 제3호 내지 민사소송법 제217조의2 제1항에 따라 그 승인이 제한되어야 한다"는 피고의 주장을 배척한 원심의 판단이 타당하다고 하여 위 사안에서 제217조 제1항 제3호의 공서조항이 적용될 수 있음을 긍정하였다. 2016년 대법원 판결은 직접적으로 제217조 제1항 제3호와 제217조의2 제1항을 함께 언급한다.[94)] 그러나 위 판결들은 양자의 관계를 명확히 판시하지는 않았다.

전보배상을 명한 외국재판에 대하여도 지나치게 과도한 경우에는 아래에서 논의하는 것처럼 제217조 제1항 제3호의 공서조항을 적용할 여지가 있다.[95)]

대법원 판결의 설시를 따라 전보배상을 명한 외국재판에 대하여 제217조의2가 적용되지 않는다면 그에 대하여 제217조 제1항 제3호(공서조항)를 적용할 수

---

93) 예컨대 정신적 고통에 대한 위자료는 통상 전보배상일 것이나 그 금액이 지나치게 과도한 때에는 전보배상의 범위를 넘는 것으로 볼 수 있을 것이다. 위자료의 제재적 기능을 인정한다면 더욱 그러할 것이다.

94) 2016년 대법원 판결의 설시가 다소 애매하지만 대법원은 양자의 관계를 저자처럼 보았다고 평가할 수 있을지도 모르겠다.

95) 최우영(註 60), 11면은, 2015년 대법원 판결의 제1심판결은 제217조의2가 신설되기 이전임에도 위 사건의 제반 사정과 내국관련성 등을 고려하고 공서양속의 법리를 적용하여 위 판결의 승인을 70%로 제한하였음을 주목할 필요가 있고, 정작 위 조문이 신설된 이후에 제1심판결을 취소하고 미국판결을 100% 승인한 원심과 대법원 판결은 구체적 사안에서 형평성을 고려한 법원의 재량적 판단이 가능하도록 한 제217조의2의 입법목적이나 입법자의 의도에 역행하는 것이 아닌지 우려를 표시한다. 그러나 이런 견해는 제217조의2에 저자보다 더 넓게 통제기능을 인정하는 것으로서 부당하다. 이 견해가 제217조 제1항 제3호의 적용가능성을 언급하지 않는 점은 다소 의외이다.

있는가가 문제되는데, 이는 양 조항의 관계를 어떻게 파악할지의 문제이다.96) 대법원 판결들이 제217조의2뿐만 아니라 제217조 제1항 제3호(공서조항)에 따른 공서위반 여부도 검토한 점에서 대법원은 그 경우에도 공서조항이 적용됨을 긍정하였다고 할 수 있다.97)

다만 공서조항의 적용을 긍정하더라도 전보배상의 지급을 명한 외국재판의 경우 공서위반이 될 가능성이 없다는 견해와, 사안과 내국관련성의 강약에 따라서는 공서위반이 될 가능성이 있다는 견해98)가 나뉠 수 있다. 저자는 후자를 지지하나, 대법원 판결이 어느 견해인지는 분명하지 않다.

2016년 대법원 판결은 "이 사건 미국판결에서 인용한 손해배상액은 모두 … 전보적 성격의 배상액이므로, 이 사건 미국판결의 배상액이 이 사건 매매계약의 매매대금을 초과하더라도 그러한 사정만으로는 그 배상액이 과다하여 이 사건 미국판결을 승인하는 것이 대한민국의 선량한 풍속이나 그밖의 사회질서에 반한다고 볼 수 없다"고 판시하였는데, 만일 그것이 전보적 손해배상을 명한 외국재판의 승인은 금액이 크다는 이유만으로 공서위반이 되지는 않는다는 취지이고 그것이 원칙이라면 제217조의2 외에 별도로 공서조항 위반 여부를 검토할 필요는 없다. 하지만 과거 과도한 전보적 손해배상을 명한 외국재판의 일부만을 승인한 하급심 판결들이 여럿 있었고 실무에서는 대법원도 같은 태도라고 보는 경향이 있었으므로 대법원이 과거 하급심 판결들이 잘못이었는지, 아니면 제217조의2가 신설됨으로써 이제는 과거와 달라진 것인지를 밝혀줄 필요가 있었다. 저자가 비판하는 것은 당해사건에서 손해배상이 지나치게 과도한지에 대한 대법원의 판단이 아니라, 지나치게 과도한 손배배상을 명한 외국재판의 승인 및 집행을 민사소송법 제217조의2 또는 제217조 제1항 제3호에 의하여 제한하는 길을 차단하는 취지의 추상적 법률론이다. [밑줄 친 부분은 이 책에서 새로 추가한 것이다.]

나아가 대법원이 제217조 제1항 제3호와 제217조의2 제1항의 관계를 명확

96) 저자는 전에도 이 점을 지적하였다. 석광현(註 7), 62면.

97) 1999년 예비초안의 주석인 Fausto Pocar/Peter Nygh, Preliminary Document No 11 of August 2000 for the attention of the Nineteenth Session of June 2001, p. 117은 특별규정인 손해배상에 관한 제33조를 두었으므로 그 밖에 공서조항을 적용하는 것은 허용되지 않는다는 취지로 보인다.

98) 저자는 후자의 견해를 지지한다.

히 설시하였더라면 하는 아쉬움이 있다. 저자는 징벌배상을 명한 외국재판의 승인은 특별규정인 제217조의2로 차단하고, 전보적 손해배상을 명한 외국재판 승인의 맥락에서는 우선 제217조의2 제1항의 적용 여부를 검토한 뒤, 적용되지 않는 경우 보충적으로 제217조 제1항 제3호를 검토하는 것이 타당하다고 본다. 물론 외국재판의 승인이 공서위반이라는 판단은 매우 신중하게 하여야 한다. 대법원 판결들의 사안에서 우리 법원이 승인단계에서 과연 어느 정도 감액을 하는 것이 적절한지는 판단하기 어려우나, 금액이 크다는 이유만으로 승인 및 집행을 거부할 수 있는 것은 아니고, 그 추상적 기준은 '손해의 공평·타당한 분담'이라고 하는 한국 손해배상법의 기본원칙을 고려하여99) 우리가 수인(受忍)할 수 있는 범위이다.

다. 대법원은 지나치게 과도한 손해배상을 명한 외국재판의 일부만의 강제집행을 허가한 과거 하급심판결의 태도를 배척한 것인가

대법원이 지나치게 과도한 전보배상의 지급을 명한 외국재판을 승인하는 단계에서 제217조의2의 적용을 배척한 것은 논란의 여지가 있는데, 가사 이를 수긍하더라도 외국재판의 승인이 제217조 제1항 제3호(공서조항)에 위반되는지를 심리해야 하고, 위에 적은 것처럼 저자는 공서조항을 통한 통제가 가능하다고 본다. 위 대법원 판결들도 공서조항을 언급하였으므로 그 적용을 배척한 것은 아니다. 그러나 이와 관련하여 여러 의문이 제기된다.

① 대법원은 217조의2 신설 후에는, 과거 대법원이 묵인하여 온 하급심 판결의 태도(이는 2015년 대법원 판결의 제1심판결과 2016년 대법원판결의 원심판결이 취한 태도이다)를 배척하고 과도한 전보배상을 명한 외국재판은 이제 공서조항을 근거로 승인을 거부할 수 없다고 본 것인가, ② 일반론으로는 과도한 전보배상을 명한 외국재판의 경우 공서조항을 근거로 승인을 거부할 수 있음은 인정하나, 위 사건들은 과거 하급심에서 문제된 사건들과 다르기에 공서조항을 근거로 승인을 거부할 수 없었다고 본 것인가.100) 단정하기는 어렵지만 위 ①이 가능성이

---

99) 그렇다고 해서 우리 손해배상법을 적용하였더라면 우리 법원이 인용하였을 손해배상액이 기준이 된다는 말은 아니다.

100) 대법원 판결 선고 전 이규호(註 5), 132면은 "개정 민사소송법 제217조의2 제1항은 기존의 판례를 수용한 것임을 분명히 하고 있다. 따라서 개정 민사소송법 제217조의2 제1항을 해석함에 있어 기존 하급심 판례의 입장은 그대로 존중될 것으로 보인다."고 예상하

큰 것 같다.101)

2015년 대법원 판결은 미국 법원 판결에 징벌적 배상이 포함되지 않았다고 판단하였다. 반면에 그것이 전보배상의 범위 내인지 의문이라는 견해도 있으나, 저자는 과도한 전보배상의 문제로 취급하는 것이 타당하다고 본다.102) 이처럼 손해배상을 명한 외국재판의 승인 시에는 외국재판의 이유 검토가 불가피하다. 이는 외국재판 승인의 기본원리인 실질재심사금지의 원칙에 반하지만, 공서위반 여부(제217조의2 해당 여부도)를 판단하기 위하여 필요한 범위 내에서는 허용된다.

───────────

였다.

101) 어쩌면 과거 대법원은 하급심판결들과 달리 과거에도 과도한 전보배상의 지급을 명한 외국재판의 승인 및 집행을 공서를 이유로 제한한 적이 없으므로 대법원 판례가 달라진 것은 아닌가라는 의문도 있을 수 있다. 분명하지는 않지만 가정준(註 82), 275면도 위 ①의 견해처럼 보인다.

102) 최우영(註 60), 11면은 징벌적 배상이 포함되지 않았다는 데 대해 의문을 표시하면서 우리 법원이 손해배상액을 감액했어야 한다고 비판한다. 그 논거는 대체로 아래의 취지이다. "미국 법원은 미국 특허법상 특유의 전 시장가치법을 적용하여 침해특허 3건의 전체 매출손실에 대한 기여율을 거의 100%로 인정하고, 피고의 추정 영업이익 50% 이상을 일실이익으로 산정하여 손해배상을 명하였는데, 대법원은 전 시장가치법이 우리 특허법상의 손해액 산출방식과 차이가 없다고 판단하였으나 미국 법원도 전 시장가치법의 적용을 배제하거나, 특허부품이 제품 전체의 수요를 견인하였다는 점에 대한 고도의 증명이 있는 예외적인 경우에만 전 시장가치법을 적용하는 경향을 보임에도 대법원이 이를 고려하지 않았다. 그 밖에도 미국 법원이 손해액을 전적으로 감정인의 의견과 판단에 의존한 결과 거의 100%의 침해특허의 기여율과 50%를 넘는 지폐계수기의 영업이익률이라는 비현실적 수치에 근거하여 산출한 점, 손해배상액이 배심원의 평결에 의하여 결정됨으로써 법관의 구체적이고 합리적 판단이 개입될 여지가 거의 없었던 점과 텍사스주 내 위 사건 미국 법원은 과도한 금액의 손해배상을 명하는 경향이 있다는 점 등이 그것이다." 그러나 최우영 변호사의 비판을 보더라도 미국 법원이 과도한 손해배상을 명한 것일 수는 있으나 비전보적 배상을 명한 것은 아니다. 문제는 결국 우리 잣대에 비추어 과도한 전보배상을 명한 외국재판의 승인을 제한할 수 있는가에 귀착된다. 더욱이 김영기, "특허침해소송 손해배상액 산정과 관련한 미국 내 논의 소개", 6면에 따르면, 미국법상 특허권자는 침해자의 수입 중 특허 기술 부분에 귀속될 수 있는 부분에 한하여 손해를 회복할 수 있음이 원칙이나, 예외적으로 "전체시장가치의 법리(entire market value, EMVR)"가 적용될 수 있는데, 이는 특허기술이 시장 요구의 핵심을 이루는 경우, 침해품이 여러 특징을 가지더라도 전체 제품의 가치에 기초하여 손해배상 산정을 허용하는 이론이다. 즉 특허기술이 시장 요구의 본질을 견인하였거나 그 구성품의 가치를 만들어 낸 경우, 특허권자는 침해품의 전체 시장가치를 기초로 손해를 주장할 수 있고, 이러한 사정이 인정되지 않는 경우에 비례화원칙(apportionment principles)이 적용된다고 하므로(위 CourtNet 자료를 보내준 김영기 판사께 감사드린다), 전 시장가치법 자체를 비판하기도 어렵다. 미국법상의 특허침해 손해액 산정법에 관한 상세는 최지선, 법원의 특허침해 손해액 산정법 —통계학적 분석과 기술가치평가 방법론 활용 가능성 검토를 중심으로—(경인문화사, 2017), 53면 이하 참조.

아직은 단정하기는 어려우나 대법원판결의 태도에 따라서는, 미숙한 입법의 결과 국회의 의도와 달리[103] 우리 기업의 지위는 제217조의2의 신설 전보다 불리한 상황에 놓였는지도 모른다. 따라서 저자는 우선 대법원이 제217조의2와 제217조 제1항 제3호의 관계를 명확히 정리하기를 희망한다. 그 방향은 징벌배상은 제217조의2에 의하여 처리하고, 지나치게 과도한 전보배상의 지급을 명한 외국재판의 승인은 전보배상의 성격이 부정되는 경우에는 제217조의2에 의하되, 전보배상으로서의 성격이 인정되는 경우에는 제217조 제1항 제3호에 의하여 사안의 모든 사정과 내국관련성 등을 고려하여 우리가 수인(受忍)할 수 있는 범위 내에서만 승인 및 집행하자는 것이다.[104] 만일 대법원이 그런 조치를 취하지 않고 현재의 모호함을 유지한다면 국회가 이런 취지를 민사소송법에 반영하는 것이 바람직하다.

라. 소송비용 등에 관한 제217조의2 제2항에 관한 대법원 2016년 판결의 판단

2016년 대법원 판결은, "이 사건 미국판결이 우리나라 법원에서 인정되는 수준보다 다액의 변호사비용을 피고에게 부담하게 하였더라도 이 사건 미국판결을 승인하는 것이 대한민국의 기본적인 도덕적 신념과 사회질서에 배치되는 것은 아니다."라고 판시하면서도 제217조의2 제2항은 언급하지 않았다. 그 이유는 알 수 없으나, 어쩌면 대법원이 제217조의2 제2항의 취지를 저자처럼 이해한 것일 수도 있다. 그러나 제2항을 이렇게 해석하면서, 제1항은 전보적 손해배상에 적용되지 않는다고 보면, 우리 기준으로 미국 원고가 미국 변호사에게 과도한 성공보수를 지급하였더라도 이는 전보배상이므로 그 승인 및 집행을 제한할 수 없는 문제가 발생하고, 우리 법원이 재판하는 경우와 심한 불균형이 발생하게 된다.

---

103) 이규호(註 5), 133면은 "이번 개정 민사소송법 및 민사집행법은 그 개정과정에서 볼 수 있듯이 수출 기업의 불안감을 어느 정도 해소하려고 노력한 점은 긍정적으로 평가할 만 하다."고 평가한다. 저자는 전에도 긍정적 평가를 하지는 않았는데, 더욱이 위에서 본 대법원 판결들이 나온 이상 이제는 그렇게 평가할 수는 없게 되었다.

104) 분명하게 논의하지는 않으나 가정준(註 82), 276면은 전보적 배상을 명하는 외국법원의 재판은 승인하자는 취지가 아닐까 짐작된다.

Ⅳ. 민사소송법 제217조의2의 개정에 관한 입법론

이상의 논의를 고려하여 저자는 제217조의2를 아래와 같이 개정할 것을 제안한다.

제217조의2	저자의 개정안
① 법원은 손해배상에 관한 확정재판등이 <u>대한민국의 법률 또는 대한민국이 체결한 국제조약의 기본질서에 현저히 반하는 결과를 초래할</u> 경우에는 해당 확정재판등의 전부 또는 일부를 승인할 수 없다. ② 법원은 제1항의 요건을 심리할 때에는 외국법원이 인정한 손해배상의 범위에 변호사보수를 비롯한 소송과 관련된 비용과 경비가 포함되는지와 그 범위를 고려하여야 한다.	① 법원은 손해배상에 관한 확정재판등이<u>, 당사자에게 징벌적 손해배상 그밖에 손해전보의 범위를 초과하는 배상액의 지급을 명하는 경우에는</u> 해당 확정재판등의 전부 또는 일부를 승인할 수 없다. <u>다만 법원이 확정재판등의 기초인 사건과 유사한 사건에서 대한민국 법에 따라서도 그에 상응하는 배상액의 지급을 명할 수 있는 범위 내에서는 그러하지 아니하다.</u>105) ② <u>법원은 손해배상에 관한 확정재판등이 당사자에게 손해전보의 범위 내에서 배상액의 지급을 명하는 경우에도 [그것이 지나치게 과도하여 우리가 수인할 수 있는 범위를 넘는 때에는/그것이 본질적으로 피해자의 적절한 배상을 위하여 필요한 정도를 넘는 때에는] 제217조 제1항 제3호에 의하여 그 확정재판등의 일부만을 승인할 수 있다.</u> ③ 법원은 제1항 <u>및 제2항</u>의 요건을 심리할 때에는 외국법원이 인정한 손해배상의 범위에 변호사보수를 비롯한 소송과 관련된 비용과 경비가 포함되는지와 그 범위를 고려하여야 한다. <u>손해배상에 포함되지 않은 변호사보수를 비롯한 소송과 관련된 비용과 경비에도 제2항을 준용한다.</u>106)

비전보적 손해배상(제1항). 징벌배상을 명한 외국재판은 전부 승인 및 집행될 수 없다(제1항). 다만 그 경우에도 외국법원이 인정한 징벌배상의 범위에 변호사보수를 비롯한 소송과 관련된 비용과 경비가 포함되는 경우에는 그 범위 내에서는 승인 및 집행될 수 있다(제3항). 따라서 후자의 경우 외국재판의 일부만

---

105) 단서는 우리 법상 삼배배상제도가 점차 확산되고 있으므로 예컨대 우리가 도입한 법영역에서처럼 우리 법원도 삼배배상의 지급을 명할 수 있는 영역에 속하는 외국재판은 승인해야 하나, 아직 그것을 도입하지 않은 법영역에서 삼배배상의 지급을 명한 외국재판을 전면적으로 승인하지는 않는다는 취지를 담은 것이다.

106) 제2문은 2012년 개정안 제2항과 유사하나 여기에서는 제2항을 준용하도록 함으로써 지나치게 과도할 것을 요구하는 점이 다르다. 다만 소송비용이 손해배상액의 일부로 산입된 경우에는 제2항에 의하여 처리될 것이다.

이 승인 및 집행될 수 있다.

한편 삼배배상의 경우에는 전보배상의 성질을 가지는 범위 내에서는 승인 및 집행될 수 있고 문제는 이를 넘는 부분이다. 위에서 언급한 것처럼, 한국에서도 다양한 법영역에서 삼배배상이 확산되는 점을 고려하면 삼배배상이라는 이유만으로 항상 그의 승인이 제217조의2 또는 공서조항에 의하여 거부된다고 보기는 어렵다. 그렇다고 해서 삼배배상의 지급을 명한 외국재판을 모두 승인 및 집행하는 전향적 태도를 취하기는 주저되므로, 한국이 삼배배상을 도입한 법영역에서는 그렇지만 다른 법영역에서는 여전히 삼배배상의 승인은 공서에 반한다고 주장할 여지도 있다. 제1항 단서는 이 점을 고려한 것이다.[107] 그러나 이와 달리 삼배배상을 명한 외국재판의 승인에 대하여는 통제하지 않는 전향적인 태도를 취할 수도 있는데, 특히 우리 법상 삼배배상제도의 확산이 어느 단계에 이르면 그런 태도가 설득력을 가지게 될 것이다.

<u>지나치게</u> 과도한 전보배상(제2항). 저자의 개정안은, 외국재판이 명한 손해배상이 전보배상이더라도 그것이 지나치게 과도하여 우리가 수인(受忍)할 수 있는 범위를 넘는 때에는(또는 그것이 본질적으로 피해자의 적절한 배상을 위하여 필요한 정도를 넘는 때에는) 공서조항에 의하여 해당 외국재판의 일부만을 승인할 수 있음을 명시한다. <u>괄호 안에 두 개의 문언을 넣은 것은 하나를 선택하라는 취지인데 그</u> 중 어느 것을 선택할지는 더 검토할 사항이다. 전자는 여기에서 신설한 것이고, 후자는 국제사법 제32조 제4항의 문언을 따른 것이다.

소송비용(제3항). 외국법원이 인정한 손해배상의 범위에 변호사보수를 비롯한 소송과 관련된 비용과 경비가 포함되는 경우 그 범위 내에서는 전보배상으로 취급된다. 다만 반대의 경우, 즉 과도한 변호사보수를 비롯한 소송비용의 지급을 명한 외국재판에 대하여는 우리 법원이 승인 및 집행을 제한할 수 있도록 과도한 손해배상의 지급을 명한 외국재판에 적용되는 제2항의 원칙을 준용하자는 것이다.

---

107) 다만 장래에는 삼배배상이 아니라 수배배상(multiple damages)을 명하는 재판도 나올 수 있으므로 문언상으로는 삼배배상을 언급하지 않고 손해전보의 범위를 초과하는 배상액의 지급을 명하는 재판이라는 식의 표현을 사용하였다.

V. 관련문제: 국제사법 제32조(개정법 제52조) 제4항의 문제점과 개정 에 관한 입법론

이상의 논의는 손해배상을 명한 외국재판의 승인 및 집행에 관한 것인데, 우리 법원이 재판하는 경우 불법행위의 준거법인 외국법을 적용하는 과정에서 우리 법원이 징벌배상 또는 과도한 전보배상의 지급을 명한 외국법을 적용할 수 있는가라는 의문이 제기된다. 불법행위의 준거법을 정한 국제사법 제32조 제4항 은 이 문제를 다루고 있으므로 이를 검토할 필요가 있다. 여기에서 간단히 언급 하고 그의 입법론을 살펴본다.

1. 국제사법 제32조(개정법 제52조) 제4항의 문제점: 민사소송법 제217조의2 와의 동조 필요성

불법행위의 준거법을 정한 국제사법 제32조 제4항[108]은 아래와 같다.

> "제1항 내지 제3항의 규정에 의하여 외국법이 적용되는 경우에 불법행위로 인한 손해배상청구권은 그 성질이 명백히 피해자의 적절한 배상을 위한 것이 아니거나 또 는 그 범위가 본질적으로 피해자의 적절한 배상을 위하여 필요한 정도를 넘는 때에 는 이를 인정하지 아니한다."

불법행위의 효과인 손해배상액의 산정은 불법행위의 준거법이 규율하는 사항이다. 다만 준거법인 외국법에 따른 손해배상의 성질이 명백히 피해자의 적절한 배상을 위한 것이 아니거나, 또는 그 범위가 본질적으로 피해자의 적절한 배상을 위하여 필요한 정도를 넘는 때에는 이를 인정하지 아니한다. 전자의 예로 는 징벌배상과, 미국의 1914년 Clayton Act(제4조) 또는 RICO Act(제1964조)에 의해 인정되는 삼배배상에서 실손해를 넘는 부분을, 후자의 예로는 '지나치게 과 도한 손해배상(grossly excessive damages)'을 들 수 있다. 후자의 경우 섭외사법상 으로는 한국법에 의한 손해배상액을 넘는 범위 내에서는 외국법의 적용이 전면 적으로 배제되었으나, 국제사법에 따르면 "본질적으로" 넘는 범위 내에서만 외 국법의 적용이 배제될 뿐이므로 어느 정도의 차이는 수인(受忍)해야 한다. '본질

---

108) 이의 해설은 석광현, 국제사법 해설(2013), 403면 이하 참조.

적으로'라는 제한은 독일 민법시행법(제40조 제3항)을 참고한 것이다. 우리 법을 적용한 것과 차이가 있더라도 그것이 본질적인 것이 아니라면 우리는 수인(受忍)하겠다, 즉 받아들이겠다는 취지이다.

문제는 불법행위 준거법의 맥락에서는, 외국법에 따른 불법행위로 인한 손해배상청구권이 전보배상의 성질을 가지는 것이더라도 그 범위가 본질적으로 피해자의 적절한 배상을 위하여 필요한 정도를 넘는 때에는 이를 인정하지 아니하는 데 반하여, 지나치게 과도한 전보적 손해배상을 명한 외국법원의 확정재판에 대하여는 제217조의2 또는 제217조 제1항 제3호를 통하여 통제하지 않는다면 이를 전부 승인하게 되므로, 비록 외국재판 승인의 경우 국제사법 제10조에 따른 공서위반보다 더 엄격한 요건 하에 공서위반을 인정해야 한다는 이른바 "완화된 공서이론(Theorie vom *ordre public atténué*)"이 타당하다고 보더라도 양자 간의 균형이 현저하게 훼손된다. 따라서 이를 해석론 및 입법론으로 해결할 필요가 있다.

위에 적은 바와 같이 저자는 징벌배상과 삼배배상은 별도 조문인 제217조의2로 해결하고, 그에 해당하지 않는 지나치게 과도한 손해배상은 제217조 제1항 제3호의 공서조항으로 해결하는 견해, 즉 양자를 상호 보완적인 관계로 이해하는 견해를 취하는데, 그런 접근방법은 국제사법 제32조 제4항과도 일관성이 있다. 즉 불법행위로 인한 손해배상청구권의 성질이 명백히 피해자의 적절한 배상을 위한 것이 아닌 경우는 제217조의2의 적용대상에 상응하고, 손해배상의 범위가 본질적으로 피해자의 적절한 배상을 위하여 필요한 정도를 넘는 때에는 지나치게 과도한 손해배상으로서 제217조 제1항 제3호(공서조항)의 적용대상에 상응한다고 볼 수 있기 때문이다. 다만 그 취지를 보다 명확히 하기 위하여 입법론적 해결을 고려할 필요가 있다. 저자는 삼배배상의 도입에 따른 제32조 제4항 해석의 문제점을 제기한 바 있으나[109] 새로운 해석론은 잘 보이지 않는다.[110]

---

109) 석광현(註 108), 403면, 註 47 참조.
110) 다만 준거법의 맥락에서 조영선, "영업비밀 침해로 인한 국제소송에 관한 검토 —준거법 문제를 중심으로—", 지식재산연구 제12권 제2호(2017. 6.), 140면은 "미국법의 3배 배상이 공서규정(제32조 제4항)에 저촉되는지를 판단함에 있어서는, 우리 부정경쟁방지법도 악의의 영업비밀 침해행위에 대해 3배 배상제도를 도입을 시도하고 있다는 점을 유념하여 과거와는 다른 접근을 할 필요가 있다"고 한다. 아마도 국제사법 학계에서 이미 이런 지적이 있었음은 알지 못하는 듯하다.

2. 국제사법 제32조(개정법 제52조) 제4항의 개정안

불법행위의 준거법을 정한 국제사법 제32조 제4항은 민사소송법 제217조의
2와 동일한 정책적 근거에 기초한 것이다. 전자는 외국법 적용의 맥락에서, 후자
는 외국재판 승인의 맥락에서 작동하는 차이가 있으나, 양자 모두 한국의 기본
적인 도덕적 신념 또는 근본적인 가치관념과 정의관념을 보존하는 방어적 기
능을 담당한다. 따라서 양자의 동조가 필요하다.[111] 민사소송법 제217조의2를
위와 같이 개정한다면 국제사법 제32조 제4항을 아래와 같이 개정할 것을 제안
한다.

제32조 제4항	저자의 개정안
④ 제1항 내지 제3항의 규정에 의하여 외국법이 적용되는 경우에 불법행위로 인한 손해배상청구권은 그 성질이 명백히 피해자의 적절한 배상을 위한 것이 아니거나 또는 그 범위가 본질적으로 피해자의 적절한 배상을 위하여 필요한 정도를 넘는 때에는 이를 인정하지 아니한다.	④ 제1항 내지 제3항의 규정에 의하여 외국법이 적용되는 불법행위의 경우에 법원은 그 외국법이 당사자에게 징벌적 손해배상 그밖에 손해전보의 범위를 초과하는 배상을 규정하는 때에는 그 범위 내에서 이를 인정하지 아니한다. 다만 법원이 당해 불법행위와 유사한 사건에서 대한민국 법에 따라서도 그에 상응하는 배상액의 지급을 명할 수 있는 범위 내에서는 그러하지 아니하다. ⑤ 제1항 내지 제3항의 규정에 의하여 외국법이 적용되는 불법행위의 경우, 법원은 그 외국법이 당사자에게 손해전보의 범위 내에서 배상을 규정하는 경우에도 [그것이 지나치게 과도하여 우리가 수인할 수 있는 범위를 넘는 때에는/그것이 본질적으로 피해자의 적절한 배상을 위하여 필요한 정도를 넘는 때에는] 이를 인정하지 아니할 수 있다.

현행 제32조 제4항은 독일 민법시행법(제40조 제3항)을 수용한 것으로 징벌
배상과 과도한 손해배상을 함께 규정하나, 개정안은 양자를 구분한다. 이는 민사
소송법 제217조의2의 개정안과 일관성을 고려한 것이다.

비전보적 손해배상(제4항). 법원은 불법행위의 준거법인 외국법이 징벌배상
을 규정한 경우 그 적용을 거부할 수 있다. 그 경우 외국법에 따른 손해배상청구

---

111) 즉 외국재판의 승인에 국제사법 제32조 제4항이 직접 적용되는 것은 아니지만 양자 간에
관련성이 있음을 부정할 수는 없다.

권은 그 성질이 명백히 피해자의 적절한 배상을 위한 것이 아니기 때문이다. 삼
배배상의 경우에도 과거에는 같았으나, 한국에서도 하도급법을 비롯하여 근자에
다양한 법영역에서 삼배배상이 확산되고 있으므로 이제는 달리 보아야 한다. 그
렇다고 해서 삼배배상의 지급을 명하는 모든 외국법에 대하여 전향적 태도를 취
하기는 주저되므로, 한국이 삼배배상을 도입한 법영역에서는 그렇지만 다른 법
영역에서는 여전히 삼배배상을 정한 외국법의 적용은 공서에 반한다고 주장할
여지도 있다. 제4항 단서는 이 점을 고려한 것이다. 그러나 이와 달리 삼배배상
에 대하여는 통제하지 않는 전향적인 태도를 취할 수도 있는데, 특히 우리 법상
삼배배상제도의 확산이 어느 단계에 이르면 그런 태도가 설득력을 가지게 될 것
이다.112)

과도한 전보배상(제5항). 저자의 개정안은, 제1항 내지 제3항의 규정에 의하
여 지정된 불법행위의 준거법인 외국법이 당사자에게 손해전보의 범위 내에서
배상을 규정하는 경우에도 그것이 지나치게 과도하여 우리가 수인할 수 있는 범
위를 넘는 때에는(또는 그것이 본질적으로 피해자의 적절한 배상을 위하여 필요한 정도
를 넘는 때에는) 이를 적용하지 않을 수 있음을 명시한다. 괄호 안에 두 개의 문
언을 넣은 것은 하나를 선택하라는 취지인데 그 중 어느 것을 선택할지는 더 검
토할 사항이다. 전자는 저자가 제안한 민사소송법 제217조의2의 문언이고, 후자
는 국제사법 제32조 제4항의 문언을 따른 것이다.

Ⅵ. 맺음말

위에서는 손해배상을 명한 외국재판의 승인과 집행에 관하여 2014년 민사
소송법 개정내용을 검토하고 그에 따른 판례의 변화를 검토하였다. 그 결과 입
법과 판례가 모두 문제가 있음을 확인하였다.

우선 입법을 보면, 당초 의도와 달리 민사소송법 제217조의2가 제217조 제1
항 제3호와 유사하게 일반적인 문언이 된 탓에 입법자가 의도한 바가 애매하게
되었다. 제217조의2가 신설된 뒤에 선고된 대법원 판결 2건을 보면 과연 동조의

---

112) 그 밖에 삼배배상에 대하여는 성질에 착안한 통제(제4항)를 버리고 범위에 대한 통제(제5
항)의 방법을 취하자는 견해도 주장될 수 있을 텐데 그렇게 하자면 위 개정안의 문언을
적절히 수정해야 할 것이다.

신설을 통하여 입법자의 의도를 달성할 수 있는지 의문이다. 만일 과도한 전보배상을 명한 외국법원의 재판의 승인 및 집행을 제217조의2 나아가 제217조 제1항 제3호로도 저지할 수 없다면 과거와 비교할 때 우리 기업들은 상대적으로 불리한 지위에 놓이게 된다.

다음으로 판례를 보면, 과거 과도한 손해배상을 명한 외국재판의 승인 및 집행을 제한했던 하급심판결들이 있었는데 만일 대법원이 이를 지지한 바 없다면 제217조의2 신설 후 대법원 판례가 달라진 것은 아니나 제217조의2를 신설한 입법자는 불필요한 입법을 한 것이 된다. 반면에 대법원이 과거 하급심판결들을 용인함으로써 과도한 손해배상을 명한 외국재판의 승인 및 집행을 제한할 수 있다는 견해를 지지하였다면 제217조의2의 신설 후 대법원 판례가 달라진 것인데 이는 정당화될 수 없다. 가사 제217조의2로 그런 외국재판의 승인을 차단할 수 없더라도 과거와 마찬가지로 제217조 제1항 제3호로써 차단할 수 있기 때문이다. 저자는 전보배상의 지급을 명한 외국재판을 원칙적으로 승인하자는 결론은 지지하지만, 엄격한 요건 하에 공서조항에 기한 승인 제한 가능성을 열어둘 필요가 있다고 보는데, 앞으로는 그 요건을 구체화하기 위하여 노력해야 한다. 특히 우리 법원은 위자료의 금액과, 소송비용에 산입되는 변호사보수의 금액을 제한하는데, 그러면서도 고액의 위자료와 변호사보수의 지급을 명한 외국재판을 전부 승인해야 한다면 불균형이 발생한다. 저자는 지나치게 과도한 손해배상을 명한 재판의 승인을 제한함으로써 이 문제를 해결하자는 것이나, 그와 병행하여 위자료 금액 산정과 변호사보수의 소송비용 산입에 관한 우리의 현행 태도를 검토할 필요도 있다. 즉 외국재판의 승인 및 집행은 우리 법제를 재검토할 외부적 요인으로 작용한다.

단정하기는 조금 이를 수도 있지만, 지나치게 과도한 손해배상의 지급을 명한 외국재판에 관한 한 제217조의2를 신설한 취지를 달성할 수 없음이 거의 밝혀진 이상 국회는 입법을 통하여 불확실성을 배제하는 방안을 고려해야 한다. 그 때에는 삼배배상을 명한 외국재판의 승인 및 집행을 어떻게 처리할지도 규정할 필요가 있다.113) 저자는, 한국이 관할합의협약에 가입한 뒤(또는 재판협약에 가입한 뒤) 우리 법원이 양 협약 제11조를 해석함에 있어서도 위 대법원판결들처럼

---

113) 절차적으로 그 과정에서 국회가 국제사법학회에 의견을 조회하는 정도의 노력은 해주기를 희망해 본다. 이는 입법과정에서의 오류를 줄이기 위한 최소한의 절차일 것이다.

<u>동조는 비전보배상에만 적용된다고 해석하지 않을까 우려한다. 관할합의협약 제 11조는 그 문언상으로는 다소 불분명하나, 저자는 이는 지나치게 과도한 전보배 상의 지급을 명한 판결의 승인 및 집행을 제한하는 근거로도 사용될 수 있다고 보기 때문이다. 이 점은 석광현, "우리 대법원 판결에 비추어 본 헤이그 관할합 의협약의 몇 가지 논점", 국제사법연구 제25권 제1호(2019. 6.), 506면에서도 지 적하였다.</u> [밑줄 친 부분은 이 책에서 새로 추가한 것이다.]

이처럼 외국재판의 승인 및 집행에 관한 법제는 고정적인 것이 아니라 한국 법제의 변화에 응하여 변화해 가는 것이다. 장래 우리 법에 징벌배상을 도입하 는 입법을 할 경우 그것이 준거법인 외국법의 적용(국제사법의 문제)과 외국재판 의 승인 및 집행(민사소송법과 민사집행법 또는 광의의 국제사법의 문제)의 맥락에서 어떤 결과를 초래할지도 고려해야 한다.114) 현대에는 입법을 함에 있어 과거와 비교할 수 없을 정도로 그의 국제적 맥락을 함께 고려해야 한다는 것이다.

---

114) 한국에서도 제조물책임법에 따라 삼배배상이 도입되는 이상 예컨대 전보배상의 9배의 징 벌배상의 지급을 명하는 미국재판도 삼배의 범위 내에서는 승인 및 집행을 해야 함은 위 에서 언급하였다.

별첨

민사소송법 조문과 다양한 개정안의 비교

구 민사소송법(2002. 6. 30. 이전)

제203조(外國判決의 效力)

外國法院의 確定判決은 다음의 조건을 具備하여야 그 效力이 있다.

…

3. 外國法院의 判決이 大韓民國의 善良한 風俗 기타 社會秩序에 違反하지 아니한 일

…

1999년 저자의 개정안

제217조(外國判決의 承認)

外國法院의 確定裁判은 다음의 요건을 모두 갖추어야 대한민국에서 승인될 수 있다.

…

4. 裁判의 내용 또는 소송절차에 비추어 裁判의 承認이 대한민국의 선량한 풍속이나 그 밖의 사회질서에 명백히 어긋나지 아니할 것. 損害 전보의 범위를 넘는 損害賠償을 명한 외국재판은 승인하지 않을 수 있고 過度한 損害賠償을 명한 외국재판은 그 일부만을 승인할 수 있다."

2012년 이군현 의원등의 개정안

① …

3. 그 재판의 내용 및 소송절차에 비추어 보아 그 재판의 승인이 대한민국의 선량한 풍속이나 그 밖의 사회질서에 위반되지 아니할 것. 다만 손해전보의 범위를 초과하는 손해배상을 명한 외국재판은 그 초과범위 내에서 대한민국의 선량한 풍속이나 그 밖의 사회질서에 위반한 것으로 본다.

…

② 외국 법원이 인용한 변호사보수를 비롯한 소송비용이 과도하다고 판단한 경우에는 그 범위 내에서 승인을 거부할 수 있다.

③ 외국 법원이 인용한 손해배상이 소송과 관련된 비용과 경비를 전보하는지 여부와 그 범위를 고려하여야 한다.

2014년 개정 조문/현행 민사소송법

제217조(외국재판의 승인) ① 외국법원의 확정판결 또는 이와 동일한 효력이 인정되는 재판(이하 "확정재판등"이라 한다)은 다음 각호의 요건을 모두 갖추어야 승인된다.

…

3. 그 확정재판등의 내용 및 소송절차에 비추어 그 확정재판등의 승인이 대한민국의 선량한 풍속이나 그 밖의 사회질서에 어긋나지 아니할 것

…

제217조의2(손해배상에 관한 확정재판등의 승인) ① 법원은 손해배상에 관한 확정재판등이 대한민국의 법률 또는 대한민국이 체결한 국제조약의 기본질서에 현저히 반하는 결과를 초래할 경우에는 해당 확정재판등의 전부 또는 일부를 승인할 수 없다.

② 법원은 제1항의 요건을 심리할 때에는 외국법원이 인정한 손해배상의 범위에 변호사보수를 비롯한 소송과 관련된 비용과 경비가 포함되는지와 그 범위를 고려하여야 한다.

위 글에서 제시한 저자의 217조의2의 개정안[1]

① 법원은 손해배상에 관한 확정재판등이, 당사자에게 징벌적 손해배상 그밖에 손해전보의 범위를 초과하는 배상액의 지급을 명하는 경우에는 해당 확정재판 등의 전부 또는 일부를 승인할 수 없다. 다만 법원이 확정재판의 기초인 사건과 유사한 사건에서 대한민국 법에 따라서도 그에 상응하는 배상액의 지급을 명할 수 있는 범위 내에서는 그러하지 아니하다.

② 법원은 손해배상에 관한 확정재판등이 당사자에게 손해전보의 범위 내에서 배상액의 지급을 명하는 경우에도 [그것이 지나치게 과도하여 우리가 수인할 수 있는 범위를 넘는 때에는/그것이 본질적으로 피해자의 적절한 배상을 위하여 필요한 정도를 넘는 때에는] 제217조 제1항 제3호에 의하여 그 확정재판등의 일부만을 승인할 수 있다.

③ 법원은 제1항 및 제2항의 요건을 심리할 때에는 외국법원이 인정한 손해배상의 범위에 변호사보수를 비롯한 소송과 관련된 비용과 경비가 포함되는지와 그 범위를 고려하여야 한다. 변호사보수를 비롯한 소송과 관련된 비용과 경비에도 제2항을 준용한다.

---

1) 제217조 공서조항: 유지

후 기

위 글을 발표한 뒤에 아래의 문헌이 간행되었다. 물론 망라적인 목록은 아니다.
- 최우영, "징벌배상이나 과도한 손해배상에 관한 국제사법적 쟁점", 국제사법연구 제26권 제1호(2020. 6.), 3면 이하
- 김효정·장지용, 외국재판의 승인과 집행에 관한 연구(사법정책연구원. 2020)
- 장준혁, "2019년 헤이그 외국판결 승인집행협약", 국제사법연구 제25권 제2호 (2019. 12.), 437면 이하
- 석광현, "2019년 헤이그 재판협약의 주요 내용과 간접관할규정", 국제사법연구 제 26권 제2호(2020. 12.), 3면 이하
- 한충수, "헤이그 재판협약과 민사소송법 개정 논의의 필요성 — 관할규정의 현대화 및 국제화를 지향하며", 인권과정의 제493호(2020. 11.), 73면 이하

아래는 위(註 38)에 언급한 대법원 2022. 3. 11. 선고 2018다231550 판결에 관한 판 례속보이다.

[배액배상을 명한 외국판결의 승인·집행이 문제된 사건]
◇미국 하와이주 판결이 인정한 성문법상 3배의 배상 부분을 승인하는 것이 대한 민국의 법률이나 사회질서 또는 대한민국이 체결한 국제조약의 기본질서에 현저히 반하는 결과를 초래하는지 여부(소극)◇
  가. 외국법원의 확정재판 등에 대한 집행판결을 허가하기 위해서는 이를 승인할 수 있는 요건을 갖추어야 한다. 민사소송법 제217조 제1항 제3호는 외국법원의 확정 재판 등의 승인이 대한민국의 선량한 풍속이나 그 밖의 사회질서에 어긋나지 아니할 것을 외국재판 승인요건의 하나로 규정하고 있다. 여기서 그 확정재판 등을 승인한 결과가 대한민국의 선량한 풍속이나 그 밖의 사회질서에 어긋나는지 여부는 그 승인 여부를 판단하는 시점에서 그 확정재판 등의 승인이 우리나라의 국내법 질서가 보호 하려는 기본적인 도덕적 신념과 사회질서에 미치는 영향을 그 확정재판 등이 다룬 사안과 우리나라와의 관련성의 정도에 비추어 판단하여야 한다(대법원 2012. 5. 24. 선고 2009다22549 판결 참조).
  민사소송법 제217조의2 제1항은 "법원은 손해배상에 관한 확정재판 등이 대한민 국의 법률 또는 대한민국이 체결한 국제조약의 기본질서에 현저히 반하는 결과를 초 래할 경우에는 해당 확정재판 등의 전부 또는 일부를 승인할 수 없다."라고 규정하고 있다. 이는 민사소송법 제217조 제1항 제3호와 관련하여 손해전보의 범위를 초과하 는 손해배상을 명한 외국재판의 내용이 대한민국의 법률 또는 대한민국이 체결한 국

제조약에서 인정되는 손해배상제도의 근본원칙이나 이념, 체계 등에 비추어 도저히 허용할 수 없는 정도에 이른 경우 그 외국재판의 승인을 적정범위로 제한하기 위하여 마련된 규정이다.

또한 이러한 승인요건을 판단할 때에는 국내적인 사정뿐만 아니라 국제적 거래질서의 안정이나 예측가능성의 측면도 함께 고려하여야 하고, 우리나라 법제에 외국재판에서 적용된 법령과 동일한 내용을 규정하는 법령이 없다는 이유만으로 바로 그 외국재판의 승인을 거부할 것은 아니다.

나. 1) 우리나라 손해배상제도의 근본이념은 피해자 등이 실제 입은 손해를 전보함으로써 손해가 발생하기 전 상태로 회복시키는 것이었다(대법원 2003. 9. 5. 선고 2001다58528 판결 등 참조). 그러다가 2011년 처음으로 「하도급거래 공정화에 관한 법률」에서 원사업자의 부당한 행위로 발생한 손해의 배상과 관련하여 실제 손해의 3배를 한도로 하여 손해전보의 범위를 초과하는 손해배상을 도입하였다(제35조). 이어서 「독점규제 및 공정거래에 관한 법률」(이하 '공정거래법'이라 한다)에서도 사업자의 부당한 공동행위 등에 대하여 실제 손해의 3배를 한도로 하여 손해전보의 범위를 초과하는 손해배상 규정을 도입하였고, 계속해서 개인정보, 근로관계, 지적재산권, 소비자보호 등의 분야에서 개별 법률의 개정을 통해 일정한 행위 유형에 대하여 3배 내지 5배를 한도로 하여 손해전보의 범위를 초과하는 손해배상을 허용하는 규정을 도입하였다.

이처럼 개별 법률에서 손해전보의 범위를 초과하는 손해배상을 허용하는 것은 그러한 배상을 통해 불법행위의 발생을 억제하고 피해자가 입은 손해를 실질적으로 배상하려는 것이다.

2) 이와 같이 우리나라 손해배상제도가 손해전보를 원칙으로 하면서도 개별 법률을 통해 특정 영역에서 그에 해당하는 특수한 사정에 맞게 손해전보의 범위를 초과하는 손해배상을 허용하고 있는 점에 비추어 보면, 손해전보의 범위를 초과하는 손해배상을 명하는 외국재판이 손해배상의 원인으로 삼은 행위가 적어도 우리나라에서 손해전보의 범위를 초과하는 손해배상을 허용하는 개별 법률의 규율 영역에 속하는 경우에는 그 외국재판을 승인하는 것이 손해배상 관련 법률의 기본질서에 현저히 위배되어 허용될 수 없는 정도라고 보기 어렵다. 이때 외국재판에 적용된 외국 법률이 실제 손해액의 일정 배수를 자동적으로 최종 손해배상액으로 정하는 내용이라고 하더라도 그것만으로 그 외국재판의 승인을 거부할 수는 없고, 우리나라의 관련 법률에서 정한 손해배상액의 상한 등을 고려하여 외국재판의 승인 여부를 결정할 수 있다.

요컨대, 손해전보의 범위를 초과하는 손해배상을 명한 외국재판의 전부 또는 일부를 승인할 것인지는, 우리나라 손해배상제도의 근본원칙이나 이념, 체계를 전제로 하여 해당 외국재판과 그와 관련된 우리나라 법률과의 관계, 그 외국재판이 손해배상의 원인으로 삼은 행위가 우리나라에서 손해전보의 범위를 초과하는 손해배상을 허용하는 개별 법률의 영역에 속하는 것인지, 만일 속한다면 그 외국재판에서 인정된 손해배상이 그 법률에서 규정하는 내용, 특히 손해배상액의 상한 등과 비교하여 어느 정도 차이가 있는지 등을 종합적으로 고려하여 개별적으로 판단하여야 한다.

☞ 피고가 원고들의 독점적 식료품 수입·판매계약을 방해하고 불공정한 경쟁방법을 사용하였다는 이유로 미국 하와이주 법에 따라 원고들이 입은 손해의 3배의 배상을 명하는 하와이주 판결('이 사건 하와이주 판결')에 대해 원고가 승인·집행판결을 구하는 사건임

☞ 대법원은, 이 사건 하와이주 판결에서 손해배상의 대상으로 삼은 행위는 우리나라 공정거래법의 규율 대상에 해당할 수 있는데, 공정거래법에서도 실제 손해액의 3배 내에서 손해배상을 허용하는 법조항을 두고 있으므로, 위와 같은 법리에 비추어 실제 손해액의 3배에 해당하는 손해배상을 명한 이 사건 하와이주 판결을 승인하는 것이 우리나라 손해배상제도의 원칙이나 이념, 체계 등에 비추어 도저히 허용할 수 없는 정도라고 할 수 없다고 보아, 이와 반대되는 결론의 원심판결을 파기하였음

제 7 장

외국 국제사법

[12] 독일 개정 국제사법에 관한 고찰 再論

前 記

이 글은 저자가 이호정 선생의 추모문집인 자유주의자 李好珽의 삶과 학문(2019), 616면 이하에 게재한 간략한 글을 대폭 수정·보완하여 국제사법연구 제27권 제1호(2021. 6.), 631면 이하에 수록한 글을 다시 수정한 것으로(다만 제목에 再論을 부기함), 말미에는 국제사법연구 제27권 제1호(2021. 6.), 664면 이하에 수록한 독일 민법시행법의 국문시역을 첨부하였다. 가벼운 수정 부분은 밑줄을 그어 표시하였고, 참고할 사항은 말미의 후기에 적었다. 정치(精緻)한 국제재판관할규칙을 담은 우리 국제사법 개정법률(개정법)이 2022. 1. 4. 공포되어 7. 5. 발효된다. 그 결과 준거법규칙을 담은 조문도 번호가 변경되기에 아래에서는 개정법의 조문을 일부 언급하였다.

I. 머리말

주지하듯이 1960년 제정된 우리 섭외사법은 일본 법례를 모방한 것이고 이는 독일 민법시행법(EGBGB)[1]의 영향을 받은 것이었다. 그리고 과거 우리 국제사법학은 주로 일본과 독일의 영향 하에 있었다. 독일에서 민법과 국제사법을 연구한 이호정 선생님(이하 "선생님"이라 한다)이 독일 국제사법에 관한 논문을 쓴 것은 자연스러운 일이었다. 구체적으로 선생님은 1986년 개정된 독일 민법시행법(이하 "1986년 민법시행법"이라 한다)(특별히 명시하지 않으면 독일 민법시행법은 현행법을 말한다)을 다룬 논문을 두 편 발표하였는데 첫째는 초안을 개관하고 국문시역을 첨부한 것[2]이고, 둘째는 공포된 조문을 개관하고 국문시역을 첨부

---

[1] 이는 1880년대 게프하르트(Albert Gebhard) 초안에 기초한 것이었다. 상세는 Theodor Niemeyer, Zur Vorgeschichte des Internationalen Privatrechts im Deutschen Bürgerlichen Gesetzbuch (»Die Gebhardschen Materialien«)(1915) 참조(Christian von Bar/Peter Mankowski, Internationales Privatrecht, Band 1, Allgemeine Lehren, 2. Auflage (2003). §6 Rn. 75ff.에서 재인용).

[2] 이호정, "독일 國際私法草案에 대한 考察 — 最近의 國際私法의 動向", 서울대학교 법학 제26권 1호(1985. 4.), 131면 이하 참조.

한 것3)이다. 여기에서는 선생님의 논문 후 최근까지 있었던 독일 민법시행법의 주요 개정내용을 중심으로 그 후의 변화를 소개한다.4) 이 글은 선생님의 논문의 범위를 따랐기에 여기에서 말하는 독일의 국제사법은 독일의 민법시행법을 중심으로 하는 협의의 국제사법을 말한다. [밑줄 친 부분은 이 책에서 새로 추가한 것이다.]

Ⅱ. 선생님의 논문 발표 당시 한국에서 독일 국제사법에 관한 논의 상황

선생님의 논문 간행 전 한국에서는 독일 국제사법은 교과서에 단편적으로 언급되었을 뿐이었고 체계적 서술은 없었다. 더욱이 1986년 개정된 독일 국제사법에 대한 소개는 별로 없었다. 과거 우리 교과서들을 보면 다양한 연결대상의 준거법 결정에 관한 입법례를 소개하면서 각 입법례에 속하는 국가들을 비교적 풍부하게 언급하나 국가명만 언급할 뿐이고 관련 법조문을 밝히지 않는 경향이 있었다.5)

Ⅲ. 선생님 논문의 의의: 독일 국제사법의 특색

1986년 개정된 독일 국제사법에 대한 소개가 매우 부족한 상황에서 선생님의 논문이 가지는 의미는 작지 않았다. 선생님이 소개할 당시 1986년 개정된 독일 민법시행법에는 단체법, 지식재산권, 계약외적 채권관계와 물권의 준거법에 관하여는 규정이 없었고, 단지 불법행위에 관하여는 불완전한 제38조만이 있었는데 이는 구 조문(제12조)을 옮긴 것으로서 불법행위에 관한 일반적 조문이 아

---

3) 이호정, "독일 改正 國際私法에 관한 考察", 서울대학교 법학 제28권 3·4호(1987. 12.), 106면 이하 참조.

4) 필자는 위 논문에 대한 해제를 작성하여 2019년 12월 간행된 추모문집에 수록할 예정이었으나 분량의 제한으로 인하여 축약본을 수록하였다. 석광현, "독일 改正國際私法에 관한 考察", 자유주의자 李好珽의 삶과 학문(2019), 616면 이하. 여기에서는 다소 보완한 해제의 원문과 2019년 말 현재 독일 민법시행법의 전문번역을 자료로 수록한다. 전문번역을 도와준 김윤우 법무관(현재는 변호사)에게 감사의 뜻을 표시한다. 스위스 국제사법에 관한 글은 국제사법연구 제26권 제2호(2020. 12.), 국제사법연구 제26권 제1호(2020. 6.), 571-593면, 국문시역은 595-654면 참조.

5) 예컨대 법인의 속인법에 관한 서희원, 신고판 국제사법강의(1992), 171면; 법인의 속인법에 관한 김용한·조명래, 정정판 국제사법(1992), 225면 등 참조.

니다.6) 우리의 관점에서 1986년 민법시행법은 1998년 민법시행법과 함께 2001
년 우리 섭외사법의 개정작업에 영향을 미친 점에서 중요한 의미가 있는데 위
논문들이 독일 국제사법에 더 큰 관심을 가지게 하는 계기가 되었다. 1986년 독
일 민법시행법의 특색을 조문 순서에 따라 간단히 소개한다.7)

1. 개별준거법은 총괄준거법을 깨뜨린다는 원칙

1986년 민법시행법(제3조 제3항)은 "개별준거법은 총괄준거법을 깨뜨린다"
(Einzelstatut bricht Gesamtstatut)는 원칙을 명시하는 것으로 이해되었다.8) 위 조
문은 그 후 제3a조(실질규범지정; 개별준거법)가 되면서 일부 개정되었는데9) 제3a
조 제1항은 제4조 제2항이 되어 존속하나 제3a조 제2항은 2019년 1월 삭제되었
다(결국 제3a조는 삭제되었다). 이는 위 원칙이 적용되는 주요 영역에서 유럽연합
규정들이 위 원칙을 명시한 결과이다.10) 섭외사법은 위 원칙을 명시하지 않았으
나 우리 통설11)은 이를 해석론으로 받아들였고 별 이견이 없었으며 위 법리를

---

6) 이호정(註 3), 109면; 이호정, 국제사법(1981), 109면. 우리 구 섭외사법 제14조 제3항에
  상응하는 것(즉 불법행위의 효과에 관하여 법정지법의 누적적용을 명시하는 것)이라고
  할 수 있으나 피해자가 독일인인 경우에만 적용되는 점에서 범위가 더 제한적이다.
7) 양병회, "獨逸의 改正國際私法", 국제사법연구 제3권(1998), 45면 이하에도 1986년 민법
  시행법의 간략한 소개가 있다.
8) 조문은 아래와 같다.
  "제3절과 제4절의 지정들이 어떤 사람의 재산을 어떤 국가의 법에 따르게 하고 있는
  경우에, 이 지정들은 (대상물이) 이 국가에 있지 아니하고 또한 (그 대상물이) 소재하는
  국가의 법이 특별한 규정에 따르게 하고 있는 대상물에 대해서는 적용되지 아니한다."
9) 제3a조는 아래와 같았다.
  "(1) 실질규정(Sachvorschriften)에로의 지정이 있는 경우에는 준거가 되는 법질서 중
  에서 국제사법규범을 제외한 법규범이 적용된다.
  (2) 제3절의 지정들이 어떤 사람의 재산을 어떤 국가의 법에 따르게 하고 있는 경우에,
  이 지정들이 (대상물이) 이 국가에 있지 아니하고 또한 (그 대상물이) 소재하는 국가의
  법이 특별한 규정에 따르게 하고 있는 대상물에 대해서는 적용되지 아니한다."
  2015. 8. 17. EU상속규정이 시행됨에 따라 제2항에서 제4절에 대한 언급이 삭제되었
  다. 그 결과 구 민법시행법 제3조a 제2항은 친족사건에만 적용될 뿐 상속사건에 대하여
  는 적용되지 않았고 상속사건에는 EU상속규정 제30조가 적용되었다.
10) Abbo Junker, Internationales Privatrecht, 3. Auflage (2019), §9, Rn. 14; 김문숙, "상속
  준거법에서의 당사자자치", 국제사법연구 제23권 제1호(2017. 6.), 294면. 과거 제3조 제3
  항에 관한 논의는 Christian von Bar/Peter Mankowski, Internationales Privatrecht,
  Band 1, 2. Auflage (2003), 7 Rn. 43ff. 참조.
11) 이호정(註 6), 351면.

적용한 하급심 판결12)도 있다. 다만 근자에는 한국에서도 위 원칙에 대한 비판론13)이 제기된 바 있으나 통설을 지지하는 견해14)도 있다. 위 원칙은 상속에서만이 아니라 부부재산제,15) 합병과 신탁 등의 경우에도 적용될 수 있으므로 더 깊이 검토할 필요가 있다.16)

2. 반정의 허용범위

독일 민법시행법(제4조)은 직접반정에 한정하지 않고 반정(反定. *renvoi*)을 널리 허용한다. 다만 반정의 허용이 민법시행법이 정한 지정의 의미에 반하는 경우에는 이를 불허한다(제4조 제1항). 섭외사법은 속인법으로서 본국법이 적용되는 경우에만 직접반정을 허용하였으나, 국제사법은 이러한 제한을 없애 반정의 허용범위를 확대하였다(제9조 제1항, 개정법 제22조 제1항). 이는 반정을 허용함으로써 국제사법의 이상인 국제적 판결의 일치를 도모할 수 있고, 경직된 법 선택의 원칙을 완화하여 구체적 사건에 보다 타당한 법을 적용할 수 있으며, 법정지법을 적용하여 외국법의 적용에 따른 어려움을 완화하는 등의 실제적 효용을 고려한 것이다. 다만 직접반정을 허용하는 것이 부적절한 경우를 예시하여 그 경우 반정을 불허한다(제2항). 국제사법이 원칙적으로 직접반정만을 허용하는 것은 섭외사법과 같다. 따라서 국제사법상 친족법·상속법 분야뿐만 아니라 다른 법

---

12) 채권자취소권의 준거법이 문제된 사건에서 제1심인 부산가정법원 2012. 12. 21. 선고 2011드단14172 판결. 위 원칙의 적용을 지지하는 견해와 비판하는 견해가 발표된 바 있다. 채권자취소권의 준거법에 관한 입법례와 학설의 소개는 유정화, "국제거래에서 채권자취소권의 준거법 결정에 관한 연구", 서울대학교 대학원 법학석사학위 논문(2019), 58면 이하 참조. 정구태, "이혼시 재산분할청구권 및 위자료청구권 보전을 위한 채권자취소권의 준거법 — 대법원 2016. 12. 29. 선고 2013므4133 판결", 인문사회 21, 제8권 제2호(통권 21호)(2017. 4.), 1112면에서 개별준거법을 적용한 것을 지지한다. 그러나 그 사안은 위 원칙의 적용되는 사안이 아니다. 윤진수(편), 주해 상속법 제2권(2019), 1293면, 註 615(장준혁 집필부분)가 지적하는 바와 같이 위 판결은 잘못이다.
13) 최흥섭, "한국 국제사법에서 총괄준거법과 개별준거법의 관계", 비교사법 21-2(통권 65)(2014. 5.), 597 이하는 명문규정이 없는 우리 국제사법의 해석론으로는 위 원칙을 인정할 수 없고 이를 제3국의 국제적 강행규범론에 의하여 해결하자고 한다.
14) 윤진수/장준혁(註 12), 1299면.
15) 이 맥락은 윤진수(편), 주해친족법 제2권(2015), 1630면(석광현 집필부분) 참조.
16) 독일법상의 위 원칙은 그에 우선하는 EU상속규정 제30조(일정한 자산에 관한 상속에 관련되거나 영향을 미치는 제한을 부과하는 특별한 규칙)에 의하여 배제된다. 제30조에 관하여는 윤진수/장준혁(註 12), 1295면, 註 617 참조. EU부부재산제규정 제29조는 EU상속규정 제30조와 유사한 취지이다.

분야에서도 반정이 허용될 것이나 실제로는 친족법·상속법 분야에서 중요한 역할을 한다.[17]

독일 민법시행법과 우리 국제사법은 모두 국제재판관할권 규정 속에 숨겨져 있는 준거법결정을 위한 저촉규정에 의하여 반정이 인정되는 '숨은 반정(hidden *renvoi*, versteckte Rückverweisung. 이는 외국의 저촉법규정이 한국으로 반정하는 '명시적 반정'에 대비된다)'의 법리를 명시하지 않으나 이는 해석론으로 인정된다.[18]

3. 성씨의 준거법에 관한 명문의 규칙

성씨(이하 편의상 '성' 또는 '성명'의 준거법이라 한다)의 준거법은 주로 (1) 배우자의 성 ―혼인에 의한 배우자의 성과 이혼시의 배우자의 성의 문제 등― 과 (2) 자(子)의 성에서 문제된다. 독일 민법시행법(제10조)은 성씨의 준거법에 관하여 국적을 연결점으로 명시하고 부부간에는 성씨를 선택할 수 있음을 명시한다.[19] 독일은 유럽사법재판소의 국제성명법 사건인 2008년 Grunkin and Paul 사건 판결을 고려하여 최소한의 개정으로 2013년 독일 민법시행법 제48조를 신설하였다. 제1문은 "성명의 준거법이 독일법인 경우, 그것이 독일법의 본질적인 근본원칙에 반하지 않는 한, 그는 신분공무원에 대하여 의사표시를 함으로써, 그가 다른 회원국에 상거소를 가지고 있는 동안에 획득하고 그곳 신분등록부에 등록한 성명을 선택할 수 있다."고 규정한다. 이는 성명의 준거법이 독일법인 경우에 성명 선택을 허용하는 실질법규칙이다. Junker(註 10), §13 Rn. 35. 한편 제47조는 "외국법에 따라 성명을 취득한 사람의 성명의 준거법이 독일법이 된 경우 그 성명을 독일법에 따라 조정할 수 있다"는 취지로 규정함으로써 적응의 법리를 명문화하고 있다. Junker(註 10), §13 Rn. 31. 다만 외국에서의 등록이 적법한 것이어야 하는지는 논란의 여지가 있으나 이는 유럽연합 내에서 통일적 성명을 보

---

17) 입법론적으로 현행법상 반정의 범위가 너무 넓다는 비판도 있다. 윤남순, "국제사법상 반정범위의 적정성", 법학연구 제24권 제1호(2013. 6.), 536-7면.

18) 이혼사건에서 대법원 2006. 5. 26. 선고 2005므884 판결은 국제사법 제9조를 유추적용하여 숨은 반정을 명시적으로 허용하였다. 평석은 석광현, "2006년 국제사법 분야 대법원판례: 정리 및 해설", 국제사법연구 제12호(2006), 594면 이하 참조.

19) 소개는 최흥섭, "國際私法에서 姓名準據法 ―독일법을 중심으로―", 국제사법연구 제7호(2002), 74면 이하 참조.

장하기 위한 것이고 유럽연합법은 적법성 심사를 알지 못함을 이유로 부정한다. Peter Mankowski, Nun sag, wie hast Du's mit dem Anerkennungsprinzip?-Im EU-Ausland „unrechtmäßig" erlangte Namen als Prüfstein, IPRax (2020), S. 327. 제47조와 제48조는 모두 제2장(국제사법)이 아니라 제3장(적응. 유럽연합의 다른 회원국에서 취득한 성명의 선택)에 규정되어 있다. 장래에는 우리도 국제성명법의 준거법 결정원칙의 도입과, 이런 식의 성명에 관한 실질법규칙과 표기에 관한 정치한 규칙의 도입을 검토할 필요가 있다. [밑줄 친 부분은 이 책에서 새로 추가한 것이다.] 반면에 우리 섭외사법은 성명의 준거법에 관한 규정을 두지 않았고 국제시법도 마찬가지이다. 2000년 섭외사법의 개정과정에서 본구법에 연결하는 방안(제1안)과 규정하지 않는 방안(제2안)이 있었으나 제2안이 채택되었다. 제1안은 성명은 당사자의 인격권의 문제라는 점과 성명에 대한 사법적 측면과 공법적 측면을 일치시키는 장점이 있으나, 부부 간의 성, 자의 성에 대해서는 혼인의 효력의 준거법과 친자관계의 준거법에 의한다는 견해도 유력하였기 때문이다.

성씨의 준거법에 관한 국제사법의 해석론은 나뉘고 있다.[20] 부부간의 성에 관하여 가족관계등록의 실무는 혼인의 효력의 준거법에 따르고 있다.[21] 한편 자녀의 성에 관하여 부부간의 성에 관한 태도와 일관성이 있자면 국제사법 제45조에 의하여 결정되는 친자관계의 준거법에 따라야 할 것이나 종래의 실무는 그렇지 않은 것으로 보이는데 실무의 근거는 불분명하다.[22]

4. 국제친족법과 양성평등의 원칙

1986년 민법시행법에서 주목할 것은 친족법의 영역에서 양성평등의 원칙에 부합하는 연결원칙을 도입한 점이다. 또한 공서에 관한 구 민법시행법(제6조 2문)을 개정하면서 외국 법규범의 적용이 기본권과 상용되지 않는 경우 적용이 배제됨을 명시하였다. 이는 독일 연방헌법재소의 1971. 5. 4. '스페인인 결정

---

20) 석광현, 국제사법 해설(2013), 218면 이하 참조.
21) 호적선례(200308-1)는, 호적선례(200504-2)와 가족관계등록선례(200910-2) 등 참조.
22) 가족관계등록예규 제312호(제13조)와 가족관계등록예규 제327호 참조. 상세는 법원행정처, 가족관계등록실무[Ⅱ] (2012), 570면 이하 참조. 민법 제781조가 결론에 영향을 미친 것으로 보인다.

(Spanierbeschluss)'에 의해 촉발된 것이다.[23]

혼인의 일반적 효력에 대하여 단계적 연결원칙을 도입한 1986년 민법시행법(제14조)은 5단계를 규정하나, 독일 막스 플랑크 외국사법 및 국제사법 연구소의 개정안이나 일본의 법례(제14조) 또는 일본 법적용통칙법(제25조)은 3단계를 규정한다. 5단계설은 "케겔의 사다리(Kegelsche Leiter)"라고 부르기도 한다.[24] 선생님은 1986년 민법시행법에 대해 다음과 같이 평가하였다.[25]

> "國際親族法과 國際相續法의 改正은 全面的인 것이며, 가히 革命的이라고 할 수 있을 정도의 大改革이다. 그것은 國際私法改正의 端初를 이루는 것이 이 法領域에 있어서의 基本權 특히 男女平等의 實現의 要請이었었다는 점에 비추어 볼 때 당연한 것이라 할 수 있을 것이다."

법무부가 2000년 6월 구성한 섭외사법개정특별분과위원회("개정위원회")의 심의과정에서 독일법과 일본법을 검토한 결과 5단계 연결보다 3단계 연결이 단순하고 명확하며, 과거의 동일한 속인법과 현재의 상거소지법 간에 반드시 전자가 우선한다고 볼 근거가 없다는 이유로 3단계를 선택하여 국제사법 제37조가 채택되었다. 1986년 민법시행법은 우리 국제친족법이 양성평등의 원칙을 도입하는 데 중요한 영향을 미쳤다. 선생님은 이를 다음과 같이 설명하였다.[26]

> "… 독일 국제사법 책들을 읽다 보니 우리 국제사법 규정 가운데 위헌적인 것이 한두 가지가 아니었습니다. 특히 친족상속분야가 가장 현저했지요. 독일에서 국제사법 공부를 하면서 큰 충격을 받았습니다. 우리 섭외사법은 계보를 보면 일본의 법례를 옮긴 것이고 이것은 그 당시 유럽 대륙에서 일반규칙으로 확립되어 있는 규칙을 성문화한 것이었으므로 제정 당시에는 문제가 없는 것이었지요. 그런데 세월이 지나면서 문제가 대두하였고, 가령 남편의 본국법을 따르도록 되어 있는 규정이 부부평등의 원칙에 반한다는 점이 문제가 되어 독일 헌법재판소에서 위헌판결을 받게 되었습니다. 그러므로 우리 섭외사법도 제16조에서 제18조의 조항 모두 누가 위헌소

---

23) 소개는 석광현, "국제사법에 대한 헌법의 영향", 저스티스 통권 제170-3호(2019. 2. 한국법률가대회 특집호Ⅱ), 514면 이하 참조. 위 결정은 20세기의 가장 중요한 독일 국제사법 재판이라고 평가된다. 한국에서도 1988. 9. 1. 헌법재판소가 설립되었지만 양성평등의 원칙에 반하는 섭외사법 조문은 계속 적용되었다.

24) 케겔의 당초 제안은 7단계였다. 이호정(註 6), 359면 참조.

25) 이호정(註 3), 109면.

26) 대담, 34면.

송을 제기하면 꼼짝없이 위헌판결을 받게 될 것이었지요. 그래서 우리도 빨리 … 문제가 있는 규정들을 바꾸어야겠다는 점을 항상 강조하였습니다. … 과거 국제사법에서는 Vaterrecht(父法), Mannesrecht(夫法)가 우선한다는 것이 기본원칙으로 되어 있었는데, 이는 혼인법에서의 부부평등 원칙이나 최근 친자법의 중심 이념인 best interest of child에 반하는 것입니다. 그래서 친족법 분야에서는 당장 고쳐야 할 것이 많았습니다. … 그리하여 개정작업에 착수하게 되었습니다. …"27)

다만 아래에서 보는 바와 같이 혼인의 일반적 효력의 준거법을 정한 독일 민법시행법 제14조는 2018년 개정되었다.

5. 상속에서 당사자자치의 도입

선생님이 소개할 당시 독일 민사소송법은 상속의 준거법에 관하여 피상속인의 사망 당시 본국법주의를 취하면서도 독일에 소재하는 부동산에 관하여 독일법의 선택을 허용하였다(제25조 제2항). 독일 민법시행법은 그 후 아래 소개하는 EU상속규정의 시행에 따라 개정되었다. 개정위원회는 독일, 스위스, 이탈리아 등의 입법례와 1989년 "사망에 의한 재산상속의 준거법에 관한 헤이그협약"(헤이그상속협약)에 따라 상속에서도 제한된 범위 내에서 당사자자치를 허용하였다(제2항). 상속은 신분적 측면뿐만 아니라 재산의 이전이라는 재산적 측면도 가지고 있으므로 피상속인의 상거소지나 재산소재지와도 밀접한 관련을 가지며, 본국법주의만을 고집할 경우의 문제점을 해결하기 위하여 피상속인의 상속준거법의 선택을 명시적으로 허용한 것이다.

6. 계약준거법 결정에 관한 로마협약의 수용

독일은 1986년 민법시행법에서 로마협약의 내용에 일부 수정을 가하여 이를 간접적으로 국내법화하고,28) 로마협약과의 충돌을 피하고자 1986. 7. 25. 로마협약 비준 법률(제1조 제2항)에서 "로마협약의 제1조 내지 제21조는 독일에서

---

27) 다만 선생님은 혼인의 신분적 효력에 관하여 夫의 본국법을 적용하는 구 섭외사법의 연결원칙은 부부평등이 원칙에 반한다고 지적하면서도 해석론으로서는 섭외사법 조문에 따라 부의 본국법을 적용하는 길밖에 없다고 설명하였다. 이호정(註 6), 341-342면. 당시 대법원으로부터 섭외사법 조문의 위헌 판정을 받기 어려웠기 때문일 것이다.
28) 구 민법시행법 제2장 제5절 제1관(제27조부터 제37조)은 일부(예컨대 후에 개정된 제29a조)를 제외하고는 로마협약을 편입한 것이었다.

는 직접 적용되지 않는다"고 규정하였다.29) 따라서 우리는 1986년 독일 민법시행법을 연구함으로써 로마협약에 대한 지식을 축적할 수 있었다. 다만 선생님은 계약준거법규칙을 간단히 소개하였을 뿐이다.30)

우리는 2001년 섭외사법을 개정하면서 로마협약의 태도를 대폭 수용하였으므로 결국 1986년 민법시행법 제2장 제5절 제1관과 유사하게 되었다. 다만 이는 독일 민법시행법의 직접적인 영향이라기보다는 로마협약의 영향이다. 다만 법정지의 국제적 강행규정에 관하여만 조문(제34조)을 두는 1986년 민법시행법의 태도는 참고가 되었고 우리도 국제사법 제7조에서 법정지의 국제적 강행규정에 관하여만 조문을 두었다.

그러나 채권양도의 채무자 및 제3자에 대한 효력의 준거법과, 채무인수의 준거법을 명시하는 점에서 국제사법(제34조)은 규정이 없는 1986년 민법시행법 및 로마협약과 다르다.

하지만 아래에서 보는 바와 같이 민법시행법의 위 규정들은 로마 I 이 독일에서 전면적으로 적용되면서 삭제되었다.

Ⅳ. 선생님 논문 후의 상황과 변화

1. 한국의 변화

1962년 제정된 구 섭외사법은 원칙적으로 준거법 결정원칙만을 규정하는데 황산덕 교수의 통렬한 비판처럼31) 처음부터 낙후된 것이었다. 선생님 논문 후 한국의 변화는 무엇보다도 2001. 4. 7. 공포된 섭외사법개정법률에 따라 국제사법이 2001. 7. 1.부터 시행되고 있다는 점이다.32)

---

29) 2009. 12. 17. 로마 I 의 발효를 계기로 제2장 제5절 제1관은 전부 삭제되었으나 제29a조는 조금 수정되어 제46b조가 되었다.

30) 1991년 간행된 선생님의 방송통신대 교재(262면)에서는 그 해 발효된 로마협약을 더 충실히 다루었어야 하나 오히려 1981년 간행된 교과서에 있던 로마협약 초안에 대한 서술(287면)이 삭제되었다. 이는 아마도 방송통신대 교재가 당초 1986년 간행된 탓으로 짐작된다.

31) 황산덕, "嚴肅한 態度로 立法을 하라", 사상계(1958. 12.), 176면 이하; 김진, "섭외사법의 공표를 보고", 고시계(1962. 3.), 123면 이하 참조(후자는 최공웅, "섭외사법 개정의 의의와 특징(상)", 법률신문 제2971호(2001. 4. 19), 19면에서 재인용).

32) 개관은 석광현, "한국 국제사법 70년 변화와 전망", 청헌 김증한 교수 30주기 추모논문집

2001년 국제사법은 섭외사법의 낙후성을 극복하고 20세기 유럽 국제사법이 이룩한 성과를 대폭 수용한 것으로 한국 국제사법의 역사에 큰 획을 긋는 획기적 입법이다. 국제사법의 특징으로는 우선 총칙/민사/상사이던 편제를 총칙/사람/법률행위/물권/채권/친족/상속/어음·수표/해상으로 세분한 점과, ① 완결된 국제사법 체제의 지향과 법의 흠결의 보충, ② 양성평등원칙의 실현,[33] ③ 국제재판관할에 관한 규정의 확대와 특칙의 도입, ④ '가장 밀접한 관련' 원칙의 관철, ⑤ 탄력적인 연결원칙의 도입, ⑥ 본국법주의의 유지와 연결점으로서의 상거소 개념의 도입, ⑦ 소비자계약과 근로계약 및 부양의무의 준거법에서 보듯이 사회·경제적 약자의 보호라는 실질법적 가치의 고려, ⑧ 당사자자치의 확대와 ⑨ 조약의 고려 등을 열거할 수 있다.[34] 2001년 국제사법이 시행됨으로써 한국

(2018), 1183면 이하 참조.

33) 국제사법이 양성평등의 원칙을 도입한 것은 2000년대 이후 국제혼인과 국제이혼의 증가라는 현상의 발생에 앞선 선제적 조치로서 높이 평가할 만하다. 만일 이를 개정하지 않았더라면, 한국에 정착한 외국 남성과 한국 여성 간의 재판상 이혼에서 이혼의 준거법은 남편의 본국법인 외국법이라(섭외사법 제18조) 법원으로서는 외국법을 적용해야 하는 어려움을 겪었을 것이고, 종국에는 위헌이라고 판단되어 법의 공백이 초래되었을 것이다.

34) 상세는 법무부, 국제사법 해설(2001), 11면 이하; 석광현, 2001년 개정 국제사법 해설(2001), 15면 이하 참조. 그러나 당사자자치의 원칙은, 당사자들로 하여금 구속을 받지 않고 법역을 넘을 수 있게 함으로써 공적 규제(public regulation)와 사적 선택(private choice) 간의 관계를 역전시켰고 법률이라는 상품과 사법서비스를 위한 경쟁시장을 발생시켰기에(Horatia Muir Watt, Party Autonomy, in Basedow *et al.* (eds.), Encyclopedia of Private International Law, Vol. 2, p. 1339), 이제는 더 이상 자유주의 국가 공동체의 호의적 감독 하에 견고하고 편협한 제약으로부터 사적 기업을 해방시키는 데 기여하는 것이 아니라, 오히려 규제되지 않는 경제에서 국가의 공적 규제를 처분 가능한 사적 재화로 전환시킨다는 비판을 받기도 한다. Horatia Muir Watt, Autonomising financial markets: Lehman Brothers v. BNY Corporate Trustee, in Horatia Muir Watt *et al.* (eds.), Global Private International Law (2019), p. 278 이하. 근자에는 위 책에 소개된 Song Mao 사건(캄보디아), Trafigura 사건(코트디부아르)과 Doe v. Nestle 사건(코트디부아르) 등에서 보듯이, 여러 나라에 걸쳐 재화와 서비스를 생산·유통하는 '세계적 가치사슬' 또는 '공급망(또는 공급 사슬. global value chain or supply chain)'으로 표현되는 후기자본주의사회가 노정하는 과도한 당사자자치의 폐해를 지적하면서 국제사법 차원의 개선방안을 고민하고 모색하는 노력이 보인다. 우리나라에서는 일부 국제법 학자들이 관심을 보이나, 이는 국제사법과 국제인권법의 접점에 있는 논점이므로 국제사법학에서도 관심을 가져야 한다. 우리는 아직도 당사자자치 원칙의 정립을 위하여 노력하는 중이지만, 국제사법 선진국에서는 이런 고민과 노력을 하는 국제사법학자들이 있다. 우선 Horatia Muir Watt & Fernández Arroyo, Private International Law and Global Governance (2014) 참조.

은 국제적 정합성이 제고된 국제사법규범을 가지게 되었고, 이는 일본의 2006년 법례 개정[35]과 중국의 2010년 섭외민사관계법률적용법의 제정[36]에도 영향을 주었다. 개정위원회는 국제사법을 성안함에 있어서 유럽 국제사법과 헤이그협약 등 국제규범을 참조하였다. 결국 편제와 총칙 분야는 스위스 국제사법, 각칙 중 친족법 분야는 독일 민법시행법과 일본의 1989년 개정 법례, 각칙 중 재산법 분야는 유럽연합의 국제사법과 스위스 국제사법의 영향을 많이 받았다.[37]

섭외사법의 개정에 대하여 선생님은 다음과 같이 총평을 하였다.[38]

> "… 국제계약법 분야의 경우에는 … 로마협약[을] … 참작했기 때문에 … 위험이 좀 덜하다고 할 수 있을 것 같습니다. 그리고 국제물권법 부분은 크게 바뀐 것이 없고, 국제법정채권법 분야에서도 독일의 개정법을 참고하였습니다. 단, 불법행위법의 경우에 독일에서는 행동지법의 적용을 원칙으로 하고 결과 발생지의 법은 피해자가 원하는 경우에만 적용하는 것을 원칙으로 하도록 하고 있습니다. 이것은 원래 법관의 부담을 덜기 위한 것이었지요. 그런데 이것이 뜻하지 않게 법관의 부담을 오히려 가중시키는 결과를 가지고 왔습니다. … 이런 것이 입법의 어려운 점이지요. 그래서 우리의 경우에는 오히려 전통적 판례에 따라 결과발생지의 법도 적용하도록 하였는데 이는 독일에서의 현실적 경험을 어느 정도 반영한 것입니다. … 연구를 통하여 보완해야 할 부분이 적지 않다고 생각됩니다."

2. 독일의 변화

가. 유럽화-공동체법화

민법시행법 제3조는 준거법 결정 시 독일 민법시행법에 우선하여 적용되는 유럽연합의 규범을 열거한다. 이는 독일에서 적용되는 국제사법규범이 상당히 공동체법화되었음을 단적으로 보여준다. 논자에 따라서는 이런 현상을 '유럽국제사법의 혁명(European Choice of Law Revolution)'이라고 부르기도 한다. 제3조가

---

35) 일본은 2006년에 법례를 "법의 적용에 관한 통칙법"으로 개정하였고 이는 2007년 1월 발효되었다.

36) 중국의 섭외민사관계법률적용법은 2011년 4월 발효되었다.

37) 국제적 강행규정에 관한 제6조와 제7조를 총칙에 둔 점, 계약의 객관적 준거법을 규정하면서 '특징적 이행(급부)'이라는 용어를 사용하지 않은 점(제26조), 소비자계약의 범위를 확대하고 전자상거래를 고려한 점(제27조), 일반적 예외조항을 둔 점(제8조), 채권양도의 제3자에 대한 효력과 채무인수의 준거법을 명시한 점(제34조) 등에서 로마협약과 다른데 그 중 일부는 스위스 국제사법의 영향을 받은 것이다.

38) 대담, 35면.

열거하는 독일에서 직접 적용되는 유럽연합의 국제사법규범은 아래와 같다. 한 가지 눈에 띄는 것은, 아래의 다양한 EU규정은 독일 민법시행법과 비교하여 상당히 정치한 연결원칙을 담고 있다는 점이다.[39]

(1) 로마Ⅱ[40]

이는 불법행위 등 계약외채무(불법행위, 부당이득, 사무관리와 계약체결상의 과실)의 준거법 결정원칙을 통일한다.[41] 로마Ⅱ는 특수불법행위의 연결원칙을 두므로 우리도 시사점을 도출할 수 있다.

불법행위의 준거법은 결과발생지법이다. '산재(散在)불법행위'(또는 확산형불법행위)의 경우 각 국가에서 발생한 결과에 대해 각각 그 결과발생지법을 적용한다. 그러나 가해자와 피해자가 동일 국가에 상거소를 가지는 경우 그 국가의 법이 적용된다. 또한 불법행위가 결과발생지 또는 공통 상거소지가 아닌 국가와 명백히 더 밀접한 관련이 있음이 분명한 경우에는 그 다른 국가의 법에 의한다. 계약에의 종속적(또는 이차적) 연결이 그런 예이다.

나아가 로마Ⅱ는 특수불법행위에 대한 특칙을 둔다(제5조부 제9조). 제조물책임의 준거법, 부정경쟁과 경쟁제한행위로 인한 책임의 준거법, 환경손해의 준거법, 지적재산권 침해의 준거법과 쟁의쟁위로 인한 책임의 준거법이 그것이다. 그러나 프라이버시 침해와 인격권 침해에 대하여는 아직 연결원칙을 도입하지 못하고 있다.

불법행위에 관한 로마Ⅱ의 연결원칙을 정리하면 아래와 같다.[42]

---

39) 근자에 EU국제사법을 소개하는 우리 문헌이 간행되었다. 최흥섭, 유럽연합(EU)의 국제사법(2020) 참조. 과거의 개관은 박덕영(편), EU법 강의, 제2판(2012), 제17장, 168면 이하 (석광현 집필부분) 참조.

40) 이는 "계약외채무의 준거법에 관한 2007. 7. 11. 유럽의회 및 이사회의 규정 번호 864/ 2007"를 말한다.

41) 로마Ⅱ가 2009. 1. 11. 시행되었음에도 불구하고 법정채무의 준거법규칙인 민법시행법 제38조 내지 제42조는 여전히 존속한다. 이는 로마Ⅱ가 프라이버시와 인격권 침해 및 원자력손해 등에는 적용되지 않는 점을 고려하여(제1조 제2항 g호와 f호) 그 경우 민법시행법의 연결규칙이 적용되도록 하기 위한 것이라고 한다. MünchKomm/von Hein, 7. Auflage, EGBGB, Art. 3, Rn. 47. 따라서 독일 민법시행법은 예컨대 제조물책임처럼 로마Ⅱ가 규정하는 특수불법행위의 연결원칙은 두지 않는다. [밑줄 친 부분은 이 책에서 새로 추가한 것이다.]

42) 상세는 석광현, "계약외채무의 준거법에 관한 유럽연합 규정(로마Ⅱ)", 국제사법과 국제소송 제6권(2019), 259면 이하; 김인호, "일반 불법행위 및 제조물책임과 환경손해의 특

구분		연결원칙	연결원칙의 완화		
			공통 속인법	밀접관련국법	당사자자치
불법행위일반(제4조)		결과발생지	가능	가능	가능
제조물책임(제5조)		단계적 연결	가능	가능	가능
부정경쟁	일반적인 경우 (제6조 제1항)	영향을 받은 국가 (시장지법)	불가	불가	불가
	특정경쟁자만 영향 (제6조 제2항)	결과발생지	가능	가능	불가
경쟁제한(제6조 제3항)		시장지법	불가	불가	불가
환경손해(제7조)		편재주의	불가	불가	가능
지적재산권 침해(제8조)		보호국법	불가	불가	불가
쟁의행위(제9조)		쟁의행위지법	가능	불가	가능

부당이득은 이득지법에 의한다(제10조). 사무관리는 사무관리지법(제11조)에 의한다. 다만 부당이득과 사무관리에도 공통 상거소지법 예외와 밀접관련국법 예외가 적용된다. 로마Ⅱ (제12조)는 계약체결상의 과실책임을 독자적인 제도(*sui generis*)로 성질결정한다.[43] 계약체결상의 과실책임 중 계약 체결에 선행하는 거래에 직접적인 관련을 보이는 계약외채무는 계약의 준거법에 종속적으로 연결되나, 그에 의하여 준거법을 결정할 수 없는 경우(예컨대 어떤 사람이 계약의 협상과정에서 인적 손해를 입은 경우)에는 제4조의 일반원칙에 따른다. 후자의 경우 공통 상거소지법과 밀접관련국법이 있으면 우선 적용된다.

로마Ⅱ는 당사자자치를 허용한다(제14조). 합의는 원칙적으로 사후합의여야 하나 당사자들이 상업활동을 추구하는 경우 자유롭게 협상된 것이면 사전합의도 가능하다. 당사자자치는 부정경쟁·경쟁제한이나 지적재산권 침해에 대하여는 제외된다.

법정지의 최우선강행규정은 로마Ⅱ에 관계없이 적용되는데(제16조), 이는

수 불법행위에 관한 국제사법 규정의 입법적 검토", 법제연구 제43호(2012. 12.), 173면 이하 참조. 로마Ⅱ에 따른 부당이득의 준거법에 관한 우리 문헌으로는 우선 오석웅, "계약외채무의 준거법에 관한 유럽연합 규정(로마Ⅱ)에 있어서 부당이득의 준거법", 국제사법연구 제22권 제2호(2016. 12.), 73면 이하 참조.

43) 소개는 최홍섭, "국제사법에서 「계약체결상의 과실」의 준거법", 인하대학교 법학연구, 제15집 제3호(2012. 11.), 527면 이하 참조.

로마 I 의 '최우선강행규정(overriding mandatory provisions)'이라는 개념을 도입한 것이다. 다만 로마 II 는 로마 I 과 달리 제3국의 국제적 강행규정에 관하여는 규정하지 않는다.

피해자를 두텁게 보호하는 일부 국가는 피해자가 손해배상 의무자의 책임 보험회사에 대한 보험금의 직접 청구를 허용한다. 문제는 직접적 청구권의 준거법인데, 제18조는 계약외채무의 준거법과 보험계약의 준거법에 선택적으로 연결함으로써 피해자를 두텁게 보호한다.

나아가 로마 II 는 대위 (제19조) 와 복수의 책임 (제20조)에 관한 연결원칙을 둔다.

(2) 로마 I [44]

이는 계약채무의 준거법 결정원칙을 통일한 로마협약을 대체하는 EU규범이다. 로마 I 의 실행과 함께 로마협약을 국내법화하였던 1986년 민법시행법 제27조부터 제37조는 삭제되었다. 로마협약과 삭제된 구 조문은 계약의 객관적 준거법 결정 시 특징적 이행에 기초한 깨어질 수 있는 추정을 도입하였다. 로마협약의 해석상 영국 법원은 예외조항(제4조 제5항)을 적용하여 특징적 이행에 기초한 추정을 비교적 쉽게 깨뜨린 반면에 네덜란드와 독일 법원은 이를 엄격하게 적용한 결과 저촉규범의 통일적 해석을 저해하는 현상이 발생하였다. 유럽연합은 로마 I 을 통하여 이러한 우려를 불식하고자 하였다. 즉 유럽연합의 입법자들은 로마 I (제4조)에서 "특징적 이행에 기초한 깨어질 수 있는 추정"을 규정하는 대신 8개 유형의 계약[45]에 대해 '고정된 규칙(fixed rules)'(또는 확고한 규칙)을 도입하고 그 밖의 유형의 계약 또는 혼합계약의 경우 특징적 이행을 해야 하는 당사자의 상거소 소재지법을 준거법으로 지정하되, 다만 모든 사정에 비추어 계약이 그러한 준거법 이외의 법과 명백히 더 밀접한 관련이 있는 것이 분명한 때에는

---

44) 이는 "계약채무의 준거법에 관한 2008. 6. 17. 유럽의회 및 이사회의 규정 번호 593/2008"을 말한다. 소개는 김인호, "로마 I 규정에 기초한 객관적 연결에 의한 국제계약의 준거법 결정에 관한 입법적 검토", 국제사법연구 제19권 제1호(2013. 6.), 543면 이하; 개관은 석광현(註 20), 379면 이하 참조.

45) 이는 물품 매매계약, 용역제공계약, 부동산의 물권 또는 부동산 임대차와 관련된 계약, 연속된 6개월을 넘지 않는 기간 동안의 일시적인 사적 용도를 위하여 체결된 부동산 임대차계약, 가맹점계약, 판매점계약, 경매에 의한 물품 매매계약과 금융증권의 이익에 대한 매매가 일어나거나 일어나도록 촉진하는 다자간 체계 내에서 체결된 계약을 말한다.

더 밀접한 법을 적용하도록 하는 예외규정을 둔다.

또 한 가지 주목할 것은 국제적 강행규정의 취급에 관한 로마Ⅰ 제9조이다. 즉 제9조는 제1항에서 '최우선 강행규정(overriding mandatory provisions)'의 개념을 정의하고, 제3항에서는 "계약으로부터 발생하는 의무가 이행되어야 하거나 또는 이행된 국가의 법의 최우선 강행규정에 대하여는, 그러한 강행규정이 계약의 이행을 위법(또는 불법)한 것으로 만드는 한에서는 효력을(또는 효과를) 부여할 수 있다"고 규정한다. 이는 *Ralli Bros v. Cia Naviera Sota y Aznar* 사건 판결[46]을 계기로 정립된 영국법의 원칙과 유사하다. 영국법상 위 원칙이 실질법인 계약법의 원칙인지 국제사법원칙인지는 논란이 있으나 로마Ⅰ은 이를 국제사법원칙으로 받아들인 것이다.

(3) 부양의무의 준거법에 관한 2007. 11. 23. 헤이그의정서와 EU부양규정[47]

부양의 준거법에 관하여는 구 민법시행법 제18조가 규정하였으나 2011. 5. 23. '부양규정의 시행 및 국제부양절차법의 영역에서의 기존 시행규정과 실시규정의 신규율을 위한 법률'(EGAUG)[48]의 제정에 따라 2011. 6. 18. 폐지되었다. 부양의무의 준거법에 관하여 EU부양규정은 저촉규정을 두는 대신 2007년 헤이그의정서[49]에 구속되는 회원국에서는 동 의정서에 따르도록 한다(제15조). 한편 헤이그국제사법회의는 부양과 관련된 네 개의 기존 헤이그협약들과 1956. 6. 20. "해외부양회수에 관한 국제연합협약"(이른바 "뉴욕협약")을 개선하고 행정공조 및 사법공조를 포함하는 새로운 전세계적인 국제협약을 채택하기 위한 작업을 추진

---

46) [1920] 2 KB 287. 위 사건의 소개는 석광현, "국제금융거래에서 제3국의 외국환거래법과 국제적 강행규정의 적용: IMF 협정 제Ⅷ조 2(b)를 포함하여", 국제사법연구 제26권 제1호(2020. 6.), 376면 이하 참조. 그 밖에도 Foster v Driscoll [1929] 1 KB 470, 520 [CA] 등이 있다.

47) 이는 "부양의무사건에서의 재판관할, 준거법, 재판의 승인과 집행 및 협력에 관한 2008. 12. 18. 이사회의 규정 번호 4/2009"을 말한다. 영문 명칭은 "Council Regulation (EC) No 4/2009 of 18 December 2008 on jurisdiction, applicable law, recognition and enforcement of decisions and cooperation in matters relating to maintenance obligations"이다.

48) 독일어 명칭은 "Gesetz zur Durchführung der Verordnung (EG) Nr. 4/2009 und zur Neuordnung bestehender Aus- und Durchführungsbestimmungen auf dem Gebiet des internationalen Unterhaltsverfahrensrechts"이다.

49) 기존의 상황과 부양의정서를 별도로 채택한 이유 및 부양의정서의 주요 혁신은 윤진수/석광현(註 15), 1763면 이하(석광현 집필부분) 참조.

하여 2007년 "아동양육 및 기타 형태의 가족부양의 국제적 회수에 관한 협약 (Convention on the International Recovery of Child Support and Other Forms of Family Maintenance)"("아동부양협약")("Child Support Convention"과 "부양의무의 준거법에 관한 의정서"("부양의정서")를 채택하였다. 아동부양협약은 2013. 1. 1. 발효되었고, 부양의정서는 2013. 8. 1. 발효되었다.[50)

(4) 로마Ⅲ[51)

유럽연합은 로마Ⅲ을 채택하였고 이는 2012. 6. 12. 발효되었다. 로마Ⅲ은 제한된 범위 내에서 당사자의 이혼과 별거의 준거법 선택을 넓게 허용하고(제5조),[52) 선택이 없는 경우 단계적 연결원칙을 적용한다. 즉 ① 소송 계속 시 공통의 상거소지법, ② 최후의 공통의 상거소지법(다만 소송 계속 시로부터 1년 이내여야 하고 일방이 여전히 상거소지를 유지하여야 한다), ③ 소송 계속 시 공통의 본국법과 ④ 법정지법의 순서로 준거법이 된다(제8조). 이는 이른바 '통일법(loi uni-form)'이므로 준거법이 유럽연합의 비회원국법이더라도 보편적으로 적용된다(제4조, 전문 제12항). 이런 단계적 연결에서 상거소가 국적에 우선한다. 이는 국적보다 상거소가 사람의 생활과 이해의 중심지라는 점을 고려한 것으로, 이것이 이주한 국가에서 EU시민으로의 동화라는 EU의 정책에 부합하는 이점이 있기 때문이라고 한다.[53)

로마Ⅲ은 정치적으로 민감한 문제인 '동성혼(same-sex marriage)'에도 적용

---

50) 부양의정서는 EU 부양규정(제15조)을 통하여 덴마크와 영국을 제외한 유럽연합에서는 그 전에 이미 발효되었다. 아동부양협약에 관한 우리 문헌으로는 이병화, "아동양육 및 기타 가족부양의 국제적 청구에 관한 헤이그협약 연구", 저스티스 제112호(2009. 7.), 354면 이하; 이병화, "헤이그국제부양청구협약에의 가입가능성 모색을 위한 해석론적 접근: 특히 중앙당국의 행정적 협력 및 기능을 중심으로", 국제사법연구 제21권 제2호(2015. 12.), 213면 이하; 이병화, "헤이그국제부양청구협약에 있어서 외국부양결정의 승인 및 집행에 관한 해석론적 고찰", 국제사법연구 제24권 제1호(2018. 6.), 203면 이하; 최흥섭, "「2007년 헤이그 부양준거법 의정서」에 관한 작은 연구", 국제사법연구 제25권 제2호(2019. 12.), 645면 이하 참조.

51) 이는 "이혼 및 법적 별거의 준거법 영역에서 제고된 협력을 시행하기 위한 2010. 12. 20. 이사회 규정 번호 1259/2010"을 말한다. 우리 문헌은 오석웅, "로마Ⅲ규칙에 있어서 이혼 및 법적 별거의 준거법", 가족법연구 제34권 제2호(2000. 7.), 279면 이하 참조.

52) 다만 당사자들이 선택할 수 있는 법은 제한된다. 위에 대하여는 당사자자치를 너무 넓게 허용한다는 비판이 있다. 최흥섭(註 39), 113면.

53) 오석웅(註 51), 295면.

되는데, 다만 동성혼을 허용하지 않는 회원국은 동성혼의 이혼을 선언할 의무를 지지 않는다(제13조). 나아가 제5조 내지 제8조에 따른 준거법이 이혼을 허용하지 않거나 그들의 성별을 이유로 이혼 또는 별거에 대한 동일한 접근을 허용하지 않는 경우에는 그 준거법 대신 법정지법을 적용한다(제10조). 이처럼 실질법의 내용을 고려하여 보정적 연결을 통하여 양성평등의 원칙을 관철하므로 양성을 차별하는 이슬람법의 적용은 배제된다. 이혼이 부부재산제에 미치는 효과는 이혼의 준거법이 규율하는 사항에서 제외된다(제1조 제2항, 전문 제10항).

로마Ⅲ이 시행되면서 특별한 이혼의 효과와 이혼재판에 관하여 규정하였던 구 민법시행법 제17조가 2018. 12. 21. 개정되었고 제17b조 제1항 4문 등이 개정되었다.[54]

(5) EU상속규정[55][56]

유럽연합은 2012년 7월 상속규정을 채택하였고, 이는 2015. 8. 17.부터 그

---

54) 재판관할과 재판의 승인 및 집행에 관하여는 브뤼셀Ⅱbis 또는 브뤼셀Ⅱa, 즉 "혼인과 친권(부모책임)에서의 재판관할 및 재판의 승인과 집행에 관한 이사회규정"이 적용된다. 곽민희, "헤이그아동탈취협약과 유럽연합의 입법적 대응", 가족법연구 제25권 제2호(2011), 394면 이하 참조. 이는 2019년 브뤼셀Ⅱter (Council Regulation (EU) 2019/1111 of 25 June 2019 on jurisdiction, the recognition and enforcement of decisions in matrimonial matters and the matters of parental responsibility, and on international child abduction)로 대체되었고 후자는 2022. 8. 1. 시행될 예정이다. [밑줄 친 부분은 이 책에서 새로 추가한 것이다.]

55) 이는 "상속사건에 관한 재판관할, 준거법, 재판의 승인 및 집행과, 공정증서의 인정과 집행 그리고 유럽상속증명서의 창설(creation)에 관한 2012. 7. 4. 유럽의회 및 이사회의 규정 번호 650/2012"을 말한다. 영문 명칭은 "Regulation (EU) No 650/2012 of the European Parliament and of the Council of 4 July 2012 on jurisdiction, applicable law, recognition and enforcement of decisions and acceptance and enforcement of authentic instruments in matters of succession and on the creation of a European Certificate of Succession"이고, 독일어 약칭은 Europäische Erbrechtsverordnung (EuErbVO)이다. 소개는 김문숙(註 10), 283면 이하 참조. 윤진수/장준혁(註 12), 1159면 이하 참조. 김문숙(註 10), 308면은 acceptance(불어와 독일어는 acceptation, Annahme) of authentic instruments를 '공문서의 수령'으로, 윤진수/장준혁(註 12), 1151면은 '공정증서의 수용'으로, 최흥섭(註 39), 149면은 "공적 문서의 인정 및 집행"이라고 번역한다. 이는 형식적 증거(명)력 또는 증거가치의 문제라는 점과, 민사실무에서 사용하는 문서의 '성립 인정'이라는 용어를 고려하여 여기에서는 '공정증서의 인정'이라고 번역한다. 여기의 공정증서는 공무원이 직무상 작성한 문서를 의미한다. EU상속규정(제59조)에서 공정증서의 승인이라고 하는 대신 인정(acceptance)이라고 한 것은 법원 재판과의 차이를 나타내기 위한 것이고, 따라서 인정된다면 당해 외국에서 가지는 것과 같은 증거력을 인정

날 이후 사망한 사람의 상속에 적용되는데(제84조 제2항) 다만 덴마크, 아일랜드
와 영국은 이에 구속되지 않는다.57) 독일의 경우 EU상속규정이 2015. 8. 17. 시
행됨에 따라 구 민법시행법 제25조가 개정되었다. 그 결과 독일에서 상속은 EU
상속규정에 의하고 그것이 적용되지 않는 범위 내에서는 EU상속규정 제3장이
준용된다(제25조).

　　EU상속규정의 연결원칙의 핵심은 아래와 같다. 상속규정은 원칙적으로 상
속 전체에 대하여 피상속인의 사망 당시 상거소를 연결점으로 선택하고, 1989년
헤이그 상속협약58)과 마찬가지로 '상속통일주의(Grundsatz der Nachlasseinheit,
principle of unity of succession)'59)를 취하면서 예외적으로 더 밀접한 관련이 있
는 국가의 법이 있는 경우 그 법을 상속의 준거법으로 지정한다(제21조). 나아가
상속규정은 피상속인이 상속 전체에 대하여 선택 당시 또는 사망 당시 그의 본
국법을 상속의 준거법으로 선택할 수 있도록 허용함으로써(제22조) 피상속인이
장래 유산계획(estate planning), 즉 유산의 처분에 관한 계획의 수립을 가능하게

하면 족하다. Matthias Lehmann, "Recognition as a Substitute for Conflict of Laws", in
Stefan Leible (ed.), General Principles of European Private International Law (2016),
p. 18. 독일은 EU상속규정의 시행을 위하여 2015년 국제상속법절차법(Internationales
Erbrechtsverfahrens-gesetz. IntErbRVG)을 제정하였다. [밑줄 친 부분은 이 책에서 새로
추가한 것이다.]

56) 김문숙(註 10), 302면 이하는 Burkhard Hess/Christina Mariottini/Céline Camara,
　　Regulation (EC) n. 650/2012 of July 2012 on jurisdiction, applicable law, recognition
　　and enforcement of authentic instruments in matters of succession and on the crea-
　　tion of a European Certificate of Succession: NOTE (2012)를 인용하여 EU상속규정의
　　특징으로 ① 법정지와 법의 일치, ② 재판관할과 준거법의 중요한 기준으로서 상거소의
　　채용, ③ 상속준거법에 대하여 당사자자치의 허용, ④ 보편적 적용, ⑤ 상속통일주의, ⑥
　　공문서의 수령(필자에 따르면 공정증서의 인정) 및 집행, ⑦ 상속증명서의 도입과 ⑧ 기
　　존 권리의 유지를 든다.
57) 보통법계 국가에서 신탁은 상속과 불가분의 관계에 있으므로 영국은 신탁을 배제하는 상
　　속규정에 참여하지 않았는데 만일 이를 포함시켰더라면 상속규정의 채택이 어려웠을 것
　　이라고 한다. Thomas Rauscher (Hrsg.), Europäisches Zivilprozess- und Kollisions-
　　recht EuZPR·EuIPR Kommentar, Band V, 4. Auflage (2016), Art. 1 EuErbVO, Rn.
　　34 (Hertel 집필부분).
58) 이는 "사망에 의한 재산상속의 준거법에 관한 헤이그협약(Hague Convention on the
　　Law Applicable to Succession to the Estates of Deceased Persons"을 말한다.
59) 이와 대립되는 것이 '상속분열주의(Grundsatz der Nachlassmehrheit; principle of scis-
　　sion of succession)'이다. 이에 따르면 대체로 부동산 상속은 부동산소재지법에, 동산 상
　　속은 피상속인의 사망 당시의 주소지법에 의한다. 이를 "상속분할주의"라고도 한다.

한다. 이는 '법의 공시(*professio juris*)'를 허용함으로써 상속에 적용할 법을 피상속 인이 스스로 결정하도록 한다. 상속의 준거법은 유산의 관리(administration of the estate) 기타 광범위한 사항을 규율하는데(제23조) 이는 헤이그 상속협약(제7조)의 영향을 받은 것이나, 상속절차법은 그에 포함되지 않는다.[60]

또한 EU상속규정은 공정증서의 인정과 집행에 관하여도 규정을 두고 있다. 즉 제59조 제1항에 따르면 어느 회원국에서 작성된 공정증서는 다른 회원국에서 작성지 회원국에서와 동일한 또는 가장 유사한 증거력(evidentiary effect)[61]을 가 진다. 다만 이것이 관련 회원국의 공서에 명백히 반하지 않아야 한다.

나아가 EU상속규정은 '유럽상속증명서(European Certificate of Succession)'를 창설하였는데(제62조), EU상속규정에 따라 관할을 가지는 회원국의 법원 또는 기타 권한을 가지는 당국이 발행하는 유럽상속증명서(제64조)는 상속인과 수증자 가 외국에서 그의 지위를 증명하고 상속인과 수증자로서의 권리를 행사할 수 있 도록 한다. 논자에 따라서는 이를 'Rechtstitel sui generis (독자적 성격의 법적 권 원)'이라고 하고, 이것이 상속규정의 가장 혁신적인 부분이라고 한다.[62]

한편 EU상속규정(제1조 제2항 j호)은 신탁의 설정, 운영(또는 관리. Admini- stration, *fonctionnement*, Funktionsweise)[63]과 해산을 EU상속규정의 적용범위로부

---

60) 영미법계에서는 ① 인격대표자(personal representative)에 의한 상속재산의 관리·청산 (administration)과 ② 잔여재산의 분배·이전(또는 귀속)(devolution)을 구분하여 전자는 절차의 문제로서 법정지법에 의하고, 후자에 대하여만 상속법의 문제로 보아 상속분열 (할)주의를 적용한다. 영미법계의 태도를 청산주의, 대륙법계의 태도를 승계주의라고 하 는데 양자는 상속준거법의 규율범위에서 차이가 있다. 신창선·윤남순, 新國際私法 제2판 (2016), 383면; 김문숙(註 10), 283면, 註 1; 상세는 木棚照一, 國際相續法の硏究(1995), 236면 이하; 윤진수/장준혁(註 12), 제2권, 1248면 이하; 김형석, "우리 상속법의 비교법 적 위치", 가족법연구 제23권 제2호(2009. 6.), 77면 이하 참조. 상속규정(제23조 제2항 f 호)상 재산의 양도, 채권자에의 변제에 관한 상속인, 유언집행자 및 기타 유산관리인의 권한 등이 상속준거법의 규율대상에 속하나, 기타 상속재산의 관리·청산이 상속 준거법 에 따를 사항인지(다수설) 상속절차법의 문제로서 별도로 취급되는지(소수설)는 논란이 있다. 예컨대 Thomas Rauscher (Hrsg.), Europäisches Zivilprosess- und Kollisions- recht: EuZPR/EuIPR Kommentar, 4. Auflage, Band V (2016), Art. 23 EU-ErbVO, Rn. 50ff. (Hertel 집필부분).

61) 상속규정의 독일어본 제59조 제1항은 위 증거력을 "형식적 증거력(formelle Beweiskraft)" 이라고 한다.

62) MünchKomm, 8. Auflage 2020, Vorbemerkung zu Art. 62 EuErbVORn. 1. (Dutta 집필 부분).

63) 대상이 신탁재산이 아니라 신탁이기에 '운영'이라고 번역한다. '사무' 또는 '관리'라고 번역

터 제외하나,[64] 이는 신탁준거법과 상속준거법의 경계획정이라는 까다로운 문제를 제기한다. 그러나 전문 제13항은, 이는 신탁을 일반적으로 배제하는 것은 아니고, 예컨대 유언에 의하여 또는 법정상속에 의하여 신탁이 설정된 경우, 상속규정에 의하여 지정된 상속의 준거법이 자산의 이전(또는 귀속)(devolution)과 수익자의 결정에 관하여는 적용되어야 함을 명시하는데 그 범위에 관하여는 논란이 있다.[65] 독일에서는 유언신탁(testamentary trust)은 상속의 문제로 성질결정하는데,[66] 물권법정주의를 취하는 독일법은 영국 신탁법에 따른 수탁자와 수익자간에 소유자 지위의 분열을 알지 못하는 탓에 여러 가지 어려운 문제가 제기된다.[67] 한편 영국법에 따른 수익자의 지정은 독일법상으로는 선상속(Vorerbschaft)과 후상속(Nacherbschaft)으로 파악하기도 한다.[68] 유언신탁의 준거법 결정에 관하여 우리가 독일 해석론을 충실히 따르는 것은 곤란하다. 독일과 달리 우리는 한편으로는 영국식 신탁 개념을 수용하였고, 다른 한편으로는 유언인 지정을 허용하지 않는 등[69] 상속법제가 다르기 때문이다. 신탁의 중요성이 커지는 만큼 우리도 유언신탁을 둘러싼 준거법 결정의 문제를 더 깊이 검토해야 한다.[70]

할 수도 있다.

64) 보통법계 국가에서는 신탁은 상속과 불가분의 관계에 있으므로 영국은 신탁을 배제하는 상속규정에 참여하지 않는 이유가 되었는데, 만일 이를 포함시켰더라면 상속규정의 채택이 어려웠을 것이라고 한다. Thomas Rauscher (Hrsg.), Europäisches Zivilprozess- und Kollisionrecht EuZPR·EuIPR Kommentar, Band V, 4. Auflage (2016), Art. 1 EuErbVO, Rn. 34 (Hertel 집필부분).

65) Anatol Dutta/Johannes Weber (Hrsgs.), Internationales Erbrecht: EuErbVO, Erb- rechtliche Staatsverträge, EGBGB, IntErbRVG, IntErbStR, IntSchenkungsR (2016) Artikel 1 EuErbVO, Rn. 121ff. (Schmidt 집필부분); Raphael De Barros Fritz, Die kollisionsrechtliche Behandlung von trusts im Zusammenhang mit der EuErbVO, RabelsZ, Band 85 (2021), S. 620ff. 참조. [밑줄 친 부분은 이 책에서 새로 추가한 것이다.]

66) 상세는 Dutta/Weber/Schmidt(註 65), Artikel 1 EuErbVO, Rn. 112ff. 참조. 특히 유언의 유효성과 적법성(허용성)의 구별은 어려운 문제를 제기한다. 간단히는 Rauscher/Hertel (註 64), Art. 1 EuErbVO, Rn. 35 (BGH WM 1976, 811 등을 인용한다).

67) Walter Gierl et al., Interantioanles Erbrecht, 2. Auflage (2017), §4, Rn. 159 (Köhler 집필부분).

68) 이를 '선순위상속'과 '후순위상속' 또는 '선위상속'과 '후위상속'이라고 번역하기도 한다.

69) 김형석(註 60), 109면 이하는 우리 민법은 상속인 지정을 인정하지 않으므로 선상속인·후상속인 지정에 의한 사후 재산관리도 인정되지 않고, 상속인을 지정하는 내용의 유언은 무효이며, 사안에 따라 포괄적 유증으로 해석될 수 있을 뿐이라고 지적한다.

70) 윤진수/장준혁(註 12), 1147면 이하가 국제상속법의 논점을 매우 상세히 다루면서도 유

나아가 EU상속규정은 총괄준거법과 개별준거법의 충돌에서 발생하는 문제를 해결하고자 규정은 물권의 적응에 관한 조문(제30조)을 둔다.[71] 이는 EU부부재산제규정(제29조)와 유사한 취지이다.

(6) EU부부재산제규정[72]

부부재산제(Güterstand)의 준거법을 정한 구 민법시행법 제15조 및 그와 관련된 제3자의 보호를 정한 구 민법시행법 제15조와 제16조는 EU부부재산제규정에 따라 폐지되었고, 혼인의 일반적 효력을 정한 제14조는 개정되었는데, 구체적으로 제3항과 제4항은 삭제되었고 제1항과 제2항은 개정되었다.[73]

EU부부재산제규정의 주요 준거법규칙은 아래와 같다. 배우자는 부부재산제의 준거법을 선택할 수 있는데, 다만 선택할 수 있는 후보가 되는 법은 합의 당시 부부 일방의 상거소지법 또는 본국법이어야 하고, 여기에는 법정지법은 포함되지 않는다(제22조). 당사자가 준거법을 선택하지 않은 경우에는 혼인 체결 후 최초의 공통 상거소지법(first common habitual residence), 혼인 체결 시 공통 본국법과, 혼인 체결 시 모든 사정을 고려하여 부부와 가장 밀접한 관련을 가지는 국가의 법의 순서로 단계적으로 준거법이 된다(제26조).[74] EU부부재산제규정에 따른 준거법은 이른바 '통일법(*loi uniform*)'이므로 준거법이 유럽연합의 비회원

언신탁의 준거법을 소홀히 취급한 점은 아쉽다. 필자는 과거 헤이그신탁협약을 소개하고 우리 법의 해석론을 전개하였으나 이는 계약에 의한 생전신탁에 한정된 것이었다. 석광현, "신탁과 국제사법(國際私法)", 정순섭·노혁준(편저), 신탁법의 쟁점(제2권)(2015), 353면 이하 참조. 이는 BFL 제17호(2006. 5.), 60면 이하; 석광현, 국제사법과 국제소송 제4권(2007), 551면 이하에 수록된 것을 수정한 것이다.

71) 즉 "사람이 상속준거법에 따라 가지는 어떤 물권을 원용하고, 원용된 장소인 회원국법이 문제된 물권을 알지 못하는 경우에는, 그 물권은 그의 목적과 이익 및 효과를 고려하면서, 그 국가법상 가장 가깝고 상응하는 물권으로 적응되어야 한다."

72) 이는 "부부재산제사건에서 재판관할, 준거법, 재판의 승인과 집행 영역에서의 제고된 협력의 시행을 위한 2016. 6. 24. 유럽연합 이사회 규정 번호 2016/1103"을 말한다. 영문명칭은 "Council Regulation (EU) 2016/1103 of 24 June 2016 implementing enhanced cooperation in the area of jurisdiction, applicable law and the recognition and enforcement of decisions in matters of matrimonial property regimes"이다.

73) 독일 민법시행법 제14조의 개정 내용은 아래(나.2)에서 소개한다.

74) 상세는 오석웅, "혼인의 효력에 관한 유럽국제사법의 동향—EU부부재산제 규칙과 개정 독일국제사법(EGBGB)의 내용—", 국제사법연구 제26권 제1호(2020. 6.), 240면 이하 참조.

국법이더라도 보편적으로 적용된다(제20조). 나아가 위 규정의 적용범위가 넓으므로 거래의 안전을 보호할 필요가 있음을 고려하여 제3자를 보호하기 위한 규정을 둔다(제28조).

나아가 총괄준거법과 개별준거법의 충돌에서 발생하는 문제를 해결하고자 규정은 물권의 적응에 관한 조문(제29조)을 둔다. 이는 위에 언급한 EU상속규정 제30조와 유사한 취지이다.

(7) EU등록동반자재산규정[75]

EU등록동반자재산규정의 주요 준거법규칙은 아래와 같다.

동반자들의 재산관리를 용이하게 하고자 규정은 당사자들이 준거법을 선택할 수 있도록 허용한다(제22조 제1항). 다만 선택의 대상이 될 수 있는 법은 선택 시 동반자들의 1인의 상거소지국, 합의 시 동반자들의 1인의 본국법, 또는 등록동반자관계의 창설 근거가 되는 국가의 법이다. 또한 준거법의 선택은 등록된 동반자관계에 재산법적 효과를 부여하는 국가의 법에 한정되는데, 그렇지 않으면 동반자들의 재산제는 법적 진공상태에 놓이게 될 것이기 때문이다. 당사자들의 선택이 없으면 등록 동반자관계의 창설 근거가 되는 국가의 법이 준거법이 된다(제26조 제1항). 그럼에도 불구하고 법원은 동반자 중 1인의 신청에 따라 동법이 아니라 다른 국가의 법이 준거법이 된다고 결정할 수 있는데, 이는 신청인이 동반자들이 그 다른 국가에 상당히 장기간 동안 최후의 공통의 상거소를 가졌고, 또한 양 동반자들이 그들의 재산관계를 주선 또는 계획함에 있어서 그 다른 국가의 법에 의존하였음을 증명하는 경우여야 한다(제26조 제2항). 물론 이 경우에도 그 다른 국가의 법은 등록된 동반자관계에 재산법적 효과를 부여하는 것이어야 한다.

---

75) 이는 "등록된 동반자관계의 재산법적 효력 사건에서의 재판관할, 준거법과 재판의 승인 및 집행 영역에서의 제고된 협력의 시행을 위한 2016. 6. 24. 유럽연합 이사회 규정 번호 2016/1104"이다. 영문 명칭은 "Council Regulation (EU) 2016/1104 of 24 June 2016 implementing enhanced cooperation in the area of jurisdiction, applicable law and the recognition and enforcement of decisions in matters of the property consequences of registered partnerships"이다. 독일어는 eingetragene Partnerschaften이므로, EU규정을 가리킬 때는 '동반자관계'라 하고 독일 민법시행법을 가리킬 때는 독일어(Lebenspartnerschaft)에 충실하게 생활동반자관계라고 한다. 김문숙(註 10), 294면은 이를 "생활파트너"라고 번역한다. 소개는 최흥섭(註 39), 182면 이하 참조.

나. 헤이그협약에의 가입

선생님의 논문이 발표된 1986년 후에 최근까지 독일은 1993년 아동입양협약,[76] 1996년 아동보호협약,[77] 2000년 성년자보호협약[78]과 2007년 아동부양협약[79] 등의 헤이그협약(준거법에 관한 것에 한정)에 가입하였다.[80] 독일에서는 독일이 당사국이 되어 직접 효력을 가지는 국제사법 분야의 조약은 국내법에 우선한다(민법시행법 제3조 제2호). 부양의정서는 위에서 언급하였다.

다. 독일 민법시행법의 변화
(1) 대리의 준거법

대리에 관한 조문(제8조)은 2017. 6. 20. 국제사법 및 국제민사절차법 규정의 개정법률(제5조)에 의하여 신설되었다.[81] 대리의 준거법에 관하여 우리 국제사법과 독일 민법시행법은 유사하나 차이가 없지는 않다. 우선 ① 당사자자치를 명시적으로 허용하는 점, ② 대리인이 영업활동으로 행위하는 경우, 근로자로 행위하는 경우와 그 밖의 경우를 구분하여 대리인의 영업소, 본인의 영업소와 대리행위지를 각각 연결점으로 삼는 점은 유사하다. 그러나 독일법은 반정을 원칙적으로 배제하고 예외를 두는 데 반하여, 우리 법은 반정에 관하여 언급하지 않는 대신[82] 대리의 내부관계에 관한 조문을 두고, 무권대리에서 대리인의 책임의 준거법을 명시하는 점에 차이가 있다.[83] 양자 모두 표현대리에 관하여는 명시하

---

76) 이는 1993년 "국제입양에 관한 아동의 보호 및 협력에 관한 협약"을 말한다. 독일에서는 2002. 3. 1. 발효되었다.

77) 이는 1996년 "부모책임과 아동(또는 子)의 보호조치와 관련한 관할권, 준거법, 승인, 집행 및 협력에 관한 협약"을 말한다. 독일에서는 2011. 1. 1. 발효되었다. 아동은 18세 미만의 아동이다.

78) 이는 헤이그국제사법회의가 2000년 채택한 "성년자의 국제적 보호에 관한 협약"을 말한다. 독일에서는 2009. 1. 1. 발효되었다. 성년자는 18세에 달한 자를 말한다.

79) 독일에서는 2014. 8. 1. 발효되었다.

80) 여기에서는 편의상 1986년 이후 채택된 헤이그협약만 언급한 것인데, 1986년 전에 협약이 채택되었으나 1986년 독일이 가입한 조약도 있을 수 있다. 예컨대 1980년 아동탈취협약은 독일에서는 1990. 12. 1. 발효되었다.

81) MünchKommBGB/Spellenberg, 7. Aufl. 2018, EGBGB Art. 8 Rn. 8, Fn. 25.

82) 우리 국제사법은 명시적으로 반정(직접반정)을 배제하지 않으나 필자는 해석론으로 반정은 배제된다는 견해를 피력하였다. 석광현(註 20), 233면. 다만 견해가 나뉠 수 있다.

83) 독일 국제사법은 부동산 또는 그에 대한 권리의 처분에서 임의대리에 대하여 부동산 소재지법 등 그의 준거법을 적용하고(제6항), 대리의 준거법 원칙이 거래소에서의 행위와

지 않는데 표현대리에서 본인이 책임을 지는가는 대리의 준거법에 따른다고 본다.[84] 제4항은 Dauervollmacht(계속적 대리)에 적용되고, 제1항부터 제4항에 해당되지 않는 경우 제5항이 적용된다.

(2) 혼인적령에 관한 국제적 강행규정의 도입

개정된 민법시행법 제13조 제3항에 따르면 외국법이 혼인당사자 일방의 혼인적령의 준거법으로 지정되더라도 혼인 체결 시 일방이 16세 미만인 경우는 무효이고 혼인 체결 시 일방이 16세 이상 18세 미만인 경우는 취소할 수 있다. 이는 2017. 7. 17. 아동혼인방지법(Gesetz zur Bekämpfung von Kinderehen)의 제정에 따라 신설된 것으로 준거법이 외국법인 경우에도 관철되는 국제적 강행규정이다. 이는 혼인적령에 대한 공서통제가 제대로 작동하지 않은 탓에 신설된 것이나, 그에 대하여는 혼인이 다른 회원국에서 유효하게 성립한 경우 EU기능조약(제21조)이 보장하는 EU 시민의 회원국 내 거주이전(또는 이주)의 자유에 반하는 것이라는 강력한 비판이 있다. Junker(註 10), §18 Rn. 22f. [밑줄 친 부분은 이 책에서 새로 추가한 것이다.]

(3) 혼인의 일반적 효력(제14조)

2001년 개정된 우리 국제사법의 모델이 되었던 1986년 민법시행법의 혼인의 일반적 효력의 준거법을 정한 제14조는 2018년 전면 개정되었다.

개정된 제14조는, 제1항에서 당사자가 일정한 후보(부부 쌍방의 상거소지국법, 부부 쌍방의 최후 상거소지국법(일방이 이를 유지하는 경우)과 부부 일방의 본국법) 중에서 준거법을 선택할 수 있도록 당사자자치를 허용하고, 제2항에서는 부부 쌍방의 상거소지국법, 부부 쌍방의 최후 상거소지국법, 부부 쌍방의 본국법과 부부와 가장 밀접한 관련을 가지고 있는 국가의 법의 순으로 단계적 연결규칙을 두

경매에서의 임의대리에 적용되지 않음을 명시한다(제7항). 또한 상거소 결정을 위한 지침을 둔다(제8항). 우리 국제사법(제18조)에는 제6항과 제7항에 상응하는 조문이 없으나 제8조를 고려하여 해석론으로서 그와 동일한 결론을 취하는 것이 바람직하고, 소송행위의 대리의 경우 법정지법을 적용해야 한다. 석광현(註 20), 233면.

84) 제8조는 표현대리와 무권대리를 언급하지 않으므로 그것이 대리의 준거법에 따를 사항인지에 관하여 논란이 있으나 본문처럼 본다. MünchKomm/Spellenberg, 7. Auflage, EGBGB, Art. 8, Rn. 131. 간단한 소개는 Junker(註 10), R. 52 참조.

고 있다.[85] 이처럼 <u>독일은 과거 5단계를 4단계로 수정하였고</u> 속인법의 결정에 있어 과거와 달리 상거소지법이 본국법에 우선한다.

위에서 본 EU부부재산제규정의 연결원칙과는 다소 차이가 있다.

(4) 생활동반자관계의 준거법[86]

우리 국제사법과 달리 독일 민법시행법은 제17b조에서 동성의 생활동반자 관계 간의 가족법적 문제의 준거법을 규정한다. 이는 2012. 5. 3. 일부 개정되었는데,[87] 제17b조는 동성혼에 관한 규정을 도입하였다. 등록된 생활동반자(eingetragene Lebenspartnerschaft)(이를 "등록된 파트너십"이라고 번역할 수도 있다)의 성립과 해소 및 EU등록 동반자재산규정의 적용범위에 속하지 않는 일반적인 효력은 등록부 관리 국가(*lex libri*)의 실질규정에 의한다(제17b조 제1항).[88] 당사자는 준거법을 직접 지정할 수는 없지만 등록국을 선택함으로써 간접적으로 준거법을 선택할 수 있다. 그러나 그 국가는 생활동반자관계의 등록을 허용하는 국가여야 하고 부부 중 일방이 속하거나 그의 상거소지국이어야 한다(제17b조 제2항, 제10조 제2항). 당사자들이 뒤에 다른 국가에서 등록하는 경우 준거법이 변경된다. 동일한 사람들 간에 등록된 생활동반자관계가 복수 국가에 존재하는 경우에는, 제1항에 기술한 효력과 효과에 대하여는 최후의 생활동반자관계가 성립한 때로부터는 그것이 준거가 된다(제17b조 제3항).[89]

등록된 생활동반자관계의 준거법은 그의 성립과 해소 및 EU등록동반자재산

---

85) 상세는 오석웅(註 74), 247면 이하 참조.

86) 동반자관계에 관한 실질법과 국제사법 분야의 비교법적 자료를 소개한 헤이그국제사법회의의 자료는 이병화, "등록파트너십을 포함하는 혼외동거에 관한 헤이그국제사법회의의 비교법적 동향 분석", 국제사법연구 제26권 제2호(2020. 2.), 537면 이하 참조. 우리의 경우 생활동반자관계의 성질결정이 문제된다. 과거 독일에서는 다양한 견해가 있었으나 가족법, 특히 혼인법적으로 성질결정하여 이를 유추적용하는 견해가 통설이었다.

87) 그러나 독일법은 많은 부분에서 로마III에 의하여 배제된다.

88) 조금 세월이 흘렀으나 입법례는 헤이그국제사법회의 자료인 Caroline Harnois and Juliane Hirsch, Note on Developments in Internal Law and Private International Law Concerning Cohabitation outside Marriage, including Registered Partnerships, Preliminary Document No 11 (2008), para. 208 참조.

89) 제1항은 연금청산(Versorgungsausgleich)에 관하여도 위 준거법이 적용됨을 명시하면서 일정한 제한을 둔다. 조미경, "독일 離婚法에 있어서의 年金淸算(Versorgungsausgleich) 제도", 가족법연구 6(1992. 12.), 153 이하 참조. 선생님은 이를 '扶助淸算'이라고 번역하였다.

규정의 적용범위에 속하지 않는 일반적인 효력을 규율한다(제17b조 제1항). 즉 혼인에서처럼 그의 실질적 성립요건, 방식과 그 흠결 시의 효력 등의 준거법이 규율하는 모든 사항이 생활동반자관계의 준거법에 의한다. 생활동반자관계에 따른 부양의무와 상속은 각각 EU부양규정과 EU상속규정에 따른다.

성명의 선택에 관한 민법시행법 제10조 제2항과 독일 소재 혼인주거와 가사용품(또는 가재도구. Haushaltsgegenstände)에 대한 사용권 등에 관하여 독일법을 적용하도록 하는 제17a조[90]는 생활동반자관계에도 준용된다(제17b조 제1항 1문).[91]

(5) 입양의 준거법

입양의 준거법을 규정하는 제22조 제1항은 일부 수정되었고 제3항에 생활동반자가 추가되었으나, 제1항은 2020년에 다시 개정되었다.[92] 개정된 제1항은 2020. 3. 31. 발효되었으며[93] 그 전에 완성되지 않은 국제입양에 적용된다.

과거 입양의 준거법을 정한 제22조 제1항은 아래와 같았다.

> "입양은 양친이 입양 시에 속하고 있는 국가의 법에 따른다. 부부의 일방 또는 쌍방에 의한 입양은 제14조 제2항에 따른 혼인의 일반적 효력의 준거법에 따른다. 생활동반자에 의한 입양은 제17b조 제1항 제1문에 따른 생활동반자 간의 일반적 효력의 준거법에 따른다."

---

90) 독일 민법상의 가사용품의 분할에 관하여는 서종희, "이혼시 가재도구의 분할 —신설된 독일민법 제1568b조를 참조하여—", 가족법연구 27-2(2013. 7.), 37 이하 참조.

91) 구 민법시행법은 생활동반자관계의 일반적 효력이 다른 국가의 법에 따르는 경우에는, 독일법의 규정이 선의의 제3자에 대하여 외국법보다 유리한 범위 내에서는, 독일 내에 소재하는 동산에는 등록된 생활동반자법 제8조 제1항을, 국내에서 행한 법률행위에 대하여는 제8조 제2항과 독일 민법 제1357조를 적용하였고(제17b조 제2항) 외국에서 등록된 생활동반자관계의 효력은 독일 민법과 생활동반자법에 정한 것을 넘을 수는 없다고 규정하였으나(제17b조 제4항) 이는 삭제되었다.

92) 이는 독일 헌법재판소의 2019. 3. 26. 결정에 따른 개정의 결과이다. 즉 독일 헌법재판소는 혼인하지 않은 가족의 계자입양을 전면 불허하는 것은 위헌이라고 판시하고 이를 가능하게 하는 조문의 도입을 명하였기 때문이다. 그 결과 민법 제1766a조가 신설되었고 민법시행법 제22조 제1항이 개정되었다. 배경은 BT-Drs. 19/15618, S. 1ff. 참조. http://dipbt.bundes tag.de/doc/btd/19/156/1915618.pdf 참조. 위 민법 조문에 따르면 부부나 등록된 생활동반자가 아니더라도, 확고한 생활공동체(verfestigte Lebensgemeinschaft)로서 공동 세대를 구성하는 두 사람은 상대방의 아동을 입양할 수 있다.

93) 따라서 석광현(註 4), 622-623면에서는 이 부분은 언급되지 않았다.

이와 같이 입양의 요건, 성립 및 효력의 준거법을 양친의 본국법으로 단일화하는 태도는 일본의 법례(제20조), 섭외민사관계법률적용법(제31조)과 한국의 국제사법에도 영향을 미쳤다. 그 근거는 다음과 같다.[94] 첫째, 입양에 의해 양자는 양친의 가족 구성원이 된다. 둘째, 입양 후 양자는 통상 양친의 본국의 법적, 사회적 환경 하에서 생활하므로 그 국가가 정하는 요건을 구비할 필요가 있다. 셋째, 여러 명의 양자가 있는 경우에 준거법이 동일하게 된다. 넷째, 최근 양자에게 자동적으로 또는 용이하게 국적을 부여하는 나라가 많으므로 양친의 본국법이 정하는 입양에 관한 법제도를 고려할 필요가 있고, 양친의 본국법이 양자의 본국법이라고 할 수도 있다.

그러나 2020년 <u>현재</u> 현행 민법시행법 제22조 제1항은 아래와 같이 연결원칙을 수정하였다.

> "독일에서 아동의 입양은 독일법에 따른다. 그 밖의 모든 경우 입양은 입양 시 피입양인의 상거소국의 법에 따른다."[95]

과거 입양의 성립과 효력의 준거법은 양친의 본국법이었는데 이제는 피입양인의 상거소지법으로 바뀌었다. 외국 법원의 입양재판이 있는 경우는 재판의 승인의 문제로 해결되고, 또한 헤이그 입양협약이 적용되는 경우는 체약국인 입양국의 권한당국이 입양이 입양협약에 따라 이루어졌다고 증명하는 경우에는 입양협약에 따라 (재판형입양이든 계약형입양이든 간에) 승인되므로 제22조 제1항은 외국에서 행해진 계약형입양을 염두에 둔 것이라고 할 수 있다. '혼인의 일반적 효력의 준거법'으로부터 '양자의 상거소지법'으로의 전환은 입양 시 양자의 이익이 중심에 있기 때문이라고 한다.[96] 입양 시라고 시점을 명시한 점은 주목할 만하고, 연결점으로서 국적 대신 상거소를 도입한 것은 국제친족법의 영역에서의 변화를 보여준다. 그러나 입양의 준거법에 관하여 독일 민법시행법의 태도를 따

---

94) 최흥섭, "섭외사법개정법률안의 검토 — 제2장(자연인), 제4장(친족), 제5장(상속)", 국제사법학회 8차 연차학술대회 발표자료(2000. 11. 25.), 15-16면; 석광현(註 20), 493면; 법무부(註 34), 153-154면.
95) 제1문은 스위스 국제사법 제77조 제1항과 같으나 후자는 입양의 요건만 명시한다.
96) BT-Drs. 19/15618, p. 16. 이런 설명은 과거와는 다르므로 선뜻 수긍하기가 쉽지 않다. 위 개정은 conflictoflaws.net에도 간단히 소개되었다. Change in German International Adoption Law by Susanne Gössl on February 26, 2020.

랐던 우리로서는 독일법의 개정이 우리에게 시사하는 것은 무엇인지97)를 검토하지 않으면 아니 된다. 특히 우리에게는 외국으로의 입양 시 아동을 강력하게 보호하기 위한 입양특례법이 있고 그 중의 일부는 국제적 강행규정으로서 준거법이 외국법이 경우에도 적용된다는 점을 유의해야 한다.98)

(6) 동성혼 등의 준거법

동성혼 또는 부부의 일방이 여성과 남성 어느 쪽도 아닌 경우(묶어서 "동성혼 등"이라 한다) 준거법에 관하여 생활동반자관계에 관한 제17b조 제1항 내지 제3항에 의하고, 이혼 및 혼인결합의 해소 없는 별거의 준거법(제3조 제1항 제d호 참조)은 로마Ⅲ에 따르며, 부부재산법적 효력의 준거법은 EU부부재산제규정에 따른다(제17b조 제4항). 또한 제17b조 제4항은 민법시행법의 여러 조문들(제13조 제3항, 제17조 제1항 내지 제3항, 제19조 제1항 제3문, 제22조 제1항 제2문과 제3항 제1문 및 제46e조)을 동성혼 등에 준용하고, 동성혼 등의 당사자가 혼인의 일반적 효력에 관하여 제14조에 따라 준거법을 선택할 수 있음을 명시한다. <u>전세계적으로 허용되는 이성간의 혼인의 경우 그 요건은 속인법에 따르는 데 반하여, 동성혼의 경우 당사자들은 이를 허용하는 국가에서 등록할 수 있으므로 결국 당사자자치가 허용되는 셈이 된다. Junker(註 10), §18, Rn. 20.</u> [밑줄 친 부분은 이 책에서 새로 추가한 것이다.]

(7) 비계약적 채무관계의 준거법: 1999년 민법시행법 개정

1986년 민법시행법에는 비계약적 채무관계에 관하여는 제38조99)만 있었다.

---

97) 참고로 한국에도 양자의 본국법을 준거법으로 지정하자는 국제사법 개정안이 있다(현소혜, "국제입양의 준거법 결정", 국제사법연구 제24권 제2호(2018. 12.), 107면 이하). 다만 이 견해는 우리 아동의 외국으로의 입양을 주로 염두에 둔 것이나, 연결원칙을 변경한다면 반대의 입양, 즉 외국 아동을 국내로 입양하는 경우 준거법이 아동의 본국법이 된다는 점을 유념하여야 한다. 즉 한국으로 결혼 이민을 온 여성이 전혼 자녀 또는 친인척 입양을 하는 이른바 '중도입국자녀'의 입양의 준거법은 현재 한국법이나, 만일 위 견해를 따른다면 양자의 본국법인 외국법이 될 것이다. 또한 근자의 현소혜, "국제입양의 보충성과 투명성 실현방안", 가족법연구 제35권 1호(2021), 171면 이하는 기존에 제안된 법률안에 대한 검토를 담고 있다.

98) 입양특례법이 가지는 국제사법적 함의는 윤진수/석광현(註 15), 1704면 참조. <u>위 개정조문의 초안은 IPRax (2015), S. 185f.에도 소개된 바 있는데 현재의 조문과는 다소 차이가 있다.</u> [밑줄 친 부분은 이 책에서 새로 추가한 것이다.]

99) 조문은 아래와 같았다.

그러나 이는 1999년 민법시행법에 의하여 상당히 달라졌다.[100] 1999년 개정된 독일 민법시행법("1999년 민법시행법")(제38조)은 부당이득을 기능적 차이에 따라 급부부당이득, 침해부당이득과 기타의 부당이득으로 나누어(유형론) 급부부당이득반환청구권은 급부와 관련된 법률관계에 적용되는 법에 의하고, 침해부당이득반환청구권은 침해발생지법에 의하며, 그 밖의 부당이득반환청구권은 부당이득발생지법에 의한다고 규정한다.[101]

한편 불법행위에 관하여 1986년 민법시행법 제38조의 해석상 판례는 행동지와 결과발생지가 상이한 경우, 그리고 양자 또는 그 하나가 수개국에 있는 경우에는 그 어느 것이든 준거법이 될 수 있다고 하고 피해자에게 선택권을 인정하며, 피해자가 준거법을 선택하지 않은 경우에는 법원이 직권으로 피해자에게 유리한 법을 선택할 것이라고 하였다. 전자를 '遍在主義(Ubiquitätsprinzip)', 후자를 '유리의 원칙(Günstigkeitsprinzip)'이라고 한다. 1999년 민법시행법(제40조 제1항)은 행동지법을 원칙으로 하고, 피해자에게 결과발생지법의 적용을 요구할 수 있는 선택권을 인정하는데, 피해자는 제1심에서 조기 제1회 기일의 종결 시 또는 서면 선행절차의 종결 시까지 선택권을 행사해야 한다. 나아가 개정된 독일 민법시행법은 특별공서의 형태로 손해배상을 제한한다(제40조 제3항). 또한 1999년 민법시행법은 공통의 속인법원칙(제40조 제2항)을 도입하고, 본질적으로 더 밀접한 관련이 있는 법에 의한 대체를 허용하고(제40조 제2항)(종속적 연결원칙은 이에 포섭된다) 사후적 합의(제42조)를 도입하였다.

1999년 민법시행법은 섭외사법의 개정작업에 영향을 미쳤다.[102] 다만 우리 국제사법은 격지불법행위의 준거법 결정을 판례에 맡기고, 스위스 국제사법을 참조하여 법정지법의 사후 합의만을 허용하는 점에서 독일과 다르다.

"외국에서 범하여진 불법행위에 기하여 독일인에 대하여는 독일법에 따라 발생하는 것보다 더 넓은 청구권을 주장하지 못한다."

100) 비계약적 채무관계의 준거법에 관한 1999년 개정의 소개는 최흥섭, "비계약적 채무관계 및 물건에 대한 새로운 독일국제사법규정의 성립과정과 그 내용", 국제사법연구 제5호 (2000), 178면 이하 참조.

101) 이는 독일 민법시행법의 개정 전에도 학설상 인정되던 것이다. 예컨대 MünchKommBGB/Kreuzer, Band 10: EGBGB, 3. Auflage (1998), Ⅰ Vor Art. 38 Rn. 1ff. 참조.

102) 그 밖에 사무관리에 관한 독일 민법시행법(제39조)도 영향을 미쳤다.

(8) 물권의 준거법: 1999년 민법시행법

1999년 민법시행법 제43조는 소재지법주의를 명시하고 치환의 법리를 선언한 뒤 외국에서 이루어진 물권변동과정의 내국에서의 효력을 명시한다. 섭외사법 개정작업 과정에서 치환의 법리를 정한 조항을 두자는 안도 있었으나 조항이 없어도 동일한 결론을 도출할 수 있다고 보아 조항을 두지 않기로 하였다. 또한 개정작업의 과정에서 1999년 민법시행법(제43조 제3항)이나 스위스 국제사법(제102조 제1항)처럼 외국에서 이루어진 과정은 국내에서 이루어진 것으로 본다는 취지의 규정을 둘지도 논란이 있었으나 두지 않기로 하였다.

주목할 것은 문화재에 대한 물권의 준거법이다. 2016. 8. 1.자로 과거 문화재반환법(Kulturgüterrückgabegesetz. KultGüRückG)[103]을 대체한 문화재보호법(Gesetz zum Schutz von Kulturgut. Kulturgutschutzgesetz. KGSG)은 제5장에서 외국의 문화재반환청구에 대하여, 제6장에서 독일의 문화재반환청구에 대하여 규정한다. 전자의 제54조 제1항[104]과 후자의 제72조[105]는 국제물권법에 대한 특칙을 두므로 이는 민법시행법이 정한 물권의 준거법에 우선하여 적용된다.[106] 결국 문화재에 관하여는 그것이 문화재보호법에 따라 반환된 경우에는 소급적으로 반환 요청국

---

103) 정식명칭은 Gesetz zür Ausführung des UNESCO-Übereinkommens vom 14. November 1970 über Maßnahmen zum Verbot und zur Verhütung der rechtswidrigen Einfuhr, Ausfuhr und Übereignung von Kulturgut und zur Umsetzung der Richtlinie 93/7/EWG des Rates vom 15. März 1993 über die Rückgabe von unrechtmäßig aus dem Hoheitsgebiet eines Mitgliedstaats verbrachten Kulturgütern이다.

104) 제54조 적용되는 민사법. (1) 이 법의 규정에 따라 다른 회원국 또는 체약국의 영역으로 반환된 문화재의 소유자가 누구인지는 해당 회원국 또는 체약국의 실질법에 따라 결정된다.

105) 제72조 반환된 문화재에 대한 소유권. 불법적으로 수출되었다가 독일 영토로 반환된 문화재의 소유자가 누구인지는 독일의 실질법에 따라 결정된다.

106) Junker(註 10), §17, Rn. 39. 양자는 모두 EU지침을 국내법화한 것이다. Junker(註 10), §17, Rn. 39-40. 상세는 Staudinger/Mansel, Anhang Ⅰ zu Art 46 EGBGB [2014]와 Anhang Ⅱ zu Art 46 EGBGB [2014] 참조. 지침은 당초 불법이동문화재의 반환에 관한 1993. 3. 15. 유럽공동체 이사회지침(Directive 93/7/EEC)이었으나 유럽연합 이사회지침(Directive 2014/60/EU)으로 대체되었다. KGSG에 관하여는 송호영, 1970년 UNESCO협약(문화재 불법거래 방지협약)의 이행을 위한 독일 문화재보호법(Kulturgutschutzgesetz. KGSG) 연구(한국법제연구원. 2019); 송호영, "독일의 문화재보호법제에 관한 고찰—1955년 문화재반출방지보호법(KultgSchG)을 중심으로—", 법과 정책연구 제11권 제2호(2011. 6.), 397면 이하 참조. [밑줄 친 부분은 이 책에서 새로 추가한 것이다.]

법(통상 기원국법일 것)이 준거법이 된다.[107] 그 정확한 취지는 더 검토할 필요가 있다.

라. 저촉법적 승인에 관하여

종래 국제사법 체제는 '지정규범으로서의 국제사법(협의의 국제사법)'과 '개별 고권적 행위의 승인'(예컨대 외국재판의 승인)이라는 두 개의 기둥을 가지고 있다. 한국에서 전자는 국제사법에 의하여, 후자는 민사소송법에 의하여 규율된다. 전자를 보면, 외국법에 따라 외국에서 형성된 법상태를 인정하자면 당해 법상태가 우리 국제사법이 지정하는 준거법에 따른 것이어야 하는데 이것이 준거법 통제이다. 그러나 근자에 유럽연합에서는 '(준거법)지정에 갈음하는 승인(Anerkennung statt Verweisung)' 또는 '저촉법적 승인'이 논의되는데 이는 (준거법 통제가 없는) 외국에서 형성된 '법상태의 승인(Anerkennung von Rechtslagen, *reconnaissance des situations*)'을 말한다.[108] 이런 승인원칙이 전통 국제사법을 일부 대체할지 나아가 외국재판의 승인과 같은 절차법적 승인을 법원 기타 관청이 관여하는 경우만

---

107) MünchKommBGB, EGBGB Art. 43, 7. Auflage 2018, Rn. 182 (Wendehorst 집필부분). 우리나라에도 기원국법설을 해석론으로 주장하는 견해가 있다. 송호영, "국제사법상 문화재의 기원국법주의(lex originis)에 관한 연구", 재산법연구 제30권 제1호(2013. 5.), 104면; 송호영, "海外로 不法搬出된 文化財의 民事法上 返還請求法理에 관한 硏究", 비교사법 제11권 제4호(상)(통권 제27호)(2004), 251-252면. 소개는 석광현, "국제적 불법거래로부터 문화재를 보호하기 위한 우리 국제사법(國際私法)과 문화재보호법의 역할 및 개선방안", 서울대학교 법학 제56권 제3호(2015. 9.), 135면 이하 참조. 2004년 벨기에 국제사법(제90조)은 반출국의 반환청구(revendication)에 관하여 반출국법을 적용한다. 다만 반환청구를 하는 국가는 소재지법을 선택할 수 있고, 만일 반출국법이 선의취득자에게 보호를 부여하지 않는 경우에는 소재지법을 원용할 수 있다. 영문번역은 Yearbook of Private International Law, Volume 6 (2004), p. 354; Jürgen Basedow *et al.*, Encyclopedia of Private International Law, Vol. 4 (2017), p. 2986 참조. '반출국' 대신 '기원국'이라고 번역할 여지도 있다.

108) 예컨대 성(姓, 姓氏)에 관한 유럽사법재판소의 2008. 10. 14. Grunkin and Paul 사건 판결(C-353/06)과 회사법에 관한 2002. 11. 5. Überseering 사건 판결(C-208/00) 참조. 후자의 소개는 석광현, "한국에서 주된 사업을 하는 외국회사의 법인격과 당사자능력: 유동화전업 외국법인에 관한 대법원 판결과 관련하여", 선진상사법률연구 제90호(2020. 4.), 37면 이하 참조. 영문 자료는 우선 Matthias Lehmann, "Recognition as a Substitute for Conflict of Laws", in Stefan Leible (ed.), General Principles of European Private International Law (2016), p. 11 이하 참조. 상세는 Michael Grünberger, "Alles obsolet?- Anerkennungsprinzip vs. klassisches IPR", in S Leible and H Unberath (eds), Brauchen wir eine Rom 0-Verordnung? (2013), S. 81ff.

이 아니라 순수한 사인(私人)의 행위에도 적용할지 논란이 있다. 조약상의 근거가 있는 경우 법상태의 승인이 가능함은 의문이 없으나,109) 그 밖에는 신분관계(또는 가족관계)에 한정하여 도입하는 견해도 있는데, 신분관계이든 아니든 간에 공문서에 의하여 증명되는 법률관계에 한정될 가능성이 크지 않을까 생각된다.110)111)

마. 국제사법의 정치화(政治化)

협의의 국제사법의 가치중립성(Wertneutralität), 즉 공서와 간섭규범을 제외하고는 실질법적 평가로부터의 독립성은 전통적 국제사법의 특징으로 인정되었고112) 이는 국제사법의 '탈정치화 경향'(Tendenz zur Entpolitisierung)로 표현되기

---

109) 헤이그입양협약 제23조 제1항이 단적인 예이다. 그에 따르면, 입양이 입양협약에 따라 행해졌다고 입양국의 권한 있는 당국에 의해 증명되는 경우에 그 입양은 법률상 당연히 다른 체약국에서 승인된다. 이는 재판형입양인지 계약형입양인지를 불문하는데, 후자의 경우에도 준거법 통제는 없다.

110) 소개는 석광현, "한국 국제사법 70년 변화와 전망", 청헌 김증한 교수 30주기 추모논문집(2018), 1214면 이하, 상세는 석광현, "국제사법에서 준거법의 지정에 갈음하는 승인: 유럽연합에서의 논의와 우리 법에의 시사점", 동아대학교 국제거래와 법, 제35호(2021. 19.), 1면 이하 참조. [밑줄 친 부분은 이 책에서 새로 추가한 것이다.] 윤진수/장준혁(註12), 1161면은 EU상속규정에 따른 상속증명서는 '법률관계의 승인의 법리'를 입법화한 것이라고 한다. 이는 '법상태의 승인'을 말하는 것으로 보이나 의문이다. 왜냐하면 유럽상속증명서는 상속인의 법적 지위와 권리 및 상속재산관리인의 권한 등에 관한 일종의 입증방법이고, 상속증명서의 내용은 정확한 것으로 추정될 뿐이지(제69조 제2항), 준거법에 대한 통제 없이 법상태를 승인하는 것은 아니기 때문이다. 상속증명서는 상속규정상 상속사건에 대하여 재판관할을 가지는 회원국 법원이 EU상속규정에 의하여 지정되는 준거법에 따라 발행하는 것이다(제64조와 제67조). 따라서 이를 공정증서(내지 공문서)에 기재된 법률관계의 승인 여부의 문제로 다룰 수는 있으나, 위에서 언급한 '지정에 갈음하는 승인(또는 법상태의 승인)'과는 다르다.

111) 참고로 독일 민법(제2361조 이하)은 상속증서(Erbschein) 제도를 두고 있는데 이는 유럽상속증명서와 병존한다. 독일 상속증서와 유럽상속증명서는 일종의 공신력이 있다(전자는 독일 민법 제2366조와 제2367조, 후자는 상속규정 제69조 제3항과 제4항. 용어상 제2366조는 'Öffentlicher Glaube'라고 하나 상속규정은 'Gutglaubenswirkung'이라 한다). 독일 상속법의 국문번역은 이진기(편역), 한국·독일 민법전 상속편(2019), 327면 이하 참조.

112) Marc-Philippe Weller, Grundfragen des Europäischen Kollisionsrechts (2016), S. 137은 Heinz-Peter Mansel, Internationales Privatrecht im 20. Jahrhundert (2014), S. 2. 이 점은 석광현, "이호정 선생님의 국제사법학", 자유주의자 李好珽의 삶과 학문(2019), 43면, 註 35에서 언급하였다. 가치중립적인 국제사법의 정치화에 관하여는 Martin Gebauer, "Zur sogenannten Wertneutralität des klassichen IPR", Politisches Kollisionsrecht (2021),

도 하였다. 그러나 근자에는 사법(특히 민법)의 정치화(Politisierung)에 뒤이어 국제사법도 실질화, 헌법화, 유럽화와 정치화되었다는 목소리를 쉽게 들을 수 있다. 이 견해는 다양한 영역에서 특히 국제사법이 정치적 가치표상(관념)을 실현하는 수단으로써 이용되는 현상을 지적하면서,113) 그러한 예로 인권소송과 기후변화소송, 회사법 재정(裁定)(Gesellschaftsrechtsarbitrage), 난민의 통합, 현대적 가족형태(동성혼과 대리모 등)와 차별금지(반유대주의) 등을 열거하기도 한다.114)

V. 맺음말

지금까지 1986년 개정된 독일 민법시행법과 그 초안을 소개한 선생님의 논문을 중심으로 그 의의, 위 논문 이후 한국 국제사법과 독일 국제사법의 변화를 언급하였다. 우리가 2000년 국제사법 초안을 성안하는 과정에서 독일 민법시행법과 선생님의 위 논문들이 기여를 하였다. 독일 민법시행법이 최선의 것이 아님은 물론이나 EU법, 스위스 국제사법 및 헤이그국제사법회의의 협약과 함께 우리에게 풍부한 시사점을 제공하였다. 선생님의 논문 간행 후 독일 민법시행법이 일부 개정되었고 그 과정에서 유럽연합규정에 의한 대체, 즉 유럽화(공동체법화) 현상이 두드러진다. 그 결과 독일 민법시행법과 우리 국제사법의 유사성은 상당히 희박하게 되었다. 그렇더라도 우리 국제계약법은 로마협약의 영향을 크게 받았고 독일에서는 로마Ⅰ이 적용되므로 양자 사이에는 상당한 유사성이 있음을 유념해야 한다. 독일 국제사법의 유럽화 현상을 보면서, 다양한 EU규정은 독일 민법시행법과 비교하여 상당히 정치한 연결원칙을 두는데, 과연 우리가 국제사법에 그처럼 정치한 연결원칙을 둘 수 있는가라는 의문이 든다.115) 유감인 것은

S. 35ff. 참조.

113) 우리나라에서는 아직 이런 담론에 대한 관심은 별로 없으나. 국제사법의 정치화를 지적하는 데서 더 나아가 국제사법이 규제적 기능을 발휘해야 한다는 주장도 있다. 우선 Horatia Muir Watt, The Relevance of Private International Law to the Global Governance Debate, in Watt & Arroyo(註 34), p. 1 이하 참조.

114) Marc-Philippe Weller/Greta Göbel, Das politische Kollisionsrecht unserere Zeit: Gsellschaftsentwicklung durch Internationales Privatrecht?, in Martin Gebauer *et al.* (Hrsgs.), Politisches Kollisionsrecht (2021) S. 75ff.

115) 이런 의문은 정치한 연결원칙을 둔 헤이그협약을 보면서도 느끼는 것이다. 다만 이 경우는 한국이 당해 헤이그협약에 가입함으로써 해결할 수 있다.

우리가 독일과 유럽연합의 변화를 제대로 인식하지 못하고 있다는 점이다. 부족하나마 여기에서 그런 변화의 주요 내용을 소개한 것을 작은 위안으로 삼는다.

후 기

위 글을 발표한 뒤에 아래의 문헌이 간행되었다. 물론 망라적인 목록은 아니다.

• 독일은 전자유가증권법(Gesetz über elektronische Wertpapiere. eWpG)을 제정하여 2021. 6. 10. 발효시켰는데 이는 저촉법규칙(제32조)[116]도 두고 있다. 소개는 Felix M. Wilke, Das IPR der elektronischen Wertpapiere, IPRax (2021), S. 502f. 참조.

---

116) "제32조 준거법(조문은 위 IPRax, S. 503 하단에도 소개됨).

(1) 예탁법 제17a조가 적용되지 않는 한, 전자증권에 대한 권리와 전자증권의 처분은 증권이 입력된 전자증권등록부의 등록을 담당하는 기관(registerführende Stelle)을 감독하는 국가의 법에 따른다.

(2) 등록을 담당하는 기관이 감독을 받지 않는 경우에는 등록을 담당하는 기관의 본거가 기준이 된다. 등록을 담당하는 기관의 본거를 결정할 수 없는 경우에는 전자 증권 발행인의 본거가 결정적이다."

독일 민법시행법(EGBGB)[1]

제2장 국제사법

제1절 일반조항

제3조 적용범위; 유럽연합의 규칙 및 국제법상의 합의와의 관계

1. 직접 적용되는 유럽연합의 현행 규칙, 특히 아래의 것

a) 계약외채무의 준거법에 관한 2007. 7. 11. 유럽의회 및 이사회 규정 (유럽연합) 번호 864/2007 (로마Ⅱ)

b) 계약채무의 준거법에 관한 2008. 6. 17. 유럽의회 및 이사회 규정 (유럽연합) 번호 593/2008 (로마Ⅰ)

c) 부양의무의 준거법에 관한 2007. 11. 23. 헤이그의정서와 함께 부양의무사건에서의 관할, 준거법, 재판의 승인과 집행 및 협력에 관한 2008. 12. 18. 이사회 규정 (유럽연합) 번호 4/2009 제15조

d) 이혼 및 법적 별거의 준거법 영역에서 제고된 협력을 시행하기 위한 2010. 12. 20. 이사회 규정 (유럽연합) 번호 1259/2010

e) 상속사건에서의 관할, 준거법, 재판의 승인과 집행, 공정증서의 인정 (acceptance, Annahme)[2]과 집행 및 유럽 상속증명서의 도입에 관한 2012. 7. 4. 유럽의회 및 이사회 규정 (유럽연합) 번호 650/2012

f) 부부재산제사건에서의 관할, 준거법, 재판의 승인과 집행 영역에서의 제고된 협력의 시행을 위한 2016. 6. 24. 이사회 규정 (유럽연합) 번호 2016/1103 및

g) 등록된 동반자관계의 재산법적 효력사건에서의 관할, 준거법과 재판의 승인 및 집행의 영역에서의 제고된 협력의 시행을 위한 2016. 6. 24. 이사회 규정 (유럽연합) 번호 2016/1104 또는

2. 직접 적용될 수 있는 내국법으로 된 범위 내의 국제법상의 합의 안에 포함되어 있는 규칙이 준거가[3] 되지 않는 범위 내에서는, 외국과 관련이 있는 사안에서 이 장의 규정이 어느 법질서가 적용될 것인가를 결정한다(국제사법).

---

1) 이는 2019년 12월 말 현재 독일 민법시행법의 국문시역이다. [아래 11면 이하는 이 책에서 새로 추가한 것이다.]

2) 여기의 acceptance는 '수령' 또는 '수용'이라고도 번역하나 필자는 '인정'이라고 번역한다.

3) 준거가 대신에 "기준이"라고 번역할 수도 있다.

[제3a조 실질규범지정; 개별준거법][4]

[현재는 없음]

제4조 지정

(1) 다른 국가의 법이 지정된 때에는 그것이 지정의 의미에 반하지 아니하는 한 다른 국가의 국제사법도 적용된다. 그 다른 국가의 법이 독일법에로 반정하는 때에는 독일의 실질규정이 적용된다.

(2) 실질규정의 지정은 준거가 되는 법질서 중에서 국제사법규범을 제외한 법규범을 지정한다. 당사자가 어느 국가의 법을 선택할 수 있는 때에는 그는 실질규정만을 지정할 수 있다.

(3) 준거가 되는 부분법질서(Teilrechtsordnung)를 표시함이 없이 복수의 부분법질서를 가지고 있는 국가의 법이 지정된 때에는, 그 국가의 법이 어느 부분법질서가 적용될 것인지를 결정한다. 그러한 규칙이 없는 때에는 사안이 가장 밀접하게 관련된 부분법질서가 적용된다.

제5조 속인법

(1) 어느 사람이 속하고 있는 국가의 법이 지정된 때에 그가 복수의 국가에 속하고 있는 경우에는, 그 국가 중에서 특히 그의 상거소 또는 그의 생활의 영위를 통하여 그와 가장 밀접한 관련을 가지고 있는 국가의 법이 적용된다. 그가 독일인이기도 한 때에는 이 법적 지위가 우선한다.

(2) 어느 사람이 무국적자이거나 또는 국적이 확정될 수 없는 때에는 그가 상거소를 가지고 있거나 또는 상거소가 없는 경우에는 거소를 가지고 있는 국가의 법이 적용된다.

(3) 어느 사람이 거소 또는 상거소를 가지고 있는 국가의 법이 지정된 때에 완전한 행위능력을 가지고 있지 않은 사람이 법정대리인의 의사 없이 거소를 변경한 경우에는, 그 변경만으로는 다른 법의 적용에 이르지 아니한다.

제6조 공서

다른 국가의 법규범은 그 적용이 독일법의 본질적 원칙들과 명백히 상용되지 않는 결과를 가져올 때에는 적용되지 아니한다. 그 다른 국가의 법규범은 그 적용이 기본권과 상용되지 않는 경우에는 특히 적용되지 아니한다.

제2절 자연인과 법률행위의 법

제7조 권리능력과 행위능력

(1) 사람의 권리능력과 행위능력은 그가 속하고 있는 국가의 법에 따른다. 행위능

---

4) 개별준거법에 관한 구 민법시행법 제3조 제3항은 제3a조 제2항이 되었다가 삭제되었고 제3a조 제1항은 제4조 제2항이 되었다.

력이 혼인의 체결에 의하여 확대되는 경우에도 같다.

(2) 한번 취득한 권리능력 또는 행위능력은 독일인으로서의 법적 지위의 취득 또는 상실에 의하여 침해되지 아니한다.

제8조 임의대리[5]

(1) 법선택이 제3자와 대리인에게 알려진 경우에는 임의대리에 대하여는 대리권의 행사 전에 대리권 수여자가 선택한 법을 적용한다. 대리권 수여자, 대리인 및 제3자는 준거법을 언제든지 선택할 수 있다. 제2문에 따른 선택은 제1문에 따른 선택에 우선한다.

(2) 제1항에 따른 법선택이 없고 대리인이 그의 기업활동으로 행위한 경우에는, 대리권의 행사 시에 대리인이 상거소를 가진 국가의 실질규정을 적용한다. 다만 제3자가 그 장소를 알 수 없는 경우에는 그러하지 아니하다.

(3) 제1항에 따른 법선택이 없고, 대리인이 대리권 수여자의 근로자로서 행위한 경우에는, 대리권의 행사 시에 대리권 수여자가 상거소를 가진 국가의 실질규정을 적용한다. 다만 제3자가 그 장소를 알 수 없는 경우에는 그러하지 아니하다.

(4) 제1항에 따른 법선택이 없고 대리인이 그의 기업활동으로 행위한 것도 근로자로서 행위한 것도 아닌 경우에는, 장기간으로 상정된 대리권(im Falle einer auf Dauer angelegten Vollmacht)인 때에는, 대리인이 통상적으로 대리권을 사용하는 국가의 실질규정을 적용한다. 다만 제3자가 그 장소를 알 수 없는 경우에는 그러하지 아니하다.

(5) 제1항부터 제4항에 의하여 준거법이 결정되지 않는 경우에는, 대리인이 개별적인 사안에서 대리권을 사용한 국가의 실질규정을 적용한다(사용지). 만일 제3자와 대리인이 그 대리권이 특정한 국가 내에서 사용되었어야 함을 알았어야 하는 경우에는 그 국가의 실질법을 적용한다. 제3자가 사용지를 알 수 없는 경우에는 대리권행사 시에 대리권 수여자가 상거소를 가진 국가의 실질규정을 적용한다.

(6) 부동산 또는 부동산에 대한 권리의 처분에서의 임의대리에는 제43조 제1항 및 제46조에 따라 정해진 법을 적용한다.

(7) 본 조는 거래소에서의 행위(Börsengeschäften)와 경매에서의 임의대리에는 적용되지 아니한다.

(8) 이 조의 의미에서 상거소의 결정에는 규정 (유럽연합) 번호 593/2008[6] 제19조 제1항[7]과 제2항 첫째 선택지를[8] 적용하되 계약 체결에 갈음하여 대리권 행사를

---

5) 2017. 6. 17. 신설되었다.

6) 위 규정은 '로마 I'을 말한다.

7) 조문은 아래와 같다. "이 규정의 목적상 회사와 기타 법인격이 있거나 없는 기구(bodies)

대입한다. 이 조항에 따라 준거가 되는 장소를 제3자가 알 수 없는 경우에는 규정 (유럽연합) 번호 593/2008 제19조 제2항 첫째 선택지는 적용하지 아니한다.

제9조 사망선고

사망선고, 사망과 사망시점의 확정, 생존추정과 사망추정은 실종자가 현존하는 소식에 따르면 아직 생존하고 있었던 최후의 시점에 그가 속하고 있었던 국가의 법에 따른다. 실종자가 그 시점에 외국인이었던 때에는 정당한 이익이 존재하는 경우 그에 대하여 독일법에 따라 사망선고를 할 수 있다.

제10조 성명

(1) 사람의 성명은 그가 속하고 있는 국가의 법에 따른다.

(2) 부부(Ehegatten)는 혼인의 체결 시 또는 그 후에 다음의 법에 따라 신분등록소 (Standesamt)에 대하여 앞으로 사용할 성을 선택할 수 있다.

1. 제5조 제1항에 관계없이 부부 중 일방이 속하고 있는 국가의 법, 또는

2. 부부 중 일방이 내국에 상거소를 가지고 있는 경우에는 독일법.

　　혼인의 체결 후에 행하여진 의사표시는 공적으로 증명되어야(öffentlich beglaubigt) 한다. 그 선택이 자(子)의 성에 미치는 영향에 대하여는 민법 제 1617c가 유추적용된다(ist … sinngemäß anzuwenden). <u>다만 제48조가 신설되었음을 참조</u> [밑줄 친 부분은 이 책에서 새로 추가한 것이다.]

(3) 감호권자(Inhaber der Sorge)[9]는 신분등록소에 대하여 자(子)가 다음의 법에 따라 가족의 성을 가진다고 정할 수 있다.

1. 제5조 제1항에 관계없이 부모의 일방이 속하고 있는 국가의 법

2. 부모의 일방이 상거소를 내국에 두고 있는 경우에는 독일법, 또는

3. 성의 부여자가 속하고 있는 국가의 법

　　출생 등록 후에 행하여진 의사표시는 공적으로 증명되어야 한다.

(4) [폐지됨][10]

제11조 법률행위의 방식

(1) 법률행위는 그것이 그 대상을 이루는 법률관계에 적용되는 법 또는 그것이 행하여지는 국가의 법의 방식요건을 갖춘 경우에는 방식상 유효하다.

　　의 상거소는 경영 중심지이다. 영업활동을 하는 과정에서의 자연인의 상거소는 그의 주된 영업소 소재지다."

8) 조문은 아래와 같다. "계약이 지점, 대리점 또는 어느 영업소의 운영과정에서 체결되는 경우, 또는 계약에 따른 채무의 이행이 그러한 지점, 대리점 또는 영업소의 책임인 경우에는 그 지점, 대리점 또는 영업소가 소재하는 곳이 상거소 소재지로 취급된다."

9) '친권자' 또는 '양육권자'라고 번역할 수도 있다.

10) 이는 "weggefallen"의 번역인데, 우리 법률에서는 "삭제"라고 한다. 예컨대 독점규제 및 공정거래에 관한 법률 제8장 삭제의 제32조부터 제34조의2.

(2) 계약이 상이한 국가11)에 있는 사람 사이에 체결되는 때에 그 대상을 이루는 법률관계에 적용되는 법 또는 그 국가 중 어느 하나의 법의 방식요건을 갖춘 경우에는 방식상 유효하다.

(3) 계약이 대리인에 의하여 체결되는 때에 제1항과 제2항이 적용되는 경우에는 대리인이 있는 국가가 준거가 된다.

(4) 물건에 대한 권리를 설정하거나 또는 그러한 권리를 처분하는 법률행위는 그 대상을 이루는 법률관계에 적용되는 법의 방식요건을 갖춘 경우에만 방식상 유효하다.

제12조 상대방 계약당사자의 보호

계약이 동일한 국가12)에 있는 사람 사이에 체결되는 경우에, 그 국가의 법의 실질 규정상 권리능력, 행위능력, 행동능력이 있는 자연인은, 계약체결 시에 그의 권리무능력, 행위무능력 및 행동무능력을 타방 계약당사자가 알았거나 또는 알았어야 할 경우에만, 다른 국가의 법의 실질규정으로부터 도출되는 그의 권리무능력, 행위무능력, 행동무능력을 원용할 수 있다. 이는 친족법상·상속법상 법률행위 및 다른 국가에 소재하는 부동산에 관한 처분에 대하여는 적용되지 아니한다.

제3절 친족법

제13조 혼인의 체결13)

(1) 혼인의 체결의 요건은 각 혼인당사자(Verlobten)에 대하여 그가 속하고 있는 국가의 법에 따른다.

(2) 제1항의 법에 의하면 요건이 결여되어 있는 때에는 다음의 경우 독일법이 적용된다.

1. 혼인당사자의 일방이 내국에 상거소를 가지고 있거나 또는 독일인인 경우
2. 양 당사자가 그 요건의 충족을 위하여 기대할 수 있는 조치를 취한 경우 및
3. 혼인의 체결을 인정하지 않는 것이 혼인의 체결의 자유와 상용되지 않는 경우, 특히 전혼의 존속이 독일에서 선고되거나 또는 승인된 판결에 의하여 부정되었거나 또는 당사자의 배우자(Ehegatte)가 사망선고를 받은 경우에는 혼인당사자의 전혼은 장애가 되지 아니한다.

(3) 제1항에 따라 혼인당사자 일방의 혼인적령(Ehemündigkeit)이 외국법에 따르는 경우, 그 혼인은 다음 각 호의 경우 독일법에 의하여 무효가 되거나 취소할 수 있다.

---

11) 엄밀하게는 '국가 내'이다.
12) 엄밀하게는 '국가 내'이다.
13) 제3항이 신설되고 제3항은 제4항이 되었다.

1. 혼인의 체결 시에 혼인당사자 일방이 16세 미만인 경우에는 무효이고,

2. 혼인의 체결 시에 혼인당사자 일방이 16세 이상이나 18세 미만인 경우에는 취소할 수 있다.

(4) 혼인은 내국에서는 여기에서 규정하는 방식으로만 체결할 수 있다. 쌍방 모두 독일인이 아닌 당사자 간의 혼인은, 당사자의 일방이 속하고 있는 국가의 정부로부터 적법하게(ordnungsgemäß) 수권받은 사람 앞에서, 그 국가의 법이 규정하는 방식에 의하여 체결할 수 있다. 이렇게 체결된 혼인이 그것을 관장하도록 적법하게 수권받은 사람에 의하여 관리되고 있는 신분등록부(Standesregister)에 등록된 경우에는 그 등록의 인증등본(beglaubigte Abschrift)은 혼인의 체결의 완전한 증거가 된다.

제14조 혼인의 일반적 효력[14]

(1) 혼인의 일반적 효력은 규정 (유럽연합) 2016/1103의 적용범위에 속하지 않는 한 부부가 선택한 법에 따른다. 다음 각 호의 법을 선택할 수 있다.

1. 부부의 쌍방이 법선택 시점에 상거소를 가지고 있던 국가의 법

2. 부부의 일방이 법선택 시점에 아직 그곳에 상거소를 가지고 있는 경우에는 부부의 쌍방이 혼인 중 최후로 상거소를 가지고 있었던 국가의 법, 또는

3. 제5조 제1항에 관계없이 부부의 일방이 법선택 시점에 속하고 있었던 국가의 법 법선택은 공증인에 의해 증명되어야 한다. 법선택이 내국에서 이루어지지 아니한 경우에는 선택된 법 또는 법선택지의 부부재산계약의 방식요건에 합치하는 것으로 충분하다.

(2) 부부가 법선택을 하지 않은 경우 다음 각 호의 법이 적용된다.

1. 부부의 쌍방이 상거소를 가지고 있는 국가의 법, 그렇지 않으면

2. 부부의 일방이 아직 그곳에 상거소를 가지고 있는 경우에는 부부의 쌍방이 혼인중 최후로 상거소를 가지고 있었던 국가의 법, 그렇지 않으면

3. 부부의 쌍방이 속하고 있는 국가의 법, 그렇지 않으면

4. 부부가 공통으로 기타의 방법에 의하여 가장 밀접한 관련을 가지고 있는 국가의 법

제15조 부부재산제(Güterstand)

[폐지됨]

---

14) 제1항과 제2항은 개정되고 제3항과 제4항은 삭제되었다. 제14조의 국문번역은 오석웅, "혼인의 효력에 관한 유럽국제사법의 동향—EU부부재산제 규칙과 개정 독일국제사법(EGBGB)의 내용—", 국제사법연구 제26권 제1호(2020. 6.), 249-250면에도 있는데 여기의 것과 대동소이하다.

제16조 제3자의 보호

[폐지됨]

제17조 이혼에 대한 **특별규정**(Sonderregelungen zur Scheidung)[15]

(1) 이혼의 재산법적 효과는, (유럽연합) 규정 2016/1103 또는 (유럽공동체) 규정 4/2009의 적용범위에 속하지 않거나 이 절의 다른 조항에 의하여 규율되지 않는 한 (유럽연합) 규정 번호 1259/2010에 의하여 결정되는 이혼의 준거법에 따른다.

(2) (유럽연합) 규정 번호 1259/2010의 적용범위에 속하지 않는 이혼에 대해서는 이 규정 제2장이 다음 각호의 조건에 따라 준용된다.

1. (유럽연합) 규정 번호 1259/2010 제5조 제1항 제d호는 적용되지 않는다.

2. (유럽연합) 규정 번호 1259/2010 제5조 제2항, 제6조 제2항 및 제8조 제a호 내지 제c호에서 법원에 신청된 시점 대신에 이혼절차가 개시된 시점을 기준으로 한다.

3. (유럽연합) 규정 번호 1259/2010 제5조 제3항과 달리, 부부는 선택한 법이 이를 규정하고 있는 경우에는 절차 계속 중에도 이 규정 제7조에 의하여 정해진 방식으로 법선택을 할 수 있다.

4. (유럽연합) 규정 번호 1259/2010 제8조 제d호의 경우, 신청된 법원의 법 대신 이혼절차 개시 시점에 부부가 공통으로 기타의 방법에 의하여 가장 밀접한 관련을 가지고 있는 국가의 법이 적용된다. 그리고

5. (유럽연합) 규정 번호 1259/2010 제10조와 제12조 대신 제6조가 적용된다.[16]

(3) 혼인은 내국에서는 법원에 의해서만 해소될 수 있다.

(4) 연금청산(Versorgungsausgleich)은 이혼의 준거법에 관한 규정 (유럽연합) 번호 1259/2010에 의하여 정하여지는 준거법에 의한다. 연금청산은 독일법이 적용되거나, 부부가 이혼신청소송의 계속이 개시된 시점에 속하고 있는 국가 중의 하나의 법이 그것을 알고 있는 경우에만 행해질 수 있다. 그 밖에는 부부의 일방이 혼인기간 동안(in der Ehezeit) 내국에서 연금에 대한 기대권을 취득한(ein Anrecht bei einem inländischen Versorgungsträger erworben hat) 경우에는 부부의 일방이 신청에 기하여 독일법에 따라 행해질 수 있다. 다만, 연금청산의 실행은 부부 쌍방의 경제적 사정을 고려하여 또한 전 혼인기간을 고려하여 형평에 반하지 아니

---

15) 2018. 12. 21. 표제가 변경되면서 제2항과 제3항이 각 제3항과 제4항으로 내려가고, 제2항이 신설되었으며 2019. 1. 29. 제1항이 개정되었다.

16) 제10조는 준거법이 이혼을 허용하지 않거나 성별을 이유로 이혼 또는 별거에 대한 동일한 접근을 허용하지 않는 경우 준거법 대신 법정지법을 적용한다는 조문이고 제12조는 공서조항이다. 독일은 경직된 제10조보다 민법시행법 제6조를 적용한다는 취지이다. Martin Gebauer, "Zur sogenannten Wertneutralität des klassichen IPR", in Martin Gebauer *et al.* (Hrsgs.), Politisches Kollisionsrecht (2021), S. 71-72은 이를 환영한다.

하는 한도 내에서만 행하여진다.

제17a조 혼인주거[17)]

국내에 위치한 혼인주거와 관련된 출입, 접근과 접촉금지는 독일의 실질법에 따른다.

제17b조 등록된 생활동반자관계(Lebenspartnerschaft)[18)] 및 동성혼(同性婚)

(1) 등록된 생활동반자관계의 성립과 해소 및 규정 (유럽연합) 2016/1104의 적용 범위에 속하지 않는 일반적인 효력은 등록부(Register)를 관리하는 국가의 실질규 정에 의한다. 연금청산은 제1문에 의하여 적용되는 법에 따른다, 연금청산은 독일 법이 적용되거나, 생활동반자가 생활동반자관계의 해소 신청이 계속된 시점에 속 하고 있는 국가 중의 하나의 법이 그것을 알고 있는 경우에만 행해질 수 있다. 그 밖에는 생활동반자의 일인이 동반자관계가 존속하는 동안 내국에서 연금에 대한 기대권을 취득한 경우에는 생활동반자 일방의 신청에 기하여 독일법에 따라 행해 질 수 있다. 다만, 연금청산의 실행은 생활동반자 쌍방의 경제적 사정을 고려하여 또한 생활동반자관계의 전 기간을 고려하여 형평에 반하지 아니하는 한도 내에서 만 행하여진다.

(2) 제10조 제2항과 제17a조는 준용된다.

(3) 동일한 사람들 간에 등록된 생활동반자관계가 수 개국에 존재하는 경우에는, 그가 성립한 시점 이후로는 최후에 성립한 생활동반자관계가 제1항에 기술된 효력 과 효과에 대해 준거가 된다.

(4) 부부 쌍방이 동일한 성(性)(Geschlecht)에 속하거나 적어도 부부의 일방이 여 성과 남성 어느 쪽에도 속하지 않는 경우 제1항 내지 제3항이 적용된다. 이때 이혼 및 혼인결합의 해소 없는 별거의 준거법(제3조 제1항 제d호 참조)은 규정 (유럽연 합) 번호 1259/2010에 따른다. 부부재산법적 효력은 규정 (유럽연합) 2016/1103에 의하여 적용되는 법에 따른다.

(5) 제4항에 언급한 혼인에 대하여는 제13조 제3항, 제17조 제1항 내지 제3항, 제 19조 제1항 제3문, 제22조 제1항 제2문과 제3항 제1문 및 제46e조가 준용된다. 혼 인당사자(배우자, Ehegatten)는 혼인의 일반적 효력에 관하여 제14조에 따라 법선 택을 할 수 있다.

---

17) 2001년 12월 신설되어 2002. 1. 1. 발효된 구 민법시행법 제17a조는 혼인주거와 가재도 구(Haushaltsgegenstände)에 관하여 규정하였으나 그 후 가재도구에 대한 언급은 삭제되 고 개정되었다. 필자는 과거 Haushaltsgegenständ를 '가정용품'이라고 번역하였으나 윤진 수 외, 주해친족법 제2권(2015), 1668면에서부터는 "가재도구"라고 번역한다. 이진기(편 역), 한국·독일 민법전 상속편(2019), 107면은 '가사용품'이라고 번역한다.

18) 2001년 2월의 생활동반자법률(Lebenspartnerschaftsgesetz)에 의하여 '등록된 동성 간의 생활동반자'를 규율하는 저촉규범이 2001. 8. 1. 신설되어 발효되었고 수차례 개정되었으 며 동성혼에 관한 제4항과 제5항이 신설되었다.

제18조 부양

[폐지됨][19]

제19조 출생자의 지위(Abstammung)

(1) 자(子)의 출생자의 지위는 그가 상거소를 가지고 있는 국가의 법에 의한다. 그러나 부 또는 모에 대한 각각의 관계에서는 그 부 또는 모의 본국법에 의할 수도 있다. 나아가 모가 혼인한 경우에는 제14조 제2항에 따라 출생 시의 혼인의 일반적 효력의 준거법에 의할 수도 있다. 다만, 그 혼인이 이전의 사망에 의해 해소된 경우에는 그 해소의 시점이 준거가 된다.

(2) 양친이 서로 혼인을 하지 않은 경우에는 임신을 이유로 한 모에 대한 부의 의무는 모가 상거소를 가지고 있는 국가의 법에 의한다.

제20조 출생자의 지위의 취소

출생자의 지위는 그 요건이 충족되었던 법에 따라 취소될 수 있다. 그러나 자(子)는 어느 경우이든 그가 상거소를 가지고 있는 국가의 법에 따라 그 지위를 취소할 수 있다.

제21조 친자관계의 효력

친자 간의 법률관계는 자(子)가 상거소를 가지고 있는 국가의 법에 의한다.

제22조 입양[20]

(1) 내국에서 아동의 입양은 독일법에 따른다. 그 밖의 모든 경우 입양은 입양 시 피입양자의 상거소국의 법에 따른다.

(2) 자(子)와 양친 및 자(子)와 친족법적 관계에 있는 사람 간의 혈족관계에 관한 입양의 효력은 제1항에 의하여 적용되는 법에 따른다.

(3) 양친, 그 배우자, 생활동반자 또는 혈족에 대한 사망에 의한 권리승계에 관하여 피상속인이 사인처분의 방식으로 독일의 실질규정에 의한 양자와 동등하게 취

---

19) 2011. 6. 18. 폐지되었다. 2011. 5. 23. 부양규정의 시행 및 국제부양절차법의 영역에서의 기존 시행규정과 실시규정의 신규율을 위한 법률(Gesetz zur Durchführung der Verordnung (EG) Nr. 4/2009 und zur Neuordnung bestehender Aus- und Durchführungsbestimmungen auf dem Gebiet des internationalen Unterhaltsverfahrensrechts. EGAUG)이 제정되었다. 폐지된 조문은 석광현, 2001년 개정 국제사법 해설 제2판(2003), 517면 참조.

20) 제1항이 일부 수정되고 제3항에 '생활동반자'가 추가되었으나 제1항은 2020년에 다시 개정되었다. 개정된 제1항은 2020. 3. 31. 발효되었고 그 전에 완성되지 않은 국제입양에 적용된다. 그 전에는 아래와 같았는데 제1문은 우리 국제사법 제43조와 같은 취지이다. "입양은 양친이 입양 시에 속하고 있는 국가의 법에 따른다. 부부의 일방 또는 쌍방에 의한 입양은 제14조 제2항에 따른 혼인의 일반적 효력의 준거법에 따른다. 생활동반자에 의한 입양은 제17b조 제1항 제1문에 따른 생활동반자 간의 일반적 효력의 준거법에 따른다."

급할 것을 정하고, 또한 권리승계가 독일법에 따르는 경우에는, 제1항 및 제2항에 의해서 적용되어야 하는 법에도 불구하고 양자는 독일의 실질규정에 의한 양자와 동등하게 취급된다. 제1문은 입양이 외국재판에 기한 경우에 준용한다. 제1문 및 제2문은 입양 시 양자가 18세에 달한 경우에는 적용되지 않는다.

제23조 동의

자(子)에 대한 출생자선언(Abstammungserklärung), 성명의 부여 또는 입양에 대한 자(子) 및 자(子)와 일정한 친족관계에 있는 사람의 동의의 필요성과 부여는 부가적으로 자(子)가 속하고 있는 국가의 법에 따른다. 자(子)의 복지를 위하여 필요한 한도에서 그 법에 갈음하여 독일법이 적용된다.

제24조 후견, 부조와 보호(Vormundschaft, Betreuung und Pflegschaft)

(1) 후견, 부조 및 보호의 개시·변경·종료와 법정후견 및 법정보호의 내용은 피후견인, 피부조자 또는 피보호자가 속하고 있는 국가의 법에 따른다. 독일에 상거소, 또는 상거소가 없는 때에는 거소를 가지는 외국인에 대하여는 독일법에 따라 부조자(Betreuer)가 선임될 수 있다.

(2) 어떤 사항(Angelegenheit)에 대하여 누가 관계를 가지는지가 확정되지 않기 때문에, 또는 관계인이 다른 국가에 소재하기 때문에 보호가 필요한 때에는 그 사항에 대하여 준거가 되는 법이 적용된다.

(3) 잠정적 조치 및 부조·개시명령이 있는 후견·보호의 내용은 그러한 개시명령이 행하여지는 국가의 법에 따른다.

제4절 상속법

제25조 사망에 의한 권리승계

사망에 의한 권리승계에 대하여는 규정 (유럽연합) 번호 650/2012의 적용범위에 속하지 않는 한 그 규정 제3장이 준용된다.[21]

제26조 사인처분(死因處分)의 방식(Form von Verfügungen von Todes wegen)[22]

(1) 유언처분(letztwillige Verfügung)[23] 방식의 준거법에 관한 1961. 10. 5. 헤이그협약 제3조[24]의 시행에 있어서, 유언처분은 그것이 동일문서에서 여러 사람에

---

21) EU상속규정이 독일에서 2015. 8. 17. 시행됨에 따라 제25조가 개정되었다.

22) 제목·제1항·제2항 개정, 제3항부터 제5항은 삭제되었다. 여기의 'Verfügungen von Todes wegen'을 사인처분이라고 번역한다. 윤진수(편), 주해 상속법 제2권(2019), 120면 (윤진수 집필부분). 이진기(편역)(註 17), 89면은 'letztwillige Verfügung'를 '사인처분'이라고 번역한다.

23) 이를 '종의처분(終意處分)'이라고 번역하기도 한다. 윤진수/윤진수(註 22), 120면.

24) 제3조는 "이 협약은 앞의 조문들에 언급된 법 이외의 법의 방식요건에 따라 이루어진 유언처분을 승인하는 체약국의 기존의 또는 장래의 법의 규정에 영향을 미치지 아니한다."

의하여 작성되었거나 그것을 통하여 이전의 유언처분이 철회되더라도 사망에 의한
권리승계에 적용되거나 처분 당시 적용되었을 법의 방식요건에 합치하는 경우에는
방식상 유효하다. 헤이그협약의 다른 조항들은 영향을 받지 아니한다.

(2) 다른 사인처분의 방식에 대하여는 규정 (유럽연합) 번호 650/2012 제27조가
준거가 된다.

제5절 채권법
제1관 계약적 채권관계

제27조 내지 제37조[25]

[폐지됨]

제2관 계약외적 채권관계[26]

제38조 부당이득

(1) 이행된 급부로 인한 부당이득청구권은 그 급부와 관련된 법률관계에 적용되는
법에 의한다.

(2) 보호되는 이익의 침해에 의한 부당이득으로 인한 청구권은 그 침해가 발생한
국가의 법에 의한다.

(3) 그 이외의 경우에 부당이득으로 인한 청구권은 부당이득이 발생한 국가의 법
에 의한다.

제39조 사무관리

(1) 타인의 사무의 관리(Besorgung eines fremden Geschäfts)로 인한 법적 청구
권은 그 사무가 행하여진 국가의 법에 의한다.

(2) 타인의 채무(Verbindlichkeit)의 변제로 인한 청구권은 그 채무에 적용되는 법
에 의한다.

고 규정한다.

25) 구 민법시행법의 제1관(제27조부터 제37조)은 후에 개정된 조문(예컨대 제29a조)을 제외
하고는 로마협약을 편입한 것이었다. 과거 독일은 1986. 9. 1. 발효된 "국제사법의 새로운
규율을 위한 법률"에 의하여 민법시행법을 개정함으로써 로마협약의 내용에 일부 수정을
가하여 이를 간접적으로 국내법화하였다. 독일은 나아가 로마협약과 독일 민법시행법 간
의 충돌을 피하고자 1986. 7. 25. 로마협약 비준 법률(제1조 제2항)에서 "로마협약의 제1
조 내지 제21조는 독일에서는 직접 적용되지 않는다"고 규정하였다. 그러나 2009. 12.
17. 로마 I 의 발효를 계기로 제1관은 폐지되었으나 제29a조는 조금 수정되어 제46b조가
되었다.

26) 선생님의 논문 발표 당시 제2관에는 불법행위에 관한 제38조만 있었다.

제40조 불법행위

(1) 불법행위로 인한 청구권은 배상의무자가 행위한 국가의 법에 의한다. 피해자는 이 법에 갈음하여 결과가 발생한 국가의 법을 적용할 것을 요구할 수 있다. 그 결정권(Bestimmungsrecht)은 오직 제1심에서 조기 제1회 기일의 종결 시 또는 서면 선행절차의 종결 시까지 행사될 수 있다.

(2) 배상의무자와 피해자가 책임 발생(Haftungsereignisse) 시에 동일한 국가에 그들의 상거소를 가지고 있었다면 그 국가의 법이 적용된다. 조합, 사단 또는 법인의 경우에는 그 주된 사무소가 소재하는 장소 또는 영업소가 관련된 경우에는 그 영업소가 소재하는 장소가 상거소에 해당한다.

(3) 다른 국가의 법에 의한 청구권은 다음의 범위 내에서는 주장될 수 없다.

1. 그 청구권이 피해자의 적절한 배상을 위해 필요한 것을 본질적으로 넘는 경우
2. 그 청구권이 피해자의 적절한 배상과는 명백히 다른 목적을 가지는 경우, 또는
3. 그 청구권이 독일을 구속하는 협약의 책임법적 규정에 반하는 경우

(4) 피해자는, 불법행위의 준거법 또는 보험계약의 준거법이 이것을 규정하고 있는 경우에는 배상의무자의 보험자에 대해 직접 그 청구권을 주장할 수 있다.

제41조 본질적으로 더 밀접한 관계

(1) 어느 국가의 법이 제38조 내지 제40조 제2항에 따른 준거법보다 본질적으로 더 밀접한 관계가 있다면 그 법이 적용된다.

(2) 본질적으로 더 밀접한 관계는 특히 다음으로부터 나올 수 있다.

1. 채권관계와 관련하여 당사자 간의 특별한 법적 또는 사실적 관계로부터, 또는
2. 제38조 제2항과 제3항 그리고 제39조의 경우에는 법적으로 의미 있는 사건의 발생(rechtserhebliches Geschehen) 시에 동일한 국가에 있는 당사자의 상거소로부터. 이때에는 제40조 제2항 2문이 준용된다.

제42조 법선택

계약외적 채권관계를 발생시키는 사안이 발생한 후에 당사자는 그 채권관계의 준거법을 선택할 수 있다. 이때 제3자의 권리는 영향을 받지 아니한다.

제6절 물권법

제43조 물건에 대한 권리

(1) 물건에 대한 권리는 그 물건이 소재하는 국가의 법에 의한다.

(2) 그 권리가 성립된 물건이 다른 나라에 들어오면 그 권리는 이 국가의 법질서에 반하여 행사될 수 없다.

(3) 내국에 들어온 물건에 대한 권리가 전에 이미 취득된 것이 아니라면 내국에서의 취득에 있어서 외국에서 이루어진 과정은 내국에서 이루어진 것으로 고려된다.

제44조 토지로부터 나오는 작용

토지로부터 나오는 침해적 작용으로 인한 청구권에 대하여는 규정 (유럽연합) 번호 864/2007[27]을 준용하되 제Ⅲ장은 제외한다.

제45조 운송수단

(1) 항공기, 선박 및 궤도차량에 대한 권리는 본원국의 법에 의한다. 그것은 다음과 같다.

1. 항공기의 경우는 그 국적국

2. 선박의 경우는 등록국, 그것이 없으면 본거항 또는 본거지(Heimatort) 국가

3. 궤도차량의 경우에는 허가국

(2) 이러한 운송수단에 대한 법정담보권의 성립은 담보될 채권에 적용되는 법에 의한다. 다수의 담보권의 순위에 대하여는 제43조 제1항이 적용된다.

제46조 본질적으로 더 밀접한 관계

어느 국가의 법이 제43조와 제45조에 따라 준거가 될 법보다 본질적으로 더 밀접한 관계가 있다면 그 법이 적용된다.

제7절 유럽연합의 국제사법적 규율의 시행과 전환을 위한 특별규정
제1관 규정 (유럽연합) 번호 864/2008의 시행

제46a조 환경손해

(생략)

제2관 소비자보호에서 국제사법적 규율의 전환

제46b조 특별한 영역을 위한 소비자보호

(생략)

제46c조 일괄지불여행(패키지여행) 및 연관된 여행급부

(생략)

제3관 규정 (유럽연합) 번호 593/2008의 시행

제46d조 강제보험계약

(생략)

제4관 규정 (유럽연합) 번호 1259/2010의 시행

제46e조 법의 선택

(생략)

---

27) 이는 로마Ⅱ를 말한다.

제3장 적응. 유럽연합의 다른 회원국에서 취득한 성명의 선택[28]

제47조 성명

(1) 어느 사람이 준거법인 외국법에 따라 성명을 획득한 뒤에 독일법에 따르고자 하는 경우에는 그는 신분공무원에 대한 의사표시를 통하여

1. 그 이름으로부터 성과 명을 결정할 수 있고

2. 성 또는 명이 없는 때에는 그러한 성명을 선택할 수 있으며

3. 독일법이 규정하지 않는 성명의 구성부분을 배제할 수 있고

4. 성별 또는 친척관계에 따라서 변경된 성명의 원래의 형태를 사용할 수 있다.

5. 그의 성 또는 명의 독일어 형태를 사용할 수 있다. 명의 그러한 형태가 존재하지 않는 때에는 새로운 명을 사용할 수 있다.

   성명이 혼인 성명 또는 생활동반자 성명인 경우, 그 의사표시는 혼인 또는 생활동반자 관계가 존속하는 동안에는 양 배우자 또는 양 생활동반자에 의하여만 할 수 있다.

(2) 성명이 준거법인 외국법에 따라서 획득된 다른 성명으로부터 파생되어야 하는 경우에는 제1항은 독일법에 따른 성명의 구성에 준용된다.

(3) 민법전 제1617c조가 준용된다.

(4) 제1항과 제2항에 따른 의사표시는, 혼인체결 시 또는 생활동반자관계의 설정 시 독일 신분공무원에 대하여 하지 않은 경우에는 공적으로 증명되거나 문서화되어야 한다.

제48조 유럽연합의 다른 회원국에서 취득한 성명의 선택

성명의 준거법이 독일법인 경우, 그것이 독일법의 본질적인 근본원칙에 반하지 않는 한, 그는 신분공무원에 대한 의사표시를 함으로써, 그가 다른 회원국에 상거소를 가지고 있는 동안에 획득하고 그곳 신분등록부에 등록한 성명을 선택할 수 있다. 성명의 선택은, 의사표시를 하는 자가 장래에 향하여 효력이 있음을 명백히 표시하지 않는 한 다른 회원국의 신분등록부에 등록한 때로 소급하여 효력이 있다. 의사표시는 공적으로 증명되거나 문서화되어야 한다. 제47조 제1항과 제3항은 준용된다.

---

28) 제3장의 번역은 이 책에서 새로 추가한 것이다.

[13] 스위스의 국제사법 再論

前 記

이 글은 저자가 이호정 선생의 추모문집인 자유주의자 李好珽의 삶과 학문(2019), 636면 이하에 게재한 간략한 글을 대폭 수정·보완하여 국제사법연구 제26권 제1호(2020. 6.), 571면 이하에 수록한 글을 다시 수정한 것으로, 말미에는 국제사법연구 제26권 제1호(2020. 6.), 595면 이하에 수록한 최근 스위스 국제사법전의 국문시역을 첨부하였다. 가벼운 수정 부분은 밑줄을 그어 표시하였고, 참고할 사항은 말미의 후기에 적었다. 정치(精緻)한 국제재판관할규칙을 담은 우리 국제사법 개정법률(개정법)이 2022. 1. 4. 공포되어 7. 5. 발효된다. 그 결과 준거법규칙을 담은 조문도 번호가 변경되기에 아래에서는 개정법의 조문을 일부 언급하였다.

Ⅰ. 머리말

스위스의 1987. 12. 18. "국제사법에 관한 연방법률(Bundesgesetz über das Internationale Privatrecht (IPRG), *Loi fédérale sur le droit international privé.* (LDIP))" ("스위스 국제사법")은 1989. 1. 1. 시행되었다. 당시 국제사법은 모두 200개 조문에 달하는 방대한 법률이었다. 스위스 국제사법은 그 후 여러 차례 개정되어 현재 230개에 이르는 조문을 두고 있다. 국제사법은 다양한 법률관계에 관하여 별도의 장을 두어 장별로 원칙적으로 국제재판관할, 준거법 및 외국재판의 승인 및 집행의 세 가지 논점을 차례대로 규정하는 방식을 취하고 나아가 국제도산과 국제중재에 관하여 규정하는데 이런 체제[1]는 스위스 국제사법의 구조상의 가장

---

1) 이를 'Dreiklang(삼화음)'이라고 부르기도 한다. 스위스 국제사법은 외국재판의 승인 및 집행에 관하여는 총칙(제25조 이하)에서 간접관할, 승인거부사유와 절차 등을 규정하고, 이하 각장에서는 구체적 간접관할규칙을 별도로 규정한다. 스위스 국제사법은 이처럼 직접관할규칙과 간접관할규칙을 구별하여 달리 규정하는 점에 특색이 있다. 반면에 우리 민사소송법 제217조는 '경상의 원칙(Spiegelbildprinzip)'을 채택하여 간접관할과 직접관할규칙을 동화시키므로 스위스처럼 각장 별로 간접관할규칙을 별도로 둘 필요가 없다. 근자에는 유럽연합에 대하여 스위스의 포괄적 입법방식을 채택하라는 권유도 있다. Thomas

큰 특색이다.

이호정 선생님("선생님")은 1990년 12월 서울대 법학지에 스위스 국제사법을 개관하고 전문의 국문번역을 수록한 논문[2]을 발표하였다. 이는 스위스 국제사법을 정면으로 다룬 논문으로서 의미가 있다. 특히 스위스 국제사법은 2001년 개정된 우리 국제사법에 영향을 미친 점에서 의의가 있는데 위 논문이 그의 직접적 계기가 되었다. 필자는 1996년 선생님의 논문보다 더 상세한 내용을 담은 글을 발표하였다.[3] 여기에서는 선생님과 필자의 논문 후 최근까지 있었던 스위스 국제사법의 주요 개정내용을 중심으로 그 후의 변화를 소개한다.[4] 20여년 만에 그간의 변화를 간단하게나마 소개할 수 있는 기회를 가지니 감회가 새롭다.

Kadner Graziano, "Gemeinsame oder getrennte Kodifikation von IPR un IZVR: Das schweizerische IPR-Gesetz als Modell für eine europäische Gesamtkodifikation-Lehren für die EU?, in Jan von Hein/Giesela Rühl (Hrsgs.), Kohärenz im Internationalen Privat- und Verfahrensrecht der Europäischen Union (2016), S. 44ff.

2) 이호정, "스위스 개정국제사법전", 서울대학교 법학 제31권 3·4호(1990), 1면 이하. 스위스 국제사법에 대하여는 Basler Kommentar와 Zürcher Kommentar라는 독일어 주석이 있는데 전자는 Heinrich Honsell et al., Basler Kommentar, Internationales Privatrecht, 3. Auflage (2013)이고, 후자는 Markus Müller-Chen et al., Zürcher Kommentar zum IPRG: Kommentar zum Bundesgesetz über das Internationale Privatrecht (IPRG) vom 18. Dezember 1987. 3. Auflage (2018)이다. 그 밖에 Commentaire romand이라는 불어 주석이 있는데 이는 Andreas Bucher et al., Loi sur le droit international privé (LDIP)- Convention de Lugano (CL)(2007)이다. 스위스 국제사법의 영문번역은 Jürgen Basedow et al. (Eds.), Encyclopedia of Private International Law, Vol. 4 (2017), p. 3836 이하에 수록되어 있으나 현행 법률은 아니다. 그 밖에 취리히 법률사무소인 UM-BRICHT에 의한 비공식 번역도 보이는데 이는 2017. 4. 1. 현재의 번역이다. https://www.umbricht.ch/fileadmin/downloads/Swiss_Federal_Code_on_Private_International_Law_CPIL_2017.pdf. 이제는 스위스 연방정부의 영문번역이 있다. 그러나 영어는 스위스의 공용어가 아니므로 영문번역은 공식적인 비공식 번역이라고 한다. https://www.fedlex.admin.ch/eli/cc/1988/1776_1776_1776/en 참조. [밑줄 친 부분은 이 책에서 추가한 것이다.]

3) 이는 석광현, "스위스 國際私法(IPRG)", 법조 통권 제477호(1996. 6.). 95면 이하와 통권 제478호(1996. 7.), 108면 이하인데 이는 그 후 다소 수정되어 국제사법연구 제3호(1998), 55면 이하에 게재된 바 있다.

4) 필자는 위 논문에 대한 해제를 작성하여 2019년 12월 간행된 추모문집에 수록할 예정이었으나 분량의 제한으로 인하여 축약본을 수록하였다. 석광현, "스위스의 改正國際私法典", 자유주의자 李好珽의 삶과 학문(2019), 42면 이하. 여기에서는 해제의 원문과 스위스 국제사법의 전문번역을 자료로 수록한다. 전문번역을 도와준 김윤우 법무관에게 감사의 뜻을 표시한다.

Ⅱ. 선생님 논문 발표 당시 한국에서 스위스 국제사법에 관한 논의 상황

과거 스위스 국제사법에 대한 우리의 관심은 크지 않았다. 스위스 국제사법의 제정 전 스위스에서의 주요한 국제사법 및 국제민사소송법 규범으로는 1891년 6월의 "정주자 및 거주자의 민사법관계에 관한 연방법률"("NAG")이 있었으나 이는 칸톤간의 법의 저촉을 규율대상으로 하였으므로 스위스의 국제사법 및 국제민사소송법 규범은 불충분하였고 그의 발전은 연방법원과 관청의 실무에 맡겨졌다. 1971년 스위스 법률가대회를 계기로 입법이 논의되기 시작하여 1987년 12월 연방의회에서 스위스 국제사법 초안이 가결되었고 1989. 1. 1. 시행되었다.

Ⅲ. 선생님 논문의 의의: 스위스 국제사법의 특색과 우리 국제사법 입법에의 영향

우리의 관점에서 스위스 국제사법은 2001년 우리 섭외사법의 개정작업에 영향을 미친 점에서 중요한 의미가 있는데 위 논문이 그의 계기가 되었다고 할 수 있다. 이는 특히 편제, 총칙과 재산법분야에서 그러하다. 또한 섭외사법 개정안을 성안하는 과정에서 국제사법 연구가 부족한 우리의 현실에서 검증되지 않은 제안은 하기도 어려웠지만 하더라도 법무부가 2000년 6월 구성한 섭외사법개정특별분과위원회("개정위원회")에서 수용되기 어려웠다. 그 경우 로마협약 또는 스위스 국제사법이 채택하였다는 사실은 위원들을 설득하는 과정에서 도움이 되었다. 아래에서는 그러한 영향을 간단히 소개한다.

1. 국제사법 입법의 체제와 범위

스위스 국제사법은 법률분야별로 장을 두어 국제재판관할, 준거법과 외국재판의 승인 및 집행을 규정하는 점에 특색이 있다. 구 섭외사법은 일부 비송사건을 제외하면 준거법 결정규칙만을 두었으나, 우리 국제사법은 제1조에서 국제재판관할에 관한 원칙과 준거법을 정하는 것이 국제사법의 목적임을 밝히고, 단편적이나 제2조에서 국제재판관할에 관한 대원칙을 규정하고 제27조와 제28조에서 소비자계약과 근로계약에 관한 국제재판관할규칙을 두고 있다. 이런 체제를 취함에 있어 스위스 국제사법이 참고가 되었다. 더욱이 법무부가 2018년 11월 제출한 국제사법 개정안은 국제재판관할규칙을 제1장과 각 장에 배치하였는데[5] 이는 스위스 국제사법의 체제에 더욱 접근한다.[6] <u>이는 결국 2022년 개정된 국제사법으로 결실을 맺게 되었는데 이로써 개정 국제사법은 국제재판관할규칙과 준거법규칙이라는 양 날개를 구비하게 되었다.</u> [밑줄 친 부분은 이 책에서 새로 추가한 것이다.] 다만 채권에 관한 장과 별개로 법률행위에 관한 장(제3장)을 두는 점, 1930년 제네바어음저촉법협약과 1931년 제네바수표저촉법협약을 묶어 국제사법에 편입한 점(제8장)과 해상법에 관한 별도의 장(제9장)을 두는 것은 우리 국제사법의 특색으로 스위스 국제사법과도 다르다. 과거 섭외사법은 총칙(제1장), 민사에 관한 규정(제2장)과 상사에 관한 규정(제3장)을 두었으나 국제사법에서는 장의 편제가 세분화되었다.

　　스위스 국제사법은 국제중재와 국제도산에 관한 조문을 포함하는 점에 특색이 있으나, 우리는 국제중재는 중재법에서 규정하고 국제도산은 채무자회생 및 파산에 관한 법률(제5편)에서 규정하는데, 양자는 모두 UNCITRAL 모델법을 수용한 것이다. 필자가 국제중재법과 국제도산법을 중시하고 이를 연구하게 된 데는 스위스 국제사법의 영향이 있었다.

2. 총칙에 국제적 강행규정[7] 개념의 도입

　　조문의 입법목적과 취지에 비추어 당사자가 합의로써 배제할 수 없는 국내적 강행규정 중에서 준거법이 외국법이더라도 배제되지 않는 국제적 강행법규[8]는 그 원천에 따라 ① 준거법 소속국의 국제적 강행규정, ② 법정지의 국제적

---

5) 편제는 석광현, "2018년 국제사법 전부개정법률안에 따른 국제재판관할규칙: 총칙을 중심으로", 동아대학교 국제거래와 법 제21호(2018. 4.), 53면 이하 참조.

6) 필자는 장래 우리도 외국재판의 승인 및 집행에 관한 민사소송법과 민사집행법의 조문을 국제사법으로 통합하는 것이 바람직하다고 생각한다. 그 때 비송재판의 승인과 집행에 관한 조문도 함께 둘 수 있다. 하지만 그렇더라도 스위스 국제사법처럼 외국재판의 승인 및 집행에 관한 조문을 매 장마다 반복할 필요는 없고 원칙적으로는 총칙적 규정으로 족하다고 본다.

7) 또는 국제적 강행법규. 이 글에서는 양자를 호환적으로 사용한다.

8) 로마 I (제9조 제1항)은 국제적 강행규정을 "그의 정치적, 사회적, 또는 경제적 조직과 같은 국가의 공익을 보호하기 위하여 그를 존중하는 것이 결정적인 것으로 간주되는 결과, 동 규정상 달리 계약에 적용되는 준거법에 관계없이 그 범위에 속하는 모든 상황에 적용되는 규정"이라는 취지로 정의한다.

강행규정과 ③ 그 밖의 즉 제3국의 국제적 강행규정으로 구분할 수 있다. 구 섭외사법은 이에 관하여 침묵하였으나, 국제사법은 준거법 소속국의 국제적 강행규정에 관하여는 제6조에서, 법정지의 국제적 강행규정에 관하여는 제7조에서 규정하면서 제3국의 강행규정에 관하여는 규정하지 않는다.[9] 따라서 우리 국제사법상 제3국의 국제적 강행규정의 취급에 관하여는 다양한 견해가 주장될 수 있는데[10] 스위스 국제사법(제19조) 또는 로마협약(제7조)의 태도가 영국법의 영향을 받은 로마 I (제9조)[11]보다는 더 바람직하다고 본다.

로마협약은 준거법 소속국의 강행규정은 준거법의 일부로서 적용된다는 견해를 취한 것으로 이해되기도 하나 논란이 있다. 당초 연구반초안(제7조)은 스위스 국제사법 제13조 제1문과 유사한 취지의 조문을 두었으나 장래 학설·판례의 발전을 제약할 수 있다는 이유로 삭제되었다. 그렇더라도 제6조가 신설된 이상 준거법으로 지정된 외국의 법은 비록 공법적 성격을 가지더라도 당해 사법적(私法的) 법률관계에 영향을 미치는 한 적용될 수 있으므로 '외국공법 부적용의 원칙(Grundsatz der Nichtanwendung ausländischen öffentlichen Rechts)'은 국제사법에서는 더 이상 주장될 수 없다.

우리가 국제적 강행규정의 개념을 정면으로 도입하는 데는 로마협약과 스위스 국제사법의 영향이 있었고, 제6조와 제7조를 총칙에 둔 것은 스위스 국제사법을 참조한 결과이다.

---

9) 제3국의 강행법규의 처리에 관하여는 국제적으로 정립된 견해가 없었기 때문이다. 이 점에서 국제사법은 제3국의 국제적 강행법규에 관하여 규정하는 로마협약(제7조 제1항) 및 스위스 국제사법(제19조)과 다르다.

10) 다양한 학설은 석광현, "국제적 불법거래로부터 문화재를 보호하기 위한 우리 국제사법(國際私法)과 문화재보호법의 역할 및 개선방안", 서울대학교 법학 제56권 제3호(2015. 9.), 149면 이하 참조.

11) 로마 I 제9조(최우선 강행규정) 제3항은 로마협약과 달리 제3국의 국제적 강행규정의 고려에 관하여 아래와 같이 규정한다.
    "계약으로부터 발생하는 의무가 이행되어야 하거나 또는 이행된 국가의 법의 최우선 강행규정에 대하여는, 그러한 강행규정이 계약의 이행을 불법한(unlawful, unrechtmäßig, illégale) 것으로 만드는 한에서는 효력을(또는 효과를) 부여할 수 있다. 그러한 규정에 효력을(또는 효과를) 부여할지를 결정함에 있어서는 그의 성질과 목적 및 그의 적용 또는 부적용의 결과를 고려하여야 한다."

3. 일반적 예외조항의 도입

국제사법의 각칙에 있는 개별조문은 일정한 연결대상에 대하여 가장 밀접
한 관련을 가지는 법을 준거법으로 지정한다. 그러나 개별조문을 적용한 결과가
구체적 사건에서 그런 원칙에 부합하지 않는 경우가 발생할 수 있으므로 국제사
법은 그 경우에도 최밀접관련국법을 준거법으로 지정하기 위하여 '예외조항'을
도입하였다. 예외조항을 두는 방법에는 ① 오스트리아 국제사법(제1조)처럼 원칙
으로서 선언하는 방법, ② 구 독일 민법시행법처럼 법선택이 없는 경우 계약의
준거법(제28조 제5항), 근로계약(제30조 제2항), 계약외 채무(제41조)와 물권(제46
조) 등에 관하여 각각 특별예외조항을 두는 방법과 ③ 스위스 국제사법(제15조)
처럼 '일반적 예외조항'을 두는 방법[12] 등이 있다. 구 독일 민법시행법의 규정방
법은 민법시행법이 단계적으로 개정된 탓이므로 개정위원회는 스위스 국제사법
의 규정방법을 따랐다. 예외조항을 최초로 적용한 대법원 2014. 7. 24. 선고
2013다34839 판결은 편의치적 사안에서 국제사법(제60조)에도 불구하고 선박우
선특권의 성립 등에 관하여 선적국법 대신 한국법을 적용하였다. 위 사건의 결
론의 당부는 논란의 여지가 있으나 필자는 그 결론이 편의치적에 관한 기존 대
법원판결들과 정합성이 없고 그것이 예외적인 사안에 엄격한 요건 하에서만 적
용될 수 있음을 충분히 지적하지 않은 점 등에서 비판적인 견해를 취하였다.[13]
앞으로 예외조항의 적절한 활용이 대단히 중요하며 예외조항의 성패는 그에 달
려 있음을 강조하고자 한다.

4. 개별준거법과 총괄준거법의 관계

독일의 1986년 민법시행법(제3조 제3항)은 위 원칙을 명시하는 것으로 이해
되었는데, 이는 그 후 제3a조(실질규범지정; 개별준거법)가 되면서 일부 개정되었
고 제3a조 제1항은 제4조 제2항이 되어 존속하나 제3a조 제2항은 2019년 1월

---

12) 상세는 신창선, "國際私法上의 例外條項에 대하여", 국제사법연구 제6호(2001), 117면 이
   하 참조(이 글은 신창선·윤남순, 新國際私法 제2판(2016), 133면 이하와 유사하다). 케
   벡주의 1994년 민법(제3082조), 벨기에의 2004년 국제사법(제19조)과 네덜란드의 2012
   년 국제사법(제10장 제9조)도 일반적 예외조항을 둔다. Gerald Goldstein, *L'exception de
   prévisibilité, Rev. Crit. DIP.* (2018), pp. 5-6 참조.
13) 위 판결에 대한 평석과 비판은 석광현, 국제사법과 국제소송 제6권(2019), 44면 이하 참조.

삭제되었다(결국 제3a조는 삭제되었다). 이는 위 원칙이 적용되는 주요 영역에서 유럽연합규정들이 위 원칙을 명시한 결과라고 한다.[14] 반면에 스위스 국제사법은 '개별준거법은 총괄준거법을 깨뜨린다'는 원칙을 명시하지 않는다. 그러나 이는 학설상 인정된다.[15] 우리 국제사법은 이에 관하여 규정을 두지 않으나[16] 당연히 인정되는 것으로 이해되어 왔다. 그렇다면 우리 국제사법의 태도는 스위스 국제사법의 태도와 유사하다고 할 수 있다.

5. 물권의 준거법에 관한 조문의 세분화

스위스 국제사법은 물건의 준거법에 관하여 세칙을 둔다. 즉 스위스 국제사법은 이동중의 물건(제101조), 채권, 유가증권 및 기타의 권리에 대한 담보권(제105조)과 운송수단(제107조)의 준거법을 명시한다. 우리 국제사법에 운송수단(제20조), 이동중의 물건(제22조)과 채권 등에 대한 약정담보물권(제23조)의 준거법 규칙을 신설한 것은 위를 참조한 것이다. 그러나 우리 국제사법은 물품증권(Warenpapiere, *Titre représentatifs de marchandises*)에 관한 스위스 국제사법(제106조)과 동산물권 변동에 관하여 당사자자치를 명시한 스위스 국제사법(제104조) 등은 도입하지 않았다.[17]

6. 지적재산권의 준거법규칙의 신설

스위스 국제사법(제110조 제1항)은 지적재산권(독일어의 직역은 무체재산권)의 준거법 연결원칙으로서 보호국법주의를 명시하는데 이는 우리 국제사법 제24조[18]

---

14) Abbo Junker, Internationales Privatrecht, 3. Auflage (2019), §9, Rn. 14.

15) Daniel Girsberger *et al.*, Zürcher Kommentar, 2. Auflage (2004), Vor Art. 97-108. Rn. 6; Müller-Chen *et al.*(註 2), Art. 99. Rn. 19.

16) 이호정, 국제사법(1981), 351면 이하 참조. 근자에 위 원칙에 대한 비판론이 우리나라에서도 제기되고 있는데, 최흥섭, "한국 국제사법에서 총괄준거법과 개별준거법의 관계", 비교사법 제21권 제2호(통권 제65호)(2014. 5.), 597면 이하는 명문규정이 없는 우리 국제사법의 해석론으로는 위 원칙을 인정할 수 없고 이를 제3국의 국제적 강행규범론에 의하여 해결하자고 한다. 그러나 이를 옹호하는 견해도 있다. 위 법리에 대한 비판론의 소개는 윤진수(편), 주해상속법 제2권(2019), 1296면 이하(장준혁 집필부분) 참조.

17) 그러나 중국 섭외민사관계법률적용법(제37조)은 동산 물권에 관하여 스위스 국제사법보다 더 넓은 당사자자치를 허용한다. 이는 정당화하기 어려운 태도이다.

18) 제24조는 지재권 침해의 준거법을 명시하면서 보호국법주의를 채택한다. 보호국의 의미는 석광현, 국제사법 해설(2013), 278면 이하 참조.

에 영향을 주었다. 선생님은 섭외사법상 특허권 침해를 불법행위로 보면서도 독일의 통설을 좇아, 불법행위 준거법을 적용하지 않고 보호국법을 적용할 것이라고 하였는데, 그 이유는 불법행위 준거법설을 취한다면 섭외사법이 취한 절충주의의 결과 외국에서의 침해에 대해 불법행위의 성립을 부정하는 불합리한 결과가 초래되기 때문이었다.[19] 당초 개정위원회시안은 제24조를 별도의 장에 두었으나 법제처의 심의과정에서 1개 조문을 독립한 장에 두는 데 대한 거부감을 표시하여 제4장에 통합되었다. 이는 기술적 의미를 가질 뿐이므로 제24조가 제4장에 편입된 사실이 지적재산권 관련 쟁점의 성질결정에 영향을 미치는 것은 아니라고 본다. 국제재판관할규칙을 신설한 2018년 개정안은 국제재판관할규칙을 정한 조문과 제24조에 상응하는 조문을 묶어 독립한 장(제5장)에 둔다.

7. 계약의 객관적 준거법 결정 시 특징적 이행에 기초한 깨어질 수 있는 추정의 도입

우리 국제사법은 당사자들이 계약의 준거법을 지정하지 않은 경우 당해 계약과 가장 밀접한 관련을 가진 국가의 법을 준거법으로 지정한다. 그러한 법의 결정을 법관에게 일임하는 대신 국제사법은 법적 안정성과 당사자의 예측가능성을 제고하고자 로마협약(제4조)과 스위스 국제사법(제117조)을 참조하여 '특징적 이행(또는 급부)(characteristic performance)'에 기초한 깨어질 수 있는 추정규정을 둔다. 즉 양도계약(매매계약과 증여계약)에 있어 양도인의 이행 등과 같이 계약의 특징적 이행을 해야 하는 경우에는 당사자가 계약체결 시 상거소(자연인의 경우), 주된 사무소(법인 또는 단체의 경우) 또는 영업소(직업상 또는 영업상 계약의 경우)를 가지는 국가를(제2항), 부동산에 대한 권리를 대상으로 하는 계약의 경우 부동산 소재지국을, 각각 당해 계약과 가장 밀접한 관련을 가지는 국가로 추정한다(제3항). 입법 기술적으로는 특징적 이행이라는 용어를 정면으로 사용하는 편이 쉬웠을 것이다.[20] 국제사법 제26조 제2항은 양도계약, 이용계약과 위임·도급계약 및 이와 유사한 용역제공계약이라는 세 가지 유형을 열거하면서 특징적 이행을

---

19) 이호정, "지적재산권의 준거법", 지적재산권법강의(정상조 편)(1997), 655면.

20) 우리 국제사법은 특징적 이행(급부)이라는 용어를 사용하지 않고 특징적 이행의 사례를 열거하는데 이는 그 개념이 당시 우리에게 생소하였기 때문이다. 계약의 특징적 급부에 착안하는 견해는 스위스의 Adolf Schnitzer로부터 비롯되었다고 한다. Jan Kropholler, Internationales Privatrecht, 6. Auflage (2006), S. 468.

예시하는데, 세 가지 유형은 스위스 국제사법 제117조 제3항[21]을 참조한 것이다.

스위스 국제사법은 위의 태도를 유지하는 데 반하여, 유럽연합의 입법자들은 로마 I (제4조)에서 "특징적 이행에 기초한 깨어질 수 있는 추정"을 규정하는 대신 8개 유형의 계약에 대해 '고정된 규칙(fixed rules)'을 도입하고 그 밖의 유형의 계약 또는 혼합계약의 경우 특징적 이행을 해야 하는 당사자의 상거소 소재지법을 준거법으로 규정하되, 다만 모든 사정에 비추어 계약이 그러한 준거법 이외의 법과 명백히 더 밀접한 관련이 있는 것이 분명한 때에는 더 밀접한 법을 적용하도록 하는 예외규정을 두었다.[22] 따라서 우리 국제사법은 스위스 국제사법과는 유사하나 로마 I 과는 꽤 다르게 되었다.

8. 사회·경제적 약자를 보호하기 위한 준거법규칙과 국제재판관할규칙의 도입

스위스 국제사법(제114조 이하)은 사회·경제적 약자 보호를 위한 국제재판관할규칙과 준거법규칙을 두고 있다. 다만 로마협약(제5조 제1항)은 동산의 공급, 용역의 제공과 그러한 거래를 위하여 금융을 제공하기 위한 계약을 소비자계약이라고 하고, 스위스 국제사법(제120조 제1항)은 "소비자의 통상적인 소비의 급부(급여)에 관한 계약"이라고 한다. 유럽연합의 경우 소비자와 근로자를 보호하기 위한 국제재판관할규칙은 브뤼셀체제에 둔다. 그러나 우리 국제사법은 소비자계약을 정의하지 않고 이를 제한하지 않는 이상 소비자계약의 범위를 더 넓게 해석해야 한다.[23] 우리 국제사법과 로마협약과의 상위(相違)는 개정위원회가 로마협약을 참고하였으나 단순히 추수(追隨)한 것은 아니라는 점을 보여준다. 2009년 시행된 로마 I (제6조)은 우리 국제사법처럼 소비자계약의 범위를 확대하였다.

준거법의 맥락에서 소비자를 보호함에 있어서 스위스국제사법(제120조)은 준거법의 선택을 아예 배제하는 데 반하여 로마협약(제5조)은 준거법의 선택을

---

21) 스위스 국제사법(제117조 제3항)은 그 밖에 임치계약과 손해담보계약 또는 보증계약을 추가적으로 열거한다.
22) 계약의 객관적 준거법을 결정함에 있어서 로마협약의 해석상 영국 법원은 예외조항(제4조 제5항)을 적용하여 특징적 이행에 기초한 추정을 비교적 쉽게 깨뜨린 반면에 네덜란드와 독일 법원은 이를 엄격하게 적용한 결과 저촉규범의 통일적 해석을 저해하는 현상이 발생하였기 때문이다. 소개는 석광현(註 18), 379면 이하 참조.
23) 로마협약상 금융계약이 소비자계약이 되기 위해서는 동산의 공급 또는 용역의 제공을 위하여 금융을 제공하기 위한 계약이어야 한다. 따라서 동산의 공급 또는 용역의 제공과 관계가 없는 소비자금융의 제공은 소비자계약이 아니었다.

허용하되 소비자의 환경을 이루는 법이 제공하는 보호를 박탈하지 못하도록 한
다. 개정위원회는 당사자자치를 완전히 배제하는 것은 과도한 제한이라고 보아
후자의 태도를 취하였다. 하지만 그 경우 법원이 당사자가 지정한 법과 소비자
의 상거소지법을 비교해야 하는 부담을 고려한다면 스위스 국제사법의 접근방법
이 현실적이라고 볼 여지도 있다.

　　국제사법은 소비자계약에서와 유사한 접근방법을 근로계약의 경우에도 도
입한다. 동일한 사안에서 근로자에게 상이한 권리와 구제수단을 인정하는 경우
에는 양자를 비교하여 근로자에게 보다 유리한 법을 판단하는 것이 법원에 매우
어렵거나 부담스러울 수 있다.[24)]

9. 불법행위의 단계적 연결과 특수불법행위의 연결원칙의 도입

　　스위스 국제사법은 불법행위의 준거법에 관하여 제한적인 당사자자치(제132
조), 종속적[25)] 연결(제133조 제3항), 상거소에 착안한 공통의 속인법(제133조 제1
항)과 불법행위지법(제133조 제2항)[26)]에 단계적으로 연결한다. 통상의 불법행위의
준거법에 관하여 구 섭외사법(제13조)은 불법행위지법과 법정지법을 누적적용하
였으나 —이중소구가능성(double actionability)의 법리—, 국제사법(제32조와 제33
조)은 스위스 국제사법을 참조하여 제한적인 당사자자치, 종속적 연결, 상거소에
착안한 공통의 속인법과 불법행위지법에 단계적으로 연결하면서,[27)] 법정지법의
누적적용을 폐지하는 대신 손해배상의 범위에 관하여만 제한을 도입하였다. 손
해배상의 범위 제한은 독일 구 민법시행법(제40조 제3항)을 본받은 것이다.

　　한 가지 흥미로운 것은 종속적 연결과 예외조항의 관계이다. 우리 국제사법
제32조 제3항은 가해자와 피해자간에 존재하는 법률관계가 불법행위에 의하여
침해되는 경우에는 제1항 및 제2항의 규정에 불구하고 그 법률관계의 준거법에
의한다고 하여 종속적 연결을 유형화된 밀접한 관련의 전형으로 인정하고 이를

---

24) 독일에는 비교방법으로 개별비교, 총괄비교와 유형비교를 들고 최후의 방법을 지지하는
　　견해가 유력하다. 석광현, "國際勤勞契約의 準拠法에 관한 韓國과 中國國際私法의 異同",
　　전북대학교 법학연구 통권 제31집(2010. 12.), 318면 참조.
25) 이를 '부종적 연결'이라고 부를 수도 있다.
26) 다만 격지불법행위의 경우 예견가능성이 있으면 결과발생지법이 적용된다.
27) 그러나 격지불법행위의 경우 별도의 연결원칙을 두지 않고 판례에 맡긴다. 우리 국제사법
　　의 연결원칙은 최종길, "불법행위의 준거법", 저스티스 제10권 제1호(1972. 12.), 92면의
　　제안과 거의 유사하고 다만 상거소와 주소의 차이만 있을 뿐이다.

명시한다. 한편 독일 민법시행법은 그와 달리 이를 밀접한 관련의 틀 내에서 규정한다. 즉 독일 민법시행법 제41조는 어느 국가의 법이 제38조부터 제40조 제2항에 따른 준거법보다 본질적으로 더 밀접한 관계가 있다면 그 법이 적용된다고 규정하고, 본질적으로 더 밀접한 관계는 당사자 간의 특별한 법적 또는 사실적 관계로부터 나올 수 있다고 규정한다. 그 결과 우리 국제사법상 불법행위의 준거법을 정함에 있어서 종속적 연결이 제8조의 예외조항에 의하여 배제될 수 있는가라는 의문이 제기될 수 있다.[28] 예컨대 당사자가 계약의 준거법으로 당해 사안과 아무런 관련이 없는 법을 지정한 사안에서 만일 종속적 연결을 따른다면 불법행위의 준거법은 계약준거법 소속국법이 되겠지만 그 경우 불법행위지법이 가장 밀접한 관련이 있는 국가의 법으로서 제8조에 의하여 불법행위의 준거법이 될 수 있는가이다.[29]

나아가 스위스 국제사법은 도로교통사고(제134조),[30] 제조물책임(제135조),[31] 부정경쟁 또는 경쟁제한(제136조, 제137조), 환경오염 또는 임미시온(제138조)과 인격권침해 또는 명예훼손(제139조)등의 특수불법행위에 관한 연결원칙을 별도로 도입하였다. 그러나 우리 국제사법은 선박충돌(제61조) 및 지적재산권 침해(제24조)를 제외하고는 특수불법행위에 대한 별도의 연결원칙을 두지 않는다. 개정위원회에서도 특수불법행위에 관한 별도의 연결원칙을 두는 방안을 검토하였으나 적절한 연결원칙을 찾기 어렵고 가사 특칙을 두지 않더라도 예외조항(제8조)을 활용하여 해결할 수 있다고 보아 규정을 두지 않았다.

나아가 피해자의 책임보험자에 대한 직접청구권의 준거법에 관하여 스위스 국제사법(제141조)은 명시적인 규정을 둔다.[32] 이에 따르면 불법행위와 보험계약의 준거법 중 어느 하나가 이를 인정하는 경우 피해자는 배상의무자의 보험자에

---

28) 물론 독일에서도 그런 문제가 제기될 수 있다. 그 경우 본질적으로 더 밀접한 관련 있는지의 문제가 될 것이다.

29) 김인호, "從屬的 連結에 의한 不法行爲의 準據法", 인권과 정의 통권 제392호(2009. 4.), 98면은 이를 긍정하나, 이는 당사자의 신뢰보호라는 종속적 연결을 인정하는 취지에 반하므로 그 경우에도 종속적 연결을 관철해야 한다는 견해가 설득력이 있지 않을까 생각한다.

30) 스위스는 도로교통사고에 기한 청구권에 대하여는 도로교통사고의 준거법에 관한 1971년 5월 4일 헤이그협약을 적용한다(스위스 국제사법 제134조).

31) "제조물책임의 준거법에 관한 1973년 10월 2일 헤이그협약"이 있으나 스위스는 이에 가입하지 않고 별도의 연결원칙을 규정한다.

32) 독일 민법시행법(제40조 제4항)도 유사한 조문을 두고 있다.

대해 직접 그의 청구권을 주장할 수 있다고 한다. 그러나 개정위원회는 위 조문을 국제사법에 수용하지는 않았다. 참고로 준거법이 영국법인 책임보험계약의 피보험자에 대하여 한국법에 기한 손해배상청구권을 가지게 된 제3자가 보험자에 대하여 직접청구권을 행사하여 제소한 사건에서 대법원 2017. 10. 26. 선고 2015다42599 판결은 책임보험계약에서 보험자와 제3자 사이의 직접청구권의 법적 성질을 피보험자가 부담하는 손해배상채무의 병존적 인수라고 파악하고, 채무인수 및 법률에 의한 채권의 이전에 관하여, 이전되는 채무·채권의 준거법에 의하도록 한 국제사법 제34조 및 제35조의 기준을 법률에 의한 채무의 인수의 경우에도 참작하여야 한다고 보면서도 제3자의 보험자에 내한 직접청구권의 행사에 관한 법률관계에 대하여는 기초가 되는 책임보험계약의 준거법인 영국법이 가장 밀접한 관련이 있으므로 영국법이 준거법이 된다고 판시하였다. 우리 법원에서는 선택적 연결의 가능성은 전혀 고려되지 않았던 것 같은데 이는 아마도 변호사들의 무관심 탓이 아니었을까 모르겠다.

10. 국제사법에 대한 총체적 평가

국제사법이 시행됨으로써 한국도 현대적인 국제사법을 가지게 되었고 유럽연합 국가들의 규범에 접근하게 되었다. 국제사법은 기본적으로 대륙법계 국제사법의 전통을 따른 것이지만, 유럽연합의 조약과 헤이그국제사법회의에서 채택된 조약 및 스위스 국제사법 등을 대폭 수용함으로써 과거 섭외사법이 보여 주었던 일본법과 독일법에의 편향을 상당 부분 극복하고 폭넓은 보편성을 획득하였다. 또한 섭외사법은 미국에서 비롯된 국제사법의 혁명 내지 위기를 경험하기 전의 대륙법계 국제사법의 전통에 충실한 것이었지만, 국제사법은 그의 세례를 받은 후의 대륙법계의 내용을 담은 것이다. 국제사법이 시행은 그 후에 있었던 일본의 법례 개정과 중국의 섭외민사관계법률적용법의 제정에도 참고가 되었을 것이다. 국제재판관할의 문제를 국제사법에 명시적으로 규정한 것도 국제사법의 범위를 실제적 필요에 따라 영미식으로 넓게 이해하여야 함을 명확히 한 것이다. 장래에는 이런 기초 위에서 시대의 변화에 부응하여 더욱 정치한 규범을 발전시켜 나가야 한다.

IV. 선생님 논문 후의 상황과 변화

1. 한국의 변화

선생님의 위 논문이 우리 섭외사법의 개정에서 미친 영향은 위(Ⅲ.)에서 논의하였다. 여기에서는 학설과 판례에 미친 영향을 언급한다. 선생님 논문의 발표를 계기로 우리나라에서도 스위스 국제사법을 다룬 소수의 논문만이 발표되었다.[33][34] 우리 국제사법이 여러 가지 점에서 스위스 국제사법의 영향을 받았으므로 스위스 국제사법의 올바른 이해는 우리 국제사법의 올바른 해석론을 위해서도 필요하다는 점을 고려할 때 이는 매우 아쉬운 일이다.[35] 편의치적에서 선박우선특권의 준거법 결정에 있어 국제사법 제8조(예외조항)를 적용한 위 대법원 2014. 7. 24. 선고 2013다34839 판결은 주목할 만하다. 이는 1979년 카타르 사건 판결에서 대법원이 한국법을 적용하기 위하여 사안의 섭외성을 부정하는 매우 잘못된 접근방법을 채택했던 것과 비교하면 실로 커다란 변화인데, 국제사법 제8조(예외조항)의 신설이 이를 가능하게 하였다.

2. 스위스의 변화

스위스 국제사법에는 그 후 여러 개의 조문이 신설되었고 일부 개정되었다. 여기에서는 스위스 국제사법의 개정만을 언급한다.

---

33) 석광현, "스위스 國際私法(IPRG)", 법조 통권 제477호(1996. 6.), 95면 이하; 통권 제478호(1996. 7.), 108면 이하. 양자는 통합되어 국제사법연구 제3호(1998), 55면 이하와, 석광현, 국제사법과 국제소송 제1권(2001), 479면 이하에 수록되었다. 신창선(註 12), 117면 이하도 있다. 필자가 위 글을 쓴 목적은 스위스 국제사법을 부연설명하고 작은 오류를 바로 잡기 위한 것이었다. 스위스 국제사법(제1조 제1항, 제11장 제목과 제175조)에 언급된 'Nachlaßvertrag'의 번역을 '遺産契約' 대신 '和議契約'으로 수정하였다.

34) 스위스 국제사법에 관한 논문은 아니지만 안춘수, 국제사법(2017)과 최흥섭, 한국 국제사법1 —법적용법을 중심으로—(2019)가 간행된 것은 다행이다.

35) 케벡주 민법에 포함된 국제사법(제10편 제3076조 이하. 1994년 1월 발효)도 스위스 국제사법의 커다란 영향을 받았다(예컨대 외국법의 조사에 관한 제2809조, 국제적 강행규정에 관한 제3076조, 일반적 예외조항인 제3082조 등). 상세는 Jeffrey Talpis & Gerald Goldstein, "The Influence of Swiss law on Quebec's 1994 Codification of Private International Law", Yearbook of Private International Law, Vol. XI (2009), p. 339 et seq. 참조. 따라서 케벡주 국제사법의 연구는 우리에게도 의미가 있다.

가. 등록된 동반자관계에 관한 제3a장의 신설

등록된 동반자관계에 관하여는 4개의 조문으로 구성된 제3a장이 신설되었다. 우선 제65a조는 혼인 체결의 허가에 대한 관할을 규정한 제43조 제2항을 제외하고 혼인에 관한 제3장의 규정을 등록된 동반자관계에 준용한다. 제65b조는 동반자관계의 해소에 있어서 등록지 관할을 규정하는데, 동반자 쌍방이 스위스에 주소가 없고 또한 스위스 시민이 아닌 때에는, 그들 중 일방의 주소지에서 소 또는 신청을 제기하는 것이 불가능하거나 또는 기대할 수 없는 경우, 등록된 동반자관계의 해소에 관한 소 또는 신청에 대하여는 등록지인 스위스 법원이 관할을 가진다.

한편 제65c조는 동반자관계의 준거법을 규정하는데, 동반자관계에 준용되는 제3장에 의한 준거법이 등록된 동반자관계에 관한 어떠한 규칙도 알지 못하는 때에는 스위스법이 적용된다(다만 제49조[36]는 유보된다). 스위스 국제사법 제52조 제2항은 부부재산제의 준거법에 관하여 당사자자치를 허용하면서 선택가능한 법[37]을 제한하는데, 제65c조 제2항은 그에 더하여 동반자관계가 등록된 국가의 법을 선택할 수 있도록 허용한다.[38]

제65d조는 동반자관계에 관한 등록국의 재판 또는 조치는, 그것이 동반자관계의 등록국에서 선고되고, 또한 혼인에 관한 제3장의 규정들에 의하여 스위스에서 그 관할이 인정되는 국가에서 소 또는 신청을 제기하는 것이 불가능하거나 또는 기대할 수 없는 경우 스위스에서 승인됨을 명시한다.

참고로 우리나라에서는 동성혼(same-sex marriage)과 동성의 생활동반자관계의 등록이 허용되지 않지만 국가에 따라서는 이를 허용하는데, 그 경우 준거법 결정 등 국제사법적 쟁점이 제기된다. 현재로서는 외국법에 따라 동성혼과 동성의 생활동반자관계가 등록되더라도 그의 효력을 직접 인정하는 것은 공서위

---

36) 이는 부부간의 부양의무에 관하여 1973년 헤이그부양협약의 적용을 명시한 조문이다.

37) 이는 부부 쌍방이 주소를 가지거나 또는 혼인체결 후 주소를 가지게 될 국가와 부부 일방의 본국 중의 하나의 법이다.

38) 독일에서는 등록된 동반자관계의 재산법적 효력사건에서의 관할, 준거법과 재판의 승인 및 집행의 영역에서의 제고된 협력의 시행을 위한 2016. 6. 24. 유럽연합 이사회 규정 번호 2016/1104이 적용된다(민법시행법 제3조 제1항 g호). 등록된 생활동반자의 성립과 해소 및 EU동반자재산규정의 적용범위에 속하지 않는 일반적인 효력은 등록부 관리 국가의 실질규정에 의한다. 독일 민법시행법 제17b조 제1항.

반일 가능성이 있으나, 재산관계처럼 외국법에 따라 성립한 생활동반자관계의
개별적 효력을 주장하는 것은 공서위반이 아니다.

　　스위스 국제사법(제45조 제3항)은 외국에서 유효하게 체결된 동성간의 혼인
을 스위스에서 등록된 동반자관계로 격하시켜 승인한다. 다만 스위스는 2022. 7.
1.부터 동성혼을 허용할 예정이므로 이후에는 외국에서 유효하게 성립한 동성혼
은 스위스에서도 유효한 혼인으로 승인될 것이다. Florence Guillaume, "The
Connecting Factor of the Place of Celebration of Marriage in Swiss Private
International Law", Yearbook of Private International Law, Vol. XXI 2019/
2020 (2021), p. 405 참조. [밑줄 친 부분은 이 책에서 새로 추가한 것이다]

나. 간접보유증권에 관한 제7a장의 신설

　　투자자가 중개기관(intermediary)을 통하여 '간접보유'(indirect holding)하는
유가증권(indirectly held securities "간접보유증권")을 담보로 제공하는 경우 그 담
보권의 준거법 결정은 매우 어렵다. 이에 관한 통일규범을 도입하고자 헤이그국
제사법회의는 2002년에 증권협약[39]을 채택하였고 이는 미국과 스위스 등에서
2017. 4. 1. 발효되었다. 이는 담보설정자가 증권계좌를 개설하고 그를 통하여
증권을 보유하는 중개기관 소재지법을 간접보유증권의 물권법적인 쟁점의 준거
법으로 보는 '관련 중개기관 소재지 접근방법(PRIMA)'을 변형한 '계좌약정접근방
법(account agreement approach. AAA)'을 취한다. 그 결과 협약은 결국 UCC[40]와
유사하다. 그러나 유럽연합국가들의 소극적 태도를 고려하면 협약에 의한 해결
을 기대하기는 어렵다.[41] 협약에 따르면 국제증권거래의 준거법 결정에 있어 사

---

39) 이는 "중개기관에 보유하는 증권에 관한 일부 권리의 준거법에 관한 협약"을 말한다. 석
　광현, "國際的인 證券擔保去來의 準據法 —헤이그국제사법회의의 유가증권협약을 중심으
　로—", 국제사법과 국제소송 제4권(2007), 277면 이하; 천창민, "국제적 유가증권거래의
　준거법 —헤이그유가증권협약을 중심으로— ", 국제사법연구 제10호(2004. 12.), 233면
　이하 참조.
40) UCC의 태도는 석광현(註 39), 282면 이하 참조.
41) 2009년 10월 채택된 "중개된 증권을 위한 실질법규칙에 관한 UNIDROIT협약", 즉 제네
　바증권협약은 실질법의 조화를 목표로 한다. 헤이그증권협약과 제네바증권협약을 다룬
　글은 Changmin Chun, Cross-Border Transactions of Intermediated Securities: A
　Comparative Analysis in Substantive Law and Private International Law (2012) 참조.
　실질법(또는 실질규범)이라 함은 법적용규범(또는 간접규범)인 저촉법(또는 국제사법)에
　대비되는 개념으로, 우리 민·상법과 같이 저촉법(또는 국제사법)에 의하여 준거법으로

전적인 법적 확실성과 예측가능성(*ex ante* legal certainty and predictability)을 확보할 수 있고, 다양한 종류의 증권을 담보제공하는 경우에도 단일한 준거법을 적용할 수 있다는 장점이 있다.

증권협약은 상이한 각국의 실질법은 그대로 둔 채 다양한 유형의 실질법적 접근방법에 공통적으로 통용될 수 있는 저촉법만의 통일을 목적으로 하는데 주요 연결원칙은 아래와 같다.[42] 이는 논리적으로 저촉법만의 통일이 가능하다는 것을 전제로 한다.

간접보유증권은 일차적으로 계좌약정의 준거법으로 계좌약정에서 명시적으로 합의한 법, 또는 계좌약정이 다른 법이 간접보유증권의 준거법이 된다고 명시한 경우 그 법에 따른다(제4조 제1항 1문). 계좌약정은 증권계좌와 관련하여 관련중개기관과 체결한 증권계좌를 규율하는 약정을 말한다.

당사자들의 합의가 없는 경우의 보충적 규칙으로 증권협약(제5조)은 3단계 원칙을 규정한다. 첫째, 관련중개기관이 특정 영업소를 통해 계좌약정을 체결하였다는 점이 계좌약정에 명시적으로 의문의 여지 없이 기술된 경우, 당해 영업소 소재지국 법이 간접보유증권의 준거법이 된다. 다만 그런 영업소가 당시 제4조 제1항 2문의 실재기준을 충족하여야 한다. 둘째, 준거법이 제1항에 따라 결정되지 않는다면, 준거법은 서면 계좌약정 체결 시, 또는 그러한 약정이 없는 경우에는 증권계좌 개설 시 관련중개기관의 설립 또는 기타 조직의 준거법이 속하는 국가의 법이다. 셋째, 준거법이 제1항 또는 제2항에 따라 결정되지 않는다면, 준거법은 관련중개기관이 서면 계좌약정 체결 시, 또는 그러한 약정이 없는 경우에는 증권계좌 개설 시 영업소를 가지는 국가의 법이다.

다. 신탁에 관한 제9a장의 신설

신탁의 실질법에 관한 법계의 차이에 상응하여 국제사법규칙 또한 상이한데 국제사법규칙을 통일하기 위한 노력의 결과 1984년 헤이그국제사법회의의 제15차 회기에서 "신탁의 준거법과 승인에 관한 협약"(신탁협약)이 채택되었다. 신탁협약은 1992. 1. 1. 영국 등지에서 발효되었고 그 후 대륙법계국가인 이탈리

지정되어 특정 법률관계 또는 쟁점을 직접 규율하는 규범을 말한다.

42) 이 논점은 한국에서 2019년 9월 전자증권제도가 시행됨으로써 더욱 중요하게 되었다. 소개는 천창민, "전자증권의 국제사법적 쟁점", BFL 제96호(2019. 7.), 85면 이하 참조.

아와 네덜란드에 이어 2007. 7. 1. 스위스에서 발효되었는데,[43] 스위스는 신탁협약 가입 시 국제사법을 개정하여 2007. 7. 1. 신탁에 관한 조문(제9a장. 제149a조-제149e조)을 신설함으로써 신탁협약을 국내법화하였다.

외국적 요소가 있는 신탁("국제신탁")의 경우 국제재판관할과 준거법의 결정이라는 국제사법적 문제가 발생한다.[44] 우리 국제사법은 국제재판관할의 결정에 관하여 총칙만을 둘 뿐이고 신탁의 국제재판관할과 준거법에 관하여 규정하지 않으며, 신탁법에도 규정을 두지 않는다. 즉 국제사법은 신탁을 '독립적인 연결대상'으로 취급하지 않으므로 해석론상 신탁을 어떻게 성질결정할지,[45] 나아가 신탁을 둘러싼 법률관계를 채권적 측면과 물권적 측면으로 구분하여 각각 연결할지 등이 문제된다.

신탁협약은 신탁 자체를 하나의 연결대상으로 파악하여 통일적으로 연결하는데 이는 신탁 또는 그와 유사한 제도를 가지고 있는 영미법계 국가들과 그런 제도가 없는 대륙법계 국가들을 가교하기 위한 것이다. 신탁협약이 신탁의 준거법만이 아니라 신탁의 승인을 함께 규율하는 것은 이 때문이다.

신탁협약에 따르면 신탁(신탁계약이 아니라)의 준거법은 당사자자치의 원칙에 따르는데, 신탁의 준거법이 선택되지 않은 경우 신탁은 가장 밀접하게 관련

---

43) 신탁협약의 소개는 석광현, "신탁과 국제사법", 정순섭·노혁준 편저, 신탁법의 쟁점(제2권)(2015), 358면 이하; 상세는 이필복, "헤이그 신탁협약 분석 및 협약 가입에 관한 검토", 서울대학교 대학원 법학석사학위논문(2014. 8.), 16면 이하 참조.

44) 그 밖에 외국판결의 승인 및 집행이라는 광의의 국제사법 또는 국제민사소송법적 문제가 제기되나 논의를 생략한다. 스위스 국제사법(제149e조)은 후자에 관하여도 외국판결의 승인 및 집행에 적용되는 일반원칙에 대한 특칙을 둔다.

45) 신탁협약은 생전신탁과 유언신탁을, 그리고 동산신탁과 부동산신탁을 구별하지 않고 동일한 원칙에 따르도록 하는 데 특색이 있다. 다만 신탁협약에 따른 신탁의 준거법은 신탁의 성립 또는 설정과 신탁의 유효성을 규율하지만, 신탁설정의 원인이 되는 유언 또는 그 밖의 수탁자로의 자산이전 행위의 유효성을 규율하지는 않는다(그렇다면 신탁이 계약에 의하여 설정되는 경우 신탁계약의 준거법과 신탁의 준거법은 구별된다는 것이나 정순섭, 신탁법(2021), 726면은 양자는 동일하다고 한다). 즉 신탁이라는 로켓을 일단 궤도에 진입시키기 위하여 예컨대 유효한 유언, 증여 또는 기타 법적 효력을 가지는 행위라는 발사대(launcher)가 필요한데, 신탁협약은 로켓만을 규율하고 발사대는 규율하지 않는다는 것이다. 반면에 독일에서는 유언신탁은 상속의 준거법에 따를 사항이라고 보는 견해가 통설이다. 스위스 국제사법의 해석은 신탁협약과 같은 것으로 보이나 더 검토할 사항이다. Müller-Chen et al.(註 2), Art. 149a, Rn. 52f. Mayter 집필부분; Honsell et al.(註 2), Art. 149a, Rn. 9ff.(Vogt/Kessler 집필부분); Art. 86, Rn. 14 (Schnyder/Liatowitsch 집필부분) 참조.

된 법에 의하여 규율된다(제6조 제2항). 신탁협약은 신탁이 가장 밀접하게 관련된 법을 확정하는 데 있어서 고려할 요소들을 열거한다. 신탁의 준거법은 원칙적으로 신탁의 유효성, 해석 및 효력과 신탁의 사무처리와 그 밖에 신탁에 관한 모든 사항을 규율하나, 유언 또는 기타 자산을 수탁자에게 이전하는 기타 행위의 유효성에 관한 선결문제에는 적용되지 않는다(제4조).

다만 협약에 의하여 신탁의 준거법이 결정되거나 외국법에 따른 신탁이 승인되더라도 ① 소유권의 이전과 담보권, ② 도산사건에서의 채권자의 보호와 ③ 그 밖에 선의의 제3자의 보호 등에 관하여는 법정지의 국제사법에 의하여 지정된 강행법규의 적용이 배제되지 아니한다(제15조 제1항). 또한 법정지의 국제적 강행법규 또는 직접적용법(lois d'application imm*édiate*)은 신탁협약에도 불구하고 적용된다(제16조 제1항).

라. 신설된 장은 아니나 주요 개정 사례
(1) 국제재판관할에 관한 조문들의 신설

총칙인 제1장의 제2절, 즉 국제재판관할에 관한 절에 공동소송과 병합(제8a조), 소송고지의 소(제8b조)와 부대의 소(제8c조)의 관할규칙이 신설되었다.

스위스 국제사법 제8a조는 주관적 병합의 경우 어느 하나의 피고에 대하여 관할이 있으면 다른 피고에 대하여 관할을 인정한다. 우리 국제사법 개정안(제6조 제2항)은 주관적 병합의 경우 브뤼셀체제를 따르는 데 반하여 스위스 국제사법은 이를 널리 인정한다. 한편 제8a조는 객관적 병합의 경우 청구들 간의 내적 관련(sachlicher Zusammenhang)의 존재를 요건으로 다른 청구들에 대하여도 관할을 인정한다. 우리 국제사법 개정안(제6조 제1항)은 청구들 간의 상호 밀접한 관련이 있을 것을 요구한다.

나아가 스위스 국제사법 제8b조는 소송고지의 소의 경우 참가자에 대하여 관할이 있을 것을 전제로 본소절차(Hauptprozess)를 담당하는 스위스의 법원의 재판관할을 인정하고, 제8c조는 부대의 소(Adhäsionsklage)의 경우 민사상 청구에 대하여 관할이 있을 것을 전제로 형사절차를 담당하는 스위스 법원의 재판관할을 인정한다.

(2) 혼인의 무효선언에 관한 조문의 신설(제45a조)

스위스 국제사법은 혼인의 체결에 관하여 제3장 제1절에서 규정을 두고 있었으나 혼인의 무효선언에 관하여 별도의 조문을 두지 않았다. 그러나 개정된 스위스 국제사법은 혼인의 무효선언에 관한 제45a조를 신설하여 국제재판관할, 준거법과 혼인의 무효를 확인하는 외국 재판의 승인에 관한 규정을 도입하였다.

(3) 문화재반환에 관한 재판관할규칙의 신설(제98a조)

구 국제사법에는 조문이 없었으나 문화재반환에 관한 재판관할에 관하여 피고 주소지 또는 본거지 법원이나 문화재 소재지 법원이 관할을 가진다. 피고 주소지 또는 본거지는 일반관할을 가질 것이므로 위 조문의 실익은 문화재 소재지의 국제재판관할을 인정한 데 있다. 그러나 문화재의 반환청구권에 관한 준거법에 관한 별도의 조문은 두지 않는다.46)

(4) 국제적 합병 등에 관한 준거법규칙의 신설(제163a조 이하)

스위스 국제사법은 단체의 이전에 관한 조문을 보완하고, 국제적 합병(제163a조와 제163b조), 국제적 분할과 재산양도(제163d조), 채무추심지와 재판적(제164a조)과 외국에서의 이전, 합병, 분할과 재산이전(제164b조) 등의 준거법에 관한 조문을 신설하였다. 이를 포괄하여 "국제적 조직개편(또는 조직재편)(internationale Umstrukturierung)"이라 한다.47) 과거에도 외국으로부터 스위스에로의 단체의 이전(제161조)과 스위스로부터 외국에로의 단체의 이전(제163조)에 관한 규정이 있었으나 이를 보완하였다.

종래 한국에서는 논의가 별로 없으므로48) 스위스의 논의가 참고가 된다.49)

---

46) 그러나 2004년 벨기에 국제사법(제90조)은 반출국의 반환청구에 관하여 반출국법을 적용한다. 다만 반환청구를 하는 국가는 소재지법을 선택할 수 있고, 만일 반출국법이 선의취득자에게 보호를 부여하지 않는 경우에는 소재지법을 원용할 수 있다.

47) Müller-Chen *et al.*(註 2), Vorbemerkungen Rn. 1 (Claudia Martini 집필부분).

48) 국제적 조직변경에 관한 우리 문헌은 김태진, "회사의 국제적인 조직변경 —외국 회사가 관련된 경우를 중심으로— ", BFL 제42호(2010. 7.), 20면 이하; 이병화, "국제적 법인에 관한 국제사법적 고찰", 저스티스 통권 제124호(2011. 6.), 378면 이하 참조. 국제적 합병에 관하여는 김태진, "국제적인 합병 체제를 위한 고찰", 법학논총 제31집 제2호(2014. 6.), 377면 이하; 송종준, "Cross-Border M&A의 법적 기반조성 방안에 관한 연구 —국제적 합병을 중심으로—", 선진상사법률 제90호(2020. 4.), 1면 이하 참조. 후자는 일본

기본적으로 국제적 조직변경에서는 관련된 양 당사자의 법질서가 모두 관여하므로 양 법질서가 누적적으로 적용된다. 스위스 국제사법은 이런 태도, 즉 결합설(또는 중첩설)(Vereinigungstheorie)을 따르고 과거의 개별설(또는 단일설)(Einzeltheorie. 즉 인수설 또는 양도설)을 따르지 않는다.[50] 다만 이는 국제적 조직변경의 허용 여부와 강행적 보호규정에 한정되고 그 밖의 점에 관하여는 준거법에 따른다고 하나(즉 합병의 경우 인수하는 회사의 법, 분할과 재산양도의 경우 분할하는 단체 또는 재산을 양도하는 단체의 법)[51] 구체적 내용은 학설의 명칭처럼 단순하지는 않다.

예컨대 국제적 합병에 관하여는 외국으로부터 스위스에로의 합병에 관한 제163a조와, 스위스로부터 외국에로의 합병에 관한 제163b조가 신설되었다. 전자에 관하여는, 스위스 단체는 외국 단체의 준거법이 허용하고 그 요건이 충족된 경우 외국의 단체를 인수하거나(국내이주흡수), 외국의 단체와 새로운 스위스의 단체로 합병할 수 있는데(국내이주결합),[52] 그 밖에는 합병은 스위스법에 의한다(제163a조). 한편 후자에 관하여는, 외국 단체는 스위스 단체가 합병으로 스위스 단체의 자산과 부채가 외국 단체로 이전되고, 또한 지분권 또는 사원권이 외국 단체에서 적절히 보장될 것을 증명하는 때에는 스위스 단체를 인수하거나(국

의 속인법 중첩적 적용설과 속인법 배분적 적용설을 소개하고 나아가 실무상 제기되는 쟁점들을 논의하는데 구체적인 쟁점에 관한 논의를 보면 학설의 명칭처럼 단순하지는 않다.

49) 독일 국제사법회의 초안과 논의도 참고할 필요가 있다. 개정안 제10b조는 국경을 넘은 합병의 준거법을 명시하는데 이는 합병의 요건, 절차와 효력은 각 회사의 준거법에 따르도록 한다. 다만 취득하는 회사 또는 신설회사에의 자산의 이전이 제3자에 대한 대항력을 가지기 위하여 충족되어야 하는 자산에 대한 권리의 준거법의 조항은 그에 의하여 영향을 받지 아니한다(제2항). 나아가 합병의 효력발생 시점은 합병의 결과 존재하는 회사의 속인법에 따른다(제3항). Sonnenberger/Bauer (eds.), Proposal of the Deutscher Rat für Internationales Privatrecht for European and National legislation in the field of international company law, in Hans J. Sonnenberger (Hrsg.), Vorschläge und Berichte zur Reform des europäischen und deutschen internationalen Gesellschafts-rechts (2007), p. 74. 해설은 p. 113 이하. 다만 유럽연합의 경우 유럽의회와 이사회의 2005년 '합병지침(Cross-Border Merger Directive. 2005/56)'이 있다. 간단한 소개는 송종준(註 48), 8면 이하 참조.

50) Müller-Chen et al.(註 2), Art. 163c. Rn. 10 (Claudia Martini 집필부분).

51) Müller-Chen et al.(註 2), Art. 163c. Rn. 11 (Claudia Martini 집필부분).

52) 전자는 'Immigrationsabsorption'을, 후자는 'Immigrationskombination'을 말한다. 이를 '국내진입흡수' 또는 '국내진입결합'이라고 번역할 수도 있다.

외이주흡수), 스위스 단체와 새로운 외국 단체로 합병할 수 있는데(국외이주결합),[53] 스위스 단체는 이전되는 단체에 적용되는 스위스법을 충족하여야 한다(제163b조). 어느 경우든, 합병계약은 참여한 단체의 준거법의 방식규정을 포함한 단체법적 강행규정에 합치하여야 하는데, 그 밖에는 당사자들에 의하여 선택된 법에 의하고, 법선택이 없는 때에는 가장 밀접한 관련이 있는 국가의 법에 의한다(제163c조). 가장 밀접한 관련은 인수하는 단체의 준거법 소속국과 사이에 존재하는 것으로 추정된다.

나아가 국제적 분할과 재산양도에 관한 조문(제163d조)이 신설되었다.

(5) 도산에 관한 조문의 개정

우리 국제사법의 개정과정에서 고려한 사항은 아니지만 스위스 국제사법이 우리의 추후 개정 작업에 참고가 된 다른 분야로는 국제도산법을 들 수 있다. 우리 국제도산법제에는 스위스 국제사법이 아니라 1997년 채택된 국제도산에 관한 UNCITRAL 모델법[54]이 결정적인 영향을 미쳤다. 눈에 띄는 스위스 국제도산법의 특색은 아래와 같다. 첫째, 외국도산절차의 승인에 대하여 결정승인제를 취하는 점(제166조), 둘째, 외국의 파산명령이 승인되면 스위스 내에 소재하는 파산 채무자의 재산에 대하여 스위스 파산법상의 효과가 발생하므로 스위스 내의 재산에 대하여 이차적 도산절차가 개시되었는데, 이를 '미니파산(MiniKonkurs)'이라 불렀다. 스위스의 보조적 파산은 스위스에 있는 채무자 재산에 한정되었으나 그 절차에서 스위스에 주소를 둔 담보권자와 우선권을 가진 채권자가 만족을 얻었다. 그러나 보조적 파산절차의 의무적 실행이 비효율적이라는 것이 판명됨에 따라 2019. 1. 1. 발효된 개정법에 따르면 보조파산은 원칙적으로 약식절차로 이루어지나(제170조 제3항), 외국의 파산관재인 또는 일정한 채권자는 배당 전에 파산 관청에 정식절차를 요구할 수 있는데 이를 위하여는 보전되지 않을 수 있는 비용에 대하여 충분한 담보가 제공되어야 한다.

당초 스위스 국제사법은 외국재판의 승인 및 집행에 관한 일반원칙(제27조 참조)과는 달리 외국도산에 대하여는 상호보증을 요구하는 점에 특색이 있었다

---

53) 전자는 'Emigrationsabsorption'을, 후자는 'Emigrationskombination'을 말한다. 이를 '국외진출흡수'와 '국외진출결합'이라고 번역할 수도 있다.

54) 상세는 석광현, 국제사법과 국제소송 제3권(2004), 255면 이하 참조.

(제166조 제1항). 그러나 이 요건은 2019. 1. 1. 발효된 개정법률에 의하여 삭제되어 승인이 용이하게 되었다. 또한 당초 스위스 국제사법은 모델법과 EU도산규정의 핵심개념인, '채무자의 주된 이익의 중심지(Mittelpunkt der hauptsächlichen Interessen des Schuldners)(COMI)'라는 개념을 사용하지 않았으나 개정법률은 이런 개념을 도입하였다(제166조 제1항 제c호 2목).[55]

당초 발표한 글에서는 중재를 도산의 앞에 썼으나 여기에서는 스위스 국제사법의 편제에 따라 도산을 먼저 쓴다. 여기와 별첨 국문시역에서는 '파산'이라는 용어를 사용하는데 이는 회생을 포함하는 넓은 의미 즉 도산과 호환적으로 사용한 것이다. [밑줄 친 부분은 이 책에서 추가한 것이다.]

(6) 중재에 관한 조문의 개정

우리 국제사법의 개정과정에서 고려한 사항은 아니지만 스위스 국제사법이 우리의 추후 개정 작업에 도움이 된 분야도 있는데 그 중 하나가 국제중재법 영역이다. 우리 중재법제는 1999년에 UNCITRAL이 1985년 채택한 국제중재에 관한 모델법(Model Law on International Commercial Arbitration)[56]을 도입하고, 2016년에는 UNCITRAL의 2006년 개정 모델법을 도입한 것이다.[57] 그러나 국제거래에서 중재지로 선호되는 스위스의 국제중재법(즉 국제사법 제12장)에 우리도 더 관심을 기울일 필요가 있다.

눈에 띄는 스위스 국제중재법의 특색은 아래와 같다. 첫째, 국제사법에 포함되어 있는 점, 둘째, 중재지가 스위스에 있는 국제중재[58]에 적용되는 점(즉 제176조 제1항은 국제사법 제12장의 적용범위에 관하여 속지주의를 취한 것이다), 셋째, 중재합의의 준거법을 당사자들이 선택한 법, 쟁송물 특히 주된 계약의 준거법과 스위스법에 선택적으로 연결함으로써 가급적 유효하게 하는 점(제178조 제2항) ─이

---

55) 우리 채무자회생 및 파산에 관한 법률은 UNCITRAL의 1997년 국제도산에 관한 모델법(Model Law on Cross-Border Insolvency)을 수용한 것임에도 불구하고 이런 개념을 사용하지 않는다. 비판은 석광현, 국제사법과 국제소송 제5권(2012), 515면 참조.
56) 상세는 석광현, 국제사법과 국제소송 제2권(2001), 471면 이하 참조.
57) 후자에 관하여는 석광현, 국제상사중재법연구 제2권(2019), 93면 이하 참조.
58) 국제중재가 되기 위하여는 중재합의 체결시 적어도 당사자 일방이 스위스에 그의 주소 또는 상거소를 가지고 있지 않아야 한다(제176조 제1항). 사안의 국제성은 요구되지 않는다. 이에 해당하지 않는 국내중재절차에 대하여는 민사소송법 제353조 내지 제399조가 적용된다. Müller-Chen et al.(註 2), Art. 176, Rn. 13(Christian Oetiker 집필부분).

를 '유효화원칙(validation principle)'이라고 한다― 과,59) 넷째, 양 당사자가 모두 스위스와 접점이 없는 경우 당사자들이 중재판정의 취소를 완전히 배제할 수 있도록 배제합의(exclusion agreement)60)를 허용하는 점 등을 들 수 있다. 중재판정부의 권한에 대한 심사권한(Kompetenz-Kompetenz)에 관하여는 당초부터 규정(제186조)을 두었으나 2007. 3. 1. 발효된 제186조 제1의2항은 원칙적으로 중재판정부는 국가 법원 또는 다른 중재판정부에 소(Klage)가 이미 계속하는가에 관계없이 자신의 권한에 관하여 판단할 수 있음을 명시한다. 이는 자기권한심사의 소극적 효과61)에 관한 것이다. <u>상세는 이필복, "국제적인 민사 및 상사분쟁 해결 절차의 경합에 관한 연구 ―소송과 중재를 중심으로―", 서울대학교대학원 법학 박사학위논문(2020), 130면 이하 참조.</u> [밑줄 친 부분은 이 책에서 추가한 것이다.]

V. 맺음말

지금까지 선생님의 논문 이후 스위스 국제사법의 주요 개정내용을 소개하였다. 과거 일본과 독일 국제사법 내지 국제사법학의 영향 하에 있던 우리에게 스위스 국제사법의 체계와 방대한 조문은 상당히 이질적인 것이었다. 그러나 그 내용을 들여다보면 스위스 국제사법은 2001년 섭외사법의 개정에 의하여 탄생한 우리 국제사법에 커다란 영향을 미쳤음을 알 수 있다. 유럽의 소국으로서 유럽연합 회원국도 아닌 스위스가 높은 수준의 국제사법전을 가지고 있고 꾸준히 국제사법학을 발전시켜 가고 있음은 매우 인상적이다. 이는 스위스가 국제사법의 실천적 중요성을 정확히 인식하고 그에 대한 연구를 중시하고 있기 때문일 것이다. 사실 대외개방적인 경제체제 하에서 높은 무역의존도를 유지하면서 경

---

59) Gary B. Born, International Commercial Arbitration, Volume I, 2nd Edition (2014), p. 542 이하; G.A. Berman, International Arbitration and Private International Law, Recueil des Cours, Tome 381 (2015), p. 151 이하. 참고로 뉴욕협약(제5조 제1항 a호)은 당사자가 지정한 법, 그것이 없으면 중재판정지법을 중재합의의 준거법으로 명시한다.

60) 이 점은 석광현, 국제상사중재법연구 제1권(2007), 226면 참조.

61) 중재판정부와 국가 법원에 동일 당사자 간에 동일한 사건에 관한 분쟁이 계속된 경우에, 중재판정부가 시기적으로 우선하여 판정권한에 대한 심판을 할 수 있다고 하는 것을 '자기권한심사의 소극적 효과(negative effect of competence-competence)'라고 한다. 김용진, "중재와 법원 사이의 역할분담과 절차협력 관계 ―국제적 중재합의 효력에 관한 다툼과 중재합의관철 방안을 중심으로―", 중재연구 제27권 제1호(2017. 3.), 88면.

제활동을 하고 있는 우리도 상황이 다를 바 없고 국제사법의 중요성은 오히려 우리에게 더 크다고 생각한다. 그럼에도 불구하고 국제사법에 대한 인식이 부족한 것은 결국 우리 법학자들, 법률가들과 사회 전체의 국제법무의 필요성과 중요성에 대한 인식이 부족한 탓이다. 국제적 활동을 하는 대기업들의 경우에는 형편이 조금 나을지 모르나, 개인적으로도 해외여행은 빈번하게 다니지만 추억을 쌓는 데 치중할 뿐이고(물론 필자가 여행 내지 해외여행의 순기능을 부정할 생각은 없다) 그 결과 우리 사회와 삶의 국제화에 수반되는 국제적 법률관계의 해결에는 무관심한 것이 대부분의 우리 법학자들과 법률가들의 실상이다. 또한 근자에 전자상거래는 폭발적으로 증가하였지만 소비자의 국제적보호에 관심을 가지는 우리 법학자들과 법률가들는 별로 없는 것 같다. 다양한 소비자단체와 소비자보호를 주장하는 관련 기구도 크게 다를 바 없다. 이런 상황에서 한국 국제사법학의 발전을 기대하는 것은 참으로 어려운 일이다.

별첨: 스위스 국제사법전 국문시역

후 기

위에서는 별도로 언급하지 않았으나 스위스 국제사법 제1조 제2항이 명시하는 바와 같이 조약은 유보되므로 위에서 언급한 헤이그협약들 외에도 국제재판관할과 외국재판의 승인 및 집행에 관하여 루가노협약이 적용됨을 유의하여야 한다. 루가노협약이라 함은 1988년 당시 유럽경제공동체 국가들과 자유무역연합(EFTA) 국가들 간에 1968년 체결된 유럽공동체의 "민사 및 상사(사건)의 재판관할과 재판의 집행에 관한 협약"의 병행협약으로 스위스 루가노에서 체결된 "민사 및 상사(사건)의 재판관할과 재판의 집행에 관한 협약"을 말하는데, 이는 2007년 유럽공동체, 덴마크와 EFTA 국가들에 의해 서명된 개정된 루가노협약에 의하여 대체되었다.
• 위 글의 발표 뒤 중재에 관한 부분이 개정되어 2021. 1. 1. 발효되었다. 소개는 박이세, "스위스의 국제중재법: 국제사법 제12장의 특색 및 주요 개정내용 소개", 2021. 3. 19. 국제거래법학회 발표문 참조(이는 최근에 박이세, "스위스 국제중재법 개정", 石光現교수정년기념헌정논문집: 國際去來法과 國際私法의 現狀과 課題(2022), 528면 이하로 간행되었다); 도혜정, "중재친화적인 스위스 국제중재의 중재판정취소의 소에 관한 연구", 중재연구 제30권 제1호(2020), 161면 이하 참조.

스위스 국제사법(제190a조)은 중재에서 재심(독일어 Revision, 프랑스어로는 Révision)을 도입하였다. 참고로 독일 민사소송법 제4편(제578조 이하)은 재심(Wiederaufnahme des Verfahrens)을 규정하는데 그에는 무효의 소(Nichtigkeitsklage)와 회복의 소(Restitutionsklage)가 있다.

• 나아가 2021년 2월부터 시행된 일명 DLT법(분산원장기술법. Law on Distributed Ledger Technology)에 따라 스위스 국제사법의 일부 규정도 개정된 결과 제105조 제2항, 제106조와 제108a조가 개정되었고 제145a조가 신설되었다. 개정되거나 신설된 조문은 첨부한 국문시역 참조.

스위스 국제사법(國際私法)에 관한 연방법률[1][2]

스위스 동맹의 연방의회는 대외적 사항에 있어서의 연방의 관할권과 연방헌법 제64조에 기하여 1982년 11월 10일의 연방참사회의 교서를 심의하고 다음과 같이 결의한다.

제1장 공통규정들

제1절 적용범위

제1조

(1) 이 법률은 국제관계에 있어서 다음 사항들을 규율한다.

a. 스위스의 법원 또는 관청의 관할

b. 준거법

c. 외국의 재판의 승인과 집행의 요건

d. 파산과 화의계약[3]

e. 중재

(2) 조약은 유보된다.

---

1) 당초 이는 2019년 12월 말 현재 스위스 국제사법의 번역이었으나 <u>아래에서 보듯이 그 후 2021년 초까지의 개정을 반영하였다.</u> 독일어 원문을 기초로 번역작업을 도와준 김윤우 법무관(2019년 당시)에게 감사의 뜻을 표한다. 과거 번역은 이호정, "스위스 개정국제사법전", 서울대학교 법학 제31권 3·4호(1990), 12면 이하; 석광현, 국제사법과 국제소송 제1권(2001), 527면 이하 참조. 위 석광현, 527면 註 2에 적은 바와 같이 그 번역문은 선생님의 번역을 기초로 한 것이었는데 여기에서는 한글화하였다.

2) Bundesgesetz über das Internationale Privatrecht, *Loi fédérale sur le droit international privé*. 영문번역은 Jürgen Basedow *et al.* (Eds.), Encyclopedia of Private International Law, Vol. 4 (2017), p. 3836 이하에 수록되어 있으나 현행 법률은 아니다. 그 밖에도 취리히 법률사무소인 UMBRICHT에 의한 비공식 번역도 보이는데 이는 2017. 4. 1. 당시 법률의 번역이다. <u>스위스 연방정부가 정보제공 차원에서 제공하는 영문 번역은 https://www.fedlex. admin.ch/eli/cc/1988/1776_1776_1776/en 참조.</u> [밑줄 친 부분은 이 책에서 새로 추가한 것이다.]

3) 이는 Nachlassvertrag(독일어본) 또는 concordat(불어본)인데 당초 선생님의 번역에는 '遺産契約(Nachlaßvertrag)'이라고 번역되어 있으나 위와 같이 바로 잡았다. 아래 제11장의 제목과 제178조에서도 같다. Nachlaß가 유산임은 물론이나 여기에서는 화의라고 번역하는 것이 적절하다. 이는 스위스와 독일의 법률용어가 상이한 사례이다. 영문번역은 'composition' (Encyclopedia) 또는 'composition agreements' (Umbricht)이다.

제2절 관할

제2조 [Ⅰ. 일반관할]

이 법률이 특별한 관할을 규정하고 있지 아니한 때에는 피고의 주소지에 있는 스위스의 법원 또는 관청이 관할을 가진다.

제3조 [Ⅱ. 긴급관할]

이 법률이 스위스 내에 관할을 규정하지 아니하고 절차가 외국에서 가능하지 아니하거나 또는 기대할 수 없는 때에는 사실관계가 충분한 관련을 가지고 있는 곳의 스위스의 법원 또는 관청이 관할을 가진다.

제4조 [Ⅲ. 가압류의 집행]

이 법률이 스위스 내에 다른 관할을 규정하고 있지 아니한 때에는, 가압류의 집행의 소는 스위스의 가압류지에서 제기될 수 있다.

제5조 [Ⅳ. 재판적의 합의]

(1) 당사자들은 일정한 법률관계로부터 발생하는 재산권상의 청구4)에 관한 현재 또는 장래의 법적 쟁송에 대하여 재판적을 합의할 수 있다. 합의는 서면, 전보, 텔렉스, 팩스, 또는 문언에 의하여 합의의 입증을 가능하게 해주는 기타의 전달의 방식으로 행하여 질 수 있다. 합의로부터 다른 내용이 밝혀지지 아니하는 한 합의된 법원이 배타적인 관할을 가진다.

(2) 일방당사자로부터 스위스법이 정하는 재판적이 부당하게 박탈되는 경우에는 재판적의 합의는 무효이다.

(3) 합의된 법원은 다음의 경우에는 그의 관할을 거절할 수 없다.

a. 일방당사자가 합의된 법원의 칸톤 내에 그의 주소, 상거소 또는 영업소를 가지고 있는 경우 또는

b. 이 법률에 따라 소송물에 대하여 스위스법이 적용되어야 하는 경우

제6조 [Ⅴ. 응소]

재산권상의 분쟁5)에 있어서 유보 없는 응소는 소의 제기를 받은 스위스의 법원이 제5조 제3항에 따라 그의 관할을 거절할 수 없는 한 이 법원의 관할을 성립시킨다.

제7조 [Ⅵ. 중재합의]

당사자들이 중재가능한 분쟁에 관하여 중재합의를 한 때에는 소의 제기를 받은 스위스의 법원은 그의 관할을 거절한다. 다만, 다음의 경우에는 그러하지 아니하다.

a. 피신청인이 유보 없이 절차에 응소한 때

b. 법원이 중재합의가 효력이 없게 되거나 무효이거나 또는 이행될 수 없음을 확인한 때

---

4) 전에는 '재산법상의 청구권'이라고 번역하였다.
5) 전에는 '재산법상의 분쟁'이라고 번역하였다.

c. 중재판정부가 중재절차의 피신청인이 명백히 책임을 져야 하는 사유에 기하여 설치될 수 없을 때

제8조 [Ⅶ. 반소]

본소가 계속한 법원은 본소와 반소간에 실질적 관련이 존재하는 한 반소에 대하여 도 판단한다.

제8a조 [Ⅷ. 공동소송과 병합]6)

(1) 이 법률에 따라 스위스에서 제소될 수 있는 여러 공동소송인들에 대하여 소가 제기되는 경우 어느 하나의 피고에 대하여 관할이 있는 스위스의 법원이 모든 피 고들에 대하여 관할을 가진다.

(2) 하나의 피고에 대하여 이 법률에 따라 스위스에서 제기될 수 있는 여러 청구들 이 사항적 관련(sachlicher Zusammenhang)이 있는 때에는 하나의 청구에 대하여 관할이 있는 각 스위스의 법원이 (다른 청구들에 대하여도) 관할을 가진다.

제8b조 [Ⅸ. 소송고지의 소]7)

이 법률에 따라 분쟁에 참가하는 당사자(streitberufene Partei)(제3자)에 대하여 스위스에 재판적이 있는 한, 소송고지의 소에 관하여는 본소절차(Hauptprozess)의 스위스의 법원이 관할을 가진다.

제8c조 [Ⅹ. 부대의 소(Adhäsionsklage)]8)

형사절차에서 민사상 청구가 부수적으로 주장될 수 있는 경우에는 그 형사절차를 담당하는 스위스의 법원이, 이러한 소에 관하여 이 법률에 따라 스위스에 재판적 이 있는 한 민사상의 소에 대하여도 관할을 가진다.

제9조 [Ⅺ. 소송계속]

(1) 동일한 당사자들 간의 동일한 대상에 관한 소가 먼저 외국에서 계속한 때에는 스위스의 법원은 외국의 법원이 적절한 기간 내에 스위스에서 승인될 수 있는 재 판을 선고할 것이라고 기대되는 경우에는 소송절차를 중지한다.

(2) 언제 소가 스위스에서 계속하였는가의 확인에 관하여는 소의 제기에 필요한 최초의 절차행위의 시점이 기준이 된다. 조정절차의 개시9)는 그러한 것으로 되기

---

6) 신설됨.
7) 신설됨.
8) 신설됨.
9) 과거에는 독일어의 "die Einleitung des Sühneverfahrens"를 고려하여 '화해절차'라고 번 역하였으나(이호정 선생님의 번역도 동일), 프랑스어는 "la citation en conciliation"이고 현재는 Schlichtungsverfahren이라고 설명하는 점(Markus Müller-Chen *et al.*, Zürcher Kommentar zum IPRG: Kommentar zum Bundesgesetz über das Internationale Privatrecht (IPRG) vom 18. Dezember 1987. 3. Auflage (2018), Art. 9, Rn. 20)을 고려 하여 수정하였다.

에 충분하다.

(3) 스위스의 법원은 스위스에서 승인될 수 있는 외국의 재판이 그에 제출된 때에는 소를 각하한다.

제10조 [Ⅻ. 사전배려적 조치][10)

사전배려적 조치의 명령에 대해서는 다음 각 호의 법원이 관할을 가진다.

a. 본안에 대하여 관할을 가지는 스위스의 법원 또는 관청 또는

b. 그 조치가 집행되어야 하는 장소의 스위스의 법원과 관청

제11조 [ⅩⅢ. 사법공조　1. 사법공조의 중개][11)

스위스와 다른 국가들 간의 사법공조는 연방법무부를 통하여 중개된다.

제11a조 [2. 준거법][12)

(1) 스위스에서 실행되는 사법공조행위는 스위스법에 따라 행하여진다.

(2) 공조를 구하는 관청의 요구에 따라 외국의 절차방식도, 그것이 외국에서의 법적 청구권의 실현을 위하여 필요하고 또한 영향을 받는 당사자에게 이에 반대할 중대한 사유가 없는 경우에는 적용되거나 고려될 수 있다.

(3) 스위스의 법원 또는 관청은, 스위스법에 의한 방식이 외국에서 승인되지 아니하고 따라서 보호할 가치가 있는 법적 청구권이 외국에서 실현되지 않을 수도 있는 경우에는 외국법의 방식에 따라 문서를 발행하거나 또는 요청자로부터 선서에 갈음하는 진술을 받을 수 있다.

(4) 스위스로의 및 스위스로부터의 송달 또는 증거조사에 관한 사법공조요청에 대하여는 민사소송에 관한 1954년 3월 1일 헤이그협약이 적용된다.

제11b조 [3. 비용선납과 당사자보상에 대한 담보][13)

비용선납과 당사자보상에 대한 담보는 2008년 12월 19일의 민사소송법(ZPO)에 따른다.

제11c조 [4. 무상 소송구조][14)

외국에 주소를 가지고 있는 사람들에 대해서는 스위스에 주소를 가지고 있는 사람들과 마찬가지로 동일한 조건 하에서 무상의 소송구조(unentgeltliche Rechtspflege)가 부여된다.

제12조 [Ⅺ. 기간]

[폐지됨]

---

10) 이하 'vorsorgliche Massnahme'는 사전배려적 조치(다만 중재의 맥락에서는 임시적 처분), 'sichernde Massnahme'는 '보전조치'로 번역한다.

11) 제11조a부터 제11조c가 신설되면서 제11조의 제목이 수정되고 조문내용이 개정됨.

12) 신설됨.

13) 신설됨.

14) 신설됨.

제3절 준거법

제13조 [Ⅰ. 지정의 범위]

이 법률에 의한 외국법의 지정은 이 외국법에 의하여 사실관계에 적용될 수 있는 모든 규정들을 포함한다. 외국법의 어떤 규정의 적용가능성은 그 규정에 공법적 성격이 부여되고 있다는 이유만으로 배제되지 아니한다.

제14조 [Ⅱ. 반정과 전정]

(1) 준거법이 스위스법에로의 반정 또는 다른 외국법에로의 전정을 규정하고 있는 때에는 이 법률이 그것을 규정하고 있는 경우에는 반정 또는 전정은 존중된다.

(2) 인적 또는 가족적 신분의 문제에 있어서는 스위스법에로의 반정은 존중된다.

제15조 [Ⅲ. 예외조항]

(1) 이 법률이 지정하고 있는 법은, 사실관계가 법과 오직 근소한 관련만을 가지고 있고 오히려 다른 법과 훨씬 보다 밀접한 관련을 가지고 있음이 전체적인 사정들에 의하여 명백한 경우에는 예외적으로 적용되지 아니한다.

(2) 이 규정은 법선택이 존재하는 경우에는 적용되지 아니한다.

제16조 [Ⅳ. 외국법의 확정]

(1) 적용될 외국법의 내용은 직권으로 확정되어야 한다. 이를 위하여 당사자들의 협력이 요구될 수 있다. 재산권상의 청구에 있어서는 당사자들에게 증명을 부담시킬 수 있다.

(2) 적용될 외국법의 내용이 확정될 수 없는 때에는 스위스법이 적용된다.

제17조 [Ⅴ. 유보조항]

외국법의 규정의 적용은 그 적용이 스위스의 공서와 합치되지 아니하는 결과를 가져올 경우에는 배제된다.

제18조 [Ⅵ. 스위스법의 강행적 적용]

그들의 특별한 목적 때문에 이 법률에 의하여 지시되는 법과는 관계없이 강행적으로 적용되어야 하는 스위스법의 규정들은 유보된다.

제19조 [Ⅶ. 외국법의 강행규정들의 고려]

(1) 이 법률에 의하여 지정되는 법 대신에, 강행적으로 적용되기를 의욕하는 다른 법의 규정들은, 스위스의 법관념에 따라 보호할 만한 가치가 있고 명백히 우월한 일방당사자의 이익이 그것을 명하고, 사실관계가 그 법과 밀접한 관련을 가지는 경우에는 고려될 수 있다.

(2) 그러한 규정이 고려되어야 하는가 아닌가는, 그 규정의 목적과 그로부터 나오는 스위스의 법관념에 따라 적절한 판단을 위한 결과에 의하여 결정되어야 한다.

제4절 주소, 본거와 국적

제20조 [Ⅰ. 자연인의 주소, 상거소, 영업소]

(1) 자연인은 이 법률의 의미에 있어서의

a. 그의 주소를 그가 계속적인 체재의 의사를 가지고 거주하는 국가에 가지고

b. 그의 상거소를 그가 상당히 장기간 동안 살고 있는 국가에 비록 이 기간이 원래부터 한정되어 있더라도 가지며

c. 그의 영업소를 그의 영업활동의 중심지가 소재하는 국가에 가진다.

(2) 누구도 여러 곳에 동시에 주소를 가질 수 없다. 어떤 사람이 어디에도 그의 주소를 가지고 있지 아니한 때에는 상거소가 주소에 갈음한다. 주소와 거소에 관한 민법전의 규정들은 적용되지 아니한다.

제21조 [Ⅱ. 단체와 신탁의 본거와 영업소]15)

(1) 단체와 제149a조에 따른 신탁에 있어서는 본거를 주소로 본다.

(2) 정관이나 단체설립계약에 기재되어 있는 장소를 단체의 본거로 본다. 그러한 기재가 없는 때에는 단체가 사실상 관리되고 있는 곳을 본거로 본다.

(3) 신탁의 규정에 서면으로 기재되거나 문서(Text)로 증명할 수 있는 다른 형식으로 기재된 신탁의 관리지를 신탁의 본거로 본다. 그러한 기재가 없는 때에는 신탁이 사실상 관리되고 있는 곳을 본거로 본다.

(4) 단체와 신탁의 영업소는 그의 본거가 있는 국가 또는 지점이 있는 국가들 중의 어느 하나에 존재한다.

제22조 [Ⅲ. 국적]

자연인의 국적은 그의 국적이 문제되고 있는 국가의 법에 따라 결정된다.

제23조 [Ⅳ. 중국적]

(1) 어떤 사람이 스위스의 국적과 함께 다른 나라의 국적을 가지고 있는 때에는, 본국재판적의 성립에 대해서는 오로지 스위스의 국적이 기준으로 된다.

(2) 어떤 사람이 여러 개의 국적을 가지고 있는 때에는, 이 법률이 달리 규정하고 있지 않는 한 준거법의 결정에 대해서는 이 사람이 가장 밀접한 관련을 가지고 있는 국가의 국적이 기준으로 된다.

(3) 어떤 사람의 국적이 외국재판의 스위스에 있어서의 승인을 위한 전제조건인 때에는 이 사람의 국적들 중 하나를 존중하는 것으로 충분하다.

제24조 [Ⅴ. 무국적자와 난민]

(1) 무국적자의 법적 지위에 관한 1954년 9월 28일 뉴욕협약의 의미에 있어서의 요건을 갖춘 자 또는 무국적자와 동일시할 수 있을 정도로 본국과 그의 관계가 멀

---

15) 신탁 관련 문언 추가됨.

어진 자는 무국적자로 본다.

(2) 1979년 10월 5일 난민비호법의 의미의 요건을 갖추고 있는 자는 난민으로 본다.

(3) 이 법률이 무국적자와 난민에게 적용되어야 하는 때에는 주소가 국적에 갈음한다.

제5절 외국재판의 승인과 집행

제25조 [Ⅰ. 승인 1. 원칙]

외국의 재판은 다음의 경우에 스위스에서 승인된다.

a. 재판이 선고된 국가의 법원이나 관청이 관할을 가지는 경우

b. 재판에 대하여 어떠한 통상의 상소도 더 이상 할 수 없는 경우 또는 재판이 종국적인 경우 및

c. 제27조의 의미에 있어서의 거절의 사유가 존재하지 아니하는 경우

제26조 [2. 외국관청의 관할]

외국관청의 관할은 다음의 경우에 존재한다.

a. 이 법률의 규정이 그것을 정하고 있는 경우, 또는 이러한 규정이 없더라도 피고가 판결국에 주소를 가지고 있었던 경우

b. 재산권상의 쟁송에 있어서 당사자들이 이 법률에 따라 유효한 관할의 합의에 의하여 재판을 행한 관청에 따르는 경우

c. 피고가 재산법상의 쟁송에 있어서 유보없이 응소하였던 경우

d. 반소의 경우에 재판을 행한 관청이 본소에 대하여 관할을 가지고 있었고 본소와 반소간에 실질적 관련이 존재하는 경우

제27조 [3. 거절사유]

(1) 외국에서 선고된 재판은 승인이 스위스의 공서와 명백히 합치되지 아니하는 경우에는 스위스에서 승인되지 아니한다.

(2) 외국에서 선고된 재판은 당사자일방이 다음의 사실을 증명한 경우에도 또한 승인되지 아니한다.

a. 그가 유보 없이 응소한 경우를 제외하고 당사자의 일방이 그의 주소지의 법 또는 그의 상거소지의 법의 어느 것에 의하여서도 정당하게 소환받지 아니한 사실

b. 재판이 스위스 절차법의 본질적 제원칙에 반하여 성립한 사실 특히 그에게 법률상의 청문이 거절되었다는 사실

c. 동일 당사자들간의 동일한 대상에 관한 법적 쟁송이 최초로 스위스에서 개시되었거나 또는 스위스에서 재판되었거나 또는 그것이 제3국에서 먼저 재판되었고 이 재판이 스위스에서 승인될 수 있다고 하는 사실

(3) 그 밖에 재판은 그 실질에 관하여는 재심사되어서는 아니된다.

제28조 [Ⅱ. 집행]

제25조 내지 제27조에 따라 승인된 재판은 이해관계 있는 당사자의 신청에 기하여 집행가능한 것으로 선고될 수 있다.

제29조 [Ⅲ. 절차]

(1) 승인 또는 집행의 신청은 외국재판이 주장되고 있는 칸톤의 관할관청에 하여야 한다. 신청에는 다음의 것을 첨부하여야 한다.

a. 완전하고도 인증된 재판의 정본

b. 재판에 대하여 더 이상 통상의 상소가 행하여질 수 없다고 하는 확인서 또는 재판이 종국적이라는 확인서

c. 결석판결의 경우에는, 패소당사자가 적절하게 그리고 적기에 소환되었고 따라서 자신을 방어할 수 있는 가능성을 가지고 있었음을 밝혀 주는 문서

(2) 승인절차와 집행절차에 있어서는 신청에 이의를 말하는 당사자는 청문되어야 한다. 그는 그의 증거방법을 주장할 수 있다.

(3) 외국재판이 선결문제로 주장되고 있는 때에는 신청받은 관청이 스스로 승인에 관하여 결정할 수 있다.

제30조 [Ⅳ. 재판상의 화해]

제25조 내지 제29조는 재판상의 화해에 대해서도 그것이 체결된 국가에서 소송상의 재판과 동일시되는 한 적용된다.

제31조 [Ⅴ. 비송사건]

제25조 내지 제26조는 비송사건에 관한 재판 또는 문서의 승인 또는 집행에 대하여도 준용된다.

제32조 [Ⅵ. 민사신분등록부에의 등록]

(1) 민사신분에 관한 외국의 재판 또는 문서는 칸톤의 감독관청의 처분에 기하여 민사신분등록부에 등록된다.

(2) 등록은 제25조 내지 제27조의 요건이 갖추어진 경우에 허가된다.

(3) 외국판결에서 절차법상의 제권리가 당사자들에게 충분히 보장되었음이 명백하지 아니한 경우에는 당해자들은 등록전에 청문되어야 한다.

제2장 자연인

제33조 [Ⅰ. 원칙]

(1) 이 법률이 달리 규정하고 있지 아니한 때에는 인사법적 관계들에 대하여는 주소지의 스위스의 법원 또는 관청이 관할을 가진다. 그들은 주소지의 법을 적용한다.

(2) 인격침해에 기한 청구권들에 대하여는 불법행위에 관한 이 법률의 규정들이

적용된다(제129조 이하).

제34조 [Ⅱ. 권리능력]

(1) 권리능력은 스위스법에 의한다.

(2) 인격의 시기와 종기는 권리능력을 전제로 하는 법률관계의 준거법에 의한다.

제35조 [Ⅲ. 행위능력 1. 원칙]

행위능력은 주소지의 법에 의한다. 주소지의 변경은 일단 취득한 행위능력에 영향을 미치지 아니한다.

제36조 [2. 거래보호]

(1) 법률행위를 행한 자는, 비록 그가 그의 주소지의 법에 의하면 행위능력이 없더라도 그가 법률행위를 행한 국가의 법에 의하면 행위능력이 있었을 경우에는 그의 행위무능력을 주장할 수 없다. 다만, 상대방 당사자가 그의 행위무능력을 알았거나 알았어야 할 경우에는 그러하지 아니하다.

(2) 이 규정은 가족법상 및 상속법상의 법률행위와 부동산물권에 관한 법률행위에는 적용되지 아니한다.

제37조 [Ⅳ. 성명 1. 원칙]

(1) 스위스에 주소를 가지고 있는 사람의 성명은 스위스법에 따른다. 외국에 주소를 가지고 있는 사람의 성명은 주소지의 저촉법이 지정하는 법에 의한다.

(2) 그러나 사람은 그의 성명을 본국법에 따르게 할 것을 청구할 수 있다.

제38조 [2. 성명의 변경]

(1) 성명의 변경에 대하여는 신청인의 주소지의 스위스관청이 관할을 가진다.

(2) 스위스에 주소가 없는 스위스시민은 그의 원적지 칸톤(Heimatkanton)의 관청에 성명의 변경을 청구할 수 있다.

(3) 성명의 변경의 요건과 효력은 스위스법에 의한다.

제39조 [3. 외국에 있어서의 성명의 변경]

외국에서 행하여진 성명의 변경은 그것이 신청인의 주소지법 또는 본국법에 의하여 유효한 경우에 스위스에서 승인된다.

제40조 [4. 민사신분등록부에의 등록]

성명은 등록에 관한 스위스의 제원칙들에 따라 민사신분등록부에 등록된다.

제41조 [Ⅴ. 실종선고 1. 관할과 준거법]

(1) 실종선고에 대하여는 실종자의 최후의 알려진 주소지의 스위스의 법원 또는 관청이 관할을 가진다.

(2) 스위스의 법원 또는 관청은 이 밖에도 실종선고를 하는 데 대하여 보호할 만한 가치가 있는 이익이 존재하는 경우에는 그에 대하여 관할을 가진다.

(3) 실종선고의 요건과 효력은 스위스법에 의한다.

제42조 [2. 외국에 있어서의 실종선고와 사망선고]

외국에서 선고된 실종선고 또는 사망선고는 그것이 실종자의 최후로 알려진 주소지국 또는 본국에서 선고된 경우에는 스위스에서 승인된다.

제3장 혼인법

제1절 혼인의 체결

제43조 [Ⅰ. 관할]

(1) 스위스의 관청은 신부와 신랑이 스위스에 주소를 가지고 있거나 스위스시민권을 가지고 있는 경우에는 혼인체결에 대하여 관할을 가진다.

(2) 스위스에 주소가 없는 외국인인 혼인당사자는 혼인이 혼인당사자 쌍방의 주소지국이나 본국에서 승인되는 경우에는 스위스에서 관할관청에 의하여 혼인체결이 허가될 수도 있다.

(3) 허가는 스위스에서 선고되거나 승인된 이혼이 외국에서는 승인되지 아니한다는 이유만으로 거절되어서는 아니된다.

제44조 [Ⅱ. 준거법][16]

스위스에 있어서의 혼인체결은 스위스법에 의한다.

제45조 [Ⅲ. 외국에 있어서의 혼인체결][17]

(1) 외국에서 유효하게 체결된 혼인은 스위스에서 승인된다.

(2) 혼인당사자의 일방이 스위스시민이거나 쌍방이 스위스에 주소를 가지고 있는 때에는, 외국에서 체결된 혼인은 스위스법의 무효원인을 회피할 명백한 의도로 체결이 외국에로 옮겨진 것이 아닌 경우에는 승인된다.

(3) 외국에서 유효하게 체결된 동성간의 혼인은 스위스에서 등록된 동반자관계로 승인된다.

제45a조 [Ⅳ. 혼인의 무효선언][18]

(1) 혼인의 무효선언의 소에 대하여는 부부 일방의 주소지의 스위스의 법원 또는, 주소가 스위스에 없는 경우, 혼인체결지 또는 부부 일방의 원적지(Heimatort, 스위스 연방정부가 제공하는 영문번역은 "place of origin"이라 한다)의 스위스의 법원이 관할을 가진다.

(2) 위 소는 스위스 법에 의한다.

(3) 사전배려적 조치와 부수적 효과에 대해서는 제62조 내지 제64조가 준용된다.

---

16) 제1항부터 제3항이 삭제되고 단일 문장으로 개정됨.

17) 제3항 신설됨.

18) 신설됨.

(4) 혼인의 무효를 확인하는 외국의 재판은 그것이 혼인이 체결된 국가에서 선고된 경우 스위스에서 승인된다. 그 소가 부부의 일방에 의하여 제기된 경우 제65조가 준용된다.

제2절 혼인의 일반적 효력

제46조 [Ⅰ. 관할   1. 원칙]

혼인상의 권리와 의무에 대한 소 또는 조치에 대하여는 부부의 일방의 주소지, 주소가 없는 경우에는 부부의 일방의 상거소지의, 스위스의 법원 또는 관청이 관할을 가진다.

제47조 [2. 본국관할(Heimatzuständigkeit)]

부부가 스위스에 주소도 상거소도 가지고 있지 아니하고 또한 그들 중의 일방이 스위스시민인 때에는, 혼인상의 권리와 의무에 관한 소 또는 조치에 대하여는 부부의 일방의 주소지 또는 상거소지에서 소 또는 신청을 제기하는 것이 불가능하거나 또는 기대할 수 없는 경우에는 원적지의 법원 또는 관청이 관할을 가진다.

제48조 [Ⅱ. 준거법   1. 원칙]

(1) 혼인상의 권리와 의무는 부부가 그들의 주소를 가지고 있는 국가의 법에 의한다.

(2) 부부가 동일한 국가에 그들의 주소를 가지고 있지 아니한 때에는, 혼인상의 권리와 의무는 사실관계가 보다 밀접한 관련을 가지고 있는 주소지국의 법에 의한다.

(3) 제47조에 의하여 원적지의 스위스의 법원 또는 관청이 관할을 가지는 때에는, 스위스의 법원 또는 관청은 스위스법을 적용한다.

제49조 [2. 부양의무]

부부간의 부양의무에 대하여는 부양의무의 준거법에 관한 1973년 10월 2일 헤이그협약이 적용된다.

제50조 [Ⅲ. 외국의 재판 또는 조치]

혼인상의 권리와 의무에 관한 외국의 재판 또는 조치는, 그것이 부부의 일방의 주소지국 또는 상거소지국에서 선고된 경우에는, 스위스에서 승인된다.

제3절 부부재산제

제51조 [Ⅰ. 관할]

부부재산관계에 관한 소 또는 조치에 대하여는,

a. 부부 일방의 사망의 경우에 있어서의 부부재산의 분할에 대하여는, 상속법상의 분할에 대하여 관할을 가지는 스위스의 법원 또는 관청(제86조-제89조)이,

b. 혼인의 재판상의 해소 또는 별거의 경우에 있어서의 부부재산의 분할에 대하여는 재판상의 해소 또는 별거에 대하여 관할을 가지는 스위스의 법원(제59조, 제

60조, 제63조, 제64조)이,

　c. 그 밖의 경우에 있어서는 혼인의 효력에 관한 소 또는 조치에 대하여 관할을 가지는 스위스의 법원 또는 관청이(제46조, 제47조) 관할을 가진다.

제52조 [Ⅱ. 준거법　1. 법의 선택　a. 원칙]

(1) 부부재산관계는 부부에 의하여 선택된 법에 의한다.

(2) 부부는 쌍방이 그들의 주소를 가지고 있거나 또는 혼인체결 후에 주소를 가지게 될 국가의 법과 그들의 일방의 본국들 중의 하나의 법 중에서 선택할 수 있다. 제23조 제2항은 적용되지 아니한다.

제53조 [b. 태양]

(1) 법의 선택은 서면으로 합의되거나 또는 부부재산계약으로부터 일의적으로 명백한 것이어야 한다. 그 밖의 문제에 관하여는 법의 선택은 선택된 법에 의한다.

(2) 법의 선택은 언제든지 행하여지거나 또는 변경될 수 있다. 법의 선택이 혼인의 체결 후에 행하여지는 때에는 법의 선택은 당사자들이 달리 약정하지 아니한 경우에는 혼인체결의 시점으로 소급하여 효력이 있다.

(3) 선택된 법은 부부가 다른 법을 선택하거나 또는 법의 선택을 폐기할 때까지 계속 적용된다.

제54조 [2. 법의 선택의 결여　a. 원칙]

(1) 부부가 법의 선택을 하지 아니한 때에는 부부재산관계는 다음의 법에 의한다.

　a. 부부 쌍방이 동시에 그들의 주소를 가지고 있는 국가의 법. 만일 이러한 것이 없는 경우에는

　b. 부부 쌍방이 최후로 동시에 주소를 가지고 있었던 국가의 법

(2) 부부가 동시에 동일한 국가에 주소를 가지고 있었던 적이 없는 때에는 그들의 공통의 본국법이 적용된다.

(3) 부부가 동시에 동일한 국가에 주소를 가지고 있었던 적이 없고 또한 그들이 공통의 국적을 가지고 있지 아니한 때에는 스위스법의 별산제가 적용된다.

제55조 [b. 주소지 변경의 경우에 있어서의 준거법의 변경가능성과 소급효]

(1) 부부가 그들의 주소를 일국에서 타국으로 옮긴 때에는, 신주소지국의 법이 혼인체결의 시점으로 소급하여 적용된다. 부부는 서면에 의한 약정에 의하여 소급효를 배제할 수 있다.

(2) 주소지 변경은, 당사자들이 종전의 법의 계속 적용을 서면으로 합의하거나 또는 그들 사이에 부부재산계약이 존재하는 경우에는 준거법에 효력을 미칠 수 없다.

제56조 [3. 부부재산계약의 방식]

부부재산계약은 그것이 부부재산계약의 준거법 또는 체결지의 법에 합치하는 경우에는 방식상 유효하다.

제57조 [**4. 제3자와의 법률관계**]

(1) 부부의 일방과 제3자간의 법률관계에 대한 부부재산제의 효력은 이 부부의 일방이 법률관계의 성립의 시점에 그의 주소를 가지고 있는 국가의 법에 의한다.

(2) 제3자가 법률관계의 성립의 시점에서 부부재산관계가 따르고 있는 법을 알았거나 또는 알았어야 하는 때에는 이 법이 적용된다.

제58조 [**Ⅲ. 외국의 재판**]

(1) 부부재산관계에 관한 외국의 재판은 다음의 경우에 스위스에서 승인된다.

a. 외국의 재판이 피고인 배우자의 주소지에서 선고되었거나 또는 그 국가에서 승인되는 경우

b. 피고인 배우자가 스위스에 그의 주소를 가지고 있지 아니한 때에는, 외국의 재판이 원고인 배우자의 주소지국에서 행하여졌거나 또는 그 국가에서 승인되는 경우

c. 외국의 재판이 그 국가의 법이 이 법률에 의하여 준거법으로 되는 국가에서 선고되었거나 또는 그 국가에서 승인되는 경우

d. 외국의 재판이 부동산에 관한 것이고 또한 그 소재지국에서 선고되었거나 또는 그 국가에서 승인되는 경우

(2) 혼인공동체의 보호를 위한 조치와 관련하여, 또는 사망, 무효선고, 이혼 또는 별거의 결과로 선고된 부부재산관계에 대한 재판에 대한 승인은 혼인법, 이혼법 또는 상속법에 관한 이 법률의 규정들(제50조, 제65조와 96조)에 의한다.

제4절 이혼과 별거

제59조 [**Ⅰ. 관할 1. 원칙**]

이혼 또는 별거의 소의 관할은 다음의 스위스의 법원이 가진다.

a. 피고의 주소지의 스위스의 법원

b. 원고가 1년 이상 스위스에 거주하고 있는 경우 또는 그가 스위스의 시민인 경우에는 원고의 주소지의 스위스의 법원

제60조 [**2. 본국관할**]

부부가 스위스에 주소를 가지고 있지 아니하고 또한 그들 중의 일방이 스위스시민인 때에는, 부부의 일방의 주소지에서 소를 제기하는 것이 불가능하거나 또는 기대할 수 없는 경우에는, 원적지의 법원이 이혼 또는 별거의 소에 대하여 관할을 가진다.

제61조 [**Ⅱ. 준거법**][19]

이혼과 별거는 스위스법에 의한다.

---

19) 제2항부터 제4항은 삭제되고 하나의 문장이 됨.

제62조 [Ⅲ. 사전배려적 조치][20)

(1) 이혼의 소 또는 별거의 소가 계속한 스위스의 법원은, 소에 대한 판결을 할 수 있는 법원의 관할의 부존재가 명백하지 아니하거나 또는 기판력을 가지고 확정되지 아니한 한 사전배려적 조치를 취할 수 있다.

(2) 사전배려적 조치는 스위스법에 의한다.

(3) 부부의 부양의무(제49조), 친자관계의 효력(제82조와 제83조)과 미성년자보호(제85조)에 관한 이 법률의 규정들은 유보된다.

제63조 [Ⅳ. 부수적 효과][21)

(1) 이혼 또는 별거의 소에 대하여 관할을 가지는 스위스의 법원은 그 부수적 효과의 규율에 대하여도 관할을 가진다. 미성년자보호(제85조)에 관한 이 법률의 규정들은 유보된다.

(1의2) 스위스의 기관에 대한 기업연금 청구의 청산에 대하여는 스위스의 법원이 배타적인 관할을 가진다.

(2) 이혼 또는 별거의 부수적 효과는 스위스법에 의한다. 성명(제37조-제40조), 부부의 부양의무(제49조), 부부재산제(제52조-제57조), 친자관계의 효력(제82조와 제83조) 그리고 미성년자보호(제85조)에 관한 이 법률의 규정은 유보된다.

제64조 [Ⅴ. 재판의 보완 또는 변경][22)

(1) 스위스의 법원은 그 자신이 이혼 또는 별거의 재판을 선고한 경우 또는 제59조 또는 제60조에 의하여 관할을 가지고 있는 경우에는, 그 이혼 또는 별거에 관한 재판의 보완 또는 변경의 소에 대하여 관할을 가진다. 미성년자보호(제58조)에 관한 이 법률의 규정들은 유보된다.

(1의2) 스위스의 기관에 대한 기업연금 청구의 청산에 대하여는 스위스의 법원이 배타적인 관할을 가진다. 제1항에 따른 관할이 없는 경우, 연금기관의 소재지의 스위스의 법원이 관할을 가진다.

(2) 별거 또는 이혼의 판결의 보완 또는 변경은 스위스법에 의한다. 성명(제37조-제40조), 부부의 부양의무(제49조), 부부재산제(제52조-제57조), 친자관계의 효력(제82조와 제83조) 그리고 미성년자보호(제85조)에 관한 이 법률의 규정들은 유보된다.

제65조 [Ⅵ. 외국의 재판]

(1) 이혼 또는 별거에 관한 외국의 재판은, 그것이 부부의 일방의 주소지국, 상거

---

20) 과거에는 'Vorsorgliche Massnahme'를 '보전조치'라고 번역하였으나 여기에서는 일관성을 유지하고자 '사전배려적 조치'로 번역한다.

21) 제1항 제2문 추가, 제1의2항 신설, 제2항 개정됨.

22) 제1의2항 신설, 제2항 개정됨.

626   제7장   외국 국제사법

소지국 또는 본국에서 선고된 경우 또는 그것이 국가들 중의 하나에서 승인된 경우에는 스위스에서 승인된다.

(2) 그러나 재판이 부부 중의 누구의 본국도 아닌 국가에서 또는 부부 중 어느 일방만의 본국에서 행하여진 때에는 이 재판은 다음의 경우에만 스위스에서 승인된다.

a. 소 제기의 시점에 적어도 부부의 일방이 이 국가에 주소 또는 상거소를 가지고 있었고 또한 피고인 배우자가 그의 주소를 스위스에 가지고 있지 아니하였던 경우

b. 피고인 배우자가 외국의 법원의 관할에 유보 없이 따르는 경우 또는

c. 피고인 배우자가 스위스에 있어서의 재판의 승인에 동의한 경우

제3a장 등록된 동반자관계(Eingetragene Partnerschaft)[23]

제65a조 [Ⅰ. 제3장의 적용]

제43조 제2항을 제외하고 제3장의 규정들은 등록된 동반자관계에 준용된다.

제65b조 [Ⅱ. 해소에 있어서 등록지 관할]

동반자 쌍방이 스위스에 주소를 가지고 있지 아니하고 그들 중 누구도 스위스시민이 아닌 때에는, 그들 중 일방의 주소지에서 소 또는 신청을 제기하는 것이 불가능하거나 또는 기대할 수 없는 경우, 등록된 동반자관계의 해소에 관한 소 또는 신청에 대하여는 등록지의 스위스의 법원이 관할을 가진다.

제65c조 [Ⅲ. 준거법]

(1) 제3장의 규정들에 의한 준거법이 등록된 동반자관계에 관한 어떠한 규칙도 알지 못하는 때에는 스위스법이 적용된다. 제49조는 유보된다.

(2) 제52조 제2항에서 지정되는 법들에 더하여 동반자 쌍방은 동반자관계가 등록된 국가의 법을 선택할 수 있다.

제65d조 [Ⅳ. 등록국의 재판 또는 조치]

외국의 재판 또는 조치는 다음의 경우에 스위스에서 승인된다.

a. 그것이 동반자관계가 등록된 국가에서 선고된 경우 및

b. 제3장의 규정들에 의하여 스위스에서 그 관할이 인정되는 국가에서 소 또는 신청을 제기하는 것이 불가능하거나 또는 기대할 수 없는 경우

제4장 친자법

제1절 혈통에 의한 친자관계의 성립

제66조 [Ⅰ. 관할 1. 원칙]

친자관계의 확인 또는 부인의 소에 대하여는 자의 상거소지의 스위스의 법원 또는

---

23) 신설됨.

모 또는 부의 주소지의 스위스의 법원이 관할을 가진다.

제67조 [2. 본국관할]

부모가 스위스에 주소를 가지고 있지 아니하고 또한 자도 스위스에 상거소를 가지고 있지 아니한 때에는, 모 또는 부의 주소지 또는 자의 상거소지에서 소를 제기하는 것이 불가능하거나 또는 기대할 수 없는 경우에는, 친자관계의 확인 또는 부인의 소에 대하여는 모 또는 부의 스위스의 원적지의 법원이 관할을 가진다.

제68조 [Ⅱ. 준거법 1. 원칙]

(1) 친자관계의 성립 및 그 확인 또는 부인은 자의 상거소지의 법에 의한다.

(2) 그러나 모도 부도 자의 상거소지에 주소를 가지고 있지 아니하지만 부모와 자가 동일한 국적을 가지고 있는 때에는 그들의 공통의 본국법이 적용된다.

제69조 [2. 기준시점]

(1) 친자관계의 성립, 확인 또는 부인의 준거법의 결정에 대하여는 출생의 시점이 기준으로 된다.

(2) 그러나 친자관계의 재판상의 확인 또는 부인에 있어서 자의 압도적인 이익이 그것을 요구하는 경우에는 소 제기의 시점이 기준으로 된다.

제70조 [Ⅲ. 외국의 재판]

친자관계의 확인 또는 부인에 관한 외국의 재판은, 그것이 자의 상거소지국, 그의 본국, 또는 모 또는 부의 주소지국이나 본국에서 행하여진 경우에는 스위스에서 승인된다.

제2절 인지

제71조 [Ⅰ. 관할]

(1) 인지의 접수에 대하여는 자의 출생지 또는 상거소지의 스위스의 관청 및 모 또는 부의 쥬소지 또는 원적지의 관청이 관할을 가진다.

(2) 혈통이 법적 의미를 가지는 재판상의 절차의 테두리 내에서 인지가 행하여진 때에는 소를 담당한 판사도 인지를 접수할 수 있다.

(3) 인지의 취소에 대하여는 친자관계의 확인 또는 부인에 대하여 관할을 가지는 것과 동일한 법원이(제66조, 제67조) 관할을 가진다.

제72조 [Ⅱ. 준거법]

(1) 스위스에 있어서의 인지는 자의 상거소지의 법, 그의 본국법, 부 또는 모의 주소지법 또는 본국법에 따라 행하여진다. 인지의 시점이 기준으로 된다.

(2) 스위스에 있어서의 인지의 방식은 스위스법에 의한다.

(3) 인지의 취소는 스위스법에 의한다.

제73조 [Ⅲ. 외국에서 행하여진 인지와 인지의 취소]

(1) 외국에서 행하여진 인지는, 그것이 자의 상거소지법, 본국법 또는 부 또는 모의 주소지법 또는 본국법에 의하여 유효한 경우에는 스위스에서 승인된다.

(2) 인지의 취소에 관한 외국의 재판은, 그것이 제1항에서 든 국가들 중의 하나에서 행하여진 경우에는 스위스에서 승인된다.

제74조 [Ⅳ. 준정]

외국에서 행하여진 준정에 대하여는 제73조가 준용된다.

제3절 입양

제75조 [Ⅰ. 관할 1. 원칙]

(1) 입양하는 자 또는 입양하는 부부의 주소지의 스위스의 법원 또는 관청은 입양을 선언하는 관할을 가진다.

(2) 입양의 취소에 대하여는 친자관계의 확인 또는 부인에 대하여 관할을 가지는 것과 동일한 법원(제66조, 제67조)이 관할을 가진다.

제76조 [2. 본국관할]

입양하는 자 또는 입양하는 부부가 스위스에 주소를 가지고 있지 아니하고 그들 중의 하나가 스위스시민인 때에는, 그들의 주소지에서 입양을 하는 것이 불가능하거나 또는 기대될 수 없는 경우에는, 원적지의 법원 또는 관청이 입양에 대하여 관할을 가진다.

제77조 [Ⅱ. 준거법]

(1) 스위스에 있어서의 입양의 요건은 스위스법에 의한다.

(2) 입양이, 입양하는 자 또는 입양하는 부부의 주소지국 또는 본국에서 승인되지 않을 것이고 그로부터 자에게 중대한 불이익이 발생할 것이 명백한 경우에는 관청은 당해 국가의 법의 요건도 고려한다. 입양이 그 경우에도 승인을 받을 것이 확실한 것으로 보이지 않을 때에는 입양은 선언되어서는 아니 된다.

(3) 스위스에서 선언된 입양의 취소는 스위스법에 의한다. 외국에서 선언된 입양은 스위스에서는 스위스법상의 사유도 존재하는 경우에만 취소될 수 있다.

제78조 [Ⅲ. 외국에서 행하여진 입양 및 이와 유사한 행위]

(1) 외국에서 행하여진 입양은, 그것이 입양하는 자 또는 입양하는 부부의 주소지국 또는 본국에서 선언된 경우에는 스위스에서 승인된다.

(2) 스위스법의 의미에 있어서의 친자관계와는 본질적으로 상이한 효력을 가지는 외국의 입양 또는 이와 유사한 행위는 그것이 성립한 국가에서 그것에 부여되는 효력들만을 가지는 것으로서 스위스에서 승인된다.

제4절 친자관계의 효력

제79조 [Ⅰ. 관할 1. 원칙]

(1) 부모와 자간의 관계에 관한, 특히 자의 부양에 관한 소에 대하여는 자의 상거소지의 스위스의 법원 또는 피고인 친의 주소지의 또는 이것이 없는 때에는 상거소지의 스위스의 법원이 관할을 가진다.

(2) 성명(제33조, 제37조-제40조), 미성년자의 보호(제85조)와 상속법(제86조-제89조)에 관한 이 법률의 규정은 유보된다.

제80조 [2. 본국관할]

그러나 자도 피고인 친도 스위스에 주소 또는 상거소를 가지고 있지 아니하고 또한 그들 중의 하나가 스위스시민인 때에는 원적지의 법원이 관할을 가진다.

제81조 [3. 제3자의 청구권]

제79조와 제80조에 의하여 관할을 가지는 스위스의 법원은 또한 다음의 사항에 관하여도 판단을 한다.

a. 자의 부양을 위하여 비용을 선지급한 관청의 청구권

b. 부양과 출생에 의하여 발생한 비용의 보상에 관한 모의 청구권

제82조 [Ⅱ. 준거법 1. 원칙]

(1) 부모와 자간의 관계는 자의 상거소지의 법에 의한다.

(2) 그러나 모도 부도 자의 상거소지국에 주소를 가지고 있지는 않으나 부모와 자가 동일한 국적을 가지고 있는 때에는 그들의 공통의 본국법이 적용된다.

(3) 성명(제33조, 제37조-제40조), 미성년자의 보호(제85조)와 상속법(제90조-제95조)에 관한 이 법률의 규정은 유보된다.

제83조 [2. 부양의무]

(1) 부모와 자간의 부양의무에 대하여는 부양의무의 준거법에 관한 1973년 10월 2일 헤이그협약이 적용된다.

(2) 그 협약이 부양과 출생에 의하여 발생한 비용의 보상에 관한 모의 청구권을 규율하고 있지 아니한 한 그것은 준용된다.

제84조 [Ⅲ. 외국의 재판]

(1) 부모와 자간의 관계에 관한 외국의 재판은, 그것이 자가 그의 상거소를 가지고 있는 국가에서 또는 피고인 친이 그의 주소 또는 상거소를 가지고 있는 국가에서 선고된 경우에는 스위스에서 승인된다.

(2) 성명(제39조), 미성년자의 보호(제85조)와 상속법(제96조)에 관한 이 법률의 규정은 유보된다.

제5장 후견, 성년자보호와 기타의 보호조치

제85조[24]

(1) 아동의 보호와 관련하여 스위스의 법원 또는 관청의 관할, 준거법 및 외국의 재판 또는 조치의 승인과 집행에 대하여는 부모책임과 아동의 보호조치와 관련한 관할권, 준거법, 승인, 집행 및 협력에 관한 1996년 10월 19일 헤이그협약이 적용된다.[25]

(2) 성년자의 보호와 관련하여 스위스의 법원 또는 관청의 관할, 준거법 및 외국의 재판 또는 조치의 승인과 집행에 대하여는 성년자의 국제적 보호에 관한 2003년 1월 13일 헤이그협약이 적용된다.[26]

(3) 스위스의 법원 또는 관청은 어떤 자의 보호 또는 그의 재산의 보호를 위하여 불가결한 경우에도 또한 관할을 가진다.

(4) 제1항과 제2항에서 언급된 협약의 체약국이 아닌 국가에서 행하여진 조치는, 그것이 아동 또는 성년자의 상거소지국에서 행하여지거나 그곳에서 승인된 경우 승인된다.

제6장 상속법

제86조 [Ⅰ. 관할   1. 원칙]

(1) 유산절차와 상속법상의 분쟁에 대하여는 피상속인의 최후의 주소지의 스위스의 법원 또는 관청이 관할을 가진다.

(2) 그의 영토 내에 있는 부동산에 대하여 배타적 관할을 규정하고 있는 국가의 관할은 유보된다.

제87조 [2. 본국관할]

(1) 피상속인이 외국에 그의 최후 주소를 가지고 있는 스위스의 시민이었던 때에는, 그 외국의 관청이 그의 유산을 처리하지 아니하는 한 그의 원적지의 스위스의 법원 또는 관청이 관할을 가진다.

(2) 외국에 최후의 주소를 가지고 있는 스위스의 시민이 그의 스위스 내에 소재하는 재산 또는 그의 모든 유산을 유언 또는 상속계약에 의하여 스위스의 관할 또는 스위스법에 따르게 한 경우에는, 스위스의 법원 또는 관청이 항상 관할을 가진다.

---

24) 제3항 외에 전부 개정됨.

25) 과거에는 "미성년자의 보호에 관한 당국의 관할 및 준거법에 관한 1961년 10월 5일 헤이그협약"(미성년자보호협약)을 적용하였다.

26) 과거에는 미성년자보호협약을 성년자에게도 준용하였다.

제88조 [3. 물건소재지의 관할]

(1) 피상속인이 외국에 최후의 주소를 가지고 있는 외국인이었던 때에는, 스위스에 소재하는 유산에 대하여 물건소재지의 스위스의 법원 또는 관청이, 외국의 관청이 이를 다투고 있지 아니하는 한, 관할을 가진다.

(2) 재산이 여러 곳에 소재하는 때에는 최초로 소의 제기를 받은 스위스의 법원 또는 관청이 관할을 가진다.

제89조 [4. 보전조치]

외국에 최후의 주소를 가지고 있는 피상속인이 스위스에 재산을 남긴 때에는 물건소재지의 스위스의 관청이 재산가치의 잠정적 보호를 위하여 필요한 조치를 명할 수 있다.

제90조 [Ⅱ. 준거법 1. 최후의 주소가 스위스 내에 있는 경우]

(1) 스위스에 최후의 주소를 가지고 있는 자의 유산은 스위스법에 의한다.

(2) 그러나 외국인은 유언 또는 상속계약에 의하여 유산을 그의 본국법들 중 하나에 의하게 할 수 있다. 그가 사망의 시점에 이 국가에 더 이상 소속하지 아니하였던 경우 또는 그가 스위스시민으로 되었던 경우에는 위의 법선택은 효력을 잃는다.

제91조 [2. 최후의 주소가 외국에 있는 경우]

(1) 외국에 최후의 주소를 가지고 있는 자의 유산은 주소지국의 저촉법이 지정하는 법에 의한다.

(2) 제87조에 의하여 원적지의 스위스의 법원 또는 관청이 관할을 가지는 한 외국에 최후의 주소를 가지고 있는 스위스인의 유산은 스위스법에 의한다. 다만, 피상속인이 유언 또는 상속계약에서 명시적으로 그의 최후의 주소지의 법을 유보하였던 때에는 그러하지 아니하다.

제92조 [3. 상속준거법의 적용범위와 유산의 청산]

(1) 유산의 준거법은 무엇이 유산에 속하는가, 누가 어떤 범위에서 유산에 대하여 권리를 가지는가, 누가 유산의 채무를 부담하는가, 어떤 법적 구제방법과 조치가 허용되는가 및 어떠한 요건하에 가능한가를 결정한다.

(2) 개별적 조치의 실행은 관할관청의 소재지의 법에 의하여 정하여진다. 특히 보전조치와 유언집행을 포함한 유산의 청산은 위의 법에 의한다.

제93조 [4. 방식]

(1) 유언의 방식에 대하여는 유언의 방식의 준거법에 관한 1961년 10월 5일 헤이그협약이 적용된다.

(2) 이 협약은 기타의 사인처분의 방식에 대하여도 준용된다.

제94조 [5. 사인처분능력]

어떤 자가 처분의 시점에 있어서 주소지의 법 또는 상거소지의 법 또는 그의 본국들 중 하나의 법에 의하여 사인처분능력이 있는 경우에는 사인처분을 할 수 있다.

제95조 [6. 상속계약과 상호적 사인처분]

(1) 상속계약은 계약체결의 시점의 피상속인의 주소지의 법에 의한다.

(2) 피상속인이 계약에서 그의 모든 유산을 그의 본국법에 의하게 한 때에는 이 본국법이 주소지법에 갈음한다.

(3) 상호적 사인처분은 각 처분자의 주소지법 또는 처분에 의하여 선택된 공통의 본국법에 합치하여야 한다.

(4) 방식과 사인처분능력에 관한 이 법률의 규정들(제93조, 제94조)은 유보된다.

제96조 [Ⅲ. 외국의 재판, 조치, 문서와 법]

(1) 유산에 관한 외국의 재판, 조치와 문서 및 외국에서 개시된 유산절차로부터 발생한 권리는 스위스에서 다음의 경우에 승인된다.

a. 그것들이 피상속인의 최후의 주소지국에서 또는 피상속인이 그 국가의 법을 선택한 국가에서 행하여졌거나 또는 발행되었거나 또는 확인된 경우 또는 그것들이 이러한 국가들 중 하나에서 승인되는 경우 또는

b. 그것들이 부동산에 관한 것이고 또한 부동산이 소재하는 국가에서 행하여졌거나 또는 발행되거나 또는 확인된(festgestellt) 경우 또는 그것들이 그 국가에서 승인되는 경우

(2) 어떤 국가가 그의 영역 내에 소재하는 피상속인의 부동산에 대하여 배타적 관할을 요구하는 때에는 오로지 그 국가의 재판, 조치와 문서만이 승인된다.

(3) 피상속인의 재산이 소재하는 국가의 보전조치는 스위스에서 승인된다.

제7장 물권법

제97조 [Ⅰ. 관할   1. 부동산]

스위스에 있는 부동산에 대한 물권에 관한 소에 대하여는 물건의 소재지의 법원이 배타적인 관할을 가진다.

제98조 [2. 동산]

(1) 동산에 대한 물권에 관한 소에 대하여는 피고 주소지의 스위스의 법원 또는 주소가 없는 경우에는 피고 상거소지의 스위스의 법원이 관할을 가진다.

(2) 그 밖에 물건 소재지의 스위스의 법원이 관할을 가진다.

제98a조 [3. 문화재][27]

2003년 6월 20일 문화재양도법[28] 제9조에 따른 반환의 소에 대하여는 피고 주소

---

27) 신설됨.

28) 위 법에 관하여는 이종혁, "스위스의 문화재양도법(LTBC) ─주요내용과 국제사법적 함의

지 또는 본거지 법원이나 문화재 소재지 법원이 관할을 가진다.

제99조 [Ⅱ. 준거법 1. 부동산]

(1) 부동산에 대한 물권은 물건의 소재지의 법에 의한다.

(2) 어느 부동산으로부터 나오는 임미시온에 기한 청구권에 대하여는 불법행위에 관한 이 법률의 규정(제138조)이 적용된다.

제100조 [2. 동산 a. 원칙]

(1) 동산에 대한 물권의 취득과 상실은, 취득 또는 상실을 초래하는 과정이 일어난 시점에 있어서 물건이 소재하고 있는 국가의 법에 의한다.

(2) 동산에 대한 물권의 내용과 행사는 물건의 소재지의 법에 의한다.

제101조 [b. 이동중의 물건]

이동중의 물건에 대한 물권의 법률행위에 의한 취득과 상실은 목적지국의 법에 의한다.

제102조 [c. 스위스에 도착한 물건]

(1) 어떤 동산이 스위스에 도착하고 그에 대한 물권의 취득 또는 상실이 아직 외국에서 이루어지지 아니한 때에는 외국에서 발생한 과정은 스위스에서 이루어진 것으로 본다.

(2) 어떤 동산이 스위스에 도착하고 그에 대하여 외국에서 스위스법의 요건을 갖추지 아니한 소유권유보가 유효하게 설정되어 있었던 때에는 이 소유권유보는 스위스에서 3개월 동안은 아직 유효하게 존속한다.

(3) 선의의 제3자에 대하여는 이러한 소유권유보를 대항할 수 없다.

제103조 [d. 수출되는 물건에 대한 소유권유보]

수출하기로 정하여진 동산에 대한 소유권유보는 목적지국의 법에 의한다.

제104조 [e. 법의 선택]

(1) 당사자들은 동산에 대한 물권의 취득과 상실을 발송지국의 법 또는 목적지국의 법 또는 취득과 상실의 기초를 이루는 법률행위의 준거법에 의하게 할 수 있다.

(2) 법의 선택은 제3자에게 대항할 수 없다.

제105조 [3. 특칙 a. 채권, 유가증권 및 기타의 권리에 대한 담보권설정]

(1) 채권, 유가증권 및 기타의 권리에 대한 담보권의 설정은 당사자들이 선택한 법에 의한다. 법의 선택은 제3자에게 대항할 수 없다.

(2) 법의 선택이 없는 때에는 채권과 유가증권에 대한 담보권의 설정은 담보권자의 상거소지법에 의한다. 기타의 권리에 대한 담보권의 설정은 이 권리의 준거법에 의한다.

를 중심으로—", 국제사법연구 제23권 제1호(2017. 6.), 59면 이하 참조.

[제105조 제2항은 말미와 같이 개정되었다.]

(3) 채무자에 대하여는 담보된 권리의 준거법만이 주장될 수 있다.

제106조 [b. 물품증권]

(1) 물품증권에 기재된 법이 증권이 물품을 표창하는지의 여부를 결정한다. 증권에 법이 기재되어 있지 않은 때에는 발행인이 그의 영업소를 가지고 있는 국가의 법이 적용된다.

(2) 증권이 물품을 표창하는 때에는 증권과 물품에 대한 물권은 동산으로서의 물품증권에 적용되는 법에 의한다.

(3) 여러 당사자들이 물품에 대한 물권을, 어떤 당사자는 직접적으로 다른 당사자는 물품증권에 기하여, 주장하는 때에는 물품 자체의 준거법이 그 우선순위를 결정한다.

[제106조의 제목은 '물품증권과 등가의 증권'이 되고 조문도 말미와 같이 개정되었다.]

제107조 [c. 운송수단]

선박, 항공기 및 기타의 운송수단에 대한 물권에 관한 다른 법률들의 규정들은 유보된다.

제108조 [Ⅲ. 외국의 재판][29]

(1) 부동산에 대한 물권에 관한 외국의 재판은 그것이 부동산이 소재하는 국가에서 선고된 경우 또는 그곳에서 승인되는 경우에는 스위스에서 승인된다.

(2) 동산에 대한 물권에 관한 외국의 재판은 다음의 경우에 스위스에서 승인된다.

a. 그 외국의 재판이 피고가 그의 주소를 가지고 있는 국가에서 선고된 경우

b. 그 외국의 재판이 물건이 소재하는 국가에서 선고된 경우, 피고가 그 국가에 그의 상거소를 가지고 있는 때에 한한다.

제7a장 간접보유증권[30]

제108a조 [Ⅰ. 개념]

간접보유증권이라는 개념은, 간접보유증권에 관한 특정[31] 권리의 준거법에 관한 2006년 7월 5일 헤이그협약상의 중개기관에 보유되는 증권의 의미를 가진다.

[제108a조의 문언은 위와 같이 다소 수정되었다.]

---

29) 제2항 제c호는 삭제됨.

30) 신설됨. Intermediärverwahrte Wertpapiere를 '중개기관보유증권'이라고 번역할 수도 있으나 여기에서는 다소 의역을 한다.

31) 필자는 다른 기회에 이를 '일부' 권리라고 번역하였으나 여기에서는 독일어를 중시하여 '특정' 권리라고 번역한다.

제108b조 [Ⅱ. 관할]

(1) 간접보유증권과 관련한 소에 대하여는 피고 주소지의 스위스의 법원이 또는, 그러한 것이 없는 때에는 그의 상거소지의 스위스의 법원이 관할을 가진다.

(2) 스위스에 있는 영업소의 활동에 기한 간접보유증권과 관련한 소에 대하여는 그 밖에 그 영업소 소재지의 법원이 관할을 가진다.

제108c조 [Ⅲ. 준거법]

간접보유증권에 대하여는 간접보유증권에 관한 특정 권리의 준거법에 관한 2006년 7월 5일 헤이그협약이 적용된다.

제108d조 [Ⅳ. 외국의 재판]

간접보유증권에 관한 외국의 재판은 다음의 경우에 스위스에서 승인된다.

a. 그것이 피고가 그의 주소 또는 상거소를 가지고 있었던 국가에서 선고된 경우 또는

b. 그것이 피고가 그의 영업소를 가지고 있었던 국가에서 선고되고, 그것이 이 영업소의 영업으로 인한 청구와 관련된 경우

제8장 무체재산권

제109조 [Ⅰ. 관할][32]

(1) 스위스에 있어서의 무체재산권의 유효성과 등록에 관한 소에 대하여는 피고 주소지의 스위스의 법원이 관할을 가진다. 피고가 스위스에 주소를 가지고 있지 아니한 때에는, 등록부에 등록되어 있는 대리인(대표자)의 영업본거지의 스위스의 법원이 또는, 그러한 것이 없는 경우에는 스위스의 등록관청 본거지의 스위스의 법원이 관할을 가진다.[33]

(2) 무체재산권의 침해에 관한 소에 대하여는 피고 주소지의 스위스의 법원, 또는 그러한 것이 없는 경우 그의 상거소지의 스위스의 법원이 관할을 가진다. 그 밖의 경우에는 행동지와 결과발생지의 스위스의 법원이 관할을 가진다. 이와 마찬가지로 스위스에 소재한 영업소의 활동에 기한 소에 대하여는 영업소 소재지의 법원이 관할을 가진다.

(3) (폐지됨)

제110조 [Ⅱ. 준거법]

(1) 무체재산권은 무체재산의 보호가 청구되고 있는 국가의 법에 의한다.

(2) 무체재산권의 침해에 기한 청구권에 대하여는 당사자들은 가해적 사태의 발생

---

32) 개정됨.
33) 이는 구 법 제109조 제3항과 유사하다.

후에는 언제나 법정지법을 적용할 것을 약정할 수 있다.

(3) 무체재산권에 관한 계약은 채권법적 계약의 준거법에 관한 이 법률의 규정(제122조)에 의한다.

제111조 [Ⅲ. 외국의 재판][34]

(1) 무체재산권에 관한 외국의 재판은 다음의 경우에 스위스에서 승인된다.

a. 그것이 피고가 그의 주소를 가지고 있었던 국가에서 선고된 경우 또는

b. 그것이 행동지 또는 결과발생지에서 선고되었고 피고가 스위스에 주소를 가지고 있지 아니한 경우

(2) 무체재산권의 유효성과 등록에 관한 외국의 재판은 그것이 보호가 청구되고 있는 국가에서 선고된 경우 또는 그것이 그곳에서 승인되는 경우에만 승인된다.

제9장 채무법

제1절 계약

제112조 [Ⅰ. 관할 1. 주소와 영업소]

(1) 계약에 기한 소에 대하여는 피고의 주소지의 스위스의 법원이, 또는 그러한 것이 없는 때에는 그의 상거소지의 스위스의 법원이 관할을 가진다.

(2) 스위스에 있는 영업소의 활동에 기한 소에 대하여는 이 밖에 그 영업소의 소재지의 법원이 관할을 가진다.

제113조 [2. 이행지][35]

계약에 대하여 특징적인 급부가 스위스에서 행하여져야 하는 경우에는 이러한 급부의 이행지의 스위스의 법원에서도 제소될 수 있다.

제114조 [3. 소비자와의 계약]

(1) 제120조 제1항의 요건에 합치하는 계약에 기한 소비자의 소에 대하여는 소비자의 선택에 따라 다음의 스위스의 법원이 관할을 가진다.

a. 소비자의 주소지 또는 상거소지의 스위스의 법원 또는

b. 제공자의 주소지 또는 그러한 것이 없는 때에는 그의 상거소지의 스위스의 법원

(2) 소비자는 미리 그의 주소지 또는 그의 상거소지의 재판적을 포기할 수 없다.

제115조 [4. 근로계약][36]

(1) 근로계약에 기한 소에 대하여는 피고의 주소지의 또는 근로자가 통상적으로 그의 노무를 수행하는 곳의 스위스의 법원이 관할을 가진다.

---

34) 제1항 b호 개정됨.
35) 개정됨.
36) 개정되고 제3항 신설됨.

(2) 근로자의 소에 대하여는 이 밖에 그의 주소지 또는 그의 상거소지의 스위스의 법원이 관할을 가진다.

(3) 노무급부에 대하여 적용되는 근로조건과 임금조건에 관한 소에 대하여는 그 외에 근로자가 제한된 기간 동안 일부이더라도 그의 노무의 수행을 위하여 외국으로부터 파견된 곳의 스위스의 법원이 관할을 가진다.

제116조 [II. 준거법 1. 총칙 a. 법의 선택]

(1) 계약은 당사자들에 의하여 선택된 법에 의한다.

(2) 법의 선택은 명시적이거나 또는 계약 혹은 제반사정으로부터 명백한 것이어야 한다. 그 밖에는 법의 선택은 선택된 법에 의한다.

(3) 법의 선택은 언제든지 행하여지거나 또는 변경될 수 있다. 법의 선택이 계약체결후 행하여지거나 또는 변경되는 때에는 법의 선택은 계약체결의 시점으로 소급하여 효력을 가진다. 제3자의 권리는 유보된다.

제117조 [b. 법의 선택의 결여]

(1) 법의 선택이 없는 때에는 계약은 그것이 가장 밀접한 관련을 가지고 있는 국가의 법에 의한다.

(2) 가장 밀접한 관련은, 특징적인 급부를 행하여야 하는 당사자가 그의 상거소를 가지고 있는 국가와 사이에, 또는 그가 계약을 직업적인 또는 영업적인 활동에 기하여 체결하였던 경우에는 그의 영업소가 소재하는 국가와 사이에, 존재하는 것으로 추정된다.

(3) 특히 다음의 것이 특징적인 급부로 된다.

a. 양도계약의 경우에는 양도인의 급부

b. 이용계약의 경우에는 어떤 물건 또는 권리를 이용하도록 맡기는 당사자의 급부

c. 위임, 도급계약 및 이와 유사한 서비스 제공계약의 경우에는 서비스 급부

d. 임치계약의 경우에는 수치인의 급부

e. 손해담보계약 또는 보증계약의 경우에는 손해담보자 또는 보증인의 급부

제118조 [2. 특칙 a. 유체동산의 매매]

(1) 유체동산의 매매에 대하여는 유체동산에 관한 국제적 매매의 준거법에 관한 1955년 6월 15일 헤이그협약이 적용된다.

(2) 제120조는 유보된다.

제119조 [b. 부동산]

(1) 부동산 또는 그 사용에 관한 계약은 부동산이 소재하는 국가의 법에 의한다.

(2) 법의 선택은 허용된다.

(3) 방식은 부동산이 소재하는 국가의 법에 의한다. 그러나 그 법이 다른 국가의 법의 적용을 허용하고 있는 경우에는 그러하지 아니하다. 스위스에 있는 부동산에

대하여는 방식은 스위스법에 의한다.

제120조 [c. 소비자와의 계약]

(1) 소비자의 개인적 또는 가족적 사용에 제공되고 있는 또한 소비자의 직업적 또는 영업적인 활동과 관련이 없는 통상적인 소비의 급부에 관한 계약은, 다음의 경우에는 소비자가 그의 상거소를 가지고 있는 국가의 법에 의한다.

a. 제공자가 이 국가에서 주문을 받은 경우

b. 이 국가에서 계약체결에 선행하여 청약과 광고가 행하여졌고 또한 소비자가 이 국가에서 계약체결에 필요한 법적 행위를 행한 경우 또는

c. 제공자가 소비자를 외국에 가서 그곳에서 주문을 하도록 유발한 경우

(2) 법의 선택은 배제된다.

제121조 [d. 근로계약]

(1) 근로계약은 근로자가 통상 그의 노무를 수행하는 국가의 법에 의한다.

(2) 근로자가 그의 노무를 통상 여러 국가에서 수행하는 때에는 근로계약은 사용자의 영업소, 영업소가 없는 경우에는 주소 또는 상거소가 있는 국가의 법에 의한다.

(3) 당사자들은 근로계약을 근로자가 그의 상거소를 가지고 있는 국가의 법 또는 사용자가 그의 영업소, 주소, 또는 상거소를 가지고 있는 국가의 법에 의하게 할 수 있다.

제122조 [e. 무체재산에 관한 계약]

(1) 무체재산에 관한 계약은 무체재산권을 양도하거나 또는 무체재산권의 이용을 허용하는 자가 그의 상거소를 가지고 있는 국가의 법에 의한다.

(2) 법의 선택은 허용된다.

(3) 근로자가 근로계약의 이행의 테두리 내에서 창조한 무체재산에 대한 권리에 관한 사용자와 근로자간의 계약은 근로계약의 준거법에 의한다.

제123조 [3. 공통규정들 a. 청약에 대한 침묵]

일방당사자가 계약체결을 위한 청약에 대하여 침묵한 때에는 그는 침묵의 효력에 대하여 그가 상거소를 가지고 있는 국가의 법을 원용할 수 있다.

제124조 [b. 방식]

(1) 계약은 그것이 계약의 준거법 또는 체결지의 법에 합치하는 경우에는 방식상 유효하다.

(2) 당사자들이 계약체결의 시점에 상이한 국가들에 있는 때에는 방식이 이러한 국가들 중 하나의 법에 합치하면 충분하다.

(3) 계약의 준거법이 당사자 일방의 보호를 위하여 일정한 방식의 준수를 규정하고 있는 때에는 방식은 오로지 그 법에 의하여 정하여진다. 그러나 그 법이 어떤 다른 국가의 법을 허용하는 경우에는 그러하지 아니하다.

제125조 [c. 이행과 검사의 태양]

이행과 검사의 태양은 그것이 사실상 행하여지는 국가의 법에 의한다.

제126조 [d. 대리]

(1) 법률행위에 의한 대리의 경우에는 본인과 대리인간의 관계는 그들의 계약의 준거법에 의한다.

(2) 대리인의 행위가 본인을 제3자에 대하여 의무를 지우기 위하여 필요한 요건들은, 대리인이 그의 영업소를 가지고 있는 국가의 법 또는 그러한 영업소가 없거나 또는 제3자가 이를 알 수 없는 경우에는, 대리인이 개개의 경우에 주로 행위하는 국가의 법에 의한다.

(3) 대리인과 본인 사이에 노동관계가 존재하고 또한 대리인이 그 자신의 영업소를 가지고 있지 아니한 때에는 대리인의 영업소는 본인의 본거지에 존재하는 것으로 한다.

(4) 제2항에 의하여 적용되는 법은 대리권을 수권받지 않은 대리인과 제3자간의 관계에도 적용된다.

제2절 부당이득

제127조 [Ⅰ. 관할]37)

부당이득에 의한 소에 대하여는 피고 주소지의 스위스의 법원이, 또는 그러한 것이 없는 경우에는 그의 상거소지의 스위스의 법원이 관할을 가진다. 그 밖의 경우에는 영업소의 활동에 기한 소에 대하여는 영업소 소재지의 스위스의 법원이 관할을 가진다.

제128조 [Ⅱ. 준거법]

(1) 부당이득에 기한 청구권은 그에 기하여 이득이 발생한 현존하는 법률관계 또는 현존한다고 추정되는(vermeintliche, supposé) 법률관계의 준거법에 의한다.

(2) 그러한 법률관계가 존재하지 아니하는 때에는 부당이득에 기한 청구권은 부당이득이 발생한 국가의 법에 의한다. 당사자들은 법정지법을 적용할 것을 약정할 수 있다.

제3절 불법행위

제129조 [Ⅰ. 관할 1. 원칙]38)

(1) 불법행위에 기한 소에 대하여는 피고 주소지의 스위스의 법원, 또는 그러한 것이 없는 경우에는 그의 상거소지의 스위스의 법원이 관할을 가진다. 그 외의 경우

---

37) 개정됨.
38) 제2항과 제3항 삭제되고 제2항 조문번호는 유지됨.

에는 행동지 또는 결과발생지의 스위스의 법원이 관할을 가진다. 이와 마찬가지로 스위스에 소재한 영업소의 활동에 기한 소에 대하여는 영업소 소재지의 법원이 관할을 가진다.

(2) (삭제됨)

제130조 [2. 특칙][39)

(1) 핵시설에 의하여 또는 핵원료의 수송에 즈음하여 손해가 야기된 때에는, 가해적 사태가 일어난 곳의 스위스의 법원이 관할을 가진다.

(2) 이러한 곳이 확인될 수 없는 때에는

a. 핵시설의 보유자가 책임을 지는 경우에는 그 핵시설이 소재하는 곳의 스위스의 법원이 관할을 가진다.

b. 수송허가의 보유자가 책임을 지는 경우에는 수송허가의 보유자가 그의 주소 또는 재판주소를 가지고 있는 곳의 스위스의 법원이 관할을 가진다.

(3) 수집자료(Datensammlung)의 보유자에 대한 정보권(Auskunftsrecht)의 실행을 위한 소는 제129조에 기재된 법원 또는 자료수집이 행하여지거나 사용되는 곳의 스위스의 법원에 제기될 수 있다.

제131조 [3. 직접적 채권]

책임보험자에 대한 직접적 채권에 기한 소에 대하여는 보험자의 영업소지의 스위스의 법원 혹은 행동지 또는 결과발생지의 스위스의 법원이 관할을 가진다.

제132조 [II. 준거법 1. 일반규정 a. 법의 선택]

당사자들은 가해적 사태의 발생 후에는 언제나 법정지의 법을 적용할 것을 약정할 수 있다.

제133조 [b. 법의 선택의 결여의 경우]

(1) 가해자와 피해자가 그들의 상거소를 동일한 국가에 가지고 있는 때에는 불법행위에 기한 청구권은 이 국가의 법에 의한다.

(2) 가해자와 피해자가 그들의 상거소를 동일한 국가에 가지고 있지 아니한 때에는 불법행위가 그 안에서 범하여진 국가의 법이 적용된다. 결과가 불법행위가 범하여진 국가에서 발생하지 아니한 때에는, 결과가 발생한 국가의 법이, 만일 가해자가 이 국가에서의 결과발생을 예기했어야 하는 경우에는, 적용된다.

(3) 가해자와 피해자 사이에 존재하는 법률관계가 불법행위에 의하여 침해되는 때에는, 불법행위에 기한 청구권은 제1항과 제2항에 불구하고 이미 존재하고 있는 법률관계가 따르고 있는 법에 의한다.

---

39) 제3항 추가됨.

제134조 [2. 특칙   a. 도로교통사고]

도로교통사고에 기한 청구권에 대하여는 도로교통사고의 준거법에 관한 1971년 5월 4일 헤이그협약이 적용된다.

제135조 [b. 생산물의 하자]

(1) 생산물의 하자 또는 하자 있는 설명에 기한 청구권은 피해자의 선택에 따라 다음의 법에 의한다.

a. 가해자가 그의 영업소를 가지고 있거나 또는 이러한 것이 없는 때에는 그의 상거소를 가지고 있는 국가의 법 또는

b. 가해자가 생산물이 그 국가에서 그의 동의 없이 거래되기에 이르렀음을 증명하지 않은 한 생산물이 취득된 국가의 법

(2) 생산물의 하자 또는 하자 있는 설명에 기한 청구권이 외국법에 의하는 때에는, 스위스에 있어서는 스위스법에 의하여 그러한 손해에 대하여 인정될 것보다 더 큰 급부는 인정될 수 없다.

제136조 [c. 부정경쟁]

(1) 부정경쟁에 기한 청구권은 그 국가의 시장에서 부정경쟁이 효력을 발휘하는 국가의 법에 의한다.

(2) 권리침해가 오로지 피해자의 영업상의 이익에 대하여만 향하여져 있는 때에는, 당해 영업소가 소재하는 국가의 법이 적용된다.

(3) 제133조 제3항은 유보된다.

제137조 [d. 경쟁방해]

(1) 경쟁방해에 기한 청구권은 그 국가의 시장에서 피해자가 방해에 의하여 직접 영향을 입은 국가의 법에 의한다.

(2) 경쟁방해에 기한 청구권이 외국법에 의하는 때에는 스위스에서는 스위스법에 의하여 부당한 경쟁방해에 대하여 인정될 것보다 더 큰 급부는 인정될 수 없다.

제138조 [e. 임미시온]

어떤 부동산으로부터 나오는 가해적인 작용에 기한 청구권은 피해자의 선택에 따라 그 부동산이 소재하는 국가의 법 또는 그 작용의 결과가 발생한 국가의 법에 의한다.

제139조 [f. 인격침해][40]

(1) 언론매체, 특히 신문잡지, 라디오, 텔레비전, 또는 기타 공개적인 정보수단에 의한 인격의 침해에 기한 청구권은 피해자의 선택에 따라 다음의 법에 의한다.

a. 가해자가 그 국가 내에서의 결과의 발생을 예견하였어야 하는 한 피해자가 그의

---

40) 제3항 신설됨.

상거소를 가지고 있는 국가의 법

b. 침해의 야기자가 그의 영업소 또는 상거소를 가지고 있는 국가의 법

c. 가해자가 그 국가 내에서의 결과의 발생을 예견하였어야 하는 한 가해행위의 결과가 발생한 국가의 법

(2) 정기적으로 간행되는 매체에 대한 반대진술권은 출판물이 발행된 국가의 법 또는 라디오 또는 텔레비전의 방송이 그 국가로부터 나온 국가의 법에 의한다.

(3) 제1항은 인적정보의 처리를 통한 인격의 침해 및 인적정보에 관한 접근권의 제한(Beeinträchtigung des Rechts auf Auskunft über Personendaten)에 기한 청구권에도 적용된다.

제140조 [3. 특별규정 a. 수인의 배상의무자]

여러 사람이 불법행위에 가담한 때에는 그들 각자에 대하여 가담의 태양에 관계없이 별도로 준거법이 결정된다.

제141조 [b. 직접적 채권]

불법행위 또는 보험계약의 준거법들이 그것을 규정하고 있는 경우에는, 피해자는 배상의무자의 보험자에 대하여 직접 그의 청구권을 행사할 수 있다.

제142조 [4. 적용범위]

(1) 불법행위의 준거법은 특히 불법행위능력, 책임의 요건과 범위 그리고 배상의무자의 인적 범위를 결정한다.

(2) 행동지의 안전규정과 행동규정들이 고려되어야 한다.

제4절 공통규정들

제143조 [Ⅰ. 다수의 채무자 1. 여러 채무자에 대한 청구권]

채권자가 여러 채무자에 대하여 청구권을 가지고 있는 때에는 그로부터 나오는 법률효과들은, 채권자와 그의 청구를 받은 채무자간의 법률관계의 준거법에 의한다.

제144조 [2. 채무자간의 구상권]

(1) 어떤 채무자는 다른 채무자에 대하여, 쌍방의 채무의 준거법들이 허용하고 있는 한 직접적으로 또는 채권자의 법적 지위에 들어섬으로써 구상을 할 수 있다.

(2) 구상권의 실행은 구상의무자의 채무와 같은 법에 의한다. 채권자와 구상권자간의 관계에만 관계되는 문제들은 구상권자의 채무의 준거법에 의한다.

(3) 공적 임무를 담당하고 있는 기관에게 구상권이 있느냐의 여부는 이 기관의 준거법에 의하여 정하여진다. 구상의 허용여부와 실행에 대하여는 제1항과 제2항이 적용된다.

제145조 [Ⅱ. 채권의 이전 1. 계약에 의한 양도]

(1) 계약에 의한 채권의 양도는 당사자들이 선택한 법에 의하거나 또는 그러한 선

택이 없는 경우에는 채권의 준거법에 의한다. 법의 선택은 채무자에 대하여는 그의 동의가 없으면 무효이다.

(2) 근로자의 채권의 양도에 대하여는 법의 선택은 제121조 제3항이 근로계약에 대하여 이를 허용하는 한에서만 유효하다.

(3) 양도의 방식은 오로지 양도계약의 준거법에만 의한다.

(4) 양도계약의 당사자들간의 관계에만 관계되는 문제들은, 양도계약의 기초를 이루는 법률관계의 준거법에 의한다.

제145a조

[제145a조는 말미와 같이 신설되었다.]

제146조 [2. 법률에 의한 이전]

(1) 법률에 의한 채권의 이전은 구채권자와 신채권자간에 존재하는 기초를 이루는 법률관계의 준거법 또는 그러한 것이 없는 경우에는 채권의 준거법에 의한다.

(2) 채무자를 보호하는 채권의 준거법의 규정들은 유보된다.

제147조 [Ⅲ. 통화]

(1) 어떤 것을 통화로 볼 것인가는 그의 통화가 문제되고 있는 국가의 법이 정한다.

(2) 채무의 액에 대한 통화의 효력은 채무의 준거법에 의한다.

(3) 어떠한 통화로 지급할 것인가는 지급이 행하여져야 하는 국가의 법에 따라 정하여진다.

제148조 [Ⅳ. 소멸시효와 채권의 소멸]

(1) 소멸시효와 채권의 소멸은 채권의 준거법에 의한다.

(2) 상계의 경우에는 소멸은 상계가 그의 소멸을 목적으로 하는 채권의 준거법에 의한다.

(3) 경개, 채무면제계약 및 상계계약은 계약의 준거법에 관한 이 법률의 규정(제116조 이하)들에 의한다.

제5절 외국의 재판

제149조[41]

(1) 채무법적 청구권에 관한 외국의 재판은 다음의 경우에 스위스에서 승인된다.

a. 그것이 피고가 그의 주소를 가지고 있는 국가에서 선고된 경우, 또는

b. 그것이 피고가 그의 상거소를 가지고 있고 또한 청구권이 그곳의 활동과 관련이 있는 국가에서 선고된 경우

(2) 외국의 재판은 또한 다음의 경우에 승인된다.

---

41) 조문 내용 개정됨.

a. 그것이 계약상의 급부에 관한 것이고 특징적인 급부의 이행지국에서 선고되었고 또한 피고가 그의 주소를 스위스에 가지고 있지 아니하였던 경우

b. 그것이 소비자와의 계약에 기한 청구권에 관한 것이고 소비자의 주소지 또는 상거소지에서 선고된 것이고 또한 제120조 제1항의 요건들이 충족되어 있는 경우

c. 그것이 근로계약에 기한 청구권에 관한 것이고 근로지 또는 영업지에서 선고되었고 또한 근로자가 스위스에 그의 주소를 가지고 있지 아니하였던 경우

d. 그것이 영업소의 영업에 기한 청구권에 관한 것이고 이 영업소의 소재지에서 선고된 경우

e. 그것이 부당이득에 기한 청구권에 관한 것이고 행동지 또는 결과발생지에서 선고되었고 또한 피고가 스위스에 그의 주소를 가지고 있지 아니하였던 경우

f. 그것이 불법행위에 기한 청구권에 관한 것이고 행동지 또는 결과발생지에서 선고되었고 또한 피고가 스위스에 그의 주소를 가지고 있지 아니하였던 경우

제9a장 신탁(Trusts)[42]

제149a조 [Ⅰ. 개념]

신탁이라 함은, 그것이 동 협약 제3조에 따라 서면으로 증명되는지 여부에 관계없이, 신탁의 준거법과 승인에 관한 1985년 7월 1일 헤이그협약의 의미에 있어서의 법률행위에 의하여 성립한 신탁을 의미한다.

제149b조 [Ⅱ. 관할]

(1) 신탁법적 사건(Angelegenheit)에서 신탁의 규정에 따른 재판적선택이 준거가 된다. 신탁의 규정상의 그 선택 또는 그에 대한 수권은 그것이 서면으로 되어 있거나 문서로 증명할 수 있는 다른 방식인 경우에만 존중된다. 달리 규정하지 않는 한, 지정된 법원이 배타적인 관할을 가진다. 제5조 제2항이 준용된다.

(2) 지정된 법원은 다음의 경우에는 그의 관할을 거절할 수 없다.

a. 일방당사자, 신탁 또는 어느 수탁자가 그 법원의 칸톤 내에 주소, 상거소 또는 영업소를 가지고 있는 경우 또는

b. 신탁재산의 대부분(Grossteil)이 스위스에 소재하는 경우

(3) 유효한 재판적선택이 없거나 그 선택에 의하여 지정된 법원이 전속적 관할을 가지지 않는 때에는 다음 각호의 스위스의 법원이 관할을 가진다.

a. 피고의 주소지 또는 그러한 것이 없는 경우 그의 상거소지의 스위스의 법원

b. 신탁의 본거의 스위스의 법원 또는

c. 스위스에 있는 영업소의 활동에 기한 소에 대하여는 그 영업소 소재지의 스위스

---

42) 신설됨.

의 법원

(4) 출자증권과 채권의 공모발행에 기한 책임에 관한 분쟁에 대해서는 그 밖에 발행지의 스위스의 법원에 제소될 수 있다. 이러한 관할은 재판적선택에 의하여 배제될 수 없다.

제149c조 [Ⅲ. 준거법]

(1) 신탁의 준거법에 대하여는 신탁의 준거법과 승인에 관한 1985년 7월 1일 헤이그협약이 적용된다.

(2) 협약 제5조에 따라 협약이 적용되지 않거나 협약 제13조에 따라 신탁을 승인할 의무가 없는 경우에도 협약에 의하여 지정되는 준거법이 준거가 된다.

제149d조 [Ⅳ. 공시에 관한 특별 규정]

(1) 수탁자 명의로 등기부, 선박등록부 또는 항공기등록부에 등록된 신탁재산의 경우 신탁관계는 부기(Anmerkung)에 의하여 표시될 수 있다.

(2) 스위스에 등록된 무체재산권에 관한 신탁관계는 신청에 기하여 각 등록부에 등록된다.

(3) 부기되거나 등록되지 않은 신탁관계는 선의의 제3자에 대하여 효력이 없다.

제149e조 [Ⅴ. 외국의 재판]

(1) 신탁법적 사건에 관한 외국의 재판은 다음의 경우에 스위스에서 승인된다.

a. 재판이 제149b조 제1항에 따라 유효하게 지정된 법원에서 내려진 경우

b. 재판이 피고가 그의 주소, 상거소 또는 영업소를 가지고 있었던 국가에서 선고된 경우

c. 재판이 신탁이 그의 본거를 가지고 있었던 국가에서 선고된 경우

d. 재판이 신탁의 준거법 소속국에서 선고된 경우, 또는

e. 재판이 신탁이 그의 본거를 가지고 있는 국가에서 선고되고, 피고가 스위스에 그의 주소를 가지고 있지 않았던 경우

(2) 투자설명서, 회람문서 및 이와 유사한 공지방법에 기한 출자증권과 채권의 공모발행에 기한 청구권에 관한 외국의 재판에 대해서는 제165조 제2항이 준용된다.

제10장 단체법(Gesellschaftsrecht)[43]

제150조 [Ⅰ. 개념]

(1) 이 법률의 의미에 있어서의 단체라 함은, 조직된 인적 결합체와 조직된 재산통일체를 말한다.

---

43) 영문번역은 이를 '회사(Companies)'(Encyclopedia), '회사법(Company Law)'(Umbricht)으로 번역한다.

(2) 스스로 어떠한 조직도 갖추지 아니한 단순한 단체에 대하여는 계약의 준거법 (제116조 이하)이 적용된다.

제151조 [Ⅱ. 관할 1. 원칙][44]

(1) 단체법적인 쟁송에 있어서는 단체의 본거지의 스위스 법원이, 단체, 단체구성원 또는 단체법적인 책임에 기하여 책임을 지는 자에 대한 소에 대하여 관할을 가진다.

(2) 단체구성원 또는 단체법적인 책임에 기하여 책임을 지는 자에 대한 소에 대하여는 피고 주소지의 스위스 법원이 또는 그러한 것이 없는 경우에는 피고의 상거소지의 스위스 법원이 관할을 가진다.

(3) 출자증권과 채권의 공모발행에 기한 책임에 관한 소에 대하여는 그 밖에 발행지의 스위스의 법원이 관할을 가진다. 이 관할은 재판적의 합의에 의하여 배제될 수 없다.

(4) (삭제)

제152조 [2. 외국의 단체에 대한 책임]

제159조에 의하여 책임을 지는 자 또는 이 자가 그를 위하여 행동하는 외국의 단체에 대한 소에 대하여는

a. 피고의 주소지의 스위스의 법원 또는 그러한 것이 없는 때에는, 피고의 상거소지의 스위스의 법원 또는

b. 단체가 사실상 그곳에서 관리되고 있는 곳의 스위스의 법원이 관할을 가진다.

제153조 [3. 보호조치]

외국에 본거를 가지고 있는 단체의 스위스에 소재하는 재산의 보호를 위한 조치에 대하여는 보호되어야 할 재산가치의 소재지의 스위스의 법원 또는 관청이 관할을 가진다.

제154조 [Ⅲ. 준거법 1. 원칙]

(1) 단체는 그 규정에 따라 단체가 조직된 국가의 법이 규정하고 있는 공시규정 또는 등록규정을 충족시킨 경우 또는 그러한 규정이 없는 때에는 단체가 그 국가의 법에 따라 조직된 경우에는 그 국가의 법에 의한다.

(2) 단체가 이 요건을 충족시키지 아니한 때에는 그가 그곳에서 사실상 관리되고 있는 국가의 법에 의한다.

제155조 [2. 범위]

제156조 내지 제161조의 유보하에 단체의 준거법은 특히 다음의 사항을 결정한다.

a. 법적 성질

---

44) 제4항은 신설되었다가 삭제되어 조문번호만 남음.

b. 성립과 소멸

c. 권리능력과 행위능력

d. 명칭 또는 상호

e. 조직

f. 내부관계, 특히 단체와 그 구성원과의 관계

g. 단체법적 규정의 위반에 기한 책임

h. 단체의 채무에 대한 책임

i. 단체의 조직에 기하여 행위하는 자의 대리

제156조 [IV. 특별연결 1. 출자증권과 채권의 공모발행에 기한 청구권]

투자설명서, 회람문서 및 유사한 공지방법에 의한 출자증권과 채권의 공모발행에 기한 청구권은 단체의 준거법 또는 발행이 행하여진 국가의 법에 의한다.

제157조 [2. 명칭과 상호의 보호]

(1) 스위스의 상업등기부에 등기된 단체의 명칭 또는 상호가 스위스에서 침해된 때에는, 그의 보호는 스위스법에 의한다.

(2) 단체가 스위스의 상업등기부에 등기되어 있지 아니한 때에는 그의 명칭 또는 상호의 보호는 부정경쟁의 준거법(제136조) 또는 인격침해의 준거법(제132조, 제133조 및 제139조)에 의한다.

제158조 [3. 대리(대표)권의 제한]

단체는 상대방 당사자의 상거소지 또는 영업소의 소재지의 국가의 법이 알지 못하는 그 기관 또는 대리인의 대리(대표)권의 제한을 원용할 수 없다. 다만, 상대방 당사자가 이 제한을 알았거나 또는 알았어야 할 때에는 그러하지 아니하다.

제159조 [4. 외국의 단체에 대한 책임]

외국법에 따라 설립된 단체의 사업이 스위스 내에서 또는 스위스를 근거로 하여 수행되고 있는 때에는 이 단체를 위하여 행위하는 자의 책임은 스위스법에 의한다.

제160조 [V. 외국단체의 스위스의 지점]

(1) 외국에 본거를 가지고 있는 단체는 스위스에 지점을 가질 수 있다. 이 지점은 스위스법에 따른다.

(2) 이러한 지점의 대리권은 스위스법에 따라 정하여진다. 대리권을 가지는 자의 적어도 1인은 스위스에 주소를 가지고 있어야 하고 또한 상업등기부에 등기되어 있어야 한다.

(3) 연방참사회는 상업등기부에의 등기의 의무에 관한 세칙을 발포한다.

제161조 [VI. 이전, 합병, 분할과 재산양도 1. 외국으로부터 스위스에로의 단체의 이전 a. 원칙]

(1) 외국의 단체는, 외국법이 그것을 허용하고, 단체가 외국법의 요건을 충족시키

며 또한 스위스의 법적 형태에의 적응이 가능한 경우에는 청산과 새로운 설립 없이 스위스법에 따를 수 있다.

(2) 연방참사회는 특히 스위스의 중대한 이익이 그것을 요구하는 경우에는 외국법을 고려하지 아니하고도 스위스법에 따르는 것을 허가할 수 있다.

제162조 [b. 기준시점][45]

(1) 스위스법에 따라 등기의무가 있는 단체는 그가 사업활동의 중점을 스위스로 이전하였고 또한 스스로는 스위법에 적응시켰음을 증명하는 즉시 스위스법에 따르게 된다.

(2) 스위스법에 따라 등기의무가 없는 단체는 스위스법에 따르려는 의사가 명백히 인식될 수 있고 또한 스위스와의 충분한 관계가 존재하고 또한 스위스법에의 적응이 행하여지는 즉시 스위스법에 따르게 된다.

(3) 자본회사는 등기 전에 2005년 12월 16일의 감사감독법에 의하여 허가된 감사전문가의 감사보고에 의하여 그의 기초자본이 스위스법에 따라 충족되어 있음을 증명하여야 한다.

제163조 [2. 스위스로부터 외국에로의 단체의 이전][46]

(1) 스위스의 단체는 스위스법에 의한 요건이 충족되고 단체가 외국법에 의하여 계속 존속하고 있는 때에는 청산과 새로운 설립 없이 외국법에 따를 수 있다.

(2) 채권자는 단체준거법의 임박한 변화와 관련하여 그의 채권을 공개적으로 신고할 것이 요구된다. 2003년 10월 3일의 합병법 제46조가 준용된다.

(3) 경제적 국가유지에 관한 1982년 10월 8일의 연방법률 제61조의 의미의 국제적 충돌의 경우의 사전준비적인 보호조치에 관한 규정들은 유보된다.

제163a조 [3. 합병　a. 외국으로부터 스위스에로의 합병][47]

(1) 스위스의 단체는 외국의 단체의 준거법이 허용하고 그 요건이 충족된 경우에, 외국의 단체를 인수하거나(국내이주흡수)(Immigrationsabsorption) 외국의 단체와 새로운 스위스의 단체로 합병할 수 있다(국내이주결합)(Immigrationskombi-nation).[48]

(2) 그 밖에는 합병은 스위스법에 의한다.

제163b조 [b. 스위스로부터 외국에로의 합병][49]

(1) 외국의 단체는 스위스의 단체가 다음 각호의 사항을 증명하는 때에는 스위스

---

45) 제3항 개정됨.
46) 일부 개정됨.
47) 신설됨.
48) 이를 '국내진입흡수'와 '국내진입결합'이라고 번역할 수도 있다.
49) 신설됨.

의 단체를 인수하거나(국외이주흡수)(Emigrationsabsorption) 스위스의 단체와 새로운 외국의 단체로 합병할 수 있다(국외이주결합)(Emigrationskombination).⁵⁰⁾

a. 합병으로 스위스의 단체의 자산과 부채가 외국의 단체로 이전되고, 또한

b. 지분권 또는 사원권이 외국의 단체에서 적절히 보장될 것

(2) 스위스의 단체는 이전되는 단체에 적용되는 스위스법의 모든 규정을 충족하여야 한다.

(3) 채권자는 스위스에서의 임박한 합병과 관련하여 그의 청구권을 공개적으로 신고할 것이 요구된다. 2003년 10월 3일의 합병법 제46조가 준용된다.

(4) 그 밖에는 합병은 인수하는 외국 단체의 법에 의한다.

제163c조 [c. 합병계약]⁵¹⁾

(1) 합병계약은 참여한 단체의 준거법의 방식규정을 포함한 단체법적 강행규정에 합치하여야 한다.

(2) 그 밖에 합병계약은 당사자들에 의하여 선택된 법에 의한다. 법선택이 없는 때에는 합병계약은 그것이 가장 밀접한 관련을 가지고 있는 국가의 법에 의한다. 가장 밀접한 관련은 인수하는 단체에 적용되는 법 소속국과 사이에 존재하는 것으로 추정된다.

제163d조 [4. 분할과 재산양도]⁵²⁾

(1) 스위스의 단체와 외국의 단체가 참여하는 분할과 재산양도에 대하여는 합병에 관한 이 법률의 규정이 준용된다. 제163b조 제3항은 재산양도에 대하여는 적용되지 않는다.

(2) 그 밖에 분할과 재산양도는 분할하는 단체 또는 그의 재산을 다른 권리주체에 양도하는 단체의 법에 의한다.

(3) 분할계약에 대하여는 제163c조 제2항의 요건에 따라 추정되는 방법으로 분할하는 단체의 법이 적용된다. 이는 재산양도에 대하여도 준용된다.

제164조 [5. 공통규정들 a. 상업등기부에서의 폐쇄]

(1) 스위스의 상업등기부에 등기된 단체는, 허가된 감사전문가의 (감사)보고에 의하여 2003년 10월 3일의 합병법 제46조의 의미에 있어서의 채권자의 채권이 담보되거나 또는 만족을 받거나 또는 채권자가 폐쇄에 동의한 경우에만 폐쇄될 수 있다.

(2) 외국의 단체가 스위스의 단체를 인수하거나, 그것이 스위스의 단체와 함께 새로운 외국의 단체로 합병하거나 또는 스위스의 단체가 외국의 단체로 분할하는 때에는, 그에 더하여

---

50) 이를 '국외진출흡수'와 '국외진출결합'이라고 번역할 수도 있다.
51) 신설됨.
52) 신설됨.

  a. 합병 또는 분할이 외국 단체의 준거법에 따라 법적으로 유효하게 이루어졌음이
     증명되어야 하고, 또한
  b. 허가된 감사전문가가, 외국 단체가 스위스의 단체의 청구권한이 있는 사원들에
     게 지분권 또는 사원권을 부여하거나 또는 경우에 따라 보상의 지급이 있거나
     또는 보상금(Ausgleichszahlung oder Abfindung)을 지급하거나 보장하였음을
     확인하여야 한다.

제164a조 [b. 채무추심지와 재판적][53]

  (1) 외국의 단체가 스위스의 단체를 인수하거나, 그것이 스위스 단체와 함께 새로
운 외국 단체로 합병하거나 또는 스위스의 단체가 외국의 단체로 분할하는 때에는,
2003년 10월 3일의 합병법 제105조에 따라 지분권 또는 사원권의 심사에 관한 소
는 양도하는 권리주체의 스위스 본거에서도 제기될 수 있다.
  (2) 종래의 스위스의 채무추심지와 재판적은 채권자 또는 지분권자의 채권이 담보
되거나 만족을 받을 때까지 존속한다.

제164b조 [c. 외국에서의 이전, 합병, 분할과 재산이전][54]

외국의 단체가 다른 외국의 법에 복종하는 것과, 외국의 단체들 사이의 합병, 분할
및 재산양도는 그것들이 관계된 법에 의하여 유효한 때에는 스위스에서 유효한 것
으로 승인된다.

제165조 [VII. 외국의 재판]

  (1) 단체법상의 청구권에 관한 외국의 재판은 다음의 경우에 스위스에서 승인된다.
  a. 재판이 단체가 그의 본거를 가지고 있는 국가에서 내려졌거나 또는 재판이 그
     곳에서 승인되고 또한 피고가 스위스에 그의 주소를 가지고 있지 아니한 경우
     또는
  b. 재판이 피고가 그의 주소 또는 상거소를 가지고 있는 국가에서 선고된 경우
  (2) 투자설명서, 회람문서 및 이와 유사한 공지방법에 기한 출자증권과 채권의 공
모발행에 기한 청구권에 관한 외국의 재판은, 그것이 출자증권 또는 채권의 발행
지가 소재하고 있는 국가에서 선고되고 또한 피고가 그의 주소를 스위스에 가지고
있지 아니하였던 경우에 스위스에서 승인된다.

---

53) 신설됨.
54) 신설됨.

제11장 파산과 화의계약

제166조 [I . 승인][55)]

(1) 외국의 파산명령은 외국의 파산관재인, 채무자 또는 파산채권자의 신청에 기하여 다음의 경우에 승인된다.

a. 그 파산명령이 그것이 선고된 국가에서 집행가능하고

b. 제27조에 의한 거절사유가 존재하지 않으며 또한

c. 그것이 다음 각 목에 정한 곳에서 선고된 경우

1. 채무자의 주소지, 또는

2. 채무자가 외국의 절차 개시 시점에 스위스에 그의 주소를 가지고 있지 아니한 때에는, 채무자의 주된 이익의 중심지국

(2) 채무자가 스위스에 지점을 가지고 있는 때에는, 1889년 4월 11일의 채무추심과 파산에 관한 연방법률 제50조 제1항에 의한 절차는 이 법률 제169조에 의한 승인의 공고 때까지 허용된다.

(3) 채무추심과 파산에 관한 연방법률 제50조 제1항에 의한 절차가 이미 개시되고 동법 제250조의 기간이 도과하지 않은 때에는, 이 절차는 외국의 파산명령의 승인 이후 중지된다. 이미 신고된 채권은 제172조의 조치에 의하여 보조적 파산절차(Hilfskonkursverfahren)의 배당순위표(Kollokationsplan)[56)]에 받아들여진다. 발생한 절차비용은 보조적 파산절차에 가산된다.

제167조 [Ⅱ. 절차 1. 관할][57)]

(1) 채무자가 스위스에 상업등기부에 등기된 지점을 가지고 있는 경우에는, 외국의 파산명령의 승인의 신청은 그의 본거지의 관할법원에 하여야 한다. 다른 모든 경우에 그 신청은 스위스 내의 재산소재지의 법원에 하여야 한다. 제29조는 준용된다.

(2) 채무자가 여러 지점을 가지고 있거나 또는 재산이 여러 곳에 소재하는 경우에는 최초로 신청받은 법원이 관할을 가진다.

(3) 파산채무자의 채권은 그 파산채무자의 채무자가 주소를 가지고 있는 곳에 소재하는 것으로 본다.

제168조 [2. 보전조치]

외국의 파산명령의 승인이 신청되면 법원은 신청인의 요구에 기하여 채무추심과

---

55) 제1항과 제2항 개정되고 제3항 신설됨. 과거 제1항은 상호보증을 요구하였으나 이는 삭제되었다.

56) 우리 채무자회생법의 용어를 따르면 '채권자표'라고 번역해야 할 것이나 여기에서는 전과 마찬가지로 '배당순위표'라고 한다.

57) 제1항부터 제3항 개정됨.

파산에 관한 연방법률 제162조 내지 제165조와 제170조에 따라 즉시 보전조치를
명할 수 있다.

제169조 [3. 공고]58)

(1) 외국의 파산명령의 승인에 관한 재판은 공고된다.

(2) 이 재판은 채무추심관청, 파산관청, 부동산등기소 및 재산소재지의 상업등기부
그리고 필요한 경우에는 지적소유권을 위한 연방관청에 통지된다. 보조적 파산절
차(Hilfskonkurs- verfahren)의 종결 및 중지, 파산의 취소와 보조적 파산절차 실
행의 포기에 대하여도 같다.

제170조 [Ⅲ. 법률효과 1. 일반규정]59)

(1) 외국의 파산명령의 승인은 이 법률이 달리 규정하고 있지 아니하는 한 채무자
의 스위스에 소재하는 재산에 대하여 스위스 법상의 파산법적 효과를 가진다.

(2) 스위스법에 의한 기간은 승인에 관한 재판의 공고와 더불어 시작된다.

(3) 파산은 약식절차로 실행된다. 다만 외국의 파산관재인 또는 제172조 제1항에
의한 채권자가 환가액의 배당 전에 파산관청에 정식절차를 요구하고 보전되지 않
을 수 있는 비용에 대하여 충분한 담보를 제공한 한도 내에서는 그러하지 아니하다.

제171조 [2. 부인의 소]60)

(1) 부인의 소는 채무추심과 파산에 관한 연방법률 제285조 내지 제292조에 따른
다. 부인의 소는 외국의 파산관재인 또는 그렇게 할 수 있는 권리를 가지고 있는
파산채권자에 의하여도 제기될 수 있다.

(2) 채무추심과 파산에 관한 연방법률 제285조부터 제288a조 및 제292조의 기간
의 산정에 대하여는 외국의 파산개시 시점이 기준이 된다.

제172조 [3. 배당순위표]61)

(1) 배당순위표에는 다음의 채권만이 받아들여진다.

a. 채무추심과 파산에 관한 연방법률 제219조에 의한 담보부채권

b. 스위스에 주소를 가지고 있는 채권자들의 무담보나 우선권 있는 채권 및

c. 상업등기부에 등기된 채무자 지점의 계산으로 부담한 채무에 기한 채권

(2) 채무추심과 파산에 관한 연방법률 제250조에 의한 배당순위의 소를 제기할 권
리는 제1항의 채권자와 외국의 파산관재인만이 가진다.

(3) 어떤 채권자가 파산과 관련이 있는 외국의 절차에서 일부 만족을 받은 때에는 이
부분은 스위스의 절차에서 그에게 발생한 비용을 공제한 후 파산배당으로 산정된다.

---

58) 제2항 제2문 개정됨.
59) 제3항 개정됨.
60) 제2항 신설됨.
61) 제1항 제b호 개정, 제c호 신설, 제2항 개정됨.

제173조 [4. 잔여재산의 분배 a. 외국의 배당순위표의 승인]

(1) 이 법률 제172조 제1항에 의한 채권자의 만족이 있은 후 잔여재산이 남은 때에는 이는 외국의 파산관재인 또는 권한이 있는 파산채권자의 처분에 맡겨진다.

(2) 잔여재산은 외국의 배당순위표가 승인된 경우에 비로소 처분에 맡겨질 수 있다.

(3) 외국의 배당순위표의 승인에 대하여는 외국의 파산명령을 승인한 스위스의 법원이 관할을 가진다. 이 스위스의 법원은 특히 스위스에 주소를 가진 채권자의 채권이 외국의 배당순위표에 적절하게 고려되고 있느냐를 심사한다. 이 채권자는 청문을 받는다.

제174조 [b. 외국의 배당순위표의 불승인]

(1) 외국의 배당순위표가 승인되지 아니하는 경우에는 잔여재산은 채무추심과 파산에 관한 연방법률 제219조 제4항이 정하는 스위스에 주소를 가지고 있는 제3순위[62]의 채권자에게 배당된다.

(2) 배당순위표가 판사에 의하여 정하여진 승인기간 내에 제출되지 아니한 경우에도 같다.

제174a조 [5. 보조적 파산절차 실행의 포기][63]

(1) 제172조 제1항에 의하여 어떠한 채권도 신고되지 않은 경우에는, 외국의 파산관재인의 신청에 의하여 보조적 파산절차의 실행이 포기될 수 있다.

(2) 스위스에 주소를 가지고 있는 채권자가 제172조 제1항에 언급된 채권과 다른 채권을 신고한 때에는, 법원은 이 채권자의 채권이 외국의 절차에서 적절히 고려된 경우 보조적 파산절차의 실행을 포기할 수 있다. 이 채권자는 청문을 받는다.

(3) 법원은 포기에 조건과 부담을 부가할 수 있다.

(4) 보조적 파산절차의 실행이 포기된 때에는, 외국의 파산관재인은 스위스법을 존중하면서 파산개시국의 법에 의하여 그에게 부여된 전권을 행사할 수 있다. 그는 특히 재산가치를 외국으로 이전할 수 있고 절차를 수행할 수 있다. 이러한 권한은 고권적 행위의 수행, 강제수단의 적용 또는 분쟁을 판단할 권리를 포함하지 않는다.

제174b조 [IIIbis. 조정(Koordination)][64]

사항적 관련(sachlichen Zusammenhang)이 있는 절차에 있어서, 참여한 관청과 기관은 그의 행위를 상호간 및 외국의 관청 및 기관과 조정할 수 있다.

제174c조 [IIIter. 부인청구에 대한 외국의 재판 및 유사한 재판의 승인][65]

부인청구 및 스위스에서 승인된 파산명령과 밀접한 관련이 있는 채권자를 해하는

---

62) 과거에는 제5순위였음.

63) 신설됨.

64) 신설됨.

65) 신설됨.

다른 행위에 관한 외국의 재판은, 그것이 파산명령의 기원국에서 선고되었거나 이러한 국가에서 승인되고 피고가 그의 주소를 스위스에 가지고 있지 아니하였던 경우에는, 제25조 내지 제27조에 의하여 승인된다.

제175조 [Ⅳ. 외국의 <u>화의</u>와 이와 유사한 절차의 승인][66]

관할을 가지는 외국의 관청에 의하여 선고된 <u>화의</u> 또는 이와 유사한 절차의 허가는 스위스에서 승인된다. 제166조 내지 170조 및 제174a조 내지 제174c조가 준용된다. 스위스에 주소를 가지고 있는 채권자는 청문을 받는다.

제12장 국제중재

세176조 [Ⅰ. 적용범위, 중재판정부의 본거][67]

(1) 이 장의 규정은, 중재합의의 체결 시에 적어도 당사자 일방이 스위스에 그의 주소 또는 상거소를 가지고 있지 않았던 한 스위스에 본거(Sitz)를 가지고 있는 중재판정부에 대하여 적용된다.

(2) 당사자들은 중재합의 또는 그 후의 합의에 포함된 명시적 선언에 의하여 이 장의 효력을 배제하고 민사소송법(ZPO) 제3편을 적용하기로 약정할 수 있다.

(3) 중재판정부의 본거는 당사자들에 의하여 또는 그들에 의하여 지명된 중재판정기관에 의하여 지정되며 그렇지 아니한 경우에는 중재인에 의하여 지정된다.

제177조 [Ⅱ. 중재가능성][68]

(1) 모든 재산권상의 청구[69]는 중재절차의 대상이 될 수 있다.

(2) 당사자 일방이 국가, 국가에 의하여 지배되는 기업 또는 국가에 의하여 통제되는 조직인 때에는, 그는 그 자신의 법을 원용하여 중재절차에 있어서의 그의 당사자능력 또는 중재합의의 대상인 쟁송물의 중재가능성을 다툴 수 없다.

제178조 [Ⅲ. 중재합의]

(1) 중재합의는 서면, 전보, 텔렉스, 팩스 또는 문언에 의한 합의의 증명을 가능케 하는 기타 전달의 방식으로 행하여져야 한다.

(2) 중재합의는 또한 그것이 당사자들에 의하여 선택된 법, 쟁송물 특히 주된 계약의 준거법 또는 스위스법에 합치하는 경우에는 유효하다.

(3) 중재합의에 대하여는 주된 계약이 무효라든가 또는 중재합의는 아직 발생하지 아니한 쟁송에 관한 것이다라는 항변을 할 수 없다.

---

66) 준용 조문 추가됨.
67) 제2항 개정됨.
68) 전에는 '중재적격'이라고 번역하였다. 제2항도 같다.
69) 전에는 '재산법상의 청구권'이라고 번역하였으나 이를 바로 잡았다. 우리 중재법 제3조 제1호 참조.

제179조 [Ⅳ. 중재판정부 1. 선임][70]

(1) 중재인은 당사자들의 합의에 따라 선정되거나 해임되거나 또는 교체된다.

(2) 그러한 합의가 없는 때에는 중재판정부의 본거지의 판사에게 요청을 할 수 있고, 그는 중재판정부 구성원의 선정, 해임 또는 교체에 관한 민사소송법(ZPO)의 규정을 준용한다.

(3) 국가의 판사가 중재인의 선정을 수임받은 때에는 이를 받아 들여야 한다. 다만, 약식심사가 당사자 간에 중재합의가 존재하지 않음을 명백히 한 경우에는 그러하지 아니하다.

제180조 [2. 중재인의 기피]

(1) 중재인은 다음의 경우에 기피될 수 있다.

a. 그가 당사자들에 의하여 합의된 요구에 합치하지 아니하는 경우

b. 당사자들에 의하여 합의된 절차규칙에 포함되어 있는 기피사유가 존재하는 경우 또는

c. 그의 독립성을 정당하게 의심케 하는 동기를 부여하는 사정이 존재하는 경우

(2) 당사자 일방은 그가 선정하였거나 또는 그의 선정에 협력한 중재인을 당사자 일방이 그의 선정 후 비로소 알게 되었던 사유에 기하여서만 기피할 수 있다. 기피사유에 관하여는 중재판정부와 상대방 당사자에게 지체없이 통고하여야 한다.

(3) 당사자들이 기피절차를 정하지 아니한 한, 다툼이 있는 때에는 중재판정부의 본거지의 판사가 최종적으로 판단한다.

제181조 [Ⅴ. 계속(係屬)]

중재절차는 당사자 일방이 권리의 신청으로써 중재합의에서 지정된 중재인 또는 중재인들에게 부탁한 때 또는 합의가 중재인을 지정하지 아니한 경우에는 당사자 일방이 중재판정부의 구성을 위한 절차를 개시한 때에 계속(係屬)된다.

제182조 [Ⅵ. 절차 1. 원칙]

(1) 당사자들은 중재판정절차를 스스로 또는 중재판정절차규칙의 지정을 통하여 결정할 수 있다. 그들은 중재판정절차를 그들이 선택한 절차법에 따르게 할 수도 있다.

(2) 당사자들이 절차를 스스로 결정하지 아니한 때에는, 이 절차는 필요한 한 중재판정부가 직접 또는 법률 또는 중재판정절차규칙을 지시함으로써 확정한다.

(3) 선택된 절차와는 관계없이, 중재판정부는 모든 경우에 대석적 절차에 있어서 당사자들의 평등취급과 그들의 법률상의 청문을 구하는 청구권을 보장하여야 한다.

---

70) 제2항 개정됨.

제183조 [2. 임시적 처분과 보전조치][71]

(1) 당사자들이 달리 약정한 바가 없는 때에는, 중재판정부는 당사자 일방의 신청에 의하여 임시적 처분 또는 보전조치를 명할 수 있다.

(2) 관계자가 명하여진 조치에 자발적으로 따르지 아니하는 때에는, 중재판정부는 국가의 판사에게 협력을 구할 수 있다. 국가의 판사는 그 자신의 법을 적용한다.

(3) 중재판정부 또는 국가의 판사는 임시적 처분 또는 보전조치의 명령을 하면서 적절한 담보를 제공하게 할 수 있다.

제184조 [3. 증거조사]

(1) 중재판정부는 스스로 증거를 수집한다.

(2) 증거절차의 실행에 국가의 공조가 필요한 때에는, 중재판정부 또는 당사자는 중재판정부의 동의를 얻어 중재판정부의 본거지의 국가의 판사에게 협력을 구할 수 있다. 국가의 판사는 그 자신의 법을 적용한다.

제185조 [4. 국가의 판사의 기타의 협력]

국가의 판사의 기타의 협력이 필요한 때에는 중재판정부의 본거지의 판사가 관할을 가진다.

제186조 [Ⅶ. 관할][72]

(1) 중재판정부는 스스로 그의 관할에 관하여 판단한다.

(1의2) 중재판정부는 국가 법원 또는 다른 중재판정부에 동일한 당사자들 사이의 동일한 대상에 관한 소가 이미 계속하는 가에 관계없이 자신의 관할에 대하여 판단한다. 다만 주목할 만한 사유(beachtenswerte Gründe)가 절차의 중지를 요구하는 경우에는 그러하지 아니하다.

(2) 관할위반의 항변은 본안에 대한 응소 전에 제기되어야 한다.

(3) 중재판정부는 그의 관할에 관하여 통상 선결판정에 의하여 판단한다.

제187조 [Ⅷ. 본안판정 1. 준거법]

(1) 중재판정부는 쟁송물(Streitsache)을 당사자들이 선택한 법, 또는 법의 선택이 없는 경우에는 이 쟁송물이 가장 밀접한 관련을 가지고 있는 법에 따라 판정한다.

(2) 당사자들은 중재판정부에게 형평에 따라 판정할 수 있는 권한을 부여할 수 있다.

제188조 [2. 일부판정]

당사자들이 달리 약정한 바가 없는 때에는 중재판정부는 일부판정을 할 수 있다.

---

71) 위에서 언급한 바와 같이 소송의 맥락에서는 'vorsorgliche Massnahmen'을 '사전배려적 조치'라고 번역하였으나 중재의 맥락에서는 현행 우리 중재법(제17조)의 용어에 맞추어 '임시적 처분'이라고 번역하였다.

72) 제1의2항 신설됨.

제189조 [3. 중재판정]

(1) 판정은 당사자들이 약정한 절차와 방식으로 내려진다.[73]

(2) 그러한 약정이 없는 때에는, 판정은 다수결로 내려지거나 또는 다수결이 성립하지 아니하는 경우에는 중재판정부의 장에 의하여 내려진다. 판정은 서면으로 작성되고 이유가 제시되고 일자가 기재되고 서명되어야 한다. 중재판정부의 장의 서명으로 족하다.

제190조 [IX. 종국성, 취소 1. 원칙]

(1) 공지에 의하여 판정은 종국적인 것으로 된다.

(2) 판정은 다음의 경우에만 취소될 수 있다.

a. 단독중재인이 규정에 반하여 선정되었거나 또는 중재판정부가 규정에 반하여 구성된 경우

b. 중재판정부가 부당하게 관할이 있다거나 또는 없다고 선언한 경우

c. 중재판정부가 그에게 제기되지 아니한 쟁점에 관하여 판정한 경우 또는 중재판정부가 권리의 신청을 판정하지 아니하고 방치한 경우

d. 당사자들의 평등취급의 원칙 또는 법률상의 청문의 원칙이 침해된 경우

e. 판정이 공서와 합치되지 아니한 경우

(3) 선결판정은 제2항 a호와 b호에 정한 사유에 기하여서만 취소될 수 있다. 항고기간은 선결판정의 송달과 함께 개시된다.

제190a조

제190a조는 말미와 같이 신설되었다.]

제191조 [2. 유일한 상소심(Einzige Rechtsmittelinstanz)][74]

유일한 상소심은 스위스 연방법원이다. 절차는 2005년 6월 17일의 연방대법원법[75] 제77조와 제119a조에 의한다.

제192조 [X. 상소의 포기]

(1) 쌍방당사자가 모두 스위스에 주소, 상거소 또는 영업소를 가지고 있지 아니한 때에는, 당사자들은 중재합의 또는 그 후의 서면 합의에 포함된 명시적 선언에 의하여 중재판정의 취소를 완전히 배제할 수 있다. 당사자들은 또한 제190조 제2항의 취소사유들 중의 일부만을 배제할 수도 있다.

(2) 당사자들이 판정의 취소를 완전히 배제하였고 또한 판정이 스위스에서 집행되

---

73) 과거에는 "Der Entscheid ergeht"를 "중재판정을 선고한다"고 번역하였으나 여기에서는 우리 중재법의 용어를 따라 "중재판정을 내린다"고 번역하였다.

74) 제1항은 개정되어 연방대법원법을 명시함, 제2항 삭제됨. 2021. 1. 중재판정에 대한 재심 (Revision, révision)이 도입되었다.

75) Bundesgerichtsgesetz. 과거에는 이를 '연방법원법'이라고 번역하였으나 스위스법에 맞게 연방대법원법으로 수정하였다.

어야 하는 것인 때에는, 외국의 중재판정의 승인과 집행에 관한 1958년 6월 10일 뉴욕협약이 준용된다.

제193조 [XI. 집행가능증명서]

(1) 각 당사자는 그의 비용으로 중재판정부의 본거지의 스위스의 법원에 판정의 정본을 기탁할 수 있다.

(2) 당사자의 신청에 기하여 법원은 집행가능증명서를 발급한다.

(3) 당사자의 신청에 기하여 중재판정부는 중재판정이 이 법률의 규정에 따라 선고 되었음을 증명한다. 그러한 증명서는 법원에의 기탁과 동일한 가치를 가진다.

제194조 [XII. 외국의 중재판정]

외국의 중재판정의 승인과 집행에 대하여는 외국 중재판정의 승인과 집행에 관한 1958년 6월 10일 뉴욕협약이 적용된다.

제13장 최종규정

제1절 현행연방법의 폐지와 변경

제195조

현행 연방법의 폐지와 변경은 부록에 게재되어 있다. 부록은 이 법률의 구성부분 이다.

제2절 경과규정

제196조 [Ⅰ. 불소급효]

(1) 이 법률의 시행 전에 성립하고 완료된 사실관계 또는 법적 과정의 법적 효력은 종래의 법에 따라 판단된다.

(2) 이 법률의 시행 전에 성립하였으나 계속되고 있는 사실관계와 법적 과정의 법 적 효력은 종래의 법에 따라 판단된다. 이 법률의 시행과 더불어 효력은 신법에 따 라 정하여진다.

제197조 [Ⅱ. 경과법 1. 관할]

(1) 이 법률이 시행될 당시 계속중인 소 또는 신청에 대하여는 제기를 받은 스위스 의 법원 또는 관청이 비록 이 법률에 의하여는 더 이상 그의 관할이 성립되지 않 더라도 관할을 가진다.

(2) 이 법률의 시행 전에 스위스의 법원 또는 관청에 의하여 관할이 없음을 이유로 각하된 소 또는 신청은 이 법률에 의하여 관할이 성립되고 법적 청구권이 아직 주 장될 수 있는 경우에는 이 법률의 시행 후에는 다시 제기 될 수 있다.

제198조 [2. 준거법]

이 법률이 시행될 당시 제1심에 계속중인 소 또는 신청에 대하여는 이 법률에 의한 준거법이 적용된다.

제199조 [3. 외국의 재판의 승인과 집행]

이 법률이 시행될 당시 계속중인 외국의 재판의 승인 또는 집행의 청구에 대하여는 승인 또는 집행의 요건은 이 법률에 따라 정하여진다.

제3절 국민투표와 시행

제200조

1. 이 법률은 임의적 국민투표에 회부된다.

2. 연방참사회가 시행을 결정한다.

시행일: 1989년 1월 1일

부록 (번역 생략함)

개정되거나 신설된 조문. 2021년 2월부터 아래 조문이 발효되었다.[76]

제105조

(2) 법을 선택하지 아니한 경우, 채권의 담보권은 담보권자의 상거소지법에 따른다. 기타 권리의 담보권의 경우에도 그것이 가치권(Wertrecht. 영문번역은 uncertificated security. '무증서증권'이라고 번역할 수도 있다), 유가증권 또는 등가의 증권(Titel)에 표창되는 한도 내에서는 같다. 그 밖의 경우 그 담보권은 그 권리의 준거법에 따른다.

제106조 물품증권과 등가의 증권(Titel)

(1) 제145a조 제1항에서 지정된 법은 증권이 물품을 표창하는지 여부를 결정한다.

(2) 물품이 실물증권에 의해 표창되는 경우, 그 실물증권과 물품에 대한 물권은 동산과 같이 그 실물증권의 준거법에 따른다.

(3) 복수의 당사자 중 일부는 직접적으로, 다른 일부는 증권을 기초로 물품에 대한 물권을 주장하는 경우, 누구의 권리가 우선하는지는 물품 자체의 준거법이 결정한다.

제145a조 증권(Titel)에 의한 양도

(1) 채권(Forderung)이 지면상 증권 또는 이와 유사한 형태의 증권을 통하여 표창되는지와 그 증권에 의하여 양도되는지 여부는 그 증권에 지정된 법에 의한다. 그

---

76) 이 부분은 이 책에서 새로 추가한 것이다.

증권에 법의 지정이 없는 경우에는 발행인의 본거 또는 본거가 없는 경우에는 상거소가 있는 국가의 법에 따른다.

(2) 실물증권에 대한 물권에 관하여는 제7장의 규정들이 유보된다.

제190a조 [2. 재심(Revision)]

(1) 당사자 일방은 다음의 경우 판정의 재심을 요청할 수 있다.

a. 사후적으로 상당한 주의를 기울였음에도 불구하고 이전 절차에서 제시할 수 없었던 중요한 사실을 알게 되거나 결정적인 증거방법을 찾은 경우. 중재판정 후에 비로소 발생한 사실과 증거방법은 제외된다.

b. 형사소송의 결과 중재판정이 범죄 또는 경범죄에 의해 영향을 받아 관련 당사자에게 손해가 발생한 것으로 밝혀진 경우. 형사법원의 유죄판결은 필요하지 않고, 형사절차를 수행할 수 없는 경우 다른 방법으로 증거를 제공할 수 있다.

c. 제180조 제1항 c호에 따른 거절사유가 상당한 주의에도 불구하고 중재절차 종료 후 비로소 발견되었고 다른 법적 구제수단을 이용할 수 없는 경우

(2) 재심신청은 재심사유가 발견된 날부터 90일 이내에 제출되어야 한다. 판정의 확정력 발생 후 10년이 경과된 뒤에는 제1항 b호의 경우를 제외하고는 더 이상 재심을 신청할 수 없다.

제 8 장

유럽연합의 국제사법

[14] 국제사법에서 준거법의 지정에 갈음하는 승인: 유럽연합에서의 논의와 우리 법에의 시사점

前 記

이 글은 저자가 당초 2018년 12월 서울대학교에서 학술연구교육상 수상자의 1인으로 선정된 것을 기념하여 법학전문대학원에서 2018. 11. 29. PPT로 한 발표를 기초로 작성하여 동아대학교 국제거래와 법 제35호(2021. 10.), 1면 이하에 게재한 최근의 글로서 오타와 오류를 제외하고는 원칙적으로 수정하지 않은 것이나 다만 스위스 국제사법의 개정을 언급하였다. 정치(精緻)한 국제재판관할규칙을 담은 국제사법 개정법률(개정법)이 2022. 1. 4. 공포되어 7. 5. 발효된다. 그 결과 준거법규칙을 담은 조문도 번호가 변경되기에 아래에서는 개정법의 조문을 일부 언급하였다.

I. 머리말

국제사법의 과제는 상이한 법질서가 병존하는 상황에서 외국적 요소가 있는 법률관계에서 발생하는 법질서의 저촉(또는 충돌)을 해결하는 것이다. 종래 국제사법의 주요 주제는 첫째, 국제재판관할의 결정, 둘째, 준거법의 지정과 셋째, 외국법원이 한 재판의 승인·집행이다. 준거법의 지정이라 함은 연결대상인 어떤 법률관계 또는 법적 쟁점의 준거법을 어떻게 결정할지, 그리고 그렇게 결정된 준거법이 규율하는 사항은 무엇인지 등의 문제라는 점에서 협의의 국제사법을 '지정규범(Verweisungsnorm)'이라고 부르기도 한다. 우리 국제사법의 대부분은 준거법 지정규범이다. 우리는 종종 인식하지 못하지만 우리 국제사법의 지정규범에 반하는 외국의 법률관계는 원칙적으로 한국에서는 효력을 가질 수 없다.

그런데 유럽연합에서는 2000년을 전후하여 어떤 외국(기원국 또는 제1국가)에서 사인(私人) 또는 관청의 행위에 의하여 형성되거나 창설된 법적 상태(또는 상황)를 내국(승인국 또는 제2국가)의 협의의 국제사법(즉 저촉법)에 의한 통제[1] 없이 인수 또는 수용한다는 개념이 확산되었다.[2] 이는 당초 유럽연합의 일차적 법(또는 일차 법. primary law, Primärrecht)과 이차적 법(또는 이차 법. secondary law, Sekundärrecht) 등에 따른 공법(또는 경제행정법)상의 의무를 염두에 두고 정립된 '기원국법원칙(country-of-origin principle, Herkunftslandprinzip)'이 국제사법에 영향을 미치면서 대두된 개념이다. 이를 '법상태 또는 법적 상태의 승인(Anerkennung einer Rechtslage)',[3] '법적 상황의 승인(recognition of legal situations, *reconnaissance des situations*)',[4] '지정에 갈음하는 승인(Anerkennung statt Verweisung)' 또는

---

1) 독일에서는 이를 '저촉법적 통제(kollisionsrechtliche Kontrolle)'라고 하나 우리로서는 '준거법 통제'가 이해하기 쉽다.

2) Erik Jayme/Christian Kohler, Europäisches Kollisionsrecht 2001: Anerkennungsprinzip statt IPR?, IPRax (2001), S. 501에서 저자들은 유럽 저촉법 발전의 특징의 하나로 상호승인원칙에 의하여 저촉법의 배제가 임박하였음을 들었다. 승인원칙을 저촉법적 지정 및 간섭규범의 특별연결과 함께 저촉법의 제3의 근본적 기법(Fundamentaltechnik)이라는 견해도 있다. Peter Mankowski, Nun sag, wie hast Du's mit dem Anerkennungs-prinzip?- Im EU-Ausland „unrechtmäßig" erlangte Namen als Prüfstein, IPRax (2020), S. 323. 반면에 준거법의 지정, 외국법의 고려와 승인이 국제사법의 3개 방법이라는 견해도 있다. Marc-Philippe Weller, Vom Staat zum Menschen: Die Methodentrias des Internationalen Privatrechts unserer Zeit, Rabels Zeischrift für ausländisches und internationales Privatrecht, Band 81 (2017), S. 774. 이하 이를 "RabelsZ"라고 인용한다.

3) Dagmar Coester-Waltjen, Anerkennung im Internatiolanen Personen- Familien- und Erbrecht und das Europäische Kollisionsrecht, IPRax (2006), S. 392(간략히는 Dagmar Coester-Waltjen, Das Anerkennungsprinzip im Dornröschenschlaf, Heinz-Peter Mansel *et al.*, Festschrift für Erik Jayme, Band Ⅰ (2004), S. 121ff. 이하 전자를 인용한다); Michael Grünberger, Alles obsolet? —Anerekennungsprinzip vs. klassisches IPR—, Stefan Leible/Hannes Unberath (Hrsgs.), Brauchen wir eine Rom 0-Verordnung? Überlegungen zu einem Allgemeinen Teil des europäischen IPR (2013), S. 34. 또는 간단히 "승인원칙(Anerkennungsprinzip)"이라고도 부른다.

4) Paul Lagarde, *Développements futurs du droit international privé dans une Europe en voie d'unification: quelques conjectures*, RabelsZ, Band 68 (2004), p. 242는 "법적 상황의 승인(*la reconnaissance des situations juridiques*)", Pierre Mayer, *Les Méthodes de la Reconnaissance en Droit International Privé*, in Mélanges en l'honneur de Paul Lagarde, *Le droit international privé: esprit et méthodes* (2005), p. 558은 "상황의 승인(*la reconnaissance des situations*)"이라 한다. 전자는 Lagarde의 2003. 9. 9. 독일 국제사법회의 50주년 기념발표에 기초한 것이다. 프랑스의 논의는 *Paul Lagarde (éd.), La reconnaissance des situations en droit international privé* (2012)에 수록된 논문들과 Dominique Bureau et Horatia Muir Watt, *Droit international privé, Tome* Ⅰ *4e édition* (2007) No. 569 이하 참조.

'저촉법적 승인(kollisionsrechtliche Anerkennung)'이라고 부른다.[5] 독일에서는 법상태의 승인을 국제사법의 학설 시장(Markt der Meinungen)에 가장 최근에 등장한 大理論(Grosstheorie)이라고 평가하기도 한다.[6] 문제는 규범의 충돌을 해결하는 방법으로써 준거법 지정을 대신하거나 보충하는 국제사법의 새로운 방법으로서 승인원칙을 인정할 수 있는가이다. 이를 둘러싼 논의과정에서 17세기 네덜란드학파(또는 화란학파)의 Huber(1636-1694)에서 유래한 기득권(vested rights, *droits acquis*, wohlerworbene Rechte) 이론[7]이 새로운 조명을 받고 있다.

우리가 법상태의 승인에 관심을 가지는 것은, 첫째, 유럽연합 국제사법의 최근 동향을 이해하고, 둘째, 기존 국제사법의 방법론을 정확히 인식하며, 셋째, 그것이 우리 국제사법학에 주는 시사점을 찾기 위한 것이다. 아래에서는 외국에서 형성된 사법(私法)적 법률관계를 인정하는 전통적인 두 개의 경로(Ⅱ.), 유럽연합에서 근자에 논의되는 준거법의 지정에 갈음하는 법상태의 승인(Ⅲ.), 법상태의 승인의 이론적 기초로서의 기득권이론(Ⅳ.), 법상태의 승인이라는 새로운 방법론에 대한 학계의 반응과 논점들(Ⅴ.), 법상태의 승인원칙을 채택한 국제사법규범의 사례(Ⅵ.) 우리 국제사법상 법상태의 승인의 의미와 시사점(Ⅶ.)과 맺음

---

5) Heinz-Peter Mansel, Anerkennung als Grundprinzip des Europäischen Rechtsraums, Zur Herausbildung eines europäischen Anerkennungs-Kollisionsrechts: Anerkennung statt Verweisung als neues Strukturprinzip des Europäischen internationalen Privatrechts?, RabelsZ, Band 70 (2006), S. 687은 "kollisionsrechliches Anerkennung-system statt Verweisungssystem(지정체제에 갈음하는 저촉법적 승인체제)"이라고 부른다. 이 주제를 다룬 문헌은 대단히 많은데 우선 위 Mansel, S. 652-3 각주; Heinz-Peter Mansel, Methoden des internationalen Privatrechts-Peronalstatut: Verweisung und Anerkennung, Martin Gebauer *et al.*, Die Person im Internationalen Privatrecht: *Liber Amicorum* Erik Jayme (2019), S. 28, Fn. 3; Matthias Lehmann, Recognition as a Substitute for Conflict of Laws, Stefan Leible (ed.), General Principles of European Private International Law (2016), p. 11, Fn. 1 참조. 최근 문헌은 Heinz-Peter Mansel *et al.*, Europäisches Kollisionsrecht 2020: EU im Krisenmodus!, IPRax (2021), S. 114, Fn. 125 참조. 이 글에서는 주로 독일 학자들의 주요 논문을 참조하였는데, 프랑스 문헌은 많이 보이나 충분히 참고하지 못하였고 영국 문헌은 잘 보이지 않는다.

6) Peter Mankowski, Das Bündelungsmodell im Internationalen Privatrecht, Ralf Michaels *et al.* (Hrsgs.), *Liber Amicorum* Klaus Schurig zum 70. Geburtstag (2012), S. 175f.

7) 외국에서 형성된 법상태를 승인하는 것은 Huber의 이론에서 유래하여 영미에서 널리 인정된 기득권이론을 연상시키기 때문이다. Hans Jürgen Sonnenberger, Anerkennung statt Verweisung? Eine neue internationalprivatrechtlichche Methode?, Jörn Bern-reuther *et al.* (Hrsgs.), Festschrift für Ulrich Spellenberg zum 70. Geburtstag (2010), S. 375.

말(Ⅷ.)의 순서로 논의한다.

Ⅱ. 외국에서 형성된 사법(私法)적 법률관계를 인정하는 전통적인 두 개의 경로

위에서 언급하였듯이 상이한 법질서의 병존으로부터 발생하는 충돌을 해결하는 국제사법의 주요 수단은 '준거법의 지정'과 '외국재판의 승인'이다.[8] 즉 광의의 국제사법 체제는 "지정규범으로서의 국제사법(협의의 국제사법)과 개별 고권적 행위의 승인(외국재판의 승인)이라는 두 개의 지주(支柱)를 가지고 있다.[9][10]

1. 준거법 지정규범으로서의 국제사법(협의의 국제사법 또는 저촉법)

가. 협의의 국제사법의 존재근거

우리가 국제사법을 적용하는 직접적 근거는 실정법인 국제사법에 있으나, 입법자가 국제사법을 제정한 이유는 외국적 요소가 있는 법률관계에 대하여는 무조건 한국법을 적용할 것이 아니라 다양한 연결정책을 고려하여 지정된 준거법을 적용하는 것이 타당하기 때문이다. 그의 근본적인 근거는 헌법 제11조의 평등의 원칙에서 찾을 수 있으나 국제사법의 모든 구체적 연결원칙을 추상적인 평등의 원칙으로부터 도출할 수는 없다. 즉 평등의 원칙은 입법자가 사법(私法)규범을 제정하거나 법관이 법을 적용함에 있어서 준수해야 하는 한계 내지 테두리를 정하는 기능을 하므로 주로 소극적(내지 방어적) 기능을 한다.

---

8) 참고로 Jürgen Basedow, Das Prinzip der gegenseitigen Anerkennung im internationalen Wirtschaftsverkehr, Reinhard Ellger *et al.*, (Hrsgs.), Festschrift für Martiny zum 70. Geburtstag (2014), S. 246f.는 국제사법의 과제를 "외국적 요소가 있는 법률관계에서 사적(私的) 행위주체가 가지는 권리를 판단함에 있어서 다양한 사법(私法)이 병존하는 탓에 다르게 판단되는 것으로부터 보호하는 것"이라고 파악하고, 이런 과제를 달성하는 방법에는 여러 가지가 있는데 주된 것은 첫째, 전속적 국제재판관할, 둘째, 법관에 의한 준거법 지정과 셋째, 승인이라고 한다(Paulo Picone, *Les méthodes de coordination entre ordre juridique en droit international privé*, Rec. des Cours, 276 (1999), 9ff.를 인용하면서).

9) Sonnenberger(註 7), S. 390-391.

10) 이러한 이유로 양자를 국제사법과 국제민사소송법으로 구분하여 별도로 취급하기보다는 국제사법의 체제 내에서 함께 다루는 것이 이론적으로 적절하고, 입법론으로도 외국재판의 승인·집행을 국제사법에 통합하는 것이 바람직하다.

나. 준거법의 지정

우리 국제사법은 다양한 법률관계와 법적 쟁점에 대하여 준거법을 지정한
다. 이는 일차적으로 우리 법원이 외국적 요소가 있는 사건을 재판하는 때에 재
판규범으로써 기능한다. 그러나 그것만이 아니라 당사자나 우리의 법원 또는 관
청이 외국에서 형성된 법률관계의 성립과 효력을 선결문제로 판단하는 때에도
적용된다.11) 우리는 흔히 후자의 측면을 간과하고 외국에서 형성된 법률관계는
당연히 한국에서 효력이 있다고 믿으나, 종래 그런 문제의식을 선명하게 가지는
영역이 혼인 또는 유언의 방식이다. 국제사법이 지정한 혼인의 방식의 준거법(제
36조 제2항, 개정법 제63조 제2항)과 유언의 방식의 준거법(제50조, 개정법 제78조)이
아닌 법에 따른 혼인과 유언은 한국에서 효력이 없다. 즉 외국에서 형성된 법률
관계라고 하여 한국에서 당연히 효력을 가지는 것은 아니고 효력을 가지려면 그
것이 우리 국제사법이 지정하는 준거법에 따른 것이어야 한다. 환언하면 우리는
기득권 이론처럼 외국에서 획득한 기득권을 그대로 인정하는 것이 아니라, 그것
이 우리 국제사법이 지정하는 준거법을 적용한 것이어야 한다.12)

즉 외국에서 형성된 법률관계의 성립과 효력을 판단하는 때에는 우리 국제
사법이 지정한 준거법의 준수 여부를 확인한다는 것인데, 이를 '저촉법적 통제'
(또는 준거법 통제)라고 부른다.13) 이 점에서 외국재판의 승인 시 우리 민사소송

---

11) 물론 그런 쟁점에 대하여 다툼이 있어 우리 법원에서 다루어진다면 법원이 최종적인 판
단을 하게 된다.

12) 다만 엄밀하게는 그와 다른 준거법에 의한 것이더라도 그것이 그 준거법이 정한 요건을
구비한다면 효력을 가질 수 있다. 국제사법이 지정하는 준거법이 아닌 다른 법에 따른 행
위는 "그릇된 준거법에 따른 행위(Handeln unter falschem Recht)"의 문제로 치환(또는
전치(轉置, Transposition 또는 Umsetzung))의 한 유형으로 논의된다. 그릇된 준거법에
따른 행위라고 해서 법률효과를 전면 부정할 것은 아니고 그것이 올바른 준거법의 요건
을 구비하는 때에는 법률효과를 인정할 수 있다. 독일에서는 독일 민법(제140조)의 무효
행위의 전환에서처럼 가급적 그렇게 처리하는 것이 타당하다고 한다. Christian von
Bar/Peter Mankowski, Internationales Privatrecht, Band I Allgemeine Lehren 2. Auflage
(2003), §7 Rn. 247f. 독일의 유력설은 치환과 대용을 적응의 하위유형으로 본다. Abbo
Junker, Internationales Privatrecht 3. Auflage (2019), §11, Rn. 11, 42ff.

13) 우리 민사소송법은 외국재판의 승인 및 집행의 맥락에서 준거법 통제를 하지 않는다. 그
러나 과거 유럽공동체의 1968년 "민사 및 상사사건의 재판관할과 재판의 집행에 관한 협
약"(즉 브뤼셀협약)(제27조 제4호)은 재판국의 법원이 자연인의 신분, 권리능력, 행위능
력 또는 자연인의 법정대리, 부부재산제 또는 유언권을 포함한 상속법의 영역에 관한 선
결문제에 관하여 재판함에 있어 승인을 구하는 국가의 국제사법규칙을 위반한 경우 외
국의 재판을 승인하지 않았다(다만 당해 국가의 국제사법규칙이 적용되었더라도 상이한

법이 준거법 통제를 포기하는 것과 다르다.

2. 외국의 고권적 행위의 절차적 승인: 외국재판의 승인

많은 나라는 일정요건의 구비를 전제로 외국법원 재판(이하 "외국재판"이라 한다)의 효력(기판력 등)을 인정한다.[14] 위에서 본 준거법 지정의 경우 대부분 실체법적 효과가 문제되는 데 반하여,[15] 절차적 승인의 경우 대체로 절차법적 효과가 문제된다.[16] 외국재판의 절차적 승인요건은 국가에 따라 다른데 우리 민사소송법은 확정재판일 것, 국제재판관할 요건, 송달요건, 공서위반이 아닐 것과 상호주의(reciprocity, Gegenseitigkeit)[17]의 보증이 있을 것을 요구하고 그 경우 실질재심사는 금지된다. 우리 민사소송법은 준거법 지정과 달리 절차적 승인의 경우에는 재산법상의 사건이든 가사사건이든 준거법 통제를 포기한다. 만일 외국재판이 승인되지 않으면 파행적 법률관계가 발생하나 이는 현재로서는 불가피하다.

이처럼 준거법 통제 없이 외국재판을 승인하는 경우 국제민사소송법(또는 광의의 국제사법)에 의해 협의의 국제사법이 배제되는 결과가 된다. 그 결과 국제민사소송법의 독자성이 강화되고 협의의 국제사법의 중요성이 약화되는데 이런 현상을 '협의의 국제사법에 대한 국제민사소송법의 우위(Vorrang IZPRs vor IPR)'라고 부르기도 한다.[18] 외국재판을 승인함으로써 승인국의 협의의 국제사법규칙

결론에 도달하지 아니하였을 경우는 제외). 이를 '저촉법적 통제(kollisionsrechtliche Kontrolle)'라고 불렀다. Reinhold Geimer, Internationales Zivilprozeßrecht (1987), Rn. 2263.

14) 이는 통상의 민사·상사의 외국재판의 승인 및 집행의 문제이나, 그 밖에 외국도산절차(또는 도산절차 개시재판) 또는 외국 도산 관련 재판의 승인 및 집행의 문제도 있다. 외국중재재정의 승인 및 집행도 외국재판의 승인 및 집행과 유사한 구조를 취하나 중재판정은 외국의 고권적 행위가 아니다.

15) 물론 절차는 법정지법에 따른다는 것처럼 절차의 준거법이 문제되기도 한다.

16) 이는 우리 민사소송법에 따른 설명이다(다만 외국 형성재판의 경우에는 형성력이 문제된다). 입법례에 따라서는 외국재판의 승인을 외국재판에 의하여 발생한 실체법적 효과의 승인으로 보는데 우리 법상으로도 그런 견해가 주장된 바 있다. 이헌묵, "외국재판의 승인과 집행의 근거의 재정립과 외국재판의 승인과 집행의 대상 및 상호보증과 관련한 몇 가지 문제", 통상법률 제136호(2017. 8.), 29면 참조.

17) 상호주의의 개관은 Anatol Dutta, Reciprocity, Jürgen Basedow *et al.* (eds.), Encyclopedia of Private International Law, Vol. 2 (2017), p. 1466 이하 참조. 이하 위 책을 "Encyclopedia"라고 인용한다.

18) von Bar/Mankowski(註 12), §5 Rn. 139. 준거법 통제가 없는 외국재판의 승인을 "저촉법의 제2의 레일(zweite Schiene des Kollisionsrechts)"이라고 부르기도 한다. Peter

을 고집하지 않고 재판국의 협의의 국제사법규칙을 승인하는 결과가 되기 때문이다.

Ⅲ. 유럽연합에서 근자에 논의되는 준거법의 지정에 갈음하는 법상태의 승인

위에서 보았듯이 유럽연합에서는 2000년을 전후하여[19] 국제사법(私法)에서 '준거법의 지정에 갈음하는 승인'이라는 개념이 논의되었는데 이는 세 개의 방면에서 이루어졌다.

첫째, 유럽공동체와 유럽연합에서 일차적 법상의 시민의 자유인 물품(또는 상품. Goods)과 서비스의 자유로운 유통(또는 이동)의 보장과 그에 기초한 전자상거래지침(e-Commerce Directive)[20] 등 이차적 법이 정한 공법(또는 경제행정법)상의 기원국법원칙이 국제사법규칙을 포함하는가의 문제이다.[21] 둘째, 위 기원국

Mankowski, Über den Standort des Internationalen Zivilprozessrechts — Zwischen Internationalem Privatrecht und Zivilprozessrecht, RabelsZ, Band 82 (2018), S. 600.

19) 다만 공법영역에서는 아래 언급하는 일명 *Cassis de Dijon* (C-120/78) 사건(공식 명칭은 "Rewe v Bundesmonopolverwaltung für Branntwein" 사건)에서 보듯이 1970년대까지 소급한다. 1974년의 *Dassonville* 사건(C-8/74)은 그의 준비로서 의미가 있다고 한다.

20) 정식명칭은 "Directive 2000/31/EC of the European Parliament and the Council of 8 June 2000 on certain legal aspects of information society services, in particular electronic commerce, in the Internal Market"이다. 그에 앞서 1989. 10. 3.의 "Television without Frontiers" (TVWF) Directive (89/552/EEC)도 있었다. 2020. 12. 15. 위원회가 제안한 디지털서비스법(Digital Services Act)과 디지털시장법(Digital Markets Act) 초안은 모두 전자상거래지침에 포함된 핵심원칙에 기초한 것이다. 그 밖에 유럽연합의 시민과 그 가족의 거주·이전의 자유권을 규정한 지침 2004/38도 논의된다. 소개는 Katja Funken, Das Anerkennungsprinzip im internationalen Privatrecht: Perspektiven eines europäischen Anerkennungskollisionsrechts für Statusfragen (2009), S. 184ff.; Alexander Thünken, Das kollisionsrechtliche Herkunftslandprinzip (2003), S. 110ff. 참조.

21) 기원국법원칙과 법상태의 승인의 관계, 특히 기원국법원칙의 저촉법적 내용에 관하여는 다양한 견해가 있다. Funken(註 20), S. 33ff.는 기원국법원칙은 실질법 원칙이라는 견해, 소극적 일방적 저촉규범으로서 국제사법을 제한하는 교정책(Korrektiv)이라는 견해, 국제적 강행규정으로서 간섭규범의 성질을 가진다는 견해, 국제사법의 기능적 등가물이라는 견해와 국제사법의 지정규칙이라는 견해를 소개하고, 사람의 신분에 관한 한 기원국법원칙은 본국법의 적용을 요구하는 데 반하여, 승인원칙은 준거법을 묻지 않는다는 차이를 지적한다(S. 35f.). 학설은 Marc Fallon/Johan Meeusen, Private International Law in the European Union and the Exception of Mutual Recognition, Yearbook of Private

법원칙의 영향을 받아 유럽사법재판소(정확히는 유럽연합사법재판소이나 양자를 호
환적으로 사용한다)는[22] 일차적 법의 해석론으로 회원국은 국제성명(정확히는 성
씨)법과 국제회사법 영역에서 다른 회원국에서 형성된 법상태를 승인하여야 한다
는 취지의 판결들을 선고하였다. 셋째, 유럽연합은 이차적 법인 규정(Regulation)
을 통하여 민사신분기록의 효력을 승인함으로써 준거법의 지정을 갈음(또는 보완)
하는 법상태의 승인을 도입하는 방안을 모색하였다. 위원회(Commission. "집행위
원회"라고도 부른다. 이하 "위원회"라 한다)는 이를 위하여 2010년에 "Less bureau-
cracy for citizens: promoting free movement of public documents and
recognition of the effects of civil status records(시민을 위한 관료주의 감소: 공문
서의 자유로운 이동과 민사신분기록의 효력의 승인의 촉진)"라는 제목의 녹서(Green
Paper)[23]를 간행하였고 이는 법상태의 승인에 관한 논의를 확대하였다.

　　여기에서 일차적 법은 유럽공동체설립조약(The Treaty Establishing the Euro-
pean Community), 유럽연합조약(The Treaty on European Union)과 유럽연합기능
조약(The Treaty on the Functioning of the European Union. TFEU)(이하 "EU기능
약"이라 한다)[24] 및 그의 개정조약 등을 가리키고, 이차적 법은 유럽공동체와 유

International Law, Vol. Ⅳ 2002 (2003), p. 50 이하도 참조. 이하 이 책을 "YBPIL"이라
한다. 긍정설을 따르면 전자상거래에 의한 불법행위의 경우 항상 행동지법이 준거법이 된
다는 견해도 있다. MünchKommBGB, Band 12, 8. Auflage (2020), EGBGB, Art. 3, Rn.
80 (von Hein 집필부분); Junker(註 12), §5, Rn. 22.

22) Lehmann(註 5), p. 11은 법상태의 승인은 유럽사법재판소에 의하여 점화되었다고 한다.
유럽사법재판소와 유럽인권재판소에 관하여는 사법정책연구원, EU사법재판소(CJEU)와
유럽인권재판소(ECtHR)에 관한 연구(사법정책연구원 연구총서 2016-10)(2016)(변지영
집필) 참조.

23) COM (2010) 747 final. GREEN PAPER (Less bureaucracy for citizens: promoting free
movement of public documents and recognition of the effects of civil status re-
cords). 소개와 독일 국제사법회의 견해는 Heinz-Peter Mansel et al., Stellungnahme
im Auftrag des Deutschen Rats für Internationales Privatrecht zum Grünbuch der
Europäischen Kommission, IPRax (2011), S. 335ff. 참조. 신분을 가리키는 용어로 독일
에서는 주로 'Status'와 'Personenstand'가 혼용되는데(Zivilstand와 Familienstand 등도
사용된다) 각각의 개념과 양자의 관계는 논란이 있다. Funke(註 20), S. 8ff. 참조. 우리
개념으로는 '신분'이라 함은 대체로 권리능력, 행위능력과 가족법 및 상속법상의 지위와
같이 자연인의 신분 또는 지위(personal status)에 관계되는 사항을 가리키나 그 구체적
범위는 논자에 따라 차이가 있다. 이에 관한 국제사법을 '國際人法'(이호정, 국제사법
(1981), 423면) 또는 '國際人事法'(木棚照一, 國際相續法の硏究(1995), 63면)이라고 부르
기도 한다.

24) 구 유럽공동체설립조약의 명칭은 리스본조약에 의하여 EU기능조약으로 변경되었다. 박

럽연합이 제정한 규정(Regulation. '규칙'이라고도 한다), 지침(Directive)과 결정
(Decision) 등을 말한다.[25]

1. 공법 영역의 기원국법원칙의 확산과 국제사법규칙

유럽공동체의 역내시장(또는 유럽단일시장)에서 물품과 서비스의 자유로운
유통(또는 이동)은 역내 무역을 저해하지 않는 무역규범을 필요로 한다. 통일규
범이 없는 상태에서 어느 회원국(기원국 또는 본국(home state))에서의 적법한 생
산과 판매는 다른 회원국에서 승인되어야 하고, 다른 회원국(목적지국)은 이런
물품의 수입을 금지해서는 아니 되며 자국 시장에의 자유로운 접근을 허용할
필요가 있다. 즉 회원국은 물품 공급자에게 기원국에서 부과하는 의무를 초과
하는 의무를 부과할 수 없는데 이런 원칙은 서비스의 제공과 직업적 자격에도
적용되었다.[26] 이처럼 역내시장에서 기준을 조화시키는 입법을 하는 것과 병행
하여 기원국이 정한 품질규범을 승인함으로써 역내에서 동일한 시장조건을 보
장할 수 있기 때문이다.[27] 또한 전자상거래지침 제3조도 서비스제공에 관하여
유사한 취지의 규정을 둔다. 이것이 바로 "상호승인(mutual recognition)"[28]이

덕영 외, EU법 강의 제2판(2012), 26면(박덕영 집필부분).

25) 유럽연합의 법원(法源)에 관하여는 박덕영 외(註 24), 66면 이하(이주윤 집필부분); 최홍
   섭, 유럽연합(EU)의 국제사법(2020), 15면 참조.

26) 서비스 제공에 관하여는 유럽사법재판소의 1991. 7. 25. Säger v Dennemeyer 사건
   (C-76/90)과 1998. 4. 28. Kohll 사건(C-158/96) 등 참조. 소개는 Fallon/Meeusen(註
   21), p. 42. 이하 참조.

27) Jayme/Kohler(註 2), S. 501. 근자의 다른 회원국에서 적법하게 판매된 물품의 상호승인
   에 관한 규정(Regulation (EU) 2019/515 of the European Parliament and of the
   Council of 19 March 2019 on the mutual recognition of goods lawfully marketed in
   another Member State and repealing Regulation (EC) No 764/2008)도 이의 연장선상
   에 있다.

28) 상호승인('상호인정'이라고도 번역한다)이라는 개념은 다양한 맥락에서 사용된다. 각국의
   증권규제의 역외적용의 효율적 집행을 위한 국제증권감독기관의 공조 및 규제 차이의 해
   소를 위해 노력하는 국제증권감독기구(IOSCO)는 국제증권거래에 대한 규제를 National
   Treatment, Recognition(이에는 일방적 승인과 상호승인이 있다)과 Passporting이라는 3
   개의 범주로 구분한다. 2015 Report on Cross-Border Regulation와 Good Practices on
   Processes for Deference (2020). 또한 공법영역에서도 예컨대 외국에서의 취득한 학위
   또는 운전면허의 국내적 효력이 문제되는데 이는 외국 행정행위의 승인으로서 국제행정
   법의 쟁점이고 통상 조약에 의하여 규율된다. 예컨대 Jaime Rodríguez-Arana Muñoz
   (ed.), Recognition of Foreign Administrative Acts (2016), p. 10 (Rodríguez-Arana
   Muñoz *et. al.* 집필부분); Dirk Wiegandt, Recognition of administrative act, Jürgen

다.29) 이처럼 공법(또는 경제행정법) 영역에서 발전된 상호승인의 개념 내지 기원
국법원칙(country-of-origin principle)이 국제사법규칙을 포함하는지가 논란이 되
었는데30) 유럽연합에서는 전부터 긍정설(즉 상호승인을 유럽연합의 일차적 법으로부
터 파생되는 숨은 저촉규정이라고 보는 견해)과 부정설이 나뉘었다.31) 그러던 중
2011. 10. 25. eDate Advertising 사건과 Martinez 사건 판결32)에서 유럽사법재
판소는 전자상거래지침 제3조로부터 회원국의 국제사법규칙을 배제하는 국제사
법규칙으로서 기원국법원칙을 도출할 수 있다는 견해를 배척하였다.33)

2. 외국에서 형성된 법상태를 승인한 유럽사법재판소의 판례

여기에서는 외국에서 형성된 법상태를 승인한 유럽사법재판소의 판례, 대표
적으로 국제회사법에 관한 2002년 Überseering 사건 판결34)과 국제성명법에 관

Basedow *et al*. (eds.), Encyclopedia Vol. 2 (2017), p. 1486 이하 참조. 미국에서는 외
국과 상호승인협정(mutual recognition agreement. MRAs)이 있는지에 따른다. 위 Jaime
Rodríguez-Arana Muñoz, p. 4 참조.

29) 물품의 자유로운 유통(이동)과 그에 따른 상호승인은 당초 설립조약 제28조부터 제30조
로부터(이들은 EU기능조약 제34조와 제35조에 상응) 유래하였고 이는 그 후 서비스 제
공에도 확대되었다. 그간의 경위는 Fallon/Meeusen(註 21), p. 40 이하; Heinz-Peter
Mansel, Anerkennung als Grundprinzip des Europäischen Rechtsraums, RabelsZ,
Band 70 (2006), S. 664ff. 참조. 1989년의 국경 없는 텔레비전 지침도 이런 취지를 담고
있다. Ralf Michaels, EU Law as Private International Law? Re-Conceptualising the
Country-Of-Origin Principle as Vested Rights Theory, Journal of Private International
Law (2006), p. 201 참조. 유럽단일시장에 관한 우리 문헌은 우선 박덕영 외(註 24), 369
면 이하(채형복 집필부분) 참조.

30) Michaels(註 29), p. 201 이하 참조.

31) 견해는 위(註 21)에서 소개하였다.

32) 이는 독일 연방대법원이 부탁한 사건(C-509/09. eDate Advertising and Others)과 프랑
스 *Tribunal de grande instance de Paris*가 부탁한 사건(C-161/10. Martinez and
Martinez)을 병합한 사건이다.

33) 즉 유럽사법재판소는 전자상거래지침 제3조는, 다른 회원국은 전자상거래 서비스의 제공
자에게 설립지 국가의 법에서 요구되는 것보다 더 엄격한 요건에 따르도록 요구하여서는
아니된다는 점을 확인하면서도, 인터넷에 의한 명예훼손이 문제된 위 사건에서 전자상거
래지침 제3조는 특정한 저촉법원칙을 포함하는 것은 아니라고 판단하였다. Junker(註
12), §5, Rn 22도 참조. 전자상거래지침은 동 지침은 추가적인 국제사법규칙이나 국제재
판관할규칙을 확립하는 것이 아니라고 선언한다(제1조 제4항).

34) 그에 앞서 1999. 3. 9. Centros 사건(C-212/97)이 있었고, 그 후에는 2003. 9. 30. Inspire
Art 사건(C-167/01) 등이 있다. 석광현, "한국에서 주된 사업을 하는 외국회사의 법인격
과 당사자능력: 유동화전업 외국법인에 관한 대법원 판결과 관련하여", 선진상사법률연구
제90호(2020. 4.), 36면, 註 7 참조.

한 2008년 Grunkin and Paul 사건 판결을 소개한다.[35]

가. 회사의 속인법: 유럽사법재판소의 Überseering 사건 판결 등[36]

(1) 사안

네덜란드법에 따라 설립된 회사인 Überseering B.V.[37]("Überseering")은 본거지를 독일로 이전한 뒤 독일 유한회사인 피고(Nordic Construction Company Baumanagement GmbH)를 상대로 1996년 계약위반에 따른 손해배상을 구하는 소를 뒤셀도르프 지방법원에 제기하였다. 법원은 본거지가 독일로 이동되었으므로 회사의 속인법이 네덜란드법에서 독일법으로 변경되었다고 보아 독일에서 설립되지 않은 Überseering의 법인격을 부정하였고, 권리능력에 기하여 당사자능력을 인정하는 독일 민사소송법(제50조 제1항)을 근거로 당사자능력을 부정하고 소를 각하하였다. 항소법원도 제1심의 판단을 지지하고 항소를 기각하였다. 이처럼 외국법에 따라 설립되었으나 독일에 본거지를 가진 법인의 법인격을 부정하고 존재하지 않는 것처럼 취급하는 것은 전통적인(또는 엄격한) 본거지법설의 논리적 귀결이었다.[38] 독일 연방대법원은 2000. 3. 30. 결정에 의하여 유럽사법재판소의 선결적 판단을 구하였다.[39]

(2) 유럽사법재판소의 판결

유럽사법재판소는 2002. 11. 5. 판결에서 아래의 취지로 판시하였다. 네덜란드법에 따라 유효하게 설립된 Überseering이 본거지를 독일로 이전한 경우, 독

---

35) 법인은 전적으로 법적 창조물임에 반하여, 자연인의 성명은 법의 밖에서도 사회적 실재를 가지는 점에서 차이가 있다. Grünberger(註 3), S. 125. 따라서 이는 성명의 경우 인간과 그를 둘러싼 환경 간에 구조적 연계가 필요하고, 구체적으로 법상태를 형성할 수 있는 제1국가는 사안과 밀접한 관련이 있는 국가여야 하는데 이는 전통적인 연결원칙으로부터가 아니라 EU 시민이 유럽연합법상 자유를 행사함으로써 결정된다고 한다.

36) C-208/00. Überseering 사건은 석광현(註 34), 37면 이하에서 소개한 바 있다.

37) B.V.(Besloten Vennootschap)는 네덜란드법상의 회사로 독일법의 유한회사에 상응한다.

38) von Bar/Mankowski(註 12), §7, Rn. 137; Junker(註 12), §13, Rn. 44; Heinrich Nagel/Peter Gottwald, Internationales Zivilprozeßrecht, 7. Auflage (2013), §5, Rn. 23 참조.

39) BGH, EuZW, 2000, 412, 413 = DB 2000, 1114. 쟁점은 첫째, 독일 법원이 본거지법설에 따라 독일법을 적용하여 Überseering의 권리능력과 당사자능력을 부정하는 것이 유럽공동체설립조약(제43조와 제48조)이 정한 영업소 설립(또는 설치)의 자유에 반하는지이고, 둘째, 그 경우 유럽공동체설립조약(제43조와 제48조)이 독일로 하여금 그의 권리능력과 당사자능력을 승인할 것을 요구하는지이다.

일 법원이 독일에서 통용되는 본거지법설에 따라 독일법이 속인법이라고 판단하고 그의 법인격을 부정하는 것은 유럽공동체설립조약(제43조와 제48조)[40]이 정한 영업소 설립(또는 설치)의 자유(freedom of establishment)에 반하여 허용되지 않고, 따라서 독일 법원은 Überseering의 법인격과 당사자능력을 승인해야 한다는 것인데 이는 결국 설립준거법설을 따르는 결과가 된다.

나. 성씨의 준거법: 유럽사법재판소의 Grunkin and Paul 사건 판결 등[41]

유럽사법재판소는 이런 법상태의 승인을 사람의 성(姓. 또는 姓氏)에서도 인정한 바 있다. 2008. 10. 14. Grunkin and Paul 사건 판결이 그것이다.

(1) 사안

덴마크에 거주하던 독일인 부부는 덴마크에서 출생한 아이의 성을 덴마크법에 따라 부모의 결합성인 'Grunkin-Paul'로 등록하였고[42] 그 후 독일로 이주하여 이를 등록하고자 하였다. 그러나 독일 당국은 독일의 국제사법인 민법시행법(EGBGB. 제10조)에 따른 성의 준거법인 독일법(민법 제1617조)상 결합성은 허용되지 않음을 이유로 등록을 거부하였다. 부부는 독일의 신분등록관청을 상대로 제소하였고 소송과정에서 독일 법원은 유럽사법재판소의 선결적 판단을 구하였다.

---

40) 이는 EU기능조약 제49조와 제54조에 상응한다. 제49조는 어느 회원국 국민이 다른 회원국 영토 내에서 가지는 영업의 자유에 대한 제한을 금지하고, 제54조는 등기된 사무소, 경영중심지 또는 주된 사무소를 EU 내에 가지고 어떤 회원국 법에 따라 설립된 회사 또는 기업은 그 회원국 국민인 자연인과 동일한 방법으로 취급됨을 명시한다.

41) C-353/06. 이는 석광현, "한국 국제사법 70년 변화와 전망", 청헌 김증한 교수 30주기 추모논문집(2018), 1214면에서 간단히 소개하였다. 상세는 Matthias Lehmann, Grunkin-Paul and Beyond, YBPIL, Vol. X 2008 (2009), p. 135 이하 참조.

42) 외국인의 출생등록은 우리에게는 생소하다. 이는 가족관계등록법 제1조가 국민의 출생·혼인·사망 등 가족관계의 발생 및 변동사항에 관한 등록과 그 증명에 관한 사항을 규정함을 목적으로 하는 탓에 외국인은 한국 가족관계등록부에 출생등록을 할 수 없기 때문이다. 그러나 근자에 법무부와 학계는 보편적 출생등록제와 출생통보제를 검토하고 있는데(서종희, "포용적 가족문화를 위한 보편적 출생등록제와 출생통보제", 2021. 6. 24. 개최된 이주·사회통합연구소 전문가 초청 온라인 세미나 발표자료 참조), 만일 그런 제도가 외국인에도 적용된다면 현재 유럽연합에서 보듯이 국제성명법이 중요한 논점으로 부각될 것이다. 참고로 우리나라에서도 발효한 아동권리협약(CRC) 제7조 제1항은 "아동은 출생 후 즉시 등록되어야 하며, 출생시부터 성명권과 국적취득권을 가지며, 가능한 한 자신의 부모를 알고 부모에 의하여 양육받을 권리를 가진다."라고 규정한다.

(2) 유럽사법재판소의 판결

유럽사법재판소는 어떤 사람이 출생국과 주소지국에서 성명을 유효하게 획득하였다면 다른 회원국은 자신의 국제사법과 실질법에 관계없이 이를 승인해야 한다는 취지로 판시하였다. 이를 부정하는 것은 유럽연합의 일차적 법(구 유럽공동체설립조약 제18조/EU기능조약 제21조)이 보장하는 EU 시민의 회원국 내 거주·이전(또는 이동)의 자유에 반한다는 것이다.43)

다. 위 판결들의 영향: 다른 회원국에서 형성된 법상태를 승인할 유럽연합법상의 의무

Überseering 사건에서 독일 하급심들은 회사의 준거법인 독일법의 요건을 구비하지 못하였음을 이유로 Überseering의 법인격과 당사자능력을 부정하였으나, 유럽사법재판소는 유럽공동체설립조약이 영업소 설립의 자유를 보장하는 결과 독일은 네덜란드에서 설립된 회사의 법인격과 당사자능력을 인정해야 한다고 판단하였는데, 이는 비록 독일의 준거법 지정에 반하더라도 독일은 다른 회원국에서 형성된 법상태를 승인해야 한다는 것이다.44) 또한 Grunkin and Paul 사건

---

43) 이 사건은 유럽사법재판소에 두 차례 회부되었는데 본안에 관한 판단은 제2차 회부의 결과이다(제1차 회부는 2006. 4. 27. Standesamt Stadt Niebüll 사건(C-96/04)인데 유럽사법재판소는 관할 없음을 이유로 각하하였다). 성씨에 관한 유럽사법재판소의 일련의 판결들은 회원국에 다른 회원국에서 결정된 바에 따른 성씨를 승인할 의무를 부과하였다. 위 Grunkin and Paul 사건에서는 EU 시민의 거주·이전의 자유(제21조)를 근거로, 2003. 10. 2. Carlos Garcia Avello v Belgian State 사건(C-148/02)에서는 국적에 기한 차별금지원칙(제18조)을 근거로 하였고, 그에 앞서 독일이 신분등록부에 그리스 이름을 로마 알파벳으로 고쳐서 표기하는 문제를 다룬 1993. 3. 30. Konstantinidis 사건(C-168/91)에서는 당시 설립조약 제52조(EU기능조약 제49조)가 정한 기본적 자유를 근거로 하였다. Mansel(註 29), S. 687ff. 참조. 그 밖에도 2010. 12. 22. Sayn Wittgenstein 사건(C-208/09), 2011. 5. 12. Runevič-Vardin 사건(C-391/09)과 2016. 6. 2. Bogendorff von Wolffersdorff 사건(C-438/14) 등이 있다. Kathrin Kroll-Ludwigs, Names of individuals, Encyclopedia, Vol. 2, p. 1285 참조. 유럽연합의 4개의 기본적 자유는 상품(물품), 서비스, 사람과 자본의 이동의 자유를 말한다. 박덕영 외(註 24), 278면(이주윤 집필부분). 박덕영 외(註 24), 237면(이철우 집필부분)은 셋째와 넷째 대신 노동자의 자유 이동과 설립의 권리를 열거한다.

44) MünchKomBGB/v. Hein, Band 12, 8. Auflage (2020), EGBGB Art. 3 Rn. 124. 독일은 Grunkin and Paul 사건 판결을 고려하여 최소한의 개정으로 2013년 독일 민법시행법 제48조를 신설하였다. 제1문은 "성명의 준거법이 독일법인 경우, 그것이 독일법의 본질적인 근본원칙에 반하지 않는 한, 그는 신분공무원에 대한 의사표시를 함으로써, 그가 다른 회원국에 상거소를 가지고 있는 동안에 획득하고 그곳 신분등록부에 등록한 성명을 선택

판결에서 유럽사법재판소는 어떤 사람이 출생국과 주소지국에서 성명을 유효하
게 획득하였다면 다른 회원국은 자신의 국제사법과 실질법에 관계없이 이를 승
인해야 한다고 판시함으로써 법상태의 승인을 다른 회원국에 등록된 성명에서도
인정하였다. 이러한 법상태의 승인에 따르면 어느 회원국에서 등록된 사람의 성
명과 혼인관계 등은 다른 회원국에서 유효한 것으로 승인됨으로써 파행적 신분
관계를 막을 수 있다. 결국 유럽연합은 EU기능조약의 기본적 자유로부터 적어도
국제성명법과 국제회사법의 영역에서 다른 회원국에서 형성된 법상태의 승인을
의무로서 요구하고 있다.[45] 이런 기초 위에서 국제성명법에 관한 규정(Regulation)
을 제정하자는 제안이 있고 학자들에 의하여 성안된 초안이 2016년에 발표된 바
있다.[46]

3. 외국에서 형성된 법상태의 승인에 관한 유럽연합 위원회의 녹서와 EU문서 규정

Jayme와 Kohler는 일찍이 2001년에 '방법의 변화(Methodenwechsel)',[47] 즉

할 수 있다."고 규정한다. 이를 법상태의 승인원칙을 수용한 것이라고 평가하기도 하나
(Christian Kohler, Towards the Recognition of Civil Status in the European Union,
YBPIL, Vol. XV 2013/2014 (2014), p. 23), 정확히는 성명의 준거법이 독일법인 경우에
성명 선택을 허용하는 실질법규칙이다. 그런 이유로 제48조는 국제사법에 관한 제2장이
아니라 제3장(적응. 유럽연합의 다른 회원국에서 취득한 성명의 선택)에 포함되어 있다.
Junker(註 12), §13 Rn. 35. 외국에서의 등록이 적법한 것이어야 하는지는 논란의 여지가
있으나 이는 유럽연합 내에서 통일적 성명을 보장하기 위한 것이고 유럽연합법은 적법성
심사를 알지 못함을 이유로 부정하는 견해가 있다. Mankowski(註 2), S. 327.

45) Junker(註 12), §5, Rn. 21.
46) Rolf Wagner, Zwanzig Jahre justizielle Zusammenarbeit in Zivilsachen, IPRax (2019),
S. 196, Fn. 167 참조. 그 밖에 개인의 민사신분 문제에 대한 국제적 협력을 촉진하고 국
제적으로 호적부서의 운영을 촉진하기 위해 설립된 정부간 기구인 국제민사신분위원회
(International Commission on Civil Status: ICCS)(프랑스어로는 'Commission Inter-
nationale de l'Etat Civil', CIEC)가 채택한 협약들이 있다. 즉 1958년 성명의 변경에 관
한 협약(협약 번호 4. 이스탄불협약)(제3조), 1973년 민사신분등록부에의 등록에 관한 협
약(협약 번호 14. 베른협약), 1980년 "성명의 준거법에 관한 협약"(협약 번호 19. 뮌헨협
약)과 2005년 성명의 승인에 관한 협약(협약 번호 31. 안탈리아협약) 등이 있다. Mansel
(註 29), S. 713; Lehmann(註 41), p. 153; Kroll-Ludwigs(註 43), p. 1284. CIEC의 개요
는 Walter Pintens, CIEC/ICCS (International Commission on Civil Status), Encyclo-
pedia, Vol. 1, p. 330 이하 참조.
47) 이탈리아의 Fausto Pocar는 이를 '유럽의 국제사법 혁명'이라고 불렀다. Jayme/Kohler(註
2), S. 514.

"준거법의 지정이라는 방법으로부터 승인이라는 방법에로(von der Methode der Verweisung zu einer Methode der Anerkennung)"의 변화를 진단하였는데, 그 결과로 준거법에 대한 질문이 점점 관심을 잃게 되고 승인원칙이 고전적인 국제사법에 대한 교정수단이자 더 선호되는 대안이 될 것이라는 것이었다.[48] Lagarde는 국제사법규범의 통일이 필요하거나 시의적절한지 아니면 상황 또는 재판의 상호승인으로 족한 것은 아닌지라는 의문을 제기한 바 있다.[49]

이런 논의를 계기로 유럽연합 위원회의 2004년 문서[50]는 다양한 유형의 문서에 대한 승인과 민사신분의 상호승인의 촉진의 중요성을 강조하였고, 2010년에는 위에서 언급한 녹서를 간행하여 다양한 유형의 문서에 대한 승인과, 민사신분의 상호승인의 촉진이 중요함을 강조하였다.[51] 전자는 회원국 간에 인증절차를 제거함으로써 문서의 자유로운 이동을 보장하고, 후자는 특정 민사신분기록(예컨대 친자, 입양, 성명과 관련된)의 내용에 관한 것으로 어느 회원국에서 부여된 법적 신분이 다른 회원국에서도 승인되고 동일한 법적 결과를 가지도록 하므로 여기에서는 법원 판결에서와 달리 '문서(*Instrumentum*)'와 '내용(*Negotium*)'이 준별된다.[52][53] 전자에 대하여는 광범위한 지지가 있었음에 반하여 후자에 대하

---

48) Jayme/Kohler(註 2), S. 501; Grünberger(註 3), S. 89. 이후 경과는 Grünberger(註 3), S. 89, S. 121 참조. 승인원칙의 의미에 관하여는 Janis Leifeld, Das Anerkennungsprinzip im Kollisionsrechtssystem des internationalen Privatrechts (2010), S. 163ff. 참조.

49) Lagarde(註 4), p. 229.

50) COM (2004) 401 final. Communication (예컨대 para. 2.7 참조).

51) 녹서는 결론 부분에서 공문서의 이동과 민사신분의 상호승인원칙의 적용이라는 점에서 시민의 삶을 개선하는 방안에 대한 이해관계인들의 지침과 의견수렴을 위하여 공개 협의를 시작함을 밝히고 있다.

52) Paul Lagarde, The Movement of Civil-Status Records in Europe, and The European Commission's Proposal of 24 April 2013, YBPIL, Vol. XV 2013/2014 (2014), p. 2; Heinz-Peter Mansel, Methoden des internationalen Privatrechts-Peronalstatut: Verweisung und Anerkennung, Martin Gebauer *et al.*, Die Person im Internationalen Privatrecht: *Liber Amicorum* Erik Jayme (2019), S. 34.

53) 유럽의회는 위 계획을 지지하고 규정의 채택을 요구하였으며 나아가 유럽 국제사법전의 채택을 다시 요구하였다. 2014. 3. 4. REPORT on the mid-term review of the Stockholm Programme (2013/2024 (INI)), para. 43. 이를 포함하여 유럽연합 국제사법의 다양한 방법과 장단점은 Giesela Rühl/Jan von Hein, Towards a European Code on Private International Law, RabelsZ, Band 79 (2015), S. 701ff. 참조. 위 저자들은 포괄적 국제사법 입법에 반대하고 현재처럼 분야별 입법을 추진하면서 통합을 위한 다양한 작업을 하는 방안을 제안한다.

여는 견해가 크게 대립되었다. 이에 따라 위원회는 EU기능조약(제21조 제2항. 제81조가 아니라)에 근거하여 2012년 "유럽연합에서 일정 공문서의 인정을 단순화하고 규정(EU) 번호 1024/2012를 수정하여 시민과 기업의 자유로운 이동을 촉진하기 위한 유럽 의회 및 이사회 규정의 초안"[54]을 제안하였고 마침내 2016년 "유럽연합에서 일정 공문서의 인정을 단순화하고 규정(EU) 번호 1024/2012를 수정하여 시민과 기업의 자유로운 이동을 촉진하기 위한 2016. 7. 6. 유럽 의회 및 이사회 규정(번호 2016/1191)"[55](독일에서는 이를 "EU문서규정(EUUrkVO)"이라 하는데 "Apostille 규정"이라고도 한다)을 채택하였다. 그러나 EU문서규정은 녹서가 당초 추구하였던 두 가지 목표 중 전자, 즉 공문서의 자유로운 이동만으로 그 범위가 축소되었는데[56] 그 이유는 결국 광범위한 지지가 없었기 때문이다.[57] 일정한 공문서의 진정성을 규율하는 EU문서규정의 결과 EU회원국 간에 Apostille의 요건이 부분적으로 폐지되었다. EU문서규정은 일정한 사실(출생, 사망, 성명, 혼인, 이혼, 생활동반자관계, 혈통, 입양, 주소와 거소, 국적 등 제2조 제1항이 열거하는 사실)의 증명을 일차적 목적으로 하는 회원국의 공문서에 적용된다.

결국 유럽연합은 이차적 법을 통하여 민사신분기록의 효력을 승인함으로써 준거법의 지정을 갈음(또는 보완)하는 법상태의 승인원칙을 도입하려던 계획은 아직 실행하지 못하고 있는 상태이다.[58]

---

54) Proposal for a Regulation of the European Parliament and the Council on promoting the free movement of citizens and businesses by simplifying the acceptance of cer-tain public documents in the European Union and amending Regulation (EU) No 1024/2012 [COM(2013) 228 final]. 초안의 소개는 Lagarde(註 52), p. 1 이하 참조.

55) Regulation (EU) 2016/1191 of the European Parliament and of the Council of 6 July 2016 on promoting the free movement of citizens by simplifying the requirements for presenting certain public documents in the European Union and amending Regulation (EU) No 1024/2012. 이는 2019. 2. 16. 발효되었다.

56) 2012년 초안(제2조 제2항)은 "동 규정은 다른 회원국의 당국이 발행한 공문서의 내용을 회원국에서 승인하는 데는 적용되지 않는다."고 명시하였으나 2016년 규정(제2조 제4항)은 밑줄 친 부분 대신에 "공문서의 내용과 관련된 법적 효력을"이라고 규정한다.

57) Lagarde(註 52), p. 3.

58) Junker(註 12), §5, Rn. 20.

Ⅳ. 법상태의 승인의 이론적 기초로서의 기득권이론[59]

국제사법 역사의 초기(1030년-1250년경 사이) 이래 법규를 내용에 따라 人法 (statuta personalia), 물법(statuta realia)과 혼합법(statuta mixta)으로 분류하고 그의 장소적 적용범위를 정하는 이탈리아의 법칙학설(또는 법규분류설. statute theory, Statutentheorie)이 통용되었다.[60] 법칙학설 극복의 단초는 독일의 Wächter(1797-1880)가 열었으나, 이를 완벽하게 극복한 것은 Friedrich C. von Savigny(1779-1861)가 1849년 간행한 '현대 로마법체계(System des heutigen Römischen Rechts)' 제8권을 통하여 정립한 국제사법이론("법률관계의 본거이론")의 공이라고 평가된다.[61] 우리 국제사법을 포함한 현대 국제사법은 기본적으로 Savigny의 체계를 따르고 있다.

1. Ulrik Huber의 국제사법이론과 기득권이론[62]

Huber(1636-1694)는 법칙학설이 지배하던 17세기 네덜란드학파의 국제사법학자로 영미 국제사법에 큰 영향을 미친 인물로 평가된다.[63] Huber는 1689년 저서(*Praelectionum juris civilis, tomi tres*)에 수록된 "*de conflictu legum diversarum in diversis imperiis*(상이한 국가들 내의 상이한 법규의 저촉에 관하여)"라는 제목의 짧은 논문에서 널리 알려진 세 가지 원칙을 정립하였는데, 주목할 것은 외국법 적용의 근거인 셋째 원칙이다. 이는 다음과 같다.

---

59) Sonnenberger(註 7), S. 375ff. 참조.

60) 이호정(註 23), 40면 이하; Friedrich K. Juenger, Choice of Law and Multistate Justice (1993), p. 11 이하; von Bar/Mankowski(註 12), §6, Rn. 10ff. 참조.

61) 이호정(註 23), 58-59면. Savigny의 국제사법이론은 각 법률관계에 대하여 그 법률관계가 그 특성상 속하는 법영역, 즉 법률관계가 그의 본거(Sitz, seat)를 가지고 있는 지역의 법이 준거법이 된다고 하여, 법률관계로부터 출발하여 그의 본거를 탐구하는 방향으로 국제사법의 접근방법에 있어서 '코페르니쿠스적인 전환(kopernikanische Wende)'을 가져왔다는 평가를 받고 있다. Paul Heinrich Neuhaus, "Abschied von Savigny?", RabelsZ, Band 46 (1982), S. 7. Savigny의 국제사법이론의 개관은 Michael Sonnentag, Savigny, Friedrich Carl von, Encyclopedia, Vol. 2, p. 1609 이하 참조.

62) 'Ulrik' 대신에 'Ulricus' 또는 'Ulrich'를 쓰기도 한다.

63) 1797년 미국 연방대법원의 *Emory v. Grenough*, 3. U.S. (3 Dall.) 369, 389 n. (a), 1 L.Ed. 640 (1797) 판결은 Huber의 원칙의 번역을 담고 있다고 한다. Peter Hay *et al.*, Conflict of Laws, 5th edition (2010), §2.7.

"Sovereigns will so act by way of comity that rights acquired [the laws (*iura*) of each nation having been applied] within the limits of a government retain their force everywhere so far as they do not cause prejudice to the powers or rights of such government or of their subjects (통치자들은 어느 통치자의 영토 안에서 획득된 권리가[각 국가에서 적용된 법이], 다른 국가의 통치자와 신민의 권력과 권리를 해하지 아니하는 한 어디서나 그 효력을 보유하는 것으로 예양에 기하여 승인할 수 있다."[64]

이것이 '예양에 의한 승인(Anerkennung kraft comity)'이다. Huber에 의하여 주권과 예양은 국제사법의 중심개념이 되었으나 예양을 통한 승인의 한계는 분명하지 않았다. 즉 Huber는 법칙학설처럼 법규의 분류로부터 그 적용범위를 획정하는 접근방법(즉 일방주의) 대신에, 주권과 예양이라는 개념과 *ius gentium*(만민법)에 기초한 독특한 국제사법체제를 구축하였고, 국제사법의 구속력이 상호편의와 국가들 간의 묵시적 합의에 근거한 것이라고 보아 국제법의 일부라고 파악하였다.[65]

---

64) 위 영문은 Ernest G Lorenzen, *Huber's De Conflictu Legum*, 13 U. Ill. L. Rev. 375, 403 (1919)의 번역이다. 위 논문 말미(p. 401 이하)에는 Appendix로 Huber의 논문의 원문과 영문번역이 수록되어 있다. 위와 같이 "획득된 권리"라고 번역하면 기득권이론과 연결되는 반면에 괄호 안처럼 "적용된 법률"이라고 번역하면(예컨대 이호정(註 23), 52면; 장문철, "국제사법의 역사와 발전방향", 국제사법연구 제3호(1998), 22면) 예양이 외국법의 적용근거라는 점이 부각된다. Hay *et al.*(註 63), §2.5는 양자를 묶어 "Out of courtesy, foreign laws may be applied so that rights acquired under them can retain their force, provided that they do not prejudice the state's powers or rights."라고 번역하고 Symeon C. Symeonides, Choice of Law (2016), p. 50도 같다. Nikitas Hatzimihail, Preclassical Conflict of Laws (2021), p. 361의 번역도 참조. Mathijs Ten Wolde, Huber, Ulrik, Encyclopedia, Vol. 1, p. 384는 외국법 적용의 근거로서의 예양을 규율상 예양이라면서 재판상의 예양 및 집행상의 예양과 대비한다. 위 논문의 독일어 번역은 Max Gutzwiller, Geschichte des Internationalen Privatrechts: Von den Anfängen bis zu den grossen Privatrechtskodifikationen (1977), S. 156ff. 참조. Davies, D. J. Llewelyn, The Influence of Huber's *De Conflictu Legum* on English Private International Law, 18 Brit. Y. B. Int'l L. 49, 64 (1937) 이하에도 영문 번역이 있다.

65) Lorenzen(註 64), p. 378; Wolde(註 64), pp. 876-877 참조. Wolde는 Huber가 국제사법을 제1차적 *ius gentium (ius gentium primaevum)*(자연법)이 아니라 제2차적 *ius gentium (ius gentium secundarium)*(실정법)으로 이해하였다고 설명한다. Juenger(註 60), p. 21은 국제사법에 대한 Huber의 기여를 첫째, 법칙학설의 몰락을 예고한 점, 둘째, 국제사법을 국제법 안에 정초한 점, 셋째, 재판의 조화를 강조한 점, 넷째, 기득권이론을 선구(先驅)한 점과 다섯째, 공서 유보를 도입한 점이라고 평가한다. 국제사법의 각론(즉 다양한 연결대상에 대한 Huber의 연결원칙)은 Lorenzen(註 64), p. 378 이하 참

그러나 권리를 보호한다는 것은 그 권리를 발생시킨 법체계에 효력을 부여
하는 것이다. 즉 기득권은 어떤 법을 적용한 결과로서 취득하는 것이므로, 기득
권이론(vested rights theory)은 기득권이 있는지는 우선 그 법을 지정한 다음에
비로소 가능하다는 점을 간과한 것이라는 비판을 받았다. 특히 Wächter로부터
1842년 통렬한 비판, 즉 기득권이론은 순환논리에 빠진다는 비판66)67)을 받은 뒤
로는 Huber의 견해는 독일과 유럽대륙에서는 별로 지지를 받지 못하였다. 더욱

조. 각국이 입법을 통하여 국제사법을 가지게 된 오늘날 각국 법원은 준거법인 외국법을
적용할 의무를 부담하는데, Wolde(註 64), p. 876은 Huber가 국가들이 법적으로 국제사
법에 구속됨을 주장하고 그의 법적 기초를 제공한 최초의 학자라고 평가한다. 또한 von
Bar/Mankowski(註 12), §6 Rn. 36은, 근거는 논란의 여지가 있지만 Huber는 연결점과
법규로부터가 아니라 법률관계로부터 그 준거법을 찾는 접근방법을 최초로 채택하였다고
평가한다. 네덜란드 학파가 외국법 적용에 큰 관심을 가진 것은 근대 유럽에서 국민국가
의 출현과 함께 프랑스 법학자인 Jean Bodin (1530-1596)의 속지적 주권개념이 널리 확
산되었기 때문인데(Symeonides(註 64), p. 49) Bodin은 주권 개념을 최초로 체계화한
사람이다. 정인섭, 신국제법강의 — 이론과 사례 제10판(2020), 11면.
66) Carl Georg von Wächter, Über die Collision der Privatrechtsgesetze verschiedener
Staaten, 24 Archiv für die civilistische Praxis 230 (1841) and 25 Archiv für die civili-
stische Praxis 1-9 (1842)(Juenger(註 60), p. 32와 Michaels(註 29), p. 229, Fn. 160에
서 재인용). Ralf Michaels, Wächter, Carl Georg von, Encyclopedia, Vol. 2, p. 1827도
참조. 법실증주의자로서 국제사법적 사고의 출발점으로서 법정지법의 중요성을 강조한
Wächter의 이론은 20세기 후반 미국의 Ehrenzweig의 법정지법 접근방법 또는 Currie의
정부이익분석 접근방법과 유사하다는 평가도 있다. Hay *et al.*(註 63), §2.6. Savigny도
Wächter와 같은 취지로 비판하였다. Jürgen Basedow, Vested rights theory, Encyclo-
pedia, Vol. 2, p. 1815. 즉 기득권이론은 권리 발생의 준거법을 지정하는 정교한 국제사
법규칙 없이는 존속할 수 없다는 것이다. 다만 이런 비판은 오해의 소지가 있다. 즉
Michaels(註 29), p. 234가 지적하듯이, 기득권이론도 어떤 법체계에 의하여 기득권이 발
생한 이상 그의 집행은 다른 법에 의하여 규율된다고 함으로써 권리의 발생과 그의 집행
을 구별하는 것이지 권리의 발생에 준거법이 불필요하다고 하는 것은 아니기 때문이다.
67) Michaels(註 29), p. 226 이하에서 Michaels는 과거 기득권이론에 대하여 제기되었던 것
과 동일한 비판이 기원국법원칙에 대하여 제기됨을 지적하면서 다양한 비판들(준거법결
정의 필요성, 순환론, 기원국의 불확정, 불충분성, 형식주의와 정책)을 검토한다. 가장 중
요한 것은 기원국법원칙(기득권이론)을 따를 경우 당해 사안을 규율하는 목적지국(승인
국 또는 제2국가)의 규제법률을 제한하게 되어 정책적으로 부당하다는 것이고(p. 232)
이는 독점규제법의 영역에서 두드러진다고 한다. 또한 전통적인 준거법 지정은 가장 밀접
한 관련이 있는 법을 지정하는 결과 가장 큰 규제이익을 가지는 국가의 법이 준거법이 되
는 데 반하여, 기원국법원칙은 반대로 강한 규제에 대해 별로 관심이 없는 승인국의 법을
지정하게 되는 결과 양자 간에는 단순히 방법만 다른 것이 아니라 원칙상의 차이가 있다
고 지적한다. Michaels(註 29), p. 238. 그러면서 이제는 유럽연합의 국제법적 환경이 과
거와 달라졌으므로 기원국법주의는 이런 비판을 반박할 수 있다면서 이를 구체적으로 논
증한다.

이 대륙법에서는 예양이라는 개념은 자의적이고 모호하다는 이유로 선호하지 않으며 그 결과 네덜란드학파를 별로 중시하지 않는다고 한다.[68][69] 그렇더라도 영미 국제사법의 발전에 대하여 Huber의 위 논문보다 더 큰 영향을 미친 저작은 없다고 한다.[70][71] 흔히 거론되는 원인들은 아래와 같다.

　　Huber의 첫째 원칙은, 각 국가의 법률은 그 영토 안에서만 적용되며 그의

---

68) 이런 차이는 국제사법의 성질과 법적 기초에 대한 이해의 차이에서 비롯된 것인데, 대륙 법계 법률가들이 영국 법률가들과 달리 예양을 정의(justice)에 대비되는 개념으로 이해하 는 것도 영향을 미쳤다는 평가도 있다. Lorenzen(註 64), p. 398 이하. 유럽과 미국 관점 에서의 비판은 Lehmann(註 5), p. 30, Fn. 109 참조. Tim W Dornis, Comity, Encyclopedia, Vol. 1, p. 384는, Savigny는 국가의 이익과 정책을 형량하는 대신 각 법률관계로 부터 출발하여 그의 본거를 탐구하는 기술적 규칙을 도입함으로써 저촉법을 예양으로부 터 해방시켰고, 이런 기계화의 결과 유럽 국제사법은 국제적 예양을 인정하는 데 거부감 을 가지게 되었다면서도, 서로 교통하는 제국민의 국제법적 공동체라는 관념으로부터 출 발하는 Savigny의 국제사법이론은 저촉법의 기초로서 주권국가 간의 협력을 기대하는 점 에서 국제적 예양에 근거한 것이라고 평가한다. 즉 Story와 Savigny가 모두 예양의 개념 을 사용하였으나 그 개념이 다르다는 것이다. 미국에서 예양의 개념이 널리 사용되는 것 은 Story의 영향이다. Ralf Michaels, Story, Joseph, Encyclopedia, Vol. 2, p. 1666. 우리 법상 예양에 관한 단편적인 논의는 석광현, 국제민사소송법(2012), 21면 참조.

69) 우리 국제사법도 '기성사실(*fait accompli*)'을 존중한다. 예컨대 외국에서 물건의 소유권 이 매수인에게 이미 이전된 경우처럼 물권법적 요건이 완성된 뒤에 물건이 국내에 들어 온 경우에는 매수인의 소유권 취득은 국내에서도 존중된다. 석광현, 국제사법 해설(2013), 237면 참조. 이를 '기득권(vested right)'으로 설명하기도 하고(Felix Berner, Kollisionsrecht im Spannungsfeld von Kollisionsnormen, Hoheitsinteressen und wohlerworbenen Rechten, Martin Gebauer und Stefan Huber (Hrsgs.), Politisches Kollisionsrecht (2021), S. 5 등) 양자 간에 공통점이 있기는 하나, 이는 우리 국제사법이 지정하는 준거 법에 따라 이미 취득한 권리가 추후 준거법의 변경이 있더라도 존중된다는 것이므로 제2 국가의 준거법 통제를 포기하는 기득권이론과는 다르다.

70) Lorenzen(註 64), p. 375; Juenger(註 60), p. 21. Michaels는 미국은 결코 Savigny의 국 제사법이론을 전면적으로 수용한 적이 없고, 유럽과 달리 Savigny가 확립한 공·사법의 명확한 구별을 채택하지도 않았다고 평가한다. Ralf Michaels, Towards a Private International Law for Regulatory Conflicts, Japanese Yearbook of International Law, Vol. 59 (2016), p. 182.

71) 네덜란드학파의 대표자는 외국법 적용의 근거로서 예양(*comitas*)을 처음을 도입한 Voet 부자(父子)라고 평가하는 것이 정당하나 Huber의 영향이 컸던 이유는 그가 위 학파의 이 론을 가장 대담하고 단정적으로 표현한 탓이라고 한다. Lorenzen(註 64), p. 394. Johannes Voet(1647-1714)는 부(父)인 Paulus Voet(1619-1667)의 이론을 계승·발전시 켜 포괄적 체계를 완성하였다. Voet 부자(父子)에 관하여는 Mathijs Ten Wolde, Voet, Paulus and Johannes, Encyclopedia, Vol. 2, p. 1820 이하 참조. 위 양인의 국제사법이 론은 영미 국제사법에 큰 영향을 미쳤지만 현대 네덜란드 국제사법은 Savigny의 이론에 기초한 탓에 그에 대하여는 큰 의미를 부여하지 않는다고 한다.

모든 신민을 구속하나, 영토 밖으로는 미치지 못한다는 것이고, 둘째 원칙은, 한
국가의 영토 안에 있는 모든 사람은, 영주자든 일시적 거주자든 그 국가의 신민
으로 본다는 것인데, 양자는 법칙학설의 분류를 거부하고 프랑스의 *d'Argentré*
(1519-1590)에 의하여 강조되었던 속지주의[72]를 국제사법에서 주요한 작용원칙
으로 고양시켰던바(따라서 人法도 속지주의에 따른다), 당시 봉건주의 하에 영국 보
통법이 속지주의적 성격을 가진 탓에 영국은 Huber의 견해를 선호하게 되었
다.[73] 또한 위에서 본 것처럼 Huber는 주권과 주권국가의 개념을 강조하였는데,
이는 국제법학자인 Hugo Grotius의 견해와 당시 네덜란드가 힘겹게 쟁취한 독
립국가로서의 자부심의 영향을 받은 탓이고, 그 결과 과거처럼 법규 또는 관습
의 충돌이 아니라 주권국가의 법률의 충돌이 문제되었다.[74] 나아가 기득권이론
은 개인들은 정부가 빼앗을 수 없는 권리를 가진다는 초기 자유주의 사상으로부
터 등장하였는데, 이러한 보호가 타고난 권리에 국한되지 않고 획득한 권리에까
지 확장되어야 한다는 것으로 신흥 상거래가 흥하는 시대적 배경 하에 태어난
것이다.[75] von Bar와 Mankowski는 Huber의 독립적 정신이 예양이론과 기득권
이론을 국제사법의 보호대상으로 삼음으로써 협애한 중세의 법칙분류학설을 타
파하는 결정적 돌파구가 되었고 그 이유로 영미의 이론과 실무에서 매혹적인 대
상이 되었다고 한다.[76] 또한 17세기 후반 윌리엄 Ⅲ세가 영국과 네덜란드의 왕

---

72) 현대 국제사법에서 속지주의는 일방 속인주의와 대비되고(규범의 적용범위 또는 효력범
   위를 결정하는 법리), 타방 보편주의와 대비된다(규범과 법률관계의 사실상의 효력이 미
   치는 범위를 결정하는 법리). Jan Kropholler, Internationals Privatrecht, 6. Auflage
   (2006), S. 152f. 속지주의는 재판관할권과 국제도산에서도 사용되는데, 속지주의의 다양
   한 의미와 기능은 Toshiyuki Kono, Territoriality, Encyclopedia, Vol. 2, p. 1702 이하
   참조. 역외적용은 속지주의에 대한 예외로서 의미가 있는데 이는 특히 독점규제법과 같은
   규제법의 영역에서 중요한 기능을 한다. Michaels(註 70), p. 186. Brainerd Currie의 정
   부이익분석이론에 따르면 사법(私法)을 포함한 모든 입법이 정부의 규제이익을 표현하는
   규제로 보게 된다. Michaels(註 70), p. 184.

73) Lorenzen(註 64), p. 394; Hay *et al.*(註 63), §2.5.

74) Junker(註 12), §4, Rn 13.

75) Michaels(註 29), p. 240.

76) von Bar/Mankowski(註 12), §6, Rn. 34. Huber의 국제사법이론의 상세는 Hatzimihail
   (註 64), p. 351 이하 참조. Huber가 국제사법의 아버지라는 설명도 보이나(Sung Pil
   Park, Harmonizing Public and Private International Law: Implications of the Apple
   vs. Samsung IP Litigation, Ⅶ Journal of East Asia & International Law 2 (2014) 363),
   이탈리아의 Bartolus가 국제사법의 아버지라는 것이 정설이다. 이호정(註 23), 46면; 최병
   조, "바르톨루스 〈법률들의 저촉에 관하여〉"[번역논문], 서울대학교 법학 제34권 제3·제

이었고, 영국 특히 스코틀랜드의 법학도들이 법학수학을 네덜란드에서 마치는 것이 관례였던 사실도 일조하였다.[77] 그 밖에도 예양이론이 미국에서 널리 수용된 것은, 미국의 저명한 대법관이자 교수인 Joseph Story(1779-1845)가 포괄적인 최초의 영문 국제사법 저술인 "Commentaries on the Conflict of Laws, Foreign and Domestic(외국과 내국의 국제사법 해설)"에서 Huber의 예양이론을 설명하고 그를 기초로 국제사법이론을 구축한 탓이기도 하다.[78]

2. 영미의 기득권이론(vested rights theory)의 발전

Huber의 예양이론은 영국의 Dicey와 미국의 Joseph Beale에 의하여 정교하게 다듬어져서 기득권(vested rights)이론으로 발전하였다.[79] 즉 Huber의 이론은 Dicey를 통하여 미국으로 흘러들어 갔고 Beale의 First Restatement of Conflict of Law (1934)의 이론적 기초를 형성하였다.[80]

영국의 Albert Venn Dicey는 1896년에 다음과 같이 기술하였다.[81]

4호(1993), 245면. Pietro Franzina, Bartolus, Encyclopedia, Vol. 1, p. 157도 동지이나 그를 국제사법학의 창설자(founder)라고 하는 것은 과도할 것이라고 평가한다. Bartolus 전의 이론은 위 Hatzimihail과 Nikitas Hatzimihail, On the Doctrinal Beginnings of the Conflict of Laws, YBPIL, Vol. XXI 2019/2020 (2021), p. 101 이하 참조.

77) Lorenzen(註 64), p. 394.

78) Hay et al.(註 63), §2.6; Wolde(註 64), p. 879-880. 후자는 외국에서의 행위가 유효한 한 다른 국가는 국제법상 외국법을 적용할 의무를 부담한다고 본 Huber와 달리 Story는 외국법의 적용 여부는 국가 예양의 문제로 상호이익과 문제된 이익의 효용에 따라 판단할 사항으로서 의무는 아니라고 보았다고 한다. Michaels(註 68), p. 1662는 이 점을 언급하면서도 당시 미국에서 예양은 구속력이 없다는 인식이 널리 수용되었고, 각 주의 권한을 제한하는 점에서 연방주의와도 부합하였기에 중요한 차이는 아니라고 한다. Story가 말하는 예양의 취지는 Michaels(註 68), p. 1662; Lorenzen(註 64), p. 397 참조. 참고로 "Private international law"라는 명칭은 Story에게서 비롯되었는데 다양한 법률관계별로 준거법 지정원칙을 다룬 Story의 저작은 Savigny에게도 영향을 미쳤다. Michaels(註 68), p. 1663 이하 참조. 독일에서는 19세기 가장 중요한 국제사법 학자로 대체로 Savigny, Story와 Pasquale Stanislao Mancini를 든다. Kropholler(註 72), S. 13; Sonnentag(註 61), p. 1609.

79) Sonnenberger(註 7), S. 376; Lehmann(註 5), p. 30, Fn. 108.

80) Michaels(註 29), p. 214; Juenger(註 60), p. 27. 1760년 *Robinson v. Blond*과 *Holman et al v Johnson* (1775) 사건에서 영국 법관은 Huber의 견해에 전적으로 동의한 바 있다고 한다. Sonnenberger(註 7), S. 375, Fn. 13.

81) Sonnenberger(註 7), S. 376. Basedow(註 66), p. 1814도 참조.

> "Any right ⋯ <u>duly acquired</u> is enforced or, in general, recognized by English Courts."

한편 20세기 초 미국의 가장 영향력 있는 학자로서 위 First Restatement의 보고자인 Beale은 1935년에 다음과 같이 기술하였다.[82]

> "A right having been <u>created by the appropriate law</u>, the recognition of its existence should follow everywhere."

Beale의 견해는 실무에 큰 영향을 미쳤고 법원들도 이를 따랐다.[83][84] Dicey 와 Beale의 이론은 어느 법제 하에서 획득한 권리는 다른 곳에서 구속력이 있다는 것이고,[85] 역외적 효력은 외국법 자체가 아니라 외국법이 창설한 권리에 대하여 부여된다는 식이다. 그러나 그러한 이론은 1960년대 이후 미국 국제사법 혁명의 결과 영향력을 상실하였고 영국에서도 유사하였다. 특히 Dicey의 뒤를 이은 Morris는 1949년에 이미 Dicey의 공식을 아래와 같이 대체함으로써 국제사법규칙에 따라 권리가 취득되어야 함을 명확히 하였다.[86]

> "Any right ⋯ <u>acquired according to the English rules of the conflict of laws ...</u>"

---

82) Beale, Treatise on the Conflict of Laws, 1935 III 1969(Sonnenberger(註 7), S. 376에서 재인용). Basedow(註 66), p. 1814도 참조.
83) Michaels(註 70), p. 183.
84) First Restatement, Conflict of Laws (1934)는 불법행위지법을 불법행위의 준거법은 불법행위지법이라고 규정하고(제378조), "불법행위지에서 불법행위의 소인(cause of action)이 창설되면 그 소인은 다른 국가들에서 승인된다"(If a cause of action in tort is created at the place of wrong, a cause of action will be recognized in other states.)고 규정한다(제384조 제1항). 즉 Restatement도 불법행위지를 연결점으로 규정하기는 하나, 우리 국제사법 제32조 제1항(개정법 제52조 제1항)("불법행위는 그 행위가 행하여진 곳의 법에 의한다.")처럼 불법행위의 준거법을 지정하기보다는, 법원의 임무는 불법행위지에서 획득한 기득권을 집행하는 것이라고 파악한다는 것이다. Shimon A. Rosenfeld, Conflicts of Law in Product Liability Suits: Joint Maximization of States' Interests, 15 Hofstra Law Review, 139, 140-141 (1986); Basedow(註 66), p. 1813.
85) Michaels(註 66), p. 1827.
86) Dicey/Morris, 6. Auflage (1949), 11, 12(Sonnenberger(註 7), S. 377, Fn. 21에서 재인용).

3. 준거법 지정에 갈음하는 승인원칙의 대두와 기득권이론의 부활?

위에서 본 것처럼 법상태의 승인원칙에 따르면 독일은 회사의 설립이라는
네덜란드에서 형성된 법상태를 준거법 통제 없이 승인해야 하고(Überseering 사
건), 어떤 사람이 덴마크에서 성명을 유효하게 획득하였다면 독일은 그런 법상태
를 준거법 통제 없이 승인해야 한다(Grunkin and Paul 사건). 법상태의 승인과
Huber의 기득권이론과의 유사성에 주목하여 이를 기득권이론의 부활(또는 소생)
이라고 묘사하기도 한다.[87] 나아가 Michaels는 "기득권이론은 국가가 탄생하기
전의 이론으로서 국가주의의 전성기에 몰락하였지만, 이제 유럽연합에서 국가의
주권이 다시 제한되는 탈국가적 상황이 초래되었으니 기득권이론의 등가물(equi-
valent)도 재탄생하는 것은 놀라운 일이 아니"라고 한다.[88] 즉 법상태의 승인원
칙은, 유럽 국가들이 유럽연합이라는 법공동체(특히 유럽연합이 지향하는 EU 시민
들의 "자유, 안전 및 정의의 지역(an area of freedom, security and justice)"[89]으로서의
공동체(유럽공동체설립조약 제61조 이하. EU기능조약 제67조 이하. 위 조약 제Ⅴ장의 제
목)로 이행하는 과정에서 개별국가의 주권이 제한됨에 따라 발생하는 문제라는
것이다. 이는 연방국가인 미국 연방헌법의 Full Faith and Credit Clause(제Ⅳ조
제1항)를 연상시킨다.[90] 이는 위에서 본 것처럼 EU 회원국은 물품 및 서비스의
공급자에 대하여 본국에서 부과하는 의무를 초과하는 의무를 부과할 수 없다는

---

87) 예컨대 Michaels(註 29), p. 241; Basedow(註 66), p. 1816.

88) Michaels(註 29), p. 241.

89) 박덕영 외(註 24), 254면(이철우 집필부분)은 "자유·안전·정의의 지대", 박덕영 외(註
24), 373면(채형복 집필부분)은 "자유, 안전 및 사법지대"라고 하고 번역한다. 영어의
'justice'에 상응하는 프랑스어와 독일어는 'justice'와 'Recht'이다.

90) Jürgen Basedow, Private International Law, Methods of, Encyclopedia, Vol. 2, p.
1406. 조문은 아래와 같다. "Full Faith and Credit shall be given in each State to the
public Acts, Records, and judicial Proceedings of every other State. And the Congress
may by general Laws prescribe the Manner in which such Acts, Records and Pro-
ceedings shall be proved, and the Effect thereof." 문언은 광범위하나 위 조문의 중요
성은 근자에는 법원의 기록과 재판에 한정된 것으로 보인다는 평가도 있다. 위 Basedow,
p. 1406. Hay et al.(註 63), §3.20 이하는 준거법의 맥락에서 과거 위 조문은 적극적 기
능을 하였으나 근자에는 법정지법의 적용을 제한하는 소극적 기능을 한다고 한다. 재판의
승인 및 집행의 맥락은 Hay et al. (註 63), §24.12 참조. 개관은 Symeon C Symeonides,
Full Faith and Credit Clause, Encyclopedia, Vol. 1, p. 823 이하 참조. 이는 재판의 승
인에 있어 공서위반은 거부사유가 아님을 강조한다.

원칙, 즉 당초 공법상의 의무를 염두에 두고 형성된 기원국법원칙이 국제사법에 영향을 미친 결과이다.

위에서 본 것처럼 Michaels는 기원국법원칙에 대한 비판이 기득권이론에 대한 과거의 비판과 유사함을 지적하고[91] 이제는 유럽연합의 국제법적 환경이 달라졌으므로 기원국법주의는 이런 비판을 반박할 수 있다면서 그 근거를 제시한다.[92]

V. 법상태의 승인이라는 새로운 방법론에 대한 학계의 반응과 논점들

유럽연합 학계에서는 법상태의 승인이 규범의 충돌을 해결하는 수단으로서 준거법의 지정을 갈음하거나 보완하는 원칙으로 수용할지에 관하여 견해가 나뉘고 있다.[93]

1. 비판적 견해

아래에서 보듯이 제한적으로 법상태의 승인원칙을 수용하는 Coester-Waltjen은 비판설의 논거를 다음과 같이 정리한다.[94] 첫째, 법정지의 국제사법규칙을 적용함으로써(즉 준거법을 지정함으로써) 발생하는 문제점들은 회원국들의 국제사법규칙을 통일함으로써 해결할 수 있으므로 법상태의 승인원칙은 불필요하다. 둘째, 문서의 발행기관에 대한 잠재적 불신이 있고, 셋째, 법상태의 승인의 개념이 모호하다.[95]

대표적 비판론자인 Sonnenberger는 "지정규범으로서의 국제사법과 개별

---

91) 이러한 설명에 대하여 Basedow(註 66), p. 1817은 양자 간에는 근본적 차이가 있음을 지적한다. 즉 기득권이론은 사인(私人)이 사인(私人)에 대하여 취득한 권리를 다루는 데 반하여, 기원국법원칙은 사인(私人)과 국가의 관계, 즉 공법의 맥락에서의 문제라는 점이다. 기득권이론의 경우 권리의 발생근거인 준거법의 결정이 문제되나, 공법이 문제되는 기원국법원칙의 경우에는 속지주의가 적용되므로 기원국은 명백하다는 점에서 다르다는 것이다.

92) Michaels(註 29), p. 234 이하 참조.

93) 견해의 대립은 우선 Grünberger(註 3), S. 89, Fn. 58 참조.

94) Dagmar Coester-Waltjen, Recognition of legal situations evidenced by document, Encyclopedia, Vol. 2, p. 1503 참조. 위 Coester-Waltjen, p. 1504는 그 밖에도 공서위반의 경우 승인할 수 없다는 점을 지적하나 반대로 승인거부사유가 아니라는 견해도 있다.

95) Lehmann(註 5), p. 33 이하도 다양한 비판 논거를 소개하고 타당성을 검토·비판한다.

고권적 행위의 승인이라는 두 개의 기둥의 계속된 발전이 방법의 혼합(Methoden-mix)을 피할 수 있고, 방법에 관한 무익한 논쟁 없이 유럽 국제사법에 대한 요구를 고려할 수 있는 가능성을 열어줄 것"이라면서 준거법의 지정을 법상태의 승인에 의하여 대체 또는 보완하는 방법의 전환에 반대하고, 필요하다면 기존의 연결원칙을 변경하거나 유럽연합의 통일저촉규범을 창설하면 된다고 한다.[96] 독일 국제사법회의도 EU 시민의 민사적 신분을 모든 회원국에서도 동일하게 규정하는 데는 국제사법규범의 통일이 법상태의 승인보다 더 우월한 접근방법이라는 견해를 피력하였다.[97]

외국에서 (외국의 국제사법에 따라) 형성된 법상태를 승인한다는 것은 승인국이 자국의 국제사법과 더불어 모든 외국에 대하여 외국의 국제사법에 총괄지정을 하는 결과가 된다(즉 자국 국제사법 대신 외국 국제사법을 적용한다). 이렇게 본다면 법상태의 승인은 어떤 효력의 승인이 아니라 제1국가에서 국제사법과 그에 의하여 지정된 실질법을 적용한 결과를 제2국가가 인수하는 것이다.[98] 이런 이유로 법상태의 승인의 핵심은 법상태의 결정(結晶)(Kristallisation, *cristallisation*, cristallisation)이 생성되는 기원국법에 대한 '블록지정(Blockverweisung 또는 Verweis *en bloc*)'이라고 설명하기도 한다.[99] 그러나 이에 대하여는 우선순위와 밀접성에

---

96) Sonnenberger(註 7), S. 390-391. 또한 MünchKomBGB/v. Hein, Band 12, 8. Auflage (2020), EGBGB Art. 3 Rn. 146; Peter Mankowski, Wider ein Herkunftslandprinzip für Dienstleistungen im Binnenmarkt, IPRax (2004), S. 385도 동지. Sonnenberger(註 7), S. 382f.는 기존에 제안된 프랑스 학자의 견해들, 즉 국가의 관여를 전제로 하는 Gian Paulo Romano, *Développements récents en matière d'état des personnes, rev.crit.dr. int.priv.* (2006), p. 458 이하와 Charalambo Pamboukis, *La renaissance-métamorphose de la méthode de reconnaissance, rev.crit.dr.int.priv.* (2008). p. 513 이하의 견해를 소개·비판한다. Leifeld(註 48)는 Pamboukis 외에도, 등록된 동반자관계를 다룬 Guillaume Kessler, *Les partenariats enregistrés en droit international privé* (2005), S. 280 이하도 소개·비판한다(S. 144ff.) 참조.

97) Heinz-Peter Mansel *et al.*(註 23), S. 335.

98) 즉 준거법 지정의 경우 제2국가의 법관은 자국의 국제사법에 의하여 결정된 준거법인 외국법을 적용하는 데 반하여, 법상태의 승인의 경우에는 제1국가에서 발생한 결과를 인수 또는 수용한다.

99) Mansel(註 52), S. 41; Grünberger(註 3), S. 87. 블록지정은 이탈리아의 Paolo Picone가 사용한 개념으로 실체법, 절차법과 그에 근거하여 내려진 재판 및 국가기관의 행위를 포함하는 법질서 전체(*ordinamento competente*. 프랑스어로는 "*ordre juridique competent*, 독일어로는 "zuständige Rechtsordnung". "관할 법질서"라는 의미이다)를 지정하는 것이다. Kurt Siehr, Paolo Picone: Gesammelte Aufsätze zum Kollisionsrecht und die

따른 기원국의 결정이 恣意的이므로 제2국가로서는 법적 근거 없이 제2의 저촉법체계를 도입하는 것이라는 비판이 있다.[100]

또한 법상태를 승인한다면 유럽연합의 역내 국제사법규칙과 역외국가들과의 국제사법규칙이 이원화된다는 비판도 있다. 그러나 이는 미국의 Full Faith and Credit Clause에서 보듯이 통합된 법질서에서는 당연하다는 반론도 있다.[101] 논리적으로는 그렇지만 법상태의 승인원칙의 구체적 기준을 정하는 것은 매우 복잡한 과제라는 비판도 있다.[102] 어쨌든 국제성명법과 국제회사법 영역에 관한 한 유럽사법재판소의 일련의 판결들이 있으므로 유럽연합의 회원국들로서는 법상태의 승인을 무시할 수는 없다.

2. 긍정적 견해

법상태의 승인원칙을 긍정적으로 평가하는 견해는 다양한데 예컨대 어떤 공적 행위(공부에의 등록과 공문서[103])가 존재하는 법률관계(예컨대 신분, 성명과 친족법과 상속법 등)에 한정하여, 그것도 준거법 지정을 전면 대체하는 것이 아니라 그와 병존하면서 보완할 것이라는 온건론이 주류로 보인다.[104] 다만 그 구체적 내용은 논자에 따라 편차가 있다. 더욱이 법상태의 승인을 받아들이더라도 역외

Blockverweisung auf die zuständige Rechtsordnung im IPR, IPRax (2005), S. 157ff.; Leifeld(註 48), S. 153 참조. Picone는 블록지정을 광의의 국제사법의 주요 5가지 방법론의 하나로 들었다고 한다. Susanne Lilian Gössl, Ein weiterer Mosaikstein bei der Anerkennung ausländischer Statusänderungen in der EU oder: Wann ist ein Name „rechtmäßig erworben"?, IPRax (2018), S. 380.

100) 이런 의미에서 승인규칙은 "위장된 제2의 저촉법체계(verkapptes zweites Kollisions-rechtssystem)"를 구축하는 것이라고 한다. Mansel(註 29), S. 724; Mansel(註 51), S. 41; Funken(註 20), S. 269. Lehmann(註 5), p. 39는 이를 "stealth second conflicts system"이라고 부른다. "위장된 제2의 저촉법"은 원래 외국재판의 승인의 맥락에서 Wilhelm Wengler가 사용한 개념인데(Grünberger(註 3), S. 123) 이에 따르면 심지어 외국이 국제사법을 무시하고 자국법을 적용하였더라도 법상태가 승인된다.

101) Lehmann(註 5), p. 40. Mankowski(註 2), S. 328-9도 이원화를 당연시한다.

102) Mansel(註 52), S. 45.

103) 공문서의 경우 공문서의 진정성 및 증명력의 문제와 그 내용의 유효성의 문제를 구분해야 한다. 이는 위에서 언급한 문서와 내용의 구별의 문제이다.

104) 예컨대 Lehmann(註 5), p. 42는 EU에서 승인의 일반규칙을 위한 시기가 성숙했다고 평가하면서 다만 이는 준거법지정을 대체하는 것은 아니고 국제사법의 둘째 가지(prong)로서 전통적인 국제사법 분석과 경쟁하고 일부(특히 신분과 가족법 영역에서)를 대체할 것이라고 한다.

국가와의 관계에서는 준거법 지정이 필요하고, 역내에서도 제1국가는 준거법을 지정하여야 하며 추후 법상태를 변경할 경우에도 마찬가지이므로 양자는 병존하게 된다.[105] Michaels는 장래 유럽연합의 협의의 국제사법은 (상호승인에 기초한) 기원국법원칙과, 국가에 기초한 전통적 국제사법원칙이라는 두 개의 복수 트랙으로 구성될 것이라고 예상한다.[106] Lagarde는 결정된 법상태의 승인을 준거법 지정과 병행하는 동등한 방법으로 인정한다.[107] 예컨대 Lagarde가 제안한 유럽국제사법 초안(제145조)은 아래와 같이 규정한다.[108]

> *"Une situation juridique valablement constituée dans un Etat membre et formalisée dans un acte public est reconnue dans les autre Etats membres, quelle que soit la loi appliquée à sa constitution.* (어느 회원국에서 유효하게 성립하고 공문서에 의하여 공식화된 법률상태는 그 성립에 적용되는 준거법에 관계없이 다른 회원국에서 승인된다).*"

저촉법적 승인을 인정하는 장점은 논자에 따라 다양하나 아래를 포함한다.[109] ① 위원회가 녹서에서 강조하였듯이[110] 시간과 비용이 드는 인증절차의 제거를 통한 관료주의 폐단의 완화, ② 파행적 법률관계(limping legal relationship)의 회피(특히 신분관계에서), ③ 법적 안정성의 제고와 그를 통한 예측가능성과 신뢰가능성의 향상, ④ EU 시민의 이동성의 향상, ⑤ EU 내에 존재하는 법률문화의 다양성을 종래처럼 유지하면서도 관리할 수 있는 점, ⑥ 복잡한 준거

---

105) Coester-Waltjen(註 3), S. 392, S. 400; Mansel(註 29), S. 730; Sonnenberger(註 7), S. 387; Grünberger(註 3), S. 124; Basedow(註 90), p. 1406; Basedow(註 6), S. 258; Lehmann(註 5), p. 39도 동지.

106) Michaels(註 29), p. 241. 전통적 원칙에는 양면적 접근방법(Savigny)과 정부이익분석(Currie)과 같은 일방적 접근방법이 있으므로 이를 별도로 계산하면 3개이다.

107) 이런 호의적인 태도는 외국의 민사문서에 대하여 외국의 신분판결과 마찬가지로 내용에 대한 심사 없이 승인하는 프랑스법의 태도에 근거한 것이라고 평가한다. Mansel(註 52), S. 37.

108) 이는 유럽국제사법 조문 초안(*embryon de règlement portant code europeén de droit international privé*)의 제145조이다. 그러나 제146조에서는 공서위반의 경우 또는 그 상태의 준거법이 관련된 사람의 거소 또는 국적이 전혀 관련이 없는 경우에는 예외적으로 법상태를 승인하지 않는다. RablesZ, Band 75 (2011), 671ff.에 수록된 초안 특히 S. 676 참조.

109) Lehamnn(註 3), p. 23.

110) COM(2010) 747 final 5.

법 지정의 회피,111) ⑦ 국제사법의 이상인 판결의 조화112)의 증대와 ⑧ 차별에 대한 투쟁(예컨대 어느 회원국에서 동성혼이 등록되면 다른 회원국에서 승인함으로써)113)이 그것이다.

어쨌든 국제회사법 영역에서는 만일 설립준거법설로 통일된다면 법상태의 승인은 문제되지 않을 것이므로, 국제성명법 기타 신분법 분야야 말로 법상태의 승인원칙의 근거지라고 할 수 있다.114)

3. 법상태의 승인원칙과 관련한 개별적 논점

만일 준거법의 지정에 갈음하는 법상태의 승인을 받아들인다면 일정 분야에서 지정규범은 불필요하다. 법상태의 승인을 긍정하는 데 대하여는 위에서 언급한 것처럼 비판이 있는데 우선 법상태와 승인의 개념, 대상과 효과 등을 명확히 할 필요가 있다. 아래에서는 관련 쟁점들을 소개한다.115) 이런 논의는 해석론 및 입법론으로서 의미를 가진다.

가. 대상이 되는 법상태

아직 확립된 정의는 없으나, 법상태라 함은 "일정한 사실적 상태에 대한 법적 평가" 또는 "어느 국가의 법(저촉법과 실질법)을 통한 사안에 대한 독립적인 법적 판단"116)이라는 견해가 있다. 법상태의 승인은 제1국가에서 형성된 법상태

---

111) 제2국가의 법원은 외국법을 적용할 필요가 없다는 것이다. Lehamnn(註 3), p. 39.

112) Mankowski(註 2), S. 329. 판결의 일치는 Savigny가 강조한 것이다. Juenger(註 60), p. 39. 그러나 Savigny가 그런 개념을 처음 고안한 것은 아니고 중세에도 있었다고 한다.

113) 그러나 승인원칙을 도입하더라도 공서에 의한 제한을 둔다면 이런 장점은 제한된다. 참고로 유럽인권재판소와 EU사법재판소는 동성혼의 인정은 개별 회원국의 입법사항이고 아직 확립된 컨센서스가 없으므로 다른 회원국에서 성립된 동성혼을 승인할 의무가 있는 것은 아니지만, 적어도 그들의 관계를 보호할 수 있는 다른 대체 제도로서의 승인(유럽인권재판소 판결) 또는 제3국 국적의 동성배우자의 거주를 보장하기 위한 승인(EU사법재판소 판결) 등은 필요하다는 취지로 판단하였다. 장지용, "외국에서 성립된 동성혼의 승인", 법률신문 제4616호(2018. 6. 28.), 11면이 소개하는 유럽인권재판소 2017. 12. 14. Orlandi and Others v. Italy 사건 판결(no. 26431/12); EU사법재판소 2018. 6. 5. Relu Adrian Coman and Others v Inspectoratul General pentru Imigrări and Ministerul Afacerilor Interne 사건 판결(C-673/16) 등 참조. 동성혼의 개관은 Walter Pintens and Jens M Scherpe, Same-sex marriages, Encyclopedia Vol. 2, p. 1604 이하 참조.

114) Mankowski(註 2), S. 323.

115) Mansel(註 29), S. 711ff.는 입법론상 고려해야 할 다양한 논점들을 제시한다.

116) 전자는 Coester-Waltjen(註 3), S. 392, 후자는 Carl Friedrich Nordmeier, Unions-

를 제2국가가 인수(또는 수용)하는 것이므로 인수 대상이 되자면 제1국가에서 법
상태가 형성되어야 한다. 나아가 형성된 법상태가 외국 법원의 재판, 등록, 증명
기타 공적 행위를 통하여 명확히 되어야 한다는 점을 강조하고자 '법의 結晶
(crystallization of law. 또는 結晶化)' 또는 '법상태의 結晶'이 존재해야 한다고 표현
하는데,117) 문제는 그의 정확한 개념과 어느 단계에서 結晶의 존재를 인정할 수
있는가이다. 우선 유력한 것은 제1국가의 관청이 작성하는 공적 장부(또는 공부.
public records)에의 등기 또는 등록과 공문서의 작성인데,118) 관청의 행위는 사
적 행위와 비교할 때 등가성(Gleichwertigkeit)이 어느 정도 보장되기 때문이다.
즉 등록 등 관청의 행위로부터 발생하는 법상태—예컨대 등록된 성명 또는 가
족관계(혼인, 생활동반자, 친자관계)와 등기된 회사 등— 를 말한다. 그 밖에 공적
문서(또는 공문서. public documents)에 기재된 법상태가 結晶으로서 승인의 대상
이 될 수 있다. 혼인계약, 출생, 혼인, 사망에 관한 증명서등이 이에 해당한다.
이처럼 회사의 설립등기 또는 성명 기타 등록된 신분관계(또는 가족관계)처럼 공
적 관여가 있고, 공문서에 의하여 증명되는 법상태는 어떤 형태로든 結晶이 존
재하므로 그에 한정하여 승인하는 견해가 주류로 보인다.119) 위의 공부 또는 문
서가 형성적 효력이 있어야 하는 것은 아니고 확인적 효력만 있더라도 승인대상
이 된다는 견해가 유력하다.120) 하지만 모든 공부와 공문서를 대상으로 하기는

---

bürgerschaft, EMRK und ein Anerkennungsprinzip: Folgen der namensrechtlichen
EuGH-Rechtsprechung für Statusentscheidungen, StAZ (2011), S. 131 (Grünberger(註
3), S. 87에서 재인용) 참조. 법상태 대신 법률관계(Rechtsverhältnis)라고 할 여지도 있으
나 독일에서는 주로 법상태(또는 법적 상태. Rechtslage)라는 개념을 사용한다. 아래
(VI.1.가.)에서 보듯이 헤이그 신탁협약은 신탁의 승인이라는 개념을 사용하는데 우리 신
탁법(제2조)상 신탁이란 … 법률관계를 말한다. 익명의 한 심사위원은 '법률관계의 승인'
이라는 용어가 타당하는 의견을 피력하였다.

117) Basedow(註 90), p. 1406; Coester-Waltjen(註 3), S. 397; Mayer(註 4), para. 29도 동
지. Mansel(註 52), S. 38은 結晶點(Kristallisationspunkt)은 대체로 공부에의 기재 또는
문서의 작성이라고 하면서 結晶을 'Manifestation', 結晶點을 'Manifestationspunkt'라고도
부른다. Funken(註 20), S. 67. 이는 '明示'(또는 表明), '明示點'(또는 표명점)으로 번역할
수 있다.

118) Lehmann(註 5), p. 16 이하는 승인의 대상을 재판, 공부 또는 공문서라고 부르는 것은
부정확하고, 정확히는 그에 기재된 사실 또는 법상태라고 하나 여기에서는 통례를 따른
다. Dieter Henrich, Anerkennung statt IPR; Eine Grundsatzfrage, IPRax (2005), S. 423
은 "Anerkennung der Eintragung(등록의 승인)"이라고 부른다.

119) Sonnenberger(註 7), S. 371ff.; Coester-Waltjen(註 3), S. 392.

120) Coester-Waltjen(註 3), S. 392; Mansel(註 52), S. 38.

어려운데, 유럽사법재판소의 판례가 있는 국제성명법과 국제회사법의 영역에서
는 이를 인정해야 하나 그 밖의 영역에서는 범위가 불분명하다.

공식화하는 행위 없이 법률상 당연히 발생하는 법상태도 승인대상이 될 수
있는지는 논란이 있다. 한편 법원 기타 관청이 관여하는 경우 외에 순수한 사인
(私人)의 행위121)에 대하여도 법상태의 승인을 적용할지도 논란이 있으나 조약
기타 별도의 법적 근거가 없으면 이를 인정하기는 어렵다.122)

나. 논란이 있는 대상의 제외

위와 같이 관청의 등록 또는 등기로부터 발생하는 법상태를 승인의 대상으
로 삼더라도, 유력설은 회원국들 간에 현재 가치판단에 있어 다툼이 있는 논점
들은 제외해야 한다고 본다. 예컨대 동성혼과 동성간의 (생활)동반자관계, 대리
모의 母性(Mutterschaft) 인정,123) 가족과 무관한 성씨의 부여와, 혼인의 성립에
관하여도 일부다처혼(polygame Ehe)의 승인이 그런 예로 언급된다.124) 이런 경
우를 승인대상에 포함시키면서도 공서요건에 의하여 승인을 거부하는 견해도 있
으나 공서위반이 승인거부사유인지는 아래(마.)에서 보듯이 논란이 있다.

다. 기원국의 결정과 기원국과의 관련

법상태의 승인을 의무화하기 위하여 기원국과 어떤 관련이 필요한지가 문
제된다. 그 경우 기원국과 사안 간에 충분히 밀접한 관련이 있어야 한다는 견
해125)도 있으나 그런 제한 없이 그의 법에 따라 법상태가 형성되었다고 주장하

---

121) 아래(Ⅵ.1.나.)에서 보듯이 입양협약은 사인(私人)의 행위인 계약형입양을 승인한다.
122) Basedow(註 6), S. 257은 승인개념을 사적 행위에 확대하는 데 반대한다. 녹서는 긍정설
을 취한 것이다.
123) 예컨대 대리모계약이 허용되는 B국의 대리모가 A국 국민인 의뢰인 부모와 체결한 대리
모계약에 따라 자(子)를 출산하여 B국의 출생증명서에 의뢰인(특히 난자 제공자인) 모가
모로 기재된 사안을 상정하라. 이 경우 원칙적으로 준거법 지정과 공서로써 해결하여야
하는데 유럽인권재판소의 판결에서 보듯이 인권법(유럽인권협약 제8조)에 기하여 모성을
인정해야 하는지가 문제된다. 예컨대 윤진수(편), 주해친족법 제2권(2015), 1680면, 註
33(석광현 집필부분)에 소개된 대리모 사례들; Patrcia Orejudo Prieto de Los Mozos,
Surrogacy, Encyclopedia, Vol. 2, p. 1696 참조. 그 경우 여기에서 다루는 출생증명서에
의하여 증명되는 B국의 법상태(의뢰인 모와 자(子)의 모자관계)의 A국에서의 승인 문제
가 제기된다(양국이 유럽연합의 회원국이라면).
124) Coester-Waltjen(註 3), S. 398; Lehmann(註 5), p. 33.
125) Mansel(註 29), S. 702f.; Grünberger(註 3), S. 126.

는 모든 회원국이 기원국이 될 수 있다는 견해126)도 있고, 혼인의 체결과 상속법
적 확인의 맥락에서 상이한 요건을 두듯이 실질법 영역에 따라 결정하는 견
해127)도 있다. 승인대상을 정함에 있어서 법원 기타 관청의 행위가 필요하다고
본다면, 외국재판의 승인을 참조하여 승인요건으로 법원 기타 관청의 관할을 요
구하는 것이다.128) 문제는 이 경우 그러한 국제재판관할규칙이 충분히 정립되어
있지 않다는 점이다.129) 반면에 상호승인의 법리에 충실하자면, 기원국이 작성하
는 공부와 공문서의 범위는 기원국의 관할규칙에 따를 사항이다. 기원국의 관청
이 정당한 관련이 있는 때에만 법상태를 창설할 것이라고 신뢰할 수 있다면 그
런 접근을 할 여지도 있지만 그렇게 할 경우 승인국은 기원국의 우연한 관할체
계에 방치되는 결과가 될 우려130)도 있다. Coester-Waltjen은 회원국 간에 충분
한 신뢰가 존재한다고 보기는 어렵다고 하면서도 실질법 또는 저촉법을 통일하
는 것보다 그런 관련을 합의하는 편이 더 쉬울 수 있을 것이라고 평가한다.131)

라. 최소한의 기준

승인할 수 있는 법상태도 최소한의 기준을 충족하여야 한다.132) 예컨대 혼
인 성립의 승인은 혼인이 방식에 관한 최소한의 기준을 충족하는 것이어야 한다.
우리나라는 체약국은 아니나, 헤이그국제사법회의에서 채택된 1993년 "국제입양
에 관한 아동보호 및 협력에 관한 협약"(이하 "입양협약"이라 한다)(제29조-제34조)

126) Wulf-Henning Roth, Methoden der Rechtsfindung und Rechtsanwendung im Euro-
päischen Kollisionsrrecht, IPRax (2006), S. 343. 이에 따르면 관련 회원국의 경합이 발
생하므로 어느 국가가 제1국가인지를 결정하는 특별 저촉규칙이 필요하다. 이를 저촉규
범의 저촉규범, 즉 '메타저촉규범(Metakollisionsnorm)'이라고 부른다. Coester-Waltjen
(註 3), S. 398; Mansel(註 29), S. 718. 위 Roth, S. 344는 먼저 등록한 국가의 우선권 인
정 또는/및 당사자의 선택을 인정한다. 논리적으로는 등록(또는 등기)을 요구한다면 먼저
등록(또는 등기)을 한 국가가 제1국가이고, 그것이 밀접한 관련이 있는 국가라고 볼 수
있을 것이다. 소개는 Funken(註 20). S. 167f. 참조.
127) Coester-Waltjen(註 3), S. 398.
128) Coester-Waltjen(註 3), S. 398 참조.
129) Coester-Waltjen(註 3), S. 398. Mayer(註 4), para. 37도 유사한 접근방법을 취하면서
'진지한 연계(*un lien sérieux*)'를 요구한다.
130) Mansel(註 52), S. 39. 공증인이 직무상 작성한 문서가 승인대상이 된다면 당사자는 작성
국을 선택함으로써 아무런 제한 없이 제1국가를 선택할 수 있다는 문제가 있다. Mansel
(註 52), S. 39.
131) Coester-Waltjen(註 3), S. 398.
132) Coester-Waltjen(註 3), S. 398.

이 좋은 사례이다. 이는 영구적인 친자관계의 성립과 아동에 대한 양친의 부모로서의 책임을 내용으로 하고 또한 체약국에서 당해 입양이 입양협약에 따라 이루어졌음을 증명할 것을 전제로 한다(제23조 제1항 1문). 또한 1978년 "혼인의 거행과 유효성의 승인에 관한 협약"(이하 "혼인협약"이라 한다)은 혼인거행지법을 혼인의 방식요건의 준거법으로 지정하고(제2조), 일정한 경우 어느 체약국에서 거행되거나 유효한 혼인을 승인할 것을 요구하는데, 혼인거행지국은 장래의 배우자들에게 앞의 조문들에 따라 적용되는 외국법의 내용에 관하여 필요한 증거를 제공할 것을 요구할 수 있다(제4조). 또한 권한당국에 의하여 혼인증명서가 발행된 경우 반대의 것이 증명될 때까지는 혼인은 유효한 것으로 추정된다(제10조).[133] 최소한의 구체적 기준은 앞으로 명확히 해야 할 사항이다.

마. 승인거부사유

법상태를 승인하더라도 예외가 없는 것은 아니다. 법상태의 승인을 인정하는 견해도 대체로 법상태의 승인이 승인국의 공서에 명백히 위반되는 경우 승인이 거부될 수 있음을 인정한다.[134] 공서요건은 당연한 것처럼 보이나, 법상태의 승인원칙을 EU의 일차적 법으로부터 도출한다면(또는 그로부터 파생되는 숨은 저촉규정이라고 본다면), 일차적 법은 계약채무의 준거법을 정한 로마Ⅰ규정과 계약외채무의 준거법을 정한 로마Ⅱ규정 등과 달리 회원국의 국내법에 따른 공서의 예외를 규정하지 않으므로 공서의 도입에 반대하는 견해도 있다.[135] 또한 공서

---

133) 혼인거행지국에서 유효하게 체결된 혼인 또는 그 국가에서 추후 유효하게 된 혼인은 제2장에 따르는 것을 조건으로 모든 체약국들에서 유효한 혼인으로 승인되어야 하나(제9조 제1항) 제11조는 승인거부사유를 명시한다. 이는 혼인의 방식요건과 실질적 요건의 구비를 쉽게 하나 그에 대하여는 너무 완화된 것이라는 비판이 있고 그런 이유로 많은 국가들이 가입하지 않고 있다. Sonnenberger(註 7), S. 384; Mayer(註 4), para. 29. 혼인협약은 발효되었으나 당사국은 3개국에 불과하다. Peter Nygh, The Hague Marriage Convention — A Sleeping Beauty?, Algería Borrás *et al.*, *Liber Amicorum* Georges A.L. Droz (1996), p. 266은 혼인협약이 너무 자유로워서(liberal) '혼인 피난처(marriage haven)'로 도피함으로써 엄격한 요건의 회피수단으로 악용될 것이라는 비판에 대하여 이는 인적 관련이 없는 모든 사람들에게 문호를 개방한 국가에서만 발생하는 예외적 문제이고 심한 경우에는 공서로 해결할 수 있다고 반박한다.

134) Grünberger(註 3), S. 128; Lehmann(註 5), p. 22.

135) Marc-Philippe Weller, Anknüpfungsprinzipien im Europäischen Kollisionsrecht — eine neue „kopernikanische Wende"?, Stefan Arnold, Grundfragen des Europäischen Kollisionsrechts (2016), S. 151. 이는 공서 대신에 유럽사법재판소의 1979. 2. 20. *Cassis*

를 도입한다면 그것이 회원국의 공서와 유럽연합의 공서 중 어느 것인지와 양자의 관계는 무엇인지는 논란이 있다.

공서가 문제되는 사안은 동성혼과 동성간의 (생활)동반자관계인데 그 경우에도 법상태의 승인을 수용한다면 '최소 규제로의 경주' 내지 '민사신분 쇼핑(civil status shopping)'[136]이 발생할 우려가 있기 때문이다. 따라서 법상태의 승인을 허용하더라도 회원국의 국내법 간에 편차가 큰 위의 뜨거운 쟁점은 대상에서 제외하자는 제안도 있다.[137] 즉 여기에서도 국제민사절차법 문서에서처럼 국내법상태와의 저촉을 승인거부사유의 하나로 고려할 수 있으나 조심스럽게 접근할 필요가 있다. 즉 단순한 국내법상태와의 차이만으로는 부족하고 예컨대 그것이 이미 신뢰보호 구성요건(Vertrauensschutztatbestand)이 된 때에만 고려할 수 있다는 견해도 있다.[138]

또한 예컨대 외국 성명의 등록이 위법하게 이루어진 경우 승인거부사유가 되는지가 논란이 있다. 이는 유럽사법재판소의 Mircea Florian Freitag 사건[139]에서 다루어졌고, 또한 동성혼이 문제된 Coman 사건[140]에서도 쟁점이 되었다. 기원국에서 적법하게 취득된(legally acquired) 성명만이 승인될 수 있지만,[141] 기

---

de Dijon 사건 (C-120/78)의 일반적 이익(Allgemeininteresse)이라는 강행적 근거로부터 도출되는 한계를 따를 것을 주장한다. 위 註 90에서 보았듯이 미국 연방헌법의 Full Faith and Credit Clause 하에서 공서위반은 재판의 승인거부사유가 아니다. 유럽사법재판소의 1995년 Gebhard 재판(C-55/94)은 회원국의 조치가 설립조약에 위반되지 않기 위하여 충족해야 할 네 개의 요건을 제시하였는데 *Cassis de Dijon* 공식은 Gebhard 재판을 통하여 기본적 자유론(Grundfreiheitendogmatik)으로 완성되었다는 평가가 있다. 위 Marc-Philippe Weller, S. 151 참조.

136) Grünberger(註 3), S. 128.
137) Coester-Waltjen(註 3), S. 392. 그러나 독일 국제사법회의는 유럽인권재판소의 2010. 6. 24. Schalk und Kopf v. Österreich 사건 판결을 인용하면서 동성간의 동반자관계를 승인할 수 있다고 보았다. Grünberger(註 3), S. 130. 유럽인권재판소는 위 사건에서 "동성 커플의 법적 승인을 향하여 부상(浮上) 중인 유럽의 컨센서스(emerging European consensus towards legal recognition of same-sex couples)"를 확인하였지만, 각 회원국이 법적으로 보장된 동성간 생활공동체를 도입할 인권법적 의무를 인정하지는 않았고 이는 아직 확립된 컨센서스가 없는 진화 중인 권리로 간주되어야 한다고 판단하였다.
138) Coester-Waltjen(註 3), S. 399.
139) C-541/154.
140) C-673/16. Coman 사건은 새로운 Grunkin and Paul 사건으로, 유럽사법재판소는 성명법상의 지침을 의도적으로 신분법상의 논점에 전용하였다고 한다. Mankowski(註 2), S. 324.
141) C-541/15. 평석은 Gössl(註 99), 376ff. 참조.

원국의 등록의 적법성을 심사하는 것은 실질재심사가 되어 허용되지 않는다는 견해도 유력하다.[142]

바. 승인의 절차

전통적으로 외국재판의 승인은 자동적이나 그의 집행은 집행국법원의 집행가능선언 또는 등록을 필요로 하였다. 그러나 유럽연합의 브뤼셀체제는 이를 점차 완화시켜왔다. 법상태의 승인의 경우 어떤 접근방법을 취할지는 불분명하다. 아마도 승인 자체는 별도의 승인절차를 요하지 않을 것이나, 일방이 승인 신청 또는 승인 거부신청을 하는 경우의 절차는 아직 분명하지 않다.[143]

사. 승인의 효력(효과)

제1국가에서 형성된 법상태의 내용 내지 효력은 국제사법규칙과 절차법을 포함한 제1국가의 법에 따를 사항이다. 문제는 제2국가에서의 효력, 즉 승인의 문제이다. 여기에서 승인이라 함은, 공부 또는 공문서의 진정성이 아니라 그에 기재되어 있는, 즉 그의 내용인 법상태의 승인, 더 정확히는 공부 또는 공문서에 의하여 증명되는 법상태의 승인의 문제이다.[144] 예컨대 혼인(또는 생활동반자관계)의 경우 공부의 기재에 의하여 증명되는 혼인(또는 생활동반자관계)에 따른 효력의 승인이고, 입양의 경우 공부의 기재에 의하여 증명되는 입양에 따른 효력의

---

142) Mankowski(註 2), S. 325ff. 하지만 실질재심사가 금지되는 외국재판의 승인의 맥락에서도 승인국은 외국재판의 유효성을 심사할 수 있으므로 위와 같이 보아야 하는지는 다소 의문이다. 어쨌든 그에 따르면 등록을 수정·말소하려는 사람은 제1국가에서 필요한 조치를 취해야 한다. 다만 말소하여도 소급효가 없을 수 있고, 소급효가 있더라도 등록 중 발생한 모든 결과를 제거하기는 쉽지 않으며 제1국가에서도 등록의 '존속력(Bestandskraft)'에 의하여 수정·말소가 거부될 수 있다(다만 중대한 하자가 있어 제1국가 법상 등록이 무효·부존재인 경우 승인능력을 상실한다). Mankowski(註 2), S. 328f. 일단 행정행위가 있으면 이를 기초로 법률관계가 형성되므로 행정행위의 효력을 가급적 존속시키는 것이 법적 안정성을 위하여 필요하므로 행정행위의 존속력(또는 확정력)을 인정하는데 학설은 이를 불가쟁력(형식적 확정력)과 불가변력(실질적 확정력)으로 구분한다. 박균성, 행정법론(상) 제18판(2019), 156면 이하. 이는 대체로 독일이론을 따른 것인데 독일에서는 전자를 형식적 존속력, 후자를 모순금지로 이해한다. 홍강훈, 「독자적 행정행위 효력론」에 근거한 행정행위 효력의 새로운 재구성 —공정력, 존속력, 구속력 개념 간의 역사적·이론적 비교분석—", 공법연구 제49집 제1호(2020. 10.), 127면 참조.

143) Lehmann(註 5), p. 20 이하.

144) Heinz-Peter Mansel et al.(註 23), S. 339.

승인이다.

준거법 지정의 경우 제2국가가 지정한 준거법의 통제에 따른 효과가 발생하나, 법상태의 승인의 경우, 외국재판의 승인에서 보듯이 효력확장(Wirkungserstreckung, extension model)인지, 동화(Gleichstellung, assimilation model. 또는 동등화)인지 아니면 양자를 절충할지가 문제된다.[145] 동화라면 제2국가에서는 외국법을 들여다볼 필요가 없으므로 법의 적용이 쉬운 반면에 효력확장이라면 제1국가의 법을 검토해야 하는 불편이 있다. 유럽연합의 입법론의 맥락에서 일설은 모든 법상태에 대해 통일적으로 적용할 것은 아니라면서도 회원국에서 법상태에 연결된 효력이 유사할수록, 국내법제도와의 동화가 가능하다고 하나(동화설), 역내에서 국경을 넘더라도 사람의 법적 신분을 유지하자면 오히려 효력확장설이 적절하다는 견해도 있다.[146] 승인국(제2국가)의 국제사법에 따른 준거법 통제를 포기하고 전면적인 효력확장을 인정한다면 이는 위에서 언급한 "위장된 제2의 저촉법체계"를 도입하는 셈이 된다.

한편 제1국가에서 형성된 법상태가 전면적으로 제2국가에서 승인되는가도 논란이 있다. 승인되는 법상태의 범위는 논리적으로는 확장설을 따르는지에 따라 결정할 사항이나, 이와 달리 법상태의 승인의 범위를 제한하고(예컨대 혼인의 유효성, 혈통관계의 존재, 성명과 성별과 같이 신분의 성립에 그치는 경우), 규범의 적용을 통하여 비로소 해명할 수 있는 복잡한 문제는 여전히 준거법 지정에 의한다는 견해도 있다.[147] 이처럼 승인효과를 제한한다면 견해에 따른 차이는 축소될 것이다. 예컨대 입양의 승인 효과는 입양협약(제26조) 자체가 명시하므로 그에 따르면 되나 만일 그런 규정이 없다면 승인의 효과가 불분명하게 된다.

---

145) Coester-Waltjen(註 3), S. 393; Lehmann(註 5), p. 18-19. Grünberger(註 3), S. 87은 전자를 '수용모델(Rezeptionsmodell)', 후자를 '변형모델(Transformationsmodell)'이라 한다. 브뤼셀 I 에 따른 외국재판의 승인에 관한 *Hoffmann v. Krieg* 사건(C-145/86)에서 유럽사법재판소는 효력확장설을 따랐다. 사회보장에 관한 *Dafeki* 사건(C-336/94)에서 유럽사법재판소는 어느 회원국의 사회보장기관 또는 법원은, 그의 정확성이 구체적 증거에 의하여 심하게 훼손되지 않는 한 다른 회원국의 권한당국이 발행한 연금 수령 자격(civil status)에 관한 공문서(즉 증명서와 유사 문서)를 인정해야(accept) 한다고 판시하였다. 우리 민사소송법상의 학설은 석광현(註 68), 410면 이하 참조.

146) 전자는 Coester-Waltjen(註 3), S. 393, 후자는 Mansel(註 29), S. 720 참조.

147) Mansel(註 29), S. 722.

아. 유럽연합이 법상태의 승인원칙을 도입하는 법적 수단

위원회도 이차적 법의 성안을 염두에 두었는데, 유럽연합 차원에서 법상태의 승인을 도입한다면 궁극적으로는 이를 유럽사법재판소의 판례에 맡길 것이 아니라 규정(Regulation)을 통하여 해결해야 한다는 견해가 유력하였다.[148) 따라서 규정(Regulation)을 제정하기 위한 입법론으로서 다양한 논점이 논의되었다. 위에서 보았듯이 위원회는 2012년 일정 공문서의 인정을 단순화하고 시민과 기업의 자유로운 이동을 촉진하기 위한 규정의 초안을 제시하였으나 2016년 EU문서규정이 채택되는 데 그쳤다.[149)

Ⅵ. 법상태의 승인원칙을 채택한 국제사법규범의 사례

법상태의 승인이라는 접근방법이 완전히 새로운 것은 아니고 그런 개념을 이미 채택한 국제사법규범의 사례들이 있는데 국제규범과 국내법으로 구분하여 몇 가지만 소개한다.[150)

1. 국제규범의 사례

가. 1985년 헤이그 신탁협약

신탁의 준거법은 법계에 따라 차이가 있는데, 국제사법규칙을 통일하기 위한 국제적인 노력의 결과 헤이그국제사법회의에서 "신탁의 준거법과 승인에 관한 협약"(이하 "신탁협약"이라 한다)[151)이 채택되었다. 신탁협약은 1992. 1. 1. 영

---

148) Coester-Waltjen(註 3), S. 399.

149) 이와 별개로 법상태의 승인에 관하여는 EU기능조약 제81조와 제21조가 근거로 언급된다. 제81조 제1항 1문은 "The Union shall develop judicial cooperation in civil matters having cross-border implications, <u>based on the principle of mutual recognition of judgments and of decisions in extrajudicial cases</u>."라고 사법(司法) 외의 재판과 결정에 한정하므로 법상태의 승인은 배제되는 것처럼 보이기도 하나 그 취지는 불분명하다. Basedow(註 90), p. 1406. Lehmann(註 5), p. 41은 유럽연합이 EU기능조약(제21조 제2항)을 근거로 법상태의 승인에 관한 규정(Regulation)을 도입할 수 있다는 위원회의 제안을 지지하나 반대의견도 있다.

150) 혼인협약(제9조 제1항)은 위에서 언급하였다. 참고로 Mayer(註 4), para. 20 이하는 다른 사례들도 소개한다.

151) 상세는 석광현, 국제사법과 국제소송 제4권(2007), 551면 이하 참조. 신탁의 준거법에 관한 우리 학설의 소개는 정순섭, 신탁법(2021), 726면 이하 참조.

국, 호주와 이탈리아 등지에서 발효되었고 대륙법계 국가로서는 이탈리아, 네덜란드와 스위스가 가입하였다. 신탁협약은 준거법 지정원칙을 정한 제Ⅱ장(제6조-제10조)과 별도로 신탁의 승인에 관한 제Ⅲ장(제11조-제14조)을 둔다. 국제사법상 지정된 준거법을 적용한 효과의 발생과 그의 승인은 준거법 지정의 당연한 결과이므로 양자를 구별할 필요는 없다. 그러나 신탁 개념을 모르는 대륙법계 국가들이 있으므로 신탁협약은 그에 의하여 지정된 준거법에 따라 설정된 신탁은 다른 체약국에서도 신탁으로서 승인된다는 점과 그 최소한의 효력을 명시한다.152) 이처럼 신탁협약은 신탁의 승인이라는 개념을 사용하지만 이는 신탁협약에 의하여 지정된 준거법으로부터 발생하는 법상태의 승인이지, 여기에서 논의하는 준거법의 지정에 갈음하는 승인은 아니다.153)

나. 1993년 헤이그 입양협약

입양협약 제23조 제1항은 아래와 같다.

"An adoption certified by the competent authority of the State of the adoption as having been made in accordance with the Convention shall be recognized by operation of law in the other Contracting States. (입양이 이 협약에 따라 행해졌다고 입양국의 권한 있는 당국에 의해 증명되는 경우에 그 입양은 법률상 당연히 다른 체약국에서 승인된다.)"

입양이 입양협약에 따라 행해지고 입양국의 권한당국이 이를 증명하는 경우 그 입양은 법률상 당연히, 즉 자동적으로 다른 체약국에서 승인된다. 여기에서 '입양국(state of adoption)'이라 함은 아동의 출신국일 수도 있고 수령국일 수도 있다. 입양의 승인은, 아동과 양친 사이의 법적 친자관계와 아동에 대한 양친

---

152) 따라서 이는 '교육적 이유'에서 비롯된 것이라고 설명하기도 한다. Anatol Dutta, Trust, Encyclopedia, Vol. 2, p. 1755. 신탁협약(제11조)에 따르면, 신탁재산은 수탁자의 고유재산과 독립한 별개의 재산이 되고, 수탁자는 수탁자의 자격으로 소송당사자가 될 수 있으며, 수탁자는 공증인 또는 공적 자격에서 행위하는 모든 사람 앞에 수탁자로서 출석하거나 행위할 수 있다. 더욱이 체약국은 신탁의 준거법이 체약국 법인 경우에만 승인할 것을 선언할 수 있다(제21조).
153) 따라서 여기의 승인은 오해의 소지가 있다. Dutta(註 152), p. 1755. 이를 '승인'이라고 하는 것은 '말장난(*jeu de mots*)'이라는 비판도 가능하다. Sonnenberger(註 7), S. 385, Fn. 74 참조.

의 부모로서의 책임의 승인을 포함하고, 또한 만일 입양국에서 단절효를 가진다면 그의 승인을 포함한다(제26조 제1항). 입양이 입양국에서 단절효를 가지는 경우, 수령국과 입양이 승인된 기타 체약국에서 아동은 후자의 국가에서 단절효를 가지는 입양에서 나오는 권리와 동등한 권리를 향유한다(제26조 제2항). 여기에서 국제입양이 계약형인지 재판형인지는 불문한다.[154] 입양협약은 통일적 준거법을 지정하지 않는데, 승인된 입양이 재판형이라면 외국재판의 승인으로 파악할 수 있으나, 계약형이라면 입양계약이 그 준거법에 관계없이 국제입양으로서 효력이 있다는 것이다. 계약형입양이라는 사인(私人)의 행위가 준거법 통제 없이 승인되는 것은 여기에서 말하는 법상태의 승인인데 이는 입양협약이 법상태의 승인원칙을 도입한 결과이다.[155] 즉 입양협약 하에서는 입양국에서 형성된 법상태가 공서에 의한 통제 하에(입양협약 제24조) 다른 체약국에서 승인된다.

다. 2012년 EU상속규정에 따른 상속증명서

유럽연합은 2012년 7월 "상속사건에 관한 재판관할, 준거법, 재판의 승인 및 집행과, 공정증서의 인정과 집행에 관한 그리고 유럽상속증명서의 창설에 관한 규정(번호 650/2012)(EU상속규정)"[156]을 채택하였고, 이는 2015. 8. 17.부터 그날 이후 사망한 사람의 상속에 적용되나(제84조 제2항) 덴마크, 아일랜드와 영국은 이에 구속되지 않는다. EU상속규정은 공정증서(authentic instruments)의 인정[157]과 집행도 규정한다. 즉 제59조 제1항에 따르면 어느 회원국에서 작성된

---

154) MünchKommBGB, EGBGB, Band 12, 8. Auflage (2020), AdÜb Art. 23, Rn. 1 (Helms 집필부분). 입양협약의 상세는 석광현, "1993년 헤이그국제입양협약(국제입양에 관한 아동보호 및 협력에 관한 헤이그협약)", 국제사법연구 제15호(2009), 445면 이하 참조.
155) Sonnenberger(註 7), S. 384. 계약형입양과 같은 사적 행위의 승인은 현재로서는 그 대상과 요건이 엄격히 규제되는 조약에 따른 경우에만 타당하다. Henrich(註 118), S. 422f. 하지만 계약형입양도 신분등록부에 등록될 것을 요구한다면(특히 등록에 의하여 효력이 발생하는 경우) 사인의 행위만이 아니라 공적 관여가 있다고 볼 수도 있다.
156) 영문 명칭은 "Regulation (EU) No. 650/2012 of the European Parliament and of the Council of 4 July 2012 on jurisdiction, applicable law, recognition and enforcement of decisions and acceptance and enforcement of authentic instruments in matters of succession and on the creation of a European Certificate of Succession"이다. 소개는 김문숙, "상속준거법에서의 당사자자치", 국제사법연구 제23권 제1호(2017. 6.), 283면 이하; 윤진수(편), 주해 상속법 제2권(2019), 1159면 이하(장준혁 집필부분) 참조.
157) 참고로 acceptance(불어와 독어는 acceptation, Annahme) of authentic instruments를 '공문서의 수령'으로, 또는 '공정증서의 수용'이라고 번역하기도 하는데, 이는 형식적 증거

공정증서는 다른 회원국에서 작성지 회원국에서와 동일한 또는 가장 유사한 증거력(evidentiary effect)[158]을 가진다. 다만 그것은 관련 회원국의 공서에 명백히 반하지 않아야 한다.

또한 EU상속규정은 '유럽상속증명서(또는 유럽상속증서. European Certificate of Succession, europäisches Nachlasszeugnis)'를 창설하였는데(제62조), EU상속규정에 따라 관할을 가지는 회원국의 법원 또는 기타 권한을 가지는 당국이 발행하는 상속증명서는 상속인과 수증자 등이 외국에서 그의 지위를 증명하고 상속인과 수증자 등으로서의 권리를 행사할 수 있도록 한다(제64조). 이를 'Rechtstitel *sui generis* (독자적 성격의 법적 권한)'이라 하고 이것이 EU상속규정의 가장 혁신적인 부분이라는 평가도 있다.[159] EU상속규정은 통일적인 준거법 지정규칙(제20조 이하)과 법상태의 승인(상속증명서에 관한 제VI장 제62조 이하)을 결합한 것이라는 평가도 있는데[160] 제VI장은 통일된 준거법의 통제 하에 있으므로[161] 이 글에서 다루는 준거법의 지정에 갈음하는 승인과는 차이가 있다. 즉 그것은 준거법의 통제를 포기한 법상태의 승인이 아니라 일정한 준거법으로부터 발생하는 법상태를 승인하는 것이다. EU상속증명서는 외국에서 사용하기 위한 것으로 작성 여부는 임의적이고 국내법상의 상속증명서(예컨대 독일 민법 제2365조(상속증(명)서의 정확성에 대한 추정) 이하에 따른 상속증명서)를 대체하는 것은 아니다(제62조).

(명)력 또는 증거가치의 문제라는 점과, 민사실무에서 사용하는 문서의 '성립 인정'이라는 용어를 고려하여 필자는 이를 '공정증서의 인정'이라고 번역한다. 여기의 공정증서는 집행권원인 공정증서(민사집행법 제56조 제4호)가 아니라, 공무원이 직무상 작성한 문서를 말한다.

158) EU상속규정(제59조)이 공정증서의 승인이라고 하는 대신 인정(acceptance)이라고 하는 것은 법원 재판과의 차이를 나타내기 위한 것이다. Lehmann(註 5), p. 18. 상속규정의 독일어본(제59조 제1항)은 위 증거력을 "형식적 증거력(formelle Beweiskraft)"이라고 부른다.

159) MünchKommBGB/Dutta, Band 12, 8. Auflage 2020, Vorbemerkung zu Art. 62 EuErbVO, Rn. 1. 이는 1973년 헤이그 상속재산관리협약(Convention Concerning the International Administration of the Estates of Deceased Persons)(제1조)에 이미 규정된 바 있다.

160) Mansel(註 52), S. 45; Funke(註 20), S. 279. 이는 그런 식으로 통일적 준거법의 지정과 법상태의 승인을 결합하는 방법이 유럽연합의 입법론으로 바람직하다고 한다. 윤진수/장준혁(註 156), 1161면도 유럽상속증명서의 도입은 '법률관계의 승인의 법리'를 입법화한 것이라고 한다.

161) EU상속규정(제68조)은 상속증명서에 기재할 사항을 열거하는데 그에는 준거법과 준거법 지정의 근거가 포함된다(제i호).

EU상속규정에 따라 작성된 EU상속증명서는 모든 회원국에서 별도의 절차 없이 상속인 등의 법적 지위의 권리추정적 효력과 공신력(Gutglaubenswirkung) 등 제69조가 규정한 효력을 가진다. EU상속규정은 승인거부사유를 규정하지 않으며 공서에 의한 통제도 받지 않는다.[162)]

2. 국내법인 국제사법의 사례

일부 국가들의 국제사법은 외국에서 성립한 법상태의 승인을 명문으로 규정한다. 스위스 국제사법(제45조)과 네덜란드 국제사법(제24조)이 대표적인 예이다.

가. 스위스 국제사법

> **제45조[Ⅲ. 외국에서의 혼인체결]**
> (1) 외국에서 유효하게 체결된 혼인은 스위스에서 승인된다.
> (2) 혼인당사자의 일방이 스위스 시민이거나 쌍방이 스위스에 주소를 가지고 있는 때에는, 외국에서 체결된 혼인은 스위스법의 무효원인을 회피할 명백한 의도로 체결이 외국에로 옮겨진 것이 아닌 경우에는 승인된다.
> (3) 외국에서 유효하게 체결된 동성간의 혼인은 스위스에서 등록된 동반자관계로 승인된다.

1989년 1월 발효된 스위스 국제사법에 따르면 스위스에서의 혼인체결의 실질적 요건과 방식은 스위스법에 의하지만, 스위스법에 의한 요건이 충족되지 않더라도, 외국인간의 혼인은 그것이 혼인당사자 중 일방의 본국법의 요건에 합치하는 경우에는 체결될 수 있다(제44조). 또한 위에서 보듯이 외국에서 유효하게 체결된 혼인은 스위스에서 승인되나, 당사자 일방이 스위스 시민(Bürger)이거나 쌍방이 스위스에 주소를 가지고 있는 때에는 당사자들이 스위스법상의 무효원인을 피할 명백한 의도로 외국에서 혼인을 체결한 경우가 아니어야 한다(제45조). 즉 제45조 제1항은 혼인의 유효한 성립의 준거법을 지정하는 대신 외국에서 유효하게 성립한 혼인은 스위스에서 승인된다고 규정함으로써 외국에서 형성된 법상태(혼인관계)가 준거법 지정에 관계없이 스위스에서 승인된다는 승인원칙을 도입한 것이다.[163)] 중요한 것은 외국의 법질서가 유효한 혼인의 존재를 인정하는

---

162) MünchKomBGB/Dutta, Band 12, 8. Auflage (2020), EuErbVO Art. 69 Rn. 5.
163) Markus Müller-Chen *et al.*, Zurcher Kommentar zum IPRG, 3. Auflage (2018), Art.

가이다.[164] 제45조 제2항의 적용범위 외에서 제1장의 승인법적 공서조항(제27조)은 여전히 적용된다.[165] 외국에서 유효하게 체결된 동성간의 혼인은 스위스에서 등록된 동반자관계로 승인된다는 제45조 제3항은 외국 동성혼의 효력을 등록된 동반자관계로 격하시키는(downgrade) 것이다. <u>다만 스위스는 2022. 7. 1.부터 동성혼을 허용할 예정이므로 이후에는 외국에서 유효하게 성립한 동성혼은 스위스에서도 유효한 혼인으로 승인될 것이다. Florence Guillaume, "The Connecting Factor of the Place of Celebration of Marriage in Swiss Private International Law", Yearbook of Private International Law, Vol. XXI 2019/2020 (2021), p. 405 참조.</u> [밑줄 친 부분은 이 책에서 새로 추가한 것이다.]

나. 네덜란드 국제사법

2011년 개정되어 2012년 1월 발효된 네덜란드 국제사법(민법전 제10편)에 따르면 성명의 준거법은 국적법이다(제10:19조 또는 제10편의 제19조). 그러나 네덜란드 국제사법(제10:24조 또는 제10편의 제24조 제1항)은 아래와 같이 규정함으로써 외국에서 등록된 성명은 네덜란드에서 승인됨을 명시한다.[166] 이 조문은 Grunkin and Paul 사건 판결의 영향을 받은 것인데, 위에서 언급한 독일 민법

45, Rn. 2 (Corinne Widmer Lüchinger 집필부분)는 혼인의 방식과 성립요건의 준거법을 지정하는 독일과 달리 스위스 국제사법은 승인개념을 사용함을 분명히 밝힌다. 그러나 Mansel(註 29), S. 714는 이를 지정규범, 즉 복수의 법에 대한 선택적 지정으로 본다. 한편 스위스 국내의 입양은 첫째, 입양하는 사람의 주소지국 또는 본국에서 승인되지 않고, 둘째 그 결과 자(子)에게 중대한 불이익이 발생할 것이 명백한 경우에는 허용되지 않는다는 취지의 스위스 국제사법 제77조 제2항도 법상태의 승인개념을 사용한 것이다. Siehr(註 99), p. 156 참조(Siehr는 이를 블록지정으로 설명한다). 스위스 국제사법의 개관은 석광현, "스위스의 국제사법 再論", 국제사법연구 제26권 제1호(2020. 6.), 571면 이하 참조. 조문은 국제사법연구 제26권 제1호(2020. 6.), 595면 이하 참조.

164) 프랑스에서는 이런 상황을 *"conflit de systèmes* (체계의 저촉)"라고도 부른다고 한다. Siehr(註 99), p. 156. 헤이그국제사법회의의 1961년 "미성년자의 보호에 관한 당국의 관할 및 준거법에 관한 협약" 제3조("미성년자의 국적국의 국내법으로부터 직접 발생하는, 유아를 어떤 권한에 종속시키는 관계(relationship)는 모든 체약국에서 승인된다(… shall be recognized).")를 이런 취지로 이해하기도 한다.

165) Müller-Chen *et al.*(註 163), Art. 45, Rn. 38, 46 (Corinne Widmer Lüchinger 집필부분)은 준거법 지정 맥락의 공서조항인 제17조가 아니라 외국재판 승인 맥락의 공서조항인 제27조가 적용된다고 한다.

166) 위 조문의 영문 번역은 Encyclopedia, Vol. 4, p. 3557 참조. 네덜란드 국제사법의 개관은 Mathijs Ten Wolde, Netherlands, Encyclopedia, Vol. 3, p. 2357 이하 참조.

시행법 제48조가 실질법규칙인 것과 달리 법상태의 승인을 명시한다.

> "네덜란드 외에서 출생할 때 등록된 사람의 성이나 이름 또는 네덜란드 외에서 행해진 개인 신분의 변경으로 인한 성이나 이름의 변경이 현지 규정에 따라 권한 있는 당국이 작성한 문서에 기록된 경우, 그렇게 기록되거나 변경된 성이나 이름은 네덜란드에서 승인된다. 승인은, 이 법률의 규정에 따른 법이 아닌 다른 법이 적용되었다는 근거만으로 네덜란드 공서와 양립할 수 없다는 이유로 거부될 수 없다."

VII. 우리 국제사법상 법상태의 승인의 의미와 시사점

1. 상위규범이 존재하는 유럽연합과 우리 국제사법의 상황의 차이

동일한 법질서가 통용되는 한국 내라면 예컨대 제주도에서 형성된 법질서는 서울에서도 당연히 효력이 있다. 반면에 일본에서 사인들 간에 형성된 법질서는 우리 국제사법에 따른 준거법 통제 하에 놓인다. 일본인들 간의 법률관계라면 대체로 일본법에 의할 것이고 그 법률관계는 별 어려움 없이 한국에서 인정될 것이다. 한편 일본에서 형성된 일본인과 제3국인간의 법률관계라면 그것은 성질결정에 따라 우리 국제사법이 지정하는 준거법의 통제 하에 놓인다. 국내법인 국제사법 위에 EU기능조약과 같은 상위규범이 있는 다층적 체제(Mehrebenen-system)167)인 유럽연합과 우리나라는 사정이 다르다. 유럽연합에서 준거법 통제를 포기하는 것은 EU 통합에 의하여 회원국들의 법이 동질화 내지 접근하는 것을 전제로 한다. 그런 전제가 없는 우리로서는 이런 경우 국제사법이 지정한 준거법에 반하는 법적 효과는 인정되지 않는 것이 원칙이다.168) 아래에서는 위에서 본 Überseering 사건과 Grunkin and Paul 사건이 만일 한국에서 다루어진다면 어떻게 될지를 살펴본다.

가. 회사의 속인법

법인의 속인법을 규정한 우리 국제사법 제16조(개정법 제30조) 본문은 설립준거법설을 취하므로 외국에서 적법하게 설립된 회사의 법인격은 한국에서 문

---

167) Grünberger(註 3), S. 120ff.
168) 그러나 국제인권법의 관점에서 새로운 접근을 요구하는 견해도 주장될 여지가 있다. 그 밖에 치환의 법리가 적용될 수 있음은 위(II.1.)에서 언급하였다.

제될 것이 없다. 다만 본거지법설을 취한 제16조(개정법 제30조) 단서가 적용되는 사안에서는 Überseering 사건에서 독일 법원이 제기하였던 문제가 발생할 수 있다. 근자에 델라웨어주 회사인 쿠팡(정확히는 Coupang, Inc.)의 뉴욕증권거래소(NYSE) 상장과 관련하여 그 문제가 관심을 끌었다. 왜냐하면 Coupang, Inc.가 미국 SEC에 제출한 신고서와 예비투자설명서에 따르면 델라웨어주법에 따라 설립된 회사인 Coupang, Inc.의 corporate headquarters와 principal executive office가 모두 한국에 있는 탓에 주된 사무소가 한국에 있는 것으로 보이기 때문이다. 만일 한미우호통상항해조약이 없다고 가정한다면169) 우리 국제사법상 Coupang, Inc.의 속인법은 한국법인데 Coupang, Inc.는 한국에서 설립등기를 한 바 없으므로 적어도 한국에서는 Coupang, Inc.의 법인격은 인정될 수 없다는 것이다. 이를 법상태의 승인으로 극복할 수 있는가라는 의문이 있을 수 있으나, EU기능조약과 같은 상위의 국제규범이 없는 우리로서는 달리 법적 근거가 없고 국제사법에 반하므로 허용되지 않는다. 다만 헌법상의 기본권으로부터 영업소 설립(또는 설치)의 자유(freedom of establishment)와 유사한 권리를 도출하여 이론 구성을 할 여지가 있는지가 문제되고 그 경우 국제사법에 의한 준거법 통제와 헌법과의 관계를 검토할 필요가 있다.170)

나. 성씨의 준거법

우리 국제사법은 자(子)의 성씨에 관하여 조문을 두지 않는다. 우리 법의 해석론으로는 성은 자(子)의 인격권에 관한 문제라는 측면과, 성에 대한 사법적 측면과 공법적 측면을 일치시킬 수 있는 장점을 고려하여 자(子)의 국적에 연결하는 견해171)와, 친자관계의 준거법에 따르는 견해 등이 가능하다. 종래의 실무는

---

169) Coupang, Inc.의 경우 1957. 11. 7. 발효된 "대한민국과 미합중국간의 우호·통상 및 항해조약"에 의하여 해결된다. 동 협약(제22조 제3항)은 "일방체약국의 영역내에서 관계법령에 기하여 성립한 회사는 당해 체약국의 회사로 인정되고 또한 타방체약국의 영역내에서 그의 법률상의 지위가 인정된다"고 규정하므로 그에 근거하여 Coupang, Inc.는 한국에서 델라웨어주 회사로 취급되기 때문이다. 석광현, "쿠팡은 한국 회사인가—쿠팡의 뉴욕 증시 상장을 계기로 본 국제회사법—", 법률신문 제4870호(2021. 2. 25.), 11면 참조.
170) 헌법과 국제사법의 관계에 관하여는 우선 Alex Mills, Constitutional law and private international law, Encyclopedia, Vol. 1, p. 452 이하 참조.
171) 참고로 일본에는 대체로 신분관계준거법설, 인격권설과 씨명(氏名)공법이론이 있다. 씨명 공법이론은 씨명은 개인의 특정 수단으로서 공법적 요청이 강하고, 여권제도를 통하여 본국에 의하여 규율되는 것이 기대되므로 전적으로 국적에 의한다고 본다. 木棚照一(編

성씨의 준거법에 대한 고려 없이 민법(제781조 특히 제2항)에 따라 이루어지는 것
으로 보이는데, 이는 민법 제781조는 준거법에 관계없이 적용된다는 전제에 선
것이거나 동조의 요건이 구비된 경우에는 한국 국적 취득이 전제되기 때문일 수
도 있다.172) 성명에 관한 조약 가입은커녕 국제사법원칙도 아직 명확히 정립되
지 않은 우리의 상황은 상당히 불확실하다.

그렇다면 비록 EU기능조약과 같은 상호승인을 요구하는 국제규범은 없으나
Grunkin and Paul 사건 판결의 사안(또는 한국인과 외국인 부부 간에 태어난 아이의
성명을 외국에서 등록한 사안)의 경우173) 유럽사법재판소처럼 국민의 거주·이전의
자유를 보장하고 파행적 신분관계를 회피하기 위하여 국제인권규범174) 또는 헌
법상의 기본권인 거주·이전의 자유에 기하여 이론 구성을 할 여지가 없는지가
문제된다. 일반론으로는 외국에서 형성된 법상태가 우리 국제사법의 준거법 통
제에 반한다는 이유로 그 효과를 부정하더라도 원칙적으로 헌법이나 인권법에
반하지는 않을 것이나, 사안의 특수한 사정으로 헌법상의 기본권 내지 인권 보
호에 반하는 경우도 있을 수 있지 않을까 생각된다.175)176) 특히 외국에서 재판

<hr>

著), 國際私法(2016), 240면 참조. 개관은 석광현(註 69), 220면 참조. 유럽연합에는 국
적, 상거소, 가족관계 준거법에 연결하는 국가들과 저촉규칙이 없는 보통법계 국가의 4가
지 유형이 있다고 한다. Kroll-Ludwigs(註 43), p. 1283.

172) 예컨대 윤진수(편), 주해친족법 제1권(2015), 73면 이하(최준규 집필부분)를 보아도 준거
법에 대한 고려가 없다.

173) 우리는 성씨를 한글·한자로 표기하므로 한자문화권이 아닌 외국의 표기와 충돌이 발생
하지 않을 것이다. 다만 위(註 42)에서 보았듯이 외국인의 등록범위가 확대되면 문제가
발생할 가능성이 있다. 외국인의 성명 표기에 관하여는 "외국의 국호, 지명 및 인명의 표
기에 관한 사무처리지침"(가족관계등록예규 제451호. 개정 2015.01.08)이 있으나 충분하
지는 않다. 성명을 다른 문자로 표기할 경우 유럽연합의 Konstantinidis 사건(C-168/91)
에서처럼 철자의 문제가 발생한다.

174) 1948년 국제연합 세계인권선언을 기초로 법적 구속력을 가진 기본적이고 보편적인 국제
인권법으로 마련된 것이 '시민적·정치적 권리규약(B규약)'과 '경제적·사회적·문화적 권
리규약(A규약)'이다(모두 1966년 채택 1976년 발효). 세계인권선언과 이들을 묶어 '국제
인권장전(International Bill of Rights)'이라 한다. 우리나라도 위 규약들에 가입하였다.

175) 유럽에서는 1950년 유럽인권협약(European Convention on Human Rights. ECHR)과 유
럽인권재판소(ECtHR)의 역할이 중요하다. 윤진수/석광현(註 123), 1680면, 註 33 참조.
그 밖에 예컨대 2007. 6. 28. Wagner and JMWL v Luxembourg 사건(no. 76240)에서는
룩셈부르크에서 페루 입양재판의 승인이 문제되었는데 룩셈부르크 법원은 당해 사건의
준거법인 룩셈부르크법상 부 또는 모 단독의 완전입양이 허용되지 않음을 근거로 페루
재판의 승인을 거부하였다. 그러나 유럽인권재판소는 유럽인권협약(제8조)상 룩셈부르크
법원은 페루 재판에 의하여 획득한 양모와 양자의 법적 신분(또는 사실상의 가족생활관

또는 등록에 의하여 획득한 사람의 신분은, 그것이 그 외국에서 선의로 획득된 것이고 그런 신분의 안정성에 대한 당사자의 기대가 정당한 것이라면 다른 국가에서도 보호를 받을 자격이 있다는 것이 특히 인권법의 관점에서 강조되고 있음을 주목할 필요가 있다.[177] 이는 파행적 법률관계의 방지를 위하여도 필요하다. 특히 성씨에 관하여는 종래 우리 준거법 원칙이 상대적으로 불분명하므로 강력한 준거법 통제가 어렵다는 점도 고려해야 할 것이다.

다. 소결

다층적 체제인 유럽연합과 달리 외부 상위규범이 없는 한국에서는 원칙적으로 준거법 지정이 타당하나, 입양협약에서 보듯이 법상태의 승인(또는 변형된 승인)의 법리가, 신분법 등 제한된 범위 내에서 국제규범을 통하여 도입될 수 있으므로 우리도 법상태의 승인원칙에 무관심할 수는 없다. 또한 외국에서 형성된 법상태는 우리의 준거법 지정에 반하는 경우 한국에서 인정되지 않는 것이 원칙이지만, 그런 결론을 고집할 경우 구체적 사건에서 헌법과 인권법에 반하는 부당한 결과가 초래된다면 예외를 인정할 여지도 없지 않으므로 이 점을 헌법 및 인권법과 연계하여 더 검토할 필요가 있다. 다만 우리가 외국에서 형성된 법상태의 승인원칙을 제한된 범위 내에서 수용하더라도 공서위반의 경우에까지 이를 허용하기는 어렵다. 위에서 언급한 외국에서 성립한 동성혼과 대리모의 승인 여부도 이런 맥락에서 검토할 사항이다.[178]

계)을 무시하는 것은 허용되지 않는다고 판단하였다. 소개는 Patrick Kinsch, Human rights and private international law, Encyclopedia, Vol. 1, p. 882 이하 참조. 국제사법과 헌법, 특히 기본권 내지 인권과의 관계는 석광현, "국제사법에 대한 헌법의 영향", 저스티스 통권 제170-3호(2019. 2. 한국법률가대회 특집호Ⅱ), 527면 이하 참조.

176) 다만 그 경우 공서위반으로서 외국법의 적용을 배제해야 함에도 불구하고 당해 사건의 특수한 사정과 인권법적 고려를 통하여 공서위반을 부정하고 준거법인 외국법을 적용함으로써 해결할 여지도 있다. 만일 공서위반으로 해결되지 않는다면 헌법과 인권법을 근거로 외국에서 형성된 법상태의 승인을 고려할 여지도 있을 것이다. 양자의 관계를 어떻게 설정할지도 검토할 과제이다.

177) Kinsch(註 175), pp. 882-883; Patrick Kinsch, Recognition in the Forum of a Status Acquired Abroad - Private International Law Rules and European Human Rights Law, K. Boele-Woelki *et al.*, (eds.), Convergence and Divergence in Private International Law: *Liber Amicorum* Kurt Siehr (2010), p. 273ff. 참조.

178) 우리나라에서도 동성혼이 문제되고 있다. 여기에는 첫째, 외국인-한국인 커플이 한국에서 동성혼을 하려는 사안과, 둘째, 동성혼이 허용되는 외국에서 혼인한 외국인-한국인 커플

한편 남북한 간에 발생하는 규범 충돌의 문제는 준국제사법에 의하여 결정된 준거법 적용의 문제로 논의하고 검토하는 것이 일반적이고 타당하지만,[179] 일정한 요건 하에 북한에서 형성된 신분법 기타 사법(私法) 분야의 법상태를 승인할 여지도 검토할 필요가 있다. 장래 남북관계가 개선되고 북한이 문명국가로서 어느 정도 수준에 이른다면 그런 가능성이 더 확대될 수도 있을 것이다.

2. 외국 공문서의 진정성과 자유로운 이동

민사소송법(제356조 제1항)상 문서의 작성방식과 취지에 의하여 공무원이 직무상 작성한 것으로 인정한 때에는 이를 진정한 공문서로 추정한다. 외국공문서도 우리 공문서와 마찬가지로 진정성립이 추정되는데(제356조 제3항) 이 점은 이례적이다. 그러나 법원으로서는 외국공문서인지를 판단하기 어려우므로 거증자가 외국 공무원이 직무상 작성한 문서임을 입증할 필요가 있는데 이를 위하여 과거에는 그 외국에 주재하는 우리 영사관의 확인이 사용되었다. 그러나 이런 실무는 헤이그국제사법회의의 "외국 공문서에 대한 인증의 요구를 폐지하는 협약"(*Apostille* 협약)이 2007. 7. 14. 한국에서 발효함으로써 달라졌다. 위 인증협약 당사국인 외국에서 작성된 외국공문서를 한국에서 제출하는 경우(inbound의 경우) 당사자들은 당해 외국의 지정된 권한당국으로부터 증명서(*apostille*)를 받으면 족하다. 즉 위 인증협약에 따른 증명서가 있으면 외국공문서의 진정성립(즉 진정성)이 인정되나, 증명서의 실질적 증거력은 위 인증협약의 규율대상이 아니고 우리 민사소송법에 따를 사항이다.

이 어떤 형태로든 한국에서 그 지위를 인정받고자 하는 사안이 있다. 실제로 영국에서 한국인과 동성혼을 한 영국인이 한국 정부에 결혼이민비자(F-6)를 신청하였으나 거부되었고 인권위도 영국인의 진정을 각하한 사건이 보도된 바 있다. 2019. 2. 27. 중앙일보 기사. https://news.joins.com/article/23397391 참조. 양자의 경우 모두 공서위반의 문제가 있다. 공서위반 여부는 한국의 본질적 법원칙에 따라 결정되나, 한국이 제1국가인 경우와 비교하여 제2국가인 경우 우리 공서가 개입할 가능성이 더 낮을 것이다. 또한 동성의 (생활)동반자관계를 입법으로 도입할지도 검토해야 한다. 비교법적 자료는 우선 이병화, "등록파트너십을 포함하는 혼외동거에 관한 헤이그국제사법회의의 비교법적 동향 분석", 국제사법연구 제26권 제2집(2020. 12.), 537면 이하; 윤진수, "유럽에서의 동성혼인 및 동성결합에 관한 최근의 동향", 가족법연구 제35권 2호(통권 제71호)(2021. 7.) 1면 이하 참조.

179) 필자도 이런 전제 하에서 논의하였다. 석광현, "남북한 주민 간 법률관계의 올바른 규율: 광의의 준국제사법규칙과 실질법의 특례를 중심으로", 국제사법연구 제21권 제2호(2015. 12.), 335면 이하 참조.

외국공문서의 진정성립(진정성)이 인정되면 실질적 증거력은 법관의 자유심증에 의하는데 판례는 공문서의 기재사항을 진실이라고 추정하는 경향이 있다.[180] 예컨대 대리모에 관한 서울가정법원 2018. 5.9.자 2018브15 결정도 미국 법원이 작성한 출생증명서(출산한 대리모를 모라고 기재한)의 실질적 증거력을 인정하였으나, 만일 출생증명서에 의뢰인 모가 모라고 기재되었더라면 우리 법원은 이를 인정하지 않았을 것이다. 그러나 보고문서인 출생증명서의 형식적 증거력을 통한 접근은 사실상의 해결 내지 증거법의 문제일 뿐이고 이 글에서 논의한 법상태의 승인은 아니다. 위에서 언급한 것처럼 *Apostille* 협약과 EU문서규정이 규율하는 것은 '문서(*Instrumentum*)'의 문제이지 '내용(*Negotium*)'의 문제는 아니다.

3. 종래 광의의 국제사법상 승인의 문제로 다루어졌던 논점들

엄밀히 말하면 여기에서 다루는 준거법 지정을 갈음하거나 보완하는 법상태의 승인의 문제는 아니지만, 종래 국제사법과 국제민사절차법의 영역에서 승인이라는 이름으로 논의된 다양한 논점들이 있으므로 이를 간단히 언급한다. 대표적인 것은 외국의 고권적 행위의 절차적 승인의 문제인 외국재판의 승인이고, 그 밖에도 비송사건에서 외국의 재판 또는 인가(또는 등록)의 국내적 효력, 외국회사의 승인(인허), 외국에서 설정된 담보권의 승인, 중재합의의 승인과 국가행위이론 등이 있다.

가. 비송사건에서 외국의 재판 또는 인가(또는 등록)의 국내적 효력

비송사건에서 승인이 문제되는 사례는 첫째, 외국 비송재판의 국내적 효력과, 둘째, 외국 당국이 재판이 아니라 인가(또는 등록)를 하는 경우 그의 국내적 효력이다.

첫째, 외국 비송재판의 국내적 효력이 외국재판 승인의 문제인지 준거법의 문제인지 논란이 있으나[181] 판례는 이를 외국재판 승인의 문제로 본다. 예컨대 이혼 및 가사비송사건인 양육자지정, 면접교섭권, 재산분할 및 부양료·양육비지

---

180) 이시윤, 신민사소송법, 제11판(2017), 513면.
181) 김상일, "독일의 [가사사건 및 비송사건절차법(FamFG)] 개관", 민사소송 제13권 제1호 (2009. 5.), 644-645면, 註 24는 일본의 논의를 소개한다.

급을 명한 캐나다 온타리오주 법원판결에 기한 집행판결을 청구한 사건에서[182] 대법원 2009. 6. 25. 선고 2009다22952 판결은 이를 전제로 한국과 캐나다 온타리오주 사이에 상호보증이 있다고 판시하였다. 이런 결론은 수긍할 수 <u>있으나 그 요건은 종래 논란이 있다.</u>

둘째, 비송사건에서 외국 당국이 재판이 아니라 단순히 인가(또는 등록)를 하는 경우에도 그의 국내적 효력이 외국재판 승인의 문제인지 준거법의 문제인지이다. 혼인신고에 따른 등록(또는 회사설립의 등록)과 같은 비송사건에서도 국제재판관할을 논의하지만 그 승인은 준거법 영역에 속하는 문제이고 그 경우 외국의 등록은 독립한 절차적 승인의 대상은 아니다. 즉 외국에서 혼인신고를 함으로써 성립한 혼인 또는 등기함으로써 설립된 회사가 국내에서 승인되는가는 고권적 행위 내지 외국절차의 승인의 문제가 아니라 준거법의 영역에 속하는 문제라는 것이다. 비송사건에서 공증행위(Beurkundungsakt)도 마찬가지이다. 다만 그 경계의 획정은 어려울 수 있다.[183] 이처럼 준거법의 영역에 속하는 사항은 우리 국제사법에 따라 지정되는 준거법 통제 하에 놓이는 것이지 준거법 지정에 갈음하는 법상태의 승인의 문제는 아니다. 만일 준거법 통제를 포기한다면 법상태의 승인의 문제가 될 것이다.

나. 외국 법인(또는 회사)의 승인(인허)

과거에는 외국법에 따라 설립된 법인에 대해 법인으로서의 존재, 즉 권리능력을 인정할 것인가를 외국법인의 승인(Anerkennung. 또는 인허)의 문제로서 '법인의 속인법'과 별개의 문제로 다루었다. 그러나 근자에는 외국법에 의해 법인으로 설립되면 국내에서도 원칙적으로 법인격 내지 권리능력을 인정하는 입장을 취하되, 아무런 국가의 법이나 좋다는 것은 아니고 일정한 국가의 법이어야 하

---

182) 학설은 석광현, "국제입양에서 제기되는 國際私法의 제문제: 입양특례법과 헤이그입양협약을 중심으로", 가족법연구 제26권 제3호(2012. 11.), 375면 이하 참조.

183) Reinhold Geimer, Internationale Freiwillige Gerichtsbarkeit, Festschrift für Erik Jayme, Band Ⅰ (2004), S. 255f. 참조. 대법원 2010. 4. 29. 선고 2009다68910 판결은 미국 캘리포니아주의 구 민사소송법에 따른 승인판결(confession judgment)은 우리 민사소송법상 승인 및 집행의 대상인 외국법원의 재판이 아니라고 판단하였는데 그 이유는 법관에 의한 것이 아니라는 점과, 법원의 역할이 단순히 증서화하는 활동 또는 공증적 기능에 그치는 것이기 때문이라는 취지로 보인다. 석광현, "우리 대법원 판결에 비추어 본 헤이그 관할합의협약의 몇 가지 논점", 국제사법연구 제25권 제1호(2019. 6.), 496면 참조.

는데 그것이 어느 국가의 법이어야 하는가를 회사의 속인법의 문제라고 파악한
다. 따라서 만일 본거지법설을 취한다면, 승인이라 함은 본거지법에 따라 권리능
력을 가지는 회사로서 설립된 외국 회사는 별도의 조치 없이 한국에서도 법인으
로 인정된다는 것이다. 이렇게 본다면, 외국법인의 승인의 문제는 외국법인의 속
인법의 결정의 문제로 해소되므로 승인을 별도로 논의할 필요는 없는데, 이 견
해는 우리 민법이 내외국법인 평등의 원칙에 따라 외국법인의 인허를 요구하
지 않는다는 인허부정주의를 취하는 것과도 일관성이 있는 견해로서 설득력이
있다.184)

　　어쨌든 이 글에서 다루는 법상태의 승인(유럽연합의 Uberseering 사건)은 준
거법의 지정에 갈음하는 승인이나,185) 과거 문제되었던 외국 법인의 승인(인허)
은 준거법의 지정 외에 승인국의 외국 법인의 승인(또는 인허)이 필요한가의 문
제라는 점에서 다르다.

다. 외국에서 설정된 담보권의 승인

　　과거 항공기에 대한 담보권의 설정은 어느 국가의 국내법에 따라 이루어졌
으므로 다른 국가에서 그러한 담보권이 어떠한 효력을 가지는지가 문제되었는데
이는 결국 문제된 국가의 국제사법규칙에 따를 사항이다. 이런 상황 하에서 항
공기에 대한 권리의 국제적 승인을 도모하고자 조약이 체결되었다. 이것이 1948.
6. 19. "항공기에 대한 권리의 국제적 승인에 관한 제네바협약(Convention on the
International Recognition of Rights in Aircraft)"인데, 우리나라는 이에 가입하지 않
았고 동 협약은 발효되기는 하였지만 충분히 기능하지 못하는 상태이다. 그러나
이는 동 협약에 의하여 지정된 준거법(제1조의 항공기의 등록국법)에 따라 발생하

---

184) 상세는 석광현, 국제사법과 국제소송 제2권(2001), 194면 이하 참조. 그러나 프랑스에서
　　는 여전히 외국법인의 승인재판이 필요하다고 보는데 이는 외인법상의 허가라고 한다.
　　Sonnenberger(註 7), S. 385.
185) 과거 헤이그국제사법회의 1951년 10월 회기에서 1956. 6. 1. "외국의 회사, 사단 및 재단
　　의 법인격의 승인에 관한 협약(Convention concerning the Recognition of the Legal
　　Personality of Foreign Companies, Associations and Institutions)"이 채택되었으나 발
　　효되지 않았다. 또한 유럽공동체 차원에서 성안된 "회사 및 법인의 상호승인에 관한 협약
　　(Convention on the Mutual Recognition of Companies and Bodies Corporate)"이
　　1968. 2. 29. 서명되었으나 발효되지 않았다. 후자에 대하여는 1971년 룩셈부르크 의정서
　　도 있다. 소개는 이호정(註 23), 251면 참조.

는 법상태를 승인하는 것이지 준거법의 지정에 갈음하는 승인이 아니다.186)

　어쨌든 UNIDROIT는 2001년 11월 "이동장비에 대한 국제적 권리에 관한 협약(Convention on International Interests in Mobile Equipment)"(이하 "케이프타운협약"이라 한다)과 항공기의정서(Protocol to the Convention on International Interests in Mobile Equipment on Matters specific to Aircraft Equipment)를 채택함으로써 국제규범에 근거한 담보권을 창설하였고, 케이프타운협약과 항공기의정서는 2006. 3. 1. 발효되었다.187) 케이프타운협약과 항공기의정서 기타 의정서들188)은 현재 일정한 동산들에 대한 진정한 국제적 담보권제도의 가장 좋은 예이다. 그러나 우리나라는 가입하지 않고 있다.

라. 중재합의의 승인189)

　국제연합의 1958년 "외국중재판정의 승인 및 집행에 관한 협약"(Convention on the Recognition and Enforcement of Foreign Arbitral Awards)(이하 "뉴욕협약"이라 한다)은 그 명칭에서 보듯이 외국중재판정의 승인 및 집행을 주된 규율대상으로 하며 대부분 조항도 이에 관련되므로 마치 외국중재판정의 승인 및 집행만을 규율하는 것처럼 종종 오해되나, 제2조는 중재합의에도 적용됨이 명백하다. 뉴욕협약은 "각 체약국은, ··· 중재에 의하여 해결이 가능한 사항에 관한 일정한 법률관계와 관련하여 당사자 간에 발생하였거나 또는 발생할 수 있는 분쟁의 전부 또는 일부를 중재에 회부하기로 약정하는 당사자 간의 서면에 의한 <u>합의를 승인한다</u>(··· recognize an agreement)."고 규정하고(제2조 제1항), 나아가 중재합의의 대상인 사항에 관한 소가 제기되었을 때에는 체약국의 법원은 중재합의를 무효, 실효 또는 이행불능이라고 인정하는 경우를 제외하고 일방당사자의 청구에 따라 당사자들을 중재에 회부하여야 한다고 규정한다(제2조 제3항).

　우리는 국제사법상 예컨대 '계약의 성립' 또는 '계약의 효력'의 준거법을 지정하지 '계약의 승인'이라는 개념을 사용하지 않는다. 이는 국제사법에 의하여

---

186) Sonnenberger(註 7), S. 385.
187) 이에 관하여는 석광현, "항공기에 대한 국제적 담보거래 —케이프타운협약과 항공기의정서를 중심으로—", 국제거래법연구 제12집(2003. 12.), 163면 이하 참조.
188) 이는 철도차량의정서, 우주장비의정서와 MAC(광업, 농업 및 건설장비)의정서인데 이들은 2021년 6월 현재 아직 미발효인 것으로 보인다.
189) 석광현, 국제상사중재법연구(2007), 254면, 125면 이하.

지정된 준거법을 적용한 효과의 발생과 그의 승인은 준거법 지정의 당연한 결과이기 때문이다. 그러나 뉴욕협약 제2조 제1항이 (중재)합의를 승인한다는 표현을 사용하는 탓에 '중재합의의 승인'이라는 용어와 개념이 사용되기도 한다.190) 하지만 그런 용어는 부적절하다. 어쨌든 중재합의를 승인하더라도(즉 중재합의의 실체법적 및 절차법적 효력을 인정하더라도) 이는 뉴욕협약(제5조 제1항 a호)이 지정하는 중재합의의 준거법의 통제 하에 놓이는 것이므로 이 글에서 다루는 준거법의 지정에 갈음하는 법상태의 승인을 말하는 것은 아니다.

마. 국가행위이론

국가행위이론(act of State doctrine)이라 함은, 어느 국가의 법원이 타국이 자국 영역 내에서 행한 행위에 대하여는 가사 그것이 국제법위반이라고 주장되더라도 사법적 심사를 하지 않는다는 이론이다.191) 이는 미국 법원이 국내법의 원칙으로 발전시킨 것으로192) 카스트로 혁명 후 쿠바 정부가 미국인 소유의 쿠바 내 설탕공장을 보상 없이 국유화한 것에 대해 미국 법원이 그 합법성 여부를 심사할 수 없다고 판단함으로써 결국 국제법에 위반된 쿠바 법령의 실효성을 확인한 *Banco Nacional de Cuba v. Sabbatino* 사건 판결193)을 계기로 유명하게 되었다. 이는 미국에 특유한 사법적(司法的) 자제의 표현임과 동시에 외국과의 분쟁은 국내 법원이 심사하기보다 외교 영역에 맡기는 것이 좋다는 실용적 사고의 표현이다.194)195)

그러나 이런 법리는 유럽 대륙법계에서는 인정되지 아니한다. 즉 유럽 대륙

---

190) 예컨대 목영준·최승재, 상사중재법, 개정판(2018), 72면.
191) 석광현(註 68), 36면 이하 참조
192) 정인섭(註 65), 274면.
193) 376 U.S. 398 (1964).
194) 정인섭(註 65), 275면.
195) 참고로 영국 대법원은 2017. 1. 17. Belhaj & Anor v Straw & Ors (Rev 1) [2017] UKSC 3 사건 판결에서 외국 국가행위(Foreign act of state)를 3가지 유형으로 구분하였다. 첫째, 어느 국가의 입법은 그 국가의 관할권 내에 있는 동산 또는 부동산에 영향을 미치는 한 일반적으로 유효한 것으로 승인되고 처리된다(이는 국제사법규칙이다). 둘째, 국내 법원은 일반적으로 외국의 관할권 내에 있는 재산에 관한 모든 주권적 행위의 유효성을 의문시하지 않는다. 셋째, 외국의 특정 범주의 주권적 행위는 비록 외국의 관할권 외의 행위이더라도, 국내 법원에서 재판의 대상이 될 수 없다(non-justiciable). paras. 11 & 35 이하 참조. 첫째와 둘째 유형은 적극적으로 유효한 것으로 승인되나 셋째 유형은 재판의 대상이 되지 않는다는 소극적 의미를 가지는 것으로 보인다.

법계 국가에서는 예컨대 A국이 자국 내 B국 국민의 재산을 몰수하는 경우 국제
사법원칙에 따라 국유화법령의 유효성을 판단한다. 종래 국가행위이론이 가장
문제되는 것은 국가의 수용행위196)인데, 이를 더 밀고 나갈 경우 외국재판의 승
인 및 집행 시에도 우리나라는 외국재판이 유효인지 무효인지를 심사할 수 없게
된다는 부당한 결론이 된다. 따라서 가사 우리가 위 법리를 수용하더라도 그 한
계를 명확히 규정해야 한다. 국가행위이론이 적용되는 사안에서 제2국가가 제1
국가의 행위에 대한 사법적 심사를 포기하므로 결국 그 행위의 효력을 승인하는
결과가 초래되나, 이는 외국의 국가행위에 대하여 심사하지 않는다는 소극적 의
미이지 그 효력을 적극적으로 인수(또는 수용)하는 것(즉 승인)이 아니고, 사인(私
人)의 행위와 국가의 관여에 의하여 형성된 법상태가 아니라 국가의 주권적 행
위를 대상으로 하며,197) 더욱이 대륙법계에서는 그 경우 준거법 통제를 하므로
여기에서 논의하는 준거법 지정에 갈음하는 법상태의 승인의 문제는 아니다.

Ⅷ. 맺음말

유럽연합은 규정(Regulation)을 통하여 민사신분등록의 효력을 승인함으로써
준거법 지정을 갈음(또는 보완)하는 법상태의 승인원칙을 도입하려던 계획을 접
었고, 유럽사법재판소는 일차적 법과 전자상거래지침 등으로부터 저촉법규칙인
기원국법원칙을 도출하는 것을 부정하였다. 그러나 유럽사법재판소는 일차적 법
(설립조약과 EU기능조약)의 기본적 자유에 근거하여 국제성명법과 국제회사법의
영역에 관한 한 다른 회원국에서 형성된 법상태의 승인원칙을 도출하고 있으나,
혼인법 기타 친족법 특히 동성혼의 맥락에서의 상황은 아직 불분명하다. 법상태
의 승인은, 독립 국가들인 유럽연합 회원국들이 유럽연합이라는 법공동체로 이
행하는 과정에 수반되는 회원국들의 주권 제한으로 인하여 발생하는 문제로서

---

196) 수용은 어느 국가의 영토 내 재산에 대하여 그 국가에 의하여 이루어지므로 수용행위에
관한 국제물권법적 쟁점은 소재지법에 따라 해결되고 별 어려움이 없다. 문제는 예컨대
수용된 재산 자체나 그의 산출물 또는 더 일반적으로 그의 대금(proceeds)이 다른 국가
로 간 경우에 전 소유자가 현재의 점유자를 상대로 다른 국가에서 제소하는 때에 발생하
는데 이 경우 수용행위의 승인의 문제가 주로 선결문제로 제기된다. 개관은 Eva-Maria
Kieninger, Expropriation, Encyclopedia, Vol. 1, p. 726 이하 참조.
197) 물론 국가행위이론을 어떻게 파악하는지에 따라 달리 평가할 여지도 있다.

미국 연방헌법의 Full Faith and Credit Clause를 연상시킨다.

여기의 논의는 우리 국제사법의 뿌리인 유럽 국제사법의 변화를 이해하고, 규범충돌을 해결하는 방법으로 준거법 지정과 외국의 고권적 행위의 승인이라는 두 가지 접근방법을 병용하는 우리 국제사법의 기본구조를 정확히 파악하며, 장차 국제사법 논의에서 헌법 및 인권법적 고려의 중요성의 증대를 예감하는 계기를 제공한다. 또한 Huber의 이론 및 그에 기초한 기득권이론에 대한 분석은 국제사법의 정치한 논리구조와 국제사법학에서 역사적 분석의 가치를 보여 준다.198)

다층적 규범체제를 가지고 있는 유럽연합과 달리 외부의 상위규범이 없는 한국에서는 원칙적으로 준거법 지정이 타당하나, 입양협약에서 보듯이 법상태의 승인의 법리가 국제규범을 통하여 도입될 가능성도 있으므로 우리도 법상태의 승인을 둘러싼 유럽연합에서의 논의에 관심을 가져야 한다. 외국에서 형성된 법상태는 우리의 준거법 지정에 반하는 경우 한국에서 효력이 없음이 원칙이지만, 구체적 사건에서 그런 결론을 고집하는 경우 헌법과 인권법에 반하는 부당한 결과가 초래된다면 예외를 인정할 여지도 있을 수 있다. 다만 우리가 법상태의 승인을 수용하더라도 공서위반의 경우에까지 이를 허용할 수는 없을 것이다.

---

198) Michaels(註 29), p. 240. 또한 기득권이론과 기원국법원칙에 대한 비판과 반론을 통하여 법상태의 승인을 수용하기 위해 해결해야 할 논점들을 파악할 수 있다. 거의 30년 전에 최병조(註 76), 248면은 "우리나라 국제사법학계의 사정은 여러 가지 이유가 있겠지만 국제사법의 역사를 깊이 있게 천착하는 데까지는 아직 힘이 못 미치는 것 같다"고 지적하였는데 요즘도 별로 다를 바 없어 부끄럽다. 국제사법학계 차원의 이유는 연구자의 부족인데 이는 우리 로스쿨과 법과대학이 전임교수를 잘 뽑지 않기 때문이다. 개인적으로는 필자도 국제사법의 역사에 관심은 있지만 깊은 연구를 하기에는 역량이 부족하다.

제 9 장

국제사회보장법

[15] 외국인에 대한 사회보장법의 적용:
외인법에서 저촉법인 국제사회보장법으로

[15] 외국인에 대한 사회보장법의 적용: 외인법에서 저촉법인 국제사회보장법으로

前 記

이 글은 저자가 국제사법연구 제27권 제2호(2021. 12.), 647면 이하에 게재한 글로서 오타와 오류를 제외하고는 원칙적으로 수정하지 않은 것이다. 정치(精緻)한 국제재판관할규칙을 담은 국제사법 개정법률(개정법)이 2022. 1. 4. 공포되어 7. 5. 발효된다. 그 결과 준거법규칙을 담은 조문도 번호가 변경되기에 아래에서는 개정법의 조문을 일부 언급하였다.

I. 머리말

여기에서는 사회보장법(social security law. 독일에서는 "사회법(Sozialrecht)"이라 하는데 이하 양자를 호환적으로 사용한다) 영역에서 제기되는 준거법 결정과 관련된 저촉법 쟁점을 다룬다. 우리 사회보장기본법(제3조 제1호)에 따르면 "사회보장"이란 출산, 양육, 실업, 노령, 장애, 질병, 빈곤 및 사망 등의 사회적 위험으로부터 모든 국민을 보호하고 국민 삶의 질을 향상시키는 데 필요한 소득·서비스를 보장하는 사회보험,[1] 공공부조,[2] 사회서비스[3]를 말한다.[4] 결혼이민자와 이

---

[1] "사회보험"이란 국민에게 발생하는 사회적 위험을 보험의 방식으로 대처함으로써 국민의 건강과 소득을 보장하는 제도이다(사회보장기본법 제3조 제2호).

[2] "공공부조"(公共扶助)란 국가와 지방자치단체의 책임 하에 생활 유지 능력이 없거나 생활이 어려운 국민의 최저생활을 보장하고 자립을 지원하는 제도를 말한다(사회보장기본법 제3조 제3호). 이는 최소한의 사회보장으로 '공적 부조(public assistance)' 또는 '사회부조(social assistance)'라고 부르기도 한다.

[3] "사회서비스"란 국가·지방자치단체 및 민간부문의 도움이 필요한 모든 국민에게 복지, 보건의료, 교육, 고용, 주거, 문화, 환경 등의 분야에서 인간다운 생활을 보장하고 상담, 재활, 돌봄, 정보의 제공, 관련 시설의 이용, 역량 개발, 사회참여 지원 등을 통하여 국민의 삶의 질이 향상되도록 지원하는 제도를 말한다(사회보장기본법 제3조 제4호).

[4] '사회복지(social welfare)'는 사회보장과 구별되는데 사회복지는 사회문제를 해결하기 위

주노동자의 증가에서 보듯이 현대사회에서는 국경을 넘는 인적 교류가 활발하므
로 외국적 요소가 있는 사회보장법의 쟁점이 빈번하게 발생하고 있다. 근자에
한국에 체류하는 외국인5)의 증가에 수반하여 외국인의 법적 지위, 나아가 사회
보장법상 외국인의 법적 지위에 대한 논의6)가 늘어났으나 이는 주로 개별 사회
보장법상 외국인의 지위라는 실질법(또는 실질규범. Sachnorm),7) 즉 외인법을 다
룬 글이다. 다만 거의 20년 전 전광석 교수가 국제사회보장법의 선구적 업적을
발표하였고8) 그 후에도 국제사회보장법의 과제를 적절히 지적하고 있다.9) 국가

한 총체적인 정책영역으로 이해할 수도 있고, 사회보장의 한 방법, 특히 서비스 급여를
제공하는 영역으로 이해하기도 한다. 전광석, 한국사회보장법론 제12판(2019), 66면. 사
회행징법은 급부행정법의 한 분야로서 사회보장을 규율하는 특별행정법, 즉 공법을 말한
다. 위 전광석, 67면 참조. 사회서비스를 '사회복지서비스'라고도 부르는데 이에는 노인복
지, 아동복지, 장애인복지와 가정복지 등이 있다. 또한 사회보장을 '사회안전망(social
safety net)'과 같은 의미로 사용하기도 하나 '공적 사회안전망'이 더 정확할 것이다.

5) 외국인은 "대한민국의 국적을 가지지 아니한 사람"이라고 할 수 있다. 출입국관리법(제2
조 제1호)은 그런 취지를 명시한다. 외국인을 이주유형에 따라 결혼이민자, 외국인근로자
(또는 이주노동자), 재외동포(외국 국적 동포), 유학생과 난민으로 분류하기도 한다. 이철
우 외, 이민법(2019), 60면(최윤철 집필부분). 이하 이 책을 "이철우 외/집필자"로 인용한
다. 그 밖에 외국인 자녀와 중도입국 자녀 등도 있다. 외국인의 정의를 규정한 다른 법률
의 예는 차용호, 한국 이민법 —이론과 실제—(2015), 35면 이하 참조.

6) 노재철·고준기, "외국인근로자에 대한 사회보험법상의 문제점과 개선방안", 한양법학 제
24권 제3집(2013), 121면 이하; 김복기, "외국인의 사회보장법상 지위", 법제연구 제56호
(2019), 27면 이하; 노호창, "현행 사회보장제도에서 외국인의 처우에 대한 현황과 문제
점", 제4권 제1호(2015), 55면 이하 등. 이철우 외, 이민법(2019), 473면 이하(노호창 집
필부분) 등.

7) 이는 저촉법에 대비되는 개념으로 민·상법이나 사회보장법처럼 저촉법에 의하여 준거법
으로 지정되어 특정 법적 쟁점을 직접 규율하는 규범으로 실체법과는 다르다. 석광현, 국
제사법 해설(2013), 4면. 에버하르트 아이헨호퍼/이호근(역), 사회법(2020), 방주 86은
'Sachrecht'를 실체법이라고 번역하나 실질법이 정확하다. 이 책은 Eberhard Eichenhofer,
Sozialrecht, 11. Auflage (2019)의 번역서인데, 이하 국역본은 "이호근(역)" 독일어본은
"Eichenhofer, SR"이라고 인용한다. 전광석(註 4), 547면은 지정규범이 절차법적 성격을
가진다고 하나 지정규범은 실체와 절차의 준거법을 지정하는 저촉법이지 절차법이 아니다.

8) 전광석, 국제사회보장법이론(2002). 국제사회보장법이론은 주로 독일과 프랑스에서 논의되
고 있다. Eberhard Eichenhofer, Social Protection and private international law, Jürgen
Basedow *et al.* (eds.), Encyclopedia of Private International Law, Vol. 2 (2017), p.
1647. 이하 이 글을 "Eichenhofer, Encyclopedia", 이 책을 "Encyclopedia"라고 인용한다.

9) 전광석·박지순·김복기, 사회보장법 제6판(2020), 309면 이하는 외국적 요소가 있는 사
회보장법사건에서 준거법을 결정하고, 연결점의 상위로 인한 사회보장의 중복과 누락을
방지하며, 기간합산과 거주지에 관계없는 사회보장청구권의 실현 필요성을 과제로 든다.
과거 사회보장법은 공법이므로 저촉법인 국제사회보장법은 존재할 수 없다는 견해도 있
었다. 행정법이 주로 침해행정의 기능을 수행하던 시절에는 그런 견해가 가능할 수 있었

별로 다른 사회보장규범의 저촉을 해결하는 과정에서 저촉법·실질법의 구별, 성질결정, 연결점, 선결문제와 적응(또는 조정)처럼 국제사법(私法)학에서 발전된 개념적 도구들이 유용하나 한국에서는 유감스럽게도 그런 의식이 매우 부족하다. 전광석 교수는 '국적과 거주지'가 우리 사회보장법상 연결점이라고 하나 이는 부정확하다.

　　이런 배경 하에서 주요 개별 사회보장법상 외국인에 대한 특례규정(즉 외인법규정. 이하 양자를 호환적으로 사용한다)의 의미를 소개하고, 저촉법인 국제사회보장법의 중요성에 대한 법률가들의 관심을 촉구하며 우리 사회보장법상의 연결점에 관한 오해를 바로잡고자 이 글을 쓴다. 이 글은 사회보장법의 내용이 아니라 그의 적용범위를 주로 다루는데, 그 핵심은 외인법과, 저촉법인 국제사회보장법에 있다. 우선 국제사회보장법의 개념을 검토하고(Ⅲ.), 선진적인 명문 규정을 둔 유럽연합 및 독일의 국제사회보장법(Ⅳ.)과, 국제법인 사회보장협정(국제사회보장협약)을 소개한다(Ⅴ.). 이어서 이 글의 핵심인 한국의 국제사회보장법의 현재 상황(Ⅵ.)을 검토한다. 논의에 앞서 외국인의 지위는 헌법과 관련되므로 외국인의 사회보장법상 지위와 헌법적 논점(Ⅱ.)을 간단히 소개한다. 다만 필자는 사회보장법의 전문가가 아닌 탓에 사회보장법에 관한 논의 중 혹시 오류가 있다면 질정을 부탁드린다.

Ⅱ. 외국인의 사회보장법상 지위와 헌법적 논점

　　외국인의 사회보장법상의 지위는 우리 사회보장법에 의하여 결정되나 그것은 헌법, 특히 기본권원칙에 반해서는 아니 된다. 이에는 두 가지 측면이 있는데 첫째는, 예컨대 헌법과 사회보장법상 외국인을 한국인(또는 내국인. 이하 양자를 호환적으로 사용한다)과 구별하는 것처럼 권리의 유무와 내용 면에서 내외국인을 달리 취급하는 것이 정당한가의 문제이고(이는 외국인의 헌법상 사회적 기본권 주체성

　　으나 사회보장법은 주로 급여 주체의 적극적 행위를 통하여 개인의 권리가 실현되는 급부행정법의 영역이므로 그렇게만 처리할 수는 없다. 전광석(註 4), 67면 참조. 단적으로 EU사회보장조정규정(제11조부터 제16조)이 저촉규정을 두므로 국제사회보장법의 가능성과 필요성을 부정할 수는 없다. Eberhard Eichenhofer, Internationales Sozialrecht und Internationales Privatrecht (1987), S. 212ff.(이하 "Eichenhofer, ISR/IPR"이라 인용한다) 참조.

과 관련된다), 둘째는, 예컨대 내국인에 대하여는 국민연금법을 적용하고 외국인에게는 적용하지 않는 것처럼 국적을 연결점으로 삼아 내외국인에게 준거법을 달리 지정하는 것이 헌법상 평등의 원칙(또는 평등권)에 반하는가이다. 첫째는 실질법, 둘째는 저촉법의 문제이다.10)

1. 외국인의 사회적 기본권 주체성: 실질법 차원

사회보장의 전제가 되는 사회적 기본권(이는 인간다운 생활을 할 권리(헌법 제34조 1항)를 포함한다)의 주체가 국민인지 아니면 외국인도 포함하는지는 논란이 있다. 국민만이 주체라는 견해는 사회적 기본권은 국가의 적극적 행위를 통해서만 실현될 수 있는데, 헌법은 사회적 기본권의 목표와 기본방향만을 정할 뿐이고 구체적 실현은 입법자에게 유보되어 있으며 사회적 기본권의 실현은 공동체의 다른 구성원의 일정한 희생과 부담을 전제로 하기 때문이라고 한다.11) 그렇더라도 사회적 기본권이 인간의 존엄성, 자유권의 실질적 조건형성, 인간다운 생활 등의 행사 및 실현과 직접적이고 밀접한 관련을 가지는 경우에는 외국인도 주체가 될 수 있다는 견해가 유력하고 헌법재판소의 견해이기도 하다.12)13) 그렇다면 외국인의 사회적 기본권 주체성이 인정되는 범위 내에서는, 개별 사회보장법이 외국인을 한국인과 차별하는 경우에는 외국인의 사회적 기본권을 침해한

---

10) 협의의 국제사법과 헌법은 세 가지 측면에서 접점이 있다. 첫째는 국제사법의 존재근거로서 헌법상 평등의 원칙, 둘째는 국제사법에서 연결점 선택 시 헌법(특히 평등의 원칙), 셋째는 국제사법에 의하여 준거법으로 지정된 외국법의 적용과 공서위반이다. 첫째와 둘째에서는 주로 평등권이, 셋째에서는 평등권과 기타 기본권이 문제된다. 석광현, "국제사법에 대한 헌법의 영향", 저스티스 통권 제170-3호(2019. 2. 한국법률가대회 특집호Ⅱ), 500면 이하 참조.

11) 이철우 외/최윤철, 55면. 헌재 2007. 8. 30. 2004헌마670 결정; 헌재 2011. 9. 29. 2007헌마1083, 2009헌마351 결정 참조. 외국인의 기본권 주체성은 이우영, "인권보장과 체계정합성 관점에서의 외국인 관련 법제의 입법적 분석과 개정방향", 입법학연구 제16집 제1호(2019. 2.), 8면 이하 참조. 다만 외국인의 사회적 기본권 주체성을 인정하더라도 곧바로 외국인이 사회적 기본권의 구체적 실현을 주장하는 권리가 도출되는 것은 아니고 그런 권리는 사회보장법률로부터 도출된다고 한다. 이철우 외/노호창, 473면 이하도 참조.

12) 예컨대 산업기술연수생의 근로의 권리를 다룬 헌재 2007. 8. 30. 2004헌마670 결정 참조.

13) 외국인의 기본권 주체성에 대해 시민권(Citizenship) 개념에 근접한 접근을 하는 근자의 견해는 국적을 기준으로 외국인에게 사회보장을 제한하는 것을 비판하고 체류자격을 전제로 사회보장을 제한하는 데도 반대한다. 이다혜, "시민권과 이주노동", 사회보장법연구 제3권 제1호(2014), 231면.

것이 되고, 또한 합리적 이유가 없는 차별이 되어 헌법상 평등권의 침해가 된다.[14] 특히 사회보험과 일부 사회보상의 급여는 국가의 일방적 급여가 아니고 수급권자의 기여에 대한 반대급부로서 지급되므로 그 경우 외국인의 권리를 제한하는 것은 합리적 근거가 될 수 없는 국적을 이유로 차별하는 것이고 헌법상의 재산권과도 조화될 수 없다는 것이다.[15]

위의 논의는 우리 사회보장법상 외국인을 한국인과 구별하여 달리 대우하는 것이 헌법과 사회보장법상 문제가 없는가라는 외인법, 즉 실질법의 내용의 문제이다.

2. 외국인의 사회보장법상의 지위와 평등권: 저촉법 차원

국적을 일면적 저촉규정[16]인 국제사회보장법의 연결점으로 삼아 외국인을 한국 사회보장법의 적용범위 외에 두는 것이 저촉법상 허용되는가도 문제된다. 이는 평등권에 반한다는 견해가 있는데[17] 논란의 여지가 있다. 다만 사회보장법은 공법이기에 일면적 저촉규정을 두는 것이고 이는 양면화할 수 없으므로 평등권에 반한다고 본다.[18] 아래에서 보듯이 고용지 또는 상거소(常居所)를 연결점으

---

14) 김복기(註 6), 31면 참조. 전광석 외(註 9), 312면.
15) 전광석, "국제사회보장법의 기본문제", 국제사법연구 제12호(2006), 546면. '사회보상'은 '국가유공자 등 예우 및 지원에 관한 법률' 등에 따른 것으로 사회보장기능이 있으나 개인이 입은 희생이 공동체 책임에 귀속되는 경우 그 책임에 기초하여 지급되는 급여의 성격을 가진다. 전광석(註 4), 73면 이하 참조.
16) 어떤 법률관계에 대하여 내국법이 적용되는지를 규정하는 저촉규정을 '일면적(일방적) 저촉규정', 내국법과 외국법이 적용되는 경우를 함께 규정하는 저촉규정을 '양면적(전면적 또는 쌍방적) 저촉규정'이라고 한다. 이호정, 국제사법(1981), 96면 이하.
17) 전광석 외(註 9), 312면. 전광석(註 8), 263면은 국적을 연결점으로 삼는 것은 사회보장법의 기능과 평등권에 반한다고 하나 정확히 연결점을 말하는지는 의문이다. 근로기준법 제6조(균등한 처우)는 국적에 기한 차별을 금지하고, 외국인근로자의 고용 등에 관한 법률(외국인고용법) 제22조도 외국인근로자에 대한 부당한 차별을 금지한다.
18) 이는 근본적으로 국제사법(특히 친족·상속법)상 국적을 연결점으로 삼는 것이 국적에 기한 차별인가와 관련된다. 논란이 있으나 일반적으로 국적에의 연결은 외국인에 비하여 내국인을 우대하는 보호주의적 목적 내지 효력을 가지지 않는 연결원칙이므로 국적에 기한 차별이 아니고 상이한 법질서를 동등하게 대우하는 것인데 양면적 저촉규정(양면화할 수 있는 일면적 저촉규정 포함)에서 특히 그러하다. Jürgen Basedow, Das Staatsange-höigkeitsprinzip in der Europäischen Union, IPRax (2011), S. 111f.; Heinz-Peter Mansel, Nationality, Encyclopedia, Vol. 2, p. 1290 참조. <u>이 점에서 국제사법은 외인법과 다르다고 할 수 있다.</u> 참고로 외인법인 구 독일 민사소송법(제110조 제1항)은 독일 법원에 제소하는 외국인 등에게 소송비용담보를 제공하도록 규정하였던바, 유럽연합사법재

로 삼는다면 그에 따라 준거법이 다르게 되나 이는 헌법상의 추상적 원칙이 정한 한계 내이므로 문제가 없고, 결정적인 것은 국제사법상의 연결정책인데 이는 합리적이고 정당화될 수 있다는 것이다. 필자는 아래(VI.3.)에서 보듯이 우리 사회보장법상 국적은 연결점이 아니라고 보므로 이 점을 더 상세히 논의하지 않는다.

Ⅲ. 국제사회보장법의 개념

1. 국제사회보장법 개념의 다양성

이 글의 제목 '국제사회보장법'에서 '국제'라 함은 법의 원천이 아니라[19] 대상 자체가 국제성 또는 외국 관련이 있음을 의미한다. 따라서 그에는 한국의 국내 법률은 물론이고 사회보장협정(social security agreements. 또는 국제사회보장협약. 이하 양자를 호환적으로 사용한다)과 같은 조약 기타 국제법 또는 국제규범이 포함된다. 그런데 종래 국제사회보장법의 개념은 다양하게 사용되므로[20] 여기에서는 먼저 이를 살펴본다.

국제사회보장법(internationales Sozialrecht. ISR)이라 함은 "사회보장법 분야의 저촉법 또는 저촉규범(Kollisionsrecht 또는 Kollisionsnorm)"(이하 양자를 호환적으로 사용한다)[21]을 말한다. 이는 실질법 또는 실질규범과 대비되는 개념으로, 사

판소는 이는 로마조약 제6조(유럽연합기능조약 제18조에 상응)가 정한 국적에 기한 차별금지에 반한다고 판단하였다(1996. 9. 26. C-43/95 판결 등). 위 조문은 1998년 우리 민사소송법(제117조)과 유사하게 원고가 유럽연합 회원국에 상거소가 없는 경우로 개정되었다.

19) 따라서 저촉법인 국제사회보장법은 사회보장에 관한 국제법이 아니고 그에는 국내법도 있고 국제법도 있다.

20) 전광석(註 4), 549면은 국제사회보장법을 아래와 같이 분류한다.
1 = 가장 좁은 의미의 국제사회보장법 / 1+2 = 좁은 의미의 국제사회보장법
1+2+3 = 넓은 의미의 국제사회보장법 / 2+3 = 사회보장 국제법
(1은 국내법인 지정규범, 2는 국제법상의 지정규범과 준거법을 통일하기 위한 국제규범, 3은 실질적인 사회보장기준을 제시하는 국제규범을 말한다). 위의 분류는 이해할 수는 있으나 저촉법·실질법 개념을 사용하지 않아 혼란스럽다. 위의 분류는 국제사회보장법의 '국제'를 법의 원천이라는 의미로도 파악하나 이도 혼란을 가중시킨다.

21) 저촉법에는 국제적(또는 장소적) 저촉법(협의의 저촉법) 외에도 시간적 저촉법(시제법)과 인적 저촉법(인제법) 등도 있으나 여기에서는 협의로 사용한다. 저촉법의 개념은 이호정(註 16), 7면 이하 참조. 국내법과 국제법 그리고 실질법과 저촉법의 구분을 '체계제법'이라고 부르기도 한다. 김연·박정기·김인유, 국제사법 제3판 보정판(2014), 29면.

법(私法)분야에서는 이를 '협의의 국제사법'[22) 또는 '저촉법'이라고 하나 사회보
장법은 공법적 채권채무관계를 다루므로 국제사회보장법을 협의의 국제사법에
포함시킬 수는 없지만 저촉법이 적절하다.[23) 이는 공법(또는 행정법) 분야의 저촉
규범을 국제사법이 아니라 '국제행정법' 또는 '섭외공법'[24)이라 부르는 것과 같
다. 그 밖에 국제사회보장법을 국제노동기구(ILO) 협약[25)처럼 사회보장에 관한
국제적 통일실질법이라는 의미로도 사용하는데, 만일 이를 포함한다면 여기의
'국제사회보장법'을 '저촉법인 국제사회보장법' 그리고 사회보장법 분야의 통일실
질법을 '(통일)실질법인 국제사회보장법'이라고 구별할 필요가 있다.[26)

국제사회보장법의 개념에 관한 혼란은 '국제계약법'이라는 용어에서 야기되
는 혼란과 유사하다. 즉 국제계약법이라 하면 '계약법 분야의 (협의의) 국제사법'
인지, 아니면 '국제계약에 관한 실질법'인지[27) 혼란스러우므로 양자를 구분할 필
요가 있다. 즉 전자는 '저촉법인 국제계약법'이고, 후자는 '(통일)실질법인 국제계
약법'이라는 것이다. 이처럼 '저촉법'과 '실질법' 개념이 요긴하다. 이상의 논의를
정리하면 아래와 같다.

---

22) 이는 광의의 국제사법 중 준거법 결정원칙을 정한 지정규범을 말한다. 독일에서는 국제사
   법은 지정규범만을 가리키나, 근자에 한국에서는 강학상 국제사법을 국제재판관할규칙,
   지정규범과 외국재판의 승인·집행규칙을 포괄하는 광의로 이해하므로 지정규범만을 가
   리킬 때는 '협의의 국제사법'이라 한다.
23) 따라서 국제사회보장법은 'private international law(국제사법)'는 아니지만 'conflict of
   laws(저촉법)'라고 부를 수 있다.
24) 이는 '국제공법'이라 부를 수 있으나 국제공법은 국제법을 가리키는 용어로 확립된 탓에
   '섭외공법'이라고 한다. 이호정(註 16), 8면.
25) 전광석(註 4), 549면은 국제노동기구 협약 제19호(1925년 근로자 재해보상에 대한 내외
   국인 균등대우에 관한 협약), 제48호(1935년 이주노동자의 연금권리의 유지에 관한 협
   약), 제118호(1962년 사회보장에서 내외국인의 균등대우에 관한 협약)와 제157호(1982년
   사회보장청구권의 유지에 관한 협약)를 예시한다. Peter Mrozynski, Sozialgesetzbuch
   Allgemeiner Teil Kommentar, 6. Aufl. (2019), SGB I § 30 Rn. 32도 참조. ILO의 조약
   에 관하여는 학설은 이다혜, "시민권과 이주노동", 서울대학교 법학박사학위논문(2015.
   2.), 26면 이하 참조.
26) 전자는 국내법과 국제법(예컨대 사회보장협정)을 포함하나 후자는 성질상 국제법이다.
27) 예컨대 국제물품매매계약에 관한 UN협약(CISG)을 '국제물품매매계약법'이라고 부르기도
   하나 대부분은 통일 실질법이다(적용범위에 관한 조문은 국제사법에 대한 특칙이다).

[표-1] 국제사회보장법의 개념

유형	국내법/국제법	규범의 예
국제사회보장법 [1] 저촉법	국내법	독일 사회법전 I (제30조), IV (제3조-제6조) 한국 산재보험법(제6조): 고용지 한국이면 적용
	국제법	EU사회보장조정규정(제11조, 제12조)[28]
[2] 실질법	국제법	일부 ILO 협약들(이는 통일실질법이다)
[3] 저촉법 + 실질법	국제법	사회보장협정들[29]

이 글에서 국제사회보장법은 [1]을 말하고(국내법과 국제법 포함) [3]의 일부 (저촉법)를 포함하나 [2]는 제외된다. [1]은 각국 사회보장법의 적용범위를 획정한다. 국제적 인적 교류가 빈번한 현대 상황에서 사회보장은 국내법만으로 해결할 수 없고 내외국인을 동일하게 취급하거나 외국에서 발생한 사실과 법률관계를 국내법상의 그것으로 취급함으로써 국제적으로 통합·조정할 필요성이 큰데 이런 과제는 국제규범(아래 언급하는 EU사회보장조정규정과 사회보장협정 등)이 주로 담당한다.[30] 이를 포괄하여 국제사회보장법을 "관련된 사회보장법의 국제적 적용범위를 규율하거나, 외국 사회보장법이 관련 국가의 사회보장법질서에 미치는 효력을 규율하는 어느 국가의 사회보장법규범의 총체"라고 정의한다.[31] 따라서 국제사회보장법에는 두 개의 과제가 있다. 첫째, 어느 국가의 사회보장법의 적용범위를 획정하고, 둘째, 외국에서 근거지워진 사회보장법의 효력이 국내에서 어떤 의미를 가지는지를 다룬다.[32]

---

28) 이는 EU사회보장조정규정이므로 통상의 국제법은 아니고 유럽연합의 규범이다.
29) 사회보험에 관한 국제협약상 통상의 준거법은 고용지법이고 자영인의 경우 경제활동지법이 준거법이라고 한다. 전광석 외(註 9), 320면 이하; 전광석(註 8), 258면.
30) Eichenhofer, ISR/IPR, S. 64f.
31) Eichenhofer, ISR/IPR, S. 65.
32) 후자를 강조하여 국제사회보장법의 기능을 조정(Coordination)에 두고 그의 기본원칙의 하나로 준거법의 결정을 들기도 한다. Eberhard Eichenhofer, Funktionen des Wohnsitzes/ gewöhnlichen Aufenthalt im Internationalen Sozialrecht (ISR), IPRax (1990), S. 379. 이하 "Eichenhofer, IPRax"라고 인용한다.

2. 국제사회보장법과 협의의 국제사법의 관계

가. 유사점

저촉법인 국제사회보장법은 저촉규범인 점에서는 저촉규정(준거법 결정원칙)을 정한 협의의 국제사법과 유사하다.[33] 독일에서는 많은 논점에 관하여 국제사회보장법과 협의의 국제사법 간에 밀접한 관계가 있음을 인정한다.[34] 국제사회보장법과 협의의 국제사법은 유사한 연결점을 사용하는데, 특히 사회보장법과 근로계약법은 근로지 또는 노무제공지(*locus laboris*)를 연결점으로 사용한다.[35] 따라서 국제사회보장법의 주요 구조를 이해하자면 협의의 국제사법의 개념적 틀이 유용하다.[36]

나. 차이점

협의의 국제사법은 사법(私法)분야에서 규범 충돌을 해결하는 규범인 데 반하여[37] 사회보장법은 공법상의 채권채무관계를 내용으로 하므로[38] 저촉법인 국제사회보장법은 협의의 국제사법의 일부는 아니다. 그러나 사법(私法)의 맥락에서 협의의 국제사법이 가지는 지위는 사회보장법의 맥락에서 국제사회보장법이 가지는 지위와 같다.[39] 다만 국제사법 조문은 대부분 양면적 저촉규정이나 국제사회(보장)법은 일면적 저촉규정의 성질을 가진다.[40]

---

33) Eichenhofer, IPRax S. 378; Eichenhofer, Encyclopedia, p. 1650.

34) Eichenhofer, IPRax, S. 382.

35) Eichenhofer, Encyclopedia, p. 1649. 우리 국제사법 제28조(근로계약) 참조.

36) Eichenhofer, Encyclopedia, p. 1651.

37) 우리 국제사법(제6조)상 준거법으로 지정된 외국법의 규정은 공법이라는 이유만으로 적용이 배제되지 아니하므로 준거법에 속하는 공법규정도 적용될 수 있기에 '외국공법 부적용의 원칙'은 타당하지 않다. 다만 이는 민사사건의 처리를 위하여 외국공법이 사인들 간의 법률관계에 미치는 반사적 효력의 문제이다. 외국 공법으로부터 도출되는 국가의 청구권이 한국 법원에서 실행될 수 없다는 점은 여전히 타당하다. Gerhard Kegel/Klaus Schurig, Internationales Privatrecht, 9. Auflage (2004), S. 1092-1093 참조. Christian von Bar/ Peter Mankowski, Internationales Privatrecht, Band I Allgemeine Lehren 2. Auflage (2003), §4, Rn. 52는 양자를 구분하여 전자를 '사법(私法)적 섭외공법'(privatrechtliches internationales öffentliches Recht), 후자를 '공법적 섭외공법'(öffentlichrechtliches inter- nationales öffentliches Recht)이라 한다.

38) 전광석(註 4), 82면.

39) Eichenhofer, SR, Rn. 82.

40) Eichenhofer, Encyclopedia, p. 1651. 다만 무국적자의 경우 협의의 국제사법에서는 그의

또한 국제사회보장법에서도 '등가성규칙(rules of equivalence)'이라는 개념이 사용된다. 이는 외국인과 외국에서 발생한 사실과 법률관계를 국내법에 통합하는 기능을 한다.[41] 이는 협의의 국제사법상의 적응(조정. Anpassung, adaptation)[42]에 상응한다.

저촉법인 국제사회보장법도 국제사법과 마찬가지로 당해 사안과 가장 밀접한 관련이 있는 법을 적용하고자 한다. 다만 국제사회보장법은 공법의 영역을 다루므로 국제사법과 동일한 수단을 사용하는 것은 아니다. 왜냐하면 사법의 영역에서는 국제재판관할과 준거법이 각각의 이익에 봉사하므로 분리될 수 있으나 공법의 영역에서는 국가의 재판관할권과 준거법은 원칙적으로 일치하기 때문이다(준거법과 관할의 병행).[43] 그러나 전광석 교수를 제외하면 우리 사회보장법 문헌들은 대체로 개별 사회보장법이 정한 외국인의 지위를 다룰 뿐이고 저촉법적 접근에는 무관심한 것 같다.

사법(私法)적 법률관계에서 법정지법인 우리 국제사법을 적용하여 준거법을 결정하고 그것이 한국법인 경우 비로소 한국의 실질법(민법, 상법 또는 노동법 등)이 적용된다. 사회보장법의 경우에도 만일 개별 사회보장법에 저촉규정이 있다면 이를 적용하여 준거법이 한국법인 경우 우리 사회보장법이 적용된다. 이런 논리는 산업재해보상보험법(산재보험법)에서는 명확하나 외인법 형식을 취하는 다른 개별 사회보장법의 경우에는 애매하다. 이는 아래(VI.)에서 살펴본다.

상거소지법을 적용하나(우리 국제사법 제3조 제2항), 사회보장법에서는 외국인으로 취급한다.

41) Eichenhofer, Encyclopedia, p. 1652.

42) 다만 여기에서는 coordination을 조정이라고 하므로 본문의 조정을 적용이라 한다. 조화(Harmonisierung)는 실질법의 Angleichung을, 조정(Koordienierung)은 국제사회법의 Angleichung을 목적으로 한다고 구분하는 견해도 있다. Eichenhofer, SR, Rn. 86.

43) 석광현, "클라우드 컴퓨팅의 규제 및 관할권과 준거법", Law & Technology 제7권 제5호 (2011. 9.), 24면; 전광석(註 8), 493면 참조. 하지만 이러한 전통적 견해에 대하여 의문이 있다. Eichenhofer, ISR/IPR, 217f. 참조. 한국에도 저촉법적 정의의 관점에서 가장 밀접한 관련이 있는 법을 탐구함으로써 국제적 강행규정을 쌍방적 저촉규범의 형식으로 국제사법체계에 편입하는 공법적 (쌍방적) 특별저촉규정설도 있다. 신창선·윤남순, 신국제사법 제2판(2016), 286-287면; 안춘수, "국제사법상 절대적 강행규정의 처리 —이론의 전개와 국제사법 제6조, 제7조의 의미—", 법학논총 제23권 제2호(통권 제37호)(2011. 2.), 198면 참조.

Ⅳ. 유럽연합과 독일의 저촉법인 국제사회보장법

우리 국제사법에 사회보장에 관한 저촉규정이 없음은 당연한데 우리 사회
보장기본법과 개별 사회보장법에도 '지정규범(Verweisungsnorm)'[44], 즉 사회보장
법의 적용범위를 정하는 저촉법인 국제사회보장법 조문은 없다. 개별 사회보장
법들은 한국인에게 적용됨을 당연한 전제로 하면서 외국인에 대한 특례를 둔다.
따라서 여기에서는 사회보장법 분야의 저촉규정이 있는 유럽연합(아래 2.)과 독
일 사회법(3.)을 살펴본다.

1. 유럽연합의 저촉법인 국제사회보장법

유럽연합 차원의 중요한 사회법은 "사회보장제도의 조정에 관한 규정 번호
883/2004"[45](이하 "EU사회보장조정규정"이라 한다)이다.[46] 근로자의 자유로운 이
동은 유럽공동체의 근본원칙의 하나로 개인의 기본권이고 유럽시민권의 본질적
요소이다.[47] EU사회보장조정규정을 채택한 것은, EU시민이 이동의 자유를 행사
할 때 사회보장 권리를 보장하는 것이 EU회원국들의 주요 관심사 중 하나였고,
이를 달성하기 위해서는 다른 회원국에서 일을 하고 거주하는 EU시민이 사회보
장 권리를 상실하지 않도록 사회보장조치를 채택할 필요가 있었기 때문이다.[48]

---

44) 이를 '저촉규범(Kollisionsnorm)' 또는 '법적용규범(Rechtsanwendungsnorm)'이라 한다.
'지시'규범이라는 문헌도 보이나(전광석(註 15), 559면) 우리 국제사법은 '지정'이라 하고
국제사법학계에서도 주로 지정을 사용한다.

45) Coordination of Social Security Systems in the European Union: An explanatory
report on EC Regulation No 883/2004 and its Implementing Regulation No 987/2009.
후자는 "Regulation (EC) No 987/2009 of the European Parliament and of the Council
of 16 September 2009 laying down the procedure for implementing Regulation (EC)
No 883/2004 on the coordination of social security system"으로 시행절차를 규정한다(제
89조). 과거 Regulation 1408/71 등이 있었다. 전광석(註 8), 96면 이하, 특히 101면 참조.

46) 이를 'Europäisches koordinierendes Sozialrecht(유럽 조정 사회보장법)'이라고 한다. 이
호근(역), 방주 86은 "유럽차원에서 조정되는 사회법"이라고 번역한다.

47) 유럽연합의 일차적 법(구 유럽공동체설립조약 제18조/EU기능조약 제21조)은 EU 시민의
회원국 내 거주·이전(또는 이동)의 자유를 보장한다.

48) International Labour Organization, Coordination of Social Security Systems in the
European Union: An explanatory report on EC Regulation No 883/2004 and its
Implementing Regulation No 987/2009, p. 1에 따르면 EU에는 그 무렵 1,050만 명의 이
주노동자가 있고, 매일 일을 위해 EU 국경을 넘는 100만 명이 있으며, 매년 약 250,000
명의 사람들이 하나 이상의 회원국에서 일을 하였으며 수령하는 연금을 외국으로 지급해

EU사회보장조정규정(제11조부터 제16조)은 저촉규범(Kollisionsnorm)[49]을 두고 있는데 그 주요내용은 아래와 같다.

가. 기본원칙

수급자에 대하여는 단지 한 회원국의 법령(legislation, Rechtsvorschriften)이 적용되는데(제11조 제1항) 그 법령은 제Ⅱ장에 의하여 결정된다. 이를 통하여 준거법의 적극적 저촉(규범의 중첩)과 소극적 저촉(규범의 흠결)을 회피할 수 있다. 이는 회원국들의 사회보장법에 대하여 중립적으로 연결점을 정한 쌍방적 저촉규정인데, EU사회보장조정규정은 근로자 또는 자영업자와 같이 활동 중인 사람(a person pursuing an activity)과 아닌 사람을 구분하고, 전자를 다시 단수국가 또는 복수국가에서 활동하는지에 따라 구분한다. 제Ⅱ장에서 근로자(employed. 또는 노동자. 양자를 호환적으로 사용한다) 또는 자영업자로서의 활동으로 인하여 또는 그 결과로 현금급여를 받는 사람은 활동 중인 것으로 본다(제11조 제2항).

나. 활동 중인 사람 / 활동 중이 아닌 사람

회원국에서 근로자 또는 자영업자로서 활동을 추구하는 사람은 해당 회원국의 법률에 따른다(제11조 제3항 a호). 회원국에서 통상 활동을 수행하는 사용자를 위하여 피용자로서 활동을 추구하고, 해당 사용자가 그를 위한 활동의 수행을 위하여 다른 회원국에 파견하는 사람은 작업 예상기간이 24개월을 초과하지 않는다면 파견국인 회원국의 법률에 따른다(제12조 제1항).[50] 그에 따르면 취업자(Beschäftigte)와 자영업자(Selbständige)의 경우 사회보험에서 중요한 연결점은 고용지(Beschäftigungsort) 또는 기업의 본거(Unternehmenssitz)이다.[51] 일반적으로

야 하는 것으로 추산되었다고 한다.

49) 이호근(역), 방주 94는 '충돌규범'이라 하나 국제사법 문헌에서는 '저촉규범'을 주로 사용한다.

50) 통상 복수 회원국에서 근로자로서 활동을 추구하는 사람은 (a) 거소지 회원국에서 활동의 상당 부분을 추구하는 경우 그 회원국 법률에 따르고 (b) 거소지 회원국에서 활동의 상당 부분을 추구하지 않는 경우 근로자를 고용한 기업, 사용자의 등록사무소 또는 사업장 소재지 회원국법(기업 또는 사용자가 단수인 경우와 복수이더라도 한 회원국에 있는 경우)에 따른다(제13조 제1항 b호). 기업 또는 사용자가 복수이고 복수 회원국에 있는 경우 별도 규정이 있다.

51) Eichenhofer, SR, Rn. 95.

기여금에 의하여 재원을 확보하는 사회급여에서는 취업지·고용지[52]가 지배적 연결점이라고 설명한다.[53]

한편 활동 중이 아닌 사람은 거주지(residence, Wohnort)[54] 회원국의 법률에 따른다(제11조 제3항 e호). 일반적으로는 조세(또는 재정)에 의하여 재원을 확보하는 사회급여에서는 거주지(Wohnort)가 지배적 연결점이다.[55] 이는 사회적 맥락에서 수급자의 수요가 발생하고 충족되는 장소이기 때문이다.[56]

다. 특칙과 예외조항

EU사회보장조정규정은 특수직역 종사자인 공무원(제11조 제3항), 선원(제11조 제4항), 항공기 승무원(제11조 제5항), EU의 계약직원(제15조)에 대하여 특칙을 두고, 다른 장에서 급여에 관한 특칙을 둔다(제17조와 제23조 등). 나아가 EU사회보장조정규정은 회원국들이 일정 범주의 사람들을 위하여 다른 합의를 할 수 있음을 명시한다(제16조)(파견기간의 연장 등의 합의).

위의 논의를 정리하면 아래와 같다.

[표-2] EU사회보장조정규정의 연결원칙

유형		연결점
가. 활동 중인 사람(근로자/자영업자)	단수국가에서	노무제공지국(*lex loci laboris*)(§11(3)a)[57]
		예외: 파견의 경우 일정 요건 충족시 파견국법(§12(1))
	복수국가에서	실질적으로 거소지에서 활동하는 경우 거소지국(§13(1)a)
		고용지국: 실질적으로 거소지에서 활동하지 않는 경우 고용자의 영업소 소재지(§13(1)b)[58]

---

52) Eichenhofer, SR, Rn. 96은 사회보장법에서는 근로지(Arbeitsort)가 통상적 연결점이라 한다(이호근(역), 방주 96은 '고용지'라고 번역한다). 이는 일상적인 노무제공지를 말한다. 우리 국제사법(제27조 제2항)도 당사자가 근로계약의 준거법을 선택하지 않은 경우 근로자가 계약의 이행으로 <u>일상적으로 그의 노무를 제공하는</u> 국가의 법이 준거법이 된다고 규정한다.
53) Mrozynski(註 25), SGB I § 30 Rn. 3.
54) 이는 상거소(habitual residence, *résidence habituelle*, gewöhnlicher Aufenthalt)이다. 제1조 j호.
55) Mrozynski(註 25), SGB I § 30 Rn. 3.
56) Eichenhofer, Encyclopedia, p. 1649.
57) 근로기준법(제2조 제1항 제1호)상 근로자란 직업의 종류와 관계없이 임금을 목적으로 사업이나 사업장에 근로를 제공하는 사람이다. 민법학과 사회보장법에서는 '노무를 제공한

다. **특칙**	공무원(§11(3)), 선원§11(4), 항공기 승무원§11(5), EU계약직원(§15)
라. **예외조항**	일정 범주의 사람들을 위한 회원국들의 다른 합의 가능(§16)

2. 독일의 사회법과 저촉법인 국제사회보장법

독일의 사회보장법은 사회법전(Sozialgesetzbuch. SGB)과 보충 법률들로 구성된다.[59] 독일은 1975년 이래 사회법전을 가지고 있는데 사회법전 제 I 권(총칙)은 사회보장법 전체에 적용될 지정규범을 아래와 같이 두고 있다.

제30조(적용범위)

(1) 이 법률의 규정은 그의 주소(Wohnsitz)[60] 또는 상거소(gewöhnlicher Aufen-thalt)[61]를 그의 적용범위 내에 가지고 있는 모든 사람에게 적용된다.

(2) 초국가적인 그리고 국제적인 법률의 규정은 영향을 받지 아니한다.

(3) 사람은 그가 주거(Wohnung)를 보유하고 이용할 것으로 추론할 수 있게 하는 상황 하에 주거를 가지는 곳에 주소를 가진다. 사람은 어떤 장소 또는 이 지역에서 단지 일시적으로만 거주하는 것이 아님을 알게 하는 상황 하에 거주하는 곳에 상거소를 가진다.

제30조 제1항은 속지주의 원칙(Territorialprinzip, Territorialitätsprinzip. 영토주의 원칙이라고도 한다)을 정한 것이나[62] 독일 내에 주소 또는 상거소를 가져야 하

다'고 한다. 사업이란 사회생활상 지위에서 하는 일로서 계속적으로 하는 작업조직 또는 경영상의 일체를 이루면서 계속적, 유기적으로 운영되고 전체로서 독립성을 갖춘 기업체 자체를 말하고, '사업장'이란 사업의 일부분으로서 업무·노무관리·회계를 독자적으로 수행하는 것(공장 내 진료소, 사업부 등) 또는 장소적으로 분리되어 있는 것(본사와 분리된 공장, 공사장, 지점, 출장소 등)을 말한다. 온주 근로기준법 [제2조] 제1항 제1호 (근로자) (2021. 2. 16.)(권두섭, 임상민 집필부분).

58) 근로자를 고용한 기업 또는 사용자가 복수인 경우는 제13조 제1항 b호가 별도로 규정한다.

59) 예컨대 독일의 건강보험은 사회보장법전(SGB) 제V권이다. 독일의 사회법전은 여러 권으로 나뉘어 있지만 통일적 단위를 구성하므로 하나의 사회법전이다. Eichenhofer, SR, Rn. 167.

60) 전광석(註 15), 554면은 이를 '거주지'라고 번역한다.

61) 전광석(註 15), 554면은 '통상적인 체류지', 전광석(註 4), 553면은 '거주지', 이호근(역), 방주 84는 '통상적인 거주지"라고 각 번역하나 우리 국제사법의 용어는 '상거소'이다.

62) 제30조는 저촉규범이다. Mrozynski(註 25), SGB I § 30 Rn. 5. 과거 다수설은 제30조를 속지주의의 표현으로 보았으나 이제는 빈번하게 외국에서 발생한 사건에 연결하므로 타당하지 않다는 비판도 있다. Eichenhofer, SR, Rn. 83. 그러나 Abbo Junker, Inter-

므로 정확히는 주거지 또는 주거국 원칙(Wohnort- oder Wohnlandprinzip)을 정한 것이라고도 한다.[63] 수급권자의 국적은 중요하지 않다.

한편 각칙으로 사회보험에 관한 제Ⅳ권(제3조부터 제6조)은 인적 및 장소적 적용범위를 정한 제3조, 확대(Ausstrahlung)[64]를 정한 제4조(국내고용은 과도적인 외국에서의 활동시에도 존속된다는 취지), 축소(Einstrahlung)[65]를 정한 제5조(외국고용이 국내에서 과도적으로 행해지는 경우에는 국내고용은 존재하지 않는다는 취지)와 다른 규칙의 유보를 정한 제6조(초국가적 또는 국가간의 법의 적용은 영향이 없다는 취지)를 두는데 이들은 속지주의 원칙에 대한 예외이다.[66] 제3조는 보험의무자와 보험권리자에 관한 조항들에 관하여 근로지(Arbeitsort)·활동지(고용 또는 자영활동 전제 시)와 상거소(고용 또는 자영활동 비전제 시)를 연결점으로 삼는다. 근로지는 고용지(Beschäftigungsort) 또는 노무제공지를 말한다.

> **제3조(인적 및 장소적 적용범위)**
> 보험의무자와 보험권리자에 관한 조항들은
> 1. 고용(Beschäftigung) 또는 자영활동(selbständige Tätigkeit)을 전제로 하는 한, 이 법전의 적용범위 내에서 고용되어 있거나 자영업을 하는 모든 사람들에게 적용되고,
> 2. 고용 또는 자영활동을 전제로 하지 않는 한, 이 법전의 적용범위 내에 주소 또는 상거소를 가지고 있는 모든 사람들에게 적용된다.

이를 참고하면 우리 산재보험법은 고용지를 연결점으로 규정하나, 다른 개별 사회보장법(건강보험법, 국민연금법, 고용보험법 등)의 경우 직장(사업장)가입자와 지역가입자를 구분하거나, 구분 없이 외국인에 대한 특례를 두는데, 그것이 외인법인지 저촉법인지를 파악하고, 장래에는 입법론으로 독일 사회법처럼 수급자의 고용 전제 여부에 따라 연결점을 달리하는 방안을 검토할 필요가 있다. 이는 아래(Ⅵ.)에서 논의한다.

---

nationales Privatrecht 3. Auflage (2019), §5, Rn. 42는 지금도 그렇다.
63) BeckOK SozR/Gutzler SGB Ⅰ § 30 Rn. 2.
64) 이를 '확대'라고 번역한다. 이호근(역), 방주 84; 전광석 외(註 9), 312면.
65) 이를 '축소'라고 번역한다. 이호근(역), 방주 84; 전광석 외(註 9), 312면.
66) Mrozynski(註 25), SGB Ⅰ § 30 Rn. 5.

V. 사회보장협정(국제사회보장협약): 저촉법·실질법인 국제사회보장법

개인의 국제적 이동이 빈번해진 오늘날 그러한 개인에 대한 사회보장은 특정 국가의 국내법만으로는 해결할 수 없다. 국제협력을 통하여 그로부터 발생하는 문제를 해결하기 위하여 국가들은 국제협약을 체결하고 있다. 이것이 사회보장협정이다.[67] 사회보장협정은 체결국간 연금제도의 서로 다른 점을 상호 조정하여 양 체결국 국민에게 혜택을 부여하기 위한 것인데, 흔히들 협정체결 목적으로 이중가입 면제, 가입기간 합산,[68] 동등 대우와 급여 송금 보장을 들고 있다.[69] 예컨대 한국은 미국과 "대한민국과 미합중국간의 사회보장에 관한 협정(Agreement between The Republic of Korea and the United States of America on Social Security)"을 2000. 3. 13. 체결하였고 이는 2001. 4. 1.(조약 제1552호)로 발효되었다.[70] 한국이 외국과 사회보장협정을 체결한 경우에는 국민연금법에도 불구하고 국민연금의 가입, 연금보험료의 납부, 급여의 수급 요건, 급여액의 산정, 급여의 지급 등에 관하여 그 사회보장협정이 정하는 바에 따른다(국민연금법 제127조). 사회보장협정에는 사회보험료 이중적용 방지만을 규정한 '보험료 면제협정(contributions only agreement)'과, 그에 더하여 양국 가입기간 합산을 규정한 '가입기간 합산협정(totalization agreement)'이 있다.[71] 현재 한국이 체결한 사회보장협정은 국민연금 등 일부 사회보장에 대해서만 규정하나, 건강보장은 인권 문제이므로 외국인 나아가 불법체류 외국인에 대하여도 의료서비스를 제공하고 해당 외국인의 본국에 청구할 수 있는 방식으로 사회보장협정을 확대할 필요가 있다는 입법론도 있다.[72]

국제노동기구는 1982년 '사회보장권리의 유지에 관한 협약 제157호'(Conven-

---

67) "사회보장국제협약"이라는 표현도 사용된다. 전광석 외(註 9), 317면.

68) 국제사법상 예컨대 취득시효 기간 진행 중에 물건이 국내에 들어온 때처럼 권리 취득이 외국에서 완성되지 아니한 경우 외국에서 이루어진 과정을 국내의 그것으로 볼지가 문제된다. 긍정설을 명시하는 입법례(독일 민법시행법 제43조 제3항과 스위스 국제사법 제102조 제1항)도 있으나 우리 국제사법에는 규정이 없다. 해석론은 석광현(註 7), 241면 참조.

69) 국민연금공단 홈페이지 사회보장협정 현황 참조.

70) 외교부 홈페이지에 따르면 한국은 1977년 5월 이란과 처음 사회보장협정을 체결한 이래 2021년 8월 현재 총 41개국과 사회보장협정을 체결(발효 36, 미발효 5)하였다고 한다.

71) 이철우 외/노호창, 496면.

72) 이철우 외/노호창, 497면.

tion concerning maintenance of social security rights. No. 157)를 채택하였고 1983
년 부록 I로 '사회보장권리의 유지 권고 제167호'(Maintenance of Social Security
Rights Recommendation. No. 167), 즉 사회보장에 관한 양자간 또는 다자간 조약
의 모델협정(Model Provisions for the Conclusion of Bilateral or Multilateral Social
Security Instruments)[73]을 제시하였다.

사회보장협정은 주요 실질법 원칙과 준거법 관련 조항도 두어 실질법과 저
촉법을 포괄하므로 사회보장협정이 있는 경우 그 적용범위에 속하는 한 이는 실
질법에 관한 한 우리의 사회보장법에 대한 특별법이고, 저촉법에 관한 한 우리
의 국제사회보장법에 대한 특별법이므로 우리 법에 우선하여 적용된다.[74]

Ⅵ. 한국의 저촉법인 국제사회보장법의 현재 상황

1. 개관

위에서 보았듯이 사회보장법전(SGB)과 이를 보충하는 법률들을 가지고 있
는 독일은 사회보장법전에서 사회보장법 전체에 적용될 준거법 결정원칙(즉 저촉
규정)을 두는 데 반하여 우리는 사회보장기본법 등에 저촉규범은 없고 사회보장
기본법 제8조(외국인에 대한 적용)에서 "국내에 거주하는 외국인에게 사회보장제
도를 적용할 때에는 상호주의의 원칙에 따르되, 관계 법령에서 정하는 바에 따
른다."고 규정할 뿐이므로 저촉규범은 개별 사회보장법에서 해결할 사항이다. 그
런데 저촉규범을 두는 산재보험법을 제외하고는 우리 개별 사회보장법은 대체로
한국인에게 당연히 적용됨을 전제로 하면서 외국인에 대한 특례규정을 두어 거
주(또는 체류)요건 등을 요구하고, 법률에 따라 내국인의 일시적 해외 파견(근로자
의 경우)의 처리를 규정한다. 아래에서는 주요 개별 사회보장법[75]의 규정을 검토

---

73) https://www.ilo.org/dyn/normlex/en/f?p=1000:12100:::NO:12100:P12100_INSTRUMENT_
   I D:312505 참조. 전광석 외(註 9), 317면은 Model Agreement for the Co-ordination of
   Bilateral or Multilateral Social Security Instruments)를 인용하고 주요 내용을 소개한다.
74) 예컨대 한미사회보장협정은 국민연금법과 산재보험법에 대한 저촉법 및 실질법 특칙을
   둔다. 한국이 체결한 사회보장협정의 주요내용은 위(註 69) 국민연금공단 홈페이지 사회
   보장협정 현황 참조. 외교부는 국민이 해외파견근로 시 납부하는 외국연금 보험료에 대한
   부담을 경감하고, 해외체류기간 동안 납부한 외국연금 보험료를 귀국 후 연금으로 받을
   수 있도록 사회보장협정을 체결하였다고 소개한다.
75) 여기의 논의가 다른 개별 사회보장법에도 타당한지는 개별적으로 검토할 사항이다.

하고 그에 따른 준거법 결정원칙을 논의한다.

2. 개별 사회보장법의 규정: 외인법 형식과 저촉법적 접근의 가능성

여기에서는 첫째, 사회보험 중 사회보험 체계의 근간인 4대 사회보험의 근거법률(즉 국민건강보험법, 국민연금법, 산업재해보상보험법과 고용보험법), 둘째, 공공부조에서는 국민기초생활보장법과 셋째, 사회서비스에서는 한부모가족지원법을 검토한다.

가. 국민건강보험법

국민에게 의료서비스를 제공하기 위하여 국가가 운영하는 공적 의료보장 방식에는 사회보험인 '국민건강(또는 의료)보험방식(national health insurance)'과, 무상의료를 지향하는 '국민보건서비스방식(national health service)'이 있는데,[76] 양자는 의료서비스 비용 해결방법에 차이가 있다. 전자는 국민이 소득수준에 따라 납부하는 보험료를 재원으로 책임지는 방식이고,[77] 후자는 세금을 재원으로 하여 국가가 전적으로 책임지는 방식이다. 한국은 원칙적으로 전자를 택하여 국내 거주 국민을 강제로 건강보험에 가입하게 하고[78] 의료기관과 약국은 원칙적으로 요양기관으로 당연 지정된다(제42조). 요양기관은 진찰·치료 또는 약제 지

---

76) 이철우 외/노호창, 489면 참조. 다만 기초생활수급자 등인 국민은 공공부조에 해당하는 의료급여법에 따라 의료서비스를 제공 받는다. 전자를 건강보험제도, 후자를 국민보건제도라고 부르기도 한다. 전광석(註 4), 47면 참조.

77) 헌재 2003. 10. 30. 2000헌마801 결정은 건강보험은 원칙적으로 전국민을 강제로 보험에 가입시키고 경제적 능력에 비례하여 보험료를 납부하도록 함으로써 의료보장과 동시에 소득재분배 효과를 얻고자 하는 것이라고 판시하였다.

78) 원칙적으로 국내 거주하는 모든 국민은 건강보험법상 당연히 가입자 또는 피부양자가 되고(제5조), 국내체류 외국인등도 직장가입자의 배우자, 직계존속 등이고 피부양자 자격인정 기준에 해당하면 피부양자가 될 수 있다(제109조 제4항). <u>이 경우 국민건강보험공단이 단순히 보험금을 지급하는 것이 아니라 현물급여인 요양급여를 제공하는 것으로 구성하나 실제로는 대부분 사인(私人)인 의료기관 개설자가 개설한 의료기관을 요양기관으로 편입하여 그로 하여금 요양급여를 제공하게 하고 국민건강보험공단이 요양급여비용을 지급하는 방식을 취한다. 따라서 국민건강보험공단과 가입자 및 그 피부양자 간의 공법관계를 인정하고 요양기관은 공무수탁사인(私人)이라는 견해도 있으나 다수설은 의료기관과 환자 사이의 사법상 계약만을 인정한다고 한다. 상세는 이동진, "의사-환자 관계의 (사)법적 기초", 민사판례연구 제XLIII권(2021), 1082면 이하 참조. [밑줄 친 부분은 이 책에서 추가한 것이다.]</u>

급 등 요양급여를 실시한 뒤 국민건강보험공단에 요양급여비용을 청구하여 지급
받는다(제47조).

국민건강보험법의 적용대상은 아래와 같다.

한국인   국민건강보험법은 '국내 거주하는 국민'에게 적용된다(제5조). 원
칙적으로 모든 사업장의 근로자 및 사용자와 공무원 및 교직원은 직장가입자가
되고, 직장가입자와 그 피부양자를 제외한 국민은 지역가입자가 된다(제6조).

외국인   국민건강보험법은 외국인에 대한 특례규정을 두어 일정한 경우
직장가입자 또는 지역가입자 자격을 인정한다(제109조).79) 외국인이 직장가입자
가 되려면 대체로 '국내 체류+적용대상인 사업장 근로자 등+주민등록/국내거
소신고/외국인등록'80) 요건을, 지역가입자가 되려면 '국내 체류+6개월 이상 거
주 또는 일정사유(결혼이민의 체류자격 등)+주민등록이나 국내거소신고 또는 외
국인 등록+체류자격' 요건을 각각 구비하여야 한다.

가입자가 국외에 체류하는 경우 급여는 정지된다(제54조 제2호).81)

건강보험법은 외국인에 대한 특례규정을 두는 외인법(外人法. 또는 외국인법.
Ausländerrecht, legislation on aliens) 형식을 취하므로 외인법적 설명이 자연스럽
다.82) '외인법'이라 함은 외국인(법인도 포함)과 무국적자를 내국인과 달리 취급하
는 법규의 총체 또는 외국인과 무국적자에게 어떤 법적 지위 (또는 권리와 의무)
를 인정할지에 관한 법규의 총체83)를 말한다. 그러나 실질법인 외인법의 적용근

---

79) 외국인고용법 제14조(건강보험)도 이를 명시한다.
80) 외국인이 90일을 초과하여 한국에 체류하려면 원칙적으로 입국일부터 90일 이내에 관할
    지방출입국 등의 장에게 외국인등록을 하여야 한다. 출입국관리법(제31조 제1항).
81) 보험의 수급권자이더라도 일정 사유(국외 체류 등)가 있으면 그 기간에는 보험급여를 하
    지 아니한다(제54조).
82) 澤木敬郎/道垣內正人, 國際私法入門, 제6판(2006), 189면은 사회보장법을 외인법의 한
    유형으로 열거한다. 일본의 사회보장법 개관은 유혁수 외(편), 일본법 강의(2021), 350면
    이하(유혁수 집필부분) 참조.
83) 김진, 신국제사법: 섭외사법(1962), 141-142면; 이호정(註 16), 14면; 차용호(註 5), 10면;
    Kegel/Schurig(註 37), S. 64; Jürgen Basedow, "Aliens law (*Condition des étrangers*,
    Fremdenrecht)", Jürgen Basedow *et al.* (eds.), Encyclopedia, Vol. 1, p. 51. 독일에서
    과거에는 'Fremdenrecht'를 주로 사용하였다. 신창선·윤남순(註 43), 25면은 일본 학설
    (溜池良夫, 國際私法講義(1993), 27면)을 따라 광의의 외인법(내국에서 외국인에 관한 사
    항을 정한 법)과 협의의 외인법(내국에서 외국인의 지위, 즉 외국인의 권리의 향유에 관
    한 정한 법률)을 구분하나 이 글의 외인법은 후자이다. 프랑스에서는 외인법을 국제사법
    의 분야로 취급한다고 한다. 박기갑, 국제사법총론 —法律衝突理論을 중심으로— (1996),

거를 저촉법에서 찾는다면 연결점은 무엇인가. 외국인에게도 적용되니 국적이 연결점이 아님은 명백하고 외인법의 적용요건 또는 가입자격(또는 수급자격) 요건과 연결점은 다르다.[84] 거주요건이 구비되지 않은 외국인의 수급자격이 없더라도 이는 건강보험법이 적용된 결과이지 건강보험법이 적용되지 않기 때문이 아니다. 연결점은 건강보험법이 내국인과 외국인에게 공히 적용되기 위한 최소의 요소인데, 동법은 내외국인 모두 직장가입자와 지역가입자를 구분하면서 동법의 적용요건으로 한국내 사업장(즉 고용지. 고용 전제 시), 한국내 거주(고용 비전제 시)를 요구하므로 고용지 또는 거주지를 연결점이라고 본다. 수급자격의 요건은 내외국인이 다르나 이는 국민건강보험법의 내용(즉 실질법)의 문제이다.

나. 국민연금법

과거 1973년 제정된 국민복지연금법은 시행이 연기되었다가 1986년 국민연금법으로 전면 수정되어 1988. 1. 1.부터 시행되었다. 국민연금은 강학상 '연금보험'으로 다루어진다. 국민연금법의 적용대상은 아래와 같다.

한국인 가입요건에 해당하면 국민은 강제가입되며 소득에 비례하여 매월 일정액의 보험료를 납부한 뒤 수급자격을 획득하면 매월 일정액의 연금을 받는다. 적용대상은 원칙적으로 '국내 거주 18세 이상 60세 미만인 국민'이나 공무원, 군인 등은 제외된다(제6조).[85] 사업의 종류, 근로자의 수 등을 고려하여 당연적용사업장의 위 연령대의 근로자와 사용자는 당연히 사업장가입자가 되고(제8조), 사업장가입자가 아닌 자로서 위 연령대의 자는 원칙적으로 당연히 지역가입자가 된다(제9조).

외국인 국민연금법은 외국인에 대한 특례규정을 두어 일정한 경우 사업장가입자 또는 지역가입자의 자격을 인정한다(제126조). 즉 국민연금법이 적용되는 사업장에 사용되고 있거나 국내에 거주하는 외국인은 일정한 자를 제외하고는 당연히 사업장가입자 또는 지역가입자가 된다. 외국인이 사업장가입자가 되기 위하여는 대체로 '국내 거주+적용대상 사업장에서 사용되어야' 하고, 지역가

39면.

84) 여기에서 외인법의 적용요건, 즉 외인법이 적용되기 위한 구성요건요소와 저촉법의 연결점의 관계는 무엇인가라는 의문이 제기되는데, 이는 문제된 개별 외인법에 따라 판단해야 할 것이다.

85) 공무원 등은 국민연금법과 유사한 기능을 하는 다른 법률의 적용대상자이기 때문이다.

입자가 되기 위하여는 '사업장가입자가 아니면서 국내 거주' 요건을 구비해야 한다. 다만 상호주의에 의한 제한이 있다(제126조 제1항 단서).[86]

사회보장협정이 체결된 경우에는 국민연금의 가입, 연금보험료의 납부, 급여의 수급 요건, 급여액의 산정과 급여의 지급 등에 관하여는 그 사회보장협정에 따른다(제127조).

저촉법적 접근에 관하여는 위 국민건강보험법에 대한 설명이 여기에도 타당하다. 그렇다면 연결점은 무엇인가. 외국인에게도 적용되므로 국적은 연결점이 아니다. 국민연금법이 적용되기 위하여는 고용 전제 시 한국내 사업장(즉 '고용지')의 소재, 고용 비전제 시 한국내 거주가 필요하므로 '고용지'와 '거주지'를 연결점으로 볼 수 있다.

다. 산업재해보상보험법(산재보험법)

근로기준법(제78조 이하)은 근로자의 업무상 재해에 대한 사용자의 무과실책임으로서 재해보상책임을 규정하나 사용자가 무자력이면 근로자는 구제를 받을 수 없다. 산재보험은 사용자책임의 위험을 사회보험 방식으로 분산시킨다. 즉 종속적 고용관계에 있는 근로자의 노동과정에서 발생한 사고로 인한 피해로부터 근로자를 보호하는 산재보험은 모든 사용자를 강제로 사회보험에 가입하게 하여 (즉 가입자는 사용자이나 수급권자는 근로자 등이다) 사업 규모나 위험률 등을 고려하여 보험료를 부담시킴으로써 재원을 조성하고 근로자의 업무상 재해가 발생하면 보상을 받게 하는 제도인데[87] 이에는 사용자보상책임과 근로자를 사회적 위험으로부터 보호하는 사회보장의 이념이 혼재한다.[88] 수급권자가 산재보험법상 급여를 받았거나 받을 수 있으면 동일한 사유에 대하여 가입자의 근로기준법에 따른 재해보상 책임은 면제된다(산재보험법 제80조 제1항). 산재보험법의 적용대상은 아래와 같다.

산재보험법은 다른 개별 사회보장법들과 달리 적용대상을 국민이 아니라 근로자로 규정하므로 외국인에 대한 특례규정을 두지 않는다. 즉 산재보험법은

---

86) 사업장가입자 또는 지역가입자가 된 외국인근로자에 대하여는 원칙적으로 반환일시금 관련 규정이 적용되지 않고 예외적으로만 적용된다(제126조 제4항). 제57조 제3항도 참조.

87) 이철우 외/노호창, 483-484면.

88) 전광석(註 4), 339면.

외인법 형식을 취하지 않으며 저촉규정을 두어 연결점을 명시하지도 않는다. 다만 산재보험법은 일정사업을 제외하고는 근로자를 사용하는 모든 사업 또는 사업장에 적용되는데(제6조), 근로자는 근로기준법상 근로자를 말하므로(제5조 제2호),[89] 고용지, 즉 일상적인 근로지가 한국이어야 하고 이것이 연결점이다.[90] 산재보험법은 근로자의 국적과 근로계약의 준거법을 불문하고,[91] 외국인근로자의 합법적 체류자격을 요구하지도 않는다.[92][93] 요컨대 고용을 전제하는 산재보험법은 고용지가 한국이면 적용되는 점에서 산재보험법은 고용지를 연결점으로 하는 일면적 저촉규정을 두고 있다고 본다.

산재보험법은 해외파견자에 대한 특례(제122조)[94]를 둔다.

라. 고용보험법

고용보험법은 가장 중요한 실업보험(실업급여) 외에 고용안정사업과 근로자의 직업능력개발사업을 연계하여 실시하는 예방적이고 적극적 성격의 사회보험이다.[95] 고용보험법의 적용대상은 아래와 같다.

한국인   고용보험법은 원칙적으로 근로자를 사용하는 모든 사업 또는 사업장에 적용한다(제8조 제1항). 고용보험에서는 근로자만이 아니라 사업주도 가입대상이다('고용보험 및 산업재해보상보험의 보험료징수 등에 관한 법률'(고용산재보험

---

89) 따라서 직업의 종류와 관계없이 임금을 목적으로 사업이나 사업장에 근로를 제공하는 사람을 말한다(근로기준법 제2조 제1항 제1호).

90) 전광석(註 8), 358면은 고용지가 <u>가입자격을 위한</u> 연결점이라 하나 이는 본래 의미의 연결점이 아니다.

91) 산재보험은 외국인근로자, 미등록 외국인근로자에게도 적용된다. 실제로 많은 외국인근로자들이 3D업종에 종사하는 탓에 산업재해율이 내국인 근로자보다 2배 정도 수준에 이른다고 한다. 이철우 외/노호창, 485면. 다만 외국인근로자가 산재보험법이 적용되지 않는 사업장 소속인 경우 산재보험을 받지 못할 수 있고, 판례(대법원 2010. 8. 19. 선고 2020두8393 판결)에 따르면 관계 법령에 의하여 당해 사업이 금지되어 있고 그 금지규정을 위반한 때 형사처벌이 따르는 경우에는 산재보험법의 적용 대상인 사업이라고 볼 수 없다.

92) 대법원도 불법체류자인 미등록 외국인근로자도 산재보험법의 적용대상이 된다고 판시하였다(대법원 1995. 9. 15. 선고 94누12067 판결 참조).

93) 다만 실제로는 급여 신청 과정에서 체류자격이 드러나 강제송환될 것을 두려워하는 외국인근로자는 산업재해를 신청하지 않고 사업자와 합의하여 은폐되는 사례가 많아 개선방안이 논의되고 있다. 이철우 외/노호창, 486면.

94) 이는 해외파견자를 그 가입자의 한국 영역 안의 사업에 사용하는 근로자로 볼 수 있다고 규정한다.

95) 이철우 외/노호창, 487면.

료징수법) 제5조).

외국인　　과거 고용보험법은 원칙적으로 외국인근로자에게는 적용되지 않았으나, 2019년 7월 시행된 개정 고용보험법은 제10조의2(외국인근로자에 대한 적용)[96]을 두어 한국에 있는 사업 또는 사업장에서 근로를 제공하고 있거나 제공하려는 외국인고용법상의 외국인근로자[97]에게 원칙적으로 적용되고 기타 외국인근로자에게는 체류자격에 따라 달리 취급하나(고용보험법 시행령 제3조의3) 적용대상을 국민에 한정하지 않는다(제8조 제1항).

고용보험법은 고용지를 기준으로 적용 여부를 결정하므로 산재보험법처럼 고용지를 연결점으로 하는 일면적 저촉규정을 두고 있다고 할 여지가 있다. 그러나 고용보험법은 산재보험법과 달리 외인법 형식을 취하는데, 그 이유가 고용보험법 제4장(실업급여)과 제5장(육아휴직 급여 등)은 외국인근로자에게는 원칙적으로 적용되지 않고 고용노동부령에 따른 신청이 있는 경우에만 적용한다는 등의 차이 탓인지는 불분명하다.

마. 국민기초생활보장법(공공부조)

국민기초생활보장법(기초생활보장법)은 공공부조의 기본법적 역할을 한다.[98] 과거 시혜적·잔여적 관점에서 1961년 제정된 '생활보호법'이 있었으나, 이는 2000년 10월부터 권리적·보편적 관점에서 1999년 제정된 기초생활보장법으로 대체되었다. 기초생활보장법의 적용대상은 아래와 같다.

한국인　　기초생활보장법은 국민이 수급권자라고 명시하지는 않으나 외국인에 대한 특례를 규정한 제5조의2 기타 기초생활보장법의 취지로부터 이는 당연한 전제라고 본다. 기초생활보장법(제10조 제1항)은 생계급여는 수급자의 주거에서 실시하는 것을 원칙으로 규정한다. 따라서 국내 거주지가 있을 것을 전제로 하는 것으로 보인다.

외국인　　기초생활보장법은 국민을 적용대상으로 하였으나 2005년 12월

---

96) 다른 개별 사회보장법에서는 대체로 '외국인에 대한 특례'라는 제목을 사용한다.
97) 외국인고용법상 외국인근로자란 한국 국적을 가지지 아니한 사람으로서 국내에 소재하고 있는 사업 또는 사업장에서 임금을 목적으로 근로를 제공하고 있거나 제공하려는 사람을 말하는데(제2조), 외국인고용법은 외국인근로자 및 외국인근로자를 고용하고 있거나 고용하려는 사업 또는 사업장에 적용된다(제3조).
98) 이철우 외/노호창, 498면.

개정 시 외국인에 대한 특례규정이 신설되었다. 수급권자인 외국인의 범위는 아래와 같다(기초생활보장법 제5조의2와 동법 시행령 제4조). 외국인의 경우 출입국관리법(제31조)에 따라 외국인 등록을 하고 ① 한국 국민과 혼인 중인 사람으로서 본인 또는 한국 국적의 배우자가 임신 중이거나, 한국 국적의 미성년 자녀를 양육하고 있거나 또는 배우자의 한국 국적인 직계존속과 생계나 주거를 같이 하는 사람이거나 ② 한국 국민인 배우자와 이혼하거나 그 배우자가 사망한 사람으로서 한국 국적의 미성년 자녀를 양육하고 있는 사람 또는 사망한 배우자의 태아를 임신하고 있는 사람이어야 한다(제5조의2). 그러나 외국인에 대하여 충족하기 쉽지 않은 위 요건을 기여요건처럼 요구하는 것은 인간의 최저생활 보장이라는 헌법상의 인권이념에 충실하지 않고 공공부조의 본질에도 부합하지 않는다.[99]

기초생활보장법이 외인법 형식을 취하므로 외인법적 설명이 자연스럽다. 외인법의 적용근거를 저촉법에서 찾거나 저촉법적 접근을 한다면 연결점은 무엇인가. 이는 내외국인에게 기초생활보장법이 적용되기 위한 최소한의 요소인데, 고용을 전제하지 않는 기초생활보장법은 동법의 적용요건으로 외국인등록을 요구하므로 그 전제인 거주지를 연결점으로 본다.[100]

바. 한부모가족지원법(사회서비스)[101]

한부모가족지원법은 한부모가족이 안정적인 가족 기능을 유지하고 자립할 수 있도록 지원함으로써 한부모가족의 생활 안정과 복지 증진에 이바지함을 목적으로 한다(제1조). 그의 적용대상은 아래와 같다.

한국인 한부모가족지원법의 지원대상자는 제4조 제1호부터 제5호까지의 규정에 해당하는 자로서 여성가족부령으로 정하는 자인데(제5조 제1항) 원칙적으로 아동을 양육하는 모(또는 부)이지만, 부모의 사망 기타 예외적인 경우에

---

99) 이철우 외/노호창, 500면.

100) 이철우 외/노호창, 500면은 해당 영토에 체류(또는 거주)하는 모든 자가 보호되어야 한다는 '거주지원칙'의 이념이 있다고 한다. 반면에 공공부조법과 사회서비스법에서는 외국인 근로자에 대한 적용규정이 없어 혼인 등을 통해 국적 취득이 예정된 자와 그 자녀를 제외하고는 사실상 공공부조나 사회서비스의 적용이 배제된다는 평가도 있다. 노재철·고준기(註 6), 122면; 방준식, "외국인근로자의 사회보장법적 지위: 사회보장기본법 제8조와 외국인근로자의 고용 등에 관한 법률 제22조의 관계를 중심으로", 부산대 법학연구 제57권 제3호(2016. 8.), 357면.

101) 각종 사회복지법의 국제사회보장법적 측면은 전광석(註 8), 426면 이하 참조.

는 아동과 그 아동을 양육하는 조부(또는 조모)로서 일정한 자도 지원대상자가
된다(제5조의2 제2항). 지원대상자는 한국 국민일 것을 당연한 전제로 하면서 다
만 동법이 정한 한부모가족이고, 여성가족부장관이 매년 국민기초생활 보장법
(제2조 제11호)에 따른 기준 중위소득, 소득수준 및 재산 정도 등을 고려하여 지
원 종류별로 고시하는 지원대상자의 범위에 속하여야 한다.

　　외국인　　　　한부모가족지원법은 외국인에 대한 특례규정을 두는데 외국인
이 한부모이면서 대체로 '국내 체류＋한국 국적 아동 양육＋출입국관리법에 따
른 외국인 등록' 요건이 구비되면 동법의 지원대상자가 된다(제5조의2 제3항, 동법
시행령 제10조).

　　저촉법적 접근에 관하여는 기초생활보장법에 대한 설명이 여기에도 타당하
다. 한부모가족지원법이 외인법 형식을 취하므로 외인법적 설명이 자연스럽다.
저촉법적 접근을 한다면 연결점은 무엇인가. 국적은 연결점이 아니다. 고용을 전
제하지 않는 한부모가족지원법은 동법의 적용요건으로 외국인의 국내 체류를 요
구하므로 거주지를 연결점으로 본다.

[표-3] 개별 사회보장법의 외국인에 대한 특례

유형	개별 법률	규정 형식		국적별 수급자격 요건과 특칙	연결점/ 외인법 유무
사회 보험	국민 건강 보험법	외 인 법	한국인	**국내 거주** / 지급장소는 국내[102]	고용지· 거주지 ＋외인법
			외국인	직장가입자: 국내 체류＋적용대상 사업장 근로 지역가입자: 국내 체류＋**국내 거주** 또는 일정사유 ＋체류, 주민등록 또는 국내거소신고 / 외국인 등록 ＋체류자격	
			특칙	국외 체류시 지급 정지 특례[해외파견자 / 사회보장협정 / 난민] ×	
	국민 연금법		한국인	**사업장가입자**: 국내 거주＋연령 제한(18세 이상-60 세 미만)＋적용대상 사업장 사용 / **지역가입자**: 국 내 거주＋연령 제한(18세 이상 60세 미만)	上同
			외국인	**사업장가입자**: 국내 거주＋연령 제한＋적용대상 사 업장 사용 / **지역가입자**: 국내 거주＋연령 제한	
			특칙	사회보장협정 우선 ○ / 특례[해외파견자/난민] ×	
	산재	국적		고용지가 한국이면 적용(일면적 저촉규정) / 합법적	고용지

			불문	체류자격 불요 / 외국인에 대한 특례 ×	
	보험법		특칙	해외파견자 특례 ○. 기타 특례[사회보장협정/난민] ×	
	고용 보험법	외 인 법	한국인	고용지가 한국인 근로자	거주지 +외인법
			외국인	고용지가 한국인 외국인고용법상 외국인근로자	
			특칙	특례[해외파견자 / 사회보장협정 / 난민] ×	
공공 부조	기초 생활 보장법	외 인 법	한국인	국민(국내 거주 미언급) / 수급자 주거 실시 원칙103)	거주지 +외인법
			외국인	**외국인 등록**+한국인 배우자+임신(양육/공동생계) 아마도 거주 요구	
			특칙	특례[해외파견자/사회보장협정/난민] ×	
사회 서비 스	한부모 가족 지원법	외 인 법	한국인	한부모+소득요건(국내 거주 미언급 아마도 요구)	上同
			외국인	한부모+**국내 체류**+한국인 아동 양육+외국인 등록	
			특칙	특례[해외파견자 / 사회보장협정 / 난민] ×	

3. 한국의 저촉법인 국제사회보장법의 연결원칙

위에서 보았듯이 우리 사회보장기본법에는 저촉규정은 없고 개별 사회보장법에 맡겨져 있는데, 고용지를 연결점으로 삼는 산재보험법을 제외하고는 한국인(또는 내국인. 이하 양자를 호환적으로 사용한다)에게 당연히 적용됨을 전제로 수급자격으로서 거주요건을 규정하고, 외국인에 대한 특례를 규정하는 외인법 형식을 취하면서 거주요건 등을 규정한다. 개별 사회보장법들에는 정의가 없으나 외국인은 대한민국 국적이 없는 사람을 말한다.

가. 우리 개별 사회보장법의 외국인에 대한 특례규정의 법적 성질

여기에서 두 가지 의문이 있다. 첫째, 개별 사회보장법의 외국인에 대한 특례규정은 저촉규정인가 아니면 외인법규정인가, 둘째, 양자의 구별실익은 무엇인가이다.

---

102) 급여의 지급장소는 국내로 한정되고 가입자가 국외에서 업무에 종사하는 경우 급여는 중단된다(제54조 제2호). 과거에는 국외 여행 중인 경우에도 급여가 정지되었으나(제1호) 이는 2020. 4. 7. 삭제되었다.
103) 제10조 제1항은 생계급여는 수급자의 주거에서 실시한다고 명시한다.

(1) 우리 개별 사회보장법의 외국인에 대한 특례규정은 저촉규정인가

외인법도 외국 관련이 있는 사안을 규율하나 지정규범은 아니라는 점에서 협의의 국제사법과 구별된다.104) 외인법의 전형적 예로 과거 지식재산권법의 외국인에 관한 조항105)을 들었고 그 밖에 한국에의 입국·체류에 관한 출입국관리법, 투표권의 행사, 군복무와 직업활동 등과 같이 공법적 성질을 가지는 쟁점들을 다루거나, '부동산 거래신고 등에 관한 법률(부동산거래신고법)' 중 제3장 외국인등의 부동산 취득 등에 관한 특례,106) 외국법인에 관한 민법 조문과 외국회사에 관한 상법 조문 등처럼 사법(私法)적 성질을 가지는 쟁점들을 다룬다.107) 외

---

104) 과거 법규분류학파의 Bartolus의 문제 제기, 즉 법규는 내국에 있는 외인에게도 적용되는가와 그의 해결방안인 人法(statuta personalia)의 개념에 따르면 외인(또는 외국인)의 법적 취급은 중요한 논점이었고 사법분야의 외인법과 협의의 국제사법은 밀접하게 관련되었으나 그 후 법규분류설이 극복되면서 양자는 분리되었다고 한다. Martin Gebauer, "Der Fremde im Internationalen Privatrecht des neunzehnten Jahrhunderts", Martin Gebauer *et al.* (Hrsgs.), Die Person im Internationalen Privatrecht: *Liber Amicorum* Erik Jayme (2019), S. 90f.

105) von Bar/Mankowski(註 37), §4, Rn. 31. 예컨대 저작권법(제3조 제1항)은 "외국인의 저작물은 대한민국이 가입 또는 체결한 조약에 따라 보호된다."고 규정하고 특허법(제25조)은 외국인의 권리능력을 규정한다. 부동산거래신고법(제7조)도 상호주의를 규정한다. 문학적·예술적 저작물의 보호를 위한 베른협약(제5조 제1항)은 '내국민대우의 원칙'을 규정하는데 이것이 외인법규칙인지 저촉법규칙을 포함하는지는 논란이 있다. 석광현, "외국 저작권 침해의 준거법", 국제사법과 국제소송 제5권(2012), 104면 이하 참조.

106) 과거에는 외국인토지법이라는 별도 법률이었으나 위 법률에 통합되었다.

107) Basedow(註 83), p. 51 참조. 전통적으로 외인법은 다양한 목적을 추구하므로 그의 일반원칙을 도출하기는 어려운데, 공통적 특징은 외국인을 마치 외국의 분신처럼 다루어 그들을 국가 행위에 대한 볼모처럼 취급하는 것이었으나, 근자에는 외국인들에게 내국민대우를 부여하는 국제협정 등의 영향을 받아 사법분야의 외인법에서도 점차 근거가 약화되고, 내외국인이 동등한 기초 위에서 시민적 권리(civil rights)를 가진다는 기본원칙이 점차 중요해지고 있다고 한다. Basedow(註 83), p. 57. 외국인의 법적 지위는 국제법학에서도 중요한 논점의 하나이나(특히 외교적 보호권의 행사 및 국제인권법과 관련하여) 한국에서는 국제사법학계 외에는 외인법 개념은 잘 사용되지 않는 것 같다. 실제로 서울대학교 법학연구소는 2019. 1. 21.["외국인의 법적 지위 — 국가주권과 인권 사이에서"]과 2021. 1. 22.["외국인의 법적 지위와 권리 보장에 관한 연구"] 외국인의 법적 지위를 다루는 학술대회를 개최하였으나 어느 발표자도 외인법이라는 개념에 관심을 보이지 않았던 것 같다. 이는 다양한 외인법을 검토하는 기회였으므로 실질법/저촉법/외인법의 맥락을 다루었더라면 외인법 개념의 효용과 한계를 평가하는 좋은 기회가 될 수 있었을 텐데 그렇게 하지 못한 점이 못내 아쉽다. [밑줄 친 부분은 이 책에서 추가한 것이다.] 권리향유를 제한하는 외인법의 유형화는 예컨대 澤木敬郎/道垣内正人(註 82), 187면 이하 참조. 외인법의 공법적 측면은 Kay Hailbronner and Jana Gogolin, Aliens, Rudiger Wolfam (ed.), Max Planck Encyclopedia of Public International Law, Vol. I (2012), p. 286 이

인법은 실질규범이므로[108] 우리 외인법이 적용되기 위하여는 한국법이 준거법으로 지정되어야 하는데, 사법(私法)적 외인법과 국제사법의 관계에 관하여, 우리 외인법은 국제사법에 의하여 한국법이 준거법으로 지정된 때에 적용된다는 견해(국제사법 선행설)와 반면에 외인법은 국제사법에 선행하여 적용된다는 견해(외인법 선행설)[109]가 있다. 그러나 적용범위를 스스로 규정하는 사법(私法)적 외인법의 경우 규정된 구성요건요소가 충족되면 독립하여 적용된다는 견해가 설득력이 있다.[110][111] 이런 논의는 사회보장법에서는 외인법과 저촉법의 관계에서 유사하

하도 참조. 외국인의 헌법상·법률상 지위를 파악하기 위하여 외인법 각론을 정치하게 재구성할 필요가 있다고 하나(김진(註 104), 145면 이하; 이종혁, "외국인의 법적 지위에 관한 헌법조항의 연원과 의의─제헌국회의 논의와 비교헌법적 검토를 중심으로─", 서울대학교 法學 제55권 제1호(2014. 3.), 565면 참조), 외인법을 강행적 적용법규의 문제에 흡수하여 논의하기도 한다. 櫻田嘉章/道垣內正人(編), 일본 注釈国際私法 제1권(2012), 30면 이하(橫溝 大 집필부분) 참조. 이하 이 책을 "櫻田嘉章/道垣內正人/집필자"로 인용한다. 외인법이라는 개념의 인정 여부에 관계없이 외국인의 법적 지위를 가급적 정합성 있게 체계적으로 정리할 필요는 있다. 과거 한국법제연구원, 外國人의 法的 地位 ─解說과 法令─ (1994)과 같은 간행물은 자료로서 의미가 있다. 외인법은 국내에서 외국인의 지위를 대상으로 하는 반면에 외국 소재 외국인에 대한 우리 법의 적용은 역외적용의 문제로서 논의되고 있다.

108) 이호정(註 16), 15면; 김연·박정기·김인유(註 21), 28면; Kegel/Schurig(註 37), S. 64; von Bar/Mankowski(註 37), §4, Rn. 34; Basedow(註 83), p. 51; Jan Kropholler, Internationales Privatrecht, 6. Auflage (2006), S. 10.

109) 신창선·윤남순(註 43), 26면은 외인법 선행설을 지지한다. 신창섭, 국제사법 제4판(2018), 14-15면도 동지. 일본의 견해 대립은 당초 일본 민법 제2조(현재는 제3조 제2항), 즉 "외국인은 법령 또는 조약의 규정에 반대의 규정이 없는 한 내국인과 마찬가지로 사권을 향유한다"와 외국인토지법에 있어서 외국인의 권리향유에 관한 조문의 해석을 둘러싸고 전개되었던 것이다. 櫻田嘉章/道垣內正人/橫溝 大(註 107), 31면. 외인법과 국제적 강행규정의 관계는 아래(3.가(3)) 참조.

110) 예컨대 Kropholler(註 108), S. 10. 최공웅, 국제소송, 개정판(1994), 215면도 동지. 이런 류의 규정을 독일에서는 '자기제한적 실질규범'(selbstbegrenzte 또는 selbstgerechte Sachnorm), '독자적 (일면적) 저촉규범을 가진 실질규범'(Sachnorm mit eigener (einseitiger) Kollisionsnorm) 등이라 하는데, 일본에서는 '섭외적 사법관계만에 적용되는 실질사법' 또는 '외국적 요소를 가지는 내국사항규정' 등의 표현이 보인다. 櫻田嘉章/道垣內正人/橫溝 大(註 107), 31면. 이런 규정을 '섭외실질법'이라 하고 이를 다시 국제적 강행법규(외국환거래법과 외국인토지법은 이에 속한다)와 자기제한적 실질법규(예컨대 책임질 수 없는 사유로 말미암아 불변기간을 지킬 수 없었던 외국 소재 당사자(외국인과는 다르다)에게 내국인에 비하여 장기의 추완기간을 규정하는 민사소송법(제173조 제1항)처럼 섭외적 요소를 고려하여 규율내용을 달리하는 조문)로 구분하여, 전자는 저촉규칙과 관계없이 적용되나 후자는 저촉규칙에 의하여 준거법이 된 때에 적용된다는 견해(中西康 外, 國際私法(2014), 146면)가 있음은 흥미롭다. von Bar/Mankowski(註 37), §4, Rn. 34는 더 구체적으로 공법적 외인법과 사법(私法)적 외인법을 구분하여 전자는 강행법으로서 섭외공

게 제기될 수 있다.

산재보험법은 고용지(또는 사업장)가 한국일 것을 전제하므로 고용지가 연결점인데, 이는 우리 산재보험법이 적용되는 경우만을 규정하므로 일면적 저촉규정이다.112)113) 다른 개별 사회보장법들은 외인법 형식을 취함에도 그로부터 저촉규칙을 도출할 수 있다면114) 한국법을 준거법으로 지정하는 연결점은 무엇인

법의 법리에 따르고, 후자는 논란이 있으나 외인법규범의 적용의지, 즉 특별한 일면적 저촉규범으로부터 출발해야 한다고 한다. <u>위에서 언급한 상법 중 외국회사에 관한 조문(제614조부터 제621조)은 외인법이나 외국회사라고만 할 뿐이고 달리 구성요건요소를 명시하지 않는 탓에 논란의 여지가 있다.</u> [밑줄 친 부분은 이 책에서 추가한 것이다.] 그러나 그런 규정에도 다양한 유형이 혼재하므로 앞으로 유형화 가능성을 검토하고, 외인법이라는 개념의 효용 및 외인법과 국제적 강행규정의 관계도 더 검토할 필요가 있다. 다만 현재로서는 개별 사회보장법에 저촉규칙이 있다고 본다면 그에 따르면 된다.

111) 양자가 경합적으로 적용되기도 한다. 예컨대 부동산거래신고법이 정한 외국인등은 일정한 한국내 토지 취득 계약의 체결 전에 허가를 받아야 하는데(제9조 제1항) 이런 허가의 무는 외인법으로 적용되고, 토지 소유권의 물권적 측면은 물권의 준거법이 한국법인 때에 적용된다고 할 수 있다. Murad Ferid, Internationales Privatrecht, 3. Auflage (1986), Rn. 2-13 참조. 한편 이 경우 외국 법인(法人) 여부는 동법 제2조 제4호의 기준(사원이나 업무집행임원의 50% 이상이 외국인인 경우 포함)에 따른다. 즉 외국인등의 일정한 한국 토지 취득이 동법의 적용요건인데, 위 허가요건은 외인법인 부동산거래신고법에 따르지만 외국법인의 법인법·회사법적 논점은 국제사법에 의하여 결정되는 속인법에 따른다. 즉 외인법과 속인법은 각자의 목적에 따라 적용범위가 결정된다. 위 허가요건은 토지매매계약의 준거법에 관계없이 적용되므로 국제적 강행규정이나, 토지소유권의 준거법은 한국이므로 위 허가가 토지소유권 취득에 대한 것이라면 국제적 강행규정이 아닌데 이는 국제적 강행규정의 개념을 어떻게 규정할지의 문제이다.

112) 국제사회보장법에서 일면적 저촉규정을 두는 이유는 사회보장법은 공법의 성질을 가지므로 우리 법원은 외국의 사회보장법을 적용하지 않기 때문이다. 이것이 전통적 견해이나 범위는 논란이 있고 이견도 있다. 외국 공법의 적용은 영국에서는 전통적으로 'revenue rule'과 'penal rule'의 문제로 다루어졌으나 근자에는 기타 공법(other public laws)도 포함시켜 논의한다. Paul Torremans (Ed.), Cheshire, North & Fawcett: Private International Law, 15th edition (2017), p. 115; Dicey, Morris & Collins, The Conflict of Laws, Fifteenth Edition (2012), Rule 3, para. 5R-019 이하; para. 5-054 이하 참조. 후자는 관할권의 맥락에서 논의한다. 위(註 43)에서 보았듯이 이런 사건의 경우 준거법 소속국이 관할권을 가지므로(즉 준거법과 관할의 병행) 이런 논의는 대륙법계에서도 타당하다.

113) 국제사회보장법에서도 국제절차법이 문제된다. 예컨대 어떤 사회보장 급여를 청구하는 수급권자는 민사법원에 제소하는 것이 아니라 담당기관에 급여승인신청을 하고 거부되면 불승인처분취소의 소를 제기한다. 이 경우 한국 사회보장법이 적용되는 한 한국이 국제재판관할을 가지는데 사회보장협정은 그런 관할을 명시한다. 이런 쟁점을 다루는 분야가 국제사회보장소송(또는 절차)법이다. 이에 대한 논의는 생략한다. 절차는 전광석(註 8), 481면 이하 참조.

114) 논자에 따라서는 일면적 저촉규정만이 필요한 사회보장법의 경우 외인법이 있고 그의 적

가. 종래 수급자의 국적과 거주지가 연결점이라는 견해가 유력한데[115] 이는 잘 못이다.

외인법 형식을 취하지 않는 산재보험법의 경우 그런 설명은 근거가 없다. 한편 다른 개별 사회보장법에 관하여 위 견해는 한국인에 착안하여 '한국 국적 + 한국 거주지'가 연결점이라고 본 것인지 모르겠다. 만일 외국인에게 개별 사회보장법이 적용되지 않는다면 이는 타당하나 개별 사회보장법은 외국인에게 적용되므로 그렇게 볼 수는 없다.[116] 위 견해를 선해하자면 한국인의 경우 '한국 국적 + 한국 거주지'가 필요하고, 외국인에 대한 특례(외인법규정)가 적용되자면 '외국 국적 + 한국 거주지'가 필요하므로, 한국인과 외국인을 별도로 보자면 '국적 + 거주지'가 연결점이라는 취지인지 모르겠다.[117] 그러나 외국인에 대한 특례에 관한 '외국 국적 + 한국 거주지'가 외인법이 스스로 정하는 적용요건일 수는 있어도 연결점은 아니다. 실질법인 외인법에서는 연결점이라는 개념을 사용하지도 않는다. 더욱이 '국적 + 거주지'는 한국 사회보장법이 내외국인에 공통적으로 적용되는 근거도 아니다.

요컨대 산재보험법의 경우 고용지가 연결점임이 비교적 명확하고, 외인법 형식을 취하는 다른 개별 사회보장법들의 경우 고용 전제 시 고용지(건강보험법과 국민연금법 등)가, 고용 비전제 시 거주지(건강보험법, 국민연금, 기초생활보장법과 한부모가족지원법 등)가 연결점이라고 볼 수 있다.

용범위를 정하는 근거(즉 외국 국적, 즉 외국인)가 있으면 족하고 저촉규칙은 불필요하다고 주장할 여지도 있으나 한국인에게 사회보장법이 적용되는 근거를 설명할 필요가 있고 더욱이 외국인에 대한 특례규정이 없는 산재보험법은 설명할 수 없다.

115) 전광석(註 4), 554면; 전광석 외(註 9), 315면; 이철우 외/노호창, 482면; 이흥재·전광석·박지순, 사회보장법(2011), 317면. 특히 외인법 형식을 취하지 않는 산재보험법에서는 국적과 거주지가 연결점이라고 볼 수는 없다.

116) 국적에 따라 수급자격의 요건이 다르나 이는 우리 사회보장법률이 적용됨을 전제로 그 안에서의 구분이다. 이처럼 외국인에 대한 특례를 정한 규범을 실질규범 내의 '경계획정규범(Abgrenzungsnorm)'이라고 한다. Peter Mankowski, Das Bündelungsmodell im Internationalen Privatrecht, Ralf Michaels *et al.*, *Liber Amicorum* Klaus Schurig zum 70. Geburtstag (2012), S. 164 참조.

117) 후자는 적용범위를 스스로 정하는 외인법규정으로서 적용되므로 별도 저촉법규칙은 불요이고 전자는 순수한 국내사건이므로 당연하다고 보는지 모르겠다. 순수한 국내사건의 경우 저촉법이 필요한지는 협의의 국제사법이 외국적 요소가 있는 사안에서만 적용되는지의 논쟁을 연상시킨다. 석광현(註 7), 51면 이하 참조.

(2) 저촉법인 국제사회보장법과 외인법규정의 차이

EU사회보장조정규정의 저촉법규정은 회원국들에 대하여 연결점을 정한 양면적 저촉규정이나, 독일 사회법의 저촉규정은 독일 사회법이 적용되는 경우만을 정한 일면적 저촉규정이다. 일면적 저촉규정과 외인법규정의 차이 내지 구별 실익으로는 아래를 생각할 수 있다.

첫째, 저촉규정은 준거법을 지정하는 데 반하여 외인법규정은 실질법(실질규범)이다. 다만 일면적 저촉규정은 한국법이 적용되는 경우만을 규정하므로(이 점은 외인법도 같다) 양면적 저촉규정처럼 저촉규정성이 선명하지 않다. 어쨌든 산재보험법을 제외한 우리 개별 사회보장법은 대체로 외인법 형식을 취하므로 외인법적 설명이 자연스럽다.

둘째, 이처럼 외인법은 실질규범이므로 준거법이 한국법인 경우에 적용된다. 따라서 외인법 형식을 취하는 우리 개별 사회보장법의 적용근거가 필요하다. 만일 산재보험법처럼 저촉규정을 둔다면 그에 따르지만, 다른 개별 사회보장법의 경우 저촉규정을 찾거나, 적용범위를 스스로 규정하는 외인법이므로 구성요건요소(예컨대 거주지가 한국인 외국인)가 충족되면 적용된다거나 아니면 다른 적용근거를 제시하여야 한다.

셋째, 내국인에 대한 적용범위의 획정 필요성. 개별 사회보장법이 외국인에 대한 특례규정을 두는 것은 한국인에 대하여는 당연히 적용됨을 전제로 한다. 다만 우리 개별사회보장법률은 한국인의 경우도 거주 또는 체류 등 추가요건을 요구한다. 즉 저촉법적 접근방법을 취하면 내외국인의 구별 없이 저촉규정을 적용하면 되나, 외인법 형식을 취한다면 한국인에 대한 적용근거(이는 헌법상 사회적 기본권의 주체가 국민이라는 점으로 설명할 수도 있다)와 기준을 따로 파악할 필요가 있다. 한국 국적만에 기하여 당연히 적용되는 것은 아니다.

넷째, 만일 개별 사회보장법에는 저촉규정 없이 외인법규정만 있다고 본다면 규범충돌의 해결방법으로서 협의의 국제사법에서 발전된 도구들(저촉법과 실질법의 구별, 성질결정, 연결점, 선결문제와 적응의 개념)을 활용할 수 없거나 활용하더라도 더 어렵게 된다.

이러한 차이를 고려한다면 외인법과 저촉법을 구별할 실익이 있고 외인법 개념의 효용을 인정할 수 있다. 따라서 외인법 형식을 취하는 개별 사회보장법상 저촉규정을 도출할 수 있는지를 검토할 필요가 있다.

(3) 우리 개별 사회보장법의 외인법규정은 국제적 강행규정인가

산재보험법 외의 개별 사회보장법의 외국인에 대한 특례규정은 외인법 형식을 취하는데, 문제는 이들이 과연 국제사법에서 말하는 국제적 강행규정인가라는 점이다. 만일 그렇다면 이는 저촉규범의 중개를 거치지 않고 당해 법률관계에 직접 적용될 수 있다. 예컨대 우리 대외무역법과 외국환거래법은 적용범위를 명시하는데 대외무역법과 외국환거래법의 일부 조문들은 위 법률들이 정한 요건이 구비되면(예컨대 수출입계약 또는 거주자와 비거주간의 금융계약이면) 관련 계약의 준거법에 관계없이 적용되고 이는 국제사법 제7조("입법목적에 비추어 준거법에 관계없이 해당 법률관계에 적용되어야 하는 대한민국의 강행규정은 이 법에 의하여 외국법이 준거법으로 지정되는 경우에도 이를 적용한다.")가 상정한 국제적 강행규정에 속한다.[118] 위에 언급한 것처럼 독일에서는 국제사회보장법의 저촉규범성을 부정하면서 사회보장법은 직접적용법(*lois d'application immédiate*), 즉 국제적 강행법규라는 견해도 있는데[119] 외인법은 경우에 따라 일면성이 있고 국제적 강행규정을 방불케 하는 면이 있다. 특히 개별 사회보장법의 외국인에 대한 특례를 외인법규정이라고 본다면 국제적 강행규정일 수도 있으나, 필자처럼 개별 사회보장법으로부터 저촉규정을 도출한다면 예컨대 근로계약의 준거법에 관계없이 우리 사회보험법이 적용되는 것은 우리 사회보장법이 별도 연결원칙에 의하여 '사회보험의 준거법(Sozialversicherungsstatut)' 또는 '사회보장의 준거법(Sozial-rechtsstatut)'이기 때문이지 국제적 강행규정이기 때문은 아니라고 할 수 있다.[120] 그렇다면 개별 사회보장법의 적용 근거는 무엇인가.

---

118) 석광현(註 7), 140면 이하 참조. 그러나 대외무역법과 외국환거래법은 외인법은 아니다.

119) Eichenhofer, ISR/IPR, S. 212ff. 참조. 직접적용법은 석광현(註 7), 137면 이하 참조. 근자에도 사회보장법은 근로계약의 준거법에 관계없이 사안(특히 기여의무)에 적용되므로 국제적 강행규정이라는 설명도 있다. Abbo Junker, Internationales Privatrecht 3. Auflage (2019), §1, Rn. 43; Olaf Deinert, Internationales Arbeitsrecht (2013), §12, Rn. 47.

120) 다만 외국인에 대하여만 적용되는 외인법은 일면적이며 적용범위에 관한 구성요건요소가 충족되면 국제사법의 중개 없이 직접 적용되는 점에서 사법적 법률관계에 영향을 미치는 외인법의 경우 국제적 강행규정으로 볼 여지가 있다. 그러나 위(註 110)에서 보았듯이 모든 외인법이 국제적 강행규정은 아닌데 양자의 관계는 더 체계적으로 검토할 필요가 있다. 일본에서도 근자에는 외인법과 국제사법과의 관계를 기본적으로 강행적 적용법규의 문제에 흡수하여 논의한다고 한다. 소개는 櫻田嘉章/道垣內正人/橫溝 大(註 107), 30면 이하 참조.

(4) 개별 사회보장법의 외국인에 대한 특례(즉 외인법규정)의 적용근거

위에서 본 것처럼 산재보험의 경우 고용지를 연결점으로 볼 수 있고, 외인법 형식을 취하는 다른 개별 사회보장법의 경우에도 그 적용근거인 저촉규정을 도출할 수 있다. 그러나 만일 이런 접근에 반대한다면 위 법률들이 외국인에 적용되는 근거는 무엇인가.

우선 생각할 수 있는 것은, 외인법은 적용범위를 스스로 결정하므로 외국인에 대한 특례가 적용되자면 외국인일 것과 한국 거주지가 필요하다고 보는 것이다.[121] 이 견해는 한국 사회보장법이 내외국인에 적용되는 근거를 통일적으로 설명하지 못하는 한계가 있지만, 적어도 외국인에 관한 한 필자처럼 저촉규정(거주지가 연결점인)을 도출하는 견해와 결론은 같다. 반면에 외인법이라고 보면서도 내외국인에 우리 사회보장법이 적용되어야 한다면 그 근거는 무엇인가. 이 경우 불완전하지만 속지주의를 원용할 여지가 있다.[122] 사회보장법은 공법으로서 한국 내에서 적용된다는 것이다. 다만 속지주의에 대하여는 여러 비판이 있다. 즉 사회보장법적 당위를 국가가 실제로 할 수 있는가에 대한 한계로부터 도출할 수 없고, 국가의 사회보장정책의 국제적 범위를 국가권력의 한계와 동일시할 수 없다.[123] 사회보장이 고전적 빈민구제라는 단순한 형태에 머물렀던 시절에는 몰라도 현대 사회보장법의 복잡성에 대응하기에는 미흡하다는 것이다.[124] 더욱이 산재보험법은 고용지를 연결점으로 채택하고 해외파견 근로자에게도 적용됨을 명시하므로(제122조) 적어도 산재보험법에 관한 한 속지주의는 설득력이 약하다는 것이다.

(5) 개별 사회보장법의 기술적 의문들

출입국관리법상 체류자격에는 체류 가능 기간이 제한되는 일반체류자격과

---

121) 그러나 국적과 거주지가 연결점이라는 유력설은 외인법이라는 개념을 사용하지 않는다.
122) von Bar/Mankowski(註 37), §4, Rn. 66은 집합개념(Sammelbegriff)으로서의 속지주의는 영토와의 어떤 관련이 있음을 나타낼 뿐이고 정확히 그것이 무엇인지는 밝히지 않으므로 연결점을 구체화해야 한다고 지적한다. 그렇다면 수급자의 고용지 또는 주소·상거소가 한국에 있으면 위 법률들이 적용된다는 것은 속지주의를 구체화한 것이라고 주장할 여지도 있다. 공법의 속지주의는 von Bar/Mankowski(註 37), §4, Rn. 52ff. 참조(특히 Rn. 63).
123) 전광석(註 8), 249도 동지. 내국인에 대하여도 거주를 요구하므로 속인주의로는 부족하다.
124) Eichenhofer, ISR/IPR, S. 60ff.; Eichenhofer, Encyclopedia, p. 1651.

영주자격(한국에 영주(永住)할 수 있는 자격)이 있고 일반체류자격에는 단기체류자격과 장기체류자격이 있다(제10조). 단기체류자격 및 장기체류자격의 종류, 체류자격에 해당하는 사람 또는 그 체류자격에 따른 활동범위는 체류목적, 취업활동 가능 여부 등을 고려하여 출입국관리법 대통령령으로 정한다.[125]

민법(제18조와 제19조)은 '주소'와 '거소'(단순거소)라는 개념을 구별하고 국제사법(제3조와 제4조)은 '상(常)거소'(habitual residence)[126]와 '거소'라는 개념을 구별하나, 사회보장기본법과 개별 사회보장법 및 출입국관리법은 대체로 '거주하는', '체류하는', '체류자격'과 '거주지'라는 개념을 사용하나 주소 또는 상거소라는 개념은 사용하지 않는다.

여기에서 우선 기술적 의문들이 있다. 첫째, 거주지와 체류지는 동일한지. 외국인의 체류는 외국인이 한국에 입국하여 머물러 있는 상태를 말하므로 외국인의 입국과 함께 체류가 개시되고,[127] 법률에 따라서는 국내 체류와 외국인등록을 동시에 요구하기도 하여[128] 혼란스럽다. 둘째, 거주지와 체류지가 민법과 국제사법상의 (단순)거소지인지 아니면 주소지인지.[129] 셋째, 거주지와 통상적 거주지, 그리고 체류지와 통상적 체류지가 어떤 차이가 있는 개념인지. 다소 거칠게 말하면 체류지는 (단순)거소지에 상응하고, 통상적 체류지는 주소 또는 상거소에 상응하는 듯하나 개별 사회보장법의 취지가 불분명함은 아쉽다.

---

125) 체류자격의 유형은 출입국관리법 시행령 별표 1(단기체류자격), 별표 1의2(장기체류자격)와 별표 1의3(영주자격) 참조. 사증(비자)은 체류자격에 상응하여 단기체류비자(C1), 장기체류비자(F1), 거류비자(F2) 등으로 구분된다. 상세는 차용호(註 5), 83면 이하 참조.

126) 상거소는 주소(domicile, Wohnsitz) 개념이 나라별로 달라 조약상 주소를 연결점으로 하더라도 국제적 통일을 기할 수 없는 탓에 주소의 대안으로 등장한 연결점으로 헤이그국제사법회의가 선호하는 것이다. 우리 유력설은 상거소를 '생활의 중심지'로 이해하고 우리 민법의 주소개념과 원칙적으로 동일하다고 한다. 민법(제18조)상 주소는 생활의 근거가 되는 곳으로서 정주의사를 요구하지 않는 객관주의에 따른 개념이다. 석광현(註 7), 35면 참조.

127) 차용호(註 5), 321면; 이철우 외/이희정, 129면.

128) 예컨대 건강보험법(제109조) 참조.

129) 전광석 외(註 9), 311면은 사회보장법에서의 거주지와 체류지는 우리 민법상 주소지에 해당하고, 통상적인 체류지는 실제 거주지와 구별하기 힘들다고 한다. 국제법 문헌에서는 흔히 '정주(定住)'와 '일시체류'라는 개념을 사용한다. 정인섭, 신국제법강의 — 이론과 사례 제10판(2020), 893면.

(6) 소결

필자는 외인법 형식을 취하지 않는 산재보험법은 물론, 외인법 형식을 취하는 다른 개별 사회보장법의 경우에도 고용지(고용 전제 시) 또는 주소·상거소를 (고용 비전제 시) 연결점으로 파악한다.130) 입법론으로도 위를 반영한 일면적 저촉규정을 명시하는 것이 바람직하다. 이런 연결원칙은 사회보장협정이 적용되지 않는 통상의 경우 외국적 요소가 있는 사회보장법 사건의 준거법 결정시 적용된다.131) 이렇게 함으로써 개별 사회보장법률들 간에 적용요건이 구구하게 되지 않고 통일적인 연결원칙을 적용할 수 있는 장점이 있다. 다만 그렇더라도 필요한 범위 내에서 내외국인을 구별하는 외인법규정을 둘 수 있는데132) 이는 개별 사회보장법상 수급자격의 요건과 내용(즉 실질법)의 문제이다. 개별 사회보장법들은 외국인에 대하여도 적용되므로 외인법의 적용근거와 동 법률들이 내국인에게 적용되는 근거를 숨은 저촉법에서 찾는 것이다. 위 취지를 밝히자면 건강보험법의 경우 아래 조문을 고려할 수 있다(제109조).133)

제*조(건강보험법의 적용범위와 수급권자의 요건)
① 건강보험법이 적용되기 위하여는 적용대상사업장의 근로자인 경우 사업장이 국내에 있어야 하고, 적용대상사업장의 근로자가 아닌 경우 주소·상거소134)가 국내

---

130) 필자의 견해를 지지하지 않더라도 적어도 산재보험법은 저촉규범을 포함한 것으로 보아야 한다. 사회보장법 제8조는 "국내에 거주하는 외국인에게 사회보장제도를 적용할 때에는"이라고 규정하는데 이 점도 고려할 수 있을 것이다. 여기에서도 상거소에 따른 준거법의 결정이 평등의 원칙에 반하는지가 문제될 수 있으나 이는 널리 인정되는 합리적인 연결점으로서 문제될 것이 없다.

131) 그 밖에도 연결점의 상위로 인한 사회보장의 중복과 누락을 방지하며, 기간합산과 거주지에 관계없는 사회보장청구권의 실현 필요성을 국제사회보장법의 과제로 든다는 점은 위에서도 언급하였다. 전광석 외(註 9), 309면 이하.

132) 이 경우 사회보장법의 분야별로 추구하는 사회정책 및 법정책적 목적에 맞추어 내용을 형성할 수 있다. 외국에서 거주하게 된 외국인근로자에게 일시금 형태로 장애급여를 지급하는 고용보험법(제57조 제3항)과 노인장기요양보험법(제7조 제3항)과 같은 조항이 단적인 예이다. 내용 형성에서 내외국인 평등원칙에 입각하되, 기본적으로 개별 사회보장제도 내지 급여의 성격, 외국인의 입국목적 내지 체류자격 여부에 따른 합리적 차별은 가능하나, 그 구체적 내용은 그 밖에도 거주기간 및 생활실태, 나이, 자활능력, 세대 구성 등도 종합적으로 고려해야 한다는 견해(김복기(註 6), 47-48면)도 설득력이 있다.

133) 위 조문에는 명시하지 않았으나 수급자의 일시적 해외 파견·체류를 다루는 확대 및 축소 규정이 필요하다.

134) 상거소는 국제적 정합성을 고려한 것이나, 우리 사회보장법상 확립된 용어라면 '통상의

에 있어야 한다.

  [이는 연결점을 명시한 것으로 저촉법의 문제이다]

  ② 건강보험법에 따른 직장가입자가 되기 위하여는 수급자는 국내에 거주하여야
하고, 외국인인 수급자는 그에 더하여 제6조제2항 각 호의 어느 하나에 해당하지 아
니하면서 다음 각 호의 어느 하나에 해당하는 경우여야 한다. [제1호부터 제3호 취지
명시]

  [이는 수급자격 요건을 명시한 것으로 실질법의 문제이다]

나. 등가성규칙

  국내 사회보장법의 효력을 국제적으로 보장하기 위하여 준거법 지정규칙이
아니라 '등가성규칙(Äquivalenzregel)'[135]을 적용하기도 한다. 이는 국내적 사안을
상정하여 제정된 사회보장법의 조문을 외국적 요소가 있는 비국내적 사안에 확
장하는 수단으로써 국제사법의 '대용(Substitution, Ersetzung)'에 상응한다. 대용은
실질법, 예컨대 한국법이 법률효과의 발생을 위하여 일정한 구성요건을 요구하
는 경우 그 구성요건의 일부가 외국에서 외국법상 행해진 때 구성요건의 구비를
인정할 수 있는가의 문제이다.[136] 등가성규칙은 국제사회보장법의 일반원칙이
다.[137] 독일에서는 비국내적 사안으로의 확장의 사례로 내국인에 한정된 조문을
외국인에게 확장하는 '인적 동화(Personengleichstellung)', 내국에 한정된 사안을
외국의 사안에 확장하는 '지역 동화(Gebietsgleichstellung)'와 내국에서의 취업 또
는 보험기간을 상응하는 외국에서의 취업 또는 보험기간에 확장하는 통산 또는
'구성요건 동화(Tatbestandsgleichstellung)' 등을 열거한다.[138]

  유럽연합 차원에서 가장 밀접한 관련이 있는 법을 적용하는 저촉법의 기능
은 국제사회보장법에서는 법률, 조약과 EU법에 기초한 조정규칙인 EU사회보장
조정규정에 의하여 해결되기도 한다.[139] 우리도 '사회보장규범의 조정'에 대하여

거주지(또는 체류지)'도 가능하다.

135) 이호근(역), 방주 97은 '동등성규칙'이라고 번역한다.

136) 만일 구비되면 대용 법리가, 아니라면 적응 법리가 적용될 수 있다. 대용은 주로 법정지법
이 준거법인 경우 제기된다. Kropholler(註 108), S. 231; 최흥섭, 한국 국제사법 I ─ 법
적용법을 중심으로(2019), 193면('대체'라고 한다). 한편 전광석(註 8), 277면, 註 1은 "대
체적인 실현"이라고 번역하나 국제사법학의 용어는 아니다.

137) Eichenhofer, Encyclopedia, p. 1652. 조정의 개별적 문제는 Mrozynski(註 25), SGB I §
30 Rn. 84-147 참조.

138) Eichenhofer, IPRax, S. 379; Mrozynski(註 25), SGB I § 30 Rn. 10.

139) Eichenhofer, IPRax, S. 378. 등가성규칙을 정한 EU사회보장조정규정 조문으로는 국적에

더 관심을 가져야 한다.

다. 사회보장기본법의 상호주의

위에서 본 것처럼 사회보장기본법(제8조)은 "국내에 거주하는 외국인에게 사회보장제도를 적용할 때에는 상호주의의 원칙에 따르되, 관계 법령에서 정하는 바에 따른다."고 규정한다. 개별 사회보장법에 특칙이 있다면 상호주의는 배제되겠지만 개별 사회보장법에 규정이 없다면 상호주의가 여전히 의미가 있다.[140]

상호주의는 사회보장법에서 오랫동안 채택된 원칙인데, 이는 대체로 "한국 국민에게 사회보장제도를 실시하는 국가의 국민으로서 한국에 거주하는 외국인에게 그와 동일하거나 유사한 수준으로 사회보장을 제공한다"는 원칙을 말한다.[141] 상호주의는 실질법, 그 중에서도 외인법상의 원칙이지 준거법 원칙은 아니다.[142]

종래 학설은 상호주의의 근거는 첫째, 외국인근로자는 고용지의 경제질서에 부분적으로만 편입되어 있는 탓에 고용지의 법이 외국인근로자에게 적용될 수 없다는 점, 둘째, 외국인은 국가재정에 내국인과 동등한 기여를 하는 것이 아니

따른 차별금지(즉 평등대우. 제4조), 다른 회원국에서의 급여, 소득, 사실과 사건을 자국의 그것으로 취급하는 제5조, 기간 통산(제6조), 현금급여의 외국 지급(제7조의 거소지 규칙의 포기), 급여청구권의 중복시 법적 결과(제10조)와 현물급여에의 접근을 규정한 조문(제17조부터 제20조) 등을 든다. Eichenhofer, Encyclopedia, p. 1652.

140) 다만 난민법(제31조)상 난민으로 인정되어 국내에 체류하는 외국인은 사회보장기본법(제8조 등)에도 불구하고 한국인과 같은 수준의 사회보장을 받는다. 장애인복지법(제32조의2 제1항 제5호)은 난민법(제2조 제2호)에 따른 난민인정자는 장애인 등록을 할 수 있다고 명시하나 다른 개별 사회보장법에는 규정이 없다. 난민에 대한 사회보장은 김복기(註6), 42면 이하; 김연주, "난민법상 난민에 대한 사회보장제도와 관련 쟁점", 사회보장법연구 제9권 제1호(2020. 6.), 97면 이하 참조. 난민의 정의는 난민법(제2조 제1호) 참조.

141) 전광석(註 8), 279면; 이철우 외/노호창, 479면. 국제사법 맥락에서 상호주의는 Anatol Dutta, Reciprocity, Encyclopedia, Vol. 2, p. 1466 이하 참조. 상호주의는 국제법(특히 국제협약)의 맥락에서 큰 의미가 있다. Bruno Simma, Reciprocity, Rudiger Wolfam (ed.), Max Planck Encyclopedia of Public International Law Vol. Ⅷ (2012), p. 651.

142) 전광석(註 8), 280면은 상호주의는 준거법 내용의 문제라고 하나 이는 외인법 또는 실질법의 문제라고 본다. 협의의 국제사법상 상호주의는 한국이 A국법을 준거법으로 지정하는 경우 A국이 유사사안에서 한국법을 지정할 때 존재하나 그런 원칙은 채택된 바 없다. Jürgen Basedow, Gegenseitigkeit im Kollisionsrecht, Katharina Hilbig-Lugani *et al.*, (Hersgs.), Festschrift für Dagmar Coester-Waltjen zum 70. Geburtstag (2015), S. 336f.

므로 외국인을 사회보장의 보호대상에서 제외함으로써 재정손실을 방지할 필요가 있다는 점과 셋째, 한국법이 외국인에게 부여하는 것과 유사한 권리를 당해 외국인의 본국으로 하여금 한국인에게 부여하도록 외교적 압력을 행사하는 데 있다고 한다.[143] 그러나 상호주의는 비판을 받고 있다. 보편적 인권으로서 생존권의 성격이 강한 분야에서 상호주의는 사회보장법의 이념에 반하고,[144] 내외국인 평등대우가 확산되고 있는 21세기 현대사회에서 바람직하지 않다는 것이다.[145] 특히 한국에 유입되는 외국인근로자의 대다수가 사회보장제도가 미비한 개발도상국 출신인 점을 고려할 때 그들의 출신국과 같거나 유사한 수준의 사회보장을 제공하겠다는 것은 정당화되기 어렵고 결국 경제적 약자에 대하여 차별대우를 하겠다는 것에 불과하다는 것이다.[146] 이런 비판은 타당하다. 아래에서는 상호주의의 근거와 취지를 조금 더 살펴본다.

(1) 상호주의의 근거에 대한 비판

상호주의의 첫째 근거, 즉 외국인근로자는 고용지의 경제질서에 부분적으로만 편입되어 있다는 점은 고용을 전제하는 산재보험법에는 몰라도 고용을 전제하지 않는 다른 사회보장에는 타당하지 않다. 상호주의의 둘째 근거, 즉 외국인은 국가재정에 내국인과 동등한 기여를 하지 않는다는 점은 재정이 아니라 수급자의 사회보험료를 재원으로 삼는 사회보험에는 타당하지 않다.[147] 상호주의의 셋째 근거, 즉 외국인의 본국으로 하여금 한국인에게 사회보장을 부여하도록 외교적 압력을 행사한다는 점에 대하여는 압력의 대상은 국가인데 상호주의의 결과 실제로는 개인의 사회보장법적 지위가 희생되는 탓에 개인을 다른 목적 달성을 위하여 수단화함으로써 헌법상 인간의 존엄에 반한다는 비판[148]이 설득력이

---

143) 전광석(註 8), 280면. 이철우 외/노호창, 480면; 김복기(註 6), 33면. 셋째 점은 Basedow (註 83), p. 52도 같다.

144) 김복기(註 6), 33면. 또한 상호주의를 고집하면 무국적자를 보호할 수 없다는 한계가 있다고 비판한다. 전광석(註 15), 563면; 김복기(註 6), 33면. 다만 상호주의를 적용하더라도 무국적자에게까지 적용할 것은 아니라는 견해도 가능하다.

145) 전광석(註 4), 554면; 이우철 외/노호창, 480면 이하; 노재철·고준기(註 6), 137면도 비판적이다. 이우철 외/노호장, 482면은 상호주의는 과거 유산의 잔재라고 비판한다.

146) 노재철·고준기(註 6), 137면; 김복기(註 6), 33면; 이다혜(註 13), 230면.

147) 김복기(註 6), 33면도 동지.

148) 전광석(註 8), 280면. 외국재판의 승인·집행에서도 상호주의는 보복적 성격을 가질 뿐이

있다.

(2) 상호주의의 판단기준과 정당성

위의 설명은 마치 상호주의의 존부를 판단함에 있어 사회보장제도 전체를 기준으로 삼는 듯한 인상을 주나 진의는 개별 사회보장제도를 기준으로 삼는 것으로 이해된다. 예컨대 외국(A국)이 한국인에 대하여 산재보험의 맥락에서는 더 후한 대우를 제공하나 건강보험의 맥락에서는 더 박한 대우를 제공하는데 한국에서 건강보험에 따른 급여의 제공이 문제된다고 가정하자. 이 경우 사회보장을 전체적으로 판단할 것이 아니라 문제된 개별 사회보장과 동종의 사회보장을 기준으로 판단해야 한다.149) 국민연금법(126조 제1항 단서)은 한국의 국민연금과, 국민연금에 (기능적으로) 상응하는 외국의 연금을 비교해야 함을 명시함으로써 이런 취지를 나타내고 있다.150)

문제는 상호주의 판단기준인 수준의 유사성이다. 한국과 외국 간에 문제된 사회보장을 부여하는 요건과 효과가 중요한 점에서 실질적으로 차이가 없으면 이를 인정할 수 있으나151) 평가가 어려울 수도 있다(예컨대 한국은 산재보험법처럼 고용지일 것만을 요구하는데 외국은 건강보험법처럼 '국적+체류'를 요구한다면 상호주의가 있는가). 외국재판의 승인·집행의 맥락에서는 상호주의의 유무만이 문제되는 것과 달리, 만일 외국이 동일요건 하에 약한 사회보장 급여를 제공한다면 우리 사회보장법상의 급여도 제한될 수 있다는 점에서 상호주의의 작동방식에 차이가 있다. 그 경우 유사한 급여수준의 결정은 쉽지 않다.

개별 사회보장법이 외인법 형식을 취하는 탓에 상호주의가 자연스럽게 보

고 정당한 권리를 가지고 외국재판에서 승소한 자를 보호하지 못하는 불합리한 결과를 초래한다는 비판이 있다. 석광현, 국제민사소송법(2012), 398면.

149) 민사소송법(제217조 제1항)은 외국재판의 승인·집행 요건으로 상호주의를 요구하는데, 상호보증의 유무는 한국과 외국 간에 일률적이 아니라 동일한 종류 또는 내용의 판결에 대하여 판단한다. 대법원 2017. 5. 30. 선고 2012다23832 판결도 동지.

150) 국민연금법(제126조 제1항)은 "… 외국인은 제6조에도 불구하고 당연히 사업장가입자 또는 지역가입자가 된다. 다만, 이 법에 따른 국민연금에 상응하는 연금에 관하여 그 외국인의 본국 법이 대한민국 국민에게 적용되지 아니하면 그러하지 아니하다."고 명시한다(밑줄은 저자가 추가함).

151) 민사소송법(제217조 제1항)은 한국과 외국 간에 확정재판등의 승인요건이 "현저히 균형을 상실하지 아니하고 중요한 점에서 실질적으로 차이가 없을 것"을 요구한다(밑줄은 저자가 추가함).

이나 이는 정당화하기 어렵다. 더욱이 외인법규정 대신 저촉규정을 두면서 고용지 또는 주소지를 연결점으로 삼는다면 상호주의의 설득력은 더욱 약화된다.

4. 저촉법인 국제사회보장법의 총론적 논점

저촉법인 협의의 국제사법에서는 다양한 일반적(또는 총론적) 논점이 제기된다. 그에는 실질법과 저촉법의 구분, 성질결정, 선결문제와 조정 등이 있는데, 저촉법인 국제사회보장법에서도 유사한 논점들이 제기된다.152) 또한 사회보장법은 근로관계 또는 친족관계와 밀접하게 관련되므로 국제사회보장법은 국제근로계약법 또는 국제친족법(특히 국제부양법)과 밀접하게 관련된다.153) 따라서 경우에 따라 경계획정을 위한 성질결정의 문제도 발생한다.

가. 성질결정

예컨대 국제사법 제49조 제1항은 "상속은 사망 당시 피상속인의 본국법에 의한다"고 규정하는데 여기에서 '상속'은 연결대상이고 '피상속인의 국적'은 연결점(또는 연결소)이다. 성질결정이라 함은 어떤 사안을 적절한 저촉규정에 포섭할 목적으로 독립한 저촉규정의 체계개념(위 조문의 상속)을 해석하는 것 또는 그의 사항적 적용범위를 획정하는 것을 말한다.154) 성질결정의 준거법에 관하여 유력설은 법정지법으로부터 출발하되, 연결대상을 법정지법상의 체계개념이 아니라 비교법적으로 획득된 기능개념으로 이해하면서 <u>실질규범의 목적과 함께</u>, 당해 저촉규범의 기능과 법정책적 목적을 고려해야 한다고 하는데 이것이 '기능적 또는 목적론적 성질결정론' 또는 '광의의 법정지법설'이다.155)

사회보장법의 국제적 적용범위를 획정하는 경우에도 연결대상, 성질결정과

---

152) 상세는 Eichenhofer, ISR/IPR, S. 209ff. 참조.

153) 예컨대 근로계약의 준거법상 사용자는 임금 전액을 지급하여야 하나 사회보험료를 공제할 수 있다(근로기준법 제43조 제1항). 근로계약과 사회보장의 준거법이 다른 경우 양자 간에 여러 쟁점들이 발생한다. Eichenhofer, ISR/IPR, S. 93ff. 참조. 국내적 맥락은 방준식, "노동법과 사회보장법의 관계 — 양 법체계와 관련된 문제점을 중심으로", 부산대 법학연구 제48권 제2호(2007. 2.), 283면 이하의 논의가 보이나 국제적 맥락의 논의는 별로 없는 것 같다.

154) 이호정(註 16), 102-103면; 석광현(註 7), 23면 참조.

155) Kropholler(註 108), S. 126ff. 우리 학설이 말하는 '신소송지법설' 또는 '신법정지법설'도 이와 유사하다. 석광현(註 7), 31면 註 38 참조.

연결점의 개념이 필요하다.156) 예컨대 산재보험법(제40조)은 요양급여는 근로자
가 업무상의 사유로 부상을 당하거나 질병에 걸린 경우에 그 근로자에게 지급한
다고 규정하는데 이 경우 '요양급여'의 해석이 성질결정의 문제이다. 또한 외국
에서 발생한 불법행위로 인하여 근로자에게 산재보험을 지급한 우리 보험자가
불법행위를 한 자에 대하여 근로자의 채권을 취득하는지 여부(산재보험법 제87조
제1항)가 국제사회보장법 문제인지 아니면 국제불법행위법 문제인지,157) 나아가
건강보험에서 보험급여를 지급한 근로복지공단의 대위 여부(건강보험법 제58조 제
1항)158)와 지분 등이 국제사회보장법의 문제인지 아니면 이전되는 채권을 규율
하는 국제사법의 문제인지라는 의문이 제기된다.159) 주로 양면적 저촉규정인 협
의의 국제사법과 달리 국제사회보장법은 일면적 저촉규정이므로 전적으로 우리
사회보장법에 따라 해결해야 한다는 견해도 가능하나(외인법 규정인 경우도) 저촉
규정인 이상 탄력적 접근이 필요하다.

조약인 사회보장협정에서 어떤 체계개념을 사용하는 경우 이는 어느 체약
국의 국내사회보장법이 아니라 조약 자체의 독자적 관점에서 성질결정을 하여야
한다.160)

나. 선결문제

국제사법에서 선결문제라 함은 준거법을 결정하고자 하는 문제(본문제)의
해결과정에서 제기되고 논리적으로 먼저 해결해야 하는 문제를 말한다. 예컨대
한국에 재산을 남기고 사망한 독일인의 상속이 한국 법원에서 문제되는 경우
"상속은 피상속인의 <u>본국법</u>에 의한다"는 국제사법(제49조)에 따라 독일 상속법을

---

156) Eichenhofer, ISR/IPR, S. 236; 전광석(註 8), 267면이 소개하는 독일의 연금보험과 건강
보험의 성질결정 사례도 참조. 이호근(역), 방주 93, 註 41은 연결대상을 '연계대상'이라
고 번역하나 국제사법학의 용어는 아니다.
157) 사례는 Eichenhofer, Encyclopedia, p. 1650 참조.
158) 건강보험법 제58조(구상권) 제1항은 공단의 대위권을 명시한다. 사회보장기본법 제15조
(불법행위에 대한 구상)도 유사한 취지의 규정을 둔다. 한편 우리 국제사법(제35조 제1
항)은 법률에 의한 채권의 이전을 원칙적으로 원인관계의 준거법에 연결한다. EU사회보
장조정규정(제85조)도 대위를 사회보장준거법(Sozialrechtsstatut)에 연결하는데 이는 로
마 I 과 국내저촉법에 우선한다. Christoph Reithmann/Dieter Martiny (Hrsgs.), Inter-
nationales Vertragsrecht, 8. Auflage (2015), Rn. 3.318 (Dieter Martiny 집필부분).
159) Eichenhofer, ISR/IPR, S. 236.
160) Eichenhofer, ISR/IPR, S. 238.

적용한 결과 영국 국적의 배우자가 상속하는데 혼인관계의 존부가 다투어진다면 이것이 선결문제이다.161)

사회보장법의 영역에서 수급권이 어떤 친족관계(또는 근로관계)의 존부에 달려 있는 경우 그런 선결문제를 해결하자면 국제사법이 개입한다.162) 준거법인 외국법상 친족관계(또는 근로관계)가 존재하고 <u>그것이 한국법상 친족관계(또는 근로관계)에 상응한다면</u> 수급권이 인정된다.163) 독일 사회법전 제Ⅰ권(제34조)164)은 밑줄 친 요건을 명시하나 규정이 없는 우리는 논란의 여지가 있는데, 필요하다고 보지만 너무 엄격히 판단할 것은 아니다.165) 또한 공공부조는 부양의무의 준거법과 연계된다.166) 나아가 사회적 약자의 보호라는 실질법적 가치는 근로계약과 부양의무의 경우 국제사법 차원에서도 고려되는데 사회보장법에서도 같다.167) 국제사회보장법의 맥락에서는 공법적 성질을 가지는 까다로운 선결문제가 제기된다.168)

---

161) 석광현(註 7), 38면 참조.

162) 예컨대 근로자가 업무상의 사유로 사망한 경우에 유족은 산재보험법(제62조)에 따른 유족급여를 받을 수 있다. 국제사법상 선결문제는 석광현(註 7), 39면 이하 참조. 전광석(註 8), 272면 이하는 그에 더하여 국제사회보장법의 독자적 해결방안과 독일 연방헌법재판소가 취한 바 있는 헌법적 가치를 반영한 수정가능성을 소개한다.

163) 다만 일부다처혼의 경우 남편의 사망 시 배우자의 수급권이 부정될 수 있다. Eichenhofer, Encyclopedia, p. 1650. 또한 Eichenhofer, Encyclopedia, p. 1650은 많은 나라에서 실업이 노동쟁의(industrial dispute)의 결과라면 실업급여의 수급권이 배제되는데, 외국에 파견된 근로자의 실업이 외국 노동쟁의의 결과라면 이런 배제규칙의 적용 여부가 문제되고 이는 '실업'을 사회보장법상 독자적으로 해석할지 아니면 근로계약(또는 노동쟁의)의 준거법에 따라 해석할지의 문제라고 소개한다. 상세는 Eichenhofer, ISR/IPR, S. 112f. 참조.

164) 제1항은 "이 법전에 따른 권리와 의무가 가족법에 따른 법률관계를 전제로 하는 범위 내에서는, 어떤 법률관계가 국제사법에 따라 다른 국가의 법의 적용을 받고 그 법에 따라 존재한다면, 그것이 이 법전의 적용범위 내의 법률관계에 상응하는 경우에만 충분하다."고 규정한다.

165) 전광석(註 8), 273면도 동지.

166) 예컨대 기초생활보장법(제8조 제2항)상 생계급여 수급권자는 부양의무자가 없거나 부양의무자가 있어도 부양능력이 없거나 부양을 받을 수 없는 사람인데 부양의무자는 수급권자를 부양할 책임이 있는 사람이다(제2조 제5호). 국제사법(제46조 제1항)상 부양의무의 준거법은 원칙적으로 부양권리자의 상거소지법인데 상거소에 연결하는 이유는 부양청구권이 부인되면 상거소지국의 공공부조가 개입하기 때문이다.

167) Eichenhofer, Encyclopedia, p. 1648.

168) 예컨대 우리 사회보장법상 외국인의 외국에서의 군복무기간에 대한 평가가 문제된다. 개관은 전광석(註 8), 276면(국내법 요건이 충족된 것으로 볼 수 없고 국제협약으로 해결할 사항이라고 한다), Eichenhofer, ISR/IPR, S. 242ff.가 상세한데, 이는 사회보장법상 전형

주의할 것은 국적의 선결문제이다. 선결문제를 국제사법학상 다수설인 독립
적 연결설에 의하여 해결하더라도 국적이 선결문제인 경우 예외가 인정된다.[169]

VII. 맺음말

국제적인 인적 교류가 확대되어 가는 현재의 상황 속에서 우리나라에서는
저촉법인 국제사회보장법에 대한 논의가 부족하고 그 필요성조차 제대로 인식되
고 있지 않은 것 같다. 사회보장법의 조문을 중심으로 외국인의 지위를 다룬 글
들은 있으나 이는 대체로 외인법의 쟁점을 다루면서도 정작 외인법 개념은 사용
하지 않는다. 이 글에서 필자는 산재보험법을 제외한 현행 개별 사회보장법들이
외인법 형식을 취하고 있음과 외인법의 함의를 명확히 인식하면서, 그럼에도 불
구하고 그로부터 저촉규정을 도출하는 해석론과 입법론을 제시하였다. 광범위한
외인법적 접근방법은 내외국인을 차별하는 것이라 정당화하기 어렵고 우리 사회
보장법의 적용근거를 통일적으로 설명하기도 어렵다. 우리 사회보장법학계에서
국제사회보장법이라는 문제의식을 가진 유력설은 개별 사회보장법상 국적과 거
주지가 연결점이라고 보나 이는 부정확하다. 외국인도 개별 사회보장법에 따라
수급권자가 될 수 있으므로 국적은 연결점이 아니라 외국인에 대한 특례가 적용
되기 위한 요건일 뿐이다. 저촉규정을 도출하자면 내외국인에게 통일적으로 우
리 사회보장법이 적용되는 근거(즉 연결점)를 제시하여야 한다. 필자는 해석론으
로서 개별 사회보장법별로 고용지(고용 전제 시), 주소·상거소를(고용 비전제 시)
연결점으로 파악하고, 입법론으로서 그런 연결원칙을 일면적 저촉규정으로 명시
하자는 것이다. 즉 산재보험법의 경우 저촉규정임을 더 명확히 하고, 다른 개별
사회보장법의 경우 외인법 형식을 저촉규정으로 전환하자는 것이다. 나아가 확
대와 축소 등에 관한 규정을 두어야 하나 상호주의는 폐지해야 한다고 본다. 외
국인의 사회보장은 외국인의 인권보장뿐만 아니라 사회통합 측면에서도 중요한

적인 선결문제와 비전형적인 선결문제로 구분하여 논의한다.

169) 석광현(註 7), 42면. 누가 자국민인지를 정하는 것은 각국의 고유한 권한이다. 이철우 외/
이철우, 267면; 차용호(註 5), 735면. 또한 국적의 득실이 혼인관계 또는 친자관계 등 어
떤 사법(私法)적 법률관계에 좌우되는 경우 그런 선결문제는 문제된 그 국가의 국제사법
에 따른다. 즉 본문제에 종속적으로 연결된다.

과제라는 점[170]을 충분히 고려하면서, 개별 사회보장의 목적에 따라 합리적으로 조절할 수 있는데 그 범위 내에서 외인법성을 유지하게 된다. 그의 구체화는 실질법의 과제이다. 요컨대 사회보장법상 외국인의 법적 지위를 논의하면서 외인법과 저촉법인 국제사회보장법에 무관심한 일부 우리 법률가들의 태도는 시정되어야 한다.[171] 그런 날을 앞당기는데 이 글이 기여할 수 있기를 희망한다.

---

170) 김복기(註 6), 47면.
171) 이 글에서는 외인법과 저촉법에 치중한 탓에 사회보장규범의 조정 및 사회보장법의 확대·축소는 충실히 다루지 못하였으나 장래에는 그에 대하여도 더 관심을 기울여야 한다.

대 담

석광현 교수 정년기념 대담

〈대담〉

석광현 교수 정년기념 대담

일   시 : 2022. 1. 7.(금) 14:00~19:00
장   소 : 서울대학교 17동 6층 서암홀
대 담 자 : 채동헌(법률사무소 BLP 변호사)
김승현(법무법인 태평양 변호사)
이창현(법무법인 태평양 변호사)
김영석(대법원 재판연구관)
이필복(부산고등법원 울산재판부 판사)
이종혁(한양대학교 법학전문대학원 교수)
유정화(김·장 법률사무소 변호사)
정선아(김·장 법률사무소 변호사)
이   연(서울대학교 법학연구소 객원연구원)
녹취·정리 : 송순섭(서울대학교 법학연구소 조교)
배경석(원광대학교 법학전문대학원 학생)

〈근황〉

채동헌 : 석광현 교수님 정년기념 대담을 시작하도록 하겠습니다. 오늘 석광현 교수님 모시고 소중한 자리를 함께 할 수 있어서 개인적으로 영광이고, 참석하신 모든 분들 새해 복 많이 받으시기 바랍니다. 일단 참석자들을 간단히 소개해 드리겠습니다. 우선 석 교수님 참석해 주셨고요. 저를 포함하여 김승현 변호사님, 이창현 변호사님, 김영석 판사님, 이필복 판사님, 이종혁 교수님, 유정화 변호사님, 정선아 변호사님, 이연 박사님 참석해 주셨습니다. 먼저 석 교수님 정년 축하드리겠습니다.

석광현 : 고맙습니다.

채동헌 : 교수님께서는 변호사로 14년 6개월이라는 긴 시간 일하셨고, 학교에서 교수님으로 23년이라는 긴 생활을 마무리하고 계시는데, 그 소감이 어떠하신지 말씀 부탁드리겠습니다.

석광현 : 예, 고맙습니다. 우선 그 질문에 답을 드리기 전에 오늘 이 자리에 바쁘신 분들이 참석을 해주신 데 대해서 감사의 말씀을 드립니다. 어떻게 생각하면 이런 행사가 꼭 필요한가 하는 생각도 드는데요. 요즘에 코로나 때문에 우리 전공자들을 만나지 못하다가 간만에 이렇게라도 만나니까 그 자체로 우선 대단히 기쁘다는 생각이 듭니다. 우선 여러분들 새해 복 많이 받으시기를 바랍니다. 이렇게 모여주신 데 대해서 다시 한 번 감사의 말씀을 드립니다.

사실 그 소감이 어떠냐고 하면, 오늘 이것을 이야기하다 보면 다른 질문들은 필요가 없어서 이 이야기만 하다가 끝날 수도 있을 것 같습니다. 이제 보면 변호사로 14년 반 있었고 교수로 한양대에서 8년 반 있었고 서울대 와서 14년 반 있었습니다. 교수로는 23년이 되는데요. 우선은 상당히 홀가분하다는 생각이 듭니다. 분명히 아쉬운 점도 있고요. 그래서 흔히들 말하는 시원섭섭하다는 말이 딱 여기 들어맞는 말이라는 생각을 합니다. 무엇이 서운한가 하는 것들은 차차 시간이 흐르면서, 예컨대 월급이 들어오지 않는다든가 또는 강의를 해야 될 시간에 집에 있다든가 그런 상황에서 뼈저리게 느끼게 될 것으로 생각을 합니다.

사실은 제가 아직 결산을 못했기 때문에 총체적으로 어떻게 정리를 해야 되는 가 모르겠지만, 그런 생각은 해봤습니다. 변호사를 하다가 교수가 된 사람이 지금은 많이 있습니다. 특히 로스쿨이 도입된 다음에는 변호사를 하다가 학교로 이동하신 분들이 많은데, 제가 1999년까지 변호사를 하다가 학교로 떠날 때는 그런 사례가 많지 않았습니다. 특히 대형 로펌에 있던 변호사가 학교로 간 사례는 상당히 드문 일이었습니다. 김&장에서도 제가 처음으로 갔고요. 나름 변호사도 보람 있는 시간이었고 교수도 분명히 보람 있는 시간이었는데, 제가 며칠 전에 안사람에게 그런 이야기를 했어요. "변호사도 보람 있었고 재미있었지만 결국은 나는 교수가 더 적합한 인간형이 아닌가 생각을 한다."라고요. 아직 결론은 아닙니다만, 지금 잠정적인 생각이 그런 것이고요.

그리고 변호사를 14년 반 하고 교수를 했는데, 과연 이것이 적절한 조합인가 생각을 해보았습니다. 서울대는 특히 민법을 중심으로 판사를 하다가 교수로 오신 분들이 많아요. 저는 그것이 더 좋은 조합인가도 생각을 해보는데, 꼭 그런 것 같지는 않습니다. 그렇게 오신 분들은 그 나름의 장점이 있고, 저는 또 제 나름의 장점이 있다는 생각이 들어요. 다만 변호사를 14년 반이나 하고 교수를 한 것이 적절했는가, 좀더 학교에 일찍 왔어야 되는 것 아닌가 하는 생각이 들 때도 있고, 변호사를 좀더 해서 경제적인 기반을 더 다진 다음에 학교로 왔어야 되는 것 아닌가 하는 생각이 들 때도 있습니다. 이 기간 배분이 적절하게 된 것인가는 지금도 잘 모르겠습니다. 총체적으로 말씀드리면 솔직한 소감이 아직 정리가 되지 않은 상태라고 말씀 드리는 것이 지금으로서는 옳은 것 같습니다.

〈유년시절〉

이창현 : 교수님, 정년을 앞두시고 만감이 교차하실 것으로 생각이 되고요. 저희 또한 만감이 교차하는데요. 우선 유년시절부터 한 번 여쭈어 보도록 하겠습니다. 교수님의 대학 입학 전까지의 학창 생활은 어떠셨는지요. 유년시절에도 법률가의 길을 꿈꾸셨는지요. 매형의 영향도 받으셨던 것 같은데 어떠신지요.

석광현 : 근자에는 유년시절에 관한 질문을 받은 적이 없습니다. 이것이 정년기

넘 대담이라 아마 그런 것도 물어보시는 모양인데, 사실 대학 입학 전까지 저는 입학시험이 있는 세대를 살았습니다. 중학교 입학시험도 원래는 있었다가 6학년 여름방학 때 중학교 입학시험이 없어졌습니다. 고등학교는 입학시험이 있었고 대학도 입학시험이 있었고요. 대학에 들어와서는 사법시험을 봐야 되는, 입시로 점철된 삶을 살았다고 이야기할 수 있어요.

그런데 제가 어릴 때부터 법률가가 되어야 되겠다는 생각을 하지는 않았습니다. 어떻게 보면 한심한 것이지만, 국민학교 다닐 때는—요새는 초등학교지만, 저는 초등학교 못 다닌 사람입니다.— 좋은 중학교를 가야 된다고 해서 열심히 공부를 했고, 중학교 들어가니까 또 고등학교를 좋은 데 가야 된다고 해서 공부를 했고, 고등학교 가니까 또 서울대를 가야 된다고 해서 공부를 했고요. 고등학교 시절부터는 집에서 "너는 판사가 되어야 된다."고 부모님께서 세뇌를 하신 것으로 생각을 합니다. 그때는 어린 마음에 특별히 제가 법률가가 되어서 무엇을 해야 되겠다는 생각은 별로 없었고, 그냥 판사가 훌륭한 길이라고 생각했기 때문에 자연스럽게 법대를 가야 된다고 생각했더랬습니다.

매형이 제가 중3 올라가던 때에 제 누님과 결혼을 했는데, 매형이 서울법대는 저보다 13년 선배예요. 제가 33회고, 매형은 20회입니다. 사실 아저씨 뻘이죠. 제가 중3 될 때 매형이 판사였던 것으로 기억을 합니다. 그렇다고 제가 매형 때문에 법대를 간 것은 아니고, 매형이 판사니까 자연스럽게 그런 생각을 했습니다. 즉, 어린 시절부터 법대를 가야 되는 것으로 알고 컸고, 저도 판사라는 직업이 훌륭한 직업이라고 생각했었기 때문에 판사가 되어야 된다는 생각은 오래 마음속에 가지고 있었습니다. 결국 그 길을 가지는 않았습니다만, 그런 생각은 오래 하고 있었습니다.

김승현 : 교수님께서 정년퇴임을 하시는 날이 왔다는 것이 저도 잘 실감이 나지 않습니다. 개인적으로 교수님이 한양대에 계실 때 2004년 가을부터 수업을 청강하면서 인연을 맺어서 지금까지 이어져 오고 있는데요. 그동안 교수님을 만나 뵈면 여러 가지 한자 성어를 인용하시면서 자주 말씀하시고는 했는데, 아마도 어릴 때 한학을 가르쳐 주신 아버님의 영향을 특히 많이 받으신 것 같습니다. 그런 측면에서 삶에 영향을 미친 아버님 또는 어머님의 가르침이 있다면 말씀해 주시면 좋겠습니다.

석광현 : 고맙습니다. 김 변호사님은 저와 인연을 맺은 지가 다른 분들보다 좀 오래되어서 예전 사정을 잘 아시는데요. 저희 아버님은 군대에 계셨던 분입니다. 사실은 제가 어릴 때 아버님 군복 입은 모습을 보지 못해서, 저는 아버님이 군인이셨다는 것을 이야기만 들었지 잘 모릅니다. 예편하신 다음에는 한의학을 공부하셔서 한의사 자격도 있으셨어요. 그런데 한의사 개업은 못 하셨습니다. 요새 같으면 당연히 개업을 하셨을 텐데, 그때는 장성 출신이 한의사를 한다는 것이 남들 보기에 이상하지 않나 해서 한의사를 하시지는 않았어요.

서정주 시인은 자기를 키운 것이 8할이 바람이라고 그랬나요? 그런데 오늘의 저를 만든 8할은 아버님으로부터 배운 것이라고 이야기하고 싶습니다. 저는 어렸을 적, 그러니까 국민학교 3학년 때 아버님에게서 천자문을 배우기 시작했습니다. 조선시대처럼 서당에서 배운 것은 아니고 초등학교를 다니면서 천자문을 배웠어요. 천자문을 뗀 다음에는 동몽선습(童蒙先習)을 배웠습니다. 그리고 나서 명심보감(明心寶鑑)을 배우고, 고등학교 들어갈 무렵에는 논어(論語)를 배웠습니다.

그런데 사실 저는 우리 전공자들에게 한문 이야기를 별로 안 했습니다. 왜냐하면 제가 스스로 잘 안다고 생각하지는 않았기 때문이지요. 아버님으로부터 말씀을 많이 들어서 많은 문구를 지금도 기억하고는 있지만, 한문에 조예가 있는 것은 전혀 아니기 때문에 그렇습니다. 나이를 먹어가면서 요새 조금씩 이야기하기 시작하는데, 어떻게 생각하면 '국제'와 이것이 맞는가 하는 생각도 들어서 스스로 의문이 있기는 합니다만, 인간으로서 어떻게 살아야 되는지라는 면에서는 아버님께 정말 많은 것을 배웠다고 할 수 있습니다.

기본적으로 저는 소프트웨어상 공자의 제자라고 생각합니다. 다만 우리는 서양의 문물을 받아들인 세대이고 학교에서 서양의 문물을 배웠기 때문에, 저는 스스로를 개명된 또는 계몽된 공자의 제자라 생각합니다. 그래서 여성을 존중할 줄도 알고 민주적인 가치도 이해하고 자유의 소중함도 아는 공자의 제자인 것이지요. 지금도 동몽선습의 첫 번째 문장을 기억합니다. 그것은 아버님이 가르쳐 주신 것이라기보다도 옛날 조선사회 또는 동북아시아에서 사람이 갖추어야 할 도리라고 배운 것입니다. 첫 문장은 이렇습니다. 天地之間 萬物之衆에 惟人이 最貴하니 所貴乎人者는 以其有五倫也라. '하늘과 땅 사이에 만물이 많은데, 그중 인간이 가장 귀하다. 그것은 오륜이 있기 때문이다.'라는 말이지요. 그런 것을 어렸을 때 배우니까 아직까지도 정신세계를 지배하고 있는 것입니다. 그러니까 오륜을 모르는 자는 인간이 아니라고 보는 것이죠.

어렸을 때 아버님으로부터 교육 목적상 좋은 이야기를 참 많이 들었어요. 예컨대 주자의 권학문에 少年易老學難成 一寸光陰不可輕이라는 말이 나오지 않습니까? '소년은 늙기 쉽고 학문은 이루기 어렵다.' 요새 제가 보니까 정말 그런 것 같아요. '한 치의 세월도 헛되이 하지 마라.' 공부 안 하고 놀면 아버님으로부터 일촌광음불가경이라는 말씀을 무수히 들었어요. 그에 이어지는 未覺池塘春草夢 階前梧葉已秋聲도 무수히 들었고요. 아버님이 잔소리하면 또 싫어 하잖아요. 그러면 아버님이 道吾善者 是惡賊이요 道吾惡者 是吾師라. '나를 좋다고 이야기하는 사람은 나의 적이고, 나를 나쁘다고 이야기하는 사람은 나의 스승이다.'라는 말씀을 하셔요. 그러면 아버님께 불평을 못해요. 잘 되라고 하시는 말씀이니까요. 그 다음에 공부 안 하고 낮잠 자면, 공자님이 말씀하셨다는 朽木은 不可雕요. 糞土之墻은 不可圬다. '썩은 나무는 새길 수 없고, 더러워진 담은 흙손질을 할 수가 없다.'는 말을 귀에 못이 박히게 들었습니다. 그 다음에 시험 잘 봤다고 우쭐하면, 또 바로 나오는 것이 勿以自大而 蔑小하고 勿以恃勇而 輕敵이라. '네가 크다 해서 작은 것을 업수이 여기면 안 되고 너의 용기를 믿고 적을 가벼이 여기지 마라.' 그러면 시험 잘 봤다고 좋아해도 안 되는 것이죠. 그런 상황들이 무수히 많았습니다. 이제 그만하겠습니다. 이게 무수히 나갈 수가 있어요. (전체웃음)

그러고 보니 아버님 말씀만 했네요. 어머님은 교육열이 매우 높으신 분이고 정말 저를 정성과 사랑으로 키우셨습니다. 제가 사실 매운 음식을 썩 좋아하질 않아요. 그래서 집에서 육개장을 하면 늘 저를 위해서 어머님이 안 매운 육개장을 따로 해주셨어요. 그리고 제가 약간의 유머 감각이 있다는 이야기를 남들로부터 듣기도 하는데, 저는 그것을 어머님에게서 물려받았다고 생각을 해요.

결론적으로 제 인생은 정말 운이 좋았다고 생각합니다. 어제도 제가 오랜만에 누님을 만나서—누님이 저보다 여덟 살 위인데—"우리는 잘 살아온 인생이다. 가장 큰 이유는 부모님을 잘 만났기 때문이다." 해서, (웃음) 의견의 일치를 보고 헤어졌습니다. 사실 그 점은 정말 자기가 어떻게 컨트롤할 수 없는 것이니까 감사하고 운이 좋았다는 생각을 하죠.

〈학부시절〉

김영석 : 저도 교수님처럼 초등학교를 못 나오고 국민학교를 나온 세대로서 지금 해주신 한 말씀 한 말씀에 많이 공감이 갑니다. 개인적으로는 교수님을 2009년에 처음 뵙고, 15년 약간 미치지 못하는 기간 동안 모시면서 옆에서 정말 많이 배울 수 있었습니다. 특히 오늘 뜻 깊은 대담 자리에 함께할 수 있어서 너무 영광입니다. 이제 국민학교 시절을 넘어서 학부시절에 대해서 질문을 드리도록 하겠습니다. 1975년 서울대학교가 관악캠퍼스로 옮겨왔습니다. 관악으로 옮겨진 법과대학에 입학하신 첫 세대로 알고 있는데, 당시 대학생활에 대해서 기억에 남는 것이 있으면 말씀해 주시면 감사하겠습니다.

석광현 : 저희 때는 법대로 바로 입학할 수가 없었습니다. 계열별 모집을 했어요. 그래서 사회계열로 들어와서 1년 반을 수학했습니다. 그렇게 1년 반이 지난 후에 법대에 들어왔기 때문에, 사실은 법대를 2년 반밖에 안 다녔어요. 또 공부를 좀 할라치면 나라에서 자꾸 학교 문을 닫게 해서 휴교를 하고요. 그래서 학부시절에 공부를 충실하게 하지는 못했다고 생각합니다.

저희는 입시에 찌든 삶을 산 세대이기 때문에 1학년 때는 정말 자유를 만끽하는 삶이었습니다. 그런데 그것을 계속할 수 없었던 것이 계열별 모집이니까 법대로 들어가려면 성적으로 또 잘라서, 성적이 너무 나쁘면 법대로 올 수가 없는 거예요. 그래서 또 학점 관리를 해야 되는 아주 불행한 시대를 살았다고 생각합니다. 그때 제가 미아동에 살았는데요. 학교 다니기가 상당히 멀었습니다. 결국은 대학교 3학년 때 1학기 3개월, 2학기 3개월 녹두라고 하는 지역에서 하숙을 했었죠.

정말 대학교 1학년 때는 인생에서 처음 만끽하는 자유를 누린 것이 아닌가 싶습니다. 그렇다고 특별히 기억에 남는 일은 없습니다만 그때 클럽 활동도 하고, 여름에 경포대에 놀러 가기도 하고, 밤새워 기차를 탄 추억도 있고, 여러 가지 좋은 추억들이 있습니다. 다만 법대로 가기 위해서는 기본적으로 학점 관리를 해야 했었기 때문에, 자유롭게만 살지는 못했다는 것이지요. 그나마 저는 운이 좋아서 법대에 진학을 했고, 그래서 여러분들과 함께 앉아 있는 이런 영광된 자리에 있는 것이지요. 법과대학으로 진학한 뒤에는 다른 학생들처럼 사법시험 준비에 많은 시간과 노력을 기울였습니다. 4학년에 올라가면서 처음 응시한 사법시험 2차에 떨어졌기에 대학원 진학을 준비했습니다. 그리고 그 과정에서 독일어를 공부하기 위해 노력했던 것이 기억에 남습니다. 그 외에는 특별히 말씀드릴 것이 없습니다.

이종혁 : 그러면 혹시 법과대학으로 진학하시고 나서 기억에 남는 교수님이나 강의는 없으신지요. 이호정 선생님이나 송상현 선생님과는 학부시절에는 인연이 없으셨는지요.

석광현 : 이호정 선생님은 사실 학부시절에는 별로 인연이 없었습니다. 선생님은 상대에 계시다가 1975년에 법대로 오신 것으로 아는데, 그때는 제가 선생님 강의를 안 들었습니다. 그때 당시 민법을 주로 하셨을 텐데, 저는 곽윤직 교수님 강의를 많이 들었고, 김증한 교수님 강의, 황적인 교수님 강의를 들었어요. 일부는 제가 수강신청을 한 탓이고 뒤에는 법대에서 강제분반을 했기 때문입니다. 이호정 선생님은 제가 대학원 석사과정에 들어가서 처음 뵌 것으로 기억합니다.
　아직까지도 많은 교수님들의 강의가 기억에 남아 있습니다. 강의 내용은 생각나지 않지만 그 특징이랄까 그런 것들이 생각이 납니다. 곽윤직 교수님은 아주 명쾌한 강의를 하셨어요. 그리고 '했다는 말' 하고 끝내시는 그 특유의 어투, 그것이 곽윤직 교수님의 트레이드 마크셨는데, 그 점이 아직 인상에 남아 있습니다. 김증한 교수님 강의는 또 다른 면에서 기억에 남아요. 김증한 교수님 강의는 독일어로 이야기하자면 Vorlesung인데, Vorlesung은 '앞에서 읽는다'는 뜻이에요. 김증한 교수님은 그 당시 당신의 책을 그냥 읽는 식의 강의를 하셨어요. 그 다음 정희철 교수님 강의도 상당히 똑 떨어지는 강의였다는 생각이 들어요. 송상현 교수님 강의도 들었는데, 송상현 교수님은 그때 미국에서 공부하고 돌아오신 지가 그렇게 오래된 분이 아니었어요. 당시 학생들에게 상당히 인기가 있으셨습니다. 게다가 송 교수님은 경기 나온 학생들이 많이 따랐는데, 저는 어려워서 선생님을 가까이 모시거나 따르지는 않았습니다. 그리고 국제법을 하신 이한기 교수님 강의도 기억에 남고요. 다른 것은 다 잊었는데 이것은 기억에 남아요. 전에 이근관 교수님과도 잠깐 이야기할 기회가 있었는데, 이한기 교수님이 국제법 강의 중에 일제강점기에 우리 독립을 위해서 애쓰셨다고 하는 스코필드 박사

—한글로 석호필이라고 부르죠. 저와 본의 아니게 종씨가 되는 분인데— 이야기를 하시면서, 스코필드 박사를 만나셨을 적에 스코필드 박사가 이한기 선생께 물어보셨다는 거예요. "자네는 뭘 공부하나?" 그래서 "국제법을 공부합니다." 했더니, "거 존재하지 않는 것을 공부하는구만" 하는 말씀을 하셨다고 해서 그 점이 기억에 남아요. 그런데 이근관 교수는 그 이야기를 전해 들었다고 그러더라고요. 그래서 "나는 그것을 직접 들은 사람입니다." 그렇게 이야기를 했는데, (웃음) 이 지점에서 세대가 나뉘는구나 싶더군요.

그리고 법 아닌 강좌를 이야기하면, 『한국고대사론』을 쓰신 국사학과 김철준 교수님 강의, 그리고 한영우 교수님 강의가 기억에 남아 있습니다. 그 다음 과학사를 하시는 송상용 교수라고 계셨어요. 과학사에서 상당히 권위 있는 분인데, 송상용 교수님의 과학사를 들어서 그때 토마스 쿤인가요? 과학사와 과학철학 분야에서 아주 저명한 학자 이야기도 듣고 그랬는데, 정말 인상적이었어요. 학점도 잘 받았기 때문에 그런지는 모르겠는데 좋은 인상을 가지고 지금까지 살고 있습니다.

유정화 : 방금 전에 연구실 찾아뵈었을 때 책꽂이에서 법학 서적 외에도 『나를 운디드니에 묻어주오』라는 책이 있는 것을 보았습니다. 교수님께서 학부시절에 법학서적 외에 탐독하셨던 책은 무엇이 있으신가요.

석광현 : 탐독이라는 것이 열심히 읽었다라는 의미라면 솔직히 학부시절에 법학서적 외에 열심히 읽은 책은 별로 없습니다. 핑계를 대자면 아까 말씀드린 것처럼 학점 관리를 해서 법대에 가야 되기 때문에 그런 것도 있고요. 특별히 열심히 읽은 것은 별로 없는데, 대학교 1학년 때 읽었던 『고문진보(古文眞寶)』가 생각이 나네요. 그때는 제가 아버님께 맹자를 배우던 시절입니다. 아버님이 고문진보를 무척 좋아하셨어요. 당시 저는 을유문화사에서 나온 고문진보를 읽었습니다. 그때 제갈량의 '출사표'도 접하고 굴원의 '어부사'도 접했어요. 지금 그 내용은 잘 기억은 못합니다.

공부는 별로 안 했지만 실은 역사에 관심이 있었습니다. 한영우 선생님 강의를 듣고 조선사회에도 관심을 가졌었고요. 기억에 남는 게 그런 거예요. 많은 사람들이 조선이 일본보다 계속 앞서 왔고 근대에 와서 메이지 유신 탓에 뒤쳐

져 낙후됐다고 이야기하는데, 사실은 임진왜란 무렵에 가면, 일본이 훨씬 앞으로 나갔었다는 이야기를 들은 기억이 있어요. 그것과 관련해서 관심을 가졌었고요. 그리고 법대 오기 전 대학교 1학년 때 사실 저는 사회민주주의에 대해서 상당히 호감을 가지고 있었습니다. 이런 이야기를 전에는 한 적이 없습니다. 개인적으로 저는 사회민주주의를 좋게 보는 입장이었습니다. 그래서 영국에서 이야기하는 페이비언 소사이어티(Fabian Society)에도 관심이 있어서 클럽 활동을 하는 데 가서 귀동냥도 조금 했었는데, 이것은 내가 할 일은 아닌가 보다 싶어 곧 그만두었습니다. 그 정도가 기억에 남고요. 『자유론』도 읽었고 상당히 깊은 인상을 받았던 기억이 있어요. 그렇지만 기본적으로 저는 다양한 독서를 하지 못했기 때문에 정년을 하면 부족한 교양을 보충해야 되겠다는 생각도 하고 있습니다.

〈대학원시절〉

이필복 : 오늘 대담에 앞서 같이 점심식사도 하고 전공자들과 교정을 산책하다 보니 마치 교수님을 모시고 수업을 들었던 때 기분이 들었습니다. 제가 대학원 수업을 듣다 보면 토요일 아침에 학교에 와서 교수님과 수업을 마치고 점심을 같이 먹고 전공자들과 같이 차나 커피를 마시고 나면 토요일이 마무리되는 느낌이 들었는데요. 정말 즐겁고 좋았던 기억이 납니다. 교수님께서는 1979년 3월에 대학원 석사과정에 입학하신 것으로 알고 있습니다. 당시 대학원 생활은 어떠셨는지요. 그리고 요즘과 비교할 때 강의 내용이나 방식의 차이가 컸었는지 궁금합니다.

석광현 : 사실 저는 대학원시절이 어땠냐고 물어보면 할 말이 별로 없어요. 당시 저는 전업학생이 아니었기 때문이지요. 지금 여러분들 중에 많은 분이 그러하듯이 전업학생이 아니었고 사법연수원을 다니던 시절입니다. 1979년 3월 대학원에 입학했는데, 그때는 사법연수원이 9월에 시작했기 때문에, 6개월의 시차가 있었죠. 그 6개월 동안은 자유롭게 석사과정만 다니기는 했으나 대학원시절이 따로 있던 사람은 아니고요. 사법연수원과 대학원 석사과정을 병행했던 세대입니다. 그런데 저희 위나 아래 기수는 그렇게 하지를 못했어요. 한 번은 대학원에서 금

지를 했었고, 또 한 번은 사법연수원에서 금지를 했었지요. 저희 때는 병행이 가능했습니다.

제가 대학원에 입학한 것은 사실 공부에 뜻이 있어서가 아니었어요. 그때는 어디 적이 있어야지 그렇지 않으면 군대를 가야 했기 때문이지요. 그 당시에 사법시험 2차가 4월에 있었습니다. 4월에 2차를 봐야 되니까 대학원에 적을 두기 위해서 석사과정에 들어왔고, 떨어지면 곤란하니까 한양대 행정대학원 입학시험도 함께 봤습니다. 둘 다 합격을 하고, 사시도 합격을 했지요. 그러니까 저는 솔직히 말씀드리면 대학원 석사과정에서 열심히 공부를 한 사람은 아닙니다. 사법연수원을 다니면서 석사과정을 한 사람이죠. 다만 논문을 써야겠다는 생각은 했었어요. 무엇을 써야 되는가 하는 고민은 계속 했었습니다만, 대학원의 강의 내용이나 방식은 기본적으로는 지금과 기본 틀은 비슷했다고 생각됩니다. 다만 지금은 그때보다 훨씬 교수님도 많아지고, 전공과 대학원 강좌도 다양해지고, 사회적인 분위기와 병행해서 좀더 충실하고 열심히 강의하고 있지 않은가 생각을 합니다. 선생님들이 들으시면 서운해 하실지 모르겠는데, 강의의 기본 틀은 예나 지금이나 비슷하지만 지금이 더 충실하게 하고 있지 않은가 싶습니다. 제가 그렇게 말씀드려야 아마 선생님들도 기뻐하시지 않을까 하는 생각도 드네요.

정선아 : 코로나 때문에 자주 뵙지 못하다가 이렇게 교수님 뵙게 되니 꼭 예전에 대면강의 듣던 기억도 나서 괜히 마음이 뭉클하기도 한데요. 교수님께서 석사학위 논문을 황적인 교수님 지도로 국제물품매매협약에 관해 쓰려고 하셨던 것으로 알고 있습니다. 이미 그때부터 국제거래법에 대한 관심을 가지고 계셨던 것인지 여쭙고 싶습니다.

석광현 : 황적인 교수님을 지도교수님으로 처음에 생각했었고, 그 당시는 법을 공부한다고 하면 민법을 하는 것이 당연하고 자연스러운 선택이라고 생각했습니다. 매매협약이 1980년에 채택됐으니까 그 당시에 국제적으로 많은 논의가 있었고, 황적인 선생님이 그래서 아마 관심을 가지고 저에게 그것을 쓰라고 말씀하셨던 것으로 생각합니다. 지금은 CISG를 전보다 많이 압니다만 당시에는 상당히 생소한 것이었기 때문에, 제가 그 주제로 논문을 쓰는 것은 쉬운 일이 아니었어요. 그래서 이것을 가지고 계속 써야 되나 하는 고민을 했었습니다.

그러다가 이 주제는 어렵겠다고 생각을 하고, 약간 겉멋도 들어서 '청구권 경합'이라는 것이 상당히 매력적인 주제라는 생각에 주제를 바꾸어 보려고 하게 되었습니다. 이시윤 선생님의 소송물에 관한 책을 보고 그것을 쓰면 되겠다는 생각이 들더군요. 그래서 이시윤 원장님을 찾아뵈었습니다. 이시윤 원장님이 당시에 법원에 계실 때였어요. 부장판사님이셨죠. 마침 제가 그 옆방에서 시보를 하고 있었거든요. 찾아뵙고 자료 부탁을 드려서 독일 자료를 받았습니다. 그래서 그 자료를 복사도 했는데, 가만히 보니까 제가 쓸 수 있는 것이 아니에요. 이것을 쓰자면 독일 자료를 엄청 봐야 되더라고요. 이것도 어렵네 싶었어요. 그때 『請求權競合論』이라는 일본 책도 샀어요. 결국은 너무 멋있는 주제들을 선정했기 때문에 석사 논문을 쓰지 못하고 세월만 흘려보내고 말았지요.

국제거래법에 대해 당시에 관심이 있었던 것은 아닙니다. 국제거래에 대한 관심은 나중에 생긴 것이죠. 제가 법무관을 하면서, 또 김&장에 가서 국제거래 일을 하면서 그에 대한 관심도 점차 생기고 중요성을 알게 된 것이지, 석사 논문을 쓰려고 할 당시에는 사실 국제거래법이라는 것이 무엇인지도 모르던 시절이었습니다. 실제 석사과정 졸업은 세월이 한참 지난 다음 1989년에 독일 프라이부르크 대학에서 LL.M.을 통해 하게 되었는데, 그 시절이 되어서야 온전히 국제사법, 국제민사소송법을 제대로 공부하게 되었다고 말씀드릴 수 있습니다.

채동헌 : 교수님께서는 지금 강의하고 계시는 국제거래법, 국제사법에 어떤 계기로 관심을 가지고 전공을 하게 되셨는지, 그리고 박사과정에는 언제 입학하셨는지 궁금합니다. 그리고 어떤 계기로 국제재판관할을 주제로 박사 논문을 작성하게 되셨는지 말씀해 주시면 좋겠습니다.

석광현 : 채 변호사님은 상당히 포괄적인 질문을 하시는 것 같아요. 이것에 대해 답변을 하면 사실 다른 질문은 안 해도 그냥 끝날 수 있을 것 같네요. (전체웃음) 석사과정은 아까 말씀드린 것처럼 기본적으로는 병역 문제 때문에 들어가게 된 것이고, 박사과정은 나중에 세월이 흘러서 1996년에 입학을 했습니다. 그런데 석사과정을 하면서는 논문을 못 썼기 때문에 늘 마음의 부담이 있었지요. 김&장에 있을 때도 그랬습니다. 박준 교수님은 제가 정말 좋아하고 존경하는 선배입니다. 2년 선배인데, 박 교수님에게서 참 많은 것을 배웠지요. 같은 국제금융 파

트에서 함께 일하면서 박 교수님도 석사 수료만 하고 논문을 못 쓴 분이기에 "우리도 언젠가 석사 논문을 쓰고 박사과정에 들어가서 박사학위를 받아야 되지 않냐." 하는 이야기를 종종 했었습니다.

그러다가 외국에 유학을 가서 LL.M.을 해도 박사과정에 들어갈 수 있는 제도가 생겼어요. 저는 그렇게 해서 박사과정에 들어간 사람입니다. 여러분들 중에 정규로 석사과정을 마치고 들어오신 분들이 볼 때는 '이 사람 좀 날림이네?' 이렇게 생각하실 수도 있는데, 제가 딱히 반박하기가 어렵습니다. 그러나 제도적으로 그렇게 바뀌게 되면서, '독일에서 반드시 LL.M.을 해야 되겠다.'라고 생각을 했었습니다. 아까 말씀드린 것처럼 1989년에 LL.M. 과정에 들어갔습니다. 독일 프라이부르크는 이수학기로 세 학기를 요구했습니다. 미국은 1년, 독일도 다른 데는 1년을 하는데, 프라이부르크는 유별나게 요구하는 바람에 세 학기를 해서 논문을 쓰고 LL.M.을 받았습니다. 그 후 서울대에 1996년에 입학을 했어요. 그때만 해도 김&장의 변호사가 박사과정에 들어간 일이 별로 없었습니다. 그런데 저보다 1년 선배인 최종현 변호사님이 1995년에 서울대 박사과정에 들어가셨어요. 그때 최종현 변호사님께 "어떻게 하셨습니까?" 물어봤더니 "김영무 변호사님께 허락을 받았다."라고 하셨어요. 그래서 저도 김영무 변호사님을 찾아뵙고 허락을 받아 박사과정에 들어오게 되었습니다.

국제사법학회가 1993년 창립된 이후로 이호정 선생님을 학회 일로 자주 뵙고 말씀을 듣고는 했었는데, 이호정 선생님이 저를 볼 때마다 "석 변호사, 박사과정에 들어오지!" 하는 말씀을 자꾸 하셔서, "들어가야죠." 했었던 기억이 있는데, (웃음) 아무래도 그것이 박사과정을 시작하게 된 계기가 된 것이 아닌가 생각합니다. 그리고 제가 전공으로 국제사법을 선택한 것은, 그때는 이미 국제거래법, 국제사법의 중요성은 인지하고 있었는데, 국제거래법 전공은 제가 알기에는 없었습니다. 그러니 이제 국제사법을 전공해야 되는데, 이호정 선생님이 국제사법 전공을 담당하셨기 때문에, 자연스럽게 국제사법 전공으로 들어오게 된 것이지요.

도대체 박사 논문을 왜 국제재판관할로 썼느냐 하는 것은 그 당시에는 우리나라가 아시다시피 섭외사법이라는 법률을 가지고 있을 때고, 그 섭외사법은 독일식의 체계를 따라서 준거법만을 다루는 것이었죠. 47개의 조문이 있었습니다만 비송사건을 제외하면 전부 준거법 규칙이었죠. 그래서 이호정 선생님도 기본적으로 준거법 규칙만을 다루셨고, 국제재판관할에는 관심이 크지는 않으셨습니다.

그런 상황이었는데, 많은 분들이 아시는 것처럼 영국이나 미국에서는 국제사법이라고 하면 기본적으로 국제재판관할, 준거법의 결정, 외국재판의 승인·집행, 이 세 가지 주제가 있다고 이야기를 합니다. 이것은 당시 우리나라에도 많이 알려져 있는 것이었고요. 그래서 저는 우리 국제사법에 준거법만 있는 것이 아니고, 국제재판관할도 있다는 것을 널리 알려야 되겠다는 생각을 했습니다. 두 번째로는 논리적으로는 준거법 결정에 앞서서, 소송요건인 국제재판관할이 선행쟁점이기 때문에, 이것을 먼저 해결해야 그 다음으로 준거법 규칙이 빛을 발하는 것이 아니냐 싶어서 국제재판관할을 써야 되겠다고 생각을 했습니다. 기본적으로 이런 두 가지 이유로 국제재판관할을 박사 논문의 주제로 결정하게 된 것입니다. 사실 이호정 선생님이 어떻게 생각하실지 약간 주저되는 바가 있었어요. 선생님께서 어떻게 생각하실까 약간 걱정이 됐는데, 흔쾌히 승낙을 하셔서 제가 이 주제를 가지고 박사 논문을 쓰게 되었고, 결국은 오늘이 있게 되었던 것이지요.

이따가 또 말씀드릴 기회가 있겠습니다만 우리 국제사법도 2001년에 개정 작업을 해서 국제재판관할에 관해서 일반 원칙, 소비자 보호, 근로자 보호에 관한 3개 조문이 들어가게 되었지요. 그리고 개정법이 올해 1월에 공포되어 정치한 국제재판관할 규칙이 전면적으로 들어가게 되었습니다. 솔직히 말씀드리면 제가 혼자 한 것은 아니지만, 제가 2001년과 2022년의 입법을 앞장서서 이끈 사람의 하나라고 할 수 있습니다. 혹여 너무 센 발언인지는 모르겠습니다만, 방향을 정하고 그것을 이루어내는 데 제가 기여를 했다고는 할 수 있습니다. 여하간 보람 있는 일이었다 싶습니다. 결국은 국제재판관할을 주제로 박사 논문을 썼기 때문에 이런 일을 할 수 있었던 것 아닌가 싶습니다.

〈해군법무관시절〉

김승현 : 사법연수원을 수료하신 후에 해군법무관으로 복무하신 것으로 알고 있습니다. 평소 해군에서 법무관으로 생활하신 것에 대한 일종의 프라이드가 있는 것처럼 말씀을 자주 하셨는데, 해군법무관으로 가신 것이 선택에 의해서 가신 것인지, 아니면 그렇게 배정을 받아서 가신 것인지, 또 해군법무관 생활은 어떠셨는지가 궁금합니다.

석광현 : 제가 해군법무관으로 진해에서 1년, 해군본부에서 2년 근무했습니다. 1981년부터 1984년까지입니다. 그런데 그때는 해군본부가 서울 대방동에 있었습니다. 지금처럼 계룡대에 있는 것이 아니고요. 연수원 11기 64명인가가 군법무관을 같이 갔는데, 정원은 공군이 16명, 해군이 8명, 나머지가 육군이었습니다. 지원을 받았는데 공군 지원이 넘쳤어요. 사실 저희 때는 공군이 가장 인기가 있었어요. 대체로 대도시 근처에 있고 자유로운 분위기이고 필드에 나가서 골프도 칠 수 있고요. 그런 이야기들을 하면서 공군을 지원했는데, 저는 처음부터 해군을 지원했습니다. 정원이 8명인데 해군에 지원한 사람은 3명밖에 없었어요. 인기가 별로 없었습니다. 왜냐하면 자칫하면 백령도에 갈 위험성이 있었거든요. 저는 어머님이 해군을 추천하셨습니다. 특별한 이유가 있었던 것은 아니고, 아버님께서 육군에 오래 계셨고 매형도 법무관을 육군에서 했고, 또 형님도 군의관으로 육군에서 근무를 했기 때문에, 어머님이 "해군이 군복이 참 멋있던데 너는 해군을 가라." 그래서 "그러죠." 해서 제가 해군을 가게 된 것입니다. 저는 특별히 육군이 싫어서라기보다도 조금 다른 군을 가보는 것이 좋지 않겠나 싶어 그렇게 된 것이지요. 그리고 저는 바다를 좋아합니다. 강도 좋아하고요. 그런 것도 작용해서 아무 거부감 없이 해군을 지원했습니다. 해군에 가서 보니까 해군이 나름 고생은 많이 하는데 대우는 잘 받지 못하는 것 같더라고요. 아무래도 우리나라는 육군 중심으로 움직이니까 그런가 하는 생각이 들었습니다.

해군 가서 좋았던 것은 법무관 3년차일 때 대위 진급을 했다는 것입니다. 저희 때는 육군의 경우 법무관이 대위 진급을 못 했어요. 육군법무관은 중위로 예편을 했습니다. 저는 해군으로 갔기 때문에 대위로 전역을 했습니다. 해군법무관은 배를 안 탄다는 점에서 'Dry Navy'라는 말을 듣기도 하지만, 그래도 해군으로서 근무했던 것에 대해서 자부심이 있고 해군에 대한 애정을 가지고 있습니다.

김영석 : 방금 교수님께서 법무관시절을 말씀해 주시니까 제가 훈련받았을 때도 갑자기 생각이 납니다. 저희 때는 무작위로 추첨을 했었는데, 모두들 공군 내지 해군을 선호했었습니다. 특히 저는 교수님이 해군법무관 출신이신 것을 알고 있었기 때문에, 해군에 배치되었으면 좋겠다는 생각을 막연하게 하고 있었는데, 육군에 배치되었던 아쉬운 기억이 있습니다. 하지만 저희 때는 다행히 대위로 전역을 할 수 있어서 그 점은 다행이었던 것 같습니다.

교수님께서 해군법무관으로 근무하실 때 클라이브 슈미트호프(Clive M. Schmit-thoff) 교수의 *Export Trade*라는 책을 접하셨던 것으로 알고 있는데, 어떠한 경위로 접하게 되셨고, 또 어떠한 인상을 받아서 향후 이런 학문에 관한 열정을 그때부터 키우실 수 있었는지 궁금합니다.

석광현 : 제가 슈미트호프 교수의 *Export Trade*를 그때 접했던 것은 맞는데, 사실 그 책은 여기저기 단편적으로만 봤고, 그때 읽은 것은 그 책을 요약·번역한 축약본이에요. 옛날에 성균관대학교에 계셨던 임홍근 교수님이『수출무역계약의 법리』라는 제목으로 번역하셔서 삼영사에서 나온 책이 있었어요. 그것을 재밌게 읽었던 기억이 있습니다.

그런데 제가 갑자기 클라이브 슈미트호프가 좋아서 그 책을 읽은 것은 아닙니다. 해군 3년차 때 해군본부에 있을 적에 계약 담당관을 했습니다. 그때는 '율곡사업'이라고 해서 해군에서 무기 도입을 많이 했는데—그 후에는 국방부인가 방위사업청에서 가져간 것 같은데— 제가 있을 때만 해도 각 군별로 조달 업무를 많이 했고, 그래서 해군도 자체적으로 함정도 사고 포도 사고 했었습니다. 좋은 전통은 그것이 조달을 담당하는 부서만으로 끝나는 것이 아니고 반드시 법무관이 O.K.를 해야 계약을 체결할 수 있었던 점입니다. 그래서 계약서 매 페이지마다 이니셜을 했었어요. 그것과 관련하여 법무감실 내에 전래되는 매뉴얼이 있었어요. 계약서를 보면 검토할 논점들이 쭉 있습니다. 대표적인 것이 짐작하시다시피 Consequential Damage입니다. 예컨대 포를 만들어서 외국 업자가 한국 정부에 판매하면, 포가 결함이 있어서 함정이 침몰할 수도 있잖아요? 그러면 그 사람이 100만 불짜리 포를 팔았는데 함정에 대해서 손해배상책임을 지게 되면 안 되지 않습니까? 그러니까 매도인으로서는 '포에 문제가 있으면 포를 교체해주거나 수리를 해주는 것까지는 가능하지만, 배가 침몰한 데 대한 손해배상책임은 질 수 없다.'는 조항이 들어가야 합니다. 그러나 '그러한 경우에도 고의·과실이 있을 때에는 책임을 져야 된다.'라거나 고의·과실 또는 고의·중과실이 있을 때에만 예외를 인정해야 하는가라는 것이 기본적인 협상의 쟁점이었던 것이죠.

그때 처음 국제거래를 접했지요. 그래서 슈미트호프 교수의 책을 보고 부족한 정보를 보충했던 시절입니다. 사실 이 일을 제가 담당하게 된 것은 헌법재판소 소장을 지낸 이진성 소장님 덕분입니다. 소장님이 고등학교, 대학교, 연수원 모두 1년 선배이고, 그야말로 군대까지도 1년 선배이시죠. 이진성 선배가 원래 그 것을 담당했었는데, 제가 후배고 만만하니까 저에게 "이거 네가 해라." 그래서 제가 그 업무를 하게 됐어요. 그때는 이진성 선배도 김&장에 간다는 소문이 있 었는데, 결국 법원으로 가셔서 헌법재판소 소장까지 하시고, 저는 그때 국제거래 를 시켜 김&장에 가게 해서 교수가 되어 이렇게 정년을 하게 만들고. 이것이 정 당한 일이었는가에 대해서 지금도 약간 의문이 있습니다. 그런데 사실 제가 해 군에 가지 않았더라면 율곡사업에 관여를 안 했을 것이고, 율곡사업 계약 담당 관을 안 했으면, 국제거래법의 세례를 받는 일도 없었을 것이고, 그냥 육군에 가 서 판사 하다가 전관예우를 받는 변호사로 행복한 삶을 살지 않았을까 하는 생 각도 가끔 해봅니다.

그 후에도 해군의 조달업무에 대해서 관심을 가지고 약간 관여를 한 적도 있 습니다. 그런데 약간 아쉬운 마음이 들어요. 제가 법무관으로서 일을 했을 때는 사실 해당 업무를 깊이 있게 잘 알지를 못했어요. 법무관이 국제거래에 대해 많 이 아는 것이 아니니까요. 그 후에 변호사도 하고 학교에 와서 공부도 해서 조금 알게 되었는데, 이제는 군에서 누가 물어보지를 않는 거예요. 여러 가지 경로를 통해서 기여할 수 있는 기회가 없을까 시도도 해보았는데, 결국은 안 됐습니다. 제가 해군 소장도 만난 적이 있고 국방부 획득처인가에 가서 회의를 한 적도 있 어요. 그런데 거기 가서 보니까 무역상무를 하시는 분들이 지나치게 해당 업무 를 점하고 있더군요. 물론 그 분들이 국제거래에 대해서 기여한 바가 크다고 인 정을 합니다만, 그 분들 때문에 변호사들은 역할을 하지 못하고 있었습니다. 물 론 그 분들이 전문가가 아니라고 할 수는 없습니다만 그런 식으로 이루어져 있 었기 때문에 '이것은 내가 괜히 욕심을 낼 일이 아니구나. 해군과 나의 인연은 여기까지구나.' 하는 생각을 하고 마음을 접었던 적이 있습니다. 지금 생각해 보 면 아쉬운 일이지요.

그리고 해군에 있을 때 기억에 남는 것은 그때 제가 안사람을 만났어요. 원래 저는 아버님 가르침처럼 '避色如避讐' 하다 보니까—전혀 없었다고 하면 거짓말 이겠습니다만— 여자를 사귈 기회가 많지 않았습니다. 그리고 늘 서울에서 부모 님과 함께 살았지 집을 떠나서 혼자 지낸 적은 없었는데, 훈련을 4개월인가 하 고, 그 다음 진해에 가서 또 몇 달을 지내니까 외롭다는 생각도 들더라고요. 저 는 집을 떠나서 산 것이 그때가 처음입니다. 김인섭 변호사님은 법무법인 태평양을 설립하신 분인데, 제가 법원에서 시보를 할 적에 지도 부장판사님이셨습니다. 인사를 갔더니, "여자를 소개받아 보지 않겠냐." 하셔서—사실 그 전에도 그런 말씀을 하셨는데 그때는 "됐습니다."라고 했는데— 진해 가서 살다 보니까 마음이 바뀌어서 "아, 그럴까요." 하고서 저희 안사람을 처음 만나게 되었습니다. 잊을 수 없는, 또는 잊을 수 없다고 이야기해야 되는 (전체웃음) 상황이 그 기간 중에 일어났고, 지금 결혼해서 행복하게 살고 있습니다. 그 후에 김인섭 변호사님을 가끔 찾아뵙고 인사를 드리기도 했습니다. 김인섭 변호사님은 이런저런 이유로 제가 항상 감사하게 생각하는 분입니다.

〈변호사시절〉

이창현 : 교수님께서 조금 전 잠깐 말씀을 하셨는데요. 원래는 판사를 생각하시면서 법대에 가셨다고 하셨는데, 결국은 법원이나 검찰이 아니라 변호사의 길을 선택하셨습니다. 어떤 계기로 그와 같은 선택을 하셨는지요.

석광현 : 이것은 친구들과 가끔 이야기하는 주제죠. 살아오면서 누구에게나 몇 개의 변곡점이 있습니다. 말씀하신 것처럼 제가 법대에 갈 때나 사법연수원에 갈 때나 군법무관으로 갈 때는 당연히 판사를 하는 것으로 생각을 했습니다. 오랜 기간 당연히 판사를 하는 것으로 집안에서도 그렇게 생각을 했었고요.

　그랬는데 저는 법관직에 대해서 약간의 환상을 가지고 있었던 것 같아요. 저는 법관은 정말 성직자에 준하는—성직자보다 더하다고 이야기는 안 합니다. 성직자보다는 조금 낮은 단계라고 생각하는데— 정말 올곧은 삶을 살려는 마음을 가지고 법관을 해야 되는 것이지 그냥 단순한 하나의 직업으로 법관을 하는 것은 아니라고 생각합니다. 문제는 내가 그렇게 살 수 있느냐는 것인데, 그때는 전두환 대통령 시절이었습니다. 그 시절에 판사로서 내가 제대로 올곧은 판단을 하고 살 수 있을까? 그 점에 자신이 없었습니다. 물론 그 당시에도 용기 있던 법관들은 소신을 지키면서 산 사람들이 있습니다. 그래서 그 후에 대법관이 된 사람도 있고요. 그런 소수의 용기 있는 사람들이 있었는데, 저는 가만히 보니까 그렇게 용기 있는 사람은 아니고, 결국은 시대 상황과 타협해서 마음속에 번민은 있더라도 쉽게 살아가지 않을까라는 생각을 하니까, 그 길에 대해 단념하자는 생각이 들더군요. 그리고 마침 김&장에서 오라고 하고 있었습니다. 그곳에서 전문화를 할 수 있다는 것이 저에게 상당히 매력적으로 들렸고, 판사를 하게 되면 아무래도 경향을 순회해야 되니까 그것이 별로 마음에 들지 않기도 했고요. 당시 판사이던 매형도 판사 하지 말라고 하고. (전체웃음) 그 양반이 무엇 때문에 그렇게 이야기했는지는 지금도 정확히는 모릅니다. 본인이 판사인데 저에게 판사 하지 말라고 그렇게 이야기를 하셔서, 그것도 영향이 있었지요.

가만히 시대를 살면서 보니까, 저희 동기들도 보면, 옛날에 형사재판을 할 때 고민해서 한 사람은 사실 아주 소수였고, 그 시대 상황에 맞춰서 재판을 했던 사람들이 많았던 것 같아요. 그랬던 사람들이 민주화가 됐다고 자기반성을 철저히 하는 일이 없이 —사법부 차원에서는 반성을 했다고는 합니다만— 그냥 어물쩍 넘어가면서, 옛날부터 올곧게 살아온 것처럼 생각하는 사람들이 많은 것 같아요. 그런 것이 저는 마음에 들지 않는 면이 있고요.

당연히 그때 민주화운동을 한 사람들에 대해서는 약간의 마음의 부채가 있습니다. 그래서 그 사람들이 응분의 대가를 받는 것에 대해 불만은 없습니다. 그런데 저 같은 사람은 민주화운동을 한 사람은 아니지만, 그런 시대 상황 때문에 인생의 진로가 달라진 사람이라고 말할 수는 있을 것 같아요. 그것은 그 시대 속에서 살아온 사람들이 겪어야 되는 과정이 아니었을까 하는 생각을 합니다.

저는 시대 상황에 의해서 변호사의 길을 택했지만, 그럼으로써 교수가 되었기 때문에 불만은 없습니다. 대법관에 추천하는 사람들이 몇 사람 있었고, 그래서 한 번은 법원행정처 인사를 만났을 때 "인사조회를 할 텐데 생각이 있느냐." 하기에 저는 바로 "없습니다." 했습니다. 지금 교수로서 행복한 삶을 살고 있기 때문이지요. 법관의 길은 제가 오래 전에 포기한 것이고요. 그것에 대해서 별로 미련은 없습니다. 사실 제가 잘 할 수 있는 일도 아니고요.

정선아 : 제가 저년차 변호사로 생활을 하다 보니까 보람 있고 안도감이 드는 날들도 있기는 하지만 아직은 선배 법조인들이 한없이 존경스럽고, 또 제 스스로의 부족함을 느끼는 날들도 아주 많은 것 같습니다. 교수님께서는 변호사로서 14년 6개월이라는 시간을 어떻게 보내셨는지, 또 김&장에 계시는 동안 맡으셨던 사건이나 업무 중에 특히 기억에 남는 것이 있으신지 궁금합니다.

석광현 : 변호사 생활이 즐거웠냐고 묻는다면, 저는 즐거웠다고 대답을 해야 할 것 같습니다. 특히 초기에 그랬습니다. 세월이 흐르면서 더 즐거워지지는 않았습니다. 결국은 즐거움이 점차 줄어들었지요. 시니어 변호사가 되면서 부담이 상당히 커지는 삶을 살았는데요. 제가 전공자들에게도 가끔 말씀드린 것처럼, 처음에는 '공부도 시켜주고 월급도 주는 이렇게 좋은 직장이 어디 있는가.' 싶었습니다. 그 점에서 저는 변호사 생활 초기에 아주 즐거웠습니다. 리서치하고, 영어도 배우고, 공부도 하고, 월급도 받고, 그 다음에 선후배들이 대접도 해주고. 특히 변호사 사무실에 훌륭한 선후배 동료들이 있었기 때문에, 남들이 저도 그런 사람으로 생각을 해주는 효과도 있어서 상당히 행복했었다는 점을 분명히 말씀드릴 수 있어요. 그리고 유학을 가서도 행복했죠.

그런데 유학을 갔다오고 점점 시니어가 되면서, 그리고 로펌들 간의 경쟁도 심해지면서, 점점 힘들어지기 시작하더군요. 저는 솔직히 말씀드리면 리서치하고 공부하고 의견서 쓰는 것까지는 기꺼이 즐길 수가 있었는데, 마케팅을 하는 것은 그렇게 원하지 않았습니다. 그런데 그것을 안 할 수는 없는 일이고, 그런 것이 점차 시니어가 되면서 부담이 커지니까 그렇게 즐겁지 않더라고요. 게다가 그런 것에는 제가 그렇게 장기가 없었기 때문에 더 부담이 컸지요.

그리고 일을 하면서 비애도 느끼고는 했었지요. 그 당시만 해도 우리가 돈을 빌리는 일이 많았습니다. 저는 주로 금융 쪽을 했지 Corporate 쪽은 별로 하지 않았습니다만, Corporate 쪽을 보면, 그때는 주로 외국인들이 한국에 투자하는 인바운드 트랜잭션(in-bound transaction)이 많았습니다. 그러다보니 한국 변호사는 결국 로컬 로이어에 불과한 것입니다. 프라임 카운슬은 영국이나 미국 변호사가 담당했고, 한국 변호사는 전체 트랜잭션에서 한국법이 규율하는 일정한 범위에 대해서만 의견서를 내고 필요한 일을 챙기는 식이었죠. 그런 로컬 로이어 역할을 주로 했기 때문에 한국 변호사는 로컬 로이어로서의 한계를 가질 수밖에 없었습니다. 결국 '우리가 주된 역할을 하는 것이 아니고 로컬 카운슬로서 제한적인 역할밖에는 할 수 없는 것이 아닌가?' 하는 자괴감 같은 것이 들더군요. 물론 아무 부담 없이 그러한 상황을 즐기는 분도 있었지만, 저는 그렇지 못했습니다. 그래서 그 점에서 약간의 비애를 느꼈다고 말씀드릴 수 있고요.

업무 중 기억에 남는 것은 글쎄요. 대한민국에서 어떤 구조의 거래를 처음으로 다루게 되면 그런 것이 상당히 빛나는 것이죠. 제가 내세울 것은 별로 없는

데, 그나마 이야기할 수 있는 것은 프로젝트 파이낸스라고 하는 것을 처음으로 한 것이죠. 그때 신공항 고속도로 사업과 관련하여 Lender 쪽으로 일을 했었어요. 신공항고속도로가 산업은행 주관으로 1조 3천억의 대출을 받았습니다. 건설사들이 주로 투자를 해서 신공항 주식회사를 SPC로 설립했지요. 이것은 국내 프로젝트 파이낸스인데, 그때 대주단의 카운슬로서 일을 했었습니다. 이것이 프로젝트 파이낸스의 신디케이티드론이죠. 이 계약서를 제가 만들었습니다. 그러니까 국제금융에서 많이 쓰던 계약서를 기초로 우리 현실에 맞게 수정을 한 것이지요. 신디케이티드론에서 사용하는 개념들을 우리 계약에서 어떻게 써야 될 것인가 하는 점을 고민하면서 만들었던 것이 기억 나네요. 예를 들어, 이 계약서에 보면 '좌'라는 개념이 들어갑니다. 이것은 불어 tranche라는 것을 변역한 용어인데, 당시 은행에서는 tranche와 비슷한 용어로 '좌'라는 개념을 쓰고 있었지요. 인천공항에 갈 때 고속도로를 지나면서 아무도 알아주지는 않지만 '이것을 만드는 데 내가 그래도 변호사로서 일조를 했지.' 그런 자부심을 가지고 있습니다.

그 다음에 부산 가덕도 신항만사업도 프로젝트 파이낸스인데요. 이때 사업시행자 측 변호사 역할을 했습니다. 이것도 보람인데요. 저는 그때 정부와 체결하는 실시협약(implementation agreement)을 과거에 비하여 상당히 업그레이드했다고 믿습니다. 그때 그 작업을 위해 많은 고민을 했었는데, 별로 그렇게 인정해 주는 것 같지는 않아요. 다들 "그게 그거지." 이렇게 이야기하는 것 같은데, 전에는 실시협약이라는 것을 체결한다는 개념 자체가 굉장히 희미했었습니다. 행정청에서 허가를 하면 되는 것이지, 계약을 체결해서 규율할 사항인가 생각했던 것이지요. 물론 그 전에도 계약을 체결했습니다만 저는 이 계약이 공법상 계약으로서 상당히 중요한 의미가 있다고 생각했습니다. 나중에 여러 가지 디폴트가 발생하거나 민영화했던 다리(예컨대 일산대교)를 다시 시에서 가져간다고 하는 일이 있을 때, 보상을 어떻게 해야 되는지 등이 계약서에 다 규정되는 것입니다. 이 계약서에 마치 공식처럼, 원칙이 정해져서 들어가는 것이지요. 그래서 그때 그 일을 했었던 것이 보람 있었다고 생각합니다.

저는 대한민국의 프로젝트 파이낸스가 초기에 자리를 잡는 데 변호사로서 일조했다고 생각합니다. 제가 변호사를 조금 더 했었더라면 이것에 대해서 분명히 글을 썼을 것입니다. 프로젝트 파이낸스와 실시협약에 관한 글을 썼을 것이라는 점은 의문의 여지가 없습니다. 그래서 학교에 와서도 프로젝트 파이낸스와 건설계약을 묶어서 한 번 대학원 수업을 한 적도 있습니다. 그동안 프로젝트 파이낸스에 대해서 반드시 글을 쓰겠다고 마음을 먹고 있었는데, 결국은 지금까지도 못 썼습니다. 그것이 마음의 상처로 남아 있습니다.

그러고 보니 변호사로서 제가 처음 맡은 거래가 생각이 나네요. 법무관을 하다가 김&장에 들어가서 초기에 수십 페이지 되는 Note Purchase Agreement를 여러 개 읽었어요. 우리나라 건설사들이 중동에 나가서 계약을 하면 연불어음, 즉 deferred payment notes를 받습니다. 그러면 그것을 가지고 있는 것이 아니고 국내에서 어음할인을 하듯이 외국의 금융기관들에게 팝니다. 그것을 Note Purchase Agreement라고 하죠. 그래서 매매라고 하는 것이 환매, 재매매예약에서 보듯이 금융기능을 하는 것을 그때 경험했습니다. 그리고 Note Purchase Agreement 체결시 김&장에서 내는 리걸 오피니언에는 당연히 우리 섭외사법 조문들이 들어갔었습니다. 왜냐하면 이 계약은 영국법이 준거법이니까 영국법이 규율하지만, 그럼에도 불구하고 섭외사법에 있는 어음에 관한 조문들도 역시 다 적용되기 때문에, 한국 법원에서 재판을 한다면 적용이 된다고 의견서에 명시했던 것입니다. 그렇게 Note Purchase Agreement를 처음 접하면서 '이런 것을 하는구나' 느꼈고, 그때 국제사법의 중요성을 깨우쳤는지도 모르겠습니다. 선배들은 전혀 신경도 안 쓰는데, 저만 그냥 중요한 것으로 오해하는 계기가 됐는지도 모릅니다.

그리고 여러분들에게는 조금 생소할지 모르겠는데 GDR 주식예탁증서를 발행하는 일을 했습니다. 현대자동차, 한국유리 등의 주식예탁증서 발행 일을 여러 차례 했었습니다. 사실 저보다 앞서서 유사한 일을 한 사람들은 많이 있었지만, Depository Receipt의 법적 성격이 무엇인가에 대해서 명확하게 글을 쓴 사람은 없었는데, 세월이 한참 흐른 뒤에 제가 그것에 대해서 썼습니다. 그 글에서 법적 성격으로 '수익권을 표창하는 증권이라고 봐야 되지 않는가' 하는 견해를 표명한 적이 있습니다. 저는 늘 일을 하면서 자기가 하는 행위의 법적인 의미가 무엇인지를 나름 이해하면서 해야 한다고 생각합니다. 그런 의미도 모른 채 선례가 있으니까 그냥 따라서 하는 변호사는 실력 없는 변호사라고 생각합니다. 물론 일을 하는 데 지장은 없어요. 그러나 의미를 알고 일을 하는 것과 모르고 일을 하는 것은 차이가 있습니다.

'行易知難'이라는 말이 있습니다. 行易, '남의 것을 베껴서 하기는 쉽다.'는 것입니다. 知難, '알기는 어렵다.'는 거예요. 특히 로펌에서 일을 할 때, 선배들이 한 것을 그냥 따라서 해도 별 지장이 없어요. 쉽지요. 그러나 그 의미를 알고 하는 것은 다릅니다. 물론 세부적인 것을 다 알 수는 없겠지요. 그래도 중요한 것은 꼭 그 의미를 알아야 한다고 생각합니다. 그래서 국제금융거래 일을 한 사람이기 때문에 그런 것에 관해서 글을 몇 개 썼습니다. 내가 하는 행위의 의미가 이런 것이다라는 것을 후배들이 알고 하기를 원했기 때문이지요.

그리고 항공기금융 일을 많이 했습니다. 대한항공 일은 박준 교수님에 이어서 제가 했었고, 아시아나항공이 1987년인가 처음 문을 열고 비행기를 도입할 때 그 일을 제가 했었습니다. 그때 처음에는 '서울에어'로 시작을 했다가 중간에 이름을 '아시아나에어'로 바꿨습니다. 제가 법조인이 되어서 처음으로 쓴 논문이 항공기금융에 관한 글입니다. 1992년 말에 『인권과 정의』에 쓴 글이죠. 저와 조영균 변호사가 같이 쓴 걸로 되어 있는데, 그 논문이 처음 쓴 논문이었고요. 그 논문은 직접 그 일을 했었기 때문에 쓸 수 있었던 것입니다. 항공기금융은 국제금융인데, 왜 저당권설정계약서의 준거법은 한국법이 되어야 하는지 알아야 해요. 저는 그와 관련해서 한국법이 준거법이 되어야 하기 때문에 한국 변호사가 다큐멘테이션을 하는 것이 맞다고 생각합니다. 그런데 실제로는 뉴욕 변호사가 다큐멘테이션을 하기도 해요. 그 경우에도 반드시 한국 변호사의 리뷰를 받습니다. 해당 논문은 그렇게 해야 된다는 것을 이론적으로 정리한 것입니다.

그리고 프로젝트 파이낸스 관련해서, 제가 태국에서 SK건설을 위해 프로젝트 파이낸스를 다룬 적이 있어요. 그 일을 상당히 즐기면서 했었던 기억이 있습니다. 해당 사업은 미국 회사, 한국 회사, 일본 회사가 컨소시엄을 구성해서 했던 사업입니다. 우리나라에서는 SK건설이 했었지요. 그때 보스턴에도 한 번 갔었고, 일본에도 한 번 갔었고요. 태국에는 여러 차례 갔었던 기억이 있습니다. 그때 태국 출라롱콘대학도 한 번 가봤습니다. 좋은 추억으로 남아 있습니다. 그때 같이 일을 했던 분들과는 요새도 가끔 연락을 하는 사이입니다. 더 말씀드릴 것이 있지만 이 정도로 마치겠습니다.

이필복 : 제가 수업을 들으면서 교수님께 듣고 배웠던 여러 가지 주제들이 결국 김&장에서 하셨던 업무에 뿌리를 두고 있는 것 같습니다. 개인적으로는 제가 과연 교수님처럼 일을 하면서 고민도 많이 하고 배우고 그렇게 할 수 있을까 싶습

니다. 그리고 또 한 가지는 제가 2013년도에 처음 교수님 수업을 들으면서 했던 발표가 신디케이티드론에 대한 주제였는데요. 그것이 다시 이렇게 나오니까 반가운 생각도 듭니다. 지금까지 교수님께서 김&장 법률사무소에서 하셨던 업무에 대해서 말씀을 많이 해주셨습니다. 그리고 유학 시절이 행복했었다고도 말씀을 해주셨습니다. 교수님께서 프라이부르크 대학교에 1989년에 가셔서 세 학기 동안 LL.M. 과정을 하셨는데요. 생각해 보면 로펌에서 보내주는 유학을 미국이 아니라 독일로 가는 경우는 흔하지 않았을 것 같습니다. 교수님께서 이렇게 세 학기 동안 프라이부르크로 가셨던 특별한 계기가 있으셨는지요.

석광현 : 사실 김&장에서 보내주는 유학의 경우 전에는 거의 다 미국을 갔어요. 100명이면 99명이 미국을 가고, 영국에 어쩌다가 한 명쯤 가는 정도였죠. 그래서 저도 당연히 미국을 가는 것을 전제로 살아왔는데, 저희 연수원 11기가 유학을 가기 한 1년쯤 전인가 김영무 변호사님이 우리 동기들을 모아놓고 이야기를 하신 적이 있어요. "이제 미국만 갈 것이 아니고 유럽에도 가야 되는 것 아니냐." 하는 이야기를 하셨어요. 그래서 저는 '이게 무슨 이야기인가? 반드시 미국을 가야 되는 것이 아니구나.' 하는 생각을 하게 됐죠. 개인적으로는 영국에 가고 싶은 생각도 있었습니다. 그런데 저희 동기 중에 친한 친구인 박수만 변호사가 영국에 가겠다는 거예요. 영국에 같이 가는 것도 좀 그렇고, 김영무 변호사님 말씀도 있고 해서 제가 독일로 방향을 틀게 된 것입니다.

　제가 1975년에 서울대에 입학을 해서 1976년 2학기에 법대로 왔을 때만 해도 교수님들 중에 독일에서 공부하신 분들이 많았습니다. 그리고 법서를 보면 독일어 단어가 많이 나왔습니다. 그러니까 한국법은 독일법의 영향을 많이 받기 때문에, 법학을 공부하려면 독일로 가야 된다는 인식이 당시에는 많이 있었죠. 물론 예외적으로 송상현 교수님은 미국으로 가셨고, 강구진 교수님도 미국에서 공부하셨지만, 민법이나 민사소송법을 한다고 하면 독일로 유학을 가는 것이 일반적이었죠. 공법은 더 말할 나위도 없었고요. 그래서 저는 원래는 김&장을 가기 전에도 '나중에 공부를 한다면 독일에 가야 되지 않나?' 그런 생각을 막연히 하고 있었지만, 김&장 가면서 독일로 가는 것은 접은 상태였죠. 저도 당연히 미국으로 간다고 생각하고 있었는데, 김영무 변호사님이 뜻밖에도 "우리도 이제 독일이나 프랑스로 가야 된다." 이런 말씀을 하시니까 힘을 얻어 "그러면 제가 독일을 가겠습니다." 이렇게 말씀을 드리게 된 것이지요.

사실 제가 제2외국어로 독일어를 했습니다. 불어는 대학교 다닐 때까지 배워본 적이 없어요. 불어는 대학을 졸업하고 나서야 처음 배우기 시작했기 때문에, 프랑스에 갈 처지는 아니었고요. 독일어도 독일 책을 쉽게 보지 못하던 시절입니다. 그때 마음속으로 이런 생각을 했던 것 같아요. '한국법의 뿌리는 독일에 있다. 물론 직접적으로는 일본의 영향이 크겠지만 그 뒤에는 독일과 프랑스가 있는데, 독일법의 영향이 더 크니 우리 법을 제대로 알기 위해서는 독일법을 알아야 한다.' 이 생각이 제가 독일로 가게 된 가장 큰 이유예요. 그리고 학부시절에 독일로 유학 간다는 것에 대한 로망까지는 아니지만, 추상적인 동경 같은 것이 있었습니다. 그 다음에 변호사 업무와 연계해서 생각해보면 '독일에 가서 독일어를 익히고, 그 다음에 영국에 가서 영어를 좀더 개선하고, 그래서 독일어와 영어를 다 잘하는 변호사가 되면 상당히 경쟁력이 있겠다.' 하는 생각도 했던 것 같아요.

그런 기대를 가지고 갔는데, 갔다 와서 보니까 독일어도 잘 안 되고 영어도 잘 안 되는 것입니다. 지나친 욕심이었던 것이지요. 다만 제가 영어 책을 보고 독일어 책을 보는 것은 어느 정도 가능하게 되었으니, 그 정도의 목적을 달성하기는 했습니다만 성공했다고 할 수는 없지요. 사실 독일 클라이언트들은 영어를 저보다 잘해요. 그 사람과 독일어로 대화할 아무런 이유가 없는 것입니다. 애초 시장 상황에 대한 오해가 있었고, 내가 어디까지 언어를 익힐 수 있을 것인가에 대한 오해도 있었던 것이지요. (웃음)

제가 그때 우리 법을 좀더 이해하자고 생각하게 된 연유가 있습니다. 김&장의 김영무 변호사님이라든가 광장의 이태희 변호사님이라든가 기타 섭외거래를 많이 하신 분들이 계시지 않습니까? 그런데 그런 분들이 다 미국에서 공부를 했기 때문에, 논문을 쓴다거나 책을 번역해도, 전부 미국의 편별에 따라서 쓰시는 것입니다. 게다가 우리 법과 깊이 있게 비교해서 쓴 글도 별로 없었어요. 제가 원했던 것은 한국법을 충분히 이해하고 또 영미의 법도 어느 정도 이해해서, 비교하면서 깊이 있게 쓰는 글이었는데, 미국에서 공부하신 분들은 영미의 법은 충실하게 소개했지만 우리 법의 편제와는 안 맞는 면이 있었습니다. 그런데 독일 것을 보면, 독일 사람들은 그런 비교를 충실히 하고 있었거든요. 그래서 우리 법을 잘 알기 위해서는 꼭 넘어야 하는 산이라고 생각했던 것입니다. 어떻게 생각하면 좀 주제넘은 생각입니다만, 그런 것이 영향을 미쳤다고 생각을 합니다.

이종혁 : 독일 프라이부르크에서는 어떤 강의들을 수강하셨는지요. 기억에 남는 교수님이나 강의가 있으신지 궁금합니다. 그 밖에도 독일에서의 생활과 관련하여 기억에 남는 일이 있으시면 알려주시면 좋을 것 같고요. 프라이부르크에서의 경험이 교수님의 인생에 어떤 영향을 미쳤는지도 궁금합니다.

석광현 : 프라이부르크로 갈 때 사실 제가 논문 주제를 들고 갔었어요. LL.M.을 하고 와야 되니까요. 국제사법의 준거법 쪽에서는 '국제적 강행규정'이라는 주제를, 국제민사소송법 쪽에서는 '외국판결의 승인·집행'이라는 주제를 들고 갔었죠. 처음에 가서 페터 슐레히트림 교수라고 CISG를 다루면 많이 등장하는 분이 —독일의 저명한 주석서의 대표 저자죠. 그분은 에른스트 폰 케머러의 제자이고 프라이부르크에서 공부를 하신 분입니다.— 국제사법 강의도 하시고 해서 그분을 지도교수로 모시려고 했어요. 그래서 가서 찾아뵙고 인사도 드렸습니다. 국제적 강행규정 주제로 논문을 쓸 생각을 하고 있다고 말씀드렸더니 좋다고 하시더군요. 그분이 옛날에 일리노이에서 공부를 하셨는지 김&장 이야기를 했더니 그 설립자를 안다고 하시더라고요. 김영무 변호사님이 그쪽에서 공부를 하신 것으로 제가 기억합니다. 잘 해주셨어요. 그래서 나중에 우리 가족도 한 번 불러서 댁에서 저녁도 함께 하는 기회도 주셨습니다. 매우 감사하게 생각했었지요.

그런데 가만히 보니까 그때는 독일어도 지금보다 짧을 때니까 국제적 강행규정이라는 주제로 논문을 쓸 수 있는 것이 아니더라고요. 이번 학기에 마침 김민경 판사님이 그 주제로 써서 박사 논문 통과가 됐습니다만 그 주제로 제가 LL.M. 페이퍼를 쓴다는 것은 실현 가능성이 없다는 것을 깨달았습니다.

첫 학기에 디터 라이폴트라는 민사소송법 교수님의 세미나를 들었습니다. 그분은 민사소송법을 하시면서 상속법도 하시는 분입니다. 우리가 보면 약간 이례적인 조합이지요. 상속법 교과서도 쓰시고, 민사소송법에 대한 주석서도 일부 쓰시는, 많이 알려진 분인데요. 그분이 세미나를 하셨는데—저의 독일에서의 첫 학기였습니다— 그 주제가 '국제민사소송법'이었습니다. 딱 맞아떨어진 것이죠. 지나고 나서 생각해 보더라도 바로 나를 위해서 개설된 강좌 같았습니다. 그때는 국제민사소송법은 들어본 적이 없는 제목이었습니다. 물론 그 전에 최공웅 원장님이 『국제소송』이라고 하는 책을 내셨죠. 그랬는데 독일 가보니까 『국제민사소송법』이라는 책이 있는 거예요. 대표적인 것으로 그 라인홀트 가이머의 작은 책이 나와 있었어요. 그리고 전에 제가 『국제민사소송법』 서문에도 썼습니다만 디트리히 슈틸러 박사라고 하는 사람이 쓴 『대한민국의 국제민사소송법』이라는 책도 단행본으로 있었습니다. 제가 학교 부근 책방에서 그 책을 우연히 보고거의 까무라칠 뻔했습니다. 저는 '국제민사소송법'이라는 단어도 그때 거의 처음 들었는데, 독일 사람이 쓴 『대한민국의 국제민사소송법』이라는 책이 있다니 말이 안 되는 것이었죠. 책을 넘겨보니까 부인이 한국 사람이에요. 그때는 워드, 한글 지원이 안 되는 시절이어서인지, 한자도 다 손으로 쓴 책이었습니다. 나중에 그 양반에게 제가 연락해서 만난 적이 있습니다.

그 후에 지도교수를 슐레히트림 교수님에서 라이폴트 교수님으로 바꾸고 '브뤼셀협약에 따른 재판관할 합의 방식'이라는 주제로 LL.M. 페이퍼를 썼어요. 짧게 썼지요. LL.M.이 긴 것은 아니니까요. 그래도 그것을 세 학기만에 쓰느라고 정말 고생했습니다. 지금은 그때 이야기를 농담처럼 하죠. 독일에서 공부를 했다고 하기에는 체류 기간도 1년 반에 불과해 짧은 데다 가족들하고 놀러 다니느라고 충실한 공부를 못했고, 가족들하고 많이 놀러 다녔다고 하기에는 공부하는데 시간을 많이 써서 좀 그렇고요. 이것도 아니고 저것도 아니고. 그런데 뒤집어서 보면 적절한 조합이 아니었는가 그렇게 이야기할 수도 있을 것 같아요. 덕분에 LL.M.을 받고, 나중에 서울대학교 박사과정에도 들어올 수 있게 되었습니다. 그 점에서 저의 LL.M.은 의미가 있었다고 생각합니다.

그리고 당시 독일에는 한국 교수님도 여러분 계셨는데, 김성태 교수님이 파리에 계시다가 프라이부르크에 체류하셨기에 종종 만났습니다. 프리드리히 윙어 교수라고 케겔 교수와 국제사법 방법론에 관해서 논쟁을 했던 분인데, 세 명이서 프라이부르크 근교에 가서 함께 점심을 먹을 기회도 있었습니다. 그분과 여러 가지 대화를 나누었던 것이 지금도 기억에 남습니다.

제가 늘 드리는 말씀이지만, 독일에서 유학을 한다는 것은 우리 법학의 뿌리인 거대한 보물 창고에 들어가는 것입니다. 거기에는 엄청난 보물이 있습니다. 물론 그것이 세계 최고의 보물이냐는 논란이 있어요. 옛날에 비하면 최고로서의 가치가 많이 바랬다는 이야기를 하는 사람들이 있습니다. 제가 그것을 다투지는 않습니다. 그러나 독일은 특히 우리와 법계가 같기 때문에 우리에게는 큰 의미가 있는 귀중한 보물이 있다는 것은 부정할 수 없습니다. 그래서 우리 법이 크게 바뀌지 않는 한, 그 뿌리를 버리지 않는 한, 독일법을 참고할 바는 충분히 있다고 생각합니다. 미국의 것을 도입하더라도 독일에서 그것을 어떻게 보는가 하는 것을 한 번쯤 삼각측량하는 계기를 제공한다는 것이지요. '독일에서는 이렇게 보는구나. 그러면 우리도 같은 길을 가도 되겠네.' 또는 '다른 길을 가야 되겠네.' 많지는 않지만, 저도 글을 쓰면서 의도적으로 독일의 주류적인 견해와 다른 길을 간 적도 있습니다. 이창현 변호사님이나 이필복 판사님은 잘 아시지요? 관할합의를 위반했을 때 손해배상청구를 할 수 있는가 하는 문제에 대해서, 저는 독일의 주류적인 견해와 다른 길을 걸었습니다. 의도적으로 그러나 상당히 조심스럽게. 그렇게 다른 길을 갔는데, 후에 독일 연방대법원이 저와 같은 견해를 채택하였습니다. '살다 보니 이런 날도 오네? 독일의 통설을 따르지 않고 다른 길을 갔더니, 독일 판례가 이 길로 따라 오네?' 그래서 당황했던 적도 있습니다.

가끔은 만약에 제가 미국으로 유학을 갔었더라면 어찌되었을까 생각을 해봅니다. 지금까지도 김&장에서 일을 하거나, 아니면 독립했을 가능성이 큽니다. 그런데 독일로 유학을 갔기 때문에 그런 보물창고에 들어갈 수 있는 작은 열쇠나마 마련할 수 있었고, 그래서 조금은 더 깊이 있는 공부를 할 수 있었기에 교수가 될 수 있었던 것이 아닌가 생각합니다. 물론 지금도 독일에서 박사를 하면서 오래 공부하신 분들에 비하면 많이 부족하다는 것을 인정합니다.

독일에 간 것이 교수가 될 생각으로 간 것은 아닙니다. 그냥 우리 법을 좀더 깊이 있게 알기 위해서 간 것이지요. 사실 김&장에서도 여러 가지 어려운 논점에 대해 대개 시니어들은 이런 저런 이슈들이 있다는 것에 대해서 알고 있어요. 그래서 선배를 찾아서 물어보면 처음에는 기특하다는 표정을 짓습니다. '너도 이제 그 논점에 이르렀구나.' 그런데 답을 물어보면 몰라요. 같이 답을 모릅니다. 리딩 펌(Leading Firm)이라는 것이 무엇인가를 생각해 보았습니다. 변호사가 많다고 리딩 펌이 되는 것이 아니지요. 어려운 쟁점에 대해서 답을 줄 수 있어야 그게 진정한 리딩 펌이죠. 제가 독일로 갔던 것이 물론 더 화려하고 다양한 삶을 사는 데는 도움이 되지 않았지만, 독일 법학 및 유럽과의 친근함을 키우는 기회가 되었기에 나름 의미 있는 일이었다는 생각입니다.

이 연 : 교수님께서는 영국 런던의 Linklaters 법률사무소에서도 연수를 하신 것

으로 알고 있습니다. 그러면 영국에서의 생활은 어떠셨는지, 그리고 특별히 기억에 남는 일은 없으셨는지 궁금합니다.

석광현 : 영국 Linklaters에서 정확히 5개월 있었어요. 그 당시 이름은 Linklaters & Paines입니다. 제가 그 로펌에서 연수를 한 기간은 5개월입니다. 그런데 그 기간 앞뒤로 조금 더 체류하느라고 시간을 더 썼죠. 그 전에 인터뷰하느라고 가기도 했었고요.

제가 한국에서 국제금융을 주로 다루었기 때문에, 금융을 하는 펌에 간다는 것은 정해져 있었어요. 그런데 국제금융을 하는 영국 로펌이 당시 몇 개가 있었습니다. 유명한 것이 Linklaters & Paines, Allen & Overy, Slaughter & May, Clifford Chance, 그리고 Freshfields인가요? 당시에 런던의 시티에 있는 대여섯 개의 큰 로펌들이 국제금융에서는 많이 알려져 있었습니다. 저는 해외증권발행에 대해서 관심이 많이 있었는데, Linklaters & Paines가 그 분야에서 리딩 펌이라는 데 의문이 없었어요. 규모로 봐서는 Clifford Chance가 더 컸습니다. 거기에는 박수만 변호사가 갔어요. 그래서 저는 Linklaters & Paines에 갔죠.

그 당시에 해외증권발행이 끝나 클로징을 하면, 조금 후에 모든 자료를 철해서 책을 만듭니다. Practice 하는 변호사들은 그것을 바이블이라고 불러요. 그 당시는 해외증권발행 초기였기 때문에 김&장에도 바이블이 세 권 정도밖에 없었습니다. 그런데 Linklaters & Paines에 갔더니, 서가가 한 층에 쫙 있는데 수십 개나 되는 서가에 바이블이 그냥 빽빽하게 꽂혀 있는 거예요. 정말 까무라칠 뻔했습니다. 그리고 당시 마치 시보처럼 파트너 방에 들어가 있었는데, 그 파트너가 라클란 번(Lachlan Burn)이라고 하는 영국 솔리시터인데, 상당히 유명한 변호사예요. 제가 있는 동안 Bank of England에서 금융 관련 리스크를 어떻게 다룰 것인지에 대해서 위원회가 만들어졌어요. 제 기억으로는 그 위원회에 변호사 둘이 들어갔는데, 그 한 사람이 제가 모셨던 라클란 번입니다. 다른 한 사람은 Allen & Overy에 있던 필립 우드(Philip Wood)라고 하는 사람입니다. 우리가 금융 관련 책에서 많이 보는 사람이지요. 제가 그 변호사 방에서 연수를 했는데, 다른 변호사들이 와서 다들 라클란 번 변호사에게 축하를 하더라고요. 이 사람은 상당히 실력 있는 변호사로 인정받고 있는데, 보니까 이론적으로 매우 깊이 있는 것은 아니었어요. 그런데 제가 무슨 질문을 해도 다 설명을 해주더군요. 그

방에 있으면서 많이라고 하기는 어렵지만 여러 가지 배운 것은 있지요. 무엇인 가를 알고 Practice를 해야 된다는 것의 중요성을 포함해서요.

한 번은 라클란 번 변호사를 따라서 International Primary Market Associa-tion의 회의에 간 적이 있어요. 증권발행과 관련된 발행시장협회 같은 것이에요. 함께 가서 그 파트너가 이야기하는 것을 옆에서 듣고 보면서, '이게 정말 넘을 수 없는 벽 같은 것이구나.' 느꼈습니다. 우리는 이런 거래의 로컬 카운슬로서 일을 하는데, 이 사람은 프라임 카운슬로서 중심에서 이런 협회에 법률 조언을 하는 역할을 하니까요. '이 사람과 내가 어떻게 경쟁을 하지?' 하는 생각이 떠나지 않더군요. 로컬 카운슬의 비애가 느껴졌습니다. 개인적으로는 극복할 수 없는 한계를 경험한 것이죠.

사실 영국 런던에 가서 생활을 해본다는 것이 흔한 경험은 아니죠. 요새는 예전보다 많이 흔해졌기는 하지만 그 당시에는 흔한 경험도 아니었고요. 거기에서 상당히 행복한 시간을 보냈습니다. 그리고 라클란 번의 방에 있을 때, 어느 변호사가 좀 빈번하게 찾아오곤 했었어요. 그 변호사가 와서는 이렇고 저렇고 물어보고 했는데, 주로 트랜잭션 이야기를 했어요. ―제가 엿들은 것이 되나요?― 그런데 좌우간 한 사람이 이상하게 자주 오는 시기가 있었어요. 계속 비슷한 주제에 대해서 질문을 하면서요. 영국법이 국제금융을 지배하는 법으로서의 우위를 유지해야 되는데, 당시는 브렉시트 전이니까 자꾸 유럽연합에 의한 간섭이 강화되는 것이죠. 유럽연합 법이 점점 Europeanisation이 되거나 Communitarisation이 되니까 그 과정에서 영국법의 위상을 어떻게 지켜낼 것이냐 하는 것이 대단히 중요해지는 것이지요. 그것이 지금 우리 관점에서 보면 국제적 강행규정입니다. 국제적 강행규정을 어떻게 취급할 것이냐? 어떤 거래에서 영국법이 준거법인데 준거법이 아닌 외국법의 개입을 최소화하는 것이 영국 법률가들이 원하는 거예요. 영국법이 모든 것을 규율해야 영국 법률가들이 컨트롤을 할 수 있고, 한국법이 규율할 사항은 로컬 카운슬로부터 조금만 확인하면 되는 거예요. 그런데 유럽법에 의한 제약이 자꾸 들어오니까 그것을 어떻게 지켜낼 것인가 하는 문제가 생기게 되는 것이죠. 그 사람은 영국법을 어떻게 지켜나갈 것인지를 고민하는 것만 한다는 거예요. 그런 점이 정말 인상적이었고요.

그리고 런던에 있었을 때 요크와 에딘버러에 갔습니다. 그리고 런던을 떠나기 직전에 그 로펌에서 휴가를 받아 스페인 여행도 갔습니다. 그때 그라나다,

세비아와 톨레도에도 갔었고요. 그런 것이 영국 체류시 경험한 좋은 추억입니다.

그리고 영국에 있을 때 영국법에 대한 관심이 조금은 더 커졌다고 생각합니다. 이 사람들이 도대체 무엇이길래, 그리고 영국법이 얼마나 우월하길래 국제거래를 지배하는가? 저는 영국 사람들이나 영국법이 그렇게 우월하다고 생각하지는 않습니다. 어떻게 하다 보니까 이런 저런 이유로 런던에서 금융이 먼저 발달했고, 보험이 발달했고, 인더스트리와 연계가 되어서 그것이 국제거래를 규율하는 법으로 커졌고, 또 미국에 건너가서 같이 시장을 형성했기 때문에 그렇게 된 것이지, 그 법의 콘텐츠 자체가 탁월해서 그렇다고는 생각하지 않습니다.

우리나라의 많은 분들이 법학을 공부하면서 미국으로 유학을 가는 것이 고착화되고 있는 것 같아요. 미국 일변도로 하지 말고 미국에 10명이 가면, 런던에는 적어도 한 3~5명 정도는 가야 된다고 봅니다. 미국에는 10명 가는데 런던에는 1명이 간다? 이것은 잘못이라고 봅니다. 제가 그렇게 생각해서 그런 것인지 아니면 우연인지, 우리 전공자들 중에 런던에 가서 공부를 한 사람이 제법 되는 것 같아요. 이창현 판사님과 김민경 판사님도 영국에 가서 공부를 했고요. 한민오 변호사도 런던에 갔었고요.

〈국제거래법·국제사법 교육〉

김승현 : 지금까지 교수님의 학창시절과 변호사시절에 대한 이야기 재밌게 잘 들었습니다. 이제 학교로 부임하신 이후에 대한 질문을 좀 드릴까 하는데요. 1999년 3월 당시나 지금이나 흔하지 않은 국제거래법과 국제사법 전임교수로 한양대학교에 부임하셨습니다. 김&장에 계시다가 교수로 전직하는 것이 고민스럽지는 않으셨는지요. 어떤 계기를 통해서 학교로 오게 되셨는지 궁금합니다.

석광현 : 아까 잠깐 말씀을 드렸는데요. 변호사 업무를 계속하면서 점차 사무실 내에서도 시니어가 되니까 역할이 변화하는 면이 있었어요. 그런데 그런 역할이 제가 썩 잘 할 수 있는 것이 아니고, 어떻게 보면 하고 싶지 않은 면도 있었고요. 그러다 보니 업무 자체에 대한 열정이 좀 식은 면도 있었지요.

그리고 제가 그 무렵 프로젝트 파이낸스 일을 좀 했습니다. 사실은 금융을 하는 변호사는 실무적인 일을 많이 하기 때문에, 은행 또는 기업의 낮은 직급의 직원들과 일을 하는 경우가 많아요. 그런데 프로젝트 파이낸스를 하다 보니까 신공항 고속도로 사업의 경우 주주로 참여하는 회사들의 임원들이 아침에 모여서 회의를 합니다. 사업단에서 변호사는 저 혼자였기 때문에 저도 그 회의에 나갔습니다. 회의에 가면 직급이 제일 낮은 분이 전무, 부사장이에요. 사장님이 어쩌다 오실 때도 있었습니다. 대개는 전무나 부사장인 분들이 주로 아침에 모여서 회의를 합니다. 높은 분들을 만나는 재미는 좀 있었지요. 참여하는 건설사와 해운사들의 이해관계가 나뉘기도 하다 보니까 경우에 따라서는 한쪽에서 "변호사가 너무 주관사 의견 쪽으로만 치우치는 것 아니냐?" 따지면서 자기네 변호사를 따로 선임하겠다고 하게 되지요. 그런 일은 이렇게 저렇게 해서 막습니다. 그렇게 조찬회의를 하다 보면, 그분들이 질문을 하고 제가 답변을 해야 되는 상황이 되지요. 그런데 자기네들은 밥을 먹으면서 하고 저는 밥을 못 먹어요. 좋은 호텔 조식이 앞에 있는데도 불구하고. 변호사가 무슨 비싼 머슴인가 하는 생각이 들더군요. 큰 회사들이 컨소시엄의 형태로 대규모의 사업을 하니까 변호사 비용은 그렇게 큰 쟁점이 안 되는 거예요. 어떤 때는 해수부에도 같이 갔는데, 일요일 날도 아침에 집으로 전화해서 변호사를 불러놓고 기다리라고 일방적으로 통보하는 것입니다. 물론 Charge를 합니다만, 이 사람들이 변호사를 머슴처럼 부리는 것 같아 별로 마음에 들지 않는 면도 있었습니다. 그런 것은 부수적인 것입니다만.

그 다음에 제가 아까 말씀드린 것처럼 여러 가지 리서치를 하면서 또는 트랜잭션을 하면서 쟁점을 많이 알게 되었는데 답은 모르는 의문들이 많이 있었어요. 그래서 그런 것을 누군가 정리를 해야 되지 않겠느냐 싶었습니다. 사실 사무실을 떠날 생각은 별로 없었고, 사무실 일을 반 정도로 줄이면서 나머지는 리서치를 하고 글을 쓰고 강의를 하는 식으로 하면 좋겠다는 생각을 했었습니다. 변호사 보수는 4분의 1만 받아도 좋으니까요. 그런데 그런 포뮬라는 없었습니다. 지금도 없지 않나 싶은데요.

그리고 틈틈이 학교에서 강의하는 것에 대해서 관심이 있었습니다. 그래서 경희대 국제법무대학원에 강의를 하러 가끔 나갔었습니다. 경희대 국제법무대학원에서 『국제법무학개론』이라는 책을 2000년에 낸 적이 있습니다. 그 책의 국제소송 부분을 제가 썼습니다. 이것은 제가 어디 기록에도 남긴 적이 없는데, 몇 달전에 문득 생각이 나서 찾아보니까 도서관에는 책이 있더라고요. 그 다음에 많은 분들이 모르는 것인데, 제가 중앙대 국제대학원의 겸임교원을 1년 했습니다. 한양대 가기 전에 1998년 3월부터 1999년 2월까지요. 그때 정영철 변호사도 거기서 같이 겸임교원으로 강의를 하였습니다.

결정적으로는 제 고등학교, 대학교 친구인 국제법 전공의 최태현 교수가 한양대에 있었는데, 저에게 국제거래법, 국제사법 전임교수 자리를 만들면 응할 생각이 있느냐 그러는 거예요. 좋다고 했죠. 사실 그때는 학교를 가는 것도 괜찮겠구나 하는 생각을 하고 있었어요. 그러더니 그 친구가 정말 그 자리를 만든 거예요. 어느 날 그 친구에게서 전화가 와서 "응모를 했냐? 신청서를 냈냐?" 그래요. 그래서 "무슨 신청이냐?" 했더니 공고를 냈다고 하더라고요. 그때서야 부랴부랴 한양대학교에 신청서를 냈더랬습니다. 그때 저는 국제거래법과 국제사법, 두 과목을 묶어서 하는 것이 중요하다는 이야기를 했고, 그것이 관철된 것이지요. 정확히는 모르겠습니다만, 적어도 제가 기억하기에는 국제거래법과 국제사법을 묶어서 전임 자리를 만든 것은 그것이 처음이 아니었나 생각합니다. 특히 메이저급 대학에 국제거래법과 국제사법을 묶어서 전임교수 자리를 만든 것은 한양대가 처음이었다고 생각해요. 그래서 그 자리에 가게 되었습니다.

그 다음에 제가 『국제사법과 국제소송』 제1권과 제2권 머리말에 쓴 것처럼, 매형이 1995년 10월 28일에 교통사고로 갑자기 돌아가셨습니다. 국제사법학회가 있던 토요일이었습니다. 학회 행사를 마치고 집에 갔더니 사고가 났다는 이야기가 들렸어요. 저는 그냥 추상적으로 언젠간 교수가 되어야지 하는 생각만 품고 있었는데, '이렇게 사람이 갑자기 세상을 하직할 수도 있다.'는 것을 직접 경험하게 되니까, '그러면 하고 싶은 것을 해야지. 언제 저렇게 될지도 모르는데.'라는 생각이 들어서, 이런저런 생각 끝에 교수로 가게 되었습니다. 그 무렵 고민이 많았습니다. 내가 언제까지 변호사 사무실에 있을 것인가? 계속 있는다고 하면 어떤 지위를 가지게 될 것인가? 반면에 교수가 된다면 무엇보다 현실적인 면을 생각하지 않을 수가 없었죠. 우선 경제적으로 수입이 많이 줄게 되는데 괜찮은가 하는 문제가 있었죠. 결국은 학교로 가면서 제가 스스로에게 또는 주변 사람들에게 그런 이야기를 했습니다. "이것은 돈을 내고 시간을 산 것이다." 돈을 더 벌 수 있는데 그것을 포기하고, 좀더 자유로울 수 있는 시간을 산 것이다. 그러니 열심히 하면 나름 의미가 있는 삶이 될 것이고, 어영부영 하게 되면 돈은 이미 버린 것이고 시간도 버리게 되는 아주 어리석은 일이 될 것이라는 생각을 했습니다. 지금도 결론이 무엇인가 아직 결산은 못하고 있습니다. 그런 상황입니다.

이창현 : 교수님께서 23년간 교수로 재직하시면서 교육자로서 가지셨던 목표는 무엇이었는지요.

석광현 : 글쎄요. 이런 질문은 참 답변하기가 어렵습니다. 교육자로서 가졌던 목표라 … 처음부터 교수를 했던 것도 아니고, 교육학에 대해서도 공부를 하고 여러 가지 공부를 해야 올바른 교수가 되는 것 아닌가 하는 생각도 드는데. 물론 여기저기에서 강의도 듣고 했습니다만, 변호사를 하다가 갑자기 교수가 된 것이라 저는 따로 그런 것을 공부할 기회는 없었습니다.

법과대학의 특수성도 있고 로스쿨이 되어서는 더 그런 성격이 강해졌는데, 교수는 기본적으로 학생들에게 도움이 되는 강의를 해야 된다고 생각합니다. 제가 대학원 박사과정을 다니면서 그런 생각을 많이 했었습니다. 그때는 토요일에도 일을 했었기 때문에, 토요일 오전에 일을 마치고, 오후에 강의를 들으러 관악캠퍼스에 왔어요. 그렇게 왔다 가면서 여러 번 그런 생각을 했어요. 박사학위를 받기 위해서 이렇게 시간을 버려야 되는가? 이것이 정말 무슨 의미가 있는가? 내용적으로는 제 전공도 아니고 그냥 들어야 되는 과목이기 때문에 듣는 것도 있었고요. 이수해야 되는 학점이 있었으니까요. 다들 바쁘니까 토요일 오후에 강의를 들으려고 하는 학생들이 많아서 수업 시간에는 학생들도 많았고, 그래서 다들 발표도 짧게 했거든요. 그때마다 이것이 무슨 의미가 있는가 하는 생각을 많이 했었습니다.

우선 전공 교수는 학생들이 학교에 와서 어떤 형태로든 강의를 들을 적에 '정말 시간을 투자할 만한 가치 있는 강의였다.'라고 생각할 수 있도록 해야 된다고 생각합니다. 그렇지 않으면 강의를 하지 말아야 합니다. 그런 생각을 전공 교수로서 했고요. 그런 것이 어떻게 보면 롤모델이 될 수 있는 연구자가 되는 길이 아닌가 싶습니다.

저는 우리 법학교육의 단점 중 하나는 답만 가르쳐주는 교육 방식에 있다고 봅니다. 물론 저도 그렇게 살아온 면이 있고 그렇게 배운 적도 있습니다만 그런 교육을 받은 학생들은 논거를 잘 모르게 되지요. 그런데 제가 느끼기에는 우리 대법원 판결도 그런 경우가 많아요. 저는 그러지 말고 논리적인 근거를 명확히 제시하는 사람이 되자고 생각했었습니다. 그리고 학생들을 배려하는 친절한 교수가 되자고도 생각했습니다. 변호사 할 때는 그 업무의 속성상 친절한 변호사가 되어야 하지 않습니까? 그래서 저는 학생들이 제 클라이언트보다 더 중요한 존재라고 생각했습니다. 클라이언트에게는 나가서 인사하고 배웅하고 친절하게 대하는 자세로 늘 살아왔는데, 교수가 되었다고 학생들에게 불친절하면 되겠는가 싶었습니다. 제가 이런 목표를 다 달성했다고는 못하겠지만, 가급적 학생들에게 친절하려고 하고, 학생들을 배려하려고 하는 노력은 해왔습니다. 학부가 됐든 로스쿨이 됐든 학생들의 이름을 기억하려고 노력도 많이 했고요. 제 지도학생이 많지는 않았으니까 그 점에서는 유리했죠. 그리고 제가 변호사로서 클라이언트를 만날 때는 늘 정장을 하고 넥타이를 맸습니다. 그래서 학교에 와서 강의를 할 때도 늘 넥타이를 매고 강의를 했었습니다. Zoom 강의가 된 다음에는 그렇지 않은 때도 있었습니다만, 대면 강의에서는 늘 넥타이를 매고 강의를 했었습니다. 그것은 학생은 클라이언트보다 더 중요한 존재이기 때문에, 내가 클라이언트에게 했던 대우는 기본적으로 해야 된다는 생각을 해서 그랬던 것이죠.

그리고 교육자라고 질문하시니까 인성 교육의 문제도 있는데, 그것은 1차적으로 저의 과제가 아니라고 생각합니다. 왜냐하면 대학 교육은 이미 어느 정도 인성을 갖춘 사람들을 대상으로 하는 것이니까요. 다만 내가 나쁜 모델이 되지 않도록, 누구에게든 모범이 되는 처신을 통해서 모범이 되는 모습은 보이자고 생각했습니다. 그런 면에서 항상 자신에게 엄격하려고 노력했는데, 그것을 제가 성공했다고 자신 있게 이야기할 수는 없을 것 같습니다.

다만 제가 교수가 된 다음에 느꼈던 보람은 분명히 있습니다. 그것은 제가 변호사를 했었더라면 누리지 못했을 혜택이죠. 아주 진부한 이야기지만 맹자의 군자삼락(君子三樂) —저는 이제 세월이 흘러서 군자가 무엇인지도 잘 모르겠습니다만— 중 하나가 천하영재를 얻어서 교육하는 것 아닙니까? 그 점에서 저는 정말 삼락의 하나를 누리고 있다고 말할 수 있습니다. 한양대에서도 그랬지만, 특히 서울대에 와서는 그런 면에서는 더 큰 보람이 있었습니다. 어떻게 보면 그것이 서울대 교수의 특권이라고 생각합니다. 제가 서울대에서 14년 반 있었는데 이번 학기에 통과된 사람까지 합산해서 석사가 13명, 박사가 8명, 전부 21명을

배출했습니다. 한양대에서는 8년 반 있었는데 석사 3명밖에 배출을 하지 못했어
요. 우선 박사를 하려는 학생이 많지 않아 제자를 배출하기가 쉽지 않았습니다.
한양대조차 그럴진대, 다른 대학 또는 로스쿨에서 제자를 양성한다는 것이 우리
현실에서는 얼마나 어려운 일인가를 이야기하지 않을 수가 없네요.

　게다가 법과대학일 때는 그나마 아카데미아로 가는 세력들이 좀 있었는데, 로
스쿨이 되면서 제자 양성이 더 어려워진 것이 아닌가 하는 생각을 솔직히 합니
다. 지금은 로스쿨을 졸업하면 변호사 자격이 주어지니까 그냥 거기로 가버리고
다시 학교를 돌아보지 않는 경우가 많지요. 물론 저 같이 다시 학교로 돌아오는
사람도 있기는 있습니다만. 제가 여러분들을 만나게 된 것도 교수를 했으니까
누리는 낙이지 변호사를 했더라면 인연을 맺지 못했을 것입니다. 여기서 박사학
위를 받으신 분들도 다른 더 훌륭한 분에게서 지도를 받아 박사학위를 받았을지
는 모르는 일입니다만, 좌우간 저의 지도로 박사학위를 받는 일은 없었을 것입
니다. 그것이 좋은 일이었는지 아닌지는 모르겠습니다만 (웃음) 어쨌거나 그런
인연은 형성되지 않았을 것이라고 생각을 합니다. 그것이 교수로서의 삶의 첫째
보람이고요.

　그 다음에 국제회의에 참가한 것이 있습니다. 저는 헤이그 국제사법회의,
UNCITRAL과 UNIDROIT 회의에 모두 참가를 해봤습니다. 우리나라에서 사법통
일을 하는 이 세 개 기구의 회의를 다 가본 사람이 많지는 않을 것입니다. 왜냐
하면 기본적으로 그 회의들은 국제사법과 국제거래법을 하는 사람에게 가장 적
절한 것이기 때문이지요. 이런 회의에 갈 수 있었던 것이 저에게는 큰 보람이었
다고 할 수 있습니다. 그런 회의에 가면 그 분야의 대가를 만날 수가 있어요. 저
는 그것이 대단히 귀중한 경험이었다고 생각합니다. 물론 그 관계를 잘 살리지
는 못했습니다만, 그런 기회를 일단 가지게 된다는 것만으로도 괜찮았다고 생각
합니다.

　그리고 제가 법무부에서 법률을 제정하고 개정하는 데 다섯 번 관여를 했었습
니다. 국제사법 개정하는 작업에도 두 번 참여했었고요. 동산채권담보법을 제정
하는 데에도 들어갔습니다. UNCITRAL 회의에도 갔기 때문에 그 작업에도
관여를 하게 된 것이지요. 또 국제사법을 했었기 때문에 '남북 주민 사이의 가족
관계와 상속 등에 관한 특례법'을 만들 때에도 들어갔었습니다. 그러고 보니
UNCITRAL 모델중재법에 대해서 글을 썼기 때문에 중재법 개정 위원회에도 참

여해서 목소리를 낼 기회가 있었네요. 지금 제가 말씀드린 헤이그회의, UN-CITRAL, UNIDROIT 등과 관련된 작업을 따라갈 필요가 있다고 봅니다. 제가 과거에 항공기금융을 다루었기 때문에 UNIDROIT의 케이프타운협약에 대해서 글도 썼고, 그래서 나름 의미가 있었다는 생각을 합니다. 그 다음에 번역 작업에도 관여를 했습니다. CISG의 번역에도 비공식적으로 관여를 했고, 신용장 통일규칙 즉 UCP 600을 번역할 때에도 채동헌 변호사님이 불러주셔서 함께 작업할 기회가 있었습니다. 그 점에 대해서도 이 자리를 빌려 제가 다시 한 번 감사의 말씀을 드립니다. 그리고 인코텀스 2020을 번역할 때는 제가 감수하는 형태로 들어갔었고요. UNIDROIT Principles 2016의 번역작업에도 참여할 기회가 있었습니다. 헤이그 국제상사계약 준거법 원칙의 번역에는 감수하는 형태로 참여했고요. 사실 번역이라는 것은 우리나라에서는 별로 인정을 못 받지만, 제가 관심을 가지고 공부하는 분야의 번역 작업에는 어떤 형태로든 관여를 했다고 할수 있습니다.

그리고 또 보람 있었던 것은 판례를 올바른 길로 인도하는 데 기여했다는 점입니다. 판례가 나오기 전에 논문을 써서 판례가 그런 방향으로 나오게 하는 역할도 한 적이 있습니다. 판례를 변경시킨 사례도 있으니 그런 점들이 보람이 있었다고 할 수 있습니다. 그리고 다양한 외국문헌에 제가 코리아 섹션을 여러 편 썼습니다. 그래서 UNCITRAL 회의에 갔을 때, 담보 관련해서도 "왜 한국은 없냐? 당신이 쓰겠냐?" 그래서 제가 쓰겠다고 해서 쓴 적도 있고요. 국제상사계약원칙에 관해서 Oxford University Press에서 나온 책의 한국 섹션도 제가 썼고요. 좌우간 한국이 있다는 것을 알리고, 여러 가지 Country Report가 나올 때는 한국이 들어가야 된다는 이야기를 많이 하기도 했습니다. 그래서 Encyclopedia도 한국 챕터는 제가 썼고요. 그런 것들을 여기저기에 쓰면서, 남들이 알아주든 아니든 저는 저의 할 일을 했다고 생각하고 있습니다.

이종혁 : 지금까지 교수님께서 연구자로서 보람 있었던 일들을 많이 말씀해주신 것 같습니다. 교육과 관련해서 계속해서 여쭙겠습니다. 지금 보면 학부, 법학전문대학원, 일반대학원 모두에서 교수님 수업을 들었던 것은 여기 계신 분들 중제가 유일하지 않나 하는 생각이 들기도 합니다. 교수님께서는 강의 때마다 진지하시고 때로는 엄격하시기도 했는데요. 아까 말씀하셨듯이 수강생들이 많은

것을 배울 수 있도록 세심하게 신경을 써주신 것으로 생각이 됩니다. 그런데 교수님의 강의는 강의안이 특히 충실하다는 점, 그리고 강의 중에 질문을 하시고 가부간에 손을 들게 하시는 점, 그리고 강의 말미에 질문을 드려야만 마친다는 점이 큰 특색이었다고 생각을 합니다. 강의의 내용이나 방식에 대해서 고민하셨던 것이 있으시면 말씀해주시면 좋겠습니다.

석광현 : 내용이나 방식에 대한 고민은 글쎄요. 내용은 강의 내용이 우선 좋아야 된다는 것이겠죠. 그것을 고민은 했지만 성공했다는 말씀은 아니고요. 아까 말씀 드린 것처럼 학생들이 제 강의를 들어서 그만한 시간을 투자할 가치가 있었다고 생각해 주기를 바라는 마음이 있었습니다. 제 과목은 서울대에서조차 인터넷 강의만 듣고 시험을 보는 사람들이 많습니다. 그럼에도 교수의 강의를 들어서 보람이 있었다거나 인터넷 강의에서는 배울 수 없었던 것을 배웠다거나 하는 이야기를 해주는 사람이 별로 없습니다만, 그런 이야기를 들었으면 좋겠다는 생각을 항상 합니다. 그런데 정말 강의를 안 듣는 것은 좀 아쉽지요. 결국은 제가 부족해서 그런 것이 아닌가 생각을 하는데.

국제거래법 강의는 국제거래법 그 자체의 내용도 물론 잘 알아야 하지만, 사실 민법, 상법과 밀접하게 관련되기 때문에, 민법에서 평소에 제대로 배우지 못한 논점이나 민법에서는 생각하지 못했던 논점들을 국제거래법을 배우면서 그 상호작용을 깨달을 수 있는 강의가 될 수 있으면 좋겠다는 생각을 했습니다. 내용적으로는 민법의 계약법과 연계되는 것이면 좋겠다는 생각을 했고요. 국제사법을 할 때도 그렇죠. 관련되는 실질법 이야기를 하면서 같이 배울 수 있으면 좋겠다는 생각을 합니다.

강의 방식은 문답법을 많이 이야기하니까—저는 특별히 그것을 좋아하는 것은 아닌데— 그렇게 하려고 노력은 했다고 생각합니다. 그런데 반응을 보면 호응이 높지 않아서 실행하기가 쉽지는 않았던 것 같습니다. 다만 예전에 제가 학교 다닐 때 선생님의 질문을 직접 받고 대답하는 것을 싫어했기 때문에 그렇게 하지 말자는 것이었습니다. 기본 입장이 己所不欲 勿施於人입니다. 그래서 저는 학생들에게도 특정인을 지목해서 답을 하라는 것을 잘 안 합니다. 그냥 전원에게 질문해서 자발적인 답을 기대하는데, 없으면 그때는 할 수 없이 지정을 하기도 합니다. 그래서 강의 방식을 이야기한다면, 일반대학원에서 함께 토론을 할 수 있는 것이 참 좋았는데, 일반대학원도 강독을 하거나 번역된 것을 읽으니까 그 것이 쉽지는 않았습니다. 그렇게 하려고 하는 이유는 강의를 듣고 가서 따로 공 부하고 복습하는 것보다도 이야기를 하면서 그 자리에서 깨우치면 기억에 남는 것이기 때문입니다만, 그 작업이 성공했느냐는 장담할 수 없고, 아쉬움이 있습니다.

채동헌 : 교수님께서는 법과대학과 법학전문대학원 시절 계속해서 재직을 하고 계시는데요. 법학전문대학원 체제에서의 국제거래법과 국제사법 교육에 대해서 는 현재 어떻게 평가하고 계시는지요. 그리고 앞으로 법학전문대학원에서 국제 거래법과 국제사법 교육이 어떻게 이루어지고, 나아가야 되는지 견해를 말씀해 주시면 좋겠습니다.

석광현 : 이것은 정말 저에게는 매우 어려운 질문입니다. 다른 과목들에 대해서 는 제가 이야기하기가 어렵습니다만, 국제거래법과 국제사법에 한정해서 이야기 를 하자면 성공했다고 이야기하기는 어렵습니다. 지금 변호사시험에서는 국제거 래법과 국제사법이 학생들의 압도적인 다수가 선호하는 선택과목이 되었죠. 저 는 그것이 교육이 성공한 사례라고는 전혀 생각하지 않습니다. 옛날에 사법시험 에서도 섭외사법이 압도적인 다수가 선택하는 선택과목이었지만, 그것이 교육을 잘 했기 때문이라든가 또는 우리 국제사법학의 발전에 도움이 되었다고는 생각 하지 않습니다. 물론 교양으로서 많이 전파가 되었다는 점은 인정할 수 있지요. 그러나 특히 법학전문대학원 내에서 성공을 했는가? 저는 전혀 그렇게 생각하지 않습니다. 많은 사람들이 로스쿨은 시험을 통해서가 아니고 교육을 통해서 인재 를 양성한다고 이야기하지 않습니까? 로스쿨에서의 교육이 중요하다는 이야기를 많이 하는데, 전공 교수가 있는 학교에서조차, 예를 들어서 서울대에서도, 많은 학생들이 인터넷 강의를 듣고 전공 교수 강의는 안 듣습니다. 이것을 보면 로스 쿨의 교육 중 적어도 국제거래법, 국제사법은 완전히 실패했다고 생각합니다. 대 단히 유감스러운 일인데 그것을 인정하지 않을 수가 없네요. 저는 변호사시험에 서 전공 교수 강의를 수강하지 않고 국제거래법, 국제사법을 선택하는 것은 금 지해야 된다고 생각합니다. 적어도 변호사시험은 학교에서 전공 적합성이 있는 교수의 강의를 들은 사람만이 응시할 수 있게 해야 된다고 생각합니다.

사실 저도 서울대에서 국제거래법, 국제사법 특강을 몇 년 전에 했었어요. 제가 몇 년을 했었는데, 하다 보니까 강의를 안 들어도 특강만 들으면 된다는 이야기를 하는 학생들이 늘더군요. 학생들은 저에게 감사의 뜻으로 "교수님 특강이 많이 도움이 되었습니다. 강의를 안 들어도 많이 커버할 수 있었습니다." 하는 거예요. 듣다 보니까 '이건 아니다.' 싶더군요. 그래서 제가 특강을 끊었습니다. 특강을 책임지고 있는 교수님들께는 미안한 일입니다만 이런 이유로 특강 안 합니다.

저는 변시에서 선택과목 부담이 커서 선택과목을 폐지하고 강의만으로 대체하겠다고 하면 그것은 반대하지 않습니다. 다만 전공 적합성이 있는 교수가 강의를 해야 한다고 생각합니다. 그리고 국제거래법은 선택으로 두어도 좋지만 국제사법은 필수로 해줄 필요가 있다고 생각합니다. 물론 제가 국제사법을 해서 그런 면이 있겠죠. 그러나 이것은 공부를 하지 않으면 이해하기가 어려운 분야입니다. 국제거래법, 특히 CISG는 안 배워도 그 논점은 민법에서 다 배운 거죠. 답을 CISG에서 찾는 것입니다. 그런데 국제사법 공부를 하지 않은 사람은 이것에 접근해서 문제를 풀어나가는 것이 훨씬 더 어렵습니다. 국제화 시대에 걸맞게 국제사법 교육을 필수로 해야 된다고 봅니다. 그래서 국제사법과 국제거래법을 구별해야 되지 않나 하는 것이 제 개인적인 생각입니다.

〈국제거래법·국제사법 연구〉

김영석 : 교수님 말씀 잘 들었습니다. 지금까지는 후학들에게 교육하는 올바르고 건설적인 방법에 대해 말씀을 해주셨습니다. 이제부터 여쭤볼 것은 교수님이 국제거래법과 국제사법을 연구하시는 테마에 관한 내용입니다. 제가 처음 드릴 질문은 조금 가벼운 질문으로 시작을 하려고 하는데, 교수님께서는 국제거래법, 국제사법의 거의 모든 분야에 대해서 수많은 논문을 쓰셨던 것으로 알고 있습니다. 웬만한 사명감이 아니면 불가능한 일이라고 생각합니다. 예전부터 궁금했는데, 시간 관리 또는 체력 관리는 어떻게 하시는지 궁금하고요. 여가 생활이 있으시기는 한지도 궁금합니다.

석광현 : 제가 매우 다양한 분야의 논문을 썼습니다. 국제사법은 거의 모든 분야

를 다루었습니다. 법학계 내 또는 법조계 내에서도 국제사법이 할 것이 무엇이 있는가 하는 분위기가 팽배했기 때문에 그것이 아니라는 것을 추상적으로 주장하는 데 그치지 말고 실례를 제시해서 보여주자고 생각해서 그렇게 했던 것입니다. 예를 들어서 소비자계약은 이렇고, 도산법은 이렇고, 가족법은 이렇고, 해상법은 이렇고 분야별로 실제로 논문을 써서 보여주는 것이지요. 사명감을 가지고 있었다는 것이 옳은 평가라고 생각합니다. 그것이 이른바 '근사감'이라고 하는 것이지요. '근거 없는 사명감.' 예전에 제가 해법학회에서 발표하면서 그런 이야기를 했었습니다. "당신들처럼 국제사법을 빼고 하면 그것은 연안 해상법이고 동네 해상법이지 당신들이 지향하는 진정한 국제해상법은 아니다." 그런 이야기를 여러 차례 했습니다. 지금은 많이 달라졌습니다. 물론 저만 노력한 것은 아니고, 김영석 판사님이나 이필복 판사님, 그 전에 채동헌 변호사님이 노력을 하셔서 적어도 이제 해상법에서는 국제사법의 중요성이 매우 커져서 지금은 그냥 두어도 어느 정도는 돌아가는 것 같아요.

또 하나의 이유는 과거에는 제가 읽고 싶어도 논문이 없었기 때문입니다. 그래서 제가 공부하고 논문을 써서 그런 것들을 후배나 제자들에게 읽을 수 있게 하고 싶었습니다. 다만 아쉬운 것은 국제거래법에 고유한 실질법 분야는 논문을 많이 못 썼다는 점입니다. 저는 국제거래법 논문은 기본적으로 김승현 변호사님이 쓰신 것처럼 'Law and Practice of …' 이렇게 나가야 한다고 생각을 해요. 그래서 Practice에 관한 Description을 먼저 쓰고, 그래서 Practice는 이런 것이 있고 논점은 이런 것이 있는데, 그것을 법적으로 분석을 해보자면 준거법이 이렇게 되고, 그 분야에서 많이 쓰이는 것이 영국법이면 영국법에는 이런 논의가 있고, 우리 법이라고 하면 이런 의미가 있고 하는 식으로요. Practice를 정확히 쓰고 그 다음에 법적인 분석에 들어가야 되는데, 제가 학교에 온 지 벌써 23년이니까 점차 Practice와는 거리가 있는 것입니다. 금융을 했었으나 금융도 Practice가 많이 달라졌고요. 그래서 Practice의 Description을 정확히 쓰는 것 자체가 어려워요. 현장을 잘 모르기 때문에 그렇지요. 다른 나라에서는 로스쿨 교수들이 Practice를 하는 것을 금지하지 않습니다. 독일에서도 로스쿨은 아니지만, 법대 교수들이 판사로 겸직을 하기도 합니다. 그런데 우리나라는 변호사 자격이 있는 교수도 변호사를 못하게 합니다. 제한적으로라도 할 수 있게 해주어야 되는데, 그것을 전부 금지하는 것은 문제가 있어요.

지금 로스쿨의 현실은 Practice와 거리를 두면서도 실무 출신 교수는 계속 뽑고 있지요. 다른 기회에도 썼지만, 실무 출신을 뽑아서 5년 동안 로스쿨에서 썩히면, 그 사람은 더 이상 실무 교수가 아닌 것입니다. 사법연수원에서 교수를 하다가 법관으로 되돌아갈 적에도 짧게라도 교육을 하는데 로스쿨 교수 5년을 하면 더 이상 실무 교수가 아니기 때문에, 저는 그 사람들을 다 자르고 새로 충원해야 한다고 생각해요. 그런데 그렇게 하면 너무 낭비니까 실무 출신을 뽑을 것이 아니라, 법원·검찰에서 파견을 해주든가 그 부담을 국가에서 안아주면, 로스쿨의 재정적인 부담도 줄고 인력 충원 부담도 줄 수 있는데, 현재는 그것을 개별 로스쿨들이 떠안고 있는 것입니다. 제가 너무 과격하게 이야기를 하면 말려주시기 바랍니다. (전체웃음) 그래서 아쉬움이 좀 있습니다.

시간 관리 관련해서 말씀드리자면 저는 솔직히 시간 관리를 잘 못하는 사람입니다. 시간 관리에 철저하신 분들은 일할 때는 일하고 놀 때는 놀고 이메일을 보는 것도 딱 정해진 시간에만 보는데, 저는 그 구별을 잘 못합니다. 저는 일하면서 놀고, 놀면서 일하는 스타일에 가깝기 때문에 기본적으로 시간 관리를 잘 못하는 사람이라고 생각합니다.

그건 그렇고 사람이 살면서 여가 생활이 없을 수는 없잖아요? 저를 이상한 사람처럼 보시면 안 되고요. (웃음) 저도 여가 생활이 있습니다. 최근에 듄(Dune)이라는 영화도 봤습니다. 이 영화를 보신 분이 계시나요? 없잖아요? 제가 여가 생활을 가장 알차게 하는 사람이네요. (전체웃음) 가끔 여행도 가고, 영화도 보고, 심심풀이나 재미로 다른 분야의 책도 읽고, 요새는 못합니다만 음악회도 갑니다. 멍 때리는 시간도 있고, 동네 산보하는 시간도 있습니다. 최근에는 동네 산보를 전보다 열심히 하고 있습니다. 나가서 늘 생각을 하죠. 둔치를 걸으면서, '한강이라고 하는 큰 강변에서 이렇게 자연환경을 누리면서 사는 것이 얼마나 큰 복인가? 그동안 이런 것을 잘 모르고 살았네?' 하는 그런 생각이 들 때도 있고요. 다만 제가 시간 관리 차원에서 한 가지 하지 않는 것은 골프입니다. 골프는 제가 변호사 할 때부터 입문을 안 해서 하지 않았습니다. 골프채를 산 적은 있었습니다만 도로 팔았고요. 물론 아쉬움이 전혀 없는 것은 아닙니다만 시간을 많이 빼앗긴다고 해서 하지 않는 점도 있습니다. 그런데 정확히 말하자면 게을러서 골프를 안 친다고 하는 것이 정답입니다. 그래서 앞으로 시간 관리를 어떻게 잘 해야 하나 걱정입니다. 여유로운 시간은 많아졌는데 어떻게 관리해야 되나 모르겠어요. 앞으로 고민을 해야 될 사항이 아닌가 하고 있습니다.

이필복 : 저도 김영석 판사님께서 말씀하신 것처럼 교수님께서 워낙 다양하고 많은 분야들을 다루어 주셔서 저렇게 하실 수 있는 비법이 무엇일까 늘 궁금해하고 있습니다. 또 한 가지 궁금한 것이 교수님께서 논문을 쓰신 여러 세부 분야 중에서 특별히 애착을 가지시는 분야가 있으신지 하는 것입니다. 국제거래법과 국제사법 중 어떤 것에 상대적으로 애착이 더 있으신지도 궁금합니다. 솔직하게 말씀해 주시면 감사하겠습니다. (전체웃음)

석광현 : 거짓말로 답을 하면 무슨 재미가 있습니까? (웃음) 거짓말 탐지기 들어가나요? 모르겠습니다. 국제사법, 국제거래법 둘을 계속 달고 있는데, 제가 한양대에 그렇게 해서 갔었고, 서울대에 올 때도 집행부에 요구했던 것이기도 합니다. 왜냐하면 장승화 교수님이 국제거래법을 이미 하고 계셨고, 국제사법과 민법도 최봉경 교수님이 하고 계셨기 때문이지요. "혹시 이 둘 중 하나를 포기해야 된다면 그것은 곤란하다. 국제거래법과 국제사법 조합을 반드시 제가 강의할 수 있어야 된다. 다른 분이 같이 하시는 건 좋지만, 저한테서 하나를 뺏어 간다면 그것은 제가 수용하기 곤란하다." 그렇게 이야기를 해서 지금도 그렇게 하고 있기 때문에 두 가지 모두에 대한 애착이 상당히 큽니다.

사실 국제사법만 하는 분들도 아주 드물게 계시는데, 저는 그것은 한계가 있다고 생각합니다. 국제거래법을 하지 않으면, 국제사법을 공부할 이유가 별로 없는 것입니다. 물론 친족상속법은 국제거래법이 아니니까 국제친족, 국제상속법을 하기 위해서 민법을 같이 한다는 것은 가능합니다만 적어도 재산법이나 상사거래에 관한 국제사법 쟁점은 국제거래법을 해야 비로소 절실하게 깨달을 수 있는 것이기 때문입니다. 저는 그래서 이 두 개의 조합이 상당히 바람직하다고 생각해요. 국제사법은 저촉법과 절차법을 함께 다룹니다. 국제민사소송법이 들어가기 때문에 저촉법과 절차법을 함께 하는 점에서 의미가 있고요. 국제거래법은 기본적으로 실질법을 다루는 것이기 때문에 그렇게 양자를 결합함으로써 실질법과 저촉법, 절차법을 함께 다룰 수 있게 되는 것입니다. 절차법은 특히 국제재판관할도 그렇고 외국재판의 승인·집행도 그렇고요. 국제상사중재의 경우는 그것을 국제사법이라고 이야기하기는 어렵지 않나 싶어요. 그러나 국제거래법의 일환으로 국제상사중재법을 공부해야 된다고 생각합니다. 왜냐하면 그것이 국제민사소송과 아주 밀접하게 관련되어 있고, 국제도산도 제대로 하려면 도산국제사법, 준거법 이슈도 알아야 되고, 외국판결의 승인·집행도 알아야 되고, 도산법도 알아야 되기 때문이지요. 정말 국제사법과 국제민사소송법은 함께 해야 하는 영역이지요. 그런 점에서 국제거래법과 국제사법의 조합이 제일 바람직한 것 아닌가 그렇게 생각합니다. 물론 국제친족상속법도 해야 되니까 친족상속법도 보지 않을 수는 없는 것이죠.

그래서 둘 다 애착이 있지만 더 애착이 가는 하나를 선별하라고 하면 저는 국제사법에 더 애착이 있다고 해야 할 것 같습니다. 다만 제가 말씀드리는 국제사법은 넓은 의미의 것입니다. 준거법뿐만이 아니고 관할규칙, 외국재판의 승인·집행, 그 다음에 국제상사중재와 국제도산을 다 넣어서 다루는 스위스 국제사법의 모델을 따를 때 국제사법에 애착이 있다고 그렇게 이야기할 수 있습니다. 저는 준거법만을 다루는 것은 바람직하지 않은 현상이라고 생각합니다. 이호정 선생님은 민법과 같이 하셨기 때문에 그것은 말이 돼요. 하지만 저 같이 국제재판관할을 다룬다고 하면 절차법도 보아야 되기 때문에 다릅니다. 그리고 중재합의는 관할합의 옆에 있는 것입니다. 외국 중재판정의 승인·집행은 외국 판결의 승인·집행 옆에 있는 것이고요. 그리고 도산절차의 승인, 도산 관련 재판의 승인·집행은 또 외국 재판의 승인·집행 옆에 있는 것이기 때문에, 함께 가는 것이 중요하다고 생각합니다. 제가 하기 전에는 준거법 하시는 분 따로 계시고, 외국 판결의 승인·집행, 국제민사절차법 하시는 분이 따로 계셨습니다. 그리고 상사중재를 하는 분들 중 법을 하는 분들이 아주 극소수였고, 그것은 대부분 무역하는 분들이 하셨지요. 국제도산은 우리가 완전한 속지주의를 취하였기 때문에 하는 분들이 거의 없었고요. 그렇게 섹터가 나눠져 있었는데, 저는 그것을 전체를 묶어서 해야 한다고 생각합니다. 왜냐하면 그 영역 간에 상호 밀접한 관련이 있기 때문이지요. 유기적인 관련이 있기 때문에 이것을 체계적으로 함께 공부할 때 제대로 이해할 수 있는 것입니다. 제가 그것을 위해서 노력했다는 것을 분명히 말씀드리고, 여러분들이 그 점을 평가해야 올바른 평가가 된다고 봅니다. 대한민국에서는 일찍이 그런 영역을 묶어서 하는 사람이 거의 없었지요. 그런데 외국을 보면 그렇게 묶어서 하는 사람도 있거든요. 그래서 저는 그처럼 묶어서 해야 된다고 주장하는 것입니다.

그리고 실질법 영역에서 국제거래법을 어디에 위치시킬 것이냐 하는 것은, 각자 자기가 관심 있는 영역에 넣어야 된다고 봅니다. 저는 그것이 국제금융이었고, 그 다음에 CISG가 추가된 것이고, 그 다음은 라이센스 이런 식으로 차차 넓혀가려고 했는데, 한계가 있으니까 해상법을 조금 들여다보는 정도에 그쳤습니다. 이런 식으로 각자 취향과 자기가 놓인 처지에 따라서 해나갈 일이라고 봅니다. 기본적으로는 그렇게 생각합니다.

유정화 : 제가 2017년 일반대학원 석사과정에 입학한 이래, 교수님 지도를 받아서 정말 다양한 주제에 관한 교수님의 강의를 들었습니다. 국제거래법, 국제사법을 공부하자면 결국 여러 실질법 분야를 두루 알아야 된다는 점을 늘 느끼곤 했는데요. 그러다 보면 아직 역량이 많이 부족한 저로서는 공부의 깊이가 혹시 얕아지는 것은 아닐까 고민스럽기도 합니다. 저 같은 법조경력이 짧은 사람의 입장에서 양자의 균형을 어떻게 맞추는 것이 좋을지 조언을 주실 수 있으실까요.

석광현 : 이것은 어렵습니다. 실질법도 잘 알고 국제사법도 잘 안다는 것은 상당히 어려운 이야기고요. 그렇게 하려면 실질법을 어느 정도 제한해야 됩니다. 예컨대, 내가 자본시장법에 관심을 가지고 본다면 그 분야에서 제기되는 국제사법을 묶어서 잘 할 수는 있어요. 그런데 우리나라에는 그런 전문가는 지금 거의 없습니다. 자본시장법을 하시는 분들이 대개 신토불이로 하시기 때문에, 국제사법적인 이슈에 대해서는 지식이 별로 없어요. 물론 사람에 따라 편차가 있어서 잘하시는 분들도 계시고 아닌 분도 계시지만, 실질법 분야를 다 한다는 것은 우선 그 자체가 안 됩니다. 우리 로스쿨에도 교수님들이 전공별로 나뉘잖아요. 모든 실질법 분야를 다 잘한다는 것은 허황된 꿈이라고 생각합니다.

국제사법은 영역을 넓게 봐야 됩니다. 어떻게 보면 그것은 실질법에 대한 깊이 있는 공부를 포기하기 때문에 가능할 수 있는 것입니다. 늘 하는 이야기지만, '국제사법적 대화를 위한 넓고 얕은 실질법 지식'을 갖추는 것이 맞다는 생각을 합니다. 그러니까 자기의 무게중심을 어디에 둘 것이냐 하는 스탠스가 상당히 중요한데, 그것을 국제사법에 둔다고 하면, '국제사법의 넓은 범위 + 실질법의 특정 분야' 정도는 가능하다고 봅니다. 그리고 그 특정 분야를 확대해 갈 수는 있겠지요. 그러나 그 이상은 곤란하다고 생각합니다. 그러지 않고 실질법에 대해서 깊이 들어가려면, 국제사법도 거기를 중심으로 제한할 필요가 있습니다. 그것은 가능합니다. 기존에는 실질법만 하는 사람이 많았는데, 그에 더해서 그 분야의 국제사법적인 이슈 그리고 국제사법의 총론적인 과제를 연결할 수 있는 것이죠. 가족법을 한다고 하면, 가족법을 열심히 공부하고 그에 더하여 국제가족법을 공부하고 국제사법의 총론적인 이슈를 묶어서 할 수 있다는 것입니다. 사실 그런 분들이 많이 필요하고, 그런 분들이 국제사법학회 활동을 더 해줘야 되는데, 우리의 경우에는 그런 분들이 아주 드뭅니다. 그래서 저는 '국제사법을 가급적 넓게 하시되, 실질법 분야는 비중을 차등화해야 된다. 자기가 관심 있는 분야는 비중을 높여서 더 깊이 공부를 하고 다른 분야는 조금만 공부를 해서 따라가는 수밖에 없다.'고 생각합니다. 그것을 어떻게 조합할 것인가는 각자의 취향, 각자의 업무 분야에 따라서 해야 되는 것이고, 그 균형점은 각자가 잡아야 되는 것이라고 생각합니다.

이　연 : 논문을 쓰기 전에 주제를 선정하고 자료를 수집하는 노하우가 있으신지, 그리고 좋은 논문을 쓰기 위한 필수적인 요소는 무엇이라고 생각하시는지 궁금합니다.

석광현 : 솔직히 없습니다. 그렇게만 끝나면 죄송하니까 제가 생각하는 것을 말씀드리지요. 논문을 쓸 때 광범위하고 철저한 자료 수집을 해야 된다는 것에 대해서는 누구도 의문이 없어요. 그런데 그것에 못지않게 중요한 것이 '문제의식'이라고 생각해요. 어떤 주제에 대해서 '내가 이 논문을 왜 써야 되는가?' 하는 문제의식이죠. 사실은 많은 분들이 썼기 때문에 내가 안 써도 되는 것이면 안 써도 됩니다. 그런데 이미 어떤 사람이 적어도 한국에서는 쓰지 않았다거나, 한국에서 쓴 사람은 있지만 내가 생각할 때 중요한 요소들을 빠뜨리고 썼다고 할 때는 쓸 이유가 있어요. '당신들은 다 이렇게 가고 있는데 내가 보기에는 잘못이다.', '이런 점들을 아무도 생각을 하지 않는다.' 또는 그것을 논소라고 부르는 분도 계신데 '이런 논소를 아무도 제시하지 않았기 때문에 이것을 다루어야 된다.' 그때는 써야 돼요. 그런 문제의식이 있다고 하면, 특별히 정리를 안 한다고 하더라도 평소에 어딘가에 그 주제에 관한 문제의식을 적어 놓아야 해요. '왜 사람들이 이 이야기는 하지 않지?' 그것을 메모하는 것입니다. 그리고 한국 문헌이나 외국 문

헌을 보면서, 그것에 대해서 계속해서 정말 그런지를 확인하는 거예요. '정말 아무도 안 썼네?' 또는 한국에서는 안 썼지만 외국에서 논의가 있다든가 하면 그때는 그 자료를 철저하게 찾아서 쓸 필요가 있는 거예요. 한국에서도 이미 충분한 논의가 있고 갑설, 을설이 있는데 나는 갑설이야. 그것은 안 쓰는 것이 오히려 도움이 된다는 것입니다. 그러니까 '갑설, 을설이 있는데 나는 을설'이야 이런 것은 쓰지 말고, '갑설, 을설이 있는데, 나는 병설이야' 이런 것은 써야 된다는 거지요. 기본적으로는 왜 내가 이것을 써야 되는가에 대해 스스로 문제의식이 있고 정당화가 되면 써야 된다고 생각합니다.

그런 문제의식을 기르려면 남들 글을 읽을 때 항상 비판적으로 봐야 돼요. '이 사람은 믿을 수 없어.' 그런 차원이 아니고, '이 사람은 왜 이 이야기만 하지? 이게 말이 되나?' 여러분들이 제 글을 읽으실 때도 쉽게 클린치를 하거나 논개 전법으로 '나도 그래!' 하고 같이 죽지 말고, '이것이 이래야 되나?' 하는 비판적인 시각에서 평가를 해야 합니다.

그리고 한 가지 추가하자면, 저도 잘 하지 못하는 것인데요. 문제의식을 투철히 하고 또 충분한 자료를 찾아서 논문을 완성한 후에도 마지막에 약간 사치스럽지만 필요한 것이, 윤문만을 위해서 한 번 읽는 것입니다. 문장만을 보는 기회를 가지는 것이죠. '문장이 좀 이상하네? 주어, 술어가 호응이 안 되네? 문장이 너무 기네?' 해서 윤문만을 위해서 한 번 읽을 수 있으면 좋은데, 그런 시간을 갖는 것이 쉽지는 않죠. 쓰다 보면 지치고, '이것을 또 읽어?' 하는 생각도 들고 현실적으로 상당히 어려운 일이죠.

이필복 : 국제거래법과 국제사법의 세부 분야 중에서 앞으로 어떤 분야가 중요해질 것이라고 생각을 하시는지, 그리고 국제거래법과 국제사법에서 어떤 연구가 향후 더 필요하다고 보시는지 궁금합니다.

석광현 : 참 대답하기 어려운 질문이네요. 이런 질문을 할 때는 "제 생각에는 이런데 교수님도 동의를 하시나요?" 이렇게 해주는 것이 좋은데, 그냥 이렇게 질문을 하니까 참 어렵습니다. 이것이 특히 어려운 것은 국제거래법, 국제사법을 하면 세계적인 차원에서 생각을 할 수도 있고 또 우리나라의 차원에서 생각을 할 수도 있어서 그렇습니다. 그래서 두 개를 또 나눠서 봐야 되기 때문에 쉬운 일이

아닙니다. 솔직히 말하면 정확히는 모르겠습니다. 무엇이 중요해질 것인지 잘 모르겠는데, 요새 많은 분들이 4차 산업혁명도 이야기하고, '디지털 전환'이라는 이야기도 많이 하고요. 저도 얼마 전에 디지털 전환에 관한 글을 보았습니다. '독일에서 디지털 자산에 관한 민법 개정이 이루어졌다. 우리나라도 민법 개정을 해서 디지털 자산에 관한 조문을 넣자.' 그런 이야기였어요. 그런데 그러자면 디지털 자산이라는 것이 무엇이며 기본적으로는 그것이 재화냐 물건이냐 용역이냐 아니면 제3의 카테고리냐 하는 이야기를 해야 합니다. 그러고 나서 '디지털 전환이 무엇이고 디지털 자산은 무엇이며 또 데이터와는 어떤 관계가 있는가, 디지털 자산은 결국 데이터인가?' 하는 문제로 천착해 들어가야 합니다. 정보나 데이터의 보호 능 기술의 발전에 응해서 여러 법학 분야에서도 문제가 제기되고 있는데, 국제사법에서도 이런 것을 당연히 검토해야 되죠. 다만 순서가 있는 것입니다. 아까 국제거래법 이야기할 때도 말씀드렸지만, 실제 발생하는 Practice가 무엇인지를 정확히 알아야 그 다음 법적인 분석이 가능해지는 것입니다. 그래야 민법이든 국제사법, 국제거래법이든 분석이 들어갈 수 있습니다. 저는 아직 대상을 잘 모르지만, 여러분들이 저보다는 이 디지털 자산과 더 밀접한 관련을 가지고 있다는 생각이 듭니다. 요즘 암호자산, 가상자산, 스마트계약이 등장하지 않습니까? 그러니까 이런 것과 연계해서 기술의 발전과 디지털 전환이 국제사법 영역에서 어떤 논점을 제기할 것인지 깊이 숙고해서 여러분들이 연구를 해주었으면 하는 생각이 들어요.

스마트계약만 해도 스마트계약이 무엇이며, 스마트계약을 하면 '국제'라고 하는 개념은 없어지게 되는 것인지 의문이 듭니다. 그런데 국가가 존재하는 한 그럴 수는 없겠지요. 제가 여러분들에게 "이런 것이 중요한 과제입니다." 이렇게 말씀드리기는 어렵고요. 저보다 더 발전된 세상을 살아야 되는 여러분들이 관심을 가지고 보셔야 된다 이렇게 말씀을 드리고 싶습니다. 다만 절차적인 측면에서는 UNCITRAL에서 만들려고 했던 ODR에 관한 —규범을 만들려고 했다가 결국은 테크니컬 노트만 작성하고 말았는데— 부분이 코로나와도 연계해서 앞으로 상당히 중요한 분쟁해결 메커니즘이 되지 않을까 하는 생각도 해봅니다.

국제사법에서도 대리모 같은 것은 전 세계적으로 많이 연구해서 일부는 해결이 됐지만 아직 해결이 안 되어 있고요. 그 다음 가족 형태가 다양하게 바뀌고 있잖아요. 그런 것을 국제사법에서 어떻게 해결을 해야 되는가? 생활 동반자와 동성혼은 어떻게 해결해야 하는가? 그러면서 요새는 인권법이 자꾸 들어와요. 국제사법에서도 인권법 또는 헌법적인 논점을 함께 고려하는 것이 필요하다고 봅니다. 참고로 국제사법학의 과제에 관하여는 헤이그 국제사법회의의 관점에서 다룬 것이지만 근자에 간행된 단행본(Elgar Companion to the Hague Conference on Private International Law)이 유용합니다.

그다음 제가 생각나는 대로 몇 가지 말씀드리면 여러 가지 다양한 규범들, 예컨대 재벌 기업들의 코드, 종교적 규범, 비국가 규범 등 사이에 자꾸 충돌이 발생하는데, 그런 것을 어떻게 해결할 것이냐 하는 문제가 있습니다. 저는 국제사법을 배운 사람들이 그 문제에 접근하기가 더 쉬운 것 아니겠는가 하는 생각을 합니다.

그리고 국제사법의 규범적인 기능을 이야기하는 사람들도 많아요. 그것을 어떻게 다룰 것인지 하는 문제도 있습니다. 저는 그 규범적 기능에 대해 거의 써본 적이 없습니다만 그것도 역외적용 관련하여 자연스럽게 등장을 합니다. 그러다 보니까 이것을 어떻게 해야 되나 고민하게 되지요. 우리나라에서는 지금 역외적용을 규정한 조문이 늘어나고 있습니다. 보통 공법적인 규제, 사법적인 규제, 형법적인 규제가 패키지로 가는데, 이것을 국제사법적으로는 어떻게 받아들여야 되는가 하는 것을 고민해 보고 체계를 세울 필요가 있습니다. 중국에서도 그런 고민들을 하고 있는 것을 우리가 최근에 확인했고, 이것을 좀더 공부해봐야 되겠다는 생각도 들었습니다.

우리나라에 국한하여 제안하자면, 우리는 헤이그협약에 가입 안 한 것들이 많아요. 우선 입양협약부터 가입을 안 하고 있지요. 입양협약 가입을 어떻게 달성할 것인지 고민이 필요합니다. 그다음 아동보호도 이야기는 많이 하지만, 다 신토불이입니다. 국제적인 맥락은 아무도 이야기하는 사람이 없어요. 요새 들어 몇 사람이 조금씩 관심을 가지는 단계입니다. 저는 가족법을 하시는 분들이 국제가족법을 하는 것이 맞다고 봅니다. 다만 국제사법을 하는 분이 같이 해주면서 견제를 해줄 필요는 있다고 봐요. 그래야 제대로 가게 됩니다. 가족법 하는 분들에게만 맡기면 엉뚱한 데로 흘러갈 위험성이 있습니다. 괜히 견제를 한다는 것이 아니고 잘못 가는 경우에는 바로잡아 줘야 된다는 뜻입니다. 충분한 답을 제가 드리기는 어렵습니다. 그래서 떠나는 것입니다. 더 이상 해서는 안 되기 때문에 떠나는 것입니다. (웃음)

김영석 : 국제거래법과 국제사법을 공부하면서 보람을 느끼신 부분은 충분히 말씀해주신 것 같습니다. 이번에는 국제거래법과 국제사법의 매력에 대해 여쭤보고 싶은데요. 좀더 친절한 질문으로 각색을 하면, 여권을 받거나 국외여행을 갈 때 부채의식을 덜 가져도 되는 것이 아닌가 그런 말씀을 해주셨던 기억이 납니다.

석광현 : 사실 국제거래법이라고 하는 하나의 단일한 독립적인 법 분야가 존재할 수 있느냐는 것 자체가 논란이 있다고 인정해요. 그 범위를 어떻게 정할 것이냐 하는 것도 논란이 있습니다. 그것은 개별법 분야를 하는 분들이 예컨대 민법에서 제기되는 국제계약, 상법에서 제기되는 국제계약, 국제보험, 지재권에서 제기되는 국제라이센스, FRAND 등을 다루시면 돼요.

저는 국제거래법의 매력을 실무지향적인 특성에서 찾습니다. 민법이냐 상법이냐 민사소송법이냐 중재법이냐를 가리지 않고 국제거래를 하면서 제기되는 여러 가지 실무적인 쟁점들을 해결하기 위한 법학 분야라는 것이죠. 물론 민법, 상법, 민사소송법, 중재법이라는 식으로 쪼개서 할 수도 있죠. 그렇게 되면 굉장히 어렵잖아요? 실체를 들여다보지 못하기 때문에 그렇지요. 그래서 사실은 실질법을 잘 아는 사람이 국제사법, 국제민사소송을 같이 해서 국제거래법을 해야 되는데, 실무상 그렇게 하기는 하지만 그것이 국제거래법이라는 인식은 별로 없는 것 같아요. 사실 대형 로펌에서 국제거래를 다루는 변호사들은 전부 다 국제거래법을 하고 있는 것입니다. 그런데 그분들은 국제거래법학회에 오지를 않아요. 그리고 더 큰 문제는 학회에 와도 학회가 별로 도움이 안 된다는 거예요. 그것이 문제입니다. 그래서 국제거래법의 가장 큰 매력은 저는 실무지향적인, 실무 체계에 대한 문제점을 해결하기 위한 그런 접근 방법을 취하는 데 있다고 생각합니다.

국제사법의 매력은 이건 우리끼리 하는 이야기인지는 몰라도, 외국의 법률문화에 대해서 열린 마음을 가질 수 있다는 점이지요. 사실 법학 분야에서 다른 외국의 법률 문화에 대해서 가장 열린 마음을 가지는 분야가 저는 비교법과 국제사법이라고 생각해요. 그런데 어느 분야를 공부하든 우리나라에서 비교법은 습관적으로 다 합니다. 옛날에는 등장하는 나라가 몇 개 없었죠. 독일, 프랑스, 일본, 한국, 스위스 정도만 등장했는데, 요새는 베트남도 나오고, 중국이 들어간 지는 오래됐고요. 미국, 영국도 등장하고요. 이렇게 습관적으로 비교법을 하는데, 저도 지난번에 UNCITRAL이 한국법에 미친 영향을 쓰면서 보니까 비교법 논문을 쓰시는 분들 중 많은 분들이 비교법의 궁극적인 목적은 법의 통일에 있다고 그래요. 그렇다면 CISG라는 것이 그 결정체입니다. 영역이 다양하게 있을 수 있지만, 국제동산매매계약에 관한 한 CISG가 비교법의 완성 형태를 보여주는 것입니다. 비교법의 중요성을 논증하는 법이라고 할 수 있습니다.

그런데 대한민국에서는 CISG는 원래 상법 하는 분들이 했었어요. 예전에 제가 CISG가 우리 법과 어떤 차이가 있는지, CISG에 가입할지에 관하여 상사법학회에서 발표를 했습니다. 이기수 교수님 회장 하실 때인 것 같은데, 그때 부산에 가서 토론한 적도 있고 발표한 적도 있습니다. 상사법에서 당연히 하는 것이었는데, 다행인지 불행인지 국제거래법이 독립을 하니까 상법 하는 분들이 안 해요. 그 분들은 아마도 다행이라고 생각하는 것 같아요. '이거 모르는데 안 해도 되네?' 이렇게 생각을 하죠. 저는 그것이 아주 잘못됐다고 생각합니다. 국제거래법의 다른 이름이 '국제상법'입니다. 상법의 특별법이에요. 그런데 국제거래법을 안 해요. 저는 상법을 하는 분들이 국제거래법을 안 한다는 것은 상법 교수로서 자격이 없다고 생각합니다. 회사법, 보험법, 해상법 교수일 수는 있어요. 그렇지만 상법 교수는 아닙니다. 상법에는 회사법과 자본시장법만 있는 것이 아니고요. 거기에는 상사거래에 관한 상법총칙, 상행위가 있고 해상법도 있기 때문에 국제거래법을 하지 않으면 그것은 제대로 된 상법 교수는 아니라고 생각합니다.

국제사법은 기본적으로 외국법에 대한 열린 마음, 외국법에 대한 관심을 전제로 합니다. 왜냐하면 국제사법이 준거법을 정하는 실익을 보여주기 때문에 그렇지요. 국제사법이 준거법 결정원칙을 탐구하는 것인데, 외국법의 차이도 모르고 실익도 모르면서 "일단 해봐야 돼." 이렇게 이야기하는 것은 이미 구시대의 이야기라고 할 수 있습니다. 이제는 실질법에 따른 차이를 반드시 인식해야 합니다. 'A국법을 적용하면 이렇게 되고 B국법을 적용하면 결론이 이렇게 차이가 난다. 그러면 우리가 어디로 갈 것이냐?' 하는 이야기를 해야 합니다. 그래야 국제사법의 실천적인 의미가 살지요. 그런 점에서 저는 국제사법의 매력은 외국법에 접근하게 하는 것이라고 봅니다. 순수한 국내거래, 그러니까 신토불이에만 관심 있는 사람은 국제사법을 할 필요가 없습니다. 사치입니다. 그런데 순수한 국내거래가 아니라고 하면 한국 기업과 외국 기업 간의 아주 단순한 계약조차도 —CISG가 적용되지 않는 매매계약이라고 하더라도— 계약의 준거법이 들어오고, 한국법과 외국법이 들어와요. 그러면 그 법의 적용범위를 정확히 획정해야 되잖아요.

그래야 헛소리를 하지 않지요. 그래야 중요한 영업재산을 처분하는 것이 주주총회 결의사항이라는 것이 국제적 강행규정이라는 이야기를 안 하게 되는 것이죠. 이것은 회사법이 규율할 사항이기 때문에 그냥 들어오는 것입니다. 그런데 그런 식의 오해를 하는 사람들이 상당히 고급스럽게 틀린다는 거예요. 국제사법을 모르면 그렇게 틀릴 수는 없어요. 국제사법을 배웠기 때문에 아주 고급스럽게 틀리는 것입니다. 그런 사례가 여기저기서 발생하고 있어요. 그래서 저는 그런 것을 불식하려면 공부를 해야 된다고 생각합니다.

유정화 : 지금 말씀 주신 것과도 연관이 되는 것 같은데요. 대한민국에서 국제거래법, 국제사법은 어떤 의미를 가지고 있는지 또 어떤 의미를 가져야 한다고 생각하시는지요. 이미 말씀 주신 내용이기도 한데, 다시 한 번 다음과 같은 맥락에서 좀 여쭙고 싶습니다. 대한민국의 국제거래법, 국제사법 연구자는 어떤 역할을 하여야 한다고 생각하시는지요.

석광현 : 사실은 예전에 제가 '한국 국제거래법학의 과제'라는 것을 이야기한 적도 있고, 국제사법에 관해서도 비슷한 이야기를 쓴 적이 있습니다. 제가 변호사를 하다 온 사람이라 그런지 모르겠는데, 국제거래법이든 국제사법이든 우선 실무적인 문제해결에 도움을 주어야 된다는 거예요. 그렇지 않으면 학계의 업적이 실무계에 어필을 할 수가 없습니다. 그렇게 되면 우리들끼리 이야기하고, 우리들끼리 그냥 좋아하는 작업을 하는 것에 그치게 되지요. 마치 동호회에서 하는 것 같은 작업에 그칠 수 있습니다. 때문에 우선은 실무적으로 중요하다는 것을 실무가들이 깨우칠 수 있게 보여주어야 된다고 생각합니다. 그것이 한국의 국제거래법, 국제사법의 과제라고 생각을 합니다.

  그런데 그런 것을 하자면 국제거래의 영역에서 한국법이 선택이 되어야 되는데, 그것은 제 생각에는 두 가지 요건이 구비되어야 가능합니다. 우선은 한국법의 콘텐츠가 좋아야 돼요. 예컨대 건설공사계약을 체결하고 선박건조계약을 체결하는 경우에, 지금은 영국법이 주로 준거법이 되는데 준거법을 한국법으로 하자고 하려면, 한국법을 적용하면 어떻게 달라지는지 명확하게 설명할 수 있어야 합니다. "판례가 없기 때문에 우리도 잘 몰라." 이렇게 말하면서 한국법을 준거법으로 하자고 하면 리걸 리스크가 너무 커지는 것 아니겠습니까? 할 수가 없지요. 그러면 전략적으로 특별법을 만들어서라도 또는 민법에 상세한 규칙을 넣어서라도, 거래계에서 한국법을 이용할 수 있는 규칙을 제시해야 됩니다. 콘텐츠가 국제거래에 친화적이고 업계에서 받아들여지려면, 그 내용이 어느 한쪽에 치우치면 안 됩니다. 조선사와 선주 사이에 적절한 균형을 잡아야 되고, 건설의 경우에도 오너와 컨트랙터 사이의 조화를 잘 맞춰야 합니다. 그래서 우선 첫째는 컨텐츠를 잘 다듬는 것이 중요합니다. 지금 건설과 선박건조는 도급계약이니까 민법에서 규율할 사항이죠. 하지만 그것은 사실상 불가능합니다. 우리나라에서 국제거래를 염두에 두고 민법을 개정해서 국제거래에 친화적인 규범을 만든다는 것은 불가능한 일이라고 생각합니다. 이상적인 것은 누군가가 크게 깨우쳐서 그것을 특별법으로 만드는 것이지요.

그 다음에는 그것을 알려야 됩니다. 그런 일을 하는 한국 변호사들에게 많이 알려서 한국법을 준거법으로 선택하도록 해야 합니다. 그리고 우리뿐 아니라 외국 당사자들도 한국법을 선택하도록 홍보해야 됩니다. 그런 작업이 필요한데, 그 전제가 되는 한국법 콘텐츠 개선이 쉽지 않기 때문에, 그 부분을 지금처럼 영국에 맡기고 우리는 그냥 구멍가게나 운영하면서 살아야 되는 것 아닌가 하는 자괴감이 들기도 합니다. 그것은 쉬운 일이 아닙니다. 어떤 개인이나 특정 법률가, 특정 학회의 노력에 의해서 극복할 수 있는 것도 아닙니다. 국제거래법학회와 실무가들이 연계해서 그런 생각을 무수히 했었습니다만 잘 안 되더군요. 쉽지 않은 이야기입니다. 거기까지만 말씀드리겠습니다.

이　연 : 교수님께서 국제거래법, 국제사법 분야에서 가장 존경하는 학자는 누구신지 또는 롤모델로 삼고 살아오신 법학자나 법률가가 있으신지 궁금합니다.

석광현 : 지금까지 살면서 위대한 법학자라는 표현은 딱 한 사람을 위해서 써봤습니다. 제가 잘나서가 아니고요. 누가 위대한지 아닌지를 잘 모르기 때문에 그렇습니다. 그 양반의 학문적인 영향력이라든가 생애를 잘 모르기 때문에 쓸 수가 없었던 것이지요. 저는 국제사법 분야에서는 사비니(Friedrich Carl von Savigny)가 정말 위대한 법률가라고 생각해요. 법사학에 관한 논쟁, 독일 입법에 관한 논쟁에서도 사비니가 나오고, 법학방법론에서도 등장하고, 또 민법에서도 나오고요. 사비니는 박사 논문으로 민법의 점유이론을 썼어요. 젊었을 시절부터 이름을

내기 시작했다고 그래요. 부당이득을 포함한 민법의 다양한 분야에서 사비니가 끼친 공로가 크다는 이야기들을 여기저기서 합니다.

제가 정말 이 양반이 위대하다고 생각하는 것은 70대에 『현대 로마법 체계』라고 하는 책의 마지막 권인 제8권을 쓰면서 거기에서 국제사법 분야에서 코페르니쿠스적인 전환을 가져온 것입니다. 지금도 우리가 그 체계를 공부하는 것입니다. 물론 1960년대를 전후해서 브레이너드 커리를 비롯한 미국 학자들이 많은 비판을 해서 약간 동요된 바도 있었습니다만 기본 틀은 여전히 사비니의 틀을 취하고 있습니다. 이 때문에 독일에서는 그런 이야기를 해요. "사비니가 훌륭한 법률가지만, 사비니가 국제적인 명성을 크게 얻게 된 것은 국제사법 이론 때문이다."라고요. 왜냐하면 점유이론이나 법사학은 독일 사람들에게야 영향을 미쳤지만, 국제적으로는 그렇게 큰 영향을 미쳤다고 보기 어렵기 때문입니다. 사비니가 진정으로 전 세계 방방곡곡에 이름을 떨친 것은 국제사법 이론 때문이지요. 이런 사람을 위대하고 존경하는 법률가라고 하지 않으면 안 될 것 같습니다.

국제사법은 그렇고요. 국제거래법 분야는 사실 잘 모릅니다. 그냥 저는 제일 존경하는 기준이 그런 것입니다. 어느 한 분야의 권위 있는 책을 써서 그 책을 30, 40년 이어서 개정판을 내고 있다면, 저는 의문의 여지가 없이 그야말로 도덕적으로 완전히 나쁜 사람만 아니면 존경할 마음의 준비가 되어 있습니다. 그런 측면에서 국제거래법 분야에서는 아까 이야기한 슈미트호프 교수 같은 사람을 존경하지요. 이 분은 *Export Trade*를 제1판부터 제7판, 제8판까지 계속해서 개정판을 냈더랬습니다. 사실 독일의 법률가였는데 영국에 가서 자리를 잡고 그런 업적을 냈다는 것도 대단하고요.

그 다음에 국제금융법에는 F. A. Mann이라고 하는 분이 있습니다. 이 사람도 독일 사람인데 영국에 가서 연구를 하고 책을 냈죠. 이 사람도 제1판부터 제4판인가 30년, 40년의 시차를 두고 개정판을 계속 낸 분입니다. 그러니까 저는 그런 정도의 활약을 했다고 하면, 이것은 무조건 존경을 해야 된다고 생각합니다. F. A. Mann의 책을 옛날에 제가 변호사 초기에 부분적으로 봤어요. 그때 이란 자산동결이 있었고, 리비아 자산동결도 있었습니다. 그 당시에 International Financial Law Review라고 하는 잡지가 사무실에 계속 들어왔는데, 거기에 Asset Freezing이 언급되어 있었지만 이것을 어떻게 접근해야 되는지 모르겠는 거예요. 미국에서 대통령령으로 제한했다고 하는데, 영국법이 준거법인데 그것이 어떤 의미가 있는지, 우리가 바라볼 때는 또 어떤 의미가 있는지를 전혀 모르 겠는 것입니다. 어떻게 접근해야 될지 전혀 갈피를 못 잡았어요. 그런데 제가 국 제금융에 관한 글을 2020년에 쓰면서 보니, IMF 협정이 먼저 나오고 IMF 협정, 즉 조약에서 규율하는 Exchange Contract라고 하면 IMF 협정을 적용하고, 거기 에 들어가지 않는다면 제3국의 국제적 강행규정으로 취급하는 것으로 처리가 되 는 거예요. 두 개가 밀접하게 관련되어 있어요. 1987년경 변호사 시절에 가졌던 의문이 30년도 더 넘어서 이제야 정리가 된 것입니다. '이 체계는 이렇게 접근을 해야 되는구나' 깨달은 것이지요. IMF 협정이 규율하느냐, 아니면 제3국의 국제 적 강행규정으로 해결하느냐 아니면 실질법으로 가서 해결해야 되느냐를 이제야 이해할 수 있게 되었는데, 다른 사람들이 관심이 없네요. (웃음) 그와 같이 주제 에 따라서는 30년을 가슴에 품어온 문제의식도 있습니다. 논문을 쓰지 못한 것 은 공부가 부족했기 때문에 그렇습니다. 그런 이슈들이 아직도 여러 개 남아 있 습니다. 인코텀즈에 관해서도 제가 20년 이상 마음에 품었던 것을 논문을 써서 해결을 했습니다.

롤 모델은 글쎄요. 그것은 제가 잘 아는 분이 없어서요. 그런데 전공 분야를 떠나서 이야기한다면 이 분을 언급할 수 있겠네요. 대학교 1학년인가 처음 『법 학원론』을 읽었어요. 최종고 교수님이 좋아하시는 구스타프 라드브루흐의 『법학 원론』 책입니다. 제가 그것을 아주 일찍이 샀습니다. 1975년도 대학교 1학년 때 그 책을 샀어요. '그래도 이제 장래 법대로 가서 법률가가 될 사람인데, 『법학원 론』 정도는 읽어줘야지' 해서 샀는데, 내용이 너무 어려운 거예요. 라드브루흐의 책을 정희철 교수님과 전원배 교수님 두 분이 번역한 것을 보면서, '이거 상당히 어렵구나' 하는 생각을 했었습니다. 어쨌거나 그 다음에 최종고 교수님이 번역하 신 구스타프 라드브루흐의 『법철학』을 읽었습니다. 그때는 법철학이 1차 선택과 목으로 있었거든요. 저는 교과서를 사서 읽었습니다. 이항녕 교수님 『법철학』도 읽고, 황산덕 교수님 『법철학』도 읽었고요. 제가 다른 전공서를 탐독하지는 않 았지만, 그 참에 교과서를 한 번 읽은 것입니다. 상당히 재미가 있더군요.

라드브루흐의 법철학을 정확히 기억하고 있는지는 모르겠습니다만, 이 양반은 법이념에는 세 가지가 있는데, 그것은 정의, 합목적성과 법적 안정성이라고 합니 다. 세 이념 간에 모순·충돌이 발생하는데 이것을 어떻게 해결할 것이냐 하는 것이 어린 마음에 상당히 설득력 있게 들렸어요. 그때는 명동에 독일 책을 취급하는 소피아 서점이 있었습니다. 대학 졸업을 기념하여 그 서점에서 구스타프 라드부르흐의 원전 *Rechtsphilosophie*를 샀습니다. 지금도 가지고 있어요. 그 책은 버릴 수가 없습니다. 그냥 제가 죽을 때까지 (웃음) 함께 가는 것이고요. 최종고 교수님이 번역서 개정판을 내셨길래 그것도 또 사서 가지고 있습니다. 특별히 그것을 공부해서가 아니고 그냥 마음의 고향처럼 '옛날 내가 소싯적에 이런 생각을 했었지' 하고요. 그런데 법철학도 그 다음에 어려워지게 되니까 따라갈 수가 없는 것입니다. 구스타프 라드브루흐는 특히 동양 사람들의 정서에 많이 어필하는 바가 있다고 이야기를 하죠. 그 정도입니다.

정선아 : 교수님 혹시 다시 선택할 기회가 주어진다고 하더라도 국제거래법, 국제사법을 전공하실 것 같으신지 아니면 평소에 이 분야를 좀 전공했어도 괜찮았겠다고 생각했던 다른 분야가 있으신지 궁금합니다.

석광현 : 정 변호사님이 생각하기에는 어떨 것 같습니까?

정선아 : 다시 전공하셔야 할 것 같습니다. 다른 분들을 위해서, 학계를 위해서라도요. (웃음)

석광현 : 저도 잘 모르겠습니다. 그런데 지금 생각은 그래요. 어떤 경로를 통해서 교수가 되는가에 따라 달라지는 것이 아닌가 싶습니다. 만약에 대학을 졸업하고 바로 아카데미아로 가는 경로를 밟는다고 하면, 국제거래법이나 국제사법을 선택하지는 않을 것 같아요. 왜냐하면 국제거래법이나 국제사법 분야를 잘 모를 테니까요. 제 생각에는 그냥 민법, 헌법, 행정법, 형법이 아무래도 법대 졸업하는 사람들에게는 많이 알려진 분야이기 때문에, 자연스럽게 거기로 갈 것 같아요. 그런데 제가 밟아온 과정처럼 먼저 변호사로 일을 시작해서, 특히 국제거래를 다루는 사람으로서 일을 한다면, 그렇다는 전제하에서는 지금 이 길을 다시 갈 것 같아요. 국제거래법이나 국제사법 분야는 아무도 전공을 안 했고, 그래서 선배들이 내가 읽고 싶었던 것을 안 써줬습니다. 그래서 스스로 리서치를 해서 써 왔거든요. 지금까지 후배들이나 제자들에게 내가 공부한 것만이라도 전파를 하자고 생각해왔습니다. 그러니 다시 그런 경로를 밟아 전공을 선택하게

된다면 다시 거기로 가겠지요.

다만 아쉬운 것은 국제거래법이나 국제사법을 전공한다고 하면, "그거 뭐 하는 거냐?"고 물어보는 사람들이 많다는 거예요. 민법이나 형법 같은 기본법은 "우리는 이런 것 합니다."라는 이야기를 할 필요가 없잖아요. 그래서 뭔가 문제가 되면 "민법전을 보세요." 할 수도 있고요. 국제사법은 그나마 "국제사법을 보세요." 할 수 있는데, 국제거래법은 그것이 안 되잖아요? 그러니까 "우리도 있습니다.", "우리도 중요합니다." 우리가 중요하다는 것을 인정받기 위한 인정투쟁을 계속하면서 사는 것은 우리가 국제거래법·국제사법 후진국에서 살기에 발생하는 현상이라고 생각합니다. 그래도 예전보다는 많이 나아졌죠. 그리고 그 점에 있어서 제가 조금이나마 기여를 했다는 점에 자부심을 느낍니다.

과거에는 국제사법을 모르면 우리가 논증을 해야 됐어요. "그것이 중요한 것이다."라고요. 그런데 지금은 모르면 "너는 공부를 안 하는구나" 이렇게 이야기를 할 수 있게는 되었습니다. 책도 여러 권 생겼고요. 그렇지만 아직 부족하지요. 지금조차 이러한데, 옛날에 이호정 선생님이나 최공웅 원장님은 국제사법 논문을 쓰시면서 얼마나 외롭고 허전하셨을까 하는 생각을 합니다. 여러분들은 저보다 훨씬 나아진 상황에서 할 수 있으니까 좋지 않겠는가 기대를 해봅니다.

〈국제거래법학회와 국제사법학회〉

채동헌 : 교수님의 학문적 여정에서 국제거래법학회와 국제사법학회를 빼놓을 수는 없을 것 같습니다. 두 학회 창립시부터 관여하셨고 두 학회 회장까지 모두 역임하셨는데, 두 학회에 참여하시게 된 계기가 있으셨는지 궁금합니다.

석광현 : 우선 한 가지 정정을 하자면, 국제거래법학회는 제가 창립시에 관여한 것은 아닙니다. 국제거래법학회는 제가 알기에는 1990년에 창립이 되었는데, 그 당시에 저는 독일에 있었습니다. 그 다음 해인 1991년 하반기에 제가 돌아왔기 때문에 창립에 관여할 수 없었고요. 국제거래법학회 창립시에는 송상현 교수님을 비롯해서 김문환 교수님, 조대연 변호사님, 손경한 교수님 같은 선배님들이 주로 관여하셨습니다. 12월말 국제거래법학회지에 국제거래법학회 창립 30주년

회고가 나오는데, 거기에 '국제거래법학회에 관한 단상'이라고 해서 관련된 내용을 썼습니다.

제 기억에는 1996년인가 그렇게 기억을 합니다. 제가 그 당시에 국제금융을 주로 하고 있었기 때문에, 국제거래법학회에 가서 유로채 발행에 관련된 발표를 했습니다. 그리고 그 논문을 국제거래법학회지에 수록을 했습니다. 국제금융을 하는 사람이니까 자연스럽게 국제거래법학회에 가서 이렇게 저렇게 발표를 한 것이지요. 그런데 그때는 사실 저처럼 학회에 가서 발표하는 변호사가 별로 없었습니다. 손경한 교수님이 변호사를 하면서 학회에 가서 활발하게 활동을 하는 아주 이례적인 변호사였고, 조대연 변호사님도 학회 활동은 했지만 발표는 많이 안 했습니다. 제 기억에는 변호사 하면서 학회 활동을 열심히 하던 다른 분들은 별로 없었어요. 저는 그나마 조금씩 학회에 나가서 국제거래법학회와 국제사법학회 활동을 했습니다. 국제사법학회는 1993년에 창립이 되었는데, 1992년에 국제사법연구회를 먼저 만들었어요. 딱 1년을 하고 국제사법학회로 전환이 된 거죠. 그때 어떻게 제가 국제사법학회에 나가게 되었는지 지금은 정확히 기억을 못 합니다. 이호정 선생님이나 손경한 변호사님 아니면 다른 동료 중 누군가 저에게 권유를 해서 나갔던 것 같은데 기억이 잘 안 나요. 아주 초기부터 제가 관여한 것은 틀림이 없습니다. 연구회 때도 있었고 국제사법학회 창립총회 때도 있었고요. 학회 일도 좀 했었지요. 그때 간사 일을 초기부터 제가 했었습니다.

저는 학회 활동을 하면서 많이 배웠다고 생각해요. 국제거래법학회가 되었든 국제사법학회가 되었든 학회에서 무엇을 한다고 하면, 어떻게 해서든 발표자료를 미리 받아서 예습을 하고 가서 듣고 의문이 있으면 질문을 했습니다. 저는 그런 식으로 해서 단기간에 많은 것을 배웠다고 생각합니다. 그런데 다른 실력 있는 변호사들은 그것을 안 하는 거예요. 저는 그게 아니어서 학회를 통해서 정말 많이 배웠습니다. 유럽에 체류하는 기간을 제외하면 국제사법학회는 거의 예외 없이 참석을 했고요. 국제거래법학회는 나가지 않은 적도 있습니다. 국제거래법학회는 국제경제법과 국제상거래법을 함께 하기 때문에 국제경제법을 할 때는 제가 별로 관심이 없어서 잘 나가지 않았습니다. 지금은 그것이 둘로 쪼개지는 바람에 의미가 달라졌습니다만. 학회를 통해서 전공의 내용에 대해서도 많이 배웠고 또 많은 선후배들을 알게 되어서 큰 보람이 있었다고 생각합니다. 제가 가만히 보니, 물론 이종혁 교수님은 학교에 계시니까 열심히 하시는데, 우리 전공자들 중에 학회 활동을 열심히 하는 사람이 그렇게 많은 것 같지는 않아요. 특히 실무를 하시는 분들은 학회 활동을 열심히 안 하고 있다는 것이 저의 생각입니다. 저만큼도 열심히 안 한다는 거예요. 그 점에서 아쉬움이 있습니다.

이창현 : 교수님께서 두 학회에 관여하시면서 기억에 남는 일이나 보람 있었던 일은 무엇인지 말씀을 들어보고 싶고요. 심당 국제거래학술상도 수상하셨는데 그에 관한 소회도 들어보고 싶습니다.

석광현 : 기억에 남는 일은 여러 가지가 많이 있는데요. 개인 연구자로서 학회 차원에서 이야기를 하자면, 국제거래법 분야에서는 CISG 가입에 일조를 했다는 점입니다. 제가 CISG 단행본에 썼습니다만, 외교부, 법무부에 여러 형태로 관여를 했고, 또 국회에 가서도 이야기한 기억이 있습니다. 그리고 번역 작업에도 일정 부분 참여했고요. 그러니까 CISG 가입하는 데 일조를 했다고 볼 수 있지요. 여기저기에서 CISG에 가입해야 된다고 발표도 하고 그랬습니다. 지금 생각하면 당연한 것이지만 그 협약에 가입한 것은 진짜 큰일이었다는 생각이 듭니다. 최근에 북한도 가입을 하지 않았습니까? 만약 남북한관계가 좋았다면 제가 김일성대학이든 평양에 한 번 가서 동무들과 이야기할 기회도 있었을 텐데 아쉽습니다. 이건 '근자감'일지 모르겠습니다만, 김일성대학의 교수들이 CISG에 가입하기 위해 검토하는 단계에서 혹시 제 책을 보지 않았을까 하는 생각을 합니다. "이 동무래 뭐라고 썼지?" 이렇게 하지 않았을까 생각을 해요. 그런데 시절이 이러니까 만날 기회가 없네요. 사실 전에 연변대학에 갔을 적에 김일성대학에서 국제통상 쪽 연구를 하는 교수 두 명을 만난 적이 있습니다. 그래서 그때 북한 사람 접촉 신고도 했습니다만. 그때 제가 거기에서 한 섹션 사회를 봤습니다. 그런데 그때 참석했던 북한의 여자 교수가 "선생님은 재미있어서 좋았습니다." 이러더라고요. 그래서 "다행이네요. 고맙습니다." 그런 적이 있습니다. 이젠 추억으로 남아 있네요.

국제거래법학회에서는 매매협약 가입에 일조한 것과 매매법연구회와 국제건설법연구회를 만든 것이 기억에 남습니다. 매매법연구회는 2009년 3월에 만들었습니다. 당시 회장은 손경한 교수님이었는데, 제가 "매매법연구회 만들어야 되지 않겠습니까?" 그랬더니 손 교수님이 "당연히 만들어야 된다." 그래서 그때 제가 연구회 회장을 맡아서 몇 년을 끌어왔어요. 제 책 서문에도 썼지만 매매법연구회를 통해서 매매협약에 관한 우리나라의 문헌들이 많이 나왔습니다. 그것이 국제거래법학회 차원에서는 의미가 있는 일이었고요. 매매법연구회를 만든 것이 매매협약 연구를 국제거래법학회가 주도하게 되는 계기가 됐다고 생각을 합니다. 그전에는 사실 무역하는 사람들이 매매협약 연구를 더 많이 했습니다. 석사 논문, 박사 논문이 무역학과에서 많이 나왔어요. 이것은 사실 법학 논문을 쓰면서 경영학박사, 경제학박사를 주는 격이지요. 저는 '이것은 좀 이상하다. 말이 안 된다.'고 생각했습니다. 어쨌거나 그 주도권을 국제거래법학회로 가져오는 데는 국제거래법학회의 존재와 매매법연구회의 존재가 크게 역할을 했다고 할 수 있습니다. 그런데 이것이 근자에 흐지부지된 적이 있습니다. 다행히도 이종혁 교수님이 작년에 잘 살려놓아서 다시 탄탄한 궤도 위에 오르고 있습니다. 이 자리를 빌려 이 교수님께 대단히 감사하다는 말씀을 드립니다.

그리고 제가 회장이 된 다음 2013년 9월에 국제건설법연구회를 만들었습니다. 제가 건설은 잘 모르지만 예전부터 건설법에 대한 관심이 있었습니다. 그래서 로스쿨 국제거래법 교재 건설 섹션을 제가 썼습니다. 정말 아쉬운 것이 우리나라가 건설공사 영역에서 전 세계 1등을 차지하고 있는데, 대한민국의 법률가가 법적인 지원을 해주지 못 한다는 것입니다. 저는 이것은 정말 자격이 없는 나라라고 생각을 해요. 선박건조도 같습니다. 산업적 측면에서는 우리나라의 전 세계 마켓 쉐어가 1등인데, 계약서는 주로 영국 변호사들이 만들고 있어요. 한국 변호사들은 자기들 좋아하는 형사사건이나 국내사건들만 하고 있고요. 이것은 문제가 있습니다. 이것은 법률가, 변호사가 자기의 사회적인 역할을 제대로 못 하는 거예요. 저는 우리 법조계가 크게 반성을 해야 된다고 생각합니다. 이런 목소리를 정말 크게 내고 싶은데 마땅한 포럼이 없네요. 큰 책임은 우선 법률가, 변호사들에게 있고, 그다음은 민법 교수님들에게 있다고 생각합니다. 유감스럽게도 둘 다 도급계약이기 때문에 그렇습니다. 그러면서도 민법이 기본법이라고 이야기하는 것은 상당히 공허한 이야기라고 생각합니다. 너무 강하게 이야기하는 것 같습니다만, 자기가 할 일을 하지 않으면서 자기 영역이 중요하다고 이야기하는 것은 잘못이라고 생각합니다.

제가 "건설법연구회를 만들자."는 이야기를 먼저 꺼냈습니다. 그때 김승현 변호사님, 정홍식 교수님도 동의를 하셨고요. 정홍식 교수님이 처음부터 지금까지 회장을 너무 오래 하는 것 아닌가 하는 걱정이 있습니다만 상당히 큰 열정을 가지고 하고 있습니다. 사실 그때 학회 차원에서 해외건설 관련해서 세미나를 한 번 했습니다. 상공회의소인가 거기서 한 번 해서 반응을 봤습니다. 상당히 반응이 좋은 거예요. 그래서 '연구회를 만들어서 해야 되겠다.' 생각을 하게 된 것이고, 그것을 지금까지 하고 있고요. 현재까지 건설법연구회 차원에서 논문집 두 권을 발간하였습니다. 이 연구회가 앞으로 어떻게 나아가야 될 것이냐 하는 큰 과제가 남아 있습니다. 국제건설법연구회는 국제에너지법연구회를 통합했습니다만 에너지법 쪽은 지금 상대적으로 잘 못하고 있는 것 같습니다.

우리나라의 인더스트리가 분명히 존재하고 법적인 수요가 대단히 크게 존재하는데도 대한민국의 법률가들이 인하우스 카운슬이 되었든 변호사가 되었든 교수가 되었든 법적 서포트를 못하는 것입니다. 물론 원초적으로 준거법이 영국법이 되는 경우가 많으니까 한계가 있습니다만, 그래도 이렇게 내버려 두고 포기해서야 되겠습니까? 법률가 집단이 점점 천박해지는 현실을 목도하면서 학교를 떠나게 되니까 이런 이야기를 해야 된다는 사실에 대단히 마음이 슬퍼집니다.

그건 그렇고 심당상은 제가 받았는데, 사실은 좀더 일찍 주겠다고 했는데 제가 집행부에 있는 상태에서 상을 받을 수 없어서 여러 차례 고사하다가 받게 되었습니다. CISG 책을 쓴 것으로 상을 받았습니다. 사실 그전에는 논문에 국한해서 주었던 상인데, 이것을 저서로 확대를 한 것입니다. 그건 그렇고 제가 한 가지 마음의 빚이 있는데요. 그 책 개정판을 내야 되는데 개정판을 못 내고 서울대를 떠나게 되었다는 점입니다. 다음에라도 내면 되지 않느냐 하시는데 그것은 정확히 모르겠어요. 제가 완전히 포기는 안 했기 때문에 어떤 형태로든 기여를 하려고 합니다.

그다음 국제사법학회 차원에서는 한일 교류, 한중 교류를 한 것이 대단히 큰 것입니다. 국제사법 개정도 물론 들어가죠. 2001년에 준거법 부분은 크게 개정을 했고 재판관할 부분은 조금 개정을 했습니다. 그리고 나서 2022년에 국제재판관할 부분을 크게 개정함으로써 중국과 일본에는 없는 모델을 제시하게 되었죠. 일본은 민사소송법 학계가 힘이 큽니다. 아마도 일본에서 민사소송법 하시는 분들은 우리 시스템을 안 좋아할 거예요. 그러나 일본에서 국제사법 하시는 분들은 우리 시스템을 좋아할 것입니다. 중국 국제사법학 교수들은 이것을 좋아합니다. 중국 국제사법학회에서 제안했던 모델법에는 국제재판관할규칙이 들어가 있어요. 그런데 중국은 실현을 못하는 것입니다. 제가 느끼기에 중국은 정치하는 사람의 힘이 제일 크고, 그 다음에는 법원이 크고, 학회는 아직은 그 영향력이 크지 않은 것 같습니다. 그래서 우리가 학회에서 주도해서 입법을 하는 것을 보면, 중국에서 국제사법 하시는 분들은 거의 까무러치려고 해요. 아마도 그런 것을 롤 모델로 삼고 싶어 하는 것 아닌가 싶습니다. 우리가 국제사법을 개정하려고 했었는데 못했다는 것은 중국에 널리 알려져 있었어요. 그래서 저는 사실 그것이 상당히 부끄러웠는데, 금년에 개정했다는 것을 널리 알리게 되어 매우 기쁩니다. 특히 국제사법학회가 크게 기여했기 때문에, 게다가 제 회장 임기 중에 —제가 기여한 건 아니지만 제가 운이 좋아서— 그렇게 되니까 참 나행이고 자랑스럽다는 생각을 합니다. 그리고 조금 오래 되었지만 우리나라가 헤이그 국제사법회의에 가입하고 최근까지 네 개의 헤이그협약에 가입한 점도 중요한 일이고 그 과정에서 학회 차원에서 또는 개인적으로 기여하거나 관여한 점이 기억에 남습니다.

김승현 : 국제거래법학회나 국제사법학회는 창립된 지 30년이 되었거나 30년이 넘어서 역사와 전통을 자랑하는 학회라고 생각을 합니다. 저도 국제거래법학회 총무이사도 역임하고 오랫동안 국제거래법학회를 지켜보면서 최근 국제거래법학회 활동을 보면 조금 안타까운 점이 보이는 것 같습니다. 거기에 비해서 국제사법학회는 아주 열성 골수 멤버들이 계속 참여해서 잘 이끌어가는 것으로 알고 있습니다. 두 학회의 앞으로 나아갈 방향에 대해서 조언을 부탁드리겠습니다.

석광현 : 이것도 참 어려운 이야기입니다. 현재도 국제사법학회는 열심히 하고 있습니다. 그런데 이것이 더 잘 되려면 핵심 회원이 많아져야 된다고 생각합니다. 국제거래법학회든 국제사법학회든 열성적으로 참여하는 핵심 회원이 많아져야 됩니다. 핵심 회원은 국제사법, 국제거래법 전임교수입니다. 학회의 중심은 학계이기 때문에, 국제거래법이나 국제사법을 전공하는 교수들이 많아져야 되는데, 대학에서 지금 뽑아주지 않으니까 문제입니다. 학생들이 국제거래법, 국제사법 과목의 경우에는 인터넷 강의를 듣고 변호사시험에 응시하는 상황이 지속되고 있고, 그 상황에서 로스쿨 재정 압박은 크니 국제거래법, 국제사법 자리에 있던 교수도 나가면 안 뽑는 현상이 발생하고 있어요. 우선 핵심적인 열성 회원이

확충되어야 되는데, 그게 잘 안 되는 것이 문제입니다. 그것이 학계의 문제고요.

그다음 이것을 해야 되는 사람이 대형 로펌 변호사들과 사내 변호사들입니다. 특히 국제거래를 다루는 사내 변호사들이 열성적으로 참여해야 되는데 현재 참여하지 않고 있고, 또 변호사들이 나와 보아도 별로 도움이 안 되는 상황인 것이죠. 예전에 제가 변호사 할 때도 그랬습니다. 변호사들은 지금 최전선에서 일하면서 가장 커런트한 쟁점들을 고민하고 있는데, 학교에 있는 사람들은 그런 쟁점의 존재조차도 모르기 때문에 학계가 도움이 안 되는 것입니다. 학계의 인적 풀이 커져야 다양한 분야에도 접근할 수 있고 도움을 줄 수 있는데, 그것이 되지 못하기 때문에 별 도움이 안 되는 것이지요.

그래서 저는 로펌에 있는 변호사들이 적극적으로 참여해서 그 분야의 쟁점을 소개해 주고 연구를 함께 해야 된다는 이야기를 했고, 다른 분들도 누차 했었습니다. 대형 로펌, 예컨대 김&장, 광장, 세종, 태평양에도 책임자 한 명씩 이런 식으로 큰 로펌마다 대표자 내지 '연락담당관'을 두어서 그 사람들과 학계가 소통하면 매우 좋을 것 같은데, 실현이 어려워요. 제가 학교를 떠난 다음에라도 그런 노력을 해야 되나 싶은데, 저는 기본적으로 남에게 아쉬운 소리를 잘 안 하는 성격이라서요. 저는 남들이 알아주지 않으면 '그러면 그만이지'라고 생각하는 경향이 있습니다. 논문 하나 쓰고도 그 논문의 존재를 몰라주는 것이 서운한데, 공자님은 오죽 서운했으면 人不知而不慍이면, 不亦君子乎라고 했을까 생각합니다. '남들이 알아주지 않는다고 하더라도 화를 내지 않으면 군자가 아니겠느냐'라는 말이지요. 저도 '내가 화를 내면 소인이 되는 거니까 화를 내지 말고 서운한 마음은 있어도 그냥 가자.' 하는 것이 보통입니다.

기본적으로 대형 로펌의 변호사들도 자기들이 제일 잘 안다고 생각하기 때문에 직접 해결하면 되지 굳이 학회에 도움을 요청할 이유도 없고, 그 다음에 로펌들이 공익사업에도 지출이 많아서 거기다가 숟가락을 하나 더 얹기도 대단히 미안한 마음이 있습니다. 그래서 아직까지 제가 있었던 로펌에다가 국제사법학회를 위해 지원해달라는 이야기를 한 적은 없습니다.

지금까지는 무슨 보람이 있었느냐 이런 질문을 많이 하셨는데, 아쉬운 점이 무엇인지는 예의상 묻지 않으신 것 같아요. 그것에 대해서도 한 마디 하고자 합니다. 아쉬움이 왜 없겠습니까? 학회를 하면서 지금 말씀드린 것처럼 대형 로펌과 사내 변호사들의 적극적인 참여를 유도하지 못한 것이 아쉬운 점이고요. 그 다음에 국제사법학회가 한중, 한일 교류는 하지만, 독일과 같은 서양 국가들과 교류를 하는 데까지는 진입을 하지 못했습니다. 장래에는 독일을 비롯한 유럽연합, 영국과도 교류를 확대해나갈 필요가 있습니다. 그리고 그전에 싱가포르 같은 나라와도 교류를 확대할 필요가 있습니다.

그리고 우리 전공자들은 국제거래법학회, 국제사법학회에 대해서만 말씀하시지만, 사실은 제가 음지에서 암암리에 다른 학회에 관여한 적도 있습니다. 예컨대 일찍이 평생회원이 되어서 예전에 상사법학회에 나갔고요. 증권법학회는 증권법연구회 시절부터 관여를 했었어요. 유학 가기 전에 유로채 관련해서 거기나가 발표를 했습니다. 그때 발표를 하면서 저의 솔직한 기대는 '유로채 등 해외증권을 발행할 때 이런 쟁점이 있는데 선배들은 답을 알겠지?' 하는 것이었습니다. 그런데 가서 이야기를 해보니 선배들이 답을 잘 몰라요. 물론 다 그렇다는 것은 아니고, 제가 하는 섭외거래, 국제증권발행에 대해서 아는 것이 부족했다는 것입니다. 다들 문제의식은 있지만 답을 몰랐어요.

그래서 제가 독일, 영국에 가서 공부를 하고 와서 보고 형식의 발표를 국제거래법학회에서 1996년에 했지요. 저는 솔직히 그 논문을 씀으로써 국제사법을 공부해야 되는 이유를 논증했다고 생각해요. 해외증권발행 일을 하려면 반드시 제 글을 읽어 보아야 됩니다. 그래서 법이 규율하는 범위를 정확히 획정한 다음에 일을 해야 합니다. 어떤 것은 한국의 회사법이, 어떤 것은 한국의 증권거래법이, 어떤 것은 영국의 계약법이, 어떤 것은 한국의 외국환거래법이, 어떤 것은 한국의 도산법이 규율하는지를 제 논문을 보면 알 수 있습니다. 저는 그 자부심을 지금까지 가지고 있습니다. 그것을 모르는 상태에서 일을 하는 것은 行易知難이라고 생각합니다. 그냥 선배들이 한 것을 베껴서 하는 것이지, 정확히 어느 법이 그 쟁점을 규율하는지를 모르는 상태에서 하는 것이지요. 물론 사채법이 바뀌고 증권거래법이 개정되어서 그 가치가 많이 줄었습니다만 그 문제의식과 접근 방법은 지금도 살아있다고 생각합니다. 지금까지 저에게 그 논문을 읽고 감명을 받았다고 이야기해준 사람이 딱 한 명 있었어요. 증권회사에서 일하는 여성변호사로 서울대에 와서 전문박사과정을 하는 친구인데, 저에게 그 이야기를 해서 제가 '이렇게 훌륭한 사람이 있나' 싶어 만나서 밥도 같이 먹었습니다.

그리고 해법학회, 가족법학회, 민사판례연구회, 중재학회, 무역상무학회에도 나갑니다. 사실 저는 해상법을 잘 모르지만, 해법학회에는 여러 차례 나가서 "국제사법을 공부하지 않으면 당신들은 국제해상법은 절대 할 수 없다."라는 점을 분명하게 인지시켰습니다. "선하증권의 준거법이 영국법이면 영국법이 규율하는 사항이 무엇인지를 알아야지, 우리 상법을 적용하면 말이 되냐? 그리고 물권법적 측면은 어떻게 할 것인가?" 이런 이야기를 하는 것이죠. 그리고 증권법학회는 아까 말씀드렸듯이 초기에 나갔었습니다. 그다음 가족법학회도 나갔습니다. 거기에 가서는 대한민국의 입양협약 가입 문제에 대해서 이야기했습니다. "대한민국이 입양협약에 가입하지 않은 것에 대해서, 한국에서 법학을 공부한 사람은 전부 징계를 받아야 된다. 가족법을 했거나, 국제사법을 했거나, 가정법원에 있는 사람은 중징계를 받아야 된다. 나는 국제사법을 하지만 경징계다. 나는 국제입양과 헤이그 입양협약에 대해서 논문을 썼기 때문이다." 가족법 분야에서도 제가 논문을 몇 편 썼습니다. 저 같이 한국의 학회에 다양하게 관여하는 사람은 없을 듯합니다. 물론 핵심 회원은 아니었지만요. 저는 주제에 따라서 해법학회에도 나가고 가족법학회에도 나가고 그랬습니다. 각 학회지에 논문을 수록했던 사람이라고 그렇게 이야기를 할 수 있습니다. 이종혁 교수님이나 이필복 판사님 같은 분들도 이제 국제해상법, 국제가족법을 하지 않을 수 없기 때문에 저와 비슷할 수도 있겠네요.

그다음 무역상무학회가 있는데 이는 법학회는 아닙니다. 이것은 상무하시는 분들의 학회인데, 설립하신 분은 돌아가신 양영환 교수님이고, 지금은 이제 정년퇴임을 하셨습니다만 오원석 교수님이 얼마 전까지 회장을 하셨습니다. 옛날에 제가 김&장에 있을 때 양영환 교수님, 오원석 교수님, 서정주 교수님이 김&장에 찾아오신 적이 있어요. 제가 사무실 앞에서 만나서 저녁을 함께 먹었습니다. 왜 그랬는지 지금 기억이 안 나지만, 그때 그 세 분을 만난 것을 계기로 학회에 관여하기 시작했습니다. 얼마 전에 작년 마지막 학회가 있었어요. 그래서 학회에 갔었습니다. 전반부는 안 갔지만, 후반부에 일부러 학회에 가서 오원석 교수님을 오랜만에 만났어요. 허해관 교수가 발표하는 후반부를 들을 계획이었기 때문에 그때 갔었는데, 그때 오랜만에 오원석 교수님께 인사를 드렸습니다. 그리고 제가 그동안 회비도 잘 안 냈었기 때문에 소액이지만 기부금도 얼마 냈고요.

법학회와 무역학회의 중간에 있는 것이 중재학회입니다. 중재법학회가 아니기 때문에, 무역 하시는 분들이 일부 계시고 법을 하시는 분들이 일부 계시고 그렇습니다. 중재학회는 제가 일찍이 나갔어요. 금융 변호사였기 때문에 사실 중재는 친하지 않았습니다. 그래도 '국제거래를 하자면 국제상사중재를 좀 알아야지.' 해서 변호사를 하면서 중재학회에 가끔 나갔었습니다. 돌아가신 김홍규 선생님이 회장을 하실 때 스칸디나비아 클럽에 가서 발표를 들었던 기억이 있어요. 세월이 흘러서 제가 논문도 쓰고, 『국제상사중재법연구』 제1권, 제2권을 썼기 때문에 아주 훌륭한 것은 아니지만, 대한민국 국제상사중재법의 발전에 나름의 작은 기여는 한 것이 아닌가 그렇게 생각을 합니다.

〈정년 이후〉

정선아 : 교수님 정년 이후에도 계속 연구하고 싶으신 주제가 있으신지 궁금합니다.

석광현 : 저는 정년이 되면 특별히 이런 것을 해야지 하는 것은 별로 없습니다. 그냥 해오던 것을 꾸준히 해야지 생각하고 있습니다. 다만 제가 전공자들에게는 농담처럼 계시를 받은 주제라고 하는 것은 두 가지가 있어요. 하나는 '국제문화재법'이고, 다른 하나는 '국제입양법'입니다. 그래서 그것에 대해서는 조금 더 작업을 해야겠다는 생각을 하고 있습니다. 그러고 보니 '국제상속법'에 대해서는 제가 글을 쓴 적이 없는데, 국제상속법도 글을 좀 써야 될 것 같고, 그다음 '국제신탁'도 관심을 가지고 있습니다. 신탁법은 상속과 관련된 유언신탁을 중심으로 하는 글을 써야 하지 않나 싶네요.

그러나 한편으로 저는 분명한 선을 긋고 싶네요. 이제 저는 책임을 지거나 사명감을 가지고 무엇을 해야 되는 사람은 아니라고 생각합니다. 그냥 즐기면서 할 사람이기 때문에, 현직에 있는 분들이 쓰기 어려운, 자료를 제공하는 역할에 더 관심을 가지려고 합니다. 판례가 나온 논점에 대해서 지금까지는 열심히 지적도 했지만, 이제는 그것은 제가 할 일은 아닌 것 같아요. 이제 저는 현장과는 다소 거리를 두고, 다른 분들의 연구를 지원하는 작업을 하면 어떨까 생각하고 있습니다만 두고 봐야죠. 확정된 것은 아닙니다. 반드시 해야 하는 것은 아니지만 연구하고 싶은 주제는 지금도 많이 있습니다.

이창현 : 정년 후 공부 외에 가장 하고 싶으신 일은 무엇이신지요. '공부 외' 이것이 중요합니다. 공부는 안 됩니다.

석광현 : 사실 그렇게 질문하실 필요가 없었습니다. 가장 하고 싶은 일은 공부가 아니기 때문에 걱정 안 하셔도 됩니다. 저는 제일 하고 싶은 것이 전공자들과 함께 여행을 하는 것입니다. 코로나가 이렇게 퍼지기 전인 2018년까지는 전공자들과 여기저기 여행을 갔었죠. 과거에 가고는 싶었으나 가보지는 못했던 강화도, 해남, 강진, 보길도, 양산 통도사, 월정사. 저는 그것이 상당히 좋았습니다. 저는 평소에 여행을 많이 못 가본 사람이라 이런 여행이 상당히 의미가 있었습니다. 코로나가 아니었으면 영주 부석사 같은 데도 함께 한 번 가봤으면 좋았을 것 같네요. 저는 아직도 그곳에 못 가봤어요. 코로나 사태가 정리되면 전공자들과 함께 가고 싶습니다. 그리고 조금 욕심을 낸다면 공자님의 사당이 있는 중국 곡부에 한 번 가보고 싶어요. 그곳을 전공자들과 같이 갈 수 있으면 더 좋고요.

 그리고 전에 해외여행을 1년에 한 번은 하자고 안사람과 약속을 했는데, 그것을 못 지켜서 편하기는 합니다만 해외여행을 안사람과 함께 가는 것도 하고 싶은 일입니다. 물론 국내여행도 포함됩니다. 지금은 해외여행 가기가 어려우니까 여기저기 국내여행을 가보고 싶습니다. 제가 전에 교토에서 한 달을 살고 와서 '경주에서는 살아보지도 않고, 교토에 가서만 한 달 살이를 했어? 이거 정말 나쁜 놈이네'라는 생각이 들었습니다. 해서 경주에 가서 5일 있었습니다. (웃음) 상당히 죄송한 마음인데, 다음에 또 가겠다는 다짐을 했었습니다.

김승현 : 후학들에게 남기고 싶은 말씀이 있으시면 해주시면 좋겠습니다.

석광현 : 후학들에게 남기고 싶은 말이라 … 글쎄요. 일을 하시는 분도 계시고, 공부를 하시는 분도 계신데, 정말 자기가 하고 싶은 일을 하라는 것입니다. 그 점에서 저는 변호사를 하다가 교수가 되어서 정말 하고 싶은 일을 했다고 자부합니다. 그런데 교수를 했다고 해서 그 일이 전부 다 하고 싶은 일은 아니잖아요? 그중에 교수로서 하고 싶은 것도 있고 달리 더 하고 싶은 것도 있을 텐데, 자기에게 주어진 여건하에서 하고 싶은 것을 하는 것이 필요하다고 생각합니다.

 제가 대학교 1학년 때 독일어 강좌가 있었는데, 그때 들었던 말이 있어요. 성함은 잊었는데 독문과 교수님이 독일 속담을 이야기해 주셨습니다. 나중에 보니까 괴테가 했다는 말이라고 해요. Ohne Hast, aber Ohne Rast. 영어로 하면 Without haste, but without rest, 즉 '서두르지 말고 그러나 꾸준히 해라. 쉬지 말고 해라.' 하는 의미입니다. 어떤 일이든 쉬지 않고 끊임없이 꾸준히 한다면 무슨 일이든 할 수 있지 않을까 싶습니다. 이 말은 기본적으로 성실함을 이야기하는 것이죠.

한 사람의 생애를 결정하는 것으로 우리가 가지고 태어나는 DNA가 있죠. 이 DNA가 우리 인생의 상당 부분을 좌우합니다. 그것은 어쩔 수 없어요. 그런데 그것이 전부는 아니라고 생각합니다. 그것 못지않게 Self-discipline이 굉장히 중요한 것 같아요. 자기를 얼마나 통제하면서 인생을 살아가느냐 그것이 매우 중요합니다. Self-discipline을 하는 데 있어서, 저는 아버님에게서 매우 많은 것을 배웠습니다. 당신이 하시는 것을 제가 보면서 느끼는 바가 많았던 것 같습니다. '아버님은 저렇게 하시는데, 나는 이것도 못 하네' 그런 식으로 자꾸 자극을 받았습니다. 그런 제 경험으로 볼 때 Self-discipline을 잘 한다면 어느 정도는 잘 살아갈 수 있지 않겠는가 생각합니다. 그리고 주변에 대한 배려도 하면 더 좋고요. 보면 우수한 사람들이 그런 것은 잘 못하는 것 같기도 해요. 저도 잘 못했기 때문에 여러분들은 잘 하시라는 취지도 있어서 말씀드렸습니다. 그리고 겸손함을 배워야 합니다. 저도 이것이 점점 무뎌지는 것 같아요. 아까도 이야기한 '勿以自大而 蔑小하고, 勿以恃勇而 輕敵이라.' '네가 크다고 해서 작은 것을 무시하면 안 된다. 너의 용기를 믿고 적을 업수이 여기면 안 된다.' 저는 이 말을 겸손함을 잃지 말라는 의미로 생각하고 가슴에 품고 살아오고 있습니다.

다만 제가 잘 못했기 때문에 한 가지 아쉬운 것은 국제적인 활동을 많이 하지 못한 것입니다. 변호사가 되었든 교수가 되었든 국제적인 활동을 함으로써 대한민국의 존재를 알리기도 하면 좋을 것 같아요. 예컨대 conflictoflaws.net 같은 데도 누군가가 회원이 되어서 보고를 할 수 있는 기회를 가지기도 하고요. 국제적인 활동을 하시는 분도 드물게 우리나라에 있습니다만 많은 분들이 그렇지 못한 것이 우리의 현실입니다. 우리나라에서 대가라고 하는 분들도 사실 국제적인 활동은 부실한 편이지요. 그분들을 존경하고, 저는 그에 미치기 어려운 사람이지만, 좋게 이야기해서 골목대장이지요. 물론 큰 골목의 대장도 있기는 하지만요. 그런데 우리가 전반적으로 큰 골목에서 행세하는 것은 아니기 때문에 국제적인 활동을 해서 조금 더 큰 광장으로 나갈 필요가 있다고 봅니다. 저는 못 했지만 여러분들은 그런 사명감을 가지고 국제적인 활동에 신경을 써주었으면 좋겠습니다.

그리고 한 가지 이호정 선생님께서 제게 주셨던 당부입니다. 나중에 나이 먹어서는 힘드니까 젊어서부터 취미 활동을 열심히 하라고 하신 적이 있으세요. 취미를 잘 계발하시기 바랍니다. 제 인생을 다시 한 번 돌아보니, 저는 그것을 잘 못한 것 같아요. 선생님께도 죄송하네요. 여러분들은 취미 활동을 잘 하시면 좋겠다고 생각합니다.

김승현 : 교수님 이제 제가 마지막 질문을 드리겠습니다. 교수님 책에 보면 항상 누군가에게 감사드린다고 하시는데요. 한 번도 사모님께 감사드린다는 말을 하시는 것을 본 기억은 없는 것 같습니다.

석광현 : 기억이 나쁘시군요. (전체웃음)

김승현 : 그동안 사모님께서 김&장에 계시다가 학교로 옮길 때도 받아주셨고, 책 교정도 묵묵히 도와주시고는 하셨는데, 마지막으로 사모님께 전하시는 말씀으로 마무리하겠습니다.

석광현 : 감사하는 마음이 틀림없이 있고요. 예전에 제가 『국제사법과 국제소송』 제1권에 안사람하고 아이들에게 바친다는 식으로 이미 쓴 바가 있습니다. 그때 감사의 마음을 작게나마 표현하지 않았나 생각합니다. 지금까지 이렇게 평탄한 가정생활을 누려올 수 있었던 것은 정말로 안사람의 도움이 큽니다. 어떻게 보면 관심이 없어서 그런가 하는 생각이 들 정도로요. 저와 크게 다투지도 않고요. 제가 안사람에게 다른 약속을 하기는 어렵고, 앞으로도 계속 충성을 다할 것을 다짐하는 말로 마무리하려고 합니다.

마지막으로, 연초에 귀중한 시간을 내주신 여러분께 감사 드립니다. 이 시간이 '이 사람이 이렇게 살았구나' 하고 저를 이해하는 데 조금이나마 도움이 되었다면 대단히 기쁘겠습니다. 더 좋은 내용을 담지 못해서 아쉬운 마음도 있습니다. 그런데 제가 그렇게 생긴 사람이라 어쩔 수 없는 것입니다. 너무 시간을 오래 끌어서 미안합니다. (일동 박수)

판례색인

우리말 색인

외국어 색인

저자소개

약 력

서울대학교 법과대학 졸업
사법연수원 수료(11기)
독일 프라이부르그 법과대학 LL.M.
서울대학교 대학원 졸업(법학박사)
해군법무관(1981. 8.-1984. 8.)
金·張法律事務所 변호사(1984. 9.-1999. 2.)
한양대학교 법과대학 교수(1999. 3.-2007. 9.)
서울대학교 법과대학, 법학전문대학원 교수(2007. 10.-2022. 2.)
국제거래법학회 회장(2013. 3.-2015. 3.)
한국국제사법학회 회장(2018. 3.-2022. 3.)
현재 인하대학교 초빙교수(2022, 3-)

저 서

國際裁判管轄에 관한 研究(서울대학교 출판부)
국제물품매매계약의 법리: UN통일매매법(CISG) 해설(박영사)
국제사법 해설(박영사)
국제민사소송법(박영사)
國際私法과 國際訴訟 제1권부터 제6권(박영사)
국제상사중재법연구 제1권과 제2권(박영사)

편 저

UNCITRAL 담보권 입법지침 연구(법무부)
국제채권양도협약연구(법무부)

논 문

클라우드 컴퓨팅의 규제 및 관할권과 준거법
FIDIC 조건을 사용하는 국제건설계약의 준거법 결정과 그 실익
대마도에서 훔쳐 온 고려 불상의 서산 부석사 반환을 명한 제1심판결의 평석
2018년 국제사법 전부개정법률안에 따른 국제재판관할규칙: 총칙을 중심으로 / 각칙을 중심으로
우리 법원의 IP 허브 추진과 헤이그 관할합의협약 가입의 쟁점
미국 연방파산법에 따른 회생계획인가결정의 한국에서의 승인
외 다수

국제사법과 국제소송 — 정년기념

초판발행   2022년 5월 10일
중판발행   2023년 10월 5일

지은이   석광현
펴낸이   안종만·안상준

편 집   김선민
기획/마케팅 조성호
제 작   고철민·조영환

펴낸곳   (주) **박영사**
            서울특별시 금천구 가산디지털2로 53, 210호(가산동, 한라시그마밸리)
            등록 1959. 3. 11. 제300-1959-1호(倫)
전 화   02)733-6771
ｆａｘ   02)736-4818
e-mail   pys@pybook.co.kr
homepage   www.pybook.co.kr
ISBN   979-11-303-4130-9   93360

* 파본은 구입하신 곳에서 교환해 드립니다. 본서의 무단복제행위를 금합니다.
* 저자와 협의하여 인지첩부를 생략합니다.

정 가   62,000원